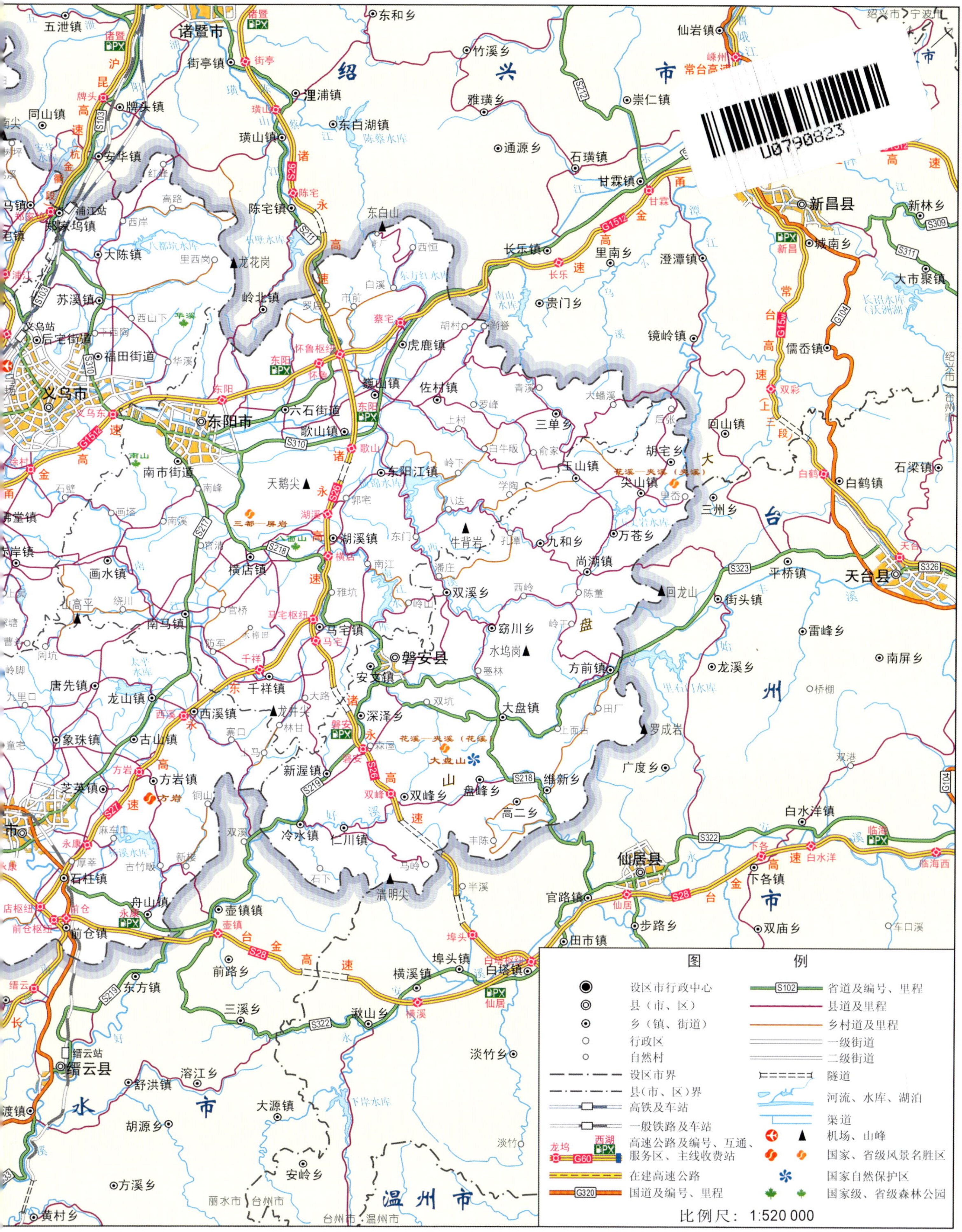

浙江省第一测绘院　编制　　地图审核号：浙S(2015)89号

金华年鉴

(2015)

中国共产党金华市委员会
金　华　市　人　民　政　府　主办

金华市地方志编纂委员会　编

方志出版社

编辑说明

1.《金华年鉴》旨在全面真实反映年度全市经济和社会各项事业的发展状况，汇集各行业、各方面在改革开放和社会主义现代化建设中的实绩。

2.《金华年鉴》采用分类编辑法。分为类目、分目、条目3个层次，部分分目下增设副分目。为方便检索，标题使用不同字体和版式，类目标题用魏体字通栏，分目标题用黑体字加“网纹”，副分目为黑体字顶格，条目标题用黑体字加【】号。条目为记述的基本形式，是收录信息的实体。

3.《金华年鉴(2015)》的记述时限为2014年1月至12月。无年份日期为2014年，“上年”指2013年。全书分：特载、概况、经济建设、政治建设、文化建设、社会建设、生态文明建设、党的建设、县(市、区)概况、国家省直驻金单位、专记、附录。

4.本年鉴内表述为“全市”的，指金华市行政区划范围的两区四市三县范围；表述为“市区”的，指金华市城区(婺城区、金东区、金华经济技术开发区)范围。

5.本年鉴采用的文稿由各单位提供，并经单位领导审阅。各种数据、资料均经有关部门核实确认，综合性数据以金华市统计局提供为准。

6.“主要组织机构及其负责人”收录的名单由市委组织部提供，均为市本级机关各部委办局及各县(市、区)正职。凡2014年职务有变动的，姓名后加括号注明任、免职时间。

7.本年鉴编辑工作由袁朝明、郑龙、邵云花、林莉、周兴江完成。照片由陈少华、洪兵及有关单位提供。

金华市地方志编纂委员会

▲ 1月14日，金华市被住房和城乡建设部命名为国家园林城市。图为市区回溪公园。

▲ 2月10日，金华市举行党的群众路线教育实践活动工作会议，对全市教育实践活动作动员部署，全市党的群众路线教育实践活动正式启动。

▲ 2月17日—20日,金华市政协六届四次会议召开。

▲ 2月18日—21日，金华市六届人大五次会议召开。

▲ 2月24日—25日，省委书记、省人大常委会主任夏宝龙到金华专题调研“五水共治”工作。

▲ 4月14日，金华市市场监督管理局正式成立。金华市委副书记、市长暨军民向该局授牌。

▲ 5月4日，国家海关正式复函浙江省政府，同意金华市开展跨境贸易电子商务服务试点。

▲ 7月9日，经商务部、财政部批复同意，金华成为全国首个现代服务业综合试点地级城市。图为7月25日正式营业的金华万达广场。

▲7月14日，中共金华市委六届七次全体(扩大)会议暨市政府六届八次全体会议召开。会议审议通过《中共金华市委关于建设美丽金华创造美好生活的决定》。

▲ 8 月 31 日，金华有史以来规模最大的旧城改造项目——二七区块改造项目正式启动。图为二七区块居民投选房屋征收评估机构。

▲ 9 月 24 日，金义网络经济学院在金华金义都市新区开学。该学院为浙江省首个网络经济学院，面向社会招生。

▲ 10 月 15 日—16 日，省委副书记、省长李强到金华调研经济工作。

▲11 月 11 日，中国·金义电子商务新城项目(菜鸟)一期正式运营。图为市委书记徐加爱督查项目建设。

▲ 11 月 18 日，义乌至马德里国际铁路（“义新欧”）货运班列首发，义乌小商品首次全程通过铁路方式直接运抵欧洲。

▲ 12 月 10 日，杭长高铁正式开通，金华站迎来第一辆高铁列车。

▲ 12 月 29 日，中共金华市委六届八次全体（扩大）会议暨市政府六届九次全体会议召开。会议审议通过《中共金华市委关于全面深化法治金华建设的决定》。

目　录

政治建设

文化建设

社会建设

生态文明建设

党的建设

县(市、区)概况

国家、省驻金单位

专记

附录

特　载

适应新常态谋求新发展 着力在转型升级上下更大功夫

——在市委六届八次全体（扩大）会议暨市政府六届九次全体会议上的报告 （2014 年 12 月 29 日）

金华市委书记　徐加爱

这次全会的主要任务是：认真学习贯彻党的十八届四中全会和省委十三届六次全会精神，按照中央和省委经济工作会议的决策部署，总结今年工作，部署明年任务，审议通过《中共金华市委关于全面深化法治金华建设的决定》，动员全市干部群众适应新常态、谋求新发展，着力在转型升级上下更大功夫，确保全面完成“十二五”规划目标任务。下面，根据市委常委会研究意见，讲三个问题。

一、2014 年主要工作

今年以来，面对复杂多变的宏观形势，全市上下认真学习贯彻习近平总书记系列重要讲话精神，全面贯彻落实中央和省委各项决策部署，深入开展党的群众路线教育实践活动，扎实推进“八项行动”，正风提效促赶超，“两富”“两美”金华建设迈出新步伐、取得新进展。1—11 月，全市 19 项主要经济指标中，有 16 项指标增速高于全省平均水平，有 7 项指标增速居全省前 3 位，其中 3 项指标增速居全省第 1 位。预计今年全市实现生产总值 3170 亿元，增长 8%以上；固定资产投资 1600 亿元，增长 17%；社会消费品零售总额 1590 亿元，增长 13%；外贸出口 384 亿美元以上，增长 18%；地方财政收入 267 亿元，增长 10%；城乡居民人均收入分别为 39600 元和 18500 元，增长 9%和 11%。

（一）深入开展党的群众路线教育实践活动。根据中央和省委的部署要求，全市各级党组织紧紧围绕“正风提效促赶超、为民惠民谋发展”总载体，坚持主题不变、镜头不换，梯次展开、压茬推进，高标准高质量开展教育实践活动。从加强理想信念教育入手，认真学习贯彻习近平总书记系列重要讲话精神，以焦裕禄、陈双田、杨东海等先进人物为“镜子”，扎实开展“三思四问”“坚定理想信念、敢于克难担当”“守规矩”主题教育，进一步坚定中国特色社会主义道路自信、理论自信、制度自信，拧紧“总开关”，补足精神上的“钙”。扭住“四风”问题不松劲，市委常委会坚持“六个带头”，从严执行中央八项规定、省委 28 条办法和六项禁令、市委 25 条意见，大力实施“正风提效”行动，持续推进“六项集中行动”和“十项整治”，强化明查暗访，严肃问责问效，坚决整治“酒局”“牌局”和“会所中的歪风”，办公用房清理全面完成，“三公”经费大幅下降，解决了一些群众反映突出的问题，刹住了许多人认为“不可能刹住”的歪风。全市共查处“四风”问题 1487 起，媒体曝光 173 起，查处违规违纪人员 916 人。更加密切联系群众，市领导带头开展“四个走遍”、普通一员民情体验，参加市民问政、八婺问水、正风问效等栏目接受群众质询；广大党员干部按照“走村不漏户、户户见干部”要求，开展了三轮走亲连心活动，帮助基层解决各类问题 5.2 万余个。省委督导组重点督办的 7 个难题，5 个整改到位，2 个取得阶段性成效。严格规范党内生活，召开了高质量的民主生活会，恢复和发扬了批评和自我批评优良传统，查摆问题深挖根源,谈心交心敞开心扉,相互批评触及痛处,达到了红脸、出汗、加油、鼓劲的作用。推行“三步整改法”,全力促活动出成效,截止目前市四套班子232项整改事项已完成201项,县(市、区)和市直部门领导班子3111项整改事项已完成2497项。活动结束后,市委向各县(市、区)派驻综合督导组,实行常态化巡查,巩固拓展教育实践活动成果。

(二)全力打好转型升级组合拳。坚持稳中求进,大力实施“产业升级”行动,全力以赴稳增长、防风险、调结构、促转型。全面推进“五水共治”,垃圾河基本消灭,黑臭河明显减少,出境断面水质全部达标,以治促转成效明显,全省现场会在我市召开,夏宝龙书记批示“推广金华做法”,浦江县成为全省首批“清三河”达标县。深入推进“三改一拆”,组织开展每月十大重点违建拆除、涉及宗教违法建筑专项整治、高速公路和国省道沿线非法广告牌全面拆除行动,扎实推进“无违建”创建。截止11月底全市累计拆违面积1743万平方米、“三改”面积1353万平方米。扎实推进扩大投资,部署开展扩大有效投资十大专项行动,省“411”和省、市重点项目超额完成投资计划,实际到位内资303.9亿元、利用外资1.58亿美元,引进投资10亿元以上项目14个,其中50亿元以上项目2个。积极推进“四换三名”,实施“机器换人”项目285个,列入省重点技改项目270个,1—11月完成技改投入471亿元,单位工业增加值能耗下降9.1%;新增“个转企”3117家,9家企业入选中国民营企业500强,3家企业入选省首批“三名”培育试点,花园生物、9158分别在深交所创业板和香港上市;新增网络经济企业1.28万家,电子商务交易额突破2000亿元,网络零售额达到871亿元,增长41.5%。强力推进“四破攻坚”,制定出台工业企业亩产效益考核、土地供应差别化管理、低效用地再开发等系列政策,全市共处置僵尸型、圈地型和低效用地企业1132家,收回土地6050亩、盘活1.25万亩,消化批而未供土地1.92万亩。大力推进创新驱动,创建北大信息科技园,新认定国家级高新技术企业65家,高新技术产业增加值占工业增加值比重30.3%;深入实施“双龙计划”,申报“国千”44人,入选“省千”15人。

(三)扎实抓好全面深化改革工作。认真落实市委六届六次、七次全会《决定》精神,大力实施“改革创新”行动,全面深化改革扎实开局,33项年度重点改革项目基本完成。紧抓经济体制改革,义乌国际贸易综合改革试点第二个三年实施计划启动,“市场采购”贸易方式正式落地,保税物流中心、航空口岸先后获批并投入运行,“义新欧”班列开通,个人跨境贸易人民币结算试点扩大至全市范围。国家现代服务业综合试点落户金华,首期3亿元补助资金到位,首批83个、总投资494亿元项目有序推进。低丘缓坡综合开发利用试点土地报批基本完成,实施征地5.1万亩,平整土地2.73万亩。出台深化工商注册便利化改革十七条举措,新增市场主体10万多户。紧抓党政机构改革,市直纪检监察派驻机构改革率先推进,整合组建了市市场监管局、市卫生计生委。“四张清单一张网”初步建成运行,市直部门行政权力“瘦身”54.4%,下放审批权限204项,投资项目审批时限控制在100日以内。紧抓惠民制度改革,教育、文化、卫生体制改革继续深化,农村居家养老模式全面推广。农村“三权”制度改革加快推进,义乌获批国家新型城镇化和农村改革试验区试点,武义开展户籍制度改革试点。

(四)加快推进都市区建设。大力实施“群城共建”和“美丽金华”行动,编制完成金华—义乌都市区规划纲要。坚持交通先行,杭长高铁开通,金丽温扩能改造完成拆迁,杭金衢高速拓宽改造动工,东永高速主体工程完成,市区首条BRT线路开工建设,轻轨项目列入省都市圈城际铁路近期建设规划,衢江金华段航运开发获省补资金20.2亿元。打造战略支点,金义都市新区与金华新兴产业集聚区全面整合,地上地下配套设施整体推进,金义电子商务新城一期项目正式运行,跨境电子商务通关平台日通关量突破4万票,金义通信产业园、都市新社区等重点项目加快建设。创建精品城市,市区七大重点区块开发建设稳步推进,全省面积最大的二七区块棚户区改造启动实施,多湖中央商务区规划编制、重点项目建设步伐加快,金华高铁北站房和燕尾洲、五百滩公园投入使用,第二水厂、万佛塔旅游公园、垃圾填埋厂生态化处理项目开工建设,城市主干道改造和延伸工程加快推进,二环路全面贯通。治堵治气力度加大,新投放公共自行车1.2万辆，新增专用停车泊位2.8万个，黄标车淘汰和工程道路扬尘整治成效明显。建设美丽乡村，农业“两区”建设稳步推进，永康古山镇列入省级小城市培育试点，金东区锦林佛手文化园、寨春农业观光园等一批多功能农业基地建成运营，磐安县被评为中国茶文化之乡。农村垃圾分类减量化处理覆盖31个乡镇、993个村。完成江河堤防加固116公里，病险水库加固27座，山塘整治150座，兰江防洪堤应急工程建成使用。启动建设美丽乡村风景线12条，新增省历史文化重点村8个，“四边三化”成效明显。召开全市旅游发展大会，提出打造五大旅游品牌。1—11月全市接待游客5661万人次，实现旅游收入562亿元，分别增长22%和26%。

（五）切实保障和改善民生。大力实施“实事惠民”行动，全面落实10个方面、48项民生实事，新增财力的76.8%用于民生事业。就业社保体系进一步完善，城镇登记失业率为2.77%，连续10年上调企业退休人员养老金，城乡居民社会养老保险参保率、医保参保率分别达到97%和98.8%，新开工保障性安居工程2.3万套、竣工5327套。公共服务水平不断提升，6个县（市、区）顺利通过全国义务教育发展均衡县国家验收，公立医院体制改革和基层卫生“四改联动”深入推进，单独两孩政策落地实施，体育赛事和群众健身活动广泛开展。残联、红十字会、关心下一代等工作扎实有效，8890便民服务深受群众欢迎。文化产业和文化事业繁荣发展，深入开展美丽非遗百村文化礼堂行和“欢乐金华”文化节等活动，新建农村文化礼堂210家，7部作品获省“五个一工程”奖，4部作品入选省文化精品工程，4个项目入选国家非遗名录；“世界木雕之都” 花落东阳，1—11月横店影视文化产业实验区税收达12.8亿元，同比增长22.6%。

（六）进一步加强和创新社会治理。深化法治金华建设，大力实施“固本强基”行动，切实推进治理体系和治理能力现代化。民主政治建设稳步推进，召开庆祝人大成立60周年、政协成立65周年纪念大会，举办武义后陈村务监督委员会成立10周年暨深化村务监督工作研讨会，人大代表联络站实现乡镇（街道）全覆盖，出台进一步加强人民政协民主监督工作实施意见。积极组织民主党派、无党派、非公有制经济和宗教界人士参与全市中心工作，企业职工文化“八个有”建设特色鲜明，“护水哨兵”志愿服务项目获全国志愿者服务银奖，市妇联被授予全国“春蕾计划”先进单位。人防、侨务、对台和援疆援藏援青工作扎实有效，实现省级双拥模范城五连冠。意识形态工作全面加强，结合“中国梦”主题宣传教育，广泛开展“寻访最美人和事、践行核心价值观”“学习身边典型”和“节俭惜福”等活动，张文龙、羊耀周入选浙江骄傲人物候选名单。“金华发布”网络平台和“金华新闻”客户端正式上线运行，网络舆论监管得到加强。“平安金华”建设不断深化，全面落实社会稳定风险评估机制，健全矛盾纠纷预防化解综合机制，积极防范化解企业“两链”风险，开展安全生产“百日整治”专项行动，刑事发案率逐年下降，连续八年获省“平安市”称号，连续五年跻身全国最安全城市，婺城、金东、武义、磐安连续九年获“平安县”称号，捧回了平安银鼎。

（七）全面落实党建工作主体责任。坚决落实从严治党主体责任，把党建工作和中心工作一起谋划、一起部署、一起考核，一心一意谋发展，聚精会神抓党建。坚持“书记抓、抓书记”，每年组织县（市、区）委书记履行基层党建责任制专项述职，每季召开基层党建现场会、乡镇（街道）工作交流会，形成大抓基层的鲜明导向。继续深化基层党组织“五星争创”活动，对283个软弱涣散村级党组织进行集中整转，开展“侵害群众利益、增加基层负担、历史遗留问题、不守规矩”等专项整治，以及村（社区）机构牌子多、考核评比多、创建达标多专项清理。坚持选对人、管好人，大力推行干部一线培养锻炼法，实施以实绩为导向的市管领导干部立体化考核评价机制，选好配强各级党政领导班子，着力推进“狮子型”团队建设。开展“三超两乱”、领导干部违规兼职、“裸官”、干部档案专项整治，出台调整不适宜担任现职领导干部实施细则、党政领导干部履职问责暂行办法、增强党员组织纪律意识六条规定，从严管理和监督干部。坚持严纪律、严查办，认真落实党风廉政建设党委主体责任和纪委监督责任，严明党的政治纪律和组织纪律，加强对中央、省委和市委重要决策部署落实情况监督检查。积极推进反腐败体制机制改革，把工作重心向办案一线倾斜，坚决查处违纪违法案件。今年以来，全市纪检监察机关共立案1489件，党纪处分1456

人,移送司法机关103人。

一年来,发展任务很重,工作节奏很快,大家干劲很足,也很辛苦。在此,我代表市委、市政府表示衷心感谢!同时,我们也要清醒认识并切实解决发展和工作中的困难问题。比如,经济下行压力仍然较大,企业投资意愿不强,"两链"风险有所增加;全面深化改革的力度还不够,一些关键领域改革未抓到位;财政持续增收比较困难,基本公共服务还有许多欠账;公共安全监管存在一些薄弱环节,维稳工作面临诸多挑战;一些党员干部的政治意识、担当意识、规矩意识有待增强,抓而不紧、抓而不实、抓而不细、抓而不深的问题还较为突出,"四风"问题需要深入整治,等等。

二、适应新常态,着力在转型升级上下更大功夫

2015年是全面深化改革的关键之年,是全面推进依法治国的开局之年,也是全面完成"十二五"规划的收官之年。做好新一年工作,必须保持政治定力,严明党的政治纪律和组织纪律,坚决贯彻中央精神和省委决策部署,在思想上政治上行动上与中央和省委保持高度一致;必须保持战略定力,准确把握我国经济发展新常态带来的趋势性变化,坚定不移地推进转型升级和赶超发展,做到观念上适应、认识上到位、方法上对路、工作上得力,牢牢把握发展的主动权和主导权;必须保持执行定力,全面落实"三严三实"要求,大力发扬"钉钉子"精神,一心一意谋发展,聚精会神抓党建,两手都要抓,两手都要硬。明年经济社会发展的总体要求是:全面贯彻落实党的十八大、十八届三中、四中全会和习近平总书记系列重要讲话精神,按照中央和省委经济工作会议、省委十三届六次全会的决策部署,牢牢把握稳中求进工作总基调,坚持以"八八战略"为总纲,以全面深化改革为统领,以提高经济发展质量和效益为中心,以依法治市为根本保障,主动适应新常态,加快推进转型升级,为干好"一三五"、实现"四翻番"奠定坚实基础。

明年经济社会发展总体目标是:确保完成"十二五"规划目标任务,主要经济指标增速高于全省平均水平。初步考虑,GDP增长8%左右,财政收入增长8.5%以上,城乡居民人均收入增长9.5%以上;约束性指标全面完成省定任务。

根据上述目标要求,重点抓好六方面工作:

(一)高举改革大旗,全面引领赶超发展。根据中央和省委统一部署,坚持问题导向,敢于啃硬骨头、敢于涉险滩、敢于过深水区,以行政审批制度改革为突破口,纵向撬动政府自身改革,横向撬动经济社会各领域改革,不断增强赶超发展新优势。要抓好改革试点、充分释放红利,扎实推进义乌国际贸易综合改革试点、国家现代服务业综合试点,充分利用特色产业优势、区位物流优势、市场集聚优势,解放思想、争取支持,大胆探索推进金融专项改革和网上自贸区建设,积极申建跨境电子商务综合实验区,促进出口、进口、转口贸易平衡发展,确保外贸出口增长9.5%以上。试点是改革高地,不是政策洼地。要学习和接轨上海自贸区,加快改革试点成果的复制和推广,不断扩大改革受益面。要加大改革力度、激发市场活力,深化"四张清单一张网"建设,全面清理行政审批前置环节,全面消除非行政许可审批事项,全面推行"一口式"审批服务模式,该放的权一定要放到位,该管的事一定要管到位,以政府权力的减法换取市场活力的加法。探索建立企业投资不再审批制度,对需要独立选址的项目,进入负面清单,一事一议,高效审批;对不需要新增用地的项目,包括技改项目,全面实施不再审批;对需要新增建设用地但无需独立选址的项目,研究制定市场化要素供给机制,条件成熟后不再审批;探索建立以市场准入标准为基础,以完工验收、开工许可为主要内容的事中事后监管制度,推进负面清单"瘦身"、责任清单"强身"。加快政府机构改革,推进职能、权限、程序、责任法定化。深化商事制度改革,探索实施"三证合一"、网上注册登记,建立完善企业征信体系,实现审批再提速、监管更规范。开展土地资源配置市场化改革,推进集体经营性建设用地入市和不动产统一登记工作。要推进改革新政、惠及百姓民生,着力推进法治建设协调工作机制、生态环境损害责任终身追究制、行政审批无费制、智慧医疗建设等改革事项取得实质性进展,促进社会公平,造福地方百姓。加快推进农村"三权"制度改革,建立农村产权流转交易市场体系,让农村产权能流转、能抵押、能担保、能继承,使农民流动有保障、创业有资本。落实生态财政奖惩制度,实施污染排放总量挂钩的财政制度，推进山区乡镇及欠发达地区加快发展。

（二）强化倒逼机制，继续打好转型升级组合拳。深刻领会和准确把握转型升级组合拳的丰富内涵，大力实施“消灭黑臭河、燃煤电厂清洁排放技术改造、永久性基本农田土壤治理、创建无违建县、小作坊清洁生产”五个三年行动计划，着力发挥驱动的作用，形成倒逼的力量。以“五水共治”倒逼转型，继续发扬“不留退路、不作解释、不拖时间、绝不手软”的“四不精神”，深入推进“全面提水质”十大工程，基本消除干流劣V类断面，全市流域交接断面水质达标率75%以上。坚持源头严防、过程严管、后果严惩，依法严厉整治印染、化工、制革、造纸、石材和金属加工等污染行业，对环境违法行为“零容忍”，加快淘汰落后产能和传统产业改造升级。以“三改一拆”撬动转型，围绕“无违建”创建目标，注重拆改结合、拆转结合、拆用结合，纵深推进党员干部和“两代表一委员”违法建筑专项整治、城市街道两侧楼顶搭建和临时建筑整治、农村非法“一户多宅”和房前屋后搭建整治，改出城乡发展新面貌，拆出产业升级新空间。以“四换三名”推动转型，扎实推进“腾笼换鸟”，严把准入门槛，坚决淘汰污染环境的“低小散”企业，积极引进一批用地实、效益好、亩产高、清洁型的大项目好项目；大力实施机器换人“1168工程”和技术改造投资三年倍增计划，抓好300项以上重点技改项目；研究完善配套政策，有效破解企业“上天入地”的各种障碍，鼓励和支持企业零增地技改，提高土地节约集约利用水平；提升发展实体市场，加快推进淘宝特色馆、金华产业带建设，大力实施商品市场上网工程和农村电子商务“六个一”工程，全力打造线上线下融合发展的经济“新社区”；继续抓好个转企、小升规、规改股、股上市工作，扎实推进质量强市、品牌强市和标准强市创建，落实产值10亿元以上大企业“一对一”服务措施，培育省、市“三名”企业35家。以扩大有效投资支撑转型，集中优势兵力招大引强、招高引新、招群引链，瞄准国内外500强企业、大型央企和行业龙头企业，引进落地一批投资10亿元以上的大项目，建设一批特色产业小镇；深化投融资体制改革，放宽民间投资准入，积极推广政府和社会资本合作PPP模式；全力推进重点项目建设，确保固定资产投资增长15%以上，重大基础设施项目、重大产业项目、工业技术改造、生态建设和环境保护投资增长25%以上。以创新驱动引领转型，下决心推进浙中科技城建设，充分发挥中科院金华科技园、北大信息科技园、大院名校技术转移中心等公共创新平台的科技孵化功能，形成有利于出创新成果、有利于创新成果产业化的新机制，提高科技进步对经济增长的贡献度。以“四破攻坚”强力转型，由抓点向扩面转变，由以“破”为主向“破立”结合转变，由集中整治向长效管理转变，制定出台工业用地流转政策，着力破解转让程序繁琐、相关规费较高、管理制度限制较多等制约，形成破竹之势，扩大攻坚成果。

（三）加快结构调整，大力培育新兴产业。根据省七大万亿产业发展导向，以产业集聚区和功能区整合提升为抓手，大力培育发展五大千亿产业，推动产业结构加快由中低端向中高端迈进，使之成为投资的重点、出口的支点、消费的热点，形成新的经济增长点。大力发展信息网络经济产业，加快推进金义电子商务新城、义乌跨境电商规范化运作基地、浙师大网络经济创业园等重点项目建设，建立完善公共研发、大数据、云计算、物联网等公共服务平台，促进信息网络经济产业集聚发展。强化上下游产业配套，积极引进电商物流、互联网金融、门户网站等知名企业，大力发展网络商家和线上服务机构，健全信息服务和监管系统，加快打造全国电子商务中心。积极对接“一带一路”和长江经济带战略，推进“义新欧”班列常态化，加快金义综合保税区和浙中公铁联运港建设，尽快争取设立义乌国际邮件互换局和国际邮件交换站，做大做强“义乌购”，完善“跨境通”服务功能，不断做大跨境电商业务。力争明年全市实现网络零售额1300亿元，软件与信息服务业营业收入420亿元，到“十三五”期末两项收入超4000亿元。大力发展先进装备制造业，坚持“工业强市”不动摇，积极运用现代信息和数字技术，注重发挥工业设计的作用，提升装备水平，改造工艺流程，加快“两化”融合，促进生产自动化、制造业服务化、产品创新化、管理现代化、要素集约化，培育一批示范企业，创建一批制造精品。扎实推进中德科技工业园、永康现代农业装备高新技术产业园、武义特色装备产业园、兰溪浙商创业实验园和金华开发区新能源汽车产业园建设，进一步做大做强汽车及零部件、农业机械、机电设备、新能源新材料产业，力争明年全市装备制造业总产值突破2000亿元，力争到“十三五”期末超3000亿元。大力发展生物医药健康产业，积极推进现代生物医药产业园、有机国药产业养生园和康恩贝健康产业带建设，加大项目投入和科技创新力度，加快建立浙中特色医药产业基地；充分发挥尖峰、康恩贝、普洛康裕、寿仙谷药业等龙头骨干企业带动作用，着力引进国内外知名医药企业和研发机构，促进生物医药产业规模化发展。力争到“十三五”期末全市生物医药健康产业总产值超1000亿元。大力发展文化影视时尚产业，以培育壮大网络服务、影视文化、木雕、文博、书画和文化创意等特色产业为重点，加快横店影视文化产业实验区等产业基地建设，依托义乌文博会、东阳木雕节、横店影视节、浦江书画展等知名展会，促进文化和产业嫁接融合，优化延伸文化产业链，着力创建一批知名文化产业品牌。继续办好浙中购物节，切实加强城市特色商业街区建设，大力引进国际知名服装、饰品、箱包品牌，着力打造浙中商业购物中心。力争明年全市文化影视时尚产业总产值超2000亿元，力争到“十三五”期末超3000亿元。大力发展休闲旅游服务产业，加快大金华山旅游开发，串点连线成片，建设“智慧旅游”，促进文化与旅游深度融合，合力打响五大旅游品牌。力争到“十三五”末全市旅游总收入超1500亿元。同时，要进一步强化农业基础地位，把农业信息化作为推进农业“两区”建设的重要抓手，把农业电子商务作为推进农业信息化的切入点，加大农业基础设施和科技投入，加快推进农业现代化，让农业经营有效益，让农业成为有奔头的产业。积极发展多种形式适度规模经营，在确保粮食安全的基础上，因地制宜发展都市农业、家庭农场、休闲农庄，扶持发展药材、茶叶、黄酒、火腿、酥饼等历史经典产业，拓展农业多功能和增值增效空间。

(四)保持开放姿态，积极推进都市区建设。开放合作是历史潮流，是推动区域协同发展的新常态。加快县域经济向都市区经济转型在金华的实践，省级层面有战略、全市范围有共识、工作推动有计划，关键在于各地各部门要保持开放、合作、共赢的姿态。要深入实施“群城聚市”战略，围绕国际商贸名城、信息网络经济新城、先进装备制造业基地、影视文化创意基地、休闲旅游度假基地、长三角内陆港物流中心、新丝绸之路新起点等战略定位，从可以抓、能够抓、应该抓的具体事项入手，加大整合的力度，拓展聚合的深度，提升融合的速度，合力打造全省第四大都市区。中心城市能级要聚合提升，以金义都市新区为战略节点，加快打造金义黄金主轴，增强核心城市集聚辐射功能。市区要全面纵深推进多湖中央商务区、湖海塘等重点区块开发建设，加大招商选资和项目推进力度，尽快完善配套出形象，着力打造城市新标杆。金义都市新区要坚持产城联动建新城，加大引项目、强配套、聚产业力度，促进人气商气集聚，体现新区速度，打造新区质量，全面开创“三年求突破”的新局面。义乌要以开展国家新型城镇化综合试点为契机，积极推进城乡新社区集聚区和丝路新区、陆港新区、科创新区建设，着力提升城市国际化功能。基础设施要互联互通，以浙中城市群规划和金华—义乌都市区规划纲要为指导，抓紧编制重大基础设施空间一体化规划，积极推动市县“多规合一”，用“一张图”来管控全市空间布局。深入实施都市区建设三年行动计划，统筹推进交通、供水、供电、供气、排污、通讯等一体化公共设施建设。加快推进金温铁路扩能改造、杭金衢拓宽改造、义乌疏港高速、衢江金华段航运开发，加快启动金台、金甬、金黄铁路和临金高速建设项目，加大都市区城际轨道交通项目建设推进力度；加快推进永康至义乌至金义都市新区、金义都市新区至兰溪、武义白姆至婺城塔石项目前期，尽快实施金义中线、金兰中线；积极推进以高铁站为节点、连接各县(市、区)的快速公交线建设，着力完善农村公路网，积极打造同城化城市群交通圈。城市建设管理要精致精细，按照“八个化”的要求，深化“五城同创”，建设精品城市。市区要抓好二七区块和14个城中村改造、三江六岸景观提档工程，加强城市绿地、绿道、绿楔规划建设，统筹推进治堵治气、背街小巷改造、街景立面整治，全面打通断头路，启动建设城市规划馆、科技馆，不断完善城市功能，提升城市品位。要结合智慧城市试点，扎实推进数字城管工作，加快公共场所视频监控和数字城管系统对接，搭建微信、城管问题随手拍等互动平台，完善立体化联动巡查机制和代整治制度，着力形成条块结合、分工明确、责任到人的长效管理格局。积极抓好各组团城市有机更新和个性化改造，推进东阳省级美丽县城建设试点工作，加快建设一批现代化美丽县城。美丽乡村建设要提档提速，认真学习借鉴德清新农村建设经验，扎实抓好农村生活污水、生活垃圾和"赤膊房"治理，全力打造美丽乡村建设升级版。深入实施"四边三化"行动，积极推进精品村、特色村、历史文化村建设和"浙派民居"改造，抓好100个古村落和1000幢古民居保护，着力建设一批宜人可游耐看的美丽乡村风景线。以佛堂、横店、古山镇省级小城市试点为重点，加快省、市级中心镇建设，打造连接城乡、带动农村的战略节点。

（五）坚持富民导向，切实保障和改善民生。坚持"守住底线、突出重点、完善制度、引导舆论"，全力办好民生实事，努力满足人民群众对美好生活的新期待。积极推动就业创业，重点做好高校毕业生、农村劳动力、城镇失业人员和农村转移劳动力的就业创业工作，健全企业职工工资正常增长机制，千方百计提升居民收入水平。深入实施"低收入农户收入倍增计划"，大力倡导多种形式的"结对共建"活动，实现精准脱贫，切实把低收入农户的收入增上去，把绝对贫困人口的基本生活保起来、提上去，防止平均数掩盖大多数。加快发展社会事业，巩固义务教育基本均衡县创建成果，加快标准化中小学建设，实施第二轮学前教育三年行动计划，探索创新教育模式，启动教育现代化县（市、区）创建，高质量推进义务教育均等化、高等教育大众化、职业教育市场化。继续深化公立医院改革，推行优质医疗资源"两下沉双提升"，大力推行分级诊疗制度，让老百姓看得起病、看得好病。广泛开展群众性体育活动，加快建设健康金华。组织开展金华文保、非物质文化遗产、历史文化名人、古村落、艺术大师、风景名胜、地方志简本等编撰工作，抓好文化精品工程和文化惠民工程，完善公共文化服务体系。着力提升社保水平，加快居家养老服务体系和城乡新社区建设，力争明年实现"两个全覆盖"。健全最低工资标准、企业退休人员基本养老金和城乡居民社会养老保险正常调整机制，加快养老、医疗等社会保障"一卡通"建设，抓好保障性住房和廉租住房建设工作，扎实推进基本公共服务均等化。

（六）深化法治建设，促进社会和谐稳定。本次全会的一项主要任务是，审议通过《中共金华市委关于全面深化法治金华建设的决定》，会议将对决定稿作说明。要认真贯彻落实市委的决策部署，善于运用法治思维和法治方式深化改革、推动发展、化解矛盾、维护稳定。要扩大基层民主，积极发挥人大依法监督、政协民主监督作用，促进各级人大、政协组织围绕中心、服务大局，积极开展重点视察、专项督查、分类调研等活动。发展和推广"后陈经验"，健全村民自治机制，着力提升自治水平。认真做好工青妇、民族、宗教、侨务、对台等工作，增进团结、汇聚合力、共促发展。坚持党管武装，扎实抓好国防后备力量建设。要加强意识形态工作，深入开展"中国梦想·美丽金华"主题宣传活动，深化"文化礼堂、精神家园"建设，积极创建全国文明城市，大力弘扬社会主义核心价值观。全面推进"信义金华"建设，传递金华好声音、讲好金华好故事。坚持唱响主旋律、提振精气神、激发正能量，管好宣传思想文化阵地，主动建好新媒体，用好新媒体，牢牢把握意识形态工作主动权、主导权、领导权。要深化平安创建，牢固树立"大平安"理念，深化"网格化管理、组团式服务"，推进社会治安立体防控，强化安全生产基层基础，深入开展食品药品、消防、交通安全等专项治理，坚决防止重特大事故发生。把信访工作纳入法治化轨道，加强8890便民服务、市民问政、正风问效、行风热线等平台建设，及时回应群众关切。

三、从严管党治党，为转型升级提供坚强保证

全面落实"党要管党、从严治党"各项要求，深入开展"从严管理落实年"活动，以铁的决心、铁的纪律、铁的作风，保障转型升级扎实有效推进。

（一）严明党的纪律，巩固和拓展教育实践活动成果。纪律是全党的规矩，我们党最大的规矩就是严明的政治纪律和组织纪律。牢牢抓住理想信念这个根本，深入学习贯彻党的十八大和十八届三中、四中全会以及习近平总书记系列重要讲话精神，牢固树立"绿水青山就是金山银山""绿色低碳循环发展"等理念，以马克思主义中国化最新成果武装头

脑、指导实践、推动工作。认真谋划“十三五”规划，着力推进党领导经济工作制度化、法治化、专业化建设。坚决贯彻落实中央和省委、市委各项决策部署，坚决查处上有政策、下有对策，有令不行、有禁不止行为，确保政令畅通。持之以恒抓问题整治，紧扣中央21项整治、省委“十大整改行动”，全面开展正风提效“十项整治”活动，突出抓好干部不作为、乱作为、纪律松散、权力寻租等整治，防止“四风”问题复发反弹。坚持思想建党和制度治党紧密结合，按照“抓常、抓细、抓长”要求，建立健全领导班子和领导干部研判评估、干部行为规范和“负面清单”、个人有关事项报告抽查公示等制度，切实用制度管权管事管人，着力解决执行不力、制度空转问题。

（二）严格干部管理，打造“狮子型”干事创业团队。政治路线确定后，干部就是决定因素。从严治党，关键是从严治吏。按照建设“好班长好班子好梯队”要求，严格执行《党政领导干部选拔任用工作条例》，着力破解唯票、唯分、唯GDP、唯年龄等问题，改进民主推荐、民主测评、竞争性选拔的方式方法，形成有效管用、简便易行的选人用人机制。围绕推进“五水共治”“三改一拆”“四破攻坚”等中心工作，以实绩论英雄，进一步打通市县干部交流通道，选拔任用一批政治上强、懂经济、会管理、能够驾驭全局的“狮子型”领导干部。注重基层用人导向，把基层作为培养锻炼干部的主阵地，选派市直单位新任副处级干部到攻坚克难、信访维稳等岗位锻炼，选派1000名左右市、县两级后备干部参与中心工作，选派200名没有基层领导经历的年轻干部到乡镇(街道)、重点工程一线锻炼。按照“三严三实”要求，坚持以严的标准要求干部、以严的措施管理干部、以严的纪律约束干部，特别是要加强对“一把手”的监督管理，促使其把主要精力放在岗位工作上、履行职责上，集中精力建好团队、抓好落实、推动发展。

（三）严肃党内生活，营造风清气正的政治生态。党内政治生活是党组织教育管理党员和党员进行党性锻炼的主要平台，从严治党必须从党内政治生活严起。各级党委(党组)都要自觉拿起批评和自我批评这一有力武器，严格按照党内政治生活准则和党内各项规定办事，认真落实“三会一课”、民主生活会、民主评议党员、党性定期分析和党员领导干部双重组织生活会制度，广泛开展谈心谈话和积极健康的思想斗争，增进班子团结，提升整体合力。市委将继续坚持“四个一百”谈心谈话制度，各级领导干部也要经常开展谈心谈话，谈出问题、谈出效果。坚持和发扬实事求是、理论联系实际、密切联系群众等优良传统，严格执行民主集中制，下大力气解决好山头主义、自由主义、好人主义等问题，着力克服党内生活平淡化、庸俗化现象，使党内生活真正起到教育改造提高党员干部的作用。

（四）严抓基层党建，强化战斗堡垒作用。坚持把抓基层打基础作为长远之计和固本之举，作为从严治党的常态工作来抓，推动基层党建全面进步、全面过硬。坚持和完善基层党建工作例会、专项述职考核评议等制度，强化“两个责任”，探索建立党建工作任务清单和责任清单，打造党建责任制新样板。牢固树立大抓基层的鲜明导向，统筹抓好基层党组织“五星争创”、服务型党组织建设、软弱涣散党组织整顿等工作，全力推动人财物向基层倾斜，不断提升基层党组织创造力凝聚力战斗力。继续深化乡镇“全科干部”建设，开展走读行为专项整治，落实关心关爱政策，激励乡镇干部扎根基层。推进县、乡两级机关干部常态化开展走亲连心活动，建立问题倒查“问责制”，实现贴近服务“零距离”。积极推进青春党建、巾帼党建、两新党建，不断提高组织覆盖面和工作有效性。严格落实入党积极分子群众推优制，整顿“三不”党员，严格按章程处置不合格党员。加强党管人才工作，推进人才政策创新，营造人才发展良好环境。

（五）严守纪律底线，保持反腐败高压态势。纪律姓“铁”，必须坚决守住底线、不越红线、筑牢防线。各级党委(党组)要切实担负起党风廉政建设主体责任，健全主抓直管机制，完善上一级纪委听取履职情况报告、纪委委员审阅评议制度。各级纪委要切实履行监督责任，加大党风廉政建设责任制检查、考核和追究力度，实行责任倒查。深化市直机关纪检监察派驻机构改革，研究出台加强乡镇纪委工作意见，促进纪检监察机关规范履职、回归主业。坚持“老虎”“苍蝇”一起打，坚决查处领导干部违纪违法案件，尤其要重点查处发生在一些关键岗位的“小贪巨腐”案件，坚决遏制腐败现象在重点领域滋生蔓延势头。要刚性执纪硬规矩，决不能“网开一面”“下不为例”，决不能高高举起、轻轻落下，真正做到纪律面前人人平等，遵守纪律没有特权、执行纪律没有例外。深化廉政风险防控体系建设，加强政府采购廉政建设，推进政府采购阳光化，健全市管干部廉情分析制度，加强警示教育，让党员干部敬畏法纪、敬畏组织、敬畏群众，着力形成不敢腐、不能腐、不想腐的有效机制。

同志们，全面深化改革进入深水区，加快转型升级刻不容缓，建设法治金华任重道远。让我们紧密团结在以习近平同志为总书记的党中央周围，更好地认识新常态、适应新常态、引领新常态，干字当头，实字为要，奋力拼搏，扎实工作，为加快建设“两富”“两美”金华努力奋斗！

政府工作报告

——在金华市第六届人民代表大会第六次会议上的报告

(2015年2月3日)

金华市人民政府市长　暨军民

各位代表:

现在，我代表金华市人民政府向大会报告工作,请予审议,并请市政协委员和其他列席人员提出意见。

一、2014年主要工作回顾

过去的一年，是全面深化改革的开局之年,是“五水共治”倒逼转型的攻坚之年,也是新常态下负重拼搏的赶超之年。市政府全面贯彻省委、省政府和市委的各项决策部署,紧紧依靠全市人民,迎难而上,奋发有为,较好地完成了市六届人大五次会议确定的目标任务。全市实现地区生产总值3207亿元,增长8.3%;一般公共预算收入268.9亿元,增长10.9%;城镇、农村常住居民人均可支配收入39807元、18544元,分别增长9.4%和11.3%;以上增幅均居全省前列,保持较好的赶超势头。

(一)经济发展稳中向好。面对经济下行压力,全力打好转型升级“组合拳”,经济发展质量和效益稳步提升。现代农业加快发展。粮食及蔬菜、茶叶、花卉苗木等主要农产品生产稳中有增。新建粮食生产功能区11.9万亩，新增省级现代农业综合园区3个、设施农业1万亩。新增年销售额超亿元农业龙头企业3家、省级示范性家庭农场21家。推广种养结合生态循环模式,畜牧业转型升级步伐加快。农产品质量省级抽检合格率98.6%。东阳获全国粮食生产先进单位。

工业经济提质增效。规上工业增加值945亿元、增长7.4%,单位工业增加值能耗下降9.5%。大力推进“四换三名”和“两化”深度融合,年产值超百亿元园区8个、超百亿元行业17个,其中装备制造业突破1700亿元,战略性新兴产业、高新技术产业增加值分别增长6.1%和8.1%。加快培育大企业大集团和高成长企业,新增上市及新三板、浙江股权交易中心挂牌企业11家，入选中国民营企业500强9家;新增中国驰名商标5件、省著名商标38件、浙江名牌产品36只,企业参与制订国家标准8个、行业标准21个。华铝完成战略重组,吉利发动机等重大项目开工建设。科技创新带动作用进一步增强,新增国家级高新技术企业65家、省级高新技术研发中心32家、省级重点企业研究院6家,规上工业新产品产值增长25.7%。加大招才引智力度，入围国家“千人计划”7人、入选省“千人计划”15人。建筑业总产值突破3000亿元,获评省级建筑强市。房地产业平稳发展。

服务业快速发展。第三产业增加值1559亿元、增长9.5%,占地区生产总值的48.6%,比重提高0.9个百分点。信息网络经济蓬勃发展,建成网络经济园区24个,北大信息科技园开园,浙师大网络经济创业园、电信云计算等重大项目开工建设,新增网络企业1.5万家，实现电子商务交易额2356亿元、软件和信息服务业营业收入330亿元，分别增长29.7%和36%。旅游业发展形势喜人,接待游客和旅游收入分别增长21.7%和26%，过夜游比重稳步攀升,新增武义牛头山等国家4A景区4个、省级旅游度假区1个,兰溪成为全国休闲农业与乡村旅游示范县。文化产业加快发展,入选省级文化产业示范基地(园区)7家,国家级文化出口重点企业5家、省级13家，东阳举办世界工艺文化节和中国木雕博览会。

三大需求拉动有力。完成固定资产投资1595亿元,增长16.9%,省“411”重大项目及省、市重点项目超额完成年度投资计划。进出口总额首次突破400亿美元,跻身“全国外贸百强城市”第24位。社会消费品零售总额1593亿元、网络零售额942亿元,分别增长13.2%和41%。浙(婺)商回归到位资金超300亿元,实际利用外资2.8亿美元,引进投资超10亿元项目14个。完善财政金融政策,支持实体经济发展,新增贷款576亿元,贷款余额增长11.2%。积极防范和化解企业资金链担保链风险,政府应急周转金累计转贷248亿元。

(二)重点改革取得突破。“四张清单一张网”初步建成,市级部门行政权力事项精减54%,财政专项资金整合为37项,制定实施部门责任清单,开展负面清单外企业投资项目不再审批试点,开通政务服务网。行政审批制度改革进一步深化,下放市级审批权限204项,开设"中介服务超市",完善全程代理和集中审批机制。商事制度改革成效明显,推行先照后证、多证联办、证照合办,工商注册实现内资2天、外资3天、简易事项当天办结,新增市场主体11万户、注册资本576亿元,分别增长8%和40.5%。组建市场监管局、卫生计生委,健全基层国土管理等体制。

义乌国际贸易综合改革试点取得重大突破,市场采购贸易方式全面落地,保税物流中心封关运营,航空口岸对外开放,"义新欧"中欧班列开通运行。国家现代服务业综合试点启动实施,首批82个项目完成投资54亿元。商务部四大体系建设试点不断深化。积极参与长江经济带海关区域通关一体化改革,跨境贸易电子商务服务试点成效突出,金义"跨境通"平台日通关量突破4.5万票。低丘缓坡综合开发利用试点取得实效,完成农转用报批和耕地占补平衡,平整土地2.7万亩,供地项目87个。义乌国家新型城镇化和农村改革试验区试点落地。

开展"四破"专项整治,建立健全工业企业亩产效益综合评价、土地差别化管理、低效用地再开发等机制,消化批而未供土地2.4万亩,盘活存量用地1.1万亩。推行企业排污权有偿使用和交易机制。加快推进农村"三权"改革,完成农村土地承包经营权调查,实施1297个村集体经济股份合作制改革,农村宅基地发证登记率74%。扩大林地股份流转和林权抵押贷款试点。武义启动户籍管理制度改革试点。永康创新农村金融自治模式。

(三)环境治理成效明显。以全省"五水共治"现场会为契机,全面打响"保护母亲河"攻坚战,迅速掀起全民治水、全域治水、全力治水的热潮。全面实施十大行动,在全省率先建立挂图作战指挥体系、率先形成河长河道警长全覆盖网络、率先建立跨流域治水联动机制,坚持水岸同治、上下齐治、标本兼治,基本消灭垃圾河,婺城长湖等83条、749公里黑臭河得到重点治理,4个劣Ⅴ类水质断面全部消除,所有县市交接断面水质达到Ⅳ类以上,兑现了"一年灭黑臭"的承诺,可游泳的河越来越多,广大群众由衷点赞。一大批治水重点项目开工建设,新增污水处理能力15.8万吨,城市污水集中处理率91%,提高2个百分点。加固病险水库27座、堤防130公里,整治山塘159座、河道543公里。市第二水厂开工建设。严格管理地下水资源,积极创建节水型城市。加大保护"大水缸"力度,水源涵养生态功能区扩大292平方公里。我市捧回了全省"五水共治"优秀市大禹鼎,东阳、浦江捧回了优秀县大禹鼎,婺城获全国水利先进集体,兰溪获全省水利"大禹杯"金奖。

"三改一拆"形成破竹之势。在全省率先拆除高速公路沿线违法广告牌,全面开展农村非法"一户多宅"、宗教违建场所、违法临时建筑等专项整治,拆除违法建筑1819万平方米,创建无违建乡镇(街道)70个、无违建村(社区)1947个。浦江通过省"无违建县"创建验收。有力推进婺城二七区块、石门农场棚户区改造,加大背街小巷改善力度,完善撤村建居政策体系,城中村改造推行公寓式安置、社区化建设。改造城中村821万平方米、旧住宅区421万平方米、旧厂区370万平方米。

向大气污染宣战。实施治气三年行动计划,开展管车、降尘、控煤、禁燃等十大专项行动,淘汰黄标车和老旧车6万余辆,强化建筑工地、道路扬尘治理,市区PM2.5浓度下降8.6%,空气质量优良天数达到235天,比上年增加30天。

推进城市治堵。实施城市主干道改造提升工程,打通断头路12条,市区一环路、二环路贯通。优先发展公交,开工建设首条BRT(快速公交)线路,新增公共自行车1.2万辆,公交分担率提高到18.5%。加大地下停车场归位整治力度,交通陋习、超限超载等整治取得新进展。

加大农村"三治"力度。开展1802个村生活污水治理,受益农户25.6万户。在75个乡镇1345个村实施农村生活垃圾分类化、资源化、减量化处理。兰溪实行农村卫生收费制度。整治赤膊房172万平方米。建成美丽乡村风景线12条、美丽乡镇14个、精品村60个、秀美村140个,新增省级美丽宜居示范村8个。永康获评全省美丽乡村创建先进县。

(四)都市区建设加速推进。规划共绘工作取得新进展。完成金华–义乌都市区规划纲要、金义东城际轨道交通线位用地控制规划，编制浙中城市群重大基础设施空间一体化规划，完成市区24个专项规划和重点区块控规设计，村庄建设规划覆盖率98.6%。

中心城区建设进一步加强。加快多湖中央商务区建设，完成概念规划编制和核心区块城市设计，万达广场建成开业，一批总部经济项目落户，横塘沿安置小区一期结顶、二期开工，丹溪大桥通车，东市街南延、宾虹路东延等工程进展顺利。湖海塘公园、高山头古城旅游开发项目开工建设，古子城区块开展综合整治，尖峰山区块基础设施加快推进。五百滩公园、燕尾洲公园及八咏桥投入使用，三江六岸成为一道靓丽的风景线。金义都市新区管理体制进一步完善，核心区块环路贯通，满塘湖景观改造一期完工，地下综合管廊、新社区集聚建设工程加快推进，“菜鸟”项目一期建成运营，中国移动·金义信息通信产业园等重大项目开工建设，电商产业园集聚企业120多家，网络经济学院开学。婺城新城区、金东新城区、金华开发区金西区块建设进展顺利。义乌启动丝路新区、陆港新区、科创新区规划建设。加强“信义金华”城市形象宣传。开展乱搭乱建、市场环境秩序等专项整治。市区启动全国文明城市创建，成为国家园林城市，武义、东阳成为省级森林城市，磐安成为省级示范文明县城。东阳开展省级首批美丽县城建设试点。新增14个国家重点镇、9个市级中心镇，永康古山镇列入省级小城市培育试点。

城乡基础设施建设加快推进。杭长高铁开通，全面融入上海两小时交通圈，金华发展跨入“高铁时代”。金温铁路扩能改造项目完成拆迁，金台铁路项目建议书获批。东永高速完成主体工程，杭金衢高速改扩建工程动工，330国道改建、20省道浦江段、永磐公路永康段、42省道磐安段、义兰公路等工程加快推进。开通金兰中线城际直达公交。开工建设衢江航运姚家、游埠枢纽工程。建成两项国家特高压工程，新增110千伏及以上线路228公里。开展智慧城市建设试点，列入“宽带中国”示范城市。加强地下空间开发利用，新开发地下空间401万平方米。

（五）民生事业持续改善。全力办好惠民实事，民生支出占一般公共预算支出的75.8%，十个方面民生实事如期完成。就业社保体系不断完善。新增城镇就业7.6万人，城镇登记失业率2.8%。最低工资、养老、医疗、失业保险、被征地农民基本生活保障和城乡居民低保等标准逐年提高，城乡居民养老、医疗保险参保率分别达97%和98.8%，救助医疗困难群众3.2万人次。社会养老服务体系进一步健全，新增居家养老服务照料中心1553家、机构养老床位3222张，金东获评中国养老模式创新十佳典型。保障性安居房建设加快推进，新开工23390套，竣工5327套。改善农村饮水条件，惠及人口18.5万。做好扶贫工作，促进山区加快发展。

加快发展社会事业。投入2.8亿元改造薄弱学校29所，标准化中小学校比例达66%，婺城、金东、东阳、义乌、浦江、磐安通过全国义务教育发展基本均衡县验收，兰溪、永康、武义通过省级验收。全面实施公立医院综合改革，深化基层医疗卫生事业“四改联动”，基本形成“20分钟医疗服务圈”，公立医院药品收入占比下降4.7%，基层医疗机构业务量增长15%。“单独两孩”政策落地实施，出生人口性别比实现六连降。文化事业繁荣发展，文化惠民工程深入实施，新建成农村文化礼堂221家，举办“欢乐金华”百姓文化节，新增国家级非遗名录项目4个，浦江嵩溪等百个历史文化古村落保护利用取得新进展。武义延福寺修复工程启动。体育赛事和群众健身活动广泛开展。

创新社会治理体系。8890“市域一张网”实现市、县、乡三级联动，受理市民诉求12.9万件，办结率和回访满意率99%以上，基本建成应急类报警打110、非应急求助找8890、社会力量参与公共服务的社会治理新机制。健全社会治安防控体系、重大决策社会稳定风险评估机制，加强信访、调解和社区矫正工作，组建网络经济法律服务中心和矛盾纠纷调处中心，刑事发案量下降4.9%，平安金华建设向纵深推进。强化食品药品安全监管和基层责任网络建设，建成农产品安全快速检测室170个，放心农贸市场21家，主城区实现家禽定点屠宰杀白上市。完善安全生产责任体系，开展重点领域打非治违专项行动，强化涉爆粉尘行业整治，关闭涉爆金属粉尘企业101家、整改272家。

全面发展老龄、慈善、残疾人和关心下一代事业。支持工会、共青团、妇联等人民团体开展工作，加强民族、宗教、外侨、对台、气象、民防、统计、档案、地方志、仲裁、应急管理等工作。支持国防和军队建设，实现省级双拥模范城五连冠。深化援疆、援藏、援青及“双对口”工作。完成第三次经济普查。

过去一年，市政府按照中央和省委、市委的部署，深入开展以为民务实清廉为主题的群众路线教育实践活动，聚焦“四风”问题，开门听取意见，深入开展批评和自我批评，立说立行、带头抓好34项问题的整改落实。积极回应基层和群众诉求，开展农村(社区)机构牌子多、创建活动多、考核检查多等专项整治，破解了一批历史遗留问题。完成市级机关公车改革，规范公务接待标准，清理腾退办公用房2.2万平方米。“三公”经费支出下降38.6%。加大政务公开力度，推进预决算信息公开，审计监督进一步加强。认真落实人大决定决议，自觉接受人大法律监督和工作监督、政协民主监督和群众社会监督，建立代表委员列席市政府常务会议制度。扎实办理人大代表建议288件、政协提案426件。

各位代表，过去一年，我市取得的成绩来之不易，这是省委、省政府和市委正确领导的结果，是全市人民共同努力的结果。广大干部尤其是基层干部蛮拼的。在此，我代表市人民政府，向全市人民，向市人大代表、政协委员，向离退休老干部，向各民主党派、工商联、人民团体和社会各界人士，向驻金解放军和武警部队官兵，向中央和省驻金单位，向所有关心支持金华发展的朋友们，致以崇高的敬意和由衷的感谢！

同时，我们也清醒地认识到，经济社会发展和政府工作还存在不少问题，主要是：经济结构性矛盾仍然突出，创新能力不足，发展平台不优，投资后劲不强，产业转型升级处在阵痛期；资源环境压力加大，环境容量和节能降耗空间不足，治水治气治堵任务依然艰巨；城乡基础设施承载力不足，背街小巷、城乡结合部环境治理滞后；生产安全、食品安全还存在薄弱环节；政府职能转变还不到位，法治思维尚未完全确立，依法行政能力有待加强，重审批轻监管、重执法轻服务的现象仍然存在，“四风”问题存在反弹的风险。我们将正视问题，采取有力措施，切实加以改进。

二、2015年目标任务和重点工作

2015年是全面深化改革的关键之年，是全面推进法治建设的开局之年。做好今年工作既有许多有利条件，也面临不少困难挑战。当前，我国经济发展进入新常态，呈现增长速度变化、经济结构优化、发展动力转化的特征。我们要主动适应新常态，积极谋求新发展，着力在转型升级上下更大功夫，努力打造更有效率的政务生态系统、更有活力的创业创新生态系统、更有魅力的自然生态系统、更加和谐的社会生态系统。

今年政府工作的总体要求是：**全面贯彻党的十八大和十八届三中、四中全会精神，认真落实省委、省政府和市委的决策部署，以“八八战略”为总纲，以提高发展质量和效益为中心，坚持稳中求进工作总基调，狠抓改革攻坚，强化创新驱动，突出环境治理，加快转型升级，统筹城乡发展，持续改善民生，全面深化法治金华建设，全面完成“十二五”目标任务，为建设“两富”“两美”现代化金华奠定更加坚实的基础。**

建议2015年全市经济社会发展主要预期目标：地区生产总值增长8%左右，一般公共预算收入增长8.5%以上，城乡常住居民人均可支配收入增长9.5%以上，节能减排等约束性指标完成省定目标任务。

围绕以上目标要求，重点抓好八个方面的工作：

(一)抓改革，不断增强发展活力。以改革统领经济社会发展全局，用政府权力的“减法”换取市场活力的“加法”。主动对接国家战略。积极融入“一带一路”、长江经济带国家战略，认真编制“十三五”经济社会发展规划，谋划好重大平台、重大项目、重大举措。全力推进“义新欧”中欧班列常态化运行，扩大与“一带一路”沿线节点城市的交流合作，发展公铁联运、海铁联运、江海联运，深化国际贸易合作。主动接轨上海自贸区，加强制度创新，承接先进制造业转移和智力输出。抢抓杭长高铁开通的契机，大力发展“高铁经济”。积极参与长江经济带海关区域通关一体化、丝绸之路经济带检验检疫一体化改革，加快“大通关”建设，积极申报金义综合保税区。加强金义“跨境通”平台建设，完善电子口岸功能，积极开展跨境电商进口试点，规划建设跨境电商园区。加快设立义乌国际邮件互换局和国际邮件交换站。加快推进国家改革试点。全面实施义乌国际贸易综合改革试点第二个三年计划,深化贸易、投融资、物流、通关、公共服务等便利化改革,创新监管制度,推动一般贸易、市场采购、跨境电商融合发展。加快推进国家现代服务业综合试点,创新投融资体制,加强特色平台和项目建设。认真抓好低丘缓坡综合开发利用试点。加快义乌国家新型城镇化和农村改革试验区试点。深入推进要素市场化配置改革。总结东阳、浦江等省级扩面试点做法,加大“四破”整治力度。完善亩产效益评价、差别化要素配置、低效用地退出机制,推行工业用地分阶段出让、全生命周期管理,提高亩均产出率。积极开展工矿废弃地复垦利用试点。深化投融资体制改革,推广政府与社会资本合作模式,完善利用社会资本建设大项目的体制机制, 用好政府债券融资杠杆,引导社会资本投向基础设施和社会事业。落实生态环境财政奖惩制度,探索建立与污染物排放总量挂钩的水环境区域补偿机制。推进国资国企改革和整合重组。建立重大产业发展引导基金,探索建立新型金融组织。不断深化城乡体制改革。加快推进宅基地确权登记发证工作,实现土地承包经营权确权登记全覆盖,完善农村宅基地有偿使用、退出机制,加快实施村级集体经济股份制改革,建设农村综合产权交易平台。推进不动产统一登记工作。深化户籍管理制度改革。

(二)稳增长,继续保持赶超态势。坚持量质并举,努力实现平稳健康发展。强化投资在稳增长中的关键作用。优化投资结构,抓好基础设施、发展平台、主导产业、技术改造、社会民生和生态环保等六大领域投资, 实施工业技改投入三年倍增计划,推进城中村改造、“五水共治”双百亿投资计划。重视浙(婺)商回归、利用外资、对接央企工作,强化产业链招商、平台招商和环境招商,重点抓好一批重大项目的招商和合作。重视项目谋划储备,加强项目前期工作。强化出口在稳增长中的支撑作用。依托义乌国际贸易改革,带动出口持续增长。加大对出口基地、出口品牌、企业参展、外贸综合服务平台的支持力度,大力发展进口和加工贸易,促进进出口平衡发展。强化消费在稳增长中的基础作用。打造特色商业街区,办好浙中购物节,建设浙中商业购物中心,积极培育网购、旅游、健康、体育、文化等消费热点。强化实体经济在稳增长中的主体作用。加快实施大企业大集团和高成长企业培育计划,大力推进“个转企、小升规、规改股、股上市”,着力培育100家大企业大集团、100家高成长企业, 新增股份公司50家以上,“个转企”1000家、“小升规”200家以上。实施小作坊清洁生产三年行动计划。加大小微企业扶持力度,创新落实企业减负政策,放水养鱼,提升小微企业生存能力和竞争能力。积极化解企业资金链担保链风险, 着力提升企业抗风险能力。加强政银企合作,对诚信企业推行银行贷款年审制。综合施策,促进建筑业、房地产业平稳健康发展。深化财政体制改革,加强政府债务管理。

(三)调结构,构建现代产业体系。对接全省七大万亿产业发展导向,按照“一个产业,一个规划,一套政策,一个班子”的工作要求,完善推进机制,健全服务体系,重点培育发展“五大千亿产业”。大力发展信息网络经济。重点培育电子商务、信息软件、通信服务、电商物流、互联网金融产业和云产业,加快菜鸟·金义电子商务新城、浙师大网络经济创业园、北大信息科技园等建设,大力引进国内外知名网络企业,强化上下游产业配套,推进网上网下市场融合,加快建设全国网商集聚中心、网络经济强市,力争网络零售额、软件信息服务业营业收入和电子信息制造业产值合计超2000亿元。大力发展先进装备制造产业。做大做强新能源汽车、汽车及零部件、新型农机装备、高档数控机床、智能电子技术设备等行业,加快推进新型建筑工业化,以信息化提升装备水平,改造工艺流程,促进生产智能化、制造业高端化,力争产值突破2000亿元。大力发展健康生物医药产业。加快建设金华现代生物医药产业园、武义有机国药产业养生园,培育康恩贝健康产业带,打造医药电商物流平台,努力引进知名医药企业和研发机构, 支持新药研发和产业化,加快建设浙中特色医药产业基地, 力争总产值超600亿元。大力发展文化影视时尚产业。培育壮大网络服务、影视创作、文化创意、工业设计、服装服饰、工艺书画等特色行业,加快横店影视文化产业实验区建设,办好义乌文交会、东阳木雕博览会、浦江书画节等展会,促进文化与产业融合发展,创建文化产业品牌，提升文化产业比重，增强文化软实力，力争营业收入超2000亿元。大力发展休闲旅游服务产业。合力打响五大主题旅游品牌，重视特色旅游产品开发，推进景区串点连线成片，谋划大金华山旅游开发。加快发展“美丽经济”，促进休闲旅游与传统村落文化的融合，培育乡村民宿、养生养老、运动休闲等产业，力争旅游人数和收入均增长16%以上。

（四）重创新，不断提升发展质效。强化创新驱动发展，推动大众创业万众创新。搭建好创新平台。按照“七位一体”的目标定位，规划建设金华国际科技城，加快启动中德科技园建设，做优做强中科院金华科技园、金华国家农业科技园区、永康现代农业装备高新区、武义科技城等。以工业强县（市）、工业强镇为重点，整合优化提升各类产业集聚区、开发区和工业园区，加快总部经济、信息经济和服务业集聚区建设，整体推进产业集聚、产业创新和产业升级。永康规上工业产值力争突破千亿元，支持义乌、兰溪、东阳等工业强市争先进位。加快建设大数据、云计算、云服务等信息网络技术平台，以及汽车零部件、五金门业、红木家具、棉纺织等质检中心，大力引进中小企业跨境电商云平台。培育好创新主体。实施“机器换人1168工程”，抓好“两化”融合示范企业、“三名”试点企业。支持企业研究院、高新技术研发中心建设，用好产业基金、创业投资引导基金，新认定国家级高新技术企业60家以上，实现R&D（全社会研究与试验发展经费支出）占地区生产总值比重2%以上，发明专利授权630件以上。转化好创新成果。坚持“企业主体、市场主导、政府主推”，鼓励大院名校在金设立技术转移中心、中试基地、试验中心、数据中心。大力发展网上技术市场，加快院士专家工作站、博士后科研工作站、海外高层次人才创业创新基地建设。开展全国质量强市示范市创建工作。集聚好创新人才。深入实施“千人计划”、“双龙计划”，加强海外人才及外国专家对接与项目合作，成立人才银行。引进高端人才1000人、紧缺急需人才1万人以上，新培养高技能人才2万人以上，争创信息网络、文化影视领域人才管理改革试验区。

（五）治环境，加快美丽金华建设。坚持生态优先，倒逼产业转型，继续强力推进城乡环境综合整治。抓治水，让水清起来。实施“全面提水质”十大工程，消除干流劣V类断面，做好水质保持和提升工作，创建省“清三河”达标县4个以上。实施好286个治污水项目，推进河流沿岸排污口整治，加快城乡截污纳管建设、污水处理厂提标改造，推行第三方运营模式。依法整治印染、化工、造纸、电镀等重污染高耗能行业。加大农业面源污染治理力度，严格执行禁养区、限养区、宜养区规定，加快畜牧业转型升级。实施永久性基本农田土壤治理三年行动计划。完善水源涵养生态功能区政策，加强饮用水源保护。加快实施重点供水工程，市第二水厂2016年6月建成使用。加大水库堤防除险加固和中小河流治理力度，做好防汛抗旱工作。推进节水型城市建设。加快城市排水管网建设改造，试点中水回用。治气尘，让天蓝起来。实施燃煤电厂清洁排放技改三年行动计划，力争2017年所有燃煤电厂和热电厂实现清洁排放。加快燃煤锅炉、工业窑炉、水泥企业等清洁排放技术改造。落实高污染禁燃区制度，关停搬迁大气重污染企业，全面治理餐饮油烟、干洗业废气。市区二环路以内除除夕、正月初一和十五外，禁止燃放烟花爆竹，2016年实现全面禁燃。加大新能源汽车推广力度。实现建筑工地、矿山扬尘控制措施全覆盖，提高城市道路机械化清扫率，市区主要道路实现24小时保洁。加强对雾霾天气的监测预警。治拥堵，让出行畅起来。扎实开展交通治堵“五大行动”，市县联动治理超限超载。改造优化路网节点，打通断头路。坚持公交优先发展，加快实施BRT（快速公交）项目，加强公共自行车、公共停车场运营管理，倡导文明出行、绿色出行。抓拆改，让城乡美起来。深入开展“无违建”创建活动，力争新创建“无违建县”1个、“无违建乡镇（街道）”20个。大力推进二七区块、石门农场棚户区改造工程，加大背街小巷改善力度，新启动37个城中村改造，其中市区14个。深入开展乱搭乱建、农村非法“一户多宅”等专项整治，完成高铁、高速公路、国道沿线环境整治，拆除违法建筑300万平方米以上，改造城中村210万平方米、旧住宅区120万平方米、旧厂区75万平方米。

（六）建精品，提升新型城镇化水平。认真落实市人大常委会关于深入推进新型城镇化的决议，高标准推进城市规划、建设和管理工作,加快建设精品城市。强化规划引领。按照金华-义乌都市区规划纲要和建设电商新城、丝路新起点、先进装备制造基地、休闲旅游度假基地的目标定位,优化“一轴两带”基础设施空间布局、城镇布局、产业布局,逐步健全中心城市、卫星城市、中心镇和特色镇、中心村和特色村四级规划体系,进一步完善中央商务区、新城区、产业集聚区、生态涵养区等主体功能区规划,编制城市群重大基础设施和配套设施专项规划,强化城市设计,推进“多规合一”。建设中心城区。加快多湖中央商务区开发,构建“三纵四横”道路框架,推进浙中总部经济中心、地区金融服务中心、城市商务创意中心、金华科技文化中心和都市生态游憩中心建设,做美做靓三江六岸景观。加快推进湖海塘、尖峰山、古子城、石门农场等功能区规划建设。推进婺城新城区、金东新城区、金华开发区金西区块建设,完善功能配套,加快产业集聚,提升人气商气。加快金义都市新区建设,重点培育电子商务、现代物流、科技研发和文化创意产业,办好网络经济学院,促进产城融合发展。高标准规划建设义乌丝路新区、陆港新区、科创新区。深化智慧城市、“光网城市”和“宽带中国”示范城市建设。提升城市地下空间开发利用水平。放大同城效应。深入实施都市区建设三年行动计划,统筹推进交通、供水、供电、供气、环保、旅游、通讯等基础设施共建共享、互联互通。加快金温铁路扩能改造工程建设,开工建设金台铁路,加强甬金铁路、金建铁路、金义东城际轨道交通项目前期工作。加快铁路金华站南站房、货场搬迁项目建设,规划建设浙中公铁联运港。统筹推进杭金衢高速改扩建、临金高速、杭绍金台高速、330国道改建、汤九线、金义中线、金兰中线、金义永公路、351国道东磐段等项目建设。加快衢江航运开发。实施永康等输变电工程。加强城市治理。巩固国家卫生城市创建成果,以创建全国文明城市、国家森林城市为载体,以洁化、绿化、美化、亮化、序化、文化为主要内容,加快建设精致集约有内涵的城市。加强市容市貌、市政设施等标准化、精细化管理,完善网格化管理体系。挖掘历史人文资源,打好名人文化牌。

(七)强“三农”,促进城乡统筹发展。全面加强农业、农村、农民工作,积极推进城乡一体化。加快转变农业发展方式。加强粮食生产功能区和现代农业园区建设,加快农业科技创新,推动多种形式的农村土地流转,鼓励工商资本投资发展设施农业,加快发展绿色生态农业。大力发展旱粮生产。认真抓好“米袋子”“菜篮子”工程。推行农牧结合生态养殖模式,在宜养区扶持生态规模养殖场建设。制订火腿、酥饼、宣莲等传统产品质量标准体系,打响金华有机农业、精品农业、特色农业品牌。扶持发展家庭农场等新型农业主体。培育特色小镇和魅力乡村。统一规划布局,分批分类实施,突出生态休闲、文化体验、新兴产业、传统经典产业等特色,启动婺城环保小镇、磐安江南药镇等10个特色小镇建设。加快小城市培育和中心镇发展,推进城镇基础设施、基本公共服务向农村延伸,有序推进愿意进城的农民转化为城镇居民。深入推进美丽乡村建设,继续实施“12510”精品培育计划,启动“浙中民居”样板建设试点和9条风景线、45个精品村、90个秀美村创建。加大古村落、古民居、古建筑及非物质文化遗产的保护力度,推进20个有故事的魅力乡村建设。促进农民持续增收。加强农民职业技能培训,提升发展来料加工业,支持农民创业基地建设。大力发展农村电子商务,加快建设农产品网络销售平台。加强山区经济发展和精准扶贫工作。支持磐安生态功能区建设,促进金磐扶贫开发区提升发展,加快改善武义柳城、兰溪水亭等民族乡镇生产生活条件。

(八)惠民生,持续增进人民福祉。坚持把惠民利民作为改革发展的出发点和落脚点,实现发展成果更多更公平地惠及全体市民。加强就业社保工作。完善促进就业、鼓励创业、自主择业的政策体系和服务机制,做好高校毕业生等各类群体就业。健全企业工资集体协商制度和最低工资标准调整机制,适时提高基本养老保险待遇标准和城乡居民低保标准,促进城乡居民普遍增收。实施全民参保登记,完善“五费合征”政策,实现应保尽保。推进城乡居家养老照料中心全覆盖,探索“家院互融”新模式,提高养老保障水平。完善社会救助体系,保障困难群众基本生活。推进社会事业改革发展。深化教育改革,提升办学理念,加强师资建设,塑造校园文化，加快推进教育现代化。实施第二轮学前教育三年行动计划。强化学校规划、设计、建设和管理，加大标准化中小学校建设力度，高标准推进义务教育均衡化。提升高中教育质量。推进中职教育特色化发展。实施特殊教育提升计划。支持浙师大、上海财大浙江学院等在金高校发展，办好金华职业技术学院、义乌工商学院等。扶持和规范发展民办教育。深化公立医院改革和基层医疗卫生绩效改革，推行分级诊疗和责任医生签约制度，推进市县中心医院与乡镇社区医院建立双向转诊、资源共享、优势互补的紧密型医联体。加强疾病防控基础建设。加强出生人口性别比综合治理，提升流动人口计生服务水平。大力实施文化惠民工程，推动非遗保护和农村文化礼堂建设，举办施光南音乐节，承办“三月三”畲族文化节，启动编撰金华历史文化系列丛书。开展群众性体育活动，发展体育事业。深入实施妇女儿童发展规划。加快发展老龄事业。加强灾害预警和应急管理工作。创新基层社会治理。推进“信义金华”建设，倡导契约精神，弘扬公序良俗，构建以企业信用为重点的社会诚信体系。深化8890“市域一张网”建设，整合社会资源，完善系统功能，提高专业化、市场化、社会化服务水平。强化普法宣传教育，增强全民法治观念。深化平安金华建设，完善立体化社会治安防控体系，健全矛盾纠纷预防化解机制。加强社区工作者队伍建设，改善工作条件，提升社区公共服务水平。规范发展社会组织，发挥村规民约等积极作用，提升基层自治水平。做好安全生产工作，落实企业主体责任，推进安全生产标准化。加强食品药品安全监管，重视网络安全等工作。办好十方面实事。加大财政投入，切实办好治污清水、气尘合治、公交优先、教育提升、救助保障、扩大就业、食品药品安全、老有所养、文化惠民、城乡公共服务水平提升等十方面民生实事。同时，进一步做好民族、宗教、外侨、对台、民防、气象、统计、档案、地方志、文物保护以及关心下一代等工作。争创全国双拥模范城三连冠。做好援疆、援藏、援青及“双对口”工作。

三、加快建设法治政府

认真贯彻落实十八届四中全会精神，加快建设职能科学、权责法定、执法严明、公开公正、廉洁高效、守法诚信的法治政府。

加快转变政府职能。坚持法定职责必须为、法无授权不可为，强化依法履职意识，推进政府机构、职能、权限、程序、责任法定化。建立健全“四张清单”动态调整机制，拓展政务服务网功能。深化商事制度和行政审批制度改革，清理审批前置条件，试行“一口式”受理服务，实施“三证合一”登记制。培育和规范中介机构，促进中介服务环节减少、时间压缩、费用节省。全面实行负面清单外企业投资“零地”项目不再审批制度，企业独立选址项目高效审批，非独立选址项目建立市场化要素供给机制。建立健全事中事后监管制度。深化政府购买公共服务改革，落实政府购买法律服务制度，加大政府网上采购力度。依法完善招投标制度，构筑企业法人、中介机构诚信体系，实施“红名单”“黑名单”制度，建立守法诚信褒奖机制和违法失信惩戒机制。

健全依法决策机制。建立市政府常务会议学法制度，完善领导干部任前法律考试制度，开展公务人员法律知识更新培训，提升依法决策、依法行政、依法治理的能力和水平。严格执行重大行政决策公众参与、专家论证、风险评估、合法性审查、集体讨论等法定程序。重大决策出台前向人大报告、与政协协商，建立健全重大决策人大代表、政协委员参与机制。加强规范性文件的合法性审查和备案工作，强化对公共资源利用合同的合法性审查及备案，探索建立重大决策跟踪评估机制。大力推行政府法律顾问制度，加强市、县、乡三级政府法律顾问队伍建设。

规范行政执法行为。推进行政执法体制改革，科学划分执法权限。推进综合执法，减少执法队伍种类，开展跨部门综合执法试点，加快推进乡镇综合执法工作，完善开发区、风景旅游区、水源保护区综合执法体制。落实行政执法责任制，规范管理辅助执法人员。加大对环境保护、城市管理、“五水共治”、“三改一拆”等重点领域执法力度，依法严惩违法行为。落实行政执法案件主办人制度、案件审核制度和重大执法决定法制审核制度。严格执行行政执法自由裁量基准制度。

加大政务公开力度。坚持以公开为常态、不公开为例外原则，推进决策公开、执行公开、管理公开、服务公开、结果公开。向社会全面公开政府职能、法律依据、实施主体、职责权限、管理流程、监督方式等事项。公开行政审批全流程以及行政处罚案件的类别、处罚依据、处罚结果。进一步推进行政权力运行、财政预决算、公共资源配置、公共服务、公共监管、重大项目建设批准和实施、社会公益事业建设等重点领域信息公开。做好政府信息依申请公开工作。

加强作风建设和廉政建设。巩固扩大党的群众路线教育实践活动成果,继续认真落实中央八项规定,严格控制公务消费,深化公务用车改革,坚决遏制“四风”反弹回潮。扎实开展“三严三实”专项教育,强化担当意识和创新精神,全面落实工作责任制和责任追究制,切实增强政府执行力。健全廉政风险防控机制,强化执法监察、廉政监察和效能监察,加强审计监督,重点做好公共资金、国有资产、国有资源和领导干部履行经济责任情况审计工作,把权力关进制度的笼子里,做到干净干事。

各位代表,主动接受监督是建设法治政府的重要内容。市政府将坚决贯彻执行人大及其常委会的决议决定,及时主动向人大及其常委会报告工作。主动接受政协民主监督,自觉接受司法监督、舆论监督和公众监督,广泛听取民主党派、工商联、无党派人士、人民团体和各界人士的意见建议。认真办理提案议案和意见建议,加大领导领衔办理、直接办理力度,改进办理方式,提高办理质量,让广大人民群众更加满意。

各位代表,新的一年,我们站在了新的起点上,责任重大、使命光荣。让我们紧密团结在以习近平同志为总书记的党中央周围,在省委、省政府和市委的坚强领导下,紧紧依靠全市人民,牢牢把握新常态新趋势新机遇,齐心协力,开拓进取,为干好“一三五”、实现“四翻番”,加快建设“两富”“两美”现代化金华而努力奋斗!

中共金华市委关于
建设美丽金华创造美好生活的决定

（2014年7月14日中国共产党金华市第六届委员会第七次全体会议通过）

为深入贯彻党的十八大、十八届三中全会和习近平总书记系列重要讲话精神，认真落实省委十三届五次全会的决策部署，全力创建美丽浙江建设环境综合整治示范区，建设美丽金华、创造美好生活，努力迈向社会主义生态文明新时代，作出如下决定。

一、建设美丽金华、创造美好生活的目标要求

（一）建设美丽金华、创造美好生活的重大意义。建设美丽金华、创造美好生活，是深入贯彻落实中央和省委重大部署的具体实践。党的十八大以来，以习近平同志为总书记的党中央站在战略和全局的高度，对生态文明建设提出一系列新思想新论断新要求，为努力建设美丽中国，实现中华民族永续发展，走向社会主义生态文明新时代指明了前进方向和实现路径。省委十三届五次全会作出关于建设美丽浙江、创造美好生活的决定。全市上下要深刻领会、全面贯彻中央和省委决策部署，把生态文明建设放在突出位置，把建设美丽金华、创造美好生活作为重要工作指针，作为提升“两富”现代化金华的重要内容，贯穿于经济社会发展全过程。

建设美丽金华、创造美好生活，是加快转变经济发展方式、实现高质高效发展的必由之路。习近平总书记强调，保护生态环境就是保护生产力，改善生态环境就是发展生产力。当前，我市经济正处在宏观政策调整期、结构调整阵痛期、增长速度换挡期的“三期”叠加阶段，资源环境条件的约束性增强，粗放式发展方式已经难以为继，必须把发展生态经济和改善生态环境作为核心任务，加快推进经济转型升级，走出一条科技含量高、经济效益好、资源消耗低、环境污染少的发展路子，实现保护与发展双赢，为建设美丽金华、创造美好生活奠定坚实基础。

建设美丽金华、创造美好生活，是改善生态环境、不断满足人民对美好生活新期待的重大举措。习近平总书记提出“人民对美好生活的向往，就是我们的奋斗目标”。人民对美好生活的向往，既体现为生产集约高效、生活宜居适度、生态山清水秀，也体现为百姓生活富足、人文精神彰显、社会和谐稳定。必须坚定“绿水青山就是金山银山”的发展思路，把解决影响可持续发展和危害人民群众身体健康的突出环境问题作为着力点，认真抓紧抓实抓好各项工作，一任接着一任干、一张蓝图绘到底，不断满足人民对美好生活新期待。

（二）建设美丽金华、创造美好生活的总体要求。坚持以邓小平理论、“三个代表”重要思想、科学发展观为指导，认真贯彻党的十八大、十八届三中全会和习近平总书记系列重要讲话精神，按照省委十三届五次全会的部署要求，围绕“百姓富裕、浙中崛起”总目标，坚持生态市建设方略，把生态文明建设融入经济建设、政治建设、文化建设、社会建设各个方面和全过程，以创建美丽浙江建设环境综合整治示范区为突破口，全面深化改革，加快经济转型，加强环境治理，改善人居环境，培育生态文化，强化制度保障，形成人口、资源、环境协调可持续发展的空间格局、产业结构和生产生活方式，努力实现天蓝、水清、山绿、地净，加快建设富饶秀美、和谐安康、人文昌盛、宜居宜业宜游的美丽金华。

（三）建设美丽金华、创造美好生活的主要目标。建设美丽金华、创造美好生活是一项具有系统性、长期性、艰巨性的历史任务，需要确定阶段性工作目标，有步骤地推进。

到2015年，美丽金华建设各项基础性工作扎实开展，环境综合整治取得明显成效。基本完成国土空间规划体系和主体功能区、环境功能区布局，初步建立比较完善的美丽金华建设体制机制和组织领导保障体系；低消耗、低排放、高附加值产业结构加快形成，生态经济成为经济增长新亮点；“五水共治”有力推进，垃圾河、黑河、臭河整治成效显著，基本消除劣Ⅴ类水，县以上城市集中式饮用水源地水质达标率、污水处理率分别达到100%、88%；“三改一拆”持续深入，大气环境逐步改善，土壤污染有所遏制，城乡生态环境质量进一步提高。市“十二五”规划确定的单位生产总值能耗、主要污染物排放、民生保障和社会公平等指标全面完成。

到2017年,美丽金华建设取得明显进展,美丽浙江建设环境综合整治示范区基本建成。全市空间开发格局更加科学合理,水和大气环境质量有效改善,主要河流水质达标率以及人均公共绿化面积有较大提高,土壤污染防治行动和土壤修复工程全面推进,环境健康安全体系初步建立;构建绿色循环低碳的现代产业体系取得重大进展,主要污染物排放量和能源消耗强度在“十二五”基础上进一步下降;生态文明行为习惯在全社会积极养成,人居环境质量有效改善;就业、教育、医疗、养老、住房等方面社会保障和基本公共服务进一步加强和改善。市第六次党代会确定的生态环境质量、人民生活品质、社会文明程度等方面的目标全面完成。

到2020年,初步形成比较完善的生态文明制度体系,生态文明建设主要指标和各项工作进入全省先进行列。以水、大气、土壤和森林绿化美化为主要标志的生态系统初步实现良性循环,全市生态环境面貌出现根本性改观。城乡统筹发展指数、城乡居民收入、居民健康指数、生态环境指数、文化发展指数、社会发展指数、社会保障指数、农民权益保障指数等达到预期目标。

在此基础上,再经过较长时间努力,实现科学发展美、自然生态美、人居环境美、人文行为美、生活幸福美,建成富饶秀美、和谐安康、人文昌盛、宜居宜业宜游的美丽金华。

(四)建设美丽金华、创造美好生活的重点工作。 近期主要在以下五个方面取得突破:深入开展“五水共治”、雾霾治理、城市交通拥堵治理、城乡垃圾处理以及餐饮业污染治理等专项行动,在回应与人民群众生活生命质量密切相关、反映强烈的突出问题上取得突破;深入开展“四换三名”、“四破攻坚”、节能减排、循环经济培育、重污染高耗能行业整治提升专项行动,在加快产业转型升级、实现保护与发展双赢上取得突破;深入开展绿色城镇创建、美丽乡村建设、“三改一拆”、“四边三化”等专项行动,在进一步改善全市城乡面貌上取得突破;深入探索建立和实施生态保护红线划定、资源要素市场化配置约束激励机制、环境准入和环境监管制度、考核评价体系调整等专项改革,在构建生态文明制度体系上取得突破;深入开展就业、教育、医疗、养老、住房等社会保障和基本公共服务提升专项行动,在保障和改善民生上取得突破。力争三年内,全市流域整体水质基本达到水环境功能区要求,跨行政区域河流交接断面水质达标率80%以上;细颗粒物(PM2.5)浓度比2013年下降20%以上,年优良空气天数达到250天以上;市区城市公共交通分担率达到30%以上,专用停车位新增2万个;规划保留的行政村、自然村生活污水和垃圾集中处理实现全覆盖,实施生活垃圾分类处理的行政村达到60%以上;完善从田头到餐桌食品安全全程管控体系,餐桌安全问题得到有效整治,在生态文明领域取得惠民利民的实际成效。

建设美丽金华、创造美好生活,各县(市、区)都要积极努力,突出重点,彰显特色。金华市区、义乌市要成为美丽金华建设先行区,重点在提升城市形象和生态竞争力上取得显著成效;东阳市、永康市要成为美丽金华建设经济转型升级示范区,重点在加快产业转型升级,实现经济社会和环境资源协调发展上取得显著成效;兰溪市、浦江县要成为美丽金华建设水环境综合治理示范区,重点在推进“五水共治”、建设江南水乡上取得显著成效;武义县、磐安县要成为美丽金华建设重要生态屏障,重点在生态环境保护、生态经济发展和生态文化培育上取得显著成效。

二、建设美丽金华、创造美好生活的主要任务

(五)加快推进经济转型升级,彰显科学发展之美

推进县域经济向都市区经济转型。围绕“一轴两带”空间布局,编制金华-义乌都市区规划纲要,统筹抓好都市核心区、县域中心城市、小城市、中心镇和特色镇的规划建设。发挥产业集聚区、经济开发区、工业功能区等平台作用,优化区域产业发展格局,培育发展现代产业集群。落实浙江省主体功能区规划,编制环境功能区划,出台加强生态环境空间管制的若干意见,实施财政、土地、产业、环境等差别化区域政策,逐步形成人口、经济、资源、环境相协调的空间开发总体格局。

打好转型升级“组合拳”。深入实施“五水共治”“四换三名”“四破攻坚”“三改一拆”等行动,倒逼经济转型升级,形成有利于节约资源、保护环境的现代产业体系。推进信息化和工业化深度融合,积极培育装备制造、生物医药、新能源汽车、电子信息、节能环保、新能源、新材料等战略性新兴产业和高新技术产

业。促进建筑业工业化发展。推进先进制造业和现代服务业融合发展，大力发展综合物流、商务会展、电子商务、金融服务等现代服务业，培育做大影视文化产业，促进旅游业联动发展。积极争创全国现代服务业综合试点城市。加快发展网络经济，积极创建网上自由贸易试验区，不断拓展转型升级和创新发展空间。扎实推进现代农业园区和粮食生产功能区建设，大力发展生态循环农业。

强化创新驱动发展。全面实施创新驱动发展战略，加快建设创新型城市，扎实推进质量强市、品牌强市和标准强市建设，破除低端制造、传统市场、同质竞争路径依赖，实现“金华制造”向“金华创造”转变。加快创新平台建设，着力推进产学研协同创新，扶持培育一批科技型企业。加强知识产权保护，推进节能环保领域先进成熟技术成果转化和推广应用。大力实施“千人计划”“双龙计划”，培养和引进创业创新领军人才和团队。

发展绿色循环低碳经济。积极构建以低能耗、低污染、低排放为基础的低碳经济发展模式，促进生态保护与经济发展的协调融合，加快发展美丽经济。扎实推进工业园区生态化、循环化改造，全面推行清洁生产审核，壮大节能环保产业，提高再生资源综合利用水平。加强水资源开发利用管理，完善水资源配置机制，全面提高用水效率，加快建设节水型社会。发展现代林业经济，带动山区林农增收致富。鼓励企业开发绿色低碳产品，建立实施绿色采购消费政策。

（六）切实加强环境综合治理，彰显自然生态之美

抓“五水共治”让水更清。把“五水共治”作为重大战略常抓不懈，形成规划指导、项目跟进、资金配套、监理到位、考核引导、科技支撑、规章约束、指挥统一的保障机制。坚持治污先行，加快整治垃圾河、黑河、臭河，实现“一年灭黑臭、两年提水质、三年可游泳”目标。实行最严格的水环境监管，全面落实“河长制”，深入推进重点行业、重点流域、主要污染河段的污染整治，坚决关停淘汰、整治提升化工、印染、造纸、制革等重污染行业，促进种养殖业集聚化、规模化、生态化经营和污染物集中化、无害化处理。加强城镇污水处理设施建设和管理，提高污水处理能力和效果。加大水利基础设施和重大水利工程建设和管理，完善城市排涝管网设施，解决防汛防台抗旱突出问题。大力实施河道生态修复工程，加大水源涵养区保护力度，强化饮用水源安全保障，健全完善水质监控、超标预警和应急处置机制。加强全社会节水教育，坚持节约用水、科学用水。

抓雾霾治理让天更蓝。制订实施《金华市大气污染防治行动实施方案》，认真落实十大行动的任务举措。严格控制煤炭消费总量，大力推进“煤改气”工作。加强机动车污染防治，加快彻底淘汰黄标车，大力推广新能源汽车等清洁交通工具，切实做好油品提升和城市治堵工作。加强工业烟粉尘、挥发性有机废气、城市烟尘、城市工程扬尘和农村废气排放整治，全面禁止农作物秸秆焚烧。建立健全重污染天气监测、预警和应急响应体系，完善大气污染区域联防联控机制。

抓生态屏障建设让山更绿。围绕2017年全市创建成为国家森林城市、各县（市）创建成为省级森林城市的目标，扎实推进“四边三化”行动，打造一批环境优美的景观带和风景线。加大森林资源保护力度，深入实施“下山移民”工程，推进退耕还林，加强封山育林，促进平原绿化和森林扩面提质，提升森林生态系统功能。全面加强矿山生态环境整治和复垦复绿，积极推进小流域、坡耕地及林地水土流失综合治理，持续改善山林生态环境。

抓土壤净化让地更净。全面开展土壤污染防治行动和土壤修复工程，深化重金属、持久性有机污染物综合防治，建立覆盖危险废物和污泥产生、贮存、转运及处置的全过程监管体系，到2017年污泥无害化处置率达到95%。严格控制新增土壤污染，明确土壤环境保护优先区域，实行严格的土壤保护制度。强化土壤环境保护和综合治理，开展重点区域土壤环境调查，加强污染场地土壤修复、开发利用的监督管理。

（七）扎实推进新型城市化，彰显人居环境之美

深化精品城市建设。按照“集约精致有内涵”的要求，科学规划设计城镇人居环境、景观风貌和建筑色彩，加强城镇生态景观保护和建设，彰显“诗画江南、八婺韵味”的独特魅力。大力推进建筑节能改造，科学开发利用城市地下空间，推进绿色城市、智慧城市、人文城市建设。加大城中村改造力度，推行“公寓

式安置、小区化建设”模式，推动新社区集聚区建设，加快村改居步伐，发展现代城市社区。进一步完善城管执法体制，强化城镇市容环境卫生管理。不断完善城乡垃圾分类处理以及收、运、储网络，提高设施建设与日常管理水平，推进垃圾处理减量化、无害化、资源化。

提升美丽乡村建设水平。加强村庄规划和建设，实施《美丽乡村建设规范》。深化“百村示范、千村整治”工程，推动农村环境综合整治和精品村、风景线建设。提升农村公路建、管、养、运一体化发展水平，着力打造美丽公路。大力创建绿色城镇和生态示范村，保护乡土自然景观和特色文化村落。推进村庄生态化有机更新，强化农房设计服务，抓好“赤膊房”整治、农房改造和危房改造，推进农村建筑节能改造，彰显江南农房特色。

推进城乡发展一体化。统筹推进城乡规划实施、基础设施建设、产业布局、社会事业发展和生态环境保护。加快都市区轨道交通、高速公路、城际快速公路、城乡联网公路和快速公交系统(BRT)、公交一体化建设，着力形成都市区内“一小时通勤圈”和到中心城市“半小时联系圈”。完善城乡一体的公共服务网络，加快推进全市域内公共服务领域“一卡通”，实现城乡公共服务资源共享。加强城乡地质灾害防治和住宅质量检测，完善防火、防灾安全设施，提高城乡安全保障水平。

(八)进一步加强文化建设，彰显人文行为之美

传承优秀传统文化。注重挖掘金华传统文化中的生态理念和生态思想，加强历史文化和自然遗产地、重点文物保护单位、重要革命遗址遗迹、历史文化名城名镇名村保护建设，抓好非物质文化遗产保护传承与利用，丰富民间民俗特色文化活动载体，传承乡愁记忆，延续历史文脉。挖掘和培养乡土文化能人、民族民间文化传承人。开展优秀传统文化教育普及活动，积极打造文化精品，促进传统文化现代化。

提升公民人文素养。坚持以德育人、以教启智、以文化人，积极培育和践行社会主义核心价值观。开展全国文明城市创建工作。深化“善美金华”建设，大力宣传“最美景观”“最美人物”“最美现象”，促进“最美”由“盆景”变为“风景”，不断焕发社会正能量。大力推进志愿服务制度化，培育和激发全体公民主体意识、责任意识，推动养成与生态文明建设相适应的思想品德、职业道德、社会公德和家庭美德。

倡导健康生活方式。大力弘扬尊重自然、顺应自然、保护自然的理念，强化全社会的生态伦理、生态道德、生态价值意识。加大环境保护宣传力度，着力构建包括学校、社区、家庭、企业和社会公益教育体系等在内的教育网络体系，普及生态环保知识，提高全社会节约资源、保护环境的自觉意识。积极引导绿色消费，养成文明上网习惯，倡导健康节俭的生活方式。

(九)着力保障和改善民生，彰显生活幸福之美

持续改善城乡居民物质生活条件。深化收入分配制度改革，完善再分配调节机制，逐步提高城乡居民最低生活保障和最低工资标准，大幅减少低收入和贫困人口。全面推进各项社会事业发展，逐步提高财政人均公共服务支出，统筹做好就业、教育、医疗、住房、养老、食品安全、安全生产等各项民生工作，推广金东区统分结合的新型居家养老模式，加强8890便民服务中心建设，让全市人民享有更好的教育、更稳定的工作、更满意的收入、更可靠的社会保障、更高水平的医疗卫生服务、更舒适的居住条件和更便利的公共服务。

不断丰富城乡居民精神文化生活。加强公共文化服务体系建设，推进文化惠民工程和农村文化礼堂等建设，广泛开展群众性文化体育活动。深入开展全民教育、卫生和科技普及活动，持续提高全市人民的受教育水平、健康水平和科学素质，积极营造浓厚的社会人文氛围，促进人民群众发展自豪感、生活幸福感、心灵归属感和价值认同感普遍增强。

努力营造和谐稳定的社会环境。深入推进平安金华、法治金华建设，加强和创新社会治理。深入开展法制宣传教育，增强公民法治观念。加快政府职能转变，完善管理体制和运行机制。借鉴“枫桥经验”，深化“后陈经验”，提高基层社会管理服务和民主自治水平。进一步改进信访工作，畅通和规范群众诉求表达、利益协调、权益保障渠道。全面推行重大决策社会稳定风险评估制度。加快社会信用体系建设，着力规范和维护市场经济秩序。加强公共安全体系建设，完善立体化社会治安防控体系，维护社会和谐稳定。

三、建立健全建设美丽金华、创造美好生活的体制机制

（十）建立最严格环境准入制度

提高环境准入门槛。研究建立资源环境承载能力监测预警机制，实行空间、总量、项目“三位一体”的环境准入制度，全面推行经济社会发展规划、区域发展规划及重大政策措施的战略环评，严格落实专项规划环评制度。推进环境审批制度改革，建立行业准入负面清单制度，探索实行建设项目环评属地管理为主的制度，推进环评备案监督制，严格实行环评承诺与责任追究制度。建立环境保护重大决策听证、重要决议公示和重点工作通报制度。

实行节能减排降碳总量管制。深入实施能源消费总量和能源消耗强度“双控制”，逐步建立市县两级用能预算化管理体系。健全主要污染物总量控制制度，推进行业性和区域性污染物总量控制，建立市县两级排污权指标基本账户。完善排污许可证制度，实行污染物总量控制激励机制，探索建立污染源“一证式”管理制度，加快刷卡排污系统建设。推进公共机构节能降耗。

建立生态保护红线体系。划定生态功能保障基线、环境质量安全底线和自然资源利用上线等三条红线，严格保护禁止开发区域的自然资源、生态环境、历史文化遗迹，严格禁止一切不符合主体功能区定位的开发活动，严格控制区域内符合功能定位的建设活动，严格监管开发、建设、保护和利用等各个环节。

（十一）建立全方位环境监管制度

推进环境监管制度改革。建立完善环境保护管理制度，推进环保行政执法与民主监督、公众监督、舆论监督、司法监督结合，提高监管实效。建立环境执法司法联席会议制度，完善环境执法联动协作机制。建立健全气象灾害预警先导的部门联动和社会响应机制，深入推进防灾减灾体系建设。

建立资源要素使用全过程监管机制。以“四破攻坚”为突破口，健全亩产效益综合评价体系，完善土地要素配置机制，加快征地制度、工业用地差别化供应和分期供应制度改革。实行最严格的水资源管理制度，探索建立中水回用、再生水利用激励机制。完善排污权有偿使用和交易制度，建设和培育全市及区域性的资源要素交易平台。培育第三方专业化环保运行组织和机构，推行环境污染第三方治理和污染源在线监测第三方运营。

完善资源有偿使用和生态补偿制度。加快自然资源及其产品价格改革，健全全面反映资源稀缺程度、生态环境治理修复成本的资源环境价格形成机制。健全区域生态补偿机制。深化集体林权制度改革，建立生态公益林补偿标准调整机制。探索建立环境保护区域协调和跨区域综合治理机制。

（十二）建立零容忍责任追究制度

建立环境损害责任终身追究制度。根据各地自然资源保护和环境综合整治状况，探索建立领导干部自然资源资产离任审计制度。建立健全环境问题约谈制度，对政府决策、执行失误以及不作为导致的环境损害问题建立责任追究机制。

严格实行生态环境损害赔偿制度。健全以环境损害赔偿为基础的环境污染责任追究体系，加大环境损害惩治力度，构成犯罪的依法追究刑事责任。完善环保公安联动执法、环境公益诉讼和非诉案件强制执行机制，依法打击污染环境、破坏生态、损害社会公共利益的行为。探索建立环境污染损害赔偿责任风险基金，鼓励推行环境污染损害责任保险制度，对高风险企业实行环境污染强制责任保险。

（十三）建立多元化投入保障制度

完善财力增长机制和财税政策。建立生态文明建设投入增长机制，整合生态环保类补助资金，完善财政扶持政策。落实各类生态环保税收优惠政策，吸引带动社会资本和各类创业投资、股权投资参与美丽金华建设。落实生态环保资金使用绩效评估考核机制和专项审计制度，切实提高财政资金使用效益。积极发展环保社会公益基金。

探索构建“绿色金融体系”。创新发展林权、水权、排污权、碳排放权等绿色金融产品，调整优化信贷结构，加强美丽金华建设重点领域和薄弱环节的金融支持。加快发展直接融资，充分利用多层次资本市场，多渠道扩大美丽金华建设融资规模。

四、切实强化建设美丽金华、创造美好生活的组织保障

（十四）强化组织领导。金华市生态市建设工作领导小组调整为市委、市政府美丽金华建设领导小组,发挥牵头抓总作用,统筹协调和指导监督建设美丽金华、创造美好生活的重大事项。研究制订建设美丽金华创造美好生活三年行动计划,落实建设美丽金华、创造美好生活的决策部署。加强人大对生态文明建设的监督工作,支持政协围绕建设美丽金华、创造美好生活履行职能,充分发挥协商机构、监督机构、咨询机构、民意机构、统战机构和群众工作机构功能,团结动员各方面力量积极献计出力。各地各部门要结合实际,加强组织领导,建立高效有力的协调机制和工作机制,合力推进美丽金华建设。

(十五)强化示范引领。围绕美丽金华建设,打造一批示范县(市、区)、示范乡镇(街道)和示范机关、示范企业、示范学校、示范社区、示范村庄、示范景区。及时总结推广各地各部门成功做法和先进经验,以点带面,典型引路,推动美丽金华建设整体向纵深推进。

(十六)强化考评督查。完善领导班子和领导干部综合考核评价体系,把建设美丽金华、创造美好生活纳入对各级各部门工作目标考核的重要内容。根据不同区域主体、功能要求和目标定位,实行发展要求、评价指标和权重不同的差异化考核。严格考评结果运用,奖优罚劣,形成正确的工作导向和用人导向。

(十七)强化舆论引导。坚持正确舆论导向,广泛开展美丽金华建设主题宣传活动,积极回应公众关心的环境问题,做好环境信息公开和突发环境事件舆情引导处置工作。加强美丽金华志愿者队伍和监督员队伍建设。充分发挥工会、共青团、妇联等人民团体的作用,动员和凝聚民主党派、无党派人士、非公有制经济人士、民族宗教界人士以及港澳台同胞、海外侨胞等统一战线成员和全社会力量,积极投身美丽金华建设。

全市各级党组织和广大党员干部要坚决贯彻落实市委的决策部署,提振精神,凝心聚力,团结和依靠全市人民,为建设美丽金华、创造美好生活而努力奋斗。

中共金华市委关于全面深化法治金华建设的决定

（2014 年 12 月 29 日中国共产党金华市第六届委员会第八次全体会议通过）

中国共产党金华市第六届委员会第八次全体会议深入学习贯彻党的十八届四中全会、省委十三届六次全会精神，按照《中共中央关于全面推进依法治国若干重大问题的决定》、《中共浙江省委关于全面深化法治浙江建设的决定》的部署，结合金华实际，研究全面深化法治金华建设问题，作出如下决定。

一、全面深化法治金华建设的总体要求

1. 重大意义。全面推进依法治国，是提高我们党执政能力和执政水平的内在要求，是完善和发展中国特色社会主义制度、推进国家治理体系和治理能力现代化的必然要求，是全面建成小康社会、实现中华民族伟大复兴的中国梦的迫切要求。党的十八届四中全会审议通过的决定，是加快建设社会主义法治国家的纲领性文件，开启了迈向法治中国新征程。省委十三届六次全会通过的决定，系统总结了法治浙江建设的实践经验，明确提出了全面深化法治浙江建设的总体要求、目标任务和具体举措。中央和省委的决策部署为全面深化法治金华建设指明了方向，提供了基本遵循。改革开放特别是 2006 年市委五届四次全会作出建设“法治金华”的决定以来，我市法治建设取得明显成效，法治政府建设稳步推进，“阳光司法”工程深入实施，全民法治意识普遍增强，“后陈经验”上升为全国推广的制度规范，为全面深化法治金华建设奠定了良好基础。

同时，也要看到，当前我市建设“两富”“两美”金华任务十分繁重，法治建设同经济社会发展的新形势、新要求相比，还存在许多不适应、不符合的问题。一些国家工作人员尤其是领导干部对依法治市认识不足、重视不够，以法治思维和法治方式推动改革发展的能力不足，有法不依、执法不严、违法不究等现象依然存在，部分社会成员尊法信法守法用法、依法维权意识不强等问题亟待解决。全市各级党组织和广大党员干部要认真学习贯彻党的十八届四中全会和省委十三届六次全会精神，切实把思想行动统一到中央和省委决策部署上来，坚定不移地走中国特色社会主义法治道路，找准工作切入点和薄弱环节，扎实推进依法治市工作，不断开创法治金华建设新局面。

2. 指导思想。全面深化法治金华建设，必须认真贯彻落实党的十八大和十八届三中、四中全会精神，高举中国特色社会主义伟大旗帜，以马克思列宁主义、毛泽东思想、邓小平理论、“三个代表”重要思想、科学发展观为指导，深入学习贯彻落实习近平总书记系列重要讲话精神，按照省委十三届六次全会部署，坚持党的领导、人民当家做主、依法治国有机统一，坚定不移地走中国特色社会主义法治道路，坚决维护宪法法律权威，依法维护人民权益、维护社会公平正义、维护国家安全和社会稳定，促进治理体系和治理能力现代化，为深入实施“八八战略”、“干好一三五、实现四翻番”、建设“两富”和“两美”金华、实现“两个百年”奋斗目标提供有力法治保障。

3. 总体目标。围绕建设中国特色社会主义法治体系、建设社会主义法治国家总目标，认真落实形成完备的法律规范体系、高效的法治实施体系、严密的法治监督体系、有力的法治保障体系和完善的党内法规体系的要求，按照省委“力争在六个方面走在前列”的部署，全面推进科学立法、严格执法、公正司法、全民守法，不断提高经济建设、政治建设、文化建设、社会建设、生态文明建设以及党的建设的法治化水平，到 2020 年，推动法治中国、法治浙江建设在金华实践取得明显成效。

——民主法治建设全面进步。党委领导方式和执政方式有效改进，科学执政、民主执政、依法执政的要求得到全面落实，各级党组织和党员干部以法治思维和法治方式推动改革发展的能力明显增强。人民代表大会制度、中国共产党领导的多党合作和政治协商制度、基层群众自治制度进一步巩固和完善。

——依法行政水平明显提升。各级政府依法全面履行职能，严格规范公正文明执法效果得到社

会公认。权责统一、权威高效的依法行政体制基本建立,职能科学、权责法定、执法严明、公开公正、廉洁高效、守法诚信的法治政府率先基本建成。

———司法体制机制不断健全。司法体制和司法权力运行机制改革稳步推进,基本形成科学合理的司法管理体制和规范高效的司法权力运行机制。司法机关依法独立公正行使职权,司法公信力显著提高,司法权威得以充分彰显。

———法治监督体系更加严密。法律监督得到进一步强化,监督机制不断完善,监督能力明显提升,权力行使得到有效监督,违法行为得到及时纠正和制裁,执法过错和错案责任得到追究。

———公民权利得到有效保障。公民的经济、政治、文化、社会权益得到切实尊重和保障,政治参与有序扩大,民意表达渠道畅通,公民的知情权、参与权、表达权、监督权得到有效落实,法治专门队伍、法律服务队伍和法学专家队伍不断壮大,社会公平正义得到有效维护。

———全民法治意识普遍提高。社会主义法治理念深入人心,社会主义法治精神、法治价值得到普遍认同,法治文明不断进步,法律素养和法治观念进一步增强,全社会崇尚法治、尊重法律、遵守法律、维护宪法和法律权威、自觉依法办事的氛围基本形成。

4. 基本原则。实现上述目标,必须坚持以下原则。

———坚持党的领导。建立"一把手"负总责的领导体制机制,把党的领导贯彻到法治金华建设的全过程和各方面,领导立法、保证执法、支持司法、带头守法,服务中心工作,强化法治保障,确保全面深化法治金华建设始终沿着正确方向前进。

———坚持人民主体地位。把人民作为依法治国的主体和力量源泉,坚持人民代表大会根本政治制度,坚持多党合作和政治协商制度,坚持法治为民,推进司法体制机制改革,维护社会公平正义,保障人民根本权益。

———坚持法律面前人人平等。任何组织和个人都必须尊重宪法法律权威,都必须在宪法法律范围内活动,都必须依照宪法法律行使权力或权利、履行职责或义务,切实保证宪法法律有效实施。

———坚持法治和德治相结合。既重视发挥法律的规范作用,又重视发挥道德的教化作用,实现法律和道德相辅相成、法治和德治相得益彰。

———坚持从实际出发。以中国特色社会主义道路、理论体系、制度为根本遵循,一张蓝图绘到底,一以贯之抓落实,坚持和发展"枫桥经验"、"后陈经验",推动法治金华建设理论和实践创新,不断提升法治金华建设水平。

二、不断提高依法执政能力和水平

5. 严格遵守和维护宪法法律。各级党委要强化依宪治国意识,带头遵守宪法和法律,坚决维护宪法和法律尊严。全市各级党政机关、基层组织和社会团体、企事业单位都必须以宪法为根本活动准则,一切违反宪法的行为都必须予以追究和纠正,保证宪法法律实施。依法撤销和纠正违宪违法的规范性文件。强化宪法宣传教育,开展宪法日活动。落实宪法宣誓制度,凡经人大及其常委会选举或决定任命的国家工作人员正式就职时公开向宪法宣誓。

6. 完善党的领导方式。坚持党委总揽全局、协调各方。把加强党的领导同人大、政府、政协、审判机关、检察机关依法依章程履行职能、开展工作统一起来,充分发挥这些组织中党组的领导核心作用。领导和支持工会、共青团、妇联等人民团体和社会组织在全面深化法治金华建设中发挥作用。加强和改进党对政法工作的领导,进一步健全党委定期听取政法机关工作汇报制度。市、县两级党委政法委员会要把工作着力点放在把握政治方向、协调各方职能、统筹政法工作、建设政法队伍、督促依法履职、创造公正司法环境上。建立健全政法机关党组织重大事项向党委报告制度、党组(党委)成员依照工作程序参与重要决策和重要业务制度。加强政法机关党的建设,在法治建设中充分发挥党组织政治保障作用和党员先锋模范作用。落实依法治军要求,强化法治武装建设,推动军民融合深度发展。

坚持依法执政、民主执政。要善于使市委的重大决策经过法定程序成为全市人民的意志,善于使党组织推荐的人选经过法定程序成为地方各级国家政权机关的领导人员,善于通过地方各级国家政权机关实施党委对经济社会发展各项事业的领导,善于运用民主集中制原则维护中央和省委权威、推动党委决策部署贯彻落实、维护全市安定团结的良好局面。加快推进党内民主制度建设，完善民主集中制各项制度和党员民主权利保障制度。健全党委依法决策程序和机制，探索建立党委领导班子分析研判制度，强化全委会决策和监督作用，规范各级党委主要领导干部职责权限。全面实行党代表任期制，全面试行乡镇党代会年会制，试行街道年度党员代表会议制度。

坚持党要管党、从严治党。重视党内法规的学习和宣传工作，强化党内法规的执行监督，加强对领导干部特别是各级领导班子主要负责人的监督，提高党内法规制度执行力。加大党委规范性文件备案审查和解释力度，建立健全党委规范性文件定期集中清理制度和即时清理机制。全市各级党组织和广大党员干部要严守政治纪律和组织纪律，自觉接受党章党规党纪的刚性约束，严肃查处违反党章党规党纪的行为，对苗头性倾向性问题必须抓早抓小，防止小错酿成大错、违纪走向违法。

7. **坚持和完善人民代表大会制度。**健全党委领导人大工作制度，支持和保障人大及其常委会依法行使职权，加快推进人民代表大会制度理论和实践创新。加强党委对人大选举工作的领导。加强各级人大及其常委会自身建设，优化代表、常委会组成人员和工作委员会组成人员结构。深化代表联络站和代表履职平台建设，推进全市各级人大"两个联系、一个发挥"工作。加强议案和建议办理工作。加强对乡镇人大工作的指导。

8. **支持和推动协商民主广泛多层制度化发展。**构建程序合理、环节完整的协商民主体系，充分发挥人民政协政治协商、民主监督、参政议政的作用。加强政党协商，依法开展人大立法协商，深入推进政府协商，认真做好人民团体协商，扎实开展基层组织协商和社会组织协商，探索创新协商途径渠道，丰富协商方式方法，增强协商实效。发挥人民政协在发展协商民主中的重要渠道作用，开展专题协商、对口协商、界别协商、提案办理协商。建立健全协商议题提出、活动组织、成果采纳落实和反馈机制。完善民主党派直接向党委提出建议制度。

9. **积极做好地方立法工作。**按照中央"依法赋予设区的市地方立法权"的决定，依法启动立法工作。加强党对立法工作的领导，充分发挥市人大及其常委会在我市立法工作中的主导作用，依法设立立法机构，配强工作力量。围绕城市建设、城市管理、环境保护等重点领域，科学制定立法规划和计划，认真开展立法调研，建立健全立法专家顾问制度，规范立法程序和立法项目论证制度，加快构建地方法规体系。积极发挥地方立法工作对都市区(城市群)建设的引领和促进作用，推进县域经济向都市区经济转型。

10. **提高党员干部法治思维和依法办事能力。**党员干部要牢固树立法治意识，增强法律信仰，带头遵守法律、依法办事，自觉运用法治思维和法治方式深化改革、推动发展、化解矛盾、维护稳定。各级领导干部尤其要以身作则、以上率下，严格依照法律规定、法定程序行使权力，决不能以言代法、以权压法、徇私枉法。进一步提高国家工作人员特别是领导干部的法治意识和能力，完善国家工作人员学法用法制度，把宪法法律列入党委(党组)中心组学习内容，纳入各级党校、行政学院、社会主义学院必修课程，定期开展领导干部法治知识轮训，建立政府常务会议学法制度。健全领导干部任前法律知识考试、领导干部下访接访约访律师随同等制度。

三、加快建设法治政府

11. **推进政府职能转变。**坚持法定职责必须为、法无授权不可为，推进机构、职能、权限、程序、责任法定化，把政府的权力依法依规关进制度的"笼子"里。推进各级政府事权规范化、法律化，强化推动发展、公共服务、市场监管、社会治理、环境保护等职责。加快政府权力清单、企业投资项目负面清单、财政专项资金管理清单、责任清单和政务服务网等"四张清单一张网"建设，依法公开权力运行流程，建立健全网上政务服务体系，加强政府精细化管理，提高行政效能。深化行政审批制度改革，加大简政放权、放管结合力度，全面推行"一口式"限时审批服务模式，全面清理行政审批前置环节，全面取消非行政许可审批事项，加强行政许可事项动态管理，加强事中事后监管。深化商事制度改革，建立统一的市场准入制度，实现工商注册便利化。推动公共资源市场化配置，健全统一规范、上下衔接的公共资源交易平台，拓展公共资源交易内容。创新政府管理服务方法，积极推进政府购买服务，推进政府部门社会信用等信息共享。进一步规范行政给付、行政奖励等行政行为。全面规范政府和部门行政机关合同管理。发挥法制机构在推进依法行政、建设法治政府方面的组织协调和督促指导作用。推行第三方法治政府建设评估机制。

12. 完善行政决策机制。完善重大决策法定程序,严格遵守公众参与、专家论证、风险评估、合法性审查、集体讨论的重大行政决策法定程序。制定重大行政决策出台前向人大报告制度。建立行政机关内部重大决策和规范性文件合法性审查制度。全面推行政府法律顾问制度,建立法律专家团队,充分发挥法律顾问在制定重大行政决策、推进依法行政中的积极作用。对涉及民生的重大决策事项,在作出决策前实施社会稳定风险评估。建立决策后评估和纠错制度。加强特色新型智库建设,发挥决策咨询机构及学术性、专业性人民团体作用。

13. 推进行政执法体制改革。深入推进综合执法,整合行政执法主体,厘清执法机关职责权限,相对集中执法权,合理配置执法力量,大幅减少市县两级政府执法队伍种类。加强综合行政执法机构建设,完善城管执法和部门协作机制,积极推广基层“大综合执法”改革经验,完善市、县两级行政执法管理。理顺行政强制执行体制。严格实行行政执法人员持证上岗和资格管理制度。全面落实行政执法责任制,完善评议考核制度,建立行政执法责任追究机制。实行行政执法案件主办人制度和案件审核制度,建立案件质量跟踪评判机制。严格执行罚缴分离和收支两条线管理制度。健全行政执法和刑事司法衔接机制,建立信息共享、案情通报、案件移送制度。

14. 规范行政执法行为。依法惩处各类违法行为,加大关系群众切身利益的重点领域执法力度,严格执行重大执法决定法制审核制度。严格遵照执法程序,明确具体操作流程,落实执法全过程记录制度。建立健全行政裁量权基准制度,细化、量化行政裁量标准,规范裁量范围、种类、幅度。加强日常执法监督检查,规范辅助执法人员管理。加强行政执法信息化建设,提高行政执法效率和规范化水平。充分发挥行政复议依法化解行政争议主渠道作用,畅通行政复议渠道,提升行政复议公信力。切实保护行政相对人的知情权、参与权、监督权和寻求救济的权利。支持法院受理行政案件,落实行政机关出庭应诉制度,健全尊重并执行法院生效裁判的制度。健全行政机关对司法建议的反馈制度。

四、扎实推进公正司法

15. 完善司法体制和工作机制。积极稳妥推进司法体制改革各项工作,支持法院、检察院依法独立公正行使职权。按部署推进地方法院、检察院人财物省级统一管理工作,探索实行法院、检察院司法行政事务管理权和审判权、检察权相分离,探索建立与行政区划适当分离的司法管辖制度。建立健全领导干部干预司法活动、插手具体案件处理的记录、通报和责任追究制度。建立健全司法人员履行法定职责保护机制,非因法定事由,非经法定程序,不得将法官、检察官调离、辞退或者作出免职、降级等处分。

16. 健全司法权力运行机制。进一步优化司法职权配置,建立健全侦查权、检察权、审判权、执行权分工负责、相互配合、相互制约的体制机制。完善审判委员会、检察委员会制度,完善检察长列席审委会制度。推行检察机关提起公益诉讼制度,建立检察机关与行政执法部门的监督与协同合作机制。改革法院案件受理制度,变立案审查制为立案登记制。完善审级制度。完善刑事诉讼中认罪认罚从宽制度,落实终审和诉讼终结制度,实行诉访分离,严厉惩治虚假诉讼、恶意诉讼、无理缠诉行为。明确司法机关内部各层级权限,建立司法机关内部人员过问案件的记录制度和责任追究制度。正确履行分工职责,完善主审法官、合议庭、主任检察官、主办侦查员办案责任制。明确纪检监察和刑事司法办案标准和程序衔接,健全职务犯罪线索受理、分流、查办、信息反馈机制。完善对涉及公民人身、财产权益的行政强制措施实行司法监督制度。

17. 加强司法规范化建设。坚持以事实为根据、以法律为准绳,积极推进事实认定符合客观真相、办案结果符合实体公正、办案过程符合程序公正的机制制度建设。开展以审判为中心的诉讼制度改革,确保侦查、审查起诉的案件事实证据经得起法律的检验。全面贯彻证据裁判规则,严格依法收集、固定、保存、审查、运用证据,完善证人、鉴定人出庭制度。全面推行量刑规范化改革、案例指导制度,规范司法机关自由裁量权行使。严格案件办理期限，推行繁简分流和速裁机制，完善案件流程监控、质量评查、考核评价体系，明确各类司法人员工作职责、工作流程、工作标准，建立健全办案质量终身负责制和错案责任倒查问责制，严格界定和准确把握错案责任追究。严格规范减刑、假释、保外就医、暂予监外执行程序和要求。加强司法基础设施和办案平台规范化建设，推动实现跨部门网上执法办案业务协同。完善涉案财物处理信息公开机制，探索建立司法涉案财物集中管理平台，严格查封、扣押、冻结、处理涉案财物的司法程序。加快建立失信被执行人信用监督、威慑和惩戒机制，依法保障胜诉当事人及时实现权益。

18. 加强人民群众司法参与保障。依法保障人民群众参与司法调解、司法听证、涉诉信访等司法活动的权利。完善人民陪审员制度，提高人民陪审员履职意识和能力，逐步实行人民陪审员不再审理法律适用问题、只参与审理事实认定问题。探索完善人民陪审员随机抽选方式，探索建立专家陪审机制。落实实名举报答复和举报人保护机制，完善当事人权利义务告知、群众旁听庭审、司法听证、网络司法拍卖等制度。加快推进法院“一站式”诉讼服务中心、检察院综合性受理接待中心等窗口建设。

19. 完善人权司法保障制度。依法保障诉讼过程中当事人和其他诉讼参与人的知情权、陈述权、辩护辩论权、申请权、申诉权。坚决防止和纠正冤假错案，健全落实罪刑法定、疑罪从无、非法证据排除等法律原则的工作制度。严格落实防止冤假错案各项制度，严禁违反司法程序办案，严禁刑讯逼供、体罚虐待和非法取证，深入推进刑事案件侦查讯问同步录音录像制度，完善对限制人身自由司法措施和侦查手段的司法监督。严格落实涉法涉诉信访执法错误纠正和瑕疵补正机制，保障当事人依法行使申诉权利，对不服司法机关生效裁判、决定的申诉，逐步实行由律师代理申诉制度。对聘不起律师的申诉人，纳入法律援助范围。完善国家赔偿制度，健全社区矫正工作机制。

五、切实强化权力运行制约和监督

20. 深化党务、政务、司法公开。建立健全党内情况通报、党内事务听证咨询等制度，畅通党员意见表达渠道。建立健全党委常委会和全会邀请党代表列席制度，探索完善党务公开的途径和形式。不断深化政务公开，重点推进财政预算、公共资源配置、重大建设项目批准和实施、社会公益事业建设、行政执法等领域的信息公开。健全政府常务会议邀请人大代表、政协委员列席制度。健全人民群众申请公开政府信息依法受理和限期答复制度。健全政府信息公示公告及保密审查机制。全面推进“阳光工程”，推进审判、检务、警务公开，依法及时公开执法司法依据、程序、流程、结果和生效法律文书。加强法律文书释法说理，建立健全重大案件信息发布、生效法律文书统一上网和公开查询制度。

21. 完善权力监督体系。加强监督制度建设，努力形成科学有效的权力运行制约和监督体系，增强监督合力和实效。

加强党内监督。严格执行民主集中制，完善集体领导与个人分工负责相结合制度，规范各级党政主要领导干部职责权限。完善党内监督十项制度，严格执行领导干部廉洁自律规定，健全领导干部报告个人有关事项、任职回避、述职述廉等制度规定，积极开展新提任领导干部个人有关事项公开制度试点。

加强人大及其常委会监督。加强对法律法规实施情况的监督，建立健全法规规章实施情况报告制度，确保法律法规得到有效实施。加强对“一府两院”的监督，规范行政和司法权力行使。加强对政府全口径预决算审查监督和国有资产监督，探索开展对各类开发园区预算监督。改进监督方式，健全专题询问、质询、特定问题调查等制度。

加强行政监督。加强对政府内部权力的制约，对财政资金分配使用、国有资产监管、政府投资、政府采购、公共资源转让、公共工程建设等权力集中的部门和岗位实行分事行权、分岗设权、分级授权，定期轮岗，强化流程防控，防止权力滥用。加强政府内部层级监督和专门监督，发挥行政监察作用，强化执法监察、廉政监察、效能监察。完善审计监督，对公共资金、国有资产、国有资源和领导干部履行经济责任情况实行审计全覆盖。推进审计职业化建设，探索建立审计监督与法律监督相衔接工作机制。

加强对司法活动的监督。健全党委政法委执法监督机制,加强和改进党委政法委对政法部门执法司法活动的监督。强化检察机关法律监督职能,健全检察建议、专项监督等制度。完善人民监督员制度,重点监督检察机关查办职务犯罪的立案、羁押、扣押冻结财物、起诉等环节的执法活动。坚持严格、规范、公正、文明执法,坚决惩治贪赃枉法、玩忽职守、徇私舞弊、滥用职权、挟嫌报复等违法行为。依法规范司法人员与当事人、律师、特殊关系人、中介组织的接触、交往行为,坚决惩治司法掮客,防止利益输送。对因违法违纪被开除公职的司法人员、吊销执业证书的律师和公证员,终身禁止从事法律职业,构成犯罪的依法追究刑事责任。对司法领域的腐败零容忍,坚决清除害群之马。

加强民主监督和社会舆论监督。加强人民政协民主监督,完善民主监督机制,充分发挥好民主党派、无党派人士民主监督职能。健全工会、共青团、妇联等人民团体的民主监督机制。拓展公众参与监督渠道,整合优化各级部门投诉举报平台,支持媒体依法依规履行舆论监督职能。

加大问责力度。认真执行党政领导干部问责规定,全面推行工作责任制和责任追究制。建立重大行政决策终身责任追究及责任倒查机制。坚决纠正和惩处违法行政、滥用职权、久拖不决、失职渎职等"乱作为""慢作为""不作为",对造成重大损失、恶劣影响的,严格追究有关领导和工作人员的法律责任。健全责令公开道歉、停职检查、引咎辞职、责令辞职、罢免等问责方式和程序。建立问责跟踪监督制度,规范问责后免职人员重新任职的条件和程序。

22. 加强惩防体系建设。巩固和拓展党的群众路线教育实践活动成果,深入贯彻落实习近平总书记从严治党"八个方面"要求,坚决反对和克服形式主义、官僚主义、享乐主义和奢靡之风,持之以恒抓好中央八项规定精神落实,严格落实省委"六个严禁""28 条办法"和市委"25 条意见",着力构建作风建设长效机制。健全厉行节约反对浪费制度体系,完善配套措施。健全财务预算、核准和审计制度,严格控制"三公"经费支出。切实精简会议活动和文件简报。积极稳妥推进公务用车改革,完善领导干部工作生活待遇规定,着力整治特权行为。

严格落实党委主体责任和纪委监督责任,强化党委(党组)主要负责人的"第一责任人"责任和党委(党组)成员的"一岗双责",认真落实党风廉政建设责任制,推进反腐败体制机制创新,着力构建不敢腐、不能腐、不想腐的有效机制。深化惩治和预防腐败体系建设,加强党纪国法、廉政法规和从政道德教育,深化廉政文化建设,提升党员干部的法纪意识。完善廉政制度建设,健全防控廉政风险、防止利益冲突等制度规定。坚持"老虎"、"苍蝇"一起打,加大对违纪违法案件的查处力度。加强对纪委办案活动的监督,确保依法依纪安全文明办案。

六、全面加强法治社会建设

23. 提高全民法治意识和法律素质。强化各级党委和政府对普法工作的领导,把坚持全民普法和守法作为长期基础性工作。充分发挥宣传、教育、司法、文化部门和人民团体在普法教育中的职能作用,落实"谁执法谁普法"的普法责任制,加强普法讲师团、普法志愿者队伍建设,建立社会"大普法"工作格局。深入开展法律进机关、进乡村、进社区、进学校、进企业、进单位活动,引导全民自觉守法、遇事找法、解决问题靠法。重点加强国家工作人员、企业经营管理人员、个体工商户、青少年和外来务工人员的法治教育。把法治教育纳入国民教育体系,全面落实学校法治教育计划、教材、课时、师资。健全媒体公益普法制度,加强新媒体新技术在普法中的运用。把法治教育纳入精神文明创建内容,开展群众性法治文化活动。

加强"信义金华"建设。加强社会主义核心价值观宣传教育,大力弘扬中华优秀传统文化。教育引导公民把诚实守信作为基本行为准则,营造诚信光荣、失信可耻的社会氛围。依法建立自然人、法人和其他组织共同参与的社会信用体系。建立以公民身份号码为基础的公民统一社会信用代码制度,健全公民和组织守法信用记录,构建"红黑名单"制度,完善守法诚信褒奖机制和违法失信行为惩戒机制。规范信用服务行业发展。

24. 健全公民权益保障机制。构建党政主导的维护群众权益体系,健全完善社会矛盾预警、利益表达、协商沟通、救济救助等机制,畅通群众利益协调、权益保障法律渠道,解决好群众最直接最现实的利益问题。把信访纳入法治化轨道,坚持处理信访问题法定途径优先原则，依法处理信访事项和信访违法行为；畅通信访渠道，依法保护群众的信访权利，完善领导干部定期接访、约访、下访制度，推广联合接访、网上信访等做法，依法完善涉法涉诉信访事项终结制度。健全基层综合服务管理平台，及时反映和协调人民群众各方面各层次利益诉求。创新流动人口管理服务，探索推广居住证积分管理制度。健全特殊人群管理服务机制。完善就业和社会保障制度。依法维护残疾人权益。

健全社会矛盾纠纷预防化解机制。完善调解、仲裁、行政裁决、行政复议、诉讼等有机衔接、相互协调的多元化纠纷解决机制，完善人民调解、行政调解、司法调解联动工作体系，建立司法确认制度。建立健全重大矛盾纠纷领导包案、挂牌督办和责任追究制度。进一步加强县(市、区)、乡镇(街道)、村(社区)三级调解平台建设，推进企事业单位调解组织和行业性、专业性调解组织建设，做好医患、交通、环保、征地拆迁、工资福利和历史遗留问题等重点领域矛盾纠纷的排查化解。完善仲裁制度，提高仲裁公信力。

25. 推进基层治理法治化。深化基层服务型党组织建设，增强基层干部法治观念和法治为民意识，提高依法办事能力，发挥基层党组织和党员在全面深化法治金华建设中的战斗堡垒和先锋模范作用。乡镇(街道)要把依法加强社会治理作为重要职责，发挥推动、指导基层依法治理的重要作用，建立重心下移、力量下沉的法治工作机制。健全基层法治机构，抓好人民法庭、检察室、公安派出所、司法所等基层执法司法单位建设。完善村民自治、社区居民自治和企业事业单位民主管理制度，健全基层选举、决策、管理、监督机制。健全村级重大事务决策机制，发展和推广“后陈经验”，全面落实“五议两公开”和村务监督制度，探索村(居)务公开、厂务公开的新途径新办法，进一步推进以职工大会、职工代表大会为基本形式的企(事)业单位民主管理制度。深化民主法治村(社区)创建，发挥市民公约、村规民约、行业规章、团体章程等社会规范在社会治理中的积极作用。

加大对社会组织的政策扶持和分类指导力度，建立健全社会组织参与社会事务、维护公共利益、帮教特殊人群、预防违法犯罪的机制和制度化渠道。发挥社会组织对其成员的行为导引、规则约束、权益维护作用。探索建立城乡社区公共服务事项清单制度，规范“小微权力”运行，整治村(社区)机构牌子多、考核评比多、创建达标多等问题。

26. 加强社会治安综合治理。以法治为引领，创新发展“枫桥经验”，深入推进平安金华建设，全面落实维护社会稳定责任制。全面推行社会稳定风险评估，健全群体性事件应急处置机制，推进社会应急联动工作向乡镇(街道)、村(社区)延伸。深化“网格化管理、组团式服务”，加强基层平安综治信息平台建设，完善立体化社会治安防控体系，建立集整治、管理、建设、服务于一体的综合治理长效机制，有效防范、化解、管控影响社会安定的问题。依法严厉打击暴力恐怖、涉黑犯罪、邪教违法犯罪活动，依法整治“黄赌毒”“盗抢骗”等突出治安问题，依法打击逃废债和非法集资活动，保障人民生命财产安全。依法强化危害食品药品安全、影响安全生产、损害生态环境、破坏网络安全等重点问题整治。依法妥善处置涉及民族、宗教等因素的社会问题，促进民族关系、宗教关系和谐。

27. 建立完善公共法律服务体系。完善法律服务供给机制，加快构建覆盖城乡、惠及全民的公共法律服务体系，为人民群众提供公益性、均等性、普惠性、便利性的法律服务。落实法律援助政府责任，扩大援助范围，健全司法救助体系。有效整合法律服务资源，统筹城乡、区域法律服务资源合理分布、均衡发展。大力发展律师、公证等法律服务业，不断提升基层法律服务规范化水平。加强涉外法律服务，引导和扶持一批规模较大、实力较强的法律服务机构向专业化、规模化、国际化发展。

28. 围绕中心工作拓展法治实践平台。加强法治对中心工作的引领和保障作用。坚持把“五水共治”“三改一拆”“四破攻坚”等转型升级“组合拳”，作为深化法治金华建设的大平台、试验田、试金石和活教材，不断提高社会治理法治化水平。围绕中心工作，强化法律执行，形成依法治理长效机制。强化执法司法保障，严格依法办事，维护法律尊严。整合法律服务资源，助推中心工作纳入法治轨道。加强法规政策宣传教育，利用正反典型，善于以案释法,推动形成尊法守法良好氛围,发挥法治的保障和推动作用。

七、进一步加强和改进党对法治金华建设的组织领导

29. 健全法治金华建设的领导体制和工作机制。加强党委对法治建设的统一领导、统一部署、统一协调,党政主要负责人要切实履行推进法治建设第一责任人职责。完善党委领导,人大、政府、政协分别负责,各部门分工实施的法治建设工作机制。完善党委法治建设工作领导小组例会制度,定期听取工作汇报,研究部署重要工作,协调解决重大问题。健全领导小组办公室工作制度,落实成员单位工作责任,健全部门协作联动机制,增强工作合力。

30. 提高法治专门队伍综合素质。深入开展社会主义法治理念教育,提高行政执法队伍、司法队伍、政府法制队伍职业素养和专业水平。建立法律职业人员统一职前培训制度,推进法治专门队伍正规化、专业化、职业化。建立法官、检察官逐级遴选制度。建立从符合条件的律师、法学专家中招录立法工作者、法官、检察官制度。畅通立法、执法、司法部门干部和人才相互之间以及与其他部门具备条件的干部和人才交流渠道。坚持用马克思主义法学思想和中国特色社会主义法治理论全方位占领党校、高校、科研机构、法学教育和法学研究阵地。创新法治人才队伍培养机制,加强基层法治队伍建设。关心关爱法治工作者,加快建立符合职业特点的法治工作人员管理制度,建立法官、检察官、人民警察专业职务序列及工资制度,加快完善职业保障体系,建立健全司法人员履行法定职责保护机制。

31. 加强法律服务队伍建设。加强律师队伍思想政治建设,推进律师行业党的建设,提高律师执业操守和道德修养。完善法律职业准入制度,加强律师事务所管理,健全法律服务供给机制,建立激励法律服务人才跨区域流动机制。构建社会律师、公职律师、公司律师等结构合理、优势互补的律师队伍,完善律师职业保障机制和违法违规执业惩戒制度。加强公证员、基层法律服务工作者、人民调解员队伍建设,完善公证执业活动和鉴定执业活动监管机制。推动法律服务志愿者队伍建设,引导和鼓励法律服务人员主动参与社会公益法律服务活动。

32. 加强对全面深化法治金华建设的督查考核。建立健全法治建设指标体系和考核评估标准,完善考核评估方式方法,把法治建设成效作为衡量各级领导班子和领导干部工作实绩的重要内容,纳入政绩考核指标体系和领导干部任期目标管理责任制。强化考核结果运用,把能不能遵守法律、依法办事作为考察干部的重要内容,努力使提拔使用的干部法治素养好、依法办事能力强。各地各部门要根据本决定,结合各自实际,制定具体贯彻意见和配套措施,做好专项督查,确保工作落到实处。

市委号召,全市各级党组织和广大党员干部群众要紧密团结在以习近平同志为总书记的党中央周围,高举中国特色社会主义伟大旗帜,认真贯彻落实中央和省委关于法治建设的各项决策部署,深入扎实推进依法治市工作,为全面建设法治金华而努力奋斗!

概　况

基本市情

地　域

【位置面积】金华市位于浙江省中部，为省辖地级市，以境内金华山得名。处于北纬 28°32′~29°41′、东经 119°14′~120°47′之间。东邻台州、南毗丽水，西连衢州，北接绍兴、杭州。市域东西直线距离 151 千米，南北直线距离 129 千米，面积 10942 平方千米。市区位于东阳江、武义江和金华江交汇处，面积 2049.38 平方千米，建成区面积 76.68 平方千米。

【地形地貌】地处金衢盆地东段，为浙中丘陵盆地区，地势南北高、中部低。“三面环山夹一川，盆地错落涵三江”是金华地貌的基本特征。市境的东、东北有大盘山、会稽山，南属仙霞岭，北、西北接龙门山及千里岗山脉。仙霞岭山脉从闽、赣交界的武夷山延伸入境，至武义县、婺城区南部和永康市境，向东北延续为大盘山和天台山脉，一般海拔 500 米~1000 米，山体多由火山岩和花岗岩构成。大盘山是钱塘江、曹娥江、椒江和瓯江部分支流的发源地和分水岭，西南段位于磐安、东阳、永康和义乌南缘，主峰在磐安县安文镇东南，海拔 1245 米。会稽山为天台山支脉，主体朝东北方向伸展，西南段延伸至东阳北部和义乌，山体主要由火山熔岩、碎屑岩构成，平均海拔 500 米左右，主峰东白山位于东阳、诸暨、嵊州交界处，海拔 1194.6 米。龙门山界于富春江与浦阳江之间，高度多在 500 米~800 米，分布在浦江、婺城区和金东区北部、兰溪及义乌西缘，山体主要由中生代火山熔岩和碎屑岩构成，局部为花岗岩和石灰岩，其余脉金华山呈块状山地，北隔墩头盆地与龙门山脉相连，主峰海拔 1312 米。千里岗山脉由赣东北怀玉山脉延伸入境，余脉至兰溪与建德市交界处，山体由沉积碎屑岩组成，中心部分为千里岗砂岩。延伸入境的山系受华夏构造控制，山脉大多呈东北—西南走向，同时受东北—西南和东西向断裂带的切割，延伸出来的众多支脉纵横交织，山形破碎、峰岭交错。境内千米以上的山峰有 208 座。位于武义与遂昌交界处的牛头山主峰，海拔 1560.2 米，为全市最高峰。境内山地以 500 米~1000 米低山为主，分布在南北两侧。山地内侧散布起伏相对和缓的丘陵，以江山—绍兴断裂带为界又分为北部丘陵和中部丘陵。市境的中部，以金衢盆地东段为主体，四周镶嵌着由断裂凹陷形成的武义盆地、永康盆地、南马盆地、浦江盆地、墩头盆地等山间小盆地。盆地之间丘陵、低山阻隔，盆地群外围又为低山、中山所环抱，形成一个大致呈东北—西南走向，西面开口的大盆地。大盆地东自东阳市巍山镇，西至兰溪市游埠镇，长 100 多千米，宽数十千米不等。由盆周向盆地中心，呈现出中山、低山、丘陵岗地、河谷平原阶梯式层状分布，海拔高度逐级降落。大小盆地内浅丘起伏，海拔在 50 米~250 米之间，相对高度不到 100 米。盆地底部是宽阔不一的冲积平原，地势低平。上游东阳江自东而西流经义乌，在金华市区汇合武义江而入金华江。金华江向西北流往兰溪，在兰溪城区汇入兰江。兰江北流至将军岩入建德市境。将军岩海拔 23 米，为全市最低点。

气　候

【概述】属中亚热带季风气候，四季分明，年温适中,热量丰富,雨量较多,有明显干、湿两季。春早秋短,夏季长而炎热,冬季光温互补。盆地小气候多样,有一定垂直差异。灾害性天气频繁。

水 情

【概述】 2014 年全市平均降水量 1662.1 毫米,比2013 年(1427.1 毫米)多 16.5%,比多年平均(1512.9 毫米)多 9.9%。主要特点为:①降水量总体偏多,年内分布不均。主要集中在 6 月和 8 月。从时间分布上,降水量呈“两头少中间多”的特点,其中汛前平均降水量 310.3 毫米,比常年同期(389.3 毫米)偏少 20.3%;汛期(4 月 15 日至 10 月 15 日)平均降水量 1301.4 毫米,比常年同期(874.8 毫米)多 48.8%;汛后平均降水量 50.4 毫米, 比常年同期 (163 毫米)少 69.1%。②梅雨量偏多,为 2000 年以来最大。6 月17 日入梅,7 月 7 日出梅,梅期 20 天,期间出现两轮大范围强降雨过程。全市平均降水量 394.2 毫米,比上年梅雨期平均降水量(230.3 毫米)偏多 71.2%,比常年梅雨期平均降水量 (253.5 毫米) 偏多 55.5%,为 2000 年以来最大。梅汛期间全市江河水位普涨,金华站、兰溪站等主要江河代表站多站超警戒水位,全市 29 座大中型水库除兰溪芝堰水库外先后泄洪,出梅时蓄水总量 10.05 亿立方米, 平均蓄水率 95.3%,蓄水量增加 2.39 亿立方米。③出现“6·23”“8·20”两场流域性大洪水。受梅雨持续影响,金华江、兰江等重要河流水位相继超警戒、超危急,金华站 6 月 23 日 18 时 40 分出现洪峰水位 36.53 米,超警戒水位 1.86 米, 洪峰流量接近十年一遇标准;兰溪站 6 月 23 日 2 时 30 分迎来洪峰水位 29.91 米,超危急水位 0.78 米。受暖湿气流和冷空气影响,八月中旬,武义江流域出现罕见的持续强降雨,东阳江、武义江、兰江均出现超警戒水位洪水,金华站 8 月 20 日 18 时洪峰水位 36.49 米, 超警戒水位 1.82 米,洪峰流量 4500 立方米/秒,超过五年一遇标准。④台风影响较小,但汛期局地短历时暴雨频发。2014 年,受台风影响较小,仅受 10 号台风“曼德姆”(影响期间 7 月 23 日—26 日)和 16 号台风“凤凰”(影响期间 9 月 21 日—23 日)外围影响,过程降雨量分别为 45 毫米和 100 毫米左右。2014 年全市短历时暴雨频发,7 月 2 日 12 时—18 时武义县城北部白洋街道区域累计降雨量达 150.5 毫米;7 月 13 日11 时—23 时永康市黄坑口累计降雨量达 141 毫米;8 月16 日15 时永康杨溪站出现历史罕见的短时局地暴雨,4 小时累计降雨量达 231 毫米。

(朱 琦)

建置沿革

金华市域春秋时属越国。秦、汉为乌伤县,属会稽郡。三国吴宝鼎元年(266)置郡,名东阳,以郡在瀫水(即衢江)之东、长山之阳得名。金华设立郡府建置自此始。东阳郡属扬州,领长山(今婺城区、金东区、兰溪市)、乌伤(今义乌)、永康、吴宁(今东阳)、丰安(今浦江)、太末(今龙游)、新安(今柯城、衢县)、定阳(今常山)、平昌(今遂昌)9 县,治设长山。南朝梁绍泰二年 (556) 置缙州, 陈天嘉三年(562)撤州,东阳郡改名金华郡,郡名金华自此始。隋开皇十三年(593)改置婺州。大业三年(607)复置东阳郡。唐武德四年(621)改东阳郡置婺州,并于信安(新安)县分置衢州。唐天宝元年(742)改婺州为东阳郡,乾元元年(758)复为婺州,一直延续到宋元。元至元十三年(1276)改为婺州路,至正十八年(1358)朱元璋攻取婺州路,改名宁越府,至正二十年(1360)改为金华府。明成化七年(1471)金华府领金华、兰溪、东阳、义乌、永康、武义、浦江、汤溪 8 县,故有“八婺”之称。1912 年废府实行省、县两级制。1914 年置金华道, 辖区扩及原衢州、严州府。1927 年废道,各县仍直属于省。1932 年 6 月设浙江省县政督察专员办事处第八区,驻金华。9 月,改设浙江省特区行政督察专员办事处第六特区。民国期间, 行政督察区序号、辖县、专署驻地时有变换。1949 年 5 月 7 日,金华解放,设立浙江省第八行政区。10 月,改名金华专区。11 月金华专区辖 2 市 9 县。1955 年3 月,衢州专区撤销并入。嗣后,金华专区辖县(市)续有撤并、复置,并与杭州、丽水等毗邻市地互有调整。1968 年 4 月,改金华专区为金华地区。1985 年 5 月,撤销金华地区,原金华、衢州两县级市分别升为地级市,实行市管县体制,并于金华城区设立婺城区,郊区设立金华县,同时撤销兰溪县，设立兰溪市(县级)。金华市辖婺城区、兰溪市和金华、永康、武义、东阳、磐安、义乌、浦江 7 县。原金华地区的龙游、开化、常山、江山县划归衢州市管辖。1988 年 5 月，撤销义乌县设立东阳市 (县级)。1992 年 10 月，撤销永康县设立永康市(县级)。2000 年 12 月，撤销金华县，设立金华市金东区。

行政区划

【概述】 金华市设婺城、金东 2 个市辖区，辖浦江、武义、磐安 3 个县，代管兰溪、东阳、义乌、永康 4 个县级市。截至 2014 年底，全市共有镇 76 个、乡 36 个(含民族乡 1 个)、街道 40 个，村民委员会 4791 个、社区居委会(居民委员会)373 个。

2014 年，全市行政区划基本没有变动，仅部分县(市、区)对村民委员会、社区居委会(居民委员会)进行了微调，其中街道增加 1 个，村民委员会减少 4 个，社区居委会(居民委员会)增加 7 个。

人　口

【概述】 2014 年底，全市总户数为 1837947 户，比上年增加 3595 户，总人口 (不含服现役人员，下同)4750728 人，平均每户 2.58 人。其中男性 2424154 人，女性 2326574 人，分别占总人口的 51.03%和 48.97%，性别比(女=100，下同)104.19。2014 年全市出生 58731 人，出生率为 12.39‰，比上年上升 1.2 个千分点。死亡 39664 人，死亡率为 8.36‰，比上年上升 2.1 个千分点。全市人口自然增长 19067 人，比上年减少 4096 人，增长率为 4.02‰，比上年下降 0.89 个千分点。其中金华市区出生 10666 人，出生率为 11.25‰，死亡 6677 人，死亡率为 7.04‰，自然增长 3989 人，自然增长率为 4.21‰。年末，九个县、市(区)总人口分别为：市辖区总人口 950886 人(其中：婺城区 381419 人、江南经济开发区 248535 人、金东区 320932 人)，兰溪市 660879 人，义乌市 766604 人，东阳市 834213 人，永康市 591650 人，武义县 338507 人，浦江县 396068 人，磐安县 211921 人。

金华市 2014 年末行政区划表

表 1

类别 地区	镇 (个)	乡 (个)	街道 (个)	村委会 (个)	社区(居委会) (个)	土地面积 (平方千米)
全　市	76	36	40	4791	373	10918
婺城区	9	9	9	571	96	1388
金东区	8	1	2	490	22	656
兰溪市	7	3	6	646	26	1310
东阳市	11	1	6	347	43	1739
义乌市	6	–	8	714	91	1103
永康市	11	–	3	710	50	1049
浦江县	7	5	3	409	19	900
武义县	8	7	3	541	18	1577
磐安县	9	10	–	363	8	1196

(邵顺能)

【年龄分布】 18岁以下814071人、18~35岁(含18岁不含35岁,下同)1048689人、35~60岁1969331人、60岁以上918637人，分别占总人口的17.14%、22.07%、41.45%、19.34%。与2013年末相比,全市18岁以下和18~35岁年龄段人口占总人口比例分别下降0.01百分点和0.39个百分点，是2004年以来连续第10年下降;35~60岁年龄段人口占比下降0.23个百分点,是2011年以来第3年下降;60岁以上年龄段人口增加33030人,占总人口比例上升0.63个百分点,是2004年以来连续第10年上升,继续保持60岁以下人口占总人口比例不断下降,60岁以上人口占比不断上升的人口发展格局,表明全市人口继续呈老龄化趋势。

【流动人口】 截至2014年6月30日，全市流动人口总量达294.9841万人,比上年减少10.222万人,减少3.35%。其中男性170.2808万人,占57.73%;女性124.7033万人,占42.27%。从年度统计表分析:省内流动人口37.0510万人,占总量的12.56%;省外流动人口257.9020万人,占总量的87.43%;港澳台及国外的流动人口分别为145人和166人，仅占总量的0.01%。从向区域来看,金华市流动人口的总量从高到低的排序为：义乌116.0709万人、永康54.7442万人、东阳36.2766万人、浦江20.8619万人、江南17.1445万人、金东15.6954万人、武义13.8335万人、婺城11.9893万人、兰溪5.9138万人、磐安2.4540万人；流动人口主要集中在义乌市,占39.35%。流动人口主要以务工、经商、借读培训、服务等为主,其中务工人员241.2250万人,占81.78%;经商人员6.3657万人,占2.16%;借读培训人员3.8033万人，占1.29%；从事服务人员1.6017万人,占0.54%;四类经济型流动人口共占全市流动人口总数的85.77%。

资　源

【水资源】 市域内江河分属钱塘江、瓯江、曹娥江、椒江4大水系,流域面积分别为9332.73平方千米、949.71平方千米、341.6平方千米和293.96平方千米，分别占总面积的85.49%、8.69%、3.13%和2.69%。集雨面积在100平方千米以上的江溪有40多条。

【矿产资源】 境内发现的矿产50余种,可供开发利用的有32种。矿产以非金属居多,其中以萤石储量最为丰富，是国内主要产地之一，总储量在3000万吨以上。石灰岩储量约为2亿吨。金华九龙——山口岩矿储量0.8亿吨。全市优势矿产有萤石、水泥用灰岩、饰面用花岗石、建筑石料、钾长石、矿泉水、地热水等。

【生物资源】 属亚热带常绿阔叶林地带。全市植物资源有1500余种,其中森林树种440种,草本植物约300余种,农作物品种资源800余种。属国家重点保护的珍稀树种有银杏、金钱松、鹅掌楸、凹叶厚朴、香果树、青檀、浙江楠、半枫荷、花榈木、南方红豆杉、天竺桂和短穗竹12种。全市森林活立木蓄积量2851万立方米。

全市野生动物约有鸟纲12目23科100余种,哺乳纲8目13科30余种，爬行纲2目6科20余种。属国家一类保护动物有穿山甲、大灵猫、金钱豹、云豹、鬣羚,属二类保护动物天鹅、猕猴、鸳鸯、大鲵(娃娃鱼)等。畜牧业历史悠久,地方优质品种有金华两头乌和兰溪花猪、永康灰鹅等。

大事记

1月

2日,市政府召开第66次常务会议。

3日,中共中央政治局委员、国务院副总理汪洋到义乌调研考察外贸工作,强调要坚持改革创新和转型升级,加快培育对外贸易发展新优势。商务部部长高虎城,海关总署署长于广洲,国务院副秘书长毕井泉,浙江省委副书记、省长李强,副省长梁黎明等陪同调研或参加座谈。

7日,省委常委、秘书长赵一德,副省长梁黎明率省慰问团到金华慰问驻金部队官兵、信访干部、困难群众和敬老院老人。

7日—9日,省委常委、秘书长赵一德带领省检查组对金华市2013年度落实党风廉政建设责任制情况进行检查。2 月 12 日，省检查组到金华反馈检查考核情况，市委书记徐加爱作表态发言。

12 日，市政府召开第 67 次常务会议。

13 日，市政府召开第 68 次常务会议。

14 日，金华市被住房和城乡建设部命名为国家园林城市。

19 日，金华市被授予浙江省森林城市荣誉称号。

23 日，省人大常委会副主任王永昌一行到金华调研智慧城市建设示范试点项目情况

24 日，人保财险金华市分公司签出金华市专利保险第一单，这也是全省第一单在没有政府补贴情况下签出的专利执行保险。

29 日，市政府召开第 69 次常务会议。

2 月

7 日—8 日，省委常委、宣传部部长葛慧君，省人大常委会副主任王永昌，省政协副主席陈加元分别带领省委督导组，到金华市调研第二批党的群众路线教育实践活动，开展“走亲联心、助推‘开门红’”活动。

10 日，市委举行常委(扩大)会议暨与省委党的群众路线教育实践活动督导组见面会。省委督导组即日进点开展工作。同日，金华市举行党的群众路线教育实践活动工作会议，对全市教育实践活动作动员部署。25 日—28 日，市人大常委会、市政府、市政协党组先后部署开展党的群众路线教育实践活动。

10 日—11 日，省政府党组副书记、省政府顾问王建满一行到金华调研“五水共治”工作。

11 日，市六届人大常委会举行第二十四次会议。

11 日，中共金华市委印发《金华市建立健全惩治和预防腐败体系 2013~2017 年工作细则》。

16 日，浙江婺剧团应邀前往台湾参加首届海峡两岸文化遗产节和第八届台湾·浙江文化节。

17 日，市政协召开六届十三次常委会议。

17 日—20 日，市政协六届四次会议召开。大会审议通过市政协常委会工作报告和提案工作情况报告。

18 日—21 日，市六届人大五次会议召开，大会选举暨军民为金华市人民政府市长。表决通过市政府工作报告的决议、关于 2013 年全市国民经济和社会发展计划执行情况及 2014 年国民经济和社会发展计划的决议、关于 2013 年全市和市本级财政预算执行情况及 2014 年全市和市本级财政预算的决议、关于市人民代表大会常务委员会工作报告的决议、关于市中级人民法院工作报告的决议、关于市人民检察院工作报告的决议。

19 日，市政协召开六届十四次常委会议。

24 日—25 日，省委书记、省人大常委会主任夏宝龙到金华专题调研“五水共治”工作。省委常委、秘书长赵一德，省政府党组副书记、省政府顾问王建满等参加调研。

25 日，金华市开始开展“四破”整治工作。

26 日，省委、省政府在金华召开全省“五水共治”现场会。省委副书记、省长李强考察浦江县、金东区、婺城区治水现场后出席会议并讲话，强调要横下一条心，打好“五水共治”攻坚战。省委副书记王辉忠主持会议。省领导程渭山、熊建平、王建满、黄旭明、陈加元等参加会议。

27 日，全市工业大会召开。会议指出要坚定不移发展工业，在“四破”攻坚上抓出实效，推动企业转型升级，促进金华赶超发展。

27 日，全市农业和农村工作会议召开，会议传达中央和全省农村工作会议精神，部署全市“三农”工作。

28 日，市委召开全市党员大会，传达贯彻中央和省委关于严明党的组织纪律有关要求，强调全市党员干部要严明党的组织纪律，增强组织纪律性。

28 日，市委召开常委扩大会议，传达学习习近平总书记在省部级主要领导干部学习贯彻十八届三中全会精神全面深化改革专题研讨会上的重要精神。

3 月

1 日，全市统一启动注册资本登记制度改革。

3 日，市政府召开第 70 次常务会议。

9 日，金华市委书记徐加爱在北京参加全国两会时，做客人民网“强国论坛”，就金华“五水共治”工作与网友交流。

14 日，金华市获评 2013 年度省级“腾笼换鸟”先进市，全市腾出用能空间 48 万吨标准煤，盘活存

量土地 7494 亩。

14 日—15 日,中央党建工作领导小组秘书组到金华调研加强和规范党内政治生活、完善从严管理干部制度、开展党的群众路线教育实践活动等工作。

15 日,义乌市正式启动“摇响拨浪鼓·同圆中国梦”和“我诚信·我吉祥”两项工程。中央文明办专职副主任徐令义,省委常委、宣传部长葛慧君,市领导徐加爱等参加启动仪式。

17 日, 中共金华市委召开全市领导干部会议,传达贯彻十二届全国人大二次会议和全国政协十二届二次会议精神。

17 日—19 日,市委领导先后召开 4 场座谈会征求听取各界对市委常委会领导班子及成员 “四风” 方面的意见。

19 日,金华市委、市政府召开“四破”整治暨“扩大有效投资月”活动进展汇报会,要求从战略高度认识扩大有效投资的关键作用,进一步提高招商引资实效。

21 日, 市委常委会在义乌老乡镇纪念馆举办“三思四问” 学习讨论会, 号召全市党员干部重温“老乡镇”精神,深入践行党的群众路线。

24 日,市政府召开第 71 次常务会议。

26 日,金华市科技局邀请以色列农业专家到金华推广先进农牧技术。

28 日, 金华移动 4G 网络正式商用, 金华进入 4G 时代。

30 日至 4 月 1 日,金华市四套班子领导开展群众路线教育实践活动封闭式集中学习活动,深入学习习近平总书记系列重要讲话精神,对照“四个考题”大力学习弘扬焦裕禄精神。

31 日,省委常委会专题研究义乌全面深化改革工作,以省委省政府名义出台《关于深化义乌市国际贸易综合改革试点的若干意见》,规定“凡在全省其他市、县(市、区)开展的省级改革试点,义乌市都可以先行先试”。

31 日,金华邮政速递物流电子商务邮件处理中心工程开工建设。建成后,该中心将作为浙江全省邮件集散处理重要节点,吸引大量电子商务企业到金华落户。

31 日,国家发改委调研组到金华专题调研新能源汽车发展情况。金华市区已推广新能源汽车 723 辆,补助财政专项资金 1720 万元,成为全国地级市中运营纯电动私家车数量最多的城市。

31 日,金华市及 9 个县(市、区)实现平安建设“满堂红”, 金华市连续 8 年被省委省政府命名为“平安市”。

4 月

2 日,金华经济技术开发区湖海塘学校开工建设。

2 日, 永康市古山镇被列入全省小城市培育试点镇扩围名单。

3 日,市政府召开第 72 次常务会议。

3 日,市领导会见奥地利林茨市代表团。

10 日,2014 中国国际电子商务博览会在义乌开幕。博览会由省政府主办,设国际标准展位 1620 个,展览面积超 4 万平方米, 吸引来自国内和境外 8 个国家、地区的 756 家企业参展。

11 日,2014 中国(义乌)世界电子商务大会在义乌开会,1800 多名海内外电商参会。省委副书记、省长李强等出席开幕式。

11 日,中国移动金义信息通信产业园项目在金华签约,项目总投资 30 亿元。产业园将依托中国移动的平台优势,打造浙南区块的网络核心。

11 日,市六届人大常委会举行第二十五次会议。

11 日,市政府召开第 73 次常务会议。

13 日,在第四届全国生态文明建设发展论坛暨全国生态文明先进县(镇)成果发布会上,磐安县被授予“全国生态文明先进县”称号。

14 日,金华市成立市场监督管理局。

16 日,《重修金华丛书》举行首发式,该书共收录地方文献 877 种。

16 日—17 日,省人大常委会副主任袁荣祥一行到金华调研人大工作。

18 日,市政府召开第 74 次常务会议。

22 日,省人大常委会党组书记、副主任茅临生一行到金华调研国有土地上房屋征收与补偿立法工作。

24 日,省政府党组副书记、省政府顾问王建满一行到东阳调研“五水共治”和“三改一拆”工作。

25 日,市委常委会召开反对“四风”专题讨论会，逐条讨论分析前期征集到的对市委常委会的意见建议，明确12项立改项目。

28日至5月1日，第9届中国（义乌）文化产品交易会在义乌举行，文化部部长蔡武，副部长项兆伦，部党组成员、故宫博物院院长单霁翔，部长助理刘玉珠，中国贸促会会长姜增伟，省委常委、宣传部长葛慧君，两岸企业家峰会文化推进小组召集人吕祖善等出席开幕式。该次文博会由文化部、浙江省政府、中国国际贸易促进会主办，共有888家企业参展，设展位2799个。

29日，国家林业局正式认定浙江东阳国家香榧生物产业基地，这是全国首家国家级香榧生物产业基地。

5月

1日，婺城新城区浙中乐园投入使用。

4日，国家海关正式复函浙江省政府，同意金华市开展跨境贸易电子商务服务试点。

5日，金华市启动公路边“三化”及“三改一拆”集中拆违月活动。至6月13日，市区高速公路沿线违法广告牌已基本拆除完毕。

7日，江西省委书记、省人大常委会主任强卫，省委副书记、省长鹿心社，省政协主席黄跃金率江西省党政代表团到金华考察。省委副书记王辉忠，省政协副主席陈艳华等领导陪同考察。

7日—9日，来自英国、瑞士、日本等25个国家的45位驻华使节到金华市考察。

8日，市政府召开第75次常务会议。

9日，金华市政府考察团学习考察杭州“两化”融合工作。

8日，市委常委会赴陈双田纪念馆集体学习“陈双田精神”，并召开“坚定理想信念、关于担当克难”专题讨论会。

8日，位于市区苏孟乡水电管理处的市区应急供水工程正式启用，金华市民用水有了“双保险”。

15日，市委召开常委（扩大）会议暨教育实践活动领导小组会议，对金华市教育实践活动第一环节工作进行“回头看”，研究部署第二环节工作。

16日，市领导会见雅戈尔集团总裁李如成。

16日，市政府召开第76次常务会议。

18日—19日，金华市第五届残疾人运动会开幕。

2日，燕尾洲景观步行桥——八咏桥正式开通。

24日—27日，第六届中国国际旅游商品博览会在义乌举行，国家旅游局副局长王志发，副省长梁黎明等领导参加开幕式。本届旅博会由国家旅游局、浙江省政府主办，有1400多家企业参展，邀28个国家和地区的30家境外企业组团到会采购。

27日，市委召开常委（扩大）会议暨生态市建设领导小组全体会议，传达贯彻省委十三届五次全会精神，研究部署“两美”金华和生态建设工作与维护稳定工作。

27日—28日，省政协副主席张泽熙率领省政协调研组到金华调研电信（网络）诈骗犯罪的打击和防范工作。

28日，省政协副主席、省委统战部部长孙文友到金华调研统一战线工作。

30日，全市经济开发区（园区）和工业强镇建设现场会在义乌市佛堂镇召开，会议要求全市贯彻落实全省有关会议精神，研究当前工业经济发展形势，全面落实市委、市政府关于支持工业发展的政策举措。

6月

4日，省委常委、省军区政委王新海，省军区副司令员兼参谋长李大清等到金华检查指导防汛抗台工作。

7日，金华市在第十六届浙洽会召开之际，在宁波举办“金华市投资环境推介会暨项目签约仪式”，现场签约项目41个，外资签约项目总投资额超过5亿美元。

9日，市委召开常委（扩大）会议，传达学习省委常委扩大会议精神，研究部署近期工作，要求着力查找解决“四风”问题。

10日，市政府召开第77次常务会议。

10日，金华市本级部门年度预算与“三公”经费指标全面公开。

10日—11日，省政协主席乔传秀到浦江县、武义县就“三级政协联动、万名委员同行、助推五水共治”民主监督开展调研。

12日，金华市最大吨位货船“兰溪货0311”下水。

14 日,省委常委、组织部长胡和平到金华调研指导群众路线教育实践活动。

15 日,市委召开常委(扩大)会议,传达省领导有关讲话精神,学习领导班子专题民主生活会有关材料,研究部署开好市四套班子专题民主生活会有关工作。

16 日,金华市召开新型城市化工作电视电话会议,要求推进新型城市化,建设全省第四大都市区。

16 日—17 日,副省长熊建平到金华调研"河长制"落实情况。

17 日,全国村务监督委员会成立 10 周年暨深化村务监督工作研讨会在金华召开。全国人大常委会委员、内务司法委员会副主任王胜明,省委常委、省纪委书记任泽民,省人大常委会副主任王永昌等领导出席会议并讲话。武义县白杨街道后陈村是全国村务监督委员会的发源地。

18 日,省人大常委会副主任王永昌率领调研组到金华开展社会救助立法调研。

18 日—19 日,副省长朱从玖率调研组到金华调研"民企与科技金融双对接"活动、推进"浙江制造"品牌建设等工作。

19 日—20 日,中共金华市委常委会召开专题民主生活会。中央第七巡回督导组副组长许云昭,省委常委、省公安厅长刘力伟全程参加指导专题民主生活会。会上,市委书记徐加爱代表市委常委会班子进行对照检查,全体班子成员分别作了对照检查,并对其他班子成员提出批评。常委会共归纳梳理 15 个方面的突出问题,明确了 6 个方面整改方向和措施。在相互批评中,共提出 267 条批评意见。

22 日至 7 月 8 日,浙江婺剧研究院赴美国、巴哈马、牙买加 3 国巡回演出。

23 日,市政府召开第 78 次常务会议。

23 日,金华市出现强降水天气,市防汛抗旱指挥部启动防汛三级响应,全市积极投入防洪抢险

24 日,金华市主要江河水位相继回落。

25 日—26 日,浙江省高级人民法院院长齐奇到金华调研司法院工作。

25 日—30 日,台湾高雄现代农业团到金华参访洽谈合作。

27 日,全市召开软弱涣散基层党组织整顿现场推进会,推进基层党组织整顿工作,破解基层党组织发展难题。

28 日至 7 月 1 日,第八届全国大学生村官论坛在东阳花园村举行。全国人大常委会原副委员长、中国关心下一代工作委员会主任顾秀莲等出席开幕式。论坛发布了《2014 年中国大学生村官发展报告》,聘请了邵钦祥等 10 名全国著名村官为大学生村官导师。

30 日,市六届人大常委会举行第二十六次会议。

29 日,金华职业技术学院在教育部、农业部

31 个单位联合主办的全国职业院校技能大赛技术比赛中获得 6 个一等奖。

30 日,市委举行"学习身边典型"报告会,6 位优秀党员干部做典型事迹报告。

30 日,金华市发布《深化工商注册便利化改革十七条举措》。

7 月

1 日,金华市在全国率先开展个人贸易外汇管理试点。

1 日,金华跨境贸易电子商务公共服务平台正式启动运行。

1 日,金华市区正式开始对违反机动车环保标志管理规定行为进行处罚。

1 日,中国国际贸易促进会会长姜增伟到金华调研贸易工作。

1 日,"中国梦·金华情"群星演唱会在市体育中心举行,是金华市 20 年来首次举办大型民间文体活动,也是市体育中心建成以来首场大型商业演出。

2 日—3 日,省委常委陈德荣到金华调研经济社会发展情况。

3 日,江苏省委书记、省人大常委会主任罗志军,省委副书记、省长李学勇,省政协主席张连珍率江苏省党政代表团到义乌国际商贸城等地考察。浙江省委副书记王辉忠,省委常委、秘书长赵一德,省政府党组副书记、省政府顾问王建满及金华市领导陪同考察。

3 日,市委召开"议大事、谋全局,议长远、谋战略"工作座谈会,集思广益共谋金华赶超发展。

3 日,浙江省首条特高压直流工程溪洛渡左

岸——浙江金华±800千伏特高压直流输电工程正式投运。每年可向浙江输送400亿千瓦时清洁水电，相当于节省标煤1228万吨，减排二氧化碳超过3400万吨。

4日，海关总署发布公告，义乌市场采购贸易监管方式正式落地。

6日，中日韩田径对抗赛在金华举行，这是金华首次承办大型国际赛事。

8日，省委常委、宣传部长葛慧君到磐安调研农村文化礼堂建设和农民增收工作。

8日，杭州市人大常委会主任王金财率杭州市人大常委会考察团到金华考察人大工作。

8日—9日，磐安县委常委会召开专题民主生活会，省委常委、宣传部长葛慧君等领导参加指导会议。

9日，经商务部、财政部批复同意，金华正式成为全国首个现代服务业综合试点地级城市。9月18日，金华市召开会议，宣布正式启动国家现代服务业综合试点。省委常委、常务副省长袁家军等领导参加会议。

9日—10日，武义县委常委会召开专题民主生活会，省人大常委会副主任王永昌等参加并指导会议。

11日，金华市政府召开第79次常务会议。

11日，浙江省高级人民法院依法公开开庭审理吴英减刑一案，当庭裁定：将吴英的死刑缓期两年执行，剥夺政治权利终身减刑为无期徒刑，剥夺政治权利终身。

12日，市委召开常委扩大会议，学习省委常委扩大会议精神，总结交流上半年经济工作，研究部署下半年工作任务。

12日，第十届“双龙之夏”文化旅游活动开幕。

13日，金华建立市场监管投诉举报指挥中心，在全省率先整合“12315”“96317”“96311”热线，由“12315”热线统一受理。

14日，中共金华市委六届七次全体(扩大)会议暨市政府六届八次全体会议召开，会议深入学习贯彻党的十八大、十八届三中全会和习近平总书记系列重要讲话精神，认真落实省委十三届五次全会决策部署，研究部署建设美丽金华、创造美好生活工作，审议通过《中共金华市委关于建设美丽金华创造美好生活的决定》。

15日—16日，浦江县委常委会召开专题民主生活会，省政协党组副书记、副主席陈加元等领导参加并指导会议。

16日—17日，市政协召开六届十五次常委会议。

18日，金武公路正式全线通车。

20日，杭长客专浙江段启动联调联试。

20日，铁路金华货运中心首次推行“城际捷运物流”，开行金华至合肥北间城际捷运货物列车，满足和适应区域零散物流运输需求。

22日，商务部副部长房爱卿到金华调研电子商务工作。

23日，金华市召开推进创建全国文明城市工作暨开展节俭养德全民节约行动电视电话会议。

23日，金华市公共图书馆“通借通还”一卡通服务启动。读者可以在全市各公共图书馆借还全市任何一家公共图书馆的图书文献，阅读各公共图书馆的电子文书。

23日，金华累计第7次被列入中国十佳宜居城市榜单，位列第3。

25日，金华万达广场开业。

25日，市政府召开第80次常务会议。

28日，金华市民仇文斌在千岛湖勇救4名落水者。

28日，金华市代表团出征第15届浙江省运动会。

31日，金华市公安机关举行“利剑一号”反暴恐综合实战演练。

31日，全省高速公路广告牌整治现场会在金华召开。省政府党组副书记、省政府顾问王建满参加会议。会议肯定了金华“零遗漏、零事故、零隐患”拆除高速公路沿线违法广告牌的工作经验。

31日，全市召开市直纪检监察派驻机构改革工作会议。金华在全省率先启动纪检监察派驻机构统一管理改革试点。

31日，国务院批复同意浙江义乌机场作为航空口岸对外开放，成为继杭州、宁波、温州之后全省第四个对外开放的航空口岸。

8月

1日，金华市举行庆祝建军87周年暨荣获“省级双拥模范城五连冠”大会。

1日，金华市区暂停住房限购政策。

1 日，浙江省银行业第一家离岸业务创新中心——浦发银行义乌离岸业务创新中心正式成立。

1 日,金华市区上调最低工资标准,月最低工资1470 元,时薪 12 元。市区失业保险金发放标准从每人每月 983 元调整为每月 1103 元。

4 日，第四批国家级非物质文化遗产项目名录正式公布,金华市婺城区婺州窑陶瓷技艺、兰溪市诸葛后裔祭祖、义乌市红糖制作技艺、武义县寿仙谷中药炮制技艺 4 个项目入选,全市“国遗”项目总数达 32 项。

5 日,省委副书记、省长李强到东阳就旅游业发展情况进行调研指导。

5 日,北大信息科技园落户金华。

5 日—6 日,全国人大代表浙江中心组第四代表小组到金华调研旅游工作。会上,金华、台州、丽水三市签署旅游发展战略合作协议。

5 日—7 日,省委书记、省人大常委会主任夏宝龙在金华兰溪、武义、永康、东阳等县(市)调研工业经济运行、古村落保护、新农村建设等工作情况。省委常委、秘书长赵一德等陪同调研。

8 日,市政府召开第 81 次常务会议。

8 日,金华市发布第二次土地调查成果。

11 日—12 日,副省长毛光烈到金华调研网络经济发展情况。

12 日,衢州市党政代表团到金华考察学习“五水共治”经验。

13 日,金华市委召开常委扩大会议,传达贯彻夏宝龙和李强同志在金华调研时指示精神,要求各地各部门努力把金华经济社会发展工作抓实抓细抓出更大成效。

13 日,金华市首场领导干部预防职务犯罪宣讲会举行,全市“百场领导干部预防职务犯罪宣讲”活动正式开始。

13 日—14 日,副省长梁黎明到金华调研商务和旅游工作。

14 日,市委全面深化改革领导小组第三次会议召开,总结金华市全面深化改革工作初步成效。

14 日,市六届人大常委会举行第二十七次会议。

14 日—15 日,省人大常委会副主任程渭山到金华调研农产品质量安全管理情况，召开座谈会就《浙江省农产品质量安全条例(草案)》征求意见。

15 日,省政协副主席、省委统战部部长孙文友到金华督查落实省委十三届三次全会精神情况。

18 日，金华市区开始对 2014 年年底前淘汰的“黄标车”发放补助。

20 日—21 日,中央组织部副部长陈向群到金华调研群众路线教育实践活动及基层党建工作。

21 日,市政府召开第 82 次常务会议。

21 日—26 日,金华市党政代表团先后考察金华对新疆温宿、青海冷湖的援建工作。

26 日,金温跨沪昆铁路特大桥主体完工。

27 日,金华市首例矿业权网上成功交易。

28 日,由金华市委、市政府授权,市政府新闻办实名认证的“金华发布”网络政务平台正式上线。

31 日,金华市区二七区块改造房屋征收工作正式开始。

9 月

1 日,中共金华市委召开常委(扩大)会议,传达学习省委教育实践活动整改落实情况汇报会和省委理论中心学习组专题学习会精神,通报 2013 年市党政领导班子实绩分析评价结果,研究部署贯彻落实意见和具体整改措施。

1 日，金华市台湾义勇队纪念馆暨台湾义勇队成立旧址被列入第一批国家级抗战纪念设施、遗址名录;金华籍烈士雷烨名列全国首批著名抗日英烈和英雄群体名录。

3 日，金华至兰溪城际客运班线公司化改造听证会召开,浙中城市群城际客运体制机制改革及金兰班线公司化改造工作正式启动。

3 日,“金华两头乌猪” 农产品地理标志被农业部农产品质量安全中心确定为首批 6 个国家级农产品地理标志示范样板创建试点之一,并被农业部推荐为:中国/欧盟成员国原产地保护互认产品

4 日,市政府召开第 83 次常务会议。

9 日,金华市政府网微信正式上线。

10 日,钱塘江中上游衢江(金华段)航运开发工程姚家枢纽及船闸工程开工,金华航运开发正式开始。

10 日,浙江省部分市县教育实践活动整改落实推进会在金华召开,省委常委、组织部长胡和平出

席会议。

11日，全省“清三河”工作交流会在浦江举行，省政府党组副书记、省政府顾问王建满参加会议。会上公布浦江等9个县(市、区)为全省首批“清三河”达标县(市、区)。

11日，国家统计局党组成员、纪检组长高建华一行到金华调研统计行风建设和统计执法工作。

12日—13日，培育和践行社会主义核心价值观工作交流会在北京举行。会上，金华市委常委、东阳市委书记徐建华就东阳市农村文化礼堂建设工作作交流发言。徐建华是浙江省在会上发言的唯一县(市)领导。

15日—16日，中共浙江省委宣传部在义乌召开中国小商品城诚信建设制度化的实践探索理论研讨会。省委常委、宣传部长葛慧君等领导参加。

17日，省委常委、常务副省长袁家军到金华调研经济运行及有效投资工作。

18日，金华市政府召开第84次常务会议。

19日，市委理论学习中心组(扩大)举行专题学习会，深入学习领会习近平总书记关于经济工作的系列重要讲话精神，认真学习贯彻省委对经济工作的总体部署，研讨金华市贯彻意见。

19日—21日，第八届中国·磐安中药材交易博览会举行，省人大常委会副主任程渭山等参加开幕式。

19日—22日，第六届中国电子商务文化节在金华举行。

22日，金华市召开庆祝人民代表大会成立60周年大会。

22日，东莞市党政代表团到武义后陈村考察学习村务监督委员会建设工作。

22日，土耳其埃雷利市议员考察团到金华访问。

24日，金义网络经济学院在金义都市新区开学。该学院由金华职业技术学院和金义都市新区管委会联办，为浙江省首个网络经济学院。

25日，全国人大常委会副委员长、全国妇联主席沈跃跃到金华调研基层妇联组织建设工作，全国妇联党组副书记、副主席、书记处书记孟晓驷等陪同调研。

25日，市委常委集体参加金华电视台《市民问政》栏目录制，接受党代表询问。金华电视台新闻综合频道28日晚播出。

25日，金华市召开市委督导组派驻动员会，向各县(市、区)和市区重点区块派驻13个督导组，开展巡查督导工作。

25日，金华市召开县级纪检监察机关内设机构调整工作部署动员会，部署调整县级纪检监察内设机构。

27日—29日，第19届中国五金博览会在永康举行。省政协党组副书记、副主席陈加元等领导出席开幕式。本次博览会吸引各地参展企业1600家。

28日—29日，市政协召开六届十六次常委会议。

30日，市政府召开第85次常务会议。

30日，金华市在市区五星革命烈士纪念公园举行烈士公祭活动纪念全国首个“烈士纪念日”。

10月

1日，市区上调最低生活保障标准，城市居民从现行每人每月524元调整为每人每月588元；农村居民从每人每月357元调整为425元。

1日，金华市区残疾人开始免费乘公交。

7日，西部控股集团董事局主席陈远东一行到金华市考察，就合作开发尖峰山区块与金华市领导进行深入交流。

9日，金华市成功入选国家发改委、工信部确定的2014年度“宽带中国”示范城市(城市群)，成为浙江省首个“宽带中国”示范城市。

9日，浙江花园生物高科股份有限公司在深圳证券交易所创业板上市。

9日，金华市区首家社区心理咨询室在寺后皇社区建成。

10日，义乌保税物流中心通过国家验收，成为浙江省第三家保税物流中心。该中心封关运作后，将实现由单一运输服务向提供仓储、装卸、流通加工、配送、咨询、金融等现代物流服务转变。

11日，金华市召开党的群众路线教育实践活动总结大会，深入学习贯彻中央和全省党的群众路线教育实践活动总结大会精神，对金华市教育实践活动进行总结，对强化从严治党、持久深入推进作风建设作出具体部署。

12日，副省长毛光烈在金职院作题为《切实用好物联网的发展机遇,推进信息化和工业化深度融合》讲座。

13 日—14 日,浙江省城市地下空间开发利用工作现场会在义乌召开。省政府党组副书记、顾问王建满等参加会议。

14 日—15 日,全国政协副主席、民建中央常务副主席马培华到金华调研民建工作。省政协副主席、民建省委会主委陈小平等陪同调研。

14 日—15 日,国家工商总局副局长甘霖一行到金华调研市场监管工作。

14 日—16 日,副省长黄旭明到金华调研农业机械化工作。

15 日,金华市区二七区块完成房屋征收补偿意见征求工作,共收集意见 3686 条。

15 日—16 日,省委副书记、省长李强到金华调研经济工作,强调金华要打造特色经济升级版,推动浙中崛起。

16 日,由国家工商总局、浙江省政府主办的第三届工商行政管理创新发展高层研讨会在义乌召开。国家工商总局局长张茅,浙江省委副书记、省长李强,国务院法制办副主任袁曙宏,国家工商总局副局长甘霖,浙江省副省长朱从玖等出席活动。

16 日,金华汽车南站至义乌机场直达班车开通。

16 日—17 日,省委副书记王辉忠一行到金华调研新形势下如何加强和改进群团组织基层基础工作。

17 日,武义第八届温泉节暨第五届国际养生博览会开幕。省人大常委会副主任王永昌等出席开幕式。本次活动为期 40 天,共有 20 项活动。

18 日,2014 世界工艺文化节暨第九届中国东阳木雕主编工艺美术博览会在东阳开幕。世界手工艺理事会名誉顾问、中国工艺美术协会名誉理事长李铁映,浙江省副省长毛光烈等出席会议。

18 日,金华职业技术学院举办办学百年暨高职教育 20 周年纪念活动。省人大常委副主任厉志海等参加纪念活动。中国工程院常务副院长潘云鹤院士在活动上做“智能城市”主题报告。

18 日,中国互联网 20 年创业创投峰会在金华举行。中国工程院院士邬贺铨等参加活动。

20 日,金华市召开庆祝人民政协成立 65 周年会议。

20 日,金华市召开深化农村改革推进会,对全市深化农村改革工作进行再动员再部署再推动

21 日—25 日,义乌举办第 20 届中国义乌国际小商品博览会。全国妇联副主席、书记处书记崔郁,中国商业联合会会长张志刚,浙江省副省长朱从玖,中国侨联副主席、浙江省政协副主席吴晶出席开幕式。本届义博会设国际标准展位 4500 个,有来自国内 31 个省(市、自治区)和境外 22 个国家和地区的 2500 多家企业参展。实现成交额 170.74 亿元,其中外贸成交额 17.5 亿美元。

22 日—23 日,副省长熊建平到东阳、永康、义乌调研浙商回归项目和环保工程项目。

23 日,第 12 届中国苗木交易会在金华开幕。省人大常委会副主任程渭山等领导出席开幕式。本届苗交会设有展位 500 多个,吸引全国 300 多家企业参展。

23 日,金华市区河盘桥公交首末站投入使用。

24 日,省人大常委会副主任、九三学社浙江省委主委姒健敏到金华调研进一步落实省委、省政府新一轮扶贫结对帮扶工作情况。

24 日,中共金华市委召开常委扩大会议,传达贯彻省委副书记、省长李强,省委副书记王辉忠在金华调研时指示精神,强调各地各部门要加快打造具有金华特色的经济升级版。

24 日,金华市启动新能源物流车应用,全省首个新能源汽车推广应用站——雷克新能源汽车租车公司开业,投放 170 辆新能源汽车用于市区物流配送服务。

25 日,全国商品交易市场党建工作研讨会在义乌召开。国家工商总局党组成员、副局长孙鸿志,浙江省委常委、组织部长胡和平等领导出席会议。

25 日—27 日,“台湾企业大陆行”代表团到金华考察并进行产业合作与项目对接洽谈。

27 日,中共金华市委召开常委扩大会议,传达学习党的十八届四中全会精神。

27 日,金华市召开精品城市建设暨大气污染防治工作会议,强调要加快建设“精致集约有内涵”的精品城市,全力打造宜居宜业宜游的美丽金华。

27 日,市政府召开第 86 次常务会议。

28日，市区二七区块改造房屋征收全面启动。

28日—29日，第二届中国——中亚合作论坛在义乌举行。第十一届全国人大常委会副委员长周铁农、吉尔吉斯斯坦前总理萨特巴尔季耶夫；外交部副部长程国平、浙江省副省长梁黎明、上海合作组织秘书长梅津采夫等出席活动。

30日，市六届人大常委会举行第二十八次会议，会议表决通过了《金华市人大常委会关于深入推进新型城镇化的决定》。这是浙江省首次以人大常委会决定形式提出深入推进新型城镇化的具体要求。

31日，副省长黄旭明到东阳、义乌等地调研“三农”工作。

31日，市区芙峰立交桥完成改造恢复通车。

31日，金华市本级部门开始公开决算及“三公”经费。

11月

1日，杭长客专开始运行试验。

1日—4日，第7届中国义乌国际森林产品博览会在义乌举行。国家林业局副局长张建龙，浙江省副省长黄旭明等参加开幕式。本届森博会有来自境内外1322家企业参展，设国际标准展位3240个，展览总面积7万平方米，吸引来自64个国家和地区的41.22万人次到会参观采购。实现内贸成交额32.4亿元，外贸成交额14.43亿元。

5日，市政府召开第87次常务会议。

5日，电气混合公交首次在金华投运。

5日，义乌——宁波铁海联运班列开通，义乌始发海上“丝路”首个专列。

5日—6日，国家证监会副主席庄心一、浙江省副省长朱从玖到金华调研金融证券工作。

5日—6日，省人大常委会副主任王永昌到金华调研养老服务工作。

6日，浙江华东铝业有限公司一期年产40万吨高精度铝板带箔项目开工，标志着华铝从高能耗传统产业迈入战略新兴产业行列。

6日—15日，市委副书记、市长暨军民率金华分团参加浙江省赴海外印才活动，飞赴加拿大、美国、澳大利亚三国，先后参加了浙江·纽约、浙江·硅谷、浙江·悉尼海外高层次人才对接等大型活动，现场正式签订人才引进、项目合作23个。

11日，中国·金义电子商务新城项目（菜鸟）一期正式运营。首日货单处理量达20万单，正常运转后将达到每日60~80万单。

12日—13日，泰国政府中小企业经济贸易发展委员会主席陈杰克率经贸代表团到金华洽谈东南亚木材跨境电子商务和设立保税展示交易区事宜，并与金义都市新区管委会签订合作协议。

14日，金华市中心医院在全市范围内首次成功使用“体外生命支持系统”（“人工心肺”）救治心脏停跳患者。

18日，义乌至马德里国际铁路（“义新欧”）货运班列首发，义乌小商品首次全程通过铁路方式运抵欧洲。12月9日，班列抵达马德里。

18日，义乌保税物流中心正式封关运作。

18日，省军区副司令员兼参谋长李大清一行到金华考评国防动员体系建设工作。

19日—22日，2014义乌国际装备博览会在义乌举办。副省长毛光烈等领导参加开幕活动。本届装博会设国际标准展位3175个，参展企业843家，展览面积8万平方米，现场销售成交额4.16亿元。

19日，广西壮族自治区副主席张晓钦一行到义乌考察小商品市场。

19日—20日，中共中央政治局常委、国务院总理李克强到义乌考察，走访“网店村”青岩刘村，在青岩刘村为青海农村贫困儿童寄出爱心快递；考察义乌国际商贸城，听取政府简政放权介绍，鼓励当地探索建立跨境电子商务试验区。中央书记处书记、国务委员杨晶，省委书记夏宝龙，省委副书记、省长李强等陪同考察。

20日，市委召开常委扩大会议，传达贯彻李克强总理在义乌考察时重要讲话精神。会议要求全市总结“义乌经验”，解放思想，高举改革大旗；要保持开放心态，不断提升开放水平；要重视加强文化软实力建设，着力打造“信义金华”。

20日，义乌协警周勇军拦截歹徒被撞。12月2日，周勇军因伤势过重光荣牺牲。

20日，义乌获批国家级农村改革试验区。

21日，市政府召开第88次常务（扩大）会议。

22日—24日,第四届中国(金华·东阳)国际商贸发展大会在东阳召开,副省长梁黎明等领导参加开幕活动。170多名境外投资采购商、商务部七大商会骨干企业代表及采购商、项目投资商代表、国内外知名电商企业负责人参加会议。

25日,省政协原主席周国富、省政协副主席陈艳华到金华调研农村生活垃圾分类减量处理工作。

25日,副省长梁黎明到东阳调研旅游工作。

26日,第14届金华工科会举行科技合作项目签约仪式,共签约60个科技合作项目,合同金额6800余万元。

28日至12月4日,2014浦江·第七届中国书画节开幕,2014"万年浦江"全国中国画作品展同期举办。省政协副主席陈加元出席开幕活动。

28日,市委书记徐加爱,市委副书记、市长暨军民分别会见柬埔寨国王最高顾问、柬埔寨国家宪法委员会成员、柬埔寨和平与安全学院院长诺罗敦·施里武亲王及其夫人。

29日,金华西二环跨铁立交东半幅试运行,全长45公里的金华二环路全部贯通。

29日—30日,"金华博士浙中行"活动在金华举行,中国工程院院士龚晓南等25名金华博士联谊会成员参加活动。

12月

2日,市委召开全面深化改革领导小组第四次会议,听取全国现代服务业综合试点推进情况,"四张清单一张网"建设情况汇报,讨论审议有关文件,研究部署下步工作。

2日,金华万达公交首末站投入使用。

3日,金华市区首家盲人阅览室在金华市图书馆对外开放。

5日,市政府召开第89次常务会议。

5日—6日,浙江大学材料学院——科惠医学材料合作研发中心成立,中科院院士、973项目首席科学家张泽等参加成立仪式。

7日,杭长高铁车票在金华开始销售。10日,杭长高铁正式开通,金华站迎来第一辆高铁列车。

8日,国家卫计委、财政部联合发文,通报全国基本公共卫生服务项目考核情况。金华市代表浙江省接受国家考核,以92.97分列全国第一。

9日,省政府党组副书记、省政府顾问王建满到金华调研邮政电商及快递网络建设。

9日,市委召开常委(扩大)会议,传达学习省委十三届六次全会和省委人大工作会议精神,研究部署金华市贯彻落实工作。

9日,"浙中论坛"举办两场专题报告,分别邀请华融证券股份有限公司、华融期货股份有限公司董事长、党委书记祝献忠和全国政协社会与法制委员会副主任施芝鸿为全市机关干部作报告。

9日—10日,省委常委、宣传部长葛慧君到永康、武义两地调研宣传文化工作。

10日—11日,海关总署副署长胡伟一行到金华督导禁毒工作。

10日—11日,市委副书记、市长暨军民率金华市党政代表团考察上海自贸区。

12日,市政府召开第90次常务(扩大)会议,专题学习贯彻省委十三届六次全会、省政府党组会议和市委常委(扩大)会议精神,研究部署法治政府建设工作。

12日,兰溪农村合作银行成为金华市首家人才银行。

14日,全国人大民族委员会副主任委员孙大发上将一行到金华市调研网络经济发展情况。

15日,市委召开常委扩大会议,传达学习中央经济工作会议和省委常委扩大会议精神。随后,召开以"适应新常态、谋求新发展"为主题的务虚会,谋划金华市在2015年及今后一个时期内的发展思路和工作重点,要求全市要坚定不移打好转型升级"组合拳"。

17日,市政府召开第91次常务扩大会议,听取关于《金华市区城市节约用水管理办法和供水管理办法》和《进一步完善金华市区城乡居民基本养老保险制度的实施意见》制订情况的汇报。

18日,北京大学(金华)信息科技园开园,首批11家企业签约落户金华。

19日,义乌航空口岸正式开放暨香港航班首航式在义乌民航机场举行,联通浙港两地的"黄金航线"正式开始运营。

19日,1996年建成使用的金发大厦开始拆除。

21 日，兰溪市被农业部、国家旅游局授予“全国休闲农业与乡村旅游示范县”称号。

24 日，浙中预防职务犯罪警示教育基地在金华监狱启用。省检察院检察长陈云龙等参加活动。

25 日，市区二七区块被征收房屋评估结果开始公布，金华首个房屋征收补偿信息系统启用。

26 日，市六届人大常委会举行第二十九次会议。

26 日，总投资 20.11 亿元的吉利集团发动机项目在义乌奠基。项目总用地 139 亩，投资建设年产 50 万台发动机生产线。

9 日，市委六届八次全体(扩大)会议暨市政府六届九次全体会议召开，深入学习贯彻党的十八届四中全会和省委十三届六次全会精神，按照中央和省委经济工作会议的决策部署，总结 2014 年工作，部署 2015 年工作，研究全面深化法治金华建设工作，动员全市干部群众适应新常态、谋求新发展，着力在转型升级上下更大功夫，确保全面完成“十二五”规划目标任务。会议审议通过《中共金华市委关于全面深化法治金华建设的决定》。

30 日，省改革试点领导小组在义乌召开国际贸易综合改革试点工作推进会，研究部署第二个三年实施计划。副省长梁黎明、义乌国际贸易综合改革试点领导小组副组长郑宇民等参加会议。

31 日，市委召开常委扩大会议，研究部署 H7N9 流感防治和金兰中线城际公交开通工作。

31 日，金华市公布市级部门责任清单。

主要组织机构及其负责人名录

中国共产党金华市委员会

书　记 徐加爱
副书记 暨军民
陶诚华
常　委 何杏仁(女)
钟关华
毛善恩
徐建华
金中梁
张建明(~2014 年 8 月)
李一飞
夏建成(2014 年 8 月~)
温　暖
陈　伟
杨龙溪(~2014 年 1 月)
程友敏(2014 年 1 月~)
委　员 (按姓氏笔画排列)
马　越
王　健
王丁路
毛建岳
毛善恩
方雨辉(2014 年 12 月~)
卢秀芝(女)
朱建军
朱瑞俊
刘少非
江国富
李一飞
李郁华
杨龙溪(~2014 年 1 月)
吴小明
吴立钢
吴志松
吴国成
何杏仁(女)
何美华(~2014 年 6 月)
余秋荣
张伟亚
张建明(~2014 年 8 月)
张新宇
陈　伟
陈　晓
陈志身
陈陆一(~2014 年 4 月)
陈雷红(女)
陈蕾妍(女)
林丹军(女)
金中梁
金洪生(2014 年 12 月~)
周剑敏
郑余良
郑金平
钟关华
施美红(女)
施振强
祝伦根
祝维伟
姚孔屏(2014 年 12 月~)
夏建成(2014 年 8 月~)
徐加爱
徐华水
徐志坚
徐建华
陶国兴
陶诚华
黄锦朝
程友敏(2014 年 1 月~)
傅利常
温　暖
蔡　健
暨军民
秘书长 钟关华(~2014 年 10 月)
陈　晓(2014 年 10 月~)
副秘书长 吴小明(~2014 年 7 月)

章旭升
潘改良（ ~2014年1月）
祝维伟
金　艳（女，~2014年12月）
陈志坚
王瑞海
张旭辉（ ~2014年12月）
孙建成
傅源长
李雄伟

市委工作部门及直属单位

办公室
主　任　吴小明（ ~2014年7月）
　　　　章旭升（2014年7月~ ）

组织部
部　长　温　暖

宣传部
部　长　何杏仁（女）

统战部
部　长　吴志松（ ~2014年1月）
　　　　陶国兴（2014年1月~ ）

政法委
书　记　陶诚华

政策研究室
主　任　潘改良（ ~2014年1月）
　　　　孙建成（2014年1月~ ）

市委台湾工作办公室、市政府台湾事务办公室
主　任　张世元

机构编制委员会办公室
主　任　郭全刚（ ~2014年10月）
　　　　兰景贵（2014年10月~ ）

直属机关工作委员会
书　记　金　艳（女，~2014年12月）

市委、市政府农业和农村工作办公室
主　任　祝维伟

市委、市政府信访局
局　长　陈志坚

新经济与新社会组织工作委员会（社会工作委员会）
书　记　姚激扬（ ~2014年10月）
　　　　李雄伟（2014年10月~ ）

老干部局
局　长　胡正明（ ~2014年2月）
　　　　洪雅群（女，2014年3月~ ）

讲师团
团　长　潘江涛

防范和处理邪教问题领导小组办公室
主　任　王瑞海

党校
校　长　温　暖

金华日报社
社长、党委书记、总编　陈　东

党史研究室
主　任　吴因清（ ~2014年3月）
　　　　吴晓华（2014年3月~ ）

档案局
局长、党组书记　钱　静（女）

中国共产党金华市纪律检查委员会

书　记　张建明（ ~2014年8月）
　　　　夏建成（2014年8月~ ）

副书记 张自力
吕文革
张慧娟(女)
常　委 常爱平
王锦武
周红德
郭　飞
刘景刚

金华市人民代表大会常务委员会

主　　任 黄锦朝
副 主 任 林一心
程子林(~2014年2月)
钱世茂
丁国玉(女)
蔡　健(2014年2月~)
王国强
张荣贵
江跃进
党组书记 黄锦朝
党组副书记 林一心
程子林(~2014年2月)
秘 书 长 应炳兴(~2014年6月)
副秘书长 李克勤
胡冬娥(女)
郑樟根
陈后呈
张志明
伊福泉
吴文飞
邹志伟
陈增加
任建生(2014年2月~)
委　　员 (按姓氏笔画排列)
马　越
王华新
王国进
王淑丹(女)
叶少军(2014年2月~)
伊福泉
刘艾春(女,2014年2月~)
杨　艳(女)
李克勤
李晓叶(女)
吴文飞
吴晓华(~2014年2月)
吴瑞银
邹中玺
邹志伟
张志明
陆基灯
陈后呈
陈迎春(女， ~2014年2月)
陈美兰(女)
陈雄武
陈增加(2014年2月~)
郑樟根
胡文君
胡冬娥(女)
姜洪森
姜　宪
袁坚列
钱毓峰
徐学清(~2014年2月)
徐　敏(女)
陶国兴
斯克良
蒋晓萌
雷永金

市人大常委会工作机构

办公室
主　任　邹志伟

研究室
主　任　吴晓华(~2014年4月)

法制工作委员会
主　任　王国进

财政经济工作委员会
主　任　胡文君

教育科技文化卫生工作委员会
主　任　吴文飞

民族宗教外事侨务工作委员会
主　任　王景荣(2014 年 4 月~)

农业与农村工作委员会
主　任　姜洪森

城乡建设环境保护工作委员会
主　任　张志明

代表与选举任免工作委员会
主　任　伊福泉

金华市人民政府

市　　长　暨军民(2014 年 2 月~)
代 市 长　暨军民(~2014 年 2 月)
副 市 长　金中梁
何美华(~2014 年 6 月)
蔡　健(~2014 年 2 月)
林丹军(女)
傅利常
张伟亚
邵国强
胡国强
祝伦根(2014 年 4 月~)
孙荣燕(女,2014 年 4 月~)
盛秋平(2014 年 6 月~)
党组书记　暨军民
党组副书记　金中梁
秘 书 长　祝伦根
副秘书长　任建生(~2014 年 2 月)
傅关福
潜高星(2014 年 8 月~)
陈天堂(~2014 年 8 月)
陈庆华
程天云(~2014 年 2 月)
王旭照
张维源
吕绍荣(~2014 年 4 月)
姚孔屏(女)
朱志德
蒋永根(~2014 年 2 月)
叶新良
朱志杰
方雨辉
邱银泉
朱　飞(~2014 年 10 月)
施欣辉(2014 年 4 月~)
曹文蔚(2014 年 4 月~)
胡　杰(2014 年 10 月~)
金　艳(女,2014 年 12 月~)
韦　炜
陈峰齐(~2014 年 4 月)
方宪文
马海清
肖功海
韦国潭(~2014 年 12 月)
姜　能(2014 年 2 月~)
王雪峰(2014 年 12 月~)
孙俊青(2014 年 12 月~)

市政府工作部门及派出机构、直属单位

办公室
主　　任　任建生(~2014 年 2 月)
傅关福(2014 年 4 月~)
党组书记　祝伦根

发展和改革委员会
主任、党组书记　李郁华(~2014 年 12 月)
张旭辉(2014 年 12 月~)

物价局
局　长　杨晓红

经济和信息化委员会
主任、党委书记　金洪生(　~2014 年 7 月)
王志强(2014 年 7 月~　)

教育局
局长、党委书记　徐志坚

科学技术局
局长、党组书记　徐东成

民族宗教事务局
局　长　王景荣(　~2014 年 4 月)
樊国斌(2014 年 4 月~　)

公安局
局长、党委书记　毛善恩

监察局
局　长　张自力

民政局
局长、党组书记　夏　刚(　~2013 年 10 月)
陶叶萍(女,2013 年 10 月~　)

司法局
局　　长　刘净非(女,~2014 年 2 月)
钟庆华(2014 年 2 月~　)
党委书记　钟庆华

财政局
局长、党组书记　陈志身(　~2014 年 7 月)
方卫民(2014 年 7 月~　)

人力资源和社会保障局
局长、党组书记　王丁路

国土资源局
局长、党委书记　楼东江

住房和城乡建设局
局长、党委书记　潜高星(　~2014 年 7 月)
郭慧强(2014 年 7 月~　)

规划局
局长、党组书记　陆　峰(2014 年 7 月~　)

交通运输局
局长、党委书记　邱建中

水利渔业局
局长、党委书记　潘炉生

农业局
局长、党委书记　吴立钢(　~2014 年 10 月)
吴国平(2014 年 10 月~　)

林业局
局长、党组书记　吴国平(　~2014 年 10 月)
朱　飞(2014 年 10 月~　)

商务局(粮食局)
局长、党组书记　江国富

文化广电新闻出版局
局长、党委书记　钟世杰

体育局
局长、党组书记　卢云霄

卫生局(　~2014 年 12 月)
局长、党委书记　吴康良(　~2014 年 12 月)

卫生和计划生育委员会
主任、党组书记　韦国潭(2014 年 12 月~　)

审计局
局　　长　方卫民（　~2014年2月）
　　　　　董巧娟（女，2014年4月~　）
党组书记　方卫民（　~2014年1月）
　　　　　卢文浩（2014年3月~　）

统计局
局长、党组书记　郑迪元

环境保护局
局长、党组书记　石骁敏

食品药品监督管理局（　~2014年3月）
局长、党委书记　吕绍荣（　~2014年3月）

工商行政管理局（　~2014年3月）
局长、党委书记　范寿山（　~2014年3月）

市场监督管理局（工商局、食品药品监督管理局）
局长、党委书记　施欣辉（2014年3月~　）

质量技术监督局
局长、党委书记　颜天明（　~2014年3月）
党委书记　　　　吕绍荣（2014年3月~　）
局　　长　　　　张少华（2014年4月~　）

城市管理行政执法局
局长、党委书记　方雨辉

安全生产监督管理局
局长、党组书记　李志妙（　~2014年10月）
　　　　　　　　金文胜（2014年10月~　）

旅游局
局长、党组书记　朱　红

机关事务管理局
局长、党组书记　张维源

外事与侨务办公室
主任、党组书记　章　宏

人民防空办公室（民防局）
主任、党组书记　胡　宏（　~2014年7月）

国有资产监督管理委员会
主任、党委书记　徐方根（　~2014年1月）
　　　　　　　　方卫民（2014年1月~2014年7月）
　　　　　　　　李　俊（2014年7月~　）

行政服务中心
主任、党组书记　邱银泉

金华经济技术开发区党工委、管委会
书　记　傅利常
主　任　余秋荣

金华新兴产业集聚区管委会
主　任　陈陆一（　~2014年4月）
　　　　郑余良（2014年6月~　）

金义都市新区（金义都市经济开发区）党工委、管委会
书　记　金中梁（　~2014年10月）
　　　　郑余良（2014年10月~　）
主　任　陈陆一（　~2014年4月）
　　　　郑余良（2014年6月~2014年10月）
　　　　赵国荣（2014年10月~　）

金华双龙风景旅游区党工委、管委会
书　记　陈　晓（　~2014年10月）
主　任　申瑞龙

金华市多湖中央商务区党委、管委会
主任、党委书记　程天云（　~2014年2月）
　　　　　　　　曹文蔚（2014年3月~　）

浙江金东经济开发区党工委、管委会（　~2014年10月）
书　记　郑余良（　~2014年10月）
主　任　胡　杰（　~2014年10月）

义乌商贸服务业集聚区党委、管委会

书 记 王奎明

主 任 赵国荣(~2014 年 10 月)

季金甫(2014 年 12 月~)

经济合作交流办公室(招商局)

主任(局长)、党组书记 姚孔屏(女, ~2014 年 1 月)

韦肖鸿(2014 年 1 月~)

供销合作社

主任、党委书记 陈福雨

文物局

局 长 施革雄(~2014 年 12 月)

汪希燕(女,2014 年 12 月~)

党组书记 施革雄(~2014 年 12 月)

聂新华(2014 年 12 月~)

市政府金融工作办公室

主 任 姚孔屏(女,2014 年 2 月~)

党组书记 姚孔屏(女,2014 年 7 月~)

市政府驻北京联络处

主 任 应丽青(女)

市政府驻上海联络处

主 任 叶 青

市政府驻杭州办事处

主 任 蒋震雷

市政府驻深圳办事处

主 任 张红丽(女)

市政府驻厦门办事处

主 任 (暂缺)

中国人民政治协商会议金华市委员会

主 席 郑金平

副 主 席 王建平

张解放(~2014 年 1 月)

傅路红

张跃进

朱恒钱

吴志松(~2014 年 1 月)

刘净非(女)

许章才

吴国成(2014 年 2 月~)

胡锦全(2014 年 2 月~)

党组书记 郑金平

党组副书记 王建平(~2014 年 10 月)

朱恒钱(2014 年 10 月~)

秘 书 长 徐月明

副秘书长 方竟成(~2014 年 1 月)

万晨曦

汪永革

黄 伟

胡锦全(~2014 年 2 月)

张少华

丛 华(女,2014 年 9 月~)

柳建民

常务委员 (按姓氏笔画排列)

丁 宁(女)

万晨曦

马巧良

王景荣(~2014 年 7 月)

方竟成(~2014 年 1 月)

叶赏和

卢 广

卢淑芳(女)

丛 华(女)

巩美英(女)

成晓波

朱文勇

朱孝平

朱茂丹(女)

刘 尧

杜剑平

杨坚明

吴月华(女)
吴彩霞(女)
吴瑞成
何蔓丝(女)
辛永良
汪永革
张　毅(女)
张少华
张世元
张建敏(女)
陈　琳(女)
范庆松
金罕岗
郑一平(女)
郑守乾
郑爱军
柳建民
胡欢刚(　~2014年7月)
胡济荣
胡总旗
胡泰群
胡爱珠(女)
胡锦全(　~2014年2月)
赵允成
施清纯
姚波峰
夏　刚(2014年2月~　)
倪　捷
徐　斌
徐方根(2014年2月~　)
徐志辉
郭金林
诸晓东
黄　伟
董巧娟(女)
蒋荣伟
程　颖(女)
傅　治(　~2014年7月)
童国友
楼余产
蓝根有(　~2014年7月)
雷启余
窦金庸
戴克华

市政协工作机构

办公室

主　任　汪永革

研究室

主　任　马巧良

提案委员会

主　任　万晨曦

经济科技委员会

主　任　朱文勇

人口资源环境委员会

主　任　丛　华(女，~2014年9月)
　　　　金洪生(2014年9月~　)

教育文化卫生体育委员会

主　任　胡爱珠(女)

社会法制委员会

主　任　夏　刚

文史资料委员会

主　任　杨坚明

港澳台侨委员会

主　任　胡泰群

委员工作委员会

主　任　丁　宁(女)

民族宗教委员会

主　任　徐方根(2014年2月~　)

金华市中级人民法院

院　　长 汤海庆
副 院 长 宋耿金
邵永龙
黄美园(女)
范锡祥
党组书记 汤海庆

金华市人民检察院

检 察 长 毛建岳
副检察长 郭土华
方旭东
陈生平
傅新民
党组书记 毛建岳

中国人民解放军浙江省金华军分区

司 令 员　程友敏
政治委员　杨德山

群众团体

金华市总工会
主　　席　朱恒钱
党组书记　蒋永根

中国共产主义青年团金华市委员会
书记、党组书记　马　越

金华市妇女联合会
主席、党组书记　陈雷红(女)

金华市科学技术协会
主　　席　楼余产
党组书记　何淑芳(女)

金华市文学艺术界联合会
主　　席　金云平
党组书记　楼　冰

金华市归国华侨联合会
主　席　蓝根有(~2014 年 1 月)
蓝跃军(2014 年 1 月~)

金华市工商业联合会
主　　席　丁国玉(女)
党组书记　范庆松

金华市社会科学界联合会
主　席　吴远龙

金华市残疾人联合会执行理事会
理事长、党组书记　骆　芳(女)

金华市老龄工作委员会
主 任　温　暖

金华市红十字会
会　　长　林丹军(兼,女)
党组书记　陈艳艳(女)

民主党派

中国国民党革命委员会金华市委员会
主　委　刘净非(女,2014 年 9 月~)

中国民主同盟金华市委员会
主　委　胡锦全

中国民主建国会金华市委员会
主　委　丁国玉(女)

中国民主促进会金华市委员会
主　委　张少华

中国农工民主党金华市委员会
主　委　傅路红

九三学社金华市委员会
主　委　张跃进

企事业单位、院校

金华银行
董 事 长　徐雅清(女)
党委书记　徐雅清(女,2014年1月~　)
行　　长　宣利新

金华市城建发展控股有限公司
董事长　徐雨光

金华市交通建设投资有限公司
董事长　吴光辉(2014年2月~　)

金华广播电视总台
台长、党委书记　朱连芳

金华职业技术学院
党委书记　李秋华(女,~2014年1月)
　　　　　胡正明(2014年1月~　)
院　　长　王振洪

义乌工商职业技术学院
党委书记　严金发
院　　长　王　珉

金华教育学院(市体校)
党委书记　何宝钢
院　　长　胡吉省(2014年1月~　)

金华广播电视大学(浙江贸易学校)—
金华广播电视大学(浙江商贸学校)
校　　长　黄宏伟
党委书记　单　勇(2014年10月~　)

垂直管理部门(单位)、部省属驻金单位、金融机构

国家税务局
局长、党组书记　吴伟民

国家安全局
局长、党委书记　陈庆华

金华海关
关长、党组书记　何士电

金华海关缉私分局
局　长　姚亚良

金华出入境检验检疫局
局长、党组书记　詹勤伟

地方税务局
局　长　陈志身(　~2014年7月)
　　　　方卫民(2014年7月~　)

气象局
局长、党组书记　谷风鸣

国网金华供电公司
总 经 理　姜　宪
党委书记　杜晓平

烟草专卖局(浙江省烟草金华市公司)
局长(经理)、党组书记　郑敏强

邮政局
局长、党委书记　杨嘉树

邮政管理局
局长、党委书记　温雪荣(　~2014年8月)
　　　　　　　　李云山(2014年8月~　)

中国电信金华分公司
总经理、党委书记 樊振华

浙江移动金华分公司
总经理、党委书记 胡欢刚(~2014 年 1 月)
王顶(2014 年 1 月~2014 年 11 月)
赵东升(2014 年 11 月~)

中国联通金华市分公司
总经理、党委书记 徐国荣

中国人民银行金华市中心支行
行长、党委书记 翁国华

银监会金华监管分局
局长、党委书记 陈兆水

中国农业发展银行金华市分行
行长、党委书记 甄岗军

中国工商银行金华分行
行长、党委书记 赵丹蓓(女, ~2014 年 12 月)
金小山(2014 年 12 月~)

中国农业银行金华市分行
行长、党委书记 贾正生

中国银行金华市分行
行长、党委书记 吴 越(~2014 年 12 月)
王 权(2014 年 12 月~)

中国建设银行金华分行
行长、党委书记 王井平

中国人民财产保险金华市分公司
总经理、党委书记 毛新龙

中国人寿保险金华分公司
总经理、党委书记 楼琦辉(~2014 年 7 月)
祝 勇(2014 年 7 月~)

中国太平洋财产保险金华中心支公司
总经理、党委书记 于 洋

中国太平洋人寿保险金华中心支公司
总经理、党组书记 杨 旻

中国平安财产保险金华中心支公司
总经理 楚军锋

中国平安人寿保险金华中心支公司
总经理 陈驰波

县(市、区)主要机构及负责人名单

中国共产党金华市婺城区委员会
书 记 陈 晓(~2014 年 10 月)
王 健(2014 年 10 月~)

金华市婺城区人民代表大会常务委员会
主 任 张菲菲(女)

金华市婺城区人民政府
区 长 王 健

中国人民政治协商会议金华市婺城区委员会
主 席 施素珍(女)

中国共产党金华市婺城区纪律检查委员会
书 记 何海彬

中国共产党金华市金东区委员会
书 记 郑余良

金华市金东区人民代表大会常务委员会
主 任 赵 庆

金华市金东区人民政府
区 长 施美红(女)

中国人民政治协商会议金东区委员会
主　席　楼科进

中国共产党金华市金东区纪律检查委员会
书　记　丁丰田(~2014 年 7 月)
　　　　钟术清(2014 年 7 月~)

中国共产党兰溪市委员会
书　记　吴国成

兰溪市人民代表大会常务委员会
主　任　吴国成

兰溪市人民政府
市　长　朱瑞俊

中国人民政治协商会议兰溪市委员会
主　席　刘成芝

中国共产党兰溪市纪律检查委员会
书　记　林纪平

中国共产党东阳市委员会
书　记　徐建华

东阳市人民代表大会常务委员会
主　任　施侍伟

东阳市人民政府
市　长　朱建军

中国人民政治协商会议东阳市委员会
主　席　王正明

中国共产党东阳市纪律检查委员会
书　记　樊国斌(~2014 年 3 月)
　　　　胡勇春(2014 年 3 月~)

中国共产党义乌市委员会
书　记　李一飞

义乌市人民代表大会常务委员会
主　任　陈秀仙(女)

义乌市人民政府
市　长　何美华(~2014 年 6 月)
代市长　盛秋平(2014 年 6 月~)

中国人民政治协商会议义乌市委员会
主　席　宋英豪

中国共产党义乌市纪律检查委员会
书　记　卢照洋(~2014 年 7 月)
　　　　楼国康(2014 年 7 月~)

中国共产党永康市委员会
书　记　徐华水

永康市人民代表大会常务委员会
主　任　徐华水(2014 年 1 月~)

永康市人民政府
代市长　金　政(~2014 年 1 月)
市　长　金　政(2014 年 1 月~)

中国人民政治协商会议永康市委员会
主　席　陈毅成

中国共产党永康市纪律检查委员会
书　记　范晓东

中国共产党浦江县委员会
书　记　施振强

浦江县人民代表大会常务委员会
主　任　黄林生

浦江县人民政府
县　长　施振强(~2014 年 2 月)
　　　　程天云(2014 年 2 月~)

中国人民政治协商会议浦江县委员会
主　席　朱受明

中国共产党浦江县纪律检查委员会
书　记　丁进跃

中国共产党武义县委员会
书　记　钟关华

武义县人民代表大会常务委员会
主　任　徐华良

武义县人民政府
县　长　张新宇

中国人民政治协商会议武义县委员会
主　席　骆瑞生

中国共产党武义县纪律检查委员会
书　记　楼国康(~2014 年 7 月)
　　　　王宽民(2014 年 7 月~)

中国共产党磐安县委员会
书　记　周剑敏(~2014 年 12 月)
　　　　陈蕾妍(女,2014 年 12 月~)

磐安县人民代表大会常务委员会
主　任　周剑敏(~2014 年 2 月)
　　　　黄福良(2014 年 2 月~)

磐安县人民政府
县　长　陈蕾妍(女)

中国人民政治协商会议磐安县委员会
主　席　黄福良(~2014 年 2 月)
　　　　陈剑波(2014 年 2 月~)

中国共产党磐安县纪律检查委员会
书　记　傅　治

2014年省劳动模范、省模范集体名册

表2

序号	属地	获得奖项	姓名	性别	工作单位	职务
1	市直	全国五一劳动奖状	黄建华	男	新世纪建设集团有限公司	董事长
2	开发	全国五一劳动奖章	方　明	男	浙江科惠医疗器械有限公司	董事长
3	兰溪	全国五一劳动奖章	董　礼	女	江裕欣纺织有限公司	车间主任
4	东阳	全国五一劳动奖章	韦金炎	男	中天建设集团有限公司第一建设公司	经理
5	永康	全国五一劳动奖章	徐玲玲	女	浙江新华建设有限公司	技术组长
6	市直	省模范集体	王　顶		中国移动通信集团浙江有限公司金华分公司	
7	婺城	省模范集体	倪晓燕		金华市婺城区财政局会计核算中心	
8	兰溪	省模范集体	包立成		兰溪市黄店镇上包行政村村民委员会	
9	东阳	省模范集体	邵君伟		东阳市南马镇花园村村民委员会	
10	浦江	省模范集体	江竹均		浦江县邮政局	
11	武义	省模范集体	吕汉水		浙江骏达联酒店有限公司	
12	磐安	省模范集体	厉月照		中国工商银行股份有限公司磐安支行	
13	市直	省劳模	单卫东	男	金华供电公司送变电工程公司	质安部主任
14	市直	省劳模	江青祥	男	浙江通济交通运输股份有限公司	车管员
15	市直	省劳模	蒋国敏	男	金华市公安局交通警察支队	政委
16	婺城	省劳模	吴月华	女	万里扬集团有限公司	总裁
17	婺城	省劳模	章静钢	男	金华市仙源山铁皮石斛种植基地有限公司	业务技术经理
18	婺城	省劳模	成彩琴	女	金华市第四中学	政教处主任
19	金东	省劳模	吴樟春	男	金华市金东区审计局	科长
20	金东	省劳模	顾金芳	男	浙江开尔新材料股份有限公司	总工程师
21	金东	省劳模	陈永刚	男	浙江真爱时尚家居有限公司	部门经理
22	开发	省劳模	胡雪龙	男	浙江金徕镀膜有限公司	车间主管
23	开发	省劳模	汪燕飞	女	金华市婺城区江南街道南苑社区居委会	党委书记
24	开发	省劳模	李冬梅	女	金华青年汽车制造有限公司	总工程师
25	兰溪	省劳模	丁丽英	女	浙江兰溪巨化氟化学有限公司	班长
26	兰溪	省劳模	董红旭	男	中国邮政储蓄银行股份有限公司兰溪市支行	综合业务部经理
27	兰溪	省劳模	应国新	男	浙江欧宝塑业有限公司	研发部主任
28	兰溪	省劳模	毛国忠	男	兰溪市诸葛镇厚伦桥行政村	党支部书记
29	义乌	省劳模	林　江	男	中华人民共和国义乌海关	关长、党组书记
30	义乌	省劳模	周晓光	女	新光控股集团有限公司	董事长
31	义乌	省劳模	金伟东	男	浙江道人峰茶叶有限公司	农技师
32	义乌	省劳模	朱俭勇	男	华统集团有限公司	董事长
33	义乌	省劳模	方　敏	女	义乌市绣湖小学	教师
34	东阳	省劳模	吴亚艳	女	东阳市吴宁江滨幼儿教育园	园长

续表 2-1

序号	属地	获得奖项	姓名	性别	工作单位	职务
35	东阳	省劳模	徐文财	男	横店集团控股有限公司	财务总监
36	东阳	省劳模	黄小明	男	浙江新东阳木雕有限公司	总设计师
37	东阳	省劳模	王世明	男	东阳市江北街道猴塘社区王峰小区	党支部书记
38	永康	省劳模	刘国梁	男	浙江永康农村合作银行	党委书记、董事长
39	永康	省劳模	俞健宁	男	永康市旺吾农庄油茶种植专业户	专业户主
40	永康	省劳模	胡华东	男	浙江四方集团公司	研究所所长
41	永康	省劳模	童跃锋	男	永康第一人民医院	院长
42	浦江	省劳模	王　艾	女	浦江县毛阳岗生态养殖场	专业户主
43	浦江	省劳模	汪建平	男	浦江欧妮雅化妆品有限公司	车间主任
44	浦江	省劳模	石有趣	男	浦江县蔬菜办公室	县科技特派员
45	浦江	省劳模	曹龙水	男	浦江县黄宅镇曹街村经济合作社	社长
46	武义	省劳模	俞学文	男	武义县金茗茶叶专业合作社	理事长
47	武义	省劳模	赖玉姣	女	武义县第一人民医院	妇产科主任
48	武义	省劳模	傅薇莉	女	武义县河道堤防管理所	所长
49	武义	省劳模	占林喜	男	浙江三美化工股份有限公司	副总经理、总工程师
50	磐安	省劳模	陆天富	男	磐安县妇幼保健医院	医技科主任
51	磐安	省劳模	张威平	男	磐安县尖山镇管头村	党支部书记
52	磐安	省劳模	吴　芳	女	浙江奥特王儿童用品有限公司	外贸开发部组长

（金华市总工会）

经济建设

义乌国际贸易综合改革试点

【概述】 2014 年，义乌市国际贸易综合改革试点第一个三年实施计划顺利完成，第二个三年实施计划稳步实施。改革成效不断扩大，市场采购贸易方式、个人贸易外汇结算等一系列可复制、可推广的创新性成果逐步形成，航空口岸、保税物流中心(B 型)、“义新欧”铁路国际班列等重大平台建设加快推进。改革红利加快释放，市场活力持续迸发，全年市场主体新增 12.9%，累计达 23.25 万家；线上线下加速融合，内贸网商密度全国第一，外贸网商密度仅次于深圳、位列全国第二，跨境快递日均流量超 35 万票，居全国第四；2014 年全年实现出口总额 237.1 亿美元，同比增长 30.2%，对全省外贸出口增量贡献率 22.3%。

【市场采购贸易方式落地】 7 月 1 日，海关总署发布第 54 号《关于市场采购贸易监管办法及其监管方式有关事宜的公告》，确定市场采购贸易方式海关监管代码“1039”。10 月 16 日，市场采购贸易方式通过商务部、发改委、财政部、海关总署、税务总局、工商总局、质检总局和外汇局等国家八部委验收。10 月 31 日，杭州海关发布 2014 年第 4 号公告，宣布市场采购贸易方式 11 月 1 日起在义乌市正式实施。这标志着中国一种新的贸易方式正式诞生，从国家层面对以义乌市场为代表的通过市场开展国际贸易的交易模式予以确认，肯定市场采购贸易这种交易模式的合法性，解决市场采购贸易的政策缺少上位法依据的问题。截至 2014 年底，以“1039”方式向海关申报货物 24806 票，总货值 29.5 亿美元。

【实施与配套监管政策】 省地方税务局批复同意《浙江省义乌市“市场采购”贸易方式地方税收监管暂行办法》，并于 1 月 1 日以公告形式发文施行。《浙江省义乌市“市场采购”贸易方式工商监管暂行办法》于 2 月 13 日获批实施。海关增列“市场采购”海关监管代码“1039”，6 月 26 日取消对小商品出口申报不实违规类案件的递进式处罚，12 月 1 日起正式启动义乌辖区长江经济带海关区域通关一体化改革。7 月 1 日，国家外汇管理总局正式批准在义乌率先开展个人贸易外汇管理改革试点，其中“市场采购”“跨境电子商务”出口贸易方式在全国率先纳入个人贸易外汇管理试点范围。该试点政策的便利化措施主要有三点：一是委托代理公司出口的贸易货款，允许个人直接办理收结汇；二是取消个人开立外汇结算账户事前备案手续；三是简化业务单证，个人贸易货款结汇无需提供出口货物报关单，只需提交申请书和代理协议即可办理。2014 年 7 月至 12 月，义乌辖内 18 家外汇指定银行办理个人贸易收结汇业务共计 4.81 万笔，结汇金额累计 27.06 亿美元，惠及个体工商户 4533 人。《浙江省义乌市市场采购贸易方式出口货物免税管理办法》11 月 1 日正式开始试行。承接市场采购贸易方式和配套监管政策落地的市场采购贸易联网信息平台一期工程软件开发项目于 12 月 4 日通过最终验收。

【外贸服务重大平台建设】 3 月 20 日，国家发改委、财政部、商务部、人民银行、海关总署、税务总局、工商总局、质检总局等八部委联合下发《关于同意东莞市等 30 个城市创建国家电子商务示范城市的通知》，同意义乌市成为创建国家电子商务示范城市。4 月上旬成功举办 2014 中国国际电子商务博览会和中国(义乌)世界电子商务大会。开工建设国际电子商务城，一期主体工程于 9 月 25 日结顶，在全市各镇(街道)布局电子商务园区。在国际物流中心区块建设跨境电子商务园区一期工程。阿里巴巴义乌产业带、亿赞普“全球销”、敦煌网“全球网货中心”等合作项目加快实施。搭建义乌购“爱进口”平台,8月上线后已集聚进口商家100多家, 商品种类超1万种。11月份,“义乌中国小商品城”获国家工商总局驰名商标认定,成为全国商品交易市场中首个获得国家工商总局驰名商标认定的市场,为义乌市场实施“走出去”战略奠定基础。

【铁路口岸建设】 在义乌铁路西站周边2.1平方千米规划建设铁路物流中心,该项目于6月13日被列为《上海铁路局2014-2020年物流发展规划》中的10个路网性物流中心之一。建成铁路义乌西站海关监管点, 并于7月通过杭州海关验收批准,项目占地4393.8平方米。加快建设铁路国际班列,8月,“义新欧”班列与重庆、郑州等5地开往欧洲的货运班列一起,纳入全国“中欧班列”范畴,成为《丝绸之路经济带总体规划》的重要支撑项目。11月18日,义新欧“义乌—马德里”班列从义乌出发,于12月9日抵达马德里,标志着位于中国沿海经济大省浙江省中部的义乌市直达中亚及欧洲的国际铁路联运物流大通道基本建成。11月5日,正式开通义乌作为“始发港”的“义乌—宁波北仑”海铁联运专列,实现义乌港始发功能。

【航空口岸开放】 7月31日, 义乌航空口岸对外开放获国务院批复同意。10月13日,义乌航空口岸对外开放顺利通过国家联合验收组验收;12月19日, 首趟直飞香港的国际航班CZ6045从义乌机场起飞,标志着义乌航空口岸正式对外开放,这是继杭州、宁波、温州之后浙江省第四个国际空港,全国第二个县级航空口岸。

【保税物流中心(B型)建成】 1月29日,海关总署、财政部、税务总局、外汇管理局联合发文,批准设立义乌保税物流中心(B型)。10月10日,义乌保税物流中心(B型)通过由海关总署、财政部、国家税务总局、国家外汇管理局组成的国家联合验收组正式验收。11月18日,义乌保税物流中心(B型)正式封关运行,成为全省第三个、浙中西部唯一的保税物流中心。

【统筹城乡综合改革】 12月1日, 义乌被国家农业部、中央农村工作领导小组办公室、中共中央组织部、中华全国供销合作总社等部委列为第二批农村改革试验区。组织实施国家级农村改革试验区相关工作,开展构建生产、供销、信用“三位一体”的农民合作经济组织体系改革。12月29日,根据《关于印发国家新型城镇化综合试点方案的通知》(发改规划〔2014〕2960号),义乌正式获批成为国家新型城镇化综合试点市。改革试点的主要目标和任务是:户籍制度改革全面落实,农业转移人口市民化促进机制基本建立;通过推进PPP等模式,拓宽城市建设融资渠道,初步建立多元化可持续的城镇化投融资机制;城乡新社区集聚建设模式更加成熟,农村宅基地管理制度不断完善; 大部门制探索稳步推进,国际贸易便利化机制和城市综合行政执法机制基本建成,行政管理体制改革国内领先;全域城市化、城市国际化、社会治理现代化和生态文明建设等特色领域改革取得实效,为全国同类地区改革探索出新经验。

【国土专项改革】 4月,义乌市与赣州市共同签署加强区域战略合作框架协议书。5月7日,义乌市委、市政府印发《义乌市国际贸易综合改革试点土地管理制度改革三年实施计划(2014—2016年)》。6月22日,义乌市委、市政府印发《义乌市城乡新社区集聚建设实施细则》, 启动“香溪印象”“蟠龙花园”等7个新社区集聚住宅项目建设和稠江街道 “前仓区块”等4个产业用房项目建设。8月,省国土资源厅批复同意义乌市对土地利用总体规划进行修改。8月13日,义乌市人民政府制定《义乌市城乡新社区集聚建设置换权益交易办法(试行)》,规定城乡新社区集聚建设对象经审批后的可置换权益面积,可以通过交易实现置换权益转移。但是,“转让方”属于村级集体经济组织成员的,则每户必须保证留有一套高层公寓自住房屋,自住房屋面积人均最少不低于30平方米。9月26日,制订《关于工业用地差别化管理的实施意见》, 对亩产效益综合评价认定的四类企业,实行差别化供地。9月5日,省国土资源厅出台《关于落实省委省政府〈关于深化义乌市国际贸易综合改革试点的若干意见〉有关事项的通知》,以委托方式下放义乌农用地转用、土地征收等省级审批权限。10月14日,义乌城乡新社区集聚建设权益交易平台正式启用，12 位农民的 2275 平方米住宅挂牌转让。

【金融专项改革】 与国家部委建立沟通机制，就建立第三方支付机构、民营商贸银行、区域性专业性保险机构等重要改革任务寻求政策支持。4 月初，义乌惠商紫荆母基金——义乌惠商紫荆股权投资有限公司正式成立，这是义乌本土设立的首只私募股权投资基金。5 月 12 日，浙江省金融办印发《浙江省义乌市国际贸易综合改革试点金融专项改革2014-2016 年实施计划》，将改革任务项目化、重点项目指标化。7 月 1 日，国家外汇管理总局批复实施《个人贸易外汇管理制度》，满足个体工商户及境外客商的资金结算便利化需求。完善互联网金融发展机制方面，“义支付” 第三方支付牌照申请项目于 6月份通过杭州中心支行验收，并报人总行审批；市内首家贸易 P2P 平台——义乌贷，目前共有投资者709人，贷款余额 3819 万元，累计发放贷款 126 户、金额7752 万元；推出专为电商服务的“数据质押”贷款模式的“电商贷”“网商贷”融资产品。探索跨境电子商务结算便利化机制方面，利用个人跨境人民币业务试点收付结算通道，打通电商跨境收付结算瓶颈。目前义乌辖内有中国银行、招商银行、稠州商业银行 3 家银行分别与浙江连连银通科技公司、浙江贝付科技公司、爱农驿站科技服务有限公司、迅付信息科技有限公司、上海盛付通电子支付服务有限公司 5 家第三方支付公司开展合作，成功办理“网上购物”、出国留学、出国旅游等个人跨境人民币收付业务。

【国家、省级领导到义乌视察调研】 1 月 3 日，中央政治局委员、国务院副总理汪洋到义乌考察外贸工作，听取市委书记李一飞所作的关于国际贸易综合改革试点工作汇报，并察看市场采购贸易联网信息平台的演示。2 月 12 日，副省长梁黎明、省政府副秘书长陈宗尧以及省商务厅、杭州海关、浙江检验检疫局相关负责人等一行 9 人，到义乌就国际贸易综合改革试点工作进行调研。3 月 27 日，浙江出入境检验检疫局于洋副局长带队一行 5 人，对义乌跨境电子商务、口岸开放、改革试点、管检分离和“三个一”试点等工作开展调研，并提出下一步工作重点。4 月 22 日—23 日，中国国际经济交流中心常务副理事长郑新立、省咨询委常务副主任王玉娣一行17人，到义乌就《打造“新丝绸之路”重要战略支点》课题研究进行调研。5 月 7 日—8 日，浙江省科技厅厅长周国辉到义乌调研科技创新工作。5 月13 日—16日，海关总署监管司通关管理处处长蒋印华、商务部外贸司政策处副处长贺少军一行 8 人到义乌，对市场采购贸易方式落地工作进行调研。5 月22 日，商务部外贸司司长到义乌调研市场采购贸易方式推进情况、存在的难点，表示积极协调，推进市场采购贸易方式正式施行。6 月 12 日，国土资源部调控与监测司副司长吴太平到义乌调研土地管理制度改革进展情况，省国土资源厅副厅长张国斌及义乌市领导李一飞、骆华勇陪同调研。6 月 17 日，省人大常委会党组书记、副主任茅临生带领调研组到义乌，就贯彻落实《省人大常委会关于保障和促进义乌市国际贸易综合改革试点工作的决定》情况进行调研。7 月 8 日，省人大常委会副主任王永昌带领省人大常委会调研组到义乌，就义乌改革试点遇到的法律法规和体制机制等瓶颈问题进行调研。7 月10 日，浙江省政府副秘书长、省金融办主任丁敏哲赴义乌调研金融专项改革情况。7 月 22 日，商务部副部长房爱卿带领相关人员，就内贸流通体制改革发展情况到义乌考察调研。7 月 28 日，国家税务总局、财政部、商务部组成联合调研组一行 10 人，由国家税务总局货劳司副巡视员胡先明带队，就推动市场采购贸易方式尽快落地到义乌专题调研。8 月 19 日，省文化厅党组书记、厅长金兴盛到义乌考察调研，就省文化厅支持义乌国际贸易综合改革试点工作进行对接。9 月 2 日，中国人民银行总行支付结算司副司长周金黄、副处长殷实在杭州中心支行副行长朱文剑等领导的陪同下到义乌视察中国小商品城集团公司申请“义支付”第三方支付牌照工作筹备情况。9 月 12 日，浙江省人力社保厅党组副书记、副厅长刘国富到义乌就国际贸易综合改革和政务服务网工作开展调研。10 月 9 日，由省人大常委会委员、省人大民侨委主任委员瞿素芬带领的省人大执法检查组到义乌，就义乌贯彻实施《中华人民共和国出境入境管理法》情况展开执法检查。10 月 16 日，省长李强到义乌座谈调研“义新欧”班列建设情况，听取相关工作汇报，部署下一步“义新欧”班列建设和运行工作。11 月 5 日，浙江省财政厅厅长钱巨炎一行5人到义乌调研国际贸易综合改革试点工作。11月14日,中国人民银行杭州中心支行行长张健华,在中国人民银行金华市中心支行行长翁国华、副行长傅赞的陪同下,就义乌国际贸易综合改革和金融专项改革工作情况,来义乌调研座谈。11月19日—20日,中共中央政治局常委、国务院总理李克强亲临义乌视察指导,先后到素有"网店第一村"之誉的江东街道青岩刘村和国际商贸城考察。11月26日,浙江省副省长梁黎明到义乌调研国贸改革和商务工作,充分肯定义乌改革第一个三年实施计划所取得的成就,并就进一步做好义乌市改革工作提出建议。12月10日,财政部关税司副司长徐珑、关税司处长王洪林、省财政厅税政处处长姚龙飞一行3人到义乌开展跨境电子商务税收政策调研。12月10日,国家禁毒委副主任、海关总署副署长胡伟率督导组一行14人到义乌就海关工作和禁毒工作进行检查指导,实地解义乌海关服务地方改革发展情况。12月24日—25日,国家口岸办副主任白石到义乌机场航空口岸、铁路货运站等地调研指导口岸工作。

【出台支持文件】 3月3日,省民政厅下发《关于取消和下放一批行政审批项目的通知》,将管理港澳台、华侨、外国人在本省的丧葬事宜权委托下放义乌市。4月15日,浙江省委、省政府出台《关于深化义乌市国际贸易综合改革试点的若干意见》(浙委〔2014〕9号),强调"以国际贸易为龙头,开展综合改革试验",指出"凡在全省其他市、县(市、区)开展的省级改革试点,义乌市都可以先行先试"。8月13日,省人社厅下发《关于支持义乌市深化国际贸易综合改革试点推进人力资源社会保障事业创新发展有关问题的复函》,省人社厅将加大力度支持义乌市推进人力资源社会保障事业创新发展。8月20日,省科技厅印发《关于进一步加强科技支撑推动义乌国际贸易综合改革试点的意见》,为深化"义乌试点",推动产业转型升级提供更加切实可行的指导意见。9月1日,省农业厅发文《浙江省农业厅关于义乌市深化国际贸易综合改革试点工作有关请示事项答复的函》。9月5日,省国土局下发《关于落实省委省政府〈关于深化义乌市国际贸易综合改革试点的若干意见〉有关事项的通知》。9月9日,省委政法委出台《中共浙江省委政法委员会关于支持义乌市深化国际贸易综合改革试点的若干措施》。9月10日,省水利厅印发《浙江省水利厅关于积极推进义乌市国际贸易综合改革试点实施意见的函》。11月4日,省工商业联合会出台《关于充分发挥工商联优势助推义乌市国际贸易综合改革试点的意见》。11月12日,省商务厅下发《关于落实省委省政府〈关于深化义乌市国际贸易综合改革试点若干意见〉有关事项的通知》,提出七项措施,进一步支持义乌市国贸改革试点工作。11月26日,省文化厅出台《关于支持义乌开展国际贸易综合改革试点的若干意见》。11月27日,省气象局出台《关于推进义乌市国际贸易综合改革试点有关气象工作的意见》,将义乌列为全省首个商贸气象服务试点城市。

【签订合作协议书】 3月7日,义乌市政府与浦发银行杭州分行签署共同推进义乌金融专项改革战略合作协议。5月18日,义乌市委组织部与浙大经济学院签订合作协议,标志着义乌与知名高校合作培养紧缺专业人才工程全面启动。5月20日,义乌市商城集团与辽宁海城西柳市场开发公司签订《海城·义乌中国小商品城项目合作协议书》,这是商城集团成立以来首次对外投资市场项目。6月19日,义乌市陆港集团与敦煌网签署"义乌跨境电子商务园区"项目战略合作协议。6月24日,浙江出入境检验检疫局与宁波出入境检验检疫局共同签署深化义乌市国际贸易综合改革试点合作备忘录。7月15日,义乌市物流办与LWE香港公司签署项目合作协议,合资成立的义乌市利威供应链管理有限公司负责实施跨境物流集成和资源整合项目。8月27日,浙江出入境检验检疫局与杭州海关签署《关于进一步推进工作合作的备忘录》,现场通过《全面推进关检合作"三个一"改革方案》。9月22日,义乌市政府与义乌海关、义乌出入境检验检疫局签订共同推进义乌机场对外开放合作备忘录。12月23日,义乌科创新区管委会和上海股权托管交易中心、上海财富中国等三方签订战略合作协议。

【专题会议】 1月26日,省商务厅牵头召开省级部门义乌市场采购贸易方式联席成员会议。义乌市人民政府在会上做市场采购贸易方式落地工作情况汇报。4月初,省金融办牵头召开义乌国际贸易综合改革试点金融专项改革2014年工作推进会暨促进小组第一次会议。省政府副秘书长、省金融办主任丁敏哲出席会议并讲话。4月29日，市委召开全面深化改革领导小组第一次会议，进一步贯彻落实中央、省委对全面深化改革的部署要求，专题研究部署落实全市全面深化改革工作。5月6日，义乌召开全市干部大会，会议传达贯彻省委省政府《关于深化义乌市国际贸易综合改革试点的若干意见》以及省委书记夏宝龙重要讲话精神，对深化新一轮国际贸易综合改革试点工作进行再动员再部署。7月1日，义乌市委书记李一飞主持召开市委全面深化改革领导小组第二次会议。会议审议市委全面深化改革领导小组2014年工作重点、各专项小组名单和2014年重点工作安排等有关文件，并对下一步工作进行部署。9月1日，义乌市代市长盛秋平主持召开市政府第50次常务会议，审议并原则通过《市场采购贸易方式综合管理办法(试行)》等议题。9月24日，浙江省义乌市国际贸易综合改革试点领导小组第二次会议在省政府召开，会议听取义乌市改革试点进展情况和恳请支持事项的汇报，审议通过《浙江省义乌市国际贸易综合改革试点三年(2014—2016年)实施计划》。12月24日，义乌市委书记李一飞主持召开市委全面深化改革领导小组第三次会议。会议审议《义乌国际贸易综合改革试点主要创新事项》《浙江省义乌市国际贸易综合改革试点2014-2016年重点工作任务分解表》，并对下一步工作进行部署。12月30日，浙江省政府在义乌召开国际贸易综合改革试点工作推进会。会议全面总结回顾义乌试点第一个三年的改革经验成果，研究部署第二个三年实施计划，进一步凝聚合力、明确任务、落实责任。

（楼海虹）

农村农业

农　村

【打造高效生态农业】 粮食生产稳步增长，全年实现粮食播种面积280万亩、总产量86万吨。农业“两区”建设持续推进，新建成粮食生产功能区141个、11.9万亩，新增省级现代农业综合园区3个，设施农业1万亩。现代农业经营主体不断壮大，新培育年销售额亿元以上龙头企业3家、国家级农民合作社示范社16家、省级示范性家庭农场21家。农业经济平稳发展，一产实现增加值142亿元，增速1.8%。

【推进美丽乡村建设】 启动“三治”行动，全市洁美村比例提高到56%。将农村生活污水治理作为美丽乡村建设的重中之重，全市累计开工治理生活污水村1716个，实际完成1312个，新增受益农户31.25万户。经过扩面提升，全市行政村生活污水治理覆盖率达80%，自然村覆盖率达60%，农户受益率达55%。以分类减量为突破口，扎实推进农村生活垃圾治理行动，5月份选择市区的竹马乡、澧浦镇和洋埠镇开展试点，10月底开始面上推广，全市已经有31个乡镇、993个行政村参与其中，探索总结“农户源头分类+村二次分类+可沤肥垃圾村处理+不可沤肥垃圾镇转运县处理”运行模式及系列配套制度，生活垃圾无害化处理的实现行政村全覆盖。综合运用“三改一拆”、农房改造、确权颁证、信贷支持、政府奖励等“五大”载体，全市共消除赤膊墙172万平方米。认真实施第二批“12510”精品培育计划，新启动建设风景线12条、精品村61个、秀美村115个，新增省历史文化保护利用重点村8个、一般村26个，永康市获评“全省美丽乡村创建先进县”。

【提升富民增收实效】 深入实施“千万农民素质提升工程”，以金华农民学院为主阵地，完善政府购买、机构供给、农民选择的培训机制，全市共完成各类农民培训6.428万人，1.2万人经培训实现转移就业。大力探索美丽经济发展模式，围绕美丽乡村风景线布局旅游产业，结合中心村建设、旧村改造，同步配建标准化厂房、商业用房、市场用房等，使乡村旅游和物业经济成为新的增收亮点。加快农家乐产业转型，全市新增省级农家乐特色村、特色点各4个，全年接待游客总量达1420.3万人次，实现营业收入8.72亿元，同比分别增长17.87%和22.97%。深入实施低收入农户收入倍增计划，共完成搬迁1518人，低收入农户人均村收入达到7026元，增速

17.4%。2014 年,农村常住居民人均可支配收入提高到18544 元,增速 11.3%,列全省第二位,城乡收入比连续四年缩小。

【改革创新】 制定下发《关于全面深化农村改革加快推进农业农村现代化的若干意见》,召开全市农村改革工作推进会,加快推进以"三权"改革为重点的农村改革工作。截至 12 月底,全市土地承包经营权确权登记率达 93.42%,2074 个村集体经济组织完成股份合作制改革,农村宅基地登记率达到73.97%,确权赋权改革任务初步完成。市本级及 9个县(市、区)均建立农村产权交易平台,1 至10 月份交易额共计 8092.4 万元。义乌市被列为第二批全国农村改革试验区和省"三位一体"改革试点,永康市古山镇新列为省级小城市培育试点,武义县开展市级户籍改革试点。283 个软弱涣散党基层组织基本完成整顿转化,村级事务"三多"清理基本完成。

【基层基础建设】 结合群众路线教育实践活动,完成96.1%的软弱涣散村党组织完成整顿转化。深入开展平安乡镇创建活动,农村防控体系不断完善,矛盾纠纷调处率达 97.38%,调处成功率达95.43%,新创建市级以上"民主法治村"50 个,市级以上文明村创建比例占行政村总数的 15.7%。继续完善农村信用体系建设,累计创建"信用户"89.66 万户、信用村(社区)3293 个、信用乡(镇、街道)28 个。新一轮村规民约修订工作广泛开展,完善村庄民主管理的制度保障。

(陈宏伟)

农　业

【概述】 2014 年全市实现农业总产值 223.85 亿元,增长 1.7%;农业增加值 141.96 亿元,增长1.8%,增速居全省第六;全市农村常住居民人均可支配收入18544 元,增长 11.3%,高出全省平均水平0.6个百分点,增速居全省第二。

【农业主导产业概况】 全市粮食作物播种面积228.1 万亩、总产量 86.1 万吨,同比上年略减。蔬菜生产保持稳定,播种面积 77.9 万亩,产量148万吨,与上年基本持平。水果生产稳中有降,果园种植面积 68 万亩,总产量 49 万吨。茶叶生产档次提升,全市茶园面积38.4 万亩,总产量 2.9 万吨;其中名优茶产量 9545.5 吨,产量略减产值增加。畜牧养殖量下滑幅度较大,全市生猪存栏 146.54 万头,同比降11.6%;家禽存栏862.21 万只,同比降 20.6%;肉类总产量 21.89 万吨,同比降 3.7%。

【畜牧业转型升级】 浦江县、兰溪市、义乌市、武义县基本实现整县制畜牧业转型升级。全市新创建省级以上标准化规模养殖示范场 9 个,改扩建标准化水禽场 8 个。全市建成星级场162 家,三星级以上规模养殖场 85 家,其中 19 家被评为国家级标准化示范场,38 家被评为省级标准化示范场。金华两头乌猪产业转型升级行动计划列入省农业重大项目,争取到省级扶持资金 5000 万元。该项目实施后将进一步完善畜牧全产业链的融合,预计实现延伸产业生产总值增加 5 个亿;农民增收及带动增收总量超过 3 个亿,为全省乃至全国地方品种保护及开发利用提供示范样板。

【农业"两区"建设】 按照"持续聚力抓推进、稳粮增效保供给、突出生态美田园、产管并重提质量、改革创新增活力"的要求,2014 年继续加大农业"两区"政策扶持力度,财政支农项目继续向农业"两区"建设倾斜,农业"两区"建设取得显著成果。全市建成粮食生产功能区 11.78 万亩,建成省级现代农业综合区 2 个、主导产业示范区 3 个、特色农业精品园 6个,全面完成省级任务目标,农业"两区"建设继续走在全省前列。

【农业面源污染治理】 结合"三改一拆""五水共治""美丽乡村"等专项行动,以农业水环境整治为主线,制订并实施金华市农业水环境治理三年行动计划、金华生态畜牧业发展规划、金华市黑臭河流域畜禽养殖污染整治专项行动实施方案等,全市农业面源污染治理工作走在全省前列。关停、搬迁、拆除畜禽养殖场(户)13561 家,处理生猪123.6 万头,减少 30%的生猪养殖量;完成规模养殖场改造提升 5587 家,新建沼气工程 2.4 万立方米;全面落实100 头以上规模养殖场生态消纳对接,配套消纳耕地 76.2 万亩,新增沼肥使用量 85.6 万吨;开展农作物秸秆利用 96.5 万吨,农作物秸秆综合利用率达84.55%。

【农产品质量安全监管】 全市累计制(修)定农

业方面行业标准1120多项，建成农业标准化基地185.2万亩，通过认定的无公害农产品634只，绿色(有机)食品163只，认证基地面积达134万亩，农业标准化生产技术实施率达到58.5%。全市建立农产品质量检测机构170个，配备到位农产品质量安全监管员156人。全市144个涉农乡镇(街道)全部建成农产品安全快速检测室并对公众免费开放工作，为群众免费检测农产品5.8万批次。全市粮食、水果、蔬菜、茶叶、牛奶等主要农产品的有害残留检出率明显下降，前三季度全市农产品质量抽检合格率达到98.66%，未发生重大农产品质量安全事故。

【农业新型经营主体发展迅速】 全市共有农民专业合作社4603家(其中规范化合作社568家)，社员17.5万人，带动非社员农户43万户；新增工商注册家庭农场1800多家；市级以上龙头企业317家(其中：省级33家、国家级6家)。金字火腿、花园生物正式上市，华统肉制品、寿仙谷药业2家企业也在筹备上市，新增年销售亿元以上农业龙头企业3家。在政策扶持和项目带动下，新型农业经营主体已成为推动农业发展的主力军。全年组织参加各类农业展会8次(其中国际展会5次)，参展企业166家，现场销售额870万元，达成协议金额3800万元。农民信箱、农业电子商务的服务已延伸至新疆，新收录温宿农民专业合作社近百家，并于10月在温宿举行农民信箱与农产品电子商务培训。

【现代农业发展】 通过政策激励、扶持规模、新品种展示示范、高产创建、技术指导等措施，农作物新品种、农业设施装备、农业先进适用技术对现代农业产能的提升支撑作用更为明显，农业规模化集约化程度进一步提升，新型农作制度加快创新推广。全年全市推广水稻主导品种76.8万亩，籼粳杂交水稻推广达到48.5万亩，推广病虫害专业化统防统治51.7万亩、农药减量控害增效技术120.2万亩，推广机械化插秧面积18.8万亩、油菜机收1.4万亩。实施农机购置补贴资金3190万元，设施大棚投入1.3亿元，新增农机装备1万台(套)、设施农业1万亩，新建区域性农机化服务中心15家，全市农机总动力达266万千瓦，水稻耕种收机械化率达到65%，粮食生产基本实现全程机械化。6月26日，全省旱粮生产暨气象现代化现场推进会在磐安召开，推广高产优质高效旱粮种植模式和机械化生产经验在会上交流。10月中旬，副省长黄旭明等一行还专程到金华调研农业机械化工作，对推进农业机械化工作给予充分肯定。

【生猪定点屠宰监管】 农业部要求在9月底和年底前分别完成市、县级生猪定点屠宰监管职责调整。提前3个月全面完成市、县两级生猪定点屠宰监管职责移交工作，8月—10月期间，农业、市场监管、公安、商务等部门联合在全市范围开展畜禽屠宰联系执法专项行动，查处畜禽屠宰违法违规行为18起，打掉“黑窝点”13个，没收违法生猪产品1789千克，6人被公安机关刑拘。为有效防控禽流感疫病传播，各地还积极推进家禽“定点屠宰、杀白上市”工作，市本级起动大型现代化畜禽肉类加工项目的实施。

【农业依法行政水平提升】 “12316”农业投诉举报电话共受理投诉119多起，为农民争取赔偿、补偿款54余万元。全市共出动农业执法人员1.2万人次，查处农业违法案件222起，立案201起，查获违法农资数量3.7万千克，罚(没)款140余万元。金华(除义乌)农资监管与服务信息化建设项目已全面启动建设，东阳市荣获“全国农业综合执法示范窗口”称号。6月，市农资流通行业协会和农民专业合作社理事长协会联合举行“金华市农资行业主动承诺停售限用农药签字仪式”，全市农药经销商向社会承诺：自7月1日起全面停止销售危害农产品质量安全以及国家明令限用的含23农药成分的产品，率先在省内实现高毒禁限用农药全面停售限用。全市高效低毒低残留农药普及率达70%以上。

【农村改革】 纪委、组织部、农业部门联合，率先在全省推进出台《关于严格实行村级公务“零招待”制度的通知》，进一步加强村级财务的管理和监督，推进农村基层党风廉政建设。得到省纪委、省农业厅的充分肯定。10月20日，市委、市政府召开深化农村改革工作推进会，对全市深化农村改革工作进行再动员再部署再推动。市农业局制定下发《金华市村经济合作社股份合作制改革方案》和《金华市完善农村土地承包经营权确权登记工作方案》。全市农村土地承包经营权确权工作完成调查摸底村数5492个，占任务数的96.1%；新完成二轮承包村数 104 个,占任务数的 56.2%。全市已完成村经济合作社股份合作制改革的村社数 2585 个,完成改革比例为 50.8%,超额完成省定任务。

(曹继志)

种植业

蔬菜生产

【概述】 2014 年,全市蔬菜播种面积为 44100 公顷,增长 1.3%,产量为 96.9 万吨,增长 4.1%,总产值 40.05 亿元,增长 25.31%。果用瓜种植面积10500 公顷,增长 0.9%,产量为 23.53 万吨,增长2.2%。山地蔬菜播种面积 8150 公顷,总产量 20.36 万吨,总产值 4.94 亿元,分别比 2013 年增 2.44%、增9.10%和增 13.38%。

【蔬菜基地建设情况】 2014 年全市政府投入扶持资金 2579.5 万元。继续开展农业"两区"蔬菜产业示范区、蔬菜精品园基地的建设,截至 2014 年底,获得省立项批准的蔬菜产业示范区 10 个、面积 3155.9 公顷,蔬菜精品园基地 13 个,面积 816.6 公顷,至2014 年获批全国蔬菜标准园建设项目 5 个,面积70.6 公顷。根据项目的要求和年度建设目标任务,加强园区基础设施、产业设施建设和现代农业新技术推广,提升示范区蔬菜生产能力和社会化服务水平。

全市各地财政加大对蔬菜产业的扶持力度,促进大棚、微灌设施和道路、沟渠、分级场地等基础的建设。蔬菜玻璃温室面积 16096 平方米,新增8554 平方米;蔬菜钢架大棚面积 1807.1 公顷,新增钢架大棚 188.0 公顷;微灌面积 1964.2 公顷,其中:蔬菜微灌面积 1315.2 公顷,西甜瓜微灌面积 648.9 公顷。

【保障性蔬菜基地建设、重点蔬菜基地认定】 根据国务院办公厅、省政府办公厅和市府办关于统筹推进和加强新一轮"菜篮子"工程建设的意见,全市各地加大蔬菜基地建设力度。根据省农业厅《关于印发〈浙江省保障型蔬菜基地建设工作方案〉的通知》(浙农专发〔2012〕43 号)精神,至 2014 年全市建成保障型蔬菜基地 1810.8 公顷。2011 年开始由市农业局发文对市区主要蔬菜基地进行重点蔬菜基地认证,至 2014 年底市区重点蔬菜基地达 30 个,面积1254.3 公顷。市农业局、财政局联合文件明确保障型和市区重点蔬菜基地可优先安排市财政支农项目。

【多样化增效技术】 2014 年全市引进蔬菜新品种 20 多个,通过试种观察、试验筛选,部分品种得到示范推广,增添市场蔬菜的花色品种,加快品种更新换代。全市推广蔬菜嫁接栽培技术,推广应用嫁接栽培番茄、苦瓜、黄瓜、西瓜面积 1658 公顷;推广穴盘育苗新技术,松花菜、黄瓜、大白菜、芹菜、番茄等应用穴盘育苗种植面积 3494 公顷。全市开展蔬菜有机化栽培的示范推广,推广萝卜、小白菜、豇豆有机化栽培面积 18 公顷。引进芽苗菜种植技术,种植的芽苗菜品种有油葵、松柳、萝卜、荞麦、香椿、豌豆等,产品供不应求,实现周年供应。

【蔬菜安全生产】 蔬菜安全生产工作进一步推进。全市通过省级无公害基地认证的蔬菜基地 93 个,面积 3893 公顷;获得绿色农产品证书数 31 个。全市印制《蔬菜基地生产档案簿》发给重点基地菜农或规模生产业主用于记录农业投入品的购买和使用情况,以便于产品安全检查和质量问题追溯。生产措施方面继续推广使用低毒高效化学农药和生物农药,大力推广非农药防控措施。全市引进应用防虫网 458.7 公顷,应用频振式杀虫灯 3702 盏,应用诱虫色板 341 公顷,应用性诱剂 541.3 公顷。磐安县对 800 公顷茭白进行统防统治,杜绝高毒农药的使用和盲目用药,减少农药的使用量,提高产品的安全质量。

(陈菊芳)

茶叶生产

【概述】 据初步统计,2014 年茶园面积 38.1 万亩,总产量 2.9 万吨,总产值 16.4 亿元,面积基本维持稳定,产量和产值分别增加 16.5%、13.1%。其中春茶生产量约 9816 吨,总产值 107084 万元,茶叶产量与上年基本持平;茶叶产值比上年同期增长 16%。因夏秋茶期间风调雨顺,与上年干旱相比,产量增加非常明显。另外加上茶叶成本上涨,价格升高,产值也明显增长,实现双增的局面。

【春茶产销】 春茶开采推迟，前期产量减少价格上涨。由于春节过后较长时间的低温阴雨,春茶开采期比常年推迟,春茶最早开采茶区——武义县于3月5日开采,比上年晚了7天左右。受上年夏秋季干旱,冬季少雨,开春后多雪的天气影响,春茶芽叶偏小偏瘦,百芽重偏小,单位面积名优茶产量减少,造成春茶价格上涨。鲜叶与上年同比上涨约15%~20%,市场成品茶价格也随之上涨。春茶中期气温上升过快,形成采摘洪峰。进入四月份以来,由气温上升过快,阵雨频繁,茶叶长势旺盛,龙井43、龙井长叶、迎霜、浙农117等多个早生品种集中开采,一时间部分企业基地和大户出现采茶工短缺现象,高山茶园表现尤为明显,造成大量的茶叶来不及采摘。春茶后期产销两旺,茶叶加工效益明显增加。4月中下旬茶叶加工种类多,有中低档扁形茶、毛峰茶、香茶、红茶等,部分鲜叶采摘以机采为主,生产量大增,加工成本降低,而市场销售顺畅,生产效益提高。

【夏秋茶产销】 香茶前期产销两旺,后期(9月以后)销售受阻。夏秋茶生产期间天气适宜。据武义反映,6月—8月全县100多家香茶加工厂不停加工。鲜叶价格也比往年高50%以上。后期受外省(贵州、四川)低价冲击,销售受阻,有较大的库存量。红茶生产效益可观,但销售渠道较差,总量不大。据武义反映全县夏秋茶红茶加工只有3家有较大的产量。其中柳城镇车门村的车门春茶叶专业合作社一家加工红茶150吨,在广东找到市场,每市斤30~50元,销售稳定,而许多厂只是试做红茶,未找到销售出路。有机茶或低农残茶叶更受市场欢迎。在竞争激烈的茶叶市场,有机茶或低农残茶叶,更容易找到销售市场，但是确保达到检测指标的茶叶不多,企业不敢接订单。武义将开展出口茶示范基地建设,到福建省安溪县考察学习建设经验,向省以及国家检验检疫部门申报。达到较好的效果,全县的茶叶质量安全得到较大的提高。新开发的产品正获得市场认可。近年来各地开发了一些夏秋茶利用的新产品。如更香公司开发乌龙茶,生产“金坑乌龙”,红茶“武阳功夫”等。其他企业也开发一些红茶产品。骆驼九龙砖茶公司开发黑茶新产品“红黑一品”“红黑御饼”“金花茯茶”等,获得消费者认可。

【第七届金华市万人品茶大会】 万人品茶大会是茶产业的一项重要工作,也是市农业局的重点工作。通过前期认真准备,4月19日,第七届金华名茶推介暨“清茗酬知音”万人品茶大会在金华市人民广场隆重举行。

【浙江绿茶博览会】 5月24日—27日，一年一度的浙江绿茶博览会在山西太原隆重举行。本届茶博会为第九届浙江绿茶博览会,以“浙江绿茶·品行天下”为主题,由浙江省农业厅主办。共组织23家企业参加,设置17个展位,是展位较多的地市之一。其中武阳春雨为这次大会特别支持单位。在为期四天会展中,集中展示各县(市、区)不同形状、各具特色的名优绿茶产品,吸引当地客商的关注,并通过合作洽谈,发展新客户。在茶博会的名茶评比中,“武阳春雨”“东坪高山茶”“兰溪银露”“兰乡龙雨” 等4只名茶获博览会金奖。

【全省茶产业提升发展现场会】 4月29日至30日,浙江省农机局、省种植业局在绍兴联合召开全省茶产业提升发展现场会。组织全市茶叶技术干部及部分企业参会。本次现场会活动安排绍兴御茶村有限公司、绍兴县玉龙茶业有限公司、柯桥区平水日铸品牌管理服务中心三个点,其主要观摩茶园设施化、机械化、信息化生产管理以及精深加工等演示,参观标准化名茶厂与名茶连续化自动化加工生产线样板,会议还有茶休闲、茶旅游等典型展示,茶精加工产品展示,还为48家首批省级标准化示范名茶厂授牌,其中更香茶业公司上台授牌,同时武义县作了地方典型代表发言。

【全国园艺作物标准园（茶叶）生产技术培训班】 受农业部种植业管理司及省农业技术推广中心委托,10月27日—29日在金华组织举办全国园艺作物标准园(茶叶)生产技术培训班。市农业局承担全部的接待任务,来自江苏、浙江、安徽等省(自治区、直辖市)农业厅(农委)茶叶业务干部及茶叶标准园创建企业、合作社、家庭农场代表共90余人参加。农业部种植业管理司调研员封槐松、全国农技推广服务中心副处长李莉、浙江省农业技术推广中心副主任吴海平等领导出席开班式。培训进行要专家进行讲座,现场观摩学习浙江采云间茶业有限公司的九峰山生态茶园、茶园采摘修剪中耕等机械化作业及茶园沼液循环利用技术，取得预期成效。培训班的举办对提升茶产业知名度和影响力起到积极作用。

(罗文文)

水果生产

【概述】 2014年，全市水果总面积4.53万公顷,总产量55.3万吨,总产值27.6亿元。各类水果优质优价体现。由于受到中央“八项”规定的影响,优质水果价格回归理性,天价水果不见踪影。2014年水果生产形势较好,产量增加,品质提升,产值提高,但也存在一些问题。2014年6月20日—23日强降雨,对水果产业造成较大的影响。在水果中杨梅损失较大。由于连续降雨,适遇杨梅成熟季节,采摘困难,造成大量落果。全市受灾面积约2万亩,损失20%,直接经济损失6000万元。其他水果如葡萄等种植在平地的果树主要受水淹影响。全市受灾面积约10万亩,成灾面积6万亩,绝收面积2万亩,损失产量7万吨,损失金额2亿元左右。另外2014年夏季,气温偏低,降雨较多,造成中晚熟葡萄成熟偏迟,市场销路不畅,价格下降,部分县市出现葡萄卖难现象,果农损失较大。

【财政支农水果产业项目立项】 积极开展市本级财政支农水果产业项目的立项指南,项目申报立项和现场检查工作。根据市政府工作安排,积极开展水果项目的审计检查工作,对发现的问题,督促业主及时整改,并对三个企业做出处理。2014年水果产业共立项17项，通过现场检查及与业主交流,要求广大业主认真对待项目的实施。为了进一步规范财政支农资金的使用,在验收时严格要求,在17个项目中有4个项目不合格,取消财政资金补助。

【省精品果蔬展销会】 全市共有20个展位,组织参展企业31家。水果有10个样品参加评奖,获4个金奖,6个优质奖,另外还组织有关企业参加葡萄评奖,获金奖1个,银奖2个,优质奖3个。金华市农业局获最佳组织奖。

【水果现场交流会】 针对水果品种较多,2014年7月组织全市水果业务干部在源东召开油盘桃现场交流会,与会者参观油盘桃的结果性状,为油盘桃的推广提供技术支撑。

【水果精品园建设工作】 根据省厅要求，年初就制定计划,下达目标,开展工作,完成建设1.5万亩水果精品园的指标要求。

(蒋飞荣)

蚕桑生产

【生产概况】 受劳动力成本上升和产业结构调整的影响,全年发种16075张,蚕茧产量708吨,分别比上年同期减20%和22%,全年平均收购价1977元/50千克左右,减310元/50千克。晚秋蚕期桑螟危害严重。

【培训活动】 全市共开展种类技术培训6次，培训1100余人次,其中永康市邀请省农技推广中心研究员副主任吴海平、副经理周金钱进行技术培训;武义县邀请省农科院栽桑室主任吕志强和市特产站陈乐阳进行技术培训。

【科技活动】 金华市特产站联合磐安县食用菌办公室及磐安县特产站开展桑园和果桑园套种黑木耳的试验示范活动,还开展果桑园立体养蚕和避雨栽培方面的试验示范;永康市开展小蚕人工饲料育、蚕沙饲料以及超细蚕丝品种饲养的试验示范;武义县开展果桑162个品种产量、品质的调查。

【标准制定】《金华市果桑生产技术规程》已颁布,并着手制定《金华市桑树生产技术规程》。

(陈乐阳)

棉花生产

【概述】 2014年，全市棉花种植面积6200公顷,比上年减少9.2%;公顷皮棉产量1510千克,比上年减3.5%；总产量9365吨，比上年减少12.4%。2014年总体气候条件不利于棉花生产，播种期、苗床期天气条件较好,利于棉花出苗生长、培育壮苗。移栽期天气条件也较好，利于棉苗移栽及栽后成活,但油菜茬棉田移栽期连续阴雨天气,影响正常栽种,棉苗苗龄大,形成高脚苗,栽六月苗的情况较多。蕾期棉花生长发育进程比常年快,田间生长平衡。但到8月中旬,完全与常年相反,出现连续半个多月的低温阴雨天气,对棉花生长十分不利,幼蕾、幼铃脱落多,下部烂铃严重,中部铃重减轻;铃期根系受损,造成后期黄叶、早衰的情况比较普遍。另外,近年来棉田多向生产条件差的低产田转移,棉农物化投入也相应减少,田间管理放松,也不利于棉花生产。采收期气候条件较好,十分有利于棉花吐絮和品质的提高。

【棉花总产量连续三年回落】 金华市棉花总产量自2011年创历史新高之后,出现连续三年较大幅度的回落,棉花总产量比2011年大幅减少25.9%。

【国家取消执行三年的棉花临时收储政策】 国家取消连续执行三年的棉花临时收储政策,并在新疆开展目标价格补贴试点,而长江、黄河流域棉区无相关扶持政策,给金华市棉花生产造成严重打击。基层群众反映,国家实施差别化的棉花直补政策,重创内地棉农的种植积极性,国家政策的调整对棉花生产产生十分深远的影响。

【籽棉收购价大幅下跌】 2014年金华市棉区普遍出现卖棉难的情况,籽棉收购价只有6.0~6.6元/公斤,平均6.45元/公斤,比上年收购价8.75元/公斤减少26.3%,造成棉农种棉收入大幅减少。本年度棉花产值1620元/亩,比上年减29.3%;生产总成本2745元/亩(其中物化成本535元/亩),比上年减少2.3%,主要是人工成本增幅大,种子、化肥、农药等物化成本略降;棉农种棉亏损,利益不保。

【农业部棉花高产创建示范】 2014年农业部安排浙江省棉花万亩高产创建示范方5个、棉花整建制推进乡镇1个。省农业厅将全部棉花高产创建示范方安排在金华市婺城区和兰溪市,并安排中央财政高产创建补助资金80万元,是对棉花生产工作的极大支持与肯定。部棉花整乡制推进高产创建示范片一个,落实在兰溪市游埠镇,总面积3.4万亩;部棉花高产创建万亩示范片2个,分别落实在兰溪市女埠街道、婺城区罗埠镇,面积分别为1.1万亩、1.05万亩。10月11日,经浙江省农业技术推广中心组织专家对示范方进行田间产量复测,平均亩产籽棉分别为310.3公斤、336.6公斤、376.1公斤,完成项目建设目标任务。

【棉花新技术试验研究】 2014年农业技术推广部门进行棉花种植制度改革探索,试验油菜茬后棉花直播种植技术,在平产条件下缩短棉花大田生长期,减少棉田用工投入,提高植棉效益。

【荣誉】 由兰溪市农作物技术推广站、金华市经济特产技术推广站、婺城区经济特产技术推广站等单位完成的《棉花高产创建集成技术及高效模式示范推广》项目,获得2014年浙江省农业丰收一等奖。

(包立生)

林　业

【概述】 金华是“六山一水三分田”丘陵盆地地区,2014年末全市共有林业用地1049万亩,占土地总面积的63.85%。林木蓄积量3083.80万立方米,居全省第3位;森林面积983万亩,居全省第4位;森林覆盖率61.01%,比全省平均水平高0.1%。造林更新面积90462亩,其中人工造林56606亩,迹地更新33856亩;完成森林抚育48万亩,重点防护林工程3300亩;完成平原绿化47583亩,重点生态公益林建设面积达到416万亩,优质林分面积达334万亩。

【创建国家森林城市】 2014年2月19日金华市比原计划提前两年获得国家林业局批复同意创建国家森林城市,拿到国家森林城市创建通行证。2014年全市投入创森工作经费达24.64亿元。东阳市和武义县成功创建省级森林城市,新增省级森林城镇8个,新增市级以上森林村庄171个。2014年全市完成森林通道建设1026公里,绿化面积5402亩,通道沿线林相改造56715亩;举办生态科普活动83次,建设科普知识教育基地40个。全市共有208.63万人次参加义务植树活动,栽植各类树木934.7万株,全民义务植树尽责率达85%以上。截至2014年底,全市已成功创建省级森林城市5个,省级森林城镇27个,省级森林村庄91个,市级森林村庄(含绿化示范村)1319个。

【林业特色优势产业】 围绕林业特色优势产业,以促进林农增收、林业增效为切入点,搭设平台促合作,扶优做强创品牌,突出特色促发展,建设特色基地和产业市场,加快高效生态林业发展,形成以花卉苗木、香榧、大红柿、大白桃、佛手、森林蔬菜等为特色产品林果特产业,以仙桥花木城、澧浦苗木市场等为核心的花卉苗苗木产业,以东阳木雕城、东阳木雕竹编、武义根雕等为拳头的竹木精深加工产业,以浙中木材市场、华东木材市场、南马木线市场为龙头的现代竹木制品加工与销售市场。以花卉苗木产业为例,先后获得“中国苗木(盆景)之乡”“中国花卉之乡”“中国茶花之乡”“中国佛手之乡”“中国桂花之乡”“中国兰花之乡”6个国家级品牌,位居浙江省花卉苗木主产区和全国知名花木之乡的行列。2014年,全市花卉苗木生产面积31.6亩,销售额21.8亿元,实现产值45.6亿元,从业人员11万人,位居全省第3位。

【林业“两会”】 第十二届中国苗木交易会设展位427个,吸引北京、上海、江苏、广东等20多个省(市、自治区)300多家企业和众多苗农参展(其中本地企业173家),现场交易金额达到4400万元,意向成交金额4.68亿元。该届苗交会新设“新优苗木品种展示交易区”,来自10多个省(市、自治区)的近40家科研院校、育种基地、推广企业,将培育繁殖的新优苗木品种进行集中展览展示,这在业内尚属首次。苗交会期间举办“2014年度全国十大苗木经纪人”与“2014年度全国十大苗圃”授牌仪式。第七届中国森林产品博览会共有来自30国家和地区的1322家企业参展,设国际标准展位3240个,展览面积7万平方米;吸引来自64个国家和地区的41.22万人次采购商、参观者到会参观采购,其中境外客商5523人;实现成交额46.83亿元,同比略有增长,其中内贸成交额32.40亿元,占总成交额的69.2%;外贸成交额14.43亿元,占总成交额的30.8%。共有86家企业参展(不含义乌),设展位115个,各类商品共成交额296.11万元,订单及意向成交额2234万元。金华市展团获得本届森博会“最佳组织奖”称号。

【推进林地股份制流转】 全市积极推行“浦江模式”,全面开展林地股份制流转扩大试点工作,共建立林地股份制合作社28家,股份制流转面积累计达5.1万亩,其中新增3.5万亩,农民与工商资本合作共赢模式得到进一步巩固。浦江、兰溪、永康等地出台林地经营权流转证实施方案。2014年10月31日,全省深化集体林权制度改革座谈会在浦江召开,浦江县做了林业股份合作制改革先进典型介绍。全市稳妥推进集体林权制度配套改革,新增林地流转面积3.5万亩,新增林权抵押贷款3.1亿元;公益林火灾投保面积444万亩,实现百分百全覆盖;林木综合险投保面积2.8万亩,保费274.6万元,省林业厅考核指标全面完成。

(王迦琳)

水 利

【概述】 截至2014年底,全市共建成有水库821座(其中:大型2座、中型27座),占全省总量1/5,蓄水总量19.5亿立方米。加快实施防洪保安、旱涝保收、水资源保障、水环境保护四保工程,全面推进金华水利战略转型,为赶超崛起提供强有力的水资源保障。开展垃圾河治理大会战、治砂清水等专项行动,完成河道采砂专项整治工作,率先在全省消灭垃圾河,治砂经验、消灭垃圾河做法分别得到省委书记夏宝龙、省政府党组副书记王建满的批示肯定。针对山塘量多面广等特点,建立“有机构管、有人员管、有经费管、有制度管”的山塘安全管理“四有”体系,确保10年来无人员伤亡或重大财产损失山塘事故,相关做法得到副省长黄旭明批示肯定并在全省推广。金东区、东阳市、永康市3个全国中小河流治理重点县全面推进。婺城区、兰溪市、义乌市入选第六批中央财政小型农田水利重点县,全市各地均入选中央财政小型农田水利重点县,其中婺城、兰溪为第二次入选。婺城区水务局被评为全国水利先进集体,兰溪市荣获浙江省第二十届“大禹杯”竞赛金奖。全省“五水共治”工作现场会、全省水利局长会议暨冬春修水利现场会先后在金华召开。省长李强,副省长黄旭明,省水利厅厅长陈川先后检查指导水利工作。

【水利建设】 2014年,全市完成水利投资34.1亿元,完成年度投资计划的114%。全市共争取省以上资金7.07亿元,其中市区1.99亿元。全市完成病险水库除险加固27座,干堤加固和中小河流治理132千米,整治山塘159座,农村河道综合整治543

千米,实施河道保洁 10836 千米,治理水土流失面积 87 平方千米。农田水利标准化建设完成新增旱涝保收面积 5.93 万亩,扩大灌溉面积 6.78 万亩,发展喷微灌面积 1.56 万亩,农田渠道改造 673 千米。考核指标任务全部完成,部分指标任务超额完成。市本级水利工程建设助力"精品城市"成效明显,沙畈水库除险加固工程完工,安地水库除险加固工程开工建设,梅溪水环境综合整治工程——铁堰水闸除险加固工程、下傅大桥至岩头堰段左岸堤防加固工程相继完工。水利列入市委、市政府主要工作任务和市区十方面重点实事的内容全部完成。永康北部水库联网工程、武义石峡水库、磐安花溪水库等按计划推进,全市解决和改善农村饮水人口 18.5 万人。

【水政监察】 2014 年,全市共组织巡查达 3872 次,巡查人员 12004 人次,受理群众举报 449 次,现场处理水事违法行为 427 起,下达责令停止违法行为通知书 220 份,立案查处案件 54 件,收缴罚没款人民币 32.61 万余元。2014 年,由市水利局牵头,联合环保、海事、公安等部门连续第二年在市区沙畈、金兰、安地、九峰四个中型水库开展为期 2 个月的饮用水源保护联合执法行动。执法行动采用水陆并进、昼夜联合的方式,共出动执法人员 200 余人次,对违反《中华人民共和国水污染防治法》和《浙江省饮用水源保护条例》的相关人员进行处罚,共行政处罚 20 余人,收缴钓竿 120 余根、网笼 40 余只,并对 1 名偷钓者以涉嫌盗窃罪由公安机关进行审讯。

【水土保持】 2014 年,各县(市、区)开展全国水土保持监督管理能力建设县创建工作,兰溪、东阳、义乌、永康、浦江、磐安通过省级初验,太湖流域管理局对义乌、浦江进行能力建设复核验收。积极开展市、县水土保持规划编制工作,全市水土保持规划和兰溪、永康、武义、磐安 4 县(市)水土保持规划通过专家评审。全面开展开发建设项目水土保持监督检查,全市共检查项目 229 个,检查人次 707 次。全市共审批水土保持方案 223 个,其中市本级 41 个。依法开展水土保持设施补偿费征收工作,全市征收水土保持设施补偿费 1369.59 万元,其中市本级征收水土保持补偿费 233.59 万元。推进水土流失治理,改善生态环境,全市治理水土流失 87 平方千米,中央补助资金项目沙金兰功能区石坞等小流域水土流失治理工程开工建设,永康市永祥溪水土流失综合治理项目通过省水利厅验收。

【河道管理】 全市河道总计 3383 条,总长度 10855 千米,其中省级河道 5 条,长度 228 千米;市级河道 8 条,长度 228 千米;县级河道 67 条,长度 1097 千米;县级以下河道 3303 条,长度 9302 千米。自 2003 年开展万里清水河道建设以来,已累计完成建设任务达 3897 千米,其中 2014 年完成 205 千米。金东区、东阳市、永康市列入全国中小河流治理重点县综合整治试点,划分为 31 个项目区,规划治理河道 789.7 千米。截至 2014 年底,29 个项目区实施方案通过审查,其中 23 个已批复,累计完成河道整治 298.1 千米。新中国成立以来,金华第一座水利枢纽工程——铁堰水闸除险加固工程完工;义乌市杨宅水闸基本完工;金东区国湖水闸进行水闸安全鉴定。开展垃圾河治理行动,基本消灭垃圾河;全面建立"河长制",市、县、乡、村四级划分责任区,全面落实动态保洁制度,实施河道保洁 10836 千米,基本实现全覆盖,浦江县、东阳市、永康市获评全省河道长效保洁一等奖。2014 年完成涉河建设项目审批 8 个,收取水域占用补偿费 53.17 万元。开展"河道采砂"专项整治,全面禁止河道和饮用水源保护区内非法采砂、制砂行为;全面完成河道内非法采砂制砂场点整治工作。

【水资源管理】 2014 年,全市总用水量 17.878 亿立方米。截至 2014 年底,全市共有 1412 家取水单位,其中取水量 10 万方以上的用水单位共安装实时监控点 128 个;2014 年全市共完成开发建设项目水资源论证报告书评审 6 项。严格落实水资源有偿使用制度,2014 年共征收水资源费 3741 万元。市政府出台《金华市区地下水资源管理办法》。全力推进合格规范饮用水水源保护区创建工作,建成 26 个合格规范饮用水水源地。加快农村饮水安全工程建设,提升改善农村饮水条件人口 18.56 万人。加强水功能区水质监测系统建设,对全市 67 个水功能区共 80 个监测段面开展水质监测,编制每月一期的《金华市重点水功能区水资源质量通报》,形成较为完善的水功能区动态监测系统。加强对金兰、横锦等 18 个重要供水水源地水功能区水质监测工作,监测频次不少于每月 1 次。对源口水库、金兰水库开展藻类监测,成为全省唯一的水生态监测试点。永康市通过最严格水资源管理制度国家级试点中期评估。

(黄可谈)

水　文

【水文测验工作】 一是扎实做好各项汛前准备工作。提前部署,强化措施,全面完成水文测报设施设备维修养护和物资储备,完成全市国家基本站的水文缆道维护、断面测量、水尺接测、进水管清淤、蒸发皿更换、雨量计维护等。完成水文监测设施、技术装备以及通信、计算机网络、水文遥测系统等信息系统的检查维护,确保水情信息畅通。二是保质保量完成水文测验任务。精心组织水文测验,高质量完成《测站任务书》规定的任务,金华、南王埠、对家地三个直属站全年分别完成缆道测流71次、57次、53次。完善应急测报预案,积极应对流域性和突发性洪水,“6·23”“8·20”洪水期及枯水期组织实施走航式多普勒、手持式多普勒、雷达枪等二套测流方案。三是强化落实水文安全生产工作。汛前配合省水文局开展全市水文测报安全大检查,积极开展“安全生产月”活动全面落实全市水文监测领域打非治违专项行动。全年共排查水文测验、水质采样、实验室管理等方面存在的违规违章及安全隐患12处,全部及时整改到位,全市水文系统没有出现安全责任事故。

【水文情报预报】 一是全力保障水情中心的日常运行维护。强化24小时全天候汛情监测,做好遥测系统管理维护和水情中心正常运行,确保水雨情数据准确及时地送达各级防汛水文部门。开发金华市水情值班系统、整合水情中心人工报汛数据库,进一步提高水雨情信息接收、处理、分析、预警等防汛服务综合能力。二是全面开展水雨情信息的搜集分析总结。接收处理48个市级报汛站及500多个水文遥测站500多万条水雨情数据及管理维护、质量检查登记工作,编制发布《水情简报》45期、专题分析报告5期,加强主要水雨情的沟通和会商,为防汛抗台工作提供大量统计分析材料、数据、图表,起到较好的参谋作用。三是重点加强重要监测断面洪水预报工作。进一步完善洪水预报方案,加强中小河流、城市暴雨、局地强降雨和水库泄洪等的监测。全年发布8期正式的水文预报,并通过市防汛网向社会公布,其中“6·23”洪水预报预见期8小时,洪峰水位误差0.07米;“8·20” 洪水预报洪峰流量无误差,洪峰水位误差0.01米,预报精度均为优。

【水资源水质监测】 一是抓好水功能区的常规水质监测及通报编制。全面开展全市67个水功能区涉及80个监测断面每月一次水质监测评价工作,强化19座水库水源地的监测工作, 开展全市16个地下水监测点水质监测。加强市县协作,完成水资源公报、水资源质量通报、旬报等编制工作,及时呈送市四套班子及其他相关部门。二是重点开展水生态监测。落实水利部藻类监测试点工作,加强源口水库、金兰水库等水库水源地藻类监测, 逐步开展水生态监测工作。根据市委、市政府要求,开展全市跨行政区域河流交接断面流量监测, 完成市治水办采集送检的13批次样品的检测工作,为“五水共治”及水环境综合整治等提供依据。三是注重监测能力建设。更新购置分光光度计、原子吸收等仪器,配备便携式多参数水质检测仪等应急监测设备, 配合省水文局开展大型水文应急监测演练, 进一步提高自动化水平和应急测验能力。积极参加各类验证考核工作,一次性通过国家认监委生活饮用水硝酸盐氮测定考核和水利部高锰酸盐指数及氨氮项目考核。

【行业管理建设】 一是稳步推进水文基础设施建设。基本完成2012—2013年全市中小河流水文监测系统建设任务,麻阳、安文、玉山水文站投资完成率100%,塔山、楂林、檀溪水文站投资完成率80%以上。完成全市75个国家基本站的水文监测环境保护广告牌设立,完成洪坞桥等7个遥测水位站的基础工程施工及遥测设备安装,完成对家地等地下水水位自动监测站建设,完成对家地、金华站雨量观测场标准化建设。二是不断提高水文资料质量。加大水文资料模块化覆盖面, 推广CAD在水位流量关系线中的应用,完成市级国家水文数据库更新维护,举办全市水文资料整编技术培训班,进一步提高资料整编工作效率和质量。组织完成2013年度全市国家基本站107站年水文资料及29座大中型水库205站年水文资料的整编、审查工作,以及2014年度全市水文资料初审工作,其中2013年度水库资料质量获全省三等奖。三是努力拓宽水文发展思路。推进义乌“城市水文”试点工作，完成《义乌城市水文监测建设项目实施方案》编制及评审，完成两处水雨情自动测报系统先行试点建设。推广兰溪雨量代办站“无人值守有人看管”试点工作，完成7个雨量站设备改造，研发出“大容量雨量量杯”成果并申报发明专利。以《浙江省水文管理条例》为依据，进一步加强水文依法行政，促进水文行业管理，提高地方政府对水文行业的重视。

（朱　琦）

防汛抗旱工作

【概述】 2014年初，市防指及时下发《关于做好2014年防汛抗旱工作的意见》，提出全年防汛抗旱工作总体要求和对策措施意见，并召开全市防汛会议进行部署。汛前，市政府与各县(市、区)政府签订2014年度的防汛抗旱责任书，在媒体上公布全市水库(电站)、重要山塘、重要堤防等工程设施和行政村(社区)基层防汛体系责任人。3月中旬，市防指派出10个防汛检查组开展汛前防汛大检查，对发现的问题及时下发整改通知，提出限期整改要求，并跟踪督办。市本级防汛物资储备中心储备有各类防汛抗旱物资。在“防灾减灾日”和“安全生产月”开展防汛防台抗旱科普知识宣传。市委、市政府领导高度重视防汛防旱工作，市领导多次调研指导防汛备汛工作，坐镇市防指研究部署防御工作。市防汛防旱指挥部随时连线各地，指导部署防汛防台抗旱工作。水利、防汛、气象、国土资源等防指成员单位领导24小时带班值班。

【汛情、旱情及灾情】 2014年，全市降雨从时间分布上呈“两头少中间多”的特点，其中5月—8月降雨量占全年的七成，10月—12月降雨量比常年少七成；从地域分布上，除武义外其他县(市、区)年降雨量均比常年偏多。汛情主要特点：一是梅雨期降雨偏多。6月17日入梅，7月7日出梅，梅期20天累计降雨量394.2毫米，比常年253毫米偏多55.5%。期间出现两轮大范围强降雨过程，6月19日—25日全市范围出现第一轮强降雨，过程降雨量达244.7毫米，导致金华江发生1973年以来最大洪水（“6·23”洪水）；6月26日—30日出现第二轮强降雨，主要集中在婺城、兰溪和武义境内，过程降雨量108.3毫米。二是汛期局地短历时暴雨频繁。7月2日12时—18时武义县城北部白洋街道区域6小时累计降雨量达150.5毫米；7月13日11时—23时永康市大部分区域出现60~140毫米强降雨，其中最大的永康黄坑口累计雨量达141毫米；8月16日15时永康杨溪站出现历史罕见的短时局地暴雨，4小时累计雨量达231毫米。三是八月中旬武义江流域出现罕见的持续强降雨。8月16日—20日全市累计降雨量达168.2毫米，其中武义站240.6毫米，永康站211.6毫米,最大的永康杨溪站达395.1毫米。持续强降雨导致武义江发生1962年以来最大洪水(“8·20”洪水)。四是台风影响小。9月21日—23日第16号台风(凤凰)外围云系影响金华东南部地区，全市过程降雨量23.6毫米，降雨较多的磐安62.6毫米，其中最大的婺城罗坪站104.5毫米、磐安源头站103.5毫米。因风雨较小，未造成损失。汛期结束后，特别是入冬以后降雨偏少，气温偏高，天然径流减少明显。10月1日至12月31日，全市累计平均降水50.9毫米，比常年同期(182.4毫米)偏少72.1%。全市29座大中型水库蓄水率最低为50%。受降雨偏少影响，部分地区的个别村庄出现供水水源紧张。特别是磐安地区个别利用山涧溪流或小山塘溪流供水的山区村庄出现人畜饮水困难问题。据统计，2014年全市9个县(市、区)共140个乡镇72.5万人因洪涝灾害受灾，倒塌房屋1737间，临时转移人口3.01万人，农作物受灾面积59.42万亩，直接经济总损失17.59亿元，为近20年来洪涝损失第二重的年份。无人员因灾死亡。

【处置灾情】 在抗击梅雨期强降雨、持续性强降雨期间，防汛、气象、水文等部门密切监视水雨情、墒情动态，通过广播、电视、报纸、网站、短信及时向社会发布预警信息；各级防指认真组织会商、研判，科学调度，沉着应对，市防指先后启动防汛Ⅲ级应急响应3次、防汛Ⅳ级应急响应3次，防台风Ⅳ级应急响应1次，下发防暴雨、防台风等工作通知十余份。在防御“6·23”“6·27”和“8·20”三次流域性大洪水的关键时刻，市委书记徐加爱多次作出重要批示指示，市长暨军民、副市长张伟亚多次坐镇市防指召开防汛会商会议，研究部署防御工作。市领导带领10余支技术服务小组,赴各县(市、区)抢险现场指导抢险。针对出现在农村生活供水紧张状况,积极行动,落实各项抗旱应急措施：一是紧急制订应急供水方案;二是广泛开辟供水水源,加强节约用水宣传;三是抢抓一切有利时机,实施人工增雨作业;四是加快应急水利工程建设,加强水资源统一调配;五是采取各项应急供水措施，全面保障群众用水安全。协调“乌引工程”从衢州地区引水1200万立方米,大大缓解婺城区农业灌溉用水需求。据统计,市本级水利气象部门共发布灾害预警 37 条次，受众64.8 万人次,各县(市、区)共发布洪涝台灾害预警信号 105 条次,受众230.4 万人次。全市共投入抗灾5.01 万人次,出动抢险舟(船)111 舟次,运输设备1534 班次,机械设备1877 台班,投入资金 3838 万元,减灾效益 4.3 亿元,最大程度保障正常的生产生活秩序。全市大中型水库弃水量约 2.3 亿立方米,拦蓄洪水 5.365 亿立方米，减免农田受灾面积 70488 公顷，减免受灾人口110.9 万人,减免直接经济损失2.81亿元。

（汪展　黄可谈）

畜牧业

【概述】 2014 年，金华市肉类总产量 21.89 万吨,同比减少 3.7%;禽蛋产量 4.73 万吨,同比减少27.78%;牛奶产量 9.65 万吨,同比增加9.2%。

【生猪生产】 全市生猪存栏 146.54 万头，同比降低11.6%;生猪出栏 256.58 万头,与上年持平;能繁母猪存栏 16.68 万头,同比下降 10.7%。受三改一拆和“五水共治”行动影响,金华市生猪存栏大幅下降;生猪出栏与上年基本持平,并没有受存栏下降的影响而下降，主要原因是受上年下半年行情好转,上年年底养殖户增加的存栏,导致第一季度生猪出栏的大幅增加,另外养殖场户的关停也是生猪出栏没有减少的一个原因。从元旦开始到四月底,生猪价格一路下滑,五月上旬短短十天时间毛猪价格从 9.6 元/千克增加到最高的 16.0 元/千克，涨幅达66.7%。随后价格有所下降,并在 13~15 元/千克之间起伏。市场供求关系是生猪价格剧烈波动的主要原因,第一季度价格下滑就是受上年下半年增栏生猪集中出栏的影响。虽然金华市生猪存栏下降明显，但是在全国范围内未发生大规模淘汰母猪现象,总体产能仍然偏高,能繁母猪存栏水平较高的现状仍将使国内生猪价格上行受压。前 4 个月生猪售价下降,养殖成本上升,各规模类型养猪户均出现亏损情况,5 月后价格回升,下半年以小幅震荡为主,效益有所下降,全年生猪养殖微利。

【家禽生产】 受年初人感染 H7N9 禽流感疫情持续影响，金华市家禽存出栏呈现出双减态势,全市家禽存栏 862.21 万羽,同比降低 20.6%;家禽出栏1682.2 万羽,同比降低 15.98%。1 月—3 月,受人感染H7N9 禽流感疫情及市区全面禁止活禽交易影响,加之家禽定点屠宰杀白上市制度的执行,市场消费量大跌,养禽户全面亏损。4 月份以后,价格才逐渐回升,快速型白羽肉鸡涨至 12 元/千克(最高到13 元/千克),中速型黄羽肉鸡涨至13.5 元/千克,土鸡24 元/千克以上,此后价格区域稳定,每羽利润分别达到 4~8 元。鸡蛋价格波动较大，端午节前后20多天时间里，鸡蛋每千克批发价从 9.6 元涨到最高的13 元,涨幅近 20%。据了解,这是近年来蛋价涨得最快、涨幅最大的一次。造成禽蛋价格上涨的原因主要是受禽流感的影响,蛋禽存栏量减少,禽蛋产量下降,导致市场需求旺盛时价格持续升高。另外,蛋禽养殖成本不断上升,也是导致禽蛋价格上涨的一个因素。

【牛奶生产】 全市存栏奶牛27268 头,同比降低7%。奶牛存栏下降,但是 2014 全年金华市牛奶产量不降反增,这是金华市奶牛生产能力提升的最直观体现,也是养殖户提高效能、减少亏损的一种表现。国外低价奶粉、液态奶等乳制品大量进入中国,其中进口奶粉价格最低不足国内成本价的 1/3，对国内奶业造成较大冲击,鲜奶收购价从上半年最高的6.2 元/千克跌至目前的 4.3 元/千克，跌至成本线,但部分地区仍然出现鲜奶滞销,部分鲜奶加工企业已减量收购,奶粉加工囤积比往年提前半年。

（宋维龙）

渔　业

【水产生产】 2014年水产品总量达76151吨，同比减少2.14%，渔业总产出171256万元，同比增长0.47%。其中鱼类产量61082吨，同比减少2.63%，甲壳类746吨，同比增长5.82%，贝类408吨，比上年减少，其他(包括珍珠、甲鱼)产量8227吨，比上年减少1.14%。渔业总产出171256万元，同比增长0.47%。生产鱼苗18.41亿尾，增长4.42%；生产鱼种5539吨，增长0.67%。

【现代渔业园区】 组织申报和实施五批现代渔业园区创建工作，其中前四批有40个园区列入省级创建点，第五批园区创建点正在调整中。2014年全市共4个省级现代渔业园区通过省级验收。截至2014年底，共有13个省级现代渔业园区通过省级考核验收。

【渔业转型治水四大工程】 2014年，全市开展水产养殖塘生态化改造共计9628亩，完成投资2699.2万元；稻鱼共生轮作完成7134亩，完成投资1234万元；实施洁水渔业共计12.1698万亩，完成投资6916万元；全市共计放流各类水产苗种6265万尾(只)，完成投资599.02万元。同时围绕“一年灭黑臭”的治水目标，开展护水行动督查—水产养殖治理专项行动，及时解各地关于渔业发展总体情况、水库洁水渔业发展规划编制情况、渔业四大行动进展情况及下步工作措施，通过督促各地开展集中攻坚，鼓励先进鞭策落后，推动治水目标的达成。

【水产品质量监管】 为切实加强对全市初级水产品质量安全的监管，推进水产养殖业健康有序发展，开展初级水产品质量安全整治工作。在加强水产品质量安全法律法规宣传的基础上，2014年完成全年的初级水产品抽检任务，共计190批次，包括水产品质量药残抽检87批次，无公害水产品质量安全抽检27批次，水产养殖投入品质量安全监控抽检13批次，“百日严打”行动县(市、区)自主抽检38批次，农业部抽检20批次和休闲渔业基地抽检5批次，检测合格率100%，抽检过程中执法人员重点对养殖单位“三项记录”登记情况、投入品仓库存放情况、渔药饲料使用情况、是否有销售病死甲鱼及甲鱼骨等内容做检查。开展全市渔业“打非治违”行动，组织执法检查组53次1080人次，检查单位和场所280家次，组织开展跨地区、跨部门联合执法2次。

【渔政管理】 2014年，开展为期两个月的“春潮2014”专项执法活动，继续与公安机关建立110联动机制，对电鱼、偷鱼等破坏渔业资源的违法行为给予坚决打击。春潮行动期间，全市共出动检查555次2147人次，查获电鱼及非法捕捞案件163起，没收违法渔具1813副(套)，罚款金额9.1万元。同时加强日常巡查、应急联动、违规渔具清理等工作，市本级共开展巡查210次679人次，没收违法渔具69副(套)，立案3起。全市共受理渔业污染事故59起，赔(补)偿201.8万元。在全市范围内开展江溪和水库增殖放流工作，提高渔业资源量，改善鱼类生态环境，提高渔民收入。2014年共投入经费599万元，放养各类苗种6265万余尾，有效增加渔业资源。全市登记在册的渔船共有381艘，未发生渔船安全生产事故。市本级办理水生野生动物驯养繁殖许可证年审7份，经营利用许可证年审5份。

（贺文芳　赵振）

经营主体

【现代农业园区建设】 2014年，借鉴工业园区开发建设经验，积极探索推行农业“两区”招商引资专业化、项目运作法人化、生产经营工厂化等做法。建立了园区建设项目库和项目建设月报制度，实行建设项目法人化运作，确立政府抓管理服务、业主抓开发建设的互动机制。坚持一次规划、分步实施、逐年建设、滚动发展的原则，细分年度计划，排出重点任务，实行项目考核，确保“两区”建设投资到位、项目落地、见到成效。上年全市共实施现代农业园区建设项目113个，投入园区建设资金8.49亿元，其中统筹各级各类财政资金投入达3.6亿元(含省级财政)。截至2012年底，全市现代农业园区累计新建各类大棚2.65万亩，喷滴灌设施3.73万亩，蓄水池10.8万立方米，新修沟渠473.9千米，新建机耕路

450.4 千米,畜禽舍 26.4 万平方米,保鲜冷库 2.28 万立方米,培训农民 11.4 万人次。婺城区汤溪、浦江县盆地、东阳市城郊、金东区、兰溪市诸游线等省级现代农业综合区初具规模,整体形象逐步显现。婺城区汤溪省级现代农业综合区已通过省级验收,有 16 个主导产业示范区和 30 个特色农业精品园已基本建成(含综合区内)。同时,通过集聚土地、资金、科技、设施等要素,“两区”内生产经营的规模化、设施化、标准化、产业化不断推进,粮食增产、主导产业增效明显。现代农业园区内主导产业单位面积产量、产值比周边同类一般高出 20%以上。兰溪市在粮食功能区内推广 “鲜食春大豆—水稻—兰溪小萝卜”种植模式,复种指数达到217%,土地产出率高,成为“千斤粮、万元钱”高效生态种植模式示范基地;浦江县建成万亩设施葡萄产业示范区,经济效益持续提升;婺城区选育出通过国家审定的油茶良种 9 个,亩产达 81.5 公斤,每亩可新增效益6000 余元,是普通油茶的 16 倍以上。2014 年新增国家级示范性合作社 16 家,总数达 19 家,省级、市级示范性合作社评定办法因修改而暂停。义乌市、浦江县、开发区先后成立农民专业合作社联合社 5 家,通过合作社之间的再联合,增强市场竞争力。

【家庭农场培育】 贯彻省政府办公厅《关于培育家庭农场的意见》,引导专业大户、有一定生产规模的农户创办家庭农场,使更多的农业生产经营主体生产规模化、经营法人化。积极开展家庭农场政策调研, 及时出台金华市示范性家庭农场认定办法,举办家庭农场主素质提升培训班,引导家庭农场规范化发展。截至2014 年底,全市登记注册家庭农场总数达2193 个,比上年的 324 个增加 1869 个,增576.8%。按登记类别分：注册为个体工商户1853 个,占总数的84.5%;注册为个人独资企业 223 个,占总数的10.2%;注册为普通合伙企业的 4 个,注册为有限责任公司的113 个。按行业分布划分：种植业 1636 个,畜牧业120 个,渔业 97 个,种养结合 195 个,其他145 个。家庭农场经营土地面积 16.5 万亩,劳动力总数 9103个, 其中：家庭成员劳动力 5271 个,常年雇工 3832个。年销售农产品总值 52448.8 万元,购买农业生产投入品总值 38658.2 万元。全市被评定为市级示范性家庭农场 83 个,被评定为省级示范性家庭农场39 个。金华市农业局与金华农民学院(金华职业技术学院)联合组织,开展全市家庭农场主素质提升培训班 4 期,共培训 647 人次。

【农民专业合作社五化建设】 全市全面落实农民专业合作社申报备案制度, 做好规范化合作社的综合信息网上申报、审核等备案工作, 支持省农业厅、省工商局、省信用联社联合开展的合作社信用等级评定,从而促进合作社规范化运行。开展各种类型的培训,引导组建专业合作联社,全面提升专业合作社示范带动辐射能力。据统计:全市有农民专业合作社 4784 家,比上年增加 390 家,增长8.9%。入社社员 18.4 万个,比上年增长 3.4%。带动非社员农户43.7 万户, 比上年基本持平。建立农业生产记录的合作社 933 家,比上年增长10.8%;通过农产品质量认证的合作社 450 家,比上年增长 7.4%;组织实施农业标准化生产的合作社 402 家,比上年下降 4.5%;建立农产品质量追溯制度和安全检测体系的合作社 283 家,比上年增长2.5%;拥有注册商标的合作社 528 家,比上年增长 3.8%;注册商标个数525 个。全市专业合作社统一培训社员 17.9 万人次,比上年下降 2.5%。实行统一组织购买农业投入品总值 13.2亿元, 统一采购比例达 80%以上的有 1110 家,分别比上年下降0.7%和增 3.8%。实行统一组织销售农产品总值 39.4 亿元,统一销售比例达 80%以上的有1184 家,分别比上年下降 8.4%和增 2.5%。当年销售额超过 100 万元的合作社 1325 家,比上年增加 203家。

(朱丽虹)

农业机械化

【概述】 全市拥有农机总动力 266 万千瓦,新建区域性农机化服务中心 15 个,其中:育秧中心 4 个、粮食烘干中心 11 个,推广机械化插秧面积 18.8 万亩,油菜机收面积 1.39 万亩,实施农机购置补贴资金3189.695 万元, 全市设施大棚投入 1.27 亿,建设面积 155 万平方米,补贴资金 3911 万元。新增农机装备 1.2 万台(套),新增设施农业面积 1 万亩,水稻耕种收综合机械化率达到 65%, 全市拖拉机上牌率、年检率和驾驶人持证率分别达到 80%、90%、90%,插秧机检验率达到 100%。全市农机安全生产态势总体良好,共发生负同等责任以上拖拉机道路交通事故死亡 7 人,死亡数严格控制在年度目标内,道路外农机事故 2 起,死亡 2 人,直接经济损失3.431万元,未发生较大以上农机事故。

【农机保险工作】 农机保险工作持续推进,累计保险机具近168 台,保费81180 元,在武义等县市理赔烘干机、拖拉机及操作人员受损费用 48600 元。全市共实施农机购置补贴资金 3189.695 万元,补贴机具7302 台,受益农户 4582 户,其中:中央补贴2455.855 万元,省补贴428.943 万元,县补贴 304.897万元。

【金融支持】 中国农业银行金华分行开发的"农易分"金融产品,重点解决市本级设施大棚项目的资金投入大、融资困难的瓶颈,产品手续快,比贷款利息节约 50%以上的成本。"农易分"是农行服务"三农"的新产品,即从事农、林、牧、渔产业的农户在购买商品或服务时,由农行为其一次性垫付资金,农户按所选期数按期偿还贷款的一种分期付款业务。由大棚生产企业担保,不仅解决了农户融资问题,也解决了大棚生产企业收款难的问题。该行共发放涉农(大棚建设)贷款 500 余万元,有力地支持了设施农业的发展。

【全省农业干部联村联场治水转型暨治水治污高效农机装备展】 9 月 24 日在兰溪市举办"全省农业干部联村联场治水转型暨治水治污高效农机装备展",19 家参展企业现场展示近年来已应用的无人植保飞机、喷滴灌节水设备、畜禽排泄物有机肥一体处理机、自走式高效喷杆喷雾机、全自动养殖喂料系统、畜禽死体无害化高速处理系统、生物质新能源装备、太阳能水泵等100 多台套,有力地促进农业领域"五水共治"装备引领的作用。

(洪一前)

农业综合开发

【概述】 2014 年全年农业综合开发项目总投资规模 3264.2 万元,其中:中央财政资金940 万元,省财政资金 856 万元,市财政配套资金292 万元,自筹资金 1176.2 万元。

【金华市后联畈高标准农田建设项目】 计划改造中低产田总任务为0.8 万亩,总投资 1352 万元,其中:中央财政资金 520 万元,省财政资金 520 万元,市财政配套资金 208 万元,自筹资金 104 万元。该项目于 12 月 18 日在金华公共交易平台完成项目招投标工作,2015 年 1 月 12 日与施工单位签订施工合同,建安工程中标金额共计 1031.79 万元。实施产业化经营项目 3 个,分别为"金华市婺城区 180亩中华鳖种苗养殖基地改建项目""金华市年产10000 吨优质大米改扩建项目""金华市 800 头奶牛养殖基地改扩建项目",总投资1648 万元,其中:中央财政资金300 万元,省财政资金 240 万元,市财政配套60万元,企业自筹资金1048 万元。实施部门项目 1 个,为"金华市杂交水稻钱优 817 等原种扩繁基地建设项目",该项目系与省农业厅联合申报项目,总投资264.2 万元,其中:中央财政资金120 万元,省财政资金 96 万元,市财政配套资金 24万元,自筹资金24.2万元。

(朱芝萍)

工 业

综 述

【概述】 全市工业经济保持平稳运行,总体呈现出"稳中有升、转中向好"的运行态势。主要表现出以下几个特征:一是工业经济稳中有升。全市全年实现规模以上工业总产值 4796.34 亿元,增长7.0%,高于全省平均水平 0.6 个百分点,居全省第四;规模以上工业增加值 945.32 亿元,增长 7.4%,高出全省平均 0.5个百分点,居全省第五;完成销售产值4546.48 亿元,同比增长 6.5%,高于全省平均水平0.6 个百分点,居全省第四;完成出口交货值 1113.39亿元,同比增长5.84%,高于全省平均水平 0.63 个百分点。2014 年全年规模以上工业总产值超过温州

56.23亿元，销售产值超过温州37.38亿元，规模以上工业总产值和销售产值总量进入全省前五位。二是产业结构持续优化。新兴产业占比提高，全市战略性新兴产业、高新技术产业在规模以上工业增加值中占比达到21.45%、30.27%，分别比上年同期提高0.53和9.69个百分点；装备制造业占比达37.28%，高于全省平均2.78个百分点。实现新产品产值1464.4亿元，同比增长25.7%，增幅居全省第三。主导产业健康发展，有17个行业产值超100亿元，比上年增加2个，同比增长7.7%，高于平均水平0.7个百分点；超百亿行业产值总量占全部规模以上工业的82.6%，比上年增长3.4%，其中汽车制造、纺织、金属制品等传统优势行业增长较快。三是质量效益有所提升。规模以上工业利润突破200亿元，33个工业行业全部实现盈利，3783家规模以上企业亏损率12.2%，亏损率逐月递减；产销率小幅回升、产成品库存增长低于面上工业增长。企业生产效率提高较快，全市规模以上劳动生产率达到15.35万元/人，比上年提高10.35个百分点。四是工业投资难中有进。全市实施500万元以上工业投资项目2842个，比上年增加150个，完成工业投资720.01亿，同比增长8.1%，工业投资规模居全省第六位；有效发挥“机器换人”等技术改造手段在扩大有效投资中的积极作用，全市完成工业技改投入442.15亿元，同比增长8.7%，技改投资占工业投资比重为61.4%，比上年提高0.3个百分点，设备投入完成208.5亿，占技改投资额比重达47.2%。五是绿色发展成效明显。高耗能行业增速减缓，能耗水平下降明显，规模以上工业企业综合能源消费量同比下降2.8%，重点耗能企业综合能耗同比下降7.7%，全市单位工业增加值能耗下降9.5%，比全省平均水平多降2.8个百分点，列全省第二；全市万元GDP能耗下降7%左右，提前一年达到“十二五”节能降耗要求。超额完成年度淘汰落后产能工作任务，共腾出用能57万吨标准煤，节约工业用水800余万吨，减少工业废水排放约500万吨。

【扩大投资】 实施以“机器换人”为核心内容的工业技术改造。全市完成工业技改投入442.15亿元，设备投入208.5亿元。在全市687家规模以上企业中开展“机器换人”试点工作，培育示范企业100个。371个重点技改项目开工率达99.46%，完成投入180.4亿元，其中142个项目建成或部分建成投产。全市列入省重点技改项目270个，其中省级重点项目61个，项目数继续列全省第一。实施重点技改“机器换人”项目285个，12个项目列入省示范项目计划，项目数居全省第4位。全省“机器换人”工作现场会在金华召开。全年组织7场重大招商推介会，签约项目76个，实施5000万元以上内资项目400个，其中工业项目274项，全年引进内资333亿元。

【促进转型】 以“五水共治”为抓手，严格执行“零点行动”和节能评估审查制度，全面推进印染、造纸、化工、制革等重点行业整治提升工作，积极推动电镀园区、印染集聚区和水晶集聚区建设，扎实推进工业治水、治气。完成重污染高耗能行业整治提升349家，其中关停淘汰56家。开展兰溪的锡箔行业和永康的铸造行业整治，关停近400家企业作坊。完成的淘汰落后产能具体数字是：造纸35.35万吨，印染2.9亿米，化纤1.5万吨，织造1510万米，医化17062吨，制革18万牛皮标张，电镀6万升，铅蓄电池40万千伏安时，砖瓦窑15500万块标砖，腾出用能57万吨标准煤。完成旧厂区改造370万平方米，完成清洁生产审核验收企业120家，创建省级绿色企业8家、工业循环经济示范企业4家。结合“四破”整治，推进资源要素市场化配置改革，对市区用地面积3亩以上490家规模以上企业、1812家规模以下企业的亩产效益进行综合评价。新能源汽车在物流租赁、公交试点、私人购买、旅游领域得到逐步应用，全市已推广新能源汽车1128辆。

【平台建设】 注重发挥工业强县、工业园区和工业强镇在稳增长中的主平台作用。兰溪、东阳、义乌、永康和市开发区五个工业强县(区)的工业增速均高于全市平均水平，其中义乌规模以上工业总产值首次突破800亿元。召开全市经济开发区(园区)和工业强镇现场会，制订《关于推进工业强镇(乡、街道)建设的意见》，组织开展综合评价工作。12个省级以上开发区(园区)实现规模以上工业总产值2692.95亿元，同比增长11.5%，占全市规模以上工业总产值的56.2%。规模以上产值超100亿元园区达8个，其中市开发区和义乌开发区规模以上工业总产值首次突破500亿元。工业强镇建设增量提速，全市规模以上工业产值超20亿元的镇（乡、街道）达 48 个，比上年增加3 个，其中超 100亿元 7 个。48 个工业强镇实现规模以上工业产值3116.54亿元，同比增长7.8%，占全市规模以上工业总产值的 65%；完成工业投资410.41 亿元，增长10.14%，占全市工业投资的57%。

【“三名”试点企业培育】 万里扬、开尔、联宜3 家企业入选省第一批“三名”培育试点，入选市级“三名”培育试点企业29 家。大企业大集团和高成长企业培育成效明显，全市 100 家大企业大集团累计实现工业总产值1288.67 亿元，同比增长12.3%，高出规模以上工业 5.3 个百分点，累计实现利润61.75 亿元，同比增长 9.5%。100 家高成长企业累计实现工业总产值 135.69 亿元，同比增长 20.3%，高出规模以上工业13.3 个百分点；实现利润 7.15 亿元，同比增长22.8%。积极做好“小升规”工作，纳入全市“小升规”培育库企业 835 家，共有 480 家“小升规”企业通过国家统计局审批，完成率居全省第 3位。13 家“小升规”企业入选“创业成长之星”，入选数量居全省第二。9 家企业被评为省创新示范中小企业，新增省级企业技术中心 10 家，32 个项目入选2014 年省重点高新技术产品开发计划，项目数列全省第一。全年培育军民结合企业20 家，民口军工企业 11 家。

【两化融合】 实施市两化融合重点项目122 个，完成投资额 2.92 亿元。启动 500 家两化融合示范企业培育工程。康恩贝生物制药公司和超人集团列入国家级两化融合贯标试点。永康市、东阳市、金华市高新技术产业园区列入首批省两化深度融合示范区，今跃机械公司获批首批省工业信息工程研究院。加快智慧城市领域信息化应用。成立浙江智慧车联网公司，推进省级智慧城市试点项目建设，获批全国首批“信息消费”和“宽带中国”示范试点城市，其中“宽带中国”试点为全省唯一试点城市。

【技术创新】 全市共立项完成各类技术创新项目455 项，获得国家物联网发展专项 1 个，省级以上创新专项 20 个，省级高端装备制造业首台(套)产品5只、省装备优化提升示范试点项目 2 个。新增省级企业技术中心 10 家，省级重点产业技术联盟 1 个。全年申报立项省级工业新产品 (新技术)258 项，比上年提高 57%，获省级优秀工业新产品(新技术)8只，17 个产品被评为“浙江制造精品”，新产品产值连续四年保持 25%以上的高速增长。累计创建省级工业设计基地 2 个、省级工业设计中心4 家、市级设计中心 48 家，全年完成工业设计成果3529 项，同比增长228%，实现成果交易收入 1.1亿元。

【优化服务】 加强经济运行监测，建立销售收入3 亿元以上企业数据库。积极落实“决战三季度、冲刺四季度”各项举措，对全市 906 个亿元以上规模企业和270 个省级技改项目进行重点走访。切实发挥应急周转金的作用，共为 1231 家企业办理应急周转金2772 笔，累计金额 217.29 亿元，其中市区共为45 家工业企业办理应急周转金 239 笔，累计金额达27.41亿元，有效解决企业转贷难的问题。深化行政审批制度改革，落实三单一网，认真梳理出本单位及下属事业单位的权力清单，将原有的 104 项行政权力事项压缩到 50 项，按时完成权力清单推进工作。积极清税减负，全年减轻企业负担 167 亿，为企业争取各项财政补助扶持资金 4000 余万元。

（周　玲）

纺织服装工业

【概述】 2014 年，金华市纺织工业拥有规模以上企业 953 家，其中：纺织业 517 家，纺织服装、鞋、帽制造业 369 家，化学纤维制造业 67 家。全市纺织服装行业主要代表企业有：浙江立马云山纺织股份有限公司、浙江金梭纺织有限公司、浙江佳而美纺织有限公司、浙江双灯家纺有限公司、义乌华鼎锦纶股份有限公司、浪莎集团等。兰溪的纺织、义乌的针织及袜业、浦江的绗缝等产业得到聚集发展。尤其是兰溪棉纺织产业集群，成为全市四个省级产业集群示范区之一。2014 年，全市纺织工业实现工业总产值 1001.61 亿元，同比增长 15.73%。其中纺织业 571.39 亿元，同比增长 9.1%；服装、鞋、帽制造业315.94 亿元，同比增长 16.47%；化学纤维制造业114.28 亿元，同比增长 40.5%。全行业实现销售产值 941.53 亿元，同比增长 15.55%；产销率 94%；新产品产值 307.66 亿元，同比增长 28.50%；新产品产值率 30.72%；实现利税 58.72 亿元，同比增长6.03%；其中实现利润 35.56 亿元，同比增长 0.57%；实现出口交货值 267.48 亿元，同比增长 17.69%。义乌的无缝内衣、化纤原料成为该市工业经济新的增长点，针织行业成为优势行业。浦江的绗缝针织、服装产业已成为该县工业“五朵金花之一”。

轻工业

【概述】 2014年，金华市规模以上轻工业企业2285家，完成工业总产值2236.02亿元，同比增长7.8%，占全市规模以上工业总产值的46.62%；销售产值2117.25亿元，同比增长7.2%，实现利税165.55亿元，同比增长1.8%，其中利润101.17亿元，同比下降0.4%。在全市轻工业中，主要有纺织、家具、造纸、家用电器、食品、文教体育用品等行业。纺织以兰溪纺织、义乌的针织及袜业、浦江的绗缝为代表，家具行业主要是东阳木雕为代表的红木家具制造产业最具优势；文教体育用品主要包括有沙滩车、滑板车、全地形车、越野车、健身器材及休闲旅游用品等五金制造产品。纺织以兰溪、义乌、浦江居前；文教体育用品总量是永康、武义居前；塑料制品、造纸和印刷业以义乌、市区居前；磐安的塑料制品业颇具特色；轻工业总量义乌、市区和永康居前三位。2014年，轻工行业淘汰落后产能、行业转型升级、腾笼换鸟工作得到大力推进，造纸行、制革、水晶等行业整治工作取得较大成果。全市19家印染企业淘汰落后产能2.95亿米，7家造纸企业淘汰落后产能35.35万吨。

食品工业

【概述】 2014年，金华市规模以上食品工业企业99家，比上年增加9家；完成工业总产值120.52亿元，同比增长8.69%，销售产值111.58亿元，同比增长6.14%。金华的食品行业主要有农副食品加工业、食品制造业、饮料制造业三个子行业，2014年，规模以上子行业中，农副食品加企业41家，比上年增加3家；工业总产值62.4亿元，比上年增长4.8%；销售产值56.86亿元，比上年增长2.6%。全市食品制造业企业43家，比上年增加6家；工业总产值42.14亿元，比上年增长11.6%；销售产值39.22亿元，比上年增长8.9%。全市饮料制造企业15家，工业总产值15.98亿元，比上年增长11.2%；销售产值15.5亿元，比上年增长7.6%。饮料制造业企业主要集中在金华市区，主要产品是乳制品和饮料、酒。

化学工业

【概述】 2014年，全市规模以上化工原料及化学制品制造业企业142家；完成工业总产值170.02亿元，同比增长4.3%，完成工业销售产值159.02亿元，同比增长5.0%，完成新产品产值44.23亿元，同比增长20.6%，实现出口交货值36.15亿元，同比增长2.4%；产销率为93.53%。全行业实现主营业务收入153.74亿元，同比增长6.3%，实现利税15.69亿元，同比增长-2.5%，其中利润9.32亿元，同比增长1.4%。全市化工企业，主要分布在金华市区、东阳、永康市和武义县。氟化工产品已成为金华化工行业主导产品。产品主要包括无水氟化氢、公园玩氢氟酸、氟化盐、含氟医药中间体、农药、化学品及其他含氟材料。

建材工业

【概述】 2014，全市建材行业共有规模以上企业112家，同比增长5.66%，全年共实现工业总产值161.44亿元，同比增长8.3%，销售产值153.56亿元，同比增长7.6%；出口交货值15.32亿元，同比增长7.5%；产销率为95.12%。全年实现利税15.84亿元，增长1.2%；其中利润9.84亿元，同比增长-0.5%。2014年，全市新墙材产量达到37.8亿标块，同比增长15.95%。拆除黏土砖瓦窑5座，淘汰落后产能1.55亿标砖。

冶金工业

【概述】 2014年，全市冶金工业拥有规模以上企业184家，其中：黑色金属冶炼及压延行业65家，有色金属冶炼及压延行业119家。全市冶金工业实现工业总产值452.29亿元，同比增长3.4%，其中黑色金属冶炼及压延行业131.48亿元，同比增长1.0%，有色金属冶炼及压延行业320.81亿元，同比增长6.7%，全行业实现销售产值420.22亿元，同比增长3.67%；产销率92.91%，新产品产值117.1亿元，同比增长23.9%；实现利税16.68亿元，同比增长4.97%；其中实现利润9.79亿元，同比增长-2.5%；实现出口交货值5.86亿元，同比增长-35.1%。

机械制造业

【概述】2014年，全市规模以上机械工业共有722家，同比增长17.2%。完成总产值1032.17亿元，同比增长14.48%，销售产值969.7亿元，同比增长13.4%；实现主营业务收入909.82亿元，同比增长13.81%；其中新产品产值495.55亿元，同比增长23.16%。出口交货值314.68亿元，同比增长11.29%。实现利税76.64亿元，同比增长12.54%；其中利润46.03亿元，同比增长11.05%。机械制造业涵盖通用和专用设备制造业、汽车制造业、交通运输设备制造业、电气机械和器材制造业、仪器仪表制造业等6大类100多个细分行业。在新能源汽车、电网设备、电子信息、航空、高端数控机床、新能源与节能装备等领域也取得一定的突破和成绩。全市共有国家级企业技术中心3家，省级企业技术中心82家，省级重点研究院5家，市级企业技术中心178家，以装备制造业为主的省级工业新产品、省(市)级技术创新项目，每年立项均保持30%的增长，2014年全市立项超过300项。2014年，全市的汽摩配行业在培养做强做大、新能源汽车推广方面取得较大发展。汽摩配行业575家规模以上企业总产值936.69亿元，同比增长13.28%，销售产值933.78亿元，同比增长9.63%，两者增幅分别高于全市规模以上工业平均增幅6.23和3.17个百分点。2014年，全市累计推广1188辆电动汽车，其中众泰锂电汽车639辆，成为全国拥有电动汽车最多的城市。

电子信息产品制造业

【概述】2014年，全市有电子信息产品制造业规模以上企业98家，完成工业总产值199.4亿元；完成出口交货值49亿元，实现主营业务收入160.1亿元，实现利税18.81亿元，其中利润11.68亿元。网络经济总量快速增长，全市实现电子商务交易额2177.5亿元、网络零售额871亿元，同比增长41.5%；全市软件和信息服务业营业收入302亿元，同比增长37%。金华跻身“中国电子商务十强城市”。基本形成电子商务、网络游戏、视频社交、软件开发、智能物流、服务外包等网络经济产业。

医药工业

【概述】2014年全市规模以上医药工业企业有49家，完成工业总产值122.8亿元，同比增长4.8%。实现销售产值111.88亿元，同比增长1.2%。完成出口交货值16.01亿元，同比增长5.0%，其中新产品产值32.09亿元，同比增长12%。产销率91.1%，实现利税20.90亿元，同比增长-3.9%；其中利润12.35亿元，同比增长-6.4%。

（周　玲）

电力与供电

【概述】全年完成固定资产投资18.03亿元，其中电网建设与改造投资17.76亿元；110千伏及以上输电线路开工286千米，投产250千米；变电开工279万千伏安，投产181万千伏安。完成售电量268.46亿千瓦小时，同比减少2%(剔除华铝因素实际增长2.22%)；最高网供负荷525.13万千瓦；线损率3.88%；营业收入178.79亿元；可控费用和利润总额完成省公司下达的年度指标；全口径劳动生产率77.17万元/人·年。城网供电可靠率99.9845%、综合电压合格率99.998%，农网供电可靠率99.9400%、综合电压合格率99.592%。

【安全生产】深入开展安全管理提升活动，加强安全风险预警和风险管控，通过电网企业标准化达标专家查评，完成3家县公司第四轮安全性评价初评。深化现场反违章斗争，严格执行“作业安全十条禁令”，全面应用3G移动视频监控，到岗到位16309人次，检查作业现场38502次，查纠违章10798起。开展“两图”“两表”专项治理，完成所有配网“两高跨越”线路和挂牌督办的26项电力设施隐患整治。全面修订专项应急预案，健全金丽衢应急救援联动机制，开展宾金特高压直流闭锁专项演习,实施东阳大面积停电联合演练,成功处置山火隐患19起。完成施工制造类集体企业安全专项检查,强化外协队伍无差别管理,清退9家外协队伍。截至2014年底,公司连续安全日达到3585天。科学安排电网运行方式,完善电网控制策略,闭环管控256项六级及以上电网风险,确保电网安全稳定运行。深化地县调控一体化管理,分支线纳入调度管辖,地县调控一体化支撑系统建成投运。深化以带电检测为主的状态检修工作,提升在线监测实用化水平。强化输变配精益化管理,全年完成技改大修项目284项。加强特高压属地管理工作,完成856公里特高压及送出线路验收,加装隔直装置33套,全省首次开展特高压直流输电线路带电作业。大力推进科技创新,获得省公司及以上科技成果奖励9项,取得专利授权97项。试点开展信息设备状态检修,有序推进信息通信省地县一体化运作,平稳实施特高压通信属地运维管理,完成所有供电所信通机房标准化改造。

【发展电网】 特高压宾金直流、浙福交流工程按期建成,增加供电能力1000万千瓦以上。宾金直流工程历经两年建设,7月3日正式投运,10回500千伏送出工程同期建成,实现单回路840万千瓦过负荷运行,创造超大容量直流输电的世界纪录。浙福工程历经18个月建设,12月26日正式投运,金华电网成为特高压交直流混联大电网,金华成为全国唯一特高压交直流工程都有落点的地级市。深化电网网架结构研究,编制金华电网"十三五"发展规划,优化220千伏目标网架。全面推进配网提升专项工作,滚动修编"十二五"配网规划,完成重点区块配网提升专题报告。加强项目前期工作,完成可研5项、获批17项,取得核准20项。攻坚克难推进电网建设,开工建设500千伏永康、220千伏望道、汤溪、孟湖和110千伏燕尾等一批输变电工程,建成浙江首座500千伏全数字化智能变电站吴宁变,按期投运杭长客专牵引站和金华西部220千伏电网补强等22项工程,消灭110千伏"单线单变"。220千伏莹乡变获"钱江杯",110千伏汤村变获省公司流动红旗,实现电网建设优质工程率100%。加大配网建设与改造力度,清理历年挂账项目69项、资金5175万元。完成16项配网"三双"工程,高可靠性(供电可靠性99.999%)供电面积增至20.2平方千米。推进"美丽乡村"建设,完成农村农用电力线路改造接收1.6亿元,累计完成率83%。推动全市出台加强农村户保更换和补装政策,安装智能总保2.4万台,实现保护器监测系统全覆盖。推进智能用电体系建设,安装智能电表49.4万只,用电信息自动采集13.3万户。完善电动汽车充换电服务网络,完成全国首条纯电动快速公交系统(BRT)电力配套建设,建成城南充换电站。

【供电服务水平提升】 周密部署重要活动、重要时段保供电措施,精心编制供电保障和应急处置预案,完成十八届四中全会等311起保供电任务。坚持以客户需求为导向,以智能和互动为手段,深化供电服务管理提升。实施营配对应数据质量提升工程,完善数据动态维护机制,实现"站—线—变—箱—户"关系全对应。推广应用省市县一体化同期线损管理系统,台区线损正确可算率达到95.72%。开展"主动式"供电服务,实现主动抢修11.47万次,故障工单同比减少32.19%,故障平均修复时间同比下降8.29%。开展配网不停电作业22314次。全年修复再利用配变1181台,基本消除公变超过载现象,完成2025户低电压治理。开展城市道路照明节能改造,完成改造合同8项、年节约电量82万千瓦小时。积极服务分布式光伏并网发电,累计受理并网申请110个、并网运行106个。开展为民服务百日行动,深化"你用电,我用心"优质服务无投诉竞赛,窗口投诉下降30%,第三方测评客户满意度连续5年名列省公司第一。实施业扩流程并行优化,推行低压居民"免填单"服务,业扩流程时间缩短23%。积极拓宽服务渠道,推广微信公众服务,紧密对接政府8890便民服务平台,全年接收工单422件、结案率100%。推行供电所"服务清单""权责清单",明确22项服务内容和18项权责。实行业扩工程建设终身负责制,划定负面清单23项。完成县级供电抢修服务中心建设,95598全业务平稳集中至国网客户服务南中心。

【经营管理水平提升】 深化全面计划全面预算管理,强化项目计划与资金预算双向互动,实现经营活动可控在控。多措并举增供扩销,新增用电容量232万千伏安,投产10千伏及以上业扩报装3245户。开设为民助企绿色通道,推动"浙商回归"等百余个重点项目提前送电,年增售电量近5000万千瓦小时。积极实施电能替代战略,推广热泵油改电、冰蓄冷等电能替代项目 107 个,年增售电量 1.92 亿千瓦小时。优化提升"集抄集收",推行电量电费智能核算。强化电费回收风险预警,推广销售电费充值卡 1.02 亿元,实现当年电费结零。加快客户基础信息收集完善,开展营业普查和反窃电活动,追补电费 771 万元。全年接收用户资产 2.86 亿元。开展自备电厂专项检查,加强全市 112 家自备电厂和重要用户的基础资料管理。全面建成"三集五大"体系,磨合提升运转效率,开展成效评估整改,特高压电网建设管理入选省公司最佳实践成果。运营监测中心率先通过综合验收,建成市县公司运营监测体系,1 项运营分析成果入选国家电网公司优秀运营分析报告。完成重大管理指标认领,9 项成果入选省公司典型经验。进一步规范劳动用工管理,主业和集体企业劳务派遣用工比例分别下降 9%和 17.43%。深入推进项目资产全过程内控体系建设,构建"执行、沟通、监督、评价"四道防线。全省率先完成设备资产联动对应工作,对应率达 100%。深入开展物力集约化"精益管理年"活动,健全送检和现场检测的物资抽检体系,建成智能变电站二次设备调试中心,物资库存同比下降 75.46%。扎实开展"两个提升"工程,实施县公司财务集中和专业化管理,率先试点市县一体化预算管控。依法合规完成一般职工继续持股社会化企业处置工作。深入推进集体企业人财物及安全的一体化管理,集体企业管理中心进入实体运作。完成集体企业社会聘用职工招聘工作,人力资源按照"三全"要求纳入省公司统一管理;减少集体企业会计核算机构 12 家,清理银行账户 16 个;按照主业超市化采购、协议库存招标结果,完成集体企业物资采购 6362 万元。开展美丽集体企业达标创建工作,7 家单位获"美丽集体企业"称号。

【依法治企】 坚持"预防为主",完善协同监督机制,深化廉政风险防控体系建设,主动消除各类风险。全面落实党风廉政建设主体责任和监督责任,实行层级管理责任制,探索建立派驻集体企业纪检员制度。完善公司"三重一大"决策实施细则和决策主要事项。严格执行"三项轮换制度",轮换交流重点岗位人员 23 人,清退分包商 38 户。首批聘任 17 名廉政监督员,出台"一册两会三点四书"四项措施,全面监督重点领域关键环节。开展重点专业和关键岗位人员廉政风险辨识专项行动,辨识岗位 511 个,排查风险 1175 项,制定防控措施 1073 条。严把合同法律审核关,规范合同内容和流程,有效防范和化解企业法律风险。

【"以审验防"】 完成经济责任审计 3 项、专项审计调查 10 项、工程项目审计 12 项,提出审计建议 47 条。健全问题整改防范长效机制,率先成立审计财务稽查中队,全面稽查所有资金领域,发现并整改问题 96 项。全年接受内外部检查 6 次,顺利完成国家审计署延伸审计配合工作。整改规范办公用房,调配办公面积 4600 多平方米。依法规范小型基建项目,停建项目 5 个,调减投资 1.13 亿元。完成公司调度大楼 8–14 楼消防安全等隐患治理,公司生产基地交付内部装修。

【组织建设】 建立班子成员联系点"N+2"模式,形成活动"三全"工作机制,聚焦"四风"广泛征求意见建议,整改销号率、评价满意率均达 100%。推进大政工格局长效机制建设,强化季度考核和年度考评,聘任 34 名专兼职政工员。深化"三型"党组织建设,实施党员积分管理、星级评定,建立健全"党员作榜样,永远在路上"长效机制,公司党委被省公司党组授予先进基层党组织称号。加强领导干部队伍建设,规范干部选拔和使用管理。深化"七位一体"综合教育培训机制,全年开展各类培训 151 期、7495 人次,培养管理岗位复合型储备人才 34 名。积极组织参加省公司竞赛调考,获得 220 千伏架空输电线路带电作业技能竞赛团体和个人第一。深化职工职业发展"四个通道",聘任六至八级通道人才 202 名,31 人被聘为省公司五级及以上人才。积极落实班组减负工作,开展专业化星级班组创建,9 个班组获评省公司五星级班组。深入开展"中国梦·国网情"等主题实践活动,促进"五统一"企业文化落地深植。拓展品牌传播广度深度,中央权威媒体上稿 147 篇,品牌贡献度指标位列省公司前三。广泛宣传典型人物先进事迹,兰溪公司员工胡芳获第四届"浙江慈善奖",五一劳动奖章获得者蒋卫东接受中央电视台专访,2 名员工分获国家电网公司和浙江省劳模,8 名员工获评省公司劳模。深化企业民主管理,创新"一家两站"一体化建设,着力打造基层服务型工会,课题获省公司企管论坛论文一等奖。全面建设后勤工作新体系，推进后勤一体化集约管理,创建健康食堂6家。落实老同志两项待遇,组织“见证特高压”“体会新能源”活动,全年走访慰问员工和离退休老同志1800余人次。建立“团员作先锋、青年勇担当”长效机制,开展“阳光”系列品牌活动助推青年成才。加强保密和信息安全管理,积极排查化解内部信访和不稳定因素,企业和员工队伍保持和谐稳定。

【主要大事】 建成特高压宾金直流、浙福交流工程。增加供电能力1000万千瓦以上。宾金直流工程历经两年建设,7月3日正式投运,10回500千伏送出工程同期建成，实现单回路840万千瓦过负荷运行,创造超大容量直流输电的世界纪录。浙福工程历经18个月建设,12月26日正式投运，金华电网成为特高压交直流混联大电网,金华成为全国唯一特高压交直流工程都有落点的地级市。

【重要电网项目】 开工建设500千伏永康、220千伏望道、汤溪、孟湖和110千伏燕尾等一批输变电工程，建成浙江首座500千伏全数字化智能变电站吴宁变，按期投运杭长客专牵引站和金华西部220千伏电网补强等22项工程，消灭110千伏“单线单变”。220千伏莹乡变获“钱江杯”,110千伏汤村变获省公司流动红旗,实现电网建设优质工程率100%。

【“美丽乡村”建设】 完成农村农用电力线路改造接收1.6亿元,累计完成率83%。

【智能用电体系建设】 安装智能电表49.4万只,用电信息自动采集13.3万户。

【电动汽车充换电服务网络】 完成全国首条纯电动快速公交系统(BRT)电力配套建设,建成城南充换电站。

【荣誉】 兰溪公司员工胡芳获第四届“浙江慈善奖”，五一劳动奖章获得者蒋卫东接受中央电视台专访,2名员工分获国家电网公司和浙江省劳模,8名员工获评省公司劳模。总量分别下降29%和41%,企业保持和谐稳定。

(金才福)

交　通

交通建设 公路水运

【概述】 全年完成交通建设投资132.3亿元,占全市固定资产投资8.3%，是计划总投资的103.36%；比上年总量增加56.3亿元，同比增长74.1%。其中公路87.8亿元,增长145.9%;物流、客运场站33.62亿元,增长26.4%;水运7.7亿元,增长305.3%;智慧交通3.18亿元,增长113%,投资增幅在全省排名第四。

【公路建设】 全市公路总里程12269.38公里,比2013年增加232.602公里,递增1.93%,公路密度112.13公里/百平方公里,比2013年递增1.93%。总里程比上年同期增加187.902公里，增长1.53%,在全省排名第四。其中:高速公路309.784公里,国道345.083公里,省道729.163公里,县道3531.973公里,乡道3615.081公里,专用道路42.909公里,村道3960.478公里。其中:高速公路309.784公里,一级公路580.455公里,二级公路1201.243公里,二级以上公路占公路总里程的17.11%。全市公路密度111.75公里/百平方公里,比上年同期增长3.32个百分点。高级次高级路面12183.673公里,占公路总里程99.66%,比上年同期增长0.04%。乡镇公路通畅率为100%，行政村公路通达率99.93%、通畅率99.91%,进一步提高乡镇公路通达程度和通畅程度。全年完成高速公路44.7公里，新改建农村公路187.9公里。整治道路事故多发点(段)48个。实施公路安保工程569公里,公路大中修387公里,病旧桥隧加固改造25座。建设客运站4个，农村货运站8个,农村港湾式停靠站641个。杭金衢高速公路金华段改扩建工程，金华互通及连接线提升改造工程，义乌疏港高速,330国道婺城段、永康段,37省道东阳李宅至青岩刘(义乌段)改建工程,婺城区汤莘(九)线,40省道东阳上新屋至里坞改建工程等一批重点建设项目开工建设;40省道、42省道磐安段及20省道浦江段等重点在建项目进展顺利;临金高速公路建德至金华段,杭绍台高速公路金华段,金丽温高速公路金东互通及连接线项目,330 国道金东段、兰溪至建德段,金义中线,金兰中线等项目前期进展顺利;东永高速公路、婺城区白汤下公路、兰溪马涧至墩头、义乌稠廿公路拓宽、永康西溪至磐安新渥公路等共 83.42 公里公路已建成通车。

【水运建设】 为规范建设管理,制定并印发《衢江(金华段)航运开发工程分级管理工作办法》《衢江(金华段)航运开发工程分月度工作计划》《衢江(金华段)航运开发工程岗位职责》《衢江(金华段)航运开发工程实施方案》《衢江(金华段)航运开发工程征迁管理办法》《衢江(金华段)航运开发工程建设重大质量与安全事故应急预案》等文件;各级指挥部及施工单位完善安全生产管理体系,建立安全管理制度。衢江(金华段)航运开发项目和游埠、姚家枢纽工程已于 2014 年 9 月份正式进场建设,游埠枢纽、姚家电站一期围堰及一期泄洪闸基础垫层已完成,二期纵向围堰及消力池等混凝土工程正在浇筑;游埠、姚家船闸工程 12 月份正式进场建设,围堰填筑已接近闭合。兰江航道整治项目已完成初步设计。完成渡埠改造 7 处。内河航道建设、改造及养护、绿色通道建设。内河航道建设、改造及养护项目同步正常开展。东阳横锦水库交通码头正式开工建设,工程规模为新建 200 吨级的 2 个客运码头泊位及候船室、停车场、附属设施,总投资 614 万元。兰江黄溢锚地工程完成主体工程,规模为新建 4 个靠船墩及附属设施,总投资 354 万元。金华城区海事管理码头已经完成设计及施工、监理招标文件编制,工程规模为新建 2 个泊位岸线长 52 米,总投资 490 万元。另外同步开展例行航道养护项目,包括:兰溪航区航标更新维护、东阳横锦水库新设标志标牌设置和金华城区三江口航道测量。

【客运站场建设】 客运场站投资 3.5 亿,获得省财政客运站场建设补助资金 1139 万元,全市发放省级、市级物流业补助资金 2000 余万元。完成金西客运站、浦江客运中心扩建工程、东阳横店客运中心和义乌综合客运站四个客运站。金西客运站于 2012 年 8 月开工建设,总用地面积 21740.32 平方米,总建筑面积为 4900.76 平方米,概算投资 2430.37 万元。目前已竣工并投入使用。浦江客运中心扩建总用地面积 6300 平方米,总建筑面积为 1800 平方米,总投资 780 万元。义乌佛堂客运站于2013 年 10 月开工,占地面积 20000 平方米,总建筑面积为 9725.48 平方米,概算总投资 6800 万元,重新规划预算投资为 6335 万元。东阳城西客运站于 2012 年 2 月开工建设,项目批准总用地面积 54000 平方米,总建筑面积为 33745 平方米,总投资 14898 万元;2014 年重新立项增加调整配套设施用地面积2488 平方米,总投资为 15370 万元。预计 2014 年底完成主体工程,2015 年上半年配套设施完工。开工建设五个公交首末站建设,其中金华市区河盘桥、万达、人民东路三个公交首末站的投入使用打破市区没有公交首末站的历史。建设完成农村停靠站(港湾式停靠站)641 个。

【货运站场建设】 物流场站投资 20.63 亿。全市共有各类货运(物流)站场、园区基地(站场)共 36 家(部分项目一期投入运营,二期在建),乡镇货运站共 31 家。建成运营的有 20 个,在建的 24 个,处于项目前期的有 4 个。中国——金义电商商务新城占地面积 1500 亩,总投资 100 亿,E5 号库完工并于 11 月 11 日投入运营,E1-E4 号库整体装修完成 90%,室外道路及管网已完成。义乌内陆口岸场站一期项目占地面积 40958 平方米,总投资 139100 万元,于 2011 年 10 月投入使用;二期项目占地 656 亩,计划投资 16.83 亿元,海关监管区于 2014 年 1 月交付使用,其他区块基本处于收尾阶段。永康城西物流中心项目总投资 10.7 亿元,占地面积 42.3 万平方米,一期工程的Ⅰ、Ⅱ标段专线快运配载房 16 幢站房及站场道路配套工程投入试运营,配套一期工程投入运营的临时停车服务区可投入使用。金字火腿窖藏冷链物流基地总投资 2.65 亿元,占地面积 83.1 亩,一期项目的 1 幢、3 幢冷库于2013 年 7 月 21 日正式开业,目前正着手冷库扩建及信息化管理与电商平台建设的前期准备。浙江嘉宝物流基地总投资 5.8 亿元,占地面积 740 亩,建成 5 个仓储加工配送功能区、4 条铁路专用线、信息交易综合大楼及信息中心建设、公用型保税仓库、集装箱堆场、停车场以及相关物流配套设施。物流信息综合楼 2014 年 4 月入驻使用,保税仓库和海关监管场所于 2014 年 5 月投入试运行,6 个油罐基础已浇筑完成,油库预计 2015 年底完工。东阳国际物流园区总投资 12.5 亿元,占地面积500亩,一期的海关、商检监管场站100亩建设,已完成整体工程的95%左右,管理房、查验仓库、H986设备、卡口完成,管理房基础装饰及围墙和绿化进行中。浙江物产(浙中)供应链物流服务基地规划占地471亩。一期项目规划面积201亩,投资1.5亿元,全部完工,A地块电子商务供应链服务楼、信息服务中心、配载快递中心、配套服务中心于2013年11月投入运行,B地块综合监管库、剪切加工中心、露天堆场已完工,已通过验收。浦江现代物流中心规划总用地300亩,首期占地面积93.2亩,总投资1.76亿元。

【城市治堵】 全年城市治堵工作共投入资金60.54亿元,新增公交专用道10.3公里、新建改造城市道路11条9.8千米、新增专用停车位9244个(其中公共停车位1181个)、4个旧小区改造新增停车泊位376个、减少影响交通功能的路面停车位1235个、新增公共自行车11800辆(全市总量已达16800辆,其中市区7000辆)。市区公共交通出行总量9760万人次,同比增加1160万人次,增长13.47%。重点道路机动车守法率、非机动车守法率以及行人守法率分别为99.46%、99.74%、92%;交通满意度为85%。

【改革创新】 城际客运运营体制机制改革、现代服务业综合试点物流项目建设取得实质性突破,收费公路专项清理、公车改革、办公用房专项清理等3项改革完成。取消和下放行政审批项目17项。在全市首次开展养护企业信用评价。推动2个车辆检测站市场化运作。开展甩挂运输、定向联系重点运输企业和洗车循环水再利用等3个试点。创新出租车管理方式,乘客平均等车时间下降27.6%,拒载、拼载投诉率下降42%,单车整体合格率提高8.9%。

【社会服务】 全市道路水路共发送旅客11980万人次,完成旅客周转量478348万人公里,分别比2013年增长0.4%和下降1.8%。完成公路货运量7811万吨、货物周转量612063万吨公里,分别比2013年增长11%和7.3%。水路货运量、货运周转量为37.7万吨、3019万吨公里,分别比2013年增长1.3%和10.1%。邮政企业和全市快递服务企业业务收入(不包括邮政储蓄银行直接营业收入)累计完成64.58亿元,同比增长42.0%;业务总量累计完成134.88亿元,同比增长64.1%。全市规模以上快递服务企业累计完成业务量6.12亿件,完成业务收入53.18亿元,同比增长72.4%和46.4%。业务总量与业务收入均列全省第二、分列全国第六和第八。2014年6月份开通“跨境通”(金华市跨境贸易电子商务公共服务平台),日均流量8804件,日均量环比增长127%。其中,10月18日单日流量最高达18449票。

【职能转变】 本部门权力事项减少520项,确定部门职责8项,厘清与相关部门的职责边界22项,事中事后监管制度42项,公共服务事项13项。行政许可项目以及非行政许可审批事项的平均办结时限压缩至5.53天。开展重大项目稳定风险评估3个。废止规范性文件1件,新出台规范性管理制度13项。

【争取资金政策】 共向上级部门争取补助资金43.4亿元,土地指标约10336亩,比上年总量增加7.6亿元,增长率达21.2%。

【交通专项整治】 大力开展船舶污染治理行动、维修(洗车店)专项整治、公路边“三化”行动等。建立船舶油污水接收点1个,设置船舶垃圾收集点25个,关停违规经营维修(洗车)店50多家、搬迁20多家,完成污染源整治7022处,公路用地范围内完成率100%。

【交通科技创新】 获国内领先科研成果1项,国家级科技奖项2项,省级科技奖项2项,市级科技奖项3项,推广“四新技术”12项,转化科技成果2项。公路大中修旧料回收率达91.77%,旧料循环利用率达82.42%;营运客车单位能耗下降0.34%,营运货车单位能耗下降0.46%;内河单位运输周转量能耗下降2.8%。“金华市公路及隧道自发光节能照明标识设置工程”获2014年全国交通运输行业首批绿色循环低碳示范项目,并获交通运输部交通运输节能减排专项资金支持。交通运输部门起草的第一个省级地方标准——《公路同步碎石封层设计与施工技术规程》于10月17日正式颁布实施。金华市港航管理局“山区航道技术创新工作室”获浙江省“职工高技能人才创新工作室”称号。《姚家船闸下游深开挖引航道稳定与防洪影响研究》成果在衢江项目应用成功,该技术的应用可节省工程资金2000余万元。

【高速公路沿线广告牌整治】 6月,将高速公路沿线1148块违法广告牌全部拆除。7月31日,市交通局具体承办的全省高速公路沿线广告牌整治现场会在金华召开,市长暨军民作典型发言,介绍经验。市委书记徐加爱批示充分肯定:“干工作就要这样的力度和气势!”省委书记夏宝龙,时任省政府党组副书记、顾问王建满分别在省交通运输厅专报信息上作出重要批示,省“三改一拆办”、省交通运输厅联合下文予以表彰,省交通运输厅发文要求全省交通运输系统推广学习。

【“七种新模式”探索】 探索创新“快递物流集聚、金融物流、国际物流企业集聚、义新欧铁路国际通道、‘跨境通’国际邮件小包、便民便捷式服务、‘一站式’供应链服务”等七种物流发展新模式。全年物流业增加值340亿,占GDP的10.7%,比上年提高1.2个百分点。承担现代服务业综合改革试点的现代物流建设项目,共上报重点项目17个,总投资约108.36亿;储备项目11个,总投资约36.32亿。

【快速公交系统(BRT)建设】 2月12日,市区尖峰山至体育中心首条快速公交系统(BRT1号线)线路正式投入试运营,全长14.2千米。38辆BRT公交车全部采用青年集团生产的纯电动汽车。这是全国首条纯电动快充式快速公交线路。

【出租车电召平台建立】 引进全国首个融合电召和手机召车统一平台的电召运营系统,实现马路扬招、电话召车和手机APP召车“三网合一”。出租车月业务量提高150%,乘客等候时间从最初的73.49秒降到59.42秒。

【联合治超】 先后3次联合公安等职能部门开展联合治超,超限率始终控制在4%以下。特别是上年12月,按照市委书记徐加爱的批示精神,组织路政、运政、交警、特警等90名执法人员,开展为期一个月的市区货运车辆超限超载联合整治行动,对违法超限运输行为形成极大的震慑。

【“党建工作品牌”建设】 把党建工作品牌创建作为增强党建工作活力、提高党建工作品位、提高党员干部服务基层群众、服务社会水平的有效载体与重要抓手。市公路局党委“五型公路伴你行”活动向市直机关工委申报知名品牌,浙江交通技师学院机电技术系党支部“红色文化引领成长”、信息系党支部“倡导孝道文化弘扬传统美德”活动分别申报优秀党建工作品牌。

【交通运输最美行业创建】 全系统积极开展“交通行业百名最美”“十佳文明服务之星”“十佳文明服务窗口”“最美方向盘”等评比活动,市高速路政大队等12家单位被推荐为省交通运输厅“交通行业百名最美”先进单位,32名同志被推荐为省交通运输厅“交通行业百名最美”先进个人。认真开展交通最美行业建设活动,全市创建四星级文明服务区1对,三星级文明服务区4对。新开辟市区K20路、K28路、K37路三条精品公交线路。创建金东区古孝线文明公路1条。

【高速公路养护】 每季度对高速公路、普通国省道养护管理情况进行检查,每次检查结果和整改要求均及时反馈。2014年度已组织高速公路季度检查4次,发放检查通报4份,干线公路路况养护检查12次,发放检查通报12份,每季度均进行打分排名。

【大中修工程】 完成干线公路大中修34千米,破板修复12.7万平方米,预防性养护41.16千米,完成投资1.64亿元。农村公路大中修工程。实施农村公路大中修工程115个项目353.154千米,总投资19338万元,大中修里程比例占辖区农村公路总里程3.64%。

【干线公路边坡治理工程】 实施上松线、诸东线、上松线等边坡处理、弯道路段整治、长下坡整治和平交口整治均已完成,完成投资2456万元。

【农村公路安保工程】 完成安保工程(临水临崖)176条路线,实施569千米,增设波形钢质护栏110860米,边坡处治21855平方米,路基挡土墙修复15632立方米,自发光项目189302米,工程总投资4058.2万元,形象进度100%。

【绿化工程】 实施国省道公路绿化工程131.1千米,完成629.75万元,其中,省补250万元,超额完成任务152%。

【文明公路建设】 坚持“政府主导,部门配合,少花钱,多办事,以点带面,整体推进,突出成果”的原则,开展金东区古孝线文明公路创建。该线路起点塘雅镇古里村,终点孝顺镇横街村,全线沿途经黄山下、横山、塘二村13个行政(自然)村,受益人口5.7万人。全线为四级公路标准,全长13.855公里。今年,投资785万元实施古里至塘雅段长3.3公里水泥路面破板修复、塘雅镇至孝顺长7.7公里水泥路面改沥青路面，同时对路侧排水边沟浇筑、路侧荒地绿化种植，还对沿线设施如标线、道口标柱、里程碑百米桩等进行完善。目前文明公路创建工作已全面完成。

【乡村康庄工程】 全市完成农村联网公路建设项目共86个，计101.6千米，总投资8982万元，其中：省部补助资金2021万元，地方配套6961万元。

【"局道路运输指挥中心"成立】 各县(市、区)道路运输指挥中心建设全面展开，逐步投入使用，道路运输行业管理工作基本实现"可视、可控、可量化"，为行业管理打下坚实基础。执法人员单兵设备得到改善，执法车辆的车载视频系统全部安装完毕，全市配备移动车载稽查装备56台(其中，市本级11台)，单兵装备301套(其中，市本级98套)。在车站、检测站和主要道路路口安装视频监控24路。开展运政执法监控平台二期项目的建设，基本实现"两客一危"车辆GPS联网联控，并完成出租车管理系统和动态监管系统，提升管理水平。

【"跨境通"项目】 金华市跨境贸易电子商务公共服务平，项目总用地100亩，投资1990万元，平台于6月底正式运行，10月22日通关业务量193693票，日均流量8804件。9月份通关量116300票，日均流量3877件；10月比9月日均量增长2.2倍。其中，10月18日单日流量最高达18449票。"跨境通"充分利用现有的物流场站设施，积极为跨境贸易通关提供方便、快捷、高效的公共服务，初步形成跨境电子商务通关、物流综合服务体系，促进海关、检验检疫部门的数据统计及监管目标任务的实现，加快跨境电子商务的健康和规范发展的步伐。

【路政信息化建设】 投入500万元开展智慧公路第一期项目建设，市级"96266"升级改造完成，首批38点(处)外场监控设施(固定视频)安装使用。有20辆公路路政执法车辆安装3G车载取证系统，建成的4个超限检测站全部安装全球眼系统，实行省、市、县三级联网。8月15日路网管理指挥中心正式投入使用，实现全天候对主要干线公路的事故多发、易拥堵路段、治超站以及3G车载运行情况进行遥控视频监控。增设外场监控摄像头10个，实时掌握道路车流情况和实时信息采集，实现路网监控和应急指挥的联动控制，提高公路部门应对突发事件的应急处置能力。

【航运信息化建设】 完成水上交通指挥中心大屏系统第一期的建设工作，进入调试阶段。

(石　月)

铁路·金华车务段

【概述】 金华车务段系隶属上海铁路局的基层运营单位，段机关设在浙江省金华市二七路148号。车务段主要担负浙江省绍兴、金华、衢州等三市及周边地市的旅客运输任务，以及沪昆线、金温线、金千线等区段的列车解编任务。

车务段机关内设机构10个。党群机构设党群工作办公室。行政机构设办公室、劳动人事科、计划财务科、调度科、安全科、技术科、营销科、职工教育科和保卫武装科等9个科室。车务段管辖35个车站，里程跨度338公里，其中高铁里程254.15公里。沪昆线为湄池、诸暨、义乌、金华东、金华、衢州、新塘边等23个车站，金千线为兰溪、新安江、千岛湖等11个车站，金华联络线连接金华西站。

【安全生产】 以深化安全风险管理为主线，坚决落实"一手抓现实安全、一手抓安全基础"工作思路，突出客车安全、杭长高铁施工安全重点，全面加强安全工作。以安全管理新机制为抓手，促进安全管理规范化、检查整治常态化，加大安全关键控制，稳控现实安全。强化安全基础管理，抓好新《技规》《行规》《行细》的实施，规范技术规章管理，深入推进班组建设。结合阶段性安全工作重点，组织开展施工安全、劳动安全、接发列车安全、调车安全等专项检查整治，消除一批突出安全隐患。全年运输安全保持平稳，全段确保高铁、客车、接发、调车安全及上海亚信峰会、南京青奥会等重要时段安全稳定，2014年实现四个阶段百日和安全年目标，到年底实现连续安全2248天，再创安全天历史纪录。

【运输经营】 以让旅客"方便出行、安全出行、温馨出行"常态化为目标，以春运、暑运、国庆以及各个小长假旅客运输组织为重点，不断发掘运输潜力，努力提高客车利用率，巩固扩大客运市场。发挥"后厂"运输保障作用，深入推进货运组织改革。全年完成客发1837.75万人，同比增长7.8%，各项运输效率指标均完成上级下达的任务。其中金华站发送旅客577.02万人,同比增长6.14%,旅客到达628.44万人;义乌站发送旅客725.07万人,同比增长5.50%,旅客到达773.79万人;金华东站日均办理7394辆,其中有调车数3883辆。

【精神文明建设】 开展党的群众路线教育实践活动,查找解决"四风"问题。加强党风廉政建设,深入落实中央八项规定,严肃查处违规违纪违法行为,为企业持续健康发展创造良好环境。完善厂务公开、民主管理制度,切实维护职工合法权益,车务段获省"安康杯"竞赛优胜单位。强化路风监督检查,全年杜绝路风事件和不良反应,旅客投诉控制在路局规定的范围内。深入开展文明行业创建活动,车务段继续保持路局和金华市"文明单位"称号。

【金华西、金华站更名】 根据《中国铁路总公司关于金华西等站更名的通知》电报精神和路局有关通知要求,自2014年10月20日起,金华西站更名为金华站;金华站更名为金华西站。

【管内杭长高铁开通】 4月下旬,成立车务段杭长高铁开通运营筹备工作领导小组、工作组,全面推进杭长高铁运营各项筹备工作。以"保安全、保开通、保稳定"活动为抓手,汇聚全段力量,实行超常规运作,做好高铁联调联试、试运行等各项工作。11月22日—24日,迎接铁路总公司安全评估组对车务段杭长高铁开通运营准备工作安全评估,对存在问题抓好整改。12月3日,组织宣传媒体试乘杭长高铁体验采访活动。12月10日,杭长高铁顺利开通运营。管内金华站、义乌站均为高普合一车站。

【铁路金华站北站房建成使用】 铁路金华站北站房,即金华站高铁场于2013年7月开始动工,2014年10月底前竣工,12月10日杭长高铁开通运营之日正式投入使用。金华站高铁场规模为3座站台、5个站台作业面,站台长度450米、宽度12米,候车室面积3500平方米,最高聚集人数3000人。乘坐高铁列车均从金华站北站房进出站。

【售票组织】 自12月6日起铁路预售期延长至60天,一般情况下互联网、电话订票预售期为60天,各客票代售点、客站自助售票机预售期期为58天,客站人工售票窗口预售期为6天。旅客通过关注"铁路12306"微信公众服务号,可自助查询铁路车票预售期、列车停站时刻、余票、正晚点及代售点等信息。至2014年底,车务段管内共设有74家客票代售点,其中金华市区设有金发广场、一百、骆家塘、通园、西关、汽车南站、回溪街、孝顺、白龙桥、丹溪路等10家客票代售点。

(马晓岚)

铁路·金华南站

【概述】 截至12月31日,车站实现安全生产6016天。全年水泥发送36.3万吨,运输收入860万元。2014年10月,金华南站开始为金丽温新线开通进行站改施工,为加强施工安全管理,及临近营业线施工安全管理,签订各项施工安全协议,召开各类施工安全会议;加强施工车辆进出列检检查;加强施工现场安全管理。到10月底实现牵出线缩短施工安全,站改施工钢轨路料到达,K3钢便桥通行施工安全,K14金丽温铁路上跨架梁施工,站台铺架项目部运梁、路料运输安全,站场8道外侧13、15、17道预铺线路施工安全等,确保全年站改施工安全。2014年金华南站实现各阶段的运输安全生产任务;实现春运、清明、五一、暑运、国庆等节假日运输安全;实现特运、超限等重点运输的安全生产任务。

【安全教育宣传】 车站深入K4公里—K19公里的沿线铁路范围内的东藕塘小学、金东区麻车塘、江东镇黄埔坑、莲花塘等10余个村庄开展路外安全宣传,赢得广大群众对铁路运输安全的广泛关注和支持。对于路外安全也从未松懈,宣传活动更是一波接一波,营造良好的路外安全宣传氛围。在学校里,对于学校的学生,更要加强宣传,组织他们学习铁路安全常识,用真实的案例图片去感染他们,增强孩子们的安全意识,自觉遵守铁路法律法规。走进村里向群众详细讲解(钻车、抢道、放牧、击打列车等)铁路安全基本安全知识,发放"致沿线居民一封信",路外安全资料1500多份,近1700人受到了教育。让孩子们及更多的路外人学习到铁路安全常识,增强安全意识,减少影响行车行为发生,给铁路运输生产创造一个良好的环境。

【单位建设】 车站保持文明单位称号。不断深化"双建设、双整治"工作,积极与"双千结对,共建文明”单位金东区孝顺镇低田村开展各项活动工作并多次走访低田村。根据年度党建目标责任制,车站充分发挥各组织作用,认真开展党政工团各项活动,为车站安全生产保驾护航。组织开展职工旅游、健身爬山比赛等积极健康的文体活动,丰富员工生活,创建和谐车站生活好才能工作的好。车站在提高员工收入待遇的同时,也时刻在为丰富员工的业余生活而努力。一是组织员工旅游活动。二是组织与施工单位中铁四局二分部开展“安全杯”篮球友谊比赛;三是组织开展“安康杯”爬山健身活动、“安康杯”安全知识竞赛活动;四是组织员工参加公司的篮球赛,运输部的羽毛球等比赛;五是组织党员、入党积极分子到革命烈士纪念碑重温入党宣誓、温故党的历史;六是组织优秀员工代表参加公司工会组织的职工疗养。

(叶　静)

民航·义乌机场

【概述】 2014年,民航义乌机场安全保障航班10749架次,同比增长1.1%,吞吐旅客量1204542人次,同比增长3.7%,其中国际及地区航班(香港航班)共8架次,吞吐旅客840人次。输送货邮(含行李)12795.2吨,同比增长18.6%,其中:行李7503.2吨,货物4648.4吨,邮件643.6吨。全年平均客座率72%,平均载运率59.7%。至年末,有国航、南航、天津航、海航、幸福航等5家航空公司在义乌运营,开通义乌至北京、广州、深圳、厦门、郑州、成都、沈阳、揭阳、海口、合肥、福州、晋江、南宁、珠海、昆明、西安、兰州、三亚、香港等19个城市的航班,平均每周航班120余班。

【航空口岸对外开放】 2014年7月31日,国务院批复同意义乌机场航空口岸对外开放;10月13日,义乌航空口岸顺利通过国家级验收;12月19日,义乌至香港航班首航,标志着义乌机场成为真正意义上的国际机场,也是国内第一个县级国际机场。

【3条新航线开通】 2014年1月16日,义乌机场新引进海南航空公司,开通义乌—西安—兰州航线。航班班期为每周二、周四、周五、周日各往返一班,具体时刻为8:20兰州起飞,9:50到达西安,10:20西安起飞,12:25到达义乌;13:15义乌起飞,15:25到达西安,15:55西安起飞,17:25到达兰州。10月26日,义乌机场开通义乌—珠海—三亚航线。航班计划每天往返一班,具体航班时刻为8:30义乌起飞,10:30到达珠海,11:25珠海起飞,12:40到达三亚;13:30三亚起飞,14:45到达珠海,15:40珠海起飞,17:35到达义乌。10月28日,义乌机场开通合肥-义乌-福州航线,计划每周二、四、六各往返一班。具体时刻为8:50合肥起飞,10:20到达义乌,10:50义乌起飞,12:20到达福州;13:00福州起飞,14:30到达义乌,15:00义乌起飞,16:30到达合肥。

【义乌机场至金华客运班线开通】 2014年10月16日,民航义乌机场至金华客运班线正式开通运行,由义乌机场直达金华南站。该班线实行定时定班双向发车每天往返各8班。

【飞行区改造(等级提升)项目报批】 完善跑道沥青盖被方案可行性研究论证,并且多次邀请部队领导、民航专家前来现场考察调研,义乌机场飞行区改造项目报批工作有效推进。年底,项目已通过海军审批并上报总参。

【航空货物空空转关业务前期准备工作】 2014年10月完成在原国内货站基础上改建义乌机场临时海关监管仓库,面积1200余平方米,并通过验收和杭州海关审批;成立义乌民航报关行;建立与中转空港货物联运机制,与国航、南航及北京、广州机场国际货物中转办进行全面沟通对接,签订转关业务合作协议,做好转关业务的舱位保障。

【民航突发事件应急救援综合演练】 2014年12月23日下午,义乌市人民政府、汕头航空公司在义乌机场举行2014年民航突发事件应急救援综合演练,义乌市民航局、人武部、公安局、卫生局、交通局、供电局、电信局、驻义武警、消防大队、急救中心、运管所等单位共30台(套)车辆设备259人参加演练,义乌商贸服务业集聚区党委副书记、管委会主任季金甫及民航浙江安全监督管理局、浙江省机场管理局领导莅临现场观摩。此次演练,模拟义乌机场起飞的航班空中遭遇恐怖分子劫持、返航着陆时刹爆前轮,以空中和地面反劫机、地面航空器搬移为课题,在义乌机场主演练、汕头航空及其义乌分公司分演练场同步组织实施。演练过程中各参演单位认真履行职责,密切配合,协同作战,能够做到忙而不乱,杂而有序。现场指挥员在获悉突发事件后,决策果断,指挥得当、合理调配部署救援力量和装备。各参战人员精神饱满,英勇顽强,听从命令、服从指挥,熟练使用各种器材装备,使严肃认真地做好每个环节的处置工作,表现出良好的政治觉悟和高度的责任感,使综合演练达到预期的目的,取得良好的成效。

(丁　添)

网络经济

【概述】 2014年,全市实现电子商务交易额2356亿元,网络零售额942.6亿元,同比增长40.96%,占全省比重的16.71%,居全省第二;全市软件与信息服务业营业收入330亿元,同比增长36%。同时与电子商务紧密相关的快递业务量达6.12亿件,同比增长72.4%,居广州、上海、深圳、北京、杭州之后列全国第6位,快递业务收入达53.18亿元,同比46.4%。全年新增网络经济市场主体近1.5万户,同比增长260%。据估算金华市网络创业带动的直接就业规模达到50万左右。此外,网店生意还带动更多的间接就业,包括推动物流快递等电子商务服务业的发展和就业。

【网络经济业完善】 形成电子商务、网络游戏、视频社交、软件开发、智能物流、服务外包等网络经济产业。如以5173为龙头的游戏服务业,以9158和长风信息为代表的视频娱乐业,以合丰信息科技为代表的国际服务外包业,以中国食品网为代表的行业B2B电子商务,以金义"跨境通"为代表的跨境电子商务,以阿里巴巴"菜鸟"为代表的智能物流业,以电信云计算和移动通信产业园为代表的通信服务产业,以及以天下谱局为代表的大数据产业。义乌为"贸易引领型"电子商务代表,永康为"制造引领型"电子商务代表。全市网络经济呈现产业链不断延伸,门类、业态越来越丰富态势。

【网络经济知名度高】 跻身"中国电子商务十强城市",成为十强榜单中的唯一一个地级市;另据腾讯应用宝数据,又入围"中国互联网创新创业20强排行榜"第12位;阿里研究院公布5项电子商务相关数据全国前25名排位,5项指标全部入围,其中内贸网商密度列全国第一位,外贸网商密度排全国第二位,零售网商密度列全国第四位,网购消费者密度列全国第二十三位,快递业收入列全国第七位。另据阿里巴巴县域电子商务研究报告分析:义乌、永康、武义、东阳、浦江、兰溪、磐安7个县市均入围"全国电子商务发展百佳县"(其中义乌列第一、永康列第二、武义列第六)。义乌市被评为国家电子商务示范城市,浦江县被评为第二批省电子商务示范县。

【政策和规划引导】 一是完成产业规划编制。7月1日,正式下发全省首个网络经济产业专项规划——《市区网络经济空间布局与发展规划》,提出在市区打造"一城一区多园多点"的网络经济发展空间格局。二是健全政策体系。会同财政等有关部门出台《金华市区促进网络经济发展实施细则》等7个资金配套管理办法,同时制定《加快网络经济人才发展的若干意见》等3个人才配套政策。三是加强氛围营造。成功举办"2014中国电子商务文化节",吸引来自全国33个城市和300多家知名电商企业1000余人参加。中国电子商务联盟网络模特及微电商专业委员会入驻金华,有15个外地项目签约入驻金华;举办"中国互联网20年创业创投峰会",发布《中国中小城市的互联网跨越发展金华模式报告》,举行"金华的奥秘"沙龙论坛和"中国好项目"互联网创新创业大赛;举办第四届中国(金华)国际商贸大会跨境电子商务服务链产品推介会。另外,还举办"IT梦想秀"创业创新大赛、大学生村官电商创业富民"百人计划"大赛,开展"十大杰出青年电商评选"活动。

【园区平台集聚】 一是盘活一批存量房产。市区盘活各类闲置房产53万平方米,新建成十大网络经济产业园,共吸引300多家网络经济企业入驻。二是启动一批园区建设。金义都市新区新建邮政、天华·中外运、尖峰等电商产业园;金东区新建农产品、日普、天彩等网络经济产业园;金华开发区新建"北大金华信息产业园""优鲨电子商务产业园""联冠信息产业园"等;婺城区新建浙中信息产业园二期等。此外,5173保诚信息、合丰、云安阁等产业园区正在加快推进中。三是加快跨境电商平台发展。金义都市新区跨境贸易电子商务公共通关服务平台于7月1日投入运行，自9月底日通关量突破1万票，12月通关量突破4.5万票，在全国30个试点城市中排名第一。与之相配套的个人跨境贸易人民币结汇试点工作进展顺利，为推动跨境电商发展奠定基础。四是集聚发展效应显现。由省商务厅等10个部门联合发布的《浙江省电子商务产业基地名录》中，全省88个电商基地金华占22个，比总数居第二位的杭州多7个，成为浙江电商基地第一大市。

【企业主体培育】 一是大力开展招商引资。市区新引进网络经济企业88家，计划总投资61亿元；在谈9个重大招商项目，计划总投资达到132.5亿元。北大金华信息科技园、赛伯乐浙江互联网创新中心以及浙江指点科技、浙江掌维动漫、优鲨电子商务产业园等重大招商项目已落地；中船重工物联网项目即将落地；长三角研究院、恒生科技园等重大招商项目已取得实质性的进展。二是培育壮大市场主体。一方面抓本地高成长型网络企业的扶持，加速其发展壮大，9158成功在香港上市，市值达70亿港元；5173与张化机合作，实现强强联合；中呼科技成功在新三板上市。长风、海川、众海、银泰电子商务、格讯、银海纺织等一批网络经济龙头企业营业收入超亿元或接近亿元规模。另一方面助推面大量广的网络中小企业成长，助推12万多网商转型为企业。三是全力推进重点项目建设。下达2014年市区网络经济重点建设项目计划，安排重点建设项目23项，今年计划投资21.7亿元，现已完成投资14.35亿元。总投资达100亿元的菜鸟智能物流骨干项目一期已部分投入运营；国内快递业巨头邮政速递、敦豪中外运、“三通一达”(中通、圆通、申通、韵达)已全部落户金义都市新区，建立区域分拨总部；另外，浙师大网络经济创业园、电信云计算中心项目已于年底开工，投资30亿元的移动通信产业园等项目正准备动工建设。

【“电商换市”】 一是电子商务拓市场工程。指导协调义乌、兰溪、东阳、永康等市建设阿里巴巴产业带。阿里巴巴义乌产业带正式上线，入驻各类企业已近2万多家；市区出台《阿里巴巴金华产业带和淘宝特色馆实施方案》，已与阿里巴巴签署金华产业带合作协议；指导吾土吾香网络公司完成淘宝馆建设方案，并报送淘宝公司。二是电子商务进万村工程。积极开展电子商务进万村工作，婺城区、浦江县电子商务进万村服务中心已按计划建成，建成350个村级电子商务服务点并开通省农村电子商务服务平台的账号(婺城区150个、浦江县150个、金华开发区50个)。争取中央、省财政对市区每个农村电子商务服务点建设给予各2000元的资金支持。三是电子商务服务体系建设工程。积极组织电子商务示范基地、企业申报，共入选省级电子商务产业基地22家、全省首批电子商务服务企业名录51家，入围数均居全省第2位。同时实施城市社区和农村网络购物快递投送场所建设三年行动计划，建成E邮站147个，村邮站4846个，基本铺就一张基层快递网络；加强电子商务行业统计工作，目前全市纳入统计系统企业共421家，上报率达93%以上。四是加速跨境电商企业发展。成功孵化合趣、酷购等年交易额超过1亿元的跨境电子商务企业，目前，金华市拥有6家年交易额超亿元的跨境电子商务企业；eBay为金华企业开通绿色通道，提供保姆式服务；敦煌网、环球资源等跨境平台在金华设常驻机构等。

【服务环境建设】 一是加强人才服务。成立全国首家网络经济学院，首期500人已入学，开展“校企”合作，实行“订单”化培养；认定11家市区网络经济培训机构，开展千名机关干部大讲堂活动，组织编写并印制1万册《电子商务知识普及性培训教材》，完成电子商务应用性人才培训2.65万人次，电子商务专业性人才培训2700人次，软件和信息服务业人才培训1250人次；积极帮助招商引资对象申报“双龙计划”项目，申报6个“双龙计划”项目，有5个入围，其中入围A类项目3个，引进一批“国千”人才。二是加强金融服务。积极开展“金融服务月”活动，促成招商银行与一批网络经济企业对接与合作，同时积极与金华银行、民生银行、泰隆商业银行等金融机构共同探讨以轻资产为主的网络经济企业的融资模式，创新金融产品。10月份下发《金华市关于金融支持网络经济发展的指导意见》，进一步加强和改进网络经济金融服务。三是加强监管服务。组建“网络经济法律服务中心”和“网络经济矛盾纠纷调处中心”，并加快建立网上交易统计分析、网上市场监管、网上质量监管、网上诚信等“四大监管体系”，推动网络经济规范、健康、有序发展。

（邵建峰）

邮政物流

【概述】 截至2014年12月，金华普遍服务工作共有营业网点203个（不包括专业公司门市部），其中自办172个、代办31个，自办占网点总数的84.73%。在203个网点中设在城市地区的68个，全数为自办网点；设在农村地区的135个，自办104个、代办31个。函包汇印是四项法定的普遍服务业务，金华市邮政营业网点均提供信件、印刷品这两项业务，提供包裹业务的为203个，提供邮政汇兑业务的网点为193个。全市邮政电子化作业的营业网点175个，手工作业网点28个。金华市现有邮路43条，其中铁路0条、汽车邮路43条；单程邮路总长度16151千米，其中铁路0条、汽车邮路16151千米；农村邮路6条，单程550千米。2014年全市邮政企业业务收入（不包括邮政储蓄银行直接经营收入）累计完成64.58亿元，同比增长42.0%；业务总量累计完成134.88亿元，同比增长64.1%，其中全市规模以上快递企业累计完成业务量6.12亿件，完成业务收入53.18亿元，比上年同期分别增长72.4%和46.4%，业务收入与业务总量均列全省第二、分列全国第六和第八。11月11日—16日，主要网络型快递企业实际处理快件3127.66万件，其中发件2760.45万件，投递件367.21万件，投递件约为发件的11.87%。三项指标均创历史新高，并且在全国城市排名中位列第五，仅排在北上广和杭州之后。双11前，对旺季服务保障工作做全面部署，分县市召开旺季服务保障会议，引导全市快递企业积极应对，高峰期全市未发生大面积积压、爆仓等情况。

【邮路网点】 全市共有邮路735条，其中城区邮路344条、农村邮路391条。在城区投递中，自行车、摩托车、汽车邮路分别为162条、111条、25条。在农村投递中则以摩托车为主366条。全市现已不存在步班邮路。全区共有35辆汽车、521辆摩托车、221辆自行车、5辆电动车用于投递。金华市邮政分公司是77个中国邮政集团公司之一，为浙江省邮政工作重点转口处，现有土地面积15亩，生产主楼1万余平方米。干线运输车辆49台。日均处理邮件95750件、日最大处理邮件数量150000件；总包盘驳量0袋，总包邮件处理量2.5万袋。网点基本实行一周七天营业，其中1个网点实行一周三天营业，29个代办点及41个网点实行一周五天营业，2个代办点及12个网点实行一周六天营业。90%的网点营业时间为8~10个小时，其中17个网点营业时间为6~8个小时，营业时间在6个小时以下的有5个，均为代办网点，一般设在山区或业务量小的校园、部队内。另外为满意用户的用邮需求，对有业务需求的校园、部队，金华市邮政企业不定期采取流动服务方式上门办理业务。邮政营业场所的营业时间均向社会公开，并按规定时间对外营业。目前给据函件投递深度已投递到户，平常函件投递深度城区和本镇能做到插箱投送，每天投递频次为2次。农村每周投递次数为6.3次左右，农村偏远地区做到到点后捎转。随着邮政新型业务的开办以及人们对投递时限要求的提高，金华市邮政企业严格执行邮件传递时限规定，通过优化、调整，利用自办、代办邮路，增加投递频次，并尝试夜间投递，大大提高邮件传递速度。城区实现两个投递频次、实行早报早投，重点报刊、特快邮件当天投递；农村镇一级的政府机关、开发区、重点单位、重点客户等实现一天投二个频次，重点报刊、特快邮件当天投递。

【跨境通平台】 7月1日，跨境通平台在金华市金义都市新区正式启动运行，这是继杭州、宁波后，浙江省第三个可以开展此项业务的城市。金华市邮政分公司、邮政速递（EMS）、顺丰速递、DHL、联邦快递等知名跨境快递品牌共完成国际快件业务量2777.1万件，业务收入9.44亿元。其中邮政国际小包完成业务量1781.8万件，同比增长75.0%，业务收入3.33亿元，同比增长163%；快递国际及港澳台业务量995.3万件，同比增长34.9%，业务收入6.11亿元，同比增长41.8%。目前，跨境通平台运行平稳，日均通关量由启动初期的300多票，到现在国际小包和国际E邮宝总业务量平均每天达到3万票。

【义乌邮政管理局成立】 6月26日，全国首个县级邮政管理机构——义乌邮政管理局成立。国家邮政局局长马军胜出席成立仪式并与浙江省政府副秘书长谢济建共同为义乌邮政管理局揭牌。义乌邮政管理局成立顺应金华市邮政业发展的需要,标志着邮政管理触角首次直接延伸到县级城市,壮大基层邮政监管队伍,增强监管力量,有利于营造县级城市良好的行业发展环境,促进当地邮政行业稳步健康发展。

【邮政快递业发展工作领导小组成立】 5月26日成立推进邮政快递业发展工作领导小组。领导小组由金华市政府常务副市长金中梁任组长,副市长邵国强任副组长,县(市、区)政府、市发改委、公安局、国安局、财政局、国土局、建设局、规划局、交通运输局、商务局、网络经济局、市场监管局、邮政管理局及等23个相关部门和单位的分管领导为成员。领导小组办公室设在市邮政管理局,具体负责统筹协调全市邮政快递业的管理与服务工作。5月28日,金华市政府出台《浙江省金华市跨境贸易电子商务业务实施方案》成立17个相关部门为成员单位金华市跨境电子商务产业园建设领导小组,金华市邮政管理局被列为成员单位。圆通、中通、申通等快递品牌在金义都市新区获得土地指标;投资约2.5亿元、占地80亩的金华邮政速递物流电子商务邮件处理中心项目在2014年建设完成并投入运营。

【整治监管】 开展多次专项整治行动。3月27日—29日开展面单清理工作,全市30家快递公司将所存超过面单保管年限的快递底单集中至金华岭下造纸厂进行化浆处理,本次行动共销毁面单36.6吨。5月4日,启动全市快递企业分支机构清理、备案工作,对全市所有快递企业对其下设的直营、加盟代理的分公司、营业部等分支机构进行纸质和网上的双向备案。5月5日启动无着件规范管理工作,从企业清理自查、报批开拆无着件、集中公示开拆件、分类处理无着件、集中检查五个阶段合理处理,维护消费者合法权益。11月26日至12月12日,开展危化品寄递安全专项整治活动,期间召开专题会议,对"双11"旺季工作进行总结,并部署"双12"旺季工作,要求各企业严格落实收寄验视制度;2014年7月16日,联合市文广新局、市公安局、交通局等部门开展"扫黄打非"专项行动,重点检查婺城区、兰溪市、武义县的邮政、音像制品、印刷企业对邮政禁限寄制度和收寄验视制度落实情况。为努力做好特殊时期的安保工作,确保寄递渠道安全。4月—5月,联合公安部门对辖区所有快递企业进行邮路安全专项检查,落实快递企业散客实名登记制度;4月30日,金华局召开上海亚信峰会邮路安保工作布置会议,传达省邮管局《关于做好上海亚信峰会邮路安保的通知》,对邮路安保工作提出明确要求;5月27日—29日,中国—西亚北非未来发展远景对话会在义乌幸福湖国际会议中心举行,联合国安等部门部署开展会议期间邮路寄递安全工作;5月下旬,与市国安局联合对寄往"西亚北非远景对话会"会场所在地的邮(快)件实施抽查安检。通过落实各项措施,保障特殊时期的寄递渠道安全,全市快递行业运行平稳。

【一届三次理事会议】 3月13日,金华市快递行业协会召开一届三次理事会议。协会22名理事和市邮政管理局职能处室相关人员出席会议。会议指出,2014年协会工作重点是"强化管理,提升服务"。会议听取市快递行业协会2013年度工作总结,分析协会目前存在的不足,并部署2014年重点工作。会上讨论《快递行业协会会员单位年度管理评级办法》,并通过《金华市快递行业自律公约》内容修订,为更好地规范快递市场经营秩序、保障快递企业合法权益奠定基础。

【"优秀快递员"评选】 6月10日,金华市学习"最美快递员",正式启动首届"优秀快递员"评选活动。评选对象为快递企业一线生产、管理人员(含收派、内部处理、生产组织、客服管理等),评选活动包括企业推荐、片区初审、协会终审等步骤。8月27日,金华局同市快递行业协会在金华市快递行业协会一届二次会员大会上,对市邮政速递、顺丰速运、申通、圆通、汇通等多家快递企业的22名员工"优秀快递员"和"优秀快递员入围奖"获奖人员颁发荣誉证书和奖品。市邮政速递公司施宏飞代表"优秀快递员"做发言。

【村邮站】 2014年全市共有村邮站4846个,服务覆盖全市5028个行政村,实现村村通邮的总体目标,完成进度列全省第一,正常运行率为98%以上。其中2014年新增信息化村邮站100个,累计建成

1473个,占村邮站总数30.2%。新增村邮站ATM机9台,累计安装25台。为理顺金华市区村邮站日常运行资金管理问题,10月28日,金华市财政局下发金市财建〔2014〕341号《金华市财政局关于下达村邮站日常运行资金市级财政补助资金的通知》文件,正式将村邮站运行经费通过年终体制结算下达,列入金华市级财政专项性一般转移支付支出项目,文件还明确村邮站日常运行资金补助标准,要求财政、发改和邮政部门对村邮站日常运行资金使用进行监督检查,明确每年两次拨付结算,以及村邮站日常运行资金必须专款专用等。

【快递智能配送点(E邮站)建设】 3月,同市商务局、市邮政公司针对"智能投递"进社区这一问题进行专门的调研和座谈,参与草拟《关于金华市社区电子商务服务网络试点建设的申请及规划方案》以及《金华市社区电子商务服务网络建设规划方案》,积极争取加入浙江省开展社区电子商务服务网络建设试点城市,随后金华作为全省三个电子商务网络建设试点城市之一,迅速部署推进"快递智能配送点(E邮站)"建设。8月8日,组织快递企业举办智能配送点(E邮站)使用培训,采取会议培训和现场操作相结合的方式,就"E邮站"的投递、取件、回收等流程做详细的介绍,并指导各快递企业参会人员进行现场操作体验。11月11日,在金华市婺城区乾西乡小康移民社区村邮站内,建成第一个农村快递智能配送点(E邮站),村邮员把收到的快递包裹等都放进E邮柜,并指导大家取件。

(楼　天)

通信业

中国电信金华分公司

【光网城市建设】 全年新建光宽带接入能力35万线,累计达到150万线,市区光网覆盖率达到85%,光宽带总用户数达到52万户。农村区域开展基础网络提速工作,普及推广便民服务综合应用,给用户提供信息服务和生活上的便利,累计完成4700余个村的便民服务平台建设,对800余个村宽带网络进行提速优化改造,农村区域6M覆盖能力达到90%以上。

【互联网金华节点及中国电信云中心建设】 金华与杭州并列成为CHINANET浙江互联网出口连接点,负责汇接浙江48%互联网出口流量。2014年,金华节点建设出口"2+5"路由器集群,总出口达到3000G。12月31日,金华互联网中心基建工程正式培土奠基。预计2015年中,一期大楼建成,将成为互联网出口核心节点和中国电信云中心的区域中心。

【无线城市建设】 建设4G基站及室分站点3000余个,新建扩容3G基站2200余个。4G城区覆盖率96%,3G全区覆盖率97%,3G/4G用户近130万。2014年,公司大力推广"爱WiFi""爱金华"免费WiFi计划,已经实现3000余台AP的接入,免费WiFi受益用户达10万人。4月3日,市区37路公交车线路全面覆盖天翼4G信号。乘客可将4G信号转换为WiFi信号免费使用,畅享极速百兆体验。9月5日,公司举行4G上市首发仪式,天翼4G正式发售。与金华市民共同分享中国电信开启4G时代的新喜悦和新气象,共同见证金华成为开展FDD-LTE与TDD-LTE的融合组网试验并提供4G服务的第二批24个重点城市之一。9月10日,公司天翼4G品鉴会启幕,从4G网络覆盖、天翼4G套餐、销售政策、终端介绍以及增值应用、行业应用等方面向客户演示推介。

【智慧金华建设】 坚持以智慧城市统领,依托基础网络能力和行业应用,重点推进公安、交通、教育等行业信息化建设,助推智慧金华建设。8890项目实现全市市域一张网,所有县市接入统一平台。建设"中国淘宝第一村"青岩刘全村无线WiFi、光纤升级百兆建设等信息化项目,项目得到李克强总理高度肯定。项目获中国电信集团公司创新项目奖励。协助金华五水办完成"五水共治"智慧治水信息化解决方案,并承建义乌、浦江"五水共治"指挥中心和部分监控监测点位。教育云试点。金华二中智慧校园建设内容包含桌面云、朗朗课堂、大数据综合平台等多项云应用,项目获得集团公司的创新项目。4月17日,金华市人大常委会、婺城区人大常委会组织金华市人大代表20余人到公司实地考察智慧金华城市体验馆,体验4G网络、云计算、智慧政务、智慧农业、智慧教育、智慧家庭等信息化应用。9月2日,电信公司与市农业局签订推进农业信息化工作合作协议, 双方就开展推进农产品电子商务、推广农民信信箱(农技咨询)移动终端、共建基层信息服务站点、农技110即12316系统标准化改造和推广农业物联网应用等五项内容展开合作。双方还就“农技宝”项目合作推广进行布置,试点为兰溪和浦江,确保该项目及时落地、顺利推进。

【宣传活动】 3月1日,以“千古风流金华城、美景乡愁万缕情”为主题的“‘百万游客进金华’暨‘金华旅游公众易信、微信平台’开通仪式”在金华大婺剧院举行,“金华旅游公众易信微信平台” 正式启用。5月22日,由中国电信浙江公司、乐创会、金华市文化广电新闻出版局主办,中国电信金华分公司承办的“天翼飞Young·乐创100音乐梦想公益音乐会”在中国婺剧院圆满落幕。“乐创100音乐梦想”公益行动捐赠的钢琴共20架,其中捐赠给金华6架。

【领导调研】 9月3日,市长暨军民一行到公司调研。调研期间,暨军民参观电信演示厅,与公司经营班子及相关部门负责人召开座谈会,对公司助推金华信息经济社会、助力金华两化深度融合给予高度评价。12月31日,暨军民等参加中国电信浙江公司云计算金华分中心项目一期工程启动开工并奠基培土。

(廖宏威)

中国移动金华分公司

【概述】 全年实现通信服务收入超44亿元,为国家创造利润超15亿元,属地缴纳各项税收超2亿元,直接或间接提供就业机会近万人。2014年,金华移动大力推进4G通信发展步伐,全年新建4G基站总数超过5700个,4G网络覆盖全市所有城区、乡镇、重点行政村和景区、高速公路等,人口覆盖率达95%以上,公司4G活跃用户接近100万,受4G利好因素影响, 公司全年移动通话用户数净增超20万户,净增量全省前列,总通话用户规模超550万。公司积极参与金华“宽带中国”示范城市建设,加快推进有线宽带覆盖建设, 全年新增有线宽带覆盖小区近900个,新增覆盖用户近40万户,累计光宽带覆盖用户达250万户。全年累计向地方投资超15亿元用于信息化基础设施建设:累计完成TD-LTE投资超3.8亿元,TD-LTE覆盖全市95%以上人口;完成全业务投资超1.8亿元,进一步完善小区、村镇、工业园区、商业楼宇、沿街商铺以及专业市场宽带及专线覆盖;投资近1.8亿元的浙中(金丽衢)移动通信中心机房和浙中IDC机房顺利竣工。金华移动积极承担社会责任,全方位参与地方“五水共治”建设,联合公安局开展以垃圾广告、诈骗短信为专项的打击伪基站活动,组织“蓝色梦想帮帮团”公益活动等。

【4G网络推广】 3月28日,金华移动在全市同步开启九县市区4G网络商用。截至2014年底,全年累计新建4G站点超5700个,发展4G客户接近100万户,拉动地方4G消费接近20亿元。一年的4G基站建设量分别超过2G 20年、3G 6年的建设量,一年的4G客户发展数分别是2G时代10年、3G时代4年的总量。

【金义信息通信产业园落户】 4月11日,中国移动金义信息通信产业园项目签约仪式在金华市人民政府举行,金华市市长暨军民、省公司总经理郑杰出席并分别致辞。该项目占地约280亩,计划投资人民币30亿元,总建筑面积约24.6万平方米,主要包括中国移动浙江公司通信机房、IDC机房及云计算中心、仓储物流中心、创意研发中心、增值业务研发中心、中国移动浙江公司合作伙伴研发创业基地及配套用房等建设内容。

【信息化建设】 积极参与建设政府、公安、教育、金融、交通、医卫等重点行业的智慧建设,2014年先后签订爱义乌、爱横店、市政府一卡通、“智慧安监”、“智慧环卫”、4G行业应用、政府类OA等一批智慧城市项目。做好智慧金华信息化体验厅建设,体验厅包括智慧城市、智慧生活、智慧办公、行业信息化等八大应用展示;体验厅将面向社会开放,让金华市民现场感受信息化技术在未来的应用与体验, 为金华在智慧城市、信息化建设等方面起到示范作用,打造智慧金华的展示窗口和靓丽名片。

(周　璐)

中国联通金华分公司

【概述】 截至2014年12月底实现主营业务收入63364万元。2014年12月,在网用户(移动)100.54万户,宽带用户16.4万户;3G(含4G)网上在网用户24.92万户。2014年资产规模超过28.8亿元。2G基站2752个,交换容量150万,网络信号已全面覆盖了市区、县市城区、发达及中等发达乡镇,在铁路线、高速公路、国道、大部分省道基本实现了连续覆盖。3G基站2802个,WCDMA交换容量75万,网络信号已经覆盖市区、县城、4A级景区、高速公路及大部分一二三类乡镇。已开通LTE FDD基站约920个,覆盖了所有市县城区。4/3G网络混合组网,提供无处不在的高速移动宽带体验。固网宽带全区建设有541个接入点机房,拥有66万对配线;覆盖用户198万户。

【行风建设】 (1)治理垃圾短信:继续开展治理垃圾短信专项行动。加强行业端口管理与审核。全面推进手机实名制,从源头杜绝"点对点"垃圾短信。健全网络收/发端垃圾短信处理系统。畅通垃圾短信举报渠道。打击非法"伪基站"群发垃圾短信。(2)整治不良手机应用软件:组织开展"打击移动互联网恶意程序专项行动"。全面检查现网应用。规范浙江联通APP应用、检测管理。修订应用商店测试规范。强化上线应用的复测力度。不定期向社会公示不良应用软件。严禁利用手机终端应用程序恶意吸费。(3)规范服务协议:提高协议和表单规范性。加强电信服务协议签约管理。加强电信服务协议履约管理。加大各类渠道的监督检查力度。(4)规范流量收费:加强电信计费系统检测,确保流量计费准确。加强手机流量消费提醒,提高手机流量计费收费透明度。规范流量收费账单、详单的用语和格式。推动缩小数据业务套餐内外价差。丰富用户自助查询服务窗口。(5)开展"客户感知提升年"活动:2014年度,以客户需求为基本出发点,聚焦用户告知清晰度、业务办理便捷度、业务查询准确度、4G业务体验等服务触点感知,对标行业先进单位,开展以"沃享服务,因你而变"为主题的"客户感知提升年"活动。截至10月共梳理客户感知问题本地27项、省级4项,共解决27项。

【执行力检查】 10月14日—16日,省公司执行力检查小组来到金华站展开了为期3天的"你的执行力,成就公司未来——执行力大检查"的活动。

(林静瑛)

金融业

市金融办

【概述】 截至年底,全市各银行机构各项贷款余额5733.36亿元,比年初增加576.04亿元,同比增长11.17%。贷款增量、增速均位居全省第四。全市保险业产、寿险保费总收入136.1亿元,比上年增长15.9%,位居全省第二。全市共有小贷公司36家,注册资金92.12亿元,累计发放贷款353.73亿元,纳税5.03亿元。2014年,金华市金融产业成长迅速,金融业增加值为288.6亿元,占GDP的9.0%,高出全省1.7个百分点。

【四大政策】 出台《优化服务实体经济的指导意见》,新增两个50亿元的资金向新能源汽车、生物制药、网络经济、文化创意等四大重点扶持产业及"五水共治""三改一拆""四换三名" 等重点项目倾斜;出台《2014年市本级应急周转金的管理办法》,市、县两级政府先后提供21.2亿元财政资金用于企业应急周转,同比增长280%,截至12月底,全市已有1486家企业使用应急周转金3164笔,累计金额246.72亿元;出台《银行机构支持地方经济考核办法》,市政府拿出600万元用于市本级金融机构考核,引导银行机构支持地方经济发展;出台《财政性资金存放挂钩办法》,市政府首次拿出88亿元财政性资金(社保和非税资金),其存放量与各银行机构的信贷、税收贡献挂钩,这四个高含金量的政策的出台有效地推动全市实体经济发展。

【举办五大活动】 5月,启动开展"金融服务月"活动并召开千人千企大会,成立由市领导、市级部门、县级部门、金融机构服务组组成的四个层面服务组,全面排摸企业情况,协调解决难点难题,目前止,全市共走访企业6662家,收集企业难题2417条,先后解决1400余个问题;召开全市银行业还款方式创新推进会,以还款方式的“无缝对接”为突破口,积极推广辖内银行业机构在小微企业还款方式创新中好经验、好做法;联合市商务局、经信委、银监局组织金华市区小微企业金融产品服务企业推介会,帮助企业对接银行业金融机构,进一步缓解市区小微企业解决融资难、融资贵的问题;6月,浙江证监局、上海期货交易所主办,金华金融办、浙江期货协会承办的“聚金属华彩 集期货能量—期货服务产企论坛”活动在金华举办,活动邀请知名专家对企业进行专题辅导,指导企业运用套期保值体系有效规避市场风险,受到了企业的欢迎;市金融办向各大银行、小额贷款公司广发倡议书,积极组织各金融单位参加“五水共治”活动。4月29日,市金融办和小额贷款行业协会组织全市小额贷款行业协会会员为“五水共治”项目捐款,辖区内共有28家小贷公司捐款358.6万元,全市金融系统共为“五水共治”捐款776.29万元。

【防范金融风险】 市政府成立全市“两链”风险协调处置工作领导小组,由市长暨军民担任组长,下设工业企业工作组、商贸服务业工作组、房地产建筑业工作组,分别负责协调相关行业领域“两链”风险处置问题。先后牵头召开全市协调处置“两链”风险专题大会4次,对防范“两链”风险中的突出问题和重点工作进行研究部署。完善风险防控机制,积极配合县(市、区)采取“一企一策”“四色预警”“驻企指导员”等措施,以及“搭桥过河、企业债转股、资产重组、担保企业托管、破保结合、抵押资产分割、共同分担”等方法,有效协调、化解和处置两链风险,积极参与协调青年集团、晟元、麦特尔车业、德胜电子、采云间、三联、中奥、华创、红树林等企业“两链”问题,成功协调世贸商铺按揭贷款事宜。加大银行不良贷款处置力度,1—10月份通过协调催收、司法清收、呆账核销、商业化处置等多种方式处置不良贷款超100亿元,并引导各银行机构将不良客户占用的资源用于支持实体经济发展。加大金融犯罪的打击力度,全市公安部门共破获非法集资、骗取贷款、高利转贷等经济案件36起,刑拘32人,涉案金额超36亿元,挽回经济损失5.3亿余元。加强对小额贷款公司的监管力度,定期召开协会会议,邀请专家对小贷公司董事长及风控人员进行培训,不断加强行业自律。将全市小贷公司业务接入省信贷信息平台,开展小贷公司现场检查、非现场监管,对有问题的小贷公司和监管部门负责人进行诫勉谈话,在《金华日报》上每月为小额贷款公司开辟专版进行宣传,并接受社会监督,未发生任何社会风险。区域资金风险总体可控,没有发生系统性的金融风险。

【推动资本市场建设】 加大企业股改和多层次资本市场建设的推动力度,9月29日,市政府召开全市股改和多层次资本市场建设工作推进会,市长暨军民参会并作重要讲话,各地各部门对多层次资本市场建设工作重要性的认识进一步增强。修订相关企业上市挂牌政策,科学制订2014年股份制改造工作目标任务,要求全年确保新增25家,力争新增50家,并将目标任务分解到各县(市、区)。加大对企业上市的辅导跟踪及沟通协调,2014年以来,帮助花园生物上市融资,协调帮助唐德影视、环新氟新材料、寿仙谷药业、派尼尔机电等企业解决上市过程中历史沿革等遗留问题,积极参与银宇纺织、华统肉制品、德邦照明等拟上市企业的辅导验收。举办各类企业与投资基金融资对接活动,全市新引进股权投资管理企业25家,引荐IDG、中信证券、东方花旗、通联创业投资公司、浙商创业投资公司等国内外数十家风投、创投、直投机构与全市近百家企业进行对接交流。加强和浙江证监局联系沟通,配合做好资本市场监管工作,重点加强对上市公司的信息披露方面的监管,杜绝内幕交易,确保资本市场健康运转。2014年,全市新增国家证监会上会企业、新增上市申报材料报国家证监会企业、新增新三板挂牌企业共10家(其中花园生物境内IPO上市,9158香港红筹上市,银竽纺织等6家企业上市申报材料报国家证监会,金大车业等2家企业新三板挂牌),新增3家企业列入浙江证监局辅导,后备资源企业50余家。新增在浙江股权交易中心成长版挂牌企业7家,累计达22家,在浙江股权交易中心创新版新增挂牌企业8家,累计达38家。新增股份制公司25家,全市共有股份制公司达175家。

【发展企业直接融资】 积极指导相关企业做好公司债、企业债、中小企业私募债发行以及上市公司再融资工作,引导企业充分运用各种工具、各种方式进行直接融资。截至12月底,全市实现直接融资165亿元,完成年度110亿元任务的150%,比上年增长47.35%,增幅在全省名列前茅。其中"花园生物" 首发上市融资1.59亿元,"东晶电子""华谊兄弟""普洛药业"等上市公司增发股票共募资11.5亿元;"万里扬""尖峰集团" 发行公司债券计10.5亿元,"永新家俱"发行私募债0.7亿元,"天晨胶业"发行优先股募资0.18亿元,超短期融资券10亿元,短期融资券103.5亿元,中期票据27亿元,直接融资工作取得重大突破。

【开展地方金融创新】 深入推进地方金融改革及试点工作,加快推进义乌金融配套改革、东阳市金融创新示范县和永康市省级民间融资管理创新试点县的工作进程。积极创新金融产品,金华辖区内银行业机构创新推出"年审制""续贷宝""无缝对接贷""周转便利宝""接力贷"等产品20余种。金华银行成功发行首期10亿元小微企业贷款专项金融债券,开创先河。充分发挥新型金融组织信贷补充作用,东阳市制订《民间融资管理创新试点方案》和《民间融资管理试点办法》,在民间融资阳光化方面"先行先试"。东阳成立民间融资服务中心,婺城拟成立。积极开展农村信用社股份制改革工作,目前永康农村合作银行已完成股份制改革,东阳农村信用社改革已开始期初审工作。积极推广农村普惠金融,"美丽家园"系列产品得到副省长黄旭明的批示肯定,"金融自助"服务被副省长朱从玖评价为"金融自助是特定层面的信用合作,值得研究"。积极推进农村产权抵押担保工作,探索建立农村产权登记管理、抵押担保、价值评估、流转交易、资产处置等配套体系,市委、市政出台《关于深化农村确权赋权改革的实施意见》。

【开展群众路线教育实践活动】 2月份以来,市金融办深入开展党的群众路线教育实践活动,在市委第三督导组的帮助和指导下,紧紧围绕"照镜子、正衣冠、洗洗澡、治治病"的总要求,以"正风提效促赶超、为民惠民谋发展"为总载体,始终坚持高标准严要求,精心组织,扎实推进,认真做好各个环节的工作。一是加强组织领导,成立金融办党组和党支部,并切实将把开展好教育实践活动作为首要政治任务,明确职责分工。二是强化理论武装,组织干部职工认真学习中央、省委、市委领导关于党的群众路线教育实践活动一系列讲话精神和必读书目;开展观看专题教育片、"三思四问" 大讨论、"走亲连心"、"共同分享一本好书"等学习活动。班子成员围绕 "习总书记金融重要讲话学习体会及责任担当""新常态、新金融、新思路"等主题上了主题党课,与广大党员进行面对面的交流。三是深入查摆问题,找准"四风"问题。通过发放征求意见表、召开座谈会、实践体验、谈心谈话等多种方式,组织党员干部深入基层金融单位、深入企业,开展调查研究,广泛听取意见,在宗旨意识、工作作风、廉洁自律上摆问题、找差距,深挖"四风"问题,班子归纳出"四风"方面13个主要问题,每位班子成员进行分别认领。四是立足整改效果,建立健全长效机制。在切实找准问题的基础上,突出问题解决,制定整改方案和"路线图",研究制定六大条整改措施,明确整改责任领导和完成时限,实行目标化、具体化、责任化管理,整改完成率达到98%。加强源头管理,对已有制度进行全面梳理,切实做好制度建设的"废、改、立"工作,改进不完善的政策制度3个,新建立制度规范4个。经过努力,群众路线教育活动活动取得阶段性成效,达到预期效果,为金融办带来新风貌、新气象。

【强化金融办机构建设】 经过积极争取, 市金融办人员编制由事业转为参公,并选调1名中层干部,招聘3名合同制职工。兰溪等县(市、区)相继成立金融办,共有5个县(市、区)单独设立金融办,其他县市也以挂靠、合署办公等形式明确相关职能,机构和队伍建设进一步加强。加强全市金融工作队伍建设,以上市公司董事长及财务总监、小贷公司董事长及风险管理人员为对象,牵头举办或组织参与各类金融业务培训十余次,全市金融从业人员的业务能力、风险意识得到进一步提升。

(张　锋)

金华银监分局

【开展小微信贷】 至2014年末,全市银行业各项贷款余额5733亿元,比年初增加576亿元,贷款增量居全省第二(不含杭州、宁波)。大力推广小微企业无缝对接贷款,得到市委、市政府主要领导的批示肯定。落实差异化监管措施,千方百计增加小微信贷投入,在基数较高、信贷少增的情况下,顺利实现“三个不低于”的目标。持续深化金融支农,引领创新试点“金融自助”服务模式,有效解决农村金融服务“最后一公里”问题,得到副省长朱从玖的批示肯定。同时,积极引领各类银行到金华辖区设立分支机构增强要素供给,广发银行、渤海银行、嘉兴银行金华分行和东阳富民村镇银行相继开业。

【风险防控】 研究出台联合授信总额主办行管理试点办法,并在辖内10家国有银行先行试点,确定目标企业的授信总额和对外担保总额。至2014年12月末,已选取15家企业办理联合授信,授信总额达34.2亿元。积极开展监管协调、主动向政府部门汇报,形成政府牵头、监管配合的企业“两链”风险处置机制,梳理总结出的七大做法得到省委书记夏宝龙的批示肯定。注重贷款质量真实性,通过现场检查调整分类贷款93笔,金额4.8亿元。大力推动银行业不良贷款处置,一年来督促指导全市银行业共处置不良资产85亿元。继续执行案件“一票否决”制,通过签订责任书、组织案防监管沙龙、开展案防大讲堂活动等途径传导案防压力,指导金华市银行业认真落实银监会三项案防新制度,督促开展“三违”风险排查,促使全市银行业继续保持零案件的良好态势。

【改革创新】 深化法人城商行辅导式监管,提出108项时点监管目标和对应的监管措施,定期跟踪目标完成情况,促使两家法人城商行在公司治理、绩效考评、内控管理、激励机制等各方面均取得改进和完善。积极推动同业理财业务治理改革,督促指导两家法人城商行设立专营部门开展同业业务、实行条线事业部制开展理财业务。成立股改工作推进小组,推动农合机构股份制改革,成泰、永康、东阳农村商业银行相继挂牌开业。落实差异化监管政策,督促辖内村镇银行不断完善和完成监管指标。研究出台支持义乌国际贸易综合改革的指导意见,并在金融新业态评估、离岸业务中心设立、市场采购贸易产品创新、电商贷款平台试点、公共征信平台建设等职责范围内积极配合推动国家战略实施。

【提升监管】 健全大型银行“监审联动”机制、深化中小商业银行分类监管、推动村镇银行“一行一策”差异化监管以及落实监管统计新制度,不断提升非现场监管效能。完善信访工作机制,拓宽信访渠道、强化信访核查,信访的功能监管作用得到有效发挥。按计划、高质量全面完成现场检查,坚持依法处罚、违者必罚、人事并举的原则,切实提升监管威慑。

(张醒声)

中国人民银行金华市中心支行

【信贷调控工作】 通过出台政策意见、稳健性参数调整和常备借贷便利操作,切实加强对金融机构信贷投放的指导。改进合意贷款管理,根据实体经济季节性资金需求,全年累计向上争取临时合意贷款规模39.19亿元。全市金融机构新增贷款576.04亿元,同比增长11.17%,基本满足全市经济转型发展的合理信贷资金需求。

【拓宽直接融资渠道】 全市企业共发行债务融资工具175.1亿元,比上年增长70.83%。加强对发债企业的跟踪监测,协调化解浙江伟海拉链公司中小企业集合票据兑付风险。三是引导信贷资金合理配置。综合运用“定向降准”、信贷政策支持再贷款、专项金融债、普惠金融等手段,引导金融机构增加对经济社会发展薄弱环节的支持。1月—12月,全市新增“五水共治”、技改贷款34.92亿元,涉农贷款增长12.46%,小微企业贷款覆盖面同比提高4.18个百分点。

【深化义乌金融专项改革】 新增1家本外币兑换机构,指导义乌小商品城集团组建企业征信公司,“义支付”业务许可申请已上报总行审批,制订了民营银行试点方案。搭建供应链金融服务平台,为跨境B2B制定融资服务新模式。12月末,义乌市金融机构贸易融资余额达到42.6亿元。

【个人外汇管理改革】 实施个人贸易外汇管理改革试点,突破了“谁出口谁收汇”的限制,并将试点范围扩大至“跨境电子商务”贸易方式,与海关新型出口监管方式对接,简化业务办理单证和手续。个人外汇管理改革后,办理一笔结汇业务用时减少2/3,成本可节约5%。

【扩大跨境人民币结算】全年个人跨境人民币结算99.37亿元,同比增长14.83%。推进企业跨境人民币业务的发展,拓展跨境人民币贸易融资,全年跨境人民币结算金额达894.41亿元,同比增长38.96%。四是推进支付工具创新。深入实施农村e支付工程,开展网上支付、手机支付业务示范区建设,加大金融IC卡在公共服务领域的应用力度。12月末,全市网上支付和手机支付应用示范区分别达到28个和5个,农村地区网银用户528万个,金融IC卡已应用到医疗、公交等21个民生项目。

【金融风险防范】编制《风险企业成功处置案例手册》,做好支付结算、信息科技和企业资金链断裂风险提示。完善非法集资日常监测制度并制定评价标准,配合政府协调处置重大突发信贷风险,稳妥处置畅购公司预付卡风险事件。组织金融风险摸排,对法人金融机构进行稳健性评估。做好存款保险条例公开征求意见工作。

【加大金融执法力度】做好金融机构开业的现场核验与回访工作,落实银证监管合作机制,加大反洗钱监管检查力度,畅通金融消费权益保护投诉处理渠道,规范金融同业业务,会同有关单位打击金融犯罪活动。

【转变外汇监管方式】探索立体监管方式,运用跨境资金系统实施联动监测分析,通过构建全方位监测指标体系,对部分总量差额较大的企业实施专项主体监管。探索新形势下外汇管理由事前转向事后的新模式,通过政策辅导与轮训、约谈等措施优化监管窗口指导,全年累计对263家企业开展现场核查,其中有12家企业被移交外汇立案检查。

【发挥决策参谋作用】建立小微企业主贷款统计制度,完善金融支持结构调整和转型升级统计监测。针对区域经济金融运行中的热点和难点问题开展调查,加强课题研究和学术交流,调研信息成果获总行、杭州中心支行和地方党政领导批示15次,被中办、国办、总行刊物录用44篇。

【优化现金供应服务】推动银行业金融机构设立74家小面额现金供应网点,布放小面额现金自助兑换设备5台。启动对外支付人民币冠字号码查询工作,有效解决银行与客户假币纠纷。安全、超额完成全年钞票处理工作任务。

【推动信用体系建设】为2.3万户中小企业建立信用档案,征集农户信用档案已达19.89万户。推动20家小额贷款公司及融资性担保公司开展信用评级,将新型农村经营主体信息纳入征信系统管理。推广应用应收账款融资服务平台,12月末,累计促成应收账款融资交易67笔10.25亿元。

【完善金融服务设施】顺利完成ACS系统上线运行。婺城区、开发区乡镇集中支付覆盖率达到100%,开发国库资金异动信息监测系统,设立乡镇国债宣传服务点22个。推进金融机构代码运用,督促关闭金融IC卡降级交易,推动商业银行发行基于PBOC3.0规范的金融IC卡。

(周妙燕)

中国农业发展银行金华市分行

【贷款增长】2014年末,各类贷款余额615970万元,首次突破60亿元大关,比年初增加104001万元,增量位于全省系统第三位,比年初上升七位,占全省系统增量的14.52%。

【确保政策性粮油信贷资金供应】积极做好粮油收购信贷业务,确保各级储备粮轮换、增储及地方调控粮的信贷资金需求,切实保障粮油购销储信贷资金的足额及时供应。全年累计发放贷款61107万元,支持收购、储备、调入粮食31844万公斤;积极争取调整异地存放储备粮的贷款方式,支持中央储备临储贷款17766万元。2014年末政策指令性贷款比年初增加4020万元,实现恢复性增长的预期目标。

【支持"五水共治"和浙中城市群快速交通圈建设】全年共营销成功政府性项目9个,其中金额100000万元以上大额项目3个,获批贷款总额463700万元,占全省系统获批中长期政策性贷款总额的15%以上;共投放中长期政策性贷款171200万元,同比增加67550万元,在为地方经济社会发展注入强劲动力的同时,大大提高社会影响力。其一是大力支持"五水共治"工程,为"浙中水乡"建设添砖加瓦。全年对金义都市新区满塘湖水系综合整治、金华江一期治理、浦江浦阳江治理工程、武义县石硖水库、武义县城乡引供水及市经济技术开发区湖海塘水系综合整治工程等六个水利建设项目投放贷款76500万元，占中长期贷款投放量的44.68%。其中满塘湖、湖海塘水系综合整治工程系“浙中水乡”建设的两个市级试点项目。其二是择优支持重点公路项目，推进浙中城市群快速交通圈建设。在上年营销支持37省道东阳李宅至义乌青岩刘改建120000万元贷款项目后，2014年又分别与义乌市、兰溪市政府实现成功对接，获批义乌至武义改建工程（义乌段）100000万元贷款项目和兰溪至江山公路兰溪马漳至墩头段改建工程20000万元贷款项目，三个项目全年共投放贷款71400万元，占中长期贷款投放量的41.71%。其中义乌至武义改建工程(义乌段)为省重点建设项目，审批贷款100000万元，贷款期限达8年，执行央行同期基准利率，2014年实际投放40000万元，成为落地义乌市的首笔政策性银行政府融资平台贷款。其三是牢牢把握政策“窗口期”，积极支持土地储备融资项目。下半年开展土地储备机构运作项目专项营销活动，按照市分行同市国土局联合下发的《关于加强合作共同推进农村土地整治工作的通知》文件精神，主动出击，积极向地方党政领导汇报，加强同各级土地储备机构对接，第一时间掌握当地土地储备机构融资规模控制额度及对应的项目信息，成功营销并获批金华市土地储备中心金义都市新区东华区块低丘缓坡综合开发100000万元贷款项目和义乌市土地储备中心2014年土地储备综合开发100000万元贷款项目，部分发放，并纳入地方政府预算管理。超前的服务意识和高效的办贷速度，得到金华市和义乌市政府领导及部门的高度认可，不但为地方经济建设提供强有力资金支持，还为地方政府存量债务纳入预算管理抢抓良好机遇，实现银政“双赢”。

【打造业务发展“增长极”战略】 市分行本级、义乌支行共新营销成功政府性项目4个，获批贷款额度400000万元，占全市获批贷款的85.78%；三个目标行全年投放贷款114700万元，占全市贷款投放量的66.99%。并储备已批未放中长期贷款415300万元，占全市已批未放中长期贷款的88.63%，为打造业务发展“增长极”奠定坚实基础。

【调整自营性贷款结构】 一是调整优化客户结构。年初以来，根据自营性贷款客户多、贷款总量占比大的实际，在贷款风险排查和分类排队基础上，提出“控制总量，优化结构，择机退出”的总体思路和全年自营性贷款业务总量压缩10%的工作目标，以缩小风险敞口、增加缓释措施、加强第二还款来源为切入点，“一企一策”制定自营性客户续贷方案，各机构因地制宜细化方案，确保自营性贷款总量压缩计划和各类客户退出计划的稳健实施。至2014年末，自营性贷款客户62家，余额146274万元，其中退出自营性客户12家，金额12240万元；压缩贷款客户25家，金额11321万元；提前收回中长期贷款3笔共6620万元。自营性贷款占比23.75%，比年初下降10.75个百分点，余额减少30181万元，超额完成年初自定下降10%的目标任务。由于上下步调一致，优胜劣汰工作得到政府和企业的理解，达到“退得适时、退得果断、退得有理”的预期目标，未造成负面影响，实现稳中有退。

【调整优化担保结构】 着力通过提高存量自营性贷款抵质押率来缓释信贷风险。提出“原有抵质押贷款的比重低于50%(含)的要求提高至少15个百分点；高于50%低于70%(含)的要求提高至少10个百分点；70%以上的要求提高至少5个百分点。保证担保贷款，除黄金客户、战略性优质客户及国资背景客户外，三年内实现抵质押担保全覆盖，且每年的覆盖率原则上达到30%以上”的工作目标，对达不到要求的采取压缩贷款额度等措施。全年共对25家企业采取续贷时压缩贷款额度的措施，压缩贷款额度11321万元。截至2014年末，抵押类贷款占比72.42%，质押类贷款占比6.83%，抵质押率79.25%，比年初提高6.06个百分点。

【落实“双清”目标】 一方面，深入开展贷款风险排查和分类排队工作，对所有贷款进行一次全面排查，做到如实反映，风险见底。综合确定保证支持类客户10户，重点支持类客户21户，重点关注类客户28户，一般支持类客户65户，限制支持类客户3户，退出类客户7家，基本实现“双清”目标。对“三类贷款”落实“一企一策”有针对性、可操作性的化解方案和处置措施，38家“三类客户”(异常、限制、退出)中实现清退5家，风险敞口缩小27家，整改进度达到86.8%。另一方面，把清收存量不良贷款、化解处置风险贷款作为各项工作的重中之重。全年共现金清收不良贷款2笔，金额1553万元，其中金华二土 553 万元，浙江宗苏食品公司 1000 万元，全面完成 2013 年底前形成的不良贷款清收任务；另成功处置风险贷款 4 笔，金额 6880 万元，其中浙江力得纺织公司 4800 万元风险贷款在企业压缩300 万元并归还逾期贷款本息后重新续贷，义乌市博农养殖有限公司 980 万元风险贷款由担保单位代偿，浙江盟猪食品有限公司风险贷款分两次现金清收 1000 万元，浙江品华农林开发有限公司现金清收 100 万元。在此同时，还积极创造条件，完成市第二粮库、东阳金穗工贸及浦江油脂公司等 3 笔、共 2691.5 万元粮油附营业务挂账贷款的核销工作。并现金清收挂账贷款 2 笔，金额 449 万元，其中金华市粮食收储公司 189 万元，市第二粮库 260 万元。

【吸收低成本存款】 以商业性贷款货款归行留存率考核为主要抓手，修订下发《2014 年商业性贷款客户货款归行留存率考核办法》，将贷款客户货款归行留存率标准同比提高 5 个百分点，进行按季排名通报，并把留存情况与客户续贷、利率定价挂钩，以此作为优化信贷结构的一种有效手段。年末商业性贷款客户货款归行留存率达到 68.74%。

【强化考核激励】 一方面，加大考核督导。修订《2014 年度业务专项考核办法》，将日均贷款、日均存款、中间业务收入与 50 万元专项奖金挂钩，其中日均存款挂钩 25 万元；日均同业存款另与 9 万元专项奖金挂钩。上半年开展业务发展专项督导，结合各机构实际对存款组织等提出指导意见。2014 年末各项存款余额 177013 万元，比年初增加 25543 万元，完成自定目标 20000 万元的 127.72%；日均存款 144799 万元，比年初增加 21824 万元，增量位居全省系统第 5 位，完成自定目标 20000 万元的 109.12%。另一方面，强化领导班子成员责任。在全市客户工作会议上，对季末时点存款提出明确的考核要求，并与各机构正副职、市分行客户部正副高级主管的年度目标责任奖金挂钩，如考核时点存款任务完成不了，则每个时点各扣减正职年度目标责任奖金 1000 元(副行长按相应比例扣减)。同时，要求年度内辖属每个机构必须至少组织一笔同业存款，如没完成，则扣减行领导不同额度的目标责任奖金。2014 年，除磐安信贷组外，全辖各机构均组织同业存款，共 9 笔金额 54112 万元，年末全行同业存款日均余额 7323 万元。

【加强资金支付管理】 针对银监局对专项检查的整改要求，及时下发《关于进一步加强中长期贷款贷后管理工作的意见》，对贷款发放环节、资金使用环节及贷款到期收回环节都作了明确要求。修订《大额资金支付审批办法》，认真落实银监会“受托支付”“自主支付”规定，确保按项目进度用款。

【拓展中间业务】 全年实现中间业务收入 407.26 万元，完成自定目标的 116.36%，其中实现国际业务结算量 2039 美元，完成国际业务收入 27.95 万元，均超额完成省分行下达的任务。

【推进信贷基础管理年活动】 制定下发《2014 年信贷基础管理年活动实施方案》，成立相应的领导小组，明确各部门的工作职责和各阶段的工作要求；扎实开展贷款风险排查和分类排队、信贷制度落实检查、信贷制度清理完善、加大违规行为处罚力度、CM2006 系统数据质量专项治理和应用检查等系列工作，建立“问题客户台账”和“信贷制度整改台账”并全部整改到位；按旬上报信贷基础管理年活动进展情况；加强信贷基础教育培训，举办信贷审查关注点、法律合规和信贷实务等培训班；建立活动的纸质档案和电子档案，扎实开展基础管理年活动验收工作，积极配合总行、省分行检查验收组的检查验收，并取得良好成绩。

【信贷精细化管理】 修订下发《2014 年度信贷精细化管理考核办法》，把贷款各环节管理、无纸化办贷、CM 数据影像维护、风险管理、法律合规管理、报表报送等日常操作规范列入考核，序时记录、按季通报、年度考评；实施信贷主审查人资格准入制度，严格按照总行《信贷标准化审查指引》，积极推进信贷审查标准化工作；实行限时审查，规定信贷项目从登记到出具审查意见，没有特殊情况不得超过 5 个工作日；制订《金华市分行信贷在线监测管理办法》，加强对 CM 等系统运营管理；加强作业监督，将业务合同文本规范签订、面谈面签照片等纳入作业监督环节；完善贷款担保管理，严格控制抵押物估值；加强风险监测，落实风险经理、风险贷款和不良贷款周报告制度，按季开展信贷资产安全生产检查。

【推进依法合规经营】 认真做好担保业务法律审查，促使信贷风险防控由事后防控向事前防控转变;加强业务合同文本审查,积极推广总行100种新合同文本的应用;开展诉前风险评估,查找财产线索,积极加强诉讼案件管理,年内主诉案件5起,其中内部代理3起,充分发挥内部人员法律优势;加强违规积分管理,全年共违规积分24人次,积分46分。

【推进财会、信息精细化管理】 修订县级支行经营绩效考核办法,按人均业绩指标进行考评,进一步加大激励力度,专门拿出500万元费用进行挂钩考核。下发《财会精细化管理考核办法》及财务会计、信息科技2014年度工作要点。将综合业务系统、会计报表、晨会、信息报道、知识竞赛、技能比赛等内容列入考核,按季通报。全面开展晨会制度和优秀柜员评选活动,强化非现场监督作用,着力提升窗口服务质量。加强新的固定资产管理办法、财务事项审批权限、资产安全检查等的学习培训,提升财务人员专业素质。完成市分行营业场落地搬迁及永康市支行新办公大楼启用工作,市分行、东阳市支行的基建改造装修项目顺利竣工。加强财务费用管理,严控支出,下发《磐安信贷组财务费用管理若干规定》和《差旅费管理办法补充实施意见》,全市业务宣传费比上年减少11万元,公用费用比上年减少145万元,其中:会议费比上年度下降34万元,电子设备运转费比上年度下降40万元,公杂费比上年度下降36万元,资产修理费比上年度下降68万元,低值易耗品购置费比上年度下降14万元。全力冲刺利润目标,自我加压,增收中间业务收入100万元,全行上交业务管理费100万元,实现账面利润11199万元,超额完成省分行下达的目标任务。信息技术方面,完成3个县级支行的机房规范化达标改造和市分行中心机房维修改造工程,完成二级广域网带宽扩容网络改造,开展信息科技风险大排查,修订《机房突发事件应急处理预案》《国际互联网上网管理办法》等制度。

【优惠农村政策】 农发行总行出台对农业农村基础设施建设贷款在期限、还款等方面的信贷优化政策,一是调整优化农业农村基础设施建设贷款期限:水利项目贷款由最长8年调整为30年;土地整治、农民集中住房贷款项目由5年调整为最长15年;棚户区改造贷款项目由最长12年调整为25年;农村路网贷款由最长8年调整为30年;县域城镇建设贷款由10年调整为20年等等。二是调整还款计划:对符合调整还贷基本条件且政银配合度较好的项目,可申请调整还款计划和重置贷款期限。

【支持项目建设】 一是延长贷款期限。及时将最近上报总行的武义44省道改建项目6.7亿、义乌至兰溪(义乌段)公路项目7.5亿、永康330国道公路项目35亿元贷款期限均延长至15年;二是重置贷款期限。对已进入还款期但符合相关条件的贷款项目期限进行重置,如将余额1.1亿元的330国道兰溪市区过境段公路改建工程项目贷款期限由8年调整为20年;三是调整部分项目贷款的还款计划。目调整磐安县台地防洪堤一期工程、新城区深泽防洪堤工程等4个重点建设项目的还款计划,将该四个项目本年度应还款额从4850万调整为1400万。

(陈一平　方琳娜)

中国工商银行金华分公司

【概述】 面对严峻的外部经济形势和同业竞争,工行金华分行在省分行党委的正确领导下,坚定信心、迎难而上,突出“高端化发展、批量化营销”,全力推进高质高效高速发展,零售业务改革成效显著。实现拨备前、拨备后利润、净利润分别为22.24亿元、20.61亿元和15.53亿元,用占全省7.9%的机构、7.5%的人员创造了全省9.07%、11.24%和11.22%的拨备前、拨备后利润、净利润,系统贡献比年初分别提升0.48、2和2.04个百分点。在高端化发展的战略指引之下,金华分行深化零售业务改革,个人客户结构继续优化,个人中高端客户净增1.8万户,其中私人银行客户净增145户,增长136.79%,财富客户净增2046户,增长59.08%,三类客户增长均排名全省第一。净增手机银行和个人网银客户16.3万户和12.7万户,增幅及贡献提升度均列全省第一。优化信贷客户结构,全年新增公司有贷户456户;小企业客户净增100户,排名全省第三,大客户拓展实现新突破。年末个人金融资产增加110.92亿元,增长34.15%,增速排名全省第一,比全省平均增速高10.24个百分点,呈现持续良好发展态势。其中私人银行客户资产增加23.81亿元,增长148.3%,财富以上客户资产增加 66.67 亿元，增长 81.09%，均排名全省第一。贷款余额 562.14 亿元，新增 34.65 亿元，占到全省的 10%，增量排名全省第四。在中间业务监管趋紧的情况下，全行规范经营，全年实现中间业务收入 8.68 亿元，同比微增 1.27%，列四行第一。加大不良贷款清收处置力度，全年累计清收不良贷款 12.92 亿元。年末不良贷款余额 7.02 亿元，不良率 1.25%，均为四行最低，比年初下降 0.13 亿元和 0.11 个百分点，完成“双降”目标。

【拓展储蓄存款】 全年储蓄存款增长 10.63 亿元，四行第二。这得益于以下措施：一是实施高端客户高层营销，采用非金融增值服务与私人银行宣传相结合的模式，开展批量签约 21 场，签约客户 1060 户，达标客户的签约率达 81.69%，列全省第四名。组建 79 家工银商友俱乐部，共举办 145 场俱乐部活动，发展 1667 名会员。二是拓展代发工资市场，对未签订代发协议的有贷户，落实管户公司客户经理一对一营销，对存量代发单位，实行“公私客户经理包干制”的维护管理。代发单位新增 347 户，代发工资个人客户量净增 9.12 万户，代发金额同比增长 7.56%。三是大力营销工会卡，全年发放 2.56 万张，高端客户信用卡渗透率提升 4.54 个百分点，增幅列全省第一。四是主攻专业市场，依托商品交易市场营销管理系统，有效提升商户渗透率，新增特约商户 2187 户。五是挺进农村市场，实现融资产品下沉，推进“家家乐”分期付款业务，打开农村市场拓展新局面。

【拓展对公存款】 一是加强机构客户维护，一方面通过提高存款利差、放宽协议存款规模与利率的审批权限等方式给予政策倾斜，及时掌握同业揽存需求与意愿，做好充分准备，防止政府资金的进一步流失；另一方面利用工行的科技水平、核算能力、服务、产品等优势开拓新的增长点，如加强移动代理商营销，实现代扣归集资金，通过推介法院案款管理系统、公积金管理系统，吸收法院、公积金等存款。二是加强无贷户管理，制定无贷户营销维护管理、考核实施细则，激发管户员对无贷户营销管理的积极性与主动性。三是加强裸贷治理，定期背靠背下发裸贷清单，明确脱裸责任，并加强进度通报和分析。

【营销大项目大客户】 加大重点项目的信贷投入，助推重大战略和重点领域改革实施，全年投放项目贷款 22 个金额 35.67 亿元。一是积极介入“五水共治”项目，重点加大污水处理、农防水利、河道治理、自来水供应等领域的信贷支持，全年投放项目 6 个金额 12.04 亿元。二是积极介入“三改一拆”项目，加强城乡环境综合治理、城中村改造、城区退二进三等项目的支持，全年投放项目 2 个金额 6.84 亿元。三是支持重点技改项目，加大对实力较强、发展前景较好的企业技改项目支持，全年投放项目 3 个金额 1.69 亿元。同时，在横店集团、红狮水泥等大客户营销上取得重点突破，完成横店集团金融服务方案初稿和第一批合作 17 个客户的授信方案，授信总额32 亿元，年末对横店集团发放贷款 2.5 亿元。

【拓展小微企业业务】 开展“大走访、大营销、大服务”“助推小微企业上规升级”等活动，给予小微企业最大的金融服务支持，年末小微贷款余额 178.38 亿元，占到各项贷款的 31.73%。一是创新业务产品，以“丰富融资品种、降低融资成本”为主线，针对小微企业扩大再生产的中长期融资需求，积极推广固贷通，年末已办理固贷通业务 17 户金额 1.58 亿元，客户数量与融资金额都居全省第一。二是创新审批方式，针对金华特色产业集群、专业市场和优质核心企业的上下游客户等，推出“小贷通”“商贸通”和供应链易透等批量融资方案，实行方案授信项下授权审批制，大大提高单一客户的审批时效，批复方案 16 个，新增客户 56 户，贷款金额 1.2 亿元。三是创新担保方式，与太平洋保险公司合作，推出“科技小微企业保证保险贷款”业务，解决轻资产的科技行业的融资问题。想方设法拓宽融资渠道。一是开展内外联动，发挥工行遍布全球的机构优势，支持企业“引进来”“走出去”。全年办理海外代付和风险参贷 44.14 亿元，为企业引入境外资金；为一家企业办理内保外贷业务 0.35 亿元，用于境外并购及分红，并为企业争取优惠利率，降低财务成本，支持企业走出去。二是推进直接融资，利用多层次的资本市场，独家主承销步阳集团有限公司、群升集团有限公司、歌山建设集团有限公司、浙江海天建设集团有限公司短期融资券，合计发行规模 15.5 亿元，同比增长 106%。三是利用表外融资，通过信托理财、股权交易等表外资金拓宽融资渠道,全年完成项目推荐 18.34 亿元,其中:14.34 亿元为中长期项目,4 亿元为短期融资。

【发展大资管业务】 一是上下联动做好资管项目推荐并创新尝试表外专项融资业务,密切与省分行投行、审批和资管等部门沟通,实现全省首单为发债客户开展的表外专项融资业务,全年实现 4 亿元的投资。二是积极尝试多领域品牌业务,完成首笔股权类并购投资融资安排。在结构化证券投资方面,对东晶电子定向增发营销,积累经验,对金字火腿的定向增发跟踪营销,实现业务练兵,拓宽非信贷关系企业的合作空间。三是托管业务实现新突破。与金华市房产交易中心洽谈金华市存量房网上交易平台资金托管项目,共同开发交易系统。

【创新发展信用卡分期付款】 巩固和发展汽车分期业务市场,加大总对总合作厂商贴息业务的推广力度,全年办理汽车分期 1.4 万笔,金额 19.76 亿元。全面推进"家家乐"家居综合消费分期,全年办理 803 笔,金额 2.13 亿元。

【打造"第一外汇银行"】 一是分层建立国际业务客户库,挖潜与扩面并举,全年新增客户 268 户,其中大中型客户 22 家。同时时刻关注市场占比变化情况,每月分析通报,针对性地进行市场拓展,全年办理国际结算 57.06 亿美元,四行占比 27.02%,位居第二。二是及时调整策略,着力提升资金业务竞争力。抓住"走出去"战略机遇,大力拓展跨境人民币创新产品,全年实现跨境人民币结算 99.91 亿元,四行占比 37.84%,保持领先。

【发展贵金属业务】 一是积极开展贵金属实物销售,在组织实物贵金属巡展和专场营销活动,如组织佛教爱好者参加"禅心会"贵金属雅集系列活动,实现中间业务收入 60 多万元。二是引导营销积存金产品,全年积存金额 12.53 亿元,实现积存金收入 2321.5 万元。三是积极发展黄金租赁业务,积极寻找目标客户。新增金凯微电子公司为黄金租赁客户,全年实现收入 112.4 万元;积极向存量租赁客户营销,为赞佳黄金续做黄金租赁,实现收入 179.19 万元。

【零售业务改革】 采取重构体制、优化流程、配套机制三项举措,实现年末大零售营业贡献 16.03 亿元,占全部营业贡献的 58.92%,大零售营业贡献及贡献占比均列全省第三,比全省平均高 12.05 个百分点。重构体制方面:一是机构设置市场化,成立市分行零售业务推进委员会和四个小组,市分行个人金融业务部以客户为中心,按前中后台分离原则调整科室,支行个金科按客户分类建立服务、支撑团队。二是网点运营标准化,建立"六个一"的网点厅堂标准配置模式,即 1 名厅堂管理岗+1 名理财经理+1 名大堂经理+1 个非现金柜+1 个贵宾现金柜+1 个普通现金柜,其中厅堂管理岗履行厅堂资源管理调配、厅堂营销过程管理、网点服务管理、内部控制管理以及原值班经理的业务现场审核、核算情况管理、重点环节检查等职能。再以客户为中心,按照客户需求和未来趋势,结合网点业态、资源禀赋、资产结构、客户年龄结构等,对网点进行分类,通过科学测算原业务量及分流后的新业务量等关键指标,在标准配置基础上"一点一策"分别设计柜口与营销人员配置方案,同时执行弹性工作制,采用"基础柜+弹性柜"的方式实现"削峰填谷"。三是零售资产业务集约管理,将个贷客户经理部分贷后管理职能集中至市分行贷后管理中心,实施分层管理。四是柜面业务集约化,在全省首创开通个人现金封包业务,大大减少柜面工作量,并创新使用二维码记账。五是客户维护高端化,通过人员优化,增加 18 名财富顾问和 41 名理财经理,搭建起"网点—贵宾理财中心—财富中心""理财专员—理财经理—财富顾问"的链式维护团队和分层服务机制。优化流程方面:一是厅堂营销流程优化,将厅堂营销分为"识别引导、接触营销、业务处理、关系维护"四个环节,以大堂经理—理财经理为双核心,以《优质客户识别推荐表》为信息传递媒介,在大堂引导员—大堂经理—现金柜员(非现金柜员)—理财经理之间建立起高效的营业场联动营销机制。二是外拓营销流程优化,细分市场客户群体,针对性的设计营销场景和产品组合,配置相应标准的营销小分队,规范营销流程,分为市场摸底、细分市场、确定营销联系人、制定营销服务方案、实施分类营销、营销效果评估六个阶段,其中全行组建营销小分队 40 支,人员 192 名,改坐商为行商。三是零售资产业务流程优化,打破个贷客户经理一包到底的业务流程,将客户经理岗位职能分离为营销调查岗和分析支持岗，形成零售资产业务“批量营销+集中流程+分层管理”的业务模式。通过岗位职能分离，前台营销人员可以全力营销，增加精力外出跑市场、做客户，同时让专业的人做专业的事，中台操作人员专注于流程操作与风险管理。配套机制方面：一是完善运行管理机制，明确零售业务推进领导小组与四个小组工作职责，按规则开展工作，加强工作联动。二是强化过程管理机制，规范客户维护流程，并落实人员每周按10%~15%的比例对客户经理维护情况进行回访，确保维护工作到位；制定《财富顾问、理财经理行为规范20条》，加强客户经理行为动态管理；同时实行晋升退出机制，充分激发客户经理的工作积极性和主动性。三是完善绩效管理机制，零售化，按业务规模、区域资源细分网点级别，再建立“产能、效能、功能”三维指标，评价经营效果；综合化，客户拓展与产品营销相结合，如新增个人客户必须配备相应银行产品，才视同有效客户；零售业务指标纳入对公客户经理考核；差异化，加强分类考核，对各岗位根据工作职能设置差异考核指标，提高针对性和有效性。

【优化渠道布局】 金华分行顺应时代发展趋势，全面推进电子渠道战略，优化网点网络环境，加强移动银行体验区建设，并以12306平台开通为契机，开展手机购票等场景营销，战略性的推广电子银行，全年净增手机银行和个人网银客户16.3万户和12.7万户，增幅及贡献提升度均列全省第一；本着物理网点与自助银行“区域互补、功能完善、服务立体化”的原则，大力推进自助银行建设与自助设备投放，同时“用好增量，盘活存量”，优化调整物理渠道和自助渠道，全年完成网点搬迁2家、原址扩建改造6家，新设17家自助银行(其中6家为智能银行)、新设3家自助点、迁址1家自助点。

【优化信贷操作流程】 在零售业务资产业务流程优化的基础上，公司信贷业务也实施客户经理岗位职能分离，分为营销调查客户经理与分析支持客户经理。营销调查客户经理主要负责客户拓展、产品营销、现场调查和贷后检查，分析支持客户经理主要负责集中发起业务流程、事务性工作、非现场的核查分析和贷后管理工作。经过改革，建立风险制衡机制，提升风险控制能力，提升信贷业务运行效率。

【保卫资产质量】 一是转变思想，适应新常态。当前的形势已进入资产质量持久战，金华分行积极转变思路，并在兰溪支行等风险暴露较为集中的支行设立信贷管理科，围绕“管细、管精”的理念，确保“一拨人”专门拓展市场，“一拨人”专门压降不良，分工更明确，管理更精细。二是多措并举，提升清收效果。继续加大不良贷款清收处置力度，把现金清收作为处置不良贷款的首选手段，加快诉讼执行进度，结合省高院清理执行积案的契机，各环节专人跟踪，一环紧扣一环，加快担保代偿、司法处置、押品拍卖进程，特别是个贷诉讼执行力度。同时，综合运用批量转让、贷款平移、还款免息、本息无损失转让等渠道加快处置，确保完成年末双降目标。三是关口前移，控制不良源头。为防止前清后溢，加强管理，把好准入关口。严格遵照执行省分行提出的“五条高压线”要求，坚持有进有退，同时进一步加强信贷管理，实施准入审议制。同时，加强风险排查，对出现风险苗头、经营指标异常变动的客户按时跟踪，对风险隐患及时制定化解预案，做到早发现、早解决。四是落实职责，严格责任追究。逐户制定清收处置方案，落实清收责任人，做到考核到人、责任到岗、措施到户，抓好风险资产压降工作。

【内控案防管理】 一是提升风险管控的前瞻性。在全行零售业务改革过程中加强重要风险控制环节的研究，完善存在的漏洞和需重点关注的事项，确保改革前后平稳过渡。出台内控案防网格化管理小组工作制度、内控案防考核等相关制度，成立专业案防小组，形成上下贯通、左右畅通的内控案防体系。积极介入新制度、新产品、新业务、新机构的事前合规审查，开展合规审查事项17项，提出修改意见27条，梳理现有1600多条制度的问题与缺陷。二是提升监督检查的有效性。统筹各专业检查项目，围绕监管热点、重要风险领域及新新情况新问题，组织开展外包业务、零售业务转型、外汇业务、分期付款、印章等方面的12个专项或联合检查。完善非现场和统筹监测机制，积极推进“进系统、用系统”，构建95个日常监测指标，创新39个监测模型，全面完成业务运营核查改革。三是提升重要风险点防控能力。对照案件和重大违规事件通报，各类检查发现的问题,研究确定7个重要风险点和17个业务风险点,落实防治责任到具体岗位和人员,加大监督检查力度,做到年中检查、年末评估考核。研发投产“员工重要事项报告系统”,所有员工已报告住房、车辆、投融资等情况,同时深化员工行为动态管理,走访员工家庭1157家,各级领导与员工谈话1078人次,发放问卷调查表944份,向企业发放问卷调查表735份,向员工异常行为信息员了解情况422人次。对全行员工进行征信系统查询,深入了解员工的“工作圈”“生活圈”“交友圈”以及消费透支情况,突出员工直接或变相参与民间借贷、参与经商办企业、道德风险等行为的排查,加强员工异常行为防控。

【服务基层、服务客户】 创建“三带”工作法,提升双服务能力。一是以点带面。由市分行一把手带队带领市分行5个部门近30人到永康支行现场蹲点一星期,与网点人员一起跑客户、做业务,发现解决55个问题,并建立完善过程管理机制在全辖推广。二是市分行带支行。建立“找短板、解难题”工作机制,市分行各部室直接融入支行经营发展,找到专业条线的短板,帮助支行分析问题、解决问题。建立由87名业务骨干组成的专家团队,开发专家支持互动平台,解决支行与网点的业务疑问。三是党员干部带群众。组织市分行138名干部员工开展大堂奉献日活动,利用休息日前往网点行使大堂经理工作职责,帮助网点解决78个问题。

【管理人员培养】 加强对支行高管和本部高管的后备干部、支行青年管理干部、专业人才的培养工作,全年提拔支行行级、总经理助理级高管13名。三是加强员工综合培训。坚持问题导向,采取半军事化的形式,理论结合实战,组织5期客户经理、1期网点负责人和一期厅堂管理岗培训,培训人员500多名。

(盛　炜)

中国农业银行金华分行

【贷款增量全省前茅】 一是围绕“规模”下功夫。通过提升经营品质,争取上级行信贷资源的倾斜性投入。2014年各项贷款增量达99亿元,贷款增量居四大行第一,连续两年居全省农行系统前茅。二是围绕“结构”促转型。通过调整信贷结构,积极支持工业经济转型升级。一方面支持战略新兴产业发展,把信贷投向重点放在解决企业流动资金需要、支持扩大再生产方面。制造业贷款余额达360.7亿元,新增33.8亿元。另一方面把支持小微企业发展作为战略性任务,加大资源投入,设立小微企业专营机构,加快产品创新,多渠道解决小微企业融资困难。小微企业客户贷款余额达334.5亿元,比年初增加56.8亿元,贷款增幅20.45%,比全部贷款平均增速高出7.61个百分点。在浙江小微企业金融创新推选活动中,农行金华分行获全省农行系统唯一“最佳服务专营机构”荣誉称号。三是围绕“民生”做文章。积极投身“实事惠民”行动,积极参与旧城改造、新型城镇化建设,积极支持农户迁移集聚、旧村改造、移民下山安置等重点民生工程项目。2014年针对“五水共治”行动,专门创新制定“五水共治”项目贷款产品,已列入信贷支持的“五水共治”项目4个,贷款额度6.7亿元。同时,积极实施“三农”差异化发展战略,加大“三农”区域资源倾斜投入,确保涉农贷款“两个不低于”政策实施。2014年末全行涉农贷款余额576亿元,比年初增加87亿元,增幅17.88%。四是围绕“服务”出实招。及时满足企业多元化的金融服务需求,稳步推进并购财务顾问、融资租赁、理财顾问、银团贷款等业务。借力境外代理行,为外贸企业从境外融资、助力企业海外业务拓展,并帮助企业降低汇率风险。通过优化流程、创新贷款等措施,使有限的资源最大限度地助力实体经济发展。五是围绕“责任”抓帮扶。针对当前实体企业困难较多,全力做好企业的帮扶工作,尽心尽力帮扶困难企业平稳过渡。近年来,农行金华分行通过延长结息周期、期限错配法等对资金周转暂时困难的企业实行展期,办理无缝对接贷款;通过降低利率执行水平,减轻小微企业融资成本,新发放人民币贷款加权平均上浮幅度在同业中处于较低水平;认真落实小微企业收费减免政策,为小微企业客户提供更快捷更优惠的结算服务。

【发展普惠金融】 制定《普惠金融工程实施方案》《普惠金融工作考核评价办法》。通过普惠金融工程实施,提高支农支小贷款覆盖面,改善金融基础建设，加大金融服务供给力度，构建基础金融不出村（社区）、综合金融不出镇（街道）的服务体系，让全市公众普遍享有金融服务的权利。一是通过建立普惠制的农村金融服务平台，打通农村金融服务的"最后一公里"。通过实施"金穗惠农通"工程，农行金华分行将服务触角延伸至乡村层面，努力为广大农民朋友提供基础、普惠金融服务。通过开展"惠农通提质增亮"活动，该行将现代金融服务送到更多的乡村，让农民在村里便可享受与城市人一样的平等金融服务，充分践行普惠金融的核心理念。农行金华分行安装惠农通2690台，行政村覆盖率近85%。同时惠农通的代理缴费、充值、自助贷等业务快速发展。全行通过惠农通办理的业务笔数累计达17.8万笔，交易金额达7196.6万元。二是加大农村金融自治村创建力度，着力解决农村农民贷款难题。将村民自我约束和群众监督的现代自治方式成功地复制到金融服务中，有利于方便农户取得农户贷款，有利于农行找准贷款农户，更有利于增加村两委的威信和农村经济发展与社会和谐稳定，取得农户、农行和农村的多赢共促格局。农行金华分行审批创建农村金融自治村160个，农村金融自治村项下农户贷款户数达3962户，农户贷款余额4.6亿元。三是不断加大支农服务创新。选择8个不同经济类型、不同区块的乡镇作为"三农"联系点，落实"专门方案、专员服务、专项资源"工作制度。同时，还选派38名优秀业务骨干，分赴38个乡镇、街道担任镇长（主任）助理，积极宣传国家惠农强农富农政策，主动对接"三农"金融服务需求，升级农村区域的普惠金融服务。

【社会公益】 组织开展青年志愿者活动。成立"学雷锋"青年志愿者小队，积极参与和开展无偿献血、文明交通劝导、"青春聚力 五水共治"活动、"爱心同行、衣往情深"暖冬捐赠行动、"DIY月饼关爱空巢老人活动"、"爱在身边独居老人集体庆生会"等青年志愿者活动，受到金华市团委和金华市志愿者中心的充分肯定。助力环保和社会公益事业。在网点专设"大熊猫"旧衣回收箱，发放旧衣回收倡议书，累计回收废旧衣物100余公斤，爱心捐赠给偏远山区的贫困人群，为金华的环保和公益事业贡献农行人的一份力量。用心关爱农民工子女成长。在金华市河盘桥小学建立第一个农行青年志愿者基地，组织青年志愿者们定期走进校园，开展"雏鹰反哺 感恩父母"专题活动、"共享书香 共筑梦想"爱心读书会、"点亮微心愿"圆梦活动、积木机器人互动体验等丰富有趣的活动，让缺少父母陪伴的农民工子女们感受到关爱和快乐，得到《中国城乡金融报》、新华网、《中国日报》等主流媒体的关注，将农行青年感恩社会、回报社会的阳光正能量传递。积极做好扶贫结对工作。每年到扶贫结对村——武义县坦洪乡上陶村开展扶贫工作，走访慰问困难群众，为他们送上慰问金和慰问品，向他们表达农行人的关爱之情。每年切出经费为共建单位办实事，解决实际困难；帮助社区修建道路，帮助牵头社区解决一些实际困难；积极组织参与社区、文明委的各项活动。

【荣誉】 农行金华分行获得全国金融系统思想政治工作先进单位、农总行第五届学习型组织标兵单位、浙江省思想政治工作先进单位、浙江省企业文化建设示范单位等荣誉。

（陈土法）

中国银行股份有限公司金华市分行

【概述】 截至2014年末，全市中行本外币各项贷款余额584.07亿元，新增74.48亿元，增幅14.61%，新增额居全省中行系统第一。本外币各项存款余额484.49亿元，新增38.67亿元，增幅15.40%。年末余额贷存比达120.55%。被评为2014年度市级金融机构绩效考评优胜单位。

【开拓资金业务】 在贷款规模紧张的情况下，坚持调结构、保重点，"用好增量、盘活存量"，紧密国家级现代服务业综合试点、"四破攻坚"、"五水共治"等重点领域，积极做好信贷对接，加强信贷资金配置，先后为兰溪赤山湖、武义大红岩、市经济开发区西关区块"四破"整治、婺州新兴产业集聚区低丘缓坡综合开发等一批重大、重点项目发放贷款25.36亿元。同时，合计为13家企业"机器换人"技改项目发放贷款6.68亿元；支持61家国家级高新技术企业，授信余额达32.47亿元；新增新能源汽车等四大重点扶持产业贷款11.26亿元，新增服务业贷款50.31亿元。在此基础上，拓宽融资渠道，创新利用委托债权、短融券、私募债等投行工具,合计帮助横店集团、众泰集团、东阳海天、永康群升等一批企业从资本市场获得资金35.67亿元，全力助推实体经济转型升级,勇当金华经济金融发展主力军。

【做强跨境业务】 紧跟人民币国家化、一带一路等国家战略实施步伐，充分发挥中银集团国际化、多元化的传统优势,着力创新产品和服务,从贸易结算、贸易信贷、信用担保等多个维度,为金华企业“走出去”提供专业化、全方位的金融服务,全年合计办理国际结算135.03亿美元,跨境人民币业务110.66亿元,两项业务市场份额均领跑同业,努力打造成为金华“走出去”企业的首选银行和贸易金融服务的典范银行。在此过程中,一方面当好资金“红娘”，加深与中行海外机构业务合作，通过协议融资、福费廷转卖等跨境创新产品帮助企业从境外融通资金25.28亿元。另一方面，大力推广远期结售汇、区间宝等优质资金业务，打好汇率避险" 组合拳"，合计为金华本地1000余家外贸企业办理汇率避险产品36.9亿美元，切实帮助企业节约财务成本,解决“走出去”的后顾之忧。

【破解小微融资难题】 坚持 “抓大不放小”,全面复制、打造“中银信贷工厂”新模式,不断提升对小微企业金融服务能力,取得良好成效。截至2014年末，国标口径小微企业贷款客户已达1386家,新增148家;贷款余额146.05亿元,新增29.29亿元,成为本地四大行中唯一一家实现小微企业信贷“三个不低于”目标的银行。针对金华板块经济、产业集群、专业市场等不同客户的不同金融需求,持续推广 “网络通宝”“影视通宝”“永康通宝”“木艺通宝”等十余款专为小微企业量身定做的“通宝” 系列产品,众多小微企业从中受惠。其中,“木艺通宝”被国家文化部、财政部和人民银行联合评为2014年全国十大“优秀文化金融合作创新成果”之一。

【深化金融服务内涵】 一方面，严格执行服务收费“七不准、四公开”等监管规定,免收或取消公司金融咨询服务费、财务顾问费等多项贷款费用,明确贷款房屋抵押登记费一律由银行承担,并建立贷款定价动态调整机制，合理确定利率浮动水平，切实降低实体经济融资成本。另一方面,积极探索“三农”金融服务模式,创新推出“林权通宝”“益农贷”“中银福农卡”等一系列支农担保方式和授信业务产品,并结合移动金融服务潮流,在中行网点未覆盖的乡镇农村地区建立近50个“手机取款”点,努力解决金融基础服务“最后一公里”问题。同时,积极践行“服务为善”理念,持续改善客户服务体验,分行营业部被评为“中国银行业文明规范服务五星级营业网点”和“中国银行业文明规范服务千佳示范单位”,擦亮中行百年老店的金字招牌。

【维护区域金融稳定】 面对复杂严峻的经济金融形势,坚持一手抓发展,一手抓管理。成立不良贷款清收的专门机构和工作小组，出台专项奖惩方案,推行清收化解三级责任制,合计清收化解不良贷款8.92亿元。另一方面,担当责任、顾全大局,积极配合地方党委政府开展好对“两链”风险企业的协调处置，并发挥自身专业优势帮扶企业瘦身解困、渡过难关,及时控制和化解风险。同时,深入开展“平安中行”“平安金融”创建活动,引导全行员工牢固树立“诚信经营”“合规立行”理念,连续9年无案件、无事故,被浙江省公安厅、浙江银监分局评为“2014年全省银行业金融机构安全防范工作成绩突出集体”,以实际行动维护区域金融稳定。

(沈新昌)

中国建设银行股份有限公司金华分行

【概述】 全年总行口径一般性存款日均余额505.9亿元,比上年提升0.37个百分点。其中,对公存款日均余额298.1亿元，比上年提升0.01个百分点;个人存款日均余额207.8亿元,比上年提升0.79个百分点。一般性存款日均新增33.2亿元。截至年底，全行各项贷款余额568.14亿元，新增26.82亿元,其中:对公贷款新增13.2亿元,个人贷款新增13.6亿元。大力支持城镇化、新农村建设等重点项目,基础设施贷款新增30.90亿元。深入开展“提升信用品质,服务实体经济”主题活动,累计发放贷款356.75亿元,有效解决1436个客户的资金需求。大力发展个人信贷业务，全行新增个人贷款客户数1.04万户。全年实现中间业务收入6.24亿元,同比增长3%,比上年提高0.64个百分点。

【优化客户结构】 客户群体不断扩大。全行机构存款日均新增16.3亿元，增长14.3%，居系统第2。单位人民币结算账户数四行占比为23.82%,比年初提高0.28个百分点,新增占比27.07%。个人有效客户折算前新增4.5万户,居系统第2,折算后新增19.23万户,居系统第3。

【产品结构特色鲜明】 入总行资产池8200万元，成功承销10亿元短期融资券和9亿元中期票据。全年退出贷款10.3亿元,完成省分行下达计划的294%。网络联保贷款客户退出277户,退出比例达67.5%，贷款余额减少6.67亿元，退出比例达73.5%。

【改善渠道结构】 推进"三综合"建设,全行综合性网点占比达到100%。网点客户平均等待时间下降42%。网点自有率从年初的67.52%提升至68.19%。低效网点退出2个。自助设备账务性交易量比达79.68%。电子银行账务性交易量占比40.63%,比上年提升2.25个百分点,离柜账务性交易量占比87.72%。

【不良压降达预期】 全年利用特殊化解机制认定风险客户72户,涉及信用余额23.22亿元。全年共处置存量不良资产7.69亿元。其中，常规处置1.61亿元，核销3.34亿元，打包2.74亿元。截至2014年底,全行不良贷款余额11.05亿元,不良贷款率为1.94%。

【案件防控】 强化内部风险控制,14个条线共修订完成77项管理制度,完成24个审计整改项目,涉及整改问题208个,整改率100%。全年对员工违规积分2393分,累计1441人次,涉及621人,员工违规积分覆盖面居系统第1。扎实推进平安建行创建工作,成功堵截第三类案件38起,分行获评浙江省"平安银行"建设先进单位称号。

【素质提升】 共组织184期培训，累计一万多人次参加，有效提升了各层面员工业务素质和能力。做好员工晋升和交流工作,共有192人获得职等晋升,本级共有25名网点柜员及客户经理实现跨网点交流。

【获全国文明单位称号】 2015年2月28日,在中央文明委召开全国精神文明建设工作表彰暨学雷锋志愿服务大会上,命名表彰第四届全国文明城市、文明村镇、文明单位,习近平总书记会见第四届全国文明城市、文明村镇、文明单位先进代表并发表讲话。中国建设银行金华分行作为浙江金华地区此次唯一国有基层银行荣获命名表彰全国文明单位。

（王竹江）

金华银行

【概述】 年末,金华银行资产总额485.16亿元,比年初增加891.56亿元,增长22.51%;各项存款余额379.42亿元，比年初增加32.68亿元，增幅为9.42%；各项贷款余额280.13亿元，比年初增加33.60亿元,增幅为13.63%;不良贷款率为1.09%,比年初减少0.01个百分点；实现经营利润6.42亿元,同比多增0.11亿元;上缴各类税收3.07亿元,同比增长26.49%。

【提高金融服务效能】 优先拓展融资敞口1500万元以下的小企业客户群体,重点发展资本低消耗融资总量500万元(含)以下的小微企业(包括个人经营性贷款)贷款。专门增设小微企业中心,简化小微企业贷款业务的审批程序，减少贷款审批层级,对符合条件的信贷业务充分授权,提高贷款审批发放效率,推动信贷资源向小微企业贷款集中,实现小微企业贷款增速、增量、增户"三个不低于"目标。对融资敞口200万元以下的微小企业启用"简易贷"申请书及调查表,进一步简化相关手续,提升服务效率,实现小微企业贷款业务"批量化、标准化"运行。年末,全行小微企业贷款余额为192.66亿元,比年初新增25.34亿元,增幅达15.14%,高于全部贷款增速的1.51个百分点,占全部新增贷款75.4%。

【创新金融产品】 一是创新并大力推广"年审制"贷款业务。截至2014年12月末,已审定列入名单库管理的企业317户,入库金额34.5亿元;已经办理197户,办理金额11.31亿元。该业务推出后迅速取得良好的市场效应和社会效益,在2014年金华市"两会"上引起两会代表和政府主要领导的高度关注。在2014年3月6日全市"推动银企合作,助推实体经济发展"的银企合作推进会、5月29日"无缝对接、助力小微"金华市银行业贷款方式创新推进会以及6月份市区银企对接会上,分别就"年审制"贷款业务开展情况作了专题经验交流发言。9月10

日浙江省政府办公厅《昨日要情》以《金华银行创新还款方式降低小微企业融资成本》进行刊登。二是推出了“支小贷”贷款业务，实行保本微利信贷投放原则，实现普惠金融。至2014年12月末，“支小贷”累计发放金额4.78亿元，余额4.61亿元，涉及企业281家。三是推出“拍卖通”贷款业务，支持中小企业转型升级过程中的固定资产贷款需求。四是推出“小微通”循环贷业务，给予小微企业一定的贷款额度，并在规定期限可以通过网银或柜面自助进行循环贷款。五是推广“商标专用权”“专利权”“收费权”“排污权”“理财产品”等新型抵质押业务创新产品，拓宽了小微企业融资渠道。六是推出“国内再保理”“信用保险保理”“出口商业发票融资”等金融产品，引导小微企业向多元化融资发展。另外还推出外币单位大额定期存款业务及多项理财产品。

【推进改革】 重点进行包括全行总行管理架构、薪酬管理制度和专业序列管理制度等六项制度改革。同时总行设置6个盈利中心，将部门自身经营绩效与分(支)行经营绩效挂钩，明确职责。通过改革进一步做到“五个强化”，即：一是强化总行对分(支)行的条线管理。进一步明确和强化分管行长对条线业务的管理与考核权限。二是强化分(支)行类级行管理。根据规模指标、效率指标、质量指标、成长性指标和风险管控等指标对各分(支)行进行考核划分，类级考核实行一年一定，动态管理。三是强化业务发展定位。总行专门设置小微企业中心、网络金融部和投资金融部，为批量化、标准化、规范化发展小微企业金融业务奠定基础。四是强化专业化管理。根据不同的岗位性质和技能要求，新建立专业技术序列职务晋升通道，将管理人才与业务技术人才培养相结合，逐步弱化干部管理行政化。

【风险控制水平】 一是加强信贷资产质量管理。一方面加强信贷资产形态迁徙管理，及时根据资产质量变化情况调整风险分类等级，确保贷款分类结果能真实反映借款人资产质量和真实风险。另一方面加强对日常审查管理，从严把握准入条件，重点关注企业客户非财务因素特别是对外融资、民间借贷以及对外担保等风险预警。二是加快风险管理系统建设。风险管理系统第一期建设框架初步搭建完成。三是有效开展风险状况评估。做好信用风险、市场风险、流动性风险、操作风险、信息科技风险的日常识别、计量、监测、分析工作。四是完善信息科技风险管理。拟定40项信息科技动态监测指标数据采集表单，为信息科技风险识别提供参考依据。五是定期开展压力测试。分别开展市场风险、流动性风险、信用风险房地产贷款和汇率风险压力测试，为提早做好资产与负债的合理配置提供参考依据。

【科技支撑】 充分发挥科技对业务发展的支撑作用，着力加强IT支撑能力建设。一是根据监管部门的辅导式监管要求做好重点项目开发。完成了资金转移定价系统(FTP)的开发、测试、上线工作，完善经济资本考核体系，提高全行内部资金管理水平；完成客户管理系统(CRM)的建设，进一步提高客户服务水平；完成绩效考核系统的建设，提高绩效管理能力，提高全行干部员工的工作积极性。二是推进业务系统建设促进业务发展。完成二代支付系统、微信银行、“双龙盈”、“聚息宝”系统、理财平台、银宝通项目、数据中心升级优化项目、票据系统、ATMPVC系统(二期)、“小微通”循环贷系统、龙通卡系统、龙通卡车贴项目、公积金贷款、银监标准化2.0、ATM跨平台系统、网银四期、支付信息统计分析系统、人行公务卡报销系统、行长辅助决策系统的开发与上线工作，有力地促进业务的发展。三是完成基础设施改造保障业务稳定运行。完成中心机房发电机增配和配电、核心网络、重要业务系统设备、中心机房UPS和精密空调增配、永康灾备机房3G网络接入及相关系统的容灾升级等多项硬件和项目的升级改造工作，大幅增强各项系统运行的安全性和可靠性。四是拓宽电子银行功能。推广网上银行、微信银行、手机银行等新渠道产品，发展电子商务等互联网平台，增强电子银行的替代效应。

【企业文化建设】 一是打造高素质员工队伍。制定《金华银行2014年员工教育培训计划》，全年共实施培训98次，开展两次员工业务技能考核，鼓励全行员工积极参加专业技术资格考试。二是提升文明服务水平。以争创省级文明单位为契机，从提升服务硬件和软件入手，优化文明服务环境，加大文明服务检查力度，对全行60家网点开展优质文明服务检查。三是组织多项赛事丰富员工精神文化生活。成功举行“活力商行 舞动金秋”排舞大赛，组织了第七届职工篮球比赛。四是开展“五水共治”捐款活动,共捐款160.1万元。

【便民银行卡发行】 10月28日,与市公交集团合作发布“双龙·龙通卡”,真正实现市民出行一卡通。

【首家社区支行开业】 2014年9月28日,东方前城社区支行开业,为全市首家社区银行。

【跨区域机构设立】 2014年3月,衢州常山小微企业专营支行开业;5月温州分行开业;同时嘉兴分行、衢州江山支行、杭州拱墅小微支行获准筹建。

【小微企业债发行】 成功发行10亿元小微企业贷款专项金融债券,成为全市首家发行的地方法人机构,并在此基础上推出“专项小微债”贷款业务。共投放“专项小微债”540笔,合计投放金额10.05亿元,余额10.02亿元,惠及小微企业429家。

【同业存单发行】 成功发行同业存单10亿元,是金华地区首家成功发行同业存单的银行业金融机构。

(黄杰伟)

交通银行股份有限公司金华分行

【概述】 交通银行金华分行下辖江北支行、永康支行、东阳支行、浦江支行、武义支行。截至2015年5月初,该行本外币各项存款余额达75.87亿元,本外币各项贷款余额达82.92亿元,人均创利在全市金融行业名列前茅。另外,近年来该行先后荣获“中国银行业文明规范服务千佳示范单位”“交通银行总行青年文明号”“交通银行总行优秀服务网点”“浙江省银行文明规范服务示范单位”“浙江省小微企业最佳服务专营机构”“浙江财贸系统工人先锋号”等多项荣誉。

【实体经济发展】 交通银行金华分行实施城市成功路线图计划,夯实客户基础。一方面,认真落实平台搭建工作,推进自来水公司、电力公司的代扣代缴业务及非税系统,顺利对接国库集中支付系统,并向县域进行推广;以“四个一批”为抓手,积极介入金华城建、金华市交投、二七新村等市政工程项目。另一方面,抓好“搭平台、拓渠道、建系统”工作,强力推进集约化、全链条营销,深化与烟草、电力、水利、医院、教育系统客户的合作领域,并在医院和水利等行业系统营销取得业务合作基础上实现新突破。

同时,该行着力打造国际业务的精品银行。该行始终坚持以“服务为核心竞争力”理念为主的方式推进业务的发展,形成“客户经理+产品经理”的强强联合,上门服务营销与讲解外汇政策,针对各家企业的特点制订个性化服务方案。在该行开展的财富管理走遍浙江巡回路演活动中,邀请省级专家团队对金华当地150多家客户进行国际业务指导,凭借优质高效的服务赢得客户的普遍赞誉。

【服务惠民】 交通银行金华分行因地制宜,结合金华经济特点,紧紧围绕当地消费者的需求,不断推进业务和产品创新,通过科技含量高、附加值高的金融产品的设计和开发,打造出以“展业通”“东城IC卡”“沃德财富”“蕴通财富”等为代表的一批在市场上享有盛誉的品牌产品。先后推出并开展了“小小金融家进校园”“绿色生活社区行”“金邻惠商圈”等活动,并及时调整信贷政策,加大支持力度,以个人住房贷款、个人消费贷款为抓手,快速介入金融消费市场,扶持小微企业,打响“e贷通”“展业通”两大品牌。交通银行金华分行加大力度为消费者提供看得见、摸得着、用得到的“实惠”,如深入金华百姓生活的“最红星期五”“周周刷”“超红季”等系列活动,从最初的超市购物、加油福利、车险补助,拓展到餐饮优惠、1元看电影、网购补贴等等,紧扣消费热点,为客户送达真正的实惠。通过八年耕耘,交通银行信用卡也收获了丰硕的成果。截止2014年末,交通银行金华分行信用卡发卡量已突破27万张,在全市各金融机构中名列前茅。

【服务客户】 交通银行金华分行致力于“物理网点+电子银行+客户经理”的“三位一体”建设,全力打造一个零距离、未来的“智慧银行”。交通银行金华分行营业部设有电子银行体验区、24小时自助银行区、咨询引导区、电子填单区、现金服务区、对公业务区、理财业务区、客户等候区、公众教育区、沃德中心。同时,合理地布局,从细节为客户提供便利。对特殊群体,设置无障碍通道、无障碍服务专窗、无障碍洗手间、专属自助存取款机、爱心专席,并设有手语服务和助听设备;对外籍人士,安排双语服务;对高端个人客户,设有专属现金柜台和理财室、休闲商务区、私人洽谈室、私人影院、远程视频系统的会议室;对携带小孩的客户,设有母婴室、亲子活动室。同时,还为客户提供手机加油站、饮水设施、无线上网服务等等。此外,配有7名大堂服务人员,在不同区域引导客户办理业务并及时解答客户咨询。大堂经理通过智能叫号系统识别客户,依托手持设备,弹性柜台等实现客户有序分流,快速分层级服务。这些便民举措,都凝聚了金华分行全体员工的爱心与关怀。

(吕艳薇)

招商银行股份有限公司金华分行

【概述】 截至2014年12月末,分行资产总额达102.58亿元,各项存款余额68.35亿元,各项贷款余额102.09亿元。分行下辖营业部、江北支行、义乌支行、永康支行、义乌商城小微企业专营支行以及永康西城小微企业专营支行六个营业网点和14家自助银行,共有在册员工200余人。

【创新金融产品服务】 将"小微金融"作为业务发展的战略重点,积极探索小微企业金融产品,优化小微企业审批流程,在整体信贷资源稀缺、贷款规模紧张的情况下,确保小微企业贷款增速保持较高水平。一是创新服务模式,提供综合性支持。通过推出"贷款+结算+客户服务"打包式综合性小微金融服务以及生意贷、生意一卡通和生意会等小微企业金融产品和服务,帮助客户整合资源,助推发展。二是创新信贷业务,破解"贷款难"问题。推出抵押贷、配套贷、AUM信用贷、POS贷、小额信用贷、供销流量贷六大"生意贷"系列产品,提供抵押、信用、担保等多样化的贷款担保方式,解决小微企业担保难题。三是提高审批效率,解决用款"急"问题。不断简化审批手续,在资料齐全的情况下,两个工作日即可完成审批。四是创新贷款渠道,构建便捷服务体系。借助"网点阵地""网络接单""空中贷款""云转介"四大小微企业贷款新渠道积极开展营销。特别是通过24小时"95555-8"电话及网络在线受理等创新办理渠道,初步形成多通路的小微企业贷款营销服务体系,小微客户只要想贷款,"打个电话或者点个鼠标",就能实现24小时申请贷款。

【发展普惠金融】 一是强化员工服务技能培训,重视柜员业务技能训练。通过对员工开展专业化服务营销培训,举行业务技术比赛,全方位提高柜面服务效率及服务品质。二是集中开展一系列金融知识宣传教育活动。组织人员开展金融知识进社会、进学校、进社区、进市场、进企业等特色宣传活动。活动对市民自觉关注金融知识起到有效地推动作用,也更好地传递招商银行为民服务的理念。三是组织开展多种大型公益活动,将金融知识宣传与金融服务切实普及惠民。与金华最大的女性协会组织"爱心女人协会"携手组织开展多次大型公益活动。

【服务电商园区】 通过上门调研、问卷调查、网络测评等形式,充分掌握本区域网络金融发展特点规律,逐步形成各营业网点向"政府+重点园区+重点企业"交纵辐射的渠道服务新模式。一是政府渠道方面。充分利用政府支持网络金融大发展的良好机遇,通过政府渠道召开金华市电子商务企业金融服务座谈会,走访包括10多个不同行业的互联网企业,并开展合作。另外,形成《抢先发展先机 全力以赴推进金融电商业务——金华分行电子商务业务情况分析及发展建议》。二是重点园区方面。与金华一批电子商务园区达成合作意向,以园区运营商为纽带,对入驻企业进行金融知识普及,尤其是对从事电商的年轻人群体,集中普及互联网金融知识,并根据其提出的相关金融需求,动态完善解决方案。三是重点企业方面。与一批电子商务企业达成战略合作,利用现有的便民网点,将金融服务辐射金华本级,延伸到社区的百姓端,同时根据百姓反馈的金融需求,及时做好产品创新的跟进工作。与跨境服务平台、微信平台公司等进行深化合作,将金融服务用互联网的传播方式,延伸到客户终端,拓宽金融普惠的渠道。同时,与网络培训学院、跨境平台"跨境通"、第三方物流等合作,将金融普惠的对象进一步扩展,让学生、跨境小电商、物流群体等解到最新的金融知识,享受到最好的金融服务。

【合规经营】 一是规范收费行为。结合整顿规范银行业市场秩序的有关要求,认真规范收费行为,实行收费项目公开、透明,坚决纠正不合理收费等不规范经营行为,全面清理各类收费项目,对于收取不合理费用行为,一经发现,严肃追究相关人员责任，并从严处罚。二是提升服务质量。制订并实施一系列强化提升措施，通过针对性、一对一的重点督导来开展“五抓”：即“抓基础管理，抓核算质量，抓风险防控，抓服务提升，抓柜面营销”。突出抓好机关服务承诺制，真正做好二线为一线服务，不断提升服务管理水平。

（王　颖）

上海浦东发展银行股份有限公司金华分行

【概述】 2014年，上海浦东发展银行股份有限公司金华分行各项存款余额97.38亿元（含义乌为201.28亿元），比上年增加0.04亿元，增长0.04%（含义乌为16.09亿元，增长8.69%）。其中对公存款余额77.13亿元，减少3.67亿元；储蓄存款余额20.25亿元，增加3.7亿元。各项贷款余额65亿元（含义乌为140.95亿元），比上年增加1.5亿元，增长2.36%（含义乌为减少1.26亿元，下降0.89%）。2014年11月28日，辖属金华秋滨社区支行正式开业，这是金华地区股份制商业银行中首家持牌开业的社区支行，标志着浦发银行率先在金华地区实现社区支行的规范运营。浦江支行机构设立规划也已获监管部门批复同意。截至2014年末，全行有营业机构3家，自助银行7家，单位银行结算账户3159户，公司授信客户542户，个人客户2.5万户，电子银行客户1.6万户。

【转型发展】 按照“一户一团队”“一户一策”的差异化经营策略，起步推进客户分层分类管理工作，市内多家知名集团企业分别被纳入杭州分行级直营客户和重点客户，客户经营模式逐步转变，银企合作不断深入，合作成效逐步体现。积极推进票据业务发展，分行票据业务经营分中心顺利成立。在新业务尤其是投行业务方面，取得突破，成功办理首笔跨行银团贷款业务，首笔PPN债券融资业务和黄金租赁业务先后在永康和浦江落地，在积累投行业务经验的同时，进一步提升客户服务和营销能力。落实零售业务转型发展战略，零售业务发展成效明显，小微贷款业务全面完成“三个不低于”监管目标，年末小微企业贷款余额60.14亿元、比年初增加14.32亿元，客户数611户，比年初增加72户；个人金融资产余额26.29亿元，比年初增加6.84亿元，增幅17.50%。

【金融服务】 以“助小微、促升级、防风险、惠民生”为主题，确立了扶持小微企业的市场定位，认真制定小微企业信贷计划，立足浦发银行“两区一链”（即交易市场、园区和供应链）“吉祥三宝2.0”“信贷工厂”“微小宝”等特色服务，通过灵活定价和严格定价双重管理，切实减轻小微企业财务成本负担；在贷款审批上，开辟绿色通道，创新融资担保形式，探索科技型小企业保证保险贷款模式，利用小微企业抱团共担风险的融资形式，推动银企合作，着力探索破解小微企业“融资难、融资贵、担保难”问题。截至2014年末，实现小微企业贷款余额60.14亿元，比年初增加14.32亿元，客户数611户，比年初增加72户，小微企业贷款业务全面完成“三个不低于”监管目标。依托全市网络经济优势，提出“打造网络经济特色服务银行”口号，推行专项服务方案，推进P2B、P2P业务，与多家网络企业开展合作，涉及软件开发、网游运营、第三方支付等领域，有力地支持了金华市“一号产业”发展。同时，完善社区金融服务模式，金华地区股份制商业银行中首家持牌开业的社区支行——金华秋滨社区支行正式持牌开业，为周边授信企业代发客户、周边村民和经营户提供更加便捷灵活的金融服务内容。

【规范管理】 年初，将风险管理部与业务管理部进行分设，调配增加审查审批人员，按上级行要求对分行风险管理部主要负责人实行交流委派管理，提升委派人员的独立性和专业性；建立领导班子风险防控工作联系督导机制、与各经营单位签订风险防控与资产质量目标责任书；内设资产保全分中心，调配包括一名专职律师在内的专业保全人员力量，切实增加分行风险管理能力和资产保全能力；在内部管理理念上，以“四个第一”，即市场第一、效率第一、落实第一、简单第一为准绳，持续强化了员工队伍建设，针对客户经理开展风险识别防范和处置技能以及新产品使用专题培训，定期派员到上级行相关产品部门跟班学习。按照员工自身情况，适时调整岗位，努力做到合适的岗位有合适的人员注重持证上岗，客户经理持证率达到84.9%。针对运营人员加强岗位技能、资格以及服务礼仪培训,广泛开展“明职尽责”活动,定期召开服务管理推进会,金融服务品质得到不断提升。同时,在全辖范围内有效开展“钉钉子”精神、“三重三明”学习教育以及员工行为管理年活动,充分发挥党工团组织作用,积极开展烹饪培训、军旅生活体验、礼仪培训等喜闻乐见的活动;组织开展员工心理疏导讲座,不定期地分层次开展员工谈心互动,对员工生活、工作中遇到的问题和困难,高度关注、及时响应。

(应　超)

中国邮政储蓄银行金华市分行

【概述】 截至2014年末,全行个人储蓄存款余额为71.58亿元,公司存款规模为31.53亿元,同比增长45.03%;零售贷款余额为97.63亿元,全年净增8.98亿元,同比增长10.13%,结余量及净增量均排名全省系统内前三,小企业贷款结余16.47亿元,结余量排名全省系统内第二;资产不良率0.39%,低于全省系统内平均水平。

【便民惠民】 截至2014年末,承担全市约90万人的养老金代收付工作。其中包括46万人的养老金发放工作,月均发放金额达2亿元;包括45万人的养老金代收工作,年代收金额达6.95亿元。做好21万人的医保代收,25万人的涉农补贴发放工作。截至2014年末,累计发卡30.2万张,发卡区域基本锁定农村地区。推进助农结算点与村邮站的服务功能叠加工作,构建一站式服务网络,截至2014年末,完成叠加服务点700余个。此外,拓展信用卡刷卡特惠商圈,与近250家涵盖餐饮、娱乐、洗车等服务领域的商户建立良好合作关系,进一步普及信用卡特惠服务,建立“金华邮储惠生活”微信公众平台,设立办卡预约栏目,搜集意向办卡客户信息,进行上门办卡服务。

【支农支小】 截至2014年末,低丘缓坡项目贷款结余5亿元,参与义乌万达集团银团贷款项目,已顺利放款1亿元,授信浙江红狮控股集团3.5亿元,已放款1.5亿元。不断加大经营贷款投放力度,经营性贷款规模占贷款总规模的57.7%。全面开展“走百家,访万户,助小微——2014·邮储阳光行动”等客户走访活动,实地走访全辖产业聚集区、工业园区、城市商圈,联合当地特色行业协会以及商会开展产品推介会。同时,积极推进小企业经营权限下沉工作,通过优化审批模式、提高审批权限、梳理审批流程,个人商务贷款、小企业贷款审查审批平均用时较上年1月分别缩短了1.79天、1.94天,进一步加快资金投放速度。同时,不断加强金融服务创新,通过充分调研当地市场,结合不同客群实际需求,大力创新、推广小额循环贷、电商贷、增信贷、保函贷、接力贷以及政府资金转贷等业务。此外,积极探索特色服务建设。通过上级行审批,义乌、东阳、永康市支行获准成为特色支行。围绕当地“特色行业”,逐步将产品、服务质量做到最“优”,担负好当地产业链的深度开发工作。

【严防风险】 坚持“案件零容忍”目标和“审慎经营、风险先行”发展理念,根据总行、省分行工作要求,有序推进“合规大行动”,开展“一把手合规一堂课”、合规宣讲、员工学习、查找问题等相关工作。同时,持续开展平安金融创建、“雷霆行动”、民间借贷专项检查等各项工作,制定加强网点内控管理办法,稳步推进金融安全“心防工程”以及“安保能力提升”等专题活动。连续三年在省分行年度安保工作考评中排名第一,2014年被省公安厅、省银监局评为“心防工程”先进单位。

【提升服务】 在市本级解放西路支行、义乌市稠州路支行和永康市支行营业部实施网点转型试点,固化并推广标准化服务模式,不断健全便民服务设施。经过不懈的努力,网点转型工作处于全省系统内先进水平,三家转型网点在全省一阶段网点转型的总结会上均获表彰。

(胡　佳)

浙江泰隆商业银行金华分行

【概述】 泰隆在金华的服务范围遍及义乌、永康、武义、磐安、兰溪等区域,开设支行12家。截至2014年末,分行各项贷款余额425041.31万元,存款余额409026.98万元,分别比年初增加81681.01万元、38603.74万元,增幅19.22%、10.42%;贷款日均412470万元,存款日均394591万元,分别比年初增加74975万元、45712万元,增幅12.94%、12.89%;存款户数140682户,比年初增加40136户,贷款户数8147户，比年初增加2786户，户均贷款45.6万元。500万元以下贷款客户占比99.96%，余额占比98.69%;100万元以下贷款余额30.92亿元、占比70.2%,贷款户数6388户,占比90.2%。其中涉农贷款165751万元,占比38.99%。已、向小微企业发放贷款25000余户,500亿元,全部投向实体经济。2014年,实现账面利润13517.3万元。分行不良贷款余额4257.72万元,比年初增加2496.51万元;不良贷款率1.23%，比年初上升0.5924个百分点。截至2014年末,分行设行长1名,副行长2名,行长助理1名。分行共有正式员工437人,转正员工412人,正式员工中,营销序列218人,占比49.89%;柜面服务序列员工100人,占比22.88%;行政职能序列员工109人,占比24.94%;其他类员工10人,占比2.29%。

【服务小微客户】 把100万元以下客户作为信贷服务重点，对300万元以上信贷业务严格准入，将信贷资金投放到金融服务相对薄弱的小微企业领域。

【推广保证担保】 推行“保证为主，不依赖抵押”的担保方式,力推“信融通”和“义融通”业务,侧重借款人的人品和还款意愿,轻资产要求;对于担保人,重视情感约束,既简化调查手续,但又确保其对借款人起到良好监督作用。

【“一高一低”服务方式】 扩大手续费减免范围,实现“一高一低”,即贷款低费用、服务高效率,加大减免力度,在开户、网银、承兑汇票、抵押、函证等76项业务实现免费或减费。严格履行“新客户三天,老客户3小时”的“三三制”信贷服务承诺。借助日常的、长期的信息积累,通过“前移、同步和合并”贷款环节、简化贷款流程、下放审批权限等方法,实现对小微企业金融需求的高效处理。

【开拓电商和农村市场】 探索电商企业发展信贷服务模式,推出创新产品“电商贷”,并专设电商服务团队,为250多家电商企业办理“电商贷”,授信金额总计2.15亿元。与此同时,积极拓展农村市场业务,加大支农惠农力度,将涉农类、民生类行业纳入信贷支持行业,推出“易农贷”“乐农贷”,满足农户在涉农经营需要和农村建房等消费需求。

（李　彬）

省农信联社金华办事处

【概述】 2014年末，各项贷款余额865.63亿元，比年初增106.99亿元，其中涉农贷款余额761.36亿元,比年初增100.46亿元,增幅为15.2%,小微企业贷款余额643.47亿元，比年初增84.74亿元,增幅为15.17%,实现小微企业贷款增速高于全部贷款增速、涉农贷款增速高于全部贷款增速目标;各项存款余额1208.02亿元,比年初增加135.47亿元,增幅12.63%,存贷款余额连续五年位居金华同业首位。全市农信系统实现各项收入92.33亿元,同比增加11.49亿元,增幅为14.21%。

【加强创新服务实体】 一是实施创新计划。办事处出台2014年业务创新计划,全年各行社实施创新项目43项,办事处“普惠金融自助服务机制”被省联社确定为全省系统首创性产品与服务。二是推广系统产品。各行社积极推广省联社“丰收”系列产品和办事处“税银通”企业信用贷款、“美丽”系列产品,发挥整体优势运用效果。年末,全市丰收小额贷款卡、丰收创业卡比年初增加16230张和9928张,贷款金额分别增加22.16亿元和42.83亿元;“税银通”企业信用贷款343户,金额57099万元,比年初增加212户20250万元。新发放“美丽家园”农村住房贷款、“美丽田园”农业产业链贷款分别达到22.44亿元和16.41亿元。三是推广“微贷技术”。办事处将推广微贷技术列为年度重点工作,通过运用省联社微贷系统,引进微贷技术,倒逼信贷人员提升理念,探索适合行社的微贷管理模式。年末,通过微贷技术发放小微企业贷款1474户，贷款余额4.9亿元,户均贷款33万元。四是支持网络经济。围绕“电商换市”工程,各行社积极创新适应网络经济需求的特色金融产品。义乌农商行创新推出“网商贷”,向义乌商学院在淘宝网、京东网等知名网络商城创业的在校大学生推出大学生“e路通”;浦江联社举行“青春飞扬、普惠电商”青年电商创业高峰论坛,推出“网创贷”;武义农合行推出丰收“电商贷”;兰溪农合行组织全市青年创业大赛,配套推出“网商贷”支持创业;磐安联社推出“融e贷”,让山区创业者从“山上”走到“网上”。全年累计支持网络经济企业25户,网商客户296户,金额分别为4133万元和10238

万元。

【普惠金融】 一是信贷增量扩面。加大对美丽乡村、新型农业经营主体等重点领域的支持力度,年末,新发放农村基础设施贷款、农房改造贷款、农民专业合作社及社员贷款、家庭农场贷款分别达4756万元,21.51亿元,5.56亿元和2.59亿元;以丰收小额贷款卡和丰收创业卡为载体,全辖推进普惠授信,提高小额农户贷款工作效率。年末,小额信用贷款户数、余额占比和小额贷款覆盖率分别达到38.16%、17.22%、91.76%,比年初增加16.5个、12.5个和0.74个百分点。二是创新服务机制。为解决农户担保难、银农信息不对称和借款人资产处置难等三大难题,金华农信采取整村授信,批发式的方式发放免担保的"金融自助"信用贷款。年末,8家行社完成了80个"金融自助"服务示范村试点,共有2867户农民加入自助组织,授信额度52938万元,1767户农户获得贷款31845万元。省、市、县各级政府及监管部门领导对此充分肯定,朱从玖副省长指出,"金融自助"是特定层面的信用合作,值得研究。省政府办公厅《专报国办信息》《内部参考》等对此进行专题介绍,引起社会各个层面的广泛关注。三是完善服务渠道。开展丰收信用工程建设,推进信用户、信用村、信用乡镇和农民专业合作社信用等级评定。年末,各行社与4930个行政村签订《银村全面合作协议》,占全部行政村的96.16%,农户经济档案建档率比年初提升18.89个百分点。评定信用户1030497户、信用村3445个、信用镇48个,分别占全市总数的74.88%,67.84%,31.79%;建设"丰收村村通"工程,构建以物理网点为中心,离行式自助银行、金融便利店、特约商户等为辅的服务网络。年末,行政村自助机具覆盖率达到83.75%,以全能型金融便利店服务标准设立有人值守自助银行19家;应用3G无线技术,在行政村布放无线自助终端,推广手机银行、微信银行等电子银行产品覆盖面,为农村居民提供低成本基础性金融服务。年末,新增个人网银及手机银行24.78万户、企业网银5686户,电子渠道交易笔数替代率52.47%,比年初上升9.96%。四是强化品牌宣传。牵头组织开展"普惠金融"广告宣传片、"普惠金融讲师"宣讲、普惠金融好新闻评选和微宣传大赛等品牌活动,与金华日报联合组织"普惠金融八婺行"采风活动。引导各行社建立9个微信公众平台,发了779条微信,金华农信·普惠金融剧场"连续剧"13集连载等段子,吸引6.5万名粉丝的关注,实现线上线下宣传互动。

【打造民生工程】 一是做好乡镇财政国库集中支付、社保卡、一卡通、公务卡等关系民生和政府服务效率的工作。年末,累计发放社保卡191.42万张,为全市125个乡镇提供财政国库集中支付服务,占全市乡镇总数的81.7%,为281家单位提供公务卡服务,为全市98.42%的行政村提供资金结算和理财服务。二是办事处深化与金华市委组织部、市财政局、市人力社保局合作,联合下发《大学生村官创业贷款指导意见》,全辖推广"大学生村官创业贷款",鼓励和支持大学生村官投身创业大潮。三是面对复杂的经济金融形势,坚持不抽贷、不压贷,全年发放转贷通系列贷款76.97亿元,帮扶1384家困难企业渡过难关。如浦江联社与浦江县财政局签订政银合作协议,设立1亿"通济转贷"资金;兰溪农合行制订《关于规范使用市政府工业企业转贷专项资金周转贷款的办理程序》,方便企业使用财政资金用于转贷;永康农合行推出"转贷通"项目,设立10亿元信贷规模;东阳联社推出"阳光·续贷通",解决小微企业借助外部高成本搭桥资金倒贷问题。市人大常委会副主任张荣贵到金华农信调研时指出,金华农信实施普惠金融工程启动早,围绕三农载体多,措施实,效果好。

【风险管控】 一是破解"担保链"风险。加强信贷客户的准入管理,积极落实"限三禁五"监管要求,定期开展"资金链""担保链"两链风险排查,掌握和摸清存量客户"资金链""担保链"情况。如浦江联社与县工商局联动,建立工商金融信息互动平台,双方定期发送企业登记变动情况、违约等动态信息。全年各行社主动退出和压缩客户693户,金额16.08亿元。二是加强信用风险管控。全年下发风险预警通知书426份,涉及438户、金额12.33亿元,清收处置表内不良贷款5.59亿元,核销不良贷款2.75亿元。各行社积极利用省高院"点对点"查询系统,锁定活跃账户进行冻结,大大提高执行查控效率。如磐安联社加强与法院沟通,专设集中执行月,并结合金华38频道媒体曝光催讨,提高清收效率。

三是强化案件风险防控。办事处组织“案防大讲堂”暨廉政警示教育活动培训班,指导和督促行社对重点业务领域持续开展以“控风险、防案件”为导向的经营管理监督检查。全年累计查出问题5295笔,金额240.3亿元,对42人进行纪律处分,3929人受到经济处罚,金额256.7万元。四是加强内部审计转型。创建“审计质量听证”制,根据听证结果加分,倒逼行社提高审计质量。全年有2个项目被评为省内审协会优秀项目,2个项目获得通报表彰,获奖数量创出新高。新建立审计模型17个,丰富非现场审计手段。开发问题整改电子系统,实现违规风险等级、违规问题库、问题整改台账等3大功能。建立“蒲公英”课堂,将审计理念、合规意识、风险防控等知识传播到每位员工。五是提升内控管理水平。办事处指导东阳联社成功获得会计基础工作行社综合一级单位,并对8家行社的37家申报及复检单位开展达标考核验收。全年成功防范和协助公安侦破案件67起,在“心防工程”建设活动和防范电信诈骗专项行动中,荣获省级先进集体1家、省级先进个人2名,市级先进集体3家、先进个人3名。

(杜圆婧)

浙江金华成泰农村合作银行

【概述】 2014年,金华成泰农商银行在社会各界大力支持下,成功实现农商行改制。一年来,紧紧围绕打造精细化管理目标,突出普惠金融工程和群众路线教育实践两项重点,以“扎实基础、精细管理、改进作风”为主线,扎实推进普惠金融,丰富渠道建设,强化风险防控,各项业务经营保持稳健发展。截至2014年末,各项存款余额117.67亿元,年内增加16.52亿元,增幅16.34%;各项贷款余额79.72亿元,年内增加10.13亿元,增幅14.55%;不良率1.88%;利润总额18450.90万元。

【普惠金融】 一是组织召开普惠金融推进会。3月11日,组织召开普惠金融工程推进会,在总结推广普惠授信试点经验的基础上,全面部署未来两年五大具体工作目标,并对金融自助服务示范村进行授牌。二是主动对接政府涉农工作。通过多方努力,积极对接,完成婺城区10个乡镇国库集中支付及公务卡业务开办工作;金东区完成8个乡镇国库集中支付试点工作;开发区签订3个乡镇国库集中支付代理协议以及非税收入账户维护动员。三是扎实推进“金融自助服务示范村”试点创建工作。在5个金融服务示范村设立金融自助服务组织,年内通过金融自助服务组织授信224人,授信金额3706万元,发放信用贷款130户,金额2412万元。四是开展“普惠快车”试点。9月份争取到省联社“普惠快车”业务模式试点。9月21日,召开增户扩面动员大会,要求用好用活“普惠快车”载体,积极开展进村入户活动。10月20日全面试点“普惠快车”业务模式办理,大大提高小额贷款的办贷效率。截至12月末,建立“普惠金融客户信息”档案19844户,通过“普惠快车”模式发放贷款3361笔,金额43509万元。

【渠道建设】 一是优化物理网络。积极推广有人值守自助银行,于5月份正式启用城西和新农贸两个有人值守自助银行。年内新增ATM机36台,总量达到130台。二是完善电子网络。继续积极推行网上银行、电话银行、手机银行等3大电子平台,于6月底完成3G无线平台建设;推出电子银行业务专项营销活动,年末电子银行替代率达49.91%。三是深化便民服务。推出低田“家园卡”,开办全省首张以村冠名的银行卡;积极做好便农自助服务终端设点工作,全行453个助农取款点百分百启用,除了实现存取款业务外,联通、电信充值,电费缴费等功能均得到良好运用;完成新增8台便农自助服务终端的开通。四是拓宽外汇渠道。推出远期结售汇业务,帮助客户提前锁定汇率,规避汇率风险;成功办理速汇金业务、出口托收业务、个人贸易结算业务、个人外汇贷款业务等。年末止,完成国际业务结算量8924万美元,结售汇量6213万美元。

【风险管控】 一是开展主题教育活动。以“蒲公英课堂”“案防大讲堂”等为主要载体,开展“学典型、促合规、控风险、强自律”风险主题教育活动,从思想层面强化员工风险防范责任意识。二是优化业务流程机制。以农商行改制为契机,对制度流程体系进行重新分类、清理、整合,修订完成434个内控制度体系,其中包括311个基本制度和123个操作规程。同时在业务内网建立内控管理平台,包括内、外部规章制度、操作规程、法律法规、操作风险信息库、客户风险信息库、风险信息提示等,全体员工可随时登录系统平台,实现查询、阅读、下载、打印、学习和运用的共享。三是完善信贷风险管理机制。建立客户分类评价机制,引入"限三禁五"等措施,按季开展客户分类识别;完善授信管理机制,完成审查中心队伍建设,执行分组包区域管理模式;严密信贷风险报告机制,落实专人按月监测,建立信息准确、反应灵敏、规范快速的重大信贷风险报告机制。四是加大问责处罚力度。加大对各类审计检查发现问题责任追究力度,全年共实施审计项目41个,处罚相关责任人199人次;下发安全保卫检查通报5个,处罚违规员工13人次。

【企业文化】 一是扎实开展路线教育活动。扎实开展学习教育、听取意见环节,查摆问题、开展批评环节,整改落实、建章立制环节各项工作,确保规定动作做到位,自选动作出特色。二是持续深化廉政建设。开展"员工行为管理年"活动,争做"无案件、无违规、无投诉、无重大信贷风险"的"四无单位"及"四无员工";开设"案防大讲堂",全面构建员工交流网,让合规经营的理念深入人心。三是有效推进文化振兴。7月18日实现金华成泰农商银行挂牌开业,开启服务地方经济发展的新篇章;举办标杆网点建设录像点评会、"晨会PK"赛、临柜五步法演示赛等,有效提升临柜一线服务水平;启动品牌金字塔文化建设工程,通过内部品牌文化活动的开展,提炼核心企业文化,形成品牌文化的内部宣导;信息宣传工作实现新突破,取得省联社、人行、银监、市办信息新闻先进单位"满堂红"的好成绩。

(万　菁)

浙江稠州商业银行

【概述】 2014年以来,金华分行各项业务继续保持稳定增长。截至2014年末,资产总额为104.73亿元,比年初增长12.07亿元,增幅13.03%,其中人民币各项贷款(含贴现)余额76.7亿元,比年初增长11.51亿元,增幅17.66%,小企业贷款占比54.87%;存款余额102.96亿元,比年初增长11.45亿元,增幅12.51%;不良率为0.38%。全年实现利润1.66亿元,比上年同期小幅增长3.11%。

【支持中小客户】 为推进转型发展,合理调整客户结构,金华分行注重对低成本高效益的小微业务探索。首先加大小微基础客户群拓展,借助融易卡积极推进集群市场授信,提升小微企业占比。全辖融易卡项目共授信46家专业集群,总授信达9.7亿元,其中提款达305户,累计发放贷款4985万元。其次分行全辖还加强对社区经济,三农经济的拓展。截至12月末,全行涉农贷款余额50亿,比年初增加3.41亿元,增幅7.33%。全行小微企业贷款余额59.12亿元,占比76.96%,比年初增加9.76万元,增速19.77%。

【创新流动资金贷款还款方式】 在推行"无缝对接续贷款"业务基础上,通过"借新还旧"和"政府资金转贷"的方式,帮助企业减轻资金压力和转贷成本。截至2014年12月末,全行通过政府资金转贷客户193户,金额116905万元;通过"借新还旧"方式转贷的客户4户,金额1563万元。

【创新贷款业务产品】 建立以"融易卡""惠金卡""益农卡"三卡为基础的小微产品体系,致力于为小微客户提供更加方便快捷的综合服务。"融易卡"是向符合条件的经营性个人所发放的一种"存贷合一"的联动卡,同时具备借记卡和贷款循环的功能,为小微客户提供集结算、融资、理财等各项金融生活服务为一体的服务,主要面向专业集群市场的经营性客户;"惠金卡"是向个人发放,同时可对符合条件的客户给予小额信用循环贷款额度的借记卡产品,具有转账结算、存取现金、消费支付、理财等功能,准入门槛低,办理使用方便快捷,适用人群广泛;"益农卡"是面向农村个人客户发放的借记卡产品,对符合条件的客户可授予小额循环贷款额度且具备借记卡的基本功能。截至2014年末,全行惠金卡开卡5091张;益农卡开卡35张;融易卡开卡户数431张,其中提款卡达357张,提款率39.04%,授信额度5713万元,贷款余额2230万元,存款余额401.3万元。

【加大网点辐射】 2014年全辖新设传统型支行1家(金东支行)、社区银行1家(洪坞社区支行),2015年还将新增三家县域级小微企业专营支行,在辖内各县市全布点的基础上,通过设立乡镇支行、社区支行等,完善服务功能,开展错位竞争,逐步实现机构下沉、服务下沉。另一方面，全辖各小微业务团队在业务发展中能坚持“支持小微、服务个私”的市场定位不动摇，以“快速、灵活、方便”的服务树形象，以方便快捷省心的金融产品拓展客户群体。

【小微企业信贷投放】 2014年新增小微企业贷款208户，新增贷款49.37亿元；个人经营性贷款户数1917户，新增877户，新增贷款1.57亿元。其中融易卡及益农卡发放取得了良好的社会效益，有力地支持小微企业的发展，满足小微企业的信贷需求。

【推进小微企业规范升级】 金华分行及时成立小微企业规范升级工作领导小组，扎实推进小微企业规范升级，同时，配套相关政策，在贷款规模、利率、期限等方面对纳入培育数据库重点培育监测的小微企业给予充分的金融要素保障和全方位的金融服务。在开展“无贷款”小微企业贷款、“个转企”“小上规”营销活动的基础上，重点拓展和营销尚未与银行建立信贷关系的小型微型企业业务、个体工商户转为企业贷款业务、小微企业“升级上规模”贷款业务，积极营销授信新客户，全面落实“个转企”“小上规”及“无贷款”小微企业各项工作。

【支持重点领域】 一是加大对五水共治的金融支持。共支持五水共治客户3户，金额为12500万元，分别为磐安县尖山污水处理厂1000万元、磐安县宏业公路养护有限公司2500万元、磐安县深泽乡小城镇建设有限公司9000万元。截至2014年12月末，新增高成长型企业贷款2500万元，支持重点项目新增贷款103500万元。二是加强对“涉农”的信贷支持力度，推进“美丽乡村”建设。截至12月末，全行涉农贷款余额49.88亿，比年初增加3.41亿元，增幅7.33%。在探索“三权”抵质押贷款方面，共办理二笔林权抵押贷款，金额340万元。三是加快对社区银行的建设推动试点工作，将网点服务进一步向下延伸。

【优化内部流程】 一是推行小微业务专职审查审批人制度。根据总行小微信贷业务审查审批操作要求，在辖属7家综合型支行中拆分小微风险经理，并暂由业务分管副行长兼任专职审批岗单独对小微业务审查，加大小微服务力度。二是简化小微业务信贷审查审批流程，实行2–3级审批制，实行“调查、审查”操作，提高小微审批效率。三是注重小微队伍建设，在审查条线及业务条线中培养审查审批后备力量，定期组织审查能力学习，为业务转型提供人才保障。

（徐敏雅）

中国民生银行股份有限公司金华分行

【概述】 2014年，中国民生银行金华分行深入贯彻“民营企业银行、小微企业银行、高端客户银行”三大战略定位，围绕“特色银行、效益银行”的经营目标，按照“稳增长、调结构、抓机遇、控风险、搭平台、提效益”思路，积极推动各项工作开展，全年实现安全、稳健运行，取得良好综合效益。各项存款余额30.36亿元，比年初增加12.7亿元，增长71.9%；日均存款余额27.88亿元，比年初增加10.00亿元，增长55.94%。信贷资金均衡投放。各项贷款余额33.89亿元，其中：公司类贷款余额27.04亿元，个人贷款余额6.85亿元。发展基础得到夯实。全行开立对公结算账户807户，比年初增加223户，增长38.18%；个人客户数3.96万户，增加3.09万户，增长355.98%。公司授信客户182户，个人授信客户706户。手机银行客户1.9万户，比年初增加1.56万户，增长458.82%，获得总行手机银行推广优秀机构奖。

【优化服务】 2014年，围绕“提升信用品质 服务实体经济”活动主线，结合金华区域特色产业和块状经济特征，加大对上市公司、行业龙头、政府平台等优质客户的信贷支持力度。年内，介入地方政府融资平台授信业务合作5亿元，办理贸金领域首笔国际汇款汇入业务，叙做AMTDFC、AMTDFCR业务2.07亿元；贸金板块完成中收890.62万元，同比上年增加342.15万元，增长62.4%，在杭州分行辖内二级分行中排名第二。

【“两小”金融战略】 在推动业务发展过程中，该行始终与上级行保持经营步调的一致性，聚焦“小微金融、小区金融”两小战略不动摇，加快业务结构转型。在义乌区域设立4个商圈团队，专门从事小微宝、乐收银等小微重点产品的推广。年末微贷业务（50万元以下信用贷款）客户达307户，比年初增加227户，贷款余额6425万元，比年初增加4943万元；乐收银客户685户，比年初增加607户，其中有效户270户，比年初增加236户。同时，在金华市区选择3家小区正式运营自助银行,成为金华地区最早推出社区金融服务的银行之一,受到社区居民的欢迎。

【规范经营】 以“平安金融、绿色金融、普惠金融”为抓手,逐项分解、落实“双线”风险防控责任。在上级行制度框架下,建立客户经理双人调查、风险经理现场调查、总经理和分管行长审查评审以及现场和非现场贷后检查、高风险区域风险排查等管控措施,并持续开展对存量业务风险排查、交易链融资检查、票据业务风险排查、非法集资专项检查、担保链风险排查等专项排查活动。同时强化授信结构调整,对产能过剩行业、风险高发区域、资金链、担保链企业等尤为关注,对主业经营平稳但涉及资金链、担保链风险的企业,逐户制定担保优化等措施,与企业共渡难关。

(周跃跃)

中国光大银行金华分行

【政府平台类项目营销】 下半年积极营销政府类项目,金华城投安置房改建项目和金华开发区西关街道区块四破专项整治项目完成审批流程,金额达8亿元。其中金华开发区西关街道区块四破专项整治项目已经在年底实现全额投放2亿元。另金华市城市建设投资有限公司的10亿元短期融资券和10亿元中期票据的项目也已经在总行完成立项,于9月28日向中国银行间市场交易商协会提交注册申请材料,现等待项目正式落地。

【高端信用卡业务】 结合义乌国际商贸城、东阳建材城、金华工商城等市场方案,大力发展高端信用卡业务,全年共发行高端信用卡760张,其中乐惠金卡24张,位列杭州分行前列。

【落实《金华市区企业应急周转金管理办法》】 鼓励企业运用金华的应急资金进行转贷,共有16户企业使用转贷资金17笔,共计转贷金额2.26亿元。除此之外,还为借款企业提供了引用杭州市中小企业应急转贷引导基金的通道。截至2014年末,共有14户企业申请使用该引导基金,累计转贷金额2.5亿元。

(彭　蕾)

杭州银行金华分行

【概述】 截至2014年末,分行资产总额12.38亿元,各项存款余额11.26亿元,各项贷款余额11.21亿元,在册员工合计64人。2014年,杭州银行金华分行以“坚定方向、聚集重点、管控风险、提升管理、提质增效、稳健发展”为总体思路,以支持服务类政府性项目、本地优质企业客户为主体,以差异化地发展小微、零售业务为特色,对内管风险、强内控、抓管理、优服务,不断深化金融服务水平,全力支持经济发展。

【创新融资渠道】 2014年,围绕“转型升级、赶超发展”的发展战略,积极调整信贷政策,通过开辟资管通道等融资新渠道,有效增加信贷投放规模。先后为金东区孝顺溪水环境治理、白龙桥白沙溪水环境治理工程提供融资4.8亿元,有力地支持“五水共治”战略。为多湖中央商务区改造等项目提供融资4亿元,积极服务于重点项目建设。

【调整信贷投向】 主动调整信贷政策,新增贷款优先支持特色优势产业转型升级,原则上不介入落后、淘汰产能企业。通过加强和政府部门的沟通和同业协作,逐步建立并优化高新技术企业和落后产能淘汰企业名单库,实现有限信贷资源的最大化效用。先后支持服务了金华利诚信息、康迪车业新能源汽车等高新技术产业龙头企业,服务于优质产业的转型升级。

【产品创新】 充分契合中小民营企业经济活跃的特点,针对性地强化小微金融服务,有效地支持中小企业的发展。对小企业金融业务实行专人审批、专项额度保障、专项考核激励、差别化的风险容忍政策,并建立专业化的业务团队,保障对小微金融业务的全方位管理支持。同时,根据市场需求推广“抵易贷”“循环贷”“微贷卡”“小微电商微贷卡” 等特色产品,在还款方式、担保方式方面均有较大的突破和创新。此外,积极推进小微企业贷款年审制,节约小微企业转贷成本。截至2014年末,中小企业贷款余额8.81亿元,占分行贷款总额的78.60%。

【社区金融服务】 积极探索深化社区金融服务,推进社区金融“幸福盈家”计划,先后与董宅、寺前皇等多家社区完成共建签约,通过开展形式多样的社区活动，主动送金融产品、知识进社区，助推金融服务下沉。

【践行金融社会责任】 重视履行金融社会责任，一是强化金融知识宣传，做好弱势群体的金融服务工作。结合“小微金融宣传服务月”“普及金融知识万里行”等专项活动，组织开展形式多样的金融知识普及工作。在营业网点设置无障碍通道，设立爱心窗口，给弱势群体提供贴心到位的金融服务。二是建立健全消费者权益保障机制，通过明确消费者权益保护职责、畅通客户投诉处理渠道、实行有效的跟踪督办机制，切实有效保障消费者金融权益。

（范旭东）

台州银行股份有限公司金华分行

【概述】 截至2014年末，内设办公室（保卫部）、人力资源部、风险合规部、计划财务部、储蓄理财营管部、授信营管部、渠道营管部、稽核部8个管理部门，1个营业部，8个业务拓展部门和3个小额拓展部门，共有员工168人。截至2014年末，人民币存款总额105525.57万元，其中：对公存款余额56347.92万元，个人存款余额49177.65万元；各项贷款余额106993.37万元，贷款户数1975户，户均贷款54.17万元，不良贷款率仅为0.4%，营业利润2675.04万元。

【“免费银行”政策】 2014年继续推行免费银行政策，如借记卡年费减免、他行ATM取现转账每月前15笔免费，开立承兑除了全额免收手续费外2014年11月份又推出保证金70%以上的减免手续费；网银、手机银行、开户费手续费全免；柜面电汇、挂失手续费全免等共42项免费项目，为企业大大节省财务费用，为外地务工人员、学生等免去不必要的开支。推出优质客户抵押免评估、免保险政策，为客户支付抵押登记费，截至12月末，为客户减免抵押登记费8.5万，为客户免除保险、评估费用达120万以上。

【社区公益活动】 2014年几个开放式社区、村居进行长期的驻点公益宣传，通过公益活动帮助社区和村居改善一些问题：如开展关爱空巢老人活动；开展亲子活动；组织文体活动，提高社区居民的参与度，让老年人老有所乐；聘请专业人士，为社区居民进行环保知识讲座、健康知识讲座、防诈骗讲座等提高居民的生活质量和生活常识；2014年5月份，分行参加由金华市文明办、《金华晚报》主办的“邻居节”，从五月份到七月份两个月的时间在周边11个社区展开各式各样的邻居节活动，有社区厨艺大赛、包粽子比赛、趣味运动会、来料加工比赛、纳凉晚会、带着老人去旅游等，得到社区居民的认可，同时也得到金华各界媒体的高度关注；通过设立金融便民服务站为社区居民提供便捷的金融服务和金融咨询；通过在社区发放安全警示标志、在绿地树立保护环境等牌子提升居民环保意识，促进社区环境的改善。每个月至少开展4次大型活动，每周均有信贷人员蹲点社区开展长期的服务工作，通过一系列活动将台州银行打造为一个真正受人尊敬的银行。

（马思洋）

保险业

【概述】 全年实现保费收入135.83亿元，同比增长12.45%。其中，财产险保费收入62.70亿元，同比增长19.58%；人身险保费收入73.13亿元，同比增长6.98%。保险深度4.24%，同比增加0.16个百分点。保险密度2859.18元，同比增加12.04元。车险业务良好发展，同比增长20.26%。人身险新单期交保费同比增长1.10%，关系国计民生和社会和谐稳定的政策性“三农”保险支付赔款2631.61万元，同比增长7.22%。

【市场主体】 年末，共有财、寿险主体55家。其中财产险主体29家，人身险主体26家；中资主体54家，外资主体1家。共有县级（及以下）机构140家。共有营销员14760人，营销员整体素质有所提高。

【保险保障功能】 累计支付赔款和给付44亿元，同比增长6.23%。其中，财产险公司赔付33.75亿元，人身险公司赔（给）付10.25亿元。可以说商业保险为金华市社会和谐稳定发展、老百姓安居乐业提供强有力的风险保障。

【服务形式】 继续贯彻落实治理理赔难和销售误导工作，促进市场和谐健康发展。不断建立健全内控制度，有力地维护良好市场秩序，创造公平竞争的市场环境。各财险公司积极参与车险理赔服务测试，加快理赔速度，提高理赔结案率。寿险公司积极完成个人营销渠道资金案件风险排查工作。经个人营销专业委员会讨论后，形成2014 版《金华市保险营销员业内流动管理自律公约》，保持营销队伍稳定性及保险营销市场规范有序。

【宣传沟通渠道】 响应浙江省公安厅、保监局联合开展打击保险违法犯罪的专项行动，做好与保险公司的联系工作，及时收集理赔数据，强化保险诈骗案件打击力度；进一步加强宣传保调会的职能、作用，健全保险纠纷解决机制，提高调解纠纷司法公正性；协会多次与金华市司法局、金华数家鉴定机构沟通、协调，积极探索优化行业司法鉴定环境的举措，不断完善保险伤残鉴定工作；多次召开公司法务专业委员会议，就全市司法环境中常见的医疗纠纷、仲裁纠纷、部分条款效力问题、赔偿问题等法律问题及处理方案进行讨论，优化保险法律环境；保险业继续加强与政府管理部门联系、沟通，积极向市金融办报告《金华市保险行业关于进一步加快发展现代保险服务业的意见》，促使进一步加快发展全市现代保险服务业。同时加大行业文化建设，维护良好媒体关系，积极参加“行风热线”节目，认真做好“3·15”消费者保护日维权活动。协会通过整合资源，切实发挥统筹协调作用，组织各公司不断创新形式开展“7 月 8 日”全国保险公众宣传日活动。

(孙　静)

中国人民财产保险股份有限公司金华市分公司

【概述】 全年实现保费收入 15.559 亿元，同比增长 19.74%，(以下数据均不含义乌)，市场份额为 36.29%，居全市财产险市场行业第一位，共支付赔款 8.015 亿元，充分发挥保险这一“社会稳定器”的保障功能。在保持市(地)级文明单位“满堂红”的同时，先后获得金融系统学习型组织先进单位、省级文明单位和省级消费者信得过单位等荣誉，并被人保财险总公司评为地市级经营业绩 50 强，获得“四连冠”，并在全省人保财险系统理赔、出单、财务及承保建议书四大比武中，全部进入前三名，另有查勘员林建臻荣获全国人保财险系统理赔技能比武个人第二名的佳绩，并被评为全国金融青年服务明星，海外工程一揽子保险建议书获评总公司保险建议书大赛三等奖，同时在金华市金融系统践行核心价值观演讲比赛中获得三等奖，所属人保财险兰溪支公司工会获评总公司模范职工小家。

【服务能力】 推进综合柜面试点与客户信息真实性管理工作，建立健全客户投诉处理机制，落实领导接待日活动，“3·15”期间，人保财险金华市分公司总经理、分管副总经理及客户服务部负责人专门在一楼出单大厅开展现场接待活动，解答客户咨询和投诉，得到客户的一致好评。继续推进客户俱乐部建设，为客户提供代办年检等增值服务，并开通微信公众账号，实时发布保险动态和信息，组织了直通车客户浦江神丽峡自驾游活动，有效提升客户黏性。出台理赔提速竞赛办法，应用移动查勘定损系统等新技术手段，着力推进极速理赔，进一步缩短理赔周期，有效提升客户满意度。磐安“2.13”万苍雪灾事故发生后，在 24 小时内支付首笔赔款，得到当地政府部门的充分肯定，而在梅雨期间，理赔中心的查勘定损人员顶风冒雨奔波在各个现场中，细心周到的服务得到广大客户的一致认可。

【政策性农险惠民服务】 人保财险金华市分公司作为政策性农业保险共保体首席承保人，2014 年共承保政策性农业保险 140779 户，857.41 万单位标的(亩、头、羽)，承担风险 27.64 亿元，相继开办能繁母猪、生猪、奶牛、水稻、小麦、棚内蔬菜、林木火灾、林木综合、鸡、鸭、鹅、蔬菜大棚、露地蔬菜、淡水养鱼、油菜、葡萄等 16 个品种，共处理政策性农业保险受灾农户 7936 户，计赔案 8630 件，已赔付金额 2585.09 万元。同时，作为政策性农村住房保险独家承保人，共承保农房 109.132 万户，承担风险 245.547 亿元，参保面为 99.31%，共为全市3278 户受灾农户支付赔款 1001.2712 万元，由于赔款支付及时，让农户在第一时间领取赔款，恢复生产生活，受到广大农户的一致好评。此外，为配合市政府开展“五水共治”，做好动物尸体无害化处理，人保财险兰溪支公司对兰溪市范围内的生猪和能繁母猪进行了统保，总投保户数 2959 户，计564791 头，保额 34966.68 万元，收取保费 1557.14万元，已支付赔款金额 693.27 万元。

【风险保障】 相继推出校方责任险、医疗责任险、出口产品责任险、董事责任险、公共娱乐场所责任险、公众火灾责任险、自然灾害公众责任险一系列涉及公众场合风险保障的保险产品。为有效解决医患纠纷，构建和谐社会，人保财险金华市分公司以占 60%的份额作为首席承保人，联合当地 6 家保险公司成立政策性医疗责任保险共保体，自2010 年起连续六年为当地医疗机构提供医疗责任险(含附加医疗意外责任保险)保障。同时，积极抽调人员，与相关部门组建医疗纠纷人民调解委员会和医疗责任保险理赔中心，引入第三方开展医疗纠纷调解理赔，及时支付医疗责任险赔款，有效缓解了医疗纠纷这一顽症。此外，进一步密切与金华市道协的联系，签订农村班线承责险和危货承责险业务合作协议，为农村班级运营和危险货物运输系上了保险“安全带”；加强与燃气协会的合作，在全市率先开办燃气经营单位安全生产责任险，为燃气经营单位提供 6000 万元的风险责任；永康、磐安、武义支公司承保自然灾害公众责任险，东阳作为全省首批专利保险试点市，顺利签发专利保险，为当地平安建设保驾护航。同时，积极开展出口信用保险，为外贸企业提升出口信用风险保障，并相继做好环污险、食品安全责任险等相关服务，签发火腿行业首批“舌尖险”，助力金华火腿加快发展，为平安金华建设贡献力量。

【回馈机制】 积极与西市街道、北苑社区开展社区共建活动，并积极开展“五水共治”捐款，参与社会公益活动。此外，建立志愿者组织，积极参与“3·15”消费者咨询、安全生产月宣传等活动，并深入社区、企事业单位，为广大客户提供上门办理保险等一条龙服务，得到广大客户的一致好评。6 月23 日，积极协办“中国人保文明出行”全省巡回宣传活动(金华站)，为高温季节坚守一线的交警同志送上了矿泉水、饮料和防暑用品，向他们的辛勤工作表示感谢，并到金华交警支队进行参观、座谈。随后，在金华市车管所开展服务互动活动，向车主赠送理赔服务指南及车友手册，并开展扫二维码赢大奖推广活动，向 1000 余名驾驶员发放宣传资料，并现场接受 FM93 的连线采访，介绍现场的情况及人保财险 2014 年客户节等活动情况。当天晚上，以“守住线，不添堵，促文明”的“文明出行”主题巡演在金华南站广场拉开帷幕，将本次活动推向高潮。同时，人保财险金华市分公司设置保险咨询台，向广大市民发放电网销宣传资料，接受市民对承保、理赔、险种方面的咨询，并进行现场互动问答和摇一摇抽奖活动，将安全行车、文明出行的理念传递给观众，大力倡导“守住线，不添堵，促文明”的文明出行行为，凸显人保的社会责任感和推广文明交通的公益道德，虽然天气下着小雨，但现场座无虚席，掌声、笑声不断，气氛非常热烈。晚会，还对人保财险金华市分公司推荐的安全行车16 年的文明司机——金华市公安局的胡波进行隆重表彰，得到群众的认可和赞扬。此外，开展爱心摄影、义务植树、清理垃圾、爱心送考、爱心饮水点及慰问环卫工人等公益活动，得到了广大市民的一致认可。

(章周松)

中国平安人寿保险股份有限公司
金华中心支公司

【概述】 2014 年，中国平安人寿保险股份有限公司金华中心支公司规范经营业务持续快速发展，全年共实现总保费收入 139322.9 万元，同比增长 26.89%。其中个人营销业务保费收入 126425 万元，同比增长 23.23%；银行代理业务保费收入12873.08 万元，同比增长 79.42%。2014 年共支付各项赔款、满期给付金和年金给付 17662.68 万元，缴纳地税2644.14 万元，连续六年被金华市政府授予“市区缴纳税费超千万元大户”。2014 年，公司被浙江省消费者权益保护委员会评为第十届浙江省消费者信得过单位，被金华市文明办复评为金华市文明单位。年末公司保险代理人队伍达到 3954余人，保持平安人寿系统全国超大型三级机构。

【保险保障功能】 一是保险责任充分：2014 年公司新单业务共承保5.85 万件，提供各类人身险保障额度达到 224.51 亿元；2014 年公司续期业务共承保

28.85 万件，提供各类人身险保障额度达到522.86 亿元。二是保险理赔功能得到充分发挥:2014 年公司理赔总件数 8134 件,理赔总额为 4803万元,其中:医疗险赔付 7329 件,重疾与残疾赔付296 件,死亡责任赔付 183 件。与2013 年同期相比,赔款支出增长25%。三是保险保障养老理财功能有效发挥:2014 年公司生存金给付件数达到 28130件，给付金额达到8764 万元。四是保险人性化功能充分体现:2014 年公司为死亡、残疾、重疾客户豁免保费,合计豁免保费 598 万元。

【新险种】 7 月,平安人寿针对恶性肿瘤单一病种推出“爱无忧”恶性肿瘤疾病保险。该款保险是平安人寿在保监会放开人身保险定价利率后推出的新产品,保费门槛较低,消费者只需通过较小的投入,便可获得较高的保额，该产品通过银保渠道面向公众，让消费者在恶性肿瘤风险来袭时享有充分的经济保障。

【社会公益事业】 5 月 30 日,公司向磐安县仁川镇平安希望小学捐赠一批价值 4 万元的小学生校服。9 月 24 日,公司全体党员、干部结对助学50 名家庭贫困小学生,党员干部助学捐款 2.5 万元,为孩子们实现梦想助一臂之力。10 月 31 日,公司组织员工开展无偿献血活动。

【第十九届客户服务节】 5 月19 日，客服节开幕,客服节以“平安有爱、乐健康”为主题,通过创推升级一系列倡导“爱家爱健康”的网上活动,为客户提供更多元趣味的网络时尚体验。往年精彩纷呈的中国少年儿童平安行动、家庭才艺大赛、专家大巡讲等活动再度举行，同时还结合平安中超首次推出足球小球童活动,号召各界关注少儿健康成长,为家庭的健康幸福持续贡献力量。

（楼兴望）

中国太平洋财产保险股份有限公司金华中心支公司

【概述】 2014 年，中国太平洋财产保险股份有限公司金华中心支公司始终坚持 “以客户需求为导向”的转型战略,积极践行“太平洋保险 在你身边”的服务理念,用心承诺,用爱负责,以争做一家“负责任的保险公司”为使命,遵纪守法,合规经营,照章纳税,连年获得市级“青年文明号”“文明单位”“巾帼文明岗”“诚信企业”等荣誉称号。2014 年实现保费收入为4.63 亿元,同比增长 37.3%;市场份额10.8%,居行业第三位;赔款支出 3.54 亿元,缴纳税款 5528.29 万元,有力发挥社会补偿功能。

【监管工作】 一方面，公司从完善各项制度出发,建立健全各渠道、各条线、各岗位的规章制度和考核办法，来强势推进各项工作在制度的约束和管理下有序执行,提高执行能力。另一方面,开展各类岗位比武和岗位问责,以奖惩机制,夯固每位员工日常合规从业的意识,提高岗位防范经营风险的能力。三是严格执行数据真实性管理，定期对全辖机构进行承保、理赔合规检查,认真开展自查自纠,指导督促辖属机构实行标准化、流程化承保和理赔,严把进出口关，杜绝各类经营风险。四是分阶段认真开展“两个加强,两个遏制”专项检查工作,结合反舞弊专项行动,按行业监管要求,不遮掩,不逃避,不侥幸,全面进行清查和整改,维护公司的合法合规。

【服务水平提升】 一是创建五星门店建设,提升诚信服务水平。当前保险产品尤其是车险产品高度同质化,除打价格战以外,服务能力的强弱、服务水平的高低已经成为同业竞争的最有力武器。为此金华中支从“软硬件”两方面建设入手,不断提升客户服务能力和水平。“硬件”方面,改善门店建设,今年新调整装修本级、武义、仙桥、孝顺等机构门店,筹建婺城支公司,并配备相应设施。在“软件”方面,加强综合柜员技能培训,完善客服体系建设,提高客户信息真实性,加强投诉处理,通过月度星级“服务明星”评比活动,将客户服务角度不断向以客户需求转换。11 月份,金华本级门店顺利通过五星门店验收,成为金华保险行业首家五星级服务门店。金华太保服务大厅,环境优美,服务设施齐全,服务功能多元,为客户提供舒适的办事环境，服务质量也深得客户满意。二是理赔服务快捷,服务人性化。给客户提供便捷、快速的理赔服务,是作为一家保险公司最大应尽的责任。支公司将“快速结案”作为主轴贯穿于全年工作,悉收听取客户的意见和建议,并从利于快速结案为目的，适时调配精干人员工作于查勘理算岗位上。设立未决案件专岗,督促联系客户递交材料予以理赔。实行上门理赔服务，主动为客户收集资料，简便理赔流程。采用集查勘、定损、报价、核损于一体的3G视频定损设备，使车险小额案件得以快速处理。实施综合柜员制，客户可以在一个柜员就完成承保、理赔事项，极大减少客户等待时间。在大灾面前，上下公司联动，第一时间开通绿色通道，给予预付赔款，帮助客户灾后重建。如横店集团的"7.12火灾事故"的快速理赔，得到广大客户的认同。

【诚信文化建设】 一是开展全辖季度"销售精英俱乐部"活动。通过表彰与激励销售精英，创造经验交流与总结平台，将优秀经验提炼并加以推广，让"冠军复制冠军"，提升销售团体整体战斗力，建立荣誉机制，设计搭建全新销售事业平台。在此平台，邀请司内司外优秀培训师，为员工进行销售知识、企业文化、诚信理念等的教育与培训，全方面提高全员诚信展业的意识和行为。二是举办"道德讲堂"主题宣传教育活动。通过"自我反省、唱歌曲、学模范、诵经典、发善心、送吉祥"的"六个一"环节，提高全员的道德修养和道德水平，崇尚诚实守信的从业准则，以诚感人，以信服人，打造诚信企业品牌。三是积极开展"双十佳服务明星"评比活动，对在服务工作中态度好、时效快、服务佳的服务人员评定为服务明星，鞭策后位者改进不足，优化质量。开展诚信为主题的演讲赛，不断夯实全员诚信意识，争做太保诚信员工。

【平安单位创建】 成立以总经理为组长的领导小组，层层与辖属各机构和本级各部门签订安全责任书，建立健全安全防火工作预案和应急突发事件预案，不定期开展全员消防安全培训，确保近年来公司的安全无事故。做好社区共建工作，作为共建社区的副牵头单位，积极参与共建计划的制定、部署和落实，适时落实寺前皇社区共建经费和环境卫生治理等工作，为社区的建设作出努力，有力促进金华的平安建设。最近两年没有发生重大火灾及人员死亡的生产安全责任事故。

【环保公益行动】 注重组织开展寓教于乐的员工活动和公益活动，营造和谐文化氛围。如响应市委、市政府"五水共治"号召，发出"节水护水"倡议，并举办"寻找最美母亲河"摄影比赛，深化大家踊跃参与和大力支持的热情与积极性。提倡节约"五个一"活动，倡议大家从节约"一滴水，一度电，一张纸，一升油，一分钱"做起，从小事做起，从工作节能环保和家庭节能环保做起，争做捍卫地球、美化家园的卫士。节前走访慰问结对帮扶村，并根据其建设需求，每年帮助该村解决一定数额的帮扶资金。

（钱巧芳）

中国太平洋人寿保险股份有限公司金华中心支公司

【转型创新】 2014年启动组织架构改革，通过横向拆分，形成个人业务和法人渠道业务两大经营中心，通过纵向整合，加快公司级前、中、后台融合。改革后公司全年实现规模保费收入8.66亿元，同比增长8.9%，聚焦价值持续增长的业务结构调整取得重大进展。以营销渠道为主的个人业务实现保险业务收入5.67亿元，同比增长28.4%，在总业务收入中占比达65.7%。2014年实现一年新业务价值4.32亿元，同比增长29.6%，增速高于整体业务增幅，反映公司的价值创造能力得到进一步加强。

【探索新技术应用】 积极创新和运用移动新技术，将新技术应用植入客户投保、服务、理赔等各环节。充分运用大数据、云技术、互联网平台、移动终端、社交媒体等新技术，优化业务流程，响应客户需求，打造出以"神行太保"和"太平洋微视界"为两大支柱的智能移动保险生态系统。此外，3G快速理赔、智能核赔、移动理赔、电子签名等技术日臻成熟，为广大客户带来更优质便捷的服务体验。

【产品服务注重社会效益】 针对客户的投资理财需求和高额意外保障需求，推出"财富升级"计划和"安行宝"产品，其中"财富升级"计划促使全市个人业务老客户加保人数超过1.2万；"安行宝"产品充分体现保险保障功能，2014年12月底永康客户陆某发生车祸身故，获赔"安行宝"产品500万元，刷新全省单人单笔意外险理赔记录。同时积极参与政府合作项目，积极承办基础医疗管理，进一步推广大病医保业务，2014先后承接永康城乡居民社保卡采集、永康残疾人意外伤害保险、武义学平险、金华市区学平险等政保项目，充分发挥保险公司的专业经验和人才优势，为建立健全金华市社会保障体系做出积极贡献。

【风险管理和内控建设】 牢牢把握住合法合规经营的准绳,积极实施重点风险的全程防控,全年开展“反洗钱、反垄断、反舞弊、反欺诈、防范非法集资”的“四反一防”专项工作,把合规管理要求与业务流程相互嵌入,确保各项法律制度在日常业务管理中得到切实执行,未发生一起违法违规事件。

(朱若天)

商贸业

【概述】 全年全市实现社会消费品零售总额1592.7亿元,同比增长13.2%,增幅高于全省平均1.5个百分点。其中,城镇消费品零售额为1355.34亿元,同比增长13.1%,乡村消费品零售额为237.36亿元,同比增长14%; 分行业看, 批发零售业实现零售额1446.96亿元,同比增长13.3%,住宿餐饮业实现零售额145.74亿元,同比增长12.3%。

【国家级商贸流通领域四项国家改革试点】 进一步加大商贸流通领域“四项改革试点”创新力度。出台深化家政服务体系建设的实施意见。2014年将该项试点范围由市区向全市铺开,出台《关于全市深化完善家政服务体系建设的实施意见》,市区共有7家企业达到规范要求。确定2家家政服务培训定点机构,全年共培训各类家政服务人员1900余人。积极引导企业加入8890服务平台, 有13家家政服务企业加盟。在全市以点带面集中连片推进现代农产品流通综合试点。被省商务厅、省财政厅正式确定为2013-2014年度集中连片推进农产品流通体系建设试点市,获中央补助资金4000万元。全市共有23个项目列入试点,预计总投资27.8亿元,截至2014年底,有10个项目达到验收条件,完成总投资4.8亿元。完善再生资源回收利用体系。对完成任务进度达50%以上的6家承办企业, 预拨350万元补助资金。年底5个分拣中心基本完工,188个网点完成建设150个。推进中小商贸流通企业服务体系建设试点,建立以服务队伍专业化、服务行为规范化、服务内容特色化、服务格局网络化和服务考评科学化为主要内容的服务体系。金华市的部分创新做法,得到商务部相关司局的充分肯定,自2013年11月以来,连续3次在商务部召开的相关会议上作典型发言。

【全国现代服务业综合试点获批】 全国现代服务业综合试点在浙江省是第一个,在全国地级市也是第一个。坚持工作绩效导向。制订出台一系列申报考评制度,建立统计监测评价体系,建立现代服务定综合试点“1+3”指标体系,重点对现代服务业总体发展情况和电子商务、现代物流、服务贸易三大重点产业进行监测。严格筛选试点项目。首批列入的80个试点项目,总投资309.37亿元。上述试点项目带动实际投资76.66亿元。探索构建 “智能物流”支撑型的“菜鸟”模式、“E邮站+村邮站型”社区电商模式、文化创意型“互联网娱乐”模式、B2B2C型跨境电商模式、“公铁水一体”型“嘉宝物流”模式等十大各具特色,可复制、可推广的现代服务业发展有效模式。组建金华市现代服务业投资发展有限公司,通过股权投资、产业基金等,探索投融资方式的有效创新,助推电子商务、现代物流、服务贸易产业加快发展。全市服务业增加值增长9.5%,服务业增加值占GDP比重达48.6%。

【商贸流通业发展】 举办浙中购物节。以“欢购金秋 乐享生活”为主题,围绕“商超—购在金秋”“美食—吃在金秋”“休闲—乐在金秋”“网购—@在金秋”“会展—聚在金秋”“市县联动” 等6大板块开展活动,共拉动消费近34亿元。被省商务厅评为全省优秀组织一等奖。组织本地名品拓市场。10月12日—15日,组织金华火腿、金华酥饼、寿生酒等8家金华知名品牌产品参加全国第91届粮酒商品交易会,现场签订订单200多万元。11月14日—17日,组织30家食品生产企业参加2014中国食品博览会,现场销售145万元,签订订单及意向合同250万元。重视老字号及重点流通企业培育。在培育“金华老字号”的基础上,继续加大“浙江老字号”的培育力度,有22家企业入选第四批“浙江老字号”,数量居全省第二位。浙江东阳中国木雕城、浙江金华农产品批发市场、义乌农贸城3家企业被认定为浙江省重点流通企业,至此,全市有7家企业成为浙江省重点流通企业。加强成品油市场监管。全面部署开展车用国三柴油提升国四柴油、国四汽柴油提升国五汽柴油工作。2014 年全市成品油销售达到168.31 万吨(其中：汽油销售 89.79 万吨，柴油销售78.5 万吨)，同比增长 8.97%。消费市场平稳增长。限额以上企业汽车零售额累计 326.53 亿元，同比增长12.9%；石油及制品类零售额累计159.66 亿元，同比增长 10.7%；服装、鞋帽、针纺织品类零售额累计45.05 亿元，同比增长 15.8%；中西医药品类商品零售额累计 40.4 亿元，同比增长 18%。家电及音像器材类略有下降，零售额累计 19.34 亿元，同比下降4.2%。

【电子商务发展】 推进电子商务园区集聚工程。全年全市实现网络零售额 942.56 亿元，同比增长40.96%，占全省网络零售额的 16.71%，总量居全省第二位，比位居第三的嘉兴多 263.67 亿元。实现居民网络消费总额 327.09 亿元，同比增长 43.78%。实现贸易顺差 615.47 亿元，总量居全省第二。按照“一城(金义电子商务新城)、一区(网络经济产业集聚区)、多园、多点”的规划布局，加快电子商务企业向园区集聚发展、规模发展。在《浙江省电子商务产业基地名录》中公布的全省 88 个电商基地中金华市占 22 个，比总数居第二位的杭州多 7 个，金华成为浙江电商基地第一大市。推进“电子商务进万村”工程。婺城区、浦江县及金华经济技术开发区共计完成350 家农村电子商务服务点建设，服务网点 80%分布在乡镇(村)以城乡结合为主，并均已开通“浙江省农村电子商务服务平台”账号。通过支持农村、社区、学校等快递物流智能配送点建设，加快构建覆盖城乡的电子商务物流配送体系。推进跨境贸易电子商务工程。5 月，海关总署正式批复金华开展跨境贸易电子商务服务试点工作；7 月 1 日，金义都市新区跨境电子商务通关服务平台投入运行，成为全省继杭州、宁波之后第 3 个“国字号”跨境电商平台，12 月 9 日首次达 45527 票，成为全国30 余个城市中首个日通关量持续突破4 万票的试点项目。2014 年累计出单 180 万票左右，货值 1223万美元，拥有年交易额超亿元的跨境电子商务企业有6 家。

（司　南）

粮食流通

【储备粮源保障】 全年全市早稻订单计划49830吨，签订订单合同 6670 户 57287 吨(其中：专业合作社12863 吨，种粮大户 43197 吨)，实际全市入库早稻45351 吨。收购入库当地晚籼稻31756 吨。进一步加强与黑龙江省、吉林省、山东省、河南省、江苏省、安徽省和江西省等粮食主产区的产销合作，建立各类省外粮源基地 47.49 万亩，其中：粮食订单基地35万亩、紧密型粮食生产基地 5.2 万亩、粮食收购加工基地 5 个。全市 4 家专业性粮食批发市场全年共成交各类粮油 121 万吨，有力保障粮食供应安全。

【粮食储存安全】 县市储备粮食增加，进一步优化储备粮品种结构。共落实地方储备粮库存26.67万吨，其中，晚稻储备 4.84 万吨，同比增长24.74%。2014 年 9 月，省政府下达新增粮食储备任务 2.08 万吨(到 2015 年 3 月)，截至 12 月底，已完成新增储备粮1.96 万吨，落实进度处于全省前五位。加强对储备粮轮换工作的指导，全年全市轮换出库粮食 8.57万吨。向中储粮金华直属库争取储备指标，共新增中储粮代储任务 10 万多吨。

【粮食仓储设施】 扎实做好“一符四无”粮仓鉴定工作，组织开展国有粮食仓库清查工作。在义乌和永康市两个中心粮库采用富氮气调技术取得明显成效的基础上，对金华市粮食收储公司和金华第二粮库的仓库进行现代化仓储改造，仓储现代化和规范化建设取得新成效。提升仓储管理规范化水平，新创建 3 个“星级粮库”(兰溪、东阳、浦江)，其他星级粮库全部通过年度复评。东阳市中心粮库二期、磐安中心库、金东区中心粮库、浙中粮油交易中心建设项目、金华市军粮供应站迁建工程等已开工建设或投入使用。

（司　南）

供销合作

【概述】 2014 年，全市供销社系统实现利润6706 万元，同比增长 20.5%，市本级实现利润 3041万元，同比增长 27.3%，在市政府综合绩效考核中位列第 32，上升 4 位，省社考核获得特等奖。

【为农服务】 为农服务是供销社永恒不变的

宗旨,2014年市供销社积极整合资源,推进农资、农副产品、日用消费品、再生资源四大网络体系建设,网络经营能力和规模得到提高,同时不断加强金融服务体系建设,探索“三位一体”为农服务体系,为农服务工作得到升华。

【农资供应】 全市供销系统在“春耕”“双夏”农资储备和供应上都做到早部署,早调研,早安排。充分发挥农资淡季储备功能,有效调节农资市场,全市各地的农资价格低于全省价格的5%左右,减轻农民负担3000多万。全市供销社农资总销售为6.07亿元,比上年同期增长32.7%。

【农副产品流通】 以金华农产品批发市场为龙头,发挥流通、仓储、冷冻、配送功能,在保障全市农产品供应,稳定农产品价格,助农增收方面起到积极的作用。全系统农产品批发市场交易额达86亿元,同比增长14.3%。金华圆疆农产品销售有限公司按照市委、市政府援疆工作的统一部署,积极与温宿县开展经贸合作。上年10月份,分别在金华市区、兰溪、永康、浦江、磐安等地举办展示销售活动,共销售新疆特色农产品350万元,双方经贸合作步入良性轨道,农产品流通向纵深发展。

【日用消费品购销】 通过联合合作、开放办社、招商引资等形式,整合各类网络资源,把网点的布局延伸到各乡镇村,努力为市民创造安全的消费环境和便利的购物条件。通过不断深化农村生活服务体系建设,积极抓好日用消费品市场体系建设,实现销售额26亿元,同比增长10.3%。

【再生资源网络建设】 抓住金华已成为财政部、商务部再生资源回收体系建设试点城市这一有利时机,积极开展再生资源回收利用网络建设,积极开展农资包装物回收利用。2014年,市本级建成一个分拣中心、34个再生资源回收网点,与国资委在金东再生资源市场成立金华市东升再生资源有限公司。武义的农资包装物回收利用工作也有初步成绩。2014年,全市供销系统实现再生资源购进8.1亿元,为“两美”金华建设作出贡献。

【信贷金融服务】 婺城区、金东区、兰溪市、义乌市、浦江县、武义县、磐安县7家供销社均组建农信担保公司。到12月底,农信担保额达到3.25亿元,共计584笔,在保余额3.84亿元。全市系统有资金互助会5个,共有互助资金1375万元。对促进农业发展、缓解融资难起到积极作用。

【项目建设】 全市供销社2014年入库项目共29个,总投资额3.8亿元。金华农产品批发市场迁建工作取得突破性进展,解决土地指标652亩,特别是列入浙江省重大产业项目,奖励土地指标391亩,市里主要领导给予充分的肯定。武义农产品交易检测中心项目进展顺利,有序推进。浦江农副产品批发市场建设项目已、通过设计方案评审并提出局部修改意见,进入施工图设计阶段。金东的农产品展示大楼结顶使用。婺城的中央厨房项目正在建设中。2014年各县(市、区)社项目建设均取得明显成效。

【企业转型】 2014年实现1200万元,比上年有大幅增长。农资公司涉及农资、塑料、化工、进出口、酒店体育健身、再生资源、投资理财等多领域,规模日益强大。农产品传统销售向电商销售转型。2014年利用市农展馆搭建金华农产品电子商务产业园,于4月份正式运营,通过园区聚集孵化,创新培训、政府政策对接、供销系统资源导入等手段,园区企业逐步发展壮大,得到省、市领导的肯定。园区工作被列入2014年金华市网络经济年度重点工作,11月份成功入选第一批金华市现代服务业综合试点电子商务类项目,为全国供销系统首家,并得到扶持资金。积极筹建淘宝特色中国金华馆,市供销社牵头成立金华吾土吾香供销网络科技有限公司,获准承担金华馆的运营资格。目前,意向入驻网商已达369家,金华馆基本形成“基地+市场+公司”为主线的销售模式。传统茶叶经营向茶文化推广转型。新成立的金华畅隆茶业有限公司挖掘传承并培育婺州方茶品牌,获得全市唯一一家茶叶类省级老字号品牌,并得到扶持资金10万元。新组建茶业技能培训中心,从服务居民、培训农民出发,开展茶叶技能培训和茶文化推广,取得初步成效,2014年开办培训班16期,近260位学员获得人力资源和社会保障部统一认证的《茶艺师国家职业资格证书》,在永康、武义、兰溪等地开设培训分中心,以点带面进一步壮大茶叶从业人员队伍。通过进单位、学校、社区开设茶艺课堂、开通“金华畅隆茶业”公众微信平台宣传茶文化，普及人数达6万人以上，有力推进系统茶文化建设，并初步形成金华茶历史、茶品种、茶器具丰富，茶艺、茶科技、茶文化、茶旅游功能齐全的现代茶产业集群，迈出转型升级的第一步。

【组织建设】 2014年新发展农民专业合作社56家，全市系统累计成立专业合作社412家。推出一批示范性专业合作社，积极参加农业部、总社和省社的各类评选活动。为宣传专业合作社的需要，着手开展全市专业合作社宣传册资料的收集、整理工作。新建及重组改造基层社24家，新建农村综合服务社达到260家。

【廉洁安全】 一方面，对重点工程建设项目加强监督检查。重点围绕市农产品批发市场迁建项目，组织力量对项目进展情况及时跟进，加强监督，使市场迁建项目前期招标工作在党委统一领导下公开、公平、公正、平稳有序地进行。另一方面，注重日常性的监督检查，使监督检查常态化。对机关工作作风、工作纪律等情况进行监督检查，发现问题及时纠正。建立考勤制度，上班实行指纹考勤，领导班子成员带头执行。各企业经常性开展安全生产检查、发现问题及时整改，消防安全设施落实到位、有效，强化安全生产培训和责任，提高全员安全生产意识，做到先安全培训，后上岗。全年共组织消防安全培训和演习10次，有效地提高了员工的消防安全知识。全年没有安全事故发生。

【队伍建设】 市社坚持抓班子、强中层、带队伍，着力加强公务员队伍建设，认真学习贯彻《干部任用条例》和全市干部监督工作会议精神，严格规范干部选拔任用，严格把握干部选拔任用资格条件，特别是对任职年限、工作经历、身份等从严把关。严格选任程序，坚决杜绝临时动议，一年来，没有出现选人用人上的不正之风。加强企业人才队伍建设，各企业围绕发展壮大大局，进一步完善人才激励机制和工资制度与考核办法，建立重实绩、重贡献的收入分配机制，向优秀人才和关键岗位倾斜，积极引进和培养各类经营管理、营销和电商人才，2014年本级企业共招聘相关人员32名，队伍结构得到优化。

【党建维稳】 认真开展党的群众路线教育活动，扎实推进两新组织党建工作，大力弘扬供销精神，不断提升机关效能。积极做好信访维稳工作。由于供销社成立较早，人员错综复杂，面对历史形成的各类上访达100批次以上，牵涉人员800余人，但通过创新维稳工作手段，基本做到就地化解，没有上交矛盾和越级上访；积极研究新形势下的党建工作，针对供销社新合作组织的不断涌现，探索并发展在协会及市场经营户建立基层党组织，切实发挥新建组织的战斗堡垒作用，取得较好的效果。

（郑剑刚）

烟草盐业

烟草专卖

【概述】 金华市烟草专卖局、浙江省烟草公司金华市公司由浙江省烟草专卖局、浙江省烟草公司直接管辖，从1986年10月到1994年9月，先后成立兰溪、东阳、浦江、武义、义乌、永康、磐安7个县(市)烟草专卖局(分公司)。截至2014年底，全地区共有从业人员1136人，辖区内共有零售户31552户。

【经济运行】 全市烟草系统紧紧咬住税利核心指标，狠抓运行调控，坚持专卖护航，深挖管理效益，通过共同努力，全年实现批发销售25.56万箱，同比持平；销售额89亿元，同比增长6.12%。实现税利21.3亿元，同比增长8.82%，圆满完成“保八”任务。国有资产保值增值率143%。

【专卖执法】 全市烟草系统共查获涉烟案件1239起，同比减少9.63%；查获卷烟19.98万条(全省第一)，同比增加6.75%。破获国标网络案12起、省标网络案1起。兰溪“1.06”特大运销假烟网络案和永康“1.16”特大销售走私烟案被列为部督案件(“1.16”为全国首起走私烟部督案)。连续两年实现全市5万元或20件以上真烟外流案件为零。深入开展“金叶1号”“蓝天1号”专项行动，开创无证户监管新模式。

【基础管理】 深入挖掘精实效益，探索“四单一表”管理模式，获得全省管理创新论坛一等奖。高度重视人财物管理的法治化、规范化建设，集中梳理8

大类法规制度 860 个，对经营合法合规性进行全面自查。扎实推进精益物流，降本增效成效显著，可控单箱物流费用 34.16 元(全省第一)。紧扣"质量、安全、进度、成本"四个核心，勇破瓶颈，同步推进项目各环节实施，新卷烟物流中心建设顺利完成地下基础工程，累计完成投资 4376 万元。

【公益事业】 2014 年，全市烟草系统共捐款 198 万元，用于资助城市共建、社区共建、文明结对、扶贫帮困、双拥共建、慈善捐赠，其中市局本级资助捐赠 101 万元，连续九年被命名为"金华市慈善荣誉单位"。本级各支部 92 名党员认领"微心愿"，募集钱物 7600 余元，资助 5 个联系社区环境卫生整治费 43500 元。出资认捐"五水共治"款 50 万元，组织干部职工募集五水共治款 108250 元，资助金东区塘雅镇金尚塘村扶贫款 10 万元、开发区后岗村扶贫款 5 万元。

(胡美丹)

盐　务

【概述】 全市盐业实现主营业务收入 22333 万元，同比上年 18249 万元，增长 22.38%；其中市本级 7381 万元，同比上年 5116 万元，增长 44.27%；全市实现利润总额 1489.85 万元，同比上年 1282.03 万元，增长 16.21%；其中市本级实现利润 320.74 万元，同比上年 235.37 万元，增长 36.27%。2014 年末，全市各公司资产总额 11273 万元。

【确保有效供应】 提高碘盐"三率"水平放在经营管理工作的首位。严格执行盐产品的购销计划和价格政策，认真做好食盐调运和储备工作，保持合理库存；加强产品质量管理，严格质量监督和检测；始终保证食盐市场供应安全平稳有序。

【市场监管】 一是成立"金华市盐政稽查支队"，将县市局专职盐政执法人员编入市稽查支队，由市局和盐政稽查支队统一管理，有效整合盐政执法力量。二是建立盐政、运销两者相互结合的管销机制，形成合力，发挥各自优势，健全"访销、服务、宣传、稽查"为一体的市场管理格局，及时精确地掌握市场动态，发现问题及时应对解决。三是在发改委发布废止《食盐专营许可证管理办法》之后，针对网络、媒体对盐业专营政策的质疑，以及公众对专营政策认识混乱的局面，各盐务局采取多种手段，加大盐业法规和食盐安全知识的宣传。四是积极开展蔬菜加工用盐及畜牧用盐等监管。在 3 月—4 月的蔬菜加工旺季，盐政人员在检查市场的同时，加强对生产加工用盐企业、个体户的监管力度，特别是针对农副产品加工季节性较强(如金华桂花腌制、兰溪杨梅、东阳红心李等)的特点，与加工用盐户签订专盐专用承诺书，建立生产加工用台账，随时掌握购盐数量、用盐品种及库存量，做好动态监管，防止挪作他用或转卖。五是加强小工业盐市场的管理。对辖区域内小工业盐用户进行走访，宣传政策，征求意见，转变观念，提高服务质量，严防小工业盐流入口食盐市场，保证市场的稳定。兰溪公司对小工业盐市场继续按照"保本微利，降价供应，强化服务，加强监管"的原则，采取日常市场检查不松劲，对使用小工业盐企业，经常组织上门走访检查、政策宣传、引导说服和市场化竞争相结合的策略，及时发现、制止盐业违法行为，并根据市场情况，相应调整小工业盐价格，主动占领市场，前十个月兰溪公司销售工业盐 5021 吨，确保销量不下降。东阳公司分别与辖区内两家工业副产盐生产企业签订了责任书，同时制定工业副产盐安全管理制度，专人负责，明确责任并建立台账。定期和不定期进行检查，随时掌握情况，做到即时监管。六是积极投入"优化结构调整"中心工作，加强对口食盐市场管理。对口食盐市场的监管，历来是盐政工作的重中之重。积极组织开展有针对性的口食盐市场巡查，加强对重点市场、边界市场、重点客户的巡查、检查，为食盐专营保驾护航，发现个别经营户违反专营秩序行为的，及时进行食盐专营法规宣传教育，责令改正，较好地维护区域专营秩序，口食盐市场总体规范有序。2014 年全市共出动盐政人员 2935 人次，检查生产经营单位 18577 家，从而确保市场稳定有序。

【食盐销售结构】 加大产品结构调整力度，提升产品价值链是确保主营业务稳定增长的主要措施，也是盐业一直以来努力的方向。市局适时推出《全市口食盐销售品种结构调整工作思路》，明确具体工作要求，并做到全市一盘棋，思想统一，步调一致,继续深化结构调整工作,巩固和稳定口食盐市场供应。1 月—12 月全市销售口食盐26093 吨,确保同比增长 0.94%。而且通过结构调整,多品种盐销售占有较大的市场份额,其中低钠盐、平衡盐、青海湖盐、竹盐等高端盐的销售量达到1000 吨,取得较好的经济效益。

【非盐经营】 重点拓展白砂糖、味精原粉、盐化产品等经营业务。白砂糖经营面对当前激烈的市场竞争和波澜起伏的市场行情,在保持原有客户的同时,积极稳妥的发展优质新客户,重点抓住制药、食品加工、牛奶加工等用糖大户,全年新增五家优质白砂糖客户,使非盐业务稳中有升。兰溪公司努力开拓化工产品“顺酐”等经营,逆势增长,销售达到408.09 万元。

全年全市非盐产品销售收入 7092.72 万元,其中白砂糖等非盐产品销售 1783.22 万元, 与上年同期基本持平,客源稳定,形成一定的销售渠道和规模。大包装味精销售从无到有, 全年全市销售4175.98 万元,毛利 81.57 万元。

【全市盐业体制机制改革】 切实抓好股权划转工作,指定专人负责,及时办理账务调整、产权变动、工商变更及登记等相关事宜。武义公司同时推进了企业内部三项制度改革工作, 增强企业活力,提高企业竞争力。

【财务管理长效机制】 进一步加强资金管理,加快资金流转速度,提高资金使用效率。严格控制预付货款和赊销经营, 加强应收账款催收和清理,防范债务风险。制定应收账款管理制度,对原有应收款按时间、金额细分,制定催收计划,责任到人。对配送服务工作进行合理调整,严格执行大包装食盐提货核价规定,压缩费用,提高效益。

【安全管理】 做到警钟长鸣、常抓不懈。市本级和义乌公司加强专用线安全管理工作,固定人员看守,认真落实和执行车皮到达接卸制度,保持与铁路部门、专用线共用单位之间的协调沟通,确保调车顺畅安全,严密防范重特大安全事故发生。今年以来市本级在原有的物流退出、装卸人员减少的情况下,主动联系协调铁路部门,合理调度、科学安排,及时送车卸货,验收进仓,努力做好盐产品质量检测和安全作业管理, 确保不出质量和安全事故,努力完成各项工作任务。

(市盐务局)

旅游业

【概述】 2014 年,金华市共接待游客 5982.01 万人次,同比增长 21.73%,实现旅游收入 620 亿元,同比增长 26.45%。全市新创建 4 家国家 AAAA 级旅游景区, 新创建数量居全省第一, 也是历年来获评AAAA 级景区最多的一年。同时,设立的微信公众号也获得关注无数和好评。

【国内旅游】 2014 年, 全市旅游系统在加强市域内外营销合作平台建设的同时,锁定目标市场和客源群体,充分利用各种营销方式,实施“精准”营销,全年全市接待国内旅游者 5897.88 万人次,同比增长 22%,实现国内旅游收入 590.53 亿元,同比增长 27.77%,旅游收入增长速度明显高于接待人次增长速度,国内游客平均消费增加显著。根据抽样调查统计,全市国内客源市场分布主要以长三角地区为主,其中:浙江客源占 52.1%,江苏客源占 7.7%,上海客源占 7.3%,其次主要来自于江西、安徽、福建等地,分别占 6.3%、4.8%、3.9%等。出游方式以个人及亲朋好友出行与自驾出为主,分别占所有出行方式的 46%和 23.2%, 其次为旅行社组织出行和单位组织出行,分别占 15.5%和 14.8%,自助旅游成国内游客主要出游方式。

【出入境旅游】 2014 年, 全市接待入境旅游者84.13 万人次, 同比增长 5.56%, 实现旅游外汇收入47954.22 万美元,同比增长 5.57%,入境游客人均消费比上年同期有所提升;全市出境社组织出境游客9335 人次,同比增长 5.11%。全市入境客源市场结构与上年基本保持一致,游客主要来自于港、澳、台地区(总计占入境游客总数的 16.06%),以及韩国(占比 7.89%)、美国 (占比 4.11%)、俄罗斯 (占比3.79%)、马来西亚(占比 3.41%)、日本(占比 3.28%)等国家,入境游客市场总体比较分散,但周边国家和地区依然是金华市入境旅游最重要的客源市场。

【假日旅游】 “春节黄金周”, 全市接待游客

191.91 万人次,同比增长 55.68%,实现旅游总收入 17.81 亿元,同比增长 56.53%。“十一黄金周”,全市接待游客约 384.9 万人次,同比增长约 23%,实现旅游总收入约 25.17 亿元,同比增长约 24.4%。

【旅游规划】 组织编制《金华市衢江(金华段)及沿线旅游发展总体规划》概念性规划,结合衢江段航运工程改造规划开发水上游线。帮助指导各地做好相关规划的编制工作,《金东区慢生活休闲旅游规划》《永康市旅游发展总体规划》《浦江县旅游发展总体规划》《武义县旅游发展总体规划》《武义县农业旅游发展规划》等区域重点规划的编制、修订工作进展顺利。

【项目建设】 2014 年,全市列入国家项目管理系统统计的项目共计 95 个,总投资 764.34 亿元,全年计划投资 113.31 亿元,实际完成投资 125.63 亿元,计划完成率达 110.87%,实际投资总额超亿元的项目有33 个,实际投资总额超 5 亿元的有 6 个。截至 12 月底,已投产竣工项目共 6 个,分别为诸葛村休闲观光农业综合项目(总投资 1.27 亿元),仙源湖度假区自行车骑游绿道(总投资 1000 万)、仙草苑养生会所(总投资 3000 万元),小同省级旅游特色村提升改造(总投资 2000 万元),金华动物园(总投资 3000 万元),桂花山庄(总投资 1050 万元)。

【招商引资】 组织相关企业参加第十六届“浙洽会”,着重推出 21 个乡村休闲度假招商项目,其中,7 个项目入选浙江省重大旅游招商项目,4 个项目入选浙江省乡村旅游重点招商项目;现场签约项目达 4 个,共计签约金额 33.1 亿元。至年底,全市旅游项目招商成功并顺利落地 8 个,总投资 93.1 亿元。全年各类旅游招商项目建设资金实际到位达 34.18 亿元。

【景区品质提升】 积极推行《旅游景区质量等级评定与划分标准》,以标准为抓手促进景区品质提升,指导兰溪六洞山风景区、金华锦林佛手文化园、永康方岩风景名胜区、武义牛头山国家森林公园顺利通过 AAAA 级景区验收,东阳红栋红木家具珍藏馆、金华市上荷塘寨春农场通过 AAA 级景区验收。全力推进景区环境整治工作,采用“1+5”的工作方法,将景区整治和拆违、治水、四边三化、美丽乡村、产业转型结合起来,全面开展景区整治百日攻坚行动,旅游景区环境明显改善。

【旅游产业融合】 深化旅游与农业、工业、生态、城建等的多元融合,一是推进农旅融合,梳理整合全市历史文化古村落资源情况,配合编制《金华古村落游览图》,着手编制《金华古村落文化旅游招商手册》,联合市外侨办联合命名金华市首批国际研学交流旅游古镇 3 个、国际研学交流旅游古村 3 个,积极推动乡村旅游项目建设;二是推进工旅融合,指导东阳旭东工艺品有限公司、武义田歌实业有限公司等企业成功创建省级工业旅游示范基地,积极开展“新能源旅游汽车”的推广应用工作;三是推进城旅融合,积极参与鼓楼里文化创意园、城市名人雕塑等项目的规划建设,组织开展加快城市人防设施旅游专项方案策划,完成三江六岸水上游乐项目实施方案的制订工作。

【旅游商品研发】 积极协调金华市经信委作为共同主办单位,组织开展金华首届旅游商品纪念品研发征集展示评比活动。组织浙江师范大学美术学院、金华职业技术学院艺术设计学院、义乌工商职业技术学院建筑与艺术学院作为协办单位,经筛选共有实物作品 356 件,设计作品 147 幅入围,评选出各级各类奖项 50 个,有力推动金华市旅游纪念品产业发展。

【旅游交通服务】 改换旅游交通标识牌 55 块,完成金东区积道山景区 20 公里休闲绿道建设,完善市区绿道示范段建设方案和一环线内旅游交通标识设置方案。建设市区公共自行车系统,引导景区新增旅游电瓶车、旅游黄包车等。

【旅游发展环境】 完成《关于加快推进旅游业转型发展的实施意见》(金委发〔2014〕19 号)和《金华市区旅游业发展三年(2014-2016)行动计划》(金政办发〔2014〕36 号)起草、报批、下发工作,确保全市旅游发展大会的顺利召开,为旅游产业发展提供有力的政策保障。

【行业管理】 金东区、婺城区、金华经济技术开发区相继成立旅游协会;区级协会融合相关产业加入,拓展行业覆盖面;万达嘉华酒店等 4 家新建酒店相继建成并投入使用,旅游饭店档次不断提升;全市新设立旅行社 10 家,总数达 157 家;加快从业培训,全年共培训 3000 多人;组织“金华好技工”“职业技能大赛(中餐主题宴会设计)”和“全市导游技能大赛”,评选出“十佳金牌导游。

(陈　静)

房地产业

【概述】 2014年,受国家宏观经济形势的影响,金华房地产市场与全国大部分二、三线城市基本类似,出现市场疲软、销售明显下滑的态势,面临市场分化、供求关系逆转、企业资金紧张的压力。5月下旬深入市区重点房地产企业走访,召集相关部门(单位)专题研究,帮助企业解决实际困难。为解决市场销售问题,自8月1日开始,市区全面取消住房限购措施,以利改善性需求入市。同时,为促进地方政府积极采取措施应对房地产市场疲软,有利企业以价换量,扩大销售,根据省政府的统一部署,在全市范围内对各县市(区)实行商品房销售目标管理,并列入年终考核。市区为促进房地产市场平稳健康发展,市委办、市府办出台《关于进一步加强金华市区人才住房保障工作的若干意见》(金委办发〔2014〕79号),鼓励人才通过市场化购买商品房解决住房问题;市政府及时启动二七区块旧城改造项目,并学习诸暨经验,对征收安置实行市场化,通过购房奖励措施,鼓励被征收户通过购买商品住房实现安置。上述措施,有力地维护房地产市场的基本稳定。

【住房保障】 2014年,金华落实县(市、区)年度保障性安居工程新开工、基本建成、竣工、分配及新增公共租赁住房租赁补贴,全市新开工保障性安居工程建设项目47个,其中:新开工公共租赁住房项目10个,新开工城中村改造安置住房建设项目18个,新开工城市棚户区(城中村、旧住宅区、危旧房)改造安置用房建设项目17个,新开工经济适用住房项目2个。截至2014年12月底,全市新开工保障性安居工程23390套,完成年度目标任务9118套的256.5%,其中新开工公共租赁住房2377套,完成年度目标任务1921套的123.7%;基本建成保障房9754套,完成年度目标任务5764套的169.2%;竣工保障房5327套,完成年度目标任务4905套的108.6%;分配保障房7032套,完成年度目标任务3114套的225.8%;新增公共租赁住房租赁补贴202户,完成年度目标任务165户的122.4%。

【房地产开发】 2014年,房地产开发投资回落,全市共完成房地产开发投资367.67亿元,比上年下降4.5%,其中市区133.14亿元,比上年增长15.5%;商品房施工面积2652.53万平方米,比上年同期增长20.7%,其中市区893.88万平方米,比上年增长33.3%;商品房销售面积336.60万平方米,比上年同期下降14.3%,其中市区113.44万平方米,比上年下降32.9%。从住房价格指数看:根据国家统计局公布的1-12月份新建商品住房价指数显示,呈现环比逐月下降,同比自8月开始下降,定基比自10月开始下降。自10月开始金华市区住房房价跌破2010年同期水平。2014年末,全市共有房地产开发企业528家,其中:一级资质7家、二级资质42家、三级资质128家、四级资质103家、暂定资质248家。市区共有房地产开发企业212家,其中:一级资质1家、二级资质11家、三级资质51家、四级资质37家、暂定资质112家。

【市区房价稳定】 从房屋成交均价看:全年商品房成交均价9059元/平方米,同比下降4.5%,其中:商品住房成交均价8574元/平方米,同比下降4.6%;办公用房成交均价9439元/平方米,同比下降14.9%;商业用房成交均价13252元/平方米,同比下降8.9%。受市场疲软影响,商品房成交均价明显下降。

【物业管理】 2014年末,全市共有物业管理企业189家,其中:一级资质1家、二级资质企业5家、三级资质企业152家、暂定资质31家;市区共有物业管理企业86家,其中:一级资质1家、二级资质4家、三级资质70家、暂定资质11家。2014年末,全市物业服务企业承接物业管理项目498个,管理面积2826.65万平方米,其中:住宅项目349个,管理面积2364.46万平方米。住宅管理项目中,建筑面积5万平方米以上的住宅小区只有145个,管理面积1650.31万平方米。全市物业服务收费平均价格1.57元/平方米·月,其中:住宅物业服务收费平均价格1.12元/平方米·月。全市物业服务企业营业收入25946.79万元,营业成本25991.13万元,营业税金及附加1547.42万元,营业亏损1481.76万元。全市物业服务企业经营情况仍不理想,收费难仍然是当前及今后的主要矛盾。2014年末,市区物业服务企业承接物业管理项目313个,管理面积1435.63万平方米,其中:住宅项目194个,管理面积1158.95万平方米。住宅管理项目中,建筑面积5万平方米以上的住宅小区只有69个,管理面积762.11万平方米。物业服务收费平均价格1.08元/平方米·月,其中:住宅物业服务收费平均价格1.01元/平方米·月。市区物业服务企业营业收入14563.08万元,营业成本14869.92万元,营业税金及附加882.27万元,营业亏损1189.11万元。市区物业服务企业收费标准低于全市平均水平,经营情况也差于全市平均水平。

(汤贤富)

专业市场

【概述】2014年全市共有各类市场464家,其中商品交易市场448个(包括消费品市场395个,生产资料市场52个,服务市场1个);生产要素市场9个,网上交易市场7家。全市共有市场摊位数163179个,市场经营户139374户。2014年,全市464家市场成交额为2532.49亿元,比上年增长6.3%,增幅比上年回落4个百分点;其中商品交易市场年成交额2275.79,与上年同期相比增长7.26%;网上交易市场7家,全年网上市场成交256亿元,基本与上年持平;生产要素市场9个,成交额2.56亿元,比上年的7.7亿成交额下降明显。商品交易市场数量占全省4321个的10.36%,个数列全省第五位;全市商品交易市场成交额2275.79亿,占全省成交额1.95万亿的11.66%,列杭州、宁波、绍兴之后,排名第四位。截至2014年底,全市有省重点市场3家,分别为义乌中国小商品城、永康科技五金城、义乌家具市场;省重点培育市场1家,为浙中建筑装饰材料市场;区域性重点市场9家,分别为义乌农贸城、金华农产品批发市场、金华市浙中家俬居室用品市场、金华商城、义乌汽车城、金华比奇虚拟数字产品交易市场、永康废旧金属材料市场、浙江浙八味特产市场、浙江东阳缝配城。

【重点市场的建设】中国木雕博览城二期、浙江华东工业材料城一期、浙中粮油交易中心一期等一批重点项目稳步建设中。中国木雕城二期于9月份完工投入使用,并于10月18号到22号成功举办世界工艺文化节暨第九届中国东阳木雕竹编工艺美术博览会;永康化工市场已招商完毕,正式开业;浙江华东工业材料城一期已结顶;浙中粮油交易中心河道改造及桥梁工程基本完工,主体工程已完成总工程量的65%;帮助市区花鸟市场搬迁方案的意见收集。推进有产业依托的专业市场与工业化、信息化两化深度融合,培育金华金字冻品城创建为智慧市场。

【农贸市场改造】完成放心市场的21家创建任务。会同市财政局联合出台《关于进一步加强市区农贸市场改造提升和长效管理的意见》,确认市区农贸市场新三年行动计划以及创建放心市场的财政补助方案。各县市区积极推进农贸市场提升发展扶持政策落地,为市场创建工作提供有力的政策保障。东阳制定并通过农贸市场新三年改造提升计划,确定每年投入600万用于农贸市场改造提升,其中500万用于硬件设施的改造,100万用于软件提升。永康兑现618万财政奖励补助资金,制定新一轮的农贸市场提升发展计划。浦江出台《关于进一步加强商品市场改造提升的实施意见》,制定主城区农贸市场到2020年的发展规划。市区、永康、东阳等地拟在省财政补助的基础上,对创建成功的单位再给予20万元的奖励。

(张小军)

开放型经济

对外贸易

【概述】2014年,全市实现进出口总额414.9亿美元,总量居全省第三位,其中出口396.7亿美元,进口18.2亿美元,同比增长21.1%、22%和4.2%,增幅分别居全省第一、第一和第四位。其中,出口占全省的比重为14.5%，对全省的外贸出口增长贡献率为29.1%，拉动全省出口增速提高2.9个百分点。传统贸易方式增长稳定，市场采购拉动作用明显。2014年，一般贸易出口194.8亿美元，同比增长11.0%;加工贸易出口10.3亿美元,同比增长20.4%;市场采购出口191.6亿美元,同比增长35.8%,占出口总值48.3%,拉动出口增长15.5个百分点,对全省出口增长贡献率为20.6%，其中义乌出口177.84亿美元,同比增长33.2%。民营企业保持较快增长。全年新增备案企业1822家，全市有进出口实绩企业6224家，比上年净增427家。民营企业全年出口375.4亿美元,同比增长23.4%,占出口比重94.6%,比上年同期提高1个百分点,拉动出口增长21.9个百分点。轻工产品出口保持高速增长,机电、纺织、高新等产品比重均有下降。出口以机电、轻工、纺织产品为主，三者出口分别为152.4、86.2、81.0亿美元,合计319.6亿美元,占全市比重达80.6%。其中,轻工产品同比增长40.9%，出口占比较上年同期提高2.9个百分点;机电产品同比增长20.2%,高新技术产品同比增长20.5%,机电、高新技术产品出口占比与上年同期相比下降0.57个百分点;纺织产品同比增长11.9%，出口占比较上年同期下降1.85个百分点。对欧盟、美国、日本等传统市场基本稳定,对"一带一路"沿线国家和非洲市场保持稳定增长。对欧盟、美国、日本市场分别出口61.9、38.7、8.0亿美元,同比增长21.7%、15.3%、19.3%。对"一带一路"沿线62个国家累计出口179.3亿美元，同比增长25.8%。其中对以印度为主的南亚7国,对阿联酋为主的中东16国出口26.2、85.4亿美元，同比增长31.1%、39.0%;对东南亚11国,中东欧16国,分别出口28.6、17.0亿美元同比增长16.9%、18.6%;对以俄罗斯为主的欧亚13国出口22.6亿美元，同比下降2.2%，受俄罗斯卢布贬值影响,2014年出口俄罗斯15亿美元,同比仅增2.5%,对乌克兰出口受战局影响同比下降29.4%;对非洲市场出口66.2亿美元,同比增长25.0%。进口以原材料为主,中国台湾是最大进口市场。中国台湾、美国、越南、老挝和日本是主要进口市场，合计占进口总值的49.5%，同比增长18.4%。从进口产品看,以原材料为主,铜及制品、棉纱、塑料及其制品、原木和铝废碎料是主要进口产品,这五类产品占进口总值的81.9%。

利用外来投资

【概述】 全市新批外商投资项目70个，合同利用外来投资5.72亿美元,实际利用外来投资2.78亿美元,同比分别增长18.6%、226.2%和20.9%,是全省唯一一个三项指标均实现增长的地市。工业项目占主导,三产利用外来投资增速趋缓。2014年全市工业制造业新增合同外来投资43055万美元，同比增长10.7倍,实际利用外来投资22678万美元,同比增长78.12%,占全市实到外来投资的81.46%。其中纺织业实到外来投资6196万美元,同比增长2.71倍;交通运输制造业实到外来投资5432万美元，同比增长78.33倍；化工制造业实到外来投资3919万美元,同比增长82.3倍。第三产业项目利用外来投资增速趋缓,新增合同利用外来投资14134万美元,比上年仅增长4.01%;实际利用外来投资为5051万美元,同比下降49.96%。增资扩股项目增多。2014年全市新批合同外来投资超过500万美元的19个项目中，增资项目有7个，累计新增合同利用外来投资33393万美元,占全市合同外来投资的58.39%,比上年同期增长3.18倍。利用外来投资以香港为主。从投资区域看,亚洲地区新批项目53个,占全市新批项目的75.71%,其中香港仍是金华外来投资的主要来源地,2014年新批合同外来投资和实际外来投资分别为48723万美元和18573万美元，分别占全市总量的85.19%和66.71%。新批来自欧洲地区投资项目8个,合同利用外来投资3467万美元，实际利用外来投资3543万美元,同比增长59.38%;来自北美洲的投资项目8个,实际外来投资859万美元,同比增长2.34倍。

对外经济合作

【概述】 2014年，全市审批和核准境外投资企业和机构42家,实现境外投资总额5.3亿美元,其中中方投资额4.97亿美元,同比增长168%。全年实现对外承包工程劳务合作营业额2.82亿美元,同比下降7.9%,派出各类劳务人员2549人次,期末在外各类劳务人员3284人。境外营销网络建设快速推进。

2014年全市新核准(备案)36个境外营销网络项目，占比达85.7%，涉及家纺、服装、饰品、工艺品等行业企业。32家企业在境外设立营销网络、分公司、贸易机构等，完成省厅扩大境外营销网络数量指标。境外投资大项目拉动作用明显。2014年全市新批1亿美元以上大项目3个，分别是兰溪红狮水泥通过设立香港控股有限公司在缅甸投资1.54亿美元建设新型干法水泥生产线项目，华谊兄弟投资1.3亿美元设立华谊兄弟(美国)有限公司以及投资1.27亿美元在开曼并购DGC科技有限公司，获取数字电影放映技术，发行数字影院，提供和安装数字影院服务器、放映和3D系统等，3个项目合计中方投资4.11亿美元，占全市境外投资的82.6%。对外承包工程稳步发展。金华对外承包工程优势企业在阿尔及利亚承建住宅项目稳步推进，东三建、中天集团、金厦建设等境外工程企业在阿尔及利亚住宅项目稳步推进，其中东三建完成工程营业额20408万美元，占全市对外承包工程总额的72.4%；金轮机电、中高动力等涉及电站设备安装工程企业，2014年新签项目合同1910万美元，当年完成3438万美元，占12.2%。机电装备出口企业逐步从一般贸易向机电成套出口转型发展，通过对外承包工程的方式改变商业模式，直接带动材料、设备出口和劳务输出。

服务贸易

【概述】 2014年，全市实现服务贸易进出口额24.48亿美元，同比增长27.4%，其中出口18.37亿美元，同比增长29.6%。全市国际服务外包合同签约总额2.13亿美元，其中离岸合同签约额2.09亿美元；国际服务外包执行额1.64亿美元，其中离岸合同执行额1.61亿美元，同比增长1.85%。截至12月底，进入商务部服务外包业务管理和统计系统注册登记的金华市企业有215家，比上年新增26家。大力培育文化出口产业，支持骨干企业走出去，扩大文化产品和服务出口。涌现华谊兄弟传媒股份有限公司、长城影视股份有限公司、浙江横店影视制作有限公司、浙江金华邮电工程有限公司和浙江博尚电子有限公司等国家级、省级文化出口重点企业。金华邮电公司在吉尔吉斯斯坦共和国创办德隆电视有限责任公司，建成中亚地区最具影响力海外华语电视播出平台，成为该国第二大有线电视频道运营商。该电视台开通俄、维、中、英等语种的117个频道，目前收视有效覆盖65万人口，占当地人口63%。已成为我国在中亚地区一带唯一的电视播出机构，引起我国多个部委的高度重视。从服务外包情况看，信息技术外包(ITO)合同接包占总执行金额的51.34%，业务流程外包(BPO)合同接包占22.16%，知识流程外包（KPO）合同接包占23.79%，其他占2.71%。排名前十位的国家和地区是美国、中国香港、英国、俄罗斯、加拿大、中国台湾、德国和阿拉伯联合酋长国。有离岸服务外包业务执行的企业总数为126家。离岸执行额500万美元以上的服务外包企业有5家，离岸执行额在1000万美元以上的服务外包企业4家。

(司　南)

招商协作

【概述】 2014年全市通过各类重大招商活动共签约76个，总投资529亿元，引进500强企业8家，总投资20亿元以上项目12个。联系组织在外浙(婺)商参与全市“五水共治”，累计捐款7000多万元。2013年以来，全市累计签约项目167个，截至2014年底已开工建设项目48个，已落实土地项目34个，因故取消投资项目27个，项目落地率达58.57%。2014年，全市浙商回归实际到位资金192.53亿元，其中：产业项目到位资金169.76亿元，资本回归项目到位资金21.09亿元，公益项目到位资金1.68亿元，完成省对市160亿元考核目标任务(不含公益项目到位资金)的119.48%。市对县(市、区)工作目标180亿元的106.03%，同比增长22%，一、二、三产项目到位资金占比分别为1.13%、53.02%、45.85%，引进项目产业结构不断优化。

【对接盯引行动】 一是精确对接，不断深化点对点招商。从2月份“扩大有效投资月”开始持续开展了点对点对接招商活动，赴广州、深圳、东莞、昆山、上海、北京等地开展针对性招商，并做好与台湾经济合作和产业推介交流的各项洽谈推进工作。加强中国船舶通用航空项目的对接，利用低空领域逐步放开的有利契机，引进通用航空基地及相关产业链，产业基地已正式落户永康。邀请中国公路、港中旅、西部控股及土人设计、好莱坞(中国)投资公司、省国贸集团、普华永道、中联重科、雨润集团、杉杉集团、富春控股等重点客商来金开展项目考察洽谈，全年共联系对接赛伯乐、苏宁云商、Ebay电子商务产业园、恒生科技园、富春控股运城网通、灵康药业大健康产业以及医药基地等78个重点项目。二是持续跟踪，深入实施“千万招引行动”。从4月份开始全程跟踪省“双盯双百工程”有关省外海外商会会长和7个省外重点浙商企业及拟回归项目，成功签约的及时更换盯引项目。确定全市33个市级盯引项目，其中首批8个重点盯引项目由书记、市长亲自挂帅联系。联系加拿大中国商会、甘肃省浙江商会、南京金华商会、石家庄金华商会以及杭州、宁波金华商会等一批海内外商协会重点企业抱团回家乡开展投资考察。下半年还开展了“决战三季度 冲刺四季度”招商集中攻坚行动，按照市委、市政府“精准发力抓落实、全力冲刺四季度”的部署要求，分解任务，对标作战，挂图作战，全年共引进超10亿元以上项目15个。全面开花，积极组织重大项目签约。6月份在宁波浙洽会期间举办金华市投资环境推介会暨项目签约仪式，邀请到客商100余人，现场签约项目41个，其中浙商回归项目29个，投资额超百亿元。组织参加全省2014天下浙商家乡行活动及浙江省浙商创业创新促进会成立大会，落实3个浙商回归重大项目参与签约，总投资额达54.8亿元；签约浙商回归治水(治污)捐赠项目1个，已到位捐赠资金423万元；签约浙商回归银企合作项目1个，帮助项目企业解决贷款需求2亿元。11月在东阳举办中国金华第四届国际商贸发展大会项目签约仪式，现场签约投资项目33个。

【克难攻坚行动】 一是破解难题，实现项目推进机制化。全市持续开展重大项目克难攻坚行动，实施“一个项目、一个责任单位、一个工作班子、一套工作方案”的措施，签订责任状要求倒排时间限时完成交办的难题。年初开始共排查清理列出40个项目推进中的44个难题，每个难题由有关责任单位组成专门工作班子一个环节紧扣一个环节进行破解，截至11月底，全市共推进已签约项目落地开工43个。二是加强协调，实现领导联系常态化。继续实施重大项目领导联系制度，36位市领导分别联系36个重大产业项目和13个园区平台，落实“一个项目、一名领导、一套班子、一抓到底”的领导联系跟踪制度，每月通报项目进展。动员全办(局)及招商系统干部开展联县市、送指导，联企业、送服务，联项目、送政策，联婺商、送关爱的“四联四送”活动，对推进项目实行“保姆式”全程跟踪联系服务。三是深化督查，实现督办问责刚性化。针对应开工未开工的重大项目、招商签约项目进行重点督查，协调市督考办牵头组成督查小组分赴各县(市、区)开展浙商回归重大项目督查工作。对督查过程中发现的项目推进过程中的困难和难题，由领导小组办公室下发督办单，落实责任单位和责任人，倒排时间，限时办结或说明情况。对督查中发现的推诿扯皮、项目推进不力的单位和个人给予通报批评并追究责任。通过督查推动12个浙商回归项目开工、3个项目取得积极进展。

【保障服务强化】 一是完善机制，加强项目资源保障。建立健全招商引资和浙商回归工作机制，协调发改、财政、国土、规划、环保、人行以及项目主管部门共同推进，突出对重大浙(婺)商回归产业项目、重大科技人才项目、总部经济项目的政策倾斜，优先保障土地供应，优先提供信贷支持，优化政策资源配置，着力打造浙商回归的政策高地和投资洼地。二是合理规划，落实项目落地平台。以“园中园”形式打造浙(婺)商回归项目基地，继续深化永康市浙商回归创业创新园、兰溪市浙商创新实验园，东阳、义乌浙商回归总部中心等浙商回归平台建设，吸引浙商回归重大项目抱团回归。三是加强联络，营造良好环境氛围。扎实推进浙商信息库建设，全市浙商创业创新信息库中已录入在外浙商和知名人士信息1.8万条，超额完成省定1.6万条考核任务；积极开展各种乡情联谊活动，强化与在外浙(婺)商的沟通交流，春节前市四套班子主要领导分6组走访慰问重要投资商；春节后，市委、市政府召开浙(婺)商回归创业创新新春恳谈会；建立市领导联系商会制度，由20位市领导分别联系21个市外金华商会。定期为各市外金华商会寄送《金华日报》《金华国内合作交流动态》等报纸、杂志，及时向重点浙(婺)商宣传金华相关政策及招商信息,扩大对外影响。

【区域合作】组团参加“哈洽会”“西洽会”“渝洽会”“西博会”四大展会成果显著。根据中央、省委引导企业参与西部大开发，振兴东北等老工业基地建设和引导有关企业到西部地区建立能源、原材料开发和初加工基地的要求。配合省经合办开展全国浙商营销网络建设工作，拓展企业产品在国内的市场占有率，积极协助相关企业与全国各地的浙江产品营销中心开展产品的对接活动。根据西部、东北地区的产业特点，积极引导有向外扩张意向的企业参与合作交流,按有关要求组织县(市)经合(协作)办和有关企业随省经贸代表团参加了第二十五届“哈洽会”、第十八届“西洽会”、第十七届“渝洽会”和第十五届“西博会”。四次展会共组织了婺城、东阳、永康、武义、磐安等县(市、区)和市外金华商会的15家企业32个展位参加产品的展示展销活动，涉及酒类、红木家具、运动器材、五金产品、智能电子仪表、电力设备、茶叶、管材管件等多个领域的产品参展。据不完全统计，参展企业共接待各类客商5000余人，达成产品购销合作意向和贸易合同共15个,达成合同金额130多万元,展会直接销售63.89万元。

【闽浙赣皖九方经济区合作交流】作为参与闽浙赣皖九方经济区合作的联络部门，市经合办(招商局)按照市委、市政府的要求,积极为参加区域协作活动做好各项联络服务工作,完成好参加闽浙赣皖九方经济区四届一次联席会议的各项工作。各类企业在闽浙赣皖九方经济区内继续保持良好的投资发展态势,跨地区合作效果明显。据不完全统计,在九方经济区各成员市间共开展经济技术合作项目52个,实际到位资金24.29亿元,在九方经济区内的联合与协作得到进一步深化和发展。

【长三角城市经济合作】3月30日，在江苏盐城召开的长三角协调会第十四次市长联席会议上,围绕“新起点、新征程、新机遇——共推长三角城市转型升级”的主题,结合金华实际作了“深化区域合作,助推赶超发展”的书面交流,提出融入长三角的新思路,并为创新长三角城市合作机制和模式提出意见建议。在本次市长联席会议上,30个市长签署《长江三角洲地区城市合作(盐城)协议》,并批准成立长三角新型城镇化建设、品牌建设、旅游等三个专业委员会。市经合办积极协调有关部门做好专(课)题资料的收集,并以长三角协调会为平台,认真做好金华信息的报送。2014年共向《长三角城市合作》简报投稿40篇,被采用19篇。

【山海协作工程】一是提前完成山海协作年度任务。根据省经合办和市政府的部署和要求,市经合办于4月1日下发全市山海协作工程主要工作任务及责任分解，进一步落实年度山海协作工作任务,深入推进山海协作工程与社会主义新农村建设结合,有结对协作任务的相对发达县(市)充分发挥“山海协作工程”优势,加大对相对欠发达县(区)新农村建设的扶持力度。义乌、东阳、永康三市(县)政府已落实专项扶持资金200万,并与婺城、武义、磐安县(区)签订2014度帮扶协议。全年市内新签产业合作项目44个,到位资金(含结转项目)23.64亿元,完成全年目标任务的157.6%;群众增收和新农村建设社会事业项目37个,到位资金521.6万元,分别完成全年目标任务的370%和434.67%;培训转移就业劳务5353人,完成全年目标任务的214.12%。二是稳步推进山海协作产业园区建设。为增加推进山海协作工程力度,促进区域统筹协调发展,实现莲都与义乌两地的优势互补、合作共赢，积极推进莲都—义乌山海协作产业园建设，双方共同成立莲都—义乌山海协作产业园管理委员会和莲都—义乌山海协作产业园开发有限公司，双方共同规划,以莲都区碧湖北区块和莲都区高溪低丘缓坡开发区为合作平台,开发总面积9平方千米,首期开发4平方千米。积极投入资金,加快产业园的基础设施建设,截至目前,已累计投入4亿元资金,并全部拨付到位。三是利用展会平台助力欠发达地开拓市场。10月21日至25日,第20届“义博会”在义乌国际博览中心举行,组织武义县、磐安县等欠发达地19家企业及来料加工经纪人参加义博会“山海协作专区”参展,共设展位30个,参展产品涉及日用五金、工艺礼品、饰品、文体用品、健身器材、电子电器、针织辅料等。据不完全统计,该届义博会山海协作专区金华展团共发放宣传资料、名片5500多份,达成意向订单100余项,总价值2000多万,当场签订成交订单20多单,成交额100多万元。

【商会建设】新成立衢州市金华商会、嘉峪关市金华商会2家市外金华商会,黄山市金华商会各项筹备工作正在进行。新成立金华异地商会3家(金华市江苏商会、金华市湖北商会、金华市黑龙江商会)。截至2014年底,全市有市外金华商会23家,金华异地商会11家。

(胡小刚)

对口支援

【概述】继续做好对口帮扶四川省甘孜州和对口支援重庆市涪陵区工作,金华市经合办(招商局)积极协调财政等部门争取尽早落实"双对口"资金,并督促有对口帮扶任务的兰溪、东阳、义乌、永康四市有关资金早日到位,以保障援建项目按时开工。对2013年无偿援建项目和经贸活动成果进行跟踪,积极了解和协调有关问题,确保双对口工作落到实处。一是对口帮扶四川藏区工作启动迅速、成效明显。按要求落实对口帮扶四川藏区资金1500万元,帮扶甘孜州和凉山州木里县5个产业扶持项目和4个扶贫新村项目的建设。为进一步落实该工作,先后两次随省对口帮扶工作组前往藏区检查帮扶项目,并组织有经贸合作意向的金华企业与当地政府和企业对接洽谈。9月23日—24日,由金华市人大常委会副主任林一心带队的市政府代表团赴甘孜州,先后考察九龙县伍须牧民新村、康定县新都桥镇东俄洛三村等五个帮扶项目,向当地干部群众和有关部门详细了解了项目的推进情况,并召开"金华市—甘孜州东西扶贫协作工作座谈会"。帮扶项目的建设得到当地干部群众的高度重视,美化了村容村貌,有效改善农牧民生产生活条件。二是对口支援重庆三峡库区工作稳步推进、反响良好。2014年,落实对口支援重庆市涪陵区资金160万元,用于李渡街道村级公路改造、江北街道移民安置小区基础设施完善等4个项目的建设及涪陵区移民干部和移民培训工程。9月25日,市政府代表团到涪陵区考察了援建的李渡街道断桥社区公共服务中心项目,并召开"金华市—涪陵区对口支援工作座谈会",进一步落实对口支援工作。

(胡小刚)

民营经济

个体私营经济

【概述】截至2014年12月底,金华市2014年期末实有数为民营企业为107884家,同比增长22.15%;个体工商户399502家,同比增长18.46%。2014年本期新设立数为民营企业为23243家,同比减少11.12%;个体工商户85001家,同比增长15.90%;全年注销民营企业4005家,同比增加0.58%,注销个体工商户本期数23173家,同比下降69.37%。全市民营企业注册资本总额为31272938万元,同比增长24.99%;全市个体工商户资金数额为399502万元,同比增长18.46%,本期新设个体户资金数额为923989万元,同比增长23.26%。制造业和批发零售业依然占大头,其中,制造业占37.57%,批发零售业占38.57%,本年度数增幅各行业同比,增幅上升较大的有文化、体育和娱乐业(183.78%)、水利、环境和公共设施管理业(250.00%)、金融业(80%)、交通运输、仓储和邮政业(76.00%)。

【批发零售业】作为服务业中最大的支柱行业,增势不减。从行业分布看,批发和零售业的经济主体占比最高,截至2014年底为46580户,占38.57%

【审批改革】明确许可经营项目的前置和后置审批项目,实现从"先证后照"向"先照后证"的转变,有效解决申办营业执照审批多、门槛高、注册难的问题,提质增效,在方便办事群众的同时有力促进全市企业证照办理规范化。

(王海莹)

小微企业

【概述】全市共有工业企业116341家,其中小微企业115886家,占全部工业企业的99.6%。小微企业在全市工业振兴、产业壮大,特别是吸纳就业、财税增收方面发挥重要的作用,2014年底,全市小微企业共吸纳就业139.39万个,贡献税收98.8亿元,小微企业贷款新增271.28亿元,占全部企业贷款增量的 82.83%。

【扶持政策】 制定出台一系列扶持中小微企业的政策,如:《关于金融进一步支持中小企业发展的若干意见》(金政发〔2009〕6 号)、《关于支持中小企业健康有序发展的若干意见》(金政发〔2011〕102 号)、《关于促进小型微型企业再创新优势的通知》(金政办发〔2012〕79 号)、《关于支持小微工业企业规范升级的若干意见》(金政办发〔2013〕40 号)和《金华市区企业应急周转金管理暂行办法》等。目前正在调研准备出台《金华市扶持小型微型企业健康发展的意见》,对前期众多政策进行梳理、加大整合力度,提出当前形势下促进中小微企业健康有序发展的措施。根据出台的政策,2014 年向国家和省里争取中小企业各项扶持资金4568.22 万元,同比增长 229.44%,其中市区 1851.85 万元,同比增长 511.56%。

【平台建设】 积极推进中小企业公共服务体系建设,加快小微企业创业(孵化)基地建设,鼓励各类投资主体利用闲置楼宇和现有工业厂房等创建小微企业创业基地,鼓励在产业集聚区内建设一批适宜小微企业的标准化多层厂房、仓储设施、科技孵化器和设计研发示范基地。对首次列入省级小企业创业基地、省级小企业创业示范基地的,分别给予一次性 10 万元、20 万元户的补助;对首次列为省级中小企业服务机构的,给予一次性 10 万元的财政补助。全市有省级小企业创业基地 20 个,其中省级小企业创业示范基地 4 个;金华市中小企业公共服务平台目前已建设完毕,各项活动有序开展;全市 5 个产业集群除了永康五金集群平台外,也已全部通过验收,为小微企业提供信息、投融资、创业辅导、管理咨询、人才培训、市场拓展、法律及技术等各方面的服务。

【融资服务】 通过政策引导、加大宣传等举措鼓励银行业金融机构加大对中小企业的金融支持,以缓解中小企业资金需求。一是向上争取政策资金。2014 年共争取省银行业金融机构小微企业贷款风险补偿资金 630.22 万元,资金额列全省第一,其中市区 13.85 万元,对银行业金融机构新增小微企业贷款起到了正向激励作用。二是扩大应急转贷周转金规模。为帮助企业解决融资难和转贷难、转贷成本高等问题,全市应急周转金总规模扩大到21.2 亿,其中市区从 2 亿元扩大到 9 亿,为一批中小企业解决了转贷资金周转困难。2014 年全市共为1231 家企业办理应急周转金 2772 笔,累计金额217.29 亿元,其中市区共为 45 家工业企业办理应急周转金239 笔,累计金额达 27.41 亿元。三是推进融资性担保行业发展。加强对融资性担保行业的政策扶持,通过信用担保方式缓解小微企业融资难题,上年全市融资性担保机构担保责任余额达14.62 亿元,新增18.45 亿元,争取省级融资担保风险补偿资金200 万元。

【企业培育】 全市纳入全省中小企业培育与监测库企业 2146 家,正常报送数据企业1553 家,报送企业数和注册数均排全省前列,运行监测的实效性和准确性逐步提高,2014 年共完成"小升规" 企业 456 家(其中新开工企业 19 家)。同时对首次达到规模以上企业标准的市区小微工业企业,给予一次性 10 元的财政奖励,并在三年内对实缴税款地方留成新增部分给予优惠,对 2013 年度新升规企业的财政补助资金总计达 5661.37 万元,其中市区1359.16 万元(包括一次性奖励 670 万元、财政贡献奖励379.16 万元、减征社会保险费 174 万元、减免地方水利建设基金 136 万元)。

【涉企服务】 一是认真贯彻落实"入企驻企、企见干部"的工作要求,围绕企业当前生产经营中存在的问题和困难,以及企业对政府部门的意见和建议等问题走访工业企业。经信系统对 1257 家企业进行走访,收集到企业反馈难题 813 个,其中收集到市区 210 家企业上报难题,在走访中当场帮助企业解决困难问题 76 个。二是继续开展企业减负工作,以减轻中小微企业负担为重点,以开展企业减负"阳光行动"和专项督查整治为抓手,正税清费,切实维护企业合法权益,全年全市累计减轻企业负担 167 亿元。

【天使基金创建】 为优化创业创新环境,支持科技型中小企业发展,缓解科技型中小企业融资难矛盾,加大对种子期、初创期等创新型中小微企业的扶持和引导,准备创建天使基金。通过设立不以盈利为目的的天使投资引导基金,对符合条件的天使投资机构(人)投资创新型的种子和初创企业进行跟进投资,或对天使投资机构给予风险补助。通过市财政专项资金每天投入5000万元,3年内基金总规模达到3亿元,其中市本级规模为1.5亿元,全市天使投资机构(人)达到100家(人)左右,引导20亿元以上社会资金投资创新型初创企业发展,新增200家创新型初创企业。制定《金华市天使投资发展管理办法(征求意见稿)》,征求各相关部门意见后提请市政府审议。

【帮助小微企业解决融资难、融资贵问题】 一是做好企业应急周转金的使用。加大对中小微企业的扶持力度,确保应急周转金规模不缩小,增加使用效率,解决中小微企业融资转贷困难。二是积极做好银企对接活动。更大限度调动金融机构的积极性,组织开展银企对接活动,初步方案为在4月搞一次大型的银企对接活动,邀请银行和有需求企业参加,同时向各县(市、区)经信部门下发通知,调查有需求的企业报名。连续组织多场专项对接活动,将银企对接活动向纵深扩展。有多家银行表现兴趣,并在制作方案。整个对接活动金华日报都将全程参与,跟踪报道,加大宣传,扩大影响。三是进一步规范担保公司行为,加大对为中小企业融资开展担保业务的担保公司的扶持支持力度,支持中小企业加快发展。

【中小微企业减负工作】 减轻企业税费负担是降低企业的生产经营成本,帮助企业渡过难关的一项重要措施。上年企业减负工作虽然取得良好的成效,但由于减负工作不作为政府考核内容,工作的整体落实和推进还是受到一定的限制。进一步减轻企业负担,优化企业发展环境,2014年已经向市督考办建议将企业减负工作纳入市直部门绩效考评内容,以进一步减轻在困难时期中小企业的负担。同时根据减负要求,继续联合有关部门清理和规范各种涉企行政事业性收费和经营服务类收费项目,全面落实各项涉企优惠政策,取消不合法收费,降低不合理收费,严格控制新的收费项目的审批,停止审批涉企收费项目,切实减轻企业负担。

【中小企业公共服务平台】 发挥平台在信息咨询、创业指导、融资担保、人才培训、企业招工、政策宣传、需求对接、创业对接等方面的服务功能。上年通过平台运行,开展"小升规"企业培训、大企业大集团、高成长企业申报系统业务培训20余场,涉及企业1200多家,开展省中小企业"百日招聘"、校园招聘季等大型招聘活动3场,通过省市县联动,召开省中小微企业创新能力提升现场会金华专场,参与企业300余家。2014年3月开展的企业招工对接活动,市区共参加招工企业123家,提供岗位2000余个,现场达成意向的400多人,取得不错的效果。充分发挥中小企业公共平台服务功能,组织开展中小企业服务周活动,开展的服务对接活动不少于10次/年,服务企业家数1000家以上。

(范世恩)

科 技

【自主创新能力】 R&D经费支出达到60.79亿元(任务59亿元),研发人员数达到22974人年(任务20290人年),发明专利授权量达到524件(任务473件),规模以上工业新产品产值达到1464亿元(任务1202亿元),高新技术产业产值达到1352亿元(任务942亿元),技术市场交易额达到95528万元(任务34400万元);市级以上高新技术企业达到740家(任务690家),其中国家级高新技术企业数达到297家(任务294家);科技型中小企业数达到729家(任务710家);市级以上企业研发中心达到577家(任务540家);县级以上创新型企业达到430家(任务330家),顺利完成"十倍增、两提高"年度任务。

【科技支撑经济发展】 新列国家、省级科技项目517项,全市共争取到国家、省级财政资金13973.43万元,同比增长7.68%。获2013年省科学技术奖24项,评选市科技合作奖2项、科学技术奖60项。成功举办第14届金华工科会,建设科技创新服务平台,引进集聚优质创新资源,推动主导产业转型提升。

【创新环境】 制订《中科院金华科技园入驻机构管理办法》《中科院金华科技园发展专项资金管理办法》《大院名校金华技术转移中心绩效考评办法》《大院名校金华技术转移中心管理办法》《大院名校金华技术转移中心补助资金管理办法》《金华市农业科技成果转化资金管理办法》等政策,进一步规范管理,明确职责,强化督查,突出绩效。市本级财政科技

获2014年度省科学技术奖成果

表3

获奖等次	项目名称	完成单位	完成人员
一等奖	物联网智能商务交易平台及系列终端关键技术和产业化应用	浙江师范大学 贝克曼集团有限公司 浙江贝克曼智能商务有限公司	朱信忠 李兴林 赵建民 陈建国 徐慧英 郑清 阮文华 杨凡
二等奖	电动汽车技术研发及产业化	众泰控股集团有限公司 浙江大学 浙江众泰汽车制造有限公司 纽贝耳汽车(杭州)有限公司 湖南江南汽车制造有限公司 浙江铁牛汽车车身有限公司	刘慧军 董炜江 吴建中 毛黎明 李道飞 朱琛琦 张华 孙玮 朱绍鹏
	WLY6G120高档汽车变速器	浙江万里扬变速器股份有限公司	申文权 徐卫权 夏伟强 任华林 陈尚松 文勇
	4000KW船用大功率调距桨及关键技术的研发	浙江汉力士船用推进系统股份有限公司 武汉理工大学 武汉武船海洋工程船舶设计有限公司	胡虎跃 郑锐聪 尹石军 梅文奎 朱忠 陈国平 徐刘峰 刘占伟 姜顺波
	中国人群生命质量评价技术研究	浙江大学 浙江师范大学 浙江中医药大学	李鲁 王红妹 姜敏敏 陈天辉 叶旭军 周旭东 沈毅 柯雪琴 杜亚平
	高质量阿洛西林及其钠盐的产业化	浙江金华康恩贝生物制药有限公司	余斌 金庆平 赖月琴 徐承策 高华英 宋旭莹
	乌苯美司	浙江普洛康裕制药有限公司 四川抗菌素工业研究所	舒理建 金中军 吴彩萍 赵立峰 潘利康 谭永旺
	利用农业有机废弃物发酵进行大棚CO_2施肥技术	浙江大学 宁波市农业技术推广总站 浙江省农业技术推广中心 金华职业技术学院 建德市农技推广中心 惠多利农资有限公司	章永松 林咸永 金崇伟 张硕 柴如山 牛耀芳 陈一定 张树生 李巧生
三等奖	可调式深泥田耕作机研制	金华职业技术学院 浙江挺能胜机械制造有限公司	马广 陈德俊 戴欣平 应叶挺 张建荣 陈霓 陈杰
	农村公路、隧道反光自发光复合交通安全标志研究	金华市公路管理局 金华市公路学会 兰溪市明辉光电有限公司	吕宁生 徐晓和 陈浙江 李寿伟 方显峰 吕有盛 林文岩
	第三代金华火腿深加工关键技术开发与产业化示范	金字火腿股份有限公司	施延军 施延助 谭广潮 李发新 历建荣 陈有亮 李雷斌
	不稳定骨盆后环骨折微创固定方式的研究	义乌市中心医院 丽水市中心医院 温州医学院数字化医学研究所 浙江大学医学院附属第二医院骨科 温州医学院第二附属医院骨科	陈红卫 吴立军 叶招明 赵钢生 潘骏 张根福 鲍丰
	高产优质广适杂交稻钱优1号的育成与推广	浙江省农业科学院 浙江农科种业有限公司 温州市种子站 金华市种子管理站	阮关海 吴伟 黄福灯 洪晓富 颜贞龙 杜龙岗 黄惠芳
	春雨一号春雨二号茶树新品种选育与推广	武义县经济特产技术推广站 浙江乡雨茶业有限公司 武义县嘉木茶叶良种场	徐文武 邓树青 郑旭霞 沈生智 胡强 祝凌平 郑旭东

续表 3-1

获奖等次	项目名称	完成单位	完成人员
三等奖	浙江大盘山野生中药材资源保护和可持续利用研究	浙江省大盘山国家级自然保护区管理局 浙江中医药大学 浙江省中医药研究院	陈国标 陈锡林 陈子林 浦锦宝 杨碧烟 周钰鸿 郑军献
	蓝莓产业化关键技术研究与推广	浙江省农业科学院 新昌县西山果业有限公司 台州市君林蓝莓有限公司 浙江师范大学 浙江省种植业管理局	张慧琴 梁英龙 林海瑛 陈文荣 周慧芬 颜丽菊 谢鸣
	林副产物中黄酮类活性物制备关键技术研究与应用	浙江科技学院 浙江康恩贝制药股份有限公司 浙江圣氏生物科技有限公司 浙江天草生物制品有限公司 浙江大学	毛建卫 王永江 叶剑锋 王士财 杨志祥 陈永健 刘士旺
	高效水环境治理和污水资源化新技术	浙江师范大学	陈建荣 林红军 洪华嫦 丁林贤 王方园 王爱军 仲淑贤
	基于羰基化合物高选择性合成杂环化合物的研究	浙江师范大学	谢建武 朱伟东 李新生 温一航 滕波涛 金发根
	头孢类抗菌素关键中间体的绿色合成技术及工艺研究	浙江普洛得邦制药有限公司 成都分子实验室	吴大银 厉昆 吕丁 李啸风 胡健 陈亮 马向红

获 2014 年度金华市科学技术奖成果

表 4

获奖等次	项目名称	完成单位	完成人员
一等奖	电动汽车技术研发及产业化	众泰控股集团有限公司 浙江大学 浙江众泰汽车制造有限公司 纽贝耳汽车(杭州)有限公司 湖南江南汽车制造有限公司	刘慧军 董炜江 吴建中 毛黎明 李道飞 朱琛琦 张华 孙玮 朱绍鹏
	利用水煤浆技术焚烧高浓度废水联产合成氨	浙江丰登化工股份有限公司	王明霞 何先标 唐量华 徐永萍 杨志建
	PPH 与混合痔外剥内扎术联合治疗重度混合痔	金华市中心医院	杜金林 张天明 金晰函 戴志慧 钟志凤 张浩 陈凯 郑樟栋
二等奖	半喂入收割机远程监控系统的开发与应用	莱恩农业装备有限公司	高福强 李明强 何泰和 李彦良 阳迪辉 谢念德 聂朝阳
	微棱镜型反光材料	道明光学股份有限公司	胡智彪 王宏 房丰洲 蓝庆东 邵嘎 董云 程建敏
	大功率、强散热、防爆型 LED 灯	浙江名创光电科技有限公司	傅德军 王和盼 王宇 郑淑勤
	高档丝袜低浴比胶束节水染色清洁生产关键技术研究	浙江梦娜袜业股份有限公司 东华大学	侯爱芹 宗科平 王玉燕 刘絮 黄晓华 谢孔良
	有机食用菌及副产品精深加工技术研究	浙江寿仙谷医药股份有限公司	李明焱 朱惠照 魏美芝 朱成业 徐靖 王瑛 李建淼 刘楠 郑化先

续表 4-1

获奖等次	项目名称	完成单位	完成人员
	加工型紫甘薯品种引选及精深加工技术研究	金华市农业科学研究院 永康市阳光天然色素厂 金华市金穗食品有限公司	程林润 钱秋平 徐晖 朱鹏程 蒋梅巧 朱璞 俞金龙 林贤锐 郭人安
二等奖	肾糖组方对糖尿病肾病气虚血瘀型整体干预机制的研究	金华市中医医院	傅晓骏 熊荣兵 何俊明 张婷 王雪芳 郑红卫 何扬彪
	基于载荷与强度特性的汽车底盘结构件模块开发	浙江福多纳汽车部件有限公司 上海理工大学	郑松林 邓汉平 冯金芝 丁晓红 刘黎明 卢曦 徐平
	Φ285 硬质合金复合辊环	浙江朗诚科技有限公司	何耀耀 王勇伟 赛浩 张丛春 古宝庭 潘炎芳
	LXHP-550 交流盘形悬式钢化玻璃绝缘子	浙江金利华电气股份有限公司	赵坚 赵晓红 吴小飞 张彤 孟荣忠 杨伟顺 邹建荣
	醋氯芬酸缓释片	浙江尖峰药业有限公司、中国药科大学	蒋晓萌 黄金龙 施存元 吴葆金 蔡月苹 张孝君 金丽君
	氟硅橡胶	浙江环新氟材料股份有限公司	方海滔 应永安 谢福钦 王志强 陈伟
	1,1,1,2--四氟乙烷新产品试制	浙江三美化工股份有限公司	占林喜 何晓玲 王洪祥 陈国荣 胡有团 董俊卿 胡喜军
	草莓高架栽培及育苗关键技术研究与示范	金华市农业科学研究院、金华职业技术学院	沈建生 凌士鹏 陈一帆 林贤锐 王艳俏 刘健 吴梅 钭凌娟 陈旭
	下肢深静脉血栓形成合并肺栓塞小型猪模型的建立及其评价	金华市中心医院、金华市食品药品检验所	张浩、郭治宇、胡桂英、何忠平、周绍斌、金志刚、钱金芳
三等奖	车速转速比自适应智能汽车仪表的研发	金华市金开电子科技有限公司	方火军 徐兴 方进 陈峥 范韩伟
	轻量化高强度铝合金轮毂产业化设计制造技术及关键成型装备的开发	浙江今飞凯达轮毂股份有限公司、浙江大学	葛炳灶 陈小龙 童水光 王健 吴超平
	WLY5T41 (1041)/5T46 (1046) 自卸车变速器	浙江万里扬变速器股份有限公司	葛晓明 蔡锦波 夏伟强 程森 方向进
	具有越障功能的电动轮椅车	浙江飞神车业有限公司	陈斌 汤敏 沈昌群 罗良坤 匡国嘉
	RTB-25-K 闸阀密封面专用数控机床	兰溪市瑞鼎数控机械有限公司	郑莹 郑伟民 沈宏耿 曹怀军
	机械双速重型两钮六功能电锤	浙江海王电器有限公司	张翔 张俊华 周国军 李永东 谢荣恒
	生物质成型燃料高效燃烧技术研究及锅炉产品开发	金华职业技术学院 浙江金锅锅炉有限公司 金华市特种设备检测中心	盛继生 王标兵 李文键 楼锦杰 胡斌

续表 4-2

获奖等次	项目名称	完成单位	完成人员
	新型超低银高磷高塑性钎料	金华市双环钎焊材料有限公司	蒋俊懿 倪雪城 马超力
三等奖	沥青混合料振动压实试验方法研究及应用	金华市公路管理局 长安大学 金华市鑫隆路桥建设有限公司	陆锡铭 蒋应军 徐晓和 陈浙江 陈凯进
	轮椅座位升降电机	浙江联宜电机股份有限公司	申屠君 许泽立 朱智平 雷美红
	高纯氨焊接钢瓶	浙江省东阳化工机械有限公司	王建中 孙国成 程勤民 许天其 杜加良
	CJ 系列高水头水轮机研发	浙江金轮机电实业有限公司	徐建军 张联升 洪安俊 谢向东 章嘉庆
	高性能各向异性粘结 NdFeB 磁体	横店集团东磁股份有限公司	李玉平 金志洪 胡江平 傅晓敏
	ZYH48 电机磁钢材料	浙江中元磁业股份有限公司	任元月 赵永平 金向阳
	KYN44-24（Z）/T2500-25 铠装移开式交流金属封闭开关设备	浙江时通电气制造有限公司	卢德银 沈跃华 倪红华 叶树新 方向
	DTZY242 三相费控智能电能表	浙江八达电子仪表有限公司	王礼飞、庄方军、吴晓政、姚诚、 滕献华
	半导体二极管热循环负载试验测试系统的研发	金华市华强电子科技有限公司	金天 刘枫 邹新富 徐新民 倪锦喜
	Φ1.63mm 高强度铜包钢导体	浙江百川导体技术股份有限公司	张荣良 陈金兰 胡爱民 潘秋丽 黄红宽
	头孢地尼原料	浙江普洛得邦制药有限公司	陈亮 李兰杰 金龙 付凌燕 何火根
	小型游泳池用次氯酸钠发生器开发及产业化	浙江威邦机电科技有限公司 上海应用技术学院	魏晓颖 赵志超 陈勇 陈仲涛 陈校波
	基于等离子体技术的固体废物处置及示范工程建设	金华市莱逸园环保科技开发有限公司 浙江大学	沈锡麟 马增益 李荣进 薄 拯 陆胜勇
	拉氧头孢母核产品试制	浙江普洛得邦化学有限公司	杨晓勇 张光大 葛永伟 杜益辉 陈治
	新型黑色喷墨染料的研发	金华双宏化工有限公司	肖刚 章国栋 祁生奎 叶建忠 陈大同
	应用调温功能纤维开发拉舍尔毛毯的关键技术研究与产业化	浙江真爱毯业科技有限公司 西安工程大学	朱杰 孟家光 毛青山 刘荣道 陈玉霜
	基于传统织带机的高效节能改造和自动一体化绕卷装置技术开发及应用	浙江三鼎织造有限公司	唐三湘 范树贤 杨大兵 喻周平 龚旭波
	涤棉高 F 双层布	浙江祥嘉纺织有限公司	汪骏 吴海光 范宏伟 叶荣芳
	多功能户外运动和帐篷用纺织品生产关键技术研发	浙江鑫海纺织有限公司	邱海斌 徐国平 李新英 包翔飞 谭振明

续表 4-3

获奖等次	项目名称	完成单位	完成人员
三等奖	特色高效设施蔬菜生产技术集成与推广	金华市金东区经济特产站 金华市农业科学研究院 金华市蔬菜技术推广站	严志萱 朱璞 王惠娟 何美仙 王艳俏 陈菊芳 胡素春
	化妆品用植物卵磷脂与多肽质量标准的建立及产品应用开发	义乌出入境检验检疫局综合技术服务中心 浙江工业大学 浙江雅思丽化妆品有限公司	杨兰花 王旭强 彭芳 陈燕根 钱俊青 鄢洪德 许培雅
	南方薯类生产专用机械研制	金华市农业机械研究所 金华市莲湖农业机械厂	徐锦大 季志仙 黄赟 陈长卿 刘丽敏 张加清 凌士鹏
	高品质紫薯营养粉丝的研制及其产业化研究	浙江晨云实业有限公司 江南大学	成玉梁 朱相忠 李进伟 陈立兵 范柳萍
	“磐五味”中药材非传统药用部位资源的综合利用研究	金华市明珠制药有限公司 第二军医大学药学院	周成贵 黄春兰 秦路平 韩婷 朱桂英 蒋持民 方秀敏
	蔬菜中乙酰甲胺磷的降解研究及其代谢物甲胺磷的残留风险评价	金华市植物保护站	刘莉 陈桂华 袁名安 盛仙俏 钱建东 朱旭丹 王艳
	浙江省中华蜜蜂种质资源调查保护及增产技术研究	金华市农业科学研究院	华启云 赵东绪 祝泽刚 苏晓玲 楼芳芳 章啸君 胡旭进
	Sirtinol 增强吉西他滨治疗胰腺癌的实验研究	金华市中心医院 浙江大学医学院附属第二医院	龚道军 张家敏 郭庆渠 姜明 康牧星
	关节镜下治疗膝关节内多处骨折的临床研究	金华市中心医院	汪志明 曹扬 陈中 邢进峰 倪东亮
	白内障超声乳化术中植入新型人工晶体矫正角膜散光的效果评价	金华市中心医院 兰溪市人民医院 浙江医科大学附属第二医院眼科中心	吕志刚 俞瑞 徐雯 陈丽红 舒苏凤
	壳聚糖止血海绵	浙江欧贝特医疗器械有限公司 山东省医疗器械研究所	汤小国 赵成如 时立新 郎秀菊 周初之
	黄氏愈伤贴治疗外伤肿痛的药理学基础研究与疗效观察	金华市中医医院 浙江中医药大学	邵建萍 李昌煜 吕建国 周电刊 石森林
	肿瘤耐药基因 APE/REF-1 表达的表观遗传学机制研究	浙江师范大学	李涛 姜科声 阮琴
	fMR 动态观察急性脑出血继发神经束损害及临床预后的相关研究	金华市中医医院	李捷 王大明 胡浩宇 孔江明 董芳宏
	高校专利成果转化对策研究	金华职业技术学院、金华市知识产权局	王瑞敏 滕青 方美君 高洁 卢斐斐

2014年度市级专利实施奖获奖企业

表5

序号	企业名称	奖励等级
1	浙江绿源电动车有限公司	一等奖
2	莱恩农业装备有限公司	一等奖
3	浙江万里扬变速器股份有限公司	二等奖
4	浙江今飞凯达轮毂股份有限公司	二等奖
5	浙江普莱得电器有限公司	二等奖
6	浙江开尔新材料股份有限公司	二等奖
7	金华市宏昌电器有限公司	三等奖
8	金华青年汽车制造有限公司	三等奖
9	浙江时通电气制造有限公司	三等奖
10	浙江荣胜工具有限公司	三等奖
11	金华市亚虎工具有限公司	三等奖
12	金华市龙达塑胶助剂有限公司	三等奖
13	金华洁灵家居用品有限公司	三等奖
14	浙江华丰电动工具有限公司	三等奖
15	浙江青年乘用车集团有限公司	三等奖
16	金华长弓清洁用品有限公司	三等奖
17	浙江通达电器有限公司	三等奖

2014年专利申请量、授权量统计表

表6　　单位:件

县(市、区)	申请量	发明专利申请量	授权量	发明专利授权量
全　市	18989	2059	15129	524
婺城区	2131	504	1437	149
金东区	663	58	631	27
兰溪市	1605	162	893	19
东阳市	2011	278	1615	80
义乌市	4740	505	3960	115
永康市	5107	176	4381	54
浦江县	936	147	685	45
武义县	1136	115	925	26
磐安县	660	114	603	9

支出 20422 万元，占财政经常性支出的 5.2%，增幅 7.1%、高出本级财政经常性收入的增幅 2.3 个百分点。组织实施“十倍增、两提高”等科技服务专项行动，深入实施知识产权战略，广泛开展科技宣传，积极营造“大众创业、万众创新”氛围。

【重大科技专项】 全市共新列市级以上科技项目 517 项，其中：国家级 74 项、省级 443 项；资金立项成绩优异：工业重大科技专项竞争性项目立项数位居全省第 3 位；获得省重大科技专项竞争性资金资助 3025 万元，位居全省第 2 位；国家星火计划、国家农业科技成果转化项目立项数、立项率均创历史新高，国家农业科技成果转化项目立项数、资金数位列全省第一。全市共争取到国家、省级财政资金 13973.43 万元，同比增长 7.68%。在市级科技计划立项方面，工业类项目征集仅限重大重点项目，并明确了重大项目研发总投入不低于 500 万元、重点项目不低于 100 万元的门槛，集中财力抓一批大项目、好项目。围绕工业(汽车及零部件、电子信息、生物医药、新材料、先进装备、节能环保)、农业(动植物疫病防控、高效生态种养、农产品安全和加工、新品种选育)、社会发展(环境监测与保护、公共安全、人口健康)“543”领域，共组织实施市级科技项目 303 项。

【创新主体增长】 大力开展科技型企业和高新技术研发中心培育认定工作，相关认定数量均创历史新高：新认定国家级高新技术企业 65 家，市级高新技术企业 107 家，累计数分别达到 297 家、740 家；新认定省级科技型中小企业 219 家，累计数达到 729 家；县级以上创新型企业累计达到 430 家；新认定高新技术企业研发中心 108 家、其中省级 32 家，组建的各类企业研发机构累计达到 577 家。

【高新技术产业】 全市高新技术产业产值 1352 亿元、同比增长 22%，高新技术产业增加值 286.13 亿元、同比增长 8.1%；规模以上工业企业实现新产品产值 1464 亿元、同比增长 25.7%，增幅列全省第三位。

【科技活动】 成功举办第 14 届工科会，以“创新驱动、赶超崛起”为主题，重点组织开展电子信息、先进装备制造、生物医药、新材料和军转民技术等领域的 8 个专场科技对接活动和 1 场科技合作项目签约仪式，共组织全市 500 余家企业与 112 家高校院所的 450 名专家教授进行对接洽谈交流，会上签订校企科技合作项目协议 60 项，中科院金华科技园入驻协议 4 项，技术转移中心入驻协议 4 家，合同金额共计 6846.5 万元。会议还征集企业技术需求 450 余项。

【引进院校资源】 中科院金华科技园新引进中科院上海技物所、北京理工大学、中科院半导体所、同济大学等 10 家院校所，2014 年已入驻机构实现销售收入 8877.1 万元。市政府与北京大学签署共建北京大学信息科学技术学院金华产业化基地战略协议，北大金华信息科技园于 12 月份开园，金指亚讯、软通动力、圣泓工业设计、爱装科技、猪八戒网、汇众教育、酷漫居等 11 家企业签约入驻。浙江高校产学研联盟金华中心挂牌成立，大院名校技术转移中心 2014 年新入驻浙江工商大学、杭州电子科技大学、华中科技大学、南京航空航天大学 4 家技术转移中心，2014 年已入驻院校共走访企业 290 多家、签订合作项目 292 项、达成协议金额 6446.8 万元。

【网上技术市场建设】 组织参加两场全省科技成果竞价(拍卖)会，共有 49 家企业参与竞价拍卖，竞价项目 24 项，竞拍金额 4273 万元，参加签约项目 14 项，协议金额 3172 万元。全市实现技术合同交易额 9.55 亿元，位列全省第 6 位。金华市连续两年被评为浙江省网上技术市场工作先进市，义乌市被评为 2013 年度网上技术市场工作先进市县，东阳磁性材料专业技术市场被评为省优秀专业市场，金华市科学技术开发中心、义乌市思特科技信息咨询有限公司为省优秀技术市场中介服务机构。金华市科学技术开发中心还被列入第五批“国家技术转移示范机构”。

【科技特派员工作】 全市 112 个乡镇实现省、市、县科技特派员全覆盖。全市 9 个县(市、区)与 16 个省级团队科技特派员结对开展主导特色产业发展规划，浙江锦林佛手有限公司等 10 家企业成为浙江省首批企业法人科技特派员。新培育认定“婺城区设施蔬菜种植示范基地”等 14 个基地为市第五批科技特派员示范基地，基地年产值 9400 万元，集中连片面积 5800 亩，带动农户 2300 户。婺城区承担的“奶牛产业提质增效工程”被国家科技部正式立项，获得国家、省财政补助资金 235 万元。

知识产权工作

【概述】 兰溪市、东阳横店电子产业园区通过省知识产权示范创建县(市)考核,并被批准为省级知识产权工作示范县(市)、示范园区,浦江县、婺城区开展省级知识产权示范创建工作。金华经济技术开发区申报国家知识产权试点园区,东阳市继续开展"国家传统知识知识产权保护试点县(市)"创建工作,全市已有7个县(市、区),1个国家级开发区,1个产业园区开展国家或省知识产权示范创建工作,提高区域知识产权创造、运用、保护和管理能力。浙江康恩贝制药股份有限公司发明专利"水溶性银杏叶提取物的制备工艺"获2014年度中国专利优秀奖,补助授权发明专利172项,获2014年度市级专利实施奖企业17家。培育专利示范企业,新认定省级专利示范企业11家,市级专利示范企业60家。开展专利权质押融资,融资金额达1.82亿元位居全省第二,为科技型中小企业解决融资难问题开创了新的渠道。兰溪、东阳两个县(市)成为全省首批专利保险试点县(市)占全省试点县的三分之一。全市共专利申请量18989件,其中发明专利2059件;授权量15129件,其中发明专利524件。

【专利行政执法】 2013年全省专利行政执法绩效评价金华市以93.5的高分排名全省第一。成立婺城区、金东区、金华经济技术开发区3个知识产权维权援助分中心,扩大业务服务范围,群众有关知识产权的来电都得到了妥善处理。市本级和各县(市、区)处理专利侵权纠纷案132件,已全部结案,结案率100%。

地震监测

【概述】 完成婺城区、永康市、浦江县、磐安县、金东区的台站选址工作,以及婺城区、金东区、磐安县、兰溪市土层烈度速报台的钻孔工作,其中磐安地震烈度速报台主体工程和设内装修已完成,兰溪市地磁台土地指标已落实。婺城区、磐安县、兰溪市、东阳市、义乌市等县市区修订《地震应急预案》,东阳市还在马宅镇试点编制地震应急预案。5月12日,金华市地震局、婺城区科技局分别组织在江滨小学、站前小学举行地震应急演练。义乌市苏溪镇第三小学、磐安县第二小学、武义县邵宅小学、武义县职校、东阳市南马实验小学也都进行演练活动。重大工程的地震安全性评价工作稳步推进,东阳市有3个工程项目办理地震安评。

(来　怡)

财政税收

财　政

【概述】 2014年,全市财政总收入461.40亿元,增长10.9%,其中一般公共预算收入268.87亿元,增长10.9%;市区财政总收入102.57亿元,增长8.6%,其中一般公共预算收入63.69亿元,增长8.8%。全市地方一般公共预算支出352.86亿元,增长9.5%;市区地方一般公共预算支出91.55亿元,增长7.0%。全市各级财政收支平衡。2014年,优化财政收入结构。全市地方财政收入占总收入比重达到58.3%,高于全省平均3.5个百分点;税收收入占地方财政收入比重达到93.7%,比2013年提高1.6个百分点,高于全省平均0.2个百分点。挖掘非税增收潜力。市区首次实行单独制砂经营权出让收入3.54亿元。强化国有资产管理,公房出租收入6048万元。促进财政存量资金保值增值。市区对28亿元定存到期财政存量资金实行招投标、加点定向存放、加点协议存放等新模式管理,在法定利率基础上五年可额外增收1.8亿元。清理部门单位隐性收入。清理财政专户往来结算资金余额,将市本级102家单位7223万元挂账资金纳入预算管理;收缴5部门代管改制企业经费4703万元。

【转型升级】 市区全年兑现产业扶持资金3.71亿元。争取中央财政补助3亿元,投入三产扶持资金1.47亿元,协调设立10亿元信息产业基金,推动现代服务业发展。扶持企业自主创新,全市财政科技投入13.38亿元,增长10.3%。市本级安排人才引进专项资金1亿元,分别兑现优势企业、科技孵化等扶持资金8560万元、8966万元。助力"四破"专项整治。对市区6451户制造业企业66137亩用地开展专项调查,根据搜集数据打造信息共享平台。以亩均税收为主要指标,实施城镇土地使用税差别化优惠政策,提高闲置用地持有成本。服务浙商创业创新。逐一落实全市523个浙(婺)商回归重大项目及195个新引进回归项目,由联络员帮助解决实际问题125个。深入推进“个转企”提质扩面,全市完成“个转企”2659户,落实税费优惠1423万元。帮助企业减负解困。全市减免企业税费18.23亿元,其中市区4.73亿元。完善企业应急周转金管理,全市周转金规模扩至20.2亿元;市区规模增至9亿元,帮助54家企业办理转贷调头业务130笔,转贷资金22.88亿元。推进企业清费减负。清理、公开行政事业单位收费项目,市本级取消和免征22项行政事业性收费,为企业减负470万元。

【民生事业】 全市民生支出267.38亿元,增长9.1%,占一般公共预算支出的75.8%。保障“民生事实”投入。市区水环境治理投入3.1亿元,雾霾防治投入8807万元,美丽乡村建设投入6100万元,保障房建设投入3.95亿元。助推“五水共治”。通过社会捐赠、财政拼盘、银行融资多渠道筹措资金。全市各方投入175.5亿元,其中市本级财政投入“五水共治”资金4.33亿元。提高社会保障水平。市区城乡居民医疗保险平均筹资标准从462元提高到1060元,落实财政补助5.06亿元,基层医疗机构门诊报销比例由35%提至50%,合规住院费用报销比例最高提至近90%。市区社保就业投入7.89亿元,新增就业1.6万人,“五项”保险新增参保9.15万人次。完善市区城乡居民基本养老保险制度,增加缴费和财政补助档次。安排民政优抚及社会福利专项资金3089万元,实施困难群众医疗救助和临时救助2.6万人次。促进社会事业发展。支持中职教育发展。市本级安排3000万元,促进加工制造等实训基地建设,支持数控等重点专业发展。推进公立医院改革。新增2000万元支持基层医疗卫生机构发展。落实财政支农资金7240万元,稳定粮食生产,强化特色产业优势。

【财政改革】 推进预算管理改革。首次将公共财政预算、政府性基金预算、社会保险基金预算和国有资本经营预算一并提交市人代会审议。建立预算编制与执行挂钩机制,压缩市本级项目预算3269万元。积极推进预决算信息公开,全市各级财政均开展部门和“三公”经费预决算公开工作。建立财政专项资金清单。市本级将原329项专项资金整合成37项,建立和公开专项资金清单,统筹、整合结转结余专项资金1.87亿元。深化财政审批改革。5大类29项财政审批业务实现窗口受理、反馈;减少审批环节,压缩审批时限,简化申请材料,总体提速三分之一。创新投资管理机制。将投融资企业政府投资项目纳入政府投资预算管理。强化项目管理,核减政府投资项目资金2609万元,核减率9%;农业综合开发资金实行竞争性分配。

(魏　峰)

国　税

【概述】 2014年,全市国税部门共组织入库税收收入248.12亿元,完成年度收入计划247.85亿元的100.11%,同比增收23.81亿元,同比增长10.62%。其中:增值税累计入库164.97亿元,同比增长9.03%;消费税累计入库5.11亿元,同比增长24.18%;企业所得税累计入库50.60亿元,同比增长15.65%;车辆购置税累计入库27.44亿元,同比增长9.19%。市本级国税共组织税收收入54.89亿元,完成年度收入计划54.60亿元的100.54%,同比增收6.15亿元,同比增长12.63%。

【税收政策】 稳步推进“营改增”试点,1月底顺利完成161户铁路运输业和邮政服务业“营改增”纳税人税制转换。有计划有步骤地开展电信业“营改增”试点工作,全市共确认电信业“营改增”纳税人185户。截至12月底,全市“营改增”纳税人实际减税受益4.36亿元,平均减税面97%,平均减税幅度28%;下游企业增加抵扣受益5.57亿元。积极发挥税收政策支持作用,全年共落实各项税收优惠政策10.63亿元。出口退税实行“一月三退”,大力支持外贸经济发展,全年共办理出口退免税161.13亿元,同比增长14.17%。全力支持小微企业发展,全市共有1.3万户小微企业、20.27万户个体工商户享受暂免征收增值税政策,共计免征增值税5.27亿元。积极推进产业结构调整,推动企业加快技术改造和设备更新,全市固定资产累计申报抵扣税额13.29亿元,享受高新技术企业优惠89户,减免所得税额

1.23亿元，累计为163户企业办理研发费用加计扣除3.97亿元。

【税收征管】 探索建立“行业评估风险点资料库”,提高重点税源风险应对水平。根据市委、市政府“四破”专项整治工作部署,组建56个分析评估团队，对264家亩产零税收的零效企业及低效企业开展全税种评估,累计查补税款1518万元,调增企业应纳税所得额1853万元。围绕“五水共治”组织开展商品混凝土生产企业专项评估,累计入库各类税款4989万元,调增企业应纳税所得额344万元。深化网络发票综合推广应用,以网络发票查验平台为依托,强化发票查验列支监控工作。加大“以电控税”工作力度,运用“电税比、电销比”等指标分析,加强税源监控。建立“全程预警监控、统一风险分析、分类风险应对、加强联动配合”的出口退税风险管理机制,提高防范出口骗税水平。加强企业所得税分类管理和监控预警，做好企业所得税汇算清缴工作。开展企业自有发票管理软件网上并网开具试点工作。推行税收征管季度例会制度,进一步理顺和规范征管工作程序。切实加强非居民取得股息、利息、特许权使用费等所得的源泉扣缴管理,全市共入库预提所得税1.20亿元。

【依法治税】 全面清理行政权力清单，先后公开税务行政审批事项75项,接受社会监督。成立规范进户执法工作协调小组,制定规范进户管理办法和审批程序,按季统筹协调各类检查,减轻纳税人负担。积极探索柔性执法途径,切实维护纳税人合法权益。加强税收执法监督,以税收执法风险管理信息系统为抓手,定期开展税收执法检查和执法监察,严格过错责任追究,有效降低税收执法风险,全市执法正确率达到99.99%。认真做好重大税务案件二级审理工作,保证重大税务案件审理质量。进一步健全稽查工作管理机制,加大重大税收违法案件的查处力度,开展行业性税收专项检查和区域性税收专项整治工作,充分发挥税务稽查“以查促收、以查促管”作用。开展电子查账技能比武,以考促学、以赛促训,提升了税务稽查效能。全市共检查纳税人1129户次,累计查补入库总额3.26亿元。严厉打击发票违法犯罪活动,规范纳税人用票行为,提高规范用票意识,共缴获各类假发票2616份,查处违法企业208户,累计查补入库2286万元。

【纳税服务】 全面试行《县级纳税服务规范》,通过《规范》的落实促使窗口服务、流程进一步统一。开展办税服务厅窗口风险防范指导,明确税种鉴定、发票领购和代开发票等三类涉税事项风险防范环节,设置了17项风险预警指标,全年窗口办税自动提示预警事项2081余条，向纳税人出具《涉税事项风险提示单》和《涉税事项风险提醒及窗口指导意见书》623户次。完善办税服务厅建设,推行自助“税捷通”办税。设立首个车购税自助办税服务点,完成车购税大厅智能排队叫号系统项目。优化纳税服务举措,开展“便民办税春风行动”,不断优化纳税服务。开办“金华纳税人实体学堂”,修订印刷《税收基础业务培训教材》,全年共举办基础性培训班12期，专题培训班10期，累计培训纳税人2500余户。

（厉　凯）

地　税

【概述】 2014年，全市地税部门共组织各项收入399.80亿元,增收64.33亿元,同比增长19.18%。其中税收收入223.90亿元,增收21.82亿元,同比增长10.9%;社保基金收入155.56亿元,增收41.23亿元,同比增长36.1%。市本级地税部门共组织各项收入91.24亿元,增收5.21亿元,同比增长6.1%,其中税收收入55.59亿元，增收3.34亿元，同比增长6.4%;社保基金收入30.79亿元,增收1.56万元,同比增长5.4%。

【征收管理】 组织150名财税干部对6400多户工业企业全面开展涉税信息数据的采集、清理及核查工作,并统一建立起“四破”专项整治工作数据信息平台,推进信息共享。加强“四破”数据运用,将高污染高能耗企业、产能过剩企业等百家企业列入税务稽查选案计划,并对亩产综合评价排名后5%的企业、连续三年亏损及低效制造企业实施专项核查,促进“腾笼换鸟”。2014年,共对118户“四破”重点整治低效企业开展自查评审约谈，补缴税费353万元,有31户企业转入重点检查。开展土地增值税清算,强化数据比对,共有26户企业存在6.13亿申报计税金差异，查补税费986.29万元。规范税收秩序。提请市政府出台城镇土地使用税有关调整政策，扩大市区城镇土地使用税征税范围，提高单位税额征收标准。规范个人出租房税收社会化征管，市本级房源清册共登记13268户次，纳入管理比例为55.8%；累计征收税费3149万元，同比增长84.2%。强化欠税清理，根据预警信息提前介入税收管理。加大稽查力度，全市共上报大要案21户，占全市重点检查户数7.2%，并查补税费3346万元。建立国地税联合稽查长效机制，会同国税部门联合印发《金华市国地税联合协作管理暂行办法》，明确联席会议、信息交换、联合检查等方面国地税协作内容。强化欠税清理，通过欠税预警机制提前介入疑点企业税收管理，并根据风险级别采取对应税款追征措施。其中，对部分纳税人开展限制出境报备，累计对65家欠税企业法定代表人实施法定不准出境备案，追缴欠税517万元。

【清税减负】 有序推进“营改增”试点，完成电信业“营改增”试点管户移交，全市共移交电信业试点纳税人205户；做好工程监理业“营改增”试点测算，适时移交相关纳税人39户。认真落实研发费用加计扣除政策，扩大研发开发费用加计扣除范围。积极落实促进高校毕业生就业创业政策，高校毕业生自主创业的，3年内每户每年享受9600元税费减免优惠。扩大小型微利企业减半征收企业所得税优惠政策范围，前三季度全市享受优惠政策的企业共计5261户，减免税额2695万元，受惠面(已享受企业数量/可享受企业数量)达100%。减轻企业负担。围绕“五水共治”、“四破”攻坚、“三改一拆”、“浙商回归”等重大项目，全市办理各类营业税优惠减免12320户(次)、减免营业税2.36亿元；全市享受企业所得税优惠政策企业1842户(次)，享受优惠税额8.56亿元；全市减免地方水利建设基金共1.27亿元，受惠企业3374家。开展支持浙(婺)商创业创新“百日集中行动”暨“长效机制建设年”活动，逐一落实全市523个浙(婺)商回归重大项目及195个新引进回归项目，并确定项目联络员及责任单位、责任人开展个性化辅导，帮助解决实际问题125个，其中市本级辅导员帮助落实税费优惠518万元。深入推进“个转企”提质扩面，全市累计完成“个转企”15757户(本年新增2659户)，落实税费优惠总额1423万元。

【纳税服务】 丰富纳税服务形式。开展“优质服务月(季)”活动，将活动时间由以往的10月份延长至12月份，由以往的地税干部参与扩展到财政干部参与，由以往的纳税服务活动为主拓展为开展“财税精兵全员行动”“简政提效先锋行动”“惠民服务暖秋行动”“阳光财税风采行动”四项行动，着力练好“内功”、做实“外功”，增强地税干部服务改革、服务大局、服务赶超的水平和能力。提高纳税服务能力。贯彻落实《浙江地税县级纳税服务规范》，督促各县(市)局抓好落实。开发建设纳税服务平台，通过该网络平台，纳税人可以提出咨询建议、提交涉税问题、下载填报表单、查询涉税知识等，地税部门可以完成政策解答、信息推送、数据采集、调查测评、监控考核等工作，外部服务团队可以提供在线解答、远程支持等服务。在市本级范围内全面推广，覆盖面达到正常申报企业的80%。做好24小时自助服务系统运行，办理各类涉税业务2503笔。结合“便民办税春风行动”，通过实体宣传与网络宣传两种形式，推进长效宣传机制建设，建有12366纳税服务热线、纳税服务平台、“金华财税”微信公众平台等10条纳税服务渠道，并已于税收宣传月开展“改革先锋·传递正能量”系列活动、“春风行动·共享地税蓝”系列活动及“八婺税韵·走进微时代”系列活动。推动纳税服务社会化。开设网上税校，筹建实体税校，将新办企业办税辅导及涉税软件应用作为办学重点，以集中培训与网上授课相结合的方式，免费为纳税人提供面授教学培训。加强纳税服务社会团体建设，开展纳税服务志愿者活动，与中小学生课外教育有机结合，组织前往广场、社区、企业等进行税收政策宣传和辅导，并联动开展税收知识教育。做好纳税人端涉税软件外包服务，累计服务20119人次。

(巍　锋)

体制改革

【审批改革】 全面推进建立市、县(区)政府同等审批权力的扁平化审批制度，实行一门受理、并联审批、多证联办的“政务超市”。市政府下发《金华市深化行政审批制度综合配套改革方案》《金华市行政审批事项动态管理暂行办法》《金华市投资项目全流程高效审批管理暂行办法》和《金华市投资项目审批中介机构服务管理暂行办法》，下放204项行政审批事项，投资项目从立项到开工办理期限控制在百日以内。

【社会信用体系建设】 加快推进公共信用信息平台建设，稳步推进信用信息系统建设，已完成义乌市场采购贸易信用信息管理数据库，稳步推进永康中小企业信用信息数据库建设，“金华市企业信息公示系统”已开通，年底前完成数据库和平台建设，开展信用户、信用村、信用镇（街道）建设和评定工作。逐步探索建立信用系统“黑名单”制度，在招投标、行政管理等领域推广应用信用信息。

【农村集体经营性建设用地使用权流转试点】 在义乌市开展农村集体经营性建设用地使用权流转试点，探索建立城乡统一的建设用地流转体制机制。在兰溪市云山街道开展农村土地承包经营权确权登记颁证试点，建立农村土地承包经营权流转交易机制，启动金东区宅基地用益物权保障改革试点。

【资源要素市场化配置】 大力推进“四破”改革，市区出台《金华市区规范工业用地流转实施意见》《金华市区土地供应差别化管理实施意见》等“四破”专项整治政策。截至10月底，全市共处置僵尸企业120家、围墙圈地企业152家、低效用地企业738家，取缔各类“低小散”企业8043家，全市收回各类土地4892.61亩，盘活各类土地11027亩，消化批而未供土地13470亩。水电气价格体制改革、地方金融创新改革、区域用能交易改革等均完成年度改革任务，市区居民实行阶梯水价、对“四破”试点C类企业实行差别化电价、水价，以兰溪为试点开展区域用能交易研究。

【产业转型升级】 以“五水共治”为突破口，建立健全“四换三名”、浙商回归、化解落后产能等体制机制，深化科技体制改革，促进产业集聚区发展方式转变，制定《中科院金华科技园发展专项资金管理办法》等政策，拟定《招商引资和支持浙（婺）商创业创新工作考核办法》等文件，截至10月底，全市共上报浙商回归项目236个，实际到位资金168.35亿元，完成省对市考核目标的105.22%。前三季度，11个省级服务业集聚区当年实际完成投资44.6亿元，实现营业收入911亿元，缴纳税收29.5亿元。

【释放民营经济活力】 出台《深化工商注册便利化改革的十七条举措》，从简政放权、压缩审批时限、降低准入条件、升级窗口服务等方面推进工商注册制度便利化改革。截至11月底，拥有市场主体总量51.77万户，全市企业总数、内资企业数、外资企业数三项增幅多次位列全省第一，个体工商户总量列全省第三，企业总量全省列第四。制定出台《关于加快推进民办教育健康发展实施意见》《关于加快民间资本举办医疗机构实施意见》和《社会资本进入基础设施领域实施方案》，公布企业投资负面清单。

【专项试点】 义乌国际贸易综合改革试点深入推进，第二个三年实施计划启动实施，新设义乌市改革研究院，建立市场集聚区认定办法等配套管理制度。1月—10月，实现出口189.3亿美元，同比增长27%，其中市场采购贸易出口139亿美元，同比增长26.5%，占全部出口的71.9%。金华市成功争创为全国现代服务业综合试点城市，低丘缓坡综合开发利用试点、国有林场改革试点、智慧城市试点等改革试点工作完成年度改革任务。

【供水排水价格改革】 出台市区城市供水价格改革和污水处理费标准调整方案。根据“五水共治”战略部署，经市政府同意，自8月1日起实施市区城市供水价格改革和污水处理费标准调整方案。至此，继宁波、温州、嘉兴、湖州、绍兴和舟山之后，金华成为全省第7个实行阶梯水价的地级市。同时，提高分类污水处理费标准、建立分类分档及多因子计收工业污水处理费制度、健全自备水用户污水处理费征管体制。方案实施后，市区污水处理费不仅能从自来水中收取，也可按排污口计量、计浓度收取，使得污水处理费负担更加合理、公平。制定初始排污权有偿使用费标准。市物价局会同市环保、财政部门制定氨氮、氮氧化物排污权有偿使用费标准方案，经市政府批准后于10月1日开始执行。实现“四项指标排污权交易全覆盖”的目标，并率先在全省建立四项指标政府储备排污权的竞拍出让交易机制。

【医药价格改革】 开展金华市级公立医院医药价格改革,实行药品零差率,调整部分医疗服务价格,优化医疗服务收费结构,破除“以药补医”机制,建立科学的补偿机制。

(汤垒垒)

综合监管

统　计

【统计保障】 统计基层基础建设有效推进,到2014年末,全市152个乡(镇、街道)已有137个乡镇(街道)设立统计信息中心,配备统计人员488人(专职258人,兼职230人),平均每个乡镇(街道)3.21人。统计系统信息化建设步伐加快,安装VPN接入短信认证系统,安装网络安全02管理平台,软件正版率、杀毒软件安装率达到100%,统计内网实现市县乡三级联网,“一套表”短信催报系统开通,“经济分析系统”项目获得市政府批准,省市县三级联通的视频会议系统正式投入使用。此外,县(市、区)统计局班子及统计人员力量配备和统计经费、办公条件保障等方面得到加强。

【统计服务】 密切跟踪分析经济运行态势,为党委政府和有关部门分析判断形势提供坚实的信息支撑。一是经济运行分析能力进一步加强。2014年,全市统计系统共编发分析信息文章1474篇,向市县“两办”信息刊物提供稿件442篇,采用204篇;向国家统计局、省统计局报送政务信息和专报926期,采用254期。二是统计研究水平进一步提高。为准确反映经济运行的走势,市统计局认真组织统计课题研究工作,确定12个研究课题,其中10个课题被市社科联立项,立项课题数连续9年居市机关部门首位。三是统计优质服务得到领导充分肯定。针对经济形势和统计工作中发现的一些焦点、热点、敏感问题及时向市委市政府领导提交专题报告,2014年,市党政领导多次在市统计局提交的专报和《统计视窗》刊物上批示,市级领导共计批示23人次,专报和统计分析工作得到市委市政府领导的充分肯定。四是统计监测评价和民生民意调查硕果累累。2014年,围绕领导关注、公众关心的问题开展自主调查,配合党委政府、部门单位做好考绩调查和委托调查,社会知名度和影响力不断扩大,全年共开展《婺商企业发展环境满意度》等各类社情民意调查项目22个,采集成功样本近6万个

【统计改革】 切实转变工作理念,精心谋划工作思路,周密制订工作措施,积极推进统计制度方法改革。一是改革创新服务业统计。在完善服务业统计制度基础上,建立健全现代服务业统计监测制度,开展对十大重点产业,7大重点领域,13大重点区域监测评价。二是着手建立电子商务统计调查制度。制定并在全省率先以市政府名义印发《电子商务(网上交易)统计实施方案》,从电子商务平台统计、电子商务应用统计和网络消费统计三个方面开展调查,各项调查工作于2014年9月份顺利开展。三是现代服务业产业监测体系初步建成。现代服务业改革试点方案获财政部和商务部批复同意,成为国家级现代服务业改革试点唯一地级市,2014年制订并以市政府名义印发《现代服务业综合试点统计工作方案》,建立1个现代服务业总体发展监测体系和电子商务、现代物流、服务贸易等3个产业监测指标体系。

【统计宣传】 采取多种形式广泛开展统计法制宣传教育。一是面向领导干部。把《统计法制动漫宣传片》加载到市委组织部的市管领导干部学习网上,2014年末总点击数达5441人次;将统计知识与统计法制纳入市委党校中青班培训内容,由统计局长进行宣讲;通过移动公司短信平台,向市机关部门分管统计工作领导发送统计法宣传手机短信9153条。二是面向统计人员。把统计法治教育融入统计行政管理和服务全过程,2014年全市共举办有普法内容的培训班208期,24871人次参加培训。三是面向调查对象。2014年,通过“以信带礼”方式,在全市范围发放16000份《致调查对象的一封信》、3000封《致企业统计人员的一封信》,统计宣传进企入户。四是面向社会公众。2014年在金华各主要媒体播放历时6个月的统计宣传片,制作街头横幅、户外广告1196条(块),在市区1000辆出租车电子广告屏滚动播放历时1个月的宣传标语,在移动平

台发送普法短信24万余条。

【统计执法】围绕统计中心工作组织执法检查,对核心环节、重点领域强化执法,既要遏制弄虚作假,又要防止瞒报、漏报,以法治手段推动统计工作的规范化。一是组织开展专项整治工作。按照国家局和省局的统一部署,精心组织开展"一套表"联网直报中违法违规和不规范报送行为专项整治工作。在全市7601家"一套表"联网直报企业中,重点核查在上报过程中有多次修改痕迹的企业83家、在专业数据质量评估中发现的线索企业76家,随机走访核查企业82家,共计241家。二是组织开展专项统计稽查。以工业、固定资产投资,服务业等专业数据为重点,2014年,对开发区和9个县(市、区)三经普数据进行专项核查;对2013年信息化统计年报数据质量情况进行抽查;市县联动对全市1091家限额以上批发和零售业企业开展全面核查;对部分批零住餐企业进行统计稽查;对1家在申报2014年名牌产品时变造统计数据的规模以上工业企业进行统计执法约谈。三是组织开展统计巡查和专项核查。开展固定资产数据质量专项核查,每季对固定资产投资增速前三名的县(市、区)数据质量进行核查,2014年共对7个县(市、区)120个投资项目进行投资数据质量核查。

(林　萍)

审　计

【金华市审计局】2014年,金华市审计局人员编制35人,在编34人。局长方卫民、董巧娟、党组书记方卫民、卢文浩、副局长卢文浩、楼初阳、任川、留义华、总审计师留义华、纪检组长陈敏、其他同级别领导成员李虹。设有办公室、法规处、财政金融审计处、行政事业与社会保障审计处、经贸与外资审计处、农业与资源环保审计处、固定资产投资审计处、经济责任审计处(经济责任审计联席会议办公室与其合署)。下设金华市经济责任和投资审计中心,事业编制10人,在编5人。

【审计成果】完成审计项目45个,查出主要问题金额58029万元,其中:违规金额1852万元、管理不规范金额56176万元;损益(收支)不实53万元;审计处理处罚金额6116万元,其中:应上缴财政1204万元、应减少财政拨款或补贴4751万元、应归还原渠道资金160万元;审计发现非金额计量问题120个;审计促进整改落实有关问题资金5468万元,其中:增收节支5468万元、审计后挽回(避免)损失4868万元。移送司法机关、纪检监察机关和有关部门处理事项2件。出具审计报告和专项审计调查报告9篇,被批示、采用9篇。提出审计建议122条,提交审计信息31篇,被批示、采用31篇。向社会公告审计结果2篇。

【财政(预算执行)审计】加强预算执行和其他财政收支审计,密切关注经济运行中的风险隐患,清理清收各类沉淀的财政资金3亿多元。

【经济责任审计】共对市教育局等12名市直单位领导干部、10个县(市、区)公安局局长进行经济责任审计,重点关注重大事项决策、重要项目安排、大额度资金的使用和依法行政情况,从体制机制层面提出建议,促进市直部门出台《关于调整市区基本医疗保险有关政策的通知》等5项制度,推动6个公安局出台修订7项制度,进一步构建制度笼子,规范政府行为。

【金融审计】开展1个小额贷款公司经营风险情况专项审计调查,推动市金融办督促小额贷款公司整改,并完善对小额贷款公司考核。

【农业与资源环保审计】完成4个农业综合开发项目审计,开展市本级及金东区"五水共治"专项资金审计调查,提出相关的审计意见和建议。对19项政府性权益类资源情况进行审计调查,报送的审计调查报告被市领导批示,相关问题市政府作专题研究,推动下发《关于进一步规范单独制砂经营权出让工作的紧急通知》等文件,加强政府性资源项目监管。

【固定资产投资审计】组织完成投资审计项目14个,送审金额142386万元,核减造价4751万元。

【社会保障审计】关注住房公积金,推动加大归集力度,维护职工合法权益。关注慈善资金,推动完善救助工作流程和救助对象公示。跟踪审计保障性安居工程,揭示项目内部及周边配套工程建设不到位、生活污水直排、未开工建设等问题,推动项目进度加快和质量保障。

【企业审计】 对金华市城建发展控股有限公司运营管理情况进行专项审计调查,推动历史遗留问题解决、资产盘活和欠款收回。

【专项资金审计(调查)】 完成2项专项资金绩效审计调查,促进节约财政资金,提高专项资金使用效率。

【信息化建设】 构建金华市领导干部履行经济责任年度报告填报系统,实现经济责任审计所需数据在线填报、与OA审计项目自动交互、审计对象信息跟踪采集。

(黄　登)

价格管理

【价格检查】 2014年共查处价格违法案件4件,经济制裁总额303.575万元。上缴财政303.575万元。共受理价格政策咨询和投诉举报2319件,办结2302件,其中立案查处6件、协调办结196件,经济制裁总额15.009万元。开展春节、五一、国庆、浙中购物节等节日市场价格专项检查,重点检查与人民群众密切相关的生活必需品、客运市场、商贸流通、家政、快递等领域的价格行为。市本级先后组成24个检查组,出动检查人员225人次,抽查商场和超市38家、农副产品集贸市场8个、酒店宾馆13家、液化气公司5家、客运公司和火车站及停车场24家、高速出口3处、高速服务区3个。金华市物价局特邀市人大、市政协领导参加春节市场价格检查,金华日报、金华电视台跟踪进行报道,以及永康市物价局将春节期间市场价格检查方案报永康市人民政府办公室,由常务副市长带领物价、工商等部门共同进行市场巡查,都取得监督检查和政策宣传的双重效果。

【涉农、涉企收费专项检查】 涉农、涉企存在的乱收费直接影响农民增收、企业减负、小微企业脱困,也直接影响党和国家惠民、发展经济政策的落实,影响政府形象。今年重点对建设、交通、环保等部门(行业)10个行政事业单位(包含下属企业、社会团体组织)进行检查,对不规范价费行为进行及时纠正,查处乱收费行为,确保近年来国家和省出台的各项清费减负、优农惠农价格和收费政策得到贯彻落实。

【《商业银行服务价格管理办法》实施情况督查】 开展《商业银行服务价格管理办法》执行情况督查,促进商业银行收费行为规范,减轻企业融资负担,服务实体经济发展。

【医疗收费专项检查】 制定《医疗收费专项检查方案》,重点检查举报较多、群众反响大的医院以及民营营利性医院,查出涉嫌乱收费金额49万多元。

【教育收费专项检查】 开展教育收费专项检查,查处中小学不执行"三限"政策、自立项目乱收费等行为,规范学校收费行为,维护学生及家长的合法权益。

【农贸市场收费政策执行情况专项检查】 对国有农贸市场有关收费政策执行情况进行专项检查,规范国有农贸市场收费行为,减轻经营户负担,稳定市场商品价格。

【相对封闭区域价格信息发布制度执行情况指导和督查】 对高速公路服务区、义乌机场等对相对封闭区域价格信息实行发布制度,提高相对封闭区域价格的透明度,提供明白、透明的消费环境。

【脱硫电价检查】 对浙江浙能兰溪发电有限公司执行有关落实国家电价政策情况进行检查,督促发电企业不断提高脱硫设施投运率。

【涉企收费专项检查】 根据《浙江省物价局关于进一步做好涉企收费专项检查工作的通知》(浙价检〔2014〕189号)的要求,公正行业收费进行检查,规范收费行为。

【停车收费行为专项整治】 随着社会车辆的不断增加,停车问题日显突出,停车乱收费成为投诉举报的热点问题。先通过新闻媒体宣传停车收费政策规定,留有一定的整改时间,然后组织实施专项整治的方法,使违法经营者主动纠正存在的问题,取得事半功倍的效果。

【制定明码标价规定】 制定《金华市燃气行业明码标价规定》,从2014年3月1日开始实施,对液化气销售价格,允许误差值、优惠政策,代收代办费用等公示内容进行规范。该规定被金华市人民政府网站民生动态选中刊登报道。规定实施后,涉及燃气的价格投诉举报量从上年的16件降为零,有效的规范企业经营行为,取得非常显著的社会效果。

【社会价格监督】 一是每月组织家电行业、医药行业、超市行业市场价格巡查，加强价格政策宣传，指导和服务经营者规范价格行为，创造行业良好的公平竞争环境。二是开展商品房销售明码标价巡查。对前来抄送商品房价格者给其发放《关于做好商品房销售明码标价提醒函》，下发商品房销售明码标价相关规定和查处通报，指导商品房开发企业做好明码标价，对今年新建、续建51个楼盘进行巡查，并编制《2014购房宝典》2期免费发放给消费者。三是邀请新闻媒体和餐饮行业协会对餐饮行业明码标价的巡查，推进餐饮行业明码标价的提升，尤其是餐饮行业计量标示的提升。四是协助参与车站、停车场等价格巡查，加强价格政策宣传，规范车站周边经营者、停车场价格行为的规范。五是协助协调解决价格纠纷。2014年以来移交立案查处的3件，协调解决价格纠纷11件。

【价格监审】 一是完成金华市本级首个“重要成本项目监审政策”和“价格监测预警制度”两个汇编，并编印《金华市定价成本监审政策汇编》《金华市重要商品和服务价格监测报告制度》。二是完成浙江省“菜篮子”零售价格指数《金华市本级代表规格品价格采集报送技术标准》的编制工作，2014年11月“菜篮子”零售价格指数正式开始编制并在省级平台发布。三是2014年荣获国家发改委《2012—2014年度全国农产品成本调查工作优秀集体》、荣获国家发改委价格监测中心《2014年全国价格监测工作先进单位》。为2000年以来的首次。四是认真组织开展全省农产品成本调查机构成立三十周年纪念系列活动，召开三十周年农调户座谈会，撰写《农本调查三十周年回眸》，并在《浙江价格》2014年第九期刊登。五是，配合国家发改委开展“大中城市房地产情况调查”，对2012年至2014年一季度期间市区房地产情况进行全面调查后，形成《金华市区房地产市场专题调研报告》，对2014年房地产市场发展趋势和价格走向进行科学分析和预测，由省物价局以专刊形式上报给国家发改委价格司。获得国家发改委和省物价局的充分肯定。

（市发改委）

国土资源管理

【基层基础建设】 全市151个乡镇(街道)派驻设立国土资源所，做到机构和人员“进乡入院”。对全市150多名国土资源所长进行培训。推进违法用地、违法建筑实施网格化、网络化管理，完成“两网化”软件系统开发和硬件设备采购，各县(市、区)试点工作稳步实施。顺利召开全省国土资源所建设现场会，得到省国土资源厅充分肯定。

【节约集约用地】 一是全力推进“四破”专项整治。研究出台工业用地流转、差别化土地供应、低效用地再开发等配套政策性文件。对全市围墙圈地情况开展全面摸查，市区企业闲置或部分闲置土地154宗，面积5348.1亩；延长开竣工项目土地100宗，面积2893.4亩。二是加大闲置土地处置力度。通过“收回一批、转让一批、改造一批、推进一批”等措施，全市共处置围墙圈地企业166家，涉及土地面积4918亩；处置低效用地企业818家，涉及土地面积11447亩；收回闲置低效土地6051亩。三是推进批而未供土地消化。通过“落实项目供应一批、异地置换盘活一批、完善手续补办一批、查清情况核销一批”等措施，全市消化批而未供土地1.93万亩，盘活存量建设用地9051亩，完成城镇低效用地再开发7599亩。

【保障用地】 一是积极推进低丘缓坡开发利用试点。全市累计完成低丘缓坡范围内农转用征收报批面积5.05万亩，完成率99%；完成土地协议征地4.95万亩，完成率98.7%；完成土地平整3.54万亩，是试点开发规模的70.4%；已供地工业项目87个，面积6966亩。二是加快用地报批进度。全市上报单独选址项目15个，面积1.3523万亩，新增建设用地1.1487万亩；上报城市分批次项目128个，面积1.6203万亩，新增建设用地1.2797万亩。三是加快土地供应速度。全市供应国有建设用地1173宗，面积2907公顷，合同出让金163.8亿元。其中，工业用地427宗，面积519.8公顷，合同出让金24亿元；经营性用地271宗，面积397公顷，合同出让金138.6亿元。

【保护耕地】 一是严格落实耕地保护目标责任制。层层签订耕地保护目标责任书，明确任务，落实责任。4月顺利通过省政府对2013年度耕地保护工作考核。二是全面实施“812”土地整治工程。全市完成垦造耕地立项228个,规划新增耕地29819亩,为任务数的124%;已实施项目171个,规划新增耕地22084亩,为任务数的92%。已竣工并经县级验收项目108个,新增耕地17962亩。三是严厉查处违法用地行为。全力以赴做好2014年度卫片执法检查和“三改一拆”行动。全市违法占用耕地面积占新增建设用地占用耕地面积的比例为23.3%,4个县(市、区)被省政府约谈,9个县(市、区)被全省通报。市政府先后对违法严重的6个县(市、区)政府负责人和14个重点乡镇(街道)党政主要负责人进行约谈。2014年,全市共查处土地和矿产违法案件856件,面积200.9公顷,其中耕地95.4公顷,拆除建(构)筑物60万平方米,罚没款2795万元;共提出党纪处分建议130人,移送公安机关追究刑事责任24人。

【保障矿产资源】 一是积极推进净矿出让工作。开创“政府创设、乡镇实施”的采矿权设置新模式,进一步理顺部门职责分工,有效保障市场需求。二是有效推进单独制砂经营权出让工作。全力打好“五水共治”第一仗,组织开展“治砂清水”和“零点行动”专项工作,制订出台《单独制砂经营权创设出让管理暂行管理办法(讨论稿)》,指导各地规范开展经营权出让工作。全年市区出让单独制砂经营权35宗,实现出让金3.76亿元。三是实现矿业权网上交易。全市共出让采矿权16宗,合同金额2.44亿元。四是推进生态环境治理。完成绿色矿山建设15家,废弃矿井治理80个,“四边三化”废弃矿山治理6处。

【服务群众工作】 一是加强地籍管理和信息化工作。认真做好年度土地变更调查,积极推进国土资源“一张图”数据库建设,实现全市土地登记监管系统的联网应用。全市累计核发国有土地使用权证72491本,集体建设用地使用权证102本,办理抵押权证3208宗,涉及抵押金额549亿元。二是加强地质灾害防治工作。完善群测群防体系,调整落实全市608个隐患点监测员,建立市级应急专家组。快速处置新灾(险)情63起,未发生人员伤亡事故;实施治理工程27个,2878人脱离地灾威胁;完成搬迁369户1114人,稳步推进农村山区地质灾害详细调查和市区浅层地温能调查。三是积极推进征地制度改革。研究起草《遏制三抢的实施意见》《特殊苗木评估细则》《金华市区集体土地上房屋征收与补偿实施办法(试行)》等文件,切实维护和保障被征地农民合法权益。

(蒋琪清)

工商行政管理

【概述】 市食药监管与工商部门统一整合组建市市场监管局,并划入质监部门的食品安全监管职责,同时挂食品安全委员会办公室的牌子,承担食品安全委员会的具体工作。4月14日,金华市市场监督管理局正式挂牌。该局挂牌成立以来,贯彻落实市委、市政府和上级部门的决策部署,坚持“围绕中心、服务发展、依法履职、争创一流”总体目标定位和“五五工程”思路,实现整合平稳过渡不出乱,业务有序推进不断档,队伍思想团结不分心,党风廉政建设不放松,各项工作成效明显:

【服务发展】 始终将服务发展作为第一要务,以点带面、点面结合,主动对接、主动作为。服务中心工作,助力“五水共治”“三改一拆”“四破攻坚”,查处涉水领域无证无照1343家,利用违法建筑开展无照经营134家,依法强制吊销36家。完成公路沿线非法高炮广告整治工作。浦江开展餐饮“蓝色斩污”行动,整治锡箔、废旧塑料等涉污行业。开发区完成老南站家具广场拆迁工作。金东探索建立政府牵头、部门联动新型无证无照集中查处机制。武义强化旅游市场监管,服务生态景区全域化发展战略。“个转企”提质扩面,新增“个转企”3810家,公司制企业占比达74.12%,累计完成“个转企”16908家,完成三年目标任务147%。市场提升发展稳步推进,重点市场建设项目按期推进,网上网下市场加快对接融合,金字冻品城列入全省两个智慧市场试点单位之一。全市市场成交额2429.3亿元,超亿元市场77个。商标品牌培育实现新突破,新增注册商标20257件,总量达14.2万余件,新增驰名商标5件,省著名商标38件,省知名商号17件,“义乌中国小商品城”实现服务业驰名商标零的突破,义乌发布全国首个县域商标综合发展指数。深入开展“民企双对接”和非公党建工作,运用动产抵押、股权出质等渠道，解决企业融资难题，全市办理动产抵押登记350件，股权出质登记519件，帮助企业融资385.97亿元。东阳、永康列入全省20个双对接工作示范县市，永康全省率先出台“双对接”工作实施意见，在全省民企大会上作典型发言，义乌成功承办全国商品交易市场党建工作研讨会和第三届全国工商行政管理创新发展高层研讨会。

【宽进严管机制】 登记制度改革取得开门红，以审批大提速、服务大提效为目标，推出工商注册便利化改革17条举措，出台放宽简化住所登记条件实施细则，压缩审批时限。全市市场主体达52.35万户，增长18.75%，其中企业11.9万户，个体工商户39.95万户，分别增长20.27%和18.46%，增幅排名全省第二和第一。婺城推进“五证一照”联办和“全城通办”注册登记模式改革。探索事中事后监管机制建设，推出与严管配套的“三个十”举措，启动企业信用公共服务平台、食品药品安全智慧监管网、网上市场监管网建设。创新载体推进企业信息公示和年报工作，在全省率先开通企业信息查询“手机APP”和“微信公众号”，全市已有2.8万家企业、8.5万户个体户完成年报。强化监管执法职能，查处制砂场串通拍卖案、医院拼药案，先后开展“利剑一号”行动、“利剑二号”“雷霆一号”等专项整治行动，有效遏制传销、知识产权侵权、虚假广告等违法行为的多发态势，兰溪、东阳、磐安创建为无传销县(市)，全市违法广告监测同比下降80.6%，报纸广告信用指数跃居全省第一。强化消费者权益保护，受理消费者投诉12731件，挽回经济损失1062.8万元，完成与市政府8890热线对接，实现大维权格局。深入开展消费调查，揭露灵芝孢子粉行业三大乱象，专项整治全市银行、电信业格式合同“霸王条款”。积极探索多元化投诉处理渠道，成立全省首个网络经济矛盾纠纷调处中心。浦江建立“12315”青青维权室，义乌启动消费维权对接社区便民服务中心试点，东阳打响老娘舅工作室特色品牌。

【内和外顺格局】 着力打造和谐融洽的内部氛围，实现思想稳、人心齐、工作顺。高标准、严要求开展群众路线教育实践活动，整改做到“对症下药”，建章立制“举一反三”，党委班子率先垂范，“四风”问题得到有效整改。加快推进“四个融合”，市局开展周一夜学，举办全市系统能力培训班，建立“事事抓落实、月月有进步”工作专报制度，举办局风提炼征集活动，召开寄语新局报告会，打造廉政文化长廊，举办首届“卫士杯”系统运动会，凝聚队伍合力。兰溪创新业务培训“私人定制”模式，探索科所联动机制；磐安开展双融双促活动，推进机构、人员、业务的融合进程。党风廉政建设警钟长鸣，落实党风廉政建设主任责任，严格执行“一岗双责”和“三书两报告”制度，加强惩防体系建设，全市系统没有出现干部严重违法违纪行为。依法行政工作继续深化，梳理“四张清单一张网”，加强权力运行监督，提升案件工作质量。着力争取宽松顺畅的外部环境，得到领导重视、社会认同、群众满意。市委、市政府及上级部门主要领导专门调研指导市场监管工作，市人大、市政协、市级老领导先后到市局视察，给予鼓励和肯定。积极主动向党委政府和上级部门争取项目、资金等支持。市食品药品检验检测研究院改造、三张网建设项目资金得到落实，市区企业品牌培育和创牌奖励提高到每年1000万元。积极争取社会各界支持，召开座谈会、恳谈会，加强与人大代表、政协委员、行风监督员、监管服务对象、新闻媒体的沟通交流，举行“让人民来监督，让社会来评判”承诺面对面活动，广泛听取群众意见，充分尊重群众意愿，主动接受群众监督。

（王海莹）

质量技术监督

【机构改革】 管理体制调整如期到位。取消省垂直管理，市本级食品监管职能在6月1日后正式划转给市场监管局，各县(市、区)食品监管职能也都已划转到位。义乌市、东阳市、武义县实行“三局合一”，其他县市区仍然单独设立质监局，市局仅保留开发区分局继续作为市局派出机构。行政审批制度改革完成预期。按照市局提出的“四最四零”目标要求，市级行政审批事项已全部下放到各县（市、区)局，市局只承接省局下放的17项行政审批事项。同时，市局设立行政审批处，把所有承接的审批事项统一集中到行政服务中心办理，实现“一窗式受理，一站式办理”。做好“三清单一张网”，保留行政审批权力清单 296 项，是全省系统中最少的地市之一。编制审批事项流程图、办事指南、行政处罚和审批自由裁量权等 10 余项内容,行政审批时间平均缩短近 30%。事业机构改革稳步推进。积极稳妥做好食品检验检测机构、人员、设备划转工作,37 名人员、670 万检测设备一并划转到市场监管局下属的市食品药品检验检测中心。

【企业质量建设】 辅导培育有条件的企业开展省政府质量奖申报，共有 4 家企业申报省政府质量奖,6 家企业被评为市政府质量奖。开发区开始设立“区政府质量奖”。永康成功获批创建全国质量强市示范市。全市企业参与制修订国际标准、国家标准和行业标准 29 项。浦江县开展水晶产业园区水污染防治标准化试点，金东区成为全省首个获批开展农村居家养老服务标准化项目培育。磐安正式通过省级农业标准化综合示范县验收,双龙风景区、磐安城镇卫生等 2 个项目获批国家级服务业标准化示范区，中华鳖养殖、生猪养殖加工等 2 个项目获批国家级农业标准化试点。省市名牌创建工作成效明显,共有 36 个新增名牌,入围数创近年新高,名牌创建水平位列全省第二。认定市级品牌 64 只,累计达 391 只,省市两级名牌企业经济贡献率达 40%以上。积极开展“浙江制造”品牌培育试点工作,全市确定汽摩配、五金、服装等行业的 11 家企业为“浙江制造”品牌培育试点单位,永康列入全省“浙江制造”五个试点县市之一。“永康五金”获批全国知名品牌示范区创建,义乌获批创建“无缝内衣”全国知名品牌示范区。

【质量安全监督】 与市农办、住建、市场监管等部门一起开展“五水共治”管道管材相关产品专项整治,反映的有关问题得到市委书记徐加爱、市长暨军民及相关领导作出的 7 个明确批示。质量月活动层次高、规模大、影响面广,暨军民亲自作电视动员讲话。开展加油机、瓶装液化气、电梯维保、“阳光纤检”“特种设备安全”进校园、进社区、进工地等活动,一年共为企业减免检验费、作业人员培训费和免费复审 500 多万元,定期为老年人血压计、眼镜等免费检测 2600 台(副)。开展学生校服布料、电子台案秤、定量包装产品等“蓝剑”6 个系列专项执法打假、监督抽查活动,产品质量监督抽查批次合格率为 95.1%,综合合格率为 98.2%,分别比上一年同期提高 1.2 和 0.2 个百分点,产品质量安全形势继续保持总体平稳。出台特种设备安全监管工作的具体意见,建立联席会议制度。牵头拟订已提请市政府发文《住宅电梯维修更新管理办法》,着力解决小区住宅电梯维修资金提取难、手续多等问题。联手开展简易升降机专项整治行动，整治简易升降机 40 余台。全市发生特种设备安全事故 1 起,每万台事故率为 0.12,同比下降 69.23%,首次实现特种设备零死亡。全年未发生各类安全性事故。

【国家质检中心建设】 国家机动车机械零部件产品质量监督检验中心建设总体顺利,4 幢混凝土框架结构楼已全部结顶,2 幢钢架结构楼搭建已完成,实验室工艺布置、装饰布局已基本定型。扫描电镜、三坐标测量仪等总值超过 1200 万元的大型高端设备已招标完成,并向财政报送 1600 万元的设备招标资料。积极寻求与国内外知名认证机构的合作交流,长三角洲检测机构发展与合作论坛第 13 届年会在金华召开,市质检院与奥地利 TüV 认证机构已签订合作框架协议书,质检院首次获得国家总局的科研立项,为国家中心的发展创造良好条件。永康五金门业国家质检中心正式获批筹建,东阳红木家具国家质检中心通过筹建论证。

（朱　清）

食品药品监督

【概述】 2014 年，食品药品安全监管自上而下体系基本建立。食品药品监管体制改革基本完成,市级层面选择工商、食药“二合一”模式,9 个县(市、区)选择工商、食药、质监、版权、知识产权“五合一”的有义乌,选择工商、食药、质监“三合一”的有东阳、武义,选择工商、食药“二合一”的有兰溪、永康、浦江、磐安、婺城、金东。市、县两级市场监管局整合到位,机构、职能、人员全面下沉,全市 151 乡镇(街道) 全部设立食品安全委员会及其办公室,85 个市场监督管理所挂牌成立,乡镇(街道)覆盖率 100%。全市建立 11137 个食品安全基层责任网格,5136 个村(居)共聘任协管员 5882 名。市食品药品检测检验研究院挂牌成立,县(市)检测检验机构加速整合。

【食品安全民生】 9 个县(市、区)全部建立了农产品快检室,创建"放心农贸市场"21 家、超市放心柜 30 家。永康成功创建省级餐饮服务食品安全示范城市, 全市完成 6 条示范街、37 个示范单位与示范学校食堂创建。

【专项整治】 开展医疗器械"五整治"、食品安全百日严打、农贸市场自制食品"清源"、中药材中药饮片"正本清源"等专项行动,查处"四品一械"违法案件 622 件,大要案、涉刑移送案件大幅增长。市局查处的"孟氏牌三七黄芪胶囊"非法添加案,"上海兰宝制售假冒药品化妆品案"等重大案件,打击精准,效果明显。义乌查处跨国制售假药案,涉案金额达 5 亿元,抓获犯罪嫌疑人 40 人,国家食药监总局、公安部先后挂牌督办,得到了李克强总理等中央领导的批示肯定。

【风险管控】 全省率先推进"阳光厨房"建设,实施食品安全责任保险试点。加强食品隐患排查,做好重大活动的餐饮保障工作,妥善处置"杭州广琪""上海福喜"等食品突发事件。制定保健食品风险会商和风险管控办法,对铁皮石斛、灵芝孢子粉等地产保健食品进行抽检和风险评估,实施 97 个农药残留物项目和 7 项重金属指标评估监测。深化药品质量安全管控, 全面推进药品生产质量风险管理,上报药品不良反应报告 3953 例。

【服务医药产业转型升级】 开展"三服务、双精准"活动,主动对接医药企业技术改造、新药申报和转型升级项目建设,全市 22 家次企业通过 GMP 认证,23 家药品批发企业、17 家药品零售连锁总部、1353 家药品零售门店通过 GSP 认证。金华康恩贝获得全国首张技术转让的冻干粉针剂产品批件,新药申报受理数排名进入全国前 10。成立药械专家咨询委员会,积极建言献策,推动现代生物医药产业园建设。积极扶持科惠公司和浙江大学联合成立医学新材料研发中心,在骨科植入物方面加大新材料的前沿应用。

(王海莹)

安全监督管理

【概述】 安全监管工作坚持"安全第一、预防为主、综合治理"的方针,围绕"事故起数、死亡人数、生产经营活动死亡率"三下降目标,完善安全生产责任体系,健全隐患排查治理体系,完善安全防控体体系,扎实抓好安全生产各项措施落实,安全生产形势保持稳定,主要事故控制指标实现连续十年下降。全年,全市共发生各类生产安全事故 1381 起(不含火灾事故,下同),死亡 475 人,直接经济损失 1654.14 万元, 与上年同期相比, 分别下降 6.05%、10.88%和 11.05%。

【安全生产责任体系】 一是市委、市政府出台《关于加强安全生产促进安全发展的实施意见》,各县(市、区)中也都全部出台实施意见,重点是健全完善安全生产责任体系,进一步明确党委、政府主要职责,落实"党政同责、一岗双责、齐抓共管",特别是明确纪检监察、组织、宣传、政法等部门职责;市、县两级都由政府主要负责人担任安委会主任,各职能部门负责人任安委会成员;每月向组织人事、纪检监察等部门通报安全生产工作情况。二是职业卫生监管职能顺利交接。市安全监管局增加行政编制 2 名,增设职业卫生监管处,负责用人单位职业卫生监督检查、职业病防护设施设计审核、竣工验收等工作。

【安全基础】 一是企业安全标准化和诚信管理融合推进。继续加大安全生产标准化推进力度,全市安全生产标准化达标企业共 4622 家(一级达标 3 家,二级达标 53 家,三级达标 4566 家);有2427 家企业开展安全生产诚信考评(A 级 671 家,B 级 1685 家,C 级 67 家,D 级 4 家,8 家企业被列入违法行为信息库)。二是安全宣教有声有色。将安全发展、应急管理等纳入各级领导干部教育培训内容,聘请安全专家授课, 增强各级干部的安全生产法制意识、安全管理知识和依法行政能力,提升安全监管能力和水平。全年培训企业负责人 14468 人,安全管理人员 10286 人,特种作业人员 19302 人;培训单位消防安全责任人 575 人、消防安全管理人3050 人、建(构) 筑物消防员 1788 人; 培训一般从业人员 461309 人,超额完成年度培训任务。积极开展安全生产月宣传和新《中华人民共和国安全生产法》宣贯活动,聘请 3 名安全生产形象大使录制专题宣传片,通过多种形式开展全市性集中宣贯,现场咨询 18324 人次,发放资料 30280 份,发放新《中华人民共和国安全生产法》宣传小册子近5万册、公开信挂图3.5万张。三是应急救援能力建设成效明显。修订完善市级各类生产安全事故应急预案,加强省级三美应急救援中心和市矿山应急救援队建设,组建涵盖安全监督、建筑设计、石油化工、卫生防疫等多个领域的应急救援专家组,提高安全生产突发事件的应急处置能力。成功实施磐安县万苍乡雅庄村礼堂坍塌、杭金衢高速浦江段"5·7"槽罐车氢氟酸泄漏、杭金衢高速义乌段"8·18"保险粉泄露燃烧、婺城区虹戴公路蒋堂段"9·29"硫酸槽车陷入路基等事故应急救援工作。四是科技兴安加快推进。完成全市安监系统视频会议系统、移动执法系统等信息化项目建设,整合市县两级力量启动全市安全监管综合平台建设。"两客一危"车辆全部实现在线动态监控。兰溪金昌矿业有限公司岭坑山萤石矿是全省第一家采用充填采矿法开采的萤石矿,2014年该公司又安装斜井的一坡三档、抓捕器,对有可能出现的遛车、跑车起到很好的阻拦作用。

【"打非治违"和专项整治】 一是"打非治违"得到加强。深入开展以"八打八治"为主要内容的打非治违专项行动,严肃安全生产执法,保持安全生产高压严管态势。全市组织"打非治违"检查组7309个、25907人次,检查企业37583家,对非法违法、违规违章行为实施警告处罚2940次,责令改正、限期整改、停止违法行为10621起,责令停产、停业、停止建设727家,暂扣或吊销有关许可证、职业资格68个,关闭非法违法企业275家,行政拘留42人,移送追究刑事责任93人,罚款2013.42万元。二是涉及可燃爆粉尘专项整治任务全面完成。9月—12月,全市部署开展以涉及可燃爆粉尘为重点的安全生产"百日整治"行动,共排查涉及可燃爆粉尘企业998家,关闭取缔181家,完成整改817家(其中:涉爆金属粉尘企业384家,关闭取缔106家,通过验收复产278家)。通过整治,全市涉及可燃爆粉尘企业从业人员安全意识明显增强,本质安全水平明显提升,为促进全市安全生产形势持续稳定好转提供有力保障。三是其他重点行业领域专项整治扎实开展。重点开展道路交通、火灾、危险物品、矿山、建设施工、企业用电、城镇燃气等行业专项整治。矿山方面,矿山数量从78家减至63家,全市所有矿山均安装视频监控系统,露天矿山延长开采年限,地下矿山全部完成六大系统改造,投入资金1600多万元。危化方面,严格执行涉及危险工艺的危化品建设项目进区入园政策,全市涉及高危工艺的危化企业全部完成自动化改造。永康市建立化工市场,城区范围不再设置危险化学品经营点(加油站除外),该市场进驻经营户90余家,生产经营秩序良好。烟花爆竹方面,东阳继义乌之后实施城区全年禁售禁放,金华市区实现全年禁售,燃放时间缩减至3天。重点隐患整治方面,省市级挂牌整治的206项工矿商贸企业、道路交通、用电安全、消防等领域重点事故隐患全部完成整改。

【监管创新】 一是夏季安全生产"百日攻坚"成效明显。6月—8月,市安监、建设、电力等五部门联合开展以防火防爆防触电、防高处坠落、防中毒、防高温疲劳作业为重点的夏季安全生产"百日攻坚"联合行动。全市高温时段工矿领域事故起数、死亡人数和直接经济损失分别同比下降42.11%、40%和40%,为实现全年三项指标的控制目标打下坚实基础。二是事故防范创新体系深入推进。印发《金华市事故防范创新体系建设工作方案》,编印《金华市电镀行业生产安全事故防范创新体系运行手册》,在全市电镀行业全面推广实施;在永康召开公共场所涉电事故防范创新试点工作交流推进现场会,在全市推广使用"智慧式用电安全管理系统";指导东阳市开展红木家具行业安全生产事故防范创新试点,共拆除各类违章搭建237万余平方米,取缔、关停、搬迁企业733家。三是安全生产社会化服务探索推进。探索推进安全生产社会化服务,借助安全生产中介机构专业技术力量为企业提供安全生产制度建设、教育培训、隐患排查治理和应急救援等方面的安全服务。东阳市开展小微企业安全生产托管试点,财政给每家实行托管企业补助5000元,有146家小微企业委托中介机构托管。义乌市开展多主体厂区隐患排查治理社会化服务工作,多主体厂区中有31家小微企业与中介服务机构签订协议。永康、武义等地还通过政府购买服务方式委托中介机构管理,为涉爆粉尘企业提供管理服务;婺城区采取政府购买服务方式将全部规模以上企业委托中介机构管理。

(谢　纯)

国有资产监管

【概述】 截至2014年底，全市国有企业资产总额1675.5亿元，同比增长30%；所有者权益545.6亿元，同比增长31%；营业收入165.7亿元，同比增长4%；利润总额15.4亿元，同比降低34%；上缴税收16.3亿元。其中：市国资委监管企业资产总额707.8亿元，所有者权益126.1亿元，营业收入45亿元，利润总额6亿元，上缴税收2.1亿元。

【监管企业名录】 截至2014年底，市政府授权市国资委履行出资人职责，实行监管的一级企业共有20家，分别是：金华市城建发展控股有限公司、金华市交通建设投资有限公司、金华市现代服务业投资发展有限公司、金华市浙中教育集团有限公司、金华银行股份有限公司、金华市国有资产经营有限公司、浙江金华安邦护卫有限公司、金华市教育投资发展有限公司、浙江尖峰集团股份有限公司、金华市公交集团有限公司、金华市市场发展集团有限公司、浙江通济交通运输股份有限公司、浙江中联股份有限公司(金华市中宇物流有限公司)、金华市通济国有资产投资有限公司、金华市资产管理有限公司、金华市物资再生综合利用公司(金华市国通二手车交易市场有限公司、金华市绿环机动车检测有限公司)、金华市国信粮油交易市场经营管理有限公司、金华三才种业公司、金华日报报业传媒中心、金华市多湖中央商务区建设投资有限公司。

【国有企业改革】 一是做好新公司的组建。先后完成市现代服务业投资公司的组建，助推金华市现代服务业发展综合试点工作；组建市教育投资公司，推进市本级教育产业发展；完成多湖中央商务区建设投资公司的组建，推进多湖中央商务区的发展建设。二是推进国有企业改制。启动物资再生的公司化改造工作，完成保安公司公司化改造及安邦护卫、机动车检测中心等企业与公安部门的脱钩改制工作。三是加快功能类企业发展。对城投、城开、交投、铁投、婺舟航运、金温铁路及部分行政事业资产、国有股权进行整合，注入市城建公司和市交投公司，提高功能类企业的发展实力。

【国资监管机制】 一是完善监管制度体系。先后制定出台功能类企业投资管理、机构设置和定岗定员管理、经营业绩暨薪酬考核管理，市属国有企业领导人员职务消费管理、市属国有企业公务支出、公款消费审计管理，外派董事监事管理办法和委管企业领导人员退出现职管理办法，以及加强国资委机关干部队伍建设的意见等制度，对市属企业负责人薪酬考核管理办法进行修改，全年共出台各类制度11项。二是夯实国资基础管理。组织市属国有企业建设工程招投标、大宗物资采购、国有产权转让等情况专项检查；组织开展监管企业内审，对企业的资产现状、经营情况、近三年的三公经费等进行全面清查，发现企业中存在的一批问题，并督促企业开展整改工作；对市属企业在银行开设的账户进行摸底调查，要求部分银行账户过多的企业在保证生产经营需要的前提下，对账户进行清理，进一步夯实监管基础。三是优化国资监管方式。针对市属企业中存在的交叉持股，领导人员交叉任职、管理关系复杂等现象，市国资委对二手车市场、绿环测检等企业的管理关系进行理顺，提高监管效率。

【提升服务水平】 城建公司启动石门农垦场棚户区改造、尖峰山高尚休闲生活区等项目建设，积极做好尖峰路改扩建、智者街改建、粮贸中心配套道路等基础设施的建设。交投公司完成快速公交系统BRT1号线项目建设任务，认真做好杭金衢高速公路金华互通连接线提升改造等项目建设。浙中教育完成上海财大浙江学院一期二阶段工程建设，所建工程已全部交付使用。国信粮油完成浙中粮油交易中心的主体工程建设；市场集团积极推进再生资源交易市场等项目建设的前期工作，完成罗埠农贸市场改造提升。国资公司、通济交通、中联中宇等企业通力合作，完成老南站地块历史遗留问题处置。市场集团完成花鸟市场新迁场地改造，以及酒坊巷108号危房的腾空与拆除工作，确保百姓生命财产安全。国资公司妥善解决大黄山地块历史遗留问题，成功收回被侵占多年的国有土地。公交集团、交投公司、市场集团等企业积极落实治堵工作任务，完成新增清洁能源公交车60辆、新建3个公交首末站和6个电子智能站台，建成公共停车位1340个。二手车市场等企业认真做好市级机关涉改公务用车处置，先后配合组织公开拍卖6场，完成所有非保留车辆的处置工作。三是推进产业发展。各企业立足主业,开拓创新,努力提升服务民生水平。金华银行通过成立人才银行、发行特色银行卡等举措积极为地方发展提供金融支持。国资公司与中石油合作建设的首个加油站正式投入运行。公交集团成功开通金兰中线城际公交和市区首条快速公交 BRT1 号线。绿环检测公司机动车尾气检测线正式投入运行。通济国投积极推进东阳陆港物流园建设。物资再生不断提高废旧车辆回收与拆解能力,做好黄标车淘汰回收工作。通济交通积极参与城际客运班线改造,整合线路资源,提高竞争能力。三才种业加大种子培育研发力度,公司成功入选省"育繁推一体化"农作物种业培育企业。

(李晓华)

出入境检验检疫

【概述】 全年共完成货物检验检疫 53180 批、货值 16.17 亿美元, 检出不合格 602 批、货值 4748 万美元,同比分别增加 29.18%、22.88%。完成出入境人员监测体检 3065 人次,同比增加 17.21%,预防接种 5510 人次,同比增加 20.75%,其中检出传染病 45 例,同比增长 104.55%。截获有害生物 153 批次、43 种次,同比增长 17.7%和 59.3%,其中松褐天牛等 22 种首次截获。

【创新监管模式】 承担 2014 年浙江检验检疫系统 5 件大事之一的"出口农产品检验检疫监管模式改革", 先后召开 6 次企业现场调研和座谈会,5 次专家论证会,制定产品分级、企业分类和监督管理的三个标准操作程序和一个企业风险管理计划指南。浙江检验检疫局副局长游忠明 6 次赴金指导工作开展,国家质检总局动植司司长李建伟来金调研后,认为此项改革"思路很好,措施可行,值得推广",改革方案计划 2015 年在全省系统推广。印发出口玩具检验监管模式改革方案,以"风险管理+合格假定+后市场追溯"为核心,采信第三方检测结果,试行即报即放便利化措施,并强化事后追溯。以信息共享机制为重点,大力推进打击出口假冒伪劣试点工作,建立信息共享平台,实现系统内资源共享。以国外通报退运的风险预警和验证监管为突破,创新出口机电产品检验监管工作。对出口化妆品企业实施分类管理,监管模式由批批检验改为分类抽检。对于蔬菜、茶叶等出口食品采用原料批或生产批抽检,报检批核销的模式,监管重点向源头转移,并进一步降低抽检比例,经测算,此项改革不仅为生产企业减少 2/3 的检测成本, 更压缩了企业等待检测的时间。

【推进贸易便利化】 简化行政审批, 全局有 20 个行政许可项目,其中 18 项的受理、初审、审批权限已下放至各派出机构,占总数的 90%,并通过外网公告、"行风热线"等积极宣传。

【提升通关服务质量】 进一步优化流程, 明确流程节点、缩短办理时限,如对玩具产品采取验证放行, 工作流程由原先的 2.5 个工作日缩短为 1 个工作日;不断加快通关速度,推进无纸化申报和通关,简化申报数据项目,减少随附单证种类,全年实行无纸化通关放行 10063 批, 为企业节省成本 100 多万元;取消一般工业制成品出口商品检验,全年免收出口企业各类检验检疫费用 912 万元, 签发产地证书 70809 份, 辖区企业可以享受国外关税减免优惠逾 1 亿美元。

【服务地方发展】 提出帮扶金华市外贸稳定发展的 9 条措施,得到市政府主要领导的高度评价和极大关注。各派出机构也推出促进当地外贸稳定增长的措施共 34 条,积极推动生态原产地产品保护和地理标志产品保护工作,指导浙江采云间茶业有限公司通过国家质检总局 "生态原产地保护产品"评定,为金华市首家获此殊荣的企业。同时,取消一般工业制成品出口商品检验,全年免收出口企业各类检验检疫费用 912 万元,签发产地证书 70809 份,辖区企业可以享受国外关税减免优惠逾 1 亿美元。

【严把质量安关】 检出率显著提升, 在业务量缩减 80%的不利形势下, 不合格产品以及疫情疫病的检出率进步明显。其中,出入境人员传染病检出率同比增长 104.55%; 截获入境有害生物批次和种次分别同比增加 17.7%和 59.3%;输埃商品装运前检验不合格批次和金额分别是上年的 2.4 倍和3.3 倍,"保安全"工作成效明显。除此之外,进一步加强风险信息研判,强化出口产品质量的后续管理,针对辖区收到的国外通报、退运产品逐批开展调查,注重案例信息的数据挖掘和关联分析,针对质量问题频发的产品，及时发布预警信息，全年上报省局重大事项3项，发布全省警示通报2起。

【推进“三个一”】 推进原木、废物原料、肉类等进口商品转检工作，联系上海、宁波、舟山等口岸，建立有效的沟通协调机制，达成转检工作方案。兰溪嘉宝物流、金东无水港先后两次进口红木原木，并与海关进行联合查验，实现金华内陆口岸进口货物转检工作的突破，将“三个一”落到实处。向省局报送关于在兰溪开展进口废铝口岸转检的请示，促使市政府向省政府打了报告，副局长于洋、俞一江分别专程到现场指导业务工作开展。

【信息宣传】 修订《金华检验检疫局信息宣传工作管理制度》，确定各单位（部门）的年度信息宣传指标任务，积极走访《金华日报》《金华晚报》和《钱江晚报》等地方主流媒体，加强沟通交流，提高金华检验检疫局在地方主流媒体上的亮相频次；同时组织信息宣传培训，明确每月月初进行产品数据统计信息报送的要求，在全局范围内营造出良好的信息宣传氛围，夯实信息宣传素材来源基础。据统计，全年在《中国国门时报》发表宣传稿件77篇，在地方主流媒体发表宣传稿件301篇，同比均大幅增长，大大增加金华检验检疫工作在系统内和地方上的知名度和影响力；积极开展舆情监测工作，被录用舆情89条；在全省检验检疫系统中的排名取得历年来最好成绩。

【融入“电商换市”战略】 全力支持金义都市新区跨境电子商务项目建设，制定《跨境电子商务进出境商品检验检疫监管工作规范》，建立进出口产品负面清单制度，出台便利化跨境电子商务管理措施。目前，正积极筹备进驻跨境电子商务公共监管平台，开展跨境电子商务出口检验检疫工作。

【埃博拉疫情防控】 加强组织领导，召开沪九直通车金华段埃博拉疫情联防联控工作联系会议，制定应急预案，出台防控措施，强化监测和医学排查，完成防护用品自查，成功处置2起沪九直通车突发卫生事件。并通过报纸、电视、网络等多种媒体加大宣传力度，提高全民防范意识。

【质量安全示范区建设】 武义出口茶叶示范区顺利通过考核验收，成为金华地区首个出口茶叶质量安全示范区。另外，武义出口食品接触容器省级示范区创建工作已经启动，永康电动工具示范区升级国家级示范区工作也进入筹备阶段。

【依法行政示范单位创建】 完善执法稽查工作制度和“12365”投诉举报系统建设，完成出口企业信用等级评定，新增A类企业7家。查办案件13起，查获假冒伪劣产品货值150万元。积极介入浦江出口绗缝制品打击假冒伪劣专项整治工作，并在全国系统视频会议上作为典型案例进行通报。

【组织质量月活动】 组织大型宣传活动8次，参加群众900余人，发表新闻报道51篇，发放宣传资料1466份，通过“实验室开放日”、企业大走访、指导行业协会开展质量诚信创建等活动，营造良好社会氛围。

【窗口建设】 武义现场办被总局评为“全国示范窗口”；兰溪办事处、东阳办事处、金东现场办被评为“全国标准化窗口”。至此，窗口建设任务已经全部达标，其中局本部、永康、武义3个获评“全国示范窗口”，走在全省系统的前列。

【科技工作进步】 实施“创新驱动发展”及“人才强检”战略，组建机电、动植及食品化矿专业组，带动青年科技人员成长。2014年全局在研科研课题及标准制修订项目13个，新申报课题11个，为历年之最。

【推进文明创建】 年初即制定《金华检验检疫局文明创建工作规划（2013—2017年）》；在局内网创建文明创建专栏；结合年度考核，在局内网展示局机关“双文明”标兵事迹；表彰年度各项工作先进个人；在全局开展“我推荐、我学习身边好人好事”活动，选树了14名身边好人和4个先进集体，并将先进事迹在局内网进行集中宣传；顺利通过省级文明单位复评。保健中心和兰溪办事处获省级巾帼文明岗；浦江现场办获市级青年文明号、县级文明单位；东阳办被评为2014年度东阳市文明单位，并获市级创卫考核第一名。

（盛国勇）

海　关

【概述】 全年实现外贸进出口总值2548.4亿元人民币，同比增长19.8%，增速列全省首位。其中出口 2436.8 亿元,同比增长 20.7%,进口 111.6 亿元,同比增长 3.2%; 累计完成关税和代征税征收 4.8 亿元,同比增长 16%;受理进出口报关单 16 万份,监管进出口集装箱 32.2 万标箱,办理加工贸易备案 7 亿美元, 同比增长 75%; 审批减免税设备价值 2184.8 万美元,减免税款 1815.2 万元;行政案件立案 2897 起、刑事案件立案 4 起。

【市场采购贸易落地】 实行小商品出口通关作业无纸化,优化分类通关模式,坚持报关企业联络员例会机制,营造公平公正公开的监管环境,确保“管得住、通得块”。

【区域通关一体化改革】 细化一线通关服务,加强内部学习,理清思路,向地方党政领导专题汇报情况,主动走访辖区重点企业,开展专题服务周活动,开通 QQ、微信在线答疑,保证沟通渠道畅通便捷。全年通过区域一体化平台共接受报关单 41548 票,总值 26.4 亿美元,受益企业达 1759 家。其中,接受狭义一体化报关单 6263 票,居关区首位。

【改革企业分类管理】 推进企业信用管理体系,鼓励和支持企业申报海关 A 类管理类别,扩大海关 AA 类诚信企业的覆盖面; 建立健全海关与工商、商务等部门之间的企业信用信息交换机制,完善海关企业信息管理平台,为企业查询信用情况提供服务,为“守合同重信用”“金华出口名牌”等企业资质审核提供便利;做好高资信企业的过渡认证工作,积极服务社会诚信体系建设。全年,新增 A 类及以上企业 91 家,现有 A 类及以上企业 791 家,占注册企业总数的 10.2%。

【提升阳光服务形象】 倡导窗口微笑服务,树牢让企业“少跑一回路,少等一分钟”理念,将现场业务分为“现场即决类”与“后续办理类”,明确企业注册登记、延续换证、统计查询等 6 项业务为即决式业务,切实提高行政效能。提升“流动窗口”服务效能,开展“阳光大厅”“文明窗口”建设。全年举办各类政策宣讲会、培训会 18 场, 面向企业 1300 余家。对 79 家重点外贸企业进行上门帮扶。

【扶持加工贸易】 简化作业流程, 重新整理发布《政策告知书》,更换《办事指南》、标示牌等,完善加工贸易企业分类管理机制,先后巡访服务 60 家加工贸易企业。

【做好跨境贸易电子商务出口】 做到“四个创新”:通关模式上的创新,信息流程上的创新,查验监管上的创新,服务企业上的创新。大力改进流程,简化手续,提高通关效率,全面配合地方政府做好跨境电子商务工作,自 7 月 1 日试运行以来,共验放出口包裹 140.4 万个,商品货值 1215.8 万美元,单日最高突破 4.5 万票,日出口通关量居全国第一,受到省、市政府领导的高度肯定。

【配合综保区设立】 着力打造新能源汽车产业加工制造基地、服务浙中辐射华东的保税物流基地、国际高端进出口商品交易展示基地、跨境贸易电子商务综合服务基地; 重点帮扶发展高新技术、新材料和环保型技术产业等一批高附加值又符合国家鼓励发展方向的企业,全力支持综保区内项目生产链向高端发展。

【知识产权保护】 侵权案件立案 160 起, 行政罚没 277 万元。特别是“绿茵”专项行动期间,共查获涉嫌侵犯“FIFA WORLD CUP”“FIFA”等商标权案件 10 起,涉及足 186 球、球衣等各类商品共 12 万余件,案值 50.5 万元。

【打击走私】 共查获危险品 13 起, 其他违禁品、涉证、涉税、涉恐案件等 55 起,行政案件立案 2897 起、刑事案件立案 4 起。在“绿风”行动中立案 78 起,查扣以伪报、夹藏等方式违规出口的大米、挂面、粉丝等 95 余吨。

【荣誉】 一名同志在省直机关教育实践活动学习成果竞赛中获三等奖,一个部门被省直机关工委列为“基层党建示范点”、两个部门分别被评为省级青年文明号和杭州海关青年文明号,在 2014 年度金华市对 14 个垂直管理部门考核中取得第二名的好成绩,并被市委、市政府评为“2014 年度网络经济工作先进单位”“2014 年度扶持外贸发展先进单位”,三个涉外科室在千企万人评议中,排名靠前;在关区内再次被评为“四好”达标先进基层单位。

(陈立平)

无线电管理

【频率和台站的日常管理】 一是完成电台执照核验工作和频率占用费的收缴工作。全年核验电台执照用户数112家，收缴频率占用费27.96万元，收缴率达到100%。二是加强设台用户运用网上办事系统的辅导工作。使设台用户能够较快掌握和运用网上办事系统。既方便申请者，又保证每项许可事项办理进程和结果的公开、透明。全年共完成办理行政许可事项132项，指配呼号48个，核换发执照526本。三是建立健全无线电频率军地协调机制。2014年5月下旬，走访调研东海舰队驻义乌某部通信营，就建立健全无线电频率军地协调机制展开探讨，形成有效保障部队用频安全、灵活协调军地用频矛盾的共识，为进一步完善军地协调机制打下良好的基础。

【规范执法】 全年共开展执法活动87次，出动人员303人次，检查单位97家。办结行政处罚案件6起，其中"伪基站"案件3起、无线电作弊案件2起、非法设台1起。

【打击整治"伪基站"专项行动】 加强与公安、电信运营商等相关部门的联系，保持信息畅通，建立健全协同工作机制。全年共办结公安部门移送的案件3起，通过监测定位"伪基站"1起并移交公安部门处理，协助公安办案检测"伪基站"设备15台，为司法部门联合打击整治"伪基站"专项活动提供有力的技术支持。

【打击非法设置无线电台站专项行动】 在专项活动期间，共查处非法设置无线电台案件9起，其中没收1台非法中继台，联合文广新局查获4个"黑广播"，查处或协调处理4起擅自设置无线电发射设备干扰电信、移动、联通公司基站干扰。

【纪念日、宣传月的无线电管理宣传工作】 围绕2月13日第三个"世界无线电日"和9月"无线电宣传月"开展系列宣传工作。通过网站、短信、广播、报纸和现场宣传等形式向社会倡导"珍惜频谱资源，保护电磁环境，让无线电把人们的生活变得更加美好"的理念，扩大"坚持依法用频，打击非法设台"的影响力。累计发送宣传短信190余万条，制作公益广告片1部；组织广场宣传活动1次，展板宣传展示2次，发放宣传海报、漫画等宣传资料3000余份。

【政务信息报送工作】 全年报送的文章被《中国无线电》刊用2篇，《金华日报》《金华晚报》各刊用1篇，信息稿件被《无线电管理工作通讯》《经信委要讯》《市政府每日要讯》等网站采用55条，图片60幅。经广播、电视媒体宣传报道28次。

【无线电安全保障工作】 一是完成日常监测工作和无线电发射设备的检测工作。全年累计完成固定站开机监测时间11710小时，移动监测550小时，监测车行车里程6038千米；共检测各类固定、移动电台(站)777台，其中开展辖区内40−800MHz频段电视发射台的核查和频谱监测工作，检测广播电台48台，为配合省700MHz频段TD−LTE先试先行工作提供依据。二是做好干扰排查工作。全年共受理和查处干扰25起，查结率为100%，发现不明信号25个，查明21个。其中3月初，查明干扰信号为义乌机场的某军用雷达的干扰申诉，被干扰的用户是移动金华分公司，涉及义乌、东阳、浦江共300多个GSM基站。11月下旬，又对受"手机信号放大器"干扰严重的义乌区域进行干扰源排查，共拆除干扰设备8套。三是打击考试作弊行为。全年共完成研究生、公务员、高考等17场重大考试的无线电监测保障任务，出动人员256人次，保障考点45个，驱赶阻断作弊信号9起，查获作弊案件6起，缴获作弊器材6套，抓获场内外涉案人员6人，其中立案查处2起。四是组织实施金华区段杭长高铁GSM−R系统使用频段清频工作。全年对铁路专用频段监测累计完成固定站开机监测时间1675小时，出动人员42人次，完成移动监测89小时，监测车行车里程982千米。摸清辖区内GSM−R频段的占用情况，督促移动金华分公司做好退频和安装滤波器工作，对联调联试中存在的干扰隐患点进行排查，保证高铁GSM−R基站的用频安全和杭长线的开通运行。

（范凌峰）

经济开发区

金华经济技术开发区(金华市高新技术产业园区、金西经济开发区)

【概述】 金华经济技术开发区行政管辖面积253.86平方公里。下辖一乡三镇四街道，集聚人口

45万。2014年,是“两区”全面整合提升开局之年,在深化改革、转型升级、平台建设、环境治理、社会事业等方面都实现新突破。2014年实现地区生产总值225亿元,增长8%;税收收入39亿元,增长11.4%;实现固定资产投资143亿元,增长17.2%,其中,工业投资84亿元,增长17.2%,实现规模以上工业产值551亿元,增长9.9%;规模以上工业增加值102亿元,增长8.6%;实现服务业增加值106亿元,增长8%;实现社会消费品零售总额94亿元,增长14.2%;城镇常住居民人均可支配收入40792元,增长9.3%;农村常住居民人均可支配收入21839元,增长11.3%;实际利用外资6507万美元,实际引进内资58亿元,引进浙商回归资金24亿元。

【抓产业促赶超】 新能源汽车、健康生物产业园、信息网络经济和文化科技创意产业园等产业平台全面推进。金徕镀膜、东晶光电等一批重点工业项目竣工投产。主导产业发展迅速,累计培育产值10亿元以上企业8家、新增1家,5亿元以上企业12家、新增2家,汽车及配件、电子信息、生物医药、新能源、新材料等五大主导产业累计实现产值380亿元,占总产值比重达71%,其中汽车制造及配件产值增长30%。

【“四破”整治】 收回各类土地1616亩,盘活土地3849亩,消化批而未供土地1778亩,取缔低小散企业134家,收回土地140亩。实施“机器换人”项目43个;鼓励“腾笼换鸟”,淘汰关停落后产能项目4个,腾出用能空间5223吨标煤,规模以上工业企业每万元产值综合能耗0.0604吨标煤,下降5.6%。

【电商换市】 65%的中小企业开始应用电子商务,完成快递智能配送点布点61个,实现村级服务网点电子商务布点50个。创建省、市级名牌产品7个。网络经济发展迅速,新增信息网络经济企业155家,盘活存量房产发展信息网络经济场地10.95万平方米,实现电子商务交易额680亿元,增长43%;9158、5173、中呼科技成功上市。北大(金华)信息科技园正式开园,软通动力等11家知名企业正式入驻;赛伯乐浙江互联网创新中心落户开发区,互联网实验室等30家企业签约入驻,成功承办中国互联网20年创业创投峰会,发布中国中小城市互联网跨越发展金华模式报告。

【重培育促创新】 成功创建“国家知识产权试点园区”“全省‘两化’深度融合国家示范区”和“浙江省首批循环化改造示范园区”。创建市“两化”融合示范企业54家,其中:大企业大集团15家、规模以上企业21家、高成长性企业18家。累计完成工业技改投入54.2亿元。累计认定市级以上高新技术企业130家、新增20家,高新技术研发中心100家、新增11家。累计完成个转企434家。实现院士申报“零突破”,入选市“双龙计划”项目8个。

【抓整治优环境】 落实三级河长制。新建污水管网35千米、新建雨水管网20.4千米、雨污分流改造19.2千米、提标改造管网15.8千米、清淤排水管网155千米。关停拆除养殖场1148家、违法制砂厂30家,梅溪、中干渠、水电渎等得到全面整治,7个沿江雨水排放口得到基本整治,流域水质明显改观。着力打造美丽水乡的生态风貌。一乡三镇全面推行农村生活垃圾分类减量化处理。61个村完成农村生活污水治理工程建设。累计拆除违法建筑109.2万平方米,复垦36.02万平方米、复绿27.5万平方米、开发利用51.3万平方米,苏孟乡、洋埠镇“无违建”创建工作走在开发区前列;改造城中村53万平方米;改造旧住宅区25万平方米,完成年度任务的179%;改造旧厂区17.1万平方米,完成年度任务的155%;完成国贸街等4条背街小巷的提档改造;开工建设公寓式安置房41万平方米。实施基础设施建设项目100个、道路60千米、路灯工程90千米,新(改)建公交停靠站46个,八一南街、李渔路、环城西路、婺州街优化工程实现主路面通车。森林进城工作取得成效,完成绿化面积12.5万平方米,建成绿道10公里,新增公共自行车站点192个。开展环境空气质量百日攻坚,加速废气治理,推进气尘合治。开展市容环境秩序专项整治,推进文明城区创建。

【建设基础设施和社会事业项目】 园区路网不断完善,金西三镇“美丽一条街”完成主体改造,汤莘公路改建工程、九峰山风景区古栈道和游步道修建工程等重点项目开工建设。金西医院建设工程全面复工。农村学校设施大为改善。推进“美丽乡村”建设,建成精品村、秀美村、和洁美村71个;湖海塘学校项目主体结顶,新增省标准化学校10所,创建省市级文化示范村3个,新增农村文化礼堂5个,创建省级职工书屋5家，新建“企业职工文体中心”3家；单独两孩生育政策平稳实施；新增城镇就业人员7776人，城乡居民最低生活保障标准提高12%，社会持续稳定，加强基层工会组织规范化建设，有效保障职工权益，荣获全国工资集体协商先进单位。

【群众路线教育实践活动】 共清理超标办公用房1720平方米，文件会议总量下降22%，“三公”经费下降39.8%，69项整改事项完成整改61项，其余8项为长期坚持任务。干部作风建设取得新成效。制定完善党风廉政建设责任制考核办法，落实党风廉政建设主体责任。

【行政审批改革】 推行投资项目审批代办制、模拟制，简化审批办事程序，提高服务效能。设立金西办事中心并全面放权，确保金西事项金西办。

【融资招商新模式】 湖海塘公园景观工程建设实行EPC+融资模式，健康生物产业园污水处理项目探索市场化运作，金西医院委托金华市中心医院管理，安监、教育、农业等领域广泛开展购买技术服务等。推进乡镇(街道)财政体制改革。建立乡镇财政实行“划定范围、核定收支、体制上解(或补助)、超收分成”的财政管理体制。实现管理职能整合。服务业局与高新技术产业局合署办公，市政园林处与建设局合署办公，环卫职能划转至行政执法分局，提高行政效率。

【荣誉】 金华经济技术开发区先后获评“全国工会贯彻落实工资集体协商三年规划先进集体”“2014中国电子商务行业优秀产业园区”“2004—2013年度省级平安创建工作先进单位”“浙江省电子商务十大产业基地”“浙江省装备电子(软件)产业基地”“浙江省文化产业示范园区”“浙江省循环化改造示范试点园区”；健康生物产业园成功入选“浙江省开发区特色品牌园区”；三江街道寺前皇社区、洋埠镇让宅村社区荣获“2014年全国综合减灾示范社区”荣誉称号；金华九峰职业学校被人力资源和社会保障部、教育部评为“全国教育系统先进集体”。

（陆庆丰）

金义都市新区(金东经济开发区)

【概述】 新区紧紧围绕“三年求突破”总体要求，认真贯彻市委、市政府的决策部署，深入开展党的群众路线教育实践活动，以“百名干部进企业、百个项目抓进度、百天时间破难题”活动为载体，统一思想、坚定信心、攻坚克难，强力推进开发建设各项工作。全年实现规模以上工业产值102亿元，增长8%；固定资产投资61亿元，增长19%，其中，工业投资22.32亿元、服务业投资38.69亿元，基础设施投资12.87亿元、房地产投资20.63亿元；实现财政总收入6亿元，增长20%。除工业投资外，其他指标均达到年度目标任务要求。

【土地节约】 牵头起草《金义都市新区破“围墙圈地”专项整治行动方案》，草拟下发《金义都市新区工业建设项目用地复核验收办法》；“抓落实”：推荐聘请专业工程师，开展新区土地管理“一张图”工程，加大重点项目报批及供地力度，积极开展“四破”专项行动；“出实效”：实现农转用获批22411.1705亩，上报农转用审批702.43亩，完成具体项目供地1242亩，盘活低效用地2037亩。

【融资保障】 金义都市新区东华区块低丘缓坡综合开发利用项目10亿元土储贷款于12月30日获得政策性银行农业发展银行总行的授信批复。该项目贷款申报创造了新区速度，较平时快了四倍，且具备金额大、利率低、期限长等特点。同时新区又与国家开发银行浙江省分行签订15亿元低丘缓坡综合开发利用项目贷款，两大政策性银行贷款的顺利审批为新区新一轮的开发建设提供有力的资金保障。

【招商引资】 新区共签约27个项目，计划总投资57.3亿元，其中，引进总投资30亿元的中国移动金义信息通信产业园。内资完成33.98亿元，完成年度目标的102.97%；外资完成4176万美元，完成年度目标的104.4%。同时，储备跟踪对接一批项目，重点在谈项目12个，总投资428亿元，总用地5200亩。

【项目建设】 围绕在建项目无障碍施工目标，全力抓好政策处理及历史遗留问题解决。2014年共有51个工业项目开工建设，特别是高新产业区块25家入园企业项目(总投资58.5亿元，用地1368.2亩)加快推进，其中，6家主体工程竣工验收。菜鸟·金义电子商务新城项目一期“双十一”正式运营。金义信息通信产业园、申通、圆通项目地块已完成土方平整。满塘湖景观改造工程、共同沟工程、都市新社区、鞋塘中学、人才公寓等基础配套项目加快建设,核心区块塔吊已达120余个。新区10个列入省“411”重大项目完成投资24.8亿元,占年度计划113.7%。5个省重点项目全部开工,完成投资2.85亿元,占年度计划84.9%。18个市重点项目完成投资21.6亿元,完成年度计划100.8%。8个市区政府投资项目完成投资4.58亿元,完成年度计划74.6%。31个市扩大有效投资项目完成投资34.2亿元,完成年度计划的82.9%。

【跨境电子商务产业园】 完成《金义跨境电子商务产业园》的规划和可研编制工作,并上报省商务厅审批。产业园规划面积8平方千米,拟建设各类电商创业园20个。按照“一园多点”模式,主要建设电商集聚区、物流分拨区、跨境通关区、科技创新区、生活配套区五大功能区。已入驻电商企业200多家,其中,金义邮政速递电商示范园、尖峰电子商务精品园、天华·中外运电子商务创业园入驻68家。跨境通平台自7月1日正式运行以来,日通关量已突破4万票,位列全国30余个试点城市前列。

【金义综合保税区】 8月份正式启动金义综合保税区申报建设工作,新区用一个月时间完成可研编制并上报省政府。申报材料已报国务院并批转海关总署研究。同时,项目招商取得突破。确定17个拟入区重点项目,总用地1.1平方公里,总投资62.2亿元。11月12日,与泰王国政府中小企业经济贸易发展委员会签署战略合作协议,投资建设东盟木材跨境电子商务平台和综合保税木材交易加工中心,首期用地500亩,年成交额达500亿元以上。

【中欧生态工业园】 12月10日,商务部欧洲司到金华调研中欧生态工业园,新区根据座谈交流情况,提出园区建设的初步设想和选址的初步方案并反馈给商务部欧洲司。12月29日,市长暨军民主持召开中欧生态工业园规划建设工作专题会,对规划选址、产业方向、推进模式、组织保障等事项明确具体意见。根据会议要求,12月30日,新区管委会向市政府上报要求同意设立中欧生态工业园的请示;12月31日,市政府向省商务厅书面报告,要求设立国家级中欧生态工业园。

【规划编制】 开展并完成孝顺镇西工业功能区、支家区块、孝顺区块控规编制,并分别于7月3日、9月16日、11月11日通过市规划局组织的方案评审;开展科教创新区块控规编制,完成初步方案;启动新区北区块、低田区块控规编制,其中北区块控规已完成初步方案。新区的控规覆盖率已达80%,为下步的城乡规划管理工作打下扎实的基础。开展并完成《中国·浙中电子商务产业园布局规划》和低丘缓坡范围内新区社区集聚建设专项规划编制。启动了艮溪口村发展规划编制,全力打造双尖山风景旅游区入口旅游村。配合完成新区地下空间开发利用和人防专项规划、“智慧金义”规划的编制工作。启动新区环卫设施专项规划编制工作。完成孝顺老粮站地块小控规编制工作。全年共完成村庄规划编制或修编22个,完成杭金衢高速路以北鞋塘4个村的村庄规划调整和鞋塘集镇5个村的分村方案有关规划工作。

【基础配套】 路网交通、电力工程建设。加快推进“五纵五横”10条道路建设,10平方千米的核心区块一环道路(金山大道—金港大道—东华街—孝川路)全面贯通。特别是金港大道和四海大道的改造(都市百里大道),使新区和市区、义乌的连接更加便捷,推动了浙中城市群黄金主轴的融合发展进程。启动新区区域公交和公共自行车服务网点建设工作,加快线路组织和网点布局规划设计等工作,尽量方便新区群众的出行。启动塘雅变电所、鞋塘变电所、高压配电网建设,塘雅220千伏变电所已投入使用,石泄110千伏变电所正在抓紧建设,以保障新区用电需求。地下空间开发利用。启动地下综合管廊试点工程,在城市地下空间开发管理上兼顾人防“生命线”。综合管廊规划建设长度约12千米(规模均居全省第一),首期长5.82千米项目已完成管廊主体3800米,预计2016年全部建成。房产、教育、医疗及商贸配套建设。有龙庭一品、金尊华府等30多个房产项目入驻。金义网络经济学院、鞋塘中学、孝顺医院、人才公寓、都市新社区等项目建设扎实推进。便民服务中心工程已近尾声,便民服务区元旦前完成装修,智能化规划展示区春节前完成。研究制定《加快第三产业配套若干政策的试行办法》,吸引中高档酒店宾馆、大型超市等入驻新区。实施傅村、孝顺、鞋塘老集镇改造提升工程。

【五水共治】 区域内28条大小河流建立“三级河长制”,全面开展“垃圾河、黑臭河”整治,基本实现消灭垃圾河的目标。开展农业面源污染整治,拆除养殖场689户,面积23.5万平方米。按照20年一遇的防洪排涝水标准,对孝顺溪、航慈溪、白溪、潜溪进行水利和景观改造并开展综合治理,着力打造“水净、岸绿、景美”的河道。核心区块污水管网工程已建成9.5千米,航慈溪至月潭至金东污水处理厂9.2千米截污总管已建成7.7千米。金东污水处理厂二期已完成设计,争取2015年开工建设。

【三改一拆】 累计拆除违法建筑面积49.2万平方米,完成全年任务数的281.1%。改造旧厂区4.41万平方米,完成全年任务的97.9%。仅用3天时间,拆除沪昆、甬金高速公路两侧高炮广告共计86处,完成省、市下达的任务,有效拆出发展空间和优化环境,有力推动城乡基础设施和项目建设。

【“四破”整治】 成功收回487.5亩贵航云飞地块、320.7亩李子园金轮牧场地块、111.7亩嘉盛新材料地块,并准备重新安排项目。破除党员干部违法违规既得利益,影响比较大的孝顺镇下马村和浦口村两个制沙场串标和鞋塘办事处“敲诈勒索”案件,涉案人员多,其中有人大代表、政协委员、村党员干部,涉及的10余名农村党员干部进行严肃查处,开除党籍7人、停职察看1人,加强警示教育,延伸震慑效果。

【环境卫生整治】 新区绿化面积逐日增加,新增绿地面积20余万平方米,新增路灯300盏,园林景观已初显成效。开展创建文明施工工地为重点,从源头控制扬尘,积极做好PM2.5治理。9月16日召开动员会,部署开展新区环境卫生综合整治和大气污染防治活动,建管并重,着手垃圾房提档改造,开展渣土运输整治、店铺摊位整治、街景立面整治、交通秩序整治,不断提升城市精细化管理水平,年内力争使新区的环境卫生、市容市貌等要成为整个金东区的标杆。

【安全生产工作】 开展安全生产“百日攻坚”和“打非治违”专项整治。5月下旬至9月中旬,检查企(事)业场所2682家,责令改正、限期整改、停止违法行为1500多起,责令停产、停业整顿36家,关闭非法违法企业45家。开展防尘爆燃事故培训、对消防隐患突出区域进行联合集中整治。推进安全生产标准化建设。三家咨询机构全面进企开展标准化建设指导和评审工作,完成77家企业安全生产标准化建设,23家正在落实中。积极消除市级安全隐患。10千伏松树湖村低压架空线改造工程已于6月11日完成。原该线路与下方农房间距小于0.1米,安全间距严重不足,影响线路安全运行,现改为沿墙架设。低田小商品园区重大火灾隐患得到有效整治,整治“三合一”企业79家,督促企业停产整改35家,实施消防处罚16家,取缔企业7家。

【党的群众路线教育实践活动】 对群众反映的点上15个具体问题,党工委带头立说立行,一步整改到位;对市委督导组反馈和征求到的70个难点问题,党工委班子成员分工领衔,各责任部门都相应展开调研,细化举措,制定针对性、操作性具体实施方案,快步推进限时整改,取得明显成效。及时办理8890便民服务平台群众诉求。自7月1日开通以来,新区8890执行部共接收市8890便民服务中心转办工单568件次,办结434件;回访满意424件,不满意6件。加强镇村基层党建工作,注重发挥党组织服务效能,实现基层党建与新区发展互相促进。

【一线攻坚提高效能】 建立管委会干部联系项目、企业制度,引导广大干部到项目一线、基层一线、企业一线去联系对接、跟踪服务、推进落实。建立值班制度,每天晚上都安排4名干部在管委会值班,双休日各局(办)安排2名干部值班;建立首问责任制,每天安排1名中层干部和2名一般干部在首问责任台值班,方便客商和群众办事。整治“衙门作风”、干部“庸懒散”,组织各类专项检查14次,发现问题28起,下发通报7起,对违反机关效能建设有关规定的12名工作人员,进行严肃处理。

【调研考察】 4月4日,市委副书记、市长暨军民一行在金义都市新区调研时强调,各级各部门要统一思想、凝心聚力,以饱满的激情和十足的干劲,按照既定的方针目标,坚定不移地抓好落实,再接再厉、再创佳绩。8月13日,副省长梁黎明带领商务、国税、海关、检验检疫、邮政、外汇等省级部门负责人到金华新兴产业集聚区调研跨境电子商务工作。9月17日,省委常委、常务副省长袁家军到金华新兴产业聚集区调研经济运行及有效投资工作,实地走访金义邮政电子商务示范园、菜鸟·金义电子商务新城、跨境贸易电子商务公共服务平台等项目，并听取产业集聚区开发建设情况汇报。10月15日，省长李强在市委书记徐加爱等的陪同下，在金义都市新区调研经济工作，实地考察了阿里巴巴的菜鸟·金义电子商务新城项目、邮政电子商务示范园、金华跨境贸易电子商务公共服务平台。要求新区充分利用义乌小商品城的优势，加快电商集聚，扎实推进电商换市。11月11日，市委书记徐加爱到新区走访调研凯信玻璃、虎跃包装、洁灵家居、金顺工具、普莱得电器等联系企业，现场协调解决企业发展中遇到的难题，强调要大力实施创新驱动战略和推进“四换三名”工作，加快企业转型升级。12月3日，辽宁省政协党组副书记、副主席高鹏一行来新区考察古建筑保护利用工作。高鹏一行首先到山头下村考察古民居，相继参观村内的祠堂、民居等古建筑群。随后，考察组来到畈田蒋村，详细了解村庄规划、历史以及民俗等方面的内容。高鹏充分肯定新区在保护古建筑方面所做的努力和取得的成绩。12月9日，省政府党组副书记、省政府顾问王建满带领调研组来新区调研邮政电商及快递网络建设。市委副书记、市长暨军民等陪同调研。12月24日，市委副书记、市长暨军民一行来新区调研，实地考察了中国移动金义信息产业园地块、金义网络经济学院、地心世界项目和金义都市新区综合管廊项目，并召开座谈会。暨军民强调，新常态下要用新目标、新思路、新举措、新作风，提振干事创业精气神、凝聚改革发展正能量。一要坚持规划引领不动摇。二要坚持目标引领不动摇。三要坚持改革创新不动摇。四要坚持大项目战略不动摇。五要坚持招商选资生命线不动摇。六要坚持艰苦创业不动摇。副市长邵国强，新区党工委书记郑余良、管委会主任赵国荣陪同调研。

(俞宗庆)

金华新兴产业集聚区

【概述】 全年预计实现规模以上工业总产值435.8亿元(兰溪284亿元、金西48.8亿元、金东103亿元)，增长19.1%，完成基础设施投资41.8亿元，产业项目投入172.5亿元，协议引进项目72个，引进协议投资额109.3亿元。

【坚持改革统领】 积极实施低丘缓坡综合开发试点、国家现代服务业试点、跨境贸易电子商务“三大国家级试点”改革，为产业集聚区建设发展激发强大活力。一是抓好4.34万亩低丘缓坡综合开发利用试点工作。已完成4.23万亩土地征用，完成农转用报批3.82万亩、林地报批8650亩。规划建设金义跨境电商产业园（8平方公里）、金义综合保税区(1.79平方公里)、金华现代生物医药产业园(2800亩)、浙商创新实验园等(1500亩)特色园区，并引进集聚菜鸟·金义电子商务新城、中国移动金义信息通信产业园、尖峰药业、金岭实业、康恩贝、锦江集团、中光科技、自立铜业等一批优质项目。金义综合区申报材料已报国务院并批转海关总署研究。二是跨境贸易电子商务取得重大进展。2014年5月4日国家海关总署核准金义都市新区开展跨境贸易服务电子商务试点业务。7月1日，跨境通关平台通过省级部门联合测试正式开通通关业务。目前，日通关量已突破5万票，位列全国30余个试点城市前列。三是现代服务业试点开局良好。产业集聚区作为现代服务业试点的主战场，出资5000万元入股金华市现代服务业投资发展有限公司，安排菜鸟金义电子商务新城等20多个项目列入试点项目，大力发展电子商务及现代物流业。

【优化空间布局】 一是调整优化空间布局，形成“一核两区”开发建设总体框架。以金东分区重点规划区(金义都市新区)26平方公里作为核心区，由集聚区管委会自主开发、优先建设。二是重点发展电子商务及现代物流产业，积极培育交通运输装备、文化创意两大特色产业。到2020年，集聚区重点规划区工业总产值和现代服务业营业收入均达到1000亿元。其中，核心区块均占50%以上。三是创新体制机制，实现实体化运作。“多块牌子、一套班子”的要求，2014年10月，市委出台文件建立健全管理协调、行政审批、重大项目支持等机制，并明确产业集聚区管委会与金义都市新区管委会合署办公，产业集聚区核心区块实现实体化运作，并充实配强新区班子领导，调整优化内设机构，取消“一办八部”，内设“一办六局”和四个分局，实现扁平化管理。目前，产业集聚区管委会工作人员共233人，其中，行政编制74人、事业编制44人、合同工115人,能够满足开发建设的需要。同时,市开发区与金西分区整合,加大金西分区开发建设力度,基础设施、社会事业、新农村建设等方面的投入,由2013年的5亿元增加到2014年的16亿元。

【招建主攻项目】 始终坚持项目招引、落地、建设为产业集聚区的生命线。配强配足招商队伍,严把项目准入关,提高入区企业要求和标准,提高土地产出率和开发效益。引进签约一批,引进了总投资30亿元的中国移动金义信息通信产业园、总投资14亿元的金岭实业、总投资10亿元的康恩贝生物制药等大项目。11月12日,与泰王国政府中小企业经济贸易发展委员会签署战略合作协议,投资建设东盟木材跨境电子商务平台和综合保税木材交易加工中心,首期用地500亩,预计年成交额达500亿元以上。储备在谈一批,重点跟踪对接好莱坞(派拉蒙)主题公园、万达文化旅游综合体项目、浙中太阳岛养生综合体项目、中国远大集团、浙江国贸集团、灵康药业等一批大项目好项目。加快推进一批,重点推进菜鸟·金义电子商务新城、中光科技、都市新社区、九峰温泉、圆通快递、申通快递、华统项目等重点项目建设。其中,中光科技部分项目已试投产,华东铝业年产40万吨铝板带泊项目11月6日开工建设;菜鸟·金义电子商务新城电商仓储用房E5库11月11日正式投运,“双11”期间货单处理量突破80万单,并在全国同类项目中创下三项第一:用地征迁速度第一,项目开工进度第一,全国第一个正式投运的“菜鸟”项目。

【坚持转型升级】 一是环境整治倒逼转型。全力推进五水共治、四换三名、四破攻坚、三改一拆等环境整治,加快淘汰落后产能和传统产业改造升级。累计拆除违法建筑面积53.5万平方米,改造旧厂区13.1万平方米,超额完成全年任务。在集聚区核心区块收回李子园金轮牧场、贵航云飞两个企业闲置低效土地956.4亩,收回金山大道两侧22家企业土地面积452.79亩、建筑面积5.5万平方米。关停取缔“六小行业”加工作坊130家,整治提升印染企业8家,淘汰落后产能企业2家。充分利用新区闲置厂房发展电子商务及现代服务业。利用欧曼蒂制鞋企业10万平方米闲置厂房创设金义邮政电商示范园,23家电商企业入园,预计年营业收入5亿元以上。利用万树林鞋业5万平方米闲置厂房,与金华职业技术学院合作创办金义网络经济学院,2014年9月份350名新生入学。二是创新驱动引领转型。加快建设浙中科技城、兰溪上海交大科技园、省重点实验室、工程技术研发中心、省级企业技术中心等公共技术创新平台。以中德(金义)科技园为重点,推进省级交通运输设备高新技术产业园创建。鼓励企业与科研院校联合组建实验室以及区域性、行业性创新服务平台,为企业提供公共科技创新服务。引进国家“千人计划”2人和省“千人计划”7人。兰溪分区科技企业孵化园已批准入驻机构及企业15家,其中,院校技术转移中心4家、院士工作站1个、电子商务企业1家、产业化企业9家。三是帮扶解困助推转型。开展“五帮一化”服务企业活动。建立企业难题“常年受理、集中交办、分级办理、限期办结、重点督办、逐个反馈”制度,确保企业难题第一时间受理、第一时间交办、第一时间处理。目前,帮助解决企业反映的办证、用工、交通、融资、子女就学等方面的问题107个。核心区块开展“百名干部进企业、百个项目抓进度、百天时间破难题”为主题的“三百”活动,服务企业、服务项目、加快建设。兰溪分区以22家风险企业为重点,开展三轮“走亲连心”活动,为企业排忧解难,及时妥善处置突发事件。

【组织建设】 一是优化硬件环境。按照“基础设施适度超前、功能设施配套完善”的要求,加快水电路和学校、医院、商贸配套工程建设。核心区块10平方公里中心区环路全面贯通,启动规模居全省第一的12公里地下综合管廊试点工程,现已完成3800米管廊主体工程。同时,金西和兰溪分区加快低丘缓坡综合开发项目的水电路等基础配套建设,企业服务中心、生活服务配套中心、拆迁安置小区等功能配套项目全面建成。二是改善软件环境。深入推进行政审批制度改革。市委、市政府通过新设机构、增挂牌子等形式,将147项市级行政审批和管理权限充分授权给管委会,实行投资项目审批代办制、联办制、模拟制,简化审批办事程序,提高服务效能,基本做到“一站式服务、办事不出区”。推进集聚区干部向“店小二”转变。建立管委会干部联系项目制度,并把对省市重点项目、重大招商项目、重点建设工程的服务工作,纳入部门和个人年度目标责任制考核,引导和广大干部到项目一线、基层一线、企业一线去联系对接、跟踪服务。三是加大政策扶持。市委、市政府高度重视集聚区建设,及时帮助协调解决金义中线、金义综合保税区、中德科技园等重点基础设施、重大产业项目推进中的问题。在全省第一个设立了集聚区建设专项资金,明确市财政每年安排1000万元用于集聚区的产业发展和项目建设。出台《关于加快网络经济发展的若干意见》《关于扶持市区网络经济发展的实施意见》等扶持电子商务发展政策,从办公用房、土地、税收、投融资、人才等方面进一步加大扶持力度,初步形成了网络经济发展的"政策洼地"。产业集聚区管委会积极做好省级产业集聚区统计监测工作,及时准确报送相关统计报表。积极向省产业集聚区规划建设工作领导小组办公室报送信息交流材料,积极支持和配合省产业集聚区信息数据库建设。

(任　魁)

兰溪经济开发区

【概述】 全区实现规模以上产值284.6亿元,同比增长9.9%;规模以上工业新产品产值88亿元,同比增长64.2%;规模以上工业增加值56.3亿元;实现税收10.08亿元,同比增长9.46%;完成工业投入39.6亿元,同比增长22.5%;完成服务业投入12.48亿元,同比增长45.8%。引进内资项目20个,总投资19.78亿元;引进外资1500万美元;完成浙商回归7亿元;第三产业招商2.5亿元;完成总部税收6314万元。兰江片三期招商平台和浙商创新实验园(低丘缓坡试点)开发基本完成;"两中心一市场"(开发区企业服务中心、园区生活配套中心——彩虹城、浙中国际纺织品综合市场)扎实推进;兰花路延伸工程按计划在兰五中搬迁前正式投入使用;宝龙路延伸工程完成排水、路基工程;民生实事项目振兴路、西环路修复工程8月份进场施工,10月底竣工通车。开发区管委会获2014年金华市"五水共治"先进集体,兰溪市工作目标责任制综合考核先进单位、市工业综合一等奖、市工业投入一等奖、市招商引资一等奖、市服务业考核综合一等奖、市科技创新工作考核二等奖、市项目推进二等奖、市"五水共治"工作二等奖和市"三改一拆"工作二等奖等荣誉。

【华铝高精度铝板带箔项目开工建设】 11月6日,华东铝业年产40万吨高精度铝板带箔项目举行开工奠基仪式。该项目依托杭州锦江集团与杭州鼎胜铝业公司在内蒙古兴建的100万吨哈兹特连铸连轧生产工艺提供的优质胚料,在兰溪进行高精度铝板带箔精加工后直接投放市场。项目占地面积1000亩,总投资50亿元,预计达产后可实现销售收入89.5亿元,税收6.1亿元。

【农产品商贸城签约】 7月22日,开发区与浙江新农实业有限公司举行兰溪农产品商贸城项目签约仪式。项目占地180亩,总投资5亿元,商贸城定位为集果蔬大型交易、冷冻、农产品、产品展览中心为一体的现代市场交易场所。

【谋划上海交大(兰溪)科技园】 主动对接上海交大科学技术发展研究院国家技术转移中心,达成合作意向及框架性意见,同意先在兰溪市科技企业孵化园设立上海交大国家技术转移中心兰溪分中心和上海交大(兰溪)科技园。

【启动西环路以西5平方千米控规编制】 西环路以西区块控制性详细规划总用地面积5平方千米,规划方案经前期多轮修改完善后于8月15日组织市相关部门进行论证通过。

【科技创新】 全年新增金华市级以上高新技术企业11家、省科技型企业9家,省级专利示范企业2家、金华专利示范企业5家,省名牌产品2只、金华市级名牌产品5只,省著名商标2只、金华市著名商标5只。累计申报金华市级以上工业科技项目38项、金华市级以上技术创新项目20项、战略性新兴产业项目18项;金华市"两化融合"项目34项、兰溪"两化融合"项目20项;申请专利560件,完成专利授权344件,同比增长30.3%。

【五水共治】 开展强网、强排、强查、强供四大工程,其中兰江片企业管网改造、新兰五中周边区块一期雨污水收集、浒溪和姚溪河道改造等工程全部完工,老轻工业园区污水管网改造工程完成招投标程序。浒溪水质明显好转,全年有6个月达到三类水标准。

【"四破"(两退两进)】 严格按照市"两退两进"

专项行动要求,对全区479家企业进行整体排摸,筛选出“退低进高”企业41家,并对其中亩均税收排名后30位企业进行曝光。明确41家重点处置企业的整改方案。全年完成企业处置21家,面积597.8亩

【三改一拆】 截至年底,拆除违章建筑4.3万平方米,占年度任务数的430%;完成旧厂房改造8.9万平方米,占年度任务数的127%。

(童 赟)

东阳经济开发区

【概述】 东阳经济开发区范围包括白云街道、江北街道、六石街道。白云街道区域设立东阳经济开发区白云商贸园区;江北街道区域设立东阳经济开发区江北高新产业园区;华店功能区和长松岗功能区整合设立城北工业新区。新增规模以上工业企业36家,累计158家;完成规模以上工业增加值271880万元,比上年增长38.8%;完成规模以上工业总产值1190365万元,比上年增长45.1%;新增省级以上高新技术企业2个,累计8家;新增省级以上专利示范试点企业1家,累计6家;新增省级以上工业技术研究发中心1家,累计13家;新增省级以上高新技术企业4个,累计12家;省级以上专利示范试点企业6家;省级以上工业技术研究发中心13家。

【城北工业新区】 新区位于东阳市区中北部,总面积88平方千米,规划开发面积33平方千米,是东阳市重点建设工业区块,处于杭州至永康、金华至宁波大通道的十字交叉口位置,北接金甬高速,东连诸永高速,距浙赣铁路和义乌机场20千米,区位优势明显。2014年1月—12月,新区(六石、上卢)完成工业总产值46.4亿元,比上年增长22.1%,完成规模以上企业工业总产值32.5亿元,比上年增长18.3%,完成工业性投入251514万元,比上年增长41.9%;上缴税收18156万元,比上年增长3.1%,其中:地税6824万元,国税11332万元;新引进投资亿元以上项目4个,新增新建项目28个,新增竣工企业20家,新增投产企业15家;新增规模以上企业7家,其中新增亿元以上企业2家。新区共有在建企业32家,新投产企业42家,规模以上企业(含六石)56家,亿元以上企业8家。完成企业小升规培育9家,发明专利2件,省级科技型中小企业2家,国家级高新技术企业3家,市级以上商标品牌2只,市级研发技术中心2家,产值超亿元企业1家,组织申报“两化融合”企业7家。

【白云商贸园区】 园区地处东阳市西部,东邻吴宁街道,西接义乌市江东街道,南与南市街道相连,北濒东阳江,与江北街道隔江相望。是东阳市重要工业基地,基本形成以生产经营电子机械类产品为主的西城工业园,以生产经营服装针织类产品为主的服装工业园,以生产经营工艺品类产品为主的小商品工业园。全年完成工业总产值161亿元,比上年增长11.65%,其中66家规模以上企业完成产值49.1亿元,比上年增长13.44%;销售产值121亿元,比上年增长11.49%,其中规模以上完成销售产值45亿元,比上年增长14.94%;实现外贸出口4.3亿美元,比上年增长9%;引进内资5.2亿元,引进外资168万美元,浙商回归引进6.7亿元;完成工业性投入9.1亿元;规模以上企业用电量6000万度;国地税完成7.1亿;培育“小升规”企业11家,新增亿元企业1家。园区在运行商贸服务业重点项目34家,其中已开业项目17个,在建项目7个,前期准备项目6个以及前期对接商讨项目4个。市场营业额约170亿元,重点商贸服务业项目主体投入额约18亿元。

【江北高新产业园区】 园区地处东阳市西北部,东阳市政府所在地,东邻六石街道,南濒东阳江,与城东、吴宁、白云三街道隔江相望,西接义乌市廿三里镇、华溪镇,北壤诸暨市岭北乡。初步形成以生物制药、纺织服装、塑料制品、工艺品等为主的工业体系。街道(园区)规模以上企业1月—12月完成工业总值16.1亿元,比上年增长11.3%;完成工业性投入11.64亿元,比上年增长17.7%;实现国地税收入3.46亿元(国税1.65亿元,地税1.81亿元)。截至12月底,共调查企业757家,低效用地5亩以下的企业18家,已全部完成清理;5亩以上35家,除一家企业逃逸外,34家已签订《低效用地整改补充协议书》,分五类制定“一企一策”处置政策,5家企业已交保证金383万元,21家企业2014年主要税收已达标,12家企业正在进行旧厂房改造、技术改造,1家企业已进入法律程序,1家企业年底关闭。

(傅 晶)

东阳横店电子产业园区

【概况】 完成工业总产值168.2亿元,同比增长11.6%;规模以上企业实现产值144.6亿元,同比增长10.4%;规模以上企业实现新产品产值73.3亿元,同比增长15.6%;规模以上企业完成出口交货值39.8亿元,同比增长9.3%;规模以上企业上缴税收达7.05亿元,同比增长18.9%;高新技术产业增加值30.5亿元,同比增长9.3%;引进内资3.8亿元,引进外资607万美元。拥有企业206家,新增企业8家,新增规模以上企业2家,新培育亿元以上的企业2家,新培育十亿元以上的企业1家,横店东磁产值达74.4亿元。全年注资上市企业1家(联宜电机注资太原刚玉上市),得邦照明、中元磁业和四达氟塑3家已进入上市辅导期。全年磁性电子产业工业总产值达到142.7亿元,占园区工业总产值的84.84%,比上年的83.94%再提高0.9个百分点。

【科技项目建设】 2014年全区重点企业共引进科技项目20项,新增国家火炬计划项目5个(中元磁业、中核苏阀、联宜电机、横店东磁、普洛医药),国家重点新产品1只(横店东磁),省重大科技专项计划项目1个(联宜电机),省级新产品三批共23只(普洛得邦2只、横店东磁6只、得邦照明3只、中元磁业4只、普洛医药3只、石金玄武2只、康裕制药3只),有5个项目获金华市科学技术奖;新增国家级高新技术企业2家(得邦照明、中核苏阀),新增金华市高新技术企业1家(中科磁业),新增金华市级企业研发中心1家(石金玄武);新增省专利示范企业1家(中核苏阀),新增金华市专利示范企业2家(得邦制药、康裕生物);新增中国驰名商标1只,浙江省著名商标1只,省名牌产品6只,金华市著名商标4只,金华市名牌产品4只,联宜电机股份公司一项目获省质量创新项目奖,2014年12月18日,园区被浙江省知识产权局(浙知发管〔2014〕36号)评为:“2014年浙江省知识产权工作示范园区”。

【基础设施】 园区完成工业性投入23.4亿元,同比增长14.03%。其中18项东阳市重点技改项目如期完成了投资计划,技改投入15.94亿元;红木产业园21家企业竣工投产;完成旧厂区改造项目25个,拆除旧厂房21736平方米,新建厂房159844平方米,共计181580平方米,完成总投资约21253万元;37项“两化”融合项目均已投资建设,其中11项已全面完成,完成投资5525万元;投资近3000万元,完成兴业路、园2、3、4、5、6路和工业大道5公里多的排污管网建设,完成科兴路北段6588平方米人行道建设,完成红木园区纬十三路700米长排水排污管网建设、12米宽的路面硬化和2310平方米人行道建设;完成红木园区自来水管网建设,完成工业功能区最后300亩的土地平整和该地块上鱼塘处理和果园的迁移,完成工业功能区纬1、2、3路和经5路北段的排水排污管网建设和路面硬化工程,为企业入园创造基本条件。

【环境治理】 投资2.3亿元,拟将6家涉及电镀的企业在红木园区的西侧进行集中治理,开设电镀行业集聚区,2014年不仅完成土地平整,而且4家企业的生产厂房也已接近完成,配套的排水排污管网、路面硬化、供电供水通信等基础设施建设正在紧张有序进行,计划在2015年5月正式投产;大力开展200多家红木家具制造企业的烟气治理和粉尘治理;完成能耗高污染重的英洛华染化的外迁任务;结合“五水共治”园区溪的整治,对园区所有企业排污纳管情况进行全面检查。

【创新管理模式】 按照“网格化管理,组团式服务”模式,根据镇“七办一局一中心”的人员状况,将园区划分成9个网格小组,建立企业安全生产信息网络,严格落实安全生产责任制;为近300家大小企业、加工点配发企业便民服务卡,为97家大、中型企业建立社会服务管理室;为园区企业调处劳资纠纷64起、涉及资金1017129元,工伤事故119起,涉及资金2631016元;对102家乱堆乱放占道经营的企业进行清理整治,规范园区的垃圾清运,使园区的面貌焕然一新。

【荣誉】 园区再次荣获金华市经济开发区(工业园区)综合考评先进单位二等奖。

(徐永其)

义乌商贸服务业集聚区

【概述】 义乌商贸服务业集聚区是经省政府批准的14个产业集聚区之一,集聚区规划控制区面积

133.11 平方千米，重点规划面积 53.2 平方千米，核心区块 24.83 平方千米，其中国际陆港片区19.97平方千米和国际商贸城片区 4.86 平方千米。核心区涉及项目 104 项，重点规划区涉及项目 211项。至年底，完成基础设施项目投资额 54.7 亿元，产业项目投资 184.2 亿元。全年引进项目 36 个，协议引进投资额 204 亿元。其中，50 亿元以上项目 1个，20亿元以上项目 1 个，10 亿元以上项目 4 个。引进中国"千人计划"人才 10 名，浙江省"千人计划"人才 7名。9月，举办院士专家义乌行活动。10月，集聚区管委会院士专家工作站挂牌成立。年内，制定出台《关于规范集聚区工程建设管理的若干意见》《集聚区重大建设项目全过程监督实施办法》等文件 4个。负责国际陆港新区的开发、建设、管理，完成《国际陆港物流园区控制性详细规划》和《国际陆港物流园区交通专项规划》等专项规划。投资5.93 亿元建设陆港新区配套道路基础工程 18 项，开创路一标、四季路一标、四季路二标等 5 个标段，6148.08米总路竣工验收，开创路三标、四季路四标、新科路等 5个标段，实现 4185.66 米道路通车。解决国际生产资料市场一期二阶段、市场配套道路工程一期等一批重大工程项目的标田补建指标和耕地占补指标。普洛斯(义乌)物流园等 10 个项目列入 2014年省重点项目，国际生产资料市场、国际电子商务城等18 个项目列入浙江省扩大有效投资"411"项目工程，普洛斯(义乌)物流园列入重大产业项目库。

【快递物流园区开工建设】 8 月 13 日，义乌快递物流园区主体工程全面开工暨中国邮政跨境电子商务(义乌)基地。义乌快递物流园区占地 33.33 万平方米，设通关、仓储、邮件处理区、配套辅助区等功能区块，计划总投资 15 亿元，首期引入中国邮政、邮政速递、顺丰速递等 8 家快递企业。中国邮政跨境电子商务(义乌)基地工程是推进义乌国际贸易综合改革的重要配套工程，占地面积 4.8 万平方米，总建筑面积 6 万平方米，投资 2.1 亿元。快递物流园区建成后，票件日处理能力达 800 万票。

【保税物流中心】 1 月 29 日，义乌保税物流中心经海关总署、财政部、国家税务总局和国家外汇管理局批准设立。义乌保税物流中心(B 型)位于义乌市机场路 596 号，围网面积 12.87 万平方米，实行围网式管理，配备卡口通道 8 条、查验场地 7211 平方米，监管仓库 1728 平方米，保税仓库面积 4.7 万平方米，辅以联网监控系统、智能卡口放行系统、车辆自动识别系统、电子地磅系统和视频监控系统等现代化、高智能的辅助设施，实现封闭式、信息化、集约化的监管模式。项目分 2 期实施。一期规划建设综合业务用房、卡口智能化物流信息系统、恒温恒湿仓库等设施，建筑面积 5.02 万平方米，其中已建成仓库面积 4.74 万平方米，堆场面积 1.6 万平方米，投资7100 万元，7 月 30 日，完成保税物流中心(B 型)基础设施建设。二期规划建设 2 幢计6.13 万平方米监管仓库。10 月 10 日义乌保税物流中心 (B 型)通过由海关总署、财政部、国家税务总局、国家外汇管理局组成的国家联合验收组验收。11 月 18 日，义乌保税物流中心(B 型)封关运行，封关运行后，境外货物进入中心。海关将给予保税。出口货物进入中心将视同出口提前退税。外贸企业可在保税物流中心内开展保税存储、流通性简单加工以及全球采购和国际分拨、配送等相关业务。

【商贸服务业集聚区转型升级】 12 月 25 日，《义乌商贸服务业集聚区提升发展方案》获省发改委批复。调整后重点规划区面积 53.2 平方千米，范围为商贸流通创新区、国际商贸区、先进制造研发区、小商品研发总部区和小商品装备制造研发区。国际陆港片区和国际商贸城片区为核心区块，面积 24.8 平方千米。主导产业为商贸服务业，重点培育现代物流产业、物联网产业两大特色产业。

（骆华超）

义乌经济技术开发区

【概述】 2014 年，义乌经济技术开发区深化整合提升后的区域面积 126.72 平方千米，整合提升的核心区块为稠江区块、义亭区块，整合提升的辐射带动区块为北苑区块、城西区块、佛堂区块、上溪区块。全年实现"规上"工业总产值 567.99 亿元，同比增长 17.55%；实现工业出口交货值 127.5 亿元；实现财政总收入 98.02 亿元，税收收入 35.61 亿元。2014 年完成华鼎锦纶项目、吉利集团车用发动机项目、森宇总部型项目等 34 个项目的签约并实现全部落地,总投资逾176亿元,其中:500强企业4家,上市公司4家,50亿元以上项目2个,2亿元以上项目10个。共有在建项目46个,其中:省重大产业项目2个,省重点工程2个。年内,总部经济A组团8幢高楼全部结顶,总部经济B组团基坑开挖,文化广场完成结顶,5条道路主干道实现通车。高层次人才创业园新引进"国千""省千"及博士教授创业团队6个,引进格迅软件、德创电子、润信科技3家科技企业。拓展市场化招商渠道,与上海及省内3家公司达成创业投资协议,与海外人才网达成人才招引协议,推荐对接项目20余个。建立企业博士后分站2个,引进博士后2名。

【项目签约】 7月21日,"年产45万吨差别化锦纶长丝项目"签约落户开发区。华鼎锦纶项目是省重大产业项目,由义乌华鼎锦纶股份有限公司投资建设,总投资60亿元,用地面积80万平方米,投产后形成年产45万吨差别化锦纶长丝的生产规模。8月19日,在开发区管委会举行年年红实业总部型试点项目、海之纳生物工程大米蛋白研发生产基地项目和群升、康超、浪莎等10个重点项目签约,其中民营500强2家,上市公司3家,项目总投资26.9亿元。12月26日,在吉利集团举行吉利义乌发动机项目签约暨奠基仪式。此项目由浙江吉利罗佑发动机有限公司全额出资,总投资20.11亿元,总用地9.27万平方米,投资建设年产40万台汽油、甲醇、天然气3种燃料发动机生产线。

【项目建设】 4月18日,义乌万达广场项目开工建设。项目位于义乌经济技术开发区中心区,由大连万达商业地产股份有限公司投资建设,总投资56亿元,用地面积10.63万平方米,总建筑面积65万平方米,集高端购物中心、甲级写字楼、城市商业街、五星级酒店、高端住宅与公寓等为一体。工程于2014年3月开工建设,11月25日万达金街一期试营业,计划2015年底完成SOHO、写字楼等所有楼宇主体工程。10月28日,省重点工程总部经济区B组团项目开工建设,项目总投资16亿元,用地4.13万平方米,建设8幢最高27层总部大楼,采用企业独建的模式开发建设,总建筑面积34万平方米。12月8日,义乌华鼎锦纶股份有限公司"年产45万吨差别化锦纶长丝项目"、浙江年年红实业有限公司"年年红总部型试点及厂区置换项目"、浙江森宇有限公司"铁皮石斛软胶囊和铁皮枫斗冲剂系列产品产业化项目"、义乌市海之纳生物工程有限公司"年产1.2万吨大米蛋白研发生产基地项目"4个重大产业项目开工建设,总投资75.59亿元。其中年年红总部型项目,总投资12亿元,总用地面积16.61万平方米;森宇总部型项目用地面积3.33万平方米,总投资2.2亿元;大米蛋白研发生产项目,用地面积2万平方米,总投资1.39亿元。

【入选浙江省品牌园区】 总部部经济园计划总投资300亿元,规划总用地50.67万平方米,总建筑面积240万平方米。总部经济园设总部经济区、城市综合体、文化中心、银行、医院、高档住宅区、星级酒店、人才公寓及休闲商业街等配套设施。其中总部经济区A组团和B组团总用地8.27万平方米,总投资32亿元,共16幢总部大楼,建筑面积66万平方米。A组团采用政府建设模式;B组团采用企业独建的模式开发建设。10月10日,根据浙商务联〔2014〕130号文件,义乌经济技术开发区总部经济园入选"浙江省开发区特色品牌园区"。

(倪　伟)

义乌工业园区

【概述】 浙江义乌工业园区分为综合统计范围、开发范围等两个空间范围,综合统计范围包括苏溪镇、大陈镇、廿三里街道、后宅街道、福田街道相应规划区,面积192平方千米;开发范围包括苏溪镇、大陈镇、廿三里街道可开发区域,面积为91平方千米;截至2014年底,园区内有中小企业9000余家,规模以上企业400余家,上市公司2家。全年完成工业总产值524.32亿元,同比增长8.97%,其中规模以上企业完成工业总产值226.89亿元,同比增长8.61%;完成销售产值514.5亿元,同比增长7.33%,其中规模以上企业完成销售产值218.58亿元,同比增长7.12%;园区企业实现利税40.26亿元,同比增长7.58%,其中"规上"企业实现利税17.21亿元,同比增长9.48%;完成出口交货值78.51亿元,同比增长7.82%。园区核心区内完成固定资产投资20亿元。初步形成以电子电器、衬衫、无缝内衣、针织、小商品制造、印刷为特色的优势产业，培育欧意、华鼎、贝克曼、棒杰、博尼等优势行业领军企业。年内获工业和信息化部批准为“国家新型工业化产业示范基地”，并获义乌市经信委100万元奖励资金，用于全额保障示范基地实体化运作。工业园区共有在建省、市重点项目10个。至年底，共储备亿元以项目15个，申请用地面积53.33万平方米，总投资额超60亿元。年初，苏华街、龙祈路、武德路等市重点工程开工建设，至12月底，苏华街、龙祈路、武德路等9条道路工程建设并通车；苏福路、龙祈路、苏华街等建成道路的绿化、标志标线、路灯等配套设施建设完工。年内引进高鸿互联网彩票项目、年产5000万条毛毯生产线项目、年产31000吨薄膜新材料生产线等4个新项目，其中20亿元以上1个，5亿元以上2个，总投资33亿元，总用地36万平方米。

【英特来光电项目】 浙江英特来光电科技有限公司年产4800KK LED封装和应用生产线项目，是市重大产业项目。2012年备案立项，项目总投资11.4亿元，用地面积9.87万平方米。项目整体建设期5年，分2期建设。一期工程用地面积7.87万平方米，于2013年6月29日开工建设，2014年12月竣工投产。二期工程计划于2016年开工建设，2018年投产运行，项目引进自动固晶机、自动固焊机等国际先进设备，形成年产4800KK LED封装的生产规模。

【与浙江工业大学战略合作】 5月8日，浙江工业大学经贸学院专家一行5人到浙江义乌工业园区考察，与园区内2家企业就人才引进、政府与市场的关系、校企合作、教师学生实训基地建设等内容进行交流。考察结束后，浙江工业大学与义乌市人民政府签署《全面战略合作框架协议》，明确在招商引资、科技成果转化、见习实训基地、人才基地建设、规划设计等领域建立合作关系，并就博士、教授园区行，校企合作等内容排定计划。

（陈振华）

永康经济开发区

【概述】 2014年，开发区实现工业总产值360亿元，同比增长9.76%；工商税收13.7亿元，同比增长2.24%；工业用电增长6%左右。规模以上工业总产值336亿元，同比增长8.8%，实现利税37亿元。规模以上新产品产值178.2亿元，同比增长18.19%。完成固定资产投资42.6亿元，其中工业性投入34.6亿元，服务业投资8亿元。引进外资197万美元，引进内资6.7亿元，浙商回归4.7亿元，自营出口14.7亿美元。实现技改立项25项，其中“机器换人”项目20个，总投资12.4亿元。规模以下企业产值增速4.4%。现有规模以上企业183家，亿元企业63家，20亿元企业2家，50亿元企业1家。工业性投入34.6亿元，其中设备投入17.7亿元，技改立项25项。“机器换人”项目20个，总投资12.4亿元。新增高新企业浙江金拓、世明光学、永天机电3家，省级研发中心中坚集团、哈尔斯公司2家，省创新型企业弘盛1家。中信“恩腾”获2013年度德国红点奖、2013中国设计红星奖，浙江飞神获省知名商号，南龙“乐太”获浙江名牌。炊大王、超人通过“电商换市”销售额增长超50%。循环经济和质量强区示范创建已完成前期申报工作。

【转型升级】 完成技改立项25项，“机器换人”项目20个，总投资12.4亿元。浙江金拓、世明光学、永天机电等三家企业成功获评高新企业，中坚集团、哈尔斯公司分别获批省级高新技术研发中心，嘉禾工具、三锋实业、众泰控股获评为省专利示范企业，弘盛公司获评为省创新型企业。中信“恩腾”获2013年度德国红点奖、2013中国设计红星奖，浙江飞神获省知名商号，南龙“乐太”获浙江名牌。众泰T600单款产品实现年销售额48亿；浩天集团人均产值增加37.2%；哈尔斯公司通过电子商务拓展内销市场增长在30%，炊大王、超人通过“电商换市”销售额增长超50%。世明光学三年投入一亿元，与中科院上海分院、中科院上海技术物理所、国家863计划LED空间照明专家组等顶级专家全面开展科技合作，在LED智能特种照明各个领域都取得突破性的成果，建立国内领先的半导体照明研发、生产、销售基地，实现华丽转身，列入省“911”工程。超人集团被列为“两化融合”示范点。

【破“僵尸企业”】 受“两链”影响，开发区有“僵尸企业”13家，其中亿元企业2家，规模以上企业6家，直接影响工业产值4.7亿元。组织召开企业协调会议10余次,梳理劳资矛盾,解决资产纠纷,维护生产秩序和社会稳定。

【生产性服务业建设】 永康核电关联产业中央仓储物流供应中心(简称宏伟供应链)项目已完成用地规划、方案设计、地质勘探等工作,10月开始土石方工程建设,11月1#、2#、3#厂房正式开工。永康国际物流中心(无水港)已与宁波港国际物流中心签订开发协议,2015年正式实施。省“411”项目永康市现代汽车装备城建设,完成方案调整和审批。

【重点项目百日攻坚】 清醒认识“弱增长、软发展”的不良态势,理清重点项目建设开工难、进展慢、见效迟的问题,注重把握好组织力度、监管硬度、推进深度三个度,引导企业苦干巧干、精准发力、快出效益,完成6个重点项目“开工百分百”任务。其中道明光学公司功能性薄膜生产线建设项目已超额完成年度投资任务,年产值可达到14.8亿元。

【空间换地突破土地资源制约】 王力能诚集团建成现代化高效立体厂房,成为走内涵挖潜、节约集约用地先进,获得省委、省政府主要领导的肯定。厂房占地面积6.666万平方米,建筑面积达到13.66万平方米,四层新厂房每一层都可摆放重型设备,坡道按照“U形”流程结构设计,车辆可以直通大楼顶层。我们以此为契机,大力推广王力模式,2014年推动企业旧厂房扩能改造17家30000平方米。

【项目开发建设】 全年续建6项,新建11项,完成苏溪河道防洪堤(一期,二期)、八号桥及接线附属、西区绿化亮化、苏溪东路和苏溪污水管道工程;中心幼儿园、东吴路延伸段、酥溪西路、八号桥西段界限、安息堂工程顺利推进。完成东永一线改造工程荆山夏段管道、路基铺设和铁岭路、金山路、科源路中央绿化45762平方米。四期西区酥溪沿江公园绿化景观和东永二线–铁岭路绿化工程进入施工阶段。实施污水提升泵站扩能改造工程,完成朱明溪工程初步设计,280500平方米新增道路移交市政管理。雅应变低压线、方壶线(雅应段)等电力改造工程,长城北地块、东吴路DN200等供水工程也在有序实施。累计出让土地共18宗36.5万平方米,其中工业9宗16.2万平方米,商住7宗19.4万平方米,划拨2宗0.9万平方米。完成农转用项目报批5个15.2万平方米,完成农村集体留用地转商住控规编制13个村。完成苏溪妙山地块林地、2008年和2009年遗留水域材料报批,清理2005年前已转未批情况并划拨供地。交付项目图纸设计15个,审查项目用地红线图和规划设计条件图57个,完成测绘放样50余项,核发建设用地、工程、施工三类许可证69本,施工许可证验收意见书33本,办理土地处罚项目4项。严格落实“二个办法”,组织工程招投标30次,其中涉农项目招投标金额3800万元。

【“绿色家园、富丽村庄”建设】 结合创“无违建区”,整村推进、重点清理、拆建结合,“三改一拆”累计拆除违法建筑254宗73217平方米,完成全年任务146%,其中拆除涉水违建43宗27449平方米,农畜养殖违建36宗7315平方米,宗教违建6宗。新发“两违”11宗2600平方米全部拆除。开展东永一线、九鼎路等主要路段“六乱”整治。完成各类农房批基798户、定桩放样806户。排查危旧房屋867幢(处)22万余平方米,发现隐患823幢(处)13余万平方米。完成农村宅基地确权登记6个村,收集沙端、郑村、山头徐等村地籍登记资料213份,地籍登记180宗。全区土地流转1800亩,流转率80%以上。完成审计署部署的开发区土地出让金审计和反馈。整治铸造企业34家,关停6家,重组3家,提升8家,其余年内全部关停。关停落后产能企业12家,规划报批厂房改造14家,企业用地核对188家。梳理僵尸企业13家,其中亿元企业2家,规模以上企业4家,直接影响工业产值4.7亿元,整合达利杯业、万鑫工贸等4家僵尸企业用地面积10.9万平方米。处置低效用地18家,完成低效厂房改造3万平方米;关停低小散污染企业53家,累计拆除违章厂房面积6.3万平方米。盘活土地15万平方米,消化批而未供土地11.8万平方米。

【组织建设】 深入开展“三严三实”党课教育,抓好周一学习夜,干部轮值讲学等常规工作,落实网格员制度,重点抓好消防、安全、创卫工作。建立完善依法行政良性互动网络,建立完善法制工作机构,建立健全科学民主决策机制。积极开展“第二次清剿火患”及“今冬明春”消防专项行动。全面排查各类矛盾纠纷和苗头隐患59起,化解59起;排查安全隐患54起,消除52起。开展消防专项行动,检查企业1578家、场所175家、出租房519户1560多家,发现“三合一”企业15家、私拉乱接电线23家等,处置问题78起。经常性、网格化开展安全生产大检查,检查企业355家,整治涉粉企业23家,关停3家,培训325人,创建国家安全生产三级标准化72家。受理市信访局批转信访件120件。积极做好信访稳控工作,维护社会平安稳定。其中初信初访56件、行风热线20件、金华(8890)10件已办结;中央巡视组第一、第二批16件(第三批23件系重复访,于11月交办)已办结反馈,但存在息访难度;金华省督导组批转5件、永康省督导组批转13件正在办理,信访抬头明显。受理工资投诉378件,调处285件351万元;受理工伤投诉182起,调解113起339万元,劳动保障工作难度增长。计生工作难中有进:计生率为80.97%,多孩违法生育发生率1.51%;性别比100:125,其中二孩性别比100:131;开展第二次三查3116人,三查率96.02%;第一次二孩全过程管理率92.11%;应征社会抚养费8260500元,已征社会抚养费7820500元,兑现率94.67%。

(胡龙江)

浦江经济开发区

【经济指标运行平稳】 全区共完成工业生产总值254.04亿元,同比增长8.28%,完成年度目标的101.2%,其中规模以上企业完成工业生产总值228.83亿元,同比增长8%,完成年度目标的100%;完成工业增加值52.23亿元,同比增长0.3%,完成年度目标的100%;完成出口交货值95.6亿元,同比增长12.38%,完成年度目标的100.6%;完成自营出口5.3亿美元,同比增长2%,完成年度目标的86.78%;完成工业投入38.2亿元,完成年度目标的103%。

【招商引资】 开发区实际利用外资1180.57万美元,完成年度目标的107.32%;累计引进内资12.2亿元,完成年度目标的106.2%;引进“浙商回归”资金5.38亿元,完成年度目标的100.8%。新签约“国家千人计划”高科技项目“年产160吨多肽复合物生产线项目”,总投资4.6亿元,产品技术水平填补国内空白,达到国际领先水平。预计在未来3~4年内,实现销售近3亿元,新增就业人员120人。

【教育实践活动】 开发区共有100余个非公企业党支部、900余名党员参与路教活动。坚持“周一夜学”制度,成立4个调研组,累计下基层和一线调研30余次,与600余名企业职工进行座谈,发放征求意见表2000余份,收集意见建议290条。管委会领导班子召开专题民主生活会,查摆出领导班子“四风”上存在的4个方面、14个问题,并有针对性地制定14项整改措施,每项整改任务都明确责任领导、责任人和完成时限。积极建章立制,新建3项,修订完善8项,建立健全长效机制6项,用制度固化教育实践成果。各非公企业党组织按照开发区党工委统一部署,坚持边查边改与专项整治同步推进,完成各环节工作。通过开展教育实践活动,进一步提高思想认识,认清“四风”的危害,切实转变工作作风,密切党群干群关系,取得实实在在的成效。同时,在路教活动中,开发区党工委、管委会还组织评选和表彰10名来自企业一线的“最美开发区人”。

【项目建设】 全面推进17个重点技改项目落地建设。17个千万元以上技改项目中航天神舟、风行鞋业(二期)、三思光电、伯虎链条、鼎力达(一期)等5个项目已投产,鼎力达(二期)已完成主体工程,亚特新材料、正丰电器、冠益工贸、源捷化纤、中能博瑞、喜乐居、亚华水钻、亿通新材料、凡库工贸、龙隆纺织、百丽工艺等11个项目正在施工中,伊杰生物已进入前期准备阶段。大力推进双百亿工业项目落地建设。16个“双百亿”投资项目中,心艺袜业、信源信工艺、风行鞋业、三思光电、航天神舟、恒泰科技等6个项目已投产,科技创业园、鼎力达等2个项目已完成主体工程,亚星纤维、亿通新材料、正丰电器、亚华水钻、冠益工贸、中能博瑞、源捷化纤等7个项目正在施工中,众毅新能源项目已实施收储。推进7个重点建设项目建设。7个县重点建设项目中,科技创业园项目1#-4#厂房、科研大楼和食堂均已完工,已完成道路硬化等辅助工程量的60%。航天神舟已完成一期厂房建设,部分设备已采购并投入生产。鼎力达工贸一期12000平方米厂房已投入生产,二期厂房12000平方米主体工程已结顶,新增机械设备已经进场,进入调试阶段。三思光电厂区中央空调管道正在安装,室外雨水管道和路面基本完成施工,部分设备已运抵车间待安装。正丰电器3幢厂房基础部分开始施工,但受中干渠改造规划设计变更后的施工影响,已暂停基础桩基施工。冠益工贸已完成1幢厂房8000平方米的建设。亚特新材料已开工建设,已完成与正丰电器分界围墙的施工,平基工程正在施工中。

【优化发展平台】 二期区块300余亩土地征用工作已启动,已完成五善塘区块一期的土地(100亩)农转用报批工作,二期区块道路配套工程已完成平面总图、地形图等基础资料的汇总工作。开发区投资582万元的大许区块一期道路配套工程已完工,投资360万元的大许区块二期道路配套工程已基本完成稳定层建设;投资1400余万元的界山区块中干渠改建工程项目已累计完成安装混凝土管道800余米,开挖土石方5万立方米。充分利用相关政策,对符合相关规定的企业尽早、尽快地进行依法流转,盘活土地资源。完成土地流转12宗,共计397.4亩土地,切实提高土地的综合利用率。

【提升服务水平】 开发区组织走访216家规模以上企业,收集意见建议和难题290条,交办106条,已经解决56条。将原先的46名网格员增加到50名。现全区以片区为单位,共划分为8个片区,50个网格,并制定《开发区服务企业网格化管理考核责任制》,明确网格员的工作职责。积极指导企业开展安全生产标准化创建和安全培训。制定具体实施方案,全面组织年产值500万以上的企业开展安全生产标准化创建,完成62家企业的创建签约辅导工作。同时,开发区积极组织企业参与安全培训。1-10月份,开发区共组织552名企业负责人、安全员和消防安全负责人参加安全知识培训班,组织52家企业3500余人开展消防安全演练,指导牧童集团等4家企业建立消防志愿者服务队,并配备相关消防设施器材。深入开展"四位一体"排查整治。通过企业自查、网格员检查、协管员巡查、领导抽查等四级检查体系,全面开展大排查大整治,规范提升企业安全生产管理水平。认真落实企业自查责任,督促1300余家企业严格对照安全生产规范开展自查,企业层面自查自纠一般隐患3325处;严格落实网格员检查责任,组织网格员开展安全隐患大排查,重点围绕"可燃爆粉尘"企业、"三合一"企业、"液氨制冷"等重点安全监管企业开展专项整治,出动检查321人次,督促企业整改一般隐患1266处;加强协管员巡查。建立协管员联系网格片制度,每名协管员分别联系1至2个网格片,针对215家规模以上企业和消防重点企业,建立一企一档资料,实施分类分等级管理;认真开展领导检查日制度,按照安全生产"一岗双责"要求,建立领导驻点重点企业制度,每月带头检查,有效督促重点企业隐患整改103处。在企业自查自纠和全面摸底的基础上,以涉及可燃爆粉尘企业整治为突破口,重点做好"三个抓":一抓粉尘企业整治。全面排查纤维粉尘企业9家,关停4家,限期整改5家,会同上级部门检查其他粉尘企业11家,断电停产整改2家。二抓节前安全大检查。会同公安机关在中秋国庆期间开展检查8次,断电停产整改企业17家。三抓"五水共治"工作和"三改一拆"工作。对占用消防通道和紧急疏散通道的23家企业采取断电停产整改措施。

【调处劳资纠纷】 劳动保障科总共受理并解决41起劳资纠纷,接访100余人次,劳资纠纷处理率达到100%。参与浙江天听纸业有限公司和浙江省浦江金雁工艺品有限公司劳动关系信访协调各1次,成功调解成祥水晶一名职工意外猝死善后处理工作,成功化解海瑞机械职工因工资纠纷自燃一事善后处理工作。积极做好大山、艺力、江南红等困难企业的民工支付及维稳工作。认真开展劳动用工情况例行检查、企业劳动合同和社会保险专项检查,全力打造无欠薪开发区,配合县劳动局开展16家企业劳动用工和谐企业建设。

【"五水共治"工作】 开发区制订"五水共治"工作的"二图一表一对策"(即作战图、企业排污口明细图、责任表、一河一策文本),从工程建设、专项整治等方面着手深入实施"五水共治"工作。总投资680万元的黄龙溪、中埂溪开发区段劣Ⅴ类支流整治工程在4月底已基本完工,工程累计封堵排污口85个,新增倒虹吸节点3个,铺设污水管网1800米,清理河道2900米,沿岸37家落地企业完成雨污分流改造。黄龙溪、中埂溪6、7月份通过"清三河"验收。中埂溪、黄龙溪开发区段水质分别达到Ⅳ类、Ⅴ类,均已消灭劣Ⅴ类。同时,进一步加强对区内水晶加工及重点排污企业的监管力度,对区内123家水晶企业实行"自查互保"制和举报奖励制,督促企业做好雨污分流,落实"五水共治"办和环保工作人员负责管理。累计开展阳光行动360次，零点行动87次，检查企业1894家次，出动人员2669人次，查处69家。移送公安机关处理18人次，刑拘6人，行政拘留12人。

【创建“无违建区”】 根据“三个一批”工作原则(即“拆除一批、补办一批、处罚一批”，对于占用消防通道、存在安全隐患的违章建筑一律拆除，加层建筑责成企业在规定时间内补办许可证，不影响安全又无法补办许可证的企业要依据相关法律法规实施处罚)，结合安全生产专项整治和企业实际分片落实开发区整治违法建筑行动实施方案，集中时间、精力，限2个月内做好该项工作。完成全区10.4万平方米影响消防安全、堵塞消防通道的违章建筑拆除工作，没有一处通过执法局强拆，工作做到家，实现“无违建区”创建目标。同时，加大对旧厂区改造的支持力度，推动企业更加节约、集约利用土地，在适度提高建筑密度和容积率的基础上新增生产物理空间，让企业在原有的厂区范围内通过改建、扩建、新建，使土地发挥更好的产出。完成三思光电、宏盛工艺等企业旧厂房改造面积14.3万平方米。

【环境卫生整治】 一是建立清扫保洁队。开发区出资220万元，建立一支74人的清扫保洁队伍，负责全区112万平方米道路清扫保洁工作。二是全面开展环境卫生整治活动。开发区全体工作人员分8个片、50个网格，对395家落地企业周边、公共地段进行全方位、全覆盖的监督检查，累计投入资金约200万元，进行道路人行道绿化、硬化，清运各类杂草和垃圾5000多吨。同时，8月份推行“环境卫生日”制度，将每月最后一周的星期五确定为全区“环境卫生日”，要求机关干部、各企业及沿街商户，积极参与园区道路环境卫生、公共场所日常清扫保洁和生活垃圾清理转运等长效管理。该项制度推行以来，全区共有671家企业8560名职工积极参与该项活动，企业认领保洁责任区12000多平方米。三是全面实施人行道“三化”工程(即硬化、绿化、美化)。开发区对平七路、前方大道、宏业大道等人行道、绿化带进行设施改造，人行道硬化面积新增1.5万余平方米，绿化带绿化面积新增3万余平方米，全区人行道硬化面积达到20万平方米、绿化面积达到15万平方米，彻底改变区内环境卫生脏、乱、差现象。

【“四破”专项整治试点】 通过调查摸底，在全区395家落地企业中，亩均税收在3万元以上的企业有283家，占总数的71.64%；亩均税收在1~3万元的企业有93家，占总数的23.54%；亩均税收在1万元以下的企业为19家，占总数的4.82%，其中税收为零的企业有4家。根据企业情况制定不同的破解措施，实施分类处理。累计破解僵尸企业10家，破解围墙圈地10宗共计273.58亩，最大的难题——众毅新能源已正式签订收储合同，即将挂牌出让，重新启动建设。将继续破解僵尸企业和围墙圈地两个整治重点，挖掘低效用地倒逼企业转型升级，并着手总结成功经验，探索“亩产论英雄”核心的评价体系和资源要素市场化配置的长效机制。

（张　玲）

武义经济开发区

【概述】 武义经济开发区(白洋街道)位于武义县城东北部，东连茭道镇，南接泉溪镇、熟溪街道，西邻壶山街道、履坦镇，北靠金华市金东区。2001年9月行政区域调整，原浙江省武义经济开发区管委和白洋街道办事处实行两块牌子一套班子合署办公。2009年5月，武义县委将浙江省武义经济开发区管委会与白洋街道办事处合并，成立武义开发区(白洋街道)党工委。武义开发区(白洋街道)下辖4个社区、49个建制村、3个经济合作社。区域面积89.2平方千米，总人口40708人，其中：非农人口11330人，另有流动人口46007人。入区企业584家，其中规模以上企业154家，已成为五金机械、文旅休闲、汽摩配件三大行业集群区，工业经济总量已占武义全县的三分之一以上，是武义工业经济发展的桥头堡。2014年，开发区实现工业总产值193.9亿元，同比增长6%，其中规模以上工业增加值27.4亿元，同比增长4.4%；总产值超亿元企业53家；实现工业增加值30.7亿元，同比增长6.1%；固定资产投资28.71亿元，同比增长26.8%；税收收入7.48亿元，同比增长15.0%，纳税超千万元企业9家，纳税百万元以上企业145家；实际利用外资371万美元，实际引进内资7.28亿元，完成浙商回归3.61亿元。全区开工率98.27%，投产率96.54%，投资率为

173.26万元/亩,产出率186.66万元/亩,贡献率7.12万元/亩。2014年,开发区(白洋街道)村集体经济收入达百万元以上的村19个,其中200万以上的村11个,超过600万的村1个。农民年人均纯收入8577元。

【有效投资扩大】 全年在建项目15个,其中已建成投产7个。实现固定资产投资28.71亿元,同比增长26.8%,其中工业投资23.94亿元,同比增长16.2%;企业技改投资19.76亿元,同比增长20.4%,福多纳、科泰安、金利马等3家企业的技改项目获得武义县科学技术奖。

【四换三名】 实施"四换三名",提升经济发展后劲。53家企业实施"机器换人",总投资约4.7亿元,其中37家为市级"机器换人"试点企业,7家为市级示范企业;引进电商30余家,利用旧厂房及办公楼发展电子商务集聚区企业3家,开展传统企业"电商换市"20余家,其中有2家的销售超千万元;累计改造旧厂区15.74万平方米,有效地缓解用地紧张状况;流转工业用地7宗,54574.3万平方米,全部重新安排了新项目。全年新增浙江省名牌2只,浙江省出口名牌2只,金华市注明商标3只,金华市名牌2只;1家企业获县级政府质量奖,2家企业获县科学技术奖,1名企业家获得名企业家称号。

【低效企业发展加快】 着力规范、完善低效企业、小微企业监测制度和一对一帮扶制度,落实税收减负,力促小微企业发展。全年,43家低效企业实现销售收入21927万元,同比增长27.8%,税收收入1993万元,同比增长95.1%,其中23家企业列入规模以上企业。

【推进"五水共治"】 以治污水为重点,强力推进"五水共治"。落实河长制、建立环保巡查员队伍等措施,以武义江及支流小白溪整治为重点,"一河一策"开展河道治理。55条河道全部通过县五水共治办"垃圾河"治理验收。加快企业排污口规范化建设,推进企业环保设施的更新、改造和提升,努力实现"零排放"。全年完成企业排污口规范化建设29个,封堵非法排污口22个。以治脏治乱为抓手,有力推进环境整治。

【"三改一拆"】 从控新、拆违两方面入手,分片包干、责任到人,切实开展三改一拆。全年,拆除违法建筑595宗,18.5万平方米,完成率205.79%,自拆率99.83%;旧住宅区改造1.42万平方米,完成率56.92%;旧厂区改造拆除面积16.54万平方米,完成率206.71%;完成县三改一拆交办的拆违任务336宗;完成10个村的无违建创建。

【建设美丽白洋】 以"洁化、绿化、美化"为目标,完善配套设施,强化日常管理,集中开展"美丽白洋"环境综合整治行动。建立党员公益劳动日机制,完善环境卫生管理长效机制,着力解决脏乱差问题。集中整治牛背金、叶棋、金畈、茭塘、王大路、石甲洞等马路市场。投资600余万元完成牛背金、牡丹路、荷花路等园区重点路段的绿化提档,新增绿地5万平方米。

【新农村建设】 结合"五水共治",切实推进美丽乡村建设。投入2240万开展后陈精品村建设,18个村实施农村生活污水管网建设,43个村完成"见缝插绿",新增绿地25万平方米。落实水稻种植4100亩,完成绿化造林390亩、松材线虫病清理210.7吨,完成中央小农水项目建设3个,防汛应急项目10个。

【建设重点项目】 2014年,共有县级以上重点项目征迁任务25项,政府性投资项目10个,重点在建工业项目16个。通过百日攻坚、"每周一汇报、每周一讨论、每周一会诊"机制,切实加快推进项目建设进度。至年底,金温铁路扩能改造等9个项目已经完成,44省道改建等4个项目进展顺利,畜禽养殖场整治等2项工作取得突破性进展,火车北站站前广场及站前大道等4个项目已经启动。茭塘地块政策处理等7个项目已经完成,汤村地块政策处理等4个项目取得突破性进展。9个重点在建工业项目已竣工投产,2家有历史遗留问题企业已完成政策处理(一龙铝业、宝福工贸)企业开工建设。

【规划先导绘制发展蓝图】 委托专业机构对开发区(白洋街道)发展战略规划、开发区(白洋街道)全域发展规划、村庄发展规划等进行整合修编。发展战略规划和全域发展规划方案已经拿出方案,36个村的发展规划已经基本完成,其中16个村已经通过论证。

【社会事业发展】 计划生育难中求进。深化计生对象情况排摸核实建档,强化亲情随访和全过程管理，落实动态追踪管理，开展计划生育集中整治。全年计生率为 91.24%。社会管理扎实有效。完成移民村项目建设 3 个、农村养老服务照料中心建设 9 个，落实安居工程 5 户。调整低保边缘户 180 户，落实困难残疾人及残疾人子女资助 105 人；完成新型农村合作医疗保险参保 28883 人、城乡居民养老保险 80 人；创新举措加强流动人口管理，其中金畈村网格化管理模式和企业流动人口网络申报机制得到县相关部门的肯定。

【调节矛盾纠纷】 坚持重大矛盾纠纷一月一排查一报告制、重大矛盾纠纷挂牌督办制和信访案件领导报案制，较好地完成重点时期的安保任务和来信来访办理。调整安全生产网格，将园区划分为 27 块企业大网格，社区、行政村（经济合作社）划分 3 大网格，落实“一岗双职”，全面开展安全生产大排查大整治专项行动，累计排查各类生产经营单位 2562 家，发现安全隐患 915 处，全部整改到位。积极应对企业“两链”风险，编制完善《防范和处置企业拖欠工资应急预案》，全年共完成租赁企业备案 76 家，调处一般劳资纠纷 102 起，追回民工工资 56 万元；调处工伤事故 16 起，为民工追回工伤赔偿 49 万元；调处群体性劳资纠纷 31 起，追回民工工资 1560 万元。

【基层党建工作】 以开展教育实践活动为抓手，落实为民服务。通过强化学习教育、广泛走亲连心、深入谈心谈话、梯次召开民主生活会等措施，解决好“为民服务最后一公里”问题。在活动中，共走访农户 9581 户，578 家企业每月走访一次，征集群众意见建议 1186 条次；收集干部作风问题、群众诉求、具体任务、信访问题 167 项，列出群众诉求等 4 张整改清单，分解责任销号管理，146 项已整改到位，其中群众反映较强烈的办事往返跑路、绿化档次不高、环境脏乱差等问题已基本整改到位。以发挥党员先锋模范作用为中心，夯实党建基础。开展党员五星评定，确定每月 15 日为党员义务劳动日，全面落实“党员干部责任区”“党员志愿者服务”“周三服务日”“万名党员访万户”“共产党员示范岗”等，引导党员在中心工作和难点工作中发挥先锋模范作用。加强村党组织书记、村委会主任培训，建立基层党建例会制度，促进村级组织有效运行。建立两新工委委员联系点制度，落实一对一指导，夯实两新党建基础。以激发内部活力为主线，抓实队伍建设。进一步完善集体领导分工负责制，重大问题集中讨论、集体决策，形成工作合力。完善班子成员“五联系”制度，进一步密切联系群众。完善班子调研学习制度，提升“掌舵”能力。全面实行“竞争上岗、双向选择”的机制，优化干部的组合，完善干部绩效考核机制，奖优罚劣，提升工作效率。建立村干部重点工作单项考核制度，健全常态化、立体化、全过程的村干部考核评价机制，定期公示各村实绩，营造干事创业氛围。

（谢　赟）

金磐扶贫经济开发区

【概述】 全区实现规模以上工业总产值 19.86 亿元；国地税合计入库 2.36 亿元，同比增长 17.22%，超额完成年度考核指标。其中国税入库 12859 万元，同比增长 15.3%，地税入库 10777 万元，同比增长 19.85%。各项指标继续保持稳定增长态势。

【招商引资】 按照“招大商、招好商”的工作要求，全力开展“楼宇招商”“零地招商”，通过搭建平台、增加投入，实施平台招商、产业链招商，同时，积极实施“走出去”战略，由主要领导亲自带队，分别到深圳、上海、杭州、宁波开展卓有成效的招商活动，招商引资工作取得明显成效。全年新入园工业企业 10 家，同比增长 42%；引进内资 2.55 亿元，同比增长 31%，完成年度考核指标的 160%；浙商回归资金 13168 万元。

【基础设施建设】 实施新区截污纳管工程，通过与市规划、国土、建设、环保及市开发区管委会、婺城新城区等部门进行沟通协调，基本确定管线走向方案、施工图设计和项目立项。此外，对新区河道淤泥、杂草进行全面清理。对老区路灯进行提升改造，并对人行道树进行修剪；新区铺设人行道彩砖 1 万平方米，同时对新区文溪河道两岸以及所有道路的绿化、路牌等进行景观改造提升。新区景观改造提升、路灯安装和铺设人行道彩砖工程已经完工。完成新区综合服务中心建设，正在进行装饰，招商引资工作同步开展。

【"四破"专项行动】 处置闲置低效用地83亩,超额完成全年考核指标,全区利用闲置土地建成厂房面积超过3万平方米,引进工业项目5个。正在建设的厂房面积约4万平方米,进展顺利。大部分低效用地企业的亩产税收、产值都有较大幅度的提升,亩均税收由13万元提高到15万元。

【扩容提升工程】 三期土地填方取得进展,在前期工作的基础上,继续积极与市开发区、秋滨街道、吕塘下村等沟通协调,得到各方理解和支持。征地差价补偿政策等达成共识,补偿款也已到位。同时,确立推进填方的工作方案,9月份进行土地填方投标,10月份进行部分清表。"退二进三"工作取得突破。老区永兴工具公司24亩土地的收储及用地性质变更工作完成。普洛康裕公司58亩土地完成收储。帮助春光橡塑软管公司协调办理房产证等事宜,新厂房已投入使用。天下实业公司新厂区于年初投入使用,销售产值、税收均增长20%以上;迅捷彩印包装公司新建厂房完工;迈高链条公司新建厂房顺利结顶;鹏孚隆公司研发中心技改项目通过环保审批,前期工作进展顺利。

【企业人才建设】 浙江普洛康裕天然药物有限公司的周志国博士入选2014年浙江省引进海外高层次人才"千人计划",金华市春光橡塑软管有限公司的徐用军博士入选2014年金华市"双龙计划"创业创新人才;浙江益纸淀粉有限公司郑明理荣获磐安县第九批拔尖人才称号,6家企业8名技术人才分别获得县科技研发应用类、企业技工类、企业经营管理类创业创新人才称号;2家企业2名技术人才获得县"234人才工程"第一批培养人员;2家企业7名技能人才获得高级工、技师等政府津贴;浙江恒泰皇冠园林工具有限公司完成全县首家由县人社局指导监督、企业自主开展的职业技能鉴定工作,公司8名技能人才通过考核评定获得国家认可的高级工、中级工资质证书。

(陈　璐)

磐安工业园区

【概述】 磐安工业园区第一期开发面积3.6平方公里已形成"七横八纵"道路主框架。累计完成协议总投资23.5亿元,固定资产总投资20.4亿元,共引进入园企业132家、投产企业118家,投资亿元以上企业5家,税收超千万企业2家、国家高新技术企业4家,基本形成"塑料制品、汽摩配制造、轻工产品"三大主导产业。2014年进入全县纳税二十强工业企业3家,全县纳税百强企业10家、纳税30万元以上企业74家。依托尖山镇省级中心镇开发步伐,磐安工业园区已成为磐安台地三镇三乡的主要人口集聚区、商贸集聚区,现有在册工商个体户2452户,常住人口2万,行政、教育、金融、物流、电商、消防、居住、购物、休闲等配备日益完善。主要经济指标保持15%以上的增长,全年完成工业总产值30亿元,其中规模以上企业工业总产值11.11亿元,同比增长10.97%;完成国地税收入10149.06万元,同比增长25.86%(其中完成地税收入4125.86万元,同比增长6.82%);签约投资3000万以上项目5个,其中亿元项目2个;引进磐商回归资金1.9亿元;完成区块基础设施投入0.6亿元;引进内资3.07亿元,完成固定资产投资6.21亿元;完成"个转企"10家、"小升规"4家。

【拓宽招商引资渠道】 招商引资作为一号工程,主要领导带队招商14次,全年组织到温州、宁波、台州、东阳、义乌等地招商120多人次,走访企业50多家,谈成意向项目20多个。面对较为困难的招商形势,园区努力探索招商引资新途径取得明显成效。全年共签约投资3000万以上工业项目5个(其中投资亿元项目2个),引进专业物流公司1家,影视文化项目2个。创建磐安工业园区电子商务集聚区,入驻电商28家,开展4期电商培训,80余人次。

【平台拓展取得实效】 2014年工业平台建设的重点是二期区块开发。该区块基本完成1000余亩土地征收工作、完成土地平整650亩,建设框架基本形成;连接一期区块的里光洋防洪堤、卧龙桥、平安桥、三州路、大兴路、同心街、平安路等二期主干道基本完成;自来水管网、排污管网埋设、供电、广电等管网部分完成;该区块已安排入园企业5家,其中投资亿元企业2家。

【推进"五水共治"】 为积极响应全县"五水共治"工作,年初园区与各企业签订"五水共治"工作协议书,并发动企业主捐款283万元支持全县"五水共治”工作;列入全县“五水共治”重点推进项目的尖山污水处理厂人工湿地、尖山污水处理四号泵站及2千米管网工程已完成;共实施企业雨污管网分流22家、企业环评验收39家;同时对环保部门专项执法过程中要求企业整改的内容及时进行督促,对有污染企业做到及时处置,于2014年4月、6月关停2家水污染企业。

【推进重点项目】 园区开展“十大重点工作、十大重点项目、十大重点难题”破难攻坚行动,涉及园区政策处理、环保整治、经济发展、平台建设、扩容提升等方面的30个项目难题得到有效解决,有力推进各项工作开展。在入园项目建设上,通过狠抓低效和闲置工业用地、工业用地绩效评价等举措,做好入园项目跟踪服务工作,全年共计11家企业完成续建或新建并已通过竣工验收。

【企业技改取得成效】 全年申报国家火炬计划1项,省研发中心2家,市研发中心2家,省科技型中小企业2家,市高新技术企业2家,县科技计划项目4项都已获批;17家省市重点技改项目(其中省级8家)已完成入库及申报工作;完成列入全县五个十大技改项目2个(巨久轮毂和名仕化妆品);园区企业通过产学研合作进一步推动技改,山耐斯气动液压(磐安)有限公司开设立上海理工大学研究生工作站;名仕化妆品与舟山旭光设备研发中心合作,成功开发出新型推模式自动灌装机,使劳动生产率提高近225%;安达碳基有限公司的博士后工作站也正在对接中。

【搭建园企交流平台】 建立园区的微信公众号和官方微博,第一时间向企业职工发布园区动态;通过举办园区首届职工运动会、磐安县第四届职工技能比武大赛、企业安全生产知识竞赛、多期电子商务培训班等活动,丰富企业职工的业余文化生活,营造创优争先的良好工作氛围。

(陈华羚)

政治建设

中国共产党金华市委员会

综　述

【概述】 2014年,面对复杂多变的宏观形势,全市上下认真学习贯彻习近平总书记系列重要讲话精神,全面贯彻落实中央和省委各项决策部署,深入开展党的群众路线教育实践活动,扎实推进“八项行动”,正风提效促赶超,“两富”“两美”金华建设迈出新步伐、取得新进展。全年全市实现生产总值3206.6亿元,同比增长8.3%;地方财政收入268.9亿元,增长10.9%;固定资产投资1594.8亿元,增长16.9%;社会消费品零售总额1592.7亿元,增长13.2%;外贸出口396.7亿元,增长22%;城乡居民人均收入分别达到39807元和18544元,增长9.4%和11.3%。在28项主要经济指标中,有23项指标增速高于全省平均水平,有11项指标增速居全省前三位,其中5项指标增速居全省第一位。

【深入开展党的群众路线教育实践活动】 根据中央和省委的部署要求,全市各级党组织紧紧围绕“正风提效促赶超、为民惠民谋发展”总载体,坚持主题不变、镜头不换,梯次展开、压茬推进,高标准高质量开展教育实践活动。从加强理想信念教育入手,认真学习贯彻习近平总书记系列重要讲话精神,以焦裕禄、陈双田、杨东海等先进人物为“镜子”,扎实开展“三思四问”“坚定理想信念、敢于克难担当”“守规矩”主题教育,进一步坚定中国特色社会主义道路自信、理论自信、制度自信,拧紧“总开关”,补足精神上的“钙”。扭住“四风”问题不松劲,市委常委会坚持“六个带头”,从严执行中央八项规定、省委28条办法和六项禁令、市委25条意见,大力实施“正风提效”行动,持续推进“六项集中行动”和“十项整治”,强化明察暗访,严肃问责问效,坚决整治“酒局”“牌局”和“会所中的歪风”,办公用房清理全面完成,“三公”经费大幅下降,解决了一些群众反映突出的问题,刹住了许多人认为“不可能刹住”的歪风。全市共查处“四风”问题1487起,媒体曝光173起,查处违规违纪人员916人。更加密切联系群众,市领导带头开展“四个走遍”、普通一员民情体验,参加市民问政、八婺问水、正风问效等栏目接受群众质询;广大党员干部按照“走村不漏户、户户见干部”要求,开展三轮走亲连心活动,帮助基层解决各类问题5.2万余个。省委督导组重点督办的7个难题,5个整改到位,2个取得阶段性成效。严格规范党内生活,召开高质量的民主生活会,恢复和发扬批评和自我批评优良传统,查摆问题深挖根源,谈心交心敞开心扉,相互批评触及痛处,达到红脸、出汗、加油、鼓劲的作用。推行“三步整改法”,全力促活动出成效,市四套班子232项整改事项已完成201项,县(市、区)和市直部门领导班子3111项整改事项已完成2497项。活动结束后,市委向各县(市、区)派驻综合督导组,实行常态化巡查,巩固拓展教育实践活动成果。

【全力打好转型升级组合拳】 坚持稳中求进,大力实施“产业升级”行动,全力以赴稳增长、防风险、调结构、促转型。全面推进“五水共治”,垃圾河基本消灭,黑臭河明显减少,出境断面水质全部达标,以治促转成效明显,全省现场会在金华市召开,省委书记夏宝龙批示“推广金华做法”,浦江县成为全省首批“清三河”达标县。深入推进“三改一拆”,

组织开展每月十大重点违建拆除、涉及宗教违法建筑专项整治、高速公路和国省道沿线非法广告牌全面拆除行动，扎实推进"无违建"创建。扎实推进扩大投资，部署开展扩大有效投资十大专项行动，省"411"和省、市重点项目超额完成投资计划，实际到位内资303.9亿元、利用外资1.58亿美元，引进投资10亿元以上项目14个，其中50亿元以上项目2个。积极推进"四换三名"，实施"机器换人"项目285个，列入省重点技改项目270个；新增"个转企"3117家，9家企业入选中国民营企业500强，3家企业入选省首批"三名"培育试点，花园生物、9158分别在深交所创业板和香港上市；新增网络经济企业1.28万家，电子商务交易额突破2000亿元，网络零售额达到871亿元，增长41.5%。强力推进"四破攻坚"，制定出台工业企业亩产效益考核、土地供应差别化管理、低效用地再开发等系列政策，全市共处置僵尸型、圈地型和低效用地企业1132家，收回土地6050亩、盘活1.25万亩，消化批而未供土地1.92万亩。大力推进创新驱动，创建北大信息科技园，新认定国家级高新技术企业65家，高新技术产业增加值占工业增加值比重30.3%；深入实施"双龙计划"，申报"国千"44人，入选"省千"15人。

【扎实抓好全面深化改革工作】 认真落实市委六届六次、七次全会《决定》精神，大力实施"改革创新"行动，全面深化改革扎实开局，33项年度重点改革项目基本完成。紧抓经济体制改革，义乌国际贸易综合改革试点第二个三年实施计划启动，"市场采购"贸易方式正式落地，保税物流中心、航空口岸先后获批并投入运行，"义新欧"班列开通，个人跨境贸易人民币结算试点扩大至全市范围。国家现代服务业综合试点落户金华，首期3亿元补助资金到位，首批83个、总投资494亿元项目有序推进。低丘缓坡综合开发利用试点土地报批基本完成，实施征地5.1万亩，平整土地2.73万亩。出台深化工商注册便利化改革十七条举措，新增市场主体10万多户。紧抓党政机构改革，市直纪检监察派驻机构改革率先推进，整合组建市场监管局、市卫生计生委。"四张清单一张网"初步建成运行，市直部门行政权力"瘦身"54.4%，下放审批权限204项，投资项目审批时限控制在百日以内。紧抓惠民制度改革，教育、文化、卫生体制改革继续深化，农村居家养老模式全面推广。农村"三权"制度改革加快推进，义乌获批国家新型城镇化和农村改革试验区试点，武义开展户籍制度改革试点。

【加快推进都市区建设】 大力实施"群城共建"和"美丽金华"行动，编制完成金华—义乌都市区规划纲要。坚持交通先行，杭长高铁开通，金丽温扩能改造完成拆迁，杭金衢高速拓宽改造动工，东永高速主体工程完成，市区首条BRT线路开工建设，轻轨项目列入省都市圈城际铁路近期建设规划，衢江金华段航运开发获省补资金20.2亿元。打造战略支点，金义都市新区与金华新兴产业集聚区全面整合，地上地下配套设施整体推进，金义电子商务新城一期项目正式运行，跨境电子商务通关平台日通关量突破4万票，金义通信产业园、都市新社区等重点项目加快建设。创建精品城市，市区七大重点区块开发建设稳步推进，全省面积最大的二七区块棚户区改造启动实施，多湖中央商务区规划编制、重点项目建设步伐加快，金华高铁北站房和燕尾洲、五百滩公园投入使用，第二水厂、万佛塔旅游公园、垃圾填埋厂生态化处理项目开工建设，城市主干道改造和延伸工程加快推进，二环路全面贯通。治堵治气力度加大，新投放公共自行车1.2万辆，新增专用停车泊位2.8万个，黄标车淘汰和工程道路扬尘整治成效明显。建设美丽乡村，农业"两区"建设稳步推进，永康古山镇列入省级小城市培育试点，金东区锦林佛手文化园、寨春农业观光园等一批多功能农业基地建成运营，磐安县被评为中国茶文化之乡。农村垃圾分类减量化处理覆盖31个乡镇、993个村。完成江河堤防加固116公里，病险水库加固27座，山塘整治150座，兰江防洪堤应急工程建成使用。启动建设美丽乡村风景线12条，新增省历史文化重点村8个，"四边三化"成效明显。召开全市旅游发展大会，提出打造五大旅游品牌。

【切实保障和改善民生】 大力实施"实事惠民"行动，全面落实10个方面、48项民生实事，新增财力的76.8%用于民生事业。就业社保体系进一步完善，城镇登记失业率为2.77%，连续10年上调企业退休人员养老金，城乡居民社会养老保险参保率、医保参保率分别达到97%和98.8%，新开工保障性安居工程 2.3 万套、竣工 5327 套。公共服务水平不断提升,6 个县(市、区)顺利通过全国义务教育发展均衡县国家验收,公立医院体制改革和基层卫生“四改联动”深入推进,单独两孩政策落地实施,体育赛事和群众健身活动广泛开展。残联、红十字会、关心下一代等工作扎实有效,8890 便民服务深受群众欢迎。文化产业和文化事业繁荣发展,深入开展美丽非遗百村文化礼堂行和“欢乐金华”文化节等活动,新建农村文化礼堂 210 家,7 部作品获省 “五个一工程”奖,4 部作品入选省文化精品工程,4 个项目入选国家非遗名录;“世界木雕之都”花落东阳。

【加强和创新社会治理】 深化法治金华建设,大力实施“固本强基”行动,切实推进治理体系和治理能力现代化。民主政治建设稳步推进, 召开庆祝人大成立 60 周年、政协成立 65 周年纪念大会,举办武义后陈村务监督委员会成立 10 周年暨深化村务监督工作研讨会,人大代表联络站实现乡镇(街道)全覆盖, 出台进一步加强人民政协民主监督工作实施意见。积极组织民主党派、无党派、非公有制经济和宗教界人士参与全市中心工作,企业职工文化“八个有”建设特色鲜明,“护水哨兵”志愿服务项目获全国志愿者服务银奖,市妇联被授予全国“春蕾计划”先进单位。人防、侨务、对台和援疆援藏援青工作扎实有效,实现省级双拥模范城五连冠。意识形态工作全面加强,结合“中国梦”主题宣传教育,广泛开展“寻访最美人和事、践行核心价值观”“学习身边典型”和“节俭惜福”等活动,张文龙、羊耀周入选浙江骄傲人物候选名单。“金华发布”网络平台和“金华新闻”客户端正式上线运行,网络舆论监管得到加强。“平安金华”建设不断深化,全面落实社会稳定风险评估机制,健全矛盾纠纷预防化解综合机制,积极防范化解企业“两链”风险,开展安全生产“百日整治”专项行动,刑事发案率逐年下降,连续八年获省“平安市”称号,连续五年跻身全国最安全城市,婺城、金东、武义、磐安连续九年获“平安县”称号,捧回了平安银鼎。

【全面落实党建工作主体责任】 坚决落实从严治党主体责任,把党建工作和中心工作一起谋划、一起部署、一起考核,一心一意谋发展,聚精会神抓党建。坚持“书记抓、抓书记”,每年组织县(市、区)委书记履行基层党建责任制专项述职, 每季召开基层党建现场会、乡镇(街道)工作交流会,形成大抓基层的鲜明导向。继续深化基层党组织“五星争创”活动,对 283 个软弱涣散村级党组织进行集中整转,开展“侵害群众利益、增加基层负担、历史遗留问题、不守规矩”等专项整治,以及村(社区)机构牌子多、考核评比多、创建达标多专项清理。坚持选对人、管好人,大力推行干部一线培养锻炼法, 实施以实绩为导向的市管领导干部立体化考核评价机制, 选好配强各级党政领导班子,着力推进“狮子型”团队建设。开展“三超两乱”、领导干部违规兼职、“裸官”、干部档案专项整治, 出台调整不适宜担任现职领导干部实施细则、党政领导干部履职问责暂行办法、增强党员组织纪律意识六条规定,从严管理和监督干部。坚持严纪律、严查办,认真落实党风廉政建设党委主体责任和纪委监督责任,严明党的政治纪律和组织纪律,加强对中央、省委和市委重要决策部署落实情况监督检查。积极推进反腐败体制机制改革,把工作重心向办案一线倾斜,坚决查处违纪违法案件。全年全市纪检监察机关共立案 1489 件,党纪处分 1456 人,移送司法机关 103 人。

重要会议

【市委六届七次全会】 市委六届七次全体 (扩大)会议暨市政府六届八次全体会议于 7 月 14 日召开。会议深入学习贯彻党的十八大、十八届三中全会和习近平总书记系列重要讲话精神,认真落实省委十三届五次全会决策部署, 总结上半年工作,部署下半年任务,研究部署建设美丽金华、创造美好生活工作,审议通过《中共金华市委关于建设美丽金华创造美好生活的决定》。

市委书记徐加爱作报告。市委副书记、市长暨军民主持。市领导黄锦朝、郑金平、陶诚华、何杏仁、钟关华、毛善恩、徐建华、金中梁、张建明、李一飞、温暖、程友敏、林丹军、傅利常、张伟亚、邵国强、胡国强、祝伦根、孙荣燕、盛秋平在主席台就座。

会议指出, 发展仍是解决金华所有问题的关键。2014年以来,全市上下以开展党的群众路线教育实践活动为动力,认真实施“八项行动”,集中精力抓发展促转型，各项工作取得良好成效。从经济报表看，运行态势稳中向好，质量效益稳步提升；从生态报表看，环境整治组拳出击，城乡面貌明显改善；从民生报表看，财政投入力度加大，社会保持和谐稳定；从党建报表看，教育实践活动扎实开展，党风政风不断好转。

会议指出，当前宏观经济形势依然严峻复杂，全市经济下行压力仍然较大，但抓发展的信心不能动摇，抓转型的力度不能减弱，抓正风的导向不能偏离，全市上下必须积极应对、主动作为，决战三季度、冲刺四季度，确保全面完成年度目标任务，努力在更高起点上推进高质高效发展，为建设“两美”金华奠定良好基础。要增强“保稳促调”的定力，重中之重抓工业，克难攻坚抓投资，千方百计抓出口，多措并举防风险，组合出拳促转型，着力提升发展后劲；要增强“四化同步”的张力，认真实施都市区三年行动计划，推进“两化”融合、产城融合、城乡融合，着力发展都市区经济；要增强“深化改革”的动力，以经济体制改革为重点，从转变政府职能入手，把城乡一体化体制改革作为关键点，真正办成几件带动性强、惠及面广的改革事项，着力优化创业环境；要增强“实事惠民”的合力，加强信义金华建设，进一步保障和改善民生，促进社会和谐稳定，着力提升社会治理水平。

会议强调，建设美丽金华、创造美好生活，是“中国梦”和美丽中国、美丽浙江建设在金华的生动实践。“两美”是一种崭新境界，是“两富”现代化建设的继承和发展，我们必须坚定“绿水青山就是金山银山”的发展思路，把“两美”作为指导当前和今后发展的总纲，贯穿于经济社会发展全过程；“两美”是一个重大考题，既是问题导向，也是民心所向，我们必须不欠新账，多还旧账，算好总账，切实担当起历史责任；“两美”是一项系统工程，也是事关全局的战略选择，我们必须见事早、行动快，当标兵、争一流，抓基层、打基础，真正干在实处、走在前列；“两美”是一张美好蓝图，需要抓统筹、抓考核、抓共建，最终靠全社会共同行动来实现。

会议强调，“两美”蓝图已经绘就，全年目标已经明确，各级党政组织要深入持久地开展党的群众路线教育实践活动，提振精神去奋斗，改进作风抓落实。要绝对忠诚、纯洁党性去奋斗，强化“看齐”意识、“赶考”意识、“接力”意识，以“功成不必在我”的胸襟，发扬“钉钉子”精神，一任接着一任干、一张蓝图干到底，创造出经得起历史、实践和群众检验的业绩；要加强学习、提升能力去奋斗，努力克服“本领恐慌”，与时俱进学，围绕中心学，深入基层学，想管用的办法，出务实的招数，群策群力推进赶超发展；要敢于担当、扛起责任去奋斗，敢啃硬骨头，敢走创新路，追求高效率，以实绩论英雄，始终担负起属于自己的那份责任；要团结拼搏、汇聚力量去奋斗，用好团结的武器，凝聚团结的力量，夯实团结的基础，形成干事创业的强大合力；要廉洁从政、严守规矩去奋斗，深入开展“守规矩”专题教育，以身作则带起来，完善制度管起来，刚性执纪硬起来，对一切不正之风敢于亮剑，在各种诱惑面前经得起考验，切实做到干部清正、政府清廉、政治清明。

会议还就当前重点工作进行具体部署。一是集中精力抓经济。通过强化目标定位、创新意识、扶优扶强、平台集聚抓工业，通过破解征地拆迁、项目前期审批、要素保障、社会维稳等难题抓投资，通过项目招商、产业链招商、以商引商抓招商，通过加快“市场采购”贸易方式落地、大力发展跨境电子商务、尽早开展“一达通”业务抓出口，通过加强政银企合作、健全风险预警、分类帮扶协调抓风险防范。二是组合出拳优环境。突出项目建设推进“一年灭黑臭”治水攻坚战，突出转型升级推进环境专项整治，突出“两美”建设推进“五水共治”。三是克难攻坚促改革。加快推进“三张清单一张网”建设，深化行政审批制度改革，认真开展百日攻坚、走企连心、一线服务等活动。会议要求，全力抓好民生实事工作，全力做好防台抗旱准备工作。

【市委六届八次全会】 市委六届八次全体（扩大）会议暨市政府六届九次全体会议于12月29日召开。会议深入学习贯彻党的十八届四中全会和省委十三届六次全会精神，按照中央和省委经济工作会议的决策部署，总结2014年工作，部署2015年任务，研究全面深化法治金华建设工作，动员全市干部群众适应新常态、谋求新发展，着力在转型升级上下更大功夫，确保全面完成“十二五”规划目标任务。

市委书记徐加爱作报告，并就决定稿向全会作了说明。市委副书记、市长暨军民主持会议。市领导黄锦朝、郑金平、陶诚华、何杏仁、毛善恩、徐建华、金中梁、李一飞、夏建成、温暖、程友敏、林丹军、傅利常、张伟亚、邵国强、胡国强、祝伦根、孙荣燕、盛秋平在主席台就座。

市委全会审议通过《中共金华市委关于全面深化法治金华建设的决定》。

会议充分肯定2014年全市工作。2014年以来，面对复杂多变的宏观形势，全市上下认真学习贯彻习近平总书记系列重要讲话精神，全面贯彻落实中央和省委各项决策部署，深入开展党的群众路线教育实践活动，扎实推进“八项行动”，全力打好转型升级组合拳，扎实抓好全面深化改革工作，加快推进都市区建设，切实保障和改善民生，进一步加强和创新社会治理，全面落实党建工作主体责任，“两富”“两美”金华建设迈出新步伐、取得新进展。

会议指出，2015年是全面深化改革的关键之年，是全面推进依法治国的开局之年，也是全面完成“十二五”规划的收官之年。做好新一年的工作，必须保持政治定力、战略定力和执行定力，牢牢把握稳中求进的总基调，坚持以“八八战略”为总纲，以全面深化改革为统领，以提高经济发展质量和效益为中心，以依法治市为根本保障，主动适应新常态，加快推进转型升级，确保全面完成“十二五”规划目标任务，为干好“一三五”、实现“四翻番”奠定坚实基础。重点抓好六方面工作：一要高举改革大旗，以行政审批制度改革为突破口，纵向撬动政府自身改革，横向撬动经济社会各领域改革，全面引领赶超发展。二要强化倒逼机制，继续打好“五水共治”“三改一拆”“四换三名”、扩大有效投资、创新驱动、“四破攻坚”等转型升级组合拳，形成破竹之势，扩大攻坚成果。三要加快结构调整，大力培育发展信息网络经济、先进装备制造、生物医药健康、文化影视时尚、休闲旅游服务等五大千亿产业，推动产业结构加快由中低端向中高端迈进。四要保持开放姿态，聚合提升中心城市能级，强化城市建设管理，加快基础设施互联互通，打造美丽乡村建设升级版，全力推进都市区建设。五要坚持富民导向，积极推进就业创业，加快发展社会事业，着力提升社保水平，切实保障和改善民生。六要深化法治建设，善于运用法治思维和法治方式深化改革、推动发展、化解矛盾，促进社会和谐稳定。

会议强调，要全面落实“党要管党、从严治党”各项要求，严明党的纪律、严格管理干部、严肃党内生活、严守纪律底线，以铁的决心、铁的纪律、铁的作风，保障转型升级扎实有效推进。

会议审议通过的《中共金华市委关于全面深化法治金华建设的决定》明确提出：围绕建设中国特色社会主义法治体系、建设社会主义法治国家总目标，认真落实形成完备的法律规范体系、高效的法治实施体系、严密的法治监督体系、有力的法治保障体系和形成完善的党内法规体系的要求，全面推进科学立法、严格执法、公正司法、全民守法，不断提高经济建设、政治建设、文化建设、社会建设、生态文明建设及党的建设的法治化水平，推动法治中国、法治浙江建设在金华实践取得明显成效。到2020年，力争在六个方面取得明显成效：民主法治建设全面进步、依法行政水平明显提升、司法体制机制不断健全、法治监督体系更加严密、公民权利得到有效保障、全民法治意识普遍提高。

会议强调，全面深化法治金华建设，是一项贯彻落实党的十八届四中全会和省委十三届六次全会精神的重要政治任务，必须强化定力、一抓到底；是一项维护社会公平正义、让人民群众共享法治阳光的神圣历史使命，必须勇于担当、主动作为；是一项深化改革、推动发展、维护稳定的战略举措，必须强化统筹、扎实推进。要按照中央和省委的统一部署要求，结合金华实际，明确主攻方向，锁定关键环节，推动法治金华建设不断取得新进展。一要坚持从领导班子抓起，发挥党委领导核心作用，严格坚持依宪执政，着力提升党员干部法治思维能力，不断提高依法执政能力。二要坚持从行政机关抓起，加快转变政府职能，健全行政决策机制，规范行政执法行为，全面推进法治政府建设。三要坚持从司法机关抓起，提高司法人员素质，深化司法体制改革，强化司法行为监督，着力提升司法公信力。四要坚持从社会民众抓起，开展立体式法治宣传教育，建全法律服务体系，创新多元化社会治理模式，切实增强全民法治意识。

会议强调，新一年的目标要求和具体任务已经明确，关键在于抓好落实。要深刻领会习近平总书记反复强调的“崇尚实干、狠抓落实”重要指示精神，认真解决与发展的形势变化、改革的深度推进、群众的期盼愿望、规矩的高压态势“四个不适应”问题，提振信心抓落实，敢于担当抓落实，建好团队抓落实，严明纪律抓落实，注重实效抓落实，主动调整工作节奏，迅速进入战斗状态，全面完成各项目标任务。

会议号召，全市各级党组织和广大党员干部要紧密团结在以习近平同志为总书记的党中央周围，认识新常态、适应新常态、引领新常态，干字当头，实字为要，奋力拼搏，扎实工作，为加快建设“两富”“两美”金华努力奋斗。

市委常委会议

1月10日，市委召开第69次常委会议，传达学习汪洋副总理在义乌调研时的重要讲话精神，研究《金华市县级以下国家工作人员因公临时出国管理若干规定(送审稿)》，审议2013年主要预期目标完成情况和2014年主要预期目标建议编制情况和有关市管领导干部党纪处分。

1月13日，市委召开第70次常委会议，研究《市区工商、质监体制调整和食品药品监管体制改革实施方案(送审稿)》。

1月24日，市委召开第71次常委会议，传达学习习总书记重要讲话、中纪委全会精神和中央、全省政法工作会议精神，研究《金华市建立健全惩治和预防腐败体系2013—2017年工作细则(送审稿)》《金华市区公共交通专项规划(送审稿)》《金华市城市综合交通规划(送审稿)》《浙中水乡总体规划(送审稿)》，审议2013年度省市综治(平安、维稳)及“万家购物”先进名单、省级双拥模范城(县、区)及爱国拥军、拥政爱民模范单位和个人、2014年度市区政府投资、全市重大前期和重点建设等三大项目计划，研究干部作风暨城乡环境整治明察暗访情况处理意见、有关案件情况，2013年度机关部门(单位)和县(市、区)考核事项。

1月28日，市委召开第72次常委会议，传达学习全国、全省组织部长会议和全国宣传部长会议、全省宣传思想工作会议精神，研究全市贯彻落实意见，研究市“两会”有关筹备工作和《中共金华市委关于深入开展党的群众路线教育实践活动的实施意见 (送审稿)》《市委常委会带头深入开展党的群众路线教育实践活动的实施方案(送审稿)》。

2月10日，市委召开第73次常委会议，审议市区2014年十件民生实事、2014年政府工作报告及下一步工作计划、金华市2013年国民经济和社会发展计划执行情况和2014年国民经济和社会发展计划草案、2013年财政收支预算执行情况及2014年收支预算计划，研究有关人事事项。

2月13日，市委召开第74次常委会议，研究有关人事事项。

2月28日，市委召开第75次常委会议，传达学习习近平总书记在省部级主要领导干部专题研讨班上的重要讲话精神和全国、全省统战部长会议及全国信访局长会议精神，研究市委常委会带头开展路线教育实践活动和《关于进一步加强基层检察室建设的意见 (送审稿)》《市级党政机关办公用房清理整改方案 (送审稿)》《关于实行市级党政机关办公用房集中统一管理的实施意见(送审稿)》，审议“推进‘五好’服务型乡镇(街道)建设先进县(市、区)”推荐名单。

3月28日，市委召开第76次常委会议，审议2014年全国五一劳动奖状、奖章和省模范集体、劳动模范推荐名单以及2013年度支持浙(婺)商创业创新和招商引资工作考核结果，研究开展新一轮扶贫结对帮扶活动、成立市委全面深化改革领导小组有关情况和《全面深化农村改革加快推进农业农村现代化的若干意见 (送审稿)》《加快推进旅游业转型发展的若干意见 (送审稿)》《金华市区旅游目的地建设三年行动计划 (2014—2016年)》《2014年金华市委常委会工作要点 (送审稿)》《市委市政府领导重点调研课题(送审稿)》《2014年县(市、区)综合考评办法(送审稿)》和《2014年度市直单位绩效考评办法(送审稿)》等。

4月4日，市委召开第77次常委会议，研究《金华市市级机关公务用车制度改革方案(送审稿)》和市区“四破”专项整治方案、万佛塔公园规划，审议2013年度法治县(市、区)工作先进单位及示范单位推荐名单等。

4 月 14 日，市委召开第 78 次常委会议，研究有关人事事项。

4 月 25 日，市委召开第 79 次常委会议，研究一季度经济形势及下步重点工作和《关于金华市区开展遏止抢栽抢种抢建行为专项整治的实施意见(送审稿)》《金华市市属国有企业领导人员职务消费管理暂行办法(送审稿)》《金义都市区(浙中城市群)建设三年行动计划 (送审稿)》《金华市金义都市区(浙中城市群) 建设工作考核办法 (送审稿)》《2014年县(市、区)综合考评办法(送审稿)》及市区城乡居民医疗保险筹资标准调整，审议磐安雅庄老旧会堂坍塌抢险救灾工作先进集体、先进个人建议名单和全市省管干部 2013 年度考核等次确定建议名单。

5 月 15 日，市委召开第 80 次常委会议，研究教育实践活动有关工作、义乌国际贸易综合改革试点工作和《金华市区城中村改造试点实施办法(试行)(送审稿)》《金华市违法建筑处置实施意见 (送审稿)》《金华市贯彻〈2013—2017 年浙江省干部教育培训规划〉实施办法(送审稿)》。

5 月 28 日，市委召开第 81 次常委会议，传达学习习近平总书记在兰考县委常委会专题民主生活会上的讲话精神和中央巡回督导组有关要求及谈话精神，逐条分析省委督导组对市委常委会班子提出的意见，研究市委常委会班子对照检查材料。

6 月 9 日，市委召开第 82 次常委会议，传达学习省委常委(扩大)会议精神，研究市委常委会专题民主生活会建议方案、全省纪检监察机关“转职能、转方式、转作风”专题研讨班精神及贯彻意见和《市委关于深入推进新型城市化加快建设全省第四大都市区的实施意见 (送审稿)》《金华市区政府投资项目超概算问责实施细则 (送审稿)》《金华市深化行政审批制度综合配套改革方案(送审稿)》及两个配套制度、2013 年政府性债务执行情况和 2014 年政府性债务计划报告、文山会海治理工作、市直纪检监察派驻机构改革方案(送审稿)等。

6 月 15 日，市委召开第 83 次常委会议，传达学习夏宝龙书记在舟山参加专题民主生活会的有关讲话精神和省政协主席乔传秀及省委常委、组长部部长胡和平到金话调研的讲话精神，观看吉林省农安县委常委会专题民主生活会纪录片和舟山市委常委会专题民主生活会电视新闻片，审议市委常委会班子对照检查材料。

6 月 18 日—20 日，市委召开第 84 次常委会议暨专题民主生活会。市委书记徐加爱代表市委常委会作对照检查，每位常委逐个对照检查、自我批评，其他同志发表意见开展批评。中央第七巡回督导组副组长许云昭，省委常委、公安厅长刘力伟全程参加指导专题民主生活会，并在会前听取了市委和省委督导组关于市委常委会民主生活会准备工作等有关情况汇报，与全市党政主要负责同志进行了谈心谈话。省委督导组组长虞荣仁对会议进行评价。市委书记徐加爱主持会议。

6 月 24 日，市委召开第 85 次常委会议，研究有关人事事项。

7 月 9 日，市委召开第 86 次常委会议，研究市委六届七次全体(扩大)会议暨市政府六届八次全体会议方案和《决定(送审稿)》和《报告(送审稿)》《关于金华市大气重污染应急预案 (试行)(送审稿)》《关于加快城市地下空间开发利用的若干意见(试行)(送审稿)》《关于进一步加强国土资源管理基层基础建设的意见 (送审稿)》《市委常委会专题民主生活会情况通报(送审稿)》及中央和省下派我市挂职干部有关事项。

7 月 14 日，市委召开第 87 次常委会议，研究有关案件和人事事项。

7 月 24 日，市委召开第 88 次常委会议，审议爱国拥军、拥政爱民模范单位和模范个人建议名单，研究《市委常委班子党的群众路线教育实践活动整改方案 (送审稿)》《关于加强新形势下发展党员和党员管理工作的若干意见(送审稿)》和市委督导组人员组成建议方案。

7 月 28 日，市委召开第 89 次常委会议，研究有关人事事项。

8 月 13 日，市委召开第 90 次常委会议，传达学习夏宝龙书记、李强省长来金调研重要讲话精神，研究省委督导组反馈的重点问题整改情况和《市委市政府关于加强安全生产促进安全生产发展的实施意见 (送审稿)》《金华市党政机关国内公务接待管理细则(送审稿)》及市级民主党派换届领导班子人事建议方案。

9月1日,市委召开第91次常委会议,传达学习夏宝龙书记在党的群众路线教育实践活动整改落实情况汇报会和省委理论中心学习组专题学习会上的重要讲话精神,研究《金华市现代服务业综合试点实施方案 (送审稿)》《金华市大气污染防治行动实施方案 (2014—2017年)(送审稿)》《关于进一步完善督查考评工作机制的通知(送审稿)》和市级民主党派换届领导班子人事建议方案。

9月11日,市委召开第92次常委会议,传达学习省委常委、组织部长胡和平在党的群众路线教育实践活动整改落实工作金华片区推进会上的重要讲话精神,部署下步全市教育实践活动整改落实工作,研究国家安监总局检查组暗情访反馈况及下步整改建议意见、《中共金华市委理论学习中心组学习制度(送审稿)》。

9月25日,市委召开第93次常委会议,研究市政协部分专委会兼职副主任职务调整建议方案和有关人事事项。

10月9日,市委召开第94次常委会议,听取我市党的群众路线教育实践活动总体情况和下步工作建议汇报,研究全市教育实践活动总结大会建议方案和深化整改落实有关事项。

10月11日,市委召开第95次常委会议,研究庆祝人民政协成立65周年暨全市政协工作会议建议方案和《关于进一步加强人民政协民主监督工作的实施意见 (征求意见稿)》《关于深化农村确权赋权改革的实施意见 (送审稿)》《关于进一步培育发展社会组织完善社会治理机制的意见 (送审稿)》《市级单位涉及村(社区)机构牌子、考核评比、创建达标"三多"事项清理整改工作实施方案(送审稿)》和有关案件。

10月20日,市委召开第96次常委会议,研究有关人事事项。

10月23日,市委召开第97次常委会议,传达学习李强省长、省委王辉忠副书记来金调研讲话精神,研究全市贯彻落实全省干部监督工作会议和全省优秀年轻干部培养选拔工作座谈会精神的意见、进一步加强干部队伍监督三项制度。

10月27日, 市委召开第98次常委 (扩大)会议,学习传达党的十八届四中全会和省委常委扩大会议精神。

10月27日,市委召开第99次常委会议,研究有关人事事项。

11月5日,市委召开第100次常委会议,分析三季度经济形势,研究有关体制调整方案和《金华市政府职能转变和机构改革方案 (送审稿)》《关于组建市卫生和计划生育委员会有关机构编制意见(送审稿)》, 研究全市贯彻全省推动媒体融合发展座谈会、全省培育和践行社会主义核心价值观工作经验交流会、浙江省第十二届精神文明建设"五个一工程" 表彰会和全省党委系统秘书长、办公室(厅)主任会议精神意见。

11月20日,市委召开第101次常委会议,传达学习李克强总理来金调研重要指示精神,通报《中央关于湖南衡阳破坏选举案处理情况及其教训警示的通报》《关于腾格里沙漠污染问题处理情况的通报》。

11月28日,市委召开第102次常委会议,传达学习省委督查组来金第一次集中督查反馈情况主要精神,研究全市贯彻落实建议意见、《市委关于落实中央巡视组反馈意见集中整改十大行动实施方案(送审稿)》、市侨联换届有关事项、有关案件和人事事项。

12月9日,市委召开第103次常委会议,传达学习省委十三届六次全会和省委人大工作会议精神,研究部署下步我市贯彻落实意见。

12月15日,市委召开第104次常委会议,传达中央经济工作会议和省委常委扩大会议精神。

12月15日,市委召开第105次常委会议,研究有关人事事项。

12月25日,市委召开第106次常委会议,研究市委六届八次全体(扩大)会议暨市政府六届九次全体会议方案(送审稿)、市委全会《决定(审议稿)》《报告(审议稿)》《关于进一步强化党风廉政建设党委主体责任的若干意见(送审稿)》和《关于落实党风廉政建设纪委监督责任的实施意见 (送审稿)》《金华市乡镇纪委工作规定(试行)(送审稿)》。

12月31日,市委召开第107次常委会议,研究永康市H7N9禽流感疫情及防治工作、金兰中线城际公交开通等工作和有关人事事项。

市委主要工作

1月3日,中共中央政治局委员、国务院副总理汪洋在义乌调研并主持召开座谈会,听取地方政府和企业对进出口形势和外贸转型升级的意见和建议。商务部部长高虎城、海关总署署长于广洲、国务院副秘书长毕井泉,省领导李强、梁黎明,市领导徐加爱、暨军民、李一飞、何美华陪同调研或参加座谈。

同日,市委副书记、政法委书记陶诚华参加市法学会二届二次理事会。

1月6日,市委、市政府召开全市重大项目百日服务活动总结暨扩大有效投资工作会议。市委书记徐加爱参加会议并讲话。市委副书记、代市长暨军民作工作报告,市委常委、常务副市长金中梁主持会议。

1月6日,市委召开县(市、区)年度工作汇报会暨县(市、区)委书记抓基层党建述职会,听取各县(市、区)、金华开发区、金义都市新区工作情况汇报,对各县(市、区)委书记抓基层党建工作进行评议考核。市委书记徐加爱主持会议并讲话。

同日,市委副书记陶诚华,市委常委、常务副市长金中梁参加"三改一拆"涉及宗教违法建筑处置工作会议。

1月7日,市委召开2014年第1次市委书记专题会议,研究《金华市惩治和预防腐败体系建设2013—2017年工作细则》、2014年赴台交流组团计划、《金华市县级以下国家工作人员因公临时出国管理办法》、副处以上领导干部因公出国(境)任务、增设市政协民族和宗教委员会、2013年主要预期目标完成情况和2014年主要预期目标建议、2014年度市区政府投资、全市重大前期和重点建设三大项目计划、《金华市城市综合交通规划》《金华市区公共交通专项规划》《浙中水乡总体规划》等事项。

同日,市委书记徐加爱、副市长林丹军陪同省委常委、秘书长赵一德走访驻金部队,慰问信访干部、困难群众。

同日,市管领导干部学习贯彻习近平总书记系列重要讲话精神第二期集中轮训班开班。市委副书记、代市长暨军民在开班动员会上讲话。市委常委、宣传部长何杏仁主持,市委常委、组织部长温暖参加会议。

1月8日,市委书记徐加爱参加市委、市政府与94922部队工作对接推进会及市委、市政府与上海铁路局工作对接会。市委常委、常务副市长金中梁参加会议。

同日,市委书记徐加爱参加市区城市建设管理有关问题整改情况汇报会。

同日,市委副书记陶诚华督查市区春节前安全生产工作;听取市区基督教有关工作情况汇报。

同日,市委常委、宣传部长何杏仁赴东阳市考核检查2013年度党风廉政建设责任制落实情况。

同日,市委常委、组织部长温暖赴磐安县考核检查2013年度党风廉政建设责任制落实情况。

1月9日,市委书记徐加爱走访慰问驻金部队、困难群体;实地检查金东区航慈溪治理及周边环境整治工作。

同日,市委书记徐加爱实地督查春节前安全生产工作;实地检查婺城区白沙溪白龙桥段治理及周边环境整治工作。

同日,市委召开第2次书记专题会议,研究湖海塘运动休闲区开发建设、近期重点推进的改革项目任务分解及下一步工作、尖峰山高尚休闲生活区开发建设、与上海铁路局对接有关工作、行政审批制度改革、贯彻夏宝龙书记批示精神大力推进治砂清水行动、"五水共治"工作领导小组组成人员名单等事项。

同日,市委常委、常务副市长金中梁赴金东区考核检查党风廉政建设责任制落实情况。

同日,市委常委、纪委书记张建明赴永康市考核检查党风廉政建设责任制落实情况。

1月10日,市委召开常委会民主生活会。

同日,市委副书记陶诚华赴兰溪市考核检查党风廉政建设责任制落实情况。

1月11日,市委召开市区"五水共治"企业家座谈会,市委书记徐加爱出席会议并讲话,市委副书记、代市长暨军民主持会议。

1月11日—13日,市委副书记陶诚华赴珠海参加2014年港澳台同胞、海外侨胞新春团拜会。

1月13日，市委、市政府召开全市“五水共治”工作动员电视电话会议。市领导徐加爱、暨军民、黄锦朝、郑金平、何杏仁、毛善恩、徐建华、金中梁、张建明、温暖、钱世茂、蔡健、傅利常、张伟亚、王建平参加会议。省环保厅副巡视员许履中到会指导。同日，市委、市政府召开全市“三改一拆”工作推进电视电话会议。市领导暨军民、黄锦朝、郑金平、何杏仁、毛善恩、徐建华、金中梁、张建明、温暖、钱世茂、蔡健、傅利常、王建平参加会议。

1月13日，市委、市政府召开金华铁路货场搬迁工作推进会。市领导徐加爱、暨军民、金中梁、温暖、张荣贵参加会议。

同日，市委召开第3次书记专题会议，研究《市区工商、质监体制调整和食品药品监管体制改革实施方案》。之后，市委召开常委会第70次会议。

1月14日，市委常委、组织部长温暖参加市机关退出现职领导干部集中统一管理工作座谈会。

1月15日，市委副书记陶诚华参加市区困难职工集中慰问活动。

同日，市委常委、宣传部长何杏仁赴兰溪市开展2013年度工作集中考核活动。

同日，市委常委、纪委书记张建明赴浦江县开展2013年度工作集中考核活动。

同日，市委常委、组织部长温暖赴东阳市开展2013年度工作集中考核活动。

1月16日，市委副书记陶诚华，市委常委、公安局长毛善恩参加全市反恐怖工作领导小组（扩大）会议。

同日，市委常委、组织部长温暖分别赴永康市、武义县开展2013年度工作集中考核活动。

1月17日，市委常委、纪委书记张建明赴金东区、义乌市开展2013年度工作集中考核活动。

1月19日，全省“关注森林”工作会议在杭州召开，金华市被授予浙江省森林城市荣誉称号。省政协主席、关注森林组织委员会主任乔传秀向市委书记徐加爱授牌。

1月20日，市领导徐加爱、暨军民、何杏仁、徐建华、金中梁、蔡健、林丹军、张伟亚、邵国强参加中央党的群众路线教育实践活动第一批总结暨第二批部署视频会议。之后，市委召开全委会议。

同日，市委书记徐加爱连续走访金华开发区西关街道、秋滨街道、婺城区白龙桥镇、乾西乡、新狮街道、城北街道和金东区的傅村镇、多湖街道等8个乡镇（街道），实地暗访城乡环境整治工作。市委常委、纪委书记张建明参加。

同日，市委召开第4次书记专题会议，研究有关人事、组团赴台有关事项、2013年度社会主义新农村建设工作考核、贯彻落实全省农村生活污水治理工作会议精神意见、贯彻落实十八届中央纪委三次全会主要精神意见、《市级机关公务用车改革方案》、2013年度机关部门和县（市、区）考核等事项。

1月21日，市委书记徐加爱率检查组赴义乌市检查考核党风廉政建设责任制落实情况。

1月23日，市委书记徐加爱走访浙（婺）商代表。

同日，市委书记徐加爱，市委常委、公安局长毛善恩参加武警金华市支队党委全体（扩大）会议。

同日，市委召开2014年春节市级离退休老领导迎春座谈会。市委书记徐加爱，市委常委、组织部长温暖参加。

同日，市委召开第5次书记专题会议，研究《市级机关公务用车改革方案》，2013年度机关部门（单位）和县（市、区）考核，申报省级双拥模范城（县、区）及爱国拥军、拥政爱民模范单位和个人名单，全省社会稳定风险评估工作交流会精神贯彻意见，有关人事事项，贯彻落实省纪委全会主要精神意见和干部作风暨城乡环境整治明察暗访处理意见，有关案件，县（市、区）委书记履行基层党建工作责任制考评，会所整治等事项。

同日，市委副书记陶诚华赴兰溪走访浙（婺）商代表；参加市妇联六届三次执委（扩大）会暨“五水共治”巾帼志愿服务活动启动仪式视频会议。

1月24日，市委书记徐加爱参加市纪委六届四次全会并作重要讲话，市委副书记、代市长暨军民主持会议。

同日，市委召开常委会第71次会议。

同日，市区举行环卫工人迎春会。市领导徐加爱、暨军民、金中梁、钱世茂、刘净非参加。

1月26日，市委书记徐加爱在杭州参加全省党的群众路线教育实践活动第一批总结暨第二批部署会议。市领导暨军民、陶诚华、何杏仁、钟关华、徐建华、金中梁、李一飞、温暖、蔡健、林丹军、傅利常、张伟亚、邵国强在金参加全省党的群众路线教育实践活动第一批总结暨第二批部署会议。

1月27日,市委书记徐加爱陪同接力中国青年精英协会考察团考察金西区块。

1月28日,市委、市政府召开“万家购物”事件处置工作总结表彰会。市领导徐加爱、暨军民、黄锦朝、郑金平、陶诚华、何杏仁、毛善恩、张建明、张伟亚、汤海庆、毛建岳参加。

同日,市委召开常委会第72次(扩大)会议暨党的群众路线教育实践活动领导小组第一次会议。

同日,市领导徐加爱、陶诚华、毛善恩等走访慰问春节期间坚守岗位人员。

2月7日,市委书记徐加爱赴婺城区、金东区调研“五水共治”工作,并参加全省“五水共治”工作现场会任务交办会。市领导暨军民、陶诚华、张伟亚、朱恒钱参加。

同日,市委书记徐加爱,市委副书记陶诚华,市委常委、宣传部长何杏仁分赴磐安县、浦江县、东阳市开展“民生问需、发展问计、作风问症,助推开门红”走亲连心活动。

同日,市委常委、组织部长温暖参加市委党的群众路线教育实践活动领导小组办公室主任会议。

2月8日,市委书记徐加爱赴浦江县调研。

同日,市委副书记、代市长暨军民,市委常委、宣传部长何杏仁到磐安开展走亲连心活动。

同日,市委、市政府召开杭长客专金华西客站配套基础设施项目概念规划及北广场方案设计专题汇报会。市领导徐加爱、暨军民、金中梁、温暖、张荣贵参加。

同日,市委召开第六次书记专题会议,研究市管领导干部因公出国、市区2014年十件民生实事、2014年《政府工作报告》、金华市2013年国民经济和社会发展计划执行情况和2014年国民经济和社会发展计划、2013年财政收支预算执行情况及2014年收支预算计划、《市级机关公务用车改革方案》、“五水共治”领导小组办公室组织架构方案等事项。

同日, 市委副书记陶诚华在浦江县检查全省“五水共治”现场会考察点筹备情况;赴浦江县郑家坞镇开展走亲连心活动。

同日,市委常委、公安局长毛善恩,市委常委、组织部长温暖分赴婺城区、兰溪市开展走亲连心活动。

2月10日, 市委召开常委会第73次会议暨省委群众路线教育实践活动督导组见面会。同日,市委书记徐加爱主持召开党的群众路线教育实践活动工作会议。省委督导组组长虞荣仁、副组长徐苏宾,市领导暨军民、黄锦朝、郑金平、何杏仁、钟关华、毛善恩、徐建华、金中梁、张建明、李一飞、温暖参加会议。

同日,市委副书记陶诚华陪同省政府党组副书记、省政府顾问王建满赴婺城区、金东区检查全省“五水共治”现场会筹备情况。

2月11日,我市召开“扩大有效投资月”活动动员会。市领导徐加爱、暨军民、徐建华、金中梁、李一飞、温暖、傅利常、张伟亚等参加。

同日,市委副书记陶诚华参加全省“五水共治”现场会筹备工作汇报座谈会。

2月12日,市委召开全市政法工作会议,市委书记徐加爱作重要讲话,市委副书记、政法委书记陶诚华作工作部署,市委常委、公安局长毛善恩主持会议。

同日,市委召开第7次书记专题会议,研究有关人事事项。

同日,市委召开落实省委检查组关于我市党风廉政建设责任制检查情况反馈会。市领导徐加爱、黄锦朝、金中梁、张建明参加。

2月13日,市委书记徐加爱与省委党的群众路线教育实践活动督导组虞荣仁组长约谈。

同日,市委召开常委会第74次会议。

同日,市委书记徐加爱主持召开“四破”专项整治工作汇报会。之后,赶赴磐安县指挥万苍乡雅庄村雪压房屋坍塌事件处置工作。

2月14日,市委、市政府召开全市安全防范工作紧急会议。市领导徐加爱、黄锦朝、陶诚华、何杏仁、钟关华、徐建华、金中梁、张建明、李一飞、温暖、林一心、丁国玉、王国强、江跃进、傅利常、张伟亚、邵国强、王建平、张跃进、朱恒钱、刘净非参加。

同日,市委副书记陶诚华参加团市委六届四次全委(扩大)会议。

2月17日,金华市召开在金浙婺商代表新春恳谈会。市委书记徐加爱代表市四套班子向浙婺商代表拜年。市委副书记、代市长暨军民主持恳谈会。

2月18日，金华市举行市政协港澳华侨委员座谈会。市委书记徐加爱出席。市委副书记、代市长暨军民主持会议。市领导黄锦朝、郑金平、陶诚华、胡国强、王建平参加会议。

2月21日，市委召开第八次书记专题会议，研究有关案件处置工作。

2月22日，市委书记徐加爱对开展“扩大有效投资月”活动“五水共治”项目开工仪式进行了动员部署。同日，市委书记徐加爱到金华开发区、浦江县检查“五水共治”工作。

2月24日，市委书记徐加爱陪同省委书记夏宝龙考察调研。上午调研浦江县浦阳江综合治理、翠湖整治现场；下午调研金东区源东乡畜禽养殖污染整治、婺城区长湖整治、金字火腿公司、小同村；晚上住小同村农家乐。省领导赵一德、王建满及省直有关部门主要负责人参加调研。

同日，市委副书记陶诚华检查全省“五水共治”现场会筹备工作。

2月25日，市委书记徐加爱陪同省委书记夏宝龙考察调研东晶电子、金徕镀膜、比奇网络、金东区澧浦镇居家养老点。省领导赵一德、王建满及省直有关部门主要负责人参加调研，市领导暨军民、陶诚华等分别陪同调研。

同日，市委书记徐加爱陪同省长李强考察浦阳江综合治理工作。

2月26日，省委、省政府在金华市召开全省“五水共治”现场会。省委副书记、省长李强作重要讲话，省委副书记王辉忠主持会议。省领导程渭山、熊建平、王建满、黄旭明、陈加元，市领导徐加爱、暨军民、黄锦朝、郑金平、陶诚华、何杏仁、钟关华、徐建华、金中梁等参加会议。

2月27日，金华市召开全市工业大会。市委书记徐加爱作重要讲话，市委副书记、市长暨军民主持会议。

同日，金华市召开全市农业和农村工作会议。市委书记徐加爱，市委副书记、市长暨军民对2014年全市“三农”工作进行具体部署，市委副书记陶诚华主持会议。

同日，市委召开第9次书记专题会议，研究有关市管领导干部因公出国(境)任务，“推进‘五好’服务型乡镇(街道)建设先进县(市、区)”推荐，贯彻落实全国、全省统战部长会议精神意见，《进一步加强基层检察室建设的意见》《深化农村改革加快推进农业农村现代化的若干意见》，市区创建节水型城市有关工作，《市级机关公务用车改革方案》《市级党政机关办公用房清理整改方案》和《实行市级党政机关办公用房集中统一管理的实施意见》等事项。

2月28日，市委召开全市党员大会，专题传达贯彻中央和省委关于严明党的组织纪律有关要求。市委书记徐加爱作报告，市委副书记、市长暨军民主持会议。

同日，市委召开常委会第75次会议。

3月1日—2日，市委副书记陶诚华赴香港参加香港金华同乡会联谊活动。

3月3日—13日，市委书记徐加爱赴京参加十二届全国人大二次会议。

3月5日—7日，省平安建设(综治)考核检查组到金华市考核平安建设和综治工作落实情况。市委副书记、市长暨军民向考核组汇报了金华市2013年度平安创建和综治工作情况，市领导陶诚华、毛善恩、徐建华、张伟亚等参加汇报会。

3月5日，市委副书记陶诚华参加“五水共治、巾帼先行”大型广场宣传咨询服务活动暨第五届妇女文化节开幕式。

3月10日，市委常委何杏仁、张建明、温暖等参加“市民问政”党的群众路线教育实践活动特别节目。

3月12日—13日，市委副书记陶诚华赴金东区参加党的群众路线教育民情体验活动。

3月14日，市委副书记、政法委书记陶诚华参加全市反恐怖工作领导小组(扩大)会议。

3月15日，义乌市启动“摇响拨浪鼓·同圆中国梦”和“我诚信·我吉祥”两项工程。中央文明办专职副主任徐令义，省委常委、宣传部长葛慧君，省委宣传部副部长、省文明办主任龚吟怡，市领导徐加爱、何杏仁、李一飞、何美华参加启动仪式。

3月16日，市委书记徐加爱赴省纪委汇报市委履行党风廉政建设主体责任情况。

3月17日，市委召开全市领导干部会议，市委书记徐加爱传达全国“两会”精神。同日,市委召开正市级老同志座谈会,市委书记徐加爱参加。

同日,市委书记徐加爱主持召开县(市、区)委书记座谈会。

3月18日,市领导徐加爱、暨军民、陶诚华、金中梁听取公务用车改革情况汇报。

同日,市委副书记陶诚华赴义乌陪同省委副书记王辉忠调研。

3月19日,市委书记徐加爱走访浦江县仙华街道仙华村,暗访浦江县岩头镇西黄村、黄宅镇上市村。

同日,市委、市政府召开“四破”整治暨“扩大有效投资月”活动进展汇报会,市领导徐加爱、暨军民、金中梁、张建明、温暖等参加。

同日,市委召开第10次书记专题会议,研究2014年全国五一劳动奖状、奖章和省模范集体、劳动模范推荐名单,贯彻全省老干部工作会议精神意见,2013年度支持浙(婺)商创业创新和招商引资工作考核结果,全省畜牧业转型升级现场推进会精神,贯彻落实全省农村生活污水治理工作现场会精神意见,2014年金华市委常委会工作要点和市委、市政府领导重点调研课题,党的群众路线教育实践活动市级机关部门整改工作安排等事项。

3月20日,市委书记徐加爱听取人大、政协关于金义都市新区管理体制的调研意见。

3月21日,市委书记徐加爱在义乌市主持召开市委常委会“三思四问”专题学习讨论会。

3月24日,市委书记徐加爱与各县(市、区)委组织部长谈话。

3月25日,市委书记徐加爱听取省委督导组阶段性意见反馈。

3月26日,市委书记徐加爱主持召开市机关中层干部座谈会。市委常委、组织部长温暖参加。

3月26日,市委书记徐加爱赴东阳市暗访“三改一拆”、环境整治工作。

3月27日,市委书记徐加爱赴建德市考察“五水共治”“三改一拆”工作。

3月28日,市委召开第11次书记专题会议,研究有关体制调整,《2014年县(市、区)综合考评办法》和《2014年市直单位绩效考评办法》,全省对台工作会议精神,开展新一轮扶贫结对帮扶活动,《加快推进旅游业转型发展的若干意见》、《金华市区旅游目的地建设三年行动计划》, 金华市第二水厂选址,《金华市创建全国文明城市总体方案》,全市“三改一拆”行动和“无违建”创建等事项。

同日,市委召开常委会第76次会议。

3月30日至4月1日,市委召开党的群众路线教育实践活动封闭式集中学习会。市四套班子党员领导干部参加。

4月2日, 市委书记徐加爱主持召开市直单位副职和县(市、区)党政副职座谈会。市委常委、组织部长温暖参加。

4月2日,市委副书记、政法委书记陶诚华参加市法院“百名青年法官进百企入百村”活动。

4月3日,市委书记徐加爱赴义乌市调研“五水共治”工作。

同日,市委书记徐加爱、暨军民、黄锦朝、郑金平、陶诚华、蔡健、张伟亚、王建平参加清明节祭扫革命烈士纪念碑活动。

同日,市委召开第12次书记专题会议,研究市直纪检监察派驻机构统一管理改革方案、贯彻全省流动人口管理服务工作会议精神意见、推荐2013年度法治县(市、区)工作先进单位及示范单位、市级机关公务用车制度改革方案、市区“四破”专项整治方案和政策、迎宾大道景观优化提升方案设计及两侧可开发地块概念方案设计、万佛塔公园规划等事项。

同日,市委召开全面深化改革领导小组第一次会议。

4月4日,市委召开常委会第77次会议。

4月8日, 市委书记徐加爱到市环保局调研指导党的群众路线教育实践活动和调研金华开发区“四破”整治工作。市委常委、组织部部长温暖参加调研。

4月9日,市委书记徐加爱赴永康市10个镇进行暗访调研。

同日,市委常委、宣传部长何杏仁赴东阳市开展“走农村、听意见、查问题”走亲连心活动。

同日,市委常委、组织部长温暖赴义乌市调研党的群众路线教育实践活动。

4月10日,2014中国国际电子商务博览会在义乌国际博览中心开幕。国务院参事、中国电子商会会长曲维枝，国家信息化专家咨询委员会副主任、原国家海关总署总工程师杨国勋，国务院参事郭廷结，商务部电子商务和信息化司司长李晋奇，中国国际电子商务中心主任朱小良，市委书记徐加爱，省商务厅副厅长陈如昉，省工商局副局长黄笑苹，市委常委、义乌市委书记李一飞，副市长、义乌市长何美华参加开幕式。

同日，市委书记徐加爱陪同商务部领导考察兰溪市以及市区物流发展情况。

4月11日，2014中国(义乌)世界电子商务大会在义乌市幸福湖国际会议中心开幕，省委副书记、省长李强，省政府秘书长李卫宁，商务部电子商务和信息化司副司长聂林海，省政府党组成员、义乌国际贸易综合改革试点工作领导小组副组长郑宇民，省商务厅厅长周日星，市委书记徐加爱，市委副书记、市长暨军民，市委常委、义乌市委书记李一飞，副市长、义乌市长何美华参加开幕式。

同日，市委常委、纪委书记张建明到联系点永康市开展"走农村、听意见、查问题"走亲连心活动。

4月14日，金华市召开"四破"专项整治工作现场会。省委党的群众路线教育实践活动督导组副组长徐苏宾和市四套班子领导参加会议。

同日，市委召开常委会第78次会议。

4月14日—16日，市委书记徐加爱在磐安开展为期3天的蹲点调研暨第二轮走亲连心活动。调研期间，暗访磐安县除窈川乡以外的18个乡镇。

4月14日—15日，市委副书记陶诚华赴浦江县开展"走农村、听意见、查问题"第二轮走亲连心活动。

4月15日，金华市在兰溪市召开全市"五水共治"现场会。市委副书记、市长暨军民，市委副书记陶诚华，副市长何美华、祝伦根，市政协副主席朱恒钱、吴国成参加会议。

4月15日—17日，市委常委、组织部长温暖赴党的群众路线教育实践活动联系点兰溪市兰江街道开展第二次走亲连心活动。

4月16日，金华市在市文化中心举行《重修金华丛书》首发仪式，省委宣传部副部长、省文明办主任龚吟怡，省社科联党组书记、副主席郑新浦，市领导陶诚华、江跃进、林丹军、朱恒钱等出席首发式。

同日，市委副书记陶诚华，市委常委、常务副市长金中梁赴浦江县参加全市推进信访积案化解与依法处理信访违法行为工作会议。

4月17日，市委书记徐加爱主持召开县（市、区)委书记座谈会。

同日，市委副书记陶诚华赴义乌市参加省"三改一拆"涉及宗教违法建筑处置工作督查组汇报座谈会。

4月18日，金华市召开"五水共治"专家服务团座谈会暨"专家服务·科学治水"万里行第一次活动。市委书记徐加爱作重要讲话。市领导陶诚华、温暖、张伟亚、朱恒钱参加会议。

同日，市委召开第13次书记专题会议，研究《金华市"垃圾河治理大会战"实施方案》、因公赴台考察、《2014年县(市、区)综合考评办法》、《浙中城市群(都市区)建设三年行动计划》和《金华市浙中城市群(都市区)建设工作考核办法》、解决市区离退休人员托管经费、贯彻全省建设平安浙江会议暨平安浙江10周年纪念大会精神意见、《金华市市属国有企业领导人员职务消费管理暂行办法》、2013年度和2014年一季度金华市管干部廉情分析等事项。

4月21日，市委召开第14次书记专题会议，研究兰溪市2013年度生态环保考核"一票否决"有关问题、调整市区城乡居民医疗保险筹资标准等政策、全市省管领导干部2013年度考核等次确定、党的群众路线教育实践活动市委常委会征求意见情况等事项。

4月22日，市委书记徐加爱与市直单位10个督导组组长分别谈话。

4月22日，市委副书记陶诚华听取社区和村规民约调研有关情况汇报。

4月23日，市委开展理论中心组集中夜学活动，市委理论中心组成员参加。

同日，市委副书记陶诚华参加全市"防范和处理邪教问题"系统业务培训会。

同日，市委常委、组织部长温暖赴金华开发区和市机关有关部门调研党的群众路线教育实践活动工作。

4月24日，金华市召开"垃圾河治理大会战"动员大会。市委书记徐加爱参加会议并讲话，市委副书记、市长暨军民主持会议,市委常委,市人大、市政协主要领导参加会议。

同日,市委书记徐加爱与省纪委副书记杨晓光商讨纪检监察体制创新改革事宜。

4月25日,市委书记徐加爱主持召开市委常委会反“四风”专题讨论会。

4月27日,为期4天的第9届中国(义乌)文化产品交易会在义乌国际博览中心开幕。文化部部长蔡武,文化部副部长项兆伦,文化部党组成员、故宫博物院院长单霁翔,文化部部长助理刘玉珠,中国贸促会会长姜增伟,省委常委、宣传部长葛慧君,两岸企业家峰会文化推进小组召集人吕祖善,中国工业设计协会会长朱焘,市领导徐加爱、暨军民、何杏仁、李一飞、何美华等出席开幕式。

4月28日,市委书记徐加爱到金华职业技术学院调研。

同日,市委副书记陶诚华赴婺城区、金东区、金华开发区、金义都市新区检查全市“垃圾河治理大会战”贯彻落实情况。

4月29日,市委书记徐加爱与市机关部门10名副职领导干部、10名中层干部谈心谈话。

同日,市委召开第15次书记专题会议,研究因公赴台、因公出国、《市本级“五水共治”社会捐赠资金使用管理办法》等事项。

4月30日,市委、市政府召开全市建设平安金华会议和全市旅游发展大会,市领导徐加爱、暨军民等参加。

同日,市委书记徐加爱主持召开金义都市新区全体干部座谈会。市领导金中梁、温暖、胡国强、孙荣燕参加。

5月3日,市委书记徐加爱赴浦江县调研指导浦阳江水环境治理工作。

5月4日,召开金华市纪念“五四运动”95周年各界青年代表座谈会。市领导徐加爱、陶诚华、金中梁、江跃进、刘净非参加。

同日,召开金华市“学习身边好人培育和践行社会主义核心价值观”推进会。市领导徐加爱、何杏仁、江跃进、林丹军、朱恒钱参加。

5月5日,市委副书记陶诚华赴金东区调研芗溪水环境治理工作。

5月6日,市委书记徐加爱与15名市机关部门副职领导干部谈心谈话。

同日,市委副书记陶诚华赴婺城区、金华开发区调研社区工作。

同日,市委常委、组织部长温暖赴兰溪市兰江街道开展软弱涣散村整顿工作调研。

5月7日,市委召开第16次书记专题会议,研究拟提交市委常委会议军会议研究解决的有关问题、市管干部因公出国、贯彻全省预防职务犯罪工作领导小组第六次会议暨启动千场预防职务犯罪宣讲活动会议精神意见、房地产市场情况、全市“三改一拆”涉及宗教违法建筑处置工作等事项。

同日,由江西省委书记、省人大常委会主任强卫,江西省委副书记、省长鹿心社,江西省政协主席黄跃金带领的江西省党政代表团来金华考察。省委副书记王辉忠,省政协副主席陈艳华,省委副秘书长张才方,市委书记徐加爱,市委副书记陶诚华,市委常委、义乌市委书记李一飞,副市长、义乌市长何美华陪同考察。

5月8日,市委召开常委会“坚定理想信念、勇于担当克难”专题讨论会和专题议军会议。

5月9日,市委书记徐加爱检查白沙溪婺城区段水环境治理工作。

5月12日,市委书记徐加爱调研市区重点区块重点项目建设。

同日,市委副书记陶诚华主持召开全市治水办主任会议。

5月13日,市委合并召开党的群众路线教育实践活动推进会、乡镇(街道)党(工)委书记工作交流会、“坚定理想信念、敢于担当克难”主题教育活动部署会、“强化党员干部理想信念教育,严明政治纪律和组织纪律”专题会、市委书记上党课5个会议。市委书记徐加爱,省委督导组组长虞荣仁,市领导暨军民、陶诚华、何杏仁、毛善恩、金中梁、张建明、温暖、程友敏参加会议。

5月13日,市委副书记、政法委书记陶诚华赴市司法局调研指导党的群众路线教育实践活动;赴兰溪市调研兰江水环境治理工作。

同日,市委常委、公安局长毛善恩到婺城区雅畈镇调研“五水共治”工作。

5 月 14 日，市委、市政府召开全市“三改一拆”涉及宗教场所违法建设整治工作现场会，市领导徐加爱、陶诚华、林丹军、祝伦根参加。

同日，市委召开全市领导干部会议、全面深化改革领导小组第二次会议。

同日，市委召开第 17 次市委书记专题会议，研究市管干部因公赴台、市级机关公务用车制度改革实施情况、《市区城中村改造试点实施办法（试行）》、《金华市违法建筑处置实施意见》、《金华市贯彻〈2013 年-2017 年浙江省干部教育培训规划〉实施办法》等事项。

5 月 15 日，市委召开常委会第 80 次（扩大）会议暨党的群众路线教育实践活动领导小组会议。

5 月 16 日，市委书记徐加爱与市政协班子成员分别谈心谈话。

同日，市领导徐加爱、何杏仁陪同中央政治局委员、中央书记处书记、中宣部部长刘奇葆到东阳市调研文化影视产业。

5 月 18 日，市委副书记陶诚华、副市长张伟亚参加全市残疾人运动会开幕式。

5 月 19 日，市委书记徐加爱与市人大常委会班子成员分别谈心谈话。

5 月 20 日，市委召开第 18 次书记专题会议。

同日，市委副书记陶诚华参加市区农村生活垃圾分类减量化试点工作会议。

同日，市委常委、宣传部长何杏仁召开“十项整治”工作进展情况汇报会。

5 月 21 日，市委书记徐加爱到石门农场区域实地调研督查拆违工作；参加与省交投集团工作对接会；到省纪委汇报纪检监察体制改革创新有关工作。

同日，市委副书记陶诚华赴省委督导组驻地检查信访工作；参加“十项整治”领衔项目进展情况专题汇报会。

同日，市委常委、组织部长温暖参加第四次督导组组长例会。

5 月 22 日，市委副书记陶诚华赴金华广电总台录制“市民问政”节目。

同日，市委常委、组织部长温暖赴金东区调研党的群众路线教育实践活动。

5 月 23 日，市委书记徐加爱、副市长祝伦根在杭州与沪昆客专浙江公司对接铁路西客站改造工作。

同日，市委副书记、政法委书记陶诚华赴东阳市调研“五水共治”工作。

5 月 25 日，市委书记徐加爱在磐安县约谈部分干部。

5 月 26 日—29 日，中央第七巡回督导组到金调研。中央第七巡回督导组组长、全国政协提案委员会副主任、江西省政协原主席傅克诚，中央第七巡回督导组副组长、湖南省委原常委、省纪委原书记许云昭先后赴磐安县、东阳市、金东区以及部分市直机关部门，实地走访调研金华市党的群众路线教育实践活动开展情况。市委书记徐加爱，市委常委、组织部长温暖陪同。

5 月 27 日，市委召开常委（扩大）会议暨省委督导组意见反馈会。之后，召开市委常委（扩大）会议暨生态市建设领导小组会议。

5 月 28 日，市委召开第 19 次书记专题会议，研究有关案件。

同日，市委召开常委会第 81 次会议。

同日，市委各常委分别参加省委巡视组谈话和中央巡回督导组个别谈话。

同日，市委副书记、政法委书记陶诚华研究部署信访维稳有关工作。

5 月 29 日，市委书记徐加爱陪同中央巡回督导组到金东区调研。

5 月 30 日，市委书记徐加爱参加金华市第六次少代会开幕式。市领导陶诚华、何杏仁、张建明、温暖、江跃进、刘净非等参加。

同日，全市经济开发区（园区）和工业强镇建设现场会在义乌市佛堂镇召开，市委书记徐加爱作报告，市委副书记、市长暨军民主持会议。

同日，市委副书记陶诚华，市委常委、公安局长毛善恩参加全市反恐怖工作会议。

6 月 4 日，市委书记徐加爱与市委常委会、市政府、市政协班子相关成员谈心谈话。

同日，市委书记徐加爱实地督查市区大货车乱停放整治及 330 国道婺城段环境整治工作。

6 月 6 日，市委书记徐加爱赴宁波走访企业。

6 月 7 日，市委书记徐加爱赴宁波参加浙洽会金华团相关活动，会见杉杉控股有限公司董事局主席郑永刚。

6 月 8 日，市委书记徐加爱赴金东区现场协调指导非法高炮广告处置工作。市委常委、常务副市长金中梁参加。

6 月 9 日，市委召开第 20 次书记专题会议，研究组建金华市多湖中央商务区建设投资有限公司、《关于深入推进新型城市化加快建设全省第四大都市区的实施意见》和全市新型城市化工作会议方案、贯彻全省纪检监察机关“转职能、转方式、转作风”专题研讨班精神意见、市管领导干部因公出国(境)、全国社会扶贫先进个人推荐人选、改进新农村建设奖补资金拨付办法、2013 年政府性债务执行情况和 2014 年政府性债务计划报告、文山会海治理工作、市管领导干部 2013 年度考核、选派 2014 年到省级机关和省级山海协作产业园挂职干部方案及人事、有关案件、设立金华市教育考试院等事项。

同日，市委书记徐加爱主持召开市委常委会第 82 次会议。

6 月 10 日—11 日，省政协主席乔传秀到浦江县、武义县就“三级政协联动、万名委员同行、助推五水共治”民主监督开展调研。省政协秘书长陈荣高，市委书记徐加爱等领导陪同调研。

6 月 11 日，市委书记徐加爱与部分市四套班子成员谈心谈话。

6 月 12 日，市委书记徐加爱实地督查市区迎宾大道“三改一拆”工作。

同日，市委副书记陶诚华参加市治水办室务会议。

6 月 13 日，市委书记徐加爱研究市委常委会民主生活会准备工作。

6 月 14 日，省委常委、组织部长、省委党的群众路线教育实践活动领导小组副组长兼办公室主任胡和平到金华调研指导教育实践活动。省委督导组组长虞荣仁、副组长徐苏宾，市领导徐加爱、暨军民、陶诚华、何杏仁、张建明、温暖参加调研座谈会。

6 月 15 日，市委召开第 21 次书记专题会议，研究有关人事事项。之后，主持召开市委常委会第 83 次(扩大)会议。

6 月 16 日，市委、市政府召开全市新型城市化工作会议。之后，参加市“五水共治”工作领导小组会议。市领导徐加爱、暨军民、陶诚华等参加会议。

同日，市委副书记陶诚华参加全市对台工作会议；参加全市贯彻落实《依法处理进京实施妨碍社会管理秩序行为的指导意见》业务培训会；参加全市党委改革办主任暨市委改革专项小组联络员会议。

6 月 17 日，村务监督委员会成立 10 周年暨深化村务监督工作研讨会在金华市召开。省委常委、省纪委书记任泽民，全国人大常委会委员、内务司法委员会副主任委员王胜明，省人大常委会副主任王永昌，中央纪委研究室主任李雪勤出席会议并讲话。省纪委副书记、监察厅厅长、预防腐败局局长马光明，市领导徐加爱、暨军民、黄锦朝、钟关华、徐建华、张建明、吴国成等参加会议。

6 月 18 日，市委书记徐加爱陪同中央巡回督导组在金检查工作。

同日，市委向中央巡回督导组汇报市委常委会民主生活会准备情况，市领导徐加爱、暨军民、陶诚华参加。

同日，市四套班子领导集体观看舟山市委民主生活会纪实片。之后，市委书记徐加爱与省委常委、公安厅长刘力伟同志谈心谈话。

6 月 19 日—20 日，根据中央、省委统一部署和市委党的群众路线教育实践活动总体安排，市委常委会召开专题民主生活会。中央第七巡回督导组副组长许云昭，省委常委、公安厅长刘力伟全程参加指导专题民主生活会，并在会前听取了市委和省委督导组关于市委常委会民主生活会准备工作等有关情况汇报，与市党政主要负责同志进行了谈心谈话。省委督导组组长虞荣仁对会议进行评价。市委书记徐加爱主持会议。

6 月 22 日，市委书记徐加爱突击检查市区反暴恐应急响应情况。

6 月 23 日，市委召开第 22 次市委书记专题会议，研究六届市政协委员调整方案，贯彻落实全国节俭养德全民节约行动电视电话会议和全省文化体制改革工作会议精神意见，贯彻落实全省党委(党组) 理论中心组学习贯彻习近平总书记系列重要讲话精神座谈会、全省“浙江发布”网络平台建设工作会议精神意见，调整市级机关办公时间方案，市纪委监察局牵头或参与的议事协调机构清理调整工作，《市纪委监察局机关内设机构调整方案》等事项。

6月24日，市委书记徐加爱与县（市、区）党政“一把手”谈心谈话。

同日，市委召开第23次书记专题会议，研究有关人事事项。

同日，市委召开常委会第85次会议。

同日，市委副书记陶诚华陪同市人大代表视察市区“五水共治”工作。

6月25日，市委书记徐加爱参加“两美”金华建设座谈会。

同日，全市“五水共治”现场会在东阳市召开。市委副书记、市长暨军民作报告。市委副书记陶诚华主持会议，市委常委、东阳市委书记徐建华，副市长张伟亚、祝伦根参加会议。省治水办督查组长陈光耀到会指导。

同日，市委书记徐加爱参加义乌市领导干部会议。之后，与部分义乌干部谈心谈话。

6月26日—28日，市委副书记陶诚华赴海南走访慰问海军“金华舰”。

6月27日，市委书记徐加爱送何美华同志到杭州市委办公厅上任。市领导李一飞参加。之后，赴东阳走访东磁集团。

同日，市委书记徐加爱在东阳市与部分东阳干部谈心谈话。

同日，市委书记徐加爱参加全市软弱涣散基层党组织整顿现场推进会暨第二季度基层党建工作例会。

6月28日，市委书记徐加爱陪同公安部常务副部长杨焕宁在义乌市调研反恐工作。

6月29日，市委副书记陶诚华会见台湾现代农业交流团一行并参加签约仪式。

6月30日，市委书记徐加爱开展以“对企真服务、企企见干部”为主要内容的第三轮走亲连心活动，走访金义都市新区菜鸟网络、金满湖等项目。

同日，市委召开“学习身边典型”主题报告会。市领导徐加爱、何杏仁、温暖参加。

同日，市委副书记、市长暨军民与副市长傅利常、祝伦根参加市委六届七次全会文稿征求意见座谈会。

同日，市委副书记陶诚华参加市委六届七次全会文稿征求意见座谈会。

7月1日，市领导徐加爱、暨军民、金中梁、温暖、盛秋平等出席金义都市新区（金华新兴产业集聚区）管委会主要领导调整宣布会。金义都市新区全体干部，金东区四套班子领导、机关部门和乡镇（街道）主要负责人，新区开发建设领导小组成员单位主要负责人等参加会议。会议由市委副书记、市长暨军民主持。市委常委、组织部长温暖宣读干部任免决定。

同日，市领导徐加爱、暨军民、毛善恩、金中梁、林丹军、傅利常现场检查在市体育中心举行的5173大型商业演出安全保卫工作。

7月2日，市委书记徐加爱陪同省委常委陈德荣赴义乌市调研。

同日，市委副书记陶诚华赴浙江信和科技股份有限公司开展“对企真服务、企企见干部”第三轮走亲连心活动。

7月3日，江苏省委书记、省人大常委会主任罗志军，江苏省委副书记、省长李学勇，江苏省政协主席张连珍率江苏省党政代表团到义乌市考察。省委副书记王辉忠，省委常委、秘书长赵一德，省政府党组副书记、省政府顾问王建满，市领导徐加爱、李一飞、盛秋平陪同考察。

同日，市委书记徐加爱主持召开市委“议大事、谋全局，议长远、谋战略”重点调研课题、重大建设项目、重大督导事项征求意见座谈会。市领导暨军民、黄锦朝、郑金平参加。

同日，市委副书记陶诚华陪同省委常委陈德荣赴磐安县调研。

同日，市委常委、宣传部长何杏仁赴浙江华东铝业股份有限公司开展第三轮走亲连心活动。

同日，市委常委、纪委书记张建明到金华开发区洋埠镇开展走亲连心活动。

7月4日，市委召开财经工作领导小组第六次会议，研究市区城市供水价格改革和污水处理费标准调整方案、市本级2014年政府投资预算编制。

同日，市委召开第24次书记专题会议，研究市委六届七次全体（扩大）会议暨市政府六届八次全体会议方案、市委全会决定和报告、下半年省委组织部培训班学员选调方案、人事、案件等事项。

7月7日，市委书记徐加爱听取磐安县工作情况汇报。

7月8日—9日，省委常委、宣传部长葛慧君，市委书记徐加爱参加并指导磐安县委常委会专题民主生活会。

同日，市委副书记、政法委书记陶诚华听取海纳租车案、“万家购物”案有关工作汇报。

7月9日，市委召开常委会第86次会议。

7月11日，市领导徐加爱、温暖、傅利常、祝伦根参加市级老领导读书会开班动员会。

7月12日，市委召开常委扩大会议，传达学习省委常委扩大会议精神，总结交流上半年经济工作，研究部署下半年工作任务。

7月13日，金华市举行“护水哨兵”志愿服务行动暨市区第一轮单元巡查出征仪式。市领导陶诚华、张伟亚、朱恒钱等参加。

同日，市委常委、义乌市委书记李一飞与市委常委谈心交心。

7月14日，市委六届七次全体(扩大)会议暨市政府六届八次全体会议召开。会议深入学习贯彻党的十八大、十八届三中全会和习近平总书记系列重要讲话精神，认真落实省委十三届五次全会决策部署，总结上半年工作，部署下半年任务，研究部署建设美丽金华、创造美好生活工作，审议通过《中共金华市委关于建设美丽金华创造美好生活的决定》。市委书记徐加爱作报告。市委副书记、市长暨军民主持。

同日，市委召开第25次书记专题会议，研究有关案件情况。

同日，市委召开常委会第87次会议。

7月15日，市委书记徐加爱到兰溪市、武义县调研。

7月15日—16日，省政协党组副书记、副主席陈加元，市委副书记陶诚华参加并指导浦江县委常委会专题民主生活会。

7月15日—16日，市委常委、宣传部长何杏仁参加东阳市委常委班子专题民主生活会。

7月15日—16日，市委常委、组织部长温暖参加兰溪市委常委会专题民主生活会。

7月16日，市委书记徐加爱参加市环保局领导班子专题民主生活会。

同日，市委副书记陶诚华听取农村确权赋权有关工作汇报。

7月18日，市委书记徐加爱到金华教育学院、浙江师范大学、上海财经大学浙江学院、浙中教育集团调研。市领导林丹军、祝伦根分别参加有关活动。

同日，市委召开财经工作领导小组会议，研究金义世贸中心项目工作、金华市教育发展投资有限公司组建工作。

同日，市委召开第26次书记专题会议，研究市级民主党派换届领导班子人事方案、市委督导组人员组成方案、人事等事项。

7月21日，市委召开第27次书记专题会议，研究市管干部因公出国(境)、2014年赴美国等地开展引才活动方案、2014年省美丽乡村创建先进县市级评审、“万家购物”案涉案资产处置工作、贯彻全省外国人管理服务工作会议精神意见、贯彻全省统一战线暑期读书会、省委港澳统战工作领导小组扩大会议精神意见、市委常委班子党的群众路线教育实践活动整改方案等事项。

同日，市委书记徐加爱督查尖峰山区块坟墓搬迁工作。

7月21日—22日，市委副书记陶诚华参加市司法局领导班子专题民主生活会。

7月21日，市委常委、组织部长温暖参加市直单位党的群众路线教育实践活动推进会。

7月22日，市委书记徐加爱陪同商务部副部长房爱卿在金东区、义乌市调研电子商务工作。

7月22日—23日，市委副书记、政法委书记陶诚华参加市法院领导班子专题民主生活会。

7月23日，市委、市政府召开金华市推进创建全国文明城市工作暨开展节俭养德全民节约行动电视电话会议，市领导徐加爱、何杏仁、金中梁、江跃进等参加会议。

同日，市委、市政府与国网省电力公司举行合作座谈会。省电力公司总经理李卫东、副总经理石华军，市领导徐加爱、暨军民、傅利常参加座谈会。

同日，市委召开杭金衢高速金华出口匝道改造、迎宾大道道路优化和景观提升、名人雕塑园规划建设工作汇报会。市领导徐加爱、暨军民、何杏仁、金中梁、祝伦根参加会议。

同日，市委副书记陶诚华参加2014年度“爱心助跑、圆梦大学”活动暨“恒龙”专项助学计划启动仪式。

同日，市委常委、组织部长温暖参加市委党校领导班子专题民主生活会。

7月24日，市委理论学习中心组（扩大）举行学习会，集中观看中宣部副部长、中央网络安全和信息化领导小组办公室主任、国家互联网信息办公室主任鲁炜所作的“学习习近平总书记重要讲话精神的几点体会和思考”专题报告视频，深刻领会习近平总书记系列重要讲话精神，特别是在中央网络安全和信息化领导小组第一次会议上的重要讲话及全国网络安全和信息化工作会议精神。市委书记徐加爱讲话，市委常委、宣传部长何杏仁主持会议。市委理论学习中心组成员参加。

同日，市委召开常委会第88次会议。

7月25日，市委书记徐加爱参加磐安县双峰乡领导班子专题民主生活会。

7月28日，市委召开第28次书记专题会议，研究有关人事事项。

同日，市委召开常委会第89次会议。

同日，市委召开市区七大重点区块建设和三江六岸提升建设情况汇报会。市领导徐加爱、暨军民、温暖、张荣贵、祝伦根参加。

同日，市委召开第二次乡镇（街道）党工委书记工作交流会。市领导徐加爱、暨军民、黄锦朝、郑金平、陶诚华等参加。

7月28日—29日，市委副书记陶诚华参加市检察院专题民主生活会。

7月29日，市委书记徐加爱在杭向李强省长汇报现代服务业综合改革试点工作。

同日，市委召开市区七大重点区块建设和三江六岸提升建设情况汇报会。市领导徐加爱、暨军民、金中梁、温暖、林一心、钱世茂、张荣贵、江跃进、祝伦根、朱恒钱参加会议。

同日，市委副书记、政法委书记陶诚华赴浦江县参加郑家坞镇领导班子专题民主生活会。

7月30日，市委召开省委督导组反馈的重点问题整改情况汇报会。市领导徐加爱、暨军民、温暖参加。

同日，市委书记徐加爱与部分拟新任机关部门“一把手”及派驻纪检监察机构调整涉及相关人员谈话。

同日，全市重大决策社会稳定风险评估工作推进会在浦江县召开。市委副书记、市长暨军民作讲话。省委政法委副书记、维稳办主任刘树枝参加会议，市委副书记、政法委书记陶诚华主持会议。

同日，市委常委、宣传部长何杏仁参加东阳市湖溪镇党委专题民主生活会。

同日，市委常委、常务副市长金中梁参加市发改委领导班子专题民主生活会。

同日，市委常委、组织部长温暖向市级老领导通报党的群众路线教育实践活动情况和铁路客站交通枢纽区建设情况。

7月31日，金华市召开市直纪检监察派驻机构统一管理改革工作会议。市领导徐加爱、黄锦朝、郑金平、陶诚华、金中梁、张建明、温暖参加。

同日，全市公安机关“利剑一号”反暴恐综合实战演练在市警校举行。市领导徐加爱、黄锦朝、陶诚华、毛善恩、金中梁、刘净非等现场观摩演练。

同日，全省高速公路广告牌整治现场会在金华市召开。省政府党组副书记、省政府顾问王建满，市委副书记、市长暨军民，省交通厅长郭剑彪，省政府副秘书长谢济建参加会议。

同日，市委副书记、政法委书记陶诚华听取市委政法委党的群众路线教育实践活动情况汇报。

同日，市委常委、常务副市长金中梁参加金义都市新区领导班子专题民主生活会。

同日，市委常委、组织部长温暖参加兰溪市兰江街道领导班子专题民主生活会。

8月1日，金华市隆重举行庆祝建军87周年暨荣获“省级双拥模范城五连冠”大会。市委书记徐加爱参加会议并作报告。市委副书记、市长暨军民主持会议。

同日，市委书记徐加爱，市委副书记、市长暨军民，走访慰问省军区机关和省武警总队，军地双方进行了交流座谈。省军区王新海、李大清、徐云法、郭正钢，武警浙江省总队白海滨、戴建国等部队首长参加座谈。

同日,市委副书记陶诚华参加市委办全体干部大会,宣传市委办公室主任调整有关事宜。

8月2日,市委副书记、政法委书记陶诚华与市委政法委班子成员分别谈话。

8月4日,市委书记徐加爱赴铁路总公司联系汇报工作。市委常委、常务副市长金中梁陪同。

同日,市委副书记、市长暨军民参加武义县桐琴镇班子专题民主生活会。

同日,市委副书记、政法委书记陶诚华参加市委政法委班子专题民主生活会。

8月5日—7日,省委书记、省人大常委会主任夏宝龙在金华市兰溪、武义、永康、东阳等县市调研。省领导赵一德参加调研。市领导徐加爱、暨军民陪同调研。

8月5日,省委副书记、省长李强一行到东阳就旅游业发展情况进行调研指导。市委书记徐加爱,市委副书记、市长暨军民等陪同调研。

同日,市委书记徐加爱赴兰溪市诸葛八卦村检查工作。

8月6日,市委副书记陶诚华听取农村确权赋权工作情况汇报。

8月7日,市委副书记陶诚华赴婺城区、金东区调研农村生活垃圾分类减量试点工作。

8月8日,市委常委、宣传部长何杏仁参加市文化局领导班子专题民主生活会。

8月9日,市委书记徐加爱召集金东区政府负责人及市行政执法局、市建设局等部门负责人,徒步检查万达广场、八咏桥环境秩序。

8月11日,市委书记徐加爱到金东区和金义都市新区走访联系工业企业。

8月11日,市委副书记陶诚华赴婺城区、金东区调研农村生活垃圾分类减量试点工作。

8月12日,市委召开第29次书记专题会议,研究市管领导干部因公出国(境)、市管领导干部因公赴台、案件、表彰人民调解工作先进集体和先进个人名单、贯彻全省深化农村确权赋权改革现场推进会精神意见、石门农垦场棚户区改造项目建设方案、市区旅游度假区建设、《市党政机关国内公务接待管理细则》、贯彻全省编委办主任会议精神意见、人事等事项。

同日,市委常委、宣传部长何杏仁听取市督考办关于减轻基层负担清理工作情况汇报。

8月13日,市委召开常委(扩大)会第90次会议。

同日,全市首场领导干部预防职务犯罪宣讲会在市文化中心举行,市委副书记、政法委书记陶诚华主持并作动员讲话,市检察院检察长毛建岳主讲。

8月14日,市委召开全面深化改革领导小组第三次会议。市领导徐加爱、暨军民、陶诚华、毛善恩、金中梁、温暖和领导小组全体成员等参加。

同日,市委书记徐加爱参加市委办第一支部组织生活会。

同日,市委副书记、政法委书记陶诚华参加全市平安建设形势分析会。

同日,市委副书记陶诚华,市委常委、常务副市长金中梁参加市委防范和处理邪教问题领导小组成员单位会议。

8月15日,市委书记徐加爱听取城市管理、工业经济等情况汇报。

同日,市委召开第30次书记专题会议,研究有关人事事项。

同日,市委常委、组织部长温暖参加市委组织部机关第一支部专题组织生活会。

8月18日,市委书记徐加爱,市委常委、组织部长温暖送张建明同志到省社会主义学院报到履新。

同日,市委副书记陶诚华赴金东区调研农村生活垃圾分类减量试点工作。

同日,市委常委、宣传部长何杏仁参加市委宣传部第一党支部专题组织生活会。

8月19日,市委书记徐加爱赴省国土资源厅联系工作。

同日,市委副书记陶诚华听取社区建设调研有关情况汇报。

同日,市委常委、组织部长温暖参加全市"福彩牵手,慈善助梦"2014贫困学生资助仪式。

8月20日—21日,中央组织部副部长、中央党的群众路线教育实践活动办公室副主任陈向群一行来金调研教育实践活动及基层党建工作。中央组织部组织一局副局长黄川,省委组织部副部长朱伟,市领导徐加爱、暨军民、温暖等领导分别参加或陪同调研。

8月21日，市委书记徐加爱参加指导金东区澧浦镇琐园村党支部专题组织生活会。

8月21日—26日，市委书记徐加爱率金华市党政代表团，赴新疆、青海考察。市领导钟关华、李一飞、孙荣燕、吴国成，金华新兴产业集聚区管委会主任郑余良及各县（市、区）委书记、部分市直部门负责人参加考察。

8月21日，市委常委、宣传部长何杏仁听取名人雕塑规划情况汇报。

8月22日，市委副书记陶诚华参加民盟金华市第十次代表大会开幕式；参加市委办第二党支部专题组织生活会。

8月25日，市委副书记陶诚华参加民进金华市第四次代表大会开幕式。

8月27日，市委召开第31次书记专题会议，研究金华安邦护卫有限公司脱钩移交工作、市区房地产市场运行、市管干部因公出国（境）、市管干部因公赴台等事项。

同日，九三学社金华市第七次代表大会开幕，九三学社浙江省委专职副主委叶烈窑，市领导陶诚华、丁国玉、蔡健、傅利常、张跃进、朱恒钱、胡锦全等出席会议。

8月28日，由市委、市政府授权，市政府新闻办实名认证的"金华发布"网络政务平台正式上线。市委书记徐加爱作出批示，市委副书记、市长暨军民发来贺信。市委常委、宣传部长何杏仁，市委常委、常务副市长金中梁出席上线仪式，并共同启动"金华发布"网络平台上线按钮。

同日，市委副书记陶诚华赴婺城区、金东区调研农村生活垃圾分类减量试点工作。

8月29日，市委召开市委理论学习中心组（扩大）专题学习会。

同日，市委书记徐加爱主持召开县（市、区）委书记座谈会

同日，中国民主建国会金华市第十次代表大会开幕。省政协副主席、民建省委会主委陈小平，市人大常委会主任黄锦朝，市政协主席郑金平到会祝贺，市委副书记陶诚华讲话。

9月1日，市委召开第八次财经工作领导小组会议，研究市属国有功能类企业投资监督管理暂行办法等3个办法、尖峰山文化公园方案等事项。

同日，市委召开第32次书记专题会议，研究全省和全国离退休干部先进集体和先进个人、完善督查考评工作机制、市委工作座谈会有关意见落实方案等事项。

同日，市委召开常委（扩大）会第91次会议。

9月2日，市委召开书记专题会议，研究有关案件。

9月2日—4日，市委常委、组织部长温暖陪同以省委组织部原副部长、省编办原主任陈小恩同志为组长的省管市县党政后备干部集中调整调研组调研。

9月3日，市领导徐加爱、暨军民、陶诚华、何杏仁、钟关华、毛善恩、金中梁参加干部选拔任用情况专题汇报会。

同日，市委副书记陶诚华赴金华开发区洋埠镇调研农村生活垃圾分类减量试点工作。

9月3日—4日，市委常委、组织部长温暖陪同以中央巡视组副局级巡视专员刘素利同志为组长的中组部选人用人专项检查组来金检查。

9月4日，市委书记徐加爱到五百滩、万达广场调研城市建设管理工作。

9月5日，市委书记徐加爱赴财政部、商务部联系汇报现代服务业改革试点工作。

同日，市委副书记、政法委书记陶诚华赴兰溪市参加全市农业"两区"建设现场会。

同日，市委常委、公安局长毛善恩参加《市民问政》党的群众路线教育实践活动特别节目。

9月9日，市委书记徐加爱在杭州参加省委书记夏宝龙召集的延福寺保护维修工作汇报会。市委常委、武义县委书记钟关华参加。

9月9日—10日，市领导徐加爱、暨军民、林一心、江跃进、林丹军、王建平、刘净非走访柳湖小学、金华一中、市技师学院（高级技工学校）、南苑中学、金华九中、金东区实验小学、金华广播电视大学和市实验幼儿园，看望慰问部分教师，并通过他们向全市教育工作者致以节日的问候。

9月10日，市委书记徐加爱赴多湖中央商务区管委会调研。

同日，全省部分市县党的群众路线教育实践活

动整改落实推进会在金华市召开。省委常委、组织部长胡和平出席会议并讲话。省委赴温州市、金华市、衢州市、丽水市督导组组长厉志海、虞荣仁、袁荣祥、陈艳华,省委组织部副部长朱伟,市委书记徐加爱参加会议。市委常委、组织部长温暖汇报了全市教育实践活动整改落实工作。

同日,市委召开第34次书记专题会议,研究《中共金华市委理论学习中心组学习制度》、市管干部因公出国(境)、市管干部因公赴台、《关于加强矛盾纠纷预防化解工作的意见》、金华城市形象主题口号入围和中选作品、市现代服务业综合试点等事项。

9月11日,市委召开常委(扩大)会第92次会议。

同日,市委召开第9次财经工作领导小组会议,研究《金华市区国有土地上房屋征收与补偿实施意见》《市区集体土地上房屋征收与补偿实施意见》《婺城区二七区块棚户区改造项目工作方案》等事项。

同日,市委书记徐加爱调研金华山开发建设工作。

9月12日,市委书记徐加爱到金东区各乡镇(街道)暗访调研。

9月15日,市委书记徐加爱,市委常委、组织部长温暖陪同中央第五巡视组副组长、中央巡视组副部级巡视专员马瑞民一行考察调研。

同日,市领导徐加爱、李一飞陪同中央巡视组在义乌调研。

9月15日—17日,市委常委、宣传部长何杏仁陪同省委常委、宣传部长葛慧君赴义乌市、磐安县调研。

9月16日,市委书记徐加爱陪同中央巡视组在浦江县调研。

同日,市委书记徐加爱到磐安县双峰乡检查党的群众路线教育实践活动整改落实工作。

9月17日,省委常委、常务副省长袁家军在我市调研经济运行及有效投资工作。市委书记徐加爱等领导陪同调研活动。

9月17日—18日,市委常委、宣传部长何杏仁参加党政领导干部“走进海防线”活动。

9月18日,金华市召开国家现代服务业综合试点工作推进会。会议宣读了省委书记夏宝龙、省长李强的重要批示。省委常委、常务副省长袁家军,商务部流通发展司司长向欣,财政部经济建设司副司长孙志,市领导徐加爱、暨军民、黄锦朝、郑金平、钟关华、徐建华、李一飞、温暖等参加会议。

9月19日,市委理论学习中心组(扩大)举行专题学习会,深入学习领会习近平总书记关于经济工作的系列重要讲话精神,认真学习贯彻省委对经济工作的总体部署,研讨全市贯彻意见。市委书记徐加爱作主题讲话。市委副书记、市长暨军民主持会议。

同日,金华市召开安全生产和“四破攻坚”工作推进会。市委书记徐加爱参加会议并作重要讲话,市委副书记、市长暨军民主持会议。

同日,市委召开第35次书记专题会议,研究市管干部因公出国(境)、撤销有关六届市政协委员方案、市政协部分专委会兼职副主任职务调整等事项。

同日,第八届中国·磐安中药材交易博览会开幕。省人大常委会副主任程渭山,市委副书记、市长暨军民等考察了“浙八味”特产市场。国内中医药专家、知名药企老总、药商、种植大户、参展商等近千人与会。

同日,市委常委、组织部长温暖参加全市军转安置工作小组会议。

9月22日,金华市召开庆祝人民代表大会成立60周年大会。市委书记徐加爱出席并讲话。市领导暨军民、黄锦朝、郑金平、何杏仁、温暖,市人大常委会老领导阎寿根、黄友源等参加。

同日,市委书记徐加爱陪同中央党的群众路线教育实践活动第七督导组考察调研义乌国际商贸城。市委常委、义乌市委书记李一飞陪同。

同日,市委副书记、市长暨军民赴武义县桐琴镇检查指导党的群众路线教育实践活动开展情况。

9月22日—23日,市委常委、组织部长温暖陪同中央第七巡回督导组副组长、湖南省委原常委、省纪委原书记许云昭带队到义乌市调研。

9月23日,市委书记徐加爱与省委组织部后备干部专题调研组对接有关事项。

同日,市委常委、宣传部长何杏仁检查“金华发布”平台和金华新闻网客户端运行情况。

9月24日,市委召开金华市党政领导班子实绩考核评价分析会。市领导徐加爱、暨军民、温暖参加。

9月24日—25日,市委副书记陶诚华陪同浦东干部学院法治城市建设专题研讨班成员赴东阳、义乌、金东、武义考察。

9月25日，市委召开市委督导组派驻动员会。市领导徐加爱、暨军民、钟关华、徐建华、夏建成、温暖等参加。

同日，市委召开第93次常委会议。

同日，在金华电视台演播厅《市民问政》节目现场，市委常委集体接受55名市党代表关于党的群众路线教育实践活动整改落实和第六次党代会重点工作完成情况的询问。

9月25日，市委常委、组织部长温暖参加民革金华市第十二次代表大会。

9月26日，市委书记徐加爱参加第19届中国五金博览会开幕式。

同日，市委书记徐加爱督查安全生产和调研精品城市建设工作，赴市消防支队慰问消防官兵。

同日，市委书记徐加爱，市委副书记陶诚华参加2014年老人节市级离退休老领导座谈会。

9月29日，市委书记徐加爱参加老年节走访慰问活动。市领导温暖、林一心、刘净非参加。

9月30日，烈士纪念日公祭烈士活动举行。市委常委，市人大、市政协主要领导和副市长参加。

10月6日，市委书记徐加爱陪同全国政协原副主席厉无畏在市区考察。

10月7日，西部控股集团董事局主席陈远东、北京大学建筑与景观设计学院院长俞孔坚一行来我市考察，就合作开发尖峰山区块进行深入交流。市领导徐加爱、暨军民、邵国强、祝伦根参加相关活动。

10月8日，举行市召开“精准发力抓落实、全力冲刺四季度”工作汇报会，分析前三季度工作的成绩与不足，部署第四季度重点工作。市委书记徐加爱参加会议并作重要讲话，市委副书记、市长暨军民主持会议。

10月9日，市领导徐加爱、陶诚华、温暖等出席市级民主党派领导班子读书会。

同日，市委召开常委会第94次会议暨市委教育实践活动领导小组会议。

10月10日，市委常委和副市长参加全省党的群众路线教育实践活动总结大会。

同日，市委召开第36次书记专题会议，研究金华市区至兰溪城际客运班线公司化改造实施方案、贯彻全省农村改革推进会精神意见、市本级2014年军队转业干部及随调家属安置、市管干部因公出国(境)、市管干部因公赴台、省级文明单位(镇、街道、村、社区)和历届省级文明单位(镇、村)复评等事项。

同日，市委书记徐加爱参加省委赴县(市、区)党的群众路线教育实践活动督导组组长座谈会。市委常委、组织部长温暖主持会议。

同日，市委副书记陶诚华听取市区垃圾分类减量试点工作有关情况汇报。

10月11日，举行市召开全市党的群众路线教育实践活动总结大会。会议深入学习贯彻中央和全省党的群众路线教育实践活动总结大会精神，对全市教育实践活动进行总结，对强化从严治党、持久深入推进作风建设作出具体部署。市委书记、市委党的群众路线教育实践活动领导小组组长徐加爱，省委赴金华市督导组组长虞荣仁出席会议并讲话。市委副书记、市长暨军民主持会议。

同日，市委召开常委会第95次会议。

10月13日，市委书记徐加爱到浦江县暗访环境整治、经济转型升级工作。

同日，市委召开第37次书记专题会议，研究《金华市人大常委会关于深入推进新型城市化的决议》、金华城市形象主题口号、市管领导干部因公出国(境)、贯彻全省干部监督工作会议精神意见、贯彻全省优秀年轻干部培养选拔工作座谈会精神意见、进一步加强干部队伍监督三项制度和有关人事等事项。

10月13日，市委副书记陶诚华听取市区基督教、“三改一拆”涉及宗教违法建筑处置等有关工作情况汇报。

同日，市委常委、宣传部长何杏仁参加2014横店影视节——中国影视产业发展论坛。

10月14日，市委副书记陶诚华赴武义县调研农村生活污水治理、垃圾分类减量、信访维稳工作及全市“清三河”现场会筹备工作情况。

10月15日，省委副书记、省长李强在金华调研，市委书记徐加爱和市委副书记、市长暨军民陪同调研。

同日，市委副书记陶诚华赴婺城区调研农村生活污水治理、垃圾分类减量、信访维稳等工作。

10 月 16 日,由国家工商总局、省政府主办的第三届工商行政管理创新发展高层研讨会在义乌市召开。国家工商总局局长张茅作主旨演讲,省委副书记、省长李强致辞。国务院法制办副主任袁曙宏,国家工商总局副局长甘霖,副省长朱从玖,市领导徐加爱、暨军民、李一飞、胡国强出席活动。

10 月 16 日—17 日,省委副书记王辉忠来金调研新形势下如何加强和改进群团组织基层基础工作。市领导徐加爱、暨军民、陶诚华等分别参加调研或座谈。

10 月 18 日,2014 世界工艺文化节暨第九届中国东阳木雕竹编工艺美术博览会在东阳中国木雕城开幕。世界手工艺理事会名誉顾问、中国工艺美术协会名誉理事长李铁映宣布开幕,副省长毛光烈,市领导徐加爱、徐建华等参加。

同日,中国互联网 20 年创业创投峰会在举行市举行。原中国工程院副院长、院士、中国互联网协会理事长邬贺铨、清华大学长三角研究院院长王涛,互联网实验室 CEO 方兴东等知名互联网专家学者和企业家参加。市委书记徐加爱出席峰会开幕式并致辞,市委副书记、市长暨军民和与会领军人物进行了恳谈。

同日,市委副书记陶诚华参加金职院办学百年暨高职教育 20 周年纪念活动开幕式。

10 月 20 日,举行市召开庆祝人民政协成立 65 周年暨全市政协工作会议。市委书记徐加爱出席会议并讲话。市委副书记、市长暨军民主持会议。

同日,市委召开常委会第 96 次会议。

同日,召开深化农村改革推进会。市委书记徐加爱出席会议并讲话,市委副书记、市长暨军民,市人大常委会主任黄锦朝,市政协主席郑金平,市委副书记陶诚华参加。

同日,市委副书记陶诚华赴金东区调研“三农”工作。

10 月 21 日,第 20 届中国义乌国际小商品博览会在义乌国际博览中心开幕。全国妇联副主席、书记处书记崔郁,中国商业联合会会长张志刚,副省长朱从玖,中国侨联副主席、省政协副主席吴晶共同启动开幕水晶球。中国轻工业联合会副会长陶小年,国家发展改革委国际合作中心主任曹文炼,省政府副秘书长陆建强,省食品药品监督管理局局长朱志泉,省商务厅厅长周日星,省妇联主席劳红武,商务部外贸发展事务局副局长贾国勇,市领导徐加爱、李一飞、盛秋平、刘净非参加开幕式。

同日,市委副书记陶诚华赴浦江县调研农村生活污水治理、垃圾分类减量、信访维稳等工作。

10 月 22 日,全市“清三河”工作现场推进会在武义县召开。市委书记徐加爱出席会议并讲话,市委副书记、市长暨军民主持会议。

10 月 23 日,市委理论学习中心组举行浙中论坛报告会,邀请省委宣传部常务副部长胡坚作题为《文化的力量》的专题报告。市委常委、宣传部长何杏仁主持,市委理论学习中心组成员参加。

同日,市委召开常委(扩大)会第 97 次会议。

同日,第十二届中国苗木交易会和第二届金华苗木采购节分别在仙桥花木城和澧浦苗木城举行。省人大常委会副主任程渭山,省林业厅厅长林云举,中国花卉报社社长周金田,市领导暨军民、陶诚华、张荣贵、张伟亚、胡锦全等出席开幕式。

同日,市委副书记陶诚华陪同湖北省咸宁市党政代表团赴金东区考察调研。

10 月 24 日,市委召开市委全委会议。

同日,在兰溪举行会议,庆祝浙江省第十八个环卫工人节。市委书记徐加爱,市委副书记、市长暨军民联合致信,向全市近 8800 名环卫职工致以节日祝贺和亲切慰问。市领导钱世茂、祝伦根、王建平等出席庆祝表彰大会。

10 月 25 日,全国商品交易市场党建工作研讨会在义乌市召开。活动由全国党建研究会非公有制经济组织党建研究专业委员会、国家工商总局推进非公有制经济组织党建工作领导小组联合主办。国家工商总局党组成员、副局长、总局推进非公经济组织党建工作领导小组组长孙鸿志,全国党建研究会副会长卢先福,全国党建研究会非公专委会主任委员、省委常委、组织部长胡和平出席会议并讲话。全国党建研究会非公专委会副主任委员兼秘书长、省委组织部副部长、省委“两新”工委书记庄跃成主持会议。省工商局局长裘东耀,市领导徐加爱、暨军民、李一飞、温暖、胡国强、盛秋平参加研讨会及其他有关活动。

10 月 26 日—27 日，商务部台港澳司司长陈星，中国机电产品进出口商会第一副会长、台北办事处主任李荣民率领的“台湾企业大陆行”代表团来我市考察，并进行产业合作与项目对接洽谈。市领导徐加爱、暨军民、金中梁、傅利常、张伟亚、邵国强、胡国强、孙荣燕，其他领导郑余良参加相关活动。

10 月 27 日，市委召开常委(扩大)会第 98 次会议。

同日，市委召开第 38 次书记专题会议，研究有关人事事项。

同日，市委召开常委会第 99 次会议。

同日，召开精品城市建设暨大气污染防治工作会议。市委书记徐加爱出席会议并作报告，市委副书记、市长暨军民主持会议。

同日，市委书记徐加爱参加金义都市新区主要领导调整宣布会议，并与部分干部谈心谈话。市委常委、常务副市长金中梁，市委常委、组织部长温暖参加会议。

10 月 28 日，第二届中国—中亚合作论坛在义乌举行。第十一届全国人大常委会副委员长周铁农、吉尔吉斯斯坦前总理萨特巴尔季耶夫，外交部副部长程国平、副省长梁黎明、上海合作组织秘书长梅津采夫，市领导暨军民、李一飞、林一心、孙荣燕、盛秋平参加活动。

10 月 28 日—29 日，市委书记徐加爱到东阳市暗访“三改一拆”“五水共治”“清三河”等工作。

10 月 29 日，市委召开第 39 次书记专题会议，研究有关案件。

同日，市委召开全市乡镇(街道)党(工)委书记工作交流会(视频)，市领导徐加爱、暨军民等参加。

同日，市委召开第十次财经工作领导小组会议，研究五百滩公园名人雕塑方案设计及建设工作、进一步加强人才住房保障工作的意见、多湖中央商务区土地房屋征收实施方案等事项。

10 月 30 日，市委书记徐加爱听取金华市城际客运运营机制改革方案汇报。

10 月 31 日，市委书记徐加爱到金华开发区暗访“三改一拆”“五水共治”“农村环境整治”等工作。

11 月 1 日，市委副书记陶诚华参加全省农机职业技能竞赛开幕式。

11 月 3 日，市委召开第 40 次书记专题会议，研究有关体制调整、人事、市管领导干部出国(境)、市管领导干部因公赴台、市政府职能转变和机构改革方案、组建市卫生和计划生育委员会有关机构编制意见等事项。

11 月 4 日，市委书记徐加爱到兰溪市 6 个乡镇暗访调研。

同日，市委副书记陶诚华听取市区基督教和“万家购物”案件有关情况汇报。

11 月 5 日，市委召开常委会第 100 次会议。

同日，市委副书记陶诚华赴婺城区、金华开发区调研农村生活垃圾分类减量工作。

11 月 6 日，市委书记徐加爱赴浦江县调研；与干部谈心谈话。

同日，市委副书记、政法委书记陶诚华赴永康市调研农村生活垃圾分类减量工作。

11 月 7 日，市委书记徐加爱赴兰溪市 10 个乡镇(街道)暗访调研，并与部分兰溪干部谈心谈话。

同日，市委副书记陶诚华参加市区垃圾分类减量工作座谈会。

11 月 10 日，市委书记徐加爱赴武义县 10 个乡镇暗访调研。

同日，市委常委、宣传部长何杏仁听取文明指数测评工作汇报。

11 月 11 日，市委召开深化法治金华建设座谈会。市领导徐加爱、陶诚华、金中梁、蔡健、刘净非参加。

同日，市委书记徐加爱赴武义县 5 个乡镇(街道)暗访。

同日，市委书记徐加爱会见泰王国政府中小企业经济贸易发展委员会主席陈杰克带领的经贸代表团。

11 月 12 日，市委副书记陶诚华参加民革金华市委会成立 30 周年纪念大会；参加《市民问政》节目录制。

11 月 17 日，市委书记徐加爱参加婺城区主要领导调整宣布会议。市委常委、组织部长温暖参加。

同日，市委书记徐加爱参加市委办公室全体干部会议，宣布市委秘书长调整有关事宜。市委常委、组织部长温暖,市委秘书长陈晓参加。

11月18日,市领导徐加爱、陶诚华等参加省委落实中央巡视反馈意见整改工作动员会。

同日,市委召开第12次财经工作领导小组会议,研究2015年新增省重点建设项目申报、机动车安全检测中心脱钩移交等事项。

同日,市委召开第41次书记专题会议,研究市管领导干部出国(境)、市管领导干部因公赴台、贯彻落实全省“深化千万工程、建设美丽乡村”现场会精神意见、宗教工作有关问题、上级抽查交办涉纪信访件办理情况及有关案件、县(市、区)委书记履行基层党建责任制述职评议考核工作方案、市六届人大代表缺额情况和补选建议等事项。

11月19日—20日,中共中央政治局常委、国务院总理李克强在中央书记处书记、国务委员杨晶,省委书记夏宝龙,省长李强等陪同下,考察了义乌市青岩刘村和义乌国际商贸城,强调要以大众创业培育经济新动力,用万众创新撑起发展新未来。市领导徐加爱、暨军民、李一飞、盛秋平陪同考察。

同日,2014义乌国际装备博览会在义乌国际博览中心开幕。副省长毛光烈,市领导徐加爱、李一飞、傅利常、盛秋平参加开幕式或相关活动。

同日,市委副书记陶诚华参加金华预备役工兵团预任军官集训动员会。

11月20日,市委召开市纪委监察局派驻纪检组工作汇报会。市委书记徐加爱,市委常委、纪委书记夏建成参加会议。

同日,市委召开常委(扩大)会第101次会议。

11月21日,市委召开市委督导组工作汇报会。市委书记徐加爱,市委常委、组织部部长温暖参加会议。

同日,浙江农业博览会在浙江新农都会展中心开幕。金华市142家农业企业参展。省委副书记王辉忠、副省长黄旭明、省政协副主席陈小平、省农业厅厅长史济锡等参观了金华展区;市委副书记陶诚华、副市长张伟亚等参加展会。

11月22日,第四届中国(金华·东阳)国际商贸发展大会开幕。副省长梁黎明,市领导徐加爱、暨军民、徐建华、王国强、邵国强、刘净非等参加相关活动。

11月24日,市委书记徐加爱赴海关总署、邮政集团、万达集团等单位联系工作。

同日,市委副书记陶诚华参加全市治水办主任会议和全市预防职务犯罪工作领导小组会议。

11月25日,市委召开第42次书记专题会议,研究因公赴台考察、“五水共治”考核工作、落实中央巡视组反馈意见集中整改十大行动实施方案等事项。

同日,市委副书记陶诚华陪同省政协原主席周国富一行赴婺城区、金东区调研。

11月26日,市委召开县(市、区)委书记履行基层党建责任制专项述职会议,市委常委参加。

11月27日,市委书记徐加爱陪同全国政协副主席何厚铧在金视察。

同日,市委副书记、政法委书记陶诚华赴德清考察学习美丽乡村建设工作。

11月28日,2014浦江·第七届中国书画节开幕,2014“万年浦江”全国中国画作品展同期举办。省政协副主席陈加元,中国美协分党组书记、驻会副主席吴长江,市委书记徐加爱、省文化厅厅长金兴盛等出席开幕式。

同日,召开全市“深化百千工程、建设美丽乡村”现场推进会,市领导徐加爱、暨军民、陶诚华、徐建华、李一飞、张荣贵、张伟亚、朱恒钱、吴国成参加。

同日,市委召开第43次书记专题会议,研究有关案件。

同日,市委召开第102次常委会议。

同日,市反邪教协会召开第三届会员代表大会,选举产生市反邪教协会三届理事会理事。省防范和处理邪教问题办公室主任楼志浪到会祝贺,市委副书记陶诚华,市委常委、常务副市长金中梁,市人大常委会副主任蔡健,市政协副主席刘净非出席会议。

12月1日,市委书记徐加爱在义乌市暗访调研“三改一拆”、“五水共治”、经济转型等工作。

同日,市委副书记陶诚华参加金东区“五水共治”考核工作汇报会。

12月2日,市委召开全面深化改革领导小组第四次会议,研究市委全面深化改革领导小组议事决策制度、推动传统媒体和新兴媒体融合发展实施意见、全市全国现代服务业综合试点推进情况、全市“四张清单一张网”建设工作等事项。

12月3日,市委副书记陶诚华参加金东区“五水共治”考核工作反馈会。

同日,市委副书记陶诚华参加市区垃圾分类减量工作会议;参加金华市环保联合会成立大会。

12月5日,市委书记徐加爱接待中组部干部考察组对陈一新同志延伸考察。市委常委、组织部长温暖参加。

同日,市委副书记陶诚华参加金华市志愿者协会第二次会员代表大会。

同日,市领导陶诚华、何杏仁、金中梁参加全市国防教育工作会议。

12月8日,市委书记徐加爱陪同好莱坞(中国)投资集团考察金义都市新区。

同日,市委副书记陶诚华参加全市“五水共治”工作考核汇报会。

12月9日,市委召开第103次常委(扩大)会议。

同日,“浙中论坛”举行两场专题报告会,市委分别邀请华融证券股份有限公司、华融期货股份有限公司董事长、党委书记祝献忠和党的十八届四中全会文件起草组成员、全国政协社会与法制委员会副主任、中央政策研究室原副主任施芝鸿为金华市机关干部作报告。市委理论学习中心组成员及市直属各单位副处以上领导干部参加报告会。

同日,市委召开第13次财经工作领导小组会议,研究二七新村棚户区改造融资有关问题。

同日,市委召开第44次书记专题会议,研究市区禁止销售燃放烟花爆竹工作、金华市军人随军家属就业安置实施意见、全省“五水共治”考核工作准备情况等事项。

12月12日,市委书记徐加爱到省纪委、省环保厅等有关部门联系汇报工作。

12月15日,市委召开第104次常委(扩大)会议。

同日,市委召开务虚会,以“适应新常态、谋求新发展”为主题,谋划明年及今后一个时期发展思路和工作重点。市委书记徐加爱主持会议并作报告。市四套班子领导、各县(市、区)委书记、市直有关部门主要负责人作了发言。

同日,市委召开第105次常委会议。

12月16日,市委书记徐加爱到婺城区七个乡镇暗访调研。

12月17日,由省政府副秘书长、省环保厅厅长、省治水办常务副主任徐震率领的省考核组来金考核“五水共治”工作。市委副书记、市长暨军民汇报金华市工作情况,市委副书记陶诚华,副市长张伟亚参加会议。

同日,市委副书记陶诚华陪同省“五水共治”考核组赴婺城区、金东区检查“五水共治”工作。

12月18日,北京大学(金华)信息科技园开园,软通动力、土人设计、圣泓、汇众教育、酷漫居、爱装科技、金指亚讯、猪八戒网等11家企业正式签约落户金华。市委书记徐加爱、副市长傅利常,北京大学信息科学技术学院党委书记魏中鹏、副院长蒋云等参加活动。

同日,召开学习贯彻习近平总书记人才工作重要讲话精神座谈会暨全市人才工作推进会。市委书记徐加爱出席会议并讲话。市委常委、组织部长温暖主持会议。

同日,市委书记徐加爱赴上海走访复星集团。

12月19日,市委书记徐加爱赴上海财经大学对接联系工作。

12月21日,杭州金华商会举行第二次会员大会,选举产生第二届理事会,并举行2015迎新会。省人大常委会副主任王永昌、原副主任孔祥有,省政协原副主席陈文韶出席会议;市领导徐加爱、暨军民、何杏仁、邵国强出席会议。

12月22日,市委召开全委会议、全市领导干部会议。

12月23日,市委书记徐加爱主持召开市委全会决定稿征求意见座谈会。

12月24日,浙中预防职务犯罪警示教育基地在金华监狱培训中心启用。省检察院检察长陈云龙、省监狱管理局政委戚建烈,市领导徐加爱、陶诚华、金中梁、蔡健、刘净非,市检察院检察长毛建岳、市委秘书长陈晓等参加相关活动。市委常委、纪委书记夏建成主持。

同日,市委召开财经工作领导小组会议,研究浙中公铁联运港建设事项。

同日,市委召开第45次书记专题会议,研究贯彻省国家安全领导小组第四次扩大会议精神意见、省级和谐劳动关系先进企业、先进园区和先进组织推荐人选、市管领导干部因公出国(境)、综合考评工作、市委六届八次全体(扩大)会议暨市政府六届九次全体会议方案、市委全会《决定》和报告、讲话起草情况,进一步强化党风廉政建设党委主体责任的若干意见和落实党风廉政建设纪委监督责任的实施意见、金华市乡镇纪委工作规定、有关干部管理制度和人事事项。

同日,市委书记徐加爱、副市长邵国强参加金华市外国友人、海外华侨及学子代表迎新年联谊活动。

12 月 25 日,市委召开第 106 次常委会议。同日,市委副书记陶诚华参加农工民主党金华市委会成立 60 周年纪念会。

12 月 26 日,市委副书记陶诚华赴婺城区、金东区、金华开发区调研农村生活垃圾分类减量工作。

12 月 29 日,市委六届八次全体(扩大)会议暨市政府六届九次全体会议召开。会议深入学习贯彻党的十八届四中全会和省委十三届六次全会精神,按照中央和省委经济工作会议的决策部署,总结 2014 年工作,部署明年任务,研究全面深化法治金华建设工作,动员全市干部群众适应新常态、谋求新发展,着力在转型升级上下更大功夫,确保全面完成"十二五"规划目标任务。市委书记徐加爱作报告,并就决定稿向全会作了说明。市委副书记、市长暨军民主持会议。市委全会审议通过了《中共金华市委关于全面深化法治金华建设的决定》。

12 月 30 日,市委书记徐加爱调研城市建设项目进展情况,并暗访婺城区 4 个乡镇。

同日,市委副书记陶诚华赴浙中粮油交易中心、浙江信和科技股份有限公司检查指导工作。

12 月 31 日,市委召开常委(扩大)会第 107 次会议。

同日,市委副书记陶诚华赴兰溪调研走访联系企业。席会议并讲话,市委副书记陶诚华主持会议

市委常委任免情况

1 月 24 日,浙委干〔2014〕4 号通知,省委决定:程友敏同志任中共金华市委委员、常委;免去杨龙溪同志的中共金华市委常委、委员职务。

8 月 24 日,浙委干〔2014〕126 号通知,省委决定:张建明同志任浙江省社会主义学院副院长,免去其中共金华市委常委、委员,中共金华市纪律检查委员会书记、常委、委员职务;夏建成同志任中共金华市委委员、常委(列李一飞同志之后),中共金华市纪律检查委员会委员、常委、书记,免去其中共丽水市委常委、委员,中共丽水市纪律检查委员会书记、常委、委员职务。

10 月 27 日,金委干〔2014〕96 号通知,市委决定:陈晓同志任中共金华市委秘书长;免去钟关华同志的中共金华市委秘书长职务。

(金德高)

金华市人民代表大会常务委员会

【概述】 2014 年,金华市人大常委会召开常委会会议 6 次、主任会议 16 次,听取审议专项工作报告 13 个,作出决议决定 7 项,开展专项督查 2 次,交办审议意见、视察意见、评议意见 17 个,依法任免和批准任免国家机关工作人员 102 人次,顺利完成了市六届人大五次会议确定的各项任务,为全市经济社会发展和民主法治建设作出了积极贡献。

【加强理论武装】 常委会系统学习了党的十八大、十八届三中、四中全会和习近平总书记系列重要讲话精神,以及张德江委员长在浙江调研时的指示精神,举办宪法、国家安全等知识讲座,开展人民代表大会成立 60 周年系列纪念活动。率先探索建立宪法宣誓制度,获得中央电视台焦点访谈栏目、人民日报的关注和社会舆论的好评。坚持党管干部原则和人大依法任免有机统一,有效实施任前考试、表态制度,共有 51 位拟任领导干部进行任前法律考试,17 位领导干部作了任前表态发言,增强了干部的法治意识和责任意识。

【加强作风建设】 累计征求到涉及"四风"方面意见建议 264 条次,经梳理形成 23 个方面 44 个具体项目的整改清单,如期完成整改任务。坚持建章立制、标本兼治,强化公车管理、规范公务接待、压

缩“三公”经费、厉行勤俭节约，“四风”整治效果明显。坚持精神上保持“一线”状态、实践中发挥“一线”作用，围绕“五水共治”、“三改一拆”、“四破攻坚”、“四换三名”、社区共建、扶贫结对、项目攻坚等工作，经常深入基层、深入群众、深入实践“走亲连心”，倾听意见和呼声，了解困难和诉求。

【加强制度建设】 认真贯彻执行民主集中制原则，坚持集体行使职权，对每项决定、监督、任免等事项，都实行民主决策，充分发扬民主，依法按程序办事，切实体现人大工作的人民性和人大代表的主体性。着力健全人大依法履职的制度体系，进一步完善了司法监督、代表辞职、联系代表以及改进会议组织、加强调查研究等制度，人大工作规范化、程序化、制度化建设取得了新的进展。

【助推转型升级】 常委会听取审议了政府关于计划、财政、审计等工作报告，着力推进市委保稳促调战略决策实施。首次逐项审议表决了2014年新上的市政府重大投资项目，着力推进政府重大投资项目早计划、早启动、早实施，提高资金使用效率。学习贯彻新修改的预算法，着力推进全口径预决算审查监督，进一步深化部门预算审查监督，提高了监督实效。认真听取审议了政府关于网络经济发展情况和浙江金华国家农业科技园区规划建设情况、农产品批发市场迁建情况以及文化产业发展情况报告，着力推进经济结构战略性调整。认真开展财政科技投入、土地节约集约利用、低丘缓坡综合开发情况审议，着力推动创新驱动发展战略实施。积极配合省人大开展科技进步法律法规执法检查，着力推进要素倾斜、营造创新环境，促进创新型城市建设。

【助推新型城镇化】 常委会认真学习贯彻中央、省委和市委系列决策部署，准确理解把握新型城镇化以人为本的核心理念、城乡统筹的本质要求、城市群发展的主体形态，从战略全局的高度，在全省首次以人大常委会决议形式，作出了《关于深入推进新型城镇化的决议》，为推进新型城镇化提供了制度保障。同时，围绕推进金义都市新区建设、城市群综合交通建设、“美丽乡村” 建设和浙中城市群立法等全局性、基础性工作，开展一系列调研、视察、审议等活动，为推进新型城镇化作出了积极努力。

【助推深化改革】 常委会认真调研积极推进政府行政审批制度改革，扎实开展“查找不适应全面深化改革要求的法律法规条文”主题活动，收集梳理了对107部法律法规229个条款的修改意见建议，对47件规范性文件进行备案审查，促进“四张清单一张网”建设。大力支持国家现代服务业综合试点和义乌国际贸易综合改革，依法作出《关于大力推进国家现代服务业综合试点的决定》，着力推动改革红利、内需潜力、创新动力、市场活力的充分释放。

【护好绿水青山】 常委会持续进行跟踪监督，全面推进金华江流域水环境综合整治决定的贯彻实施，有效督办全市黑臭河整治，扎实开展“可游泳河段”申报活动；积极推动农村生活污水治理和生活垃圾处理，促进农村面源污染治理；密切跟踪督查饮用水水源保护，助推饮用水水源保护区环境整治；联动开展防洪排涝专项审议，着力促进“五水共治”形成破竹之势，垃圾河、黑臭河基本消灭，全市10个出境断面水质全部合格，实现历史性改善。高度关注机动车尾气治理、建筑工地扬尘整治和“四边三化”工作，城乡环境出现可喜变化。

【建好精品城市】 常委会听取审议《浙中水乡规划》《金华市城市综合交通规划》《金华市公共交通专项规划》，着重强调各类专项规划与城市总体规划的“多规契合”、切实管用，描绘好城市发展蓝图。高度关注历史文化名城、历史文化街区保护规划修编，提出审议意见，推动名城保护工作。高度关注市区重点区块开发建设，特别是湖海塘区块、尖峰山区块、五百滩区块和铁路金华站的开发建设，根据市委要求，常委会领导靠前指挥，发挥了“一线”作用。

【办好民生实事】 常委会积极推动政府加强食品安全基层网格化管理，要求进一步明确监管责任，优化监管平台，完善监管机制，确保人民群众“舌尖上的安全”。坚持以繁荣发展社会事业为目标，认真听取审议义务教育均衡发展情况专项报告，组织视察特殊教育中心和养老服务体系建设，专项督查国家免费孕前检查项目实施，督查治理城市交通拥堵工作情况，为满足群众多层次、多元化需求，建真言、献良策，做好事、办实事。注重维护归侨侨眷合法权益，关注民间信仰事务活动场所，着力促进社会和谐。

【开展“两官”履职评议】 常委会制定出台监督司法机关工作办法,健全监督机制,拓展监督途径。认真开展“两官”履职评议活动,打出了一套广泛调研、案卷抽查、集中评议、满意度测评等监督组合拳,客观公正作出评议意见,直击要害提出整改要求。

【监督“两院”公正司法】 常委会高度关注涉法改革事项的具体推进,分别听取了“两院”司法体制改革情况报告,明确要求“两院”按照司法体制改革统一部署,稳步做好公共平台建设、人员分类管理等司法体制改革的有关准备工作。为推进法院涉诉信访办理工作和检察院刑事抗诉工作,分别听取了有关工作情况汇报,明确要求最大限度减少和杜绝冤假错案、防止和减少违纪违法问题、提高司法公信力。加强人大信访事项的交办和督办,全年受理人民群众来信来访722件(批)次,切实维护群众合法权益。

【促进社会治理创新】 常委会听取和审议了政府关于社会基层治理机制创新工作情况报告,提出了优化基层治理体系、加强社会组织建设、健全完善社会规范、夯实基层治理基础等一系列富有针对性的措施建议。常委会听取了社区矫正工作专项报告,形成了审议意见。市政府及时制定出台《关于进一步加强社区矫正工作的实施意见》,落实有关机构挂牌、队伍建设等事项,有力推动全市社区矫正工作。

【代表活动】 认真实施代表履职学习计划,先后举办了两期人大代表培训班,举办了代表履职经验交流会,努力让代表熟练掌握履职的途径与方法。组织人大代表分组活动,先后邀请72位代表列席常委会会议,组织了8人次代表列席市政府常务会议,组织了468人次代表参加各类调研、视察、执法检查活动。同时,积极协助做好全国人大代表、省人大代表在金履职活动的服务保障工作。

【建议办理工作】 及时交办320件代表建议,并从中遴选十大重点建议,实行政府领导领办、常委会领导督办制度。选择了6件代表反馈不满意件开展面对面督办,加大协调力度,强化跟踪问效,推动一批事关经济社会发展全局和群众普遍关注问题的解决,代表满意和基本满意率达到99.68%。

【“双联”机制】 建立市人大常委会主任会议组成人员直接联系市人大代表、市人大常委会委员联系市人大代表两项制度,与258位基层市人大代表建立经常性的工作联系。以人大代表联络站建设为切入点,大力推进乡镇(街道)人大规范化建设,全市乡镇(街道)共建立代表联络站177个。

【金华市第六届人民代表大会第五次会议】 2014年2月17日—2月21日,市六届人大五次会议在金华召开。出席会议的市人大代表427名、列席人员197名,参加市政协六届四次会议的全体委员列席了会议。会议听取和审查了市人民政府代市长暨军民所作的关于金华市人民政府工作报告,审查了市发展和改革委员会关于金华市2013年国民经济和社会发展计划执行情况及2014年国民经济和社会发展计划草案的报告、市财政局关于金华市2013年全市和市本级财政预算执行情况及2014年全市和市本级财政预算草案的报告,听取和审查了市人大常委会主任黄锦朝所作的关于金华市人民代表大会常务委员会工作报告、市中级人民法院院长汤海庆所作的关于金华市中级人民法院工作报告、市人民检察院检察长毛建岳所作的关于金华市人民检察院工作报告,会议通过了关于批准上述六个报告的相应决议。会议以无记名投票等额选举的方式,依法选举暨军民为金华市人民政府市长,蔡健为金华市第六届人民代表大会常务委员会副主任,叶少军、刘艾春、陈增加为金华市第六届人民代表大会常务委员会委员。

【金华市六届人大常委会第二十四次会议】 2014年2月11日,市六届人大常委会举行第二十四次会议。会议听取了市政府秘书长祝伦根代表市政府所作的关于政府工作报告起草情况的说明,初审了政府工作报告。会议听取并审议了市政府副秘书长姜能受市政府委托所作的关于市本级2014年政府重大投资项目计划的报告,以按电子表决器表决的方式通过了市本级2014年政府重大投资项目计划。会议听取并审议通过了市人大常委会代表资格审查委员会主任委员林一心所作的关于补选的市六届人大代表的代表资格审查报告。会议听取了市人大常委会秘书长应炳兴代表主任会议所作的关于市六届人大五次会议主席团和秘书长名单草案的说明,审议并同意将该名单草案提请市六届人大五次会议预备会议选举。会议听取了市人大常委会秘书长应炳兴代表主任会议所作的关于市六届人大五次会议列席人员名单草案的说明,审议并通过了市六届人大五次会议列席人员名单。会议听取市人大常委会秘书长应炳兴代表主任会议提出的市六届人大五次会议财政预算审查委员会名单草案,审议并同意将该名单草案提请市六届人大五次会议预备会议通过。会议审议通过了金华市人大常委会 2014 年工作要点。会议审议了市人大常委会工作报告稿,同意将该报告稿提请市六届人大五次会议审查。会议初审了市中级人民法院工作报告稿、市检察院工作报告稿、金华市 2013 年国民经济和社会发展计划执行情况与 2014 年国民经济和社会发展计划(草案)报告稿、2013 年全市和市本级财政预算执行情况及 2014 年全市和市本级财政预算 (草案)报告稿。会议以无记名投票方式表决通过了市政府、主任会议和市检察院的人事提请,决定免去蔡健的金华市人民政府副市长职务;决定接受程子林辞去金华市第六届人大常委会副主任职务,决定接受吴晓华、陈迎春、徐学清辞去金华市第六届人大常委会委员职务。会议书面审议了公检法司关于贯彻实施刑事诉讼法情况审议意见的研究处理报告、市政府关于市环保局工作情况评议意见的研究处理报告、市政府关于市国资委工作情况评议意见的研究处理报告。

【金华市六届人大常委会第二十五次会议】 2014 年 4 月 11 日,市六届人大常委会举行第二十五次会议。会议听取并审议了市司法局局长钟庆华受市政府委托所作的关于我市社区矫正工作情况的报告,听取了市人大常委会委员、法工委主任王国进代表市人大常委会专题调查组关于我市社区矫正工作情况的调查报告。会议听取并审议了金华市浙中水乡建设领导小组办公室主任包晓华受市政府委托所作的关于《浙中水乡总体规划》编制情况的报告、市交通局局长邱建中受市政府委托所作的《金华市区公共交通专项规划》编制情况的报告和市规划局副局长陆峰受市政府委托所作的《金华市城市综合交通规划(2012—2020)》编制情况的报告,审议并表决通过市人大常委会关于《浙中水乡总体规划》、《金华市区公共交通专项规划》、《金华市城市综合交通规划(2012—2020)》的决议。会议以无记名投票方式对人事事项进行表决,决定任命祝伦根、孙荣燕为金华市人民政府副市长。会议还表决通过主任会议、市政府、市检察院的其他人事事项。

【金华市六届人大常委会第二十六次会议】 2014 年 6 月 30 日, 市六届人大常委会举行第二十六次会议。会议听取并审议了市政府副市长张伟亚所作的关于我市防洪排涝工作情况的报告,听取了市人大常委会委员、农工委主任姜洪森代表市人大常委会专题调查组所作的关于我市防洪排涝工作的调查报告。会议听取并审议了市政府副市长邵国强所作的关于我市网络经济发展情况的报告,听取了市人大常委会委员、财经工委主任胡文君代表市人大常委会专题调查组所作的关于我市网络经济发展情况的调查报告。会议听取了市人大常委会委员、法工委主任王国进代表主任会议所作的关于《金华市人大常委会监督司法机关工作办法 (草案)》的起草说明,审议并表决通过了《金华市人大常委会监督司法机关工作办法》。会议审议并表决通过了《金华市人大常委会教科文卫工委和民宗外侨工委委员名单》。会议以无记名投票方式对人事事项进行了表决,接受应炳兴辞去金华市第六届人民代表大会常务委员会秘书长职务;决定任命盛秋平为金华市人民政府副市长,决定免去何美华的金华市人民政府副市长职务。会议还表决通过了主任会议、市政府、市中级人民法院的其他人事事项。

【金华市六届人大常委会第二十七次会议】 2014 年 8 月 14 日, 市六届人大常委会举行第二十七次会议。会议听取并审议了市政府市长暨军民所作的关于市政府 2014 年上半年工作情况和下半年主要工作的报告,听取并审议了市中级人民法院院长汤海庆所作的关于市中级人民法院 2014 年上半年工作情况和下半年主要工作的报告,听取并审议了市检察院检察长毛建岳所作的关于市检察院 2014 年上半年工作情况和下半年主要工作的报告。会议听取并审议了市财政局局长陈志身受市政府委托所作的关于市本级 2013 年财政决算和 2014 年 1—6 月财政预算执行情况的报告,听取并审议了市审计局局长董巧娟受市政府委托所作的关于市本级 2013 年度财政预算执行和其他财政收支的审计情况报告。会议以电子表决的方式表决通过了《金华市人大常委会关于批准市本级2013年财政决算的决议》。会议听取并审议了市政府常务副市长金中梁所作的关于《浙江省饮用水水源保护条例》执法检查审议意见整改落实情况和饮用水专题询问问题办理情况的报告,听取了市人大常委会副秘书长、城建环保工委主任张志明代表市人大常委会调查组所作的关于饮用水水源保护条例执法检查审议意见整改落实情况的调查报告。会议以无记名投票方式对市政府关于《浙江省饮用水水源保护条例》执法检查审议意见和饮用水专题询问问题落实情况进行了满意度测评。会议审议市政府关于社区矫正工作审议意见的书面研究处理报告。会议以无记名投票的方式表决通过市政府、市中级人民法院的人事提请。

【金华市六届人大常委会第二十八次会议】 2014年10月30日,市六届人大常委会举行第二十八次会议。会议听取并审议了市教育局局长徐志坚受市政府委托所作的关于全市推进义务教育均衡发展工作情况的报告,听取了市人大常委会副秘书长、教科文卫工委主任吴文飞代表市人大常委会专题调研组所作的关于我市义务教育均衡发展情况的调研报告。会议听取并审议了市建设局局长潜高星受市政府委托所作的关于金华市国家现代服务业综合试点情况的报告,听取了市人大常委会委员、财经工委主任胡文君代表主任会议所作的关于《金华市人大常委会关于大力推进现代服务业综合试点的决定(草案)》的起草说明,审议并表决通过了《金华市人民大常委会关于大力推进国家现代服务业综合试点的决定》。会议听取并审议了市财政局局长方卫民受市政府委托所作的关于调整市本级2014年财政支出预算的报告,审议并表决通过了《金华市人大常委会关于批准调整市本级2014年财政支出预算的决议》。会议听取并审议了市规划局局长陆峰受市政府委托所作的关于金华历史文化名城保护规划2014年修改有关情况的报告,会议原则同意对通远门城垣遗址区域和天宁寺周边区域建筑控制高度进行调整,并要求市政府尽快报省政府批准后实施。会议听取并审议了市文物局局长施革雄受市政府委托所作的关于古子城和雅畈历史文化街区保护规划编制情况的报告,会议原则同意两项规划,并要求市政府修改完善后,报省政府批准后实施。会议听取了市人大常委会副秘书长、城建环保工委主任张志明代表主任会议所作的关于《金华市人大常委会关于深入推进新型城镇化的决议(草案)》的起草说明,审议并表决通过了《金华市人大常委会关于深入推进新型城镇化的决议》。会议书面审议了市政府关于铁路货场搬迁项目投资规模调整情况的报告、我市网络经济发展情况审议意见的研究处理报告、市本级2013年度财政预算执行和其他财政收支审计情况审议意见的研究处理报告。会议以无记名投票方式表决通过了主任会议、市政府和市检察院的人事提请。会议还首次举行了向宪法宣誓仪式,新任命的13位国家工作人员面向国徽庄严宣誓。

【金华市六届人大常委会第二十九次会议】 2014年12月26日,市六届人大常委会举行第二十九次会议。会议听取并审议了市民政局局长陶叶萍受市政府委托所作的关于全市社会基层治理机制创新工作情况的报告,听取了市人大常委会委员、法工委主任王国进代表市人大常委会专题调研组所作的关于全市社会基层治理机制创新工作情况的调研报告。会议听取并审议了市政府常务副市长金中梁所作的关于市六届人大五次会议代表建议办理情况的报告。会议听取并审议了市审计局局长董巧娟受市政府委托所作的关于市本级2013年度财政预算执行和其他财政收支审计整改情况的报告。会议听取并审议了市人大常委会副秘书长、城建环保工委主任张志明代表主任会议所作的关于市六届人大五次会议代表议案办理情况的报告。会议听取并审议通过了市人大常委会副主任林一心代表主任会议所作的《金华市人大常委会关于召开金华市第六届人民代表大会第六次会议的决定》。会议以无记名投票方式表决通过了主任会议、市政府、市中级人民法院和市检察院的人事提请。会议书面审议了市中级人民法院、市检察院关于"两官"履职评议整改情况的报告,书面审议了市政府关于我市防洪排涝工作情况审议意见的研究处理报告、市政府关于《浙江省饮用水水源保护条例》执法检查审议意见整改落实情况和饮用水专题询问问题办理情况审议意见的研究处理报告。

（唐宇荧）

金华市人民政府

【概述】 2014年，是全市全面深化改革的开局之年，是“五水共治”倒逼转型的攻坚之年，也是新常态下负重拼搏的赶超之年。全年实现地区生产总值3207亿元，增长8.3%；一般公共预算收入268.9亿元，增长10.9%；城镇、农村常住居民人均可支配收入39807元、18544元，分别增长9.4%和11.3%；以上增幅均居全省前列。

【现代农业】 粮食及蔬菜、茶叶、花卉苗木等主要农产品生产稳中有增。新建粮食生产功能区11.9万亩，新增省级现代农业综合园区3个、设施农业1万亩。推广种养结合生态循环模式，畜牧业转型升级步伐加快。东阳获全国粮食生产先进单位。

【工业经济】 规模以上工业增加值945亿元、增长7.4%，单位工业增加值能耗下降9.5%。大力推进“四换三名”和“两化”深度融合，年产值超百亿元园区8个，装备制造业突破1700亿元，战略性新兴产业、高新技术产业增加值分别增长6.1%和8.1%。加快培育大企业大集团和高成长企业，新增上市及新三板、浙江股权交易中心挂牌企业11家；新增中国驰名商标5件、省著名商标38件、浙江名牌产品36只。华铝完成战略重组，吉利发动机等重大项目开工建设。新增国家级高新技术企业65家、省级高新技术研发中心32家、省级重点企业研究院6家。加大招才引智力度，入围国家“千人计划”7人、入选省“千人计划”15人。建筑业总产值突破3000亿元，获评省级建筑强市。房地产业平稳发展。

【服务业】 第三产业增加值1559亿元、增长9.5%，占地区生产总值的48.6%，比重提高0.9个百分点。建成网络经济园区24个，北大信息科技园开园，浙师大网络经济创业园开工建设。接待游客和旅游收入分别增长21.7%和26%，新增武义牛头山等国家AAAA景区4个、省级旅游度假区1个，兰溪成为全国休闲农业与乡村旅游示范县。入选省级文化产业示范基地（园区）7家，国家级文化出口重点企业5家、省级13家，东阳举办世界工艺文化节和中国木雕博览会。

【三大需求拉动】 完成固定资产投资1595亿元，增长16.9%，省“411”重大项目及省、市重点项目超额完成年度投资计划。进出口总额首次突破400亿美元，跻身“全国外贸百强城市”第24位。社会消费品零售总额1593亿元、网络零售额942亿元，分别增长13.2%和41%。浙（婺）商回归到位资金超300亿元，实际利用外资2.8亿美元，引进投资超10亿元项目14个。完善财政金融政策，新增贷款576亿元，贷款余额增长11.2%，政府应急周转金累计转贷248亿元。

【“四张清单一张网”】 “四张清单一张网”初步建成，市级部门行政权力事项精减54%，财政专项资金整合为37项，制定实施部门责任清单，开展负面清单外企业投资项目不再审批试点。下放市级审批权限204项，开设“中介服务超市”，完善全程代理和集中审批机制。深化商事制度改革，推行先照后证、多证联办、证照合办，工商注册实现内资2天、外资3天、简易事项当天办结，新增市场主体11万户、注册资本576亿元，分别增长8%和40.5%。组建市场监管局、卫生计生委，健全基层国土管理等体制。

【义乌国际贸易综合改革试点】 市场采购贸易方式全面落地，保税物流中心封关运营，航空口岸对外开放，“义新欧”中欧班列开通运行。国家现代服务业综合试点启动实施。商务部四大体系建设试点不断深化。积极参与长江经济带海关区域通关一体化改革，跨境贸易电子商务服务试点成效突出，金义“跨境通”平台日通关量突破4.5万票。低丘缓坡综合开发利用试点完成农转用报批和耕地占补平衡，平整土地2.7万亩，供地项目87个。义乌国家新型城镇化和农村改革试验区试点落地。

【“四破”专项整治】 建立健全工业企业亩产效益综合评价、土地差别化管理、低效用地再开发等机制，消化批而未供土地2.4万亩，盘活存量用地1.1万亩。推行企业排污权有偿使用和交易机制。加快推进农村“三权”改革，完成农村土地承包经营权调查，实施1297个村集体经济股份合作制改革，农村宅基地发证登记率74%。扩大林地股份流转和林权抵押贷款试点。武义启动户籍管理制度改革试点。永康创新农村金融自治模式。

【“五水共治”】 以全省“五水共治”现场会为契机,全面打响“保护母亲河”攻坚战,迅速掀起全民治水、全域治水、全力治水的热潮。在全省率先建立挂图作战指挥体系、率先形成河长河道警长全覆盖网络、率先建立跨流域治水联动机制。水岸同治、上下齐治、标本兼治,基本消灭垃圾河,婺城长湖等83条黑臭河得到重点治理,兑现了“一年灭黑臭”的承诺。一大批治水重点项目开工建设,新增污水处理能力15.8万吨,加固病险水库27座、堤防130公里,整治山塘159座。市第二水厂开工建设。严格管理地下水资源,积极创建节水型城市。加大保护“大水缸”力度,水源涵养生态功能区扩大292平方千米。金华市捧回了全省“五水共治”优秀市大禹鼎,东阳、浦江捧回了优秀县大禹鼎,婺城获全国水利先进集体,兰溪获全省水利“大禹杯”金奖。

【“三改一拆”】 在全省率先拆除高速公路沿线违法广告牌,全面开展农村非法“一户多宅”、宗教违建场所等专项整治,拆除违法建筑1819万平方米。浦江通过省“无违建县”创建验收。有力推进婺城二七区块、石门农场棚户区改造,加大背街小巷改善力度,城中村改造推行公寓式安置、社区化建设。改造城中村821万平方米、旧住宅区421万平方米、旧厂区370万平方米。

【治气治污】 实施治气三年行动计划,开展管车、降尘、控煤、禁燃等十大专项行动,淘汰黄标车和老旧车6万余辆,强化建筑工地、道路扬尘治理,市区PM2.5浓度下降8.6%,空气质量优良天数达到235天,比上年增加30天。

【城市治堵】 实施城市主干道改造提升工程,打通断头路12条,市区一环路、二环路贯通。优先发展公交,开工建设首条BRT(快速公交)线路,新增公共自行车1.2万辆,公交分担率提高到18.5%。加大地下停车场归位整治力度,交通陋习、超限超载等整治取得新进展。

【农村“三治”】 开展1802个村生活污水治理,受益农户25.6万户。在75个乡镇1345个村实施农村生活垃圾分类化、资源化、减量化处理。兰溪实行农村卫生收费制度。整治赤膊房172万平方米。建成美丽乡村风景线12条、美丽乡镇14个、精品村60个、秀美村140个,新增省级美丽宜居示范村8个。永康获评全省美丽乡村创建先进县。

【都市区建设】 完成金华-义乌都市区规划纲要、金义东城际轨道交通线位用地控制规划,编制浙中城市群重大基础设施空间一体化规划,村庄建设规划覆盖率98.6%。

【中心城区建设】 多湖中央商务区完成概念规划编制和核心区块城市设计,万达广场建成开业,横塘沿安置小区一期结顶、二期开工,丹溪大桥通车,东市街南延、宾虹路东延等工程进展顺利。湖海塘公园、高山头古城旅游开发项目开工建设,古子城区块开展综合整治,尖峰山区块基础设施加快推进。五百滩公园、燕尾洲公园及八咏桥投入使用。金义都市新区管理体制进一步完善,核心区块环路贯通,满塘湖景观改造一期完工,地下综合管廊、新社区集聚建设工程加快推进,“菜鸟”项目一期建成运营,中国移动·金义信息通信产业园等重大项目开工建设,网络经济学院开学。婺城新城区、金东新城区、金华开发区金西区块建设进展顺利。义乌启动丝路新区、陆港新区、科创新区规划建设。加强“信义金华”城市形象宣传。市区启动全国文明城市创建,成为国家园林城市。武义、东阳成为省级森林城市,磐安成为省级示范文明县城。东阳开展省级首批美丽县城建设试点。新增14个国家重点镇、9个市级中心镇,永康古山镇列入省级小城市培育试点。

【城乡基础设施建设】 杭长高铁开通,金华发展跨入“高铁时代”。金温铁路扩能改造项目完成拆迁,金台铁路项目建议书获批。东永高速完成主体工程,杭金衢高速改扩建工程动工,330国道改建、20省道浦江段、永磐公路永康段、42省道磐安段、义兰公路等工程加快推进。开通金兰中线城际直达公交。开工建设衢江航运姚家、游埠枢纽工程。建成两项国家特高压工程。开展智慧城市建设试点。新开发地下空间401万平方米。

【民生事业】 全力办好惠民实事,民生支出占一般公共预算支出的75.8%,十个方面民生实事如期完成。就业社保体系不断完善。新增城镇就业7.6万人,城镇登记失业率2.8%。提高最低工资、养老、医疗、失业保险、被征地农民基本生活保障和城乡居民低保标准，新增居家养老服务照料中心 1553 家、机构养老床位 3222 张。金东获评中国养老模式创新十佳典型。保障性安居房建设加快推进，新开工23390 套，竣工 5327 套。改善农村饮水条件，惠及人口 18.5万。做好扶贫工作，促进山区加快发展。

【社会事业】 投入 2.8 亿元改造薄弱学校 29 所，婺城、金东、东阳、义乌、浦江、磐安通过全国义务教育发展基本均衡县验收，兰溪、永康、武义通过省级验收。全面实施公立医院综合改革，深化基层医疗卫生事业“四改联动”，基层医疗机构业务量增长15%。“单独两孩”政策落地实施，出生人口性别比实现六连降。文化事业繁荣发展，文化惠民工程深入实施，新建成农村文化礼堂 221 家，举办“欢乐金华”百姓文化节，新增国家级非遗名录项目 4 个，浦江嵩溪等百个历史文化古村落保护利用取得新进展。武义延福寺修复工程启动。体育赛事和群众健身活动广泛开展。

【创新社会治理体系】 8890“市域一张网”实现市、县、乡三级联动，基本建成应急类报警打 110、非应急求助找 8890、社会力量参与公共服务的社会治理新机制。健全社会治安防控体系，加强信访、调解和社区矫正工作，刑事发案量下降 4.9%。强化食品药品安全监管和基层责任网络建设，主城区实现家禽定点屠宰杀白上市。开展重点领域打非治违专项行动，强化涉爆粉尘行业整治，关闭涉爆金属粉尘企业101 家、整改 272 家。

【各项工作】 全面发展老龄、慈善、残疾人和关心下一代事业。支持工会、共青团、妇联等人民团体开展工作，加强民族、宗教、外侨、对台、气象、民防、统计、档案、地方志、仲裁、应急管理等工作。支持国防和军队建设，实现省级双拥模范城五连冠。深化援疆、援藏、援青及“双对口”工作。完成第三次经济普查。

【群众路线教育实践活动】 深入开展以为民务实清廉为主题的群众路线教育实践活动，聚焦“四风”问题，开展批评和自我批评，积极回应基层和群众诉求，破解了一批历史遗留问题。完成市级机关公车改革，规范公务接待标准，清理腾退办公用房 2.2 万平方米。“三公”经费支出下降 38.6%。加大政务公开力度，推进预决算信息公开，审计监督进一步加强。

（杨文彪）

政府常务会议

1 月 2 日，召开市政府第 66 次常务会议。会议听取了 2014 年度市区政府投资、全市扩大有效投资、全市重大前期和重点建设等项目计划编制情况、金华电网及市区电力设施布局专业规划滚动修编工作、金华职业技术学院风雨操场和游泳池项目概算调整情况、2014 年主要预期目标建议编制情况、金华市区高成长企业培育行动管理办法、培育发展市区工业大企业大集团的实施意见和加快现代装备制造业发展的若干意见等有关政策制订情况、2013 年市政府质量奖评审情况、金华市县级以下国家工作人员因公临时出国管理办法制订情况等议题的汇报。

1 月 12 日，召开市政府第 67 次常务会议。会议听取了“五水共治”工作目标责任书起草情况、“三改一拆”行动目标责任书起草情况等议题的汇报。

1 月 13 日，召开市政府第 68 次常务会议。会议听取了市区工商质监体制调整和食品药品监管体制改革实施意见的汇报。

1 月 29 日，召开市政府第69 次常务会议。会议听取了 2014 年政府工作报告起草情况及下一步工作计划、金华市 2013 年国民经济和社会发展计划执行情况和 2014 年国民经济和社会发展计划草案编制情况、2013 年财政收支预算执行情况及 2014 年收支预算计划、市区 2014 年十大民生实事征集筛选情况、市区创建节水型城市、进一步加强金华市人感染H7N9 禽流感防控工作、建立三项制度实现城市管理由粗放式向精细化转型的意见制订情况、调整金华经济技术开发区公共资源交易中心招标项目规模标准、给予李土根、程智、杨鸽声行政处分、2013年度全市工业考核工作情况等议题的汇报。

3 月 3 日，召开市政府第 70 次常务会议。会议听取了全省推进法治政府建设电视电话会议精神及金华市人民政府关于进一步推进法治政府建设的实施意见制订情况、国务院第二次廉政工作会议精神及金华市人民政府关于加强“廉洁政府”建设的实施意见制订情况、2013年度支持浙(婺)商创业创新和招商引资工作考核结果情况、以市政府名义对喻阳春等15人记功表彰有关情况、金华市第五批名师名校长评选情况、2014年政府工作报告重点工作责任分解起草情况等议题的汇报。

3月24日,召开市政府第71次常务会议。会议听取金华市区投资项目审批中介服务管理暂行办法制订情况、迎宾大道景观优化提升方案设计及两侧可开发地块概念方案设计情况、开展新一轮扶贫结对帮扶活动情况、金华市网上政务分厅建设工作方案制订情况、解决市区离退休人员托管经费有关情况、加快推进旅游业转型发展的若干意见和金华市区旅游目的地建设三年行动计划制订情况、金华市区家禽定点屠宰杀白上市实施方案制订情况、建立健全市本级公务支出公款消费审计制度意见制订情况、万佛塔公园规划有关情况等议题的汇报。

4月3日,召开市政府第72次常务会议。会议听取了市属国有企业领导人员职务消费管理暂行办法制订情况、优化金融服务促进实体经济发展指导意见制订情况、金华市市级机关公务用车制度改革建议方案、市区"四破"专项整治方案和政策制订情况等议题的汇报。

4月11日,召开市政府第73次常务会议。会议研究了市政府领导的分工。

4月18日,召开市政府第74次常务会议。会议听取了主动接受新闻舆论监督抓好问题整改工作意见制订情况、市本级"五水共治"社会捐赠资金使用管理办法制订情况、金华两头乌猪产业振兴行动计划制订情况、加快推进气象现代化实施意见制订情况、进一步促进普通高等学校毕业生就业创业工作的补充意见制订情况、调整市区城乡居民医疗保险筹资标准有关情况、市区开展整治抢栽抢种抢建行为的实施意见制订情况等议题的汇报。

5月8日,召开市政府第75次常务会议。会议听取了义乌国际贸易综合改革试点情况、金华市违法建筑处置实施意见制订情况、金华市区城中村改造试点实施办法制订情况、给予有关人员行政撤职处分等议题的汇报。

5月16日,召开市政府第76次常务会议。会议听取了市区2013年政府性债务执行情况和2014年政府性债务计划、金华市多湖中央商务区建设投资有限公司筹建情况、市区城镇土地使用税征税范围和税额标准调整方案、金华市区政府投资项目超概算问责实施细则(暂行)制订情况、金华市深化行政审批制度综合配套改革方案及两个配套制度制订情况、2013年度市区工业企业技术创新财政资金安排情况等议题的汇报。

6月10日,召开市政府第77次常务会议。会议听取了加快网络经济人才发展的若干意见(试行)制订情况、金华市区生态环境功能区规划修编情况、5173公司在市体育中心体育场举办大型文体活动有关情况、中期票据和短期融资券发行总体方案、金华市教育发展投资有限公司组建情况、市食品药品检验检测能力建设项目有关情况、燕尾洲公园景观步行桥命名情况等议题的汇报。

6月23日,召开市政府第78次常务会议。会议听取了市区城市供水价格改革和污水处理费标准调整方案、金华市大气重污染应急预案(试行)编制情况、金华市黑臭河整治攻坚战实施方案制订情况、进一步加强国土资源基层基础建设、加快城市地下空间开发利用的若干意见(试行)制订情况、高山头古城旅游开发项目(万佛塔公园)有关建设情况、市本级2014年政府投资预算编制情况等议题的汇报。

7月10日,召开市政府第79次常务会议。会议听取了加快推进民办教育健康发展的实施意见制订情况、加快推进社会资本举办医疗机构的实施意见制订情况、市属国有功能类企业投资监督管理暂行办法等三个办法制订情况、金华茶花事业发展项目建设方案有关情况、2014年度市区城乡规划编制计划制订情况等议题的汇报,会议还传达了7月6日召开的省委常委扩大会议精神。

7月24日,召开市政府第80次常务会议。会议听取了给予洪伟等人行政处分有关情况、金华市党政机关国内公务接待管理细则和商务接待工作的规定(试行)制订情况、将安地水库集雨区划入金华市区饮用水源涵养生态功能区有关情况、市石门农垦场棚户区改造项目建设方案、湖海塘地块城市设计及公园方案设计情况、金华市治理淘汰高污染排放车辆工作实施方案和金华市区黄标车淘汰补助实施办法制订情况等议题的汇报。

8月8日，召开市政府第81次常务会议。会议听取金华市区征地补偿安置政策调整情况、2014年金华市招商引资和支持浙(婺)商创业创新工作目标责任制考核办法制订情况、古子城历史文化街区保护规划等3个规划编制有关情况、中共金华市委金华市人民政府关于加强安全生产促进安全发展的实施意见制订情况、浙江师范大学婺东校区地块收储有关情况、义乌市稠城街道行政区划调整有关情况等议题的汇报。

8月21日，召开市政府第82次常务会议。会议听取了调整市区最低工资标准有关情况、金华市大气污染防治行动实施方案、金华市氨氮、氮氧化物初始排污权有偿使用费征收标准方案制订情况、浙江金华安邦护卫有限公司脱钩移交工作、2014年金华市科学技术奖评审情况、市政府法律顾问工作情况等议题的汇报。

9月4日，召开市政府第83次常务会议。会议听取确定金华城市形象主题口号入围和中选作品、金华市区国有土地上房屋征收与补偿实施意见(试行)制订情况、金华市区集体土地上房屋征收与补偿实施意见(试行)制订情况、婺城区二七区块棚户区改造房屋征收补偿方案制订情况等议题的汇报。

9月18日，召开市政府第84次常务会议。会议传达学习了省委常委、常务副省长袁家军9月17日、18日在金华调研时的讲话精神，并听取了调整市区失业保险金标准有关情况、五百滩公园名人雕塑总体布局方案设计工作情况、深化农村确权赋权改革的实施意见制订情况、金华市政府向社会力量购买服务管理暂行办法制订情况、政府部门专项资金管理清单制订情况、涉及可燃爆粉尘企业安全生产专项整治有关政策制订情况等议题的汇报。

9月30日，召开市政府第85次常务会议。会议听取金华历史文化名城保护规划局部修改有关情况、聘请张皖生为金华市政府顾问的情况、第十二届中国苗木交易会有关情况、进一步培育发展社会组织完善社会治理机制的意见制订情况、金华市区至兰溪城际客运班线公司化改造实施方案制订情况、仙源湖旅游度假区扩容调整情况等议题的汇报。

10月27日，召开市政府第86次常务会议。会议传达学习了党的十八届四中全会精神，并听取了金华市机动车安全检测中心脱钩移交工作、全面推进"三名"工程的实施意见制订情况、金华市区地下水资源管理办法制订情况、市政府职能转变和机构改革方案、进一步加强市区人才住房保障工作的若干意见制订情况、多湖中央商务区土地房屋征收实施方案制订情况、深入实施商标品牌战略的意见制订情况等议题的汇报。

11月5日，召开市政府第87次常务会议。会议听取了积极稳妥推进户籍制度改革的实施意见和武义县户籍管理制度改革方案制订情况、2015年新增省重点建设项目申报情况、鼓励和引导社会资本参与市区基础设施建设的实施方案制订情况、加快发展养老服务业实施意见制订情况、金华市现代服务业投资发展有限公司组建情况等议题的汇报，会议还研究了近期有关工作。

11月21日，召开市政府第88次常务会议。会议传达了11月19日至20日李克强总理在义乌考察时的重要讲话精神和20日市委常委扩大会议精神，并提出贯彻意见。

12月5日，召开市政府第89次常务会议。会议听取了金华现代生物医药产业园扶持政策的若干意见制订情况、进一步加强危险废物和污泥处置监管工作实施意见制订情况、金华市餐厨废弃物资源化利用和无害化处理项目特许经营协议有关情况、金华市军人随军家属就业安置实施意见制订情况、市区销售燃放烟花爆竹工作情况、二七新村棚户区改造融资有关问题等议题的汇报。

12月12日，召开市政府第90次常务会议。会议听取了关于贯彻落实党的十八届四中全会、省委十三届六次全会、省政府常务会议和市委常委扩大会议精神，加快政府自身改革，扎实推进"四张清单一张网"建设等情况的汇报。

12月17日，召开市政府第91次常务会议。会议听取了企业信用体系、食品药品安全智慧监管服务系统和网上市场监管系统项目建设有关情况、金华市小型汽车特殊号牌有偿使用管理暂行办法制订情况、金华市区城市节约用水管理办法和供水管理办法制订情况、金华市区城市节约用水中长期规划(2014—2020)编制情况、金华市区2014年度城中村改造小高(高)层公寓安置指导价的通知制订情况、金华市地名管理实施办法修订情况、进一步完善金华市区城乡居民基本养老保险制度的实施意见制订情况等议题的汇报。

重要会议

【全市工业大会】 2月27日，全市工业大会召开,会议全面贯彻党的十八届三中全会、中央经济工作会议和省有关会议精神,总结2013年全市工业经济工作,表彰先进,研究部署2014年工业工作任务和重点工作举措。市领导徐加爱、暨军民、黄锦朝、郑金平、李一飞、傅利常出席会议。

【全市农业和农村工作会议】 2月27日，全市农业和农村工作会议召开,会议传达贯彻中央和全省农村工作会议精神,研究部署当前和今后一个时期全市“三农”工作。市领导徐加爱、暨军民、黄锦朝、郑金平、陶诚华、李一飞、胡国强出席会议。

【全市新型城市化工作视频会议】 6月16日，全市新型城市化工作视频会议召开,会议贯彻党的十八届三中全会、中央城镇化工作会议、习近平总书记系列讲话以及全省新型城市化工作会议精神,分析当前城市化发展形势,部署全市推进新型城市化工作的重点任务和具体措施。市领导徐加爱、暨军民、黄锦朝、郑金平、金中梁、祝伦根出席会议。

【全市“五水共治”现场会】 6月25日,全市“五水共治”现场会在东阳召开,会议贯彻落实省委全会关于建设“两美”浙江的部署和市“五水共治”工作领导小组会议精神，再接再厉打好消灭黑臭河、治水促转型大会战,兑现庄严承诺,以实绩取信于民。市领导暨军民、陶诚华、徐建华、张伟亚、祝伦根出席会议。

【全市安全生产和“四破攻坚”工作推进会】 9月19日,全市安全生产和“四破攻坚”工作推进会召开,会议总结前阶段全市安全生产和“四破”专项整治工作,研究部署下阶段全市安全生产“百日整治”专项行动和“四破”专项整治工作任务。市领导徐加爱、暨军民、黄锦朝、郑金平、夏建成、温暖、傅利常、张伟亚、邵国强出席会议。

【全市精品城市建设暨大气污染防治工作会议】 10月27日，全市全市精品城市建设暨大气污染防治工作会议召开,会议的主题是回顾总结金华市精品城市建设成效,贯彻落实全省大气污染防治工作会议精神,进一步寻找差距、创新举措、完善机制,研究部署下一阶段工作,不断提升城市建设管理水平,扎实做好大气污染防治工作,更好推进“两美金华”建设。市四套班子领导,市法院院长、市检察院检察长出席会议。

市政府办公室

【践行群众路线】 学习教育突出“真”。原原本本学习党的十八大、十八届三中全会、省委市委全会精神和习近平总书记系列重要讲话精神;对照焦裕禄、杨东海、陈双田等先进典型,扎实开展“三思四问”、“坚定理想信念、敢于克难担当”、“守规矩”主题教育等学习讨论活动。听取意见突出“广”。通过召开座谈会、“走亲连心”、蹲点调研等多种途径,广泛征求意见建议。对照检查突出“辣”。按照“四必谈加约谈”和“六个谈透”要求开展谈心交心活动,认真撰写对照检查材料,高标准召开专题民主生活会、组织生活会,以整风精神开展批评和自我批评。整改落实突出“实”。坚持问题导向,突出即知即改,出实招,使实劲,求实效。扎实推进8890便民服务“市域一张网”建设,受理市民咨询、求助和投诉等诉求超过10万件,办结率和回访满意率均达99%以上。开设金华市政府网微博、微信和移动APP;牵头办好《市民问政》栏目,扩大群众参与度。三是扎实做好建议提案办理工作。市人大六届五次会议、市政协六届四次会议交由市政府系统承办的288件建议、426件提案,全部保质保量按时办复。

【强化以文辅政】 健全完善县(处)级以上领导和各业务处(室)基层联系点制度,开展经常性调研。开展“稳工业、扩投资、促出口、防风险”四大专题调研以及“五水共治”“三改一拆”“四破”整治等重点课题调研。注重调研成果转化,制定出台金华市大气重污染应急预案(试行)、城中村改造实施办法(试行)等一批政策文件。围绕上级精神和市委、市政府中心工作,加强日常基础材料收集。实行班子成员领衔办文制度,重要报告文稿由班子成员组织相关处室人员共同讨论。凸显促进工作落实导向,做到上级精神与金华市实际相结合,领导意图与群众意愿相结合,借鉴外地经验与创新本地实践相结合。三是多措并举抓信息。建立健全信息员顶岗锻炼制度,加大约稿力度,完善信息工作考核办法。2014年共编发《昨日要情》249期、《专报信息》92期、《每日要讯(普刊)》109期、《每日要讯(增刊)》218期,获市领导批示275条;全省政务信息工作交流1条,获省领导批示33条。"金华地方志"微信公众平台共发布118期,文章143篇。加强市领导信息服务平台建设,纳入56个部门430多项信息资源。

【整治"文山会海"】 认真履行"文山会海"专项整治牵头职责,加强制度修编,从严抓好制度执行。严把收文关、发文关、程序关,层层落实责任,环环紧密衔接,变"文来文往"为"人来人往",切实提高办文质量和效率。着力精简会议,推行无会周、无会日制度,灵活运用现场会、视频会等多种形式,提高会议实效,确保市领导集中精力谋大事、抓大事。

【规范工作运行】 以推进依法行政、建设法治政府为核心,牵头抓好市政府法律顾问队伍建设,出台《金华市人民政府法律顾问工作规则》、《关于进一步推进法治政府建设的实施意见》、《邀请市人大代表、市政协委员列席市政府常务会议的实施办法(试行)》等一批规章制度。制定完善《进一步加强市政府决策事项和主要领导批示件交办催办工作的意见》等制度规定。严格执行《关于完善督查考评工作机制的通知》,整合部门资源,注重联动督查,突出重点,持续跟踪,确保各项决策部署落地生根。进一步完善政府信息公开制度,拟定市政府网站信息发布前审核流程。组织开展全市政府信息公开重点工作检查和全市政府信息公开工作培训。市政府门户网站主动公开政府信息96271条。在浙江大学公共政策研究院发布的2014年政府网络透明度评估报告中,金华列全省11个设区市第一。全面完成办公用房清理。有序推进公务用车改革。从严控制"三公"经费支出,严格财经纪律,从预算管理抓起,厉行节约、反对浪费。

【勇于担当克难】 积极参与国家和省部级改革试点,金义综合保税区申报请示已由省政府转报国务院审批,牵头成立市服务业投资发展公司推进全国现代服务业综合试点,协助推动市场采购贸易方式落地、"义新欧"班列启航。积极协调落实省委督导组督办的7个重点整改事项。一线参与市区重点工程,协调组织开展5期克难攻坚行动。初步建成运行"四张清单一张网",公开行政权力清单、部门责任清单、企业投资负面清单和财政专项资金管理清单。认真组织开展《金华市公共突发事件总体预案》和38个市级专项应急预案修订工作。成功处置磐安"2.13"雅庄村礼堂屋顶坍塌等突发事件。牵头开展H7N9流感联防联控工作。

【狠抓队伍建设】 深化学习型党组织创建活动,开设网上公文病苑,定期对办公室办文中出现的差错情况进行汇总、点评。注重法治教育。及时学习贯彻十八届四中全会和省委十三届六次、市委六届八次全会暨市政府六届九次全会等精神,切实提高干部职工法治意识和法律素养。严格落实党建工作责任制。树立德才兼备、以德为先用人导向。加强思想政治教育,坚决反对"四风",严格贯彻落实中央"八项规定"、省委"28条办法"和"六个严禁"、省纪委严守"四个一律"远离"酒局牌局"、市委"25条意见"等。切实加强和谐团队建设。认真落实谈心谈话制度。依托党、团、工、青、妇组织,组建成立摄影、羽毛球、篮球、乒乓球、读书等兴趣小组,定期开展形式多样的文化体育活动。切实做好老干部工作。

(胡广宁)

依法行政

【概述】 一是学习贯彻十八届四中全会精神。十八届四中全会前所未有地把依法治国作为中央全会的主题专门进行研究部署。对政府法治机构而言,这是一个重大的发展机遇。学习贯彻好全会精神,是当前和今后一项重大的政治任务。四中全会开始前,市法制办发出即将召开座谈会的通知,要求全市政府和部门法制机构认真收看和学习。全会结束后,市法制办马上召开四次学习贯彻全会精神座谈会,分别邀请人大代表、政协委员、律师代表、学者代表以及全市法制机构负责人参加座谈,积极谋划贯彻四中全会精神和决定的思路、方法和举措。在此基础上,及时提出建议方案,促成市政府主要领导两次在常务会议上专题研究贯彻四中全会精神。二是组织好2014年法治政府（依法行政)考评。年初,着重开展对县(市、区)和市级部门2013年度依法行政工作的考评。上半年,及时制定并下发2014年度对各县(市、区)政府和市政府各部门的法治政府(依法行政)考评细则。12月下旬,市法制办参照省办的考核模式,对各县(市、区)政府和市政府各部门进行考评。三是加强机构队伍建设。2014年,市法制办争取事业编制2名,编外用工4名,人员均已招录到位。配备行政复议专用听证室及相应设备,招录1名行政复议速录员。修订《金华市人民政府法律顾问工作规则》,聘请7名北大、浙大、浙师大的知名教授和本地资深律师担任市政府法律顾问,政府法律顾问经费增加到20万,有力推动依法行政工作的开展。

【文件制定备案审查】 一是牵头制定重要规范性文件。按照市政府主要领导要求,2014年市法制办共牵头制定《关于金华市区遏止抢栽抢种抢建行为实施意见》《金华市区林果苗木评估工作细则》等4个文件。二是开展重要规范性文件制定前听证。在《金华市区国有土地上房屋征收与补偿实施意见》《金华市区集体所有土地上房屋征收与补偿实施意见》和《金华市区禁止销售燃放烟花爆竹管理办法》等与人民利益密切相关的规范性文件制定过程中,及时召开研讨会和听证会听取专家和社会公众意见,形成专门报告和合法性审查意见书供市政府决策参考。三是做好规范性文件的审查备案工作。2014年市法制办共审核规范性文件69件,提出意见建议数百条,消除一大批文件合法性方面的隐患。向省政府报送备案的规范性文件47件,向市人大常委会报送备案的规范性文件43件。同时收到各县（市、区)及市直部门报送备案的文件178件,其中136件经审查准予备案，有1件报备不规范予以退回,41件还在审查当中。一年来市法制办答复省法制办征求意见稿20件,做到件件征求部门意见,事事依据法律法规,并及时答复省法制办。此外还接待省法制办4次来我金华实地立法调研活动。四是认真做好行政机关合同审查工作。市法制办共审核市政府有关部门报送合法性审查的合同草案4件,按规定进行审查,并出具合同审查意见书。行政机关重大合同备案方面,市法制办共收到各市直部门报送备案的重大合同54件,按照备案登记、材料报备、备案监督程序履行好行政机关合同管理工作职责。

【行政执法监督】 认真组织开展行政执法案卷评查活动。2014年年初市法制办提请市政府下发《关于2013年行政许可和行政处罚案卷评查情况通报》，要求被抽查的有关部门对评查中发现的问题制订整改方案、落实整改措施、明确整改期限;同时开展2013年度行政执法案卷评查“回头看”活动。今年7月,根据省法制办工作部署,进一步深入开展行政执法案件评查工作。在以往行政执法案卷评查范围基础上,今年着重抽查乡镇政府的行政执法案卷,发现基层政府在行政执法中特别是在征地拆迁方面存在的不少问题。对发现的问题,11月份举行的全市乡镇街道负责人依法行政专题培训会上进行通报。进一步推行规范行政许可裁量工作。2014年市法制办结合市全面推进权力清单的要求,在总结近两年10家试点单位的裁量基准的基础上,下发5类行政许可裁量样本。裁量样本分别从时限、提供材料、内部审批权限、决定方式、审批后年检等方面对行政许可项目进行多角度深入剖析。积极做好“三个清单”的制定工作。一是制定权力清单。根据市委市政府工作部署,市法制办对市级部门上报的权力清单事项进行初审和二审工作,对全市4491项行政处罚,240项行政强制,15项行政裁决,51项行政调解,32项行政复议职权进行细致的梳理，并给出翔实的修改意见。二是行政审批监管清单制定工作。年初,以省、市公布的行政审批改革项目的基础,结合审批工作实际,广泛征求部门意见,制订出有针对性、有特色的行政审批监管清单。之后又根据省、市行政审批制度改革的最新进展,对监管清单的项目和内容进一步修改和优化,将市级单位的行政审批监管分为严管类、严控类、服务类、一般监管类、从快审批,加强事中事后监管五类。到年底,监管清单已囊括行政审批项目316项，其中许可审批263项,非许可审批64项,涉及全市35个市级单位。三是建立部门责任清单。根据全省统一部署,市法制办作为全省法制系统的示范单位,率先进行部门责任清单的梳理建立工作。深入开展行政执法人员依法行政知识培训。除正常的行政执法人员行政执法资格培训以外，2014 年市法制办根据市政府主要领导要求和规范重点领域执法行为的需要，开展两期重点领域依法行政专题培训，由省办、市中级人民法院和法制办领导亲自授课，编印专门的培训教材，对全市涉及“三改一拆”、“五水共治”、征收拆迁的政府部门和乡镇政府(街道办事处)负责人进一次深入的培训，收到较好的效果。此外，认真组织全市行政执法有效证件的年审和换证工作，严格执行省法制办规定，对不具有执法资格 8 的人员不得安排从事执法工作，对因岗位变更及证件遗失的人员进行换证补证，对丧失执法资格人员的证件进行注销收缴。

【行政复议应诉】 全力做好应诉工作。截至 12 月 12 日，省市两级法院审理的以市政府为被告的行政诉讼案件 19 件，省政府审理的以市政府为被申请人或者应诉责任单位的行政复议案件 4 件。收到应诉通知或者答复通知后，市法制办一是及时落实应诉责任单位，通过格式化的《确定应诉责任单位通知书》，把提交答辩状或者答复书的时间要求、参与应诉的人员要求以及应诉不利的后果承担等事项明确告知应诉责任单位。二是认真审核答辩内容，严格按照法院、省办的通知要求准备证据材料，报批后及时提交审理机关。三是认真组织沟通协调。对省办下来调查的案件或者应诉工作需要多个部门之间协作配合的及时组织召集协调会研究应对，应诉结果较好。特别是打赢涉及杭长高铁征收的 9 件行政复议、诉讼案件，较好地推动杭长高铁建设项目征收工作的顺利完成和杭长高铁的顺利通车。充分发挥复议职能。一是开展未结案清理，为复议工作“减负”。经过两个多月的努力，截至 2 月底，2013 年以前受理的 14 起行政复议案件全部办结，减负后的复议工作更加主动。二是实施复议案件分类审理机制，为复议工作“加速”。复议案件审理期限延长率从 2013 年的 81%降低到 12%，复议案件审理期限从 2013 年的平均每件 78 天减少到今年的平均每件 52 天。三是开展复议案卷评查，为复议工作“找问题”。2014 年 5 月—7 月，市法制办通过抽查、集中评查的形式对 9 个县(市、区)的 60 件行政复议案卷和 8 个市政府部门的 40 件行政复议案卷进行评查，有针对性地寻找各地区、各部门复议工作中各自存在的主要问题，梳理后在全市行政复议工作会议上通报。妥善化解行政争议。从 2013 年底开始市法制办不断提高调解结案比例，通过调解发现并化解案件背后的症结。例如年初开展的“清理积案行动”中以百分之百的调解率成功审结 14 起积案、难案。省政府提出复议案件 50%听证率的要求后，市法制办自觉加强复议案件听证审理工作，经过六个多月的努力，听证率从最初的 10%左右提高到目前的 50%左右，基本完成工作目标。加强府院沟通，拓宽复议诉讼协作机制。在原有工作成果基础上，今年，市法制办与市中院行政审判部门重点从以下几个方面进行探索合作：一是针对县市区政府信息公开案件败诉率高的问题，着重从政府信息公开相关规定的理解和信息公开答复中应当注意的主要问题进行专题研究。二是针对外地律师介入市政府重点工程后的应对问题，由法院、法制办和司法局三家单位共同研究讨论市政府的应诉应对思路。并于 12 月底召开府院联席会议。

【法制参谋】 一是做好重大涉法事务的法律论证工作。2014 年是市政府重点工作最多的一年，也是领导批示法制办办理事项最多的一年。一年来，市法制办牵头和参与金兰客运班线改造、二七区块旧城区改造、世贸中心违法建设处置、水门巷地下停车场问题、紫御苑小区规划纠纷等重大涉法事务的协调论证 20 余项 80 余次。二是直接参与重点工程建设工作。2014 年，根据市委市政府要求，市法制办一名处室负责人脱产长期参与铁路新客站的建设。三是积极开展法治建设的调研。十八届四中全会召开之前，市法制办开展法治政府建设工作调研和市区行政执法体制改革工作调研，形成专门报告供市委市政府决策参考。

(施建洪)

机关后勤接待

【办公用房清理】 全市列入清理整改的 97 家市直单位、278 家下属事业单位已基本完成办公用房清理整改工作，共清理腾退办公用房 21728.11 平方米。结束市社会保险事业管理局等单位长年租房办公的历史；破解新成立的市市场监管局用房问题;20多家单位解决院内院外均有处室、分散多个楼层办公的问题;将腾空的市食品药品监管局两栋办公楼改造成市食品药品检测中心建设项目;整幢腾空市药检所;盘活金东工业园区18亩闲置土地。

【公务用车改革】 做好车改工作，组建机关车队,统一管理人员,明确产权归属,集中保障40余名分散在各单位的省管干部公车。细致做好车改后驾驶员的招聘和调整工作,充实车队力量,及时调整出差报销制度,完善绩效考核,激发工作热情;筹建应急车队,主要保障市级重要会议、重大活动、重要来宾接待、机要文件传递、突发应急事件处置等应急公务活动。加强日常管理,坚持定点停放、定点加油、定点维修、定点洗车;严格派车审批程序,严格控制公车运行成本；自觉接受纪检部门和社会监督。6月运行以来,除市委办机要用车、市应急办应急用车、市纪委办案车外,其他市机关事务局管理的38辆车累计出车2430车次，有效保障全省五水共治现场会等重要会议和13个市委督导组的工作用车。

【餐饮服务】 在市接待服务中心基础上增挂“市机关餐务中心” 牌子，统一负责局属各食堂管理,从各食堂抽调5个“半人”骨干力量,工资关系在原食堂,既在一线服务,又兼职负责采购、品控、财务等工作。出台“四条禁令”,变“一盘散沙”为“抱团发展”,破除不良风气,构建食堂新面貌。推行“五个统一”,变“价廉物劣”为“价廉物美”,破除既得利益,构建运营新模式。特别是实行原材料集中采购,由原来的个私商户零星供应改为基地、国有配送公司直接供货,如蔬菜由供销农超和惠家超市同时供应,大米由市军粮供应站供应,食用油选用“福临门”非转基因玉米压榨油,猪肉由华统公司直接供应低温排酸肉(全省领先),水产品基地直供。推行更加灵活的工资制度，每个食堂实行分类考核,市政府食堂一楼、二楼餐厅以保障市机关大院内干部职工用餐需求为基本任务，试行车间独立核算;三楼餐厅按接待任务数量,推行定额绩效考核;市政府第二食堂、市机关(老地委)食堂,除服务机关干部外,实现对外经营,推行“上不限额,下不保底”考核模式。

【公务接待】 呈现“两减一增”特点:接待总量、接待费用明显减少,全年接待经费下降36%,下降幅度明显快于人数下降幅度；重要来宾快速增多,特别是圆满完成李克强总理来金调研的接待任务。一年以来,牵头起草并以市“两办”名义下发《金华市党政机关公务接待管理细则》，进一步规范公务接待工作,在就餐、会议、住宿、出行方面都按标准执行。归口管理日渐规范,各县(市、区)、各部门收到副厅以上领导接待任务后,第一时间上报市两办和市接待办,正厅以上领导接待方案由市接待办统一制订送签，以信息形式向市委市政府主要领导报告,根据接待对象的不同,协助或参与召开协调会,落实接待各项细节。农家乐接待形成特色。密切配合市委市政府重大阶段性接待任务,完成中央督导组、中纪委巡视组多次来金,党的群众路线教育实践活动省委派驻金华督导组在金8个多月,审计署土地出金和耕地保护审计组在金华市近3个月,省委组织部后备干部考察组在金20多天，得到督导组、审计组领导的高度肯定。

【基础设施建设】 从3月开始实施市机关大院卫生间维修工程,5月全部完成57套卫生间维修,从根本上解决地砖破损、小便池和蹲坑老化、下水不畅、异味严重等问题。对现机关大院内主楼、文化中心、国地税和市民广场地下车库等5个监控室进行整改设计；市机关大院围墙加高项目已基本完成。更换市政府北门使用18年之久的伸缩门;市机关大院南门东侧便民登记服务中心、西侧接待室已建成并投入使用，外来办事人员不再受日晒雨淋,办事环境进一步优化。整合市政府食堂就餐卡、市机关大院专用卡、自动登记卡等各类市机关大院使用卡,推出兼有考勤、出入登记、食堂就餐、会议签到、消费等功能的“一卡通”。实施系列人性化小微工程,尽量做到“花小钱办群众满意的事”。

【安全保障】 修改和完善《市机关办公大院人员出入管理规定》,确保机关大院出入有序;根据车改要求,出台《金华市机关大院车辆停放方案》,统筹安排、分类停放,确保市机关大院公私车有序出入及停放;协助信访、公安部门做好上访民众的劝导工作,及时处置各类应急任务;定期组织“火警火灾、反恐防暴”等系列应急处置方案演练,有效增强门卫的反恐处突能力。全年共核查登记外来办事人员 18 万人次，日均登记 994 人。

【公共机构节能】 将公共机构节能工作列入 2014 年市直单位绩效考评中的共性工作目标考核、公共机构节水列入平安金华、平安县市创建内容。一是注重节能宣传和培训。广泛开展节能宣传周、能源紧缺体验活动、"低碳办公"和"低碳办公、绿色生活"金点子征集等活动。印制发放公共机构节能宣传画 300 套 1200 张、节电、节水、空调使用、电脑待机等标贴各 3000 份。充分发挥市、县公节办的作用，组织各类培训 11 次、培训人员 800 人次，为近 330 家主管公共机构、50 家下属公共机构安装能耗统计软件。二是扎实推进节约型公共机构示范单位创建活动。永康市行政中心被评为 2013 年国家级节约型公共机构示范单位，4 家单位被评为 2013 年省级节约型公共机构示范单位，5 家单位被评为 2014 年省级节约型公共机构示范单位。三是积极推进市机关大院节能改造。市机关大院内照明灯具已全都改用节能灯，实施自来水管道改造，对中央空调主机进行溶液再生、管道运行系统清洗保养、冷却塔及膨胀水管改造，实施机房集中统一改造、能耗监测平台建设、开水器更换等项目。全市人均综合能耗 69.97 千克标煤/人、单位建筑面积能耗 3.29 千克标煤/平方米、人均用水量 16.79 立方米/人，同比 2013 年上半年下降 26.92%、28.32%、14.89%，均达到省节能目标。

【后勤经济发展】 一是物业服务管理提高竞争力。市机关物管中心走市场化、专业化发展之路，积极向外拓展业务。在做好中国银行金华支行、交警支队办公大楼等 6 个精品物业管理项目的同时，新签农科教大楼物管项目，实现项目增量；深挖发展潜力，对内部机构进行优化整合，降低用工成本，自我瘦身，实现员工增收、企业增效。二是会议服务增强保障力。机关物管中心制定完善会议服务工作职责及规范，建立工作联系机制，进一步规范会议服务操作标准。通过会议室和会议设施的升级改造，实现会议室的智能化和多功能化，提高会议中心的整体功能，提升服务保障能力。机关物管中心全年共承接大小会议共 5727 场次，同比增长 25%。三是后勤经济提升辐射力。市政府第二食堂保障机关干部与面向社会经营相结合，市场化选聘职业经理人，实行绩效考核，经济效益凸显；局属房产出租与市场接轨，阳光操作，租金收入逐年递增；成品油经营抢抓机遇，积极拓展业务，推行汽车加油、美容、护养一条龙服务。

【幼儿教育】 市机关幼儿园和市机关婺江新村幼儿园以省一级幼儿园复评为契机，不断改善办园硬件条件，增加户外活动面积近 500 平方米，拓展幼儿活动的空间；更新儿童玩具，解决公用设备老化问题，丰富幼儿活动的内容；改善伙食，加强食材管理，确保幼儿食品安全。不断提升教育教学软实力，加强与省局及先进地区的幼教交流与合作，教师专业素养不断提高，2014 年获国家级研究成果奖 5 项，市级以上教研成果奖 20 项，教学科研水平走在全市前茅。

【社区服务】 婺江新村小区及老地委宿舍是市机关干部住宿的集聚区，市婺江新村物管中心坚持服务为本，细致做好婺江新村及老地委宿舍物业管理工作，建成社区居家养老服务中心，为社区 600 余名老人提供日常生活、医疗救助和文化娱乐服务。市机关医务室在保证门诊日常工作和重大活动医务服务的基础上，重点做好机关干部常见病的医疗咨询和健康保健工作，仅老地委医务室全年门诊达 2 万余人次。

（唐旭兵）

行政服务中心

【改革行政审批制度】 一是简政放权，全面推进市、县两级行政审批综合配套改革。推进市、县行政审批职能扁平化，将 204 项审批权限下放给县（市、区）（含金华经济技术开发区、金义都市新区）实施，达到市、县同权，实现了继嘉兴市行政审批层级一体化改革后，全省第一个完成扁平化放权的地市。按属地(二环)与分级(单体建筑 2 万平方米，群体建筑 7 万平方米)管理，统一划分市、区两级投资项目审批管理权限。优化配置市、区两级行政服务中心分中心服务平台，市级分中心由原先的 14 个调整为10 个。二是创新机制，充分发挥行政服务大平台的深度融合功能。印发实施《金华市区投资项目审批中介服务管理暂行办法》，设立投资项目中介服务超市,与139家中介机构签订进驻协议,其中入驻窗口18家,挂牌121家,服务内容涉及工程咨询、规划方案编制等43项,中介办理环节时限和收费标准压减了三分之一左右。建立投资项目全流程快速办理机制,实施《金华市投资项目全流程高效审批管理暂行办法》,实现项目从立项到开工办理期限控制在百日以内。加快审批提速,由法定时间20日,压缩为5日,实际办结时间为3.7日。创新三联动审批制度,全力推进"联合测量""联合验收""多证联办"三联动的创新工作。三是虚实结合,全力构建一体化、信息化、协同化的新型政务体系。结合"四张清单一张网"工作部署,印发实施《金华市行政审批服务事项动态管理暂行办法》,将权力清单事项纳入"一张网系统"中的权力事项库运行管理。启动市、区一体的网上政务分厅系统建设,下发《金华市网上政务分厅建设工作方案》,完成系统二次开发和审批业务流程定制阶段。

【推进公共资源市场化配置】 一是强化建章立制,加强评标专家队伍建设。出台《金华市区房屋建设和市政基础项目施工招标评标办法(试行)》(2014版),分项目、分额度适用"简易评标办法"和"综合评估法"。出台《关于"简易评标法"招标流程的通知》,明确"简易评标法"开标程序。出台《关于优化"五水共治"建设项目招投标服务的意见》,建立"五水共治"建设项目招标容缺受理机制、全程提速机制。制定《金华市评标专家评价考核管理办法》对评标专家实行统一考核和管理,新征集专家108名,开展专家评标业务知识考试,并首次对8名评标专家进行了处理。二是提前服务,对重点建设项目进行标前对接。变被动服务为主动上门服务,提前对接市区重点建设项目,对新建市重点建设项目发放招标推进建议书。做好省重点建设项目招投标的衔接工作,完成33个省重点建设项目的招投标工作。三是推进网上交易,协调公共资源交易。156宗工程建设项目的招标,全部运用建设工程招投标网上交易系统完成开标的前期工作,占整个工程建设项目的90%。积极参与工程建设项目协调,完成市级机关公车改革车辆处置,成交车辆388辆,成交价1634万元,溢价率为57%。政府储备排污权实行公开拍卖,拍卖成交额达226万元。市级公共资源交易平台共完成公共资源交易项目756宗,总金额62.71亿元。其中:工程建设交易项目256宗,成交金额58.97亿元,节约金额7.96亿元,节约率11.89%;政府采购260宗,成交金额2.99亿元,节约金额0.61亿元,节约率16.93%;产权交易240宗,成交金额0.75亿元,增值金额0.19亿元,增值率34.42%。四是完善制度,规范特殊号牌有偿使用。修订《金华市小型汽车特殊号牌有偿使用管理暂行办法》,提请市政府审议。完善特殊号牌竞拍系统的软硬件设施,加快小型机动车特殊号牌网上交易系统的建设工作。小型汽车特殊号牌有偿使用成交号牌15452个,成交金额5679.1万元。其中:特殊号牌拍卖48场,成交号牌811个,成交金额2054.9万元;特殊号牌标卖成交号牌14405个,成交金额3514.8万元;特殊号牌回购成交号牌236个,成交金额109.4万元。

【推进干部队伍建设】 一是开展党的群众路线教育实践活动。做到规定动作不走样、整改提高有方向、思想洗礼很深刻、整改落实有成效,梳理归纳出班子"四风"问题57条92条次,整理出班子成员条目式"四风"问题139条146条次,认真撰写对照检查材料,召开专题民主生活会,夯实建章立制,废止1个制度,修订1个制度,新建15个制度,出台《金华市行政服务中心党组班子党的群众路线教育实践活动整改方案》,63个整改项目,整改到位59项。二是加强政府办事窗口建设。加强制度管理,规范服务行为;加强督促检查,推进效能建设;抓好分中心窗口建设,出台《金华市行政服务中心分中心管理办法》《金华市行政服务分中心考核办法(试行)》。市区行政审批服务平台共受理各类行政审批事项2366177件,办结2348143件,承诺期内按时办结率达100%,现场按时办结率达100%,群众对窗口的满意度达99%以上。

(汤友龙)

中国人民政治协商会议金华市委员会

【开展专题协商】 把专题协商与政协全会、常委会议、主席会议等有机结合,充分协商,广泛讨论，提出有价值、有分量的意见建议。召开常委会议，就《政府工作报告(征求意见稿)》开展协商讨论。六届四次会议期间，组织委员就“一府两院”报告和“五水共治”“三改一拆”“雾霾治理”“全面深化改革”“经济转型升级”“保障与改善民生”“精品城市建设”等重点工作开展协商讨论，提出真知灼见。有序开展对口协商。各专门委员会分别就农村文化礼堂、市场监督管理、红十字会工作、市区养老服务工作、预防职务犯罪、法院工作等内容，通过调研视察、组织座谈、征求意见等方式，同有关单位进行对口协商，取得良好效果。积极探索界别协商。完善政协全会期间按界别分组讨论制度，充分反映各界别协商讨论的意见建议。各界别主动从提案和行业热点中选取协商议题，与职能部门分别开展协商。扎实开展提案办理协商。通过加强提案选题引导、加强立案审查、打造精品提案等途径提升提案整体质量。召开提案办理面商会、提案办理工作推进会、提案办理工作培训会，加强与提案办理部门的协商，促进提案意见建议的落实。

【开展民主监督】 围绕“五水共治”“三改一拆”“四破攻坚”“四换三名”等市委、市政府重点工作开展民主监督。组织全市2000多名省市县三级政协委员参加“三级政协联动、万名委员同行、助推五水共治”民主监督电视电话会议。制定“五水共治”民主监督工作方案，建立民主监督组织协调小组，组成10个监督组，开展监督活动。根据市委、市政府的统一安排，市政协班子齐上治水“火线”，主席和两位副主席分别负责联系市区的三条婺江支流。利用关注森林委员会的平台，开展“植树造林、涵养水源”活动，政协机关干部职工种植各种苗木1000多株，联系林业部门向有关村庄赠送珍贵树种苗木60余万株。组织全体市政协常委视察婺城区长湖和金东区孝顺溪治理现场，就如何提升治水项目质量等方面提出建议；组织省、市、县三级政协委员就“五水共治”跨区域治理问题进行视察和座谈，有关建议受到市委充分肯定并要求市治水办逐项落实；以“治水先治源头水，监督重在水源头”为主题，组织县(市、区)政协在磐安开展联合民主监督活动，提出了工作建议。

【建言献策】 以“发展生态循环农业，促进农民持续增收”为题开展重点课题调研，从“完善规划、转变生产方式、推动规模化经营、建立社会化服务体系、完善政策体系”等五个方面提出建议；开展“新能源汽车产业发展”专题调研，调研成果在《浙江日报》发表；开展“发展金华信息网络经济”“义乌旅游经济转型升级”“做大做强我市花卉苗木产业”等专题调研，提出许多有见地、可操作的意见建议。开展“打造人民音乐家施光南文化名人品牌”课题调研，提出“加强组织领导、完善硬件设施、搞好宣传策划、做好旅游文章”等建议。开展“加强婺文化挖掘保护利用”“拍摄黄大仙题材影视作品可行性”“促进金华玉产业健康发展”等专题调研，所提意见建议得到有关部门落实。

【营造合作共事氛围】 加强与市级各民主党派的沟通与交流，重点安排民主党派、工商联成员在政协全会上进行大会发言。注重将民主党派、人民团体的提案上升为重点提案；重点督办民主党派、工商联集体提案。主动征求对政协年度工作安排和政协机关建设的意见，积极组织各民主党派、工商联和无党派人士参与调研、视察、座谈等活动。深化交流联谊。全会期间召开港澳华侨委员座谈会，市四套班子主要领导出席会议听取港澳华侨委员建议。邀请各地商会负责人列席政协全会。参加闽浙赣皖四省九市政协联谊会二十四次会议。支持市政协之友社等开展活动，举办金华—温宿书画摄影互展，促进两地文化交流融合。加强文史工作。基本完成《金华古旧地图集》资料整理工作。出版《春天的故事——亲历金华改革与发展》文史资料。协助省政协做好有关文史资料征编工作。支持兰溪市、东阳市做好中国传统村落申报工作。做好民族宗教工作。开展“建设中国畲族文化风情园”“加强和谐宗教场所建设”“农村基督教状况”等专题调研，助推少数民族地区发展，促进宗教和睦。增进市县政协工作交流。组织各县(市、区)政协主席、秘书长召开工作交流会。开展市、县两级政协联动调研、联合视察等活动。

【信息与宣传】 共向市“两办”报送信息53篇，向省政协报送信息95篇，多篇信息被全国政协办公厅采用。积极做好新闻宣传，《联谊报》刊登“擦亮施光南文化品牌”等一些有分量的稿子。认真办好《金华政协》刊物。认真做好大会发言工作。始终把大会发言作为品牌工作来抓,认真选题,深入调研,反复沟通,精心打磨。六届四次全会上的19篇大会发言,得到市长暨军民的逐篇批阅。《浙江在线》《联谊报》《金华日报》等多家媒体报道大会发言的创新做法。加强两支队伍建设。在市委的支持下,市政协以政协委员和机关干部两支队伍建设为重点,不断加强自身建设。加强委员履职管理,完善相关工作制度。聘任了63位特聘委员。加大政协组织和党委、政府间的干部交流力度。

【市政协六届四次会议】 会议于2014年2月17日至20日举行。中共金华市委书记徐加爱出席会议并作重要讲话。会议期间,委员们就市委书记讲话、《政府工作报告》《市政协常委会工作报告》《提案工作报告》及其他报告开展协商讨论,积极建言献策。提交大会发言稿19篇,10位委员围绕"五水共治"、生态循环农业、"三改一拆"、环保产业发展、中小企业发展、民营医院发展、市区网络经济集聚区建设、对接上海自贸区等事关全市改革发展的重大课题,举行大会发言,提出真知灼见。审查立案提案462件,内容涉及全市经济建设、城建环保、科教文卫体、政法人事统战等各个方面。补选吴国成、胡锦全为政协第六届金华市委员会副主席,夏刚、徐方根为常务委员。

【市政协六届十三次至十六次常委会议】 2月17日,市政协召开六届十三次常委会议。会议审议通过《关于设立政协金华市委员会民族和宗教委员会的决定》;审议通过有关人事事项。2月19日,市政协召开六届十四次常委会议。会议审议通过政协第六届金华市委员会第四次会议有关事项。7月16日—17日,市政协召开六届十五次常委会议。会议审议通过《关于打造人民音乐家施光南文化品牌的建议案》;审议通过有关人事事项及其他有关事项。9月28日—29日,市政协召开六届十六次常委会议。会议审议通过《关于发展生态循环农业,促进农民持续增收的建议案》;审议通过有关人事事项;审议通过有关工作规则及其他有关事项。

【打造施光南名人品牌调研】 围绕打造人民音乐家施光南文化名人品牌,市政协开展课题调研。调研中,市政协发挥委员主体作用,组织委员参与调研,充分吸纳委员意见,就"加强组织领导、完善硬件设施、搞好宣传策划、做好旅游文章"等方面提出建议。在开展调研的同时,市政协还协调解决一些具体问题,如积极做好施光南家属与浙师大方面的协调工作,多次拜访施光南家属,就浙师大"施光南音乐学院"的冠名权问题达成意向。

【开展发展生态循环农业,促进农民持续增收调研】 为从根本上治理农业面源污染,实现"五水共治"与农业增产、农民增收共赢,市政协以"发展生态循环农业,促进农民持续增收"为题开展为期5个月的深入调研。召开主席会议和常委会议专题协商讨论,向市委市政府提交调研报告和建议案,着重从"完善规划、转变生产方式、推动规模化经营、建立社会化服务体系、完善政策体系"等五个方面提出建设性的建议。

(吕建伟)

金华市中级人民法院

【概述】 市法院开展"法院改革与赶超发展对接年"活动,围绕中心大局,公正司法,各项工作取得新成效。全市法院新收各类案件142555件(不含减刑假释案件,下同),办结138938件,同比分别上升13.74%、11.66%。其中,中院新收各类案件7678件,办结7640件,同比分别上升14.19%、16.87%,全市人均结案112.63件,连续第7年列全省第一,各项主要办案质量、效率、效果指标均居全省法院前列。

【打击刑事犯罪】 共受理刑事案件12183件,审结12157件,同比分别下降0.83%、0.49%。严格落实宽严相济刑事政策,依法惩治危害国家安全、社会稳定及经济秩序的犯罪,加大对职务犯罪的打击力度,对1080人依法适用缓刑、管制、单处附加刑或免除刑罚。加强人权司法保障,为1823名被告人联系落实法律援助律师提供辩护。健全冤假错案防范机制,与检察院会商制定命案办理工作规范,联合市公安局、检察院出台《关于刑事案件调查取证问题的会议纪要》。妥善化解民商事纠纷。受理民商事案件81176件,审结79330件,同比分别上升

21.79%、20.64%。注重民生保障，设立劳动争议专业合议庭，规范交通事故案件赔偿程序，审结婚姻家庭、劳动报酬、教育医疗等涉民生案件7599件。规范市场秩序，审结房地产买卖、金融借款、劳动争议、建设工程等涉企纠纷案件19038件。平等保护中外当事人的合法权益，审结涉外、涉港澳台民商事案件473件。加大弱势群体的司法救助力度，依法为经济困难当事人缓、减、免诉讼费202.49万元，发放司法救助金339.96万元。大力保护知识产权。受理知识产权案件2293件，审结2341件，同比分别下降11.91%、11.22%。发布2005—2013年知识产权司法保护白皮书，通报十起典型案例；实地走访金华市知名企业，发放自编的《知识产权民事诉讼指南》，努力提升全社会的知识产权保护意识。提升依法行政水平。受理行政诉讼案件646件，审结623件，同比分别上升46.80%、31.42%；审查非诉行政执行案件2459件，同比上升21.97%。加大协调力度，推动行政纠纷实质性化解，经法院协调促成和解撤诉的占比25.5%；向政府发送行政审判白皮书，指出行政执法中的问题并提出合理化建议；组织重点领域依法行政专题培训，法院主要领导参与授课，以法治思维和法治方式推进依法行政。

【推进重点工作】 七家法院出台保障“五水共治”实施意见，全市共审结涉污染环境犯罪案件63件。发挥审判指引功能，审结涉拆迁案件19件；编撰《征收、拆违工作法官提示手册》，向相关行政机关发放4000余册，确保“三改一拆”“杭长高铁”建设等重点工作有序推进。帮扶企业助推转型升级。出台司法帮扶指导意见，成立工作协调小组，开展“百名青年法官进百企入百村”活动，分析通报涉企案件信息，全面保障金华市转型升级战略的实施；规范财产保全工作程序，编印《企业涉讼风险防范法官提示手册》。全市法院共审结破产案件12件，追偿银行债权86.32亿元，盘活企业存量资产21.39亿元。积极参与平安金华建设。会同市公安局、检察院、司法局制定《关于外地籍被告人缓刑适用和社区矫正工作的实施意见》。规范减刑假释案件审理，共审结该类案件6626件，督促履行罚金3800余万元，推行“涉黑、金融、职务”三类罪犯减刑假释案件的全程阳光审理。全面实行未成年人犯罪记录封存制度，与市人社局、检察院、公安局加强拒不支付劳动报酬案件查处衔接工作，对弱势群体的刑法保护力度进一步加大。上报省高院复核信访终结案件43件，依申请开展申诉复查工作，有35件案件提起再审，信访工作扎实迈向法治化轨道。

【保障诉讼权利】 推行立案调查令制度，建立电脑随机分案制度，落实处理“12368”司法服务热线13036条，办结市政府8890便民服务平台事项34件，司法服务质量进一步提高。全面推开网络司法拍卖工作，网拍率达92.52%，累计节省佣金5148.2万元。推进诉讼档案电子化加工利用，档案查阅与案件评查更为便捷。依法保障实体权利。出台规范意见，定期总结分析，加强对基层法院的工作指导。建立审委会委员直接办案制度，综合部门具有审判资格的法官定位到业务庭参与办案，充分发挥专业法官会议的业务指导功能；案件信息规范录入，审限管理定人定责，“审理者裁判、裁判者负责”的审判权运行机制初具轮廓。启用“浙江法院对外委托机构信息平台”，在全国首创以拍卖成交价为基准收取评估费，聘请42位司法鉴定咨询审核专家，法院评估、拍卖、鉴定工作更趋科学。依法保障胜诉权益。执结案件43548件，执行到位标的52.3亿元，实际执结率48.82%。全年共查询冻结银行存款23.66万次，执行备勤出警1255次，限制出入境827人次。完善失信被执行人名单制度，全市共录入58997条失信信息，失信“老赖”在个人高消费、贷款投标、市场准入等方面处处受限，借此有效执结案件743件；加大对拒执与非法处置财产行为的刑事打击力度，全市共移送涉嫌拒执罪的被执行人34名。

【提升干警素质】 抓党建带队建。在群众路线教育实践活动期间，征集意见建议275条，制定29条整改措施，开展“为一线办实事、为基层解难题”专项整改活动，切实解决“四风”与“六难三案”问题。修改党组议事规则，选举产生新一届中共金华中院机关委员会和纪律委员会，12个支部开展“党员进社区、点亮微心愿”活动，严谨、规范、生动的政治与组织生活正在成为新常态。抓业务强能力。开展全员岗位大练兵活动，促进司法审判与警务保障水平整体提升。加强院校合作机制，分批对全市法官进行综合素质提升培训，全年共组织各类培训43

期1156人次。建立业务庭庭长带庭助审制度,实施专业人才培养计划,通过综合施策和一体规划,着力打造高素质的法官队伍。抓作风促廉政。建立廉情分析会制度,出台实施办法落实院党组的主体责任和派驻纪检组的监督责任;完成对9家基层法院的司法巡查,扎实推进法院党风廉政建设。对已结案件开展廉政回访活动,组织全院干警参观浙中预防职务犯罪警示教育基地,向每位干警手机推送廉政文章,牢固树立干警的廉洁意识和危机意识。组织开展“作风建设专题教育月”活动,实名通报院风院貌巡查情况,以从严从实的姿态强化正风肃纪。对1名拖延办案的已退休副处级干部作出降级处理,对2名违反办案程序的中层干部进行诫勉谈话,以“零容忍”的态度惩治不廉不公行为。抓文化振精神。成立全市青年法官分会,打造以“婺法夜话”为品牌的系列文化平台,开办《电子书屋》,营造浓厚的法治文化氛围。组织审判理论研讨、学术交流、优秀调研成果评比等活动,共有8篇论文在全省学术研讨会上获奖。举办“天平杯”篮球、羽毛球、乒乓球等系列比赛,组建书画摄影等兴趣小组,提升队伍的凝聚力和创造力。

【拓宽渠道接受监督】 出台实施细则,向市人大常委会专题报告涉诉信访、司法体制改革等工作,积极参与“两官”评议活动,自觉接受市人大常委会对法院的监督。高度重视并及时办结代表建议9件。向人大代表推送《金华法院手机报》,赠阅法院工作宣传汇编,使人大代表更好地监督支持法院工作。自觉接受检察机关法律监督。依法审结抗诉案件93件,其中维持19件,改判和发回重审55件;对12件提出检察建议的案件进行再审复查,其中2件提起再审,1件因新证据改判。建立民事再审工作对接协作平台,接受检察机关监督减刑、假释案件办理,有效畅通案件的审判监督渠道。全面接受社会监督。向政协、民主党派、工商联等社会各界人士通报法院工作,落实人民陪审员“倍增计划”,全市法院人民陪审员总数达736人。依托信息化手段,开展专项督查活动,“审务公开、执行公开、裁判文书公开”三大平台建设成效明显。建立新闻发布双月例会制度,通过官方微博图文直播案件庭审,在门户网站录播典型案件庭审,坦诚应对涉案舆情,人民法院在新媒体时代渐趋成熟与自信。

(董　斐)

金华市检察院

【概述】 在全省检察业务综合考评中,市检察院列全省第一,所辖基层院综合列第二,八项业务工作中有五项主要业务列全省第一。全年共有21个集体、11名个人获得二等功、全省政法系统先进等省级以上荣誉,义乌、东阳等6个基层院获评年度省级先进基层检察院(全省共20家)。在由近万名社会各界人士参加的2014年市直单位效能建设民主评议和涉企岗位群众评议活动中,检察机关列党群和综合部门第一名;在金华市级机关单位工作绩效考评中,市检察院位列党群综合部门第二,获评优秀单位。

【建设“两美”金华】 紧紧围绕“五水共治”“三改一拆”等重点工作,在全省检察系统率先部署开展服务和保障“五水共治”专项行动,组织开展环保检察、金融检察、知识产权检察专项工作,依法查办相关领域职务犯罪23人,批捕、起诉破坏环境资源犯罪331人,省检察院专题调研并推广浦江、永康等地经验做法。积极参与整顿和规范市场经济秩序,依法批捕和起诉涉众型经济犯罪106人,涉案金额45亿余元;起诉侵犯知识产权犯罪186人,义乌市检察院关于电子商务领域知识产权联合保护工作被载入全省知识产权发展与保护状况白皮书,东阳市检察院监督立案的新飞仕激光科技有限公司、郑武岳等19人侵犯著作权案,入选全国检察机关保护知识产权十大典型案例。全力投入平安建设。共批准逮捕各类刑事犯罪嫌疑人8952人,提起公诉15390人,这其中批准逮捕杀人、绑架等严重暴力犯罪239人,起诉257人;批捕抢劫、盗窃等多发性侵财犯罪4943人,起诉6279人。落实宽缓刑事政策,对符合条件的轻微刑事案件依法不批捕654人,不起诉658人;对67名生活确有困难的刑事被害人或其近亲属提供司法救助金37.65万元,努力增进和谐因素。积极助推社会治理法治化。设立未成年人刑事检察专门机构，全面开展帮教基地建设、犯罪记录封存等工作，对涉罪未成年人依法决定不捕、不诉212人。深化行政执法检察监督，依法监督群众反映强烈的行政乱作为或不作为问题76件次，督促有关部门依法履职。更加重视办案中凸显的社会管理问题，围绕金融管理、环保等领域存在的突出问题上报党委政府一批高质量的情况分析及对策建议，其中获省委、市委和省检察院领导批示12件。着力打造“阳光检察”。积极筹备案件信息公开系统，并于10月份全面上线运行，已发布终结性法律文书以及重要案件信息等5900余条。探索开展终结性法律文书公开说理、不捕不诉案件公开听证等工作，提高执法办案公开透明度。完善“12309”举报电话、来信来访、网上信访及8890转办件等“四位一体”机制，开设微博、微信等公共交流和便民服务平台。主动适应涉法涉诉信访改革新要求，强化首办责任制，妥善办理群众申诉控告3113件。

【查办和预防职务犯罪】 共立案侦查贪污贿赂类犯罪119件130人；其中，大案116件，起诉受贿100万元以上案件同比上升600%。立案查办渎职侵权类犯罪66件76人，人数同比上升26.7%，其中重特大案件26件，同比上升23.8%。共查办科级以上领导干部70人，同比上升14.8%，其中处级6人。市检察院带头查办婺城新城区建设指挥部副总指挥朱志龙受贿案、市人防办调研员于高飞滥用职权、受贿案等。根据上级检察院的部署，参与查办省发改委系列案件，积极组织开展职务犯罪追逃追赃专项行动。严肃查处侵害民生民利案件。持续开展查办发生在群众身边、损害群众利益职务犯罪专项工作，依法查处土地管理、教育医疗等领域职务犯罪39人。组织开展惩治和预防涉农专项资金领域职务犯罪专项行动，与审计部门密切配合，依法查处虚报冒领、截留侵吞涉农资金犯罪13人。加强工程项目建设领域突出问题专项治理，查办职务犯罪37人。认真贯彻市委落实中央巡视组反馈意见十大整改行动方案，组织开展查处土地出让、工程建设、房地产开发等重点领域案件专项工作，不断加大办案力度。稳步推进侦查方式转变。加快推进侦查信息化建设，依靠有关部门支持，建立社保、通信、企业等信息查询绿色通道。积极构建初查工作规范体系，被省检察院确定为精细化初查试点单位。严格执行同步录音录像制度以及办案时限、审讯室采取防护网物理隔离等各项规定，切实规范侦查活动。深入开展职务犯罪预防。集中开展预防职务犯罪百场宣讲活动，建成省内最先进的浙中预防职务犯罪警示教育基地并正式运行。组织参加全省检察机关首届预防职务犯罪微电影评选活动，5件作品获奖。深化廉政勤政分析报告制度，围绕重大典型案件的查办开展同步预防，及时向有关行业部门提出防控风险、完善制度的建议100余件，会同省、市级重点项目建设单位及其主管部门开展联合预防16次。

【强化法律监督】 依法监督侦查机关立案132件、撤案34件，纠正漏捕、漏诉283人，立案监督与纠正漏捕、漏诉案件已被判处十年以上有期徒刑14人。提出刑事抗诉55件，已改判36件；提出或提请民事抗诉54件，再审检察建议39件，法院已改判或采纳建议53件；对民事裁判执行中的违法问题提出纠正意见77件；监督纠正虚假诉讼56件，约占全省的二分之一，对涉嫌犯罪人员已移送公安机关立案侦查46人。深挖执法不严、司法不公背后的腐败问题，查处司法及刑罚执行监管人员职务犯罪28人。积极开展专项监督活动。开展危害食品药品安全犯罪、破坏环境资源犯罪等专项立案监督活动，依法监督公安机关立案侦查14人。组织开展减刑、假释、暂予监外执行专项检察，以职务犯罪、金融犯罪、涉黑犯罪“三类罪犯”刑罚变更执行为重点，依法监督纠正呈报减刑、假释、暂予监外执行不当35人次。加强社区矫正监督，督促司法行政机关对违法违规矫正人员作出治安处罚5人，建议法院裁定收监38人，全市共有2个集体、4名个人获评全省社区矫正工作先进。坚守严防冤假错案底线。突出加强对命案的审查把关，对内制定关于加强命案办理严防冤假错案工作办法，对外积极联合公安、法院建立完善命案办理诉侦协作、取证补证指引等工作机制，做法被新华网等媒体报道。锐意推进以客观性证据为核心的案件审查模式，对不构成犯罪或事实不清、证据不足的，决定不批捕618人、不起诉359人。建立健全重大案件报备和指导制度，对“海纳租车”特大非法集资案等一批复杂敏感案件，坚持理性对待，依法妥善处置。更加重视强化自身监督。进一步完善执法办案各环节规范化程序,研究制定业务指导工作办法,出台错案责任追究制度。全面运行融办案、管理、统计于一体的统一业务应用系统,实现对执法办案活动的过程监控和动态管理。集中评查捕后撤案、捕后不诉、捕后判处轻刑案件以及近三年职务犯罪案件,及时纠正办案中一些苗头性、倾向性问题,5起案件入选全省检察机关精品案件或优秀案例。

【组织建设】 坚持领导带头,开好专题民主生活会,深入基层走亲连心,走访人大代表、政协委员等450余人次。坚持边整边改,推动建立长效机制,针对多年来制约检察工作发展的瓶颈性问题,研究确定市院班子成员领衔破解十项难题,明确责任、细化措施、创新推进,切实把教育实践活动成果转化为推动检察工作科学发展的强大动力。突出加强履职能力建设。组织开展反贪、公诉等业务培训和岗位练兵,在全省检察机关各类业务竞赛中荣获“十佳”等称号5人,入选检察业务人才库4人。加强对业务带头人的选拔培养,组织评选市级检察业务尖子14名。加强干部上挂下派工作,选派年轻干警到派驻检察室、控申窗口实践锻炼,提升群众工作本领。重视检察理论研究,出台政策强化激励机制,获评全省检察机关优秀调研成果和优秀论文10篇。着力强化队伍管理。研究制定市院机关纪律作风督查实施办法,班子成员带队督查机关纪律作风,定期召开干警思想作风分析会,机关效能得到明显提升。推行干警工作日志每周公示、退居二线领导干部参与信访接待等举措,促进广大干警凝心聚力、干事创业。充分发挥检察学会、女检察官协会、青年联合会等平台作用,助推干警成长成才。坚持从严治检,集中开展检务督查,严格规范各类公务活动和检察人员八小时以外行为;强化干警违法违纪追究制度,严肃查处违纪案件。积极推进基层基础建设。围绕市“两办”出台的《关于进一步加强基层检察室建设的意见》,规范基层检察室运行管理,强化履职,永康市检察院芝英检察室被评为全省检察机关示范基层检察室。加快推进检察涉密信息系统分级保护、远程视频审讯等工作,强化检察工作信息化保障。全面改造完善自侦案件办案区,探索设立刑事案件办案区,加强案件管理大厅和信访接待室建设,提升执法办案规范性和安全性。

(牛大庆)

政　法

综　述

【概述】 围绕“三改一拆”、“五水共治”、“四破攻坚”、扩大有效投资等市委、市政府决策部署,出台系列服务保障措施,严厉查办水环境污染案件,认真开展打击抢栽、抢种、抢建专项行动,依法保障涉及宗教违法建筑专项整治。以排查化解为重点,全力维护社会和谐稳定。在兰溪市开展矛盾纠纷排查调处工作试点,召开全市预防化解矛盾纠纷推进会,全市共排查矛盾纠纷57218件,调处成功54266件,调处成功率为94.84%。强化金融监管、风险预警,加强对非法集资、金融诈骗等经济犯罪的防范打击,加强对劳资、债务等纠纷的排查化解,妥善处置经济领域突出问题,依法保护各类市场主体合法权益,促进经济社会持续健康发展。

【推进平安金华建设】 组织开展社区治理专题调研,全面清理规范社区事务,建立社区事务准入机制,着力解决社区“牌子多、任务多、考核多”等问题。组织开展“网格长”和基层综治干部培训,加强基层社会管理综合信息系统建设。先后开通平安金华网和平安金华微博,在市委机关刊物《金华通讯》开设“平安金华建设十周年”巡礼栏目,在《金华日报》设立“平安法治专栏”,集中宣传政法平安宣传内容,不断提高平安建设知晓率。

【推进法治金华建设】 加快司法改革系列措施落实,积极贯彻落实防范冤假错案33项制度,推动轻微刑事案件快速办理机制建设,外地籍被告人缓刑适用等做法得到省委政法委充分肯定。将故意伤害案件作为专项执法检查的重点,积极推进案件评查,取得比较好的成效。注重把好进口、严格出口,协调统一执法思想,明确办案的原则和方向,共协调案件12件,促进相关案件顺利办理,维护政法系统整体权威。

【推进政法队伍建设】以深入开展党的群众路线教育实践活动为契机，加大正风肃纪工作力度，坚决纠正和防止“四风”问题，严肃查处干警违法违纪案件，加强政法宣传和政法文化建设，形成风清气正的良好氛围，市公安局民警陈素青获评全国“我最喜爱的人民警察”特别奖。

【政法系统服务保障“五水共治”】金华市政法系统的“河道警长制”、政法干警组团服务、“五水共治”巡回法庭、律师服务团队、依法打击破坏生态环境违法犯罪行为等做法在全省形成示范效应，取得明显成效。

【成立全国首家网络经济调解组织】积极探索法治德治自治共治相结合的基层社会治理机制，将行业性专业调解组织建设拓展到各重点领域，在全国率先成立网络经济调解中心，探索完善多元主体、多种方式化解矛盾纠纷，推进“平安建设信息系统”与“网格化管理、组团式服务”工作“两网融合”，基层社会治理能力切实提升。

【金华市获得“平安银鼎”】扎实推进社会治安防控体系建设，深入开展严打整治专项行动，及时破获审结一大批大案要案。全市刑事发案总量同比下降4.86%，实现第9年“平安市”，夺得“平安银鼎”。

【组织开展政法干警书画评展和篮球赛】先后组织开展平安建设十周年美术书法作品评选和政法系统篮球赛活动，切实丰富干警文化生活，增强凝聚力和战斗力。

（程峻能）

公　安

【概述】2014年，全市市、县两级指挥中心共接警3201900起，有效接警1708262起，应急联动处警数59861起。全市立刑事案件52759起，破24776起，破案率为46.96%；立经济案件536起，破296起，破案率为55.22%。受理行政案件1953154起，查处1935151起，查处率为99.08%；立治安案件96614起，查处78627起，查处率为81.38%。发生交通事故1343起，死亡435人，受伤1242人，直接经济损失394.14万元。发生火灾事故3971起，死亡13人，受伤6人，直接经济损628.38万元。2014年，金华市公安机关共立集体一等功2个，集体二等功17个，集体三等功36个；二级英模1人，个人二等功17人，三等功183人。再获全省公安机关岗位业务竞赛团体第一名，实现岗位比武“七连冠”。

【机构人员】2014年，金华市公安局(简称“金华市局”)设34个职能处室(支队)及政治部、纪委、机关党委等组织机构，直属单位4个，下属事业单位4个；下辖婺城、江南、金东3个分局，兰溪、东阳、义乌、永康4个市公安局，武义、浦江、磐安3个县公安局，实有派出所110个。全市实有公安民警6062人，占全市总人口的0.79‰；其中派出所警力2614人，占总警力的42.04%；共有协辅警12631人。

【利剑专项行动】3月31日，根据省公安厅的统一部署，金华市局下发《“打盗抢、扫毒害、控发案、保平安”利剑行动实施方案》在全市公安机关开展“打盗抢、扫毒害、控发案、保平安”利剑专项行动，重点打防入户盗窃、电信(网络)诈骗、“两抢”、盗窃两车和车内财物、非法生产销售使用“伪基站”设备、各类涉毒违法犯罪活动。截至12月31日，全市主要侵财警情同比上年下降5.7%，其中盗窃、入户盗窃、“两抢”警情分别下降8.6%、13.1%、37%；打处侵财犯罪嫌疑人员8141名，侦破5起以上系列性团伙案件1971串，破“两抢”案件664起，破案率为71%；共摧毁通讯(网络)诈骗团伙28个，抓获犯罪嫌疑人108名，破案案件328起；共抓获非法生产、销售和使用“伪基站”违法犯罪嫌疑人48人，其中刑拘34人，破案40起，查扣伪基站设备30套。

【命案积案攻坚行动】3月24日，金华市局刑侦支队下发《2014年度市局挂牌重点攻坚命案积案的通知》，组织全市公安刑侦部门开展该行动。其间，共梳理重点攻坚命案积案18起，破4起，先后侦破义乌“2000·9·10”刘彩仙被杀案、江南“2001·11·28”叶灿被杀案、义乌“2006·1·15”王保中被杀案、义乌“2003·12·19”特大抢劫杀人案。

【打击涉黑涉恶犯罪】2014年，金华市局继续开展该活动。其间，相继开展打击村干部参与黑恶势力犯罪等专项行动，摧毁涉及村官的恶势力团伙12个，破获寻衅滋事、开设赌场、故意伤害等案件80余起，打击处理违法村干部16人；摧毁义乌市以毛亮为首的涉恶团伙，共采取强制措施98人，破获非法拘禁、抢劫、寻衅滋事等案件近200起,涉及350余名受害人。截至2014年底,全市摧毁恶势力团伙103个,抓获犯罪嫌疑人585人,破获各类刑事案件1134起,战果居全省前列。

【全国在逃人员系统和跨区域协作平台管理】 2014年,金华市局刑侦部门加强逃犯上网、撤销审批、移交密码申领各环节制度规范,强化户籍地签收和跨省非网上在逃人员系统管理,严把上网在逃人员信息质量监控关。截至2014年底,全市登记上网在逃人员2275名,上年同期为2583名,同比下降11.92%。全市抓获各类逃犯2059名,上年同期2181名,同比下降5.59%。通过跨区域协作平台破外地案件2820起,核实案件2223起,共采集手机SIM卡信息67646条,通讯录422万条,共采集手机SIM卡信息6.8条,通讯录422万条,被盗抢计算机采集、录入数为3877条,采集、录入率为66%。

【合成作战室升级改造】 2014年,金华公安机关完成市、县两级合成作战指挥室升级改造,实现"案、人、物"信息的全方位、一体化掌控、"一键式"查询。通过统一市、县两级合成作战室视频互动区、会商区、分析区建设标准,延伸远程视频互动功能,加强各类信息共享应用,进一步提升快速打击效能。截至2014年底,共受理各地上报案件2251串(起),同比增长9.75%;研判后提供线索1696串(起),同比增长7.68%;抓获人员2481名,同比增长6.53%;利用合成作战破获案件5997起,同比增长0.96%。

【指纹、足迹、DNA技术系统应用】 2014年,金华公安刑侦部门共采集录入指纹样本57815份,比中本地案件2782起,其中本地现行案件2014起。采集DNA样本58200份并全部检验入库,认定案件2104起,通过数据库比中案件1782起,串并393串1219起。足迹串并166串773起963枚。刑事技术突破各类案件5540起,突破率达16.3%,其中利用指纹、DNA突破命案积案3起。在全省指掌纹集中比对专项行动中,共比中案件2616起,同比增长58.2%,其中掌纹比中345起,战绩位列全省前茅。

【特审办案工作】 2014年,金华市局刑侦部门继续落实《金华市公安局复杂疑难案件会诊制度》,开展疑难案件特审工作。截至2014年底,全市共会诊特审重大疑难复杂案件13起15人,其中杀人案件2起2人,黑恶势力案件1起1人。

【视频侦查工作】 3月7日,金华市局在东阳召开"全市视频工作现场会",先后下发《进一步深化视频监控工作实施方案》《视频侦查装备建设任务书》《视频现场勘查工作机制》等一系列文件,全面加强视频侦查工作。先后举办全市视频应用小教员培训班、视频监控员轮训、外出考察学习等一系列举措,有效提升视频实战应用能力。完成金华公安视频实战应用平台(二期)升级改造,引入视频录像智能检索、四分屏同播、智能轨迹生成等智能化实用功能;坚持固定和流动相结合,在出租车、公交车、客班车上积极探索搭建车载移动视频,构建全时空、流动式的监控网。加强与国内一流视频厂商的技术交流与合作,通过与浙江大华技术有限公司签署战略合作协议,在市局设立"视频应用研发实验基地",开展人脸识别技术等应用软件试用和测试工作,确保视频应用技术始终走在全省前列。在全市建立一支由150人组成的尖子视频研判员队伍,确保在大要案时随时调用,集群作战。在派出所组建视频工作专班,把视频侦查延伸到派出所的各类日常警务活动中,形成市、县、所三级视频侦查警务实战工作机制及多梯次差异化职能定位专业人才队伍。截至年底,全市通过视频监控破获刑事案件3836起,打处5081人,分别占全部刑事案件的30.80%和30.96%,其中现行抓获559人。

【防范处置金融领域违法犯罪专项行动】 3月—12月,金华公安机关开展该行动。截至2014年底,全市共排查出各类"影子银行"1167家,风险企业305家。共立非法集资、骗取贷款等金融领域犯罪及恶意欠薪、暴力讨债等次生违法犯罪案件204起,破案147起,抓获犯罪嫌疑人300余名,其中:刑拘155人,逮捕113人,取保候审76人,移送起诉172名,涉案金额逾72亿元,挽回经济损失23亿余元。先后侦破江南"海纳租车"非法吸收公众存款案、永康俞优静非法吸收公众存款案、浙江中仑建设有限公司非法吸收公众存款案等一批重特大涉众型经济犯罪案件。共梳理出金融领域违法犯罪逃犯133名,抓获68名,其中境外金融犯罪逃犯18名。

【"猎狐2014"专项行动】 7月22日,根据公安部的统一部署,金华公安机关开展该行动。截至12

月31日，全市抓获在逃境外经济案件犯罪嫌疑人28名，协助江苏公安机关抓获犯罪嫌疑人1名，境外逃犯缉捕数占全省抓获总数的1/4，抓捕量列全省第一、全国地市公安机关前列。

【打击传销行动】 2014年，金华公安经侦部门继续开展该行动。9月24日凌晨，市局发起“利剑一号”行动，组织婺城、江南、金东、东阳四地公安机关，协同市场监管部门及相关乡镇(街道)，对盘踞在市区、东阳等地的多个“1040”工程、“天津天狮”等聚集式传销犯罪团伙进行统一收网。抓获传销组织头目骨干48人，捣毁传销窝点218个，清查传销参与人员652人，并扣押现金、车辆、笔记本电脑、网络结构图等涉案财物。截至2014年底，全年共破获涉及传销的刑事案件54起，其中，组织领导传销活动案件9起，非法拘禁、故意伤害等其他刑事案件45起；清剿传销窝点300余个，采取刑事强制措施167人，教育遣返1900余人。

【打假行动】 6月20日，金华公安经侦部门开展该行动。以网络售假为打击重点，以策动发起集群战役为主攻方向，推进打假工作。截至2014年底，共破获侵犯知识产权和假冒伪劣案件120起，提请发起集群战役8起，收网3起。

【保险诈骗破案竞赛活动】 7月1日至10月31日，根据省公安厅有关部门的统一部署，金华市局经侦部门组织全市开展该活动。行动期间，共破获保险诈骗案件4起，其中100万元以上案件1起；抓获骗保违法犯罪嫌疑人8人，其中刑拘1人，取保候审7人，综合绩效居全省第四。

【“5·15”打击防范经济犯罪宣传日】 5月15日，金华市局联合人民银行、国税、地税、市场监管、质监、烟草等部门在市区人民广场举办以“打击防范经济犯罪护航改革 保障民生”为主题的“5·15”打击防范经济犯罪宣传日现场活动。活动期间，共设置咨询台18个，放置宣传展板32块，发放宣传资料2000余份，提供服务咨询300余人次，发放公众测评问卷100份，受理举报线索10余条。

【“百城禁毒会战”专项行动】 10月1日，根据国家及省禁毒委的要求，金华市局开展该行动。截至2014年底，全市共破获毒品案件516起，其中：公安部毒品目标案件3起，省公安厅毒品目标案件19起；抓获毒品犯罪嫌疑人897人，查处吸毒人员3263人次；缴获各类毒品9.1千克。

【“利剑扫毒”行动】 4月14日，金华市局禁毒部门在市区及兰溪市同时开展“利剑扫毒一号”统一收网行动，成功侦破“2014-194”“2014-212”公安部毒品目标案件。其间，共摧毁吸贩毒团伙5个，抓获涉毒违法犯罪嫌疑人190人，其中刑拘66人，行政拘留99人，抓获逃犯2名；缴获毒品冰毒约1000克、麻古2000余粒。6月18日—20日，市局禁毒部门集结警力200余名，开展“利剑扫毒二号”统一收网行动，成功破获“2014-349”号公安部毒品目标案件，抓获涉毒嫌疑人员73人，刑拘20人、行政处罚52人、强制隔离戒毒7人，缴获毒品冰毒200余克。

【吸毒人员“大排查、大管控”专项行动】 3月—6月，根据省禁毒办的统一部署，金华公安禁毒部门开展该行动。其间，共查处吸毒人员1448人次，其中强制隔离戒毒307人，比同期查处吸毒人员数20%的目标超出17人；注销吸毒机动车驾驶证97本，注销率为94.7%，高出全省平均注销率8个百分点；核查标记吸毒人员数据库有精神症状及患严重疾病人员信息840条，环比上升39.5%；上传拒绝接受社区戒毒社区康复、严重违反社区戒毒社区康复协议相关证明材料52份，上传率为118.2%，查处拒绝接受社区戒毒(康复)、严重违反社区戒毒(康复)协议人员20人。

【李克强总理在金安全警卫工作】 11月19日—20日，中央政治局常委、国务院总理李克强等一行，在中央有关部门负责人的陪同下，乘专机到金华义乌，先后考察义乌青岩刘电子商务村、商贸城工商国税办事大厅和国际商贸城二区市场。警卫工作在市委、市政府的统一领导下，由市委常委、公安局局长毛善恩指挥，相关参勤单位通力配合，顺利完成警卫任务。

【“中国梦·金华情”大型演唱会安全监管工作】 7月1日，“中国梦·金华情”大型演唱会在金华市体育中心举行。安全监管工作在市局党委的领导下，市局治安支队及时制定市公安局安全监管工作方案及交通、消防、通信保障、反恐应急处置等8个子方案。成立由市局主要领导任组长的安全监管工作指挥部，抽调相应警力，组成情报信息研判、现场监管、巡逻管控、涉恐信息核查、打击票贩、机动应急、消防保障等12个功能小组,细化分工、明确责任,全力做好安全隐患排查、应急处置、打击制贩假票、交通秩序维护等各项工作,完成演唱会各项安全监管各项任务,确保演唱会成功举办。

【“万达广场”开业安全监管工作】 7月25日—27日,金华“万达广场”举行开业庆典。金华市局及时制定工作方案,成立安全监管指挥部,多次召开会商会,协调解决有关重要事项。庆典期间,参加活动人员累计过66.5万人次,市局共投入警力900余人次,加强楼面巡查、外围巡逻及车辆人流疏导,确保活动安全有序进行。

【全省公安机关配置“河道警长”护航“五水共治”工作现场会】 2014年,金华市局在全省首推“河道警长制”,将全市127个乡镇(街道)共332条河道进行区域划分,在全市公安机关共确定527名“河道警长”,协助各级“河长”开展治水工作。年内,全市侦办涉水刑事案件111起,采取刑事强制措施229人,破案及打处数同比分别上升132.5%和162.6%。打击环境污染犯罪成效得到省委书记夏宝龙,省委常委、省公安厅厅长刘力伟肯定。4月25日,省公安厅在金华举行现场会,向全省公安机关推广“河道警长”经验。

【“打四黑 除四害”专项行动】 2014年,金华市局治安管理部门继续开展该行动,全年全市共办理涉黄案件345起,采取涉黄刑事强制措施506人;涉赌案件301起,采取刑事强制措施868人,办理涉黄案件数及刑事打击人数为全省第一。办理涉食品犯罪案件56起,采取刑事强制措施数103人;办理涉药案件28起,采取刑事强制措施数68人;办理环境案件111起,采取刑事强制措施229人,办理涉环境案件数及打击数均列全省第三。打击食、药、环犯罪战果位列全省同类地区第二;打击黄赌违法犯罪战果位列全省同类地区第一名。

【“缉枪治爆”专项行动】 2014年,按照上级公安机关统一部署,金华市局治安管理部门继续开展该行动。截至2014年底,全市共查破涉爆涉枪案件115起,抓获各类违法犯罪嫌疑人121人,其中:采取刑事强制措施64人,治安处罚56人;排查涉枪单位77家,涉爆单位105家,收缴各类枪支171支,子弹16920发,炸药3899.8公斤,收缴管制刀具41.4万余把,仿真枪22.6万余支,基本实现“不被盗、不流失、不打响、不炸响”的工作目标。

【社区警务室建设】 2014年,金华市局进一步加强基层基础工作,规范社区警务室建设。年内,全市共取缔派出所“虚设”警务室10个,保留279个,取缔与企事业单位合建警务室11个,保留57,取缔企事业单位自建警务室27个,保留87个。

【户口管理清理整治工作】 2014年,金华公安治安管理部门开展该工作。截至2014年底,共清理注销重复户口3161余个,清理应销未销户口6247余个,纠正人口信息数据差错2516条,开展上门采集居民身份证制证信息2000余人次。

【火灾隐患排查整治工作】 2014年,全市公安消防部门共组织开展“清剿火患”、打非治违、重大火灾隐患集中整治、劳动密集型企业专项排查整治等专项行动13次,检查社会单位12.9万家,发现并整改火灾隐患26.9万处,提请政府挂牌督办重大火灾隐患单位100家、区域性火灾隐患26处。截至2014年底,86家重大火灾隐患单位全部完成整改。

【公安服务人性化建设工作】 2014年,金华市局推出一系列便民、利民、惠民措施。依托“金华公安服务在线”,实现41个大项143个小项行政服务项目网上办理。在省内首创“车牌号自选、视频会见、手机版服务在线、交通违法网上自助处罚”等17项特色服务项目。向县(市)局下放行政许可11项,审批项目减少35.5%。驾驶员考试理论科目全部下放各地,义乌、东阳可考全部科目;大部分县(市)已建成车辆检测线并投入运行。在全市公安机关办证中心、派出所、出入境、车管所等窗口部门推行“一窗式受理、一站式办结、一次性告知、一条龙服务”模式。“让数据多跑腿、让群众少跑路”成为新常态。

【公安监所等级达标争创工作】 2014年,按照公安部、省公安厅的统一部署,金华市局监所管理部门开展该工作。年内,武义县看守所被省公安厅推荐申报全国一级看守所,金华市看守所、义乌市看守所、金华市拘留所、金华市收容教育所被省公安厅评定为全国二级看守所(拘留所、收容教育所),兰溪市看守所、东阳市看守所、浦江县看守所、兰溪市拘留所、义乌市拘留所、武义县拘留所、浦江县拘留所、磐安县拘留所被省公安厅评定为全国三级看守所(拘留所)。

【黄标车淘汰工作】 2014年，根据省政府下达任务,金华市局交警部门开展该工作。截至2014年底,全市2014年淘汰黄标车、老旧车60017辆,完成率为139.6%,排名位列全省第三。

【交通事故多发点段、临水临崖高落差危险路段整治工作】 2014年，金华市局交警支队会同安监、交通、建设等部门继续开展省、市两级交通事故多发点段、临水临崖高落差危险路段的排查、挂牌、治理工作。截至2014年底,全市149处省、市级挂牌督办治理隐患点段共投入治理经费5535.81万元，治理完成148处,完成率99.33%。其中省级隐患点段全部完成治理,1处市级隐患点段因城市道路工程建设工期延后,限期于2015年3月前完成。治理路段上报事故起数比上年同期下降21.11%,死亡人数同比下降69.44%。

【外省籍车辆、驾驶人常态管理工作】 2014年，金华市局交警部门继续推动和完善外省籍车辆、驾驶人常态管理机制,及时更新外省籍车辆、驾驶人管理系统信息,工作步入常态化。截至2014年底,登记外省籍驾驶人6489人,外省籍车辆7410辆,其中录入、更新外省籍驾驶人1720人,外省籍车辆1905辆。

【重点车辆检测工作】 2014年，金华市局交警部门加强重点车辆检测工作。全市大中型客车年检率89.71%,重中型货车年检率88.66%,校车检验率100%,危化品运输车检验率95%,农村面包车检验率84.31%。

【路面安全管控工作】 2014年，金华市局交警部门先后开展“打四非、查四违”、农村道路交通安全“大排查、大服务、大教育、大整治”等专项行动,以“纠违治违”为主线,加大管控力度,有效遏制事故多发势头。截至2014年底,全市共查纠各类交通违法行为329.5万起,其中重点查处酒后驾驶7265起(醉酒驾驶2035起);客运车辆,五次、十次以上违法未处理车辆的处罚到位率分别达到98.7%、84.18%和95.4%;公路违法行为现场查处比例达到39.45%,公路现场查处重点违法行为比例达到74.19%。

【义乌市公安局完成全省首位交通管理岗位聘任制公务员招录工作】 2013年12月，义乌市公安局推出交通信号灯管理高级主管、智能交通调度高级主管2个职位，面向全国公开招聘聘任制公务员。其间,共有43人报名,其中14人通过职位资格审核。通过专业素质评估、专家面谈、体检、考察、公示,2014年6月份，招录智能交通调度高级主管职位聘任制公务员1名,成为浙江公安系统首位聘任制公务员。

【省委常委、公安厅厅长刘力伟在浦江调研“五水共治”工作】 3月19日上午,省委常委、公安厅厅长刘力伟，在省公安厅相关部门负责人陪同下,到浦江调研“五水共治”工作。市委书记徐加爱,市委常委、公安局局长毛善恩,县委书记施振强等陪同调研。

【磐安县公安局在全省率先推行“河道警长”责任制】 1月22日,磐安县局下发《磐安县公安局关于护航保障“五水共治”工作 建立“河道警长”责任制的通知》,在全省率先推出“河道警长”责任制护航“五水共治”工作。全年共查处污染环境案件2起,采取刑事强制措施3人,治安处罚2人。

【荣誉】 1月21日，金华市强制隔离戒毒所被省公安厅授予“温暖警营”称号,并记集体三等功。

8月25日—29日，金华市局技侦支队民警孙腾霄获2014年全国公安技侦936专业手段技能比武个人一等奖。

10月28日，金华市公安局出入境管理局被公安部评为全国公安机关爱民模范集体。

11月底，金华市局宣传处被浙江省“青年文明号手”活动组委会评为全省“突出贡献青年文明号活动组织单位”。

12月25日,由中华见义勇为基金会、中国石油天然气集团联合主办的第十一届“昆仑奖”全国十大见义勇为英雄司机表彰大会在北京举行。金华获“全国十大见义勇为英雄司机评选活动”城市奖,金华市局获“全国十大见义勇为英雄司机评选活动”组织奖。

11月14日,婺城公安分局被公安部命名为“全国公安机关执法示范单位”。

12月6日,由中国国际公共关系协会和中国人民公安大学警察公共关系研究中心联合举办的“第三届中国最佳警察公共关系案例大赛”评选活动揭晓,婺城公安分局选送的《“警民信连心”工作机制的探索与实践》案例获大赛银奖。

2 月 26 日, 义乌市公安局被省公安厅确立为“智慧公安建设”示范局。

(张旭华)

司　法

【服务中心大局】 市司法局专门制定下发《法律服务“五水共治”实施方案》,成立“五水共治”“三改一拆”专项法律服务领导小组,开展“五水共治 法治同行”主题法制宣传活动,开辟专家说法和对农广播专栏。选派 986 名志愿者,成立服务“五水共治”“无违建创建” 等 8 个法律专家顾问团。研究出台《金华律师服务 “五水共治” 法律顾问业务操作指引》。各地结合实际出台实施方案,金东区开展法律服务“打击污染源及高污染行业整治零点行动”,武义成立“五水共治”调委会,浦江在全县社区服刑人员中开展“五水共治”社区服务活动。东阳召开社区服刑人员“五水共治”教育动员会和“五水共治”顾问团成立大会。全市共计组织社区服刑人员参加清理“垃圾河”活动 8735 人次,办理涉水、涉拆公证 4076 起,减免公证费用 59800 元,为党委政府提供法律意见建议 194 条, 共开展专项矛盾纠纷排查 4447 次,调解涉拆纠纷 2948 件,律师解答群众法律咨询 57169 人次。先后发放宣传资料 10 万余册,张贴挂图 13000 张,开展送法下乡活动 30 次;发放法律援助联系卡 550 张;组织法治文艺演出 65 场。这些做法得到市长暨军民的重要批示。

【成立“现代服务业综合试点法律团”】 该团下设资金监管绩效考核、投融资、电子商务项目、服务贸易项目建设、现代物流项目建设等 5 个法律服务组,主动参与试点重大项目的谈判、合同签订等工作,组织法务论坛,对重要规范性文件性进行合法审查。在金华市区有史以来最大规模的二七区块旧城改造拆迁中,市司法局开展专项法律服务志愿行动, 精选出 11 名援助律师组成法律服务咨询组,进入 11 个拆迁区块,现场为拆迁群众提供法律咨询和法律援助。制定出台《公证服务“二七”区块棚户区改造工作方案》, 由公信和正信两家公证机构专门为二七区块拆迁户开辟绿色快速通道,实施减半优惠收费,符合援助条件的,免收服务费用。对老弱病残符合办证条件的提供上门服务,与婺城法院衔接配合,做好调解协议司法确认或协议公证。金东、婺城司法局也在万达商务区块建设、杭长客专扫尾和“二七”区块征迁中发挥很好的作用。磐安县司法局利用纠纷调解、 公证和法律援助职能处理雅庄村“2.13”老旧会堂坍塌事故均起到重要作用。

【“帮扶企业”专项行动】 出台《金华市司法行政系统“帮扶企业”专项行动方案》。东阳、永康等地都采取具体的帮扶举措,帮助企业化解难题,渡过难关。同时协助企业建立法律风险防范体系,编印法律风险防范指南,对规模以上企业进行“免费法律体检”。义乌市司法局还把帮扶企业作为重大课题,将电子商务法律实务、企业融资法律需求、新型国际贸易法律服务作为转型升级的重点领域,积极研发新产品,帮助中小企业解决发展困境。全市律师人大代表、政协委员,在市、县(市、区)两会期间共提交 20 余件具有建设性的议案和提案。

【社区矫正工作】 所有县(市、区)均建立社区矫正监管指挥中心,实现市、县两级视频对接指挥;开发区、兰溪、金东、磐安、婺城、浦江等地还为社区矫正工作人员配备“司法 E 通”,实现指挥中心与工作现场的互动,方便工作人员的走访、巡查和取证等工作。各地按照“二个百分之百”(百分之百的社区服刑人员列入手机区域监管,百分之百的社区服刑人员划定电子围墙)的要求,充分运用“GPS”或“LBS”等信息技术,对社区服刑人员实施区域监管。同时全市所有司法所均运用“人脸+指纹”考勤设备记录社区矫正人员的日常报到、集中学习、社区服务等情况。在信息上共享、制度上健全、技术上投入,进行智能化全面升级。浦江还与当地公、检、法就社区服刑人员收监执行的撤销建议提交、收监裁定、收监送交、脱逃追捕等达成五点共识,形成无缝衔接。突破机构建设。根据省厅的要求和市人大常委会的审议意见,积极推进县级司法行政机关社区矫正执法大队建设,市本级和 8 个县(市、区)都相继成立社区矫正执法大队, 配备专职执法人员 23 名。市本级还成立金华市开发区司法局分局,核定 5 个编制和局长、副局长两个职数,与执法大队两块牌子一套人马。进一步健全社区矫正专职工作人员、社区矫正社会工作者和社区矫正志愿者三支队伍,成立由法律专家和心理学专家组成的社区矫正援助组织,完善帮教队伍建设。全市建有社区矫正工作站1632个,教育基地45个,社区服务基地146个,全年共组织社区服刑人员开展集中教育66177人次,开展社区服务67216人次,走访教育30549人次,开展个别谈话教育32151人次,心理咨询5179人次,社会帮教6087人次。加强外宣力度。在《金华日报》设置专版,在金华电视台定时播放社区矫正宣传动漫,在电台开通"行风热线"进行互动交流,编印发放《社区矫正典型案例选编》,宣传社区矫正工作,真正做到网络报刊有文字、广播电台有声音、电视有影像。编排制作《社区矫正教育片》,作为每一名社区服刑人员入矫教育的必看内容。据统计,全市报刊宣传15万余份,电视宣传10小时,普及人数200多万,全面提升社区矫正工作的社会知晓度和公众参与度。推行社会力量参与。全市各地针对工作任务重、力量不足的社区矫正实际,认真探索社会力量参与社区矫正工作,尽可能多地利用社会人力、组织和设施等资源,提高社区矫正效率。在东阳市民兵训练基地挂牌建立"东阳市社区矫正入矫教育基地";各地分别在当地看守所、相关监狱建立社区矫正警示教育基地;市局依托金华第二医院和律师,建立社区矫正心理矫正专家援助团和法律专家援助团;积极动员引导其他社会力量参与社区矫正工作,武义县以片区为单位推进村(居)社区矫正工作站建设,明确专管员,落实经费保障,定期开展活动。婺城区把落实"社区矫正社区监管"工作列入对联村(社区)干部和村(社区)干部岗位目标责任制考核,较好地落实对社区服刑人员的走访、谈话等活动。12月5日,在武义县召开全市社会力量参与社区矫正工作推进会,部署鼓励引导社会力量参与社区矫正工作。密切监地衔接。认真贯彻落实中央社会治安综合治理委员会《关于进一步加强刑满释放解除劳教人员安帮工作的意见》精神,做好服刑人员基本信息核查工作,建立服刑人员基本信息核查制度。2014年,全市县级司法行政机关和司法所共核查服刑人员信息2千余名,建立金华市与相关监狱的衔接沟通小组,做好刑释人员的衔接工作,及时安排刑释人员的亲属、村(社区)干部去监狱衔接接回,落实帮教措施。2014年,全市共衔接刑释人员4500余名,全市在管社区服刑人员5千余名,全年累计接收社区服刑人员近4千名,期满解除社区矫正3千多名。

【公共法律服务体系建设】 在全市推进县、乡、村三级公共法律服务平台建设,县级依托司法行政法律服务中心,各乡镇(街道)公共法律服务站采取因地制宜的方式,主要依托司法所,有的还在社会服务管理中心或365便民服务大厅设立专门服务窗口。义乌市专门下发实施意见,在佛堂镇试点的基础上,11月在全市推开,13个镇街全部建成法律服务三级网络。武义县桃溪镇采取与律师事务所结对挂钩的形式,建立桃溪镇公共法律服务站,安排律师坐班服务,承担公共法律服务职能。村(社区)依托人民调解委员会、便民服务中心开设服务点。网上服务有互通。以市司法局门户网为中枢,整合各市(市、区)司法局门户网、金华市普法网、金华市律师协会、各律师事务所、公证处、司法鉴定所等网站资源,通过开设网上互动交流平台的方式,及时解答网民在线法律咨询和提供网上法律服务。2014年,还投入35万元,开发金华市律师信息管理和"金华市掌上司" 法两个系统,"金华掌上司法" 手机APP软件法律服务"一掌通",包括"找律师""办公证""求法援""寻鉴定""学法律""考司考" 和 "法律地图"等七大核心栏目16项服务功能,对接金华市法律援助中心实体平台后,实现多种职能网上申请和受理,网下答复办结"一条龙"服务。同时还开通网上"法律地图导航"系统,有法律需求的群众可随时随地上网查找身边的法律服务机构。市民通过手机终端就可以向值班律师在线咨询、查找法律服务机构、查询法律法规等,群众提供更为方便和快捷的法律服务。民生服务接地气。市直律师事务所律师每天做客《乡村法律》栏目直播间,现场开通热线,宣传涉及农业、农村、农民相关的法律法规和国家政策,解答听众法律咨询。兰溪在16个乡镇(街道)成立"老娘舅调解团",成立调解专家库,免费为污水治理工程招标进行公证,武义的"法律服务夜市"为群众开展错时服务,"律师坐班制度"为百姓实行定时服务,"民生大篷车"为村民提供上门服务。义乌还组建电子商务法律服务团,设立法律援助专项基金。

【法治宣传工作】 完善普法考核机制,修订完善市机关部门普法宣传教育年度考核标准,指导县市区完善年度考核机制。健全完善“谁执法、谁普法”的工作机制,制定下发《金华市2014年普法依法治理工作要点》,明确各单位目标任务,通报表扬20家市级机关部门普法工作优秀单位。健全完善普法协作机制,整合各成员单位国力量,发挥各单位的积极性和主动性,“大普法”的工作格局全面得到稳固。突出普法重点。扎实推进重点对象普法教育,结合四中全会精神的学习贯彻,推动领导干部和公务员学法。举办领导干部《宪法》专题讲座和《宪法》专题学习活动,完成市本级近万名领导干部、公职人员以及23家金融机构的年度法律知识考试,首次建立市管领导干部述法制度。突出抓好青少年法治宣传教育,部署开展第四届“法在心中”青少年主题法制宣传活动,会同市教育局组织推荐网上法律故事演讲比赛作品67件、微电影2个、法制漫画126件、辩论赛选手一队还参加省里的评选活动。市人大常委会组织人大代表对全市青少年法制宣传教育开展情况进行视察、监督检查,完成2家省级青少年法制教育基地推荐申报工作。探索建立全市“法律六进”活动示范点,加强典型培育,各县(市、区)普法办年内至少培育示范点3个。会同市双拥办,协调公安、检察、法院组织普法讲师团成员开展法律进军营系列活动,金华市司法局(市普法办)被评为2014年度全省模范拥军先进单位。推进法治文化。建立常态化的法治文化创作演出机制,与浙江婺剧团联合创作编排地方法制文艺节目,先后开展专演与巡演120余场,近10余万人观看演出。指导各县市依托农村文化礼堂建设,推进农村法治文化建设,推动法治文化基地建设,义乌、东阳、兰溪、武义、浦江普遍开展法治文艺巡演活动。各县(市、区)成立“乡音讲师团”“法律帮帮团”等组织,建立一线法官、检察官、公安干警、办案律师、人民调解员等工作人员的以案说法制度,积极参与金华《法治在线》以案说法、市电视台的市民问政栏目。永康的《法律时间》、浦江的普法手机报、义乌的《法制在线》、“普法电子超市” 等都得到社会好评。武义的《勤俭叔劝和》电视栏目和普法微博都集聚较高的人气。建设普法阵地。传统媒体普法不断巩固,新型媒体普法阵地不断出彩。制作法治动漫公益广告6个,宪法公益广告2个,分别在金华电视台4个频道黄金时段播出,同时还在市区的310个楼宇电视媒体网点每天播放60次。发挥普法微博、金华普法网、金华掌上司法、普法手机报新型媒体作用。选拔40名律师作为年度《乡村法律》栏目上线律师,每天半小时上线提供在线咨询。上线直播涉及“三农”政策法规近250期,约120小时,覆盖全市所有行政村。在重点场所制作悬挂宣传标语22条,落实大型LED播放400小时,楼宇电视播放2200小时;在大型宣传立面、灯箱灯杆和公交站台宣传窗口达2000平方米。

【矛盾纠纷化解】 新命名星级规范化司法所9个,其中:五星级1个、四星级2个、三星级6个。各地配齐配强司法所长,全市157家司法所有专职在编315人(包括政法专编、地方行政编制和地方事业编制),有效缓解基层一线人手不足矛盾。以星级规范化司法所创建为契机,推进司法所办公业务用房建设,现总面积达到22287平方米,平均每所142平方米,有56家司法所拥有独立办公业务用房。义乌市局出台《加强基层司法所司法助理员队伍建设实施意见》;浦江县在全县15个司法所开设法律图书角;磐安县还开展司法所工作人员“封闭式”练兵活动。推进专业性行业调委会建设。在市政法委和相关部门的共同努力下,成立金华市网络经济法律服务中心和矛盾纠纷调处中心、旅游行业人民调委会、园林花木商会调委会、婚姻家庭纠纷人民调解指导委员会和调委会。各地在进一步规范医调、交调、劳调、保险等专业调委会的同时,还加快推进环境保护、学生伤害、消费者权益、婚姻家庭等8个领域专业调解组织建设。开展物业纠纷三调联动机制试点,在婺城区率先建立区、街道、社区三级物业管理纠纷调解组织体系,义乌成立物流行业调委会,东阳成立总商会和影视行业专业调委会。兰溪市已建立学生伤害纠纷、环境保护纠纷等4个专业性调委会。2014年,全市8个医调委发挥专业优势,成功调处医疗纠纷363件,死亡案件102件,索赔金额5781.29万元,协议赔偿2359.93万元,市委副书记陶诚华对此专门作出重要批示，充分肯定这项工作的成绩。注重纠纷化解实效。认真贯彻省厅《关于加强人民调解工作规范化建设的意见》和市“两办”《关于加强矛盾纠纷预防化解工作的意见》，在重大传统节日和“两会”“亚信峰会”和APEC北京峰会等敏感时期，深入开展矛盾纠纷大排查、大调处活动，集中化解一大批社会热点、难点纠纷。义乌市以“人民调解人才库”为依托，主动融入“大调解”和“网格化管理、组团式服务”的重大疑难纠纷解决机制，永康市人民调解成功化解龙山镇暴力抗法和舟山镇“9.6”采石场泄水重大伤亡案件，都得到当地党委政府的充分肯定。上年，全市人民调解组织共调处各类矛盾纠纷59685件，成功58347件，成功率达到97.76%，防止群体性上访157件2855人，防止群体性械斗6件95人，防止民转刑案58件282人，防止民间纠纷引起自杀6件10人。

【法律援助工作】 制定《金华市司法局关于加强和规范法律援助工作的实施办法》，扩大法律援助受案范围11项，将经济困难标准放宽至金华市最低工资标准，确定8类人员申请法律援助直接认定为经济困难群众。出台《金华市法律援助经费管理办法》，规范和提高援助案件办案补贴标准，提高幅度在50%以上，最高达73%。推行“一站式”法律援助模式，着力打造“一小时法律援助服务圈”，全市各援助中心均开通农民工讨薪、工伤绿色通道，加大对残疾人、老年人、妇女儿童、农民工等群体援助的力度。延伸服务触角。与金华电视台“小周今日谈”节目组联合开办每周2—3期的《为您讨说法》法律援助专题节目。联合市人力社保局、市总工会等六部门联合开展“和谐劳动，美丽金华”劳动法宣传教育活动。永康市开通微博为涉法涉诉群众解答疑问；武义县法律援助机构开展送法进山村活动，法律援助影响面进一步提升。提升案件质量。实施专家律师“坐诊”和“巡诊”制，提升咨询接待能力，规范法律援助办案程序，实施法律援助案件标准化管理，落实援助案件听庭、回访制度，确保法律援助服务水平和办案质量。2014年全市落实听庭案件300余件、回访400余件，群众满意率在99%以上。全年共接待咨询50891人次(同比增长3.17%)，办理法律援助案件7992件(同比增长9.5%)。

【加强行业管理】 制定出台《金华市司法局执法监督工作暂行办法》《金华市司法局及下属单位合同管理工作实施细则》《金华市司法局规范性文件管理制度》《关于贯彻落实〈金华市人大常委会监督司法机关工作办法〉的通知》等制度，明确法定职责及行政执法管理目标，对市局内设机构执法依据、执法行为及执法程序等都作出明确规定，执法岗位持证率达到75%。全面推进社区矫正、法律援助、律师执业权利保障机制和违法违纪执业惩戒制度等3个牵头项目的改革进程，积极做好6项配合改革的项目责任落实，确保各项工作有序推进。全面开展权力清单清理工作，精简后保留21项，减少57%。上网公开各项法律服务事项和流程，自觉接受外界监督。切实做好司法行政信访和投诉工作，办理司法鉴定的行政处罚案件1件，办理律师管理行政处罚案件5件，办理行政许可14件。规范律师执业。市律师协会与市法官协会签署良性互动工作方案，既促进业务提升又规范法官、律师的交流行为。加大律师高端人才培养工作力度，与浙江师范大学合作创建“浙中律师学院”，首次向社会发布《金华市律师社会责任报告》。磐安县委、县政府出台《关于加快推进律师业发展的若干意见》，提出2020年前全县律师业发展具体目标和扶持政策，着力解决法律服务人才欠缺问题。全市集中开展“诚信执业、坚守法治”主题教育实践活动，研究修订《金华市律师事务所等级管理考核标准》，进一步深化律师事务所规范管理。完成全市138家律师事务所、1278名执业律师和55家基层法律服务所、291名基层法律工作者的年度考核工作，依法查处违法违规执业行为6起。制定《金华市司法局基层法律服务所合伙制改制实施方案》，推进金华市基层法律服务所合伙制改制工作。加强律师行业党建工作，充分发挥党组织在律师行业协会建设中的核心和引领作用。10月份，分管局长作为党委书记被邀请赴京参加国庆招待会。2014年，全市律师共办理各类案件29595件，业务收费3.76亿元，比上年度增长13.94%。基层法律服务工作者办理各类案件4501件，业务收费1196.74万元。公证鉴定行业。以“诚信规范、执业为民”建设专项活动为切入点，建立健全公证和司法鉴定机构行风建设长效机制。将提高政治素养与提升社会公信力相结合,将控风险、提质量与内部收入分配制度和评先评优相结合。定期举办业务研讨活动,组织高端业务培训,切实提升从业人员的业务能力和办证技能。完善质量监督检查机制,努力提高鉴定机构依法依规执业水平。圆满完成上级交办的对昆明火车站“3·1”事件金华辖区内伤者进行司法鉴定的任务。精诚司法鉴定所在2014年全省文书鉴定文书评议中名列前茅,文书鉴定质量稳步提高。截至12月底,受理公证案件45637件,业务收费3700.13万元;办理鉴定案件8837件,业务收费1195.56万元。

(赵晓兰)

消　防

【概述】 2014年以来,全市消防部队大力开展实战化训练模式改革,着力加强火灾隐患整治,有力提升部队全面建设和社会火灾防控水平,没有发生较大以上和有影响的火灾、没有发生行政责任事故、没有发生官兵违法违纪案件,为推动“两富”“两美”金华建设创造了良好的消防安全环境。全年共发生火灾3969起,死亡11人,受伤6人,直接财产损失6283.3万元,未发生较大以上火灾事故。年内,全市部队共接警出动7745次,抢救疏散被困人员2301人,抢救财产价值3.28亿元,成功处置“3.19”浦江峰林家电商场火灾、“8·18”沪昆高速货车保险粉(连二亚硫酸钠)泄漏、“8·20”永康抗洪抢险、“10·24”恒大百货大楼地下一层火灾等火灾事故救援任务,完成亚信峰会、APEC会议等消防安全保卫任务,全市共有1个人被省消防总队评为“十大消防卫士”,23个人被市政府、省消防总队、市消防支队记功,有4个党组织、7名党员受上级表彰。

【“创人民满意消防队伍”活动】 2014年6月,市消防支队在全市范围内部署开展“创人民满意消防队伍”活动。期间,消防支队全员参与,将活动与防灭火中心工作有机融合,抓好向人民问计、对人民承诺、让人民监督、请人民评议、向人民报告等环节在服务民生和服务地方经济发展中创造了突出业绩。2014年全市消防部队11个窗口中有6个服务窗口被所在行政服务中心评为“红旗窗口”;组织对群众消防安全感满意度进行第三方测评,满意率达96.96%;首次作为单列部门参加金华市纪委组织的“千企万人双评议”活动排名第2,7个基层大队在本县(市、区)行风评议中位列前10或被评为先进单位,“创满意”活动综合考评名列全省第一。同时,“创满意”专刊——《金华消防》与《金华日报》同步刊发3期26万份,受到市委书记徐加爱的多次批示肯定,极大地鼓舞了队伍士气。

【火灾等安全事故防控综合治理体系建设】 2014年9月17日,省政府在台州温岭市召开全省火灾等安全事故防控综合治理体系建设现场会。金华市以3处省级、12处市级和10处县级区域性火灾隐患为重点在全市范围内统一开展火灾等安全事故防控综合治理体系建设,建立健全“全覆盖”的消防安全领导体制、“全方位”的消防安全主体责任体系、“无盲区”的消防安全监管体系、“可执行、可监督、可检查、可问责”的消防安全责任追究体系、“群众性”的消防安全宣传教育培训体系和“零容忍”的隐患排查治理体系,实现火灾隐患长治久安。

【火灾隐患排查整治专项行动】 2014年,根据上级部署相继开展了第二次“清剿火患”战役、重大火灾隐患集中整治、劳动密集型企业专项治理等专项行动,结合金华实际部署开展了“百日整治”“打防严保”、涉及可燃爆金属粉尘企业、商贸综合体等专项治理。全年全市公安机关共检查社会单位13.4万家,发现并整改隐患27.3万处,罚款1342万元,临时查封127处,责令“三停”154家,拘留89人。借助“三改一拆”“五水共治”,全市全年拆除违法建筑1490万平方米,完成旧厂区、旧住宅区、“城中村”改造802万平方米。工商、公安等多部门联合对全市酒吧进行专项整治;文化部门联合消防支队连续开展3次零点夜查行动,对全市KTV等娱乐场所进行全面排查。对86家重大火灾隐患单位进行挂牌督办,明确整改要求、督办部门和督办责任,公安、安监、银监等督办部门认真落实职责,督促隐患整改。现已完成整改销案家72家,其中13家省、市两级政府挂牌的重大火灾隐患已全部整改完毕。

【消防审批制度改革】 2014年支队共下放市级消防行政审批项目5项,厘定《行政审批扁平化放权清单》,缩短行政审批时限,并向社会公布。严格落实建设工程消防设计、施工质量和消防审核验收终身负责制，2014年全市共办理消防审核验和验收工程项目892个，全部建立终身负责制档案。推行消防诚信体系建设，建立黑名单制度，2014年在互联网上公布相关单位、个人不良行为174起。以武义为试点建立项目申报窗口帮办制度和针对疑似代办项目的消防大队长回访制度，受到社会好评。

【支队公寓房开工建设】 消防支队公寓房项目位于金东区消防大队地块东北角，2014年7月完成立项，当年10月10日正式开工建设，2014年底完成了主体结构施工。该项目占地面积365.9平方米，建筑面积2283.42平方米，为一幢六层的框架结构建筑，共有42套公寓住房。该项目总投资700万元，其中中央财政300万元，市财政400万元。

【扑救"3·19"浦江峰林家电商场火灾】 2014年3月19日13时00分许，浦江县人民西路与和平路交叉路口的峰林家电城发生火灾。市消防支队调派浦江县消防中队5辆消防车25名官兵赶赴现场扑救，并调派特勤一中队、特勤二中队以及后宅、城西两个专职队12辆消防车，共33名官兵前往增援。浦江县治安、交警、供水、供电、医疗等应急联动单位和有关专家也立即赶赴现场支援。经过近5个小时的努力，成功将大火扑灭。成功营救出4名被困群众，疏散30余人，无人员伤亡，保护了5—7层居民楼、毗邻西面住宅楼和北面沿街商铺的安全。

【"利剑一号"反暴恐综合实战演练】 2014年7月31日下午，全市公安机关"利剑一号"反暴恐综合实战演练在市人民警察培训学校举行。市消防支队派出江南中队、特勤一中队、武义中队、站前中队共计6车25人参加演练，并圆满完成支队所承担的演练任务。

【处置"8·18"沪昆高速货车保险粉(连二亚硫酸钠)泄漏】 2014年8月18日清晨9时18分许，杭金衢高速杭州方向278K处(义乌段)一辆装载33吨保险粉的集装箱货车发生自燃。市消防支队调派义乌大队防化抢险救援车、A类泡沫车、通信指挥车、重型水罐车等6车35名指战员参与处置，并调派上溪、后宅专职队2辆水罐车、东阳大队1辆干粉消防车增援。金华市公安、环保、安监、医疗等应急联动单位和有关专家也立即赶赴现场支援。经过近34个小时的努力，成功将险情排除，无人员伤亡。

【永康"8·20"抗洪抢险救援】 2014年8月20日，永康市西城街道、前仓镇多地被江水倒灌，数百群众被困。永康消防大队先后投入6车35人次辗转西城街道临溪工业区、李店二村、杨埠村，前仓镇后吴村金温高速铁路桥施工段等四地开展救援，救援时长9个多小时，共疏散被困群众112人，营救被困群众232人。

【扑救"10·24"恒大百货大楼地下一层火灾】 2014年10月24日16时55分许，金华市婺城区恒大百货大楼地下一层"五福园"厨房发生火灾，市消防支队调派站前中队4辆消防车25名官兵赶赴现场扑救，并调派特勤一中队、江南中队、金东中队前往增援。金华市公安、电力、交通、医疗、建设等应急联运单位和有关专家也立即赶赴现场增援。经过近5小时的努力，成功将火灾扑灭，避免了一场恶性火灾事故的发生。

（陈　健）

民主党派

中国国民党革命委员会金华市委员会

【理论实践活动】 充分运用市委委员会议、专题学习会、基层组织生活会等多形式，组织党员深入学习中国共产党领导的多党合作和政治协商制度理论。如，中共十八届四中全会召开后，市委会迅速召开学习报告会，邀请省委会副主委张雪樵作《社会转型期的法治思维》的报告，使全体党员进一步加深对全面推进依法治国的理解，进一步提升党员运用法治思维和法治方式解决实际问题的能力和水平。市委会积极贯彻落实民革中央、民革省委会关于学习实践活动的文件精神，成立学习实践活动领导小组和办公室，制定《民革金华市委会关于开展坚持和发展中国特色社会主义学习实践活动实施方案》，召开动员会，开展领导班子学习会、党员学习会、祭扫吴山民先辈墓、瞻仰陈望道故居、参观社会主义新农村示范村何斯路村等活动，进一步坚定走中国特色社会主义政治发展道路的理念和信心。

【纪念活动】 举行民革金华市委会成立30周年纪念大会,播放金华民革30年发展历程的视频短片,举行金华市法律援助中心民革工作站、金华市法律援助中心民革工作站丰畅联络点和康济联络点的授牌仪式和由民革党员自编自演的文艺演出,充分展示民革形象,提升队伍凝聚力。浙江省政协副主席、民革浙江省委会主委吴晶,中共金华市委副书记陶诚华,省委会副主委计时华、魏贤超等领导到会祝贺。

【信息宣传】 进一步加强与《金华日报》、金华电视台等主流媒体的合作,加大对市委会及各基层组织各方面成果的宣传力度。及时将重大活动、工作亮点、基层动态等报送至各级政协和民革的刊物、网站及市委统战部,《团结报》采用11篇,《联谊报》5篇,《浙江民革》杂志9篇。编印《金华民革》《换届专刊》《参政议政成果选编(2007—2014)》等内刊及书籍,建立金华民革网站及微信群,发挥新媒体舆论阵地作用。

【严把入党】 根据民革省委会和中共市委统战部关于组织发展的具体要求,坚持高标准、高质量做好组织发展工作。一年来,共发展新党员20名,平均年龄38岁,具有大专及以上学历的20名,占100%,其中研究生学历4名,具有中高级职称的7名,占35%。年龄结构和知识结构明显提升,确保民革组织的健康发展。全市共有民革党员459人。

【党员队伍建设】 市委会十分重视对干部的培养和推荐。市委会有全国人大代表1人、省人大代表1人,省政协委员2人,市人大代表7人(其中常委1人),市政协委员24人(其中市政协副主席1人,常委3人),县(市、区)人大代表7人(其中人大常委会副主任2人,常委1人),县(市、区)政协委员50人(其中常委15人)。一批民革党员荣获各级各类表彰:吕文广被省委会评为首届省民革骄傲人物,张根芳被评为首届省民革骄傲人物提名奖,楼江明被授予“浙江省特级教师”荣誉称号,方青被金华市人民政府授予第五批金华市名校长荣誉称号,金海莹荣获浦江县人民政府授予的“浦江县劳动模范”称号。市委会十分重视干部的培训学习,全年共推荐骨干党员8人参加省、市社会主义学院学习,10月市委会新一届领导班子成员参加在北京大学举行的民主党派领导班子读书会。通过学习培训,加深了民革党员对民主党派性质、地位、作用和履职工作要求的认识。

【基层组织建设】 以考核评比为抓手,加强对基层组织工作的指导。鼓励基层组织创新组织生活,各基层组织结合省委会基层支部组织生活创意比赛,积极开展各类活动,使各基层组织建设向前稳步推进,活动更加丰富和活跃。义乌市基层委员会和永康总支荣获“2013年度民革浙江省基层支部组织生活创意比赛支部创意奖”。市委会先进基层组织和先进个人评选活动,调动基层组织的主动性和能动性,每个基层组织都形成自己的特色和亮点。东阳、义乌、永康、婺城和金东5个基层组织被评为市委会2007—2014年度先进集体,卜卫良等35名党员被评为先进个人。基层组织结构得到进一步优化。义乌总支和浙师大总支相继更名为基层委员会;11月,婺城区总支部顺利换届。全市共有基层委员会3个,总支4个,支部6个(不含基层委员会和总支下设支部)。

【“五型”机关建设】 为推进“五型”机关建设,市委会机关始终坚持多渠道多形式加强学习,提升政治理论水平;始终坚持加强对基层组织和党员的联系,提升机关服务基层、服务党员能力;始终坚持加强作风建设,严格执行“八项规定”,严格控制“三公经费”开支,制定相关规章制度和管理办法,健全审批制度;一年来,机关同志克服人员少、事务多的困难,除完成日常工作外,还时常走访慰问老党员,参与信息、提案、社情民意、调研报告的撰写。10月,民革全省参政议政研讨会和参政议政工作会议在磐安召开,市委会机关配合做好相关服务工作,受到省委会领导和参会人员的一致肯定。

【参政议政】 借助政协平台做好建言献策。“两会”期间,市委会提交团体提案6件,个人提案41件,人大代表提交建议案9件。张根芳委员代表金华市委会在市政协大会上作的《发展生态循环农业促进农村面源污染治理》大会发言被评为优秀大会发言,此大会发言转化为团体提案后被市政协列为重点提案,市长暨军民作重要批示。《关于雾霾整治的意见建议》被列为重点提案。同时,团体提案《关于加快金华市休闲观光农业发展的建议》及缪雪荣、刘平华、楼文炜委员提交的个人提案荣获市政协六届三次会议优秀提案。楼余产荣获 2013—2014 年民革全省参政议政先进个人;民革中央发文至沈岳明所在单位,表彰其为民革中央 2013 年度参政议政工作作出的积极贡献。

【专题调研】 市委会坚持把调研作为参政议政的一项重点工作来抓,广泛征集课题,充分发挥代表、委员、专家学者、骨干党员的能动作用,参政议政的质量有了新的提高。今年,市委会及各基层组织围绕"五水共治"进行专题调研,并积极参与市委统战部和省委会组织的有关调研活动。为做好2015年"两会"提案工作,刘净非主委率市委会调研组赴义乌对如何做大做强"义新欧"国际铁路集装箱班列开展调研,赴武义对如何发展医养结合块状经济开展调研。

【关注民意信息】 反映社情民意信息是民主党派参政议政最直接有效的途径之一,市委会通过多渠道收集群众的呼声和建议,为社会和谐稳定服务,为党委政府的科学决策提供依据和参考。市委会荣获民革浙江省 2013 年度反映社情民意信息报送工作先进集体二等奖、2013 年度全市统战信息工作二等奖,方青、沈岳明荣获 2013 年度反映社情民意信息报送工作优秀信息员三等奖,赵丹萍荣获 2013 年度反映社情民意信息报送工作先进工作者。

【"博爱·牵手"活动】 市委会与市科协联动,分别向金东区实验小学捐赠价值两万元的书籍,并为该校科普教育基地授牌。市委会与教育总支联动,向兰溪市香溪中心小学赠送价值近 3 万元共计 1000 余册少年读物和汉语读本。东阳市基层委员会组织党员与医疗专家赴庙后自然村开展第 40 次"走亲"活动,为当地村民开展义诊活动,送上免费医疗物资,走访慰问庙后 9 户困难户并送上慰问金;5 月,东阳市基层委员会与省民革经济服务团一行来到六石街道裘家岭村走访慰问,开展送医送药活动,并召开民革东阳市基层委员会支持裘家岭村新农村建设现场会,将该村确立为新的结对帮扶对象,树立东阳民革社会服务新品牌。婺城区总支持续帮扶塔石乡高田村建设和资助贫困学子张文君。市委会及东阳、义乌、永康、金东和浦江等基层组织积极开展关爱黄埔老兵、抗战老兵活动,帮助他们解决生活上的困难。

【助推"五水共治"】 市委会全体党员积极响应市委、市政府号召,纷纷为"五水共治"捐款,积极参与"垃圾河大会战"。永康总支将槐花村作为"五水共治"结对村,向槐花村捐助治水资金 50 万元,省政协副主席、省委会主委吴晶,省委会副主委计时华等领导出席了帮建工程启动仪式,自治水工作开展以来,民革永康总支开展治水调研 3 次,参与治水项目 5 个,累计捐赠治水资金 200 多万元。东阳市基层委员会与省民革经济服务团一行到东阳江宅卢段进行清洁河道、美化环境活动,并捐款 7.5 万元支持该村"五水共治"活动。卢海岩出资 2 万元支持省委会举办的"大美青花 诗画江南"浙赣陶瓷艺术作品公益拍卖活动,助力丽水市庆元县百山祖镇 3 个结对村的"五水共治"工作。

【法律援助工作】 中共十八届四中全会提出全面推进依法治国,为深入贯彻全会精神,为有效发挥民革在法律服务方面的社会功能,加强法律援助与民革工作的衔接,根据省委会的要求,成立金华市法律援助中心民革工作站、金华市法律援助中心民革工作站丰畅联络点和康济联络点,东阳市、义乌市、永康市、浦江县法律援助中心民革工作站也相继成立。11 月,由市委统战部组织发起、市级各民主党派共同参与的"中国梦·山村情"主题公益活动在塔石乡启动,市委会组织康济联络点的律师前往塔石开展法律咨询服务。

【发展两岸关系】 4 月,市委会接待台北市四海国际青年商会一行 12 人,陪同参观义乌国际小商品城等。11 月,刘净非主委接待到金华参访的全国政协副主席、原澳门特别行政区行政长官何厚铧。义乌基层委员会充分发挥自身优势,一如既往地关心支持台商在义持续发展,深化"一对一"结对活动,帮助台商解决许多实际问题;连续 4 年与义乌市台办、市台协会、市台联会共同举办"两岸同胞一家亲中秋联谊晚会",赢得义乌台商的信任和赞誉,也充分展示民革基层委员会的风采。市委会积极响应民革中央和民革省委会关于抗战老兵、民革前辈史料采集工作,完成对市委会 5 位健在的黄埔老人、抗战老兵口述历史和影像资料的采集。

（应爱飞）

中国民主同盟金华市委员会

【概述】 2014年末,民盟金华市委下属县(市)级委员会1个,基层委员会2个,县(市、区)级总支部3个,支部1个,直属支部10个,直属小组2个。共有盟员803人,具有中高级职称688人,占85.7%。年内,发展盟员39人。

【学习实践活动】 市委会和各总支以上基层组织均成立学习实践活动领导小组,制定具体实施方案。市委会被评为“民盟省委思想宣传工作先进集体”。一是加强教育引导,强化认知。市委会领导班子深入所联系基层进行宣讲,突出宣讲学习实践活动的必要性、总体安排和具体要求等,并结合工作实际,分类指导。在此基础上,市委会召开主委、主委办公会议,研究制定《坚持和发展中国特色社会主义主题学习实践活动安排(2014-2017年)方案》,突出实践主题。市委会专门组织新盟员、骨干盟员培训,就盟章、盟史学习进行专题辅导。二是先进典型引领,营造良好氛围。市委会专门制定先进典型集中宣传演讲的活动方案,各基层组织认真筛选并推荐2-3名信念坚定、业绩突出、热心盟务的优秀盟员进行巡回演讲。市委会组织编写《民盟·风采——金华盟员成果纪实》。此外,市委会利用网站、《金华盟讯》等开设专栏,及时报道学习实践活动的最新动态,大力宣传学习实践活动中涌现出来的成功经验和先进典型。三是开展竞赛活动,增强组织认同感。市委会制定“学盟章、读盟史”竞赛活动方案和竞赛细则,印制“学盟章 读盟史”竞赛活动试题库(小册子)发放到各基层组织;通过民盟金华网站和微信等平台,学习分享“盟务春秋”“盟员风采”“学习园地”等各类信息100多篇。各基层陆续开展“学盟章 读盟史”知识讲座和竞赛,在各基层组织初赛的基础上,市委会举行“学盟章、读盟史”现场知识竞赛暨新盟员培训活动,并选送3名优秀盟员参加盟省委现场知识竞赛,获得三等奖。市委会共收到“学盟章 读盟史”竞赛活动学习体会征文30余篇,盟员常小惠、陈兴兵、严桂根的征文获得盟省委的表彰。

【“基层组织建设年”活动】 市委会8月22日—23日召开中国民主同盟金华市第十次代表大会。大会选举产生22名委员组成的民盟金华市第十届委员会,选举产生新一届领导班子。大会期间,市委会组织力量编写《民盟·足迹——金华民盟五年工作回眸》《民盟·声音——金华民盟参政议政成果》等宣传专刊。推进“盟员之家”建设。各基层组织利用本地资源,积极有序开展“盟员之家”建设,增强基层组织盟员的归属感。东阳基层委员会在行政中心成立“盟员之家”,兰溪市委会努力打造盟员之家升级版,其余各基层组织也正在有序推进之中。市委会以义乌吴晗、陈望道省级“民盟传统教育基地”为依托,开展多种形式的主题教育活动,接待民盟中央副秘书长、组织部部长陈幼平,民盟中央参政议政部巡视员张冠生等来自全国各地盟组织考察调研活动,有力推进金华市“盟员之家”的建设。新成立民盟文化支部和医卫支部,调整撤并省地质第三大队小组。民盟金职院支部、民盟浙师大委员会先后完成换届工作,民盟金东区总支部进行届中委员补选。同时市委会通过完善先进基层组织和先进盟员评选办法、试行先进基层组织述职投票等形式开展2013—2014先进基层组织和先进盟员评选活动,促进基层组织活动的正常化和规范化。

【提升建言献策实效】 一是积极参与政治协商。年初,市委会向政协大会提交大会发言材料2篇,团体提案5件,个人提案43件。内容涵盖经济发展、环境治理、教育、法律、民生、精品城市建设等多个领域。市委会《以重整河山的雄心强力推进水环境治理》的大会发言,被评为市政协六届四次全会优秀大会发言。团体提案《关于整治开发区大型货车无序停放建议》和2篇个人提案被评为优秀提案。向民盟省委会、市政协、市委统战部等部门报送信息68条,有多篇信息被全国政协、民盟中央、民情热线、民盟省委会等录用。市委会获市政协反映社情民意信息先进单位二等奖,获市委统战部信息工作先进单位二等奖。二是助力“五水共治”。全市上下开展“五水共治”工作。市委会积极响应,发出《助推五水共治 建设美丽金华》致盟员的倡议书,开展“我为治水献一计”活动,召开“治污水”专题调研会，组织盟员先后到婺城、金东、永康、义乌等地进行现场实地调研。根据中共市委统战部的统一部署和安排，市委会牵头落实市级各民主党派联合调研污水治理课题，完成《治水风暴下推进我市畜禽养殖污染治理的建议》的调研报告，并获得市领导批示。三是对口联系工作常态化。市委会与市文广新局召开对口联系暨庆祝老人节座谈会，参观考察金华市的非遗文化馆；与市教育局召开对口联系暨庆祝30个教师节座谈会，并深入各县市区“为加快构建我市现代职业教育体系” 进行深入和广泛的调研；与市民政局就两会团体提案与搭建社会服务平台等进行专题的调研和座谈。四是完善参政议政制度。换届以后，市委会调整成立教育、文化、科技经济、社会与法制、医卫、妇女、老龄等 7 个委员会，建立民盟金华市委会《参政议政工作年度测评表彰办法》《参政议政工作成果表彰奖励办法》《专委会工作条例》等制度，进一步扩大盟员参与面，不断提高反映社情民意信息工作的质量。组织盟员参加盟省委“盟声·议政——构建浙江现代职业教育体系”论坛、“法治中国”盟声·议政座谈会，提升参政议政工作的实效。

【拓宽社会服务领域】 一是社会服务亮点纷呈。继续开展“民盟林”植树品牌活动，目前已连续开展 9 年，种植各类树种达 9000 多颗，为推进“森林金华”和生态文明建设做出积极的贡献。民盟华夏书画协会金华分会先后组织开展“乡土浙中——王伟成人物风情展”“停云有约——吴建明水墨画展”“吴广明师生中国画作品展”等书画展，陈军国画陶艺作品展亮相于浙江美术馆，为弘扬华夏传统书画艺术，为繁荣和发展金华文化事业作出积极的贡献。各基层组织积极发挥优势，开展形式多样的社会服务活动：兰溪市委会组织盟员到双塘下村送福写春联、到水亭畲族乡柏园学校开展“烛光行动”等活动；东阳市基层委员会到佐村镇宅口小学进行“送医助学 同心送温暖”、到春蕾学校金村校区举行“烛光行动·春蕾同心实践基地” 揭牌仪式等活动；武义县总支组织盟员到南部山区柘坑村送医下乡、到大田乡徐村送文化下乡、新宅镇中心小学送童话下乡等活动；婺城区总支与民盟浙江大学华家池总支到琅琊镇联合开展送科技下乡等活动；金东区总支部结对金华华侨学校开展“名师义教”讲座；义乌市支部送教下乡到云溪小学，到何斯路村开展送法律、文化下乡等活动；文化支部与市文联到澧浦镇琐元村开展“文化下乡行”活动等等。二是社会服务领域进一步拓宽。市委会、在保持和做大品牌社会服务项目同时，积极拓展社会服务领域，打造社会服务新平台。市委会以“一社区——南苑社区、一学校——雅畈初中、一村——湖前村、一福利院——市社会福利院”为联系点，有序开展社区结对共建、建立政协委员联络站、健康讲座、送教送科技下乡、结对帮扶、建立社会服务活动基地等活动。三是岗位建功有新作为。市委会鼓励广大盟员在本职岗位上做出突出业绩，并及时通过盟讯、网站、专刊等宣传、报道其中涌现出来的先进典型和先进事迹。

【荣誉】 盟员徐玲玲获 2014 年全国五一劳动奖章；方芳组织编排的排舞《好久不见》获 2014 年全国健排舞大赛中少儿组金奖第二名；成彩琴，赖玉娇获浙江省劳动模范称号；金晓芳，成雪春分别获省特级教师和省“春蚕奖”荣誉称号；卜月华、金泽民获 2013 年度浙江省科学技术二等奖；郑世有创作的根雕作品《君临》获第四届中国·浙江工艺美术精品博览会特别奖等。

（朱雅玲）

中国民主建国会金华市委会

【参政议政】 省“两会”上，金华民建的代表、委员共提交建议、提案 21 件，许多观点得到媒体的关注，《联谊报》还专篇报道翁荣金的事迹《民生是我履职的落脚点》。在市“两会”上，民建会员中 7 位市人大代表、28 位市政协委员共提交建议、提案 36 件；市委会提交团体提案 8 件、大会发言 1 篇。张啸尘委员代表市委会作了《推进市区重点建设项目的几点建议》的大会发言，获市长暨军民批示，部分建议被市委市政府 35、51、52 号文件采纳落实。各县(市、区)的代表、委员共提交建议、提案 170 件。义乌基层委员会创设政协委员述职制度，较好地发挥政协委员参政主力军的作用。金东总支部还成立调研工作委员会，部分支部成立调研工作小组，初步形成了总支—支部—会员三级调研组织架构，并在6

月组织开展“创造和谐发展环境 推进区域经济实现跨越式发展”的专题调研。六届四次团体提案《改善能源结构 加快雾霾治理》、委员卢振中《关于推动学前教育发展的若干建议》被评为市政协优秀提案。雷永金被评为市六届人大履职优秀代表,受到市人大表彰。

【信息报送工作】 全年共向省民建、市政协报送社情民意信息23篇,被省民建采用12篇,省委办采用2篇,民建中央采用4篇;其中方肖川《警惕外资企业利用电信营改增政策漏洞进行掠夺性避税》被全国政协采用,《鼓励社会力量主动参与污泥处置的建议》被分管副省长批示并进入省政府决策。市委会获市政协2014年度反映社情民意信息工作先进单位一等奖、省民建2014年度信息工作先进集体三等奖;方肖川获2014年度市政协信息工作先进个人、省民建优秀信息员。

【做实服务品牌】 市委会本着“量力而行,尽力而为”的原则,引导广大会员做好本职工作的同时,致富不忘回报社会。据不完全统计,2014年全市会员各类公益捐款捐物1300多万元,仅金东总支部各类公益事业捐款就达500多万元。涌现出许多典型:如孝顺支部全体会员为居家养老捐款88万多元,会员翁荣金五水共治捐款300万元、施复亮修缮捐款15万元,徐松平五水共治捐款200万元,辛永良五水共治捐款100万元,邵小意五水共治捐款50万元,吴明根施复亮修缮捐款15万元,孙伟华居家养老捐助10万元等。

【助推“五水共治”】 年初,市委会选派机关干部于仁光到市五水共治办挂职,积极配合统战部在全市统一战线开展我为“五水共治”献一计活动;同时市委会积极引导各基层组织参与五水共治活动,全市会员累计捐款捐物达736万元。东阳基层委员会多次组织会员开展“五水共治”现场活动,开展治水护源行动;同时组织会员围绕“五水共治”开展调研,并在“政协论坛”上作了《“五水共治”的关键在“科学治水”》的大会发言。方肖川有关“五水共治”信息《关于治污要防止二次污染的建议》获黄旭明、王建满副省长批示。

【民建品牌,再添一城】 在金东“民建路”、婺城“民建校”、浙师大“民建奖学金”、义乌“民建林”、兰溪“民建田”、永康“民建馆”的基础上,市委会积极引导各支部一个基层一个亮点,持续发力,2014年10月,东阳基层委员会在东阳技校成立民建“同心实践基地”,实现民建品牌县市区全覆盖。在签约仪式上,举行首期“思源奖学金”颁发仪式,每年出资3万元,奖励35名品学兼优的学生,同时还组织十余家实力较强的会员企业作了现场宣传展示,为促进职校生的就业提供有利机会。12月,东阳基层委员会组织东阳技校木雕班50多名学生到省工艺美术大师何红兵工作室开展交流活动,并向东阳技校捐赠价值近万元的书籍。

【常规服务】 会员张卫勇自费10多万元编印《金华市中小企业发展政策及服务指南》一书,分发给中小企业,深受好评。1月,东阳基层委员会思源工程基金会向东阳市残疾人康复中心捐赠2万元医疗救助金,组织一、二支部会员到佐村镇谷岱社区,开展“同心?送温暖”活动。11月,浙师大总支部、兰溪总支部联合在兰溪马涧中心小学举行结对助学活动,共资助24名学生。在市委统战部和市级各民主党派联合组织开展的“中国梦·山村情”主题公益活动中,会员企业九德堂向当地群众免费发放近3万元的常用药品,深受群众欢迎和好评。会员李坚强组建横店合唱团,为配合“两美东阳”建设,筹资20余万元,在横店影剧院前广场先后举办歌舞晚会10场,受众达5万多人次。兰溪老会员徐建生,85岁的高龄,几十年如一日,关爱帮扶了40多位考上大学的寒门学子,已是15个年头。

【会员服务】 婺城总支部主委雷永金在春节期间上门慰问老工商业者,赠阅《金华晚报》,2015年又为老工商业者赠阅《都市晚报》。市委会关心会员企业发展,组织3名会员企业家参加2014中国风险投资论坛,2名会员企业家参加省民建企业家协会在衢州召开的调研座谈会,4名会员企业家参加非公经济论坛;组织会员企业嘉宝物流、华水管道、中坚科技集团参加省民建春季校园招聘会。助推企业转型升级,会员企业浙江优百润食品有限公司引进法国冰激凌品牌麦格拉斯,市委会多次组织会员到企业观摩考察、出谋划策。发挥支部间的优势互动,市直四支部律师优秀,永康总支部企业众多,5月,两支部联谊交流,为当前民间借贷风险把脉问诊,王惠雄专题讲座《民间借贷应注意的几个问题》，深得会员企业家的好评。

【荣誉】 浙江华丰电动工具有限公司、浙江嘉宝化工有限公司、浪莎针织有限公司、中坚工具制造有限公司、皇冠电动工具制造有限公司、冀发集团有限公司等纳税超千万，受到当地政府表彰。徐松平当选为"浙江省优秀社会主义建设者"、嘉宝物流公司被评为全国物流示范基地。浪莎针织有限公司被确定为首批国家级知识产权优势企业。永应敏摄影作品《幸福一代》获第拔届阿联酋国际摄影展铜奖。翁荣金、黄美燕被评为义乌市劳动模范。

【会内外联谊】 东阳基层委员会、义乌基层委员会、婺城总支部、兰溪总支部、浙师大总支部均相继开展联谊交流活动。7月，浦东民建新会员支部来东阳考察交流。9月，大同民建考察团一行36人，在副主委侯文带领下，来义乌考察。10月，绍兴市直综合支部来金华，与市直五支部举行联谊活动；乐清总支部一行到永康调研职技校发展，并与永康总支部展开交流座谈。12月，广州民建许若宁一行来义乌专题调研"专业批发市场业态升级发展"状况。为学习先进的管理经验，东阳基层委员会还分别于5月、12月组织会员到日本和海南进行学习考察。

【提升会员素质】 金华民建制订《关于开展坚持和发展中国特色社会主义学习实践活动的实施方案》。12月，应市委会邀请，省委会副主委、省贸促会副会长黄小杭来金作《坚持中国特色社会主义，进一步发展开放型经济》宣讲报告，部分委员、基层组织负责人、会员企业家及会员骨干等近百人参加。机关干部于仁光到五水共治办挂职，杨文平参加市政府组织"百名干部下基层，一线攻坚解难题"活动。市委会推荐6名会员参加全省基层组织主委培训班，5名会员参加全省思想宣传理论建设研讨班，9名会员加入浙江民建书画艺术院，组织6名领导班子成员参加北京大学民主党派领导班子高级研修班，推荐2领导班子成员参加省民建在重庆举办的省、市领导班子培训班。

【扩大影响力】 为方便大家学习交流，市委会编印《金华民建》会刊3期，编印1500份。全年发展新会员26名，换届后资料汇编、通讯录修订也在紧锣密鼓进行中。积极向《浙江民建》刊物和网站报送动态类信息47篇，其中采用13篇。《坚持标准 完善自我 不断推进东阳民建发展》获2014年度《浙江民建》会刊优秀作品。吴群刚获《浙江民建》优秀通讯员，陈满荣获浙江民建网站优秀报道员。

（杨文平）

中国民主促进会金华市委员会

【概述】 2014年底，民进金华市委员会现设总支3个、市直属支部16个、县（市、区）支部5个，会员564人，平均年龄50岁，其中具有中级以上职称会员447人，占会员总数的79.3%，省、市、县人大代表11人，省政协委员2人，市政协委员18人（其中常委3人）。全年新发展会员33人（其中中级以上职称20人，平均年龄38岁）。

【参政党理论研究和会史资料的整理和编纂】 以征文、课题为抓手，以成果转化为目标，推动全会广泛深入开展理论研究，通过征文、课题等载体推动全会广泛深入开展理论研究。市委会把统战理论学习征文活动列入支部考核内容，结合省委会的征文活动，市委会组织开展以如何认识中国特色社会主义参政党、如何建设中国特色社会主义参政党、如何履行好中国特色社会主义参政党职能为主题的征文活动，收到会员提交的论文11篇，择优选送省委会征文10篇。至2014年，市委会参政党理论小组共有成员31人，小组每年组织成员召开会议，学习研究参政党理论，讨论选题方向，并建立小组成员QQ群；开展"民进70年情缘：岁月钩沉"主题征稿活动，为弘扬民进优良传统，发挥会史资政育人的作用，进一步坚定全会对坚持和发展中国特色社会主义的决心和信念，激励各基层组织和广大会员为全面改革尽职尽责；组织撰写金华民进前辈（主委）传：《俞立身传》和《卢汉雄传》，以史为鉴，经世致用，以前辈传来了解民进、宣传民进，深化政治交接；完成《统战理论文章选编》和《议政调研文章选编》两书的编纂，整理2009—2013年间，统战理论优秀文章、社情民意信息以及市委会在市"两会"期间的大会发言、集体提案，省、市人大代表，政协委员的建议（议案）、提案等资料。

【健全舆论宣传】 充分发挥《金华民进》报的宣

传教育主窗口作用,继续坚持抓好这个对内宣传教育的主阵地,每季精心编辑一期4版《金华民进》报,《金华民进》报突出宣传重点,表现形式常有创新,栏目更加丰富,在内容上坚持体现政党意识,以参政议政、自身建设为宣传重点,对市委会参政议政成果和会务工作进行重点报道。加强金华《民进网站》的维护,及时更新内容,制作宣传专题,强化宣传效果。《金华民进》和民进网站已成为市委会对外宣传、交流和自我教育的窗口和平台。

【市委会换届】 换届工作从5月份正式启动以来,换届领导小组先后召开三次会议,及时研究换届筹备中的一些重大问题。为开好支部会员大会,选好代表,推荐好候选人,举行换届领导小组成员联系支部(总支)制度,加强对选举、推荐工作的指导。在代表产生上,实行海选制度,充分发扬民主,保障广大会员的民主权利。在新一届市委会人事安排上,提前拟定可行性方案,做到了解下情,传达上情、明确实情。对候选人进行充分民主协商和严格考察,保证新一届市委会成员及领导班子的同志不仅具有代表性和较高公信度,还能取得广大会员的信任和支持。最后所有候选人都高票当选。

【完善相关制度】 一是建立和完善"三落实"制度:即落实市委委员联系支部指导学习实践活动长效机制,落实领导班子与会员交心谈心制度,落实表彰激励机制。加强专门委员会的工作。二是完善《民进金华市委员会主任委员会议议事规则》、《民进金华市委员会工作规划》等。为更好地开展专委会和联谊会的工作,在原教育文化专委会的基础上组建教育、文化专委会,调整农经科环、社法医卫、社会服务等3个专委会和青年、妇女、老龄会员3个联谊会。

【基层组织建设工作】 一是全面实施基层组织达标考核、优秀评比、经费管理等制度。二是为贯彻落实《全省基层组织建设工作专题研讨会议纪要》进一步推进基层工作,总结推广基层组织负责人在工作中的典型经验和创新做法,开展基层组织负责人谈基层组织建设活动,共收到基层组织负责人专题9篇,内容涉及基层组织领导班子建设、基层组织制度建设、会员发展和管理、基层组织档案收集与保管利用、基层组织活动组织与开展、组织开展参政议政和社会服务活动等方面。三是发挥"浙江民进自身建设现场教学点"的作用,市委会组织其他基层支部前往金东支部现场参观学习,开展现场教学,以此推动全会在基层支部自身建设上上了一个新台阶。为进一步提升支部的凝聚力和影响力,扩大会员间的交流和合作,市委会机关积极推动开展支部联谊活动,除会内支部结对开展活动外,还通过请进来,走出去,加大与兄弟地市支部间的交流。浦江总支、开发区支部赴缙云和缙云总支开展联谊活动;建德新安江支部作为全国先进支部,义乌支部请新安江支部赴义乌开展联谊指导等,全市基层组织建设工作呈现出新的局面,基层组织的活力、凝聚力和影响力得到有效加强。四是开展会史教育活动。为深入开展民进优良传统教育,民进东阳市支部组织会员赴上海卢湾区图书馆,参观瞻仰民进成立旧址,开展"重温历史,继承传统"学习教育活动。

【组织节日活动】 "三八"妇女节,民进市委会和农工党市委会在绿墅山庄共同举办庆祝活动,作"妇女保健"讲座和"女人味与高品位"讲座,来自两个党派的80余位女会员(党员)参加了活动;市委会组织开展第二十九个教师节的活动,作"学习近平新理念 共圆共享中国梦"——习近平系列讲话精神讲座;重阳节,有60多位老年会员参加市委会举办的活动,活动邀请茶艺专家作"茶与养生"讲座。老龄会员联谊会主任李元老师根据自己入会30年的切身经历和体会为节日作题为《重阳叙旧》的演说。活动丰富老年会员的生活,获得老同志们的一致好评;广大会员在活动中活跃政治气氛,在交流中获得信息,在讨论中受到启发,在参与中接受教育,在学习中得到提高。

【参政议政】 在民主协商会、座谈会、情况通报会上,以及列席有关工作会议上,委员会就金华的经济、政治、文化和社会生活的重大决策发表政见,提出大量颇具可行性的意见和建议,其中一些意见和建议得到市有关部门的采纳。市委会周密部署,精心组织,认真选题,扎实调研,为在"两会"上建言献策做了大量的准备工作。市委会和委员会的市人大代表及市政协委员提出许多建设性的意见和建议。2014年有2件材料被市政协全会录用为大会发言材料(其中1件为大会口头发言)，市委会呈交5件集体提案，委员呈交个人提案25件，市人大代表呈交议案(建议)2件。李跃松会员提出的《关于要求市政府加大农业面源污染整治力度，推进“五水共治”的建议》，被市第六届人大第五次会议列为代表重点建议；市委会的《影响与响应：上海自贸区给金华带来什么？》调研报告，获市长暨军民批示。开展“我为金华发展献一策”活动，向全体会员寄发提案线索重点范围内容提纲，征集书面提案线索。加强信息员队伍建设，实行动态管理，适时充实信息员，并制定信息奖励办法。由机关干部专人专职负责信息收集和报送工作，管理好金华民进会员QQ群、信息员QQ群等。建立考核激励机制，至2014年10月底，委员会会员反映社情民意信息16篇，分别上报民进中央3篇、民进省委7篇、市政协16篇、市两办录用4篇、市委统战部16篇，其中被民进省委会采用6篇。除开展市委会计划课题调研外，还积极参与或配合民进省委会、市政协、中共金华市委统战部重大课题的调研。中标完成省委会《推进我省农村土地流转的政策建议》的参政议政立项课题。完成省委会“推进我省现代职业教育改革”课题的金华部分：《推进浙江省现代职业教育改革》。完成金华市市级各民主党派联合调研课题：《畜禽养殖污染治理》等课题。

【投身“五水共治”】民进市委会积极履行职责，向全市各总支、支部和广大会员发出《积极履行职责，投身“五水共治”》的倡议书，号召广大会员要做“五水共治”的宣传者、实践者、诤言者、监督者。广泛发动全体会员关心支持参与治水工作，集治水的“金点子”，入农村、社区、学校、企业开展“五水共治”知识政策宣传、传播生态理念、技术培训辅导等。4月底，浦江总支开展“学习群众路线精神，投身‘五水共治’活动”。教育为民进的党派特色，总支立足教师这一育人岗位，做“五水共治”的宣传者，通过本职工作适时教育学生树立环境保护意识，组织赴学校开展“五水共治”宣讲，动员学生以“小手拉大手”的形式参与“五水共治”活动。同时布置开展“五水共治”调研，成立调研小组，利用人大代表和政协委员会员的平台，为环境治理和母亲河的保护建言献策。5月初，民进东阳市支部赴横店镇夏溪滩小区，开展“五水共治”宣传和结对帮扶活动。与小区干部一起，带头清扫小区休闲广场和主干道。支部还向该小区捐赠1万元作为“五水共治”专项经费，用于购买垃圾桶等公共卫生设施，确保小区居民每家屋外都有环保垃圾桶，便于培养居民垃圾入桶的良好卫生习惯。5月中旬，开发区支部赴雅畈镇开展“参与五水共治，还我青山绿水”宣传帮扶活动，并把该镇作为支部的共建对接乡镇。在参与五水共治，传播生态理念的同时，下一步支部将在雅畈古街的建设，特色农产品、传统手工艺品、乡村生态休闲游的推广等方面为该镇献计献策。

【捐书助教活动】一是民进中央王佐书副主席、全国人大教科文卫委员会副主任委员、“送教”到基层并为当地的教育事业的发展献计出力；二是为学校各项教育设施陈旧，没有图书供学生借阅的婺城区长山乡石门小学开展捐书活动。“六一”儿童节前夕，市委会向学校捐赠第一批各类图书2600余册。在民进金职院支部的努力下，捐书活动也得到金职院图书馆的大力支持，在该校建立了一所“图书流通站”，第一批送去图书2万册，并表示以后定期更换。三是民进东阳市支部在东阳市白云中学成立“同心·实践基地”。白云中学系浙江省示范初中，学校的特点是外来务工子弟占70%以上，部分学生生活相对困难。支部在学校成立了“民进东阳市支部同心·实践基地”并举行了揭牌仪式，首次向白云初中55位优秀外来务工子弟发放了2万元助学金。支部表示要努力把“同心·实践基地”建设成社会影响力大、示范带动作用强、具有独特效应的特色品牌基地；四是民进浦江总支设立“民进浦江博爱基金”。民进浦江总支设立“民进浦江博爱基金”，利用博爱基金成立首个“博爱心灵家园”项目，制定《民进浦江“博爱心灵家园”项目实施方案》，作为民进基层组织创新社会服务活动的载体，利用民进浦江博爱基金，在浦江中学建立首个面向全县师生、家长的心理辅导服务基地，招募一批有资质的心理咨询师和心理健康教师，开展心理疏导、心理健康教育等服务。

【送医下乡、扶贫帮困活动】婺城总支组织医卫专家赴洋埠、汤溪、莘畈、琅琊等地看望5位日本细菌战炭疽病受害者，免费为他们送医、送药，在总支的努力下,婺城区第一人民医院免费为5位患者提供住院治疗;义乌支部赴稠江街道崇山村开展送医献爱心活动,为村开展义诊和作健康讲座;金东支部组织会员看望98岁的抗日战争老兵——金东区终身政协委员、金东区黄埔军校同学会会长邢承谟先生,给邢老送去了党派组织的问候;东阳市支部组织会员赴佐村镇上林口村开展"同心送温暖"活动,给村部分困难农户送上慰问金等。

【发挥开明画院服务作用】 民进开明画院自重新开张运作以来,致力于开展美术创作、美术研究,以促进艺术繁荣、为社会提供艺术服务、推动美术教育和普及、提高人民群众的艺术素养为宗旨,同时画院也成为金华民进对外宣传的一个品牌,通过举办笔会、开展书画展,宣传民进,开展社会服务,弘扬民族优秀文化,为金华文化的大发展、大繁荣作出贡献。今年画院举办画展2次,开展笔会3场,为社区开展义务写春联活动,赴市二院开展社会服务活动,发挥书法绘画在精神康复治疗中有独特作用,为市二院精神康患者义务开展了首场教学活动,与宁波、建德开明画院开展"联合写生,作品巡展"活动等。

【为会员服务】 市坚持会领导、机关干部联络支部制度,深入基层,参加支部活动,听取意见,关爱会员,增强凝聚力。对需要关怀、帮助的会员进行物质、精神上的关心,或帮助协调关系。对事业有成的会员做好助推工作,每逢重要节日,市委会领导都上门走访、慰问退休干部、资深老会员。机关工作人员经常走访关心市委会老领导的遗孀或家属,帮助解决一些力所能及的事。市委会领导也非常关心年老体弱、生活困难的会员,给他们送去组织的关怀和温暖。

(金剑光)

中国农工民主党金华市委会

【概述】 2014年末,农工民主党金华市委员会辖县级市委会2个,县级总支3个,县级支部1个,市直属支部13个。全市现有党员843人,医卫界占45.3%,文教界的34.4%,科技界占4.4%,其他占15.9%,新发展党员35名。

【参政议政】 两会期间,市委会共提交集体提案13件,内容涉及文教卫生、生态环保、企业转型、食品安全等多个领域。大会发言《加快推进医养融合养老服务模式》被评为优秀提案。据统计,全市各基层组织共提交政协集体提案32件,个人提案86件,人大建议案6件。市委会两件提案分别获得省委会2013年度参政议政优秀成果二、三等奖。2名党员被聘为省委会特约信息员。全年上报社情民意信息24篇,其中省委会采用10篇,省委统战部采用2篇,省政协采用2篇,农工党中央采用1篇,省领导签批1篇。其中,《基层呼吁高度关注大学生成为"试药族"主体》由被省政协采用,副省长郑继伟批示。

【组织建设】 学习贯彻习近平总书记在庆祝中国人民政治协商会议成立65周年大会上发表重要讲话,胜利举行60周年成立纪念大会。举办"中国梦·农工情" 演讲比赛和征文比赛,共收到征文36篇。市委会于9月17日—18日在市文化中心召开中国农工民主党金华市第十三次代表大会,选举产生农工民主党金华市第十三届委员会,本届委员会由27名委员组成。委派机关干部参加市"二七"新村重点区块征迁工作,选派17名中青年骨干参加省、市社会主义学院举办的党外干部培训班学习。

【服务社会】 市委会从自身的特点和优势出发,积极而有效地开展一系列的社会服务活动。为纪念农工党金华市地方组织成立60周年,市委会抽调市区五大医院的医生到金东区孝顺低田小商品工业园区开展义诊活动,送出价值1万元多元的药品及300多份健康宣传资料。11月,委派部分医疗专家参加各民主党派联合组织的"中国梦·山村行"医疗义诊服务活动。东阳市委会相继在东阳市聋哑学校和东阳市佐村石桥挂牌成立"同心实践基地",根据聋哑学校学生的身体状况和康复需求,向聋哑学校捐建价值两万元的感觉统合训练室;开展《儿童意外伤害防范和救治知识讲座》,为全校120多名学生做义务体检。金华职业技术学院支部结对金华市橄榄山苑老人公寓,设立医疗服务点,每周定期上门为老人检查身体,送去常用药品、仪器等,受到老人的热烈欢迎。金华市人民医院支部到金东区赤松乡开展"巾帼送健康"下乡义诊服务,联合金东区支部到岭下朱开展送医送药送健康活动。金华市中医院支部多次组织医疗专家进社区、进乡村、进单位开展医疗咨询、健康讲座等活动，联合永康市总支部开展2014年“国际科学与和平周暨联合国糖尿病日”活动，呼吁全社会对糖尿病人的重视，自觉养成健康行为和生活方式，降低糖尿病发生风险。各基层组织与广大党员为“五水共治”捐款50多万元，为建设“两美”金华添砖加瓦。

（刘　安）

九三学社金华市委会

【概述】 12月底，全市共有各级社组织16个，其中县市级地方组织2个(兰溪市委会与义乌市委会)，县(市、区)级基层委员会3个(永康市与婺城区、金东区三个基层委员会)，浙师大委员会以及市直属10个支社。全年发展新社员31名，全市共有社员668名，主要分布在工业经济、农林科技、医药卫生、高等教育等科技界别，高中级职称占97%以上。

【换届工作】 社市委制定《关于九三学社金华市委员会2014年换届工作实施意见》，成立换届工作领导小组，形成理解、支持、参与2014年市委会换届工作的良好政治氛围，确保换届各项工作顺利地进行。2014年8月27日—28日召开的九三学社金华市第七次代表大会隆重热烈、非常成功，社员代表到会率高、会风好。大会审议通过第六届委员会工作报告，审议通过《九三学社金华市第七次代表大会决议》，选举产生由21位同志组成的九三学社金华市第七届委员会。换届后及时组织班子读书会，到北大学习培训一周。

【纪念市委会成立30周年】 成立于改革开放之初的九三学社金华市委会，通过队伍建设，充分发挥社员智力优势，组织开展科技服务活动，赢得社会美誉；奋斗在各条战线上的社员们立足本职建功立业默默奉献，塑造九三学社社员良好的社会形象。在召开第七次代表大会之际回顾市委会30年来走过的历程，认真做好“亲历、亲见、亲闻”史料征集，以《三十回眸》为题将收集到的部分历史图片和文字资料汇辑成纪念画册，生动展示金华市各级社组织的履职成果和社员风采，以此纪念九三学社金华市委会成立30周年。9月底组织的重阳节老龄委活动，以纪念九三学社金华市委会成立30周年为主题，对17位已满30年社龄的老社员颁发荣誉证书，请老领导、老社员、老社务工作者讲社史、忆传统、提希望，弘扬九三学社优良传统，激发广大社员对九三学社组织的热爱，增强社员的荣誉感、使命感。

【提升履职水平】 7月初，社市委认真配合舟山市政协和九三学社市委会组成联合考察组到金华、浦江等地考察“五水共治”及民主监督工作，对如何借鉴浦江经验助推五水共治进行深入探讨。上半年，社市委积极参加中共金华市委统一战线服务“五水共治”专项行动，参与市级各民主党派“五水共治”联合调研活动，许多社员直接工作在“五水共治”第一线。两会前社市委组织社内外环保生态方面的有关人员到企业调研座谈形成的政协全会大会发言《关于重视环保产业发展的建议》得到市领导批示并列为重点督办提案。

【结对帮扶工作】 九三学社浙江省委作为金华市婺城区扶贫结对帮扶团组成员，省人大常委会副主任、社省委主委姒健敏等分别率队专程到对口联系的婺城区塔石乡金牛山村、下塔石村和东岭村进行走访调研，解村情民情，进一步落实帮扶工作，并指出九三学社要紧紧依靠当地党委政府，在婺城区的支持下，把九三学社的人才、科技优势与山区的帮扶工作有效结合起来，紧紧围绕“两美”乡村建设，发挥“造血”功能，依靠科学发展、因地制宜，为山区经济发展做好统筹，形成合力，争取再上新台阶。九三学社通过省市区三级联动，认真落实具体帮扶措施，如通过金华市移动公司为金牛山村开通移动网络，结束移动信号盲区的历史，真正帮山区建设排忧解难。

【组织建设】 在七届二次社市委全会上，通过全体委员的认真审议，原则通过《九三学社金华市第七届委员会工作运行机制》《九三学社金华市第七届委员会工作规则》《九三学社金华市委会工作机构设置与人员组成方案(草案)》等多个工作规章制度，使新一届市委会开展各项工作有章可循，有法可依。市委会充分调动广大中青年社员参政议政和参与社务工作的积极性，采用社员自荐和组织推荐相结合的形式，在较短的时间内将所有的工作机构和专委会全部组建完成，并积极组织开展活动，取得很好的效果。2014年，社市委被社中央评为全国组织工作先进集体;被社省委授予新闻宣传先进集体三等奖,其中有两件作品分别被评为优秀新闻作品一等奖和二等奖;被市政协评为反映社情民意信息工作先进单位三等奖;并被社省委评为社会服务先进集体。

(刘桂英)

群众团体

金华市总工会

【提高劳模待遇】 2014年,市总工会积极向市政府争取提高劳模待遇和增加劳模困难帮扶基金。经过努力,全市离休、退休劳模津贴每月提高150元,现标准为原来的2.5倍;劳模困难帮扶基金从原来每年20万元提高到每年80万元,翻了两番。

【搭建青年职工交友平台】 为解决青年职工婚姻问题,由市教育工会牵头举办"手牵手,共筑幸福梦"青年职工联谊活动,为市区240余名青年男女职工搭建交友联系的平台,取得很好的效果。

【劳动竞赛】 围绕市委、市政府中心工作,开展"五水共治"劳动竞赛,共有2552家企事业单位316254名职工参赛,促进"五水共治"工作高效推进。

【扩大职工医疗互助保障覆盖面】 2014年,金华市总工会争取到市政府补助医疗互助保障金200万元,市区(含婺城、金东、金华开发区)完成第二期职工医疗互助保障参保人员8.2万余人,全市完成职工医疗互助保障参保人员25万人。

【基层工会规范化建设】 2014年,全市建设"六好"示范工会500家,建设达标工会5579家,均超额完成任务;计划轮训工会干部1000人次,实际完成3000余人次。

【全市职工服务中心建设】 集中婺城、金东和金华开发区的资源,在市区集中办职工服务中心,进一步拓展服务中心职能。全市职工服务中心均按省总要求完成达标创建工作。

【职工免费培训】 2014年计划免费培训职工5000人次,实际完成8000余人次。

【组织职工免费体检和疗休养】 2014年,市总工会联合73051部队医院在全市开展"关爱职工,真情送健康"职工免费体检活动,为330家企业78852名职工开展免费体检,组织了3000名一线职工免费疗休养。

【举办系列技能比赛】 举办市第三届职工排舞大赛、"金华好技工"职业技能电视大奖赛和第一届"金华工人好声音"电视大奖赛,均取得很好的效果。

【送温暖活动相关工作】 2014年,全市各级工会筹集资金751.89万元,帮扶困难职工3784人。其中,春节期间慰问困难家庭2451户,共发放慰问款物408.88万元;"福彩牵手、温暖回家——困难外来务工人员专项帮扶活动"为100名困难外来务工人员发放救助金10万元;金秋助学活动向1161名困难职工子女发放助学金300.61万元;"爱心透析"专项救助活动为全市72名尿毒症患者补助爱心透析款32.4万元。

【组织建设】 一是转变工作作风。狠抓机关作风建设,广泛开展"进万家企业、访万名职工、建工会、促维权"活动和"工会与职工有多远?""当前职工思想状况"和"劳务派遣工现状"等调查,深入企业走亲连心。全市各级工会走访企事业单位5169家,召开各类职工座谈会95场。二是完善制度建设。市县两级工会修订完善人事管理、财务审批、公务接待、会议培训等多项规章制度,用制度的方式引导机关干部转变思想观念,努力做到眼睛向下、重心下移,帮助协调解决基层工会工作中存在的重点、难点问题。各级工会坚决贯彻落实中央八项规定、省委"28条办法"和市委"25条意见",坚持厉行节约反对浪费,严控"三公"经费。2014年,市总工会机关"三公"经费和会议费比2013年总体下降48.1%。三是增强队伍力量。结合开展党的群众路线教育实践活动,大力加强总工会机关队伍建设,市总机关新招聘选调干部3名,5个县(市)总工会进行班子调整,市职工服务中心工作人员增至10人,招聘社会化工会工作者16名,为全市工会工作注入新鲜血液。

【职工建功立业活动体系】 深入开展劳动竞赛。围绕党委、政府中心工作任务,组织广大职工群众结合行业特点和企业实际开展劳动竞赛。2014

年,全市584个“五水共治”重点建设项目100%开展了劳动竞赛,共有2552家企事业单位316254名职工参赛,促进“五水共治”工作高效推进。大力实施素质工程。深入实施职工素质提升工程,充分发挥职工学校的作用,加强职工技能培训,积极推动广大职工提高劳动技能。在全市职工中广泛开展“五水共治”金点子征集活动和“职工技术服务月”活动,发动职工群众为“五水共治”献计献策500多条,组织20多支职工(劳模)技术服务队进50多家中小微企业开展技术攻关和技术帮扶,评选2014年100项职工经济技术创新优秀成果,为企业增效6.5亿元。发挥劳模示范引领作用。切实加强劳模评选管理工作,精心组织好全国(省)五一劳动奖章、省劳动模范推荐评选工作。大力宣传劳模先进事迹,完善劳模管理服务机制,着力提升劳模待遇,进一步加强困难劳模帮扶力度。加大高技能人才(劳模)创新工作室创建力度,2014年新创建职工高技能人才(劳模)创新工作室20个,完成攻关项目54项,为企业增效达2.4亿元,充分发挥了劳模先进群体在职工创业创新中的示范引领作用。

【维护职工合法权益】 深入开展工资集体协商工作。召开劳动关系三方四家第十四次协商会议,大力度推进工资集体协商和集体合同签订工作,在全市开展工资集体协商要约行动。举办工资协商指导员培训班,提高工资协商指导员业务水平和谈判能力。2014年,全市签订工资专项集体合同10496份,其中区域性集体合同295份,行业性集体合同27份,覆盖企业29012家,覆盖职工近139万人。义乌市全年树立工资集体协商示范典型100个,武义县工资集体协商数据入库率达到99.95%,金华开发区主动深入园区深入企业开展工资集体协商,工作成效十分突出。深入推进和谐企业、和谐园区建设。深入开展劳动关系和谐企业创建活动,在全市联动开展“三满意”达标创建活动和“双爱”示范企业评选及广场咨询活动。推荐省级劳动关系和谐先进企业16家,先进组织18家,先进园区11家,有10031家建会企业参与劳动关系和谐企业创建,创建率达已建工会的91%以上。加强劳动关系调解机制建设。加大企业劳动争议调解组织建设力度,提高工会参与劳动争议调解的能力。继续深化工会普法宣传工作,开展“劳动法律法规宣传月”活动,实现普法宣传常态化。强化劳动关系预警机制建设,建立健全信息搜集汇总和分析研判机制,及时准确采集劳动关系信息,切实保障职工队伍稳定和劳动关系健康发展。永康市的劳动争议“一站式”调解模式得到省委副书记王辉忠的充分肯定。深化安康杯竞赛活动。进一步落实劳动保护分级管理制度,广泛开展“安康杯”竞赛活动,探索实施工会劳动安全卫生工作“分级抓、分层管、分类查”模式。引导企业做到以人为本,自觉加强对职工的人文关怀,从基础环节减少劳动关系不和谐因素。

【工会服务工作】 推进职工服务中心建设。全力打造救助、维权、信访、就业、医疗互助五位一体的综合性工会服务平台,2014年全市各县(市)职工服务中心全面开展达标创建和升级工作。金华市总工会整合市区资源,创新开办职工服务中心,提高工作效率,节省资源。兰溪市工人大厦落成,职工服务中心搬进宽敞明亮的大楼。2014年全市各级工会共受理劳动争议案件8696件,处理完成8148件,工会仲裁员参加仲裁庭办案112件,其中由工会仲裁员独任或担任首席仲裁员办案就有44件。大力推动职工医疗互助保障工作。市总工会在全市范围推广职工医疗互助保障工作,全市9个县(市、区)和金华开发区都已开展此项工作,参保职工已达25万人。该项工作的有效开展,缓解了患病职工的经济负担,受到广大职工的欢迎和认可,得到省人大常委会副主任、省总工会主席厉志海,省总工会党组书记、常务副主席戴震华和市委书记徐加爱的批示肯定。兰溪市、义乌市、东阳市推动职工医疗互助保障工作成绩突出。积极推出新型工会会员证。为进一步深化“情系职工、服务会员”活动,市总工会联合市工商银行推出工会会员卡,工会会员持卡可享受免费职业培训、免费体检、免费休养旅游、免费心理咨询和法律援助服务等涵盖医院、商场、旅游、餐饮、美容健身等23个大项200多个小项不同折扣的优惠服务,让职工在衣食住行中得到实惠,扩大了工会服务的影响力。全市已办理工会会员卡40000余张。兰溪市、浦江县、磐安县行动迅速,贯彻有力,工会会员卡推行工作成效显著。开展“心灵港湾工作室”。针对企业职工心理问题较多的现象,市总工会联合金华日报社,依托金华市情感护理中心开设职工“心灵港湾工作室”,深入企业和社区为广大职工进行心理辅导。2014年,“心灵港湾工作室”先后开展多场讲座,受众1400多人次,开展参与单位班组骨干、中层管理干部心理测评229人次。该项工作得到省总工会党组副书记、副主席、巡视员曹国旗和省总工会副主席李锦平的高度肯定。完善困难职工帮扶救助机制。市总工会不断健全以职工服务中心为依托的帮扶救助网络,根据困难职工的不同需求为他们提供生产、生活、精神帮扶“一站式”服务。继续开展好“春送岗位、夏送清凉、秋送助学、冬送温暖”系列活动和爱心透析、大病救助等活动,加大一线职工免费体检和疗休养力度,切实帮助困难职工解决实际困难。

【职工文化建设】 加强职工核心价值体系建设。以“争当好职工,奉献浙中崛起梦”为主题在职工中深入开展社会主义核心价值体系教育和职业道德教育,开设职工道德大讲堂,组织开展演讲比赛和征文比赛。开展交通安全知识竞赛和文明出行摄影比赛活动,引导职工主动参与“交通治堵”工作。把握工会新闻宣传正确方向,突出工会网站、工学通APP、工会微博、工会手机报等互联网阵地建设,打好网络主动仗,唱响时代主旋律。开展丰富的文化艺术活动。2014年,积极组队参加全省职工气排球比赛,囊括全部四个单项的一等奖。市总工会和各县(市、区)总工会都组建职工艺术团,以大型演出、小分队的形式深入车间、厂矿、施工现场、项目工地等演出近30场,慰问职工30000余人次,丰富了职工业余文化生活。开展共建职工精神家园活动。全面加强“职工之家”“农民工文化家园”和职工文化“八个有”建设,探索建立和完善“职工书屋”建设长效运行机制,进一步夯实职工文化建设的基础。

【基层工会建设】 工会组建和职工入会工作稳步推进。按照“哪里有企业、哪里有职工、哪里就要建立工会组织”的要求,以非公有制企业为重点领域,以开发区(园区)为重点,切实保证基层工会组织数和会员人数都有较大幅度的提升。2014年,金华市单建工会达13895家,联合工会达733家,覆盖企业38883家,组建率、职工入会率都达到90%以上。基层工会规范化建设成效明显。以开展“职工之家创优达标”建设为载体,在基层工会中开展以“五好”为主要内容的规范化建设。建立健全乡镇(街道)工会的各项组织制度和工作制度,广泛开展创建“六好乡镇工会”活动。东阳市、永康市、武义县集中开展基层工会主席培训会,有力地提高了基层工会干部素质。市财贸工会结合行业特点,在推进基层组织规范化建设方面取得突出成绩。职工民主管理工作规范运行。以非公企业、中小企业为重点,大力推进企业民主管理工作,着力推进职代会工作的制度化、规范化、科学化。下发《金华市非公有制经济组织厂务公开民主管理制度评估办法》,提升非公有制组织民主管理工作水平。全市非公有制、民办事业单位的职代会建制率、厂务公开实行率均达到90%。

【其他工作】 加强女职工工作,开展深化女职工“关爱行动”,女职工权益保护专项集体合同签订率达到99%。全面推进工会经费财政划拨、税务代收工作,提高工会经费收缴率和合理使用的水平,确保工会资产保值增值。进一步健全工会经费审查监督制约机制,严格执行对市总工会及下属单位的审计,积极落实对县(市、区)总工会的“五年两审”制度,推进工会经审工作规范化建设。工会资产统计与监管工作得到加强。积极实施对口援疆工作,及时落实项目和资金。工会信访、统计及信息化建设稳步推进。

(章　颖)

共青团金华市委员会

【助力“五水共治”】 实施“青春聚力?五水共治”共青团节水清波行动,全年开展清理活动340余次,清理各类河流230余条,新植绿198亩,落实护水河段长308人,推动解决五水共治访查问题723个。首创“护水哨兵”志愿服务,组建“护水哨兵”128支3000余人,开展“随手拍”“水情微报”等特色项目,广泛动员社会力量参与治水,受到省委夏宝龙书记、王辉忠副书记肯定,荣获首届中国青年志愿服务项目大赛银奖,并在全省共青团系统推广。

【参与社会治理】 参与城市治拥治堵工作,累计组织6万名青少年开展交通文明劝导、志愿服务春运、重点景区引导和红领巾小交警、小手拉大手等专题活动。深化志愿组织建设,召开第二届志愿者代表大会,全市共注册志愿者 18 万人,引导志愿组织参与社会服务,承接政府服务项目。打造平安创建、爱心家园、助残“阳光行动”、助力“二七”区块拆迁等工作品牌,推进“轻松备考”“12355 心灵花园”和青少年安全自护活动,提供全方位服务。万名志愿者活跃在工艺品博览会、小商品博览会、五金博览会等大型活动现场。广大青少年、青年志愿者成为城市治气、环境保护、三改一拆、“文明创建”等重要力量。

【服务经济转型】 助推网络经济发展,开展“十大杰出青年电商”、网商青年文明号评选,举办电商培训班 32 期,组织赴阿里学习考察、小米进金华等活动,形成电商青年创业指导中心和“网创贷”“网商贷”等特色服务项目。“供需对接”模式得到省委省政府主要领导和团中央领导批示肯定。实施青年浙商回归工程,依托北京、上海金华青联联络站,搭建在外青年反哺家乡的桥梁。对接台湾青商总会、新疆伊斯兰教、青海海西州等青年代表团来金考察交流。开展“创二代”大讲坛、青年企业家交流、青企协会员进县市区等活动 20 多次,青企协工作获全省先进。

【搭建宣传阵地】 在高铁站、汽车站等地布置核心价值观宣传主题墙,在《金华日报》开设“微视界”栏目,编印《青春金华》杂志,拓宽青少年思想引导阵地。设立团市委微信公众号,在市县两级共建立 11 个官方微信平台和微信群,建立共青团微电影浙中创作服务中心。青年励志微电影《烛光》喜获第三届国际大学生微电影大赛剧情短片类一等奖,《天堂的小说》荣获国家广电总局优秀原创网络视听节目奖。

【引导网络舆情】 实施“中国梦·青春行”青少年网络清朗行动,开展微文转、微频秀、网话谈、美丽拍等四大篇章活动。建立一支 2000 人的青年网络宣传员队伍,开展 10 次网络舆情演习,不断健全组织动员体系。在网络中发起“共话核心价值观”“我与国旗合个影”等活动,吸引十余万青少年参与,在网络空间传递了青年“好声音”。

【选树青年典型】 评选“三下乡”优秀团队 60 个、先进个人 150 名、美德好学子 120 名,推选县、乡级道德好青年 515 名、创富好青年 610 名,“两项计划”志愿者 16 名,推报省级以上优秀青年人才 85 名。陈炳南、水鸿雁、杨莉等青少年荣获全国优秀团员、中国优秀青年志愿者、全国农村青年致富带头人等荣誉称号。

【服务创业就业】 全年建立见习基地 230 个、见习 697 人次、网商创业人才培训 1680 人次、网商创业就业 767 人次、创业小额贷款 1624 笔共 2.3 亿元、就业创业培训 1.6 万人次,培养农村致富带头人 641 人,落实 8 名金融挂职干部,促进金融扶持青年创业就业。

【服务青少年民生】 开展“爱心助跑·圆梦大学”等活动,筹集资金 336.6 万元,资助贫困学生 673 人,其他各类关爱青少年爱心款、物资 420.3 万元。开展“衣往情深”“爱心书包”等爱心传递行动,收集衣物、书包等 5 万余件,李克强总理在视察义乌时亲自参与寄出爱心包裹。开展“城乡少年手拉手”、公益夏令营、流动青少年宫等关爱弱势群体青少年活动,覆盖青少年 8 万余人。开展“各族少年手拉手”活动,110 所学校与新疆温宿学校结对,万名少年与新疆少年书信结对。

【培育青年文明】 举办青年文明号 20 周年交流展示活动,组织 141 家青年文明号开展便民服务 37 场。开展七夕青年交友、流动青少年宫、社团文化节、外地青少年金华行、新金华青少年一日游等活动,丰富青少年文化生活。

【深化“双网互动”】 全市划分网格 8441 个,组建网格专业服务队 3526 支,网聚青年 26.5 万人。推进“青春党建”,新建非公企业团组织 706 家、新社会组织团组织 156 家,新建直属团组织 314 家、合作组织团组织 338 家。深化对青年社会组织的引领,新增青年社会组织 73 个,覆盖青年 4.5 万人。扎实推进青少年综合服务平台建设。

【强化队伍建设】 深入开展党的群众路线教育实践活动,实施团干部清风行动,开展“分享一本好书”“我到山村住三天”“三思四问”大讨论、青春点亮微心愿、团干部竞技场等活动。举办年轻干部培训班等 5 期培训 395 人次;举办“中国梦·共青路”、“为与位”等主题论坛,组织互观互学互检活动。各级团干部积极参与“五水共治”“三改一拆”等中心工作。

【推进全团带队】 “美德少年”培养工作成效明显,“六一”前夕得到省委书记夏宝龙回信肯定。团教合作成立金华市少先队总队部,开展两期“红领巾礼仪社团”小干部集训营培训。荣获全国少先队活动课示范市、全省少先队科研工作先进单位等荣誉。

【领导指导】 2014年，全市团的各项工作取得新突破。国务院总理李克强、省委书记夏宝龙、省长李强、省委副书记王辉忠等领导同志对金华市关爱行动、护水哨兵、网商创业等工作给予充分肯定。市领导徐加爱、暨军民等多次肯定共青团工作,并对共青团工作提出要求。新农村建设工作荣获市委、市政府优秀单位表彰。五水共治、护水哨兵、网络新媒体等工作被全国、省市媒体数十次报道,护水哨兵项目在全省范围内推广。《新形势下基层团组织活力建设探究》荣获省共青团优秀调研成果一等奖,另有两篇荣获二等奖。

【助力中心工作】 1月9日,团市委联合市少工委发出《助力治水·青春建功致团员青年、少先队员“五水共治”的倡议书》号召全市共青团员、少先队员充分发挥生力军和先锋队作用，为建设美丽金华、构建现代生态文明奉献青春、智慧和力量。2月8日，团市委组织党员干部前往扶贫联系村婺城区沙畈乡狮岩坞村开展走访连心活动,深入解狮岩坞村2013年各项工作开展情况，特别是“五水共治”“三改一拆”等中心工作开展情况。3月4日,团市委联合相关部门开展的“党工团妇齐动员?整治环境美家园”金华市区“五水共治”志愿者大行动在市燕尾洲公园正式启动。市领导、各主办单位部门领导及党工团妇各条战线的500余名志愿者参加启动仪式。3月9日,团市委在开发区苏孟乡溪口下村正式启动“小手拉大手节水清波”行动,组织156位少先队员及其家长在苏孟乡溪口下村开展“五水共治，小手拉大手,共建红领巾林”植树活动。在第22届“世界水日”、第27个“中国水周”来临之际上海财经大学浙江学院举行的学校线“五水共治”启动仪式。4月2日下午,少先队“小手拉大手 携手治‘五水’雏鹰行动”启动仪式在市婺城区白龙桥中心小学举行。5月23日下午,团市委干部赴婺城区竹马乡开展“垃圾河”清理整治活动。7月,市“五水共治”办、团市委、市志愿者协会共同成立组建护水哨兵志愿服务队。7月13日,团市委在市体育中心主体育馆举行“护水哨兵”志愿服务行动暨市区第一轮单元巡查出征仪式。

【支持就业创业】 1月10日,由市委组织部、团市委、金华日报社、市农科院主办,金华供销农超连锁有限公司、金华市青年创业就业服务中心、金华成泰农村青年创业学院承办的金华市“大学生村官吆喝新农村”暨“大学生村官创业产品进供销农超”活动在金华江北银泰福华店门前广场举行,来自全市各个县市区的140余名大学生村官和金华成泰农村青年创业学院的学员们带来上百种农副产品参加活动。1月,由市青企协、金华晚报、金华新闻网、金华广众网等单位联合开展的2013年度新锐婺商评选活动结果揭晓。金华市山山烘焙食品有限公司总经理王平,金华古婺窑火陶瓷文化有限公司总经理方益进，东阳市金宝传媒有限公司总经理卢亦凯，金华市明家装饰工程有限公司董事长卢森军，浙江九皇工贸有限公司董事长李俊峰,浦江县美实达工贸有限公司董事长吴忠星,浙江忆丰科技有限公司总经理余小建,浙江金华威邦塑胶有限公司公司董事长陈校波,浙江中信厨具有限公司总经理胡勇薪,金大集团有限公司董事长章小理获新锐婺商称号。杨凯、杨群宝、吴小勇、邵岗锋、林沧泽、洪戈浪、盛建喜、程豪建、谢学进、杨凌剑等10名同志获得2013年度优秀青年婺商称号。4月8日—12日，金华市委组织部人才办、共青团金华市委、金华职业技术学院于举办首期金华大学生村官电子商务示范培训班,40名有志从事网络创业的大学生村官参加。7月4日下午,金华市青企协服务中心、金华市锦程人才服务有限公司、求实企业管理咨询有限公司在申华商务酒店四楼顺利举行《破解人才瓶颈,构筑人才高地——新经济形势下企业如何解决人才困境》公益论坛,协会会员、服务中心工作人员和市青企协会员和非会员70余家企业参加。11月19日—25日,团市委联合市农办、市人社局、成泰银行、金职院在金华成泰农村青年创业学院举办2014年“微创新”创业培训班,进一步扶持农村青年创业成才。11月,金华创业青年徐金永的“玫瑰鲜花生产观光园建设及加盟连锁”项目荣获“邮储银行杯”2014年中国青年涉农产业创业创富大赛成长组三等奖，成为浙江省唯一入围决赛的创业选手。12月17日，由团市委、市农办、市就业局、成泰银行、金职院等单位联合举办的成泰农村青年创业学院农村青年创业培训班正式开班，团市委、人社局、成泰农商银行、金职院经管学院的相关领导出席开班仪式，来自市区各乡镇的48名学员参加此次培训。

【组织建设】 1月11日，团市委举行2014年工作务虚会暨“中国梦共青路”主题论坛，全面总结2013年共青团工作，探索2014年共青团工作的新思路、新方法，促进团干部之间的工作交流。1月23日，市青联五届二次、市青企协四届二次全会在市文化中心召开，市领导、青联、青年企业家协会等230余人参加会议。2月18日，团市委在市青少年宫举行2014年“共青团与人大代表、政协委员面对面”座谈会，今年的主题是“合理运用网络新媒体，促进青少年健康成长”。人大代表、政协委员、社会各界代表近30人参加本次座谈会。4月6日至10日，团市委组织全体机关干部以及市青少年宫班子成员在金华市青少年宫科技楼会议室开展为期4天的集中学习活动。通过阅读式、讨论式、分享式学习、“我讲你学大家谈”夜学等多种形式，集中学习必读书目等内容，并结合市委“三思四问”主题讨论要求和前期“我到农村住三天”体验式学习活动，开展“三思四问”“两个在前”专题讨论。6月23日，由金华市教育局和共青团金华市委共同主办、金华教育学院承办的2014年金华市共青团团干部培训班于金华教育学院行政楼101教室正式举行。7月1日，团市委组织开展“七一”主题集中学习活动，纪念建党93周年。机关和下属单位全体党员干部参加学习，观看《百年潮·中国梦》(1-2集)，了解“中国梦”的基本内涵、“中国梦”引发的“世界回响”，以及对中国向何处去的思考。同时，回顾我党多年来取得的巨大成就，并结合党的群众路线教育实践活动重温党章、党史。

【唱响主旋律】 3月28日，团市委发布《清明节期间广泛开展革命烈士纪念活动的倡议书》，倡导团员青年学习烈士精神，让烈士精神在新时期焕发出新的光芒！4月12日，团市委在北京召开“实现中国梦·青年当先锋”座谈会暨首届金华在京杰出青年、优秀青年表彰会。4月30日，团市委在交通技师学院组织纪念五四运动95周年升国旗仪式暨奋斗的青春最美丽主题团日活动。5月26日—6月13日，为纪念“青年文明号”创建20周年，进一步推进“青年文明号岗位建功”主题实践活动，动员各级青年积极弘扬“敬业、协作、创优、奉献”的理念，团市委对2013年度金华市级青年文明号争创集体开展全市青年文明号创建工作“互评互学”活动。7月，团金华市委、金华市网络经济发展局联合举办2014年新锐婺商之“金华市十大杰出青年电商”评选活动。经各县(市、区)、各级青年企业家协会和电子商务协会广泛推荐，评审委员会对候选人认真考察、审核，于9月17日最终评出2014年度“金华市十大杰出青年电商”十名、金华市十大优秀青年电商十名。8月13日—14日，第二届“中国梦 共青路”主题论坛暨全市共青团半年工作分析会在永康举行。9月底，共青团金华市委倡议全市广大青年朋友及少先队员开展“我和国旗合个影”活动，受到金华广大青少年的热烈欢迎，有6000多名青少年参与这项活动。11月28日下午，团市委、市学联的组织金华市学生社区主任助理和来自浙江师范大学人文学院人文教育131班的“毅行相伴”小分队一起，走进城西街道中山路社区开展以弘扬核心主义价值观为主线的特色实践活动。12月8日，共青团金华市委组织开展以“法治 责任 理想 感恩”为主题的金华市2014年成人节系列教育活动，迎接浙江省第十五个“十八岁成人节”。

【注重教育】 1月13日—14日，省团校俞中校长一行到金华调研校地合作事宜。团市委书记马越，副书记俞建辉、钱福安，副调研员、青少年宫主任应海溪陪同调研。3月28日—30日，团市委机关干部、市青少年宫班子成员赴磐安县高二乡开展党的群众路线教育实践活动之“我到山村住3天”蹲点体验学习行动。团市委在高二乡中心学校开展“青春点亮微心愿”主题活动，带着孩子们梦想的文具、玩具、衣物等物品，圆17个孩子的心愿，联系爱心企业，为学校捐助首期红领巾奖学金一万元。5月25日上午，团市委在浙中建材市场举行“我爱新金华”助学结对暨畅游金华活动，来自金东区万博民工子弟学校的20名生活困难外来务工人员子女参与活动。结对仪式上,"马可波罗"助学基金方面有关负责人向每位孩子发放1000元的助学款。7月23日下午,团市委联合市委统战部、市教育局、市红十字会、金华日报社、金华电视台教育科技频道等单位共同发起2014年度"爱心助跑·圆梦大学"活动暨"恒龙"专项助学计划启动仪式在市青少年宫举行。8月19日—21日,由省校外教育中心主办,市青少年宫承办,省校外教育活动教研组协办的全省示范性夏令营——小石头夏令营在金华顺利举行。来自全省48个青少年宫的近150名青少年参加本次示范性夏令营。8月21日,团市委举行2014年度"爱心助跑 圆梦大学" 恒龙助学计划助学金发放仪式。10月29日上午,由金华团市委主办的"12355心灵花园"体验活动之走进傅村中心小学和万博民工小学系列活动圆满结束。活动由国家二级心理咨询师、首席儿童心理咨询师孙玮老师主持,受到同学们的热烈欢迎。

【丰富青少年精神生活】 1月14日下午,"中国梦·青春行" 金华市青少年网络清朗行动启动暨共青团微电影浙中创作服务中心成立仪式在东阳举行。共青团金华市委书记马越、东阳市委副书记申屠福华、东阳市人民政府副市长龚俊俊、浙江省横店影视文化产业实验区管委会副主任厉红亮、共青团东阳市委书记许俊峰、各县市区团委书记等出席本次活动。1月25日,由金华市广电总局、团市委、市教育局、市少工委联合主办的"童心璀璨迎新春"2014金华市少儿春节联欢晚会在市人民大会堂举行。8月,团市委、市委宣传部、市文明办、市少工委联合开展"八婺美我传承"青少年社会主义核心价值观教育实践活动,牢牢把握青少年的思想脉搏和思想政治教育的主动权,推进"善美金华"建设。10月13日,团市委在箬阳乡中心小学举行纪念少先队建队65周年"红领巾相约中国梦,核心价值观记心中"主题队日活动。10月18日,经团市委与磐安团县委指导,由磐安县志愿者协会会长徐明导演的作品《烛光》获第三届国际大学生微电影盛典剧情短片类一等奖。11月22日,青少年社团文化节在市青少年宫文化广场启动。300余名少年儿童参加启动汇演,11个社团精品节目如朵朵鲜花盛开, 在梦幻的城堡争芳斗艳。

【服务社会】 1月26日,正式启动"团徽闪耀·助力春运"志愿服务集中行动,在火车西站提供问询引导、秩序维护、爱心帮扶、姜茶供应等服务。在临客L231次列车开动前,共引导旅客近2000人。短短三个小时里,协助引领客流6000余人次,帮助搬运行李200余人次。1月27日,团市委干部和青联委员代表到婺城区、金东区、开发区走访贫困家庭青少年,送去价值1.5万元的米、油、书包和慰问金。3月5日,团市委在市区八咏楼社区开展"青春志愿行、共筑中国梦"三·五志愿服务月活动,共有50余名来自各行各业的志愿者走进八咏楼社区,开展志愿服务。5月4日,团市委全体机关干部及市区团员青年200余人前往金东区源东乡东叶村开展 "传承五四精神??践行群众路线"主题团日活动。祭扫结束,全体人员奔赴曹宅镇上目宋村,投入"义务植树美化乡村"志愿行动和"五水共治·垃圾河清理"行动。5月,团市委发起,联合金华市青年志愿者协会、金华市行政执法局团委金华行政执法局婺城分局、金华科技教育频道共同举办的 "爱心行动 衣网情深"旧衣回收公益活动在市区顺利开展。6月3日下午,团市委组织党总支的三个支部的党员到前往基层联系点市经济技术开发区江南街道兴学路社区开展"青春点亮微心愿"活动。7月18日—23日,共青团金华市委、金华市志愿者协会、金华电视台教育科技频道联合发起"贵州从江青少年赴金华爱心之旅"活动。来自贵州从江贫困山区的9名师生"一对一"结对金华爱心志愿者家庭,在志愿者的带领下游览青少年宫、双龙景区、义乌海洋世界 、横店梦幻谷、浙师大非洲博物馆等景点。9月28日,团市委联合市委宣传部、市文明办、金华广电总台主办以"青春绽放 梦想前行"为主题的暑期"三下乡"社会实践活动"青春行动"总决赛在市区举行。团市委、金华广播电视总台出席活动,并为获奖集体和个人颁奖。浙江师范大学玉联心帆实践队、金华职业技术学院绿荫支教团等十支队伍荣获"十佳团队"。10月24日—26日,由团金华市委、金华市志愿者协会等单位共同举办的2014年"爱心同行,衣往情深"暖冬行动顺利启动。号召市民捐赠家中闲置的御寒棉衣、棉被、学习用品、教学器材、体育器材等实物,用实际行动帮助云南、西藏、新疆等贫困地区的群众，呼吁市民关爱环卫工人、流浪汉、民工子弟学校、建筑工地民工等困难群体。活动当天，爱心暖冬行动共收到衣物3000余件，书包150多个，首批爱心包裹将于11月15日开始寄送至贫困地区及社会机构。11月8日，团市委在开发区兰溪步行街举行金华市“青年文明号”二十周年交流展示暨“青年文明号为民服务月”活动启动仪式，对2013年度市级青年文明号和青年岗位能手进行表彰。全市120余家青年文明号集体参与20周年风采展示，40家青年文明号志愿服务队冒雨为广大市民提供用电用水、金融理财、医疗保健、政策咨询、法律维权等便民服务。12月19日上午，金华市8890便民志愿服务队一行走进市三江街道阳光社区，把便民服务送到市民家门口。这是今年第六次8890便民服务进社区活动。

【荣誉成效】 1月24日，在共青团浙江省十三届六次全委(扩大)会议上，共青团金华市委再次获得浙江共青团工作、青年工作创新奖，这是金华连续5年获此殊荣。1月29日，市委书记徐加爱对共青团工作作出重要批示：青年人朝气蓬勃，有“狮子型”干部的特质，是社会进步的重要推进力量。希望团市委团结青年、带领青年转作风做在前，干工作冲在前，以实际行动为金华赶超发展作出更大贡献。11月19日，中国国务院总理李克强在浙江考察时到访义乌市青岩刘村，并与该村电商创业青年亲切交谈。团省委书记周艳肯定金华青年电商创业行动，并作出指示：你们要以此为鼓励，狠抓青年电商行动和农村电子商务进万村行动，在全市推广义乌做法和经验，整体推进，形成风景。11月，团金华市委联合金华市民政局、金华日报社、金华广播电视总台、金华市青年联合会、金华市志愿者协会共同主办“公益点亮梦想”金华市首届十佳青年公益社会组织评选活动，来自全市社会各界的24家青年公益社会组织参与评选。33爱心联盟等十家组织被评为金华市首届十佳青年公益社会组织。12月28日，市委副书记、市长暨军民对“服务二七区块志愿行动”工作作出批示：“服务二七区块志愿行动”这项工作抓得好。这是金华深化教育实践活动，体现作风建设永远在路上的生动实践，也是市级机关干部志愿服务征迁群众，争创文明城市的高尚行动，可敬可学。望组织媒体，全过程报道反映在志愿行动中好人好事和动人事迹，并切实组织宣传，引导好这项工作，使之深入、务实，结出硕果。团市委在“服务二七区块志愿行动”中承担选房看房服务组任务。12月，团市委在金华日报开辟专栏宣传展示金华共青团25个品牌项目，进行最喜欢的“十佳品牌项目”评选，在青年中引起强烈反响。

【干部培训】 8月26日下午，由市委组织部、团市委联合举办的2014年金华市年轻干部培训班在市委党校开班。各县(市、区)团机关干部、乡镇(街道)团委书记、市直机关、学校团干部共计45人参加培训班，培训为期10天。10月17日，金华市第十六批学生社区主任助理聘任大会在婺城区城北街道办事处隆重举行，市文明办、团市委、团婺城区委、团金东区委等相关领导出席本次会议。10月28日，由团市委、上海铁路局团委联合举办的“缘在高铁·情定婺州”青年联谊活动在市嘉恒宾馆隆重举行，来自金华市铁路站、市直青工单位的120名青年参与此次活动。

【团省委书记周艳调研】 3月10日至13日，团省委书记周艳一行赴金华、东阳、浦江等地调研，市长暨军民等领导参加相关活动。团省委书记周艳在肯定工作时指出，金华共青团紧贴中心、行动迅速、成效显著；勇于探索、勇于破题，经验鲜活，尤其是高度肯定金华共青团组织在参与“五水共治”、新媒体运用、青年社会组织引导、基层组织建设等方面的工作。

【夏宝龙给东孝小学快乐中队回信】 5月20日，省委书记、省人大常委会主任夏宝龙给金东区东孝小学快乐中队回信，回信中，夏宝龙称赞他们以自己的实际行动，弘扬社会主义核心价值观，践行“最美精神”，传播社会美德的正能量，是全省“美德好少年”的缩影，并向他们及全省广大少年儿童致以节日的问候。

【五四纪念活动】 5月4日，团金华市委在市文化中心召开以“我的中国梦——奋斗的青春最美丽”为主题的纪念五四运动95周年各界青年代表座谈会，市委书记徐加爱出席并讲话。

【少先队第六次代表大会】 5月30日，中国少年先锋队金华市第六次代表大会在市文化中心隆重举行。来自全市各地的209名少先队员、少先队辅导员、少年儿童工作者代表带着全市45万少先队员和广大少先队工作者的嘱托和希望出席大会。开幕式上,市委书记徐加爱勉励广大少先队员,刻苦学习、快乐生活、健康成长,长大后成为报效祖国、建设家乡、服务社会的栋梁之材。会议期间,少先队员代表以小主人的姿态,开展“小手拉大手?携手治五水”心愿墙活动、红领巾理事会竞选、红领巾小提案发布会、“童玩水世界、六一嘉年华”等活动,营造“庆少代、迎六一”的欢乐氛围,发扬小朋友们的民主意识、竞争意识、合作意识和参与精神。

【保护未成年人健康成长】 7月,团市委联合市人大常委会法工委、市政协社法委、市未保办、市预防专项组出台《关于对《中华人民共和国未成年人保护法》《中华人民共和国预防未成年人犯罪法》和《浙江省未成年人保护条例》贯彻实施情况开展专项检查调研的通知》(金未保办〔2014〕1号),在全市范围内开展“两法一例”专项检查调研工作,重点检查保护未成年人人身权利相关法律实施情况,预防未成年人犯罪工作的开展情况和依法惩处拐卖、虐待、遗弃、性侵等针对未成年人犯罪活动的情况。12月18日,金华市综治委预防青少年违法犯罪专项组在市文化中心召开。推动全市预防青少年违法犯罪工作,切实加强和保护未成年人合法权益。

【省委副书记王辉忠调研】 10月16日,省委副书记王辉忠一行来金华调研群团工作。实地考察兰溪上华街道马鞍徐村、青年电子商务创业基地、青少年服务中心等地,详细解基层团建、青年创业等工作,并听取有关方面汇报。省委副秘书长张才方,省总工会党组书记、常务副主席戴震华,团省委书记周艳,省科协党组书记、副主席李德忠,金华市委副书记、政法委书记陶诚华,市政协副主席、兰溪市委书记吴国成,市委副秘书长张旭辉、团市委书记马越陪同调研。

【接待台商联青年商会考察团】 10月16日,台湾商会联合总会青年商会访金参观考察团与金华市青年企业家协会有关代表在市文化服务中心进行商务座谈。

【团省委副书记苗伟伦督导调研】 11月11日–13日,团省委副书记苗伟伦带队来金华督导调研共青团工作。先后赴东阳、磐安、婺城三个县(市、区)基层一线,考察横店影视职业学院、浙江联宜电机股份有限公司、东阳青年社会组织联盟、磐安县青少年宫、万苍乡天波酒厂、胡宅乡横路村、金华电子商务创业园、爱心志愿者组织、城东街道八咏楼社区等单位,解乡镇、农村、社区、企业、学校共青团工作情况,并召开各界青年代表座谈会和团干部工作座谈会。

【朱昊伟带队赴调研指导工作】 11月20日,团中央学校部副处长朱昊伟带队赴金华调研指导共青团工作,先后来到国际商贸城、义乌工商学院和义乌中学,通过实地走访和座谈会的形式,深入细致地解金华中学共青团工作和大学生创业情况。团市委副书记钱福安,义乌团市委书记龚涛涛、副书记吴爽陪同调研。

【参与“青年才俊金沪经济双服务”】 12月20日,市青联、上海金华青联在上海举行“青年才俊金沪经济双服务”系列对接活动暨上海金华青联2015迎新年会,市青联委员代表及在沪优秀青年代表200余人参加活动。21日,市青联一行前往上海自贸区考察,对金华经济发展对接自贸区建设进行研讨。

(华　勋)

金华市妇女联合会

【概述】 2014年,市妇联被全国妇联授予实施“春蕾计划”先进单位,为全省唯一。被市委、市政府授予“五水共治”、党风廉政、纪检监察工作、爱国拥军先进单位,优秀学习型党组织。在信访、普法及生态文明等考核中获优秀,荣获党建工作知名品牌。首次超额完成市委办信息考核任务,金华政府网部门信息排名第二,妇联系统信息排名全省第三,在全国、省级刊物发表文章239篇,创历史最好。

【“五水共治 巾帼先行”行动】 成立金华“五水共治”巾帼志愿服务总队和11支分队,向全市妇女发出“五水共治 巾帼先行”倡议,组织全市妇女捐款600余万,其中市妇联机关捐款2.1万元。开展“五进五改五创”行动为主要内容的“三五”行动助力“五水共治”。“五进”行动即“五水共治”知识“进村庄、进企业、进学校、进社区、进家庭”;“五改”即“改乱排污水陋习树治水新理念、改乱扔垃圾陋习树护水新理念、改浪费水源陋习树节水新理念、改袖手旁观陋习树主动参与新理念、改不良消费陋习树低碳生活新理念”;“五创”即争创治水护水巾帼示范村、治水护水巾帼示范社区、治水护水巾帼文明岗、治水护水绿色家庭、治水护水妇字号基地。6 月,与市教育局、市家庭教育工作领导小组联合下发金市妇〔2014〕15 号文件,开展为期 6 个月的“五水共治”知识进学校暨“千万父母进家长学校”活动。9 月 23日,在义乌市双童日用品有限公司召开“五水共治进企业 巾帼先行促发展”现场推进会。先后组织女干部、女企业家、女村官、巾帼志愿者到市区燕尾洲、婺城区白溪、金东区芗溪、八仙溪告示河道开展垃圾清理河道疏通。12 月 30 日,市妇联下发《关于表彰治水护水等先进集体(个人)的通知》(金市妇〔2014〕50 号文件),表彰婺城区白龙桥镇柳莺草莓基地等 29 个植绿护水基地、婺城区乾西乡湖头村等31 个植绿护水示范村(社区)。

【“交通治堵 巾帼先行”系列活动】 4 月 29 日,市妇联组织女干部、女企业家、女村官 300 多人,在金东区澧浦镇开展以“交通治堵平安行,生态文明我先行”为主题的绿色骑行,同时对2013 年度评选的100 名文明交通示范户进行表彰。11 月,开展街头文明出行劝导,组织婺城区、开发区巾帼志愿者 120 多名,在 6 个市区主要交通道口劝导行人遵守交通规则,文明过斑马线。

【妇女就业创业工作】 市妇联联合市人力资源和社会保障局、市工商行政管理局、市残联、团市委等单位分别在 2 月、5 月,举办二期“春风送岗位,情暖姐妹心” 女性专场招聘会,181 家企业提供 7320 个岗位,达成用工意向 1643 人。5 月 24 日,组织 100 余名来料加工经纪人、妇字号龙头企业参加在义乌举行的第 20 届义博会、首届旅博会、浙江农业博览会产品展洽,收获订单 980 余万份。11 月,市妇联、市农办联合举办金华市农村妇女电子商务培训班,50名来自农村的妇字号农业龙头企业负责人、农产品和来料加工女经纪人、女大学生村官、女性个体工商户等参加培训。11 月 25 日,全国妇联下发《关于命名第五批全国女大学生就业创业实践基地的决定》(妇字〔2014〕36 号文件),金华市浙江田歌实业有限公司、浙江联宜电机股份有限公司等 2 家企业入选。市妇联“进企服务 连心解难”活动,实地走访浙江和丰禽业专业合作社养殖基地、东孝街道施村鹁祥鹌鹑养殖专业合作社、江东镇芦村果真果蔬专业合作社等农业企业及金华益迪医疗设备有限公司、浙江森宇控股集团有限公司并与相关负责人进行座谈交流。

【男女平等基本国策宣传工作】 3 月8 日—14 日,市妇联通过金华电视新闻综合频道、经济生活频道及教育科技频道播出为期一周的男女平等基本国策宣传公益片。这是金华市首次在电视媒体上推出男女平等基本国策公益宣传。7 月 18 日,市法制办和市妇联联合启动金华市性别平等妇女权益评估机制并召开第一次联席会议。7 月 18 日,市妇联举办第五期第三次“八婺女性大讲堂”,邀请联合国有关驻华机构社会性别专家,中华女子学院教授刘伯红作了题为《将性别平等纳入立法决策主流》专题讲座。11 月 20 日,市妇联主席陈雷红应邀到市委党校为中青年干部培训班 40 余名学员作题为《倡扬先进性别文化 加快建设“两美”金华》的专题讲座,标志着“男女平等基本国策”宣传首次纳入市委组织部门主体班次课程。

【婚姻家庭调解工作】 9 月3 日,市妇联与市司法局联合下发《关于成立金华市婚姻家庭纠纷人民调解工作指导委员会的通知》(金市妇〔2014〕33 号),成立金华市婚姻家庭纠纷人民调解委员会。市妇联分别于 6 月、11 月组织妇联系统维权干部参加浙江省婚姻家庭咨询师考试,17 人通过考试取得证书,其中市妇联机关 5 人。11 月,市妇联在市中级人民法院法官培训中心举办全市“平安家庭”创建主题培训会,省妇联副主席方颖出席并指导“平安家庭”创建工作,各县(市、区)妇联主席、分管副主席、权益部长,乡(镇、街)妇联主席、村妇代会主任等 80 余人参加。12 月 1 日,市妇联下发《关于成立金华市反家暴庇护所的通知》(金市妇〔2014〕47 号文件),成立反家暴庇护所。

【最美家庭评选活动】 2 月 24 日, 自全国妇联召开“寻找最美家庭”专题工作电视电话会议后,市妇联联合市文明办、金华日报、金华新闻网等多家单位,广泛征求意见,召开座谈会,发放征求意见表

500张,最后确定了金华市“最美家庭”标准,市妇联联合市文明办下发了《关于开展寻找“最美家庭”暨推荐第九届浙江省文明家庭活动的通知》。

【“巾帼党建”活动】 8月,妇联在浙师大举办为期两天的全市“巾帼党建”示范岗培训班。市委组织部副部长、市两新工委书记姚激扬、市妇联主席陈雷红参加开班典礼并讲话。各县(市、区)妇联分管副主席、金义都市新区妇工委主任、开发区妇工委主任,争创巾帼党建示范岗负责人等80余人参加。

【群众路线教育】 3月,市妇联召开党的群众路线教育实践活动动员会,全面启动教育实践活动。市妇联群众路线教育实践活动由市委群众路线教育实践活动第四督导组(组长王国进、副组长王中勤、成员赵寅、金闪闪)负责督导。开展群众路线教育期间,市妇联分别召开理论中心组会议和全体干部会议,深入开展“三思四问”大讨论,重点围绕“我是谁、为了谁、依靠谁”、“四个有没有”和“四个是不是”开展学习讨论。召开专题民主生活会,对妇联机关存在的“四风”问题进行查摆、整改。教育实践活动取得预期效果。编印《党的群众路线教育实践活动应知应会100题》,并在“七·一”党建期间,组织全体党员开展群众路线教育知识竞赛。7月4日,市党的群众路线教育实践活动领导小组办公室下发《关于表彰市级“最美身边党员”先进典型的通报》(金群组办〔2014〕19号文件),市妇联权益部部长王庆华被授予市级“最美身边党员”称号。

【第五届妇女文化节】 3月2日,市妇联在市区兰溪街商业步行街举办“三八”国际劳动妇女节105周年纪念大会暨“争创最美家庭 建设两美金华”第六届妇女文化节宣传咨询活动。市纪委第一派驻纪检组、政法委、610办公室、文明办、司法局、旅游局等部门领导,市区各级妇联,各类先进代表,巾帼志愿者等300余人参加活动。

【“八婺女性大讲堂”专题活动】 3月27日,市妇联举办“五水共治 巾帼先行”知识讲座,邀请省环保厅副厅长、省五水共治办副主任方敏作《五水共治 治污先行》专题宣讲。5月27日,召开“五水共治 巾帼先行”知识宣讲,邀请浙江省桐庐县江南镇环溪村党委副书记、村委会主任周忠莲作“实施六大工程 建设美丽家园”主题报告。7月18日,市妇联举办第五期第三次“八婺女性大讲堂”,邀请联合国有关驻华机构社会性别专家、中华女子学院教授刘伯红作题为《将性别平等纳入立法决策主流》专题讲座。9月16日,市妇联举办第五期第四次“八婺女性大讲堂”,邀请中国人民大学教授、“中国礼仪教授第一人”金正昆作“传承文明理念 建设两美金华”专题讲座。

【“军地情相牵 携手创两美”军地联谊会】 7月28日,市妇联与市民政局、市消防支队联合举办“军地情相牵 携手创两美”军地青年联谊会,共同庆祝第87个建军节。来自市消防支队、教育、卫生系统和机关企事业单位的80名男女青年参加活动。

【廉政文化教育系列活动】 4月、6月、8月先后组织市妇联全体干部到桐庐县江南镇环溪村爱莲堂、武义“十里荷花”廉政文化景观园、磐安榉溪孔氏家庙等廉政文化教育基地开展学习教育活动。与市委统战部、两新工委、工商联四部门联合在浙师大举办首届企业家“贤内助”培训班,市妇联主席陈雷红为“贤内助”女企业家们上了一堂主题为“做智慧女性 创幸福人生”的课程。12月24日,市纪委和市妇联联合召开“倡廉政之风,建平安家园”主题教育会,直机关部门主要负责人家属、县(处)级女领导干部等100余人参加,全体人员参加浙中预防职务犯罪警示教育基地揭幕仪式,观看警示教育微电影和图片展。

【开展家庭教育促进家长素质提升】 8月,金华市妇联、金华市教育局、金华市卫生局联合启动“心系妇儿—家庭教育空中课堂”公益项目。11月,市妇联举办全市家长学校经验交流会暨示范家长学校负责人培训会。

【领导调研考察】 9月26日,全国人大常委会副委员长、全国妇联主席沈跃跃到金华市调研服务型基层妇联组织建设。全国妇联党组副书记、副主席、书记处书记孟晓驷,省妇联主席劳红武参加调研。

10月17日,省委副书记王辉忠一行,在省妇联主席劳红武等陪同下,考察东阳江镇召塘里村来料加工点和浙江联宜电机公司妇女工作。

【荣誉】 根据《关于2013年度市区治理城市交通拥堵工作考核结果的通报》(金治堵〔2014〕1号文件),市妇联被评为优秀单位,并给予3万元财力性奖补。

在5月19日召开的全市第二十四次机关党的工作会议上，金华市妇联机关党支部的妇女儿童温暖之家被授予机关党建知名品牌荣誉称号。

获评全国"春蕾计划"先进集体。12月15日，中华全国妇女联合会、中国儿童少年基金会联合下发《关于授予中国人民解放军空军等67个单位和卢思成等134名个人"中国儿童慈善奖——感动春蕾"等荣誉称号的决定》(妇字〔2014〕40号文件)，金华市妇联被授予"中国儿童慈善奖——春蕾芬芳"荣誉称号，东阳市长庚置业有限公司董事长吕剑剑被授予"中国儿童慈善奖——感动春蕾"荣誉称号。12月23日，市妇联主席陈雷红、全国春蕾计划先进个人吕剑参加在北京人民大会堂召开的纪念 "春蕾计划"25周年大会，作为全省唯一的实施"春蕾计划"先进集体代表和个人受到中央政治局委员、国家副主席李源潮的亲切接见。

(朱　玲)

金华市工商业联合会

【转型升级】 完成"五水共治"重点工作任务。协助市委办召开好"五水共治"座谈会和专项行动电视电话会议，联合市农办开展"新一轮扶贫结对帮扶"活动，联系落实80个机关部门、51家企业与婺城区51个山区贫困村开展扶贫和污水治理帮扶结对工作。截至2014年底，全市工商联系统共动员非公企业及个人捐款捐物达2.3亿元。扎实开展"千企联千村 合力治污水"专项行动。市、县两级工商联充分利用联系浙婺商的渠道优势，动员广大浙婺商通过捐助、投资、认建等多种形式，积极参与农村的污水治理行动，一年来全市非公企业及个人共捐款1.02亿元，村企结对385个。

【推进浙(婺)商回归】 有针对性地加大"以商引商"力度。先后在深圳、宁波、西宁、南京、苏州等地共召开5场次"浙商回归恳谈会"。引进项目到位资金1.3亿元。

【帮助民企"走出去"】 7月，邀请美国贸易、法律专家，为金华外贸进出口企业详细讲解外贸风险及防范，参会企业340余家。积极组建金华市百货进出口贸易商会，为广大进出口商搭建交流平台。与中国出口信用保险公司金华办事处签订《全面战略合作协议》，为外贸企业提供法律决策服务。

【"两会"建言献策】 市县"两会"期间，全市工商界的人大代表、政协委员共提交建议提案496件，团体提案11件，政协大会发言24个，列为重点建议提案34件，评为优秀大会发言4个。郭金林副主席代表市工商联所作的《扶持中小企业发展的几点建议》获评优秀大会发言。

【主题调研】 一是做好加强民营企业新生代培育工作的调研。市工商联会同市委统战部对当前企业在二代传承、新老交接过程中所面临的现状、困难问题和下步举措开展重点调研，完成《进一步加强民营企业新生代培育工作》的调研报告，被省委办公厅每日汇报采用。全市有八个县市区成立新生代创业者商会。二是完成"菜单式"服务企业调研工作。以召开座谈会、实地走访、问卷调查等形式，了解广大会员企业诉求，在充分听取广大非公经济人士的意见和建议的基础上，形成调研报告，调研成果被省政府办公厅以专报的形式予以刊发。三是完成商(协)会承接政府职能转移工作调研。积极推进商协会承接政府职能转移工作，确定金华市体育产业联合会为试点单位，并赴温州考察取经，扎实推动试点工作开展，形成《商(协)会承接政府职能转移工作的思考》调研报告。

【坚持专题主持活动制度】 4月24日，在金字火腿公司组织召开"做精做强传统产业 助推金华赶超发展"为主题的市工商联副主席(副会长)主持专题活动，市工商联及时形成专报上报市委办。12月10日，在尖峰集团组织召开"分析形势，共商对策"为主题的市工商联副主席(副会长)主持专题活动。与会企业家谈了各自对当前形势的看法、企业的现状和下一步打算，也对政府改革和效能建设提出意见和建议。

【非公经济人士理想信念教育实践活动】 深入开展"四信"为主要内容的理想信念教育实践活动，制定实施意见，召开电视电话会议进行动员部署。以"五个结合"提升理想信念教育实践活动实效：一是与"五水共治"专项整治行动相结合，在"五水共治"中充分展示非公经济人士的社会责任，以表率引领教育。二是与教育培训相结合,在学习培训中接受教育。三是与党建工作相结合,以企业党组织主抓教育。四是与党的群众路线教育实践活动相结合,以党员的先锋模范作用促进教育。五是与宣传先进典型相结合,积极开展"最美浙江人"评选,讲好"浙江好故事"等活动,市工商联副主席、金华眼科医院院长吴坚韧被评为"浙江好人"。使广大非公有制经济人士与党同心、与党同行,自觉成为中国特色社会主义事业的建设者,成为社会主义核心价值的践行者。

【抓好非公经济人士培训】 针对不同的企业家群体,精心设计了培训课程。成功举办金华首期企业家"贤内助"培训班、新生代企业家培训班、清华大学总裁研修班。进一步优化非公经济人士的知识结构,提高企业家把握宏观经济形势、企业战略转型和管理创新能力。另外,还邀请国务院参事、著名经济学家姚景源,中国人才资源开发研究会会长刘福垣博士等专家学者举办辅导讲座、研讨交流、经济论坛等6次,受训人数达3000多人次。

【创新服务形式】 一是积极探索"菜单式"服务新模式。通过科学设计"菜单选项",认真做好需求衔接,根据不同企业需求,采取不同的形式,为企业提供用工、法律、科技、管理等方面的服务。3月份在万里扬举办"车间管理"现场学习活动,65家企业参加,反响良好,为助推全市非公企业转型升级做出有益的探索。二是扎实开展"服务企业 助推发展"专项行动。9月至11月,开展为期一个半月的"服务企业、助推发展"专项行动。本次活动共走访150家重点会员企业和商(协)会,发放政策汇编700余册,征集难题53个,意见建议85条。并对收集到的难题建议进行分类汇总,及时形成《关于缓解企业银行融资担保风险的三点建议》和《关于推动民营经济发展的几点建议》两个专报,呈送市委、市政府,得到市委书记徐加爱和副市长傅利常的批示肯定。三是搭建融资和就业平台。着力做好融资服务,全市各级工商联为企业解决融资115亿元。为解决会员企业招工难问题,市工商联会同市就业管理服务局等部门组织"333就业服务月"专场招聘会,推出200多个就业岗位,现场签约100余名。四是做好民营企业500强调研。2014年,组织24家企业参与民营企业500强的评选,有9家企业入围,比2013年增加两家。

【县级工商联建设】 积极开展"五好"县级工商联创建活动。义乌市工商联、永康市工商联和武义县工商联被评为全省 "五好工商联"。义乌市工商联、武义县工商联被省工商联评为2014年综合先进单位。6个县(市、区)工商联调整充实领导班子,全市工商联今年增加工商联干部5名。

【商会组织规范化建设得到加强】 2014年,组建了3个商协会,基层商会组建率达到78%。积极部署落实《商会建设标准》,加强商会的组织规范化建设。积极探索建立以党建带动商(协)会建设的新模式,截至年底,在市直属的18家商会组织中,已经成立党组织10个,覆盖率达56%,党的工作覆盖率达100%。

【荣誉】"推行商会人民调解 创新社会治理方式"的做法荣获全国工商联"十大创新"奖,连续两年成为全省工商联系统唯一获此殊荣的单位。推行"五学法" 提高干部素质的成功经验被评为全省工商联十大亮点工作。

(周启勇)

金华市科学技术协会

【概述】 2014年末,金华市科学技术协会下辖学会(协会、研究会)68个,有会员3万多人。被中国科协评为全国科普日活动优秀组织单位,被省科协评为科技服务和宣传信息工作先进单位。

【院士专家工作站建设】 2014年,市科协紧紧围绕市委关于全面实施创新驱动发展战略、加快建设创新型城市的决定,着眼于增强自主创新能力,以院士专家工作站建设为抓手,推进经济转型升级。在深入调研掌握企业需求的基础上,有针对性地联系院士专家和柔性引进院士专家团队。2014年,全市新建院士专家工作站4家,被评定为省级院士专家工作站2家。截至2014年底,全市建成院士专家工作站34家,其中被评定为省级院士专家工作站9家;进站工作创新团队37个,引进院士37位、专家283位;签约项目175项,专利812项,其中发明专利91项;获得省级以上成果奖励39项,国家级奖励10项,制定技术标准234个,联合培养硕士以上学位人才78人。为更好地做好高端人才引进工作,帮助企业牵线搭桥,11月上旬,市委组织部、市科协领导专程赴北京拜访浦江籍院士何新贵和东阳籍院士严陆光,希望院士能一如既往地关注金华建设,帮助家乡引荐高层次人才,多为家乡的发展献计献策。11月底,市科协举办"战略性新兴产业发展趋势"报告会,邀请中科院院士、国家重大科学研究计划项目首席科学家、中科院半导体研究所所长李树深院士来金作科技报告。围绕金华市企业发展中存在的困境和技术难题,李树深院士与金华市部分企业高管、技术骨干进行座谈交流,探索推进金华市电子信息产业创新发展的新思路、新方法。李树深院士还赴金华有关企业进行面对面的对接。院士专家工作站建设已成为推动金华市企业发展的输血机、助推器。如,众泰控股集团院士专家工作站,在黄文虎院士的指导下,开发完成了"Z300轿车研发及产业化"项目,总计研发费用为5326万元,碰撞试验达五星级标准,取得42个专利,成为当前中级家轿的领军车型。"Z300轿车"的成功,使众泰控股集团从一个购买国外车型生产的企业,转型成为真正具有自主研发能力的品牌企业。兰溪在科技孵化园区建立院士专家工作站,开展院士专家兰溪行活动。东阳、义乌、永康等地加大院士专家工作站建站力度,注重院士专家工作站的管理,较好地发挥院士专家工作站的作用。

【服务区域经济发展】 市科协配合省科协,联系市、县学会,在永康现代农业装备高新园区建立全国首个协同创新基地,并取得初步成效。11月16日,省委副书记王辉忠专程赴永康协同创新基地调研,对学会联动服务区域经济发展的做法给予了充分肯定,副省长毛光烈对基地的模式和做法给予批示。在学会服务区域经济发展方面,主要做了五个方面的工作:一是深入调研摸清实情。先后组织专家200多人次,走访永康企业100余家,收集到科技需求和建议120余条,摸清永康农机产业家底和企业需求。二是组建专家服务队。成立金华市农机专家服务队,制定了协同创新三年规划,市科协拨给专项经费,服务协同创新基地工作。三是设立科技创新驿站。组织农机学科群开展"进园区、下企业"活动,省、市农机学会在四方集团等企业设立3家科技创新驿站,从产品开发、技术攻关、人才引进等方面为农机产业提供科技支撑。四是科研合作初显成效。永康市科协在协同创新基地上做了大量卓有成效的工作,邀请美国华盛顿州立大学专家团以及中国工程院陈学庚院士团队,分别与永康31家农机装备企业开展对接活动,洽谈合作项目221项,达成合作意向65项,进入研发和产业化的有8项。五是加强学会能力建设。市公路学会成立科技成果推广应用中心,承接从业企业信誉评价、公路工程设计咨询审查、科研项目管理、专家库建设、从业人员培训、从业企业安全生产标准化考评等7个方面的职能。市电工协会开展了社会安全用电城乡一体化服务试点,培训电工7期400余人。

【"五水共治"科普宣传】 市科协向全市广大科技人员发出了《投身"五水共治",建设美丽金华》的倡议书,动员广大科技工作者自觉宣传治水工作,主动参与治水工作,为治水工作献计献策。深入开展"五水共治"系列科普宣传活动。4月份,举办科技助推"五水共治""科学+会客厅"暨浙中城市群水资源配置座谈会,邀请王浩院士到金华支招"五水共治",通过"科学+会客厅"活动和专家战略咨询,为金华市的治水工作提出很多宝贵意见和建议。市科协充分利用水环境宣传日、科技(科普)活动周和全国科普日等时机,开展爱水、节水、护水科普宣传活动,印发"五水共治"科普宣传资料2万余份。利用市本级220个科普画廊、科普电影、科普短信、电视报纸科普栏目等平台,开展"五水共治"科普宣传。组织市科协机关党员干部赴共建村、河道等开展清理垃圾活动。组织科技人员服务治水工作,4月初,市科协组织测绘与地理信息、环保产业联合会、水利学会等科技人员,围绕"创新机制,打造智慧治水"管理系统建设举办研讨会。"智慧治水"系统运用"数字金华"地理信息系统和"智慧金华"建设成果,利用现有物联网、大数据、云计算等技术,将全市所有水域、污染源整合到地理信息系统,实时管理污水治理工作,为金华市"五水共治"搭建信息大平台。市委副书记陶诚华对市科协上报的《关于创新机制打造"智慧治水"管理系统的建议》作出批示:"该件所议很好!值得研究"。义乌、东阳、浦江、金东等科协充分发挥自身优势,积极开展“五水共治”科普宣传活动,并取得明显成效。

【提升全民科学素质】 针对金华市公民科学素质调查结果,向市委、市政府提出提高金华市公民科学素质的思考与建议,得到市委领导的批示。围绕“五大重点”人群,大力实施科学素质行动。青少年科学素质行动富有特色,邀请中科院6位老科学家,为全市中小学生作科普报告37场,受众学生2万余人。举办青少年科技创新大赛、全市中小学生科技节,开展车绘画大赛、科学嘉年华等科普主题活动。11月底,市科协联合缤虹星城、金华云端航空科技,举办金华市首届无人机科普空中飞行大会,吸引众多市民前来观看。12月份,举办全市青少年科技辅导员培训,提高科技辅导员的创新思维和科技教育能力。针对老年人需求,开展“科普进养老院”活动,围绕老年营养、老年运动、老年心理等问题,编印《老年人健康顾问》科普书籍2万册,送到社区、农村、养老院,为老年人提供科学营养。市科协与市老科协组织金华市名医,深入农村、社区开展了6次名医义诊及健康咨询活动,受益人数达2000余人。在市机关开设科普大讲堂,举办“五水共治”、红火蚁防治、反对邪教、科学养生、环境保护等6场高端科普报告会。在市委党校市管干部和中青干部培训班中开设科普讲座,并形成常态化。积极拓展新形势下科学传播的新方法和新手段,在金华电视台开设《身边的科学》科普专栏,共播出40余期。在《金华晚报》开设“科学苹果会”科普专栏,共刊出30余期。每周定期为市机关领导干部发送科普短信,年发送科普短信12万余条。开展百场科普电影放映活动,受到群众的好评。为适应科普传播的信息化和现代化,市科协创建科普微信平台。积极拓展农函大办学思路,市科协联合金东、婺城两区,开展农函大培训6期,培训人数达500余人,培训效果较好。开展“金桥工程”项目立项,共立市级项目12余项,验收12项。深入开展科普示范单位创建工作,创建市级科普教育基地4个,市级农村科普示范基地10个,评选市级农村科技示范户91户。兰溪市云山街道枣树社区等2个社区被评为国家级科普示范社区。武义县科协注重培育农村科普示范基地,充分发挥基地的示范带动作用。

【人才和建家交友工作】 《关于加快建立农业科技创新支撑体系的提案》《我市进出口的贸易不平衡的状况需要改变》《建立“智慧治水”系统》等一批提案、建议获得市领导批示。注重科技人员的培养,着眼于科技人才的“育、引、荐、用”四个环节,积极探索育才举才工作机制,营造良好的人才成长环境。开展第十二届青年科技奖评选活动,共评出青年科技奖20人,召开青年科技奖获奖者座谈会,并在金华日报上开设专栏宣传获奖者的事迹,较好地激发广大青年科技工作者为金华发展作贡献的工作热情。在服务科技人员方面,市科协开创性地建立常委联系青年科技工作者制度,28位常委联系52位青年科技工作者。该制度的建立,进一步加强科协与广大科技人员的日常联系,通过科协常委的传、帮、带,促进青年科技人员的成长,推动科技人员更好地为地方经济社会发展服务。磐安县科协积极开展学会联谊活动,较好地提高科技人员的凝聚力。全市各级科协积极抓好专业技术人员继续教育培训工作,全年培训科技人员1万余名。举办了市科协系统第四届科普运动会。

【拓宽宣传信息工作渠道】 编辑《金华科协》信息12期、《科普之窗》6期,免费发放近4万份,金华科协网站发布信息100余条。市科协举办的老科学家校园行、院士报告会等重大活动,都在《浙江科协》、《金华日报》、金华电视台等媒体进行宣传。在《金华日报》开设科协工作专栏,定期宣传院士专家工作站、科技人物、基层科普示范单位和科协重大活动,扩大科协在社会的知名度和影响力。11月份,举办全市科协系统信息员培训班,信息员工作能力得到进一步提升。

(陈航波)

金华市归国华侨联合会

【发展服务水平】 一是积极投身“五水共治”。“五水共治”是省委省政府作出的一项重要决策,并在金华召开全省开展“五水共治”动员现场会。市侨联积极组织全市各级侨联组织积极参与“五水共治”,并向全市侨联委员和归侨侨眷及留学生代表发出《投身“五水共治”、建设幸福家园》的倡议书,全市侨资侨属企业及侨联干部职工为“五水共治”捐款累计达1000余万元。积极推荐金东区岭下镇河口村为全省示范性污水治理点建设,争取到省重点侨企捐献的价值30万的人工湿地污水处理设施投资。二是积极组织侨界人大代表、政协委员参政议政。“两会”召开前,市侨联组织侨界人大代表、政协委员进行培训,要求他们深入基层、深入群众,走访调研、倾听呼声,围绕经济社会发展这个重点,积极撰写提(议)案及建议。卢振中委员撰写的《关于加强我市幼儿园管理和推动学前教育发展的若干意见》被评为十件重点提案之一。三是努力做好招商和服务侨资侨属企业工作。市侨联先后走访多家市本级及兰溪、永康重点侨企,义乌市侨联积极主动为义乌市经济开发区与中国侨联对接,利用第四届世界侨商大会(第20届义博会)的契机,积极联系项目对接。由法国侨联郭胜华牵头的侨商大厦项目已落户义乌市金融商贸区。8月6日—8日,东阳举办“东阳籍海外博士教授回家乡服务企业助发展”活动,邀请海外东阳籍博士教授44人,省政协副主席、省侨联主席吴晶出席交流座谈会。2014年上半年,乌克兰、越南国内形势突变,部分县(市、区)侨联积极对金华在乌克兰、越南学习、工作、生活人员进行紧急排查,及时同他们的国内亲属建立电话联系,确保突发不测事件时通讯联络畅通。

【基本侨情调查】 全市侨联组织积极参与市侨办牵头的侨情普查工作,这次基本侨情调查工作时间紧、任务重、要求高,有多个县市这项工作得到省领导的肯定。4月29日,省委常委、省委秘书长赵一德对全省基本侨情调查工作作出过批示:“我省侨情调查工作总的是扎实的,已取得阶段性成果。简报所列的台州市、武义县和东阳市的做法是好的。各地各部门要认真落实省委省政府要求,进一步加大工作力度,集中人力物力,做深入细致工作,确保调查数据全面准确,确保调查工作按时保质,善始善终”。12月中旬,侨情调研报告正式发布。

【服务侨胞侨眷】 各级侨联善于发动侨界力量,深入开展“送温暖、献爱心”活动,关心归侨侨眷生产生活,帮助生活困难和老弱病残的归侨侨眷解决实际问题。市侨联在年初,走访慰问30多户困难、重点归侨侨眷。东阳市侨联在端午节前,对40余户东阳籍海外回国创业的高端人才家庭进行走访慰问。年内全市各级侨联走访慰问300多户,发放慰问金(品)30万元。进一步健全完善信访工作制度,年内全市侨联组织对近120件来信来访及侨界反映的问题进行走访调查,解疑释惑,理顺情绪,化解矛盾,妥善处理,致力侨界和谐稳定。

【筹备市第六次归侨侨眷代表大会】 市侨联第五届委员会2014年任期届满要完成换届,在着眼于侨联事业发展的基础上,拓宽选人用人视野,优化侨联委员及班子成员知识和年龄结构,精心筹备,报市委同意后拟于明年1月召开金华市第六次归侨侨眷代表大会。

【拓展新侨工作推进会】 2014年8月28日,金华市侨联在永康召开拓展新侨工作推进会。永康市委常委、统战部长王国人参加会议并致欢迎辞。会议听取永康、兰溪、东阳市侨联在拓展新侨工作方面经验介绍。会议要求年内实现全市重点乡镇侨联(留联)组织有效覆盖。省侨联秘书长周松一亲临会议并作重要讲话。

【市侨联五届五次全委会议】 1月22日,召开市侨联五届五次全委会议。会议认真传达学习省侨联八届六次全会精神,对2014年重点工作进行部署。审议通过《市侨联工作报告》,根据市委提名,选举蓝跃军为市侨联主席,市政协副主席、市委统战部部长吴志松出席会议并作重要讲话。

【市侨联五届六次全委会议】 2014年11月26日,市侨联举行五届六次全委会议。会议征求全体委员对金华市第六次归侨侨眷代表大会组织方案(讨论稿)及第五届委员会五年来工作报告(草稿)意见建议。根据市委提名,结合《中国侨联章程》的有关规定,会议同意章耀明辞去市侨联副主席,选举王华德同志为市侨联五届委员会副主席。

(盛灶生)

金华市台胞台属联谊会

【基层组织建设】 一是调整充实台联会工作力量。市台联六届四次六次理事扩大会议,拟增补两名台联常务理事,为市开发区的台联会长及秘书长;兰溪台联会举行六次代表大会,选举产生新一届的理事会和会长。东阳市台联会召开江北台联分会成立暨第一次代表大会。12月,东阳市台联会召开第六次会员代表大会,选举产生新一届的会长及理事。磐安县台联会进行台联会第五次代表大会换届大会,调整充实台联理事会及副会长。二是成立金华经济技术开发区台联会。经过为期一年的努力,12月18日,金华经济技术开发区台联会成立暨第一次会员代表大会在开发区大楼顺利召开,为全市台联系统增加有力的帮手。三是加强台联基层组织建设。全市90%以上的台联基层组织建设做到共组有计划、活动有落实、过程有信息、年终有总结及办公有场地,婺城、金东、永康、东阳、义乌、浦江等县(市、区)台联会都坚持每季度一次理事例会制度。义乌、东阳、浦江等台联基层组织已基本实现与所在乡镇街道政府的工作对接,做到台联基层建设全覆盖。

【对台方针政策学习宣传】 一是认真组织十八大和十八届三中、四中全会精神贯彻学习。省、市台办主要会议后,各地台联会掀起学习十八大三中、四中全会精神和全国、全省对台工作会议精神的热潮。十八届四中全会结束后,各地台联会用不同形式组织传达学习,领会四中全会精神,统一思想认真,进一步坚定实现祖国和平统一的信心。二是认真抓好对台方针政策宣传。市台办、台联共组织宣讲会、报告会等涉台形式教育12堂(次),约3000多人参加。全市台办、台联系统先后在38所中小学开展涉台教育图片巡回展,为10多万师生生动形象地展示台湾人文历史概况、台湾问题的由来及当前两岸形势等。义乌市、兰溪市、婺城区、东阳市、永康市较好坚持例会学习制度,金东区、武义县、浦江县、磐安县等县(市、区)台联会均能紧跟形势,紧贴基层,深入开展各种形式的学习宣传活动,深刻领会新形势系各项对台方针政策的精神实质。三是认真抓好入岛宣传工作。市台办、台联注重加强入岛的宣传工作,充分发挥各县(市、区)台联亲情团赴台组团机会,谈情寻亲,采取亲友会面、座谈交流、发放宣传资料等形式入岛宣传,编发浙江旅台同乡会《金华专刊》,大力宣传推介金华经济文化建设情况。全市各级台联系统冼后组织岛内多家媒体来金华采访,6月17日—18日,中评社“浙江走亲”记者团到义乌采风。四是认真抓好宣传平台建设。金华市台联会利用金华市台办网站全年多次报道市台联会及基层台联会工作情况,扩大影响。定期编发《金华台联讯息》,每期印数近500份,发放给全市台联系统、市台联理事等。兰溪市、东阳市、永康市、浦江县台联会印发台联会刊,扩大宣传,东阳市台联会一直把《东阳台联》刊物和“东阳台办、台联网站”作为工作宣传的主阵地,期刊图文并茂很好的宣传东阳台联各项工作。

【对台联谊活动】 一是加强两岸文化艺术交流。5月上旬,浦江县组织,台办台联参与组织文化交流团赴台,在台北市举办“两岸一家亲”画展;上半年,“义台两地水墨画艺术交流展”在义乌绣湖公园华川书舍开展。7月23日,东阳市委副书记、市长朱建均率东阳台办台联参加第12届三义木雕艺术交流展。8月中旬,金东区曹宅镇台联分会召开“台联艺术书画展”。10月27日,为期三天的第六届世界吕氏族人恳亲大会在永康市国际会展中心开幕。兰溪台联书画院多次深入台胞台属企业、社区等地开展书画交流活动,全年共组织书画院人士60余人次先后走进台属企业开展书画交流活动。二是认真做好对台基层交流。5月7日—10日,高雄市弥陀区旧港里里长率里民代表团共10人来金华,实地走访与该里结对的义乌何斯路村、武义县俞源村等,6月25日,高雄—金华(东阳)现代农业交流合作座谈暨签约仪式在东阳市斯村隆重举行;6月25日—30日,由台湾农业技术交流协会理事长江文镇率领的22人组成的台湾高雄现代农业交流团来金华参访,金华农学会、果业协会等分别与高雄农业技术交流协会、海峡两岸蔬果发展协会签署合作备忘录。应台湾“财团法人农渔会联合资讯中心”的邀请,金华市委副书记、政法委书记陶诚华率各县(市、区)书记团于2014年12月10日—16日赴台进行现代农业工作考察交流,参加海峡两岸农业现代化科技发展交流座谈,走访台湾农企、农场及相关专业团体。三是认真做好“两会”基层交流交往。3月27日,兰溪市台联会组织第五次赴台探亲旅游团,为22位台属实现赴台探亲团聚的愿望,受益匪浅,感受颇深。11月5日—11日,以台办主任王永明为团长、台联会长黄国宝为副团长的台联会访问团,带领台联会骨干成员15名,赴岛内开展为期7天的交流访问活动。四是全面推进两岸青年的交流交往。金华职业技术学院、上海财大浙江学院、东阳横店影视职业学院与台湾17所院校签订校际交流协议。4月19日—24日，台湾大仁科技大学15名大学生志愿者与金华职业技术学院15名大学生志愿者结对，开展以“关爱老人、保护环境”为主题的社会实践活动。9月2日—6日，由义乌旅台同乡青年大学生组成的14人参访团来义乌寻根问祖、考察民俗、参观交流，期间有9名台湾大学生与9名台属大学生结成对子。11月22日—28日，来自岛内4所院校45名师生与金华职业技术学院200名师生参加第五届“青春飞扬·书香两岸”金台大学生联谊活动。

【服务对台资、台属企业】 一是做好促进金台贸易考察交流工作。2014年，先后组织65批近140余人企业经贸考察团赴台考察，考察内容涉及轻工业、汽车电子、农产品贸易及房产物业等方面，进一步深化金台两地经贸往来交流。二是做好对贸易合作服务工作。9月19日—21日，第八届中国磐安中药材交易博览会在磐安隆重召开，期间，台湾代表团和磐安本地企业双方进行热烈的交流，浙江“磐五味”药业有限公司与台湾中华中药商业同业公会联合会签订中药材种植加工采购意向合作协议。10月18日—22日，2014世界工艺文化节暨第九届中国(东阳)木雕竹编工艺美术博览会在东阳举行，台湾苗栗县三义木雕博物馆馆长郑志强率领的政府参访团、台湾木雕艺人参展团、台北东阳同乡会观摩团、台湾少数民族舞蹈队一行42人参加“东博会”。11月1日—4日，第七届义乌森林博览会召开，义乌森博会已连续六年设立台湾农林精品馆，确保台湾岛内企业占农林管参展总数的70%以上，参展台湾企业有200余家，申请展位400个，参展的台湾农林精品达2000余种。11月7日—9日，永康举行第九届农展会，安排60个标准摊位，成立台湾产品专区，将台湾特色茶、水果等农产品及深加工产品向广大市民推广，此次农展会吸引周边县市参观购物市民达20万人次，台湾客商也收获不菲的销售成绩。三是积极做好台属企业发展服务工作。6月，全市开展为期一个月的“台资企业服务月”活动，对全市所有台资企业进行全面走访和调查，通过走访、调研、座谈及问题收集等方式解台胞、台上需求，主动做好服务。10月底，对生产经营遇到的困难台企，组织力量进行专访，特地召集台商代表面对面地进行沟通交流，协助政府和专家的力量共同研究对策措施，对存在的苦难和问题，及时协调有关部门给予解决，各个击破。截至2014年底，共有台属企业900多家，产值达100多亿元，解决就业人口近5万人。

【基层组织建设】 一是加强台联会组织的纵向和横向联系。12月份，金华市台联会组织金华各县(市、区)台联会有关人员，赴宁波、绍兴台联会进行学习取经、考察交流活动，就如何开展台联基层组织建设中的经验和做法开展座谈和学习。二是积极开展公益事业活动。兰溪全年共接受台胞台办学捐款142.1万元，其中，徐林秀女士捐资办学45.1万元，台湾佛教慈济慈善捐助94万元。永康市台联会在“五水共治” 活动中，全体会员及台属企业捐款达110余万元。义乌市台联界政协委员和台属企业主积极配合市委市政府开展“五水共治”“三改一拆”工作，响应市政协提倡为“五水共治”专项活动捐款30余万元。

（杨　华）

金华市社会科学联合会

【主题宣传教育】 参加市委讲师团组织的“中国梦”、十八大和十八届三中四中全会精神、“两美”金华建设、群众路线教育实践活动和“五水共治”“四破整治”等主题宣传教育活动，通过党课宣讲、专题讲座等形式，大力宣传中央、省、市各项科学发展的重大决策举措，宣传全面深化改革的重大意义、重点领域、重大举措和实施路径，宣传创造美好生活、建设美丽金华的战略意义及其实施路径，宣传开展新时期党的群众路线教育的重要性紧迫性和本质要求，着力凝聚人民改革发展、攻坚克难、赶超崛起的共识，让一切创造源泉充分涌流。据不完全统计，社科骨干作各类党课辅导讲座、专题报告340余场。同时，主动配合市委宣传部开展社会主义核心价值观理论征文、“五水共治”微型党课评比等活动。

【课题研究和管理】 针对调研座谈中征集到的课题管理中存在的课题设置不科学、立项管理不严格、年轻学者缺少课题机会、课题指导不到位等问题,通过丰富课题种类、搭建更多平台、规范申报程序、加强业务指导、严格后续管理等措施,进一步完善课题申报、评审、立项、动态管理和结项等办法,并注重向应用研究、向年轻的社科人才、向金华历史文化研究项目倾斜,进一步倡导求真务实的学风,鼓励社科研究更加自觉地“接地气”,把思想上写在鲜活的科学发展大地上。在精心组织、全力协调做好上一级各类课题申报的同时,组织2013年度市级课题的结题验收,开展2014年度的市级课题申报立项工作。2014年,获得国家社科基金项目21项,省规划课题40余项,其他省部级课题近100项,科研实力居全省前列。

【重大课题攻关研究】 策划组织两个重大课题攻关研究:一是“推进城市社会治理体系和能力现代化”专题研究。4月中旬开始,开展城市社会治理问题专题研究,通过实地调查、发放问卷、召开不同层次的座谈会、个别访谈、外出考察和查阅资料等方式,全面摸清城市社会治理现状,深刻揭示存在的问题,科学分析问题产生的根源,提出推进城市社会治理体系和能力现代化的管用对策。通过研究,形成5万余字的调研报告、一万余字的成果要报及社区事务准入事项清单、社区公共服务清单和社区各组织职责界定目录,并会同民政部门研拟社区治理试点方案,为社区治理现代化的试点工作提供可靠的理论支持。2015年,将就此课题组织持续深化研究,并组建相关专家团队积极参与试点工作,着力打造城市社会治理的金华样板。通过试点,抓点带面,全面提升城市社会治理水平,促进社会和谐,共建城市居民的精神家园,努力创造美好生活,建设美丽金华。二是“武义绿色崛起发展战略”研究。坚持下移重心,服务基层,联合武义县委、县政府,组建近二十人的研究团队,用两个多月的时间开展“武义绿色崛起发展战略研究”,先后召开七个座谈会,实地调查十个乡镇、二十个村、十六家企业,查阅近五年武义经济社会发展主要资料,并到德清、长兴、安吉等地参观取经,形成一个总报告、五个分报告二十万余字的研究成果,对武义县实施“绿色崛起”的必然逻辑和现实基础,“绿色崛起”的总体思路、原则、主要目标任务,“绿色崛起”的空间布局与战略构想,“绿色崛起”的战略重点与实现路径,“绿色崛起”的保障措施和政策建议,进行有针对性、前瞻性、可操作性的研究,为武义县出台“两美”武义建设的决定提供可靠的支持,不少建议已进入具体实施中。

【社科普及活动】 一是借助各种平台开展科普讲座。一年来,婺文化大讲堂、小邹鲁大讲堂、婺州讲堂、尖峰讲堂、金湖讲堂及各学会共作科普讲座200余场。二是充分发挥省、市科普基地的示范引领作用。全市近60家省、市科普基地都能根据各自实际,精心组织开展各类形式的社会科学知识普及活动,极大地拓展社科普及面。为进一步规范社科普及基地管理,更好发挥其社科普及的窗口和示范引领作用,9月份出台《关于加强社会科学普及基地管理的若干意见》,意见明确规定社科普及基地的申报标准、申报程序、主要职责、管理规范及退出机制。三是借助媒体开展社科普及。《金华日报》、金华电视台及《都市快报》、19楼等媒体均开设相应的社科普及栏目,有效扩大社科普及覆盖面。四是加强社科普及人才队伍建设。市区拥有家庭教育、心理卫生、国学教育等科普志愿者队伍400余人。

根据省委宣传部、省社科联的统一部署,10月中旬至12月上旬,会同市委宣传部,精心策划组织以“弘扬最美精神,建设‘两美’金华”为主题的社会科学普及周(月)活动。这次活动持续时间长,活动内容多,科普形式活,普及覆盖广,上下合力强,社会影响大,进一步打造“永不落幕”的社科普及超市品牌,为公众送上丰盛的社会科学知识套餐,真正体现社会科学为民惠民的理念。

【大型活动】 全市共开展近百项活动,市本级组织30余项活动。

大型广场咨询暨文艺演出。11月1日,组织市级学会、在金高校、相关部门60余家单位近400名专家和实际工作者,在万达广场举行大型广场咨询活动,面对面、零距离接受市民的咨询。据不完全统计,参与咨询人次近2万,发放宣传资料8万余份,免费书画300余幅,义诊300余人次。为营造氛围,还委托横店影视职业技术学院精心编排一台精彩的文艺演出,使人们在得到美的享受的同时,受到深刻的教育,达到寓教于乐的效果。

主题报告会。11月28日,邀请浙江师范大学张志攀教授作“孔子启示人生”主题报告。张老师的报告使受众既受到优秀传统文化的教育，又得到如何为人做事的人生观、价值观教育，对于净化心灵、守住底线、争做守德之人起到较好的教育作用。

国学科普讲堂。11月8日至9日，组建国学讲师团，在市文化中心举办为期两天的国学讲堂，200余人参加讲堂，并展开热烈的互动交流。鉴于这次活动的成功经验和人们对于国学的热爱，将于新的一年正式启动“国学科普讲堂”，并努力使之成为科普品牌。

编印《永恒的灯塔——美德故事中学为人之道》。结合文化礼堂建设和社会主义核心价值观教育，7月份开始，组建精干的创作团队，创作《永恒的灯塔——美德故事中学为人之道》一书，围绕仁、义、礼、智、信、忠、孝等传统文化中的主要价值观，深刻阐释中华优秀传统文化的主要价值思想、当下意义，并以故事解读的方式使之形象化、生动化。普及周期间，共发放8000册，得到一致好评。

“社科专家走金东，助推居家养老新发展”活动。10月13、14日，联合金东区委宣传部，组织省老年学会和在金高校的10余名专家，在金东区开展为期两天的社科专家下基层活动，实地考察金东区澧浦镇锁园村、任宅前、碗田畈、下宅、后余、洪村等6个居家养老照料中心，召开四个座谈会，举办“金东居家养老模式的创新价值及其提升”专题研讨会，形成“金东区居家养老模式的创新价值与提升发展”论文集，既充分肯定金东区居家养老模式的创新价值和普适意义，又客观地剖析其运行中存在的问题和潜在风险，并对如何提升发展这一养老模式，促进其可持续发展，更好惠及农民群众提出一系列对策建议。

社科界骨干读书会。11月13日至14日，组织全市社科界骨干近百人，在东阳市花园村举办两天的读书会，认真学习习近平总书记的系列重要讲话和十八届四中全会精神，传达中央、省、市各级关于进一步加强意识形态工作的有关文件精神，专题探讨当前金华市社会科学工作面临的形势任务和如何更好地担当起时代赋予的使命。这次读书会既是“充电”会，又是工作交流会，也是振奋精神的再动员会，取得较好的效果。

社科普及走进文化礼堂活动。10月13日，联合婺城区委宣传部、柳湖小学，在婺城区白龙桥镇横路荡村开展社科普及走进文化礼堂活动，为该村送上一台精彩的文艺演出，并组织书画报刊研究会的10余名书画家为村民现场书画新农村。

“读美德故事，做有德师生”活动。选择柳湖小学、婺城小学、永康实验小学等学校，送《永恒的灯塔——美德故事中学为人之道》进校园，在师生中开展“学美德故事，做有德师生”专题征文、演讲比赛、班团活动等形式多样的活动，在师生中大力传播中华优秀传统美德，促进师生道德素质提高，扩大素质教育成果。与此同时，还与市文明办联合开展类似的读书活动。

普及周（月）期间，各县（市、区）、各高校社科联、各市级学会、各社科普及基地都根据统一部署，立足各自实际，发挥各自优势，精心策划，严密组织，分别开展各具特色的活动，在全市形成上下联动、各方协力的大科普声势，在社会上产生较大的反响。

【学术活动精彩纷呈】 一年来，先后组织或指导高校社科联、相关学会举办“社会治理现代化与‘两美’金华建设”“创意推动转型，创新驱动升级”“全媒时代核心期刊的发展之路”等50余场理论研讨会和论坛。自7月份开始，在全市范围内组织开展“全面深化改革与‘两美’金华建设”主题征文活动，共收到论文150余篇，评出优秀论文30篇，入选论文34篇，编辑“2014年浙中学术年会优秀论文精选”。12月5日，举办“2014年浙中学术会”，近20名专家在年会上作交流发言。

【社科优秀成果评选】 为推动学术创新，促进社科人才队伍成长，在组织申报基础上，于12月2日组织金华市第二十届哲学社会科学优秀成果评审，经评审，评出一等奖6项，二等奖11项，三等奖15项，优秀奖25项。

【社科基础工作】 一是加强学会建设。积极配合市民政局加强对学会的依法监管，确保社科类学会在法治的轨道上健康发展、发挥作用。指导市法学会、市劳动保障学会、市财政税务学会等依章程进行换届。二是加强高校社科联建设。11月底，在浙江师范大学召开金华、衢州、丽水片区高校社科联会议。指导在金高校新设立市级研究基地10个,新增省级重点研究基地一个。指导各高校完成一批金华市重点应用性研究课题。三是加强县(市、区)社科联建设。经过多方努力,武义、兰溪已批复成立社科联,兰溪市已召开成立大会。另外,于10月份完成《金华历史文化研究——第六辑》的编辑出版工作。

(方增吉)

金华市文学艺术联合会

【概述】 截至2014年末，金华市文联共有27个团体会员(12家文艺家协会,9个县(市、区)文联和6家行业协会),下属事业单位金华书画院(金华美术馆)1所,有会员4178人。2014年市文联以"抓涵养、抓精品、抓人才,创文艺强市"为目标抓手,大力开展各种文艺活动,较好地发挥文艺工作在推动社会与经济发展中的独特作用，为推进赶超发展、全面建设"两美"金华提供有力的精神支撑。

【营造人文氛围】 先后开展多种形式的主题文艺活动20余次。一年来,开展以"中国梦"为主题的文艺宣传活动6次;与市"五水共治"工作领导小组办公室、金华市委宣传部等7家单位,举办了见证"五水共治" 成效首届摄影大赛暨金华山水老照片征集活动,激发了广大群众参与治水的热情;积极组织参加省"中国梦想·美丽浙江——百水赋"作品征集和"钱塘江抒怀"采风创作活动,进一步营造"全民治水"文化氛围;举办"写意金华"书画展,在《金华日报》专题展示金华实力书画家的精品力作,展示金华书画的创作现状，提升了金华人文形象;举办"龙精神·中国梦"金华市龙文化剪纸艺术精品展示活动,展现赶超发展新气象。以"讲文明树新风"为主题与市文明办联合主办平面公益广告设计大赛,与市治堵办联合举办"治理城市交通拥堵"摄影比赛等活动,助推文明城市建设。配合国际残疾人日,与市残联联办残疾人书画大赛,彰显人间关爱。各团体会员围绕中心,因地制宜积极开展主题性文艺活动,用文艺的形式突出宣传主线和主题,为"两美" 金华建设营造良好文化氛围发挥了文艺的独特作用。

【助推文艺作品创作和人才培育】 以举办精品展为抓手,以精品展示平台建设为重点,不断向社会大众推出优秀文艺作品。一是举办各类文艺精品展演。精心组织举办"生态与自然——金华市美术作品大展",展示美术界五年来最新创作成果,为备战"第十二届全国美术作品展览"选拔优秀人才。二是认真实施优秀人才培育计划,2名青年书法家被列入省书法家协会"新峰计划"优秀艺术人才培育对象。省内首个儿童文学创作基地落户金华,为进一步推进儿童文学创作水平,打造儿童文学创作品牌打下了坚实的基础。市作协定期举办名家讲座,邀请专家对作家骨干作品进行一对一点评,助力提升文学创作水平。先后举办"优秀青年艺术家推广计划——浙江省各地市联合巡展", 金东区青年画家作品联展,以及"吴光煜婺剧艺术研讨会""严军书画篆刻展""朱力光书画展""楼胜婺剧折子戏专场"等高质量的艺术展示活动,充分展示文艺界最新创作成果。三是进一步推行完善文联系统"繁荣发展文艺事业"课题制,从市文联到县市区文联、各协会、书画院确定若干重点文艺课题,组织各团体会员实施年度文艺课题实践项目15项,通过课题实践推进文艺事业发展。四是发挥《金华文艺》综合性文艺精品展示平台作用。稳妥完成《浙中农村文艺》与《金华文艺》并刊工作,及时调整编辑思路,有效整合资源,提高了办刊质量,使之成为展示各个文艺门类创作成果的"主阵地",年度出刊5期(其中1期为《浙中农村文艺》增刊)。

【文艺精品】 王晓明、应兆铭创作的本土民歌《咯咯叮》荣获省委宣传部"五个一工程"奖。作家王槐荣、李英和章伟文编剧的电影《妈妈们的青春往事》在央视六套节目播出。在省委宣传部、省文联组织全省村歌大赛中,市音协组织选送的2部村歌作品分获创作金奖、表演金奖和铜奖;作家汤宏英以出色的儿童文学创作成果获第十届浙江省青年五四奖章,青年婺剧演员楼胜夺得第24届上海白玉兰戏剧表演艺术奖主角奖第3名和浙江省第二届戏剧金桂奖。舞蹈《活着1937》获全国舞蹈最高奖—荷花奖,青年舞蹈家周旭光等8人荣获"浙江舞蹈奖"。18人次作品入展"赵孟頫"杯等全国各类书法展,22人作品入选"中国梦·乡村行"浙江省书法村作品联展，列全省前列。永康、义乌书协被评第三届浙江省县市书协先进组织。李俏红、江少蓓的文学作品获得浙江省第一届鲁迅杂文奖铜奖。金华道情《田鸡飞上天》、兰溪摊簧《南下干部》分别获得第十六届上海国际艺术节“缤纷长三角·浦东祝桥杯”曲艺邀请赛金奖和银奖；小品《英雄》获得第12届华东六省一市戏剧小品大赛最高奖；曲艺《竞拍选票》在第八届中国曲艺牡丹奖比赛中荣获“创作入围奖”、道情《比武》获全国曲艺鼓书类大赛金奖。截至12月底（不完全统计），艺术家获省级以上文艺奖项62项。一年来，新增省级以上文艺家协会会员71名，国家级会员31名。

【拓展载体和平台】 一是参与“农村文化礼堂”建设常态化。认真实施《市文联关于助推农村文化礼堂建设的工作意见》，着重在建立和落实特色品牌创建机制、文艺家与农村互动对接机制、保持艺术服务长效机制、巩固拓展传播农村文化阵地机制、探索拓展文联服务网络机制等五个机制上初见成效。一年来，市文联先后组织文艺家6次走进农村文化礼堂，开展对农村文化礼堂艺术辅导活动，创作赠送书画作品，初步形成文联特色的参与农村文化礼堂建设的常态化载体。二是开展“三下乡”送福进万家活动。全市文联组织书画家20余次200多人次走进农村，为农民群众书写春联、书画作品6000余幅，受到群众的热烈欢迎。市摄协组织40名摄影家在春节前夕深入全市10个村镇开展文艺志愿服务为农村群众义务拍摄千余幅全家福，并进行“金华市文化大礼堂摄影大赛获奖作品”巡展。市剧协组织戏剧家参与送戏下乡活动400余场次。三是更加注重“种文艺”。通过举办培训班、讲座、采风等活动，开展文艺辅导活动。市书协重视培育农村书法活动的培育，全市11个村被授予“浙江省书法村”，集辑《金华市农民书法作品选》，举办全市基层书法师资骨干为期4个月的业务培训。一年来，全市共举行基层文艺辅导培训12次，辅导基层文艺骨干400余人次。四是积极开展以“扎根人民，深入生活”为主题的文艺惠民活动。在活动中，将采风、文艺志愿服务、参与农村文化礼堂建设三项内容有机结合在一起，采取市县互动的形式，组织市、县两级优秀文艺家近600人次，先后走进市开发区金钱寺社区、义乌市杜门村、武义县上坦村、东阳市单良村、磐安县榉溪村、沙畈乡周村和金东区蒲塘村、前溪边村8个乡村(社区)，开展文艺采风和宣传美丽金华为主题的大型综合性文艺志愿服务活动，共创作文学作品32篇，创作赠送书画作品480余幅、艺术书籍200余册，拍摄农村风光人文摄影作品佳作近百幅，文艺表演6场、观众达两万多人，取得良好的社会效益，为如何做好“文艺为民”做了有益的探索。一年来，市文联各团体会员开展文艺为民活动337场次，文艺家和文艺工作者参与人数2917人次，观众人数达8万余人次，共赠送书画作品652幅。

【文艺交流】 举办“大爱无疆 彩墨温宿——2014金华·温宿书画摄影作品联展”，共展出新疆温宿和金华两地艺术家创作的书画摄影作品167件，浓郁的民族风情、绮丽的自然风光、浓厚的人文地蕴为两地文化交流开拓了新途径。汇聚来自浙江画院、中国美院、杭州画院、金华书画院的22名青年艺术家75幅美术书法作品的“优秀青年艺术家推广计划——浙江省各地市联合巡展”在金展出。陈军国画陶艺作品在浙江美术馆成功举办个展。山东画家刘艺东新文人画展在金举行。艾青研究会成功举办第二届艾青研究学术峰会。金华书画院(金华美术馆)努力建设艺术高地，展示艺术精品和面向社会功效日渐凸现，一年来共组织承办书画艺术精品展示活动10次。

（陈岳钦）

金华市残疾人联合会

【概述】 2014年，各级残疾人康复机构为2.56万名残疾人提供服务，3416名残疾人享受康复工程服务；市区投入资金89.76万元，8976名残疾人大额医疗保险实现由政府买单；市区2032名精神残疾人享受每人每月100元的门诊服药补贴。不断深化残疾人教育、就业、扶贫工作。全市新增残疾人就业925人，就业创业帮扶2165人，残疾人职业技能培训3243人；完成残疾学生及残疾人家庭子女助学任务4367人。

【组织活动竞赛】 组织举办金华市第三届残疾人职业技能竞赛，选派残疾人参加省第四届残疾人职业技能竞赛和全国残疾人岗位精英职业技能竞赛,叶晓芳、蒋丰获得全国木雕项目第一名、第三名。不断丰富文化体育活动。举办金华市第五届残疾人运动会,全市239名运动员参加田径、游泳、乒乓球等六个大项比赛。组织运动员参加省第九届残疾人运动会,共获得95枚奖牌,总分597分,取得金牌总数和团体总分均位列全省第三的好成绩。

【基础服务设施建】 市残障人康复中心项目一期工程已完成主体工程验收,进行内装修并准备整体竣工验收;二期工程前期准备工作有条不紊地进行。金东区残疾人综合服务中心主体工程已完工,义乌、永康、兰溪康复或托养服务设施正在建设中,浦江县康复中心项目进行立项审批。自身组织队伍建设不断加强。在婺城区开展试点的基础上,全市开展了"基础管理建设年"活动,通过建章立制、专项调查以及推进信息化建设等工作,提升全市各级残联组织的基础管理工作水平,进一步增强残联组织的服务和管理能力。年初,召开市残联主席团六届二次会议,调整增选市残联第六届主席团主席、副主席、委员,调整两名执行理事会副理事长。

【改善残疾人发展环境】 出台《金华市人民政府关于进一步加强残疾人扶助救助工作的意见》(金政发〔2014〕8号),并在此基础上会同有关部门制定《市区残疾人教育补助办法(试行)》《市区残疾人医疗康复补助办法》《金华市区就业创业补助办法》等三个文件,提高生活保障水平,扩大康复服务范围、增加创业补助力度。宣传维权工作成效明显。联合市文明办,在全市范围内开展"最美残疾人"评选活动,同时在媒体上广泛宣传最美残疾人的感人事迹。推进公交车全免费工作,全市发放公交心卡近3万张。"国际残疾人日"期间,市残联与市图书馆联合升级改造的金华市盲人阅览室正式免费对外开放,在一定程度上满足盲人的阅读需求。通过8890便民平台、"行风热线"栏目、理事长信箱等平台,为残疾人排忧就难,提供帮助。

(潘心怡)

金华市关心下一代工作委员会

【教育活动】 一是"老少共谱中国梦"宣讲活动广泛开展。各级关工委把宣讲十八届三中、四中全会精神作为首要政治任务,组建"五老"宣讲团,深入农村、社区、学校、企业开展"老少共谱中国梦"宣讲949场次,受众35万人次,帮助青少年学习领会十八届三中、四中全会精神。金华一中退休教师李贤鹏,今年已80高龄,退休后一直致力于青少年爱国主义教育,2014年义务作"奉献中国梦、同党共奋进"主题报告106场,受众57000余人。二是"践行雷锋精神,保护碧水蓝天"教育实践活动深入开展。与"五水共治""文明创建"等中心工作相结合,联合治水办、文明办、团市委、教育局等部门,开展"保护碧水蓝天""老少携手看治水" 等教育实践活动157场次,参与6万多人次,积极引导青少年在实践中体验、在体验中强化环保意识。三是"关爱明天、普法先行"活动蓬勃开展。各地联合检察院、法院、法制办等部门,广泛开展"法在心中""模拟法庭"等各类法制教育活动760余场次,受教育人数达30万余人次。浦江县普法教育成效突出,2014年获得全国青少年普法教育先进单位2个、先进个人4名,18名学生在全国法律知识竞赛中获奖。

【关注少年发展】 一是"助千名学子圆梦"行动持续推进。在省、市福彩中心、市慈善总会的大力支持下,开展了"福彩牵手、慈善助梦""福彩牵手、梦想接力"等系列帮困助学活动,共筹资100万元,资助贫困大学新生、残困中小学生800余名。各地关工委联合企业筹集各类助学基金4000多万元,捐助资金600余万元,受助学生达4275名。二是"假日学校"建设全面推进。各级关工委依托农村文化礼堂、图书室、青少年教育基地等资源,在农村、企业、社区建立各类"假日学校"109所,广泛开展青少年"三防"(防溺水、防安全事故、防沉溺网吧)工作和各类兴趣文体活动,参与青少年11000余人。据统计,2014年暑期青少年安全事故同比减少11%。三是"绿网工程"建设扎实推进。积极发挥"五老"网吧监督员作用,加强未成年人进网吧监督管理。全市"五老"网吧义务监督员发展到1192人,监管覆盖网吧568家。2014年共开展监督活动4000余次,协助文化市场执法部门巡查1200余次,督查整改问题550件次,为净化未成年人上网环境发挥积极作用。

【"手拉手"品牌】 2014年初,市关工委在秋滨小学召开“万名学生手拉手，同心共筑中国梦”活动现场会，进一步推动“手拉手”活动纵深发展。各地围绕“手拉手十个一”要求，深入开展“城乡手拉手”“同城手拉手”“各族手拉手” 等系列活动500多场次，引导孩子们同学习、同实践、同体验、同成长。“手拉手”活动自2012年启动以来，已覆盖全市114所学校、9370名学生，先后有20所学校被评为“手拉手示范学校”、100名学生被评为 “手拉手结对好伙伴”。活动受到了学生、家长和社会的普遍欢迎，成为关心下一代工作的闪亮名片。《浙江日报》刊发《小手拉小手 共筑中国梦》一文，高度评价“手拉手”活动。

【基层特色品牌】 各县(市、区)关工委结合各地实际，不断“擦亮”特色工作品牌。婺城区国学教育不断深化。金东区社会实践基地建设成效显著。兰溪市“孝”文化教育独具特色。东阳市“希望之星”评选影响广泛。义乌市未成年人保护工作走在前列。永康市企业关工委建设不断拓展。浦江县假日学校工作扎实开展。武义县普法教育纵深推进。磐安县关爱留守儿童工作深受好评。市开发区“四点钟”学校得到省关工委领导高度肯定。总的看，各地立足实际、精耕细作，形成“一地一品”、百花争艳的生动局面。省关工委决定，2015年上半将在金华召开全省关工委工作品牌展示交流会。

【“读国学经典”活动】 连续7年深入推进国学教育。2014年，在市委宣传部、市文明办等单位的大力支持下，重点开展“读家训、写家书、树家风”主题活动，通过诵读家训、寻访家书等形式，引导学生传承优秀传统文化。读国学活动已覆盖全市220多所中小学校、27万名学生。

【“基层工作年”三级联创】 全市建村居组织关工委4911家、学校关工委607家、非公企业关工委900余家。2014年度被评为省级先进集体9个。

【干部队伍建设】 全市 “五老” 队伍发展到48229人，其中骨干队伍1000人。2014年，市开发区南苑社区关工委主任汪燕飞等16人被评为省关心下一代工作先进个人，曹荣安、孙禄仁2位老同志被评为全国离退休干部先进个人。

(王杏蓓)

金华市红十字会

【组织建设】 全市9个县(市、区)红十字会全面理顺管理体制。有红十字基层组织318个，团体会员167个，个人会员18929人，志愿者5000余人。市本级建有心理志愿者服务队等7支志愿服务队伍，长期志愿者约420余人。市本级红十字会志愿者老年护理志愿服务队荣获“2014年度金华市十大杰出志愿服务集体”称号。

【宣传传播】 与金华电视台、《金华晚报》、金华广播电台“私家车101”“行风热线”等联合推出专题节目10次；制作《红十字公益宣传片》，在市区280套楼宇电视中每天循环播出60次；拍摄应急救护知识宣传片《救在身边》，在市区公交车上循环播放；制作红十字宣传贴片，在金华电视台气象节目中每天播出；在公交站台设置红十字宣传广告栏，在全市社区240块科普宣传窗刊出《防范恐怖袭击与自救互救》知识宣传栏；利用短信平台，发送红十字知识和急救知识4万条。市红十字会、浦江县红十字会建立红十字官方微信，义乌、永康、浦江、磐安建立了官方微博。开展“5·8”红十字博爱周活动，组织理事单位和志愿者开展红十字广场宣传活动，举办“红十字会开放日”活动，举行“红十字”进企业和“世界急救日”主题宣传活动，邀请市政协委员视察红十字会工作。市级以上媒体共刊播红十字相关报道1159余篇(次)，发放宣传资料23万余份。

【应急救援】 《金华市红十字会自然灾害应急预案》列入市政府应急救援总体预案，初步形成备灾、报灾、救灾机制，建成面积320平方米的物资储备仓库并增加物资储备。云南鲁甸地震发生后，金华市红十字会启动自然灾害应急救援预案响应，全市红十字会系统募集捐款603618.6元。东阳市红十字救援队参加东阳和周边地区救援工作80多起，被东阳市政法委授予见义勇为先进集体。

【人道救助】 有8个人道救助项目，在金华市红十字会网站向全社会公开推介。积极开展“博爱送万家”活动，全市红十字会系统系统共筹集价值约185万元的慰问款物，慰问贫困群众2600户。与金华眼科医院联合，筹集资金500万元，启动“青少年眼健康工程”。在市区婺江两岸设置11个救生点，配置宣传栏、“橙色生命圈”和救生绳。在市区沿街店面内设立20个红十字“爱心救护点”,配置饮水机、休息凳和急救药品。开展“心理志愿服务进社区”活动,在社区设立“爱心心理咨询室”,定期为社区居民提供心理咨询服务。市本级全年募集捐赠资金61.52万元。

【培训救护】 全市建立67个应急救护培训基地,应急救护培训工作连续2年纳入市政府十大民生实事。2014年全市培训红十字救护员15788人次、普及培训65013人次,市本级培训红十字救护员2157人次,普及培训3098人次。联合金华广播电台“私家车101”开展世界急救日广场主题宣传活动。与金华电视台新闻综合频道联合推出每周一集的应急救护知识和技能专题宣传片“救在身边”系列节目12集。

【捐献】 全市共364人份造血干细胞捐献者资料入库,完成造血干细胞捐献5人次,累计实现捐献13人次。器官捐献工作持续健康发展,全市共实现人体器官捐献23例,截至2015年1月底,累计捐献50例,名列全省第二位。

(张文沁)

民族 宗教

民族事务

【概述】 金华市是少数民族散居地区,也是全省五个民族工作重点市之一。全市有少数民族户籍人口2.85万,少数民族流动人口31万,少数民族成分52个。其中畲族为世居少数民族,人口约1.47万,主要分布在武义县、兰溪市和婺城区的南部山区。民族乡(镇)2个:武义县柳城畲族镇和兰溪市水亭畲族乡。民族行政村47个,其中:武义县26个,兰溪市16个,婺城区5个。

【帮扶民族地区】 组织开展新一轮“少数民族低收入群众帮扶增收行动计划”,加强与结对帮扶单位的联系,扎实做好自我帮扶工作。为民族村确立每年发展规划、指导帮扶项目,为民族群众送医送药送科技书籍。2014年落实帮扶资金101万元,科技书籍1万余册。指导帮助列入省级结对的5个民族村实施治水项目,落实“五水共治”资金110万元。争取各级民族发展专项资金,加强对民族发展专项资金的管理和使用,共落实少数民族中央、省级补助资金470元万,有力促进少数民族村脱贫致富的步伐。

【民族地区特色村寨建设】 深入全市47个民族村开展“进村入户,走亲联心”活动。2014年4月,组织开展对民族村干部的培训,开展村级基层组织建设、民族村“五水共治”和民族村新农村建设等学习交流,进一步提升民族村干部引领发展的能力和水平。10月,举办民族特色村寨建设推进会,邀请专家作专题辅导,组织学习其他地市民族乡镇优秀经验做法。在民族村重点推广“一村一品”发展模式,培育和建立特色产业民族村12个,各类专业村级合作组织20个,带动民族地区和少数民族群众增产增收,打造民族特色工作品牌。

【民族文化体育活动】 指导武义县举办畲族“三月三”风情展演暨首届畲族畲歌比赛,兰溪市水亭畲族乡“三月三”畲乡风情节暨美丽非遗百村行活动。编辑《金华民族工作纪实》画册,集中全面反映民族地区经济社会事业发展新气象和全市民族工作取得的新成效。

【扶贫帮困活动】 春节前夕,为200多户困难群众家庭送上慰问金和慰问物品,价值10多万元,捐款资助少数民族贫困大学生10名。完成232名高考、中考少数民族学生的资格审查工作,办理少数民族成分更改170名,有效落实党和政府民族政策。

【少数民族流动人口服务管理工作】 配合开展劳动用工中贯彻执行民族政策情况的检查。在少数民族流动人口较多的义乌、永康等市(县),试点开展以“微组织、微热线、微窗口、微平台”为主要内容的少数民族流动人员服务管理创新工作。热情服务城市外来少数民族群众,帮助他们解决在经营、子女就学和信仰需求等方面的困难,促进各民族交流交往交融。市领导暨军民等参加金华市汤溪高级中学和田班办班十周年活动。

【全省第五届少数民族传统体育运动会】 11月13日—17日,浙江省第五届少数民族传统体育运动会在温州举行。金华市代表团的39名运动员参加5个大项、33个小项的角逐，取得历届最好成绩，共获得一等奖3个、二等奖9个、三等奖18个，一等奖总数、奖牌总数均列全省第四。畲族运动员雷小军、蓝建坤分别获得68公斤级、85公斤押加第一名，雷青获得男子标准弩跪姿射击第一名，实现“金牌”零的突破。市民宗局获得“浙江省第五届少数民族传统体育运动会组织奖”。

（祁晓红）

宗教事务

【概述】 金华市是全省宗教工作重点市之一，其中婺城、金东、兰溪、东阳、义乌、永康6个县(市、区)被列为省宗教工作重点县。全市五大宗教齐全，有宗教团体36个，其中市级宗教团体5个，分别是市佛教协会、市基督教协会、市基督教三自爱国会、市道教协会、市天主教爱国会，县(市、区)宗教团体31个。全市经批准的宗教活动场所有541处，有宗教教职人员1202人、信众40余万人。

【“宗教工作基层基础建设年”活动】 在全市开展“宗教工作基层基础建设年”活动，规范宗教工作组织网络，基础台站，宗教工作机制、制度，宗教团体建设，宗教场所管理，民间信仰事务管理，教职人员管理。组织全市宗教界开展宗教慈善周活动，据统计，宗教界全年慈善捐款(物)合计230余万元，重点为“五水共治”项目。指导帮助宗教团体加强自身建设，举办全市宗教骨干培训班，开展十八大报告和中国梦、宗教政策法律法规学习，宗教界代表、民宗干部共90余人参加。全市共举办宗教界人士培训班80余期，培训宗教界人士2万余人次。指导市道协举办道教养生培训班12期，共360余人次，弘扬道教养生文化。指导市佛教协会举办讲经说法活动，并将活动纳入常态化。

【宗教场所管理】 深入推进创建“和谐寺观教堂”和星级宗教活动，全年有40处场所达标，现全市达标数量达365处，永康市南都禅寺和东阳市玉佛禅院被评为四星级场所，全市还评选三星级场所30处。完成“三改一拆”涉及宗教违法建筑处置工作，进一步加强宗教场所的规范管理，受到省委的充分肯定。在7月3日召开的全省“三改一拆”涉及宗教违法建筑处置工作推进会上，陶诚华副书记代表市委市政府作典型发言。

（吴卫新）

外事 侨务 台湾事务

外事 侨务

【领导出访】 市级领导出访5批次。组织重点部门、行业等专业团组出访3批次。海外招才引智工作、产业对接、浙商回归工作成效显著。11月，市长暨军民率团赴美国、加拿大、澳大利亚访问，参加纽约、硅谷、悉尼海外高层次人才对接等大型活动，取得丰硕的招才引智成果。与海外留学人才及外国专家对接洽谈近400人次，达成初步意向60余项，正式签订人才引进、项目合作23项。在加拿大成立金华市招才引智多伦多工作站，在美国成立金华招才引智美西工作站和金华海外学子联谊会美国分会，在美国旧金山组织召开金华高层次人才暨海外学子座谈会，100余位海外高层次人才和留学生代表出席座谈会。11月，市人大代表团赴印度、泰国访问考察，在今年4月考察的基础上，与印度、泰国相关地区和城市进行深入对接，谋求在网络经济与文化创意产业互利合作的契合点，重点探究印度政府对IT产业的政策支持，理清发展网络经济的思路，初步达成若干合作意向，为下一步加强交流合作奠定基础。

【“驻华使节走进魅力浙中·非常金华”活动】 来自毛里求斯、汤加、牙买加等26个国家的45名驻华使节参加活动，其中：驻华大使6名，驻沪总领事7名。精心设计活动安排，在金举办“金华市情介绍及投资环境推介会”，赴永康、东阳开展访问考察。充分展示金华地方特色经济和历史文化，获得参会嘉宾高度评价。此次活动规格高、规模大，为推动金华国际知名度和美誉度有效提升发挥积极作用。

【参加“海外华商投资浙江对接洽谈会”】 组织全市7家侨资企业参加浙洽会“海外华商投资浙江

对接洽谈会”,制作宣传展台和展板,开展有效推介和对接。

【促成侨商蜂巢项目(国家级侨商回归发展经济示范基地)】 国家级侨商回归发展经济示范基地落户金华义乌。多次接待海外著名侨领、市海外交流协会顾问郭胜华先生,陪同考察并洽谈义乌侨商蜂巢项目。在11月22日举行的第四届中国(金华?东阳)国际商贸发展大会重大项目签约仪式上,郭胜华与国际商贸城管理委员会签署项目投资意向书,就在义乌市金融商务区建设义乌侨商蜂巢项目达成意向。该项目得到省委书记夏宝龙、省长李强重要批示。此外,东阳市外办积极承担2014世界工艺文化节相关活动,这是世界手工艺理事会有史以来规格最高、规模最大的一次活动,近400名外宾参加此次活动。

【德中经济合作】 邀请德国友城迪恩市项目专家穆勒先生来金考察,与五水共治办、环保局等部门举行污水处理项目座谈会,推动迪恩市污水处理协会与浙江万福染整有限公司就污水处理生产线的合作项目的洽谈。与德国街头滑板车有限公司全球战略合作和销售主管克里斯汀·斯泰伯恩先生接洽,就街头滑板车项目落户金华的可行性进行深入洽谈。

【与TüV奥地利集团达成合作意向】 与奥地利最大的检验控制和认证公司Tüv奥地利集团远东地区负责人托马斯塞德开展洽谈,初步达成Tüv奥地利集团与国家机动车机械零部件产品质量监督检验中心(浙江)合作成立认证机构的合作意向。

【推介金华综合保税区项目】 向美国、法国等22个国家驻华使领馆发出公函,介绍金华综合保税区总体情况和优势,积极引进上述国家知名食品企业落户金华综合保税区。经市侨办牵线,11月份,泰王国政府中小企业经济贸易发展委员会与金义都市新区管委会签署战略合作协议,初步达成投资建设东盟木材跨境电子商务平台和综合保税木材交易加工中心,首期用地500亩,预计年成交额达500亿元人民币以上。

【启动“海外名校走进金华古村落”】 为推进金华名宿产业的发展,金华市面向全球招募50名海外名校学生入住金华古村落,以便通过国际视野来更好的宣传、保护和开发建设古村落。该项目于11月5日正式启动。四是积极发展与驻华使领馆互信合作关系。成功举办“驻华使节走进金华”活动。接待参加“驻华使节走进金华”“中国·西亚北非未来发展愿景对话会”等使领馆官员25批134人。副市长孙荣燕受邀参加特立尼达和多巴哥驻华使馆中特建交40周年庆祝活动。参加省外办“外交为国内经济发展服务座谈会”,与市外侨办驻外使节进行良性互动。先后参加印度、以色列、阿根廷、斯洛文尼亚、美国、塞舌尔等国驻沪总领馆活动,为企事业单位对外经贸合作和科技文化交流提供信息资源服务。通过市侨办和以色列驻沪总领事的牵线,协助佳乐公司申报国家科技部和以色列经济部资助的“中国·以色列产业合作引导资金”项目,以色列Feldman公司已向青年汽车采购价值为2000万美元的豪华巴士,通过阿根廷驻沪总领事馆为华南实业公司汽车配件进入阿根廷市场提供有益的信息。通过美国驻沪总领馆,推荐申报2015年度美国大使文化保护基金项目一个。

【来宾接待】 全年市本级接待坦桑尼亚前总统本杰明·姆卡帕、柬埔寨亲王诺罗敦·施里武、泰王国中小企业经贸委员会主席陈杰克等各类重要来访团组34批257人次。1月,市长暨军民会见巴克莱银行董事总经理颜湄之率领由巴克莱银行、法国巴黎银行、自治资本、富达投资、普信投资等13家银行和基金机构组成巴克莱银行考察团一行。暨军民会见时表示,外资银行、基金机构积极投资金华,提供丰富的金融产品,将助推金华加快产业转型升级。9月,以坦桑尼亚前总统本杰明·姆卡帕为团长的考察团一行来金访问。副市长傅利常会见姆卡帕一行,介绍金华经济社会发展情况。访金期间,本杰明·姆卡帕在浙师大作主题为“在新千年实现非洲的自主发展”的演讲。11月12日,泰王国政府中小企业经济贸易发展委员会主席陈杰克率经贸代表团来金华,就东南亚木材跨境电子商务和设立保税展示交易区事宜,进行考察洽谈。市委书记徐加爱会见代表团一行。代表团赴金义都市新区考察菜鸟·金义电子商务新城、邮政电子商务示范园、跨境通等项目,并就在金华金义都市新区投资建设东盟木材跨境电子商务平台和综合保税木材交易加工中心达成战略合作协议。

【推介活动】 通过办证中心平台，发挥渠道资源优势，加强与市工商联、贸促会、信息产业协会等经贸部门合作，深入行业协会、商会等进一步宣传推介旅行卡7次举办APEC卡、领事认证等业务推介活动，扩大APEC商务旅行卡和民营企业因公(因私)渠道出国(境)的覆盖范围，为民营企业人员提供出入境便利。全年共办理APEC商务旅行卡152批245人次，同比分别减少4.4%和27.9%。目前，全市持有效旅行卡831人，位居全省前列。

【组织企业"走出去"】 组织金华市信息产业团先后两次赴印度、新加坡专业考察，参加2014印度班加罗尔信息技术展览会，解世界知名IT企业的最新技术和产业，5173在会上成功参展，向外商宣传推介金华的网络经济。在新加坡，考察团拜会新加坡资讯通信浙江金华邮电工程公司与新加坡BAMBOO公司、金华比奇网络技术有限公司、金华联冠信息科技产业园与新加坡HIMS公司等初步达成合作意向。

【结成发展友好交流城市关系】 全年新增泰国泰国彭世洛市友好交流城市一对。与美国哈蒙德市的友城关系向全国友协提出申请终止。对芬兰考沃拉市等多个友城关系进行激活。与英国特尔福德和里金市、苏里南共和国瓦尼卡省等地开展交流，为下一步结交奠定基础。婺城区外办与美国伊利诺伊州马克姆郡就两地互结友城事宜建立关系。三是紧密结合"大友城"工程，推进与友城间互动交流。全年共接待来自德国迪恩市、奥地利林茨市、霍拉布隆市、土耳其埃雷利市、南非布法罗、芬兰罗瓦涅米等友好访问团18批159人次。组织市长暨军民、市委常委、宣传部部长何杏仁、市人大常委会副主任江跃进、市政协副主席朱恒钱等率团赴加拿大皮克灵、英国特尔福德和里金市、泰国彭世洛市、澳大利亚戈斯福德市、日本枥木市等友好及友好交流城市访问5批30人次；组织信息产业、旅游业等行业协会团组3批次赴友城开展专业领域交流；组织4名东阳市人民医院的专家赴德国迪恩市开展为期一个月的医学交流；组织金职院培训团组7批43人次赴美国、澳大利亚、德国等国家开展专业课程交流；在加拿大皮克灵市设立金华市海外引才工作站。友城间各个领域交流深入推进，友好合作关系得到不同程度的提升。

【"千校结好"交流】 先后组织7批161名中小学师生"走出去"赴美国、加拿大、德国、澳大利亚等国姐妹学校开展友好交流；组织金华外国语学校学生赴美参加"模拟联合国"夏令营活动；开展外籍教师英语教学交流活动，先后有美国、加拿大2批3名教师赴武义、东阳、永康等友好学校进行英语教学交流。

【高校对外交流活动】 走访浙师大、上海财大浙江分、金职院等在金高校，解学校开展对外交流的需求及相关建议，组织金职院培训团组7批43人次赴美国、澳大利亚、德国等国家开展专业课程交流，邀请美国驻沪总领馆新闻官美国驻沪总领馆新闻官贝女士赴浙师大访问考察，贝婉在浙师大作题为"美国文化"演讲，受到师大师生热烈欢迎。5月份邀请以色列驻沪总领事柏安伦来金华为工商企业界作题为"创新驱动发展，科技引领未来"的演讲，受到多方好评。推荐一名浙师大三年级学生石盼盼为以色列巴伊兰大学MBA奖学金候选人。与浙师大外办合作，共同完成非洲法语国家智库研修班一行的接待工作，取得良好的效果。首次与浙师大外语学院签署战略合作协议。浙师大外语学院在市外侨办建立"浙江师范大学外国语学院翻译专业实践(实训)基地"。市侨办授予浙师大外语学院"金华市重大外事活动翻译服务指定单位"的牌子。双方将共同建立金华翻译后备人才库。同时开展双向培训活动。三是密切与在金外国友人、海外华侨及海外学子的沟通联系。组织浙师大、金职院外教代表、外资企业代表、海外华侨及学子代表46名开展迎新年联谊活动。市委书记徐加爱、副市长邵国强，市委秘书长陈晓出席活动。联谊活动搭建在金外国友人联系交流的平台，受到大家的一致好评。

【协助艺术团体赴境外演出】 6月22日，浙江婺剧艺术研究院一行20人赴美国、巴哈马、牙买加3国巡回演出一个月。安排美驻沪总领事馆新闻官贝婉女士与金华日报社和金华电视台同行就目前新型媒体对传统媒体的挑战进行交流探讨。接待韩国KBS公司、日本经济新闻社、印度时报、越南人民报、南非电视五台、新加坡联合报和中非新闻交流中心记者团等外国记者来金采访4批23人次,就全市电子商务、物流业、传统产业转型等方面进行采访报道。协助金华日报记者何百林做好赴西班牙采访义新欧首列事宜,宣传新丝绸之路经济带。制作英文字幕版金华宣传片,在“驻华使节走进金华”“浙洽会”等重大活动时滚动播放,获得外宾好评。制作新版《金华》画册、金华迪恩友城结好纪录片和金华介绍幻灯片等。开通市外侨办新浪微博、腾讯微博。不断提升门户网站服务功能,优化宣传功能和手段,进一步扩大市外侨办社会影响力。

【控制因公出国】 实行因公出国(境)团组预审批制度。实行市纪委联审制度,副县处级及以上领导干部因公出国(境)任务报批前需经纪检机关审查。严格执行团组出访经费先行审核制度。加强与市财政局协调,严格控制因公出国人数和经费,明确今年因公出国(境)经费控制数为339.5万元。加强邀请外国人来华审批和管理,牢固树立反恐意识,及时掌握在金外国人日常情况和出境信息,切实把好来华邀请关。做好政府部门职权清理推行权力清单制度工作。全年全市因公出国(境)任务审核审批122批316人次,与上年同期相比分别减少29.89%和50.7%。其中:任务审批10批29人次,任务预批66批103人次,任务审核46批184人次。企业20批21人次,非参公事业单位47批141人次,参加双跨团组10批14人。列入计划管理团组62批126人次(含省管干部13人次、义乌自行计划审批6批6人),比上年同期分别减少44.14%和50.2%。邀请外国人来华109批131人次。全市因公出国(境)人数仅高于衢州,在全省排名倒数第二。

【涉外管理机制建设】 牵头市直23个部门,为期两个半月,开展境外非政府组织活动的基本情况调查摸底工作。全年共发生各类涉外事件208批294人次,其中死亡7人。全市外办系统配合协助公检法重点处理尼日利亚、埃及、乌干达等非洲国家和中东地区在义乌非法居留、塞拉里昂籍塞萨伊·阿里贩卖毒品案。协助斯洛文尼亚驻沪总领事馆处理该国公司与永康群升集团的经济纠纷案,并赴群升集团进行协调。妥善处理一名埃及人在义乌至广州动车上突发心脏病猝死事件,协调婺城区外办、公安、民政等部门做好善后事宜。协调相关部门处理好东阳籍包工头李金竹非法组织80余名劳务人员赴蒙古打工,又因拖欠工资引起纠纷,造成驻外使馆要求国内地方政府参与处置该事件。做好永康籍公民李震在加蓬遭抢劫遇害事件处理,联系我驻加蓬使馆帮助遇害者家属在加蓬处理理赔和公司转让事宜。协助做好东阳籍侨居安哥拉公民蒋峰平乘坐莫桑比克TM470航班失踪遇难赔偿事宜,密切关注浙师大在乌克兰留学生安全情况和在金日本人工作生活安全情况。配合相关部门做好在金外国人管理工作及埃博拉疫情防控工作。

【海外联谊工作】 共接待柬埔寨浙江商会、法国浙江同乡会等海外华侨华人、港澳同胞85批590多人次。完成金华海外留学生联谊会微信平台的建设。成立金华海外(美国)留学生联谊会。配合浙江电视台“中秋月圆四海情”中秋晚会的录制工作。

【侨务经科工作】 开展“省旅外乡贤金华行”活动,组织45名海外侨领赴武义、金东、金义都市新区等地开展考察活动。举办“迎国庆——海外侨领金华行”活动。组织开展“海外侨领看金华——走进永康”活动。召开侨界杰出人士座谈会。做好华侨捐赠有关工作,市侨商会会长吴超英向浙江大学计算机科学与技术学院捐赠1000万元资助青年学生创业创新。在侨务系统开展“投身五水共治,共建美丽侨乡”活动,共发动“五水共治”捐款505万元。发动侨商向云南灾区捐款,其中侨商会长吴超英捐款10万元。

【为侨服务工作】 开展“三侨生”办理工作,为华侨子女高考加分做好服务。共受理24份,审核上报15份。办理华侨回国定居7份。为参加“两会”的侨领开展免费体检活动。完成赴菲律宾、意大利支教教师的选派工作。赴建德、婺城等地走访慰问赴国外支教教师洪晔、童心、王楚的家属。专程赴永康江南街道西津桥社区送上国侨办授予的“侨法宣传角”。开展省侨办“侨界最美系列”推荐活动。婺城区城中街道杨思岭社区被评为“最美侨乡”,永康市侨办主任成盖平被评为“最美侨务人”,冠华水晶总经理张甜甜被评为“最美侨界新秀”。完成兰溪、婺城等侨法宣传角的报批工作。举办海外华裔青少年夏令营。共30名来自俄罗斯、巴西、香港、意大利的华侨子女参加。接待国侨办侨务干部学校副校长赵健一行3人来金调研侨务干部培训工作。搞好侨务信访工作,全市受理来信来访42件次,做到件件有着落、事事有反馈。金华市律师顾问团努力为会员企业开展维权服务,有效地维护会员企业的合法权益。

【开展基本侨情调查工作】 调查结果显示,金华市海外华侨、外籍华人、港澳同胞为67158人。本市归侨、侨眷、港澳同胞眷属等为35770人。归国留学人员4573人,海外留学人员3122人,留学生眷属31334人。全市侨资企业645家。12月份,在调查基础上,组织海外侨情调查工作组赴意大利、西班牙调查了解金华市在欧洲的基本侨情,开展海外侨情调研和调查数据印证等工作。

【侨商会工作】 开展市人大代表视察侨资企业活动。举办市侨商会迎中秋座谈会。组织市侨商会有关人员随省侨商会考察团考察上海自贸区。组织部分侨企赴杭州参加由省侨商会组织的侨资企业用工招聘会。建立开通市侨商会微信平台。开展“金衢侨商携手行”活动,联合衢州市外侨办、衢州市侨商会共28人参加。先后考察金义都市新区、金华经济技术开发区、永康科技五金城,今飞集团、东晶电子等,并举行座谈交流。组织部分侨商及侨商会全体工作人员拜访省侨商会,省侨商会秘书长姜敏达接待侨商会一行,并开展工作交流。推荐侨商会的4名副会长参加浙洽会,其中常务副会长李家鼎与萧山区人民政府签订中非交流中心项目。推荐侨商会常务副会长陈洪莲参加中国侨商投资协会第二次理事会。推荐部分会长参加2014年“海外华商青年企业家中国经济高级研修班”。

【开展侨爱工程活动】 开展困难归侨侨眷春节慰问活动。赴兰溪慰问困难归侨和1位“省千人才”,走访慰问侨资企业冠华水晶有限公司。走访浙江得利福工贸有限公司、浙江豪族科技有限公司等侨资企业,开展“走亲连心”活动。赴婺城区、金东区慰问6所学校共25名困难学生和东阳四胞胎。与婺城区联合开展侨界人士“送温暖送文化”进社区活动。

【其他活动】 协助安排在武义举办的由亚太地区14个国家的400多名运动员参加的“第二届亚洲杯桥牌锦标赛”活动。参与接待世界桥牌联合会主席加纳里戈·罗纳官员一行,承担大赛开幕式现场翻译工作。组织发动多家企业参加韩·亚洲地方政府经济合作大会和第二届中非合作论坛。组织今飞集团等12家外向型企业赴杭州参加我省友好省州美国印第安纳州州政府代表团在杭州举办的“投资印第安纳州项目推介会”。

(王红英　郑凯媛)

台湾事务

【涉台宣传工作】 一是扎实开展涉台宣传教育。共组织宣讲会、报告会等涉台形势教育12堂(次),约3000多人参加。全市先后在38所中小学校开展涉台教育图片巡回展,有10万多师生较为系统地了解台湾历史、地理、风土人情,以及台湾问题的由来和两岸关系发展等。二是发挥现有宣传平台作用。市台办先后编发《台湾工作情况》11期2500多份,东阳台办坚持每季编印《东阳台联》共2300多份,主动宣传对台方针政策。市台办还投入2万多元更新台办网站,增加信息报送系统,丰富版面内容;义乌、东阳台办重视发挥网络宣传作用,积极宣传涉台政策,服务涉台事务。三是重视开发台湾义勇队纪念馆宣传教育平台。市台办先后投入3万多元对纪念馆的安防设施、字画保管、人员配备等方面进行加强和充实。纪念馆入选国务院第一批80处国家级抗战纪念设施、遗址名录后,各级投入30万元进行“寻访少年团成员”和馆场修缮维护工作。全年累计参观人数达6000多人次,其中,岛内人数近500人次,发放各种宣传教育资料近4000份。

【推进对台文化交流】 一是积极推进校际交流活动。金华职业技术学院、东阳横店影视职业学院又与台湾新签3所院校,就学生、教学、师资、科研等方面进行长期友好、互惠互利的合作往来达成协议。10月17日,以台中二中校长何富财为团长的台中市北区教育会一行13人到义乌市访问,并与义乌二中开展结对交流活动。二是深入开展金台青年学生交流。有31名学生赴台就读,创历史新高。金华职业技术学院等院校的20名“两岸交流生”到台湾相关院校进行学习,12名院校老师赴台湾院校交流深造。台湾大仁科技大学15名大学生志愿者与金华职业技术学院15名大学生志愿者结对,开展以“关爱老人、保护环境”2014浙台大学生志愿者主题社会实践活动,深入金华社会福利中心,为老人送温暖、表关切,在关爱老人志愿服务、保护环境宣传活动中传承中华文化、共同成长进步,结下深厚友谊,收到良好的效果。11 月 18 日,第五届“青春飞扬·书香两岸”活动也将在金华职业技术学院举行。三是开展特色文化交流。2 月 16 日至 3 月 10 日,受省文化厅委派,婺剧团一行 30 人赴台参加首届海峡两岸文化遗产节和第八届“台湾浙江文化节”,共演出 67 场,受到台湾观众热烈欢迎,十多家媒体进行专题报道,极大提升婺剧在台湾的知名度。5 月23 日至 24 日,“海峡两岸民宿研讨会”在磐安举行。来自海峡两岸的数十位研究农业发展和民宿旅游的学者专家与相关部门的人员参加此次研讨会,并参观考察当地农村的民宿产业发展情况。三是指导宗亲联谊活动。7 月 15 日,“两岸詹氏共缅辛亥先烈詹蒙活动”在武义县三港乡石浦村举行,台湾詹氏大宗祠詹儒德先生受詹春柏亲笔题祭先贤詹蒙烈士“两岸景仰 首义功高”的题词。10 月 27 日,第六届吕氏族人恳亲大会在永康举行,来自世界各地的 50 个吕氏宗亲代表团共 1600 多名代表参加,以吕学樟、吕理正先生任团长的台湾吕氏宗亲代表团共150 多人参加。

【对台经贸交流合作】 一是抓好涉台展会的服务工作。2014 年世界工艺文化节暨第九届中国(东阳)木雕竹编工艺美术博览会上,台湾苗栗县三义木雕博物馆馆长郑志强率领的政府参访团、台湾木雕艺人参展团、台北东阳同乡会观摩团、台湾少数民族舞蹈队一行 42 人前来参加。第七届中国义乌国际森林产品博览会特别设立台湾农林精品馆。据了解,此次台湾农林精品展共计吸引150 多家台湾企业参展,展位达 400 个,有来自台湾11 个县市农会、协会及高雄世贸组团参展,参展的台湾农林精品多达 2000 余种。第八届中国磐安中药材交易博览会上,磐安和台湾签订合作协议,为开创与台湾中药材合作交流和促进县域经济发展注入新的动力和活力。10 月份,2014 武义·南投海峡两岸温泉文化旅游论坛中,台湾温泉观光协会与武义县旅游协会签订合作协议,为今后两岸温泉交流发展留下浓墨重彩的一笔。二是深化医疗、农业等合作。5 月25日,金华中心医院组团访问台湾,与台北荣民总医院、振兴医院等 7 所医院进行交流,建立沟通渠道。8 月 13 日,东阳市人民医院与台湾中国医药大学达成合作意识。6 月 25 日,台湾高雄现代农业交流团来金华参访,并与金华市农学会、金华市果业协会分别签订三个协议。三是积极做好产业对接洽谈工作。10 月 25 日,“台湾企业大陆行”代表团来金华考察,并进行产业合作与项目对接洽谈。双方在文化创意、休闲旅游、健康养生、电子商务、现代农业等领域达成广泛的合作意向。

【服务台商台胞】 一是开展走亲连心活动。先后走访各县市区 36 个基层台联分会和 68 家台资台属企业,及时宣传对台方针政策,帮助解决困难问题。二是主动靠前服务。6 月份,在全市范围开展为期一个月的“台企服务月”活动,对全市所有台资企业进行全面走访,广泛了解台商、台胞的需求,主动做好服务。三是化解案件纠纷。全年共接待受理涉台案件 40 起(其中国台办、省台办转办 5 起),办结率 97.5%。

(舒真珍)

军　事

人民武装

【党管武装工作】 根据机构改革和人事变动,及时调整充实武装工作委员会、国防动员委员会、国防教育委员会等组织机构,不断加强对武装工作的组织领导。坚持把武装工作纳入经济社会发展规划,把工作成效纳入党政主要领导任期目标考核,把经费保障纳入地方财政预算安排,把专武干部纳入党政干部培养使用计划,把国防知识列入党委中心组理论学习重要内容,认真落实党委议军会、武装工作会、过“军事日”、现场办公、走访慰问、述职等制度,促进党管武装各项工作落实。按照“军民结合、寓军于民”要求,积极改进和创新党管武装工作,主动把融合式发展引向深入。按照常态化军事斗争准备要求,在金华驻军多、军事任务重的情况下,加大人力、物力和财力支持,军地共商国防建设大计、合力建设国防后备力量的氛围更加浓厚,军政军民关系更加密切。

【国防动员和后备力量建设】 军地联合制定民兵预备役“五队”(打造支援保障作战行动的战斗队、锻造完成急难险重任务的突击队、争当服务社会经济发展的先锋队、当好精神文明建设的宣传队、当好军民融合发展的代表队)建设《实施意见》,统筹推进后备力量能力建设。按照区分类别定标准、把握标准抓规范、落实规范促建设的思路,采取分级保障、全面推进、重点突破、个别帮带的办法,积极开展基层规范化建设。坚持以大纲为依据,采取跨区联训、分层组训、岗位培训、挂钩带训、联动联训等组训方式,严格训练时间、人员、内容、效果“四落实”,不断提高遂行多样化军事任务能力。围绕“一个总体目标”(按时高质完成任务、无一例责任退兵、无一封告状信)和“两条具体标准”(大学生征集比例达到40%以上,高中以上文化程度达到96%以上),积极适应征兵政策调整变化带来的新情况新问题,坚持早筹划、早准备、早动员、早展开,圆满完成夏秋季新兵征集任务。扎实推进民兵“红旗党支部”创建活动,继续巩固国防教育“四个基本”制度(基本制度、基本教育、基本活动、基本队伍)、训练基地“五位一体”(军事训练、人防专业训练、拓展训练、学生军训、征兵工作体)等做法,持续开展“八一”光荣榜、军属大走访、深化民兵预备役核心价值观培育等活动,“大国防”教育格局得到立体构建,广大民兵预备役官兵军魂意识进一步牢固。

【民兵预备役参建共建】 以开展“双争双送”主题实践活动为抓手,扎实开展军地共建与和谐创建活动。广泛开展“百连结百村、共建创‘两富’”和“军民共建文化示范村”活动,进一步探索丰富民兵参建创建活动路子,深化国防文化与乡村文化融合、民兵建设与乡村建设融合,推动双拥工作深入发展。据不完全统计,全市共组织4万余人次民兵参与“五水共治”、防汛抗洪、山林灭火等行动,展示形象,彰显能力。

【市委常委议军会议】 5月8日,金华市召开党委常委议军会议。会议由市委书记、军分区党委第一书记徐加爱同志主持,军分区党委常委及市民政局、财税局、建设局负责人等列席会议。会议传达学习传达学习上级有关国防动员和后备力量建设文件精神,听取2013年党管武装工作、国防动员和后备力量建设情况及军事斗争准备情况汇报,研究解决军分区干休所离休干部医疗社会化保障和探索实践民兵预备役“五队”建设两个方面问题,为在新的起点上加强国防动员和后备力量建设打下坚实基础。

【民兵预备役部队组织整顿】 2014年,金华市政府、金华军分区紧紧围绕“三个转变”总目标和“三时一体”总要求,认真贯彻落实上级整组工作指示要求和文件精神,区分筹划设计、部署任务、全面展开、巩固提高四个阶段,坚持早筹划、早部署,早宣传、早发动,狠抓工作落实和标准要求,扎实开展民兵预备役部队组织整顿工作。整组后,基干民兵分队中,党(团)员占82.2%、转业退伍军人占66.5%、35周岁以下占90.1%、高中以上文化程度占85.4%,基本达到进一步编实建强队伍、理顺管理机制、优化布局结构、提高队伍质量的目的。

【士官直招】 5月—8月,市征兵办认真贯彻落实全省士官招收工作任务部署会议精神,依据《直接从非军事部门招收士官工作规定》,区分调查摸底、组织报名、体检政审、专业审定、审批定兵和签订协议、办理手续和整理档案、交接协调、组织报到八个步骤,突出宣传发动、体格检查、政治审查、专业审定等重点环节,坚持公开招收政策、公开招收纪律、公开招收条件标准、公开招收对象名单、公开举报电话“五公开”廉洁征兵制度,扎实开展士官直招工作。

【夏秋季征兵工作】 2014年,全市各级党委、政府及兵役机关坚决贯彻执行国务院、中央军委和省政府、省军区征兵命令,紧紧围绕提高兵员质量根本目标,针对征集政策调整变化带来的新情况新问题,注重强化组织领导,严格标准条件,狠抓工作落实,超额完成年度新兵征集任务,夏秋季征兵工作运行更趋规范。征集的新兵中,大专以上(含在校生)文化程度占41.7%、高中以上(含大专以上、中专技校、职业高中)文化程度占97.7%。

(宋盛忠)

武装警察

【思想政治与组织建设】 一是思想政治工作更

加有效。深入学习贯彻习主席系列讲话精神，广泛开展战斗力标准大讨论，扎实抓好主题教育和形势政策、法纪警示、保密安全等经常性教育，组织开展向成武中队学习活动，官兵思想政治根基进一步牢固。学习贯彻全军和武警部队政治工作会议精神，深入查找问题，廓清是非标准，立起鲜明导向。以抓好新兵“第二适应期”工作为主线，深入开展“科学带兵、文明带兵、以情带兵”教育和“大谈心、大排查、大家访”活动，评选表彰“三好”与先进典型，整治等级观念、土政策土办法等战士身边的不正之风，内部关系进一步融洽。联合金华职业技术学院开班培训，组织干部报考“国家三级心理咨询师”，确保每个基层中队有一名以上心理咨询师，并制定《心理咨询师工作规范》，充分发挥出心理咨询、干预和引导的作用。严密组织“强军风采”系列文化活动，支队被总部评为“橄榄杯”新闻工作先进单位，荣获总队“八一杯”篮球赛亚军。出动兵力500余人次，参加金华市委、市政府组织的“五水共治”活动，9个小分队在白沙溪、桐溪、石门溪和董村对河道、排水沟进行清理和整治，清理水塘8座，河(渠)道近2000米，垃圾15余吨，为美丽新金华贡献一份的力量。扎实开展系列文化活动，“慈善一日捐”(活动共计捐款金额4.05313万元)等公益活动，与市图书馆联合组织举办“阅读金华”微书评活动，通过开展以“同读一本书共爱一座城”为主题的征文，倡导官兵“阅读金华、熟悉金华、走近金华”，感受金华的人文精神，官兵认真阅读、踊跃撰稿，经主办方评选，荣获4个一等奖、6个二等奖、12个三等奖。二是党委班子建设全面加强。扎实开展党的群众路线教育实践活动，纠“四风”转作风，强力推进“双六条”、“三清”和“五超”专项整治，对《地方保障性经费使用管理暂行办法》《机关公务接待管理规定》等制度规定进行立改废，按要求改造超面积办公用房和清退机关超编人员，接待费同比下降18.6%，以解决问题的实际成效回应官兵期盼，兑现党委年初承诺的5件实事。严格规范议事程序，始终让权力在阳光下运行，做到公开透明，并自觉接受群众监督，全年投入建设经费2000余万元，战士报考院校、选送技术学兵和发展党员等重大敏感事项，均做到指标、程序、条件、结果公开，群众认可满意，党委班子的感召力公信力进一步增强。

【执勤战备任务】 坚持中心工作不动摇，狠抓经常性执勤制度落实，深入推进执勤隐患排查和治理，有效整治安全隐患，处置目标险情4起，连续22年执勤安全无事故，中心任务完成圆满。严密组织“卫士-14”演习、军事比武和两个“百日大练兵”活动，加大经常性训练和考比拉力度，分两批组织勤训轮换，部队能力素质明显提升，参加总队狙击手集训考核和特勤分队比武荣获两个第三，一中队班长宋远帅获突击组个人全能第一。以任务为牵引研究总结反恐“三联”“六共”机制，组织精干力量驻点义乌，对“两警”混编武装巡逻、小组战术运用、情况处置方法原则等进行研究，有效提升反恐能力。省公安厅和总队在义乌专门召开现场会，将试点期间建设的示范警队、联动工作机制，训练成果和实战经验在全省进行推广。全年共出动兵力7783人次，圆满完成敏感期城市武装巡逻、“12151” 专列警卫、“1102A”专机警卫、“1406”调犯押解、磐安万苍坍塌救援、东阳江和永康临溪抢险救灾、森林灭火、重要敏感期备勤、重大活动安保等任务，完成“第19届中国五金博览会”执勤工作和“7·5”敏感期武装巡逻勤务。7月31日，支队派出150名官兵参加金华市“利剑一号”反暴恐综合实战演练，参战分队精神振作、作风顽强、动作规范、处置果断。官兵敢打必胜的战斗精神和过硬的军事素质，受到金华市委、市政府和市公安局领导以及参演单位的广泛赞誉。

【业务建设】 一是安全稳定基础更加牢固。认真贯彻总部依法从严治警集训精神，狠抓条令法规学习和官兵日常养成规范，落实经常性安全工作制度，组织6个回合安全隐患大排查，部队安全基础更加牢固。以群众性创安活动为抓手，盯紧敏感时段和重点人员，组织“两官”婚恋调研和机关干部、直属队士官封闭整训，开展“四个谁”安全工作大讨论，深化“两官”“两手”“两涉”教育整治，严肃处理违规违纪官兵，讲规矩、守纪律的氛围日渐浓厚。常态化开展安全大检查，狠抓制度落实、载体运用和重点管控，确保部队安全稳定，支队连续9年实现“三无”目标。二是基层全面建设协调发展。结合编制体制调整，完善《党委机关帮建基层实施意见》，强化各级按职责抓工作的意识，常委每季轮流挂钩大队、帮建两到三个基层中队，营以上干部挂钩帮带基层主官，帮建成效更加明显。修订《支队〈纲要〉考评实施办法》，按照“分层次竞争、按比例升降”原则开展“双争”评比，考评机制更加科学，基层创先争优动力得到激发。一中队被总队荣记三等功，三、五大队和三、七、八、九、十、永康、义乌中队被总队评为基层建设先进单位。投入800余万元大力普及推广科学发展试点成果，官兵工作、学习、生活、娱乐设施更加齐全。认真抓好三级主官《纲要》培训成果转化，每月召开军事日和政工例会，培养一批按纲建队“明白人”。

【基层与后勤建设】 综合保障能力进一步提升，加强应急保障力量建设，修订完善各类应急保障预案，充实战备物资，常态开展后勤“一组五队”训练演练，应急保障能力有新增强。采取专业兵比武竞赛、对口代训、专业集训等形式提高后勤人员综合素质，对基层“一长四员”队伍实施量化管理末位淘汰，不断激发后勤队伍履职强能的内在动力。狠抓伙食精细化管理，持续规范副食配送机制，因地制宜组织农副业生产，科学组织伙食管理年活动，扎实开展卫生、心理下基层巡诊，把重病号集中在卫生队管理治疗，提高服务保障质量。严格落实党委理财、经费预决算等制度，抓好“四类经费”管控，实行“阳光采购”，提高经费管理使用效益。坚持把保障重心放在基层，高标准完成教导队建设，完成勤务中队新营房主体工程。

（王魁彪）

人民防空

【指挥场所和信息平台建设】 县级指挥所实现全覆盖，4个县级市的人防指挥所已建成并相继投入使用，3个县的人防指挥所土建工程已基本完成，3个镇级指挥平台也已投入使用。加强信息系统集成建设，积极开展“一网四系统”综合集成试点工作。完成市本级“021”指挥所“三防自动化系统”建设及人防指挥部编成调整。安装“省民防指挥信息系统”，完成市人防加入党政专用通信网建设，人防卫星导航系统进入运行联调阶段。警报试鸣及演习演练工作有序进行。组织“浙江金盾一1408”筹划人民防空研究性演习，检验突发应急事件行动方案和各级人民防空应急预案。组织全市民防移动指挥车跨区域通信保障演练，锻炼和提高各级指挥员的组织指挥能力。完成“5·12”“9·18”防空防灾警报试鸣，警报鸣响率和完好率均达到100%。组织社区和学校开展人员疏散演练，全市共有32个社区4500人，59所学校约3.9万余人参加演练。三支新型人防专业队组建工作顺利完成。根据各地相关资源的特点，市本级组建信息防护专业队，兰溪市组建伪装防护专业队，东阳市组建心理防护专业队三支新型人防专业队，为民防队伍增添新的生力军。同时，对各人防专业队进行整组，组织为期3天的全市人防专业队骨干及信息报道员培训，提高人防专业队骨干的专业应急救援和防护水平。浦江人防办采取“请进来、走出去”的方式，聘请浙师大浙江民防学院教授进行专业授课，组织指导专业队户外高强度、高要求实战化训练，取得较好的效果。

【体系建设】 基本形成包括人防专项规划、地下空间规划和控制性详细规划的规划体系。市县两级全面完成人防专项规划编制，所有县(市)均启动地下空间规划的编制，稳步开展人防控制性详细规划编制。人防行政审批效能稳步提升。开展人防权力清单梳理，精简压缩人防审批项目，并按全省要求将有关信息纳入政务网。严格落实结合民用建筑修建防空地下室政策。城市建设由注重地上发展转为统筹地下发展，由扁平式简单开发转为立体式高效开发，落实一批使用功能全、开发模式新、建设规模大、投资效益高的地下空间开发利用项目。2014年10月，全省第四次地下空间开发利用现场会在金华召开，金华市在地下空间开发利用工作中取得的经验成效，得到省政府领导和与会代表的高度肯定，其中金义都市新区综合管廊兼顾人防需要项目成为主要亮点，此项工程在全省乃至全国开创先河。会同规划部门起草《关于加快市区地下空间开发利用若干意见(试行)》，完成《金义都市新区人防建设融合发展与四大效益优化对策措施研究》及《金义都市新区综合管廊兼顾人防需要研究》二个课题的研究工作。

【基础建设】 人防基层规范化建设继续推进。全市完成基层民防站建设的社区70个，重点镇15

个,其中市本级社区民防站26个,重点镇7个。成立大学生民防志愿服务队。在浙师大成立由60名大学生组成的全市首支大学生民防志愿服务队,结合"3·1国际民防日",在7个人防重点镇及34个社区开展为期一周的"国际民防日"宣传活动,并举办宣传图版展示,直接或间接受教育人员达10多万,取得较好的效果。落实人防教育"五进"。协调教育局完成首批中小学人防教师二期共16名教师的培训工作,完成学校人防教育相关材料征订发放,共发放教材6500册。充分发挥地区主流媒体、网站、服务窗口开展"五进"宣传教育,其中兰溪电视新闻《部门在线》,东阳参与应急广播体系建设,永康电台每日"人防时空"栏目,武义"武川论坛"、磐安县人防办联合县教育局开展全县初级中学生首届人防知识竞赛活动等等都在人防教育中起到积极的作用。加强服务民生工作。市区的七处人防工程避暑纳凉示范点经过必要的改造后继续对市民开放,纳凉人数达到19000人。全市累计新建人防停车位5154个,完成省办下达的新建3500个人防停车位的任务,其中市本级2481个,超额完成年前下达的1700个指标任务。

【群众教育活动】 推动人防各项工作有序开展。积极开展党的群众路线教育实践活动,通过找问题、抓整改,有力促进人防各项工作的开展。人防机关"准军事化"建设持续开展。各地按照"准军事化"的要求,开展系列的教育、训练。市办组织为期一周的军营封闭式军事化训练。党风廉政建设有力推进。人防系统因问题而警醒,用更大的力度、更具体事例,强调党风廉政建设的重要性和必要性,力争人人有触动、有感悟。有关难点问题逐步解决。市人防办积极围绕政府中心工作攻坚克难,主动抓好铁路金华站南广场人防家俬城歇业处置工作,2014年6月底实现清场腾空。"931"工程口部房长期合同解除工作正在全力推进,其他一些遗留问题也在逐步解决。

【金义都市新区综合管廊兼顾人防需要课题研讨会】 金义都市新区综合管廊兼顾人防需要课题研讨会在新区召开。研讨会由市人防办副主任兼新区民防分局局长胡银生和课题组组长同济大学束昱教授共同主持。金义都市新区综合管廊亦称"共同沟"工程,即把市政、电力、通讯、燃气、上水、中水、排水、热力等各种管线集于一体,在新区道路的地下空间建造一个集约化的共同沟,是新区基础设施建设的一个生命线工程。研讨会就如何开展综合管廊兼顾人防需要采用多机构联合与多学科合作的协同工作机制,在共同的研究目标、发展理念、基本框架下,同步推进综合管廊兼顾设防的专业性、应用性研究,形成理论与实践有机结合的系统研究成果,为金义都市新区综合管廊一期工程提供兼顾设防的综合性工程技术方案,创建浙江第一、全国示范的标志性工程进行认真的研究讨论。

【《金义都市新区地下空间开发利用和人防专项规划方案》初步评审会】 金义都市新区综合管廊兼顾人防需要课题审定会在金华市人防办召开,审定会听取同济大学同济联合地下空间规划设计研究院、上海市政工程设计研究总院(集团)有限公司、浙江省地下建筑设计研究院等课题组单位,就金义都市新区综合管廊兼顾人防需要的研究成果情况汇报。王一明处长指出,新区综合管廊建设兼顾人防需要十分有必要,最大的作用可以提高综合管廊自身的抗毁能力,确保在战时和灾时管线畅通,这个是兼顾人防需要的主要目的。再次强调在"两少一多",即工程设计图纸变动少一点、工程造价增加少一点、使用功能多一点的基本原则条件下实施兼顾人防需要。同时也明确提出新区综合管廊建设兼顾人防需要的主要功能,平时以共同沟为主,兼顾战时人防的功能,它战时不是疏散干道,也不是人员掩蔽工程,战时是城市生命线工程,主要提高管廊的生存能力。

【大学生民防志愿者服务队成立】 2月27日上午,金华市民防局与浙江师范大学联合举行大学生民防志愿者服务队成立启动仪式,浙江省民防局副局长徐富泉等领导同志参加成立仪式。浙江师范大学民防志愿者服务队是本着"关爱他人、关爱社会、关爱自然"的宗旨,以自愿为原则成立的一支新型志愿者服务队。该队成立后将由浙师大团委和市民防局共同负责对口培训,队员们将接受民防知识与技能培训,并面向社会参与人防、民防宣传工作,成为民防工作的义务宣传员、引导员、救助员、预警员、治安员。承担着防空防灾及公共安全知识宣传、公共安全信息收集、反馈、自救、互救等任务,是战时防空、平时服务、急时支援的重要补充力量,也是社会公共安全救援体系的组成部分。浙师大民防志愿者服务队将结合民防自身的特点，定期开展特色志愿服务活动，以实际行动展现金华大学生民防志愿者的风采。

【全市组织防灾音响报警试鸣】 全市于5月12日15:00至15:14同时试鸣防灾音响警报，具体时间为15:00—15:03试鸣防灾警报，15:10—15:14试鸣防灾解除警报，结合警报试鸣组织相关学校和社区人员开展疏散演练活动，其他群众保持正常生产生活。

【应急指挥车通信保障演练】 10月下旬，金华市人防办集中5天时间，组织全市6台民防移动指挥车赴湖州、杭州地区开展跨区域移动通信保障演练。这次演练以战争灾害下城市遭敌空袭破坏为背景，以对友邻城市实施跨区域通信支援为主要课题，采取分散与集中、分训与联训、单科目训练与连贯演练相结合的方法，按照作战进程演练受领任务、传达命令、开进集结、临战训练、支援行动、撤离返回等6个方面内容。支援行动中与杭州市人防指挥所建立连接，分别处置重要经济目标抢险抢修、城市人口疏散、道路开道与喊话、疏散安置地域人员管理等模拟情况的通信保障，并组织语音、图像的实时采集与传输。演练突出体现市县通信分队和移动指挥通信保障系统的指挥链、信息链、协同链、行动链、保障链的平时训练和维护水平，通过演练达到指挥通畅、行动有序、协同到位、保障有效的目标。

【"浙江金盾-1408"演习】 9月2日，代号"浙江金盾1408"——筹划人民防空行动研讨性演习在金华市举行。演习以人民防空应战行动为背景，以实名制战时指挥编成为基础，人防办成员单位按照各自担负的任务和角色参与演练。演习主会场设在金华市人防基本指挥部，兰溪、东阳、永康、义乌及婺城琅琊镇、义乌城西街道等地设置6个演习分会场。浦江、武义、磐安等三个县观摩演习。此次演习，按照战时人防指挥体制和指挥关系，组织市带4个县、2个重点镇(街道)和一个重要经济目标单位人防指挥部异地网上同步演练，围绕"组织临战准备"和"筹划人民防空行动"两个课题进行演练，并结合人民防空行动中所涉及的防空目标确定、防空力量使用、防空袭行动及保障等重点课题进行研讨。演习突出"演、训、研"，市、县、镇三级联训联演联合行动，以信息化指挥手段，采取一网多地，链式组网、多样化传输、同步联动，一体化协同，实现语音，数据、视频的同步传输。把连组织，连指挥、连协同、连保障、融为一体，演练规范金华市人民防空指挥部联动机制，探索人民防空指挥部多级多层次联合训练模式，通过演习，锻炼和提高人防机关组织指挥能力、信息处置能力和特情处置能力。

【全省人防工程质量监督站长会议】 9月12日，全省人防工程质量监督站长会议在金召开。会议首先对近日在全省范围内开展的人防工程质量监督机构检查情况进行总结，对此次参加检查的全省13个人防质监机构好的经验做法进行推广交流，存在的问题和不足进行严肃的通报和指正；接下来，会议就进一步加强对人防工程施工、监理、设计、防护设备企业等参建单位管理以及完善人防工程质量信息化建设进行探讨。

【市办组织年度军事化封闭式训练】 11月10日—12日，人防办组织机关人员和指挥信息保障中心30人，在驻地某军营组织为期3天的"准军事化"封闭式训练。此次训练科目设置有理论学习、军事训练、现代武器对人防影响讨论及现场观摩等。全办人员统一着装，吃住在部队。训练期间，邀请部队专家讲解现代战争及现代武器知识，了解人防建设在未来战争中的作用和价值；组织队列训练、体能和技战术训练，提高整体意识、服从意识；参观部队史馆，了解空战历史及人防工程在战争中的作用；实地参观某国产战机，从直观上解现代武器对人防的影响，并就此引发现代战争对人民防空影响大讨论，使全办人员对人防建设和自己所承担的责任有新的认识。

【全市人防工作会议】 3月28日，在市人防办五楼指挥中心召开2014年全市人防工作会议。会议总结2013年工作，表彰先进，部署2014年全市人民防空工作任务。

【荣誉】 12月23日，国家人防办在北京组织10名军地专家，采取个人审阅、分组评议、集体讨论决定的方法，依据文章的时代性、理论性、创新性、指导性和可操作性等标准，对研究文章逐一进行认真评审。左万山的《加强信息化条件下城市人口疏散体系建设的几点思考》获得优秀奖。

（夏喜才 李海波 姚永来 黄雨辰 贾德群）

文化建设

文　化

公共文化

【概述】 全市拥有县级图书馆10个,乡镇分馆10个,工作人员190名,总藏书量199.3367万册;有县级文化馆9个,工作人员162名;乡镇综合文化站153个,村级文化活动设施5243个,公共电子阅览室35个,电影院21家,文化广场433个;有文化活动团队11348支,开展活动330584场次。全市送戏下乡演出1682场,送书353395册,送展览讲座1009期,培训70595人次,文化走亲154次。

【文化设施建设】 新建面积6346平方米的市文化馆、面积6100平方米的市少儿图书馆新馆和2600平方米的艾青纪念馆投入使用,并对外免费开放,中国婺剧院试运行,为社会举办公益性婺剧演出和低票价演出。本年度新创建市级文化示范村(社区)36个、村级文化礼堂210个,顺利完成蒋堂文化大院提升工程,成功创建"琐园文化苑"村级文化综合体,通过对江南文化广场的改造、提升,将其打造成江南群众文化欢乐谷。

【文艺精品创作】 制定出台《金华市直文艺创作项目扶持管理办法(试行)》,加大艺术精品生产的前期扶持力度。被扶持的艺术精品中,舞蹈作品《活着1937》获第五届中国舞蹈节"荷花奖"当代舞组"十佳作品"第一名的佳绩;童声合唱作品《咯咯叮》获得浙江省第十二届"五个一工程"奖,少儿曲艺作品《田鸡飞上天》在第六届全国少儿曲艺大赛中获三等奖、新苗奖。另外,承办浙江省第二十五届戏剧小品邀请赛,金东区文化馆的小品《英雄》获创作、表演金奖,后参加"华东六省一市戏剧小品大赛"获最高奖,小品《求字》获创作银奖、表演金奖;选送婺剧小戏《幸福人家》参加浙江省新农村题材小戏会演获得银奖,选送10支优秀排舞队参加全省第八届排舞大赛,获金奖2个。此外,创作村歌《琐园,我可爱的家乡》获浙江省"村歌"创作演唱大赛演唱、创作双金奖;木版年画作品《五水共治系列——防洪水、保供水、排涝水、抓节水、治污水》参加"中国梦想·美丽浙江"浙江省非物质文化遗产传统手工艺主题创作精品大展获得一等奖。

【文化惠民活动】 先后举办第六届金华市排舞大赛、第三届金华市少儿声乐大赛、第三届金华市中小学婺剧汇演、"欢乐金华"百姓文化节系列活动等。为农村文化礼堂建设提供点单式服务196项,全市送戏下乡演出任务1682场,浙江婺剧艺术研究院下乡、进社区演出500多场。全市送书353395册,送展览讲座1009期,培训70595人次,文化走亲(县级以上)154次。全市开通公共图书馆一卡通工程,实现"两馆一站"的免费开放。

【文化人才培养】 年初,组织召开全市公共文化建设工作会议,交流各县市区公共文化工作经验并部署2014年度公共文化建设各项工作任务;6月,特邀省专家对全市农村文化礼堂指导员、管理员进行培训。8月,举办金华市第四届公共文化服务创新论坛暨农村文化礼堂建设专题研讨会。9月,举办公共文化分管局长、科长培训班。10月,举办基层公共文化服务创新案例评选活动。同时开展第二季婺剧青年演员"排名段、创名角"活动,第五期婺剧青年演员研修班、第二期金华市音乐教师婺剧知识培训班等。全年各市县区文化馆下基层辅导文化站和文化礼堂建设7471天,人均辅导70.53天。

【公共图书事业】 市图书馆新购书籍22802种,44679册;征订报纸100种,杂志700种,全年借阅部共接待读者243759人次,书籍流通571959册人次;展览、讲座、双溪生活及纪念馆参观等接待读者72962人次,办理及延续社会读者证5681个,各服务窗口解答咨询5953条。征集和采购地方文献共有1556种,2330册;自建“火腿文化数据库”“金华方言数据库”等地方特色数据库两个。开通“手机图书馆”,实现全地区公共图书馆“一卡通”通借通还,建立严济慈数字纪念馆,开设“小邹鲁大讲堂”“双溪展窗”“双溪生活公益课堂” 等多个文化服务品牌。市少儿图书馆全年新购图书31418册,订购报纸39种,杂志595种。新建少儿、成人电子阅览室,现可提供50台电脑终端供读者使用。新购数据库资源2个,馆藏数据库达到8个。

【首届“欢乐金华”百姓文化节】 创新设计以“百姓文化我参与,享受文化我快乐”为宗旨的特色活动。全年共举办活动110场,一万余名选手参与五大赛事,评选出百姓明星100人,全市参与活动的市民约12万人次,官方网站发布活动预告300余场,网站点击量达八万余人次,涉及城区11个街道,107个社区,26个乡镇,1088个行政村。此活动构建“村、乡、区、市”四级文化参与机制;引入社会力量举办创新公益活动,将文化活动由“政府办”向“社会办”转变,社会力量参与度达到40%;通过文化活动百姓意愿调查互动机制,从政府“给什么”向百姓“要什么”转变;活动赛程覆盖全年每个时间段,将“短期欢乐园”变成“长期幸福年”。“欢乐金华”百姓文化节构建百姓“自选、自演、自评、自乐”的覆盖城乡、全民参与、贯穿全年的公共文化普惠新模式。以百姓文化节艺术档案收集方法为案例创作的业务论文获得浙江省第六届艺术档案论文评选一等奖,“欢乐金华”百姓文化节获第二届“金华市宣传思想文化工作创新奖”,并收入2014年度《金华市基层公共文化服务创新案例汇编》。

【非物质文化遗产保护】 全市现有32项列入国家级保护名录,102项列入省级保护名录,308项列入市级保护名录,624项列入县级保护名录,有国家、省、市级教学传承基地、宣传展示基地、生产性保护基地96个。全市有国家级非遗项目代表性传承人15人,省级代表性传承人102人,市级代表性传承人305人。金华市获首批“浙江省传统戏剧特色市”称号,浦江县、永康市唐先镇、东阳市巍山镇东莘桥村分别获“浙江省传统戏剧特色县”“浙江省传统戏剧特色镇”“浙江省传统戏剧特色村”之称。新增婺州窑陶瓷烧制技艺、诸葛后裔祭祖、义乌红糖制作技艺、武义寿仙谷中药炮制技艺等4个国遗项目,全市国遗项目数累计32个,位居全省第三。举办金华市非遗传承教学基地规范化建设现场会,制定出台《金华市非物质文化遗产传承教学基地规范建设指导意见》,促非遗保护载体科学建设。承办2014“浙江好腔调”传统戏剧“梨园撷英”展演、“经典流芳”展演和“浙江好腔调”传统戏剧系列研讨之“婺剧现象”研讨会、“天下第一团”研讨会。金华市非物质文化遗产保护中心获 “全国文化系统先进集体”荣誉称号。

【对外文化交流活动】 浙江婺剧艺术研究院先后完成赴中国台湾、巴哈马、牙买加、美国的文化交流演出,并先后赴上海、南京、合肥、南宁(东盟戏剧周)、广州、深圳演出,获广泛好评,扩大金华文化走出去的影响力。2月,作为浙江唯一受邀表演团体,浙江婺剧艺术研究院赴台湾参加首届“海峡两岸文化遗产节”和第八届“台湾·浙江文化节”,在南投和高雄共完成演出73场,观众达8万人次。省领导王辉忠,市领导暨军民、陶诚华、林丹军分别批示肯定浙婺赴台湾交流演出。6月,浙婺参加美国“史密森民俗节”,完成10天40场演出。文化部部长蔡武观看演出,肯定浙婺的表演并慰问全体演职员。

(汪　欣)

文化市场管理

【概述】 全市共有网吧802家,歌舞娱乐场所368家,各类演出团体132家,演出场所40家,文化经纪人1家;各类印刷企业1855家,其中:出版物印刷企业23家、包装装潢印刷企业1158家、其他印刷品印刷企业647家,专项制排版27家。

【规范行政审批】 市本级共受理行政许可事项130件,办结112项,不予许可6项,受理咨询1987

余起。通过文化部开展的行政审批工作规范化大检查，完成市本级的权力清单编制工作，初步确认市文化局局保留的权力清单192项，以及市政府规定的12项审批事项的权力下放(委托)工作。

【市场监管】 强化日常监管，全年全市出动检查9143人次，出动次数3201次，检查场所14345家次，办理行政处罚案件425件，处罚金额为1902060元。其中，市本级出动检查1024人次，检查场所1752家次，受理举报电话78件、处理各级部门督办单20件，事先约谈16起，做到件件有回复、有存档。联合公安、工商等部门全年开展“扫黄打非”各类专项整治行动17次。共销毁侵权盗版及非法出版物11万余件，其中音像制品96649张，书报刊14492本，游戏机10台，电路板60个。

（钱志江）

文化产业

【概述】 全市文化产业发展势头良好，市本级网络信息产业、东阳影视文化产业、义乌会展业等重点文化产业发展优势进一步确立。全市入选第六批国家级文化产业示范基地1家，1家文化产业企业在香港上市。获评2013-2014年度国家级文化出口重点企业5家，2013-2014年度国家级文化出口重点项目2个；入选省文化产业示范基地5家，入选省文化产业示范园区2家，入选数均居全省第一。入选2013-2014年度省文化出口重点企业13家，入选数量与杭州市持平列省内第一；6个项目被认定为2013-2014年度省文化出口重点项目。

【义乌文交会】 2014年义乌文博会新增中国国际贸易促进委员会为主办单位，并更名为“中国(义乌)文化产品交易会”，第九届文交会设国际标准展位2799个，展览面积5.5万平方米；实现展览成交额49.1亿元，同比增长1.66%。

（吴一峰）

电影行业

【概述】 全市共有数字电影院26家。其中市本级7家，共49个厅，7125个座位。农村电影放映工程共放映电影44732场次，市本级放映影片9284场，超额完成84场。城市影院放映电影场次167539场，观众人数达424.07万人次。其中，市本级城市影院放映67398场，观众人数为159.3万人次。全面采用浙江农村电影GPS/GPRS监控平台，对全市农村电影放映和市场化放映活动进行实时跟踪监测，有效提高监管的技术力量。规划中心镇数字影院建设，培育农村电影放映市场，结合农村文化礼堂建设，提高基层电影基础设施水平，设立20个室内固定放映点作为示范点予以扶持。

（方旭升）

横店国家影视产业实验区

【概述】 3月24日，中共东阳市委、东阳市人民政府下发《关于浙江省横店影视文化产业实验区管理委员会管理范围、主要职责、内设机构和人员编制规定的通知》。10月13日，省新闻出版广电局(版权局)为实验区授牌“横店电影电视剧审查中心”“横店影视版权保护中心”，挂牌成立“浙江东阳影视文化投资有限公司”“中国(横店)影视文化产业研究院”。9月29日，东阳市委、市政府批准下发由实验区管委会牵头编制的《东阳文化产业全域化规划（2014-2020年)》。成为浙江省文化产业示范园区、省级服务业集聚示范区、省委党校领导干部培训基地。全年入区企业实现营业收入134.20亿元，同比增长44.82%；上交总税费13.34亿元，同比增长23.47%；新增企业48家，入区企业累计达到587家；接待剧组178个；接待游客1374.79万人次，同比增长14.14%。

【领导调研视察】 5月16日，中共中央政治局委员、中央书记处书记、中宣部部长刘奇葆一行，在省委常委、宣传部部长葛慧君，金华市委书记徐加爱等陪同下，到横店影视产业实验区调研。刘奇葆详细了解园区发展情况，参观实验区影视文化相关企业。5月25日—26日，中国证监会原主席周正庆一行到横店考察影视文化产业，浙江省副省长朱从玖、金华市委书记徐加爱等陪同考察。5月27日，中国文联副主席丹增一行到横店考察影视文化产业。9月19日，国家广电总局卫星频道节目中心专职副书记张玲一行到横店影视产业实验区调研。8月5日，浙江省委副书记、省长李强一行，在金华市委书记徐加爱，市委副书记、市长暨军民等陪同下视察横店影视文化产业实验区。4月15日—16日，省委常委、宣传部部长葛慧君一行就影视文化产业发展情况进行调研。5月7日，省科技厅厅长周国辉一行考察文化和科技融合项目建设基地。8月13日，省国土资源厅厅长陈铁雄一行到横店调研。8月20日，省新闻出版广电局局长寿剑刚带领该局政策法规处、发展规划处等负责人，到横店考察影视文化产业发展情况。3月7日，省发改委焦旭祥副主任带队赴东阳市《关于设立浙江省横店影视文化产业实验区提升影视文化产业发展水平的意见》实施情况开展调研。调研组听取东阳市政府关于横店影视文化产业实验区工作情况的汇报，与实验区影视文化相关企业进行座谈，实地调研实验区重点建设项目。省委宣传部和省财政、国土、文化及发规院等部门参与此次调研。4月16日，省人大常委会委员、教科文卫委员会副主任吴天行，就促进文化产业发展立法到横店进行调研。7月3日，江苏省广播电影电视局局长张健康一行到横店影视产业实验区考察。7月17日，云南文化产业发展领导小组专职副主任刘荣一行考察横店影视产业实验区。

【企业集聚】 横店依托完善的产业政策、优异的发展平台，2014年实验区新增企业48家，累计包括华谊兄弟等著名影视企业在内的587家企业入驻；新增艺人工作室72家，累计达到137家。10月12日，阿里巴巴影业集团签约入驻浙江横店影视产业实验区。印记传媒、长城影视成功上市，唐德影视IPO成功过会。

【电影院线建设】 横店电影院线有限公司2014年新开业影城40家，累计170余家，签约项目85个，观影人数达到3300多万人，营业收入超过13亿元，同比增长35%，其中票房收入超10亿元，同比增长34%。

【外景基地建设】 规范外景地在安全，环保、环卫，文保等方面的管理，8家外景基地(卢宅肃雍堂、湖溪镇马上桥村、虎鹿镇蔡宅村、城东街道李宅花台门、六石街道红树林、东阳江镇天山村、东白山、画水镇小溪口)作为首批合作基地和影视城进行签约。制定下发《东阳市影视拍摄外景地管理暂行办法》，制作《东阳外景基地集锦》，收录全市30多家有代表性的外景基地。加强外景地规范化管理服务体系建设，构建横店影视城与外景地合作机制，拓展现代戏拍摄场景。

【影视制作】 由浙江横店影视制作有限公司公司共同参与投资、联合出品的影片《西游记·大闹天宫》于2014年农历大年初一全国公映，获票房10.42亿，创中国电影史上19项记录，并已在海外19个国家上映，海外票房达1.2亿美元。由横店影视制作公司参与出品的3D动画《龙之谷：破晓奇兵》7月31日在杭州举行首映礼。入区企业华谊兄弟斥资1.5亿美元参股由华纳兄弟前总裁Jeff Robinov组建的美国Studio 8公司，为开拓好莱坞市场、开展国际化战略的重要一步。浙江东阳影视文化投资有限公司与浙江横店影视制作有限公司联合制作2014年浙江省重点创作项目——40集电视连续剧《抗倭英雄戚继光》开拍。

【文化与科技融合】 4月，完成横店国家级文化和科技融合示范基地2013年发展报告和建设实施方案。7月份会同中科院、浙江大学等部门单位召开横店文化和科技融合工作推进会，授牌成立“横店数字文化实验基地”“港澳战略研究中心横店实验基地”“浙江大学国际设计研究院横店分院”“国际人才创新基地”。由横店集团控股有限公司牵头，联合浙江大学、浙江广播电视集团、中国科学院浙江数字内容研究院、浙江传媒学院、杭州中广信息网络有限公司、常州金刚文化科技集团等多方骨干科研人员，组织实施影视产业链科技支撑技术系统与服务平台研发项目。该项目总投资2.5亿元，由横店集团控股有限公司与四共委等企业投资2亿元，申请国家补助5000万元，项目在示范基地内的实施将会对横店近600家影视企业提供技术、资源、管理、决策、商务等多种服务内容。

【知识产权】 6月6日，实验区管委会召开影视产权保护座谈会，邀请省新闻出版广电局版权处领导、省版权服务中心专家进行指导。横店影视版权保护中心完成8个剧本、14部电视剧、4部电影的版权登记申请和初审,完成红点影视、梦幻星生园等8家影视企业的相关影视作品登记申请资料的准备。入区企业华谊兄弟传媒股份有限公司的“华谊兄弟”注册商标被国家工商总局确定为中国驰名商标。入区企业取得商标权的353个门类商标,通过初审的46个,提交申请材料126个。

【影视人才队伍建设】 6月11日，实验区管委会召开全市影视文化人才队伍建设调研会，交流影视文化企业人才需求情况，探讨影视文化人才建设中存在的主要问题与原因，提出加强影视文化人才队伍建设的意见和建议。9月17日,由实验区管委会主办的“绽放最炫的自己”2014横漂演员才艺大比拼活动在横店影视学院举行,共有90多名横漂演员参赛,10强选手中有3名横漂演员当场被影视学院聘为特约讲师,2名横漂与影视公司初步达成合作意向。组织开展横漂人才有关培训,帮助横漂与横店影视学院对接,有20多名横漂参加相关专业培训。

【万花园建设】 春园一期建筑面积约31500平方米,土建工程已完成95%,水电、安装、绿化工程完成90%;春园二期建筑面积约96500平方米,土建工程已完成90%,计划于2015年5月竣工完成对外开放;夏园现已投资4000多万元,三通一平工程已完成20%,土建基础工程开始施工。秋园场地平整三通一平工程已基本完成,土建工程已完成22%。

【“上海滩”建设】 一期工程完成全部建筑土建工程,同时进行市政基础设施的土建施工,完成投资21000万元,土建工程全面进入主体施工阶段。

(张　刚)

新闻出版

金华日报报业传媒集团

【荣誉】《金华晚报》刊发的《姐妹》获中国新闻奖三等奖。在2013年度浙江新闻奖评选中,金报集团共有23件作品获奖,其中一等奖4件(日报获一等奖3件)，获奖数量和等级继续在全省地市党报社(集团)中领先。金华日报报网融合创新团队被省委人才工作领导小组评为“浙江省重点创新团队”,这是全省唯一一家地方媒体入选的团队,也是金华市唯一一个入选的团队。6月,金报集团文化产业发展项目,被浙江省报业协会评为创新一等奖。金报集团《四报一网全媒体传播平台及金华市微博联盟》项目,被中国报业协会评为2013-2014中国报业新媒体项目创新50强,《金华名医馆微信订阅号、服务号》被评为创新50强提名奖。《金华日报》再次获评地市党报品牌十强,《金华晚报》再次获评地市晚报品牌十强,《浙中新报》获评都市报品牌创新力十强。金华晚报还入选“影响中国2013年度最具传播价值城市报”和中国报刊移动传播百强榜单。《金华日报》登上品牌贡献榜,获“影响中国·2014年度党报优秀品牌”称号。另外,金报集团被评为“中国地市报新闻创新十强”,陈东荣获中国地市党报“十佳”社长,并获得中国报业经营管理奖,童飚荣获中国地方都市类报纸十佳总编辑。金华日报周末部记者许健楠获浙江省“好记者讲好故事”演讲比赛一等奖,并代表浙江省新闻界参加全国“好记者讲好故事”演讲比赛,荣获优秀选手称号。日报服务新闻部主任李艳被评为浙江省宣传文化系统“五个一批”人才(第五批)。

【营造深化改革氛围】 采取多种手段全方位、立体化深入宣传中央、省、市出台的深化改革的决策部署;大力弘扬创新文化,及时总结金华在改革实践中涌现出来的先进典型;进一步营造鼓励创新、宽容失败的社会环境,报道各地大胆探索、率先突破、摸着石头过河的做法和经验。金华日报在一版开辟“金华改革进行时 贯彻十八届三中全会精神特别报道”等专栏,及时准确地报道金华市各项改革的新进展、新突破、新亮点。全年刊发重点稿件50多篇,成功报道武义村监会成立十周年等重大改革创新典型。组织党的群众路线教育实践活动宣传报道,开设“正风提效促赶超　为民惠民谋发展”“最美身边党员”“正风肃纪在行动”等专栏,其中仅金华日报就共刊发各类稿件200多篇，多角度地报道金华市各地各部门开展群众路线教育实践活动的好经验、好做法、好典型,增强读者对主流价值观的认同感和践行力,有力地推动党员干部队伍的作风转变。6月10日,金华日报一版刊发评论员文章《让规矩真正成为带电“高压线”》,引起社会广泛关注。市群众路线教育实践办公室专门发文,要求全市各级党员干部学习。兰江导报在头版推出“市委常委群众路线笔谈”栏目,还重头推出“常委走进直播间”活动,该市 14 位市委常委走进兰溪新闻网直播间与网友面对面交流, 为路线教育实践活动营造舆论氛围。

【展示建设“两美”金华】 日报开设“五水共治 润泽八婺”“微 Q 携手 五水共治”“五水共治 八婺答卷”“推进三改一拆 建设美丽金华”“寻找精品街区 共建精品城市”等专版和专栏,突出做好“五水共治”“三改一拆”“四破攻坚”“二七新村拆迁”等中心工作的宣传报道。其中仅“五水共治”就共计刊发各类稿件 300 多篇、专版 30 多个,基本做到“每天有报道、每周有专版”。金华日报以 8 个整版的篇幅,推出“微 Q 携手 五水共治”特别报道;金华晚报推出“五水共治在行动” 第一季·问源和第二季·问计大型系列报道,营造全民治水的强大舆论声势,推动金华市“五水共治”深入开展。在首趟“义新欧”中欧货运班列开行之际,日报义乌新闻中心副主任何百林利用年休假自费专程赴西班牙采访,发回 7 篇有深度的报道,成为国内媒体唯一见证这一历史时刻的记者。浙中新报充分利用“义新欧”在义乌首发的有利条件,在 11 月 9 日推出特刊,浓墨重彩地报道新丝绸之路和义乌试点的新动作、新举措,受到各界好评。金报集团的重点报道多次受到市领导的肯定和表扬。《金华日报》“第一视点”栏目 5 月重新亮相,围绕“解读转型升级中的金华”,每期确定一个主题,既有深度探讨,又有典型剖析,对新闻生产方式进行积极探索,较好地体现“服务中心、围绕大局”的功能。市委书记徐加爱对该栏目批示:“这就是围绕中心服务大局,为金华发展、百姓安康作贡献。”7 月,市委宣传部、金华晚报联合启动“两美金华·抒怀婺江”采访活动。金华晚报记者和金华部分作家、诗人、画家,共同组成强有力的采访团队,深入到金华各县(市、区),溯婺江而上采访,历时一个月, 创作和发表 30 多个专版、10 余万字的新闻、文艺作品。市委副书记、市“五水共治”工作领导小组办公室主任陶诚华作出批示,给予充分肯定。4 月 2 日,金华日报 11 版和 12 版推出《五水共治 八婺答卷之东阳治水篇、账本篇》。

【解决群众关切问题】 对市区美墅园、原墅、石门农场、迎宾大道等群众反映强烈的违建现象的舆论监督力度,促进这些老大难违建问题的解决。开设“打好四破攻坚战”专栏,刊发各类报道 20 多篇,为“四破”整治深入推进鸣锣开道。紧紧围绕市委市政府中心工作,《市民问政》 全年实施在线交流 25 期,包括“治理雾霾”“五水共治”“破解 8890 热点难点问题”等系列内容;实施跟踪督查报道 26 期,梳理各类问题近 250 个, 解决问题 200 余个; 共计刊发《市民问政》专版 46 个。在继续发挥市民援助中心、胜平接待室、新闻三秒区等新闻热线倾听民意、反映民忧作用的同时,进一步加强与 8890 便民服务中心的联系和合作,挖掘新闻资源,及时回应群众关切的热点难点问题。金华日报开设《新闻三秒区·直通 8890》版面,金华晚报在周五也推出“直击 8890”专栏,刊发来自“8890”的报道,受到“8890”便民服务中心相关负责人的肯定。还进一步畅通金华新闻网,各报官方微博、微信等通道,增强与读者交流互动,提升服务读者的水平。

【宣传社会主义核心价值观】 各报及金华新闻网,深入开展“中国梦”和社会主义核心价值体系建设宣传。2 月 13 日,磐安县万苍乡雅庄村发生老旧会堂坍塌事件。金华日报立即派出记者连夜赶至现场采访, 并迅速成立报道团队。从 2 月 14 日—24 日,日报要闻一版与《新闻三秒区》专版联动,共发稿 11 篇,包括两个整版。在市委、市政府召开的雅庄事件表彰大会上,金华日报作为先进典型作大会发言。该系列报道也被省委宣传部、省记协评为重大主题报道二等奖。各报还先后选树“五里亭”爱心老人楼小英、千岛湖救人勇士仇文斌、诚信母亲张凤英、火场救人妇女罗腊英以及 2014 年度浙江骄傲人物——磐安卖菜老人羊耀周、浦江堂头中学老师张文龙等一批“最美”人物。7 月 29 日,金华日报刊发《金华一市民千岛湖徒手勇救四人》,报道浙江大昌金之星汽车贸易有限公司油漆工仇文斌在千岛湖勇救快艇落水四男子的事迹。报道刊发当天,市委副书记、市长暨军民在日报批示:“仇文斌同志千岛湖徒手勇救四人事迹十分感人,这是金华市文明城市创建涌现的先进人物代表,彰显金华人危难时刻奋不顾身、奋勇救人的英雄气概和大美情操,值得敬佩、值得宣传、值得学习。”金华日报新闻三秒区、金华新闻网等策划推出多个《家在金华 有家就有爱》专版，除报纸，还用微博、微信、微电影等方式宣传一批民间、身边的“善美人物”。金华日报服务新闻部和兰溪市委宣传部联合策划“郁金香诗会”。著名诗人舒婷和兰溪“最美新娘”在诗会上相会，很好地传播社会正能量。金华晚报推出“读家训、写家书、树家风”主题活动，组织小记者寻访好家风；浙中新报推出“文明家风，和谐家庭”系列报道；金华新闻网在“金华日报”官方微信上，由感动中国人物王选、孙炎明、陈斌强以及孟祥斌的妻子叶庆华，通过微信语音给全市人民送上新春祝福。金华新闻网还联合金华市学生志愿者，策划推出“建设善美金华?共筑中国梦”大型公益活动，其中环保和助困助老活动参与人数826人次，助学助贫活动募集冬衣20万件左右。省委宣传部副部长鲍洪俊对活动作出批示，认为“很有创意，给人启迪，值得其他县市借鉴”。 针对暑期，杭州、广州、金华等地连续发生恶性案件，金华晚报8月1日起顺势推出《远离戾气，找回温良》系列报道，指出“戾气”的表现和危害，分析“戾气”形成的原因，引导读者“远离戾气”，参与“化解戾气”，同时策划推出一系列面向社会的专题活动，获得良好的社会反响。12月2日，省委宣传部第1542期《新闻阅评动态》刊发专题评论，对这组策划报道给予高度评价。

【营业收入】 金报集团实现主营收入2.3亿元，多元经营收入1.1亿元，实现利润4200多万元。

【广告经营】 广告中心加强各行业的服务和活动策划，千方百计稳住重点行业、重点部门、重点区域的广告存量，尤其是在房产、汽车、金融、商业、教育等行业，做到精耕细作。与房产开发企业进行战略合作，在房产公司资金困难的情况下，以项目楼盘代销或房产抵扣广告等形式，争取客户在报纸上的广告投放量。还承办浙中购物节、房产展、汽车展等行业活动10多项，开拓社区灯箱、阅报栏等户外广告阵地。广告中心全年策划房产、汽车、商业、健康、旅游、建材等各行业活动30余个，实现创收1100多万元。其次，通过“试水跨界”“涉足报商”等主要路径，努力寻求新的经营突破点。这些活动，获得一定收益，也进一步积累跨界经营、报商运营经验。针对新常态下的广告经营形势，广告中心对业务部门进行重新整合与人员调整，组建由房产家居、汽车商业、健康旅游、金融理财、教育文化、公共事业6个事业部加1个全媒体企划部的“6+1”的全媒体广告中心。除优化行业架构、整合集团采编及新媒体资源外，进一步深化全媒体考核机制。9月30日成功推出庆祝新中国成立65周年“两美金华”的策划，64个版的特刊，共组织广告303万元，成为金华日报有史以来版面最多、参与者最多、创利最多的一次成功策划。另外由义乌新闻中心的《义博会特刊》、东阳分社的《金报东阳》创刊一周年特刊、永康分社的《五金博览会特刊》等为广告经营作出积极贡献。金华日报进一步加强与金义都市新区、金华经济技术开发区、东阳市、兰溪市等县(市、区)的战略协作。金华日报在前两年创办并刊发每周一个整版的义乌新闻(每周一二版“金报义乌”)、金华经济技术开发区新闻(每周二二版“金华经济技术开发区”专版)、金义都市新区新闻(每周三二版“金义都市新区”专版)的基础上，先后推出每月二期的“金报永康”“金报兰溪”和“金报东阳”专版，每月一期的“金报武义”“金报浦江”“金报磐安”专版。

【推进文化房地产业】 子公司华发公司与另外两家公司联手，拍得万达边上的地块。同时参股兰溪一房产项目。主要是做好兰溪、金东两个新项目的规划方案设计等前期工作，在市场遇冷的形势下，努力以最具性价比的好房子去适应市场竞争，化解项目风险。兰溪项目一期已开盘并基本售罄。另外，金报留庄、金报尊园这两个项目的清算工作也基本完成。2014年下半年，金报集团入股东阳文化产业，成为东阳市文化投资有限公司的四个董事单位之一。

【拓展文化产业经营】 在继续承办中国乒超金华女队主场比赛的同时，加强与中国婺剧艺术研究院紧密合作，共同探索和培育金华的演出市场。推出中外艺术团体不同艺术形式的商演70多场，还在新建成的体育中心举办“中国梦·金华情”巨星大型演唱会，不仅在金华市民中赢得良好的口碑，也多次受到市委书记徐加爱，市委常委、宣传部长何杏仁等领导的肯定和表扬，取得较好的社会效益和经济效益。文艺演出和体育赛事收入达到776万元。与浙江横店影视制作有限公司合作投资拍摄2014年度省重点创作项目——40集电视连续剧《抗倭英雄戚继光》。该剧制作总投资预算为人民币6000万元，其中金报集团投资1000万元。加上东阳文投公司投资600万元，金报集团成为第二大投资者。该剧已于12月份在临海开机拍摄，计划拍摄周期为110天。兰江导报也首次涉足文化产业，与上海龙越文化有限公司、兰溪市委宣传部联合投拍兰溪首部电影《我为花狂》。

【开拓印务市场】 印务中心通过积极开拓新市场，加强精细化管理，提高印刷质量，减少消耗狠抓节支等有效途径，努力实现转型升级。同时，还充分用活政策，从多方面增加收入。印务中心进行技改，引进一台M45轮转印刷机，印前新增添CTP制版设备，提高生产能力。商务彩印公司底完成安全生产标准化的申报工作，这有利于商务彩印进一步规范安全生产工作。印刷产品在2014年全国包装印刷产品质量评比中还获得一个金奖、一个铜奖和一个优质奖。印务中心完成销售收入2543万元，实现利润660万元。商务彩印全年完成销售收入2660万元，实现利润650万元(包括信和分红360万元)。

【后勤保障】 完成印务中心屋面补漏及集团大楼中心机房、阅览室和办公室改造等10多项工程。对大楼及小区的日常报修也做到及时高效。安保工作以防控为抓手，完善"三位一体"的防控体系，巡查频率由过去的每8小时3次增加到5次，并增设专人定岗巡逻，全年共查出设施故障和安全隐患213次。安保消防工作已纳入市公安局治安支队和消防支队网络户籍化管理，创安工作通过市公安局江南国保大队验收。职工食堂切实把好卫生质量关口，管好食品来源，做好灭"四害"，对洗碗间做改造。针对群众路线教育实践活动中职工的建议，食堂克服人手不足等困难，延长供餐时间，增加花色品种。资产管理方面，积极做好空余房屋的租赁工作，收取租金、物业费、空调费、广告位场租费近300万元。还先后三次配合集团资产审计工作和广告款抵扣房产的后续办证、建档工作。财审中心在完成集团年度所有财务的会计核算任务的同时，为多元经营项目积极筹措资金。同时，重视资金的理财工作，确保资金的流转合理高效。全年通过购买银行理财和投资信托产品，增收1715万元。2014年，在定期进行内部审计，不断完善集团及独立核算单位内部财务管理的同时，还配合市财政局、国资委、纪委做好集团"小金库"治理、资产清理工作。10份起又配合市审计局对法人代表的经济责任审计工作。发行中心对社会车辆的送报线路进行重新设计和招标，并优化投递线路，减少延误。在电话投诉的基础上，2014年又开通短信、QQ、金华新闻网等多渠道投诉和反馈平台，开通微信二维码征订，不断提高订户满意率。为解决投递队伍不稳定和待遇偏低问题，一方面提高代发报刊的投递费，增加发行员的收入。另一方面开展社会专业化合作，在金东、婺城部分片区开始与邮政合作，以解决农村投递难题。2014年，受企业效益不佳等因素的影响，报纸征订工作遭遇前所未有的冲击，但经过集团领导、发行中心及采编人员的共同努力，各报发行量仍保持基本稳定。

【推动新兴媒体发展】 被市委、市政府列为《金华市2014年重点突破改革项目》之一。金报集团以"三金"("三金"是指金华市政府网络发布平台"金华发布"、金华唯一具有新闻发布资质的门户网站"金华新闻网"、金报集团自主开发的"金华新闻"移动客户端)融合工作为主抓手，着力构建现代传播体系，着力提高主流媒体的传播公信力、影响力和舆论引导力，推动传统主流媒体向新兴主流媒体转型。"三金"融合全媒体宣传平台建设工作，前不久被市委宣传部评为第二届"金华市宣传思想文化工作创新奖"十个项目之一。"三金"融合工程，就是通过采编流程的再造，由金报集团全媒体中心进行统一管理，以技术为支撑，打通内容制作和发布渠道，将"金华发布"、"金华新闻"移动客户端、金华新闻网三端合一，实现统一管理、统一调度，"同期声"传播，打通传统纸媒与新兴媒体的通道，打通网上固定传播与移动传播的通道，形成具有广泛传播力和影响力的"网上党报"，既能有效抢占舆论制高点，扩大党政声音的影响力，又能迅速回应社会热点问题，发挥较好的舆论引导作用。集团制订《金报全媒体顶层设计方案》，在全集团范围内公开选拔首批20名全媒体记者，设立金报集团全媒体中心，负责全媒体平台运行的指挥调度。金报集团已经形成由

“四报”传统媒体、“两圈”新媒体组成的传播格局。“两圈”即由“金华新闻网”“金华发布”“金华新闻客户端”组成的“三金”核心圈和由金华日报微信矩阵“微阵天”、金华日报微博矩阵、户外屏、电子阅报栏、金华手机报等组成的“紧密圈”。在市级各部门和县(市、区)的支持下,“金华新闻”客户端下载量已达23万。客户端日平均浏览量超过6万,网友互动密切。在“金华发布”方面,现全市已有近30个市机关部门、8个县(市、区)入驻新浪和腾讯微博集群矩阵。“金华发布”平台新浪微博和腾讯微博粉丝已达14万,微信用户达9300多人,微博矩阵成员达43个。“金华发布”已从平台初创期逐步过渡到升级发展阶段。其与新浪合作推出“带着微博游金华”活动,吸引近400万次阅读,数千网友参与,极大地推介金华。“金华发布”新浪微博在全省政务微博排行榜中列第9名(全省共82个政务微博)。“金华发布”微信多次进入全国政务微信排行榜前20名。“金华新闻网”2014年5月全新改版后,网站日浏览量独立IP和PV值(页面浏览量)明显上升,12月平均浏览量较4月份提升30%,每天浏览量在10万以上。根据ALEXA网站统计,网站的世界平均排名已从5月的7万多名,上升到现在的4万多名。网站的百度权重也由原来的4提升到5,提高百度搜索引擎对于金华新闻网发布新闻的收录速度和显示排名。金华新闻网作为金华市综合新闻门户网站的地位越来越突出。5月,金华晚报以官方微信账号为中心,汇集12个子账号,联手进驻微信,组成微信矩阵。“小聪早报”“金晚公摄”“金晚微理财”“金晚悠游”“金华养生”等微信公众平台,真正通过线上线下互动,与网民共振,提高晚报报道的实用性与趣味性,扩大金华晚报的新闻宣传的有效性。经过考察和调研,充分利用、整合当地的健康资源,金华晚报联合金华市卫生局及本市主要医院,于9月申请开通“金华网络名医馆”微信公众平台,并计划逐步将金华晚报网(www.96356.in)改造成金华市民的健康网站。“金华名医馆”微信公众平台10月份试运行,影响力迅速提升,目前粉丝数突破1万人。兰江导报也开始建设“兰溪新闻APP”和“兰溪新闻”微信公众号,并于9月份试运行,同时成立相对独立的新媒体工作室,为下步的媒体融合发展打下基础。

【“和你在一起——践行‘两观’新闻采访活动”】 由集团领导班子成员及资深记者编辑带领年轻采编人员,用“以师带徒”的形式,深入基层采访、写作新闻报道。12月杭长高铁开通,集团又组织策划“走进高铁新时代——大型全媒体采访活动”。这次采访是金报集团有史以来采访规模最大的一次,参与记者达30多名,并有100名小记者,采访记者北上北京、南下广州、西南至湖南衡阳,以及南京、上海、长沙等杭长高铁沿线10多个城市,采写各类全媒体稿件100多篇,并在金华新闻移动客户端、金华日报官方微信等新媒体上设置专题,社会效果好,读者反响强烈。这些策划,是“走基层、转作风、改文风”活动的进一步深化,锤炼作风,锻炼队伍,创作一批精品力作。

(尹莉萍)

出版事业

【概述】 全市有正式出版报纸9家、期刊5家,总发行量分别达13514.42万份(《义乌商报》除外)、5.8万册,有连续型内刊33家,新批内刊9家。全市核验合格的印刷企业1358家(其中装潢印刷企业748家,其他印刷企业578家,排版、制版、装订专项印刷企业7家),总产值715650.1501万元,资产总值848889.6701万元,从业人员3.8149万人。进一步加强版权管理,开展党委政府机关软件正版化工作,市本级政府机关和党群系统共购买操作系统和办公软件598套,其中微软办公软件117套,金山办公软件191套,微软操作系统软件290套,共计人民币63.911万元。建设农家书屋发展长效机制,全市农家书屋出版物补充更新共投入445.065055万元,组织召开“农家书屋课堂”现场会,在婺城、兰溪、磐安开展“全民阅读巡讲巡展活动”。

(李瑞龙)

广播影视

【概述】 坚持新闻立台,对广播电视节目进行改版,强化各频道、频率的特色定位,强化报道方式创新和便民惠民服务,强化本土特色、错位竞争,节目形态更加科学,初步形成声屏报网联合发展,每家都有拳头栏目的局面。围绕市委、市政府“浙婺商回归”“五水共治”“四破整治”“三改一拆”“群众路线教育实践”等中心工作和“中国梦”“两美金华”等主题进行宣传报道。着力在凝聚向心力、传播正能量上下功夫,先后开设“攻坚克难进行时”“推进三改一拆,建设美丽金华”“全民参与五水共治,合力打造江南水乡”“群众最喜爱的村支书”“最美党员”等上百个系列进行上千条报道。相关新闻的网络点击量大幅提升,仅《金华新闻联播》全年在金华网点击量就超过100万次,平均每天点击量达到3万次。市委书记徐加爱多次在大型会议上公开表扬金华广播电视总台的新闻宣传工作。通过深化体制机制改革,强化频道制,试点并扩大项目制,推动转型升级。传媒集团全年实现创收1.51亿元,比上年同期略有增长,广告经营结构进一步优化,产业发展进一步多元化。全年收视率和市场份额克服央视和卫视的挤压,从5月开始扭转下滑态势,平均市场份额为36%,其中8月—12月连续5个月都在40%左右高位运行。

【打造“三问一线”舆论监督】 在市委书记徐加爱的大力支持下,全力打造“三问一线”舆论监督组合,发出了服务党委政府中心工作的最强音,产生巨大的社会反响。《市民问政》栏目开播至今,已播出节目110多期,是国内播出频次最高的电视问政节目,《我与常委面对面》系列节目以及徐加爱携市委常委班子参与录制的第100期特别节目,受到各界好评。《行风热线》栏目开播至今已有11个年头,先后有上万人次嘉宾走进直播间,上万人次听众参与节目,解决了上万件次的民生问题。《正风问效》从4月开播至今共推出200多期,报道内容涉及“五水共治”“三改一拆”“效能作风”等各个方面,监督效果有目共睹。

【声屏报网融合发展】 广播电视所有节目全部实现内容实时上网。《校园零距离》通过纯市场化运作,微信公众号活跃粉丝达12万人,成为浙中最具影响力的微信公众号。金华网通过论坛改版升级、举办主题活动、发展微信营销,大幅提升金华网的社会影响力与市场竞争力,网站全球综合排名一度进至1.4万位,全球中文排名一度进至600位,成为金华地区首家跻身1000名以内的综合网站,成为浙中竞争实力最强的门户网站。

【便民、惠民活动】 全年共组织开展观众节、主题灯会、百里毅行、美丽婺城乡村行、少儿主持人大赛、汉字听写大赛、百姓广场舞电视大赛、社区达人秀、家居装饰品牌展览会等公益惠民活动200多场次,活动紧扣市民生活。特别是中秋国庆期间成功举办的“中国梦想·美丽金华”主题灯会活动,吸引了数十万人次的市民,是今年全省中秋的一大亮点,也一举扫除了金华举办灯会和大型活动的历史阴影。在报道老火车站货场搬迁时,《小马开讲》开展“竹马苗农做奉献,我为苗农解忧愁”公益活动,为被征地苗农寻找销路。针对金东菜农莴笋销售难问题,《新闻节节棒》及时介入,帮助农民寻找销路,与爱心企业联合开展的莴笋进社区送居民的活动,成功解决莴笋的销售问题,受到农民、市民和企业的一致好评。

【精品创作】 全年上送浙江卫视并播出的新闻超300条,在中央台播出60多条。《走群众路线 树清风正气:金华“一把手”沉下去抓问题抓落实》《义乌小商品传播“中国梦”》《浦江小水晶整治推进转型发展》《义乌至马德里货运列车开通》等一大批重大主题报道登陆央视与浙江卫视《新闻联播》,分量更重,含金量更高,充分展现市委、市政府勇于突破,奋力走在全省前列的决心和行动。此外,还有一批专题片如《海岛的香格里拉》《磐安县高二乡杜鹃谷》《兰溪市诸葛镇长乐古村落》等在央视和浙江卫视展播。《法治金华》上送的4个专题片在央视新闻频道播出,《先锋广角》上送的17个专题片在省台播出,创历史最好纪录。《金华:“一把手”接受市民水污染问责》荣获浙江卫视最佳消息奖,是全省11个地市中唯一获奖的主题报道。在“浙江新闻奖”“浙江广播电视政府奖”评选中,金华广播电视总台有3件作品获得一等奖,7件作品获得二等奖,6件作品获得三等奖。其中,《对话老乡镇》荣获浙江新闻奖重大主题报道奖一等奖,《八婺问水》荣获浙江新闻奖重大主题报道二等奖。《“三问一线”建设性舆论监督》被评为第二届金华市宣传思想文化工作创新奖。

【数字广播电视运行】 互动电视在线用户达5.1万户,宽带在线用户达6万户。省市重点惠民实事工程应急广播体系建设, 完成55.6%共计595个行政村的建设工作,超额完成省、市政府下达的目标任务。

【产业经营的多元化】 大力拓展活动广告和本地广告,切实抓好旅游、广告、培训公司的业务拓展,加大项目制承包运营改革,积极布局户外电视新媒体(LED显示屏),积极对接金义都市区广电产业园基地项目,推进与中影集团合作的五百滩影院项目, 开展成人教育培训及幼儿教育项目洽谈,为摆脱对单一广告经营的过度依赖,实现广电产业多元化,迈出坚实步伐。

【安全播出】 重点围绕国庆、“两会” 等重要保障期做好安全播出和安全保卫工作。温州插播事故发生后,金华广播电视总台坚持强化技术防控与管理预防并重, 严格实行互联网物理隔绝等措施,实现全年安全播出零事故,得到省委宣传部和省局的肯定。

【广电体制机制改革】 全面清理总台各项规章制度, 修改完善《新闻采编人员管理和纪律规定》《总台公务车辆管理补充规定》《播音员主持人参加社会活动管理规定》《电视频道运营管理规定》《电视广告经营管理规定》等一批制度,进一步规范权力运行,完善内部管理。全面推进设岗管理和绩效考核,全员签订劳动合同,单位新进员工严格按照人社部门的程序和要求组织实施考试与考核。实施“首席”聘任、“以老带新结对带教”等新制度,进一步提升员工的积极性、创造力。针对群众反映较多的电视频道定位不明晰等问题, 总台认真组织调研,制定并实施电视频道运行机制和节目栏目设置调改方案。针对传统媒体受到新媒体冲击的现实问题, 组织开展传统媒体与新媒体融合课题调研,制订全媒体融合发展方案。为进一步提升广电队伍业务水平,组织开展各类培训、研讨30多次,参与学习者逾千人次。

【群团组织建设】 先后组织开展攻坚克难专题研讨会、党风廉政警示教育会、“面对新媒体金华广播电视总台怎么办”等10余场次集体学习讨论会和专题党课; 为党员干部订购《干在实处 走在前列》《之江新语》等必读书目,组织中层以上领导干部观看《周恩来的四个昼夜》《焦裕禄》等影片;组织开展了“发现身边典型 学习闪光言行”“深入基层走亲连心”“党员进社区 点亮微心愿”等活动,发现和挖掘了一批叫得响、立得住、大家公认的身边先进典型;开展“正风肃纪”和提振“精气神”专项整治活动,抓好“四风”问题剖析整改,坚决查处发生在群众身边的不正之风和腐败问题,狠刹“牌局”“酒局”,严肃整治“会所中的歪风”。总台工会和妇委会进一步发挥纽带桥梁、民主监督、维护和保障职工权益的作用,关心群众生活,维护职工利益,组织安排职工体检,组织开展职工篮球赛、乒乓球赛、书画摄影比赛等文娱活动,丰富了职工的生活,增强了单位的凝聚力。特别是书画和摄影展,受到广大干部职工的积极响应,征集展示一大批精品佳作,充分展现广电职工高雅的生活情趣、良好的文化修养和深厚的艺术底蕴。在全市大力推进“五水共治”工作过程中,全台党员领导干部为市委市政府“五水共治”的决心所鼓舞,纷纷慷慨解囊,自发捐款,全台个人捐款总计超过17万元。教育科技频道、公共频道、经济广播等单位组织开展“暖冬行动”“四季彩虹”“点亮民工子弟微心愿”等活动,为贵州山区的贫困孩子募集定做上千套棉衣、棉被以及文具等价值近10万元的物品,为山区小学引水工程组织爱心捐款近10万元,帮助民工子弟、农村留守老人们完成微心愿300多件, 较好地传播了浙江的博爱精神与婺商的大爱情怀,也彰显了金华广电热心公益、为民惠民的单位文化。

(梅　展)

体　育

【“一县一品”赛事培育】 结合地理人文优势办赛事。如市本级利用双龙风景区优越的自然条件和新修建的霞客古道举办中国健身名山登山赛、全省山地自行车赛等。武义县利用低丘缓坡的地理优势及武义籍飞车王——徐浪的人气,连续9届举办全国汽车拉力赛和全国摩托车越野锦标赛。兰溪市利用兰江水域宽广、水流平稳的地理优势及龙舟传统文化,连续3届举办全省龙舟赛。融合产业特色办赛事。如东阳市拥有70%的渔具市场份额,为适应渔具产业的发展需要,每年由东阳市钓鱼运动协会及有关钓鱼俱乐部举办钓鱼比赛20多场,其中举办全国钓鱼比赛4场,省级比赛10余场,参赛运动员达万余人次。武义县的全国汽车拉力赛和全国摩托车越野锦标赛也是主动融合当地汽摩及配件的产业优势而举办。同时,武义县结合扑克印刷产业,举办第二届亚洲杯桥牌赛、全国桥牌混双公开赛(已连续举办7届)、全国桥牌邀请赛等。利用场馆优势办赛事。2014年,利用市体育中心的良好的硬件条件和设施,成功举办中日韩田径对抗赛、全国男子篮球俱乐部联赛U16、中国乒超联赛(9场)、Peter游族篮球邀请赛、中外篮球对抗赛等高水平体育赛事,全年吸引市民到体育中心活动人数达130万人次。义乌利用梅湖体育中心的场馆硬件设施,连续5年举办CBA联赛、中国足球超级比赛、中外商人运动会等赛事。武义县于2018年申办全国汽车、摩托车赛事成功后,在短短2个月内,投资1亿元,在温泉旅游度假区内建成占地面积1180亩的规模宏大、设施一流的赛车主题公园,为举办全国汽车、摩托车赛事打下坚实的基础。

【引进民间资本举办赛事】 CBA联赛2014-2015赛季,义乌稠州银行主场共举办19场比赛,平均上座率约85%,吸引球迷观众约8万人次,票务销售营业总额200多万元,体育赛事经济初步形成。市区连续两届举办的中国乒超联赛金华银行主场的比赛,由金华银行和金报集团进行投资运作,每年需投入培育资金300多万元。武义举办的全国汽车拉力锦标赛、全国摩托车越野锦标赛每届都吸引社会资金200多万元,赞助企业多为本地的汽车、摩托车配件公司。东阳举办的全国钓鱼总决赛由富士钓具公司赞助5辆汽车,其中第一名奖价值52万元的路虎。全国桥牌混双公开赛已连续举办7届,武义钓鱼实业有限公司、金华大婺乡商贸有限公司、浙江南国红豆杉生物科技有限公司等企业,连续几届都对赛事给予支持和赞助。磐安伟业大酒店连续9届赞助举办"磐安伟业杯"全国象棋锦标赛,使伟业成磐安象棋的代名词。

【群众体育】 2014年,组织开展2010—2013年度全省群众体育先进单位和先进个人评选工作,全市共有13个单位和12个人获得群众体育先进单位和先进个人,并在省十五届开幕式期间获得表彰,同时8名群众体育先进代表参加表彰活动,受到李强省长等省领导的接见。组织49人参加2014年全省体育创强工作现场培训班,2014年新创省级体育强县1个(浦江县)、体育强镇(乡)5个、复评强镇(乡)24个、新创先进社区4个、复评先进街道(社区)15个。新建省级小康体育村460个和9个中心村健身广场,得到省财政1000多万元的经费补助。拨出140多万元专款给三个区,对市本级的破旧健身器材进行更换和维修。举办省第二届全民体育节象棋、围棋、国际象棋、国际跳棋、广播操和排舞总决赛。举办金华市2014年全国百城千村健身气功展示交流活动,共有68个健身气功站点的近900名运动员参加展示表演。举办全国体育舞蹈教师培训班,全国各地70余名体育舞蹈教师参加为期四天的培训。组织培训健身气功、台球、棋类等社会体育指导员培训班800多名。指导市老年体协举办全市第五届老年运动会。协助市残联组织开展全市第五届残疾人运动员的各项比赛。全面落实全省体育社团社会化实体化现场会精神,开展市本级单项体育协会集中办公。成立市空竹协会、跆拳道协会等,壮大体育协会队伍。历时两个月,对全市10个县(市、区)43个监测点开展国民体质监测。按照全国、全省的统一安排,在各县(市、区)开展全国第六次体育场地普查工作。永康市举办第三届运动会。磐安县举办第七届运动会。

【竞技体育】 在第十五届省运会的备战参赛工作中建立局领导联系运动队制度,7月—10月,金华市共派出500多名运动员,参加田径、游泳、篮球等21个项目的角逐,广大运动员不畏强手、顽强拼搏,为金华市体育代表团夺得金牌32.5枚,奖牌81.5枚,总分1155.25分,现场金牌、奖牌、总分全面超越上届,均列赛事排行榜第七位。成功举办中日韩田径对抗赛,日韩两国共派出100名高水平运动员来金参赛。国家体育总局副局长肖天到金出席比赛开幕式。举办全国男子U16篮球俱乐部联赛的比赛,首次尝试市场化售卖门票的方式进行产业开发。还举办金华市校园足球春季联赛、金华市体育特色学校田径比赛、金华市体育特色学校棋类锦标赛、金华市小学生篮球联赛等赛事。完成2014年浙江省青少年运动员注册工作,共完成注册427人。金华市帆船运动员徐小梅、拳击运动员吕斌入选参加第十七届仁川亚运会。做好学校体育设施对外开放的工作,已有30余所学校实现对外开放。通过教体结合加强三大球的发展与培育,江滨小学足球发展走在全省前列,共向恒大、绿城足球俱乐部等输送运动员5人,其《基于足球,超越足球:小学特色发展新路径研究》课题被教育部立项为2014年重点课题。2014年全省校园足球现场会在江滨小学举行。箬阳小学足球作为山区校园足球发展典型代表多次获得省级表彰,并在“世界杯”期间登上央视《豪门盛宴》。金华四中篮球队获得全国初中篮球联赛(浙江赛区)亚军。

【体育产业】 2014年,全市共举办30多场(次)国家级以上、100多场(次)省级以上重大赛事与活动,共吸引20多万人前来看赛健身,大大推动体育产业和体育旅游发展。在武义举办第二届亚洲杯桥牌赛,来自14个国家和地区的55支队伍的300多名运动员参加比赛,世界桥联主席罗纳、副主席蔡国雄、亚太桥联主席陈凤翎、金华市市长暨军民、副市长林丹军出席开幕式。举办金华“武义温泉杯”第七届全国桥牌混双公开赛,全国各地200多名运动员到金参赛,全国人大常委会原副委员长、著名经济学家成思危以运动员的身份参加比赛。义乌举办19场CBA联赛稠州银行主场的比赛,武义举办全国汽车拉力赛,东阳举办4场全国钓鱼比赛,兰溪举办全省龙舟赛等。举办将运动与休闲相结合的骑游八婺美丽金华行活动,上千名骑行爱好者参加婺城、金东、武义等站的活动。市体育中心实现365天对外开放,并成立金华市浙中体育发展有限公司,实施市场化运作,为广大市民提供游泳、篮球、羽毛球、乒乓球等16项体育服务,全年共接待健身休闲的市民达130多万人次。同时举办七一巨星演唱会、9场中国乒超联赛、2014年新年音乐会等大型赛事与活动和动漫展、家具用品展等各类展会,实现经济效益和社会效益双丰收。同时市体育中心借世界杯之际与金华体彩中心共同举办首届“金体之夏·金体市民节”活动,活动持续3个月,累计参与市民近15万人次。市体育馆、市体育俱乐部新华街游泳池实行安全有序开放。各县(市)的体育场馆设施建设方兴未艾,进展顺利。东阳市体育中心体育馆已完成二层结构,完成总工程量的45%;浦江县体育中心体育场完成主体工程建设;磐安县体育健身中心一期主体工程基本完成。全市共获得省财政大型体育场馆免费低收费开放补助资金252万元,列全省首位。金华市2014中乒超联赛(金华赛区)、中国男子篮球职业联赛浙江稠州银行、武义三美国际赛车场青少年卡丁车培训基地等6个项目被纳入2014年度浙江省体育产业发展资金项目库,共获得省体育产业发展补助资金312万元。全市共有体彩网点655个,其中:市本级网店266家,县市区网点389家。体育彩票在全省率先实行网络销售,体彩销量实现翻番。全年全市共销售体育彩票9.136亿元,同比增长81.83%,同比增幅高于全省平均水平(24.23%),增幅列全省第二位;总销量(含义乌)为13.7559亿元,比上年增长5.7862亿元,列全省第四位,占全省总销量的12.84%。为金华市筹集体彩公益金约1亿多元。

【行风与队伍建设】 在学教活动过程中,全体党员干部集中学习的次数和时间远远超过要求,在学习中经受深刻的思想教育,贯彻群众路线的自觉性和坚定性有所增强。批评与自我批评的优良传统得到充分的发扬,秉着“我说人人,人人说我”的宗旨和原则将班子民主生活会开出辣味,彼此增进共识。始终坚持边整边改,与建章立制齐头并进,制定下发《金华市体育局工作规则》《金华市领导联系基层工作制度》等规章制度,“四风”问题得到有效整治,工作作风有所好转。认真梳理体育局行政审批事项权力清单,简化行政审批手续,全力配合做好全省“一张网”建设。抽调人员参加市里的五水共治、“三改一拆”、重点项目集中攻坚等重点工作。加强调研,深入县(市、区)、基层和涉体企业等开展调研,组织召开全市田径发展座谈会、全市体育产业发展座谈会等,解第一手资料,破解体育发展难题。加强宣传,改建金华体育网,同时充分利用微信等新媒体开展体育宣传。各下属单位都壮大体育队伍力量,并通过多种形式加强培训和实战锻炼,使体育系统的队伍素质进一步加强。

（程　敏）

档　案

【概述】 截至2014年底，全市共有各级国家档案馆12个，其中：国家综合档案馆8个、城建档案馆4个。数字档案馆（室）创建，推进档案管理现代化，提升了档案机构公共服务的能力。市县两级国家综合档案馆馆藏档案共1982个全宗，保存各类档案172.79万余卷、66.78万余件（盘、册）；各类资料12.2万余册。两级国家综合档案馆共接待档案利用者5.47万人余人次，提供档案利用10.95万余卷次（件、盘、册），其中市档案馆接待查阅人员1.53万余人次，提供利用档案1.39万余卷次。普通市民为档案利用的主体，民生档案利用呈相对稳定状态。

【档案基础建设】 预算投资539.17万元的市档案馆库房装修项目完成招标并组织实施；武义县档案新馆开工建设；兰溪市档案新馆建设通过书记办公会议研究同意。东阳市、永康市档案馆分别成为国家二级、三级档案馆。以机关办公用房清理为契机，部分单位档案室配套设置得到加强。开展重点档案抢救和馆藏档案开放鉴定，市档案馆完成1750卷民国档案的抢救数字化加工。完成原金华县6个全宗971卷案卷的鉴定开放。下发《关于加强涉密档案数字化管理的通知》，规范涉密档案数字化工作。加强库房安全检查，举办消防讲座和应急演练。

【档案信息化建设】 投资495.8万元的市档案登记备份中心和数字档案馆建设项目全面完成。市档案局办公自动化、虚拟档案室、登记备份等四个软件系统投入运行。馆藏档案数字化建设步伐进一步加快，完成100万页的馆藏档案数字化加工项目。数字资源库建设启动，完成40多套宗谱350册5万页的数字化扫描。进馆单位、重点涉民领域等档案登记备份工作开展法治化、规范化、常态化。开展异地数据容灾备份，完成7个县市2013年度馆藏档案数字化成果的异地备份。市档案登记备份中心共接收备份数据226个批次，检测备份数据218个批次，上传备份数据487个批次。金华、永康、武义档案登记备份中心通过省级规范化验收。

【数字档案馆（室）创建】 市本级和婺城、金东两区新建成数字档案室48个，至此，市本级进馆单位建成数字档案室77个，婺城区63个，金东区57个，建成率分别达到94%、91%、93%，基本完成市本级与两区数字档案室创建任务。

【档案服务“五水共治”】 3月4日，市档案局向市治水办提出“增强责任意识、加强组织领导、明确工作职责、强化业务指导、明确考核保障”五方面的建议，该建议得到市委副书记、市长暨军民的肯定，并作出批示。档案服务治水工作在开展调研的基础上，与市治水办联合下发《关于做好“五水共治”档案工作的通知》，制定《“五水共治”文件材料归档范围和保管期限表》；加强对治水项目资料员的业务培训工作，全市共举办治水档案管理专题培训班9期，受训人员达1300余人；通过业务指导联席会议业务交流、治水项目档案规范化示范点建设、市治水办与市档案局联合开展督查，做到全程服务、全程跟踪、全程指导。金华档案服务治水工作的做法，得到省档案局主要领导和省委常委、省委秘书长赵一德的肯定，并作出批示。

【档案文化建设】 以社会化、精品化、特色化为目标，继续开展以婺剧、婺窑、婺学文化征创编研工作。《中国婺剧》出版发行，被评为省百项档案编研精品。婺窑档案文化建设取得实效，征集到婺窑实物作品12件，并开辟金华市婺窑文化图片实物展和网上展厅。《叶泽光国画集》完成出版；义乌出版《党和国家领导人与义乌》；浦江出版《浦江方言内涵探究》；武义出版《力量》一书；磐安出版《30回眸——磐安县恢复县建制30周年》画册。

【社会活动】 以“走进档案”为主题，开展“见证‘五水共治’成效首届摄影大赛暨金华山水老照片征集”“网上档案知识竞赛”“党和国家领导人档案工作指示题词书法展”“摄影知识专题讲座”“家庭档案建档专题讲座”等十多项活动，与社会各界互动达6200多人次，发放各类档案宣传品2000多份。其中，网上档案知识竞赛参赛人员达3300多人，取得良好的社会效果。另外，还积极参加广场科普宣传活动，共发放宣传资料近500份，接受业务咨询

180多人次。

【金华记忆工程】2014年8月始，市档案局与金华日报社联合开展口述历史抗战老兵采访宣传活动，9月3日，《金华日报》以整版篇幅刊登《抗战老兵吕之康的“山河记忆”》等文章。9月30日全国首个烈士纪念日，市档案网公布了1993年前全市2167名烈士名录，为社会各界开展缅怀烈士活动创造条件。11月7日，市档案局、市电视台等十多家部门联合发起金华市侵华日军细菌战受害者口述历史活动。兰溪市、义乌市分别举办抗日战争图片展和国防教育图片展，并发起万人签名活动。义乌市侵华日军细菌战崇山鼠疫史料抢救工作，引起社会广泛关注，国务院新闻办摄制组专门到义乌采访细菌战受害史实。

【档案法制建设】以法治档案建设工作为重点，继续推进“五个档案”建设，在法制框架下构建“大档案”。推行权力清单，经过梳理，保留14项行政权力(其中承接省级下放权力4项)；编制部门责任清单，明确工作职责，完善监管制度，加强公共服务；在浙江政务服务网上公布权力清单与责任清单，让权力运行更透明，进一步保障公民的知情权；部分事项开通在线办理，提高档案部门依法办事的能力。2014年7月，金华市档案局被省档案局确定为“规范档案行政权力运行创新档案监管机制”(暨法治档案建设)试点单位，制定试点工作方案，对推进依法治档、依法管档、依法用档进行的探索与实践，进一步转变工作职能，让档案在法治政府建设、推进部门依法行政方面发挥更大的作用。

(朱雪民)

文物考古

【组织任职】内设机构有办公室、名城处、文物处、文物监察支队，下属单位有金华市博物馆、金华市文保所、古子城管委会办公室、侍王府纪念馆。其中，施革雄任局长、党组书记，聂新华、梁成华、汪希燕任副局长，谢锐任办公室副主任。另外由名城处处长卢萍，文物处处长徐勇土，文物监察支队副支队长(正科级)卢俊华，文物监察支队副支队长张沛鑫，博物馆副馆长徐卫，文保所副所长蒋金治，古子城管委会办公室副主任宗月江侍王府纪念馆馆长祝希福等组成领导队伍。

【古子城文化旅游区建设】一是编制完成历史街区保护规划。调整《金华市古子城历史街区保护规划》《金华市古子城历史街区整治性详规》编制工作，暂缓实施飘萍路八咏路灯光夜景工程、仿古建筑立面整治和八咏路步行街环境提档项目，待金华市古子城历史街区保护规划与整治详细规划专家论证后再实施。5月，副市长祝伦根带队到国家建设部给仇保兴副部长作汇报。6月10日，召开古子城历史街区保护规划与雅畈历史街区保护规划的专家评审会。8月8日，市政府第81次常务会议审议通过这两个规划。目前规划已完成公示，正在报省政府审批。二是开展认养迁建历史建筑“四破”及会所整治工作。根据市委、市政府关于“四破”及会所整治工作的有关部署及要求，市文物局高度重视，迅速行动。局领导带队挨家挨户对迁建认养历史建筑进行上门走访、讲解政策，根据不同情况提出分类整改的措施，明确整改要求。13幢迁建认养的历史建筑已经制作悬挂免费开放时间牌，基本实现对外开放，其中满堂书画博物馆、严军艺术馆、沉香展示馆、浙中民俗馆、婺州窑博物馆等都受到社会好评。三是开展古子城历史文化街区“五项整治”工作。针对古子城历史文化街区在违法搭建、消防安全、危旧房屋、交通秩序、环境卫生等方面存在的突出问题，组织专人进行调研，提出“五项整治”的方案。副市长祝伦根专门听取汇报，市委书记徐加爱批示同意。7月4日，市府办下发《关于集中开展古子城历史街区“五项整治”活动的通知》。通过部门联动、防治并举，做到力量“合”、氛围“浓”、效果“好”。整个历史街区环境卫生面貌大为改观，交通秩序明显改进，危旧房屋、消防安全隐患基本消除，违法建筑得到整治。四是实施古子城三个重点项目。8月，市政府第81次常务会议重启八咏路、飘萍路灯光夜景工程，八咏路、飘萍路仿古建筑立面整治工程，八咏路步行街及环境提档改造工程三个重点项目后，根据祝伦根的指示精神，结合浙江省“五水共治”和长远发展要求，在古子城整治与改造项目中增加八咏路雨污分流项目这一子项。三个项目均进场施工,其中灯光夜景工程在春节前完成70%。

【市博物馆建设】 一是空间改造工程：于2013年12月3日完成招投标程序,中标单位为展望园林建筑工程有限公司,中标价402万元。当月即进场开工,工程内容包括原天井增加钢结构顶、序厅增加钢结构楼梯、空间布局进一步调整完善。于2014年9月3日召开验收会议,现已进入竣工审计阶段。二是装饰工程:于6月5日开标,中标单位为中天建设集团股份有限公司,中标价573万元。7月进场施工。工程内容为对馆内公共空间进行合理的装饰与装修。南门楼梯与残疾人通道混凝土已浇筑完成,公共空间钢挂角钢已焊接完毕,待强电、消防工程施工后便可进行石材铺装。三是室内陈列展览工程:概算为3876.56万元,工程内容为对一个历史展厅和三个专题展厅进行展陈施工。于9月25日开标,中标单位为浙江圣大建设集团有限公司,中标价2898.27万元。工程已全面展开,各展厅放样工作已完成,施工深化设计与陈列资料准备正在同步进行,陈列版面龙骨已基本安装到位并完成封板,各展厅地面找平已完成,展线已初具雏形。此外,为满足博物馆全面对外开放的需要,几项配套工程也正在抓紧实施中,其中安全防范系统升级改造工程已于1月30日发布中标通知书,已进场施工;新风排烟及空调调整工程计划于3月20日开标;弱电安装工程、消防系统调整已明确工程量清单,并送招标代理,计划于3月底前开标。

【侍王府整体维修、景观优化与展陈更新工程】 侍王府整体维修工程于2012年10月进场施工,2013年12月份基本竣工并完成初验。省文物局于2014年1月9日对维修工程进行现场检查,提出整改意见。市文物局高度重视整改工作,多次召开专题会议研究制定整改措施,保证各个环节整改到位,10月份顺利通过省文物局组织的验收。景观优化工程于3月6日确定中标单位,3月底进场施工。由于太平天国侍王府是国家级文物保护单位,在施工中几次挖到文物,按规定只能停止施工进行考古勘探。在省文物局的大力支持下,较为顺利地完成考古勘探工作。该工程于10月底完工,11月初完成初步验收。陈列展览工程进一步深化设计方案,确定展陈施工单位资质,于9月4日进行施工单位的招投标,于11月份进场施工,已完成总工程量的50%。

【提升文化遗产保护水平】 全面开展第一次全国可移动文物普查与古籍普查工作。完成系统外单位走访、统计、登录工作,于10月常驻房屋登记发证办公室进行普查,对其库房内的藏品进行全面清查、整理、鉴定,共查阅相关档案资料3000余册,完成分类拍摄藏品照片、重点筛选品相完好,资料齐全藏品等工作。完成藏品登记165件,并完成50件可移动文物普查信息平台录入。古籍普查工作进展顺利,截至11月底,古籍普查小组共完成录入1600余条,共计9000余册。全力推进文保单位修缮保护和利用工作。一是开展八咏楼整治工作。八咏楼建筑本体年久失修,陈列展览也多年未更新。市委书记徐加爱、市长暨军民与副市长祝伦根先后到八咏楼视察,提出具体的整改要求,同时落实资金。市文物局组织专人对展板、灯具以及整体环境进行整改。二是省保单位滕氏宗祠、邵飘萍旧居、李友邦将军办公处维修工程通过省专家组验收。三是完成永康考寓科举文化展与将军楼金华地方革命斗争史迹展的布展工作。四是完成何氏三杰陈列馆展陈文本和设计文本以及黄绍竑别墅环境整治与展陈项目初步设计方案的编制工作。积极开展文化遗产宣传工作。开展"5.18"国际博物馆日、第九个中国文化遗产日主题宣传活动,组建市"文化遗产保护志愿者"团队,加大文化遗产保护的社会参与度。截至11月底,已上报各类信息99篇次。其中古子城历史街区五项整治专报信息获徐加爱、金中梁等市领导批示肯定。

【文物监管】 严格执行文物安全责任制度,进一步落实安全责任。与辖区派出所、社区、历史建筑管理使用者、业余文保员相继签订《文保单位安全巡逻协议书》《文保单位委托管理协议书》《文物古建筑使用安全责任书》以及《业余文保员保护管理责任书》,层层落实文物安全责任。全年共开展文物安全大检查5次,总体情况良好。及时有效抓好文物安全突发事件处理

【坚持"两手抓"防范工程廉政风险】 一手抓制度建设：一是成立市文物局政府采购领导小组,负

责各类政府采购行为的组织管理和研究审议工作，保证工程项目执行过程不出纰漏。近一年时间来，领导小组共组织开展审议会议5次，涉及工程金额近158万元。二是完善机关日常议事规则，重新制定《金华市文物局局长办公会议议事规则》与《金华市文物局局务会议议事规则》。坚持能够集体研究的，绝不单独决断，能够上会讨论的，绝不私下决定。出台《金华市文物局公务接待管理规定》，明确公务接待标准。修订《金华市文物局关于加强政务督查工作的意见》，明确十一项督查工作主要内容。一手抓过程监督：一是实行工程项目跟踪审计。为预防工程廉政风险，聘请具有审计资质的第三方机构，对正在实施的工程项目进行全程跟踪审计，对于工程量变更、材料签证、工期等事项进行审查、监督、分析和评价，有效提升工程项目管理水平，控制工程造价，降低工程成本，提高政府投资效益。二是实行工程项目定期汇报。为加强工程项目过程督查，防止出现廉政风险漏洞，市文物局要求所有重点工程项目负责单位与处室的负责人，对工程进度实行“一天一报、一周一碰头、一月一讲评”制度，有效提升工作效能。

【磐安茶文化博物馆开馆】 1月6日，磐安茶文化博物馆建成开馆。此次开馆遵循“节俭”主题，不搞仪式，不请领导，一切从简，但陈展效果不减，得到当地群众的一致好评。磐安茶文化博物馆为国保单位玉山古茶场的配备服务设施，2012年8月份开工建设，由茶文化展厅、碑廊茶厅、办公研究区三个区域组成，总用地面积6667平方米，建筑面积1205.5平方米，总投资1300万元。磐安茶文化博物馆的开馆为进一步保护玉山古茶场提供有力保障，对更好展示和研究古茶场历史文化遗产提供一个良好的环境与场所，有利于促进磐安旅游业发展。

【滕氏宗祠维修工程竣工验收】 1月9日，浙江省文物局文物保护工程现场检查组在检查滕氏宗祠维修工程后，认为已具备工程竣工验收条件，即予以现场验收。滕氏宗祠位于金华市琅琊镇杨塘下村，占地面积866平方米，始建于明嘉靖十七年(1538年)，对于研究古代宗祠建筑的演变，具有重要的参考价值。2005年公布为浙江省文物保护单位。

【省文物局消防安全检查组检查】 2014年1月20日—21日，省文物监察总队吕可平总队长带领省文物局消防安全检查组进行节前消防安全检查。检查组先后到市本级、兰溪市、东阳市进行检查，重点检查省级以上文保单位内的电气线路是否老化、铺设是否规范，消防设施配备是否到位，有无堆放易燃易爆物品等问题。通过检查，检查组认为金华文保单位的整体消防安全情况良好，尤其是对省保单位“琐园乡土建筑群”中的“严氏宗祠”评价很高，认为“该建筑不仅保护的好、利用的好，更管理的好”。

【兰溪举办“芙蓉出水”青花瓷精品展】 3月3日上午，由杭州南宋官窑博物馆、兰溪市文化广电新闻出版局主办，兰溪市博物馆承办的庆祝博物馆开馆三周年暨“芙蓉出水”清代康雍时期外销青花瓷精品展开展。此次展览展示杭州南宋官窑博物馆珍藏的百余件清代外销青花瓷器。同期开展的还有二号临展厅的胡雪峰——永昌古街摄影个展。

【新增3处中国历史文化名镇名村】 3月16日，住房城乡建设部、国家文物局联合下发通知，公布第六批中国历史文化名镇(村)名单(共178个)，共有1个镇和2个村入选，占全省入选总数的六分之一。至此，中国历史文化名镇名村总数达9个，其中中国历史文化名镇增加至2个，中国历史文化名村增加至7个。此次入选的中国历史文化名镇为永康市芝英镇。入选的中国历史文化名村为浦江县白马镇嵩溪村、磐安县盘峰乡榉溪村。

【全市文物工作座谈会】 3月25日下午，金华市文物局组织召开全市文物工作座谈会。各县(市、区)文广新局分管领导、文物办主任、博物馆馆长以及市文物局机关全体干部与下属单位负责人参加会议。会议由市文物局副局长聂新华主持。市文物局局长、党组书记施革雄作重要讲话。各县(市、区)代表交流2013年工作情况和2014年主要工作思路，并针对文物工作发展的困难与问题展开广泛而深入的讨论。

【徐加爱书记视察古子城】 5月12日，市委书记徐加爱等一行视察古子城，实地查看东市街剪纸博物馆、熙春巷民俗馆、三言香堂、严军书画艺术博物馆等历史建筑迁建利用情况，以及鼓楼里创意园和将军楼展陈等情况。徐书记对市文物局近期的工作表示肯定，古子城迁建认养历史建筑整治取得一定成效。他指出要继续抓好迁建认养历史建筑整治，贯彻市委、市政府关于“四破”及会所整治工作的有关要求，将古子城打造成外地人必来、金华人想来，值得看值得游的古色古香的婺州古城。

【驻华使节走进古子城】 5月7日下午，来自英国、汤加、毛里求斯等26个国家的驻华使节来到古子城，一路参观地处东市街的剪纸博物馆，熙春巷的婺州窑研究所和八咏路上的八咏楼，充分感受金华这座历史文化名城的魅力。在剪纸博物馆，工艺大师詹东明向来访的使节们现场展示剪纸艺术，精湛的技法让大家叹为观止；在婺州窑研究所，工艺大师陈新华向使节们介绍研究所收藏的元、明时代的婺州窑精品，使节们领略到金华古瓷的艺术之美。

【古子城、雅畈历史街区保护规划评审通过】 6月10日，召开雅畈历史街区保护规划、古子城历史街区保护规划以及古子城历史街区整治详细规划专家评审会。副市长祝伦根、市政协副主席王建平出席评审会。评审会专家组成员包括省住建厅、省考古所、浙江师范大学、市规划设计院等专家。市人大、市政协、婺城区政府、市发改委、财政局、建设局、规划局、文广新局、旅游局、文物局、城东街道、雅畈镇政府等部门与单位的代表参加会议。

【庆祝第九个文化遗产日】 2014年6月14日是中国第九个文化遗产日，文化遗产日的主题是“让文化遗产活起来”。为传承和弘扬地方优秀传统文化，让普通市民共享我国丰富的历史文化遗产，各地文物部门精心策划一系列文化遗产活动。文化遗产日当天，市文保所在将军楼举行文化遗产日的开幕仪式和金华市文化遗产保护志愿者的授旗仪式，并向志愿者们赠送由金华市文物局专家编著的《酒坊巷》一书。“科举文化展”在省级文保单位永康考寓开展，为广大市民提供一个近距离接触文化遗产的良好去处。市区满堂书画博物馆举办“走进生活的艺术油画展”以及“杭州著名书画家联展”。各县、市文物部门也开展形式多样的遗产日纪念活动。其中兰溪市、武义县走进中小校园宣传文化遗产，东阳市在举办民间藏宝珍品展的同时还开展专家鉴宝活动，永康市举办“润洁秀雅——越窑青瓷精品展”。

【《国家级历史文化名城金华历史街区之——酒坊巷》发行】 6月27日，由市文物局组织专家编写的《国家级历史文化名城金华历史街区之一一酒坊巷》一书，经西泠印社正式出版发行。这是第一本较为全面以酒坊巷为题材的珍贵历史资料，分古城图解、对话酒坊、名人寻访、宗祠遗痕等八个部分共15万字，选用近百幅照片。蒋金治、朱佩丽、徐卫三位作者以历史为依据，历经10余年的收集、调查、整理，通过金华古城中一条古街巷折射出婺城千百年来的历史变迁，展现街巷中丰富而有趣的古城韵味、人文风俗、民国旧址、抗战痕迹、名胜古迹、宗教文化、名人故居、古井、考寓等历史遗迹，记录酒坊巷原住民在街巷中流传的引人入胜的故事，丰富文化旅游资源。

【加拿大考古专家赴上山遗址开展学术研究】 2014年6月26日，加拿大多伦多大学人类学系教授、加拿大皇家科学院院士、考古专家Gary W. Crawford，人类学系教授David Smith等一行6人，在浙江省文物考古研究所蒋乐平研究员的陪同下，专程来上山遗址开展考察和学术研究。考古专家们先后考察上山遗址和上山文化陈列厅，对出土的大口盘、石磨盘、双耳陶罐等代表性器物进行深入细致地观察，对陶器中羼和的稻作遗存产生浓厚兴趣，在拍照记录的同时与本地专家进行交流和探讨。国外专家还提取部分代表性的石器表面残余物，用于下一步实验室分析，作更深层次的学术研究。

【科技部、国家发改委领导考察古子城】 7月14日下午，科技部、国家发改委可再生能源与新能源国际科级合作计划办公室赵刚考察古子城。|

【新发现子城城砖】 7月17日，在太平天国侍王府纪念馆环境优化工地上发现刻有阳文“子成”雕印的城砖一块，已移交金华市博物馆保管。这次发现的铭文城砖是从侍王府北侧原“金华门”城垣遗址上寻找到的，进一步印证金华府志记载的“……在披仙台一带建有子城，周长四里”。这次新发现的城砖证明历史上金华子城一直以来都是郡、州或府城的所在地，也是古长山县城、金华县城的所在地，对研究金华古子城城垣发展与变迁具有历史价值。

【全国人大代表考察团考察古子城】 8月6日上午，十二届全国人大代表浙江中心组第四小组全体代表；省人大常委会代表与选任工委、省旅游局领导考察古子城熙春巷和鼓楼里文化创意园。

【浙江省审计厅厅长徐宇宁考察古子城】 2014年8月7日，浙江省审计厅厅长徐宇宁一行来到金华市古子城，实地考察八咏楼、保宁门、熙春巷和鼓楼里文化创意园。

【东阳发现新石器时代遗址】 8月26日，受东阳市文物管理办公室邀请，省文物考古研究所蒋乐平研究员等一行对位于东阳市城北新区华店小区东北蟠溪边的一处遗址进行调查。在实地调查中，发现夹碳陶碎片、红衣夹碳陶片、石磨棒(块)等遗物，部分陶碎片可以确定为大口盆器、罐类器的碎片；在夹碳陶中，发现夹有稻壳、叶等物，有些陶片表面稻谷痕迹明显。经蒋乐平等专家考证，该遗址的出土物与浦江上山文化遗址的类似，基本可以确定为同一时期的新石器时代遗址，距今约1万年。距今约1万年的遗址，系东阳首次发现，为研究东阳地区的人类活动提供重要依据。

【发现国民政府设立的抗战殉难碑】 9月3日，金华市文物保护管理所在整理文献史料时发现一方抗战殉难石碑；该碑纵194厘米，横98厘米，厚17厘米，是浙江省内保存至今唯一一块块纪念抗战时期司法人员遇难的石碑。

【台湾义勇队总队长李友邦将军办公处维修竣】 为纪念中国人民抗日战争暨世界反法西斯战争胜利69周年，国务院下发《关于公布第一批国家级抗战纪念设施、遗址名录的通知》，位于金华的台湾义勇队成立旧址也被列入其中。台湾义勇队总队长李友邦将军办公处维修工程也于近日竣工，并通过浙江省文物局专家组审核验收。

【邵飘萍旧居维修工程通过验收】 9月9日，浙江省文物局组织专家对省级文保单位——“一代报人”邵飘萍旧居维修工程进行竣工验收。金华市文物局、市文物保护管理所以及施工、设计、监理单位的领导、专家参加会议，依据《文物保护法》和《文物保护工程管理办法》等要求，专家们通过现场踏勘、汇报和图文审核，对工程各部分进行认真分析和评估，认为本工程基本符合“不改变文物原状”的原则，维修工程整体质量到达竣工验收要求。并要求做好修缮后文保单位的保护与利用工作。

【省文物行政执法监察交叉检查组进行检查】 9月1日至5日，由浙江省文物监察总队带队，台州市文物执法监察机构有关同志参加的文物执法交叉检查组开展检查活动。检查组先后与磐安、东阳、浦江、武义以及金华市本级的文物行政执法监察机构进行座谈交流，并实地抽查全国重点和省、市级文物保护单位20余家。从检查结果来看，文物单位总体情况较好，未发现有重大违法违规现象。

【西非法语国家智库研修班成员参观古子城】 由国家商务部主办、浙江师范大学承办的“非洲法语国家智库研修班”在金华举行。9月12日，由12个国家组成的研修班共19人来到古子城参观。研修班一行先后参观八咏楼、熙春巷等地，在剪纸博物馆，他们对剪纸博物馆馆长詹东明现场展示的剪纸技艺表示惊叹，来自几内亚比绍国家统计局的玛丽·桑塔·达斯法钧姆女士还向詹东明馆长讨教剪纸技巧，并在他的指导下完成一张剪纸。

【省文物专家组辅导《浙江国宝》画册拍摄】 《浙江国宝》是一本以图片形式记录浙江省各个全国重点文物保护单位整体情况的画册。为使图册的照片能够更好地展现国保单位的特色和整体风貌，9月17日，浙江省文物考古所李小宁所长一行四人在金华市文物局组织一次国保单位专业拍摄技术培训，各县、市文物部门工作人员和相关摄影师参加培训。

【商务部流通业发展司司长向欣考察古子城】 9月18日，商务部流通业发展司司长向欣一行参观考察古子城历史街区，先后走访八咏楼、黄宾虹故居、保宁门、熙春巷等地，解古子城历史街区的发展状况，并对迁建认养这一保护古建筑的做法给予高度评价。市委书记徐加爱陪同。

【坦桑尼亚前总统夫人参观古子城】 9月21日，坦桑尼亚前总统夫人等5名外宾来到金华古子城参观，先后参观八咏楼、黄宾虹故居、剪纸博物馆等地，在解金华悠久历史文化的同时，也对古子城欣欣向荣的古玩交易市场表示赞叹。

【《五金之韵——永康市各博物馆馆藏文物精品展》在永康博物馆开展】 由永康市文化广电新闻出版局主办，永康市博物馆联合五金博物馆、浙江林炎古陶瓷博物馆、神雕铜文化博物馆、知新博物馆、一原锡雕博物馆举办《五金之韵——永康市各博物馆馆藏文物精品展》，于9月25日在永康市博物馆正式开展。本次展览共展出116件(组)精品,展品涵盖金、银、铜、铁、锡的各类矿物以及各个类别的精品,充分展现永康优秀的五金名品、区域特色文化产业和先进的五金制造业。

【曹宅镇发现明代古墓】 9月25日，在曹宅镇潘二村西北1公里处的王海山东北侧半山腰的一处施工工地上发现古墓。接到报案后,金东区文物监察大队相关人员会同曹宅镇文化站工作人员、当地派出所公安人员到达现场进行勘察保护,并上报省、市文物局。清理工作由金东区文物部门牵头,市文保所协助。经清理,该墓为家族迁移墓,长方形,砖石结构,长2.65米,宽2.3米,朝向东偏北20°,已被严重扰乱,在墓中除发现一枚铜镜外未发现其他遗物,该墓对研究金华地区民俗丧葬礼仪有一定的价值。

【举办金华历史文化发展系列讲座】 9月29日,各县(市、区)文广新局分管副局长、博物馆馆长、文管办主任、文物监察大队负责人,市文物系统全体干部职工在金华市文化中心听取“金华历史文化发展系列讲座之——金华市行政区划演变”讲座。讲座由浙江师范大学人文学院硕士研究生导师龚剑锋教授主讲。龚剑锋教授系统讲解金华地区从夏朝开始的行政区划演变和金华历史文化发展过程中发生的重要历史事件进行讲授,使全市文物系统工作人员对金华历史文化发展相关的历史知识有更全面的解。

【清德堂动工修缮】 10月8日，金华市磐安县省级文物保护单位双峰乡清德堂维修工程正式进场施工,工期4个月,合同价190万元,为磐安县文保单位修缮金额历史之最。修缮内容包括天井、木构架、墙体、门窗、屋面等。清德堂位于浙江省磐安县双峰乡大皿四村东部,建于清代道光十五年(公元1835年),为磐安籍贡生羊元勋所建。坐东朝西,占地1153.7平方米,整体建筑保存基本完整,为典型的山区民居建筑,木雕、砖雕精美,门罩、砖雕上有较多的文字题刻,对于研究当地的民俗风情文化有重要的参考价值。

【十一届全国政协副主席厉无畏考察古子城】 10月6日,十一届全国政协副主席厉无畏来到古子城,实地考察八咏路、博物馆一条街、熙春巷等地,市委书记徐加爱,市文物局局长施革雄、副局长汪希燕陪同考察。

【石楠塘徐氏宗祠修缮工程开工】 10月16日,省级文保单位——金华市婺城区石楠堂“徐氏宗祠”维修工程正式进入施工阶段,预计工期180天。整个工程包括照壁、牌楼式大门、厢廊和正厅、厢廊、三进等相关建筑的修缮。

【江苏泰州市政府代表团考察古子城】 10月20日，江苏泰州市政府代表团一行11人在泰州市副市长贾春林的带领下在古子城考察,代表团考察八咏楼、黄宾虹故居、熙春巷和鼓楼里文化创意园。金华市文物局局长施革雄陪同考察。

【太平天国侍王府整体维修工程顺利竣工】 10月14日,太平天国侍王府纪念馆收到省文物局关于侍王府维修工程验收合格的批复,标志着为期两年的侍王府整体维修工程顺利结束。2012年5月,太平天国侍王府开始进行整体维修。此次整体维修的内容主要包括五个方面:一是屋顶全面翻修,做好防漏;二是木构件修配;三是用传统油漆工艺,对部分房屋构件进行重饰；四是墙面修补及增设防潮层;五是地面翻修,东院地面更换成与之规格相匹配的地砖,使东院的宫殿建筑风格达成统一。

【省委宣传部常务副部长胡坚考察古子城】 10月23日上午,中共浙江省委宣传部常务副部长胡坚在古子城考察,金华市委宣传部部长何杏仁、市文物局局长施革雄、副局长聂新华陪同考察。胡坚一行先后考察剪纸博物馆、熙春巷和老六中地块,解金华古子城发展现状并对老六中的未来开发提出建议。

【台湾代表团考察古子城】 10月25日和10月26日,台湾代表团在来金开展经济合作和产业对接活动中,两次来到古子城参观考察,金华市委书记徐加爱等领导别陪同先后到来的两批代表团成员考察。

【古子城和雅畈历史街区保护规划通过审议】 10月30日，金华市六届人大常委会第28次会议审议通过《金华古子城历史街区保护规划》和《雅畈历史街区保护规划》。古子城和雅畈历史街区保护规划是《金华历史文化名城保护规划(2006-2020)》的细化,也是金华历史文化名城两张金名片未来的发展蓝图,对今后两个历史街区保护利用工作起着至关重要的作用。

【可移动文物普查专家组赴磐安进行文物认定】 11月12日,金华市文物普查办专家组赴磐安县文物办进行磐安县系统外单位文物认定工作。经过前期调查,磐安县系统外疑似有文物的单位共有四家,其中磐安县非遗中心与革命烈士纪念馆共有瓷器、家具、火铳、革命烈士遗物等疑似文物一百余件,需要进行文物认定。金华市文物普查办专家经过仔细鉴别后,排除现代仿制品与1949年以后的收藏品三十余件,确定这两家单位收藏符合登录要求文物共七十余件。

【对芝英镇开展安全检查】 11月22日,永康市文物执法中队联合芝英镇历史文化名镇办对永康市历史文化名镇芝英镇的文物消防安全情况进行联合检查。永康市芝英镇2014年被列入国家级历史文化名镇,同时作为市文物重镇,现有省级文物保护单位4处,市级文物保护单位7处以及文物保护点12处。

【完成第一次全国可移动文物普查系统外单位认定】 普查工作进入文物筛选与认定及信息采集录入阶段。截至11月份,市文物普查办已完成系统外单位文物筛选与认定工作,确定收藏有文物的单位共11家,其中有9家单位已经完成信息采集录入,8家单位已完成复核验收上报工作。此次文物认定工作共认定系统外单位文物数量1325件。截至11月20日,全市范围内71加收藏单位已登录普查平台的收藏单位22家,共申报预估文物总量为43295件;申报珍贵文物6960件。全市范围内共有13家收藏单位已登录平台的藏品总数为595件,实际数量为2043件。

【侍王府景观优化工程顺利竣工】 太平天国侍王府景观优化工程于11月25日顺利完工。本次景观优化工程结合侍王府保护规划的要求,主要对照壁至大门、大门至大堂、后花园、西院等区块进行景观优化。环境景观优化主要内容包括绿化、道路铺装、假山、水池工程、室外低压配电干线系统和电气室外人工接地系统。

【辽宁省政协副主席高鹏一行考察古子城】 12月4日,辽宁省政协副主席、党组副书记高鹏带领辽宁省政协干部共11人组成的考察团在古子城参观考察,考察团一行先后来到八咏楼、黄宾虹故居、熙春巷参观,解金华古子城建设和古建筑迁建认养工作情况。市政协副主席许章才、市文物局局长施革雄、市政协文史资料委员会主任杨坚明陪同考察。

【省文物鉴定审核办公室研究员周永良来金讲座】 12月26日下午,浙江省文物鉴定审核办公室研究员周永良先生在市文化中心为金华各县(市、区)文广新局分管副局长、博物馆馆长、文管办主任、文物监察大队负责人,市文物系统全体干部职工以及书画爱好者开展一场以书画鉴定及书画相关知识的专题讲座。

(赵　晨)

社会建设

教　育

综　述

【概述】2014年，金华市共有各级各类学校2166所(不含技工学校,下同),在校生104.2233万人，教职工79374人。其中小学418所，在校学生41.0577万人;初中176所,在校学生15.7598万人;普通高中64所,在校学生8.4467万人;中等职业学校37所,在校生6.2979万人;特殊教育学校9所,在校学生1250人;全市共有省、市属高校9所,在校学生8.4364万人,其中普通本科高校2所,在校学生3.5103万人;高职院校5所,在校学生4.8187万人;成人高校2所,在校学生3435人。全日制在校研究生3930人。全市幼儿园1455所，在园幼儿25.0233万人,学前三年幼儿入园率98.81%;省等级幼儿园1035所，省等级幼儿园招生覆盖面86.8%;全市112个乡镇都建有中心幼儿园，乡镇中心幼儿园建园率100%,其中95%以上的幼儿园都为等级幼儿园。十五年教育普及率99.46%。小学入学率、巩固率100%;初中入学率、巩固率100%;初中毕业生升入高中段学校比例98.44%，升入优质高中比例84.51%。初中毕业生升入普通高中与中等职业学校的比例为1:0.895,普通高中教育与中等职业教育协

2014年金华市各级各类教育事业概况

表7

类　别	学校数(个)	班级数(个)	毕业生数(人)	招生数(人)	在校生数(人)	毕业班学生数(人)	教职工数(人)	
							总计	其中:专任教师
一、高等院校	9	2096	24054	27236	86725	26703	6843	4909
二、普通中等专业学校	4	118	2073	1645	5002	1711	411	327
三、成人中等专业学校	1	14	205	211	729	248	30	18
四、普通中学	240	5633	78524	81254	242065	79507	22983	18567
1.初中	176	3677	46155	54161	157598	49749	–	11458
2.高中	64	1956	32369	27093	84467	29758	–	7109
五、职业高中	30	1158	18476	18329	45652	15411	2862	2538
六、小学	418	9786	59516	70332	410577	59436	20463	19451
七、特殊教育学校	9	91	162	175	1250	–	192	184
八、幼儿园	1455	9461	78041	78801	250233	–	25590	14835

调发展。高等教育规模不断扩大,结构更趋合理,高等教育毛入学率 53.6%。2014 年,是进一步深化学习贯彻落实十八大精神的重要一年, 也是实施 “十二五”教育规划承前启后的关键之年,更是金华教育工作赶超崛起的重要一年。这一年,在市委、市政府正确领导和省教育厅指导下,全市教育系统深入开展党的群众路线教育实践活动,按照全面深化改革再创体制机制新优势的总要求,以改革统领教育事业发展全局,积极推进义务教育均衡优质发展,大力发展学前教育,促进普通高中特色发展,扎实推进中职教育现代化建设,全市各项教育事业都取得显著成效。市教育局直属单位汤溪高级中学新疆内高班“合校学习、混合编班”的办学经验,得到俞正声、杜青林、刘延东等中央领导以及夏宝龙、李强等省领导的批示肯定;金华市示范性综合实践基地获批为中央专项彩票公益金支持示范性综合实践基地项目, 获得中央专项彩票公益金 3000 万元的支持;全市 9 个县(市、区)全部顺利通过义务教育发展基本均衡县省级现场督导评估,并经国务院教育督导办审核分二批进行评估认定, 其中第一批婺城区、金东区、东阳市、义乌市、浦江县、磐安县等 6 个县(市、区)2014 年已顺利通过国家评估验收;另外,还获得浙江省第九届青少年中华经典诗文诵读大赛优秀组织奖、浙江省第十三届中学生运动会游泳比赛初中组团体第三名,高中组团体第六名及体育道德风尚奖等荣誉。

【党政教育发展目标责任制考核】 按照《县(市、区)党政领导教育发展目标责任制考核办法》,连续第 13 次开展县(市、区)党政领导教育发展目标责任制考核,浦江县、义乌市、永康市、磐安县等 4 个 2013 年度考核先进的县(市、区)获得通报表彰。下发《关于 2014 年度党政领导教育发展专项工作考核内容及计分办法的通知》(金政教督〔2014〕8 号),将学前教育、塑胶跑道、义务教育学校教师校长交流等工作列入其中。同时,在《金华日报》发布《2013 年金华市县(市、区)教育改革与发展情况公报》。

【义务教育发展均衡县(市、区)创建工作】 各县(市、区)把创建全国义务教育基本均衡县(市、区)工作作为头等大事来抓。年初,根据省厅初审反馈意见,各县(市、区)研究整改措施,落实查漏补缺,抓好整改提高工作。通过加大教育投入,“补短板,抬底部”,加大薄弱学校改造力度,进一步促进学校均衡发展。市长暨军民、副市长林丹军对创建工作专门作出批示。6 月份,市政府召开全市义务教育均衡发展工作推进会。10 月份,市人大常委会专题调研和审议全市推进义务教育均衡发展工作。在全市上下共同努力下,9 个县(市、区)全部顺利通过义务教育发展基本均衡县省级现场督导评估,并经国务院教育督导办审核分二批进行评估认定,第一批婺城区、金东区、东阳市、义乌市、浦江县、磐安县等 6 个县(市、区)于 12 月顺利通过国家评估验收。全市追补义务教育经费 6.728 亿元。

【教育现代化县(市、区)创建】 指导各县(市、区) 制定教育现代化的创建方案及分年度实施计划, 积极开展教育现代化监测考核工作, 将各县(市、区)创建情况纳入对县(市、区)党政领导教育发展目标责任制考核的重要内容,并建立一季一报制度,对各县(市、区)创建进展情况、存在问题和下一步措施进行定期通报。9 月份,市人民政府教育督导室在全市组织开展创建教育现代化县(市、区)的自查自评及专项督导检查, 并通报全市督查情况。10 月份, 召开全市教育现代化创建工作分析会,分析各县(市、区)在创建工作中的经验、亮点、指标达成情况及存在的问题与困难, 并理清下步工作思路。金华市督查考评办公室专题通报《全市创建教育现代化县(市、区)督查情况》(第 57 期《督查通报》),督促各县(市、区)政府加快推进教育现代化建设,努力实现省委、省政府确定的目标。

【依法治教】 编制行政权力清单和责任清单,根据法律法规授予的职权,结合市教育局机关“三定方案”和实际情况,经过行政权力、责任事项梳理、比对和规范等程序,厘清与相关部门的职责边界, 编制 8 类 35 项行政权力清单及权力事项流程图,完善事中事后监管制度 13 个,规范公共服务事项 14 个。组织全市教育行政规范性文件清理,通过梳理、归类、审核等程序,市教育局公布 12 个行政规范性文件继续有效;完成行政规范性文件统一编号备案 4 件。印发金华市区教育行政审批扁平化放权方案,明确市区两级教育局民办非学历教育审批职能权限,完成放权事项交接工作。依法实施教育行政许可,完成民办教育机构设立、变更许可各4件,招生广告备案6件,高中段教师资格许可2380件,不予许可123件,补发教师资格证书17人次。落实教育系统“六五”普法规划和年度工作计划,扎实推进法律进学校工作,认真贯彻中小学法制教育“四落实”,组织开展“法在心中”主题教育、国家宪法日系列宣传活动,与市检察院共建青少年法制教育基地,推进校园预防青少年犯罪工作,健全学校、家庭、社会“三位一体”的青少年法制教育格局。组织教育系统领导干部、公务员学法,参加年度学法用法知识考试,提高依法行政能力。

【教育合作交流】 对外交流工作取得新进展,2014年,组织友好学校对口交流7批161人次;夏令营组团18批385人;接待外国来访团37批576人。“千校结好”活动形式和内容更具特色,金华市外国语学校、金华师范学校附属小学2所学校获得省“千校结好特色学校”表彰奖励。中外合作办学进一步规范,全市普通高中中外合作办学项目5个,学生数达489人。

【教育财政投入加大】 继续推进教育经费保障机制改革,确保教育经费“三个增长,两个提高”落实到位。全市2014年共投入教育经费121.23亿元,比上一年增长11.04%,其中教育部门办学校教育经费投入86.64亿元,比上一年增长7.64%。公办中小学校生均公用经费基准定额标准由750元、550元提高到810元、610元。全年教育基本建设投入进一步加大,2014年,全市共完成基本建设投资18.82亿元,竣工校舍面积54.76万平方米。市区金华教育学院水网和低压线路改造、艾青中学校园水网改造、艾青中学田径场及羽毛球场改造竣工并投入使用。占地70亩,建筑面积2.4万平方米,总投资9950万元的市特殊教育中心项目,培智区已通过主体验收,聋教区正在主体施工。宾虹高级中学风雨操场正在主体施工。金华市实验幼儿园迁建项目正在基础施工。实施“塑胶跑道进校园”工程,全年投入1.64亿元建成87个塑胶运动场。组织开展义务教育标准化学校建设,2014年,259所学校被认定为义务教育标准化学校(含已通过复核未下文的80所)。继续加强义务教育薄弱学校基本办学条件改善工作,2014年,全市投入2.9亿元改善义务教育薄弱学校基本办学条件。推进义务教育学校加热保温饮水设施建设,2014年,已完成加热保温饮水设施建设学校有368所。

【信息化建设】 制定《金华市教育信息化三年行动计划》。全面落实千校联网工程,推进省到市、市到县(市、区)、县(市、区)到校的联通工作,已完成80%以上的中小学校千兆到校,50%以上的中小学校百兆到所有班级和教师办公室的宽带接入。争取省补资金,促进地方配套资金投入,提升教育信息化基础设施装备水平,全市教育技术装备项目省级经费补助共计1376万元,补助金额在全省各地市中排名第二。全市所有中小学校(含民办学校)已全面普及班级多媒体,全市全年共配备教学多媒体303套,学生课桌椅47340套。建成计算机教室15个,远程主录播教室7个,机器人实验室6个,数字图书终端机2台,音乐教室10个。同时争取到2014年“春泥护花”行动计算机100套,3D打印机2台。总投入380万,包括防火墙、入侵防御系统、WEB防篡改系统、数据库审计系统、核心交换机各1台,刀片服务器7台,机架服务器2台,存储2台,UPS2套等设备的“金华市千校联网(机房)工程”于11月通过验收。举办金华市第三届中小学教师教育技术应用能力大赛,并遴选优秀选手参加全省比赛成绩优异,获一等奖3个,三等奖1个,市教育技术和信息中心(电教馆)获省优秀组织奖称号。举行金华市数字校园建设研讨培训会,交流总结数字校园建设经验及阶段性成果;还组织开展基础教育微课程建设项目培训活动,进一步提升广大教师的微课程开发水平。

【校园安全和信访维稳】 开展防溺水和交通安全专项行动,深入开展安全隐患排查、安全宣传教育,在增强广大师生的消防安全意识和自救互救能力的同时,减少安全事故的发生。建立学生伤害纠纷人民调解委员会,从机制上保障纠纷的妥善处理。加大投入,提高校园警务室覆盖面。全市中小学心理咨询室、卫生室(含保健室)覆盖面达到100%。及时启动、部署重点时期安全工作,有效减少学生溺水事故的发生,减少学生非正常死亡。全市各级各类学校学生非正常死亡13人,比上年同期下降10人,死亡率列全省最低。未发生安全责任事故。全年共接访民师上访约 39 余次，接访民师 260 人次，其中接访"两案"人员 159 人次。

【家庭经济困难学生资助政策】 加大学生资助政策宣传力度,积极开展各项资助活动。2014 年,全面完成各类学生资助工作，学生资助金发放创历史新高。全市共资助中小学学生 21.2457 万人,发放资助金额 18380.454 万元。继续加强对各县(市、区)学生资助管理工作的年度考核,促使各县(市、区)更加重视并落实好学生资助政策。2014 年,有 20 名优秀大学生获得浙江绿色共享教育基金会每人 10000 元的资助,52 人在浙江滴水慈善基金会开展的"手拉手结对助学"行动中获得每人每年 1000 元的资助。此外,在全国学生资助管理中心举办的首届"国家资助 助我飞翔"全国励志成长成才优秀学生典型评选活动中,陈炳南被评为首届"国家资助 助我飞翔"全国励志成长成才优秀学生典型。

【审计工作联席会议制度】指导县(市、区)教育局建立内部审计联席会议制度,印发《关于印发金华市教育局内部审计工作联席会议制度的通知》(金市教办审〔2014〕9 号),建立健全人事、计财、直属机关纪委等参与内部审计工作机制。全市教育审计工作做到有制度、有计划、有检查,2014 年实施审计项目 701 个,其中:实施财政、财务收支审计 58 个,经济责任审计 111 个,两项审计 169 个,覆盖面为 21%;基本建设项目 108 个,修缮项目 327 个,专项资金项目 57 个，其他项目 40 个；审计资金总额 70 亿元,查出有问题资金 551 万元,其中:纠正违纪金额 209 万元;促进增收节支金额 2746 万元;提出审计建议 656 条。组织"三公经费"专项审计,开展民办教育学校经费、学生食堂经费管理情况审计调查等 76 项,撰写审计调查报告 58 个,当好领导参谋。开展审计项目审计意见、建议的整改工作跟踪回访和督促落实,督促审计整改。对存在的普遍性、倾向性问题,进行深入分析研究,查找问题产生的原因,提出规范完善财务管理制度的建议,防范经济责任风险,提高审计效益。配合省审计调查组对所属兰溪市、武义县教育局开展义务教育经费和中职助学经费审计调查工作,指导做好整改工作。

学前教育

【概述】 2014 年是省学前教育第二轮三年行动计划的开启之年,截至 2014 年底,全市共有幼儿园 1455 所,在园幼儿 250233 人,学前三年幼儿入园率 98.81%。全市共有等级幼儿园 1035 所,其中一级园 42 所,等级幼儿园招生覆盖面为 86.8%,全市 112 个乡镇都建有中心幼儿园，乡镇中心幼儿园建园率 100%,其中 95%以上的幼儿园都为等级幼儿园。幼儿教师 16396 人（专任教师 14835 人，园长 1561 人），专任教师中拥有教师资格证的比例为 71.4%,学历合格率为 99.02%,具有大专及以上学历占比为 59.55%,具有幼教职称的比例为 24.7%。2014 年,财政性教育经费支出合计 895021.9 万元,其中学前教育财政性经费支出合计 38816.7 万元，占财政性教育经费的 4.34%。

【开展普惠性幼儿园认定】 2 月份,市教育局和市财政局联合下发《关于组织开展 2014 年市区学前教育调研的通知》,通过实地走访、座谈会等形式,对市区学前教育发展情况进行专项调研，完善、创新财政扶持市区学前教育政策,促进学前教育机构规范办学。2014 年市本级财政学前教育专项经费增加到 1200 万元。10 月份,市教育局和市财政局修订并实施新的《金华市区学前教育专项资金使用管理办法》和《金华市区普惠性民办幼儿园认定和管理办法(试行)》,3 个区共计 213 所幼儿园申报普惠性民办幼儿园,占市区幼儿园总数的 57.72%,市区普惠性幼儿园在园人数 23226 人，普惠性幼儿园招生覆盖面达到 57.6%。

【塑造幼儿园新形象】 2014 年开始，依据省教育厅新修订的《浙江省幼儿园等级评定实施办法》和《浙江省等级园评定标准》精神,分年度、有计划地对全市原评定等级幼儿园开展重新审核认定。对达不到新等级标准的幼儿园酌情予以延期重新评定或降级处理。新申报省一级幼儿园 8 所、复核省一级幼儿园 16 所。新申报省二级幼儿园 14 所,复核省二级 12 所,预评估省二级 6 所。省三级幼儿园新申报 62 所。为严格落实等级幼儿园评估要求,从严把握二、三级园的评估,组织召开全市等级幼儿园评估培训会议,以等级评定工作为抓手促进内涵建设,以培育优质学前教育为导向,引导幼儿园改善办学条件,为幼儿创设安全、卫生、适用的生活环境;指导幼儿园改进教育教学实践,支持和推进园长、教师的专业发展,促进幼儿健康成长;同时为家长和社会提供较为准确全面的办园条件和水平的相关信息。

【清理无证幼儿园】 一方面,从办园条件、师资水平、教育教学管理、安全监管、师德等方面通过等级园评估及常规检查,加强对民办园的监管。另一方面,大力强化无证办园清理,通过整改审批一批、规范改造一批、取缔停办一批、规划新建一批等形式,全面清理规范非法举办无证幼儿园。据2014年12月统计数据。原有无证园129所,共整治无证园69所,现有无证幼儿园65所,包括新增5所。其中婺城区和磐安县实现零无证。兰溪由原来的34所缩减到8所。浦江由原来的24所缩减到10所,力度空前。同时,对永康、武义两市县无证幼儿园整治情况加强落实,根据永政办发〔2014〕192号和武政办〔2015〕4号整治无证园工作实施方案定期解进度和督察。2015年,将无证园规范清理纳入第二轮三年行动计划重要内容,要求2015年基本解决无证幼儿园问题,2016年解决无证幼儿园问题。

【提高教师素质和保教水平】 为提升园长管理水平,5月初成功组织金华市第十八期幼儿园园长培训,共有440名教师接受培训,提高自身政治、业务素质和管理能力。7月,组织开展2014年金华市区幼儿教师继续教育培训,共有3000多名幼儿教师接受培训;同时,委托市妇保医院,开展2014年金华市区幼儿保健员及保育员岗位专业培训工作,共有1200多名幼儿从业人员获得上岗证。5月份,以学前教育宣传月为抓手,学习和贯彻《3—6岁儿童学习与发展指南》精神,建立对幼儿发展的合理期望,实施科学的保育和教育,提升保教水平,积极开发游戏资源,市游戏成为幼儿学习的基本活动,按照《浙江省幼儿园玩教具配备标准》加强对幼儿园玩教具、幼儿读物的配备与使用指导,防止和纠正"小学化"倾向,放缓小学拼音和数学教学进度,科学做好幼小衔接。

【拟定第二轮三年行动计划】 2014年11月15日,国家印发《教育部、国家发展改革委、财政部关于实施第二期学期三年行动计划的意见》(教基二〔2014〕9号),2014年10月17日,省印发《浙江省发展学前教育第二轮三年行动计划(2014-2016)》(浙政办发〔2014〕116号)。2014年12月底,根据上级三年行动计划的要求,结合实际拟定《金华市发展学期教育第二轮三年行动计划(2015-2017年)》,并征求相关部门意见,按照相关部门意见修改完善形成送审稿,以请示件形式提请市政府审定。

义务教育

【概述】 2014年底,全市共有小学418所,在校生410577人,校均规模982人,教职工20463人,其中专任教师19451人;初中176所,在校生157598人,校均规模895人,专任教师11458人。九年义务教育入学率100%、巩固率100%。特殊教育学校9所,在校生1250人,专任教师184人。特殊教育入学率97%、巩固率100%。

【规范招生工作】 5月下发《关于做好2014年市区义务教育阶段学生招生工作的指导意见》(金市教基〔2014〕13号),要求各区教育局严格按照规定深化义务教育阶段学校招生改革,采取有效措施,完善招生政策,确保按学区招生。公办学校要依据就近入学原则确保学区内适龄儿童少年就学。积极稳妥地解决符合条件的务工人员子女入学问题。规范义务教育阶段中小学收费行为。科学确定招生学区,合理控制班额。规范民办学校招生行为。积极推进义务教育均衡县(市、区)创建工作。

【义务教育教学改革和创新工作】 4月25日在宾虹小学举办浙中教育论坛"小学作文教学"专题研讨会,在浦江召开中小学语文教学工作研讨会,这是第一次以市教育局名义召开的学科教学研讨会,也是一次推进中小学语文教学改革的现场会。继续发挥特级教师、名师名校长、教坛新秀、学科带头人等的专业优势,在金华电视台教育科技频道开播"名师课堂",共录制、播出11堂课;"初三总复习、名师来帮忙"共录制播出16堂课。5月6日下午,市教育局在市文化中心召开市区义务教育段校长会议,市教育局副局长姜焜通报2013年中小学教育质量综合评价项目抽测反馈,指出存在的问题,明确今后努力的方向。

【推进“减负”工作】 下发《关于进一步规范小学低年级教学工作的意见》(金市教基〔2014〕16号)，全面推广武义县壶山小学等学校开展涵盖学生各方面素质的达标性“乐考”做法。鼓励全市小学一、二年级以素质达标性测试取代书面期末考试，学业成绩评价结果采用等级制加评语的形式，行为习惯评定采用评语形式。对小学低年级段的课程设置、教学规范、作业布置和考试、习惯和方法培养、改革评价方式等五个方面提出明确的要求，切实规范小学低年级教学工作。召开三区教育局分管局长、科长、市区义务教育学校校长会议，明确早上上学，下午放学时间，控制学生在校时间。市、县相继召开专题会议，加大对“减负”工作的宣传力度，明确教师的职责，进一步推动“减负”工作。组织人员进行定期、突击检查，对检查中发现的违规行为及时作出严肃的处理。

【落实阳光体育运动】 围绕《金华市学校体育工作三年行动指导意见》(2013−2015年) 制定的工作目标与任务，以增强学生体质，促进学生健康成长为重点，广泛开展阳光体育活动，确保学生每天锻炼一小时。中小学生阳光体育运动全面普及，带动学生体质健康水平持续提升。举办第八届学生阳光体育冬季长跑启动仪式，公布金华第一中学等19所学校为第七届金华市冬季长跑优秀组织单位。通报学生体质健康测试数据，做好全国学生体质调研工作，中小学校体育工作评估与年度报告工作。进一步规范和提升体育教育工作水平。认真办好本年度三大联赛，展示学生阳光体育运动成效。金华市江滨小学获省中小学校园足球联赛总决赛男子甲组第一名，金华四中获得第七届浙江省中学生篮球联赛初中男子组晋级赛第二名的好战绩，挺进十强赛。第十三届中学生运动会游泳比赛，市代表队获5金12银8铜，其中，高中男子4×100米自由泳接力，初中男子4×100米自由泳接力，初中男子400米自由泳，均破金华市最高纪录，并获初中组团体第三名，高中组团体第六名及体育道德风尚队。

普通高中教育

【概述】 2014年底，全市普通高中学校64所，在校生84467人，校均规模1319人，专任教师7109人，初中毕业生升高中段比例98.44%，升入优质高中比例84.51%。2014年高考继续保持全省领先，高考文理科一本上线人数达到5800人左右，再创历史新高，文理科高分段人数有新的突破。20人录取为空军飞行学员，录取人数继续列全省第一。普通高中数理化、生物、信息技术等竞赛成绩继续保持领先优势，全市普通高中学生共获得全国一等奖15人，全国二等奖83人；省一等奖198人。另外，普通高中学生在全省体、音、美等比赛中获得优异成绩。

【普通高中课程改革】 组织浙中教育论坛普通高中学校管理专题报告会，举办全市普通高中课程顶层设计及教学组织变革培训班，召开高中学生生涯规划、普通高中课程组织与教学管理改革、适应高考改革教学与管理专题研讨会，分学科分批开展高中课程改革全员培训，进一步深化普通高中课程改革的认识。全市普通高中较好地贯彻执行浙江省深化普通高中课程改革要求，各项课改有序推进。积极推进选修课程的开发和建设，组织评选123门市精品选修课程，并向省教育厅推荐省级网络课程、精品课程，共有37门课程被选入省网络推荐课程，5门课程被评为省精品课程，入选比例位居全省前列。全市共建设市级精品选修课程423门，其中82门选修课程被列为浙江省网络推荐课程，33门被评为浙江省普通高中精品选修课程，加强学生人生规划和课程选修的指导，加大选修课程的走班教学力度，走班教学的管理机制进一步完善。浙师大附中、义乌中学、宾虹中学等一批学校实施必修课分层走班。教学评价改革顺利推进，考试组织管理进一步规范，学分认定工作严格进行。

【普通高中特色化】 各县(市、区)普通高中继续加大力度推进特色化建设，坚持通过深化课程改革彰显特色。金华六中进一步推进基于小组合作学习的自主合作型课堂教学模式，义乌六中继续推行315课堂教学模式。全市普通高中都按省教育厅要求开设选修课，加强体、音、美教学和社团活动，开展国际合作，促进学校特色化形成。结合深化普通高中课程改革，全市普通高中加大特色示范学校创建力度。2014年，金华一中、浙师大附中、义乌中学、浦江中学、义亭中学等5所学校被省教育厅认定为

2014年省一级重点普通高中分校基本情况

表 8

学校名称	班级数（个）	毕业生数（人）	招生数（人）	在校学生				专任教师数					办学条件							
				总计	一年级	二年级	三年级	总计	其中：中学高级		其中：本科以上学历		学校占地面积（平方米）	校舍建筑面积（平方米）	计算机（台）	图书（册）	总计	其中：仪器设备（台）	是否建立校园网	校舍面积中当年新增（平方米）
									人	%	人	%								
金华一中	59	895	807	2399	807	804	788	200	97	48.50	200	100.00	260047	120024	530	124857	33013.00	1649.00	是	0
金华二中	64	892	829	2656	829	876	951	228	115	50.44	228	100.00	224507	81288	695	130431	3590.00	932.00	是	0
汤溪中学	50	714	618	1854	618	610	610	190	73	38.42	190	100.00	149164	77989	595	111246	8298.00	493.00	是	0
艾青中学	58	636	607	1865	607	620	638	166	63	37.95	166	100.00	145419	66877	483	106560	14723.00	395.00	是	0
兰溪一中	46	693	595	1916	595	641	680	158	66	41.77	158	100.00	119793	49821	448	111609	6627.00	905.00	是	4153
义乌中学	50	796	883	2399	883	730	786	179	79	44.13	179	100.00	279312	123272	624	143573	19922.00	1904.00	是	0
义乌二中	43	709	634	1973	634	636	703	173	49	28.32	173	100.00	71026	55426	451	95540	4468.70	1225.12	是	0
东阳中学	52	804	770	2250	770	748	732	181	72	39.78	180	99.45	184268	82004	645	141453	15573.00	481.00	是	0
永康一中	44	606	633	1839	633	586	620	157	72	45.86	157	100.00	136317	55098	710	101005	7612.00	638.00	是	0
武义一中	45	666	560	1724	560	562	602	164	75	45.73	160	97.56	66344	25860	542	106266	4957	562	是	0
浦江中学	45	713	680	2050	680	684	686	165	71	43.03	165	100.00	170675	95469	780	113698	19536	783	是	0
磐安中学	36	538	470	1504	470	481	553	126	46	36.50	125	99.20	121332	39345	426	87509	5687.00	574.00	是	4900

省一级特色示范学校,数量列全省第三。金华八中、金华女子中学、义乌三中、义乌大成中学、武义三中、磐安二中等6所学校被省教育厅认定为省二级特色示范学校。另有22所普通高中申报省一、二级特色示范学校,并接受省教育厅和市教育局的现场考察。

中等职业教育

【概述】 全市现有各类中职学校37所,教职员工3663人,2014年招生19390人,中职学校在校生人数60959人。其中国家级改革发展示范学校4所,省级改革发展示范学校10所,省一级重点学校12所。全市中职学校现有省级示范专业39个,骨干、特色专业10个;省级实训基地23个、国家级实训基地8个;省级开放实训中心2个,省级产学研联合体3个,非物质文化传承基地2个。从专业门类上看,中职教育涵盖机电、商贸、旅游、建筑、汽车、计算机等12个大类的82个专业,基本构建以服务地方经济为主的中等职业教育体系框架。

【实施市中职教育发展专项资金】 市教育局会同市财政、人力社保等部门,开展市区中职教育发展情况调研,提出促进市区中职教育发展的意见,并设立市本级中职教育发展专项资金。从2014年开始,市财政连续五年每年投入资金3000万元,用于重点专业、公共实训基地建设,以及校企合作、毕业生就业奖励等事项。

【中等职业教育现代化建设】 2014年积极开展省级中职改革发展示范校等四个重点项目申报工作。结果被评为省级示范校4所、省级实训基地3个、省级产学研联合体2个,特聘兼职教师130人次,获得省财政奖励经费2695万元;2013年度中等职业教育质量绩效考核市区第三次获得三等奖;另外,创建4个省级骨干专业、3个特色专业、2个创业教育基地、1个开放实训中心、2个校外实习实训示范基地。

【师生技能大赛】 举办2014年金华市中等职业学校师生技能比赛暨浙江省中等职业学校师生技能大赛选拔赛,完成参赛选手的推选工作。参加省技能比赛共160人,结果共获一等奖6个,二等奖13个,三等奖37个。在2014年浙江省中等职业学校教师技能大赛中获得一等奖1个、二等奖4个、三等奖11个。

成人教育

【概述】 2014年,全市共有地市级社区大学1所、县级社区学院9个、国家级社区教育实验区1个、省级社区教育实验区2个、省级示范成技校22所、省一级成技校53所、省级标准化成技校所,省级新型农民素质培训示范基地4个,市级社区教育实验区8个。

【成人教育网络建设】 市委、市政府高度重视,将成人教育工作列入党政领导目标考核。2005年以来,市、县(市)先后成立社区大学(学院)。2013年9月,金华市社区教育工作领导小组召开第一次全体成员会议,进一步明确各成员单位的职责分工。各县(市)依托社区学院、乡(镇)成技校等,积极争创省级社区教育实验区和示范区、省级社区教育示范学校、省级标准化成技校、省级新型农民素质培训示范基地等活动等。2014年,婺城区、武义县被省评为社区教育实验区。全市的148所乡镇成技校中已有126所被评为省标准化成技校。武义县熟溪街道等7所成技校被评为乡镇级省社区教育示范学校,婺城区竹马张乡成技校等2所被评为省级新型农民培训示范基地。同时,在发展成技校的过程中重视成人教育人才的培训工作,先后选派出21个省级示范成技校校长参加全省乡镇成校校长高级研修班。

【社区教育】 2014年婺城区、武义县成功成为浙江省级社区教育实验区。2014年10月23日在金华市社区学院召开市区社区教育工作研讨会。近年来,通过"市民大讲堂"和"农民大讲堂"等载体,深入社区、农村、学校、企业为广大市民、企业员工集中宣讲经济形势、医疗保健、心理卫生、投资理财、种养植技术、家政服务、养生养老等知识,组织全市社区教育干部培训、禁毒师资远程培训、各类考证培训、金华市农村指导员培训、社区调解员心理疏导技能培训、中西式糕点培训、"义乌购"电子商务培训等。2011—2014年,全市共开展各类社区教育培训119750人次(不含农民大学生培养项目),其中市区49460人次,县(市)70290人次。“金华市民大讲堂”被评为浙江省社区教育优秀实验项目。特别是“义乌购”电子商务培训适应区域需求,针对集团、高层管理人员和内部员工的多层次、多平台的电子商务培训,为地方经济发展提供强有力的服务支持。

【成人双证制教育】 经市政府第105次常务会议研究决定,市政府办公室下发《关于开展成人双证制教育培训工作的通知》(金政办发〔2010〕20号),并落实市区的培训经费65万元,对金华市区新增成人职业高中文化课培训经费和市教育局专项工作经费做出安排,高中文化课教育培训经费标准为每人500元,每年培训完成后,依据取得成人高中毕业证书人数拨付。市教育局专门下发《关于加强我市成人双证制教育培训工作的通知》(金市教职成高〔2010〕4号),就有关具体实施细则作也明确的安排。同时,对各培训学校积极开展培训工作加强督促指导,并认真做好成人“双证制”教育培训中的文化考核、学分管理、学历认定和文凭颁发等工作。截至2014年底,全市有31169人参加成人双证制培训。成人双证制教育培训工作不仅加快延长城乡人口平均受教育年限,对提高农民的职业技能水平和文化素质发挥一定的作用。

【预备劳动力培训】 市政府和市教育局领导高度重视预备劳动力培训工作,从2006年开始实施以来,至2014年全市已有31254人参加此项培训。根据市场需求,近年来,培训的主导方向是注重培训质量,创新培训模式,以提高培训学员培训后的就业率。培训的工种技术含量不断提升,就业需求大的几类工种,如:数控技术应用、模具制造类、电子技术类等越来越受到广大学生的欢迎。充分发挥职校在职业教育中的优势作用,一些重点职校和乡镇成技校主动承担培训,为提高技能培训的质量提供保障。

高等教育

【概述】 2014年,全市共有省、市属高校9所,在校学生84364人,其中普通本科高校2所,在校学生35103人;高职院校5所,在校学生48187人;成人高校2所,在校学生3435人。

【浙江师范大学】 一是学科建设取得重大进展。获批教育学、中国语言文学2个一级学科博士后科研流动站,发布学科建设纲要,启动新一轮学科规划,组织实施重点学科培育、2011协同创新中心建设计划及校级重点学科的申报,积极对接省重点高校建设计划要求。学科发展势头良好,化学、工程2个学科领域进入全球ESI排名前1%。学科平台逐步拓展,光信息检测与显示技术、特色经济植物生物技术研究等2个省级重点实验室通过验收。二是教育教学改革持续深入。全面推进人才培养模式改革,启动卓越教师培养试点工作,研究制定卓越教师人才培养方案,获批国家级卓越教师培养计划改革项目2项。全面促进教师专业发展,持续开展全员教研活动、青年骨干教师研修、教师发展培训。完成博士招生、培养方案制定和导师遴选,顺利开展首届博士生培养工作。三是科学研究水平显著提高。获国家社会科学基金项目立项21项,国家社会科学基金重大招标项目1项;获国家自然科学基金项目立项40项;获省部级以上项目182项;入选2014年度《国家哲学社会科学成果文库》成果1项,是浙江省唯一入选成果。人文社科类共出版专著79部、发表CSSCI收录论文392篇、权威论文33篇;理工科类三大索引论文数量达710篇,其中Ⅰ区及Ⅱ区top以上论文99篇;获授权专利共144项;获省部级以上科研奖项27项;浙江省第十七届哲学社会科学优秀成果奖22项,获奖数量位列全省高校第二。四是人才队伍结构逐步优化。全年引进人才54人,顺利通过国家外专局对外专千人计划项目和国家高端外专项目的审查。8人入选151人才工程重点资助和第一、二、三层次培养人员,3人获钱江人才项目资助,4人获评浙江省高校优秀教师。师资结构不断优化,博士、副高和正高职称教师比例分别提至44.2%、38%和20.7%,40周岁以下中青年教师占专任教师的50%以上。五是对外交流合作富有成效。新增国(境)外合作院校15所,与包括英国伦敦大学等世界名校签署校际合作协议33份;新增中外合作办学项目2个。获批国家留学基金委“青年骨干教师赴国外研修项目”实施单位,新聘外教57人;

金华市 2014 年高等院校基本概况

表 9

学校名称	班数(个)	毕业生数(个)	招生数(人)	在校生数(人)	毕业班学生数(人)	教职工数(人)	
						总计	其中:专任教师
(一)普通高校	898	8470	9460	35103	9732	3229	2188
1.浙江师范大学	754	7763	7933	29266	8442	2806	1863
研究生	–	1276	1358	3930	1465	–	–
本科	727	5932	5944	24167	6441	–	–
专科	27	555	631	1169	536	–	–
2.上海财经大学浙江学院	144	707	1527	5837	1290	423	325
本科	144	707	1527	5837	978	423	325
(二)成人高校	82	756	1251	3435	462	469	393
1.金华教育学院	32	319	374	1333	235	165	147
其中:普通班	17	239	223	691	516	165	147
2.金华广播电视大学	50	437	877	2102	–	304	246
其中:普通班	–	–	–	–	–	–	–
(三)高职院校	1116	14828	16525	48187	15593	3145	2328
1.金华职业技术学院	575	7729	8330	24608	8190	1444	1035
2.浙江广厦建设职业技术学院	247	3695	3922	11333	3802	825	596
3.义乌工商职业技术学院	188	2383	2827	8093	2692	468	409
4.浙江横店影视职业学院	88	1021	1257	3587	1115	308	212
5.浙江科贸职业技术学院(筹)	18	–	189	566	194	100	76

派出交流交换生 448 人；招收各类留学生 1484 人，涵盖本科、硕士、博士三个层次。教育援外工作稳步推进，举办援外培训项目 13 期；获批建设非洲孔子学院研修中心，启动与美国天普大学共建孔子学院工作。

【上海财经大学浙江学院】 一是学术规范和教授治校迈出新步子。学院于 2014 年重组学术委员会，下设教师聘任及学术评价委员会、教师教学发展中心等多个专门委员会。学术委员会成立后，就学院专业发展规划、职称评聘等重大学术活动开展管理工作，进一步将学院的学术规范、教授治校落到实处。二是有效推进学科、专业和课程建设。学院制定专业建设五年发展规划（拟投入五千万元资金用于学科和专业建设）。2014 年，金融学、会计学、国际经济与贸易 3 个专业获批浙江省新兴特色专业建设项目；新增“投资学”“体育经济与管理”2 个新专业以及创业管理、健康经济与管理、应用统计学（金融统计方向）3 个专业方向。已建成 13 门院级精品课程；开展 8 门实验课程建设。三是稳步提升教科研质量。本年度继续加强教学质量监控，通过教学工作会议、专项教学工作研讨、修订人才培养方案等工作，不断提高教学质量。继续加大科研和学术活动力度,本年度立项课题 47 项;主办网络经济环境下数量经济学高端学术研讨会;组织各类学术论坛近 40 讲,并派出教师参加国内外学术活动。积极推进教改,例如,采取案例教学、情景教学、视频教学等不同的授课方式,再如,在小范围进行线上线下翻转课堂的课程教学改革,取得较好的效果。四是积极拓展国际化、信息化办学水平和服务当地的能力。学院与台湾辅仁大学管理学院、美国达拉斯大学签订框架合作办学协议; 开展美国三合大学、华盛本大学来院洽谈合作等外事活动;成立“中国税企和谐公共服务研究院教科研基地” 等基地;开展大批次的地市周边的银行、金融、财会等行业系统培训以及注册会计师、理财规划师等考证考试。五是招生和就业情况良好。2014 年学院首次开展浙江省“三位一体”综合评价招生试点,共录取新生 78 名;超额完成 2014 年招生录取工作,共录取 2014 级本科新生 1652 名。2014 届毕业生 731 人,就业率为 75.92%。为进一步提高学术创新创业能力,成立学院大学生创新创业实训基地。六是学生综合素质培养佳绩频传。在第五届全国高等院校企业竞争模拟大赛全国总决赛获一等奖;在 2014 年全国高校商业精英挑战赛国际贸易竞赛中获得全国二等奖和最佳院校组织奖;在省第三届“民生民意杯”统计调查大赛中三项作品分获一等奖和二等奖;在2014 年浙江省高等数学(微积分)竞赛中获一等奖 8 人、二等奖 9 人、三等奖 6 人。学院获得全市高校“三下乡”“四个一”社会实践活动优秀组织工作奖,同时有两支队伍获得“社会实践活动优秀团队”称号

【金华职业技术学院】 2014 年,学校占地 2216 亩,建筑面积 60 万平方米,固定资产 11.8 亿元;教仪设备总值 1.98 亿元,各类藏书近 170 万册;教职工 1314 人, 其中教师 950 余人, 有正高职称 90 余人、副高职称 300 余人,双师素质占 80.21%;有享受国务院政府特殊津贴专家 1 人,省“151 人才工程”培养人选 7 名, 省教学名师 6 人、省级专业带头人 18 人, 省级教学团队 4 个; 聘请兼职教师 1100 余人。学校面向全国 20 余个省(区)招生,全日制在校生 2.4 万余人。有 11 个二级学院和 1 家附属医院(即金华市人民医院,现为三级乙等综合性医院,核定床位 800 张,设有 21 个病区);招生专业 69 个,其中:国家重点支持建设的示范专业 3 个、省优势专业 3 个、省特色专业 11 个、省级重点学科 1 个;主持教育部职业教育教学资源库 1 个,国家精品资源共享课 17 门;省级精品课程 30 门,国家规划教材 70 门、省重点教材 50 余门。近年来,学校承担国家级科研项目 11 项,其中:国家自然科学基金项目 3 项、国家社科基金项目 2 项、国家星火计划项目 6 项、省部级立项课题 200 余项,其中:省自然科学基金项目 35 项、省科技厅资助的重大科技专项项目 3 项、其他省科技计划项目 85 项;获国家教学成果二等奖 5 项,省教学成果一等奖 4 项、二等奖 6 项,全国教育科学研究优秀成果二等奖 1 项, 省科学技术二、三等奖各 1 项,省哲学社会科学优秀成果奖二、三等奖和优秀奖各 1 项,市级以上科研成果奖 300 余项;获授权专利 435 件;获软件著作权 64 件;年科技服务到款超千万元,年社会培训 16 万余人天。一是开创基地、招生、教学、科研、就业“五位一体”育人模式,并继续深化改革,提出“校内基地生产化,校外基地教学化”,相关成果获国家教学成果奖。校内实训场所总面积 15 万余平方米; 校外基地有 870 余家,其中:紧密型基地278 家、“教学化”的示范基地 73 家。学校积极探索校企深度合作的新途径,实施校企利益共同体建设。建有“众泰汽车学院”“皇冠学院”“高新 IT 学院”“现代农业技术培训学院”“浙中建筑装饰技术联盟”“创业学院”“尖峰药业金职院药物研发中心”“国际商贸园”“学前教育学教研共同体”“金华旅游研究院” 等 10 个校企利益共同体,以“资源共享、优势互补、责任共担、互惠双赢”为共建原则,探索实践“合作办学、合作育人、合作就业、合作发展”。二是积极开展国际教育交流与合作,目前已与 20 多个国家和地区的 50 余所高校、教育机构建立长期合作关系;现有中澳护理、中美会计、中加酒店管理、中澳建筑设计、中美体育服务与管理等 5 个中外合作办学项目;先后招收 50 多个国家的 400 多名留学生。学校还与新疆乌鲁木齐职业大学、四川乐山职业技术学院、贵州铜仁职业技术学院等 8 所中西部地区院校开展对口交流合作。三是注重培养学生的专业能力和综合素质,在课程体系中融入职业道德和职业精神的培养,学生学科竞赛获国家级奖 110 余项、省部级奖1090 余项。学校

每年实施毕业答辩、作品展示、现场签约“三结合”毕业生就业招聘现场会，毕业生广受社会认可，初次就业率超过95%，曾入选全国高校毕业生就业典型经验年度50强院校。学校办学经验先后在教育部示范建设方案研讨会、全省高等教育工作会议、全省职业教育工作会议上作专题发言，《求是》杂志曾刊发专文，评价学校“探索出一条具有中国特色的高职教育教学、科研改革之路”。

【义乌工商职业技术学院】 2014年，学校正式在编教师449人，全日制中外学生9800人。学院毕业生就业率98.7%，其中毕业生创业人数为425名，毕业生创业率16.75%，继续稳居全国高校首位；创意园全年实现创意产值8000万元，带动地方生产产值12亿元，同比上年增长9%；留学生规模再创历史新高，累计招收来自64个国家的留学生938名，同比上年增长25%，留学生人数居全省高职院校首位。学院被认定为义乌市首批对外文化交流窗口单位。1月18日，学院与创意园同时被认定为义乌市首批对外文化交流窗口单位。该单位的确定是由文化广电新闻出版局办公室推荐评选、组织验收，最终确定5家，旨在推进义乌市对外文化交流，更好地传播中华民族优秀传统文化，加强国际文化交流合作，提升文化软实力。学院入选“大学生KAB创业教育基地”与“KAB创业俱乐部”。4月21日，经KAB创业教育(中国)研究所和KAB全国推广办公室审核，学院成为2014年新增“大学生KAB创业教育基地”“大学生KAB创业俱乐部”学校。5月29日，义乌市电子商务创业大赛暨大学生职业生涯规划(创业)大赛总决赛在学院举行。大赛自4月初正式启动，分电子商务创业类(A组)、创业规划类(B组)、职业规划类(C组)等3项，共收到来自全国18个省2817份“梦想”计划书。经过评审，35组项目进入决赛，共评出特等奖1名，一等奖4名，二等奖8名，三等奖12名，优胜奖9名。义乌市商贸服务业高技能人才公共实训基地落户学院。6月1日，义乌市人力资源和社会保障局在学院设立义乌市商贸服务业高技能人才公共实训基地，这是继2013年学院荣获金华市高技能人才培训基地后，又获得的一项殊荣。公共实训基地落户学院后，学院各类技能人才培养将获得一定的政策、资金扶持，这标志着学院高技能人才培养又上一个新台阶。

义乌市职业教育联盟正式成立。6月17日，义乌市职业教育联盟成立大会在学院举行。义乌市职业教育联盟由学院牵头，集聚市内中高等职业院校和六家龙头企业加盟，打造义乌职业教育校企合作新平台。学院独立完成的《以市场需求为导向，以创意园为载体设计类专业创意人才培养的探索和实践》教学成果，被评为第七届国家级职教类教学成果二等奖，该成果由王珉教授主持，此前获得浙江省教育成果一等奖。几所高校联合申报、学院贾少华教授参与的《电子商务专业系统综合实践培养模式与协同创新机制》教学成果荣获第七届国家级职教类教学成果一等奖，此前贾少华教授主持的《高职院校系统化创业人才培养改革实践——以义乌工商职业技术学院创业实验班为例》教学成果，荣获浙江省教育成果二等奖。学院入选第一批浙江省专业技术人员继续教育基地。11月21日，经浙江省人力资源和社会保障厅审核，学院顺利入围第一批浙江省专业技术人员继续教育基地(电子商务培养方向)，这标志着学院电子商务专业技术人才继续教育工作的质量和水平又上新台阶。

【浙江广厦建设职业技术学院】 先后获“全国职工教育培训优秀示范点”“中国民办教育创新改革示范院校”“省级双重管理社会组织党组织”“浙江省高校先进基层党组织”等17项荣誉。一是扎实推进教学改革，教育质量进一步提升。组织评课活动342次，教师听课4100余人次。对2013年立项的2个省高等教育教学改革项目和8个省课堂教学改革项目进行中期检查验收，相关教改成果获2014年省高职教育研究会“课堂教学改革与创新”专题征文一等奖1人、二等奖3人。在省级及以上42竞赛项目中，共获139个奖项，其中：一等奖31项、二等奖42项、三等奖66项。国家级的17个项目中获奖55项，其中：一等奖18项、二等奖20项、三等奖16项；浙江省科技竞赛委员会组织的十大学科、技能竞赛19个项目中获奖65项，其中：一等奖10项、二等奖19项、三等奖36项。教师在省级及以上8个教学比赛项目中，共获11个奖项，其中一等奖3项(国家级2项、省级1项)；市级及以上课题立项92项，获市级优秀成果奖22项，其中2项获市一等奖；全年共结题186项,公开发表论文405篇,其中浙大核心5篇;专利数总计394项。二是扎实做好招生就业工作。2014年计划招生4470人,实际招生4327人,报到3919人。强化学生的职业教育、就业意识,举办就业指导讲座,加强顶岗实习平台管理。共派出指导教师212人次,走访省内13个地区、企业1451余家,与1357名实习生、单位领导、企业指导老师进行深入交流。2014届毕业生就业率达98.21%。三是积极开展社会服务。为建筑电工、管道工等建筑行业特有工种鉴定693人次;举办土建施工员、市政监理员等施工现场专业人员岗位培训3217人次,为龙游县总工会职校的92人进行砌筑工的技能鉴定,为广宏建设、杭州华泽劳务公司等完成2195人次的职业技能鉴定;与瑞安市职业中专联合举办木雕专业知识培训。成立东阳农民学校,完成“农村设施管护”实用人才培训770人,农民SYB创业培训18人,家庭农场负责人培训83人,电子商务培训179人,帮助学员新开70多家淘宝网店。共开展青年志愿者活动100余项,参与人数3000余人。世界工艺文化节期间,派出12位学生承担东阳木雕城导游工作,共接待146个团队,共计6227人。另有112名学生、25名教师为该盛会提供志愿者服务。

【浙江横店影视职业学院】 2014年,学院占地580亩,建筑面积12万余平方米。现有教职工308人,其中专任教师212人(新引进教师28人),副高以上职称49人(新晋升2人),硕士以上学位96人,双师型教师39人。全日制在校学生4300余人。各种教学仪器设备总值2017.38万元。图书馆适用图书19.04万册,各类期刊资料426种。学院建有70个校内实训室和90个校外实训基地。现有2个省级特色专业,1个省级优势专业。顺利完成两个省级特色专业(摄影摄像技术、影视表演)的验收和省级优势专业(摄影摄像技术)中期检查。师生技能竞赛再上新台阶,其中:获国家级三等奖1项、省级一等奖2项、省级二等奖11项、省级三等奖20项、获省级教学成果奖1项。科研工作取得新的突破,其中:省哲社规1项、省社联2项、省教育厅课题5项、金华市社联重点6项、一般课题15项、省教育技术研究规划课题2项、省高职党建研究会课题1项。完成21人次的结题工作。本年度,共完成横向课题立项结题20项,其他社会服务项目共计70余项,社会培训人次达2万余人次。组织师生参与《王的女人》《猎天狼》《少林藏经阁》《杀手锏》等多部影视剧拍摄。《浙江横店影视职业学院学报》(影视艺术与产业研究)出版发行4期。组织学生参加多场省、市人才招聘会。截至2014年底,毕业生就业率98%。组织20余名师生赴台湾大叶大学、台南应用科技大学研修学习。

【浙江科贸职业技术学院(筹)】 2014年末,在校学生总计569人,其中2012年挂靠招生的194名学生和2013年挂靠招生的183名学生的专业培养方案是在原先金华职业技术学院的培养标准基础上,又根据金华职业技术学院现行培养方案进行尽可能地调整和修改,力求接近金华职业技术学院现行的各个专业培养方案。2014年秋季入学的192名学生,全部按照金华职业技术学院现行的相应专业培养方案进行教学安排和管理,并且还要依据金华职业技术学院对于这些专业的培养方案确定的动态修订机制的修订结果,及时地对2014级学生各个专业的培养方案进行相应的修订。一是加强教学管理与深化教学改革初见成效。建立“院—系”两级教学管理的组织结构,进一步加强对一线教学的管理。同时,按照教育厅要求,深入开展课堂教学改革工作。在2013-2014学年第二学期,学生奖学金获得者共41名,其中:获一等奖学金2人、获二等奖学金3人、获三等奖学金36人。英语教师张拉洁,在新的智能教育理念的导引下,提出“教师以英语思维的方式教英语,学生以英语思维的方式学英语”的教学改革新思路。并以“实用词”为范围和以“英语文化”为背景进行新的英语课堂教学尝试,取得显著效果。她提出的实用易学的“没文化的”英语学习方法深得学生们的拥护,被认为是为大专学生打破英语学习恐惧的一个理性法宝。二是以学生为本的校园文化进一步发扬。学院举办以“青春飞扬·励志成才”为主题的演讲比赛、以“接过前辈的接力棒,继续向前”为主题的纪念五四运动95周年的专题讲座、以“热爱祖国齐奋进,共筑宏伟中国梦”为主题的精彩讲座、以“志须预定 自远到”的职业规划专题讲座、首届英语单词拼写大赛等活动。

【金华教育学院】 一是师干训工作再上新台阶,实现培训人次和效益双突破。一年来,完成指令性常规培训1500多人次，选择性培训14000多人次。目前已初步形成课堂技术改进系列、信息技术应用能力提升系列、班主任专业发展、教师形象的塑造与维护、家庭教育实践与指导、时尚健身系列等品牌项目。二是深化教育教学改革，健全教学质量监控机制。为解决2012级师范生面临国考的大问题，多次组织教研室召开研讨会，引导教师开展教育教学改革，并从中提高自身教学新水平，以适应教育教学的新形势，提高教师资格证的通过率。推进"学生学科专业能力建设"，对2012级普师生开展"教师综合素质训练"测试，倡导教师把综合素质融入课堂教学中，切实提高学生的综合素质。加强日常教学秩序检查，继续开展"学生评教"活动。三是加强科研过程管理，提升学院科研水平。制定《金华教育学院研究机构管理办法》和《金华教育学院学术委员会章程》，完善科研管理办法。2014年，学院教师共申报省市课题7类21项，立项12项；省市课题结题15项。学院课题立项10项，结题13项；优秀科研成果申报5类型22项，目前获奖：一等奖3项，二等奖5项，二等奖6项。论文发表46篇，其中公开发表16篇，出版著作1部。此外，学院还完成学报2014年1—4期的出版工作。四是深挖办学潜力，调整教学目标。积极拓展校企合作渠道，全力提升我院职业教育的发展能力。改革学生教材，调整课程设置，增加专业技能的教学和技能证书的考证。结合课程的改革，开设"走班制"教学模式，提高学生学习的积极性。加强基础建设，新设置运动健身室、羽毛球场、乒乓馆、轮滑场，并增添相关的设施设备。成功申报市级重点专业(运动训练)和实训基地。

【金华广播电视大学】 一是师资水平有提高。2014年，学校出台"教师素质提升"工程，组织教师参加中职培训、青年教师岗位培训和骨干教师高级研修班培训等755人次，组织100多名教师参加心理健康C证培训，组织专业教研室主任及骨干教师分批到兄弟学校开展专业建设及课程改革学习。科研方面，学校全年共组织各级各类课题申报45项，其中27项获批立项；组织指导各类课题结题19项；组织各级各类科研成果和优秀论文评奖一等奖4项，二等奖6项，三等奖8项。2014年，学校对首次评选出的"三十佳"进行表彰奖励，在全校教职工中间起到很好的示范、鼓励作用。二是校园文化有亮点。高职学院举办6期《双溪讲坛》，成为学校道德讲坛的重要形式和传播正能量的重要载体。中职学院紧抓安全与纪律、卫生与健康、出勤与请假、评比与表彰四个方面进行严加管理和教育，逐步形成"读、跑、跳、唱"四位一体的学生综合素质培养体系。技师学院细化"三位一体学生安全管理"模式，深入开展"六个专项活动"，促进学生行为习惯的养成，收到良好的效果。在各学院、部门的综合协调下，学校逐步形成内外有序、上下贯通、整体协调的学生管理体系，形成积极向上的校园文化氛围。三是各类招生有规模。2014年，共招收中专技工新生1013人，成专新生586人。开放教育全年招生1915人，奥鹏招生648人，招收农民大学生257人，招收武汉理工大学研究生22人，开放教育秋季招生人数连续第五次位列全省地市级电大之首。社区教育、培训业务不断拓展，做到统筹兼顾，多元发展，不断提升办学实力。学校参与的"义乌购"培训项目，共完成25期电商技能提升班的培训，培训人数达2000多人，高端考核培训1200多人；完成金华市银行会计从业人员继续教育培训1635人，中式面点制作培训农民111人，组织完成校内41个班级17个工种1461名中高职学生的技能考证工作。五是后勤基建有突破。2014年，后勤部门认真落实市教育局"阳光食堂、透明厨房"工作要求，积极做好食品卫生、进货渠道、菜品定价、刷卡消费等监管工作，确保食品质量安全。完成10、11号女生楼四至六层的供水系统改造，以及学校人才孵化园、建筑实训基地、芙苑路校区体育馆改造项目。资产设备处完成示范校建设、公共实训基地等13个项目的招标工作，完成建筑实训室、商品拍摄实训室等4个项目的招标、验收、入库工作。六是学校先后获得全国五好小公民主题教育活动金华市级"先进集体""美丽中国，我的中国梦"主题教育活动先进集体、第十一届全国文明风采大赛"全国优秀组织奖"、2014年度金华市校园安全工作考核优秀、2012-2013年度金华市关心下一代工作先进集体、2013年度金华市思想政治工作先进单位、市直属单位"先进离退休教工之家"、2013年度"市级治安安全单位"、2013年度全省电大系统新闻宣传信息工作先进集体、2012-

2013年度全省电大系统先进办学单位等荣誉称号。

特殊教育

【概述】 2014年底，全市共有特殊教育学校9所，特殊学校教职工192人，专任教师184人，在校学生数1250人。三残儿童入学率为97%。

【创造特殊教育发展环境】 年初下发《金华市教育局关于进一步加强特殊教育工作的通知》(金市教基〔2014〕18号)和《关于成立金华市特殊教育随班就读指导中心的通知》(金市教基〔2014〕22号)，义乌市、永康市分别新建15个和4个示范性资源教室，其他每个县(市、区)新建2个示范性资源教室，成立随班就读指导中心，强化对特教的指导。10月份，市教育局、市发改委、市民政局、市财政局、市人力社保局、市卫生局、市残联联合下发《关于印发〈金华市特殊教育提升计划(2014—2016年)〉的通知》(金市教基〔2014〕34号)，到2016年，视力、听力、智力残疾儿童少年九年义务教育入学率不低于98%，初步普及智障、听障残疾儿童少年学前三年教育，初步满足残疾儿童少年高中段教育需求，其他残疾人受教育机会明显增加。2014年，占地70亩，建筑面积2.4万平方米，总投资9950万元的金华市特殊教育中心项目，培智区已通过主体验收，聋教区正在主体施工。形成布局合理、学段衔接、普智融通、医改结合的特殊教育体系，办学条件和教育质量明显上升。

民办教育

【概述】 截至2014年12月，全市共有各类民办教育机构2130家，其中高校4所，在校生19694人，占全市高校(含省属)在校生的24.22%；中小学校110所(其中普通高中14所、职业高中15所、综合高中3所、初中6所、九年一贯制28所、完全中学4所、小学40所)，在校生119075人，占全市中小学在校生的16.95%；幼儿园1404所，在园幼儿人数为231486人，占全市在园幼儿94.1%；文化补习学校6所，年内招生3826人；培训机构606家，年内培训151759人。

【规范管理民办教育】 将金华市红楼美术教育培训中心、金华市英华外语培训部等57家城区(其中金华开发区32家)非学历教育培训机构移交给婺城区教育局管理。移交资料包括培训机构名单表(包括机构名称、举办者、机构负责人、批准文号、许可证编号、联系电话、培训机构地址)，机构设立批复文件、机构设立审批表、办学许可证复印件等。市教育局保留对法律、财经、交通、计算机等职业教育、成人文化补习、继续教育等文化教育培训机构的审批和管理。同时，根据《浙江省教育厅等七部门关于对社会非学历教育培训机构开展联合专项整治行动的通知》等文件要求，开展对市区社会非学历教育培训机构联合整治。

【出台民办教育政策】 下发《金华市人民政府关于加快推进民办教育健康发展的实施意见》(金政发〔2014〕32号)。要求各级政府教育主管部门要建立双向的教师交流学习制度，每年委派一定数量的公办教师到民办学校支教，同时组织一定数量的民办学校教师到公办学校跟班学习。也将民办学校教师培训和校长岗位培训纳入全市教师培训计划。同时，市财政设立民办教育专项奖补资金，从2014起对市本级投资举办学历教育，自建校舍，在校生规模超过1000人，且管理规范、教育教学质量较好的民办学校给予奖励三年。

【探索民办学校教育发展】 从2015年起，通过三年的时间，市财政每年安排不少于2000万元资金作为市区规模以上优质民办学校专项奖补资金，主要用于民办学校的升等创优，新建和改扩建项目，教师培训培养，校园安保，教学和科研设备，幼儿园生均公用经费等方面的补助。同时还将省以奖代补资金统筹安排。义乌市、永康市已出台民办教育奖补政策。在人才流动方面加大人才引进力度，建立面向全国的优秀教育人才引进机制。保障教师在不同举办主体的学校之间有序流转。各民办学校已基本落实社会保险、医疗保险、失业保险、生育保险、工伤保险和住房公积金等“五险一金”保障。在土地政策方面非营利性民办学校可以行政划拨方式取得土地使用权，营利性民办学校原则上以有偿出让方式供地。在符合城市规划条件下，鼓励利用原有厂房临时改变用地性质建设民办学校。民办学校各项建设项目规费减免与公办学校享有同等待遇。在法人财产权方面民办学校举办者必须按规、按时、足额注资,并经验资确认。民办学校因各类投资、捐资、办学积累等形成的土地、房屋、设备等资产,产权归学校所有。出资人将土地、房屋、设备等过户到学校名下的,按账面原值记账,过户过程中享受与公办学校同等的免征营业税等税费优惠政策。资产尚未过户的,需及时办理过户手续。加强学校财务监管,通过监控财务报表、现场督查等方式对学校是否建立健全财务管理制度,资金是否按规定用于办学活动,是否得挪作他用等方面进行重点检查。

【民办教育年检】 根据国务院《民办非企业单位登记管理暂行条例》等相关文件规定,通过QQ群或转发文件等形式,要求各民办培训机构和民办中小学校,在规定的时间内,认真做好民办教育培训机构的年检工作,提醒年检截止时间为每年的5月31日,要求各培训机构按照年检内容,认真填写本单位执行法律、法规和有关政策情况;按章程开展活动情况(含信息公开、承诺服务、公益活动、管理规范、设施完善等内容);人员和机构变动情况;财务管理及经费收支情况。逾期将视为“不按照规定接受监督检查”,依法予以处罚。对拒不参加年度检查的,依法予以撤销登记。2014年,市区共年检67家民办机构和10所民办中小学。

教育科研

【概述】 全市教育教研综合实力稳步提升,教科规划课题立项有新突破,在浙江省教育科学规划2015年度研究课题立项评审中,金华共有58项课题立项,其中:省重点11项、省规划42项、省体卫艺5项,立项总数位居全省前列。特别是金华市江滨小学课题《基于足球,超越足球:小学特色发展新路径研究》、武义县壶山小学课题《一线学校构建教育质量监测体系的研究》被列为全国教育科学“十二五”规划2014年度教育部重点课题,此次立项的全国144个重点课题小学只有4所,而金华独占二席,这是继金师附小教育集团、金华市宾虹小学等学校课题被列为国家级课题之后,金华再次喜获高层次的课题项目。由金华市宾虹小学李武南校长领衔的教育部重点课题《小学“无书面家庭作业”的多元设计与教学策略研究》荣获新世纪首届基础教育国家级教学成果二等奖,为全市中小学科研奖项树立新标杆。参加浙江省2013年度教育科学研究优秀成果评比,金华市15项成果获奖,其中:一等奖5项、二等奖4项、三等奖6项,获奖总数位居全省前列。新增壶山小学、宾虹小学两所省教科研孵化基地学校,金师附小教育集团作为省首批孵化基地代表在浙江省孵化基地成果发布会上作题为《还给孩子九十九——项目学习的设计与实施》主题发言,项目学习的改革成果受到与会专家领导的认同。3月28日,联合金华市8890便民服务中心正式开通金华市8890快乐成长学生心理热线,为更好地服务广大学生和家长解答各类心理困惑。开展金华市实验学校第二届“智慧班主任”评选活动,共评出“金华市实验学校‘智慧班主任’”22名、“金华市实验学校‘优秀班主任’”18名,其中推荐送省的潘笑也老师以总分第一的成绩获得省第二届智慧班主任荣誉称号。12月,金华市江滨小学课题《基于足球,超越足球:小学特色发展新路径研究》、武义县壶山小学课题《一线学校构建教育质量监测体系的研究》被列为全国教育科学“十二五”规划2014年度教育部重点课题。

教　师

【概述】 2014年底,全市中小学在职教职工46308人,其中专任教师38018人,具体为小学19451人、初中11458人、普高7109人、职高2538人,专任教师人数与在校生之比(师生比)小学1:21.10、初中1:13.75、普高1:12.03、职高1:17.99。全市小学、初中专任教师学历高标率分别是95.98%、91.92%;普高、职高专任教师学历合格率分别为99.03%、92.79%。全市幼儿专任教师学历高标率为59.55%。全市初中、普高和职高中级职称比例分别为48.25%、35.67%、38.46%,高级职称比例分别为16.80%、25.47%、17.02%。全市职业高中“双师型”教师比例为74.2%。全市有在职省特级教师92人,市名师名校长174人。

【加强师德师风建设】 实施“美丽教师”工程,开展金华市“最美教师”评选活动,评选出金华市

“最美教师”10人、金华市“最美教师”提名奖10人、金华市直“最美教师”5人、金华市直“最美教师”提名奖5人。浦江县堂头中学教师张文龙当选“最美浙江人——2014年度浙江骄傲人物”。举办庆祝第30个教师节表彰大会暨最美教师颁奖活动，表彰一批为教育事业发展作出突出贡献的优秀教师，金华市委副书记、市长暨军民出席颁奖礼。通过进一步完善教育、导向、监督、规范四位一体的师德建设体系，教师队伍整体道德素质得到明显提升。

【组织教师培训】 成立教师培训质量监控中心，负责对全市教师培训工作进行监控指导；修订市直属单位教师专业培训绩效考核奖励办法，进一步发挥绩效考核的激励导向作用；与广东省教师培训中心(广州第二师范学院)签订合作协议；组织开展首期中小学“深化改革”指令性培训，突出小学科以及特殊岗位人员的培训，1100多人参加，力争实现教师培训全覆盖；与市财政局制定实施《市直单位(学校)教师专业发展培训计划》，组织67名市教育局中层以上干部、直属单位党政一把手、区教育局长赴北师大培训，280名第六批名师名校长培训人选赴杭师大及广东教师培训中心培训、103名特级教师(名师) 赴深圳大学培训，400多人参加暑期师德培训。53名教师参加德国研修、骨干教师培训、青年教师企业实践培训、专业带头人培训等国家级中职教师培训，295名教师参加高技能 “双师型”培训、中外合作骨干教师培训、骨干教师海外研修、专业负责人培训、中职校长培训、农村成校校长培训(6名)等省级中职培训；329名教师参加“浙派名师名校长培养工程”培训、骨干校长和学科带动人培训、骨干培训者培训、特殊教育培训等省级中小学(幼儿园)培训，其中农村中小学(幼儿园)校(园)长60人，学科带头人32人；2名特殊教育教师赴美国培训，8名教师参加省中学人防教师培训。金华教育学院成功申报省培项目7项，组织各级各类培训200多期，培训1.4万多人次，比2013年多4000人次，增长28.57%；培训经费收入1250万元，比2013年多350万元，增长28%。

【教师队伍管理】 2014年市本级招聘录用25名应届研究生及优秀毕业生，面向社会择优录用新教师7名。组织参加浙江省第十一批特级教师、第二十五届春蚕奖、第二十三届绿叶奖、优秀教师中小学师德楷模人选等评选，荣获全国模范教师、优秀教师、先进教育工作者等国家级荣誉7人，省特级教师28人(居全省第四)、省优秀教师14人、绿叶奖11人、春蚕奖31人等省级荣誉86人；组织开展金华市优秀班主任、第二届中等职业学校专业带头人等评选，共评选出市优秀班主任200人、市中职学科带头人20人等荣誉获得者250人；市政府表彰第五批名教师22人、名校长12人，确定244人为金华市中小学“1155”名师名校长工程第六批培养人选。创新后备干部选拔培养模式，通过“海选”从德才兼备、工作能力强、群众公认度高的年轻教师中选拔出34名后备干部；利用暑期安排理论培训一周后，赴三个区的乡镇(街道)挂职锻炼一个月。出台市直高中段学校教育教学成果奖励办法，从2013年开始每年投入1000万元，设立人才培养奖、教师科研奖、学校品牌奖、特殊贡献奖。制定下发《做好义务教育学校教师校长交流工作的通知》，全市参与交流的校长79人；骨干教师209人，占符合条件的20%(超过省要求的15%)；普通教师877人，占符合条件的18%。推进教师职称评审改革，分别下放中小学中级评审权给各县(市、区)教育行政部门和直属高等学校；285人晋升高级职称(其中：中学高级264人、高级讲师7人、高级实验师2人、副研究员12人)，695人晋升中级职称(其中市本级66)；市本级初定初、中级职称85人，直属高校晋升副教授2人，讲师9人。

高校、中专招生

【概述】 全市共34850人报名参加普通高校招生考试(其中：文科9120人、理科22191人、艺术类3186人、体育类353人、单考单招高职3148人)。全市共30260人被录取(其中：文科7174人、理科18790人、艺术类2279人、体育类111人、单考单招高职1906人)。全市共16040人报名参加成人高校招生考试(其中：专升本4751人、高中起点10584人)。全市共有2244人报名参加研究生招生考试。全市共45050名初中毕业生参加升学考试报名，42758人进入高中段学校学习，其中：普通高中27161人、技校13440人、普通中专(含五年制)1057人。空军和国航招飞方面,全市共有31人被录取(其中:空军20人、国航11人)。2014年,空军招飞工作成为一大亮点,全市有20人录取为空军飞行员(全省共录取53人),录取人数居全省第一,占全省的37.7%,其中清华班2人(全省共3人),创历史新高。东阳招生办、浦江县招生办、金华一中、浦江中学、武义一中、义乌中学、东阳巍山高中等7家单位被评为招飞工作先进单位,另有13名同志被评为招飞先进个人,受表彰的单位和个人远高于兄弟地市。

(市教育局)

就　业

【城乡就业】 全市接收应届毕业生2.78万人,举办高校毕业生专场招聘会20余场,开发各类就业岗位15万个。开展各类高校毕业生创业指导及服务3.8万人次,组织大学生创业培训8500余人次,帮扶3000余名大学生实现创业,带动就业2.8万余人。全市各级人力资源社会保障部门通过举办招聘会、校企对接会、外省劳务洽谈等措施,为企业解决用工10万人。全市城镇新增就业7.61万人,失业人员再就业3.11万人,其中就业困难人员实现就业8532人,城镇登记失业率为2.80%。

【劳动关系】 市构建和谐劳动关系工作领导小组印发《金华市"双爱"活动推进计划(2014-2017年)》。开展"和谐劳动·美丽金华"系列宣传活动,发放各类宣传资料5000余份,市县构建和谐劳动关系三方四家联系了3276家规模以上企业。全市企业劳动合同签订率达97.4%,已建工会企业集体合同签订率达96.4%。公布2013年金华市区在岗职工年平均工资和市区2014年部分职业(工种)人力资源市场工资指导价位。集中梳理发布27项人力社保惠企政策和31项惠民政策。金华市区、义乌市、永康市、东阳市最低工资标准调整为1470元,非全日制最低小时工资标准调整为12元。其他县最低工资标准调整为1350元、1220元元二档,非全日制最低小时工资标准调整为10.9元、9.8元。

【劳动保障监察】 全市各级劳动保障监察机构主动检查用人单位2.38万家,书面审查用人单位5.02万家,涉及劳动者118万人。办结各类劳动保障举报投诉案件7623件,工资类案件6762件,处理涉薪群体性突发事件655件,追回欠薪3.4亿元,涉及劳动者3.86万人。向公安机关移送涉嫌拒不支付劳动报酬罪案件75起,涉及金额2346万元。累计筹集企业工资支付保证金5.05亿元,各级政府筹集欠薪应急周转金7657万元。

【调解仲裁】 全市各级调解组织办结劳动争议纠纷9360件,结案率96%,调解涉及人数12316人,涉及金额2.11亿元;市县仲裁机构立案办结劳动人事争议仲裁案件4987件,涉及劳动者8283人,涉及金额1.71亿元,结案率92.85%。

【12333电话咨询服务】 全市12333电话咨询服务专线来电总数19.98万个,其中服务总量13.11万个,接通率86.52%。

(钱建迅)

社会保障

【社会保险】 全市职工基本养老保险参保人数165.31万人,比上年增加13.75万人;城乡居民养老保险参保人数152.11万人,比上年减少13.26万人;城镇职工基本医疗保险参保人数133.57万人,比上年增加8.14万人;城乡居民(含城乡统筹)医疗保险参保人数347.36万人,比上年减少9.22万人;失业保险参保人数73.49万人,比上年增加2.89万人;工伤保险参保人数154.44万人,比上年增加5.5万人;生育保险参保人数80.05万人,比上年增加9.49万人;被征地农民基本生活保障参保人数28.37万人,比上年减少2.52万人。

【社会保险政策】 市政府印发《金华市人民政府关于进一步完善金华市区城乡居民基本养老保险制度的实施意见》(金政发〔2014〕53号),个人缴费档次从原有7档增加至12档,同时提高财政补助标准。市政府办公室印发《金华市人民政府办公室关于调整市区基本医疗保险有关政策的通知》(金政办发〔2014〕40号),市区基本医保个人缴费标准每人每年提高 200 元，标准一和标准二分别增至 500 元和 300 元，财政补助从原来的 320 元分别提高到 1200 元和 700 元。所有县(市、区)均建立城乡居民大病保险制度。市区医保年度共 103.8 万人参保，保费总额达 3653.7 万元，其中享受报销 5639 人,报销医疗费用 3257 万元。全市企业退休人员人均每月提高 235 元,养老金每月达到 1958 元。

【社会保险经办管理】 完成市社会保险办事大厅搬迁。新社保大厅面积达到 3500 平方米,比原来扩大 500 多平方米。引入社保卡中心、地税服务窗口及 7 家银行服务窗口,实现“一站式”参保服务。建立全民参保登记数据库，全民参保登记率达到 73.91%。全市发放社会保障卡总量达 439.7 万张。全年市区创建“社保家园”达标单位 83 个,企退人员社会化管理服务经费从每人每年 120 元提高到 200 元,企退人员社会化管理服务 9.25 万人次,登记率达 96%以上。组织开展医疗保险反欺诈“亮剑”专项行动,查处违规金额近 100 万元。实施市区第二轮慢性病定点药店和普通定点药店招投标工作,共增加 2 家医疗保险慢性病定点药店、16 家普通定点药店。

（钱建迅）

民　政

【概述】 金华市设婺城、金东 2 个市辖区，辖浦江、武义、磐安 3 个县,代管兰溪、东阳、义乌、永康 4 个县级市。截至 2014 年底,全市共有镇 76 个、乡 36 个(含民族乡 1 个)、街道 40 个,村民委员会 4791 个、社区居委会(居民委员会)373 个。全市行政区划基本没有变动,仅部分县(市、区)对村民委员会、社区居委会(居民委员会)进行微调,其中街道增加 1 个,村民委员会减少 4 个,社区居委会(居民委员会)增加 7 个。全市民政事业费实际总支出 13 亿元,民政事业基本建设完成投资总额 2.36 亿元，分别比 2013年增长 12%和 57%。金华市民政局被评为浙江省民政厅和金华市级机关部门 (单位)2014 年度考核优秀单位,东阳、武义荣获 2014 年全省民政工作先进县(市、区)。

【社会组织建设】 截至 2014 年底,全市共有社会组织4277 个,比 2013 年增加 3.99%,其中社会团体1835个、民办非企业单位 2440 个,分别占总数的 42.9%和 57.05%，基金会 2 个，共有各类工作人员 49008人。在社会组织中,按照社团活动区域划分,地级社团 347 个,县级社团 1488 个;按照社团行业分类,工商业服务类 440 个,社会服务类 287 个,职业及从业组织类 220 个,文化类 237 个,农业及农村发展类185 个，卫生、体育、科研、生态、教育、宗教、法律、涉外和其他类 466 个。按照民办非企业单位性质划分,法人 1733 个,合伙 34 个,个体 673 个;按照民办非企业单位行业划分,教育类 1833 个,社会服务类103 个,科技与研究类 130 个,卫生类121 个,文化类 99 个,体育、农业、工商、生态和其他类 154 个。全市累计完成社会组织登记 4365 家，其中社团1871 家,民非 2491 家,基金会 3 家。市本级共有 364 个市级民办非企业单位参加年度检查,市级社团共有332 个。经民政部门直接登记的社会组织达到 52家。市本级 65 家业务主管单位所分管的675 家社会组织，其评比达标表彰活动项目全部取消,全市社会组织累计参评率达到 50%。完成第一批政府向社会组织购买服务目录的制定工作，共有市本级 152家社会组织纳入目录。鼓励和引导社会组织参与养老、助残、青少年、救助帮困等公益服务项目,加快培育惠及民生的公益服务类社会组织，投入福彩公益金 100 万,启动市区社区公益创投试点工作,实施“心源护蕾”未成年少女关爱项目、“聚爱,生命亦精彩”癌症服务项目等 17 个创投项目,填补公益创投工作的“空白”。

【双拥优抚安置】 顺利完成省级双拥模范城(县、区)考核检查的迎检工作,召开金华市庆祝建军 87 周年暨荣获“省级双拥模范城五连冠”大会,表彰先进单位和个人。以军地互办实事“双十项”活动为抓手,组织开展“关爱亲人解放军”慈善救助活动,不断推动军民融合式发展。全面实施优抚对象医疗补助“一站式”实时结报系统建设,对优抚对象补助医疗经费 1000 多万元,对重点优抚对象发放抚恤金 1 亿多元。认定 211 名 60 岁以上无生活来源烈士子女。开展带病回乡退伍军人认定工作,组织重点优抚对象参加体检,帮助解决农村重点优抚对象

“住房难”问题,切实关心解决带病回乡退伍、残疾军人的生活困难。全市共换发2778份残疾证,638本烈士证。截至2014年底,全市共有抚恤、补助优抚对象30981人,其中烈属、因公牺牲军人家属、病故军人家属等定期抚恤对象429人,因战、因公、因病等伤残人员2892人,红军失散人员、在乡复员退伍军人、参战参试退役人员、60岁以上农村籍退伍军人等定期补助对象23522人,带病回乡4138人。全年发放死亡抚恤金1039.8万元、伤残抚恤金4625.1万元、在乡复员退伍军人生活补助费7605.8万元,其他优抚支出1035万元,比2013年增长10.05%,优抚对象整体抚恤水平达到6690.5元/人·年。全市共接收退役士兵2345人,全面落实义务兵家庭优待金和退役士兵自主就业地方经济补助。全市共发放地方经济补助2840.96万元,义务兵家庭优待金5654万元。持续做好退役士兵推介就业工作,先后推出两批200个财政补助的编外用工岗位,实际解决183人就业问题。建立健全退役士兵职业技能教育培训制度,全市共有810名退役士兵报考高等职业院校或参加职业技能教育培训,教育培训政策知晓率、培训合格率达到100%。

【社会救助】 全年共发放社会救助资金3.11亿元,比上年减少7.8%。截至2014年底,全市共有最低生活保障对象(含五保对象)4.1万户5.64万人,发放低保救助金1.63亿元,人数比上年减少9.4%,资金支出增长5.8%,其中市区8141户11088人,发放低保救助金3551万元,比上年增加3.6%,发放价格补贴81万元,补贴1.6万人(户);城市最低生活保障对象2080户2786人,发放低保救助金1209.18万元,比上年减少7.8%;农村最低生活保障对象33830户48518人,发放低保救助金1.05亿元,比上年增加6.1%;农村五保对象5089人,发放低保救助金4612.1万元,比上年增加8.7%。全面完成城乡低保标准调整,城乡低保标准平均增幅分别为12%和19%,农村低保标准提高至城镇低保标准的74%。人均月补差:城市318.73元,农村224.57元。低保对象每人每月最低救助金额不少于80元,平均救助金额均高于当地低保标准的50%。全市共核查低保、重残、临时救助和住房保障等救助对象近3万户7万人,清退4465名不符合条件的救助对象。8个县(市、区)完成核对机制建设,9个县(市、区)建成核对信息平台,实现与建设、人社、公安、市场监管等部门的数据共享和交换。全市纳入重度残疾人基本生活补助金救助7732人,发放救助资金3353.8万元。全市按人均13元筹集落实医疗救助资金7698.15万元,实际达到16.5元,全年救助3.36万人次,发放医疗救助金6209万元,市区低保对象和重特大疾病医疗救助比例从上年的50%提高到65%。全市按人均不低于3元的标准共筹集临时救助资金1585.3万元,发放1325万元,救助困难群众2.4万人次,人均救助550元。武义、磐安两地列入全省“救急难”工作试点。全年共接待各类求助人员7882人次,护送精神病人、未成年人等特殊对象共337人次,对45名未成年人进行家庭监护情况调查评估,对32名未成年人进行跟踪回访。全力做好磐安雅庄“2.13”雪灾的应急处置和灾后救助工作,对因灾死亡人员家属发放抚慰金190万元。全市下拨自然灾害生活救助资金1283万元,全面完成1495间倒塌房屋的恢复重建工作。全市新建改扩避灾工程44个,累计建成避灾安置场所1985家,避灾安置场所标识牌和指示牌设置率达到61%,共有21个社区获得国家级或省级综合减灾示范社区的荣誉称号。全年开展各类灾害应急演练2300余场,参加群众近100万人次,并对全市400名村级灾害信息员开展灾害信息员职业技能的轮训工作。全市共募集慈善资金5230万元,救助支出5428.87万元,救助人次3.24万。其中市本级共筹集慈善资金1135万元,救助支出1112万元,受助群众8600多人次。

【养老服务】 全市共有收养类社会服务机构144个,床位29264张,比2013年增加12.4%,其中国办养老机构16家,民办养老机构50家,乡镇敬老院78家;年末在院人数15417人,其中农村五保、城镇“三无”对象5191人,共新增城乡社区居家养老服务照料中心1990家,新增机构养老床位3222张(其中市区新增450张)。市重点项目工程江南老年公寓主体工程于12月底前顺利结顶。与8890便民服务平台合作,建立养老服务呼叫中心,政府购买服务对象795名统一纳入8890居家养老服务信息平台,享受24小时全天候日常照料服务。全市举办两期养老护理员培训,开展专业教育、在职教育和岗位技能培训,参训学员 264 人,考证通过率达 98%。金华市职业技术学院、金华市社会福利中心认定为“金华市养老护理人员培训基地”。

【社会福利】 全市共有孤儿 570 人,其中:机构集中养育孤儿 260 人,社会散居孤儿 310 人。市区机构养育孤儿生活费标准达到 1345 元/人,散居孤儿标准为810 元/人,全市发放孤儿基本生活费 622 余万元。全年共办理收养登记 399 件,其中女性 320 人,占80%;社会福利机构抚养的孤儿 370 人,占 92.7%,非社会福利机构抚养的弃婴 29 人,占 9.7%。截至2014 年底,全市共有社会福利企业 250 家,职工21750 人,其中残疾职工8901 人,占职工总数的 40.92%。全年完成销售收入160 亿元,纳税总额4.22 亿元,实际减免税金 2.47 亿元,盈利总额 1.06亿元。残疾职工人均月收入2530 元,比上年增长18.72%,月人均交纳五项保险 747 元。全市共有福利彩票发行单位 9 个,职工95 人,全年销售各类福利彩票 17.78 亿元,提取公益金 1.56 亿元,分别比上年增长 17.12%和 19.08%。福利彩票公益金资助项目1447 个,支出公益金 2.1 亿元,比上年增长56.71%,其中资助收养性单位项目 932 个,支出14219.8 万元;资助社区服务单位207 个,支出1886.66 万元;资助殡葬事业项目 3 个,支出 286.73万元;其他专项资助项目 305 个,支出4587.61 亿元。全市共有社会救助管理站 8 个,职工53 人,床位254 张,全年救助流浪乞讨人员 7882 人次,支出救助资金 (含救助单位经费) 1760.07 万元,分别比上年增长 2.75%和12.82%,其中:救助儿童181 人次,老年人745 人次,残疾人 461 人次,女性1365 人次,危重、精神病人 1317 人次,其他人员3813 人次。

【基层自治和社区建设】 截至 2014 年底,全市共有基层群众自治组织 5164 个,其中村委会 4791 个,社区居委会 290 个,居委会 83 个,自然村 10457 个;村委会成员 17157 人,村民小组 31691 个,居委会成员1375 人,居民小组 2549 个。市本级投入福彩公益金900 余万元用于城乡社区建设。全市完成新建改建442 个农村社区服务中心、24 个乡镇 (街道) 社区服务中心和 107 个市级示范农村社区建设。开展农村社区建设培训,完成新当选村干部的培训工作,提高农村社区干部的能力素质,提升农村社区建设的整体工作水平。印发《金华市民政局关于进一步推进村(居)务公开工作的通知》(金市民〔2014〕79号),推进村(居)务公开民主管理工作经常化、制度化、规范化。市两办于 10 月份出台《市直单位涉及村(社区)机构牌子、考核评比、创建达标等事项清理整改工作实施方案》,全面清理村 (社区)“三多”事务,只保留 4 个组织机构,取消考核评比 20 项,减少创建达标 61 项。

【专项社会事务】 完成市级界线金华绍兴线,县级武义义乌线、婺城兰溪线、金东武义线、金东兰溪线内业外业联检工作,平安边界协议书签订率 100%。市政府修订出台《金华市地名管理办法》(市政府第 53号令)。制定全国第二次地名普查方案及操作规程,有序推进全国第二次地名普查工作。完成江北一环线区域内标牌的清理整治工作。全市共安排后扶持资金预算 12026.58 万元,直补移民人数 116112 人;后扶项目资金 5093.58 万元,以项目扶持移民 46919人;实施扶持项目 585 个,总投资 28742 万元。进一步规范婚姻登记内部操作流程,推广登记机关标识、婚姻家庭辅导和颁证工作,开展婚姻登记历史数据录入和婚姻登记机关等级争创工作。2014 年,全市共办理结婚登记 41244 对,比 2013 年增加4.5%,其中涉境外婚姻登记 118 对,比 2013 年减少44 件,离婚登记 10325 对,比2013 年增加 744 对,出具无婚姻登记记录证明83291 份。截至 2014 年底,全市共有殡仪服务单位19 个,职工 336 人,火化炉34 台,墓穴位 63165 个,全年火化遗体 31760 具,比2013 年增加 105 具,本年销售墓穴位 2083 个,安葬10846 个。实现全市殡葬基本服务项目免费政策全覆盖,全市减免殡葬服务费用 2200 余万元。全力做好尖峰山区块坟墓搬迁工作,其中安置在市龙山公墓(江南陵园)墓穴有 2100 多个。完成市殡仪馆修缮改造扩建工程。

(邵顺能)

社会稳定

【概述】 以各项重大会议的维稳安保工作为重

点，推进重大决策社会稳定风险评估工作为契机，不断强化信息搜集研判、完善体制机制建设、提高应急处理能力，维护社会稳定工作取得明显成效。一年来，全市没有发生重大政治事件、暴力恐怖事件、非法聚集事件、重大群体性事件和危害国家安全、政治稳定的重大事件，为“两美”金华建设提供了有力保障。

【维护社会政治稳定】 推进重大事项社会稳定风险评估工作，创新流动人口管理服务举措，加强特殊人群管理服务工作，推进社区矫正正规化建设，扎实开展信访积案专项整治和初信初访化解工作。深化反渗透、反分裂、反邪教、反恐怖斗争，扎实做好邪教人员教育转化攻坚，持续开展涉恐基础大排查，及时查处涉邪教、涉恐怖的违法犯罪，及时化解“公民同城行动”的苗头，有力地维护了社会政治稳定。

【维护重点时段的和谐稳定】 对各级“两会”、亚信峰会、十八届四中全会、APEC会议和世界互联网大会等重大活动，“6·4”“7·5”“8·1”等重大敏感时段的维稳工作落实分级戒备，加强值班备勤，适时启动每日情报会商研判和“零报告”制度，全面落实各项维护安保措施，确保了期间的社会稳定。

【维护重点群体的和谐稳定】 对涉恐重点人员和邪教组织进行严密监控，加强专案经营，切实加大防范打击力度。深入贯彻落实《依法处理利益诉求群体实施违法犯罪行为的指导意见》，牵头制定《金华市解决“进京非正常访”问题四部门会商制度》，对违法行为组织开展依法处置，全市信访维稳秩序明显好转。

【维护重大案件的和谐稳定】 成立“海纳汽车租赁案”“方剑侠租车案”“汪崇余再审案”等重大案件专案组，多次牵头召开维稳形势研判会，研究案件协调处置、信访维稳工作，掌握舆论方向，积极提出意见建议，为市委、市政府正确决策提供了有力支撑。同时，组织全市维稳工作者开展理论研究，将调研成果形成《维稳工作理论与实践——金华市维稳工作调研论文选编》一书。

【社会稳定风险评估】 2014年维稳处增挂稳评处牌子，明确将稳评工作列入了市委理论中心组的学习内容，纳入党校中青年干部、领导干部学习培训内容之一。与发改委联合下文，确定了2014年市区21个重点项目，作为全年稳评工作重点。积极探索第三方风险评估机制，并对市区公交BRT、城市公交首末站建设等项目的风险评估工作进行帮助指导。建立了会稳定风险评估目录管理制度，组建社会稳定风险评估专家库，并先后以市委市政府名义召开推进会和现场会对稳评工作进行部署。下发稳评工作指南、稳评报告范本，细化规范工作流程和标准。

（程峻能）

信访工作

【概述】 2014年，开展信访积案专项整治和初信初访化解、狠抓信访工作规范化建设和制度化建设，加强信访干部队伍建设和基层基础建设。2014年，群众赴京上访50批191人次，同比批次下降76.6%，人次下降23.7%。去省上访813批1720人次，同比批次下降23.8%，人次下降36.3%。金华市本级共接待群众来访1417批次10354人次，同比下降18.8%和31.3%；其中集体访287批次8618人次，同比下降19.4%和26.8%。受理群众来信3695件，同比上升44%；市本级受理网上信访2921件，同比上升59.4%。信访形势总体呈现“两升两降”的特点，即来信和网上信访量上升，信访总量和非正常上访下降，政府门前信访秩序根本好转。金华信访工作在全省的考核名次在2013年前移四位的基础上，2014年又前移三位。在全省信访工作年度考核中名列第三，是10余年来考核名次最好的一年。

【化解信访积案】 2014年初，在全市开展信访积案集中排查化解工作。7月份，又结合“十项整治”活动，再次开展信访积案的排查化解工作，同时把党的群众路线教育实践活动期间省委督导组和市委活动办受理交的573件信访件全部纳入信访积案整治范围。2014年，省委督导组交办的388件信访件(省督导组编号394件，其中6件转省有关单位)，已反馈381件，反馈率98.2%；经审核办结299件，办结率77.1%。市委活动办交办的179件信访件，已反馈177件，反馈率98.9%；经审核结案105件，办结率58.7%。省联席办交办的62件信访积案，已化解终结52件，结案率83.9%。

【开门接访，广开言路】 信访工作是送上门来的群众工作。省委督导组进驻金华后，一开始就提出"让所有的来访群众都得到接待，所有的信访事项都有一个回音"的工作要求。省委督导组扎实、接地气的工作作风，得到广大群众的充分认可，督导组驻地信访接待的任务很重。根据工作实际和省委督导组的要求，2014年5月，在市委活动办增设信访工作组，工作力量以市信访局为主，同时从市纪委、市委组织部、市委政法委、市公安局抽调人员充实到信访工作组。具体负责市委活动办的信访事项处理工作，并协助省委督导组做好群众来访的接待工作。从2014年2月份至10月份，省委督导组和市委活动办信访组共接待信访群众866批1332人次，收到来信57件；受理、交办各类信访件573件。党的群众路线教育实践活动期间，市信访局接访窗口工作人员坚持每天上午提早一个小时上班，下午推迟半个小时下班，确保来访群众随到随接。市信访局全年共接待群众来访1256批次8950人次，其中集体访242批次7292人次，最大程度减轻省委督导组驻地和中央巡视组在浙期间的信访接待压力。

【完善初信初访工作】 2014年以来，各级信访部门以开展党的群众路线教育实践活动为契机，进一步强化源头预防，狠抓初信初访办理，遏制信访"增量"。一是抓源头预防。在土地征用、拆迁安置、劳动社保、环境保护等重点领域，加强矛盾纠纷排查和信访信息综合研判，对一些重大决策和重点项目引入风险评估机制，从源头上预防和减少矛盾纠纷和信访事项的发生。二是抓办结率。2014年，在通报内容中增加差错率，同时对初信初访办理情况进行满意度测评，并列入考核内容，有效推动初信初访的化解。全年初信初访按期办结率达99.9%，办理差错率为0.05%。三是抓复查复核。对经过复查复核或公开评议的信访事项，及时做好终结备案工作，使之有序退出信访程序，防止转化为信访积案。

【宣传和处置并重】 2014年，在狠抓依法处置的基础上，下大力气抓宣传工作。上半年，市、县两级都扎实开展依法信访宣传月活动，充分利用电视、报纸、短信、微信、电子屏等媒介，通过答记者问、电视访谈、以案释法等多种形式，积极宣传信访制度改革的有关内容。全市制作发放卡通画报和宣传手册数十万份，使信访法规政策进机关、进乡村、进学校、进企业，做到家喻户晓，增强群众依法信访的意识。在做好法制宣传的同时，坚持依法处置不放松。2014年增加驻市政府民警执勤室力量，将原来2名公安民警增加到5名，并增加20名协警，提升处置信访违法行为的能力，加大对一些借上访名义滋事扰序的违法行为人的处置力度。通过宣传和打击并重，也为各级各部门在化解信访积案过程中守住法律政策底线打下基础，促使群众回归到依法理性表达诉求的轨道中，推动形成办事依法、遇事找法、解决问题用法、化解矛盾靠法的良好氛围。

【基层建设】 一方面注重信访事项的化解，另一方面也高度重视信访部门自身建设。一是加强信访干部队伍建设。2014年接访、办信、网上信访、复查复核等多个处室均组织业务培训和心理咨询培训，培训各级各部门信访干部400多人次，提高基层信访干部的工作能力。二是加强信访接待场所规范化建设。在市信访局内部开展信访文化建设，大力改善信访联合接待中心的软件硬件设施，在候访大厅增设必要的便民设备。与前几年相比，整个市信访局的面貌给人一种焕然一新的感觉。三是积极开展共产党员示范岗创建活动。群众来访接待中心是党委、政府的窗口，一言一行都代表党委、政府的形象。通过群众路线教育实践活动，市信访局干部的群众意识和主动服务的意识不断提升，对一些不属于本部门职责份内的事情，也都能主动作为，替党委、政府分忧担当。比如农民工讨薪问题，虽然不属于信访受理范围，但市信访局每次遇到这类问题，都责无旁贷，积极主动协调劳动、建设和公安等职能部门共同做好处理化解工作。2014年市信访联合接待中心被市直机关工委评为共产党员示范岗。三是开展心理咨询和法律服务。2014年，市信访局在全省首创信访系统以政府购买社会服务的形式，在接访工作中引入心理咨询和法律服务，全年共为信访群众提供心理疏导30多人次，律师参与接访51批次，同时还参与信访件办理的法律把关工作，起到较好的效果。四是注重发挥基层组织的作用。采取信访代理、民情恳谈室、“两代表一委员”、党员进社区等形式，不断增强基层党员干部的服务意识，从源头上预防信访问题的产生。

【长效机制建设】 市信访局积极进行汇总提炼,将成果转化为常态化的工作规范。比如对信访积案依法依规按政策化解工作的审核把关,研究制定《信访事项审核办法征求意见稿》,下一步将发到各县(市、区)征求意见,使之成为今后全市信访部门统一的办理和审核标准。在信访考核方面,紧扣中央关于信访制度改革的步伐和要求,强化工作考核、弱化数量考核。在促进事权单位及时就地依法化解信访问题方面，制定下发《关于对信访事项办理中违规违纪行为问责的通知》，加大效能问责力度,进一步压实属地属事单位的责任。2014 年,全市共有5 人次因在信访事项办理过程中存在违规违纪行为被问责。在强化信访工作责任方面的探索实践得到省信访局的充分肯定。

【信访积案专项整治】 信访积案专项整治工作是党的群众路线教育实践活动的一项重要内容之一。结合“十项整治”活动,在全市集中开展信访积案排查化解工作。一是排查梳理不遗漏。2014 年年初,在全市部署开展信访积案集中排查工作,共上报省联席办信访积案 63 件。7 月份,结合党的群众路线教育实践活动，又开展一次翻箱倒柜式的排查，把省委督导组和市委活动办受理交办的 573 件信访积案全部纳入整治范围。8 月 15 日,市委专门召开信访积案化解专项整治推进会,向 9 个县(市、区）和 22个市级机关部门集中交办 324 件信访积案,要求各地各部门倒排时间,明确责任,确保每个案子都有人抓、有人管、有人办。各县(市、区)也以不同形式交办 2032 件信访积案,化解率达到 80%左右。二是化解工作守底线。对信访积案的化解工作,市委领导科学地提出“件件有查证,事事有结论”十个字的工作目标,不求件件都息访,但求事事有结论,确保每一件办结的信访积案都经得起法律政策和历史的检验。在工作中,各地各部门坚持利用法制思维和底线思维,创新工作方法,通过复查复核、人民调解、心理疏导、帮扶救助、公开听证等工作举措,分类处理每一个具体的信访案件。对一些群众反映合法合理的信访问题，力求一步解决到位,如金西开发区 4 家企业反映供地问题、金义都市新区金菊芬拖延 10 多年的征迁安置问题都得到解决;对一些诉求合理但要价过高的信访人,做到守住底线不迁就,依法依规确定具体的处理方案,如国资委系统的刘彩茶反映丈夫死亡后要求解决工作问题,市国资委先后数十次接访协调,最后拿出明确的解决方案;对一些政策认识有偏差或反映的问题缺少法律政策依据的信访问题,则通过耐心细致地政策解释和思想疏导工作促其息访,如南昌铁路局精减下放人员要求按照我省政策落实生活困难补助的信访问题;对一些事关民生的重大信访问题,则加大力度、下定决心,积极创造条件给予解决,如信访人“看不平” 反映武义县饮用水源清溪水库污染问题;对一些确实一时无法解决的信访问题,则在调查核实的基础上,排出计划表,逐步解决;对一些反映党员干部违法违纪和“四风”方面的问题,一旦查实的,由纪检监察部门进行问责处理。三是领导包案破难题。共梳理出 14 件疑难复杂、群众关注度高的信访问题,由市级领导带头包案,其余信访件也全部落实县级领导包案。截至目前,市领导包案的14件信访件均已反馈办理结果，其中审核结案 11 件,结案率 78.6%。通过领导包案,对信访积案化解面上工作起到很好的示范推动作用。四是严督实导重实效。2014 年,一以贯之地做好积案化解督导工作。从5 月份开始,市委组织部专门安排 3 批次新提拔领导干部到信访部门锻炼,具体负责信访积案的交办督办工作,通过采取电话、发函、通报等多种形式进行督查催办。12 月份,市整改办和市信访局组成联合督查组,赴各县(市、区)和金华经济技术开发区、金义都市新区对 25 件重点信访件上门进行督办。五是严格把关抓质量。在信访积案反馈报结材料的审核中,坚持高标准严要求,严格按照浙信〔2013〕7号文件和金群组办〔2014〕16 号文件规定的标准来执行。审查中发现有不按要求办理的,如对信访人反映的问题事实调查认定不清,答复内容、提供材料不全的；或是答复意见书中发现单位或个人有推诿扯皮现象的;或对事实调查没有说明的;或是没有讲明处理问题的政策依据的，或是办理报告中没有经办人和主要领导审核签字的信访件,一律退回重办。通过半年时间的狠抓办理质量工作，各级各部门信访事项办理程序进一步到位，反馈报结材料的质量明显改进，基层干部处理信访问题的能力得到全面提升，依法行政的水平得到极大改善。

（沈　晓）

人民生活

城镇居民生活

【可支配收入增长态势良好】 据国家统计局金华调查队抽样调查显示：2014年，金华市城镇常住居民人均可支配收入39807元，同比增长9.4%，增速列全省各设区市第二位。

与全省相比，金华市城镇常住居民人均可支配收入增速比全省平均高0.5个百分点，绝对值比全省平均水平低586元，总量差距比2013年度的694元缩小了108元，收入差距进一步缩小。

从收入来源看，工资性收入、经营净收入、财产性收入和转移性收入比重分别是55%、17%、16%与12%。工资性收入占总收入的占比最高，对可支配收入增长的贡献率最大，其余三大项收入占比基本持平，具体来看：

1. 工资性收入对可支配收入增长贡献最大。2014年，金华市城镇常住居民人均工资性收入22005元，同比增长8.1%，拉动可支配收入增长4.5个百分点，是拉动收入增长的火车头，对可支配收入增长的贡献率达47.9%。劳动力成本上涨是维持工资性收入刚性增长的主要因素，企业最低工资标准连年上调，劳动力市场就业指导价也逐年攀升。但是，随着经济增长的放缓，工资性收入的增长已经呈现趋缓态势，要保持普遍较快增长存在一定困难。

2.经营性收入保持稳定增长。全市城镇居民人均经营净收入6577元，同比增长9.1%，拉动收入增长1.5个百分点。经营性收入的增长一方面是由于全市经济的平稳运行与相对良好的市场环境，另一方面得益于市委市政府对小微企业较大的扶持力度，增加了城镇私营企业主与个体户的经营收入。

3.财产性收入增收渠道有待拓宽。全市城镇居民人均财产净收入6303元，同比增长10.5%，拉动收入增长1.6个百分点。调查显示，城镇居民财产性收入主要来自于房屋出租收入，随着私房租赁市场的饱和与店铺租金涨幅的放缓，城镇居民财产性收入的增加受到了影响。同时，居民理财投资渠道过于单一，民间借贷等方式存在一定风险。

4.转移性收入成为年度增长亮点。全市城镇居民转移净收入4922元，同比增长14.8%，拉动收入增长1.7个百分点。虽然转移性收入占可支配收入的比重最小，但是对收入的拉动作用仅次于工资性收入，成为本年收入增长的亮点。转移性收入的增长受政策影响显著，企业退休职工养老金的逐年上调以及城郊失地居民纳入城镇养老保险范畴，都大幅提高了城镇常住居民转移性收入的增加。此外，报销医疗费标准的提高也是转移性收入增长的重要因素。

【居民生活消费支出增长稳定，生活品质稳步提高】 2014年，金华市城镇常住居民人均生活消费支出25627元，同比增长9.0%。从消费比重上看，食品烟酒、居住、交通通信支出位居前三位，比重分别为28.2%、25.0%与14.8%，教育文化娱乐、医疗保健、衣着支出占比居中，生活用品及服务、其他用品和服务占比较小。从增速来看，八大类消费支出同比增幅呈现“六升二降”的特点，具体来看：

1.交通通信与医疗保健支出增速较快。2014年，全市城镇常住居民交通通信支出4797元，同比增长19.1%；医疗保健支出1636元，同比增长14.6%。随着收入的增加，城镇居民对交通出行、通讯通信等方面的高追求进一步呈现，“高铁出游”、“周末自驾”等出行方式悄然兴起，4G网络的普遍应用使得通讯费用有所增加。同时，市民对医疗条件与身体保健都有了更高的要求，相应的支出也水涨船高。

2.食品烟酒、衣着、居住、教育文化娱乐支出增长平稳。金华市城镇常住居民人均食品烟酒支出7238元，绝对值比上年同期增加509元，同比增长7.6%；人均衣着支出2068元，同比增长3.6%；人均居住支出6408元，同比增长9.4%；人均教育文化娱乐支出2573元，同比增长8.8%。食品烟酒、衣着、居住支出属于城镇居民日常刚性支出，支出水平随收入水平同步提升，同时，年度教育文化娱乐用品及服务类价格上涨明显,四大项支出均保持平稳增长态势。

3.生活用品及服务、其他用品和服务支出小幅下降。金华市城镇常住居民人均生活用品及服务支出1350 元,同比下降 1.9%,城镇居民家庭耐用消费品趋于饱和状态,市民购买欲望不足;人均其他用品和服务支出 562 元,同比下降 1.6%,年度黄金价格持续走低,居民对首饰等其他用品的消费也趋于理性。

(虞　真)

农村居民生活

【农村居民收入增长主要特点】 调查显示:2014 年,金华市农村常住居民人均可支配收入为 18544 元,同比增长 11.3%,增幅居全省第二位。从四大类收入来源看,人均工资性收入 10670 元,增长 12.7%;经营净收入 5282 元,增长 8.0%;财产净收入 679 元,增长 6.4%;转移净收入 1914 元,增长 14.8%。

(1.)收入增速高开低走,仍保持稳定增长态势。

2014 年度,金华市农村居民收入增速呈高开低走态势。全年农村常住居民人均可支配收入增长 11.3%,分别比一季度、上半年和前三季度增幅回落 0.4、0.4 和 0.2 个百分点,但仍保持稳定的增长态势。

(2.)收入增幅高于全省平均水平,居全省第二位。

2014 年,金华市农村常住居民人均可支配收入为 18544 元,同比增长 11.3%。增幅比全省平均水平高 0.6 个百分点,连续两年位居全省第二位,继续保持较好的发展势头。从总量看,可支配收入仍居于全省第九位,总量差距小幅缩小,从上年的 833 元缩小至 2014 年的 829 元;与第八位的台州市比较,差距由上年的 862 元缩小至 2014 年的 818 元。

(3.)城乡居民收入比持续缩小。

2014 年,金华市城镇常住居民人均可支配收入 39807 元,同比增长 9.4%,农村居民收入增幅高出城镇居民 1.9 个百分点,城乡居民收入比由上年度的 2.184:1 缩小至2014 年度的 2.147:1,连续四年缩小。

(4.)四大类收入全面增长,转移净收入增长最快。

(1)工资性收入仍是居民家庭收入的主要来源。2014年,金华市农村常住居民人均工资性收入 10670 元,同比增长 12.7%,占可支配收入的比重为 57.5%,对可支配收入增长的贡献率达到 63.9%,拉动可支配收入增长 7.2 个百分点。工资性增长主要得益于:一是各地各类园区建设、低坡缓丘、美丽乡村建设等项目的实施,为务工人员创造了更多就业机会;二是相关部门加大培训和劳动力转移力度,加强农村就业指导、就业服务,来料加工等外包业务的增多,实现了中老年居民的“家门口”就业,拓宽了增收渠道;三是“时、日薪”工资的普遍上涨,尤其是技术工种(木工、电工等)工资的明显提高。

(2)家庭经营净收入平稳增长。2014 年,金华市农村常住居民人均经营净收入 5282 元,同比增长 8.0%,占可支配收入的比重为 28.5%,对可支配收入增长的贡献率为 20.8%,拉动可支配收入增长 2.4 个百分点。其中,受“天气”“三改一拆”“五水共治”等因素综合影响,桑蚕、生猪、奶牛、肉蛋奶等农产品产量大幅下降,农业生产经营遇到一定困难,增长缓慢,全市农村居民一产经营净收入 1357 元,仅增长1.8%;非农产业经营净收入为 3925 元,增长 10.3%,主要受新农村改造、新型农村产业(农家乐、休闲娱乐)等的发展带动。从家庭经营净收入构成比例分析,一产占比继续缩小,2014 年,第一产业经营净收入占可支配收入比为 7.3%,比上年下降 0.7 个百分点,说明金华市农村常住居民人均可支配收入对农业的依存度在进一步降低,但也制约了居民收入的整体增长。

(3)财产净收入量小增速慢。2014 年,金华市农村常住居民人均财产净收入 679 元,同比增长 6.4%,占可支配收入的比重为 3.7%,对可支配收入增长的贡献率仅为 2.2%,拉动可支配收入增长 0.2 个百分点。农村外来流动人口的减少使得农村居民房租收入增长缓慢,再加上农村居民的投资渠道窄,投资较为保守等原因造成财产净收入绝对量偏小、增长放缓。

(4)转移净收入增长最快。2014 年,金华市农村常住居民人均转移净收入 1914 元,同比增长 14.8%,占可支配收入的比重为 10.3%,对可支配收入增长的贡献率为 13.1%,拉动可支配收入增长 1.5 个百分点,成为农村居民增收亮点。增长的原因主要有:一是农村居民社会化保障程度的提高,如失地农民“农转保”政策的实施,农村基础养老保险金额度的提高等；二是政府转移支付的影响，如提高低保补助标准、惠农支农政策落实资金等；三是随着参保意识的增强和报销比例的提高，农村报销医疗费有较快增加。

【农村居民消费支出情况及特点】 2014年，金华农村常住居民人均生活消费支出13520元，同比增长14.5%，农村居民消费能力增强，居民生活水平稳步提升。八大类生活消费支出呈全面增长的态势，消费结构进一步优化升级，农村居民生活品质不断提升。

(1.)食品、居住支出是农村居民家庭的主要消费支出。

随着经济生活水平的提高，农村居民的消费增长空间进一步拓展，农村居民不再满足于吃得饱、有房住，而是对饮食、居住环境有了更高的要求，逐步向享受型和发展型转变。2014年，金华市农村常住居民人均食品支出4261元，同比增长12.6%，居住支出2903元，增长11.7%，两者合计占生活消费支出的比重为53.0%，其中，食品支出占消费支出的比重(即恩格尔系数)为31.5%。两者分别拉动消费支出增长4.0和2.6个百分点，合计拉动消费支出增长6.6个百分点。

(2.)医疗保健、生活用品及服务支出增长最明显。

2014年，金华市农村常住居民人均医疗保健支出1163元，同比增长32.0%，增幅比上年同期提高了28.2个百分点。医疗体制改革的进一步完善、新型农村合作医疗保障水平的进一步提高和居民自我保健意识的不断增强，使得全年农村居民医疗保健支出大幅增加，成为金华农村居民的一大消费亮点。

2014年，金华市农村常住居民人均生活用品及服务支出826元，同比增长22.8%。近年来，随着农村居民收入水平的提高，农村居民对生活用品的数量、档次需求日益提高，智能化家庭设备开始大量进入居民家庭，农村居民购买家庭设备用品保持快速增长。

(3.)交通通信、其他用品和服务保持较快增长。

随着收入的增加，农村居民的消费能力逐渐提升，在交通通信工具、金银珠宝饰品、美容美发等的支出越来越多。2014年，金华市农村常住居民交通通信、其他用品和服务人均支出分别为1727元和376元，分别增长16.4%和18.4%。

(4.)其他各项增长较为平稳。

随着居民时尚意识、休闲、文化娱乐意识的不断增强，农村居民在衣着、教育文化娱乐支出逐年增加。2014年，金华市农村常住居民人均衣着支出892元，同比增长8.9%；教育文化娱乐支出1373元，增长10.2%，增长平稳。

【存在的问题】 一是农业基础尚不牢固，制约可支配收入高增长。2014年度，一产经营净收入1357元，与上年同期1333元相比，仅增长24元。农业经营增收缓慢，主要在于：农业基础设施薄弱，易受自然灾害影响，抗灾能力不强；生产规模化程度不高、生产经营分散，缺乏有效的市场信息引导；农业用工成本不断上升；“三改一拆”“五水共治”等措施的实施在短期内也给农村居民增收带来一定影响。二是财产性收入绝对量小，来源单一。调查显示，2014年，金华市农村常住居民人均财产性收入679元，在可支配收入中，占比仅为3.7%，占比小。受固有传统养老观念影响，理财意识淡薄，往往将多余资金用于房屋建造以及保守存款，理财信心不强。同时，农村金融体系的不完善，也影响了农村居民的投资理财渠道。

(庞　静)

老龄事业

【概述】 到2014年底止，金华市60周岁及以上人口达90.3万，占总人口19%，65周岁及以上老年人口58.4万人，80周岁以上13.9万人，百岁以上老寿星129人。全市151个乡镇(街道)全部成立老年人协会，并进行依法登记，5088个行政村(社区)建立老年人协会分会。建成县级以上老年活动中心9个，乡镇(村)级老年活动中心(室)5486个。

【发展基层养老服务】 一是切实加强基层老年人协会规范化建设，总结经验，强化培训，引导基层老年人协会在新农村建设和为老服务中发挥积极作用。要求各基层老年人协会对班子建设、规范化创建活动、发挥作用等方面做一次全面的排查梳理、规范。同时采取以会代培的形式对全市90多名基层老龄工作干部和老年协会会长进行培训。二是加强基层老年活动设施建设。通过开展创建“星级老年活动中心”活动,逐步提升老年活动中心的设施条件,管理水平和服务质量, 为老年人提供更多更好的活动场所和服务内容。目前,有老年活动中心(室)5495个,星级老年活动中心(室)832个。三是扎实开展“乐龄工程”、“银龄互助”和“独居老人暖巢计划”。目前,全市有45%的老年人协会开展“银龄互助”活动。19个老年人协会,开展“独居老人暖巢计划”试点工作。四是启动第二届“敬老文明号”创建和深化老年宜居环境建设,制定创建工作方案,召开动员会议进行部署,组织动员各系统各行业积极参与。

【丰富老年精神文化生活】 一是以市老年电视大学为龙头,强化老年教育工作。老年电视大学分校在扩大办学规模的同时, 加强对电大教育的管理, 招生数量不断增加,2014年累计招生人数达80000多人次,工作也不断完善。金华老年电视大学经过筹备,完成民非企业登记。二是各级老年组织充分利用各种场所组织老年人学习科学技术、生活卫生、保健等知识,使老年人追求科学、文明、健康的生活方式,抵制各种歪风邪气。目前全市有5163个文体队伍常年活跃在基层老年人中开展各项活动,不仅丰富老年人的精神文化生活,也促进金华市的精神文明建设。

【维护老年人合法权益】 围绕养老保障、养老服务、独居空巢老人生活、家庭赡养、老年人优待规定落实等情况调研, 提出解决问题的意见和建议。在金华时代国际影城进行试点,从5月1日起,凡持有老年证的老年人,在非节假日17:00前,均可享受原票价的2.5折优惠看电影, 使老年人的优待内容得到更好的落实。市老龄办和市老义工协会联合开展《中华人民共和国老年法》进机关、进乡村、进社区、进学校、进企业活动,印刷发放《中华人民共和国老年法》及宣传资料3万多份。

【“敬老月”活动】 一是广泛开展走访慰问活动。9月29日,市委书记徐加爱、市长暨军民、亲自挂帅带领四套班子领导,对市本级的老年保健护理院、部分敬老院、居家养老服务中心进行慰问,送去党和政府对老年人的关心,并向全市老年人致以节日的问候。市民政局、老龄办对市本级的百岁老人、居家养老服务中心、生活困难老人、各县(市、区)对本地百岁老人、各乡镇(街道)对90岁以上的老年人都进行慰问,给老年人送去慰问金和慰问品。市慈善总会拨专款20万用于老年人慰问。市老龄办为市社会福利中心800多名老人送上水果、饼干等慰问物品,大量的企业、公司及社团组织积极参与老年人慰问活动。二是积极开展老年文体活动。开展老年文体活动是“敬老月”的重头戏,市民政局、老龄办、市老义工协会开展“重阳节看大戏”送文化下乡演出活动。组织演职人员到市福利中心等地方进行4场送文化下乡演出,让老年人在家门口享受到丰富多彩、形式多样,健康有益的精神文化大餐。三是大力开展为老服务活动。敬老月期间,市老义工协会等社团组织开展系列为老服务活动,他们走进敬老院、福利院、老年公寓和老年人家中,为老年人开展家政、照料、护理、心理辅导、爱心讲座、健康讲座、老年人维权讲座等为老志愿活动。四是深入开展宣传活动。敬老月期间,各地各部门通过举办座谈会,庆祝会、文艺演出等多种形式,利用当地的报刊、电台、电视、广播、网络等媒体,大张旗鼓地开展庆祝老年节敬老月宣传活动。

(胡炳金)

城乡建设

城乡规划

【概述】 2014年,市规划局在市委、市政府的正确领导下, 以党的十八届三中全会精神为指导,按照“正风提效促赶超,为民惠民谋发展”的总体要求,深入开展党的群众路线教育实践活动,以“精品金华”建设为统领,紧紧围绕市委市政府中心工作,坚持科学规划,完善规划体系,加强规划管理,优化服务水平,严格执行规划法律法规,积极维护社会稳定,各项工作全面推进,较好地发挥了城乡规划在助推全市经济转型升级,保障和改善民生中的基础性、先导性作用。

【浙中城市群规划实施】 印发《金义都市区(浙中城市群) 建设三年行动计划》(金委发〔2014〕23

号),将都市区(城市群)建设工作列入市政府对县(市、区)的考核内容,并制定《金义都市区(浙中城市群)建设考核办法》。截至12月底,共有15个项目达到年度工作目标,19个项目进度达到年度目标75%以上。同时,相继完成金义都市区(浙中城市群)水资源统筹利用(供水)、城际公交一体化、天然气一体化课题调研报告。完成《浙中城市群综合交通规划》和《浙中城市群轨道交通线网规划》编制修改和审批;编制《浙中城市群金义东轨道线位用地控制规划》;开展《金华—义乌都市区规划纲要》《金华—义乌都市区核心城市聚合发展》(课题研究)、《积极推进义乌东阳同城化、构建金义东都市圈》(课题研究)、《浙中城市群(都市区)重大基础设施空间一体化规划》编制工作;8月中旬,全市80多位市、各县(市、区)有关部门、全市中心镇和市本级各乡镇政府相关负责人参加由浙江大学公共管理学院承办的新型城镇化专题研修班,重点学习国家及省市关于新型城镇化建设、都市区建设、城乡一体化及小城镇建设的战略部署与探索实践,对如何加快金华—义乌都市区(浙中城市群)建设发展进行探讨。

【城市总体规划(修改)实施】 编制完成《金华城市综合交通规划》《金华中心城区停车场(立体停车场)近期建设规划》《金华市区电动汽车充电设施布局专项规划》《金华市公共交通专项规划》;开展《金华市中心城区道路网专项规划》《金华市城中村改造布局规划》《古子城历史街区保护规划》编制工作和《金华市区城市公共中心等级体系研究》《金华市区近现代建筑保护利用研究》;会同相关部门开展了《金华市区城镇排水(污水、雨水、防涝)综合规划》《金华市区天然气综合利用规划加气母站规划汽车(船)加气站布点规划》《金华市区中小学幼儿园布局规划》《金华市区环境卫生设施专项规划》等规划的编制工作。提出并向各部门、单位和社会各界征集形成城乡规划编制年度计划,为进一步构建完善的城乡规划体系奠定了基础。根据城市建设需要,继续完成城北片、城西北片,金华开发区新能源汽车产业园、行政商贸区、"四破"区块,金义都市新区孝顺、鞋塘等区块的控规的编制。

【市重点工程项目规划】 根据各区块规划建设要求,重点做好湖海塘、多湖、铁路金华站、尖峰山、五百滩、三江六岸等区块规划工作。多湖中央商务区完成了整体概念规划和核心区城市设计、开展多湖中央商务区城市设计导则、控规修改工作、湖海塘运动休闲区完成了湖海塘区块城市设计、公园和主要单体建筑方案设计等工作。湖海塘区块已完成城市设计和公园、主要单体建筑方案设计,并通过市政府第80次常务会议审议,9月底,清华大学设计团队提交了湖海塘区块城市设计和公园方案设计成果。西客站区块在做好北广场设计的同时,重点做好南广场深化设计工作,并于10月31日通过评审。三江六岸根据实施进度,陆续完成东关大桥栈道、国际友城公园、核心区段夜景亮化等设计工作。万佛塔公园规划经市人大、市政府第71次常务会议通过,5月初完成了万佛塔建筑方案设计。

【地下空间开发利用】 围绕治堵工作实效,继续做好地下空间开发利用工作。市本级地下空间新增停车泊位8063个,为考核目标任务的134.38%。完成市区地下管线普查方案、技术规程编制,并启动管线普查、管线信息系统建设项目有关采购程序。

【城乡规划服务管理】 开展《金华市区城乡规划管理技术规定》修订。完善规划窗口的运作机制,推行规划联审受理一表制、一审一核制、联合踏勘制、受理告知承诺制。审批事项由最初的112项精简到74项,累计精简审批事38项,减权比例为60%以上。市区规划系统共核发建设项目选址意见书81宗;核发建设用地规划许可证124件,建设用地面积452.05万平方米(含变更);核发建设工程规划许可证312件,建筑面积622.37万平方米,许可道路管线总长13550米,核发乡村建设工程规划许可证510件,用地面积16.03万平方米。共完成25条道路的规划设计方案审查。完成市多湖区块横塘沿社区拆迁安置工程、婺城小学扩建项目一期项目、浙江交通技师学院综合教学楼及生活服务用房项目、BRT尖峰山首末站一期工程等项目的工程许可和中国婺剧院、金华万达广场、市中心医院医技和病房大楼、金东区房地产管理所办公大楼等项目的竣工规划核实确认工作。认真贯彻落实《浙江省风景名胜区条例》,按照条例相关要求,指导各风景区开规划编制工作。

【村镇规划编制管理】 认真做好县(市、区)域村庄布局规划编制，截至2014年底，全市9个县(市、区)均已完成村庄布局规划，其中兰溪市和磐安县正着手修编。全市74个建制镇、25个中心镇的总体规划编制均已完成。全市35个乡(集镇)的总体规划编制已完30个，总规覆盖率达85.6%(其中市本级9个乡已全部完成总规编制)。全市3559保留村(行政村)，已有3512个完成村庄建设规划的编制工作，村庄建设规划覆盖率达98.6%(其中市本级834个保留村已完成村庄建设规划808个，村庄建设规划覆盖率达96.8%)；全市500个中心村已完成规划编制483个，完成率达96.6%(其中市本级76个中心村已完成村庄规划编制74个，完成率达97.37%)。

【历史文化名镇名村保护】 按照"优规划、强保护"的要求，充分发挥工作职能，以"保护历史建筑，延续传统风貌"为重点，强化规划引领作用，全力抓好历史文化名镇名村保护建设。截至2014年年底，全市共有国家级历史文化名镇2个，国家级历史文化名村7个；省级历史文化名镇7个，省级历史文化名村18个。此外，还有全国重点文保单位16处，省级文保单位100处，市县级文保单位530处，文保点1055处，国家级非物质文物遗产28个，省级非物质文化遗产102个，文保总量居全省前列。

【数字城市建设】 截至2014年底，金华市地理信息公共服务平台已经成为金华市领导信息服务平台的主要对接系统平台，多次为市政府重要会议提供地理信息应用服务，为"五水共治""交通治堵""三改一拆""四破" 整治和8890等市委市政府重点工作提供了服务。利用平台数据，还对多部门提供了多比例、多种类、多样化影像、电子地图专题服务，多次为政府重点工作提供制作专题图服务。推动数字义乌、数字浦江、数字磐安、数字武义、数字兰溪项目实施，年底全面完成数字浙中城市群地理空间框架项目建设。

【测绘市场监管】 国土、建设、规划、行政服务中心4部门联合下发《金华市区建设工程项目"三测合一"实施办法》，规范测绘中介机构行为和市场秩序。与市保密局联合开展了2014年度保密检查，销毁完成使用目的测绘成果4件。在市测绘院建立保密管理示范点，召开保密管理现场会，在行业内进行推广。抽取了14家行业单位，开展2014年度测绘质量及测绘资质专项监督检查，对4家不符合要求的测绘单位，下达限期整改通知书。完成规划工程放样项目备案94个，用地放样项目备案19个，规划竣工验收项目备案134个。对金华市43家测绘单位进行了信用初评，共评出A级信用等级测绘单位17家，B级信用等级测绘单位26家，C级信用等级测绘单位1家。

【地理国情普查】 第一次地理国情普查取得突破性进展，完成普查实施方案的评审、省普查内容中的"城市建成区调查"、落实了普查经费、完成市普查内容中的100平方千米1:500地形图测绘。

(刘　俊)

城镇建设

【概述】 2014年，重点围绕"交通治堵"和"五水共治"工作，大力开展市区基础设施整治，在完善基础设施、加大市政园林绿化投入、强化市政园林管养长效管理机制等方面取得显著成绩。一批续建新建工程实现年度建设目标。多湖区块的栖凤街、光南路(万达段)竣工通车，丹溪桥项目完工，宾虹路工程基本完工；燕尾洲公园、五百滩东区公园建成并投入使用。

【基础设施建设】 据统计，2014年城建口的计划投资数51.8866亿元，是2013年投资量的1.49倍。一是大力推进城市道路桥梁建设。2014年多湖区块的栖凤街、丹溪桥、光南路(万达段)竣工通车，东市街下穿铁路工程完成年度投资计划的780%，东市街北延工程、电大街工程等项目取得重大进展。二是努力完善城市公园建设。2014年，市区园林绿化建设完成各公园内的绿化恢复、零星改造面积37567平方米；完成各公园内地表硬质铺装改造、油漆翻新更换类项目面积8647平方米；燕尾洲公园、五百滩公园东区和义乌江南岸盆景茶花艺术园建成并投入使用，提升市区绿量，增强生态功能，为市民提供优美整洁的游憩环境。三是全力推动浙中绿道网建设。2013年，完成《浙中城市群生态绿道及旅游一体化规划》编制并获批实施。制定下发《全市绿道建设实施意见》，成立以市长为组长的绿道建设领导小组和市绿道建设办公室，部署绿道建设三年行动计划。各县(市、区)也都积极行动起来，开展本辖区绿道网总体规划编制及相关调研工作，其中市本级、义乌、浦江、武义等县(市、区)已完成绿道网总规编制。武义、金东区已建成70千米和42千米绿道，义乌32千米绿道正在建设中。精心打造市区绿道示范段—市民广场至仙源湖段15公里绿道。

【交通治堵】 完成交通治堵工作任务。在2013年完成《金华市区公共交通专项规划》和《金华市区优先发展公共交通的实施意见》的基础上，制定《金华市区公交优先发展三年行动计划》。2014年新增主城区公交专用道10.3千米，新购公交车辆60辆，市区建设完成2个公交首末站，新增20个公交站点，全市新增公共自行车11800辆(市区4000辆)。着眼于动态交通，2014年完成总计11条约9.8千米城市道路的建设任务，完成4.2公里城市道路的开工任务；完成2条断头路的打通和2条断头路的开工任务，完成5处拥堵点的整治和改善任务；着眼于静态有序，新增专用停车位9244个，其中公共停车位1181个；实施4个小区的停车位改造，新增停车位376个；全面完成市区11处地下空间停车功能整治归位工作；继续推进道路停车位减少工作落实，减少城市路面停车位1235个，其中重点区域内停车位800个。

【创建精品城市】 2014年以来，市园林局完成街头绿地、沿街花坛补(种)植灌木2万余株，书带草3万余丛，补植行道树94株，满铺草坪900平方米；修复花岗岩花坛贴面120平方米，修补护栏84米；完成双龙北街茶花一条街项目，完成荒地绿化10余处15659平方米、沿街景观提档改造5处23161平方米。市政处对市区道路、桥梁、地下管道设施进行日常巡查工作，完成道路、桥梁的日常巡查总长度约36821千米(其中桥梁771千米)，完成江北辖区内窨井防护安全网的安装工作；加强对既有桥梁的检查巡查力度，做好养护工作的同时，对桥下空间进行安全排查与处置，其中婺江大桥南端桥下，双龙大桥南引桥下建筑物进行搬迁并腾空；对市政雨污管网摸底排查，做好城市排水许可管理工作，强化排水设施的日常巡查；继续做好道路挖掘管理工作，共审批基建项目挖掘65处，计9037平方米；组织2014年度对外桥梁、道路养护巡查招标工作。针对8890等便民服务平台群众参与热情高、反馈时效要求高等特点，建设局在分工合作的基础上指派专人处理相关诉求，2013年共完成各类信访件回复反馈107件，其中满意的有100件，满意率达93.4%。此外，市政、园林部门积极探索管理模式创新，形成网格化巡逻，即时响应处理等制度，不断提高管理水平，基本实现全年工作目标。此外，市政、园林部门积极探索管理模式创新，形成网格化巡逻，即时响应处理等制度，不断提高管理水平，基本实现全年工作目标。

【供水与节水】 2014年，全市城市自来水综合生产能力140.83万立方米/日；供水管道长度7465.45千米；供水总量30042.14万立方米，其中生产运营用水10894.34万立方米，公共服务用水1478.41万立方米，居民家庭用水12809.39万立方米，其他用水1139.21万立方米，免费供水量239.87万立方米；用水户数693620户，其中家庭用户565773户；用水人口270.9万人。市区供水管道长度1368.09千米；供水总量6380.3万立方米，其中生产运营用水1717.92万立方米，公共服务用水307.6万立方米，居民家庭用水3512.97万立方米，消防及其他用水63.14万立方米，免费供水量148.37万立方米；用水户数207760户，其中家庭用户176592户；用水人口62.88万人。2014年，全市计划用水户实际用水量15799万立方米，其中工业10888万立方米；工业重复利用量7014万立方米；节约用水量3677万立方米，其中工业节水2144万立方米；工业用水重复利用率60.06%。市区计划用水户844户，其中工业234户；计划户实际用水量6638万立方米，其中工业5366万立方米；节约用水量1815万立方米，其中工业951万立方米，工业用水重复利用率85.35%。节水器具普及率达到100%。

【污水处理】 2014年，金华市秋滨污水处理厂二期(8万立方米/日)投产试运行。永康市城市污水处理厂二期(4万立方米/日)投产运行。武义县污水处理厂二期(2.5万立方米/日)完成主体建设。义乌市佛堂污水处理厂二期(2万立方米/日)、义乌市义亭污水处理厂(3.5万立方米/日)投产试运行，义乌市赤岸污水处理厂设备调试。东阳市污水处理厂三期(3 万立方米/日)完成土建。浦江县第三污水处理厂(0.5 万立方米/日)建设完成。全市 20 座上报省系统集中式污水处理厂，合计设计规模 93.7 万立方米/日，实际日均处理能力 76.7 万立方米。从全年运行情况来看，除婺城新城区污水处理厂外，各污水处理厂运行基本正常，2014 年处理污水总量 27083 万立方米，比上年增加 5274 万立方米，增幅 23.4%。COD 去除量 48973.6 吨，氨氮去除量 4966.4 吨。

【供气供热】 2014 年，全市液化石油气储气能力 5037 吨，供气管道长度 689.71 千米。供气总量 121252.31 吨，其中家庭用量 89120.41 吨；用气户数 906735 户，用气人口 232.26 万人。市区液化石油气储气能力 1162 吨，供气管道长度 538.77 千米。供气总量 29224.1 吨，其中家庭用量 24130.41 吨；用气户数 229104 户，用气人口 51.1 万人，从业人数 295 人。全市液化天然气储气能力 88.5 万立方米，其中市区 30.5 万立方米；天然气供气总量 17170.36 万立方米，用户 121971 户，其中市区用气 3578 万立方米，市区用户 39483 户。全市涉民用供热企业就市区一家，其供热能力 185 吨/小时，供热总量 100 万吉焦，管道长度 28 千米，供热面积 109 万平方米，其中住宅 21 万平方米。

【环境卫生】 2014 年，全市环卫负责道路清扫面积 5524.09 万平方米，其中：机械化清扫面积 2460.57 万平方米，机械化清扫率 44.54%；粪便清运量 4.38 万吨，其中：无害化处理量 4.38 万吨，无害化处理率 100%；垃圾清运量 229.17 万吨，其中：袋装收集量 77.73 万吨；垃圾无害化处理率 100%，其中：卫生填埋量 101.46 万吨，焚烧量 127.71 万吨。城市公厕拥有量 494 座，其中：一类公厕 36 座、二类公厕 442 座、三类公厕 16 座；大型贮粪池 0 座；粪便处理厂 3 座；垃圾处理场 13 座，其中：卫生填埋场 9 座、焚烧发电厂 4 座；垃圾转运站 195 座，其中：压缩式 149 座、机械吊装式 30 座、其他 17 座；环卫专用车 773 辆，其中：洒水车 75 辆、高压清洗车 37 辆、扫地车 84 辆、吸粪车 19 辆、压缩垃圾车 169 辆、其他机动垃圾运输车 284 辆。环卫总人数 8672 人，其中：正式工 544 人、临时工 7894 人；全市财政拨款 61024.79 万元，年度支出 62061.55 万元。全市环卫系统继续开展第十二轮“洁美杯”行业竞赛活动。2014 年 10 月 24 日金华市环境卫生协会协同金华市住房和城乡建设局筹备并在金华召开全市第十八个省环卫工人节庆祝会。市环卫处负责清扫面积590.95 万平方米（其中市区主干道 168.54 万平方米，次干道 235.06 万平方米，绿化 52.2 万平方米，其他道路 135.15 万平方米），其中：机械化清扫面积 352 万平方米，机械化清扫率 50.79%；粪便清运量0.58 万吨，均通过沼气净化池处理，无害化处理 100%；垃圾清运量 38.33 万吨，垃圾无害化处理率 100%，其中，卫生填埋量 16.43 万吨，焚烧量 21.9 万吨。市区 96 条主要街道实行垃圾袋装化。城市公厕拥有量 128 座(环卫公厕)，其中：一类公厕 4 座、二类公厕 120 座、三类公厕 4 座。垃圾处理场 2 座，其中：卫生填埋场 1 座、焚烧发电厂 1 座。市区垃圾转运站 18 座，其中：压缩式 12 座、机械吊装式 1 座、其他 5 座。环卫处车辆共有 760 辆，其中：工作及检查用车 27 辆，洒水车 20 辆，高压清洗车 9 辆，扫地车 8 辆，洗扫车 4 辆，护栏清洗车 1 辆，吸粪车 2 辆，路面养护车 6 辆，压缩垃圾收集车 20 辆，电动垃圾收集车 195 辆，人力三轮车 456 辆，铲车、推土机等其他机具 8 辆，其他环卫车辆 4 辆。环卫总人数 1427 人，其中：正式工 161 人、临时工 1032 人、退休人员234 人；市财政拨款 9955.77 万元，年度支出 9635.18 万元。

（周顺利）

建筑业

【概述】 2014 年，金华共完成建筑业总产值 3044.22 亿元，同比增长 12.27%，增速列全省第二。其中市本级完成建筑业总产值 393.39 亿元，同比增长 12.3%。共完成省外建筑业总产值 1965.76 亿元，同比增长 12.2%，其中市本级完成省外建筑业总产值 133.47 亿元，同比增长 13.4%。实现建筑业地方税收 31.6 亿元，同比增长 13.83%，占全市地方税收总收入的 14.13%。其中市区建筑业实现地方税收 9.68 亿元，同比增长 10.44%，占市区地方税收总收入的 17.41%。截至 2014 年底，全市共有建筑施工企业948 家，其中特级 5 家，一级 165家，二级 255 家，三级 459 家，劳务企业 64 家。全市共有园林绿化企业185 家，监理企业 24 家，招标代理企业 20 家，工程质量检测机构 15 家,商品混凝土预拌企业 37 家。

【建筑业省外发展】 全市建筑业在省外完成总产值达到 1965.76 亿元,同比增长 12.2%,占全部总产值的 64.6%,比上年同期外向度略有增长。外向度高于全省平均 49.9%近 14.7 个百分点,列绍兴71.1%之后排名第二。2014 年达到产值百亿以上的区域市场共有陕西、广东、安徽、江苏、山东、河北等六个,产值50~100 亿元的区域市场有河南、天津、青海、江西、湖北、山西、辽宁、北京、宁夏、云南等 10个,产值20亿元以上的区域市场达到 25 个。建筑市场已遍及除港澳台以外的全国所有省份。

【建筑业创优争先】 2014 年,建筑业企业,坚持质量第一,安全生产,积极参与创优评奖,取得不俗的成就。2013 年 31 个工程获“双龙杯”,18 个工程获“钱江杯”,2 个工程获“鲁班杯”。20 个工程获省安全文明施工标准化示范工地。全市发生 2 起事故,死亡 2 人。

(周顺利)

城市管理

【概述】 2014 年, 市行政执法局牵头开展市区犬类管理、孔明灯禁燃禁放、餐饮油烟污染整治等专项行动,积极落实公共自行车建设、交通治堵等民生实事,建立健全精品城市督查考核机制。

【三项制度建设】 为加快推进 “精品城市”建设,巩固城市建设成果,着力解决当前市区城市管理中存在的问题, 进一步提升城市形象和品位,金华市人民政府于 2014 年 3 月建立三项制度实现城市管理由粗放式向精细化转型。三项制度的核心就是在市区建立城市管理监督考核体系和城市管理问题应急处置机制。7 月份正式实施以来,共交办城市管理问题38136 起(截至 12 月 31 日),月平均结案率达到98.14%,列入考评范围的174 条主要路段,街面秩序明显改观,占道经营、物品乱推放、乱倒垃圾等影响城市容貌的违法行为得到有效遏制,初步改变了过去长效机制欠缺、监督考核缺位、属地职责不明、区域界限不清、监管力量薄弱的现状,城市管理问题发现更及时、整改更高效,部门履职更积极主动。

【交通治堵】 2014 年, 共采集人行道违章停车信息84293 张, 共处罚 39587 辆次, 罚款额5777700 元。市区道路停车收费泊位 1358 个,其中地感1000 个,POS 机 150 台, 共上缴财政停车收费额143 万元。顺利完成金华市第四期克难攻坚活动项目之一的赞佳大厦被挪用地下停车场整治,30 个泊位已全部整改到位,恢复停车功能。以人行道违停管理 48 条街(路)以及交通治堵 8 条主要路段为重点,开展人行道免费泊位施划。2014 年市区范围内共施划泊位 4851 个、非机动车停车线 16068.6 米、人行道非机动车停车标识(志)996 个、人行道公共(自备)车位编号 6718 个。

【专项整治】 一是开展“三禁”整治(桥面禁钓、路面禁洒、路边禁晒),累计教育桥面钓鱼行为 50 余起;累计教育路面抛洒行为 229 起、处罚 18 起;累计教育路边晾晒行为 2532 起。二是开展马路市场占道经营整治。强化马路市场、各类市场周边市容秩序整治,突出流动摊点取缔查处,注重与环卫部门协作加大日常保洁,狠抓突出“门前三包”工作落实,严格规范各类早点夜市排档经营时间、经营秩序,加大各类乱扔乱倒垃圾、污染路面行为的处罚力度,督促专业保洁单位做好市区各类牛皮癣清理工作。全年累计取缔马路市场 6 个, 取缔流动摊点3122 个,暂扣经营工具 3500 余件,责令店家消除占道经营行为 21000 余次, 暂扣乱摆放物品近6000 件,处罚店家 984 家。三是开展孔明灯禁燃禁放专项整治。以市区联动、部门配合的形式,在属地政府的大力支持下,落实禁止燃放孔明灯工作,七夕节、中秋节,市区出动 2600 余人次开展孔明灯禁燃禁放,市区夜空未升起一盏孔明灯。

【大气污染防治】 一是开展餐饮油烟污染整治。按照市区“百日攻坚”整治行动、“铁腕 6 号”行动的要求,从 4 月份开始,开展市区餐饮单位油烟污染情况大排查,市区建成区三个监测点周边 2 千米范围排查餐饮单位 933 家、需安装油烟净化装置 542家、已安装油烟净化装置 517 家、安装率 95%。其中重点餐饮单位 241 家、已安装 241 家、安装率 100%;一般餐饮单位 225 家、已安装 203 家、安装率 90%。二是开展垃圾禁焚整治。及时查处市区二环线以内露天场所和公共垃圾容器内焚烧各种生活垃圾行为,累计教育垃圾焚烧行为240余起;设立垃圾焚烧举报专线,落实片区监管专人制,进一步健全完善监管和督查体系,形成网格化监管;数字城管中心将其纳入数字城管监督考核评价体系,主次干道市容市貌明显好转。

【公共自行车建设】 公共自行车建设项目是市区十大民生实事之一,完成400个站点建设、7000辆公共自行车投放。市区公共自行车租车卡办理量累计突破7.2万张,租还车使用量达到525.6万余次。加强公共自行车服务与监管,以“四个零”(“零空桩、零满桩、零故障、零脏乱”)为目标,提高监管水平,投诉量大大下降。

【犬类管理】 8月中旬启动市区犬只登记办证工作,实行“一站式”服务;9月中旬启动市区犬类集中整治专项行动。截至12月31日,市区累计办理犬证5336只,累计捕杀收容犬只1100只,其中捕杀病(狂)犬、野犬138只,收容无证犬、流浪犬以及严重扰民的有证犬962只;无害化处置无证犬、流浪犬618只,临时收容所日最高收容量达200只。市区病(狂)犬明显减少,早、晚时间段主要干道、核心商圈、公园、广场、三江六岸无证犬、不栓链犬明显减少,市民限量养犬、规范养犬、文明养犬意识开始养成。

【12319和96310热线】 整合“12319”和“96310”投诉受理热线。调整“96310”热线受理模式,全局全年“96310”共接受咨询和投诉举报15933件,其中建议咨询类5681件,市容环卫类1246件,城市道路类4530件,城市绿化类128件,城市规划类1595,环境保护类2733件,三江水域类20件。

(施俊帅)

乡村建设

【省级美丽宜居示范村建设】 2014年新增省级美丽宜居示范村22个,争取省级补助资金3530.8万元,全市省级美丽宜居示范村增加至54个,其中17个申请验收的省级美丽宜居示范村全部通过验收,还完成2015年度试点村申报资料的提交。7月份举办的浙江省首届“美丽宜居”优秀村庄规划评选中,“兰溪市梅江镇聚仁中心社区美丽乡村建设规划”获二等奖;在浙江省优秀村居方案设计竞赛中,磐安县乌石村、义乌市何斯路村的设计方案入围。推动出台《金华市人民政府办公室关于进一步推进美丽宜居示范村工程建设的通知》,9月份印发《金华市美丽宜居示范村工程建设实施方案》,明确资金配套及拨付,实施程序等内容,使项目管理走向制度化。

【中国传统村落保护发展】 2014年11月,金华4个村庄选入第三批中国传统村落,分别是兰溪市永昌街道社峰村、兰溪市黄店镇芝堰村、东阳市巍山镇大爽村、东阳市虎鹿镇蔡宅村,使全市中国传统村落增加至24个。12月,13个中国传统村落获2014年第二批中央财政支持,获“一事一议”补助资金1900万元。在规划、建设、管理中有效体现“望得见山、看得见水、记得住乡愁”的传统历史文化气息理念,为“两美金华”建设增色。

【农村危房改造】 2014年全年计划要完成1700户的农村困难家庭危旧房改造任务,年底前全市完成(在建)农村困难家庭危旧房改造1740户,超额完成目标任务。2014年,共获得1275万元的中央补助资金。

【市区农房改造】 组织对2009年至2012年期间,列入市级农村住房改造建设计划的项目进行统计分析,并积极与市财政局进行沟通协调,完善工作方案。2014年,组织第三批“市区农房改造”项目的验收,共有63个村申报(开发区11个,婺城区44个,金东区8个),并全部通过验收。这项工作推进新农村建设,有利于集约土地,改善空间布局。

【建设全国重点镇】 2014年金华14个镇入选全国重点镇:金东区孝顺镇,武义县桐琴镇,浦江县黄宅镇、郑宅镇,磐安县安文镇,兰溪市游埠镇,义乌市佛堂镇、上溪镇、苏溪镇,东阳市巍山镇、横店镇、南马镇,永康市古山镇、芝英镇。

【建筑工匠培训】 组织各县(市、区)建设行政主管部门负责人赴台州、丽水两地学习经验;在8月份开始对各县(市、区)村镇建筑工匠现状进行调查;在11月份联合市农办下发第一期免费培训的计划,已对288名工匠进行免费培训。

(周顺利)

双龙风景区

【概述】 双龙风景区是国家级风景名胜区、首批国家 AAAA 级旅游区、国家森林公园、国家非物质文化遗产地和首批全国低碳国土实验区。根据加大金华山开发保护力度,着力做好"儒释道"三教文化体验、山水景观整合提升文章,串点、连线、成圈、拓面,构建金华大旅游格局的目标定位,双龙风景区扎实开展党的群众路线教育实践活动, 抓旅游、优规划、推项目、促形象。全年接待各地游客 174 余万人次,门票经营收入 3100 余万元。

【文化旅游活动】 双龙风景区重点品牌战略之一。先后举办第五届"双龙之春"、第四个"5·19"中国旅游日活动,会同金华日报社联合举办"金华山杯"金华市第三届游记征文大赛、"双龙洞·同船渡"情侣文化活动、第十届"双龙之夏"等主题文化旅游活动,会同丽水《处州晚报》联合举办开往幸福的"爱情专列"驶入金华山、"寻找金华山之美"微信活动,利用专业传媒、时尚杂志、主流网站,运用微博、微信、微电影,充分展示景区风光和文化底蕴,增加双龙旅游美誉度和吸引力。10 月 20 日至 26 日,举办"2014·金华山国际黄大仙故里游暨旅游文化周"活动,以"弘扬大仙文化,构建和谐家园,发展旅游产业"为主题,以"搭建金华山黄大仙祖庭的国际性交流平台,共同保护、传承、弘扬中华黄大仙和谐文化,完善黄大仙文化体系"为宗旨,开展祈福法会、故里寻游、道教养生体验、黄大仙文化研讨会和金华山旅游项目招商等系列活动,积极打造"大仙圣地金华山"旅游品牌。

【综合治理】 一是深入治理 "五乱"(破坏植被山体面貌乱、违法建房环境乱、乱扔乱排卫生乱、乱堆乱摆秩序乱、乱涂乱画形象乱),扭转景区乱象,取得国家、省风景名胜区主管部门的高度肯定。二是全面开展"五水共治""三改一拆""四破"专项整治、景区环境百日专项整治等行动。先后拆除违章建房、旧住宅、厂房 7 万多平方米,尤其是拆除核心景区搭建的简易房、钢棚等建筑面积 12300 平方米,拆除景区大岭、里宅、盘前等地 14 幢占地面积 6000 平方米的违建别墅;清理河道 7 条、70 多千米,清运垃圾 1820 吨,做到景区"河面基本无漂浮、河内基本无障碍、河岸基本无垃圾"。三是成立核心景区领导小组和核心景区管理办公室,切实加强对村民自备营运车、停车场收费、香火经营等旅游经营秩序的教育引导与管理,开展"三黑"(停车场收费黑、自备车营运黑、香火无序经营黑)整治百日攻坚活动,正面形象得到树立,游客投诉大为减少。

【尖峰山公墓搬迁】 尖峰山高尚休闲生活区项目是金华市重点工程,是城市向双龙风景区过渡的重要区块,项目中涉及的公墓搬迁工作,涉及面广、任务繁重、工作难度强。通过大走访,建台账,研究对策,基本完成 7000 余穴坟墓搬迁工作。

【原尖峰水泥厂腾空拆除】 原尖峰水泥厂生活区 5年前由尖峰集团转让给双龙管委会, 连集体户和公用房在内共500 余户, 约 50000 平方米建筑,5 年来一直无法拆除。生活区房屋的腾空与拆除,关系到尖峰山高尚生活区块的开发与建设,在妥善处理好与周边村关系和广泛宣传引导基础上,管委会成立专项工作组,进村入户,攻坚破难,顺利完成拆迁工作。

【复建智者寺】 智者寺景点作为双龙风景区佛教代表性景观,始建于南朝梁代,距今有 1480 多年历史,历史上曾是敕建大寺、江南名刹。一期工程大雄宝殿、方丈院、五官堂、僧房、库房、云水堂已完成主体建设,实施内部装修,二期工程天王殿、钟鼓楼、藏经阁等基本完成主体建设,其中大雄宝殿、天王殿、藏经楼单体建筑面积全国第一。

【配套建设】 一是在景区罗店入口处, 建设一座近1000 个车辆泊位的临时停车场,"五一""十一"等节假日旅游高峰期, 临时停车场实行免费停车、免费换乘。二是拆除叶圣陶广场、洞前停车场乱搭乱建, 修建和改造风格与景区相协调的经营用房32 个,添置完善景区标识标牌 75 块,新增垃圾筒百余只,改造美化厕所 4 个。三是完成黄大仙祖宫入口牌楼改造和皇帝大道建设。四是完成《黄大仙景区控制性详细规划》国家住建部审批。

【拓展市场】 一是强化合作,与上海、温州、宁波等地知名旅行社签订游线共组合作协议,强化与金华金义农家乐对接,开拓新的旅游线路,创建游线共组、利益共享营销机制。二是创新方式,与"同程网""贝竹"等知名媒体、网站合作,扩大景区门票网络销售,利用浙江省南京旅游交易会、海峡旅游博览会、上海中国国际旅游交易会契机,拓展旅游市场。进一步拓展本地学生资源,推广景区学生年票,拉动学生旅游。三是开辟新游线,与金华周边县市区旅行社开展合作,组织金华人游双龙。组织接待温州、上海、台州等地 7 个千人团,努力突破华中、华东旅游新客源市场。

【荣誉】 成功注册“金华山”5 个系列产品商标,取得国家工商行政管理总局商标局正式颁发的“金华山”商标注册证书。“双龙旅游服务”获浙江省服务名牌产品荣誉称号。双龙风景区被新华网浙江频道评为 2014 最佳旅游目的地。

(王一鸥)

医疗和卫生

【概述】 全市卫生计生系统在深化医改、提高基层医疗卫生服务能力、传染病防控、公共卫生事件应急救援、执行计划生育基本国策、落实行政执法责任制等各方面都取得明显的成效。2014 年 12 月 30 日,市委、市政府决定原市卫生局与原市计划生育委员会合并成立市卫生和计划生育委员会。截至 2014 年底,全市有医疗卫生机构 4013 家,其中医院 113 家[含三级医院 10(12)家,二级 28(32)家];综合性医院 51 家,中医院 16 家,专科医院 44 家;妇幼保健机构 10 家,疾病防控机构 10 家,卫生监督机构 10 家,采供血机构 2 家,计划生育指导服务机构 10 家;乡(镇、街道)卫生院(社区卫生服务中心)155 家,社区卫生服务站 654 家、村卫生室 1689 家;另有门诊部 60 家、诊所、医务室 1216 家。全市有卫生技术人员 35486 人,其中执业(助理)医师 13833 人,注册护士 13196 人;每千人医生数 2.54 人,每千人护士数 2.43 人;全市医疗机构核定床位数 20571 张,开放床位数 24437 张,每千人床位数 4.49 张。2014 年全市报告甲、乙类传染病 21 种 10600 例,报告发病率为 195.41/10 万。孕产妇死亡率 7.34/10 万,5 岁以下婴幼儿死亡率 4.75‰,人均期望寿命 79.35 岁。

【医药卫生体制改革】 一是公立医院改革和基层绩效考核制度改革成效显现。各地按照医改责任书目标要求,全力推进各项医改工作,各家公立医院业务收入增长,平均增幅 14.66%,药品收入占比下降,平均降幅 4.68%,医药费用增长势头得到有效遏制,群众满意率有所提高。通过取消奖励性绩效工资与基础性绩效工资的比例限制、从收支结余中提取奖励基金、建立绩效工资总量动态增长机制、建立第三方考核评价机制、增设年终绩效考核奖等改革举措,激发基层医务人员的工作积极性,增强基层医疗卫生单位的活力。经过一年运行,基层医疗单位门诊人次同比增长 12%,业务收入同比增长 14.93%,18 个临床科室重新恢复,新增特色专科 45 个。金华市基层医疗单位绩效工资改革试点工作得到国家卫计委杨青司长的充分肯定,省、市主要领导都做批示肯定,《健康报》头版头条、《浙江日报》《金华日报》头版做专题报道。二是大力实施“人才资源下沉”工程。市政府把城市医院对口帮扶乡镇(街道)卫生院纳入重点民生实事,城市二级以上医院给予基层卫生院人才、技术、设备支持,提高医疗服务能力,全市结对帮扶 80 家基层卫生院,其中市区 17 家,全市有 3000 多人次的大医院专家到基层医疗机构蹲点服务。深入实施基层中医药服务能力提升工程,深化乡镇卫生院专科品牌创建,培育“一院一品”,积极引导乡镇卫生院差异化发展,并对 70 家卫生院进行等级评审,实行分级管理,不断提高基层卫生院管理水平和服务能力。与此同时,义乌市开展分级诊疗试点,为下一步全面推行奠定基础。三是大力推动社会资本办医。市政府出台《加快推进社会资本举办医疗机构的实施意见》和《市区促进民营医疗机构发展专项资金使用管理办法》。全市推出 5 个社会办医重点推介项目。积极探索混合所有制改革,永康五院引进社会资本成功改制重组。目前全市民营医疗机构床位数占比已达 23.6%,居全省第一位。

【医疗服务能力建设】 一是加快医疗卫生机构基础设施建设。市中心医院急诊病房大楼新建工程、门诊门厅改造及中心广场建设项目主体结构工程顺利推进,人才专家楼、公寓楼建设按期完成;市第二医院精神科病房改扩建项目和全市基层医疗卫生机构管理信息系统项目进展顺利。2014 年起,市财政每年拿出2000万元，连续5年投入共1个亿,用于市区42家卫生院改善医疗用房条件、购置医疗仪器设备和人才培养等,提高基层医疗机构服务能力。二是积极改善群众看病就医体验。深入实施“医疗服务阳光用药工程”,药品采购更加规范透明,临床用药总量和结构更加合理,患者医药费用负担得到有效控制。积极开展“三好一满意”活动,通过开展预约诊疗服务、畅通急诊绿色通道、优化诊疗服务流程、实现按病情分类诊疗等综合措施,大大缩短病人候诊时间。全市二级以上医院全部加入省网上预约挂号平台,市中心医院等医院陆续推出自助挂号系统,并在8890服务平台开通预约挂号,日均预约电话100多个,方便群众看病就医。市区调整医保政策,在基层医疗卫生机构就诊病人的门诊报销比例从原来的35%提高到50%,基本药物品种从557种增加到812种,让群众看病得到实惠。三是不断提升医疗急救能力。2014年,市医疗急救指挥中心共接到“120”求助电话10万余次,急救派车16254次,与“110”联动4343次。严格按照“就近、就急、尊重病人意愿”原则调度急救车辆,确保“120”急救电话24小时畅通。2014年共随机回访360人,群众综合满意度达98%,实现医疗急救零投诉。对指挥调度系统进行升级换代,实现指挥中心系统、分站系统、GPS定位系统直接对接。此系统是以计算机电话集成系统和计算机网络系统为基础,以有线无线通信系统为纽带,以现代呼救中心系统、呼叫指挥调度系统为核心,以综合地理信息系统(GIS)和全球定位系统(GPS)、数字录音、急救信息管理、急救专家知识库以及计算机辅助决策预案系统为辅助,是一个完善的高度一体化、动态与静态相结合、功能丰富、调度快捷、科学合理的120急救指挥调度系统。新增抢救监护型救护车5辆、升级普通型救护车5辆。

【基层卫生】 一是硬件条件持续改善。全市基层医疗卫生机构设备等条件基本达到标准化,中心卫生院基本达到“十大件”要求,绝大多数基层医疗机构主要设备已基本更新换代,超声设备已升格为彩超,X线摄片机已基本配置DR,生化分析仪、血球分析仪、尿液分析仪等都已基本实现全自动和数字化。二是人才队伍加强。定向招生培养社区医生,截至2014年底全市共定向招生社区医生667名,培养专业包括临床医学、中医学、预防医学、口腔医学、护理学等;重点加强基层卫生继续医学教育和相关政策等培训。组织全市所有社区卫生服务中心主任(乡镇卫生院院长)进行绩效工资改革相关政策和乡镇卫生院等级评审相关知识进行培训。全市基层卫生机构管理人员和医务人员3500多人次参加省、市组织的各种培训。三是特色专科获得重建。按照培育“一院一品”的思路,积极引导乡镇卫生院差异化发展,鼓励发展基层中医药服务、慢性病老年病康复等特色专科,增强乡镇卫生院的医疗、康复服务能力。目前,全市基层卫生院(中心)已恢复临床专科18个,新增中医馆、小儿脑瘫康复、中风后遗症康复等专科45个。四是积极开展卫生院等级评审。根据省卫生计生委《关于印发乡镇卫生院等级评审办法(试行)的通知》(浙卫发〔2013〕274号)文件精神,1月8日原金华市卫生局印发《关于开展全市乡镇卫生院等级评审的通知》,组织全市卫生系统相关局长、所有基层医疗卫生事业单位主要负责人进行专题培训和工作部署,9月份组织市级专家组进行现场评审。2014年全市通过省级评审复核的甲等卫生院13家,通过市级评审复核的乙等乡镇卫生院49家,等级卫生院总达标率占卫生院总数的62.6%。

【公共卫生服务】 一是提高项目经费,项目资金管理不断规范。2014年人均基本公共卫生服务经费由2013年的30元提高到35元。市区与部分县(市)还统筹解决流动人口的项目经费问题。项目资金管理严格执行《浙江省基本公共卫生服务项目补助资金管理办法》的有关规定。二是完善考核措施,考核结果运用不断加强。率先引进第三方考核机制,体现公平公正。永康市委托杭州艾力森市场研究咨询有限公司为第三方,通过电话调查和现场评估进行居民满意度考核。金东区、武义县等地邀请人大代表、政协委员、行风监督员、服务对象代表等为第三方,参与居民满意度考核;考核结果运用体现多劳多得。各县(市、区)以基层医疗卫生单位绩效工资改革试点为契机,均不用程度的加大对公共卫生考核结果的运用,如武义县对各基层医疗单位公共卫生考核的结果排名直接和项目资金拨款挂钩,真正体现奖优罚劣,也大大激发基层医疗卫生单位和职工的工作积极性。三是基本公共卫生服务取得新进展。2014年金华市作为样本市之一接受国家基本公共卫生服务项目考核组的考核,取得全国第一名的优异成绩。同时,东阳市通过“第三批国家慢性病综合防控示范区”评审,永康市通过“浙江省慢性病综合防控示范区”评审。全市161个预防接种门诊中,有三星级接种门诊20家,五星级接种门诊7家。

【基层卫生综合改革】 一是县乡村一体化管理试点深入推进。积极建立县域辅助检查等专业中心,全市已建成专业共享中心17个,其中:临床检验中心1个(磐安),影像诊断中心2个(兰溪、浦江),消毒供应中心2个(永康、磐安),病理诊断中心2个(武义、磐安),会计核算中心9个;在建中心7个(东阳2个、义乌2个、永康2个、浦江1个),已列入计划建设的临检中心7个(兰溪2个、东阳3个、永康1个、武义1个)。二是综合改革配套措施进一步落实。金华市区基层门诊报销比例大幅提高,市区调整医保政策,在基层医疗卫生机构就诊病人的门诊报销比例从原来的35%提高到50%, 与大医院拉开30%的差距,引导普通病人合理流向基层。

【卫生应急预案和应急物资储备】 市卫生局在市政府《金华市突发公共卫生事件应急预案》《金华市突发公共卫生事件医疗救援应急预案》《金华市防治传染性非典型肺炎应急预案》的基础上,细化预案分类,完善预案内容,共修订完善《金华市卫生局突发公共卫生事件应急预案》《金华市卫生局救灾防病应急预案》和《金华市卫生局重特大突发事件医疗卫生应急处理预案》等17个市级预案。市卫生局在市本级医院和市疾控中心建立市卫生应急物资贮备库,并指定专人管理,严格按照各项工作管理制度开展工作,目前各类物资储备充足,基本满足卫生应急工作需要。

【卫生应急示范创建】 有计划开展“省级卫生应急工作示范县(市、区)”试点创建,2014年,在已有2家(义乌市和永康市)省级卫生应急示范县和1家(东阳市)省级卫生应急示范县建设试点的基础上,金东区和兰溪市分别向省卫计委提出创建试点申请,并上报相关材料,11月20日,省卫计委确认金东区和兰溪市为省级卫生应急示范县建设试点。

【卫生应急培训和演练】 不断充实卫生应急队伍。全市共有专家咨询委员13人,专家58人,卫生应急机动队31支(市级6支,县级25支),卫生应急队员481人(市级137人,县级344人),包括疾病控制、卫生监督、中毒救治、核事故救援、核事故监测以及心理危机干预等6个方面。加强应急队伍培训。4月和12月,市卫生局先后对各县(市、区)卫生局分管局长、科长、疾病预防控制中心主任和市直有关单位分管领导开展2次卫生应急工作培训;年内,市疾控中心举办全市卫生应急管理和风险沟通培训班、新发及输入性传染病防控技术培训班,就H7N9流感等新发传染病和埃博拉出血热等输入性传染病的防控工作进行再培训,提升卫生应急队伍的应急处置能力。积极开展卫生应急实战演练。2014年,金华获得浙江省突发急性传染病防控和突发中毒事件应急处置技能竞赛优胜单位第三名,并有三名队员被选拔参加省卫生计生委组织的全国技能竞赛第一轮集训。市卫生局组织市中心医院和市疾控中心开展埃博拉出血热疫情应急演练,市疾控中心联合驻金某部于展一次以“野外生存训练”为主题的救灾防病应急演练。各县(市、区)卫生局和市直各医疗卫生单位也结合实际,有针对性地开展政府大楼、游泳池、手术室等场所的突发公共卫生事件的应急处置演练10余次。

【埃博拉出血热疫情防控工作】 8月22日,召开全市埃博拉出血热疫情防控工作专题会议,并启动埃博拉出血热疫情联防联控工作机制,市卫生局成立卫生系统埃博拉出血热防治工作领导小组和应急处置小组。指定金华市中心医院和义乌市中心医院为定点收治医院,按照“集中专家、集中资源、集中救治”的原则,全力做好医疗救治准备工作,全市各级疾控机构加强疫情监测,2014年累计随访74人,未发现异常者。埃博拉出血热疫情联防联控机制办公室多次组织对各县(市、区)和市直各部门单位的防控工作进行督导,要求各地各部门要以中央主流媒体为主导,严格执行疫情信息报送与发布制度,明确省内疫情及防控信息发布由省联防联控办公室审核把关,实行统一管理、统一口径、统一发布。各级卫生部门针对医务、疾控、应急等相关人员,特别是发热门诊、医学观察、检验和流行病学调查等一线工作人员进行临床识别、诊断、医疗救治和应急处置培训和演练，并要求全体医务人员严格做好个人防护和医疗废弃物处置，严密防范院内感染的发生。

【H7N9 流感防控工作】 全市 2014 年共报告 8 例 H7N9 流感病例，死亡 3 例。市疾控中心在全市活禽市场、家禽规模养殖户、家禽散养殖户及野生禽鸟栖息地等涉禽场采集禽笼具或宰杀加工禽器具表面的涂抹物、粪便、场所地面污水、禽饮水等环境样品共 1214 份，经检测 H7N9 型流感阳性 72 份，阳性率为 6.05%；采集养殖、屠宰和销售人员血清标本 89 份，检测结果均为阴性。

【梅雨天气的救灾防病】 金华出现二十年一遇的汛情和险情，防汛抗灾形势十分严峻。市委市政府领导高度重视，暨军民市长召开视频会议，部署防汛抗灾工作。市卫生局下发《关于做好我市持续阴雨天气应对和防灾救灾工作的紧急通知》，并提出具体工作要求；各县（市、区）卫生局和市直有关医疗卫生单位加强人员、物资、车辆等各项应急准备工作，对受灾的乡镇，迅速反应，在第一时间安排救灾防病小分队赶赴灾区，并建立受灾镇乡（街道）防病工作指导员制度，全力开展灾后救灾防病工作，灾后全市疫情平稳。

【磐安雅庄老旧会堂雪压坍塌抢险救灾】 2 月 13 日，磐安县万苍乡雅庄村一老旧会堂雪压坍塌，致使在会堂内参加喜宴的上百人被压。事故发生后，省卫计委、市委市政府主要领导和市卫生局第一时间赶赴磐安指挥应急救援和协调危重伤员救治工作。据统计，在此次坍塌事件救援中，全市卫生系统参与医疗救护的医护人员达 190 余人，出动救护车 15 辆，共收住入院伤员 102 人，其中危重伤员 12 人，有 6 人经抢救脱离生命危险。卫生系统的医疗救治工作得到市委、市政府的高度肯定，市委书记徐加爱、市长暨军民对医疗救治工作专门作出批示，高度赞扬卫生系统所作出的努力。

【浦江油罐车氢氟酸泄露事件应急救援】 5 月 7 日晚 11 点，杭金衢高速浦江县白马镇严店村路段发生 3 车追尾交通事故，一辆货车冲出高速公路起火，一辆装载有 24 吨氢氟酸的槽罐车发生泄漏，事故造成 3 人死亡（死因主要是氢氟酸中毒和烧伤），90 余名参与灭火救援的当地村民出现氢氟酸轻微中毒症状。市卫生局第一时间组织市中心医院近 20 名专家组成医疗抢救小组，赶赴浦江开展医疗救援工作，对住院的 50 名病人进行逐一排查，并及时将 3 位病情不稳定的病人转到市中心医院救治。在市卫生局、浦江县卫生局、浦江县消防大队、高速交警、路政、环保、武义三美应急救援队等多部门的相互协作下，此次事件泄漏的氢氟酸没有对周边环境造成严重影响。

【免疫规划】 在持续做好免疫规划宣传、预防接种、疫苗管理、异常反应和疫苗针对疾病监测等常规工作的基础上，有重点地抓麻腮风疫苗集中式查漏补种、脊灰疫苗集中式查漏补种和强化免疫、AFP 漏报率调查、星级规范化预防接种门诊创建以及免疫规划实施情况督导等工作。全市免疫规划接种率 98.49%（基础五苗接种率）。（一）星级预防接种门诊创建工作有亮点。全市展以乡镇卫生院为依托的接种门诊规范化建设，目前全市共有接种门诊 161 家，其中：五星级门诊 7 家、三星级门诊 20 家、规范门诊 127 家、未评级门诊 7 家。（二）集中式查漏补种和强化免疫有进展。3 月份开展 2013/2014 年度第二轮麻腮风疫苗集中式查漏补种工作，全市麻腮风疫苗应补种者 5300 人，实际补种 5246 人，补种率 98.98%；9 月份开展 2014/2015 年度第一轮麻腮风疫苗集中式查漏补种工作，全市麻腮风疫苗应补种者 3881 人，实际补种 3817 人，补种率 98.35%。10 月—11 月，开展初三麻风疫苗加强免疫工作。全市 174 所学校应接种 48184 人，学校接种覆盖率为 100%，实际接种 46356 人，接种率为 96.21%。（三）免疫规划监测和督导评估工作有成效。全市共上报疑似麻疹病例 299 例（排除 170 例，确诊 129 例），麻疹排除病例报告发病率为 3.13/10 万。共报告 AFP 病例 26 例、乙脑确诊病例 2 例、流脑 1 例，预防接种异常反应668 例，县级覆盖率 100%，各项监测指标均达到目标要求。5 月，市卫生局组织人员对 9 个县（市、区）及江南开发区预防接种规范化实施情况进行暗访，对发现的问题，在卫生局、疾控中心、预防接种门诊三个层面进行反馈，要求各地加强对预防接种门诊的业务指导和专项督导，并于 11 月份组织各县（市、区）人员开展交叉互查。9 月，市卫生局又对婺城区、浦江县、武义县和磐安县的免疫规划实施情况进行督查,对督查过程中发现的问题,下达督查意见书,要求限期整改,并对督查结果进行通报。

【重点传染病防控】 2014年,全市共报告甲、乙类传染病21种10600例,报告发病率为195.41/10万,发病数居前五位的分别是:肺结核、病毒性肝炎、淋病、梅毒和痢疾;报告丙类传染病8种20322例,报告发病率为374.63/10万,发病数居前五位的是:手足口病、感染性腹泻、流行性感冒、流行性腮腺炎和急性出血结膜炎。(一)结核病治疗管理工作规范实施。全市共发现活动性肺结核病人3281例,其中涂阳肺结核病人1444例(新发涂阳肺结核病人1283例),涂阴肺结核病人1837例,DOTS覆盖率100%,转诊率100%,结核病人追踪率99.97%,追踪到位率98.53%,总体到位率99.3%,系统管理率99.78%,各项指标均达到浙江省结核病控制项目要求。(二)艾滋病综合防治工作有序开展。全市累计报告HIV/AIDS 2171例(AIDS 709例),死亡216例,累计治疗病人1215人。2014年全市新报告HIV/AIDS 528例(比上年同期增长41.6%),新加入治疗462例,目前正在接受免费抗病毒治疗1055例,全市应随访1457人,完成CD4检测1425人,CD4检测率97.8%。各项工作指标均达到省里的要求。同时,各级疾病预防控制机构积极开展重点人群高危行为干预工作,2014年,干预暗娼、MSM、吸毒者和性病就诊者82120人次,检测34766人次,发现HIV抗体阳性145人,阳性率0.42%。(三)血吸虫防治工作持续推进。市卫生局制定并下发《2014年金华市地方病防治工作要点》,对全市的血防工作进行部署。为进一步加强"三区"血防联防联控,做好秋季查灭螺工作,10月11日,市卫生局组织就"三区"前期血防工作及秋季查灭螺准备和开展情况进行协商讨论,并对安地水系秋季查灭螺工作进行部署。2014年,全市有4个县(市、区)查出钉螺面积15.57万平方米(婺城区5.26万平方米,金东区6.02万平方米,兰溪市3.62万平方米,东阳市0.67万平方米),未发现阳性钉螺。反复扩大灭螺总面积为928.4万平方米,消灭钉螺面积9.22万平方米。共改造有螺环境0.9万平方米。全市查病19617人数,查出阳性59人,粪检58人,无病原学阳性者发现。现正接受救助的晚血病人28人。

【健康教育与慢病防治】 根据《市级各慢性非传染病防治机构工作职责》要求,全市39家县级以上医疗机构中已有26家完成HIS系统与慢病系统的对接工作。截至9月份,全市共报告户籍死亡卡22445张,估算年死亡率6.35‰;糖尿病估算年发病率422.53/10万,恶性肿瘤估算年发病率384.44/10万,冠心病急性事件估算年发病率55.43/10万,脑血管意外估算年发病率434.24/10万。(一)慢病综合防控示范区创建工作全面推进。为进一步推进慢性病综合防控示范区和示范乡镇创建工作,9月3日,在东阳市召开全市慢性病综合防控示范区和示范乡镇创建工作现场会,东阳市和永康市分别介绍示范县和示范乡镇的创建经验;东阳市、义乌市和永康市已成功创建为省级慢病综合防控示范区,12月26日,东阳市成功创建为国家级慢性病综合防控示范区。(二)地方病防治工作规范开展。年初,市卫生局制定下发《2014年金华市地方病防治工作要点》,并严格按照文件要求开展碘缺乏病、地氟病和疟疾等地方病的监测工作。2014年居民合格碘盐食用率为95.82%;氟斑牙患病率14.33%;发现疟疾病例50例(其中恶性疟10例,间日疟10例,均为输入性疟疾病例);对发现的病人,全部进行规范的治疗和处理。继续开展农村改水工作,全年完成市区(含婺城、金东和开发区)38个村农村改水项目,新增受益人口2.9万人。(三)空气污染对人群健康影响监测工作逐步推开。从9月开始,市疾控中心开展空气污染对人群健康影响监测工作。监测工作包括PM2.5采样和浓度测定、小学生健康调查、社区人群健康影响监测、死因监测、急救中心监测、医院门诊监测工作。2014年共采集PM2.5样本数80多份,调查3-4年级15个班级的648名小学生,发放学生调查发放问卷1296份,完成160名小学生非雾霾天和雾霾天的2次肺功能测试。(四)健康教育宣传工作持续加强。2014年,公众总健康知识知晓率86.6%、行为形成率80.6%,目标人群重点卫生防病知识知晓率84.5%;编印健康教育材料14种45000余份。在省卫计委和省爱卫办组织的全省健康教育技能比武竞赛中,获得团体总分第二名。一是积极开展健康促进场所创建。金华市中心医院等8家医院顺利通过省级健康促进医院创建考核验收。东阳外国语小学、兰溪振兴小学、孝顺镇中心小学等3所学校通过金牌健康促进学校考核验收。有8家医院、4所学校进行新一轮的健康场所创建申报工作，金华市中心医院开展健康教育科普基地建设工作。二是多途径开展健康教育。在市人民广场、火车西站站前广场、婺江东路、双溪西路及宾虹路等人口密集地设置健康教育宣传橱窗；通过“金华健康”微信公众平台推送微信156条，在金华日报、金华晚报上刊登各类健康科普文章及相关工作报道共计32篇，通过手机移动平台成功发布健康短信33条，覆盖168000余人；开展“百场电影和防病知识进校园”专题活动，全年共在96所学校开展此项活动，覆盖师生达9万余人。三是充分发挥健康教育馆作用。市疾控中心建设全市首家综合性健康教育实践场所（金华市健康教育馆），2014年，共接待民众宣传2450余人次，进一步普及健康知识，增强广大市民的自我保健意识，达到良好的效果。四是重点做好卫生宣传日活动。结合“世界防治结核病日”“全国儿童预防接种日”“碘缺乏病日”“全国学生营养日”“艾滋病宣传日”等卫生宣传日，开展形式丰富多彩、内容不拘一格的宣传活动，累计受益人群6.8余万人次。（五）适龄儿童口腔窝沟封闭工作进展顺利。根据浙江省卫生厅、浙江省财政厅、浙江省教育厅《浙江省适龄儿童窝沟封闭项目实施方案（试行）的通知》（浙卫发〔2013〕210号）要求，市卫生局委托金华市口腔卫生指导中心（金华口腔医院）负责具体实施工作。2014年已顺利完成60所学校、8426人次的窝沟封闭工作，窝沟封闭治疗率98%以上（市开发区20所学校，3997人次；金东区24所学校，实施窝沟封闭人数2677人次；婺城区16所学校，实施窝沟封闭人数1762人次）。

【食品安全风险监测】 4月份，市卫生局牵头组织市水利局、市农业局、市商务局（粮食局）、市食药局、市工商局、市质监局、市出入境检验检疫局和市疾控中心等单位的负责人召开金华市2014年食品安全风险监测任务分配协调会，并下发《金华市2014年食品安全风险监测任务分配方案》。全市共完成食品安全风险监测样品7526件，每千人口食品安全风险监测样品数达1.39件，其中卫生系统3564件，市场监管局2635件，出入境检验检疫局100件，水利局190件，粮食局313份，质监局724件。全市11家特定病原体食源性疾病哨点医院开展病例监测，哨点医院100%覆盖，共监测病例4038例，采集病例样本3772件，完成任务数的120.90%（3772/3120）。全市35家疑似食源性异常病例监测哨点医院未报告疑似异常病例事件。全市各级疾控中心及时规范的调查处置14起食源性疾病事件。（一）食品污染物和有害因素监测工作进一步加强。全年采集散装熟肉、调理肉制品等797份食品样品，进行食源性致病菌检测。检出含致病菌样品86件，检出率为10.79%，在食品的餐饮、流通和其他（非集体食堂）等环节均检出致病菌。采集蔬菜及其制品等1918食品份样品，进行化学污染物及有害因素监测，检出超标样品82件，样品超标率4.28%。（二）食源性疾病监测工作全面铺开。全市11家哨点医院共上报特定病原体食源性疾病主动监测病例信息4038份，对其中3772例病例及时进行采样，开展志贺氏菌、副溶血弧菌、沙门氏菌、致泻性大肠埃希氏菌和诺如病毒的检测。其中检出致病病原体163株，检出的病原体主要是副溶血性弧菌、沙门氏菌和诺如病毒，分别占34.36%（56/163）、28.22%（46/163）和25.15%（41/163）。沙门氏菌以鼠伤寒和猪霍乱沙门氏菌血清型为主，副溶血性弧菌以O3:K6血清型为主，诺如病毒以GⅡ型为主。并开展18例非伤寒沙门氏菌、副溶血性弧菌散发感染的配对病例对照调查。（三）食源性疾病疫情处置规范进行。全市35家二级以上医疗机构均开展监测工作，共网络报告食物中毒事件14起，均及时规范的进行调查和处置，无疑似食源性异常病例事件上报。

【精神卫生防治】 2014年，全市录入浙江省重性精神疾病信息管理系统的六大类精神障碍患者数为20384人，其中：婺城区1469人、金东区1361人、兰溪市2154人、东阳市4177人、义乌市3816人、永康市2835人、浦江县1388人、武义县1309人、磐安县882人、开发区993人。全市检出率3.80‰、规范管理率82.51%，治疗率75.85%，稳定率92.89%。（1.）严重精神障碍患者救助救治工作形成合力。做好上海亚信峰会“环沪护城河”安保工作，4月16日，市卫生局组织综治委、公安局、残联等有关部门召开协调会议，就加强部门间信息沟通共享、规范肇事肇祸严重精神障碍患者救治流程、加强严重精神障碍患者医疗保障和“三无”病人救助救治善后等工作进行协调，为建立严重精神障碍患者救治救助长效管理机制奠定基础。(2.)精防工作人员业务水平不断提升。年内，市精卫办组织全市各级精神卫生工作人员123人进行集中培训，就精神障碍症状学、抗精神病药物的作用及副作用、常见严重精神障碍的诊断和治疗、社区管理等知识进行讲解，通过培训，在加强基层医疗卫生机构精防人员的专业知识和基本技能的同时，也提升严重精神障碍患者社区管理能力和服务质量。

【卫生监测监护】 (1.)职业健康监护工作持续开展。2014年，开展电焊烟尘、矽尘、苯、甲苯、二甲苯、铅及其化合物、噪声和高温等8个职业病危害因素的卫生监测工作。对65家企业进行现场职业危害因素调查、检测与评价，采集空气样本2326份，检测物理性危害因素564项；完成放射从业人员个人剂量检测375人；对149家企业的4546人次开展职业健康体检，查出疑似职业病2人，各种职业禁忌41人，观察复查86人；接诊各类职业病病人59人；报告农药中毒384例(死亡26例)；开展职业健康监护510家27736人次，调离岗位281人，有岗位禁忌276人，疑似职业病26人。(2.)病媒生物监测工作不断加强。一是在城区24个有代表性的监测点开展“四害”(鼠、蚊、蝇、蟑)密度监测工作，完成鼠密度监测264家次，蚊密度792家次，蝇密度440个次，蟑螂密度792家次。二是开展家蝇(优势蝇种)对敌敌畏、残杀威、高效氯氰菊酯、溴氰菊酯、氯菊酯等5种常用杀虫剂抗性水平的调查，结果表明，家蝇对敌敌畏、高效氯氰菊酯和溴氰菊酯均产生中度抗性以上水平。三是在城中街道、秋滨街道和汤溪镇选择6个监测点开展白纹伊蚊专项监测。

【无偿献血】 2014年1月—12月，全市临床用血继续保持100%来自无偿献血。全市采集全血23590人次，比上年同期增长3.88%，采血量7935.23升，比上年同期增长11.19%；临床用血量8275.65升，比上年同期增长12.25%；采集机采血小板1901人次，比上年同期增长3.48%，机采血小板采集量3037.3U，比上年同期增长15.15%，其中双份机采血小板978人次，比上年同期增长22.1%；一次献血300毫升以上(含300毫升)20133人次，占全血总人次的85.35%；大力开展科学合理用血培训及医疗用血业务指导，成分输血率达99.98%；血液报废2.79%。成立应急献血队伍，应对突发事件的血液紧急供应，保障稀有血型血液供给。根据《浙江省实施中华人民共和国献血法办法》规定，全市各地对荣获国家无偿献血奉献奖人员，凭相关证件免费游览政府投资主办的公园、旅游风景区等场所，到非营利性医疗机构就诊免费交门诊诊查费，免费乘坐城市公共交通工具。至年底，全市各地上述“三免”政策基本得到落实。

【妇幼卫生】 2014年，全市户籍人口孕产妇死亡率7.34/10万(比2013年下降41.75%)；孕产妇建册率99.69%，系统管理率98.14%，产前检查率98.63%，产前筛查率87.14%，高危妊娠管理率100%；7岁以下儿童保健管理率97.73%，3岁以下儿童系统管理率97.47%，5岁以下儿童死亡率4.75‰、婴儿死亡率3.11‰、新生儿死亡率1.86‰，各项工作指标均达到省卫计委的工作要求。(1.)“妇幼健康服务年”活动卓有成效。年初，市卫生局、市计生委、市总工会和市妇联结合实际，制定《金华市妇幼健康技能竞赛实施方案》，各地各单位逐级开展竞赛选拔活动，8月7日—8日，组织市直和各(县、市)的卫生和计划生育服务单位的116位选手进行金华市妇幼健康技能竞赛市级选拔赛，在此基础上选拔12名选手参加省级决赛，最终，金华市获得全省妇幼健康技能竞赛团体二等奖，有两名队员分别获得省围产保健项目个人一等奖和计划生育项目个人一等奖，代表浙江队参加全国比赛中取得全国个人项目二等奖的优异成绩。另有一名队员获得“全省妇幼健康教育演讲比赛”第一名。(2.)国家重大公共卫生妇幼项目全面完成。预防“艾梅乙”母婴传播项目规范开展。2014年，孕产妇艾滋病、梅毒和乙肝的咨询与检测率均为100%，母婴阻断措施干预比例和规范驱梅治疗率均为100%，乙肝母婴阻断99.89%。“两癌”筛查项目有序铺开。全市共完成宫颈癌筛查19988例，乳腺癌筛查3600例，均100%完成国家任务。农村育龄妇女叶酸增补和农村孕产妇住院分娩补助工作超额完成。全市完成农村育龄妇女增补叶酸

33016人,任务完成率146.06%;完成农村孕产妇住院分娩补助22249人,任务完成率126.06%。(3.)母婴保健法律证件依法管理。落实非母亲本人办证者,需凭母亲签字的委托书办证的相关规定,并要求各地各单位要加强办理《出生医学证明》工作人员培训学习,增强法律意识,简化办证流程,减少不必要的亲子鉴定,方便群众。2014年1月1日正式开始启用新版《出生医学证明》以来,全年共办理《出生医学证明》82784例,当年出生首次签发率99.88%。市妇幼保健院通过“金华办理出生证咨询QQ群”接受QQ咨询100多起,配合各地派出所核实《出生医学证明》信息、真伪鉴定200多次,审核特殊办证50人次。母婴保健专项技术许可证校验工作顺利完成。年内,金华市和永康市妇幼保健院分别通过“产前诊断分中心”校验和“产前筛查分中心”的省级校验,金华市人民医院生殖中心顺利通过省级校验。

【计划生育】 一是全面实施“单独两孩”政策。加强政策解读和舆论引导,建立出生人口监测和预警制度,做好单独两孩政策实施情况的跟踪、监测、分析,防止生育水平出现较大波动。全市审批发放单独两孩生育证共9611例,出生1823人。二是积极促进人口均衡发展。低生育水平保持稳定,全市全年出生49622人,计生率为90.17%。出生人口性别比治理成效明显,全市共查处“两非”案件94件,处理违法人员78人,性别比从2011年的118.16下降到目前的110.98。流动人口管理服务不断加强,在每个流动人口较多的乡镇建立规范化服务中心,义乌市大型集贸市场流动人口计划生育服务管理项目被列入国家卫生计生委的课题调研项目,得到国家卫生计生委副主任王培安的充分肯定。三是扎实推进计生信息化建设。在全省率先开发建立出生实名制信息平台,已在全市64家定点接生医院推广应用,实现计生卫生出生人口信息的实时交换和共享,信息准确度、工作效率和信息动态掌握率得到有效提升,出生当月上报及时率从上年的81%提高到目前的88%,全市全员人口信息覆盖率达99%,出生信息准确率达95%以上。此项工作在全国性别比治理工作会议上作经验交流,得到郑继伟副省长的批示肯定。四是进一步提升计划生育家庭发展。不断健全完善计划生育利益导向机制,全面落实农村部分计划生育家庭奖励扶助制度和计划生育家庭特别扶助制度,全市累计奖励扶助154990人次,特别扶助7195人次,共发放奖特扶资金1.5亿多元。深入开展“幸福家庭”创建活动,全市实施致富发展项目990个,资金扶助4.08万户家庭,受益人数达11.62万人,进一步提高计划生育家庭经济收入和幸福指数。

【卫生计生行政执法】 一是加强法制教育,落实领导干部学法制度,提高依法决策、依法行政、依法治理能力,全面落实行政执法工作责任制。按照建设法治政府和服务型机关要求,以转变职能、提升能力为核心,建立完善“四张清单一张网”和事中事后监管制度,并在政务服务网上予以公布,方便群众办事,接受群众监督。在全市5127个村(社区)便民服务中心配备9364名计生代办员,为育龄群众代办各类人口计生服务事项,实现审批、政务、维权“三阳光”。二是以卫生监督协管示范点创建活动为契机,加强卫生监督协管服务和能力建设,全市共有29家单位通过市级评审。开展校园卫生安全健康行动,市直学校监督覆盖率、网络报告率达100%。大力开展“文明城市”创建活动,全市对322家住宿场所、254家美容美发场所、128家足浴场所开展量化分级复评工作,组织开展集中式供水单位水处理剂使用情况监督检查,对市区两个管网末梢水水质在线监测项目实行24小时实时监控。进一步整顿医疗秩序,加大打击非法行医力度,全市共立案查处无证行医案件166件,各类非法行医行为得到有效遏制。

【金华市中心医院】 金华市中心医院是浙综合性三级甲等医院,国家级爱婴医院,全国综合医院中医药工作示范单位,国家级住院医师规范化培训基地,国家卫生部脑卒中筛查与防治基地,国家骨质疏松症诊疗技术协作基地,省高等医学院校教学医院,浙江大学医学院教学医院,浙江大学医学院博士生实践基地,浙江大学医学院硕士研究生培养基地,省自然科学基金项目依托单位,省文明单位,省健康促进医院,省平安医院,省绿色医院。医院占地面积8.9887万平方米,现有医疗用房面积16.3085万余平方米。核定床位900张,实际开放床位 2200~2400 张，分设 42 个病区，临床科室 37 个，医技科室 13 个，特色专科门诊 50 余个。2014 全年门急诊量 166.72 万人次，出院病人 8.26 万人次，完成手术 2.69 万人次。现有在岗职工 2325 人，其中：卫技人员 2000 人，高级职称 423 人，中级职称 509 人，初级职称 811 人，博士、硕士生 300 人。享受政府特殊津贴 7 人，省优秀医师 5 人，省优秀护士 4 人，省新世纪 151 人才 1 人，市专业技术拔尖人才 14 人，市新世纪(321)专业技术人才 14 人，市名医 74 人。拥有复合手术室、PET-CT、眼科飞秒、3.0T 磁共振、256 排 CT、SPECT、DSA、医用直线加速器、彩色多普勒超声仪、全套美国全自动检验设备、全套内窥镜等百万元以上先进医疗设施设备。医院高度重视学科建设，拥有 9 个省区域专病中心建设学科(神经外科、普通外科、儿科、重症医学科、呼吸内科、血液科、麻醉科、心胸外科、消化内科)、3 个省医学扶植重点学科(骨科、神经外科、胰腺外科)，1 个省中医名科，18 个市优先发展及扶持发展医学重点学科，18 个省级住院医师规范化培训基地核准学科。稳步实施医学战略合作项目，深入开展与浙江大学医学院及其附属医院的学科对接合作，先后建立 3 个院士工作站和 18 个专家工作站。大力支持科研创新，近三年来共中标国家、省、市级科研项目 107 项，其中国家自然科学基金项目 2 项，省自然科学基金项目 2 项；获省医药卫生科学技术奖 9 项、市科学技术奖 18 项；发表 SCI 论文 68 篇，中华系列论文 86 篇。医院积极开展新技术新项目，近年来开展的 ECMO 手术、颈动脉内膜剥脱术、全腔镜肝脾胰胃大手术、内镜下逆行阑尾炎治疗术、“腹腔镜下子宫腹膜外悬吊+直肠悬吊”、冠状动脉旋磨技术、急性脑大血管栓塞动脉取栓术、免气腹腔镜下前列腺癌根治术、“外阴恶性肿瘤腹腔镜腹股沟淋巴清扫术+腹膜外腹腔镜盆腔淋巴清扫” 等技术居于省内或国内先进水平。特色服务项目主要包括胰腺外科手术、神经外科创伤救治、骨科手术、儿科诊疗和重症监护、各类中毒的急救、中医治疗等。医院“东扩工程”建设项目已基本完成。“东扩工程”是金华市重点建设项目，包括综合病房楼、19 层病房楼、医技楼、急诊病房楼、人才公寓楼等项目，新增医疗用房面积达到 12.66 万平方米，开放床位增至 2400 张，拥有停车位 800 个，绿化率 33%以上，医院成为集数字化、智能化于一体，功能齐全、布局合理、环境优美的大型综合性现代园林式医院。

【金华市中医医院】 金华市中医医院是全国示范中医院、三级甲等中医医院、浙江中医药大学附属医院、浙江省首批“名院”建设单位。医院核定床位 600 张，开放床位 900 张，医院现有在职职工 897 人，卫技人员 746 人，其中：正高职称 47 人、副高职称 159 人、中级职称 223 人。病区 14 个，一级临床学科 18 个，二级临床学科 20 个，专科 30 个。金华市中医院新病房大楼建设项目是 “全国 200 家重点中医院建设项目”“国家发改委 2009 年第四批扩大内需中央预算内投资计划项目”， 也是市委市政府重点工程建设项目，已正式投入使用，服务能力大幅提升。2014 年，医院业务收入达 4.55 亿元，同比增长 23.67%；中草药收入 5493 万元，同比增长 20.64%；药品收入占业务收入的比例 48.26%，同比下降 6.82%；床位使用率 103.93%。全年门急诊 66 万人次，同比增长 4.16%；出院 2.5 万人次，同比增长 29.47%。医院与复旦大学附属中山医院建立医学合作，与杭州师范大学合作成立“脑康复与功能神经影像专家工作站”，提高医疗科研能力，同时，对口帮扶金东区中医院、三江街道社区卫生服务中心、蒋堂卫生院等基层医疗机构。

【金华市人民医院】 金华市人民医院创建于 1958 年，是一所集医疗、预防、科研、教学、康复为一体的综合性三级乙等医院，浙江省首批高等医学院校教学医院，金华职业技术学院紧密型附属医院。医院占地面积 3.4 万平方米，建筑面积 7.2 万平方米，核定床位 800 张，设有 17 个病区。现有职工 1054 名，其中高级职称 182 名，中级职称 291 名，硕士研究生 53名，博士研究生 2 名，市专业技术拔尖人才 1 名，市级名医 20 名。形成以妇产科(包括生殖中心)、超声科为重点，特色鲜明的市级重点学科。医院先后购置飞利浦公司大平板数字 DSA 机，超导双梯度高场1.5T 磁共振、西门子 Acuson S2000 高档彩色多普勒超声诊断仪、超声胃镜等先进设备。2014 年，业务收入 5.1 万元，同比增长 14.55%；门急诊人次 71.3 万人次，同比增长 6.31%；出院人次 3.63 万人次，同比增长 17.46%，床位使用率 96.43%。医院先后涌现全国卫生先进工作者、全国“三八”红旗手、全国“五一劳动奖章”获得者、党的十五大代表、全国百名优秀医生沈云华同志；全国卫生先进工作者、全国“五一劳动奖章”获得者、全国工会十四、十五大代表、省劳动模范刘志聪同志二位全国劳模；涌现全国卫生系统先进工作者、全国“三八”红旗手、全国妇女“巾帼建功”标兵、省优秀医生费小阳；党建优秀品牌“匡式亲情服务法”创始人血液科主任匡跃敏等同志为代表的一批学科人才和梯队骨干。

【金华市第二医院】 金华市第二医院发展成为以精神科、心理科、老年科为特色的三级甲等精神病专科医院。是金华市精神卫生中心，金华市精神病防治康复技术指导中心，金华市心理卫生协会挂靠单位，浙江省政府指定精神病医学鉴定医院。医院占地5.6万平方米，建筑面积为3.6万平方米，核定床位500张，实际开放床位750张。现有职工350名(正式在编人员269人)，其中卫技人员290名，含高级职称34名，中级职称95名，初级职称161名。2014年门诊人次118026人次，同比增长7.25%；出院人次5532人次。

【金华市第五医院】 金华市第五医院为市直属二级乙等综合性公立医院，金华市120急救网络成员，“浙江省文明单位”“浙江省平安医院”“金华市文明单位”“金华诚信医院”，浙江省高等医学专科学校、金华职业技术学院医学院等大专院校的临床教学医院。医院设有呼吸内科、心血管内科、消化内科、内分泌科、神经内科、肾病内科、重症监护室(ICU)、血透中心、普外科、骨科、脑外科、泌尿外科、肛肠科、妇产科、皮肤性病科、医学美容科、急诊科、五官科、口腔科、儿科、中医科、理疗科、放射科、检验科、麻醉手术科、特检科、体检中心等临床、医技科室，并开设高血压、糖尿病、白癜风、性病等37个专科专病门诊，下辖通圆、义乌铁西、金西等3个社区卫生服务站。2014年业务收入1.09亿元，同比增长16.35%；门急诊38.5万人次，同比增长13%，出院人次4486人次，同比增长10.22%；床位使用率105%。皮肤科是金华市医学重点学科，其诊疗水平在浙江中西部处于领先地位。皮肤科开展自体表皮游离移植治疗白癜风、骨科开展关节镜治疗关节疾病，创金华之先。医学美容中心与上海康奥激光美容中心合作，在金华首创美容项目，开展8大类4四十余种医学美容诊疗项目，是浙江中西部地区技术、设备较为雄厚的医学美容中心。

【金华广福医院】 金华广福医院是以诊治肿瘤为特色的三级乙等专科医院，是非营利性医疗机构、医保定点医院，是浙江省价格计量信得过单位、全国劳动模范疗休养基地健康体检定点单位、浙江大学医学院附属邵逸夫医院友好医院。获全国民办非企业单位自律与诚信建设先进单位、全国优秀民营医院、5A级民办非企业单位、省级文明单位、省价格计量信得过单位、省级绿色医院、省级平安医院、省级治安安全示范单位、省抗癌爱心单位、省创安先进集体、省卫生先进单位、省卫生系统思想政治工作先进单位、金华市首批“诚信医院”等市级以上荣誉称号50余项。经省卫生厅批准增挂“浙中肿瘤诊治中心”院牌。医院建设总投资占地10万平方米，总建筑面积8.65万平方米，开放床位1000张。现有员工1038名，其中专业技术人员851名，高级职称人员106名，中级专业人员167名，硕士学位21人，市级名医18人。医院设有肿瘤科、呼吸科等二十八个临床科室，二十一个病区，二十个医技科室，同时成立“金华市微创治疗中心”“金华市放射治疗中心”“金华市癌症疼痛治疗中心”“病理诊断中心”“介入治疗中心”“肿瘤综合治疗会诊中心”等国家和省内独具特色的专业技术中心。2014年医院业务收入4.3亿元，同比增长18%；门急诊人次30万人次，出院人次3万人次。医院引进三维适形调强放疗计划系统、直线加速器、ECT(单光子计算机断层扫描仪)、1.5T超导型磁共振、r-刀、肿瘤热疗系统、高能聚焦超声治疗系统、16排CT、DSA、高档彩超、PAC8000病理图像分析系统、运动心肺功能测试仪等高精尖诊治设备。使医院实现高科技人才与高精尖设备的有机结合，形成以手术、放疗、化疗、介入、生物、中医药为主体，凝固治疗、肿瘤热疗、术中放疗、微创体内放射粒子治疗等十多种先进技术相互配合的综合治疗优势，极大地提高肿瘤的治疗效果。同时，医院本着“强科做大，小科做强，全面提高”的发展思路，在呼吸科、心血管科、骨伤科、神经外科、微创外科、消化科、肾内科、120急救等学科建设上也成效卓著。

【文荣医院】 文荣医院为非营利性、二级甲等综合性医院，占地面积49961平方米，建筑面积37628平方米，设置床位400张，开放床位400张，现设有29个业务科室。职工总数520名，其中，卫技人员数460名，卫技人员中有高级职称46名，中级职称82名；本科及以上学历178名。医院通过“浙江省二级甲等综合医院”评审；通过浙江省档案目标管理二级认定；骨科人工关节置换技术临床应用通过浙江省卫生厅评价；与上海仁济医院风湿免疫科合作成立协作中心；医院被列为金华市级儿童先天性心脏病救治定点医院，并举办“金华心希望”先天性心脏病大型公益活动。2014年实现业务收入1.98亿元，同比增长26.38%；门急诊人次21.87万人次，同比增长22.74%；出院人次1.69万人次，同比增长26.48%。

【金华眼科医院】 金华眼科医院核定床位80张，是卫生部视光学研究中心、温州医学院眼视光学院临床教学实习基地，金华市低视力康复定点医院，同时也是金华市红十字眼科医院，金华市慈善眼科医院，金华慈善光明工程指定医院。先后荣获中共浙江省委、浙江省人民政府颁发的“残疾人工作先进集体”、浙江省人民政府残工委颁发的“扶残助残先进集体”、金华市委、市政府颁发的“文明单位”“金华慈善奖”等荣誉，是金华市(县、区)城镇医疗保险和新型农村合作医疗定点医院。医院拥有世界上一流的飞秒激光、鹰视酷眼等激光近视治疗系统，眼底照相荧光造影及分析系统、眼底OCT、眼内激光、博士伦超声乳化波切一体机、蔡司高级手术显微镜、眼电生理、眼科A/B超、瑞士OCTOPUS101视野机，角膜地形分析仪，非接触眼压计、综合验光仪等一大批高精眼科医疗设备。医院有一大批眼科专业技术人员，设有白内障专科、青光眼专科、眼底病专科、角膜病专科、眼外伤专科、视光学专科、小儿眼科、斜弱视专科、眼整形专科和屈光(近视激光)手术专科。2014年门诊总人次比上年增长40%，出院人次比上年增长68%；业务收入同比增长25%。

(李图强)

爱国卫生

【推进国家卫生城市巩固发展】 2013年金华顺利通过国家卫生城市的复审，再次被确认为国家卫生城市。为进一步建立健全国家卫生城市长效管理机制，巩固和发展创卫成果，推进精品城市建设，市爱卫会制定印发《金华市巩固国家卫生城市工作意见》，进一步明确金华巩固国家卫生城市的指导思想和工作目标，强化各职能部门和三个区的工作责任，突出城市管理内容和要求，为推进国家卫生城市巩固发展奠定制度基础。依照工作意见，2014年8月，市爱卫办组织部分专家，对金华市区国家卫生城市巩固工作进行自查评估，对存在问题进行分解落实，进一步推进国卫巩固工作。

【第26个爱国卫生月活动】 4月，全市组织开展第26个爱国卫生月活动。结合“五水共治”“三改一拆”“四边三化”行动，以“远离病媒侵害、你我同享健康”这一活动主题，大力开展城乡环境卫生综合整治活动，集中整治城乡环境脏乱差问题。城区坚持围绕辖区内居民小区、背街小巷、集贸市场等重点区域，完善长效保洁机制，以社区为单位，组织辖区各单位一起清理卫生死角、乱堆乱放、乱贴乱画；农村以改水改厕为重点，清除积水垃圾，清理蚊蝇孳生地。全市各县(市、区)、乡镇街道村一起联动，掀起活动高潮。据统计，爱卫月期间，全市共开展各种宣传活动478次，出刊黑板报、健康专栏1596期，制作宣传板块211块。全市9个县市区共清除陈年垃圾废土8560余吨、清除卫生死角4832处、整治城乡接合部154个，疏通河道溪流28000余米，清理臭水池(塘)2283口，清理积水坛缸5233口，疏通阴阳沟渠及下水道118800余米，整治道路32.2千米，清除乱张贴30余万张，解决一批老大难的环境卫生问题，受到广大群众的充分肯定。

【灭蚊蝇先进城区复查】 年初，市区及时调整“四害”密度监测方案，监测范围覆盖城区11街道，监测经费由市、区和街道共同来承担，监测结果定期通过媒体向社会公开。为完成灭蚊灭蝇先进城区复查任务，不断巩固除四害先进城区创建成果。市爱卫办提早谋划,提前准备,对城区除四害工作进行调研,结合金华实际,拟定工作方案和实施方案,以文件形式下发各区各部门。同时积极争取领导重视,争取工作经费,拟定工作标准和内容,通过公开招标方式对城区三个区外环境除四害工作进行市场化运作,区爱卫办和各街道社区负责监督考核。根据监测结果,从5月份开始,不定期开展外环境的灭蚊蝇活动,8月—9月两个月全方位落实复查各项任务,邀请省专家授课,印制3万余份灭四害宣传画册向群众发放,联合市卫生监督所、疾控中心对市区重点单位病媒防制工作进行执法检查,集中力量进行自查评估和现场检查,9月底金华灭蚊蝇先进城区顺利通过省爱卫办的考核。

【春秋季灭鼠活动】 2014年4月和10月,全市组织开展春秋季城乡统一灭鼠活动,市疾控中心开展灭前灭后密度监测对比,做到科学灭鼠。市机关各部门、单位,特别是农业、公安、安监等部门以及三个区、各乡镇(街道),做到条块结合、各司其职,共同做好城乡灭鼠工作。全市共投放室外室内灭鼠毒饵54吨,清除四害孳生地5979处,有效地保障人民群众的身体健康。

【公共场所控烟工作】 制定"健康中国行——金华全民健康素养促进活动"方案,由市爱卫会与市卫生局联合下发,全市9个县(市、区)卫生局和11家市本级医疗卫生机构分别建立相应组织,成立健康素养讲师团,确定各地联络员。组织召开健康教育与健康促进业务工作会议,进行健康中国行相关知识培训,邀请省爱卫会副主任叶真教授前来讲课,向省爱卫办申报二项健康促进示范阵地,举办2014年金华市健康教育技能比武竞赛活动,选拔4名优秀选手代表金华参加全省比武,获得全省第二名的好成绩。各地充分利用健康素养讲师团的优势,结合群众需要开展内容丰富的健康知识讲座。根据方案要求,全市大力开展健康促进学校、健康促进医院和健康教育示范单位创建活动,举办健康促进医院创建培训班,全市有8家医院通过省级健康促进医院考核。为全面促进金华控烟工作,2014年5月31日前后,全市组织开展第27个世界无烟日活动,在《金华晚报》刊登控烟内容的科普文章,通过中心网站及手机短信平台发布有关烟草危害的相关知识。参加全省小学生"控烟"主题的绘画比赛。组织开展金华级无烟单位和控烟先积极分子评选活动,全市共评出35家无烟单位,25位控烟积极分子。

【农村改水改厕工作】 举办全市农村改水改厕技术培训班,邀请省爱卫办领导和专家前来授课,同时,制作1000个三格式化粪池塑料模型,免费发放给全市农村改厕村。为提高城乡生活饮用水水质卫生管理水平,认真做好金东区农村水质管理示范县的创建工作,多次组织开展检查指导,邀请省爱卫办专家上门指导,帮助解决困难和问题,10月底顺利通过省级考核。

(吴功卫)

人口和计划生育

【概述】 全市共出生49622人,计生率为90.17%,计划外多孩发生率控制在1.07%,适度低生育水平保持稳定;全年出生人口性别比为110.98,同比下降1.46个比值,东阳市、浦江县先后摘掉出生人口性别比省重点管理县(市)的帽子;国家免费优生检测项目深入实施,免费医学婚前检查率为97.77%,优生检测率为94.65%,各项考核指标完成良好,获省通报表彰。

【实施"单独两孩"】 制定实施方案,加强政策宣传,建立出生人口监测和预警制度,做好单独两孩政策实施情况的跟踪、监测、分析,防止生育水平出现较大波动。开通审批绿色通道,缩短审批时限,生育审批提速50%。强化信访维稳,召开会议专题讨论单独两孩政策执行情况和"单独抢生人群"稳控工作,及时启动信访应急处置,进一步化解矛盾纠纷。全市审批发放单独两孩生育证共9611例,出生1823人。

【出生实名制信息平台建设】 在全省率先开发建立出生实名制信息平台,已在全市64家定点接生医院推广应用,已完成一、二、三期建设,新版的出生医学证明管理信息系统在市妇保院安装运行,出生医学证明管理信息系统和出生实名制信息平台达到无缝连接,实现计生卫生出生人口信息的实时交换和共享,信息准确度、工作效率和信息动态掌握率得到有效提升,出生当月上报及时率从2013年的81%提高到目前的88%, 年上报及时率从原来的93%提高到目前的95%, 全市全员人口信息覆盖率达99%,出生信息准确率达95%以上。此项工作在全国性别比治理工作会议上作经验交流,也得到副省长郑继伟的批示肯定。舟山等地市多批次前来金华考察借鉴相关做法。

【出生人口性别比治理】 坚持"党政牵头、部门联动、区域协作",继续将性别比治理纳入市委重点工作督查及平安创建考核内容,进一步健全完善打击"两非"(非医学需要的胎儿性别鉴定、非医学需要的人工终止妊娠,以下简称"两非")联动机制,实行对公安、卫生、计生、市场监管等主要职能部门捆绑考核,达不到省考核要求的,所有职能部门扣分。保持对"两非"违法犯罪行为高压态势。全市共查处"两非"案件94件,处理违法人员78人。出生人口性别比持续下降, 从2011年的118.16下降到目前的110.98。全国整治"两非"工作研讨会在义乌成功召开。义乌市成功查处楼某"寄血验子"非法性别鉴定案,社会强烈反响;金东区、东阳市、磐安县开展专项治理工作,出生人口性别比下降改善。

【流动人口管理】 积极完善流动人口规范化服务中心建设工作, 在每个流动人口较多的乡镇建立了规范化服务中心,打造五位一体便民服务窗口。义乌市大型集贸市场流动人口计划生育服务管理中心"一站式管理、一条龙服务、一体化协作"的模式,得到了国家卫生计生委主任李斌的充分肯定。积极开展跨地区协作,与省内外22个地市建立合作共赢的长效协作机制。完善服务网络,全市建立流动人口协会135个,其中外出流动人口计生协会29个。建立外来人员服务管理站所94个, 并按外来人口500:1比例配备专兼职计生管理员7000多名。加强流动人口服务管理综合平台建设,做到"人来登记、人在管理、人走注销",全市流入已婚育龄妇女登记管理率、流出已婚育龄妇女信息掌握率均达到85%以上。积极开展"关怀关爱流动人口"活动,"查环、查孕、查病"三查服务35万人,发放慰问金40余万元。

(李图强)

8890便民服务

【概述】 相比其他地市的生活求助热线或效能投诉平台,金华8890服务的内容更广,既可为群众衣食住行、生老病死等日常生活所需提供咨询服务或指派加盟企业上门"一站式"服务,又可受理对政府部门的效能投诉,实现群众需求"大事小事全覆盖"。归结起来,8890服务就是三句话:咨询类诉求即时答复、生活类求助派单服务、效能类投诉限时办结。截至2014年底,平台受理的12.9万件群众诉求中,生活类求助4.81万件,占38.14%;咨询类诉求4.77万件, 占37.79%; 效能类投诉30.39万件,占24.07%。按照"统一热线号码、统一对外标识、统一数据管理、统一服务标准" 的要求,2014年6月份,8890平台成立婺城、金东、金华开发区、金义都市新区4个执行部;2014年10月28日,8890便民服务"市域一张网"现场推进会在浦江召开(图7),11月份,7个县(市)8890分中心全部开通,实现8890便民服务"市域一张网",通过市、县、乡三级联动,提高诉求受理、交办和办结的时效。

【表扬荣誉】 2014年4月14日,中央政治局委员、书记处书记、组织部部长赵乐际在《浙江信息》上批示肯定;2014年5月28日和9月22日, 党的群众路线教育实践活动中央第七巡回督导组和省委督导组专门现场检查指导8890平台工作,对8890"听群众呼声、走群众路线、解群众难题"的有效实践给予充分肯定。2014年6月以来,以省委办公厅、省综治办为指导,由《今日浙江》杂志社和省公共政策研究院、浙江大学公共政策研究院共同主办的"第三届浙江省公共管理创新案例评选活动",金华市"8890——拨拨就灵, 打造便民服务综合体"在全省250个申报参评案例中跻身15强,被评为"第三届浙江省公共管理创新案例优秀奖"。8890还提供新常态下政府热线综合集成与高效便民服务的示范样本,2014年,省内外30多批次考察团前来平台学习,并在四川、陕西、宁夏、内蒙古等部分市县复制推广金华的做法。

【渠道实现信息化】 树立"互联网+"理念,实现电话(88900000)、短信(106902198890)、网站(www.jh8890.gov.cn)、微信(jh8890)、“市长信箱”等受理渠道“五位一体”,全天候24小时接受声音、图像、文字等诉求信息。无论是谁,不管什么诉求,或者采取什么方式,只要法律法规政策许可,8890平台都立刻回应、一概受理,真正方便百姓“一个号码找政府”。

【整合党政资源】针对长期以来群众找政府办事“部门多不好找、热线多不好记、推诿多不好办”等现象,8890平台坚持热线整合与工作机制整合“双管齐下”,在保留现有部门热线功能基本不变的前提下,将170余条部门服务热线归集成“88900000”一个号码,相当于给所有部门服务热线安装一个“总机”,实现部门服务热线互通联动,让民情、民需、民忧在一个平台上得到最大限度的解决。整合录入130多个部门和下属单位的公共服务资源信息,建成“门类齐全、内容丰富、操作方便、即时即用”的公共信息资源数据库,并明确各部门确定专人负责及时接收、按时办结群众诉求电子工单和公共服务资源信息的发布、更新工作,为“即问即答”提供后台保障。

【整合市场资源】8890平台按照“服务优质、门类齐全、分布均衡”的原则,通过免费加盟各类服务企业,建立一整套诚信管理机制,并按照“就近、公平、择优”原则,对群众生活求助进行推荐或派单服务,为群众与市场之间搭建起一座沟通的桥梁,方便市民生活。平台现有加盟企业460余家,服务内容涉及家政服务、设备维修、房屋工程等20个大类200个小项,基本涵盖群众日常生活服务需求,一般性日常生活问题都可以从8890得到热心的解答和帮助。同时,平台加大优质服务企业加盟力度,特别是对紧缺需求服务和“冷门”服务行业,做到随时加盟,成熟一家,加盟一家,努力做到不管什么地方,不管群众提出什么服务需求,都可以通过8890平台提供派单服务,而且可以就近服务,不断提高群众的生活便捷度。对开锁、搬家、补漏、水电维修、疏通下水道等市民生活需求相对集中的企业,做到区域统筹,优化企业空间布局,实现派单服务区域总体平衡。8890平台还联合有关部门单位、服务行业和社会组织,先后推出“就医预约挂号、虚拟养老院、快递一号通、外卖送餐一号通、开锁修锁、电工服务、家政服务、汽车修理服务”等特色生活服务项目。这些服务举措很“接地气”,深受群众欢迎。

【整合社会资源】8890凭借其社会公益品牌的吸引力,整合社会各界的志愿者服务力量,征集志愿者580多人、社会公益组织和服务团体48余个,定期不定期开展志愿服务活动,推动公共服务主体多元化,志愿服务已成为8890一支重要的社会资源力量。8890联合市志愿者协会、银行业协会、锁具修理协会等社会组织,每二月开展一次8890志愿者便民服务进社区公益活动,共举办11场活动,面对面为社区居民提供个性化生活服务。比如,针对青少年学生心理障碍和情感危机日益突出等现象,8890聘请资深教师组成心理咨询辅导志愿者团队推出“8890快乐成长热线”,定时为学生、家长、老师提供心理健康咨询服务,让他们的烦恼有人听、困惑有人帮、心结有人解。截至2014年底,服务数量已超到600件,8890成为学生的“知心热线”;再如,针对老年人居家生活“不安全、不方便、不开心”问题,8890创建居家养老“一拨灵”援助服务新模式,打造“8890虚拟养老院”,并在南苑社区开展试点工作;还有,8890发起“送出一杯水、清凉一座城”善美金华公益活动,在市区设立150个“8890爱心饮水点”,免费为高温下的劳动者送上清凉服务。据统计,8890平台通过社会志愿者团队提供公益服务达到3.6万多件,被授予“2014年度浙江省志愿服务优秀集体”。

【创建诉求办理新机制】8890对群众事务效能类投诉,实行“8890前台统一受理、市纪委(监察局)统一交办、党政部门限时承办”的办理工作机制。如实行按时接单制。承办单位1小时内接收并启动办理流程;不属于单位职责范围的,2个工作日内退办;涉及多部门办理的,首接部门为第一责任单位,避免诉求“交而不接、接而不办”。实行限时办结制。咨询类诉求由平台工作人员直接进行查询解答,或交办相关部门在1个工作日内答复,一般事务类诉求5个工作日内办结答复,意见建议、投诉举报类诉求15个工作日内办结答复。实行回访考核制。诉求办理情况100%回访,并将首接负责制、及时接收率、重复派单率、按时办结率、发回重办率及回访满意度予以指标量化,纳入年度考核内容。

【构建社会联动新体系】8890平台的开通运

行，为健全社会联动体系探索新路子，它与110应急联动指挥中心一道构建“应急类报警打110、非应急类求助找8890、社会力量参与公共服务”的社会治理新机制，“有急事找110，有难事找8890”已成为越来越多金华群众的共识。原先向110求助的咨询生活类、公共事务类事项已逐渐向8890分流，缓解110应急联动指挥中心的工作压力，使有限的警力资源得到优化配置，促进社会联动和行政效能的最大化。一年半来，8890每月平均接打电话2.7万个、受理群众诉求1万余件，成为金华最热的服务热线。平台共受理办结违章建筑、环境污染、噪声扰民、市政公用、公共交通、劳资纠纷等各类社会矛盾和投诉举报1.5万余件。

【推动机关作风新转变】 8890既像一面“镜子”，又像一把“尺子”，通过交办、办理群众诉求事项，照出和量出各级各部门对人民群众的感情态度、工作作风和服务绩效。部门响应速度快不快、工作作风实不实、办事效率高不高，通过8890都能得到全面、直观、量化的比照和衡量。8890实行首接负责制、限时办结制和办理结果100%回访制度，把部门办事作风的评判权直接交给老百姓，改变以往作风评价“搞内部循环、自己评自己”的弊端，促使部门真正把群众满意作为第一标准，改电话联系为当面沟通，改层层转办为直接办理，改“文来文往”为“人来人往”。截至2014年底，群众各类诉求办结率和回访满意度均在99%以上。尤其值得一提的是，一些疑难复杂案件甚至无理访案件，由于承办部门工作认真、服务到位，得到诉求人的理解和认可。

（叶　帅）

生态文明建设

环境保护

【重污染高耗能行业整治】 开展“四破”专项整治，落实差别电价、水价和排污、信贷限制等措施，倒逼企业转型升级。全年淘汰造纸产能35.4万吨，印染产能2.9亿米，化纤产能1.5万吨，织造产能1510万米，医化产能1.7万吨，制革产能18万牛皮标张，电镀产能6万升，铅蓄电池产能40万千伏安时，砖瓦窑产能1.6亿块标砖。推进电镀、化工、印染、造纸、制革等重污染高耗能行业企业整治提升。其中，四大重污染行业关停淘汰企业56家，整治提升293家，年度整治任务全面完成；武义、东阳六石、横店、义乌电镀集聚区和义乌4个印染集聚点基本完成建设任务；永康电镀园区内的电镀企业已全部关停，机器设备基本拆除。特别是浦江县全年又关停水晶加工户5072家，淘汰落后设备2.3万台，水晶加工户减至1503家，四个水晶专业园区正在加快建设。经中期评估，整治后全市废水排放量削减40%，化学需氧排放量削减37%，氨氮排放量削减39%。

【生态环境质量公众满意度】 2014年全市生态环境质量公众满意度排名第6，比上年上升2个位次，取得历史最好成绩。受访者对水环境的满意率增幅达到6.12%，位居全省第一。各县(市、区)考核排名也普遍有较大的提升。浦江县排名提升20位，达到第18名(全省90名)，全市9个县(市、区)，6个得分位居全省平均线以上(磐安第3、婺城第39、金东第44、武义第47、东阳第48)。

【污染减排】 2014年减排工作计划确定涉水项目56个，涉气项目53个，农业减排项目52个，分解落实县(市、区)减排目标和任务。制订下发《进一步健全污染减排激励考核监管工作机制》，从健全激励政策、考核办法和监管体系三个方面着手破解当前污染减排中的“一低一慢”(即指标进度完成率低和工程项目建设推进缓慢)难题。在“四破整治”中，开展规模以上企业亩产效益综合评价，制订差别化资源要素配置的扶持政策，对划分的A、B、C三类企业实行总量指标差别化分配机制，倒逼落后产能淘汰。定期对县(市、区)重点行业脱硫脱硝、污水处理厂提标、扩建改造等减排重点工程实施推进情况进行督查指导。将国家责任书项目列入2014年减排计划，每月进行督查指导并实行月度报告制度。将减排监测体系纳入减排考核，加大力度推进国控重点企业自行监测和监督性监测工作，认真做好自动监测数据有效性审核，加强网上巡检，提高数据传输有效率。

【排污权交易】 在全省率先建立四项指标储备排污权竞拍出让交易机制；排污权交易活跃，12月单月完成共成交29笔，总成交金额171.8万元；全市共办理企业排污权有偿使用和交易手续1678家、总金额10267.7万元，办理排污权抵押贷款登记企业43家、贷款金额13430万元。以总量控制为重要抓手，有序有力推进五项制度创新，形成比较规范、完善的义乌总量控制做法。据省环保厅统计数据，全市化学需氧量(COD)、氨氮(NH_3-N)、二氧化硫(SO_2)、氮氧化物(NO_X)四项指标同比分别下降4.37%、4.62%、5.13%、9.17%，超额完成省下达任务。

【推行“四书一谈”制度】 全市共发放环保建议书(告知书)630份、限期改正通知书2128份、处罚决定(告知)书1078份、案件移送书303份，行政约谈102人。出台《从高从严执法监管十条措施》，连续开展“1-7号”铁腕系列执法行动,对违法行为“零容忍”、出重拳。

【“每周一查”制度】 开展“三见三查”行动,即见举报即查、见污染即查、见问题即查。通过明察暗访等形式,逐个逐步解决发现的环境问题。2014年,共查处违法案件1367起,关停重污染高耗能、低小散企业(加工作坊)9055家,处罚金6440万元,同比分别增长18%、84.9%、24%;移交公安部门案件135起、行政拘留82人、刑事拘留151人,刑事拘留人数同比增长42%;法院受理环境违法案件68起、判刑116人,查处力度居于全省前三,成为全省环境监管最严城市之一。

【治水】 制订治污水三年行动方案和年度工作计划、“灭黑臭”攻坚行动方案、“河长制”工作方案,梳理治污水重点建设项目,列出计划表、时间表、责任表。全市累计整治“黑臭河”749公里,封堵排污口2576个,黑臭河整治完成率、验收率均达到100%,完成“黑臭河”整治任务,总体进度一直处于全省前列。1月—12月,根据自动监测数据,10个市界出境断面水质全部达到Ⅲ类以上标准,达标率100%,同比提高20个百分点;根据手动数据,除浦江上仙屋断面水质为Ⅳ类外,其余9个出境断面均达到Ⅲ类标准,流域水质实现历史性突破。20个县(市)交接断面中13个达到Ⅲ类水质,占比65%,同比提高5个百分点。42个地表水监测断面中,Ⅲ类以上断面22个,占比52.4%,同比增加1个,5个Ⅴ类断面转化为Ⅳ类,劣Ⅴ类断面2个,同比减少3个。全市8个集中式饮用水水源地水质全部达标且均达到Ⅱ类水质。全市水质综合评价结果为良好,7个县(市)和市区均为合格以上,兑现“五水共治争上游,一江清水送下游”的承诺。

【治气】 按照“一年打基础,三年求质变”的总要求,制定下发大气污染防治三年行动计划和2014年实施计划,市县联动,统筹推进降尘、管车、控煤、禁烟等十大专项整治行动。制订《金华市大气污染防治行动计划(2014-2017年)》和《金华市大气污染防治2014年实施计划》,全力推进抑尘、管车、控煤、禁烟等十个专项整治行动。采取强制注销、区域限行、监控执法、淘汰补助、排气检测等多项措施,加快推进黄标车淘汰工作。截至12月31日,全市共淘汰60017辆,完成省下达任务的139.57%,自我加压任务的125.04%。在受1月份外来输入影响PM2.5单月升高24.5%(升高值达26毫克/立方厘米)的极端困难下,谋划实施市区空气质量提升“百日攻坚”行动,采取加密洒水抑尘、人工造雾降尘、规范施工控尘等8项行动,全力督导推进。百日攻坚行动期间,市区PM2.5浓度同比下降40.7%,PM2.5上升趋势得到有效遏制。1月—12月,市区PM2.5浓度64毫克/立方厘米,同比下降8.6%,AQI指数优良率64.7%,同比提高7.6%,全省排名第9(超过杭州,与湖州并列),实现年度目标。

【治土】 制定重金属污染综合防治年度实施方案,启动污染场地排查摸底、调查评估和清洁修复。兰溪市白炭黑污染场地修复进展顺利。建立主要农产品产地土壤环境质量监测制度,在重金属重点防控区、再生有色金属利用企业集聚区、重点废弃物焚烧企业等区域和行业,开展土壤环境质量状况长期定点监测试点。在医药化工等六大重点行业开展了危废核查工作,严格企业核定产废种类和基数。对10家危废经营企业、10家危废重点产生企业,开展了危废全过程监管试点。完成危废填埋场项目预选址、地质勘探等工作,开展环境影响预评价工作。规范垃圾焚烧飞灰收集处置,全面实现工业危废、医疗废物、污水处理厂污泥无害化处置。开展持久性有机污染物污染防治行动,完成排放重点企业排查和摸底统计50余家。

(王建华)

节能减排

【概述】 全市实现GDP3207亿元,增长8.3%;完成规模以上工业增加值945亿元,增长7.4%。全社会用电284.8亿千瓦小时,同比增长-2%,其中工业用电202亿千瓦小时,同比增长-3.6%;全社会能源消费总量1623.4万吨标煤,同比增长0.65%,其中规模以上工业能源消费698.4万吨标煤,同比增长-2.8%。2014年,全市单位GDP能耗降低率7.1%,居全省首位;单位工业增加值能耗降低率9.5%,居全省第二位。各项节能指标全部超额完成省政府下达的年度目标任务。从“十二五”前四年节能降耗情况看。2011–2014 年，全市单位 GDP 能耗分别下降 3.6%、6.6%、4.4%和 7.1%，2014 年在 2010 年基础上累计下降 20%，全市节能降耗五年任务（下降 18.5%）四年超额完成。对照《全省 2014 年度能源“双控”目标责任考核评价指标及打分标准》，自评得分为 99.5 分。

【“双控”责任制】 根据能源“双控”指标任务，与各县(市、区)政府签订 2014 年能源“双控”目标责任书，分解下达 2014 年万元 GDP 能耗、能源消费总量和用电量等控制目标。各县(市、区)政府也结合自身实际主动扩面，及时与乡镇(街道)、重点用能企业签订责任书。同时，积极引导相关部门提高抓节能降耗的思想认识，形成横向到边、纵向到底，齐抓共管的工作机制。据省经信委和省统计局每月公布的《各地区节能目标完成情况预警表》显示，金华市 2013 年连续 12 个月保持绿灯。

【“腾笼换鸟”】 一是大力淘汰落后产能。以重污染高耗能行业整治为重点，借势借力，加快淘汰落后设备和工艺。2014 年，全市淘汰造纸 35 万吨，制革 18 万牛皮标张，印染 2.9 亿米，化纤 1.5 万吨，铅蓄电池 40 万千伏安时，电镀 6 万升，砖瓦窑 1.55 亿块标砖。在完成省下达考核任务的基础上，自我加压，开展“低小散”行业整治，涉及兰溪的锡箔行业和永康的铸造行业，累计淘汰关停 130 余家锡箔加工作坊和 100 余家小铸造加工企业。通过淘汰落后产能工作，全市全年共腾出用能约 19 万吨标煤。二是强化用能优化配置。严格执行能评和控制煤炭消费总量。全年共审查项目 216 个，否决项目 8 个，减少不合理新增用能约 3 万吨标准煤。全年全市规模以上工业煤炭消费 325 万吨，同比下降 2%，切实从源头上控制高耗能、高煤耗产业落地投产。探索能源要素配置市场化改革。以兰溪为试点，全面推进年耗能 3000 吨标煤以上的重点用能单位能源消费总量确权工作，核定用能基数，探索用能权有偿使用和指标交易机制。目前第三方机构已进驻 52 家企业进行确权，摸清各重点工业企业用能基本情况。下步将邀请省能源行业专家对企业用能权进行审查和论证。深化企业资产重。推进杭州锦江、红狮控股与华东铝业战略合作，继 2013 年 6 月华铝关停一条电解铝生产线后，2014 年 1 月份关停第二条华铝生产线，腾出用能空间 38 万吨标煤。三是加快经济结构调整。不断优化投资结构，加快发展装备制造和新兴产业。2014 年完成工业投资 720 亿元，同比增长 8.1%，其中技改投入 442.2 亿元，占工业投资比重为 61.4%。全市战略性新兴产业、装备制造业、高新技术产业占比分别达到 21.5%、37.3%、30.3%，比上年均有提高。2014 年，全市第一、二、三产业增加值占地区生产总值的比重为 4.3:47.1:48.6，第三产业所占比重比上年提高 0.9 个百分点，产业结构产生积极变化。

【节能工程】 一是组织实施节能技改项目。因地制宜，全年全市共组织实施市级重点节能项目 72 项，项目实施后，预计可实现节能量 12 万吨标煤，节水 1000 万吨，其中金利华的窑炉油改气项目、浙江梦娜的余热余压利用项目，以及浙江绿源的 LED 绿色照明改造项目都取得较好的经济效益和社会效益。2014 年获省节能财政专项资金 1381 万元，列全省第二位。市区兑现省级节能项目补助资金 102 万元，兑现市级节能项目补助资金 288 万元。二是加强重点用能单位管理。积极开展重点用能单位节能监察。全市共完成用能单位现场监察 90 家，其中：工业企业 70 家、非工业单位 20 家，并在水泥、造纸行业开展单位产品能耗专项核查，核查水泥生产企业 17 家，造纸企业 8 家。认真做好“万吨千家”企业能源管理。对全市 75 家用能单位 2013 年度节能目标完成情况进行考核，有 12 家超额完成，60 家企业完成，累计已完成节能量 55 万吨标准煤，完成“十二五”节能量目标的 96.5%。开展“万吨千家”企业能源消费实时在线监测接入。认真做好宣传、培训工作，积极争取财政补助，及时推广好的经验。目前，全市除 6 家企业因搬迁或停产原因暂缓接入，其他企业已全部成功接入省智慧能源监测平台，工作进度走在全省前列。三是积极推进循环经济发展。结合“五水共治”“气尘合治”等重点工作，积极开展清洁生产审核、循环经济示范单位创建和资源综合利用认定。全年计划安排 75 家企业开展清洁生产审核，已有 100 余家企业通过审核验收，10 家企业荣获省级绿色企业称号，永康经济开发和 2 家企业列入省第五批工业循环经济示范单位。贯彻落实资源综合利用各项政策,全年认定资源综合利用企业(产品)16家。积极开展工业节水。加强与水利、环保部门沟通协调,2014年全市单位工业增加值用水量44.2吨/万元,同比下降9.1%,单位工业增加值废水排放量5.9吨/万元,同比下降14.9%。

【全社会节能】 一是加强公共机构节能。细化考核方案,将公共机构节能工作列入2014年市直单位绩效考评,加强电梯、空调、电开水器和照明设备管理,做好耗能设施维护,提升运行效率。2014年公共机构人均综合能耗99.6千克标煤、人均用水量26.8立方米,分别下降45%和36%。扎实推进节约型公共机构示范单位创建。2014年,婺城区行政中心、金东区行政中心、兰溪市机关大院、浦江县实验小学、金华一中等5家单位被评为省级示范单位,金华市行政中心、金华一中、东阳市行政中心、金东区行政中心等4家单位通过国家级示范单位预验收。二是积极推进建筑节能。把强化建筑节能,发展绿色建筑作为推进新型城市化发展和精品城市建设的着力点,全面推进新建建筑执行50%建筑节能设计标准,积极探索和推动既有建筑节能改造、大型公共建筑运行节能监管、可再生能源与建筑一体化应用等工作。2014年,全市共有325个项目通过节能审查,总建筑面积约为1250万平方米,完成既有居住建筑节能改造示范工程,完成既有公共建筑节能改造示范工程3项,完成太阳能等可再生能源建筑应用面积320万平方米,实施星级绿色建筑示范工程3项,共争取省建筑节能专项补助资金110万元。三是稳步推进交通节能。以打造低能耗、低排放、低污染的绿色循环低碳公路发展新模式为重点,稳步推进交通领域节能减排工作。2014年,全市累计推广各类纯电动汽车1792辆;全市拥有LNG公交车839辆,占全市公交车比例达34.3%;市区建立10000辆公共自行车租赁服务体系;积极开展甲醇汽油试点销售,市区共有约200辆出租车和驾校教练车试点使用甲醇汽油;高速公路收费站均配置ETC专用车道,ETC覆盖率达100%;全市全年淘汰营运黄标车5000辆。各项考核指标均按要求或超额予以完成。四是深化农村能源工作。以推进农村可再生能源开发利用为重点,着重开发利用沼气、太阳能、生物质燃料颗粒等清洁能源。2014年全市新建沼气工程2.1万立方米,新增沼气用户1501户,新增太阳能集热面积8.8万平方米,新增太阳能路灯、杀虫灯1000瓦,新增沼肥使用量85.6万吨,新增利用纯沼气发电的养殖场有6个、装机容量480千瓦,完成3个农村能源综合利用工程示范点建设,综合利用农作物秸秆97.39万吨,农作物秸秆综合利用率达到85%。

(郑　祥)

气候气象

【气候特点】 2014年金华市总体气候特点为光、温、水总的特点为气温偏高,雨量偏多、雨日接近常年,日照偏少。气全年平均气温为17.3℃(浦江)~18.7℃(永康),比常年同期偏高0.3℃~0.8℃。从各月分布看,8月、12月平均气温偏低,其他各月平均气温接近正常或偏高,1月、3月、9月—11月平均气温偏高较明显。年极端最高气温37.1℃(浦江)~37.9℃(武义),出现在7月。年极端最低气温-2.2℃(金华)~-4.6℃(武义),浦江、义乌出现在2月11日,其他地区主要出现在1月22或23日。年降水量1521.6毫米(浦江)~1758.9毫米(武义),与历年同期比,偏多0~2成。从各月分布看,1月、4月、10月、12月雨量偏少,2月、5月、6月、8月雨量偏多,其他月份雨量有的县市多有的县市少。全年总雨日144天(兰溪、东阳)~163天(金华),兰溪、金华偏多1.3天~7.8天,其他地区偏少1.4天(浦江)~13.1天(武义)。其中1月、3月、4月、10月、12月偏少,5月、7月—9月偏多,其他月份有的县市多有的县市少。全年总日照时数1554.3小时(兰溪)~1752.0小时(金华),与历年同期比,日照偏少0~1成。从各月分布看,1月、3月、10月、12月偏多,其他各月日照偏少。

【主要天气气候事件】 ①年平均气温偏高,阶段性异常气温事件多发;②2月3次降雪对交通出行影响大;③梅雨典型,6月下旬雨量大刷新历史纪录;④夏季副热带高压弱,高温不明显;⑤8月低温阴雨寡照、暴雨洪涝历史罕见;⑥年内3个台风影响金华市，利大于弊；⑦5 月阴雨寡照、9 月低温阴雨，农业生产受影响；⑧年末持续晴燥天气，森林火险等级居高不下；⑨霾日多发，严重程度轻于上年。年内出现的主要天气气候事件对金华市的国民经济和人民生命财产安全造成较大影响，尤其是 8 月洪涝灾害部分地区损失惨重。

（王怡红）

防灾减灾

【防灾减灾体系建设】“政府主导、部门联动、社会参与”的气象防灾减灾工作机制基本建立，建立了覆盖全市、遍及城乡的气象协理员、联络员、信息员队伍，市、县两级的气象灾害防御规划和应急预案编制率达到 100%。全市建成省级气象防灾减灾标准乡镇(街道)153 个，示范社区(村)76 个，322 个重点单位(包括乡镇街道、社区村、气象灾害防御重点单位)通过气象灾害应急准备工作认证。全市建成电子显示屏或多媒体等气象信息接收设施 397 套，建立健全网络(网站、微博、微信等)、手机短信、电视、电台、报纸、声讯、显示屏等组成的气象信息传播体系，扩大预警信息覆盖面，提高乡村、社区的预警信息接收能力。进一步完善公共气象服务体系建设，开发与公众密切相关的气象信息产品和行业所需的气象服务产品，气象服务内容和产品增加到 6 大类 100 多种。围绕“两区”建设开展现代农业气象服务，完成金华市两区气象服务平台建设，依托中短期预报，开展特色农业、设施农业和农业大户专业专项气象服务。完成婺州蜜梨、兰溪黑炭杨梅、东阳单季稻“甬优 9 号”“巍美”牌作物的气候品质认证。加强部门合作，完善行业气象设施和信息的共建共享机制，深化与农业、林业、水利、国土、民政、电力、环境、交通、旅游等相关部门的合作，为相关行业安全生产和重大活动提供气象保障。

（王怡红）

党的建设

纪检监察

【概述】市委常委会19次专题研究部署党风廉政建设工作,及时解决重点难点问题。市委书记徐加爱带头履行“第一责任人”职责,坚持重要工作亲自部署、重大问题亲自过问、重点环节亲自协调、重要案件亲自督办,35次对反腐倡廉工作作出重要批示,有力指导了全市党风廉政建设和反腐败斗争。市长暨军民同志狠抓政府系统廉政建设,着力推动“四张清单一张网”等重点工作,有力促进纪检监察工作深入开展。全市各级纪检监察机关按照党中央、中央纪委和省委、省纪委一系列部署要求,全面落实党风廉政建设监督责任,扎实推进纪律检查体制改革,全面深化“三转”,进一步严明纪律、严纠“四风”、严惩腐败,党风廉政建设和反腐败斗争取得明显成效。召开市纪委六届五次全会,总结回顾2014年工作,研究部署2015年任务。全会审议通过了市委常委、市纪委书记夏建成代表市纪委常委会所作的《坚决贯彻从严治党和依规治党方针坚定不移推进新常态下党风廉政建设和反腐败斗争》的工作报告,徐加爱出席会议并讲话。

【落实党委主体责任】科学构建责任体系。在全省率先出台《关于进一步强化党风廉政建设党委主体责任的若干意见(试行)》和《关于落实党风廉政建设纪委监督责任的实施意见(试行)》,将党委主体责任细化为28项具体内容,创新建立巡察、评议、问责等责任落实10项制度,强化督报、核查、整改等考核评价5个环节,确保责任清晰、履责到位。强化履责定期报告。开展党委(党组)履行主体责任情况报告工作,所有县(市、区)党委、开发区党工委及市直机关部门党委(党组),都在规定时间向市纪委提交履行主体责任书面报告。市、县两级纪委共面对面听取9个县(市、区)、152个乡镇(街道)以及重要部门(单位)党委(党组)履行主体责任情况报告。完善履责倒逼机制。严格执行“三书两报告”制度,细化党风廉政建设目标责任,落实分管市领导和牵头单位,与9个县(市、区)、81个市直单位党委(党组)主要负责人签订目标责任书,严格签字背书,层层传导压力。加强落实责任制情况检查考核,市、县两级组织开展履行主体责任专项检查56次,3名党委(党组)负责人因履责不力被追究责任。

【纠正“四风”】紧盯关键时点,严申纪律规定,开展明察暗访,按照“月有计划、周有行动、日有巡查”的要求,市、县两级开展正风肃纪专项行动749次,发现问题1841个,处理人员1145人,公开通报368起,给予党政纪处分54人。开展“不守规矩”专项治理行动,教育引导党员干部增强党性,做到“四个服从”,坚决克服组织涣散、纪律松弛现象。狠抓专项整治。开展“酒局”“牌局”专项治理,对违纪干部从严查处;开展党员干部及国家工作人员参与非法集资、高利借贷专项治理,坚决查处各种以权谋私行为;开展“会所中的歪风”专项治理,关停会所两家;开展私设“小金库”和违规发放津补贴专项清理检查,下发整改意见书28份,严肃查处违反廉洁自律有关规定的行为。牵头制定市委贯彻落实省委“十大整改行动”实施方案,开展五个专项整治活动。认真抓好党的群众路线教育实践活动整改落实工作,督促市直机关单位完成班子整改项目2488项,个人整改项目6686项。狠抓长效机制。督促有关部门制定《金华市党政机关厉行节约反对浪费规定》《金华市县处级以下国家工作人员因公临时出国管理若干规定》《金华市党政机关国内公务接待管理细则》等制度，细化量化具体规定，提高可操作性。2014年，全市“三公”经费支出同比下降38.6%，市本级“三公”经费支出同比下降42.6%，成效十分明显。

【保持惩治腐败高压态势】 加强对案件线索的科学研判。重视信访主渠道作用，强化对全市党员干部廉情信息的实时监控。按照立案、初核、谈话函询、暂存和了结5类处置标准，对掌握的问题线索进行彻底清理。全市纪检监察信访举报部门受理信访举报6266件(次)，排查梳理线索1747条。坚决查处各类腐败案件。坚持“老虎”“苍蝇”一起打，既坚决查处党政领导干部违纪违法案件，又坚决查处发生在群众身边的腐败问题。2014年，全市纪检监察机关共立案1489件，同比上升55.8%，党政纪处分1456人，移送司法机关110人。严肃查处一批大案要案，取得良好的政治和法纪效果，得到省委和省纪委主要领导的充分肯定。全市检察机关共立案侦查贪污贿赂、渎职侵权等职务犯罪185件206人，全市法院系统一审审结贪污受贿案件98件108人。同时，本着实事求是的原则，通过艰苦细致的工作，为1058名干部澄清了问题，保护了他们干事创业的积极性。突出依纪依法安全文明办案。开展案件查办标准化工程建设，推进办案过程精细化管理，实施《关于加强“两规”措施管理的若干意见》和《重要案件线索统一管理办法》，严格规范办案程序，促进依纪依法办案。全面停止使用县级纪委办案点，顺利推进市警示教育基地建设。加强案件监督管理、案件审理和申诉复查工作，完善党纪政纪处分决定执行机制，组织开展党纪政纪案件质量检查，不断提高案件查办工作水平。

【监督执纪问责】 率先开展派驻机构统一管理改革试点。整合组建15个派驻纪检(监察)组，实现管理体制、力量配备、派驻权责、运行模式、服务保障等“五个统一”，对所有市直单位实现监督全覆盖。创造性地研究制定《派驻机构工作规定》《派驻机构案件检查工作暂行办法》等“1+10”配套制度，建立市委、市纪委定期听取汇报制度，促进派驻机构规范履职、发挥作用。改革后，派驻机构运行五个月以来，共发现问题196个，提出纠正意见219条，督促抓好221项具体整改任务的落实，严肃查处一批违纪违法案件，监督执纪问责刚性大大增强。派驻机构统一管理改革走在全省乃至全国的前列，在全省派驻机构改革座谈会上作了经验介绍。率先完成市、县两级纪委内设机构调整。将党风、纠风、执法、效能等4个室整合为党风政风监督室，新设立3个纪检监察室和纪检监察干部监督室。及时指导9个县(市、区)纪委迅速完成内设机构调整工作，执纪办案职能部门和监督执纪人员的占比均达70%以上。先后开展两轮全市纪检监察机关参与的议事协调机构专项清理，市纪委参与的从138个精简到16个，县(市、区)纪委平均从107个精简到18个。率先探索乡镇纪委回归主业工作。在全市152个乡镇(街道)开展纪委(纪工委)书记、副书记兼职清理工作，按照“3+X”的模式开展乡镇纪委专职化建设，绝大多数乡镇(街道)均配备1名纪委书记、纪委副书记和专职纪检干部。配套出台《金华市乡镇纪委工作规定(试行)》，促进乡镇纪委规范履职，进一步发挥村务监督委员会作用，进一步探索创新基层治理体系和能力现代化，全国多家知名媒体作了详细报道介绍。省委和省纪委领导对该项工作予以批示肯定。

【源头治腐工作】 举办新选拔任用干部廉政集体谈话，开展市管领导干部任前廉政法规知识测试，编写《权力的迷途》警示教育读本，实现党员干部廉政教育“零距离”和常态化。会同市检察院、金华监狱等建成并启用浙中预防职务犯罪警示教育基地，4400多名党员干部接受警示教育。创建第三批26家市级廉政文化进机关示范点，制作展播廉政公益广告，进一步形成倡廉崇廉的浓厚氛围。加强党内监督。严格执行廉洁自律各项规定，开展新(转)任领导干部廉政教育谈话752人(次)，实施诫勉谈话311人(次)，函询119人(次)。开展领导干部报告个人有关事项工作，市、县两级党委管理干部全部提交报告。2014年，51名党员干部因收受礼金礼券礼卡受到处理。加强权力制约。进一步落实党政主要领导“五个不直接分管”制度，加强对“一把手”的监督。深入实施干部廉情定期分析制度，加强廉情信息收集、研判及运用。规范“五水共治”社会捐赠资金使用管理，确保捐赠资金安全、阳光、廉洁使用。加强基层建设。举办后陈村村务监督委员会成立10周年暨深化村务监督工作研讨会，全国人大、中央纪委、省纪委等有关领导同志出席会议，10余位专家学者在会上作交流发言，取得圆满结果，习近平总书记专门对此作出重要批示。进一步推进“廉洁村务”建设，完善村级公务“零招待”制度。在全市277个城市社区全部建立居务监督委员会，对此中央电视台进行了专题报道。

【组织建设】 深入听取意见建议，共征求到意见建议280余条。认真贯彻整风精神，委局领导班子及成员严格程序和标准，召开了高质量的专题民主生活会，严肃开展批评和自我批评。狠抓整改落实，部署开展了委局机关教育实践十项专题活动，认真抓好26项整改任务的落实。着眼于从制度层面解决“四风”问题、巩固学教活动成果，新订和完善规章制度22项。强化内部监督管理。全面梳理市纪委监察局权力清单，切实规范各类权限，严防“灯下黑”。开展多种形式的提醒教育，落实诫勉谈话制度，督促纪检监察干部严格遵守各项纪律规定。认真组织开展会员卡专项清退活动，做到人员全覆盖、清退无盲区。制订完善重要舆情事件应急处置方案和新闻发言人制度，进一步严明纪检监察机关对外发布信息工作纪律，提高工作透明度。着力提升履职能力。开展岗位轮训、专题培训、挂职锻炼、干部交流等活动，着力提高纪检监察干部案件查办工作能力和水平。建立月度工作例会制度，加强交流沟通，力促纪检工作有效开展。

（张　璐）

组织工作

人事工作

【事业单位人事管理】 市委组织部、市人力资源和社会保障局印发《金华市市直事业单位公开招聘人员工作细则(试行)》(金人社发〔2014〕73号)。市人力资源和社会保障局印发《关于市直属事业单位岗位管理制度实施后有关问题的处理意见(试行)》(金人社发〔2014〕101号)。全市公开招聘事业单位职工3788人，其中市直事业单位招聘582人。认定聘用事业单位工勤技能一级岗位5人，推荐专业技术二级岗位拟聘人选14人，聘用专业技术三级岗位14人。

【工资福利】 继续推进基层医疗卫生事业单位绩效工资改革试点，基层医疗机构业务量、业务收入同比均增长15%以上，基层医疗服务群众满意率达到93.6%。调整了公务员津补贴基数，开展其他事业单位绩效工资上浮、加强绩效考核等工作。

【人才引进与开发】 市委办公室印发《关于进一步加强金华市区人才住房保障工作的若干意见》(金委办发〔2014〕79号)。市政府办公室印发《关于加快网络经济人才发展的若干意见(试行)的通知》(金政办〔2014〕50号)。全市通过开展“百企万岗进校园”“百家名企进名校”“浙中硅谷” 等大型人才招聘会等活动，为企业引进人才2.99万人，其中新引进高层次人才1658名。

【专业技术和留学人员管理】 全市国家“千人计划”入围人选6人，省级“千人计划”入围人选15人，累计“千人计划”53名。全市新增国务院特殊津贴2人，省151第一、二层次培养人员3人。全市共建博士后科研工作站17家、国家级留学人员创业园1家，引进留学人员创业项目5项，创业项目总量达64项，年度技工贸总收入3.1亿元。推荐高级专业技术职称1671人，评审中级专业技术资格3103人，组织专业技术人员参加继续教育1.62万人次，组织一级建造师、执业药师、计算机等各项职(执)业资格考试2.88万人次。

【职业能力建设】 市人力资源和社会保障局印发《金华市技师综合评审办法》(金人社发〔2014〕39号)。全市新增技师2281人，获“金华市首席技师”称号10名，认定技能大师工作室51个、名师工作室33个、技能人才培训基地35个，选送6人参加境内外培训。全市开展创业培训2774人，开展各类职业技能考核鉴定8.51万人，培养高技能人才2.15万人。开展进城务工农村劳动者技能培训2.61万人，失业人员技能培训1.72万人。开展职业技能竞赛20余项，带动岗位技能练兵30万人。全市参加技能人才自主评价的规模以上企业达到72家，共培养技能人才1.3

万人,其中高级工及以上的高技能人才 3731 人。

【国外智力引进】 全市入选国家和省级引智项目 30个,获国家和省项目资金 63.6 万元,市财政配套资金 32.1 万元。举办“美国旧金山·金华高层次人才暨海外学子座谈会”专场活动,签订人才引进、合作项目 23 个,达成初步意向 60 余个。组织“海外清华学子金华行”活动,邀请 67 名海外高层次人才来金考察洽谈,其中 10 名专家与 7家企业达成技术攻关合作意向,4 名专家企业注册落户在金华。全市引进外国专家 58 人。国家“外专千人计划”入围人选 1 人,省级“外专千人计划”入围人选 2人。

【公务员管理】 全市公开招录公务员 938 名,招录人民警察(司法助理员)学员 22 名,选聘到村任职高校毕业生 200 名。举办初任公务员培训 5 期,参加培训人员558 人。举办参照公务员法管理事业单位过渡培训班 6 期,参加培训 811 人。

(钱建迅)

人才工作

【概述】 出台《金华市“双龙计划”科技创业创新团队引进实施办法》和《金华市“双龙计划”创业创新领军人才引进实施办法》《金华市创业创新领军人才服务保障办法》等 5 个“双龙计划”配套政策。开展了百家电商企业赴杭招聘、“百家名企进名校” 等大型人才招聘会活动, 为企业引进人才 2.74 万人,其中新引进高层次人才 1386 名。引进留学人员创业项目 8 项,创业园区 2013 年实现技工贸总收入2.95 亿元。全市入选国家和省级引智项目 23 个,获国家和省项目资金 41.5 万元, 市财政配套资金 53.6 万元。市委统一组织开展赴美欧民营资本和海外人才智力对接、“招商招才月”、全市第一届招才引智大会等活动, 签约科技人才合作项目 20 个,达成初步意向 46 人。

【专业技术人才选拔与职称管理】 新选拔金华市 321 人才工程第二层次以上培养人员 81 名,新增省有突出贡献中青年专家 1 名、省 151 人才工程第三层次培养人员 4 名。新入围国家“千人计划”人选 5 人、省“千人计划”人选 17 人,国家和省“千人计划”总量分别达 17 人、27 人。新增博士后科研工作站 2 家,引进博士后科研人员 7 人,全市博士后科研工作站(含省级试点站)17 家。推荐高级专业技术职称 2142 人,评审中级专业技术资格 3194 人,组织专业技术人员参加继续教育 2.42 万人次,组织一级建造师、执业药师、计算机等 27 项职(执)业资格考试 3.63 万人次。

【职业能力建设】 实施金华市高技能人才队伍建设三年行动计划,评选第二届首席技师 10 名,建成技能大师工作室 51 个、名师工作室 33 个、技能人才培训基地 35 个。新培养高技能人才 2.08 万人,开展创业培训 1918 人,职业资格鉴定 9.93 万人。

(胡银梁)

老干部工作

【概述】 市委老干部局设办公室、服务接待处、综合调研处等 3 个处室,共有行政编制 16 人(含关工委 3 人,行政工勤人员 2 人,实有人数 19 人,其中副局长高忠诚于 2014 年 10 月份由省委老干部局来金挂职);局下属 2 个参照公务员法管理事业单位:老干部活动室和老年大学办公室, 共有编制 19 人,临时工 26 人。金华老年大学和老干部活动园区占地 30 亩,建筑面积 15000 平方米,老年大学有 5 大系、50 门专业,117 个班级, 学员人数达 3198 名,学科人次达 4504 人次。

【老干部基本情况】 截至 2014 年 12 月, 全市共有离休干部 1219 人,其中:地专级 33 人、县处级 555 人、科级 631 人、其他 2 人;抗战时期 186 人,解放战争时期 1033 人;平均年龄 86.1 周岁。市直有离休干部 444 人, 其中抗战时期入伍离休干部 83 人,解放战争时期入伍 361 人,平均年龄 86.99 周岁,年龄最大 98 岁,最小 79 岁。市级离退休老领导 39 人,其中离休 6 人,退休 33 人,正厅级 6 人,享受正厅级待遇 2 人, 享受副省长级医疗待遇 4 人, 最高年龄 96 岁,最小年龄 64 岁。

【领导视察】 市领导高度重视老干部工作。市委书记徐加爱向市级老领导通报全市经济社会发展情况,并与老领导座谈,听取意见建议。市委副书记、市长暨军民向市本级老干部通报全市经济社会发展情况。市委副书记陶诚华,市委常委、常务副市长金中梁,市委常委、组织部部长温暖,市人大常委会副主任张荣贵,市政府副市长林丹军、张伟亚分别就“五水共治”、市区重点工程建设情况、群众路线教育实践活动、铁路西客站交通枢纽区建设情况、市区体育事业发展情况、市区农业现代化发展建设情况等向市级老领导做情况通报,累计达9次。市委常委、纪委书记夏建成一到金华工作就上门看望正厅老领导。市委书记办公会议听取老干部工作汇报3次,市领导对老干部工作批示达17件。市领导徐加爱、暨军民、黄锦朝、郑金平通过老人节、春节等重大节日走访,与老同志见面4次。市委分管领导、市委常委、组织部长温暖先后16次听取市老干部局工作汇报。2014年还建立老干部思想动态每周专报机制,徐加爱书记带头及时看望住院老领导、老干部。

【政治待遇落实情况】 以离退休干部党支部、老干部理论中心组、涉老协会为组织,以老年大学、老干部活动室为载体,加强思想政治学习。6月,与市委组织部联合举办市直县处级及以下离休干部读书会,为期5天;举办市直地专级及享受地专级待遇离休干部读书会,为期15天;7月,举办市级老领导读书会,为期15天。通过邀请市领导通报情况、相关专家辅导、组织就近就地参观学习、先进事迹宣讲、交流讨论等形式,引导老干部及时领会上级有关会议精神,掌握国内外形势和社会发展情况,引导他们正确认识改革、支持改革、拥护改革。

【离退休干部党支部建设】 5月,与市委组织部联合举办市直离退休干部党支部书记学习会,提高离退休干部党支部工作水平。开展“五好”离退休干部党支部、优秀离退休干部党员和“最美老干部”先进事迹宣传活动。开展全国、全省离退休干部先进集体、先进个人评选活动,孙录仁被评为全国离退休干部先进个人,浙江婺剧艺术研究院(浙江婺剧团)离退休干部党支部等4个集体被评为全省离退休干部先进集体,陆月林等5名老干部被评为全省离退休干部先进个人。高度重视发挥老干部在群众路线教育实践活动中的作用,组建老干部宣讲团、人才库,引导老干部宣传“局史”“局风”“老乡镇精神”等,教育党员干部更好地宣传、引导、服务、凝聚群众。

【落实生活待遇】 突出问题导向,以破解老干部工作难点、热点问题为目标,推进老干部待遇落实到位。与市委组织部、市财政局、市人力社保局联合下发〔2014〕7号文件,对离休干部护理费标准进行调整:红军时期参加革命工作的离休干部提高到每人每月1800元;抗日战争前期、抗日战争后期参加革命工作的离休干部提高到每人每月1200元;解放战争时期参加革命工作的离休干部提高到每人每月600元;离休干部高龄护理补贴提高到每人每月1000元。提高离休干部医疗待遇,学习衢州、丽水等地离休干部医疗待遇执行方面的经验和做法,与市财政、社保、卫生等相关职责部门多次会商研究,制定出台医疗待遇调整相关办法,对离休干部住院自费部分实现全报销。根据市委书记徐加爱、市长暨军民批示精神,与市纪委、市委组织部、市财政局、市人力社保局、市审计局等部门共同研究出台市直单位走访慰问老干部相关经费标准,为走访慰问老干部工作提供了遵循。协调公车改革,明确老干部用车按原渠道执行,老干部局保留原有车辆编制数不变,并对车辆进行置换更新,方便老干部应急用车。对“四就近”服务省级示范社区服务经验进行专题调研并逐步推广,完成对有条件开展“四就近”服务社区的调查摸底。完成对市直离休干部、市级退休老领导、老红军和老领导遗孀的“关爱通”呼救器的更新。对老干部信访积案实行一事一议、特事特办、包案办理,全年共召开老干部座谈会13次,开展局长接待日活动12次,走访慰问400多人,接待来信来访200多人次,办理老同志信访件19件,受理8890便民服务投诉件6件(退办件3件),受理市长信箱信访件1件,均全部按期答复完成,满意率达100%。

【“走基层、看变化、促发展”活动】 围绕省委、市委“五水共治”“三改一拆”“精品城市建设”等中心工作,组织老干部走美丽乡村、入创新企业、看重点工程等,体验发展变化,了解民生民意,畅谈感想体会,为市委、市政府中心工作献计出力。组织市级老领导围绕“五水共治”工作,到武义县泉湖电镀园区、熟溪河和婺城区长湖治水现场实地考察“五水共治”活动开展情况;到赴金华职业技术学院实地查看机电学院、师范学院和医学院实训基地,了解职业教育发展情况；到五百滩、中国婺剧院等地实地查看市区公园、剧院等文化设施建设情况；到市体育中心视察体育产业发展情况；到市市场监督管理局了解市场管理工作；到金东区视察居家养老开展情况等。全年组织“走、看、促”活动17次，累计1093人次参加，为市委、市政府各项工作进言献策100多条。

【纪念新中国成立65周年专题活动】 与市委组织部、市委宣传部、市文化局联合开展“最美老干部、最美老伴、最美子女”评选活动。举办庆祝新中国成立65周年文艺演出暨“三美”表彰大会，市领导何杏仁、温暖、蔡健、林丹军、王建平等为11名“最美老干部”、10名“最美老伴”、10名“最美子女”颁奖，社会各界老干部代表900多人参加，在全社会弘扬家庭和睦、孝老敬老的传统美德，深入推进社会主义核心价值体系建设。在金华老年大学和老干部活动园区举办庆祝新中国成立65周年书画摄影展、书画笔会、法律咨询、游园、才艺展示等活动，近500名老干部参加活动，为建设“两美”金华增添正能量。

【两个阵地建设】 深入推进老年大学招生改革，调整学科、学制，将每门学科学制1—4年现改为1—2年，间隔2年，每周2课时改为4课时，每位学员限报2门，实现以时间换空间，改善教学环境。省市联动开展老年心理学知识业务辅导。重视校园安全，制定应急预案，开展2次突发紧急情况救助演练。对校园环境进行整治和美化，加强校园安保。开展“美丽校园、魅力学员”校园文化活动，定期组织学员才艺展示，深入社区、农村宣传“五水共治”、开展医疗服务、送文化下乡等。统筹体育资源，与市体育局沟通协调，置换市体育馆（八一南街21号）场地，周一至周五上午向老年大学开放，供老年大学大型舞蹈等体育类课程教学使用，缓解场地紧张问题。组织老干部艺术团、老干部摄影协会、离休干部书画协会围绕“五水共治”“三改一拆”等开展文艺创作，先后开展送文艺下乡16次，举办各类书画摄影展20多场次，展示老干部风采。

【组织建设】 局领导班子带头开展中心组学习15次，上党课5次，展开“三思四问”大讨论3次，进村入户涉及8个乡镇，6个街道(村)20个农户，主动找同志谈心谈话36人，完成调研报告6篇。设立固定学习日制度，集中学习习近平总书记讲话精神、老干部工作政策和业务知识，邀请专家学者给党员干部作十八届三中全会精神辅导。局班子成员依托领导干部学习网完成线上学分566.1分，平均分达141.5分；局公务员依托公务员网络学院，实现网上平均学分70分。定期开展正风肃纪主题教育，观看历史题材专题片5部，专题教育电影4部，并到陈双田纪念馆、刘英烈士纪念馆等学习优良作风；邀请老同志讲解优良作风，提炼老干部局“局史、局风”。党员干部认领老同志微心愿104个，切实为老同志办实事。通过开展座谈、发放问卷等征集到意见建议201条(619条次)，其中反映“四风”问题148条(335条次)，反映工作层面的38条203条次，并对所有意见建议进行落实整改，明确整改责任人和整改时限。成功举办领导班子民主生活会，局班子制定16个方面40多条整改举措，班子成员个人共制定41个方面99条整改举措，切实将一些老干部反映强烈的问题，列为整改内容。认真开展“学、清、立、改、停”工作，清理不适宜制度2个，改进不完善制度8个，配套省委和市委出台制度规定，新建制度3个。对整改落实清单中37项共25个方面的具体问题，已全部整改到位。

（郭启民）

宣传工作

【概述】 全年共组织市委中心组成员集中学习26次，举办党的群众路线、网络信息安全、党的十八届四中全会精神和依法治国等专题报告会6场。印发《关于组织党委(党组)中心组深入学习习近平总书记系列讲话精神的通知》。金华市党委中心组的经验做法在全省党委中心组学习贯彻习近平总书记系列重要讲话精神座谈会上作书面交流，并在《浙江日报》刊发了理论文章《联系实际学讲话 凝心聚力促发展》。组织开展“中国梦想·美丽金华”主题宣传活动，义乌市实施“摇响拨浪鼓·同圆中国梦”工程，被评为第三届“浙江省宣传思想文化工作创新奖”。围绕全面深化改革、群众路线教育、“五水共治”“三改一拆”“四破”整治、精品城市建设等重大主题,在市级媒体开设专栏10多个,配发系列评论员文章,为金华赶超发展呐喊助威、凝聚力量,有力推动了市委、市政府中心工作。办好《市民问政》《正风问效》《八婺问水》与《行风热线》等专栏,开展建设性舆论监督,全年共刊播各类问政节目243期,解决和整改各类问题近500个。加强对外宣传,在央视、人民日报、浙江日报、浙江卫视等中央、省级主流媒体刊播反映金华经济社会发展的正面稿件500多篇(条)。市网络舆情导控中心正式运行。分层分级组建了一支由30名核心网评员、150名骨干网评员和4500余名基层网评员三级组成的强大网军。积极做好重大活动和敏感时期的舆论引导工作,有效平稳处置了“海纳租车公司倒闭”“磐安老旧会堂雪压坍塌事件”等50余起突发热点网络舆情,确保本地网络环境稳定。“金华发布”网络平台和“金华新闻”客户端上线运行。金华市的网上舆情管理和处置工作多次得到省网宣办充分肯定。

【制定《中共金华市委理论中心组学习制度》】 制定《中共金华市委理论中心组学习制度》,对学习组织、学习考勤、学习通报和述学等7个方面作出具体规定。

【文化建设】 2013年全市文化产业增加值为198.94亿元,同比增长22.40%,占GDP比重为6.72%,名列全省第二。全市有13家文化企业被评为2013–2014年度全省文化出口重点企业。文艺精品创作取得新突破,7部作品获浙江省第十二届精神文明建设“五个一工程”奖,4部作品入选省文化精品扶持工程第九批扶持项目。《重修金华丛书》正式出版发行。举办“美丽金华——百水赋”征文活动,组织创作一批反映“五水共治”主题的优秀文艺作品,有13篇作品入选省征文集。反映“五水共治”的现代婺剧《清澈的梦想》正式上演。新建农村文化礼堂221家,完成年初省定任务的197.3%。

【精神文明建设】 高质高效做好文明单位、文明村镇的创建、评选和复评工作,不断深化文明单位“亮牌子、树形象、展风采”活动。深化“双千结对共建文明”和乡风评议活动,推进城乡环境综合整治,不断提升市民文明素质和农村文明程度。建立志愿服务联席会议制度,建立健全纵横结合、覆盖广泛的志愿服务队伍网络。深入推进“讲文明树新风”公益广告宣传活动,通过墙体绘画、报纸、电视、金华新闻网及大型商业网站刊播公益广告,弘扬正风正气,营造健康和谐的社会环境。扎实推进未成年人思想道德建设,组织开展全市中小学“读家训、写家书、树家风”“我的中国梦”等系列主题教育实践活动。深入实施“春泥计划”,加强未成年人思想道德阵地建设。

【干部人才队伍建设】 坚持高标准严要求,扎实开展部机关党的群众路线教育实践活动。建立周一夜学制度,制作专用学习笔记本,共进行27次形式多样、内容丰富的集中学习活动,集中学习时间超过10天,学习材料超过40种。抽调11位同志参加全市群众路线教育实践活动,并承担全市群众路线教育实践活动宣传报道组的主要职责任务。建立部领导与县(市、区)和基层单位定期联系制度、谈心交心制度等,使教育实践活动中好的经验做法上升为制度规范,形成一批制度成果。开展新闻记者全员培训,共举办各类培训40余期,近3000人次。深化“走基层、转作风、改文风”活动,营造“比、学、赶、超”的浓厚氛围,有守有为有担当成为全市宣传文化干部的自觉追求。命名表彰10家“第二批金华市文化创新团队”,积极营造良好的文化人才成长环境。

【乡音宣讲进农村文化礼堂】 积极探索创新基层宣讲方式,全面部署开展“乡音宣讲进农村文化礼堂”活动,在磐安召开了现场会。“乡音宣讲进农村文化礼堂”活动,通过农民讲给农民听、身边人讲身边事,推进中央、省委和市委系列重要会议精神在基层的宣传贯彻,推动党的创新理论成果大众化普及化。全市共组建21个乡音宣讲团,165支乡音宣讲队,宣讲员达1500多人。金华市的做法在全省宣讲工作会议上作了典型发言,省委常委、宣传部部长葛慧君给予了批示肯定,中宣部《信息专报》《时事报告》作了专题介绍。

【文艺精品创作】 文艺精品创作生产再创佳绩,婺剧《铁血红颜》,电影《全民目击》,电视剧《父母爱情》《精忠岳父》《狼烟遍地》,动画片《我是狼》,歌曲《咯咯叮》等7部作品入选省第十二届精神文明建设“五个一”工程奖,获奖数量是金华市历史上最多的一次，在全省排名第三，市委宣传部获组织工作奖。电视剧《南京爱情故事》《虎妈猫爸》、婺剧《锦袍记》《杨过与小龙女》等4部作品入选省文化精品扶持工程第九批扶持项目，全省排名第二。完成2012年文化精品文化人才奖励，及2014年文化精品扶持工作，奖励扶持资金共计69万元。

【农村文化礼堂建设】 按照“文化地标、精神家园”的定位和文化综合体的要求，扎实推进农村文化礼堂建设，2014年新建221家，完成年初省定任务的197.3%。制定下发《关于建立健全农村文化礼堂长效管理机制的意见》，从加强文化礼堂管理体系、活动体系、指导培训体系、考评体系等四个方面加强长效管理机制建设，明确市文化礼堂建设工作领导小组成员单位以及主要工作职责。下发《关于以“七个一”深化农村文化礼堂建设的通知》，明确活动的总体目标、主要任务、工作要求等，积极推进农村文化礼堂内容建设。编制《文化礼堂指导手册》，在农村文化礼堂开展“理事会负责制”试点工作和“星期日活动”。

【社会主义核心价值观建设】 深入贯彻落实全国、全省培育和践行社会主义核心价值观会议精神，召开“学习身边好人，培育和践行社会主义核心价值观”推进会。东阳市组织开展“去陋扬善”农村社会主义核心价值观教育实践活动，在全国培育和践行社会主义核心价值观工作经验交流会上作了交流发言。拍摄了核心价值观系列微电影20余部。开展“诚实立身、信誉兴业”主题活动。承办“诚信立市——义乌中国小商品城诚信建设制度化的实践与探索”理论研讨会。广泛开展“诚信故事周周读”“讲文明树新风”公益广告宣传、“小记者寻访金华好家风”等活动，积极传播社会正能量。

【“善美金华”主题宣传】 广泛开展“寻访最美人和事，践行核心价值观”活动，在市级媒体开设“道德星空”“最美身边党员”“百姓喜爱的好支书”“最美金华人”等多个专题专栏，累计报道各类“最美人物”400余名。开展“我推荐、我评议身边好人——金华好人榜”推荐评选活动，入选“中国好人榜”3人、“浙江好人榜”21人。浦江张文龙、磐安羊耀周入选“最美浙江人——2014年度浙江骄傲人物”，金华职业技术学院教师章跃洪入选“最美浙江人——2014青春领袖年度人物”。组织“学习身边典型”主题巡回报告团和现代婺剧《东海魂》在全市巡演。

【全国文明城市创建】 制定金华市创建全国文明城市《总体方案(2014年–2020年)》和《2014年实施方案》，召开创建工作推进会，提出“三步走”的创建目标。委托国家统计局金华调查队、金华市统计局社情民意调查中心2次对市区城市文明程度指数共20项内容596个点位进行实地暗访测评，测评结果在《金华日报》《金华晚报》上公布，并下发督查通报。积极创设载体，部署开展“讲公德、改陋习，从我做起”“喜迎国庆 助推‘两美’”市区环境集中整治行动和“车窗抛物”不文明行为专项治理行动。2014年城市文明程度指数测评总分值从2013年的632.78提高到674.29，提高了4.14%。磐安县成功创建省级示范文明县城。

（胡华玉）

统战工作

【开展活动】 一是开展统一战线服务保障“五水共治”八项行动，发动和组织全市统一战线投身水环境整治，全力服务省委、市委中心工作。组织市级各民主党派联合开展“畜禽养殖污染治理”专题调研和专题协商，积极建言献策；开展“千企联千村、合力治污水”专项行动，村企结对385个；帮助和指导民族村开展“五水共治”行动，列入省级结对的5个民族村落实治水项目资金130万元；建立“五水共治”同心·知联梅溪服务基地，建立法律、宣传、技术咨询、文化服务四支服务队，开展水法、防洪法普及宣传；组织“同心·知联”系列行动，开展农村医疗行、教育行、温暖行等活动17次213人次，送书籍、医药、农资等共计32万元，受到基层群众的欢迎。二是组织开展多形式的海外交流活动。邀请港澳台各界10多个团体360余名乡亲及信众，参加“金华市黄大仙文化旅游周”，参观金华山、开展祭拜祈福活动，在相互交流中增进文化共识，在海内外引起良好反响。发挥香港高端人才联谊会的平台作用，加强招才引智工作，邀请海外人才回乡参加工科会等科技洽谈和人才引进等大型活动,为相关项目的落地做好全程跟踪服务。组织港澳台及侨胞赴金义都市新区、义乌国际商贸城开展经贸考察活动。三是扎实开展党的群众路线教育实践活动,按照中央、省委和市委的统一部署,2月24日,市委统战部召开动员部署会,10月17日,召开总结大会,整个活动历时8个月,分"学习教育、听取意见,查摆问题、开展批评,整改落实、建章立制"三个阶段压茬进行。期间,组织集中学习22次,开展"三思四问""四个扪心自问""坚定理想信念,敢于担当克难"等主题大讨论4次,领导班子讲党课12次;召开座谈会59个,上门征求503次,发放征求意见函66份,发短信418条,共征求到意见建议208条次。针对查摆的问题,制定《市委统战部党的群众路线教育实践活动领导班子整改方案》,提出20项具体整改措施。对部机关现有规章制度进行全面梳理,确定7项制度进行修订,新增贯彻群众路线、加强作风建设的工作制度4项。坚持一手抓活动,一手抓工作,将教育活动中激发出来的精气神转化为推进和落实工作的强大动力。市级民主党派换届、宗教场所违法建筑"三改一拆"、统一战线推进基层协商民主等各项重点工作扎实推进,得到省市领导的充分肯定;推进基层统战工作规范化建设,建立基层统战工作联系点制度,推动工作向基层延伸;建立创新工作、重点工作项目化管理制度,强化抓工作落实的机制,推动年度各项重点工作的有效落实。

【重点工作】 一是扎实推进多党合作事业,顺利完成6个民主党派市委会换届工作,民主党派自身建设得到加强,换届结束后,又及时举办市级民主党派领导班子读书会,组织新班子成员赴北京大学培训。整个换届工作得到省委统战部部长孙文友、市委书记徐加爱、市委副书记陶诚华的批示肯定。会同市委组织部,对全市党外干部队伍情况进行调查,并围绕加强党外干部发现、培养、使用、管理四个环节拟制相关意见。主动做好向市委和组织部推荐优秀党外干部工作,今年,市本级有2位党外干部提拔为政府工作部门正职,市人大内设机构新配2名党外副职,新提拔4名党外专职副主委。以"服务赶超发展、助推多党合作"为主题,精心组织各民主党派开展坚持和发展中国特色社会主义学习实践活动。二是精心指导开展基层协商民主试点,全省余姚会议以后,市委统战部迅速向市委进行专题汇报,基层协商民主列入市委2014年全面深化改革重点突破的项目之一。我部制定试点方案,召开全市统战部长例会进行部署,在全市22个乡镇(街道)、44个行政村(社区)开展试点。部领导带队,深入县(市、区)、各试点单位调研指导,并联合市委党校,开展《统一战线推进基层协商民主的实践和思考》课题研究,加强对试点工作的理论研究。举办全市基层统战工作研讨会,邀请余姚市委统战部领导来金授课,介绍余姚推进基层协商民主工作的情况。经过试点,形成诸如永康的"现场协商民主"、兰溪的"专题协商民主"、金东的"区域化协商民主"、武义的"村务监督协商民主"等模式,这些做法结合实际、各有特色,都较好地回答"协商什么、与谁协商、怎样协商、协商结果如何落实"的问题。三是推进党外知识分子统战工作,按照"五有"要求加强知联会建设,年初在永康召开全市基层知联组织建设工作专题会议,年中在东阳召开现场会,强化工作指导,推进任务落实。全年共新建立基层知联分会82个、知联小组5个、服务团队33个。除金东区、市开发区外,全市已经实现基层知联组织全覆盖。全市现有市、县两级知联会组织10个、新联会组织8个、网联会组织2个、基层分会及专业小组93个,总人数4471名。加大网络统战工作的探索力度,成立金华市网络界人士联谊会,建立网络统战工作联席会议制度,将网络经济界人士纳入统战工作视野,加强思想教育和引导,将他们团结凝聚在党委、政府周围,发挥好正能量作用。四是探索创新非公企业"菜单式"服务新模式,采取问卷调查、征求意见、座谈等方式,在全面解企业需求信息的基础上,围绕为企业提供精准有效服务,精心设计推出"菜单式"服务模式,主要包括政策解读、教育培训、融资贷款、企业文化、法律服务、企业管理、税收财务、投资考察、产业合作、校企合作、员工招聘、联络联谊、公益慈善、其他需求等14大类和若干个小项的服务。"菜单式"服务得到企业界的普遍欢迎和好评,省政府办公厅以专报形式肯定这一做法。组织新生代企业家赴上海自贸区参观考察,开展万里扬"车间精细化管理"现场学习活动,举办企业家"贤内助"培训班和新生代企业家培训班、清华大学总裁班,累计培训1000多人,提升非公经济人士素质,服务非公企业的转型发展。五是成立市网络界人士联谊会,8月20日, 金华市网络界人士联谊会成立大会召开。浙江云安阁科技有限公司总裁范渊当选为会长。选举产生理事31人。六是首次集中培训"新一代"年轻企业家,为提高"新一代"年轻企业家承接企业发展、加快转型升级的能力,推动"工业强市"战略的深入实施,9月23日,市委统战部、市工商联在上海财经大学举办为期4天的金华市"新一代企业传承与创新发展培训班", 共有55名民营企业接班人、大学生优秀创业者和留学归国创业者参加此次培训。市政协党组成员、市委统战部部长陶国兴出席开学典礼并讲话。10月9日,组织50名非公有制经济人士参加"清华大学总裁研修班"。

【组织建设】 开展"正风提效促赶超"系列实践活动,出台《改进工作作风、密切联系群众的十项措施》,提炼形成"凝心聚力、亲和包容、勤勉敬业、务实创新"的统战机关精神。在市机关部门班子测评中,市委统战部班子总得分位列市机关76个部门班子第一名。采取"海推直选"方法,对统战系统党总支、机关支部进行改选,开展"五星"党员评比,党建工作被市机关工委评为 "先进集体","同心同向同行"被评为全市优秀党建品牌。举办全市首期乡镇(街道) 统战委员培训班,70多名统战委员参加培训。加强调研宣传信息工作,积极构建社会力量参与统战理论研究机制,加大社情民意类信息的编报力度,获得市"两办"、省委统战部的充分肯定,办好"金华统战"网站,做好"义行天下"栏目宣传工作。

(吴天福)

政策研究

【概述】 2014年, 市委政研室全体干部认真学习贯彻落实习近平总书记重要系列讲话精神,紧紧围绕市委工作大局,在市委办室务会议的正确领导下,以"五个坚持""五个在前"为统领,牢牢把握"当好参谋、搞好服务、提升素养"目标,扎实抓好调查研究、改革协调、决策咨询、财经服务、文字综合等工作,各项建设呈现新面貌、取得新成效,圆满完成领导交办的任务。一年来,共起草各类文稿265篇,其中领导讲话、调研报告、政策研制等重要文稿182篇,较好地履行了以文辅政职能。

【文稿服务】 把文稿服务作为决策参谋服务的重要抓手,立足发展大局,紧贴中心工作,以起草高质量领导讲话稿、汇报材料、调研报告等文稿为载体,积极主动为市委、市政府重大战略决策和重大工作部署服务。完成市委六届七次、八次全会报告等事关发展全局的文稿起草工作;完成金华向国务院副总理汪洋、省委书记夏宝龙、省长李强等各级领导及国家部委和省级机关部门领导来金调研、检查、考评的各类汇报材料;全力以赴做好市委主要领导参加全国和省各种重要工作会议讲话稿,高质量地完成全市工业大会、国家现代服务业试点工作推进会、深化农村改革推进会、"深化百千工程、建设美丽乡村"现场推进会、"清三河"工作现场推进会、精品城市建设暨大气污染防治工作会议、安全生产和"四破攻坚"推进会、经济形势分析会等重大会议的讲话材料起草工作。

【调查研究】 紧紧围绕市委中心工作和领导关注的重点、热点、难点问题,把深入调查研究作为密切联系群众、广泛集中民智、服务市委决策的重要途径,切实加强调研工作的组织、协调和重大调研课题的实施,较好地完成市委战略性工作部署的调查研究任务。围绕全局问题方面,形成2015年工作思路调研报告,开展加快金华市县域经济向都市区经济转型思路研究等; 围绕经济转型升级方面,形成《认识新常态、适应新常态》《推动金华装备制造业加快发展的对策研究》等调研报告;围绕金华特色工作方面,开展市区旅游管理体制调研,形成的意见建议得到市领导肯定。结合国家现代服务业试点工作推进会,开展现代服务业专题调研,邀请相关部门共同参与,形成相关调研报告3篇;围绕改善民生方面,开展农民收入典型课题调研并形成专项调研报告。

【改革工作】 紧紧围绕中央和省委部署要求,结合金华市工作实际,扎实推进全面深化改革各项工作, 确保重点领域和关键环节取得实质性进展。

先后召开4次全面深化改革领导小组会议,1次全市党委改革办主任暨市委改革专项小组联络员会议;出台《中共金华市委关于成立市委全面深化改革领导小组的通知》等重要文件10个;确立的33项重点突破改革项目,除上级政策影响的2项外,其他改革项目均全面完成或基本完成;《开展“四破”专项整治,加快转型发展》《发挥好市委改革办的履职效能》等2篇理论文章在《政策瞭望》刊发;在《金华政研》开辟“改革动态”专栏,刊发信息28篇;在《金华日报》开辟“改革进行时”专栏,刊登信息26篇。

【做好政策拟定】 着眼长远,立足现实,强化问题导向,研究新情况、总结新经验、探索新路子,着力创造性地贯彻中央和省委省政府的决策部署,以科学严谨的态度起草《中共金华市委关于建设美丽金华创造美好生活的决定》《中共金华市委关于全面深化法治金华建设的决定》,努力把市委的重要决策部署转化为推动发展的政策举措。研究出台《2014年市委、市政府领导重点调研课题》《2014年市领导牵头抓改革发展重要工作落实分工方案》《2014年市领导联系重大产业平台、重大建设项目、重大产业项目方案》。研究提出完善金义都市新区管理体制的意见,对新区管理体制、内设机构、领导体制、财政体制及管理统计等内容给予了明确,为新区发展注入动力。

【增强工作合力】 积极完善机制、创新载体,加强统筹协调,整合各方资源,凝聚各方力量,形成领导带头、部门参与、市县联动的调研新格局,服务市委决策的整体合力不断提升。全面落实市委《关于加强和改进调查研究工作的若干意见》,进一步强化市领导带头调研、部门参与重点调研的工作机制。如在新型城市化专题调研分解了13个子课题,在现代服务业专题调研分解了3个子课题,会同相关部门共同参与调研,较好地发挥了牵头组织作用。着力把《金华政研》打造为交流工作、集聚智慧、服务决策的重要工作平台,开设市领导调研、机关部门领导调研、决策建议、决策参考、咨询建议、工作动态等专刊,2014年以来共编印《金华政研》52期,刊发了一批有质量的调研报告、咨询建议,受到领导和各界的广泛好评。如《前海合作区开发管理模式分析材料》得到领导的批示肯定。积极做好与省委政研室、省委财办、省委改革办、省咨询委的沟通联系,及时了解上级最新工作重点和工作动态,确保我室工作开展更具针对性。

【自身建设】 认真组织开展党的群众路线教育实践活动,进一步完善工作制度,找准重点、突出特色,通过优化服务效能、依托组织建设、构筑活动平台,着力打造“能写稿、会思考、有素养”的政研团队。结合群众路线教育实践活动,部分党员干部到婺城区塔石乡开展“乡镇干部体验日”活动,并参加了“三思四问”讨论会;结合每月的工作交流会,邀请每位干部轮流为其他党员干部上课,加大学习交流力度;全年安排2名领导干部分别参加市委党校市管班和中青班培训,积极组织工作人员结合课题需要赴外考察,组织党员干部参加省、市各类专题学习班、讲座等,使党员干部政治理论水平和工作能力得到明显提高;积极利用金华市政研系统QQ群、公共电子邮箱、微信等现代工具,推荐好文章、好材料,引导全室干部和县(市、区)政研干部加强学习,交流心得,共同提高,不断适应新形势下政研工作需要。

(黄　澄)

党史研究

【概述】 一是把党史二卷编写作为党史研究重中之重的工作。2014年底前基本完成第一编四章、第二编五章、第三编二章共11章将近半部初稿的编写。二是深化对民主革命时期的党史研究。完成日军侵略浙江罪行专题集中轰炸金华、掠夺萤石、掠夺林业资源、实施细菌战等4个课题,筹备编写出版《日军在金华实施细菌战专题研究》一书。三是积极开展改革开放新时期的党史研究。完成《金华民营经济发展回眸》专题报告和义乌新光、双童、东阳花园、永康永压等四个典型案例的编撰、修改完善任务。

【党史资政工作】 一是围绕党委中心工作,开展资政研究。积极参与市委书记徐加爱《提高党内政治生活制度化规范化科学化水平问题研究》调研课题的编撰工作，完成子课题《金华市历年来加强党内政治生活制度化规范化的做法及经验》调研报告。二是为市委办制作《解放以来金华市(地)委历任主要领导情况简介》，翻拍金华历任地(市)委书记照片并提供相关简历。三是为金华市委市政府学习“陈双田精神”提供材料。报送的陈双田的先进事迹《群众就像我们的父亲、母亲一样，一时一刻都不能忘——记为民务实清廉的好干部陈双田同志》作为金华市委常委会召开“坚定理想信念、敢于担当克难”专题讨论会的学习材料。四是在党的群众路线教育实践活动中弘扬榜样文化。在“中国共产党榜样文化研究”全国学术研究讨会上，金华市委党史研究室报送论文11篇，荣获大会优秀组织奖，选送的论文《地方党报要着力宣传好“榜样”》荣获三等奖。

【史料征集工作】 一是专门组织力量并联合县(市、区)委党史部门，先后两批9人次共8天时间到省档案馆、省图书馆及南京二史馆查档，共征集相关资料1300余份。二是召开市委党史和党的文献资料征集协调会，在全市范围内开展党史和党的文献资料专项征集工作，共征集到照片25个光盘计383张、视频30个光盘、批示和讲话80份、新闻报道69份、口述资料7个光盘。三是开展金华市历次党代会文件选编资料征集，共征集文件150余件，收录120余件，共28万字。四是积极开展老领导、老同志口述史料和领导干部个人留存党史资料的征集。先后采访了原金华地委副专员陶健、原金华市(县)长郑毓汉等老领导，整理文章共计4.8万字。

【扩展党史交流平台】 2014年8月，新版金华党史网开通。新网站在原网页的基础上，进行全新页面和栏目设计，并独立建站，同时加载了原网页的内容。8月下旬，金华市委党史研究室在新浪网、腾讯网分别开通“金华党史”官方微博。

【发挥宣教阵地】 2014年上半年，先后5批次分别到婺城区蒋堂镇，金东区塘雅镇、澧浦镇、王下滩社区等有关村(居)赠送党史书籍共计3800余本，将党史宣传与农村文化礼堂建设相结合，传播党史文化。送党史书籍到金华军分区、金华陆军预备役工兵团，为省武警总队金华支队新兵营上党课，开展“党史进军营”活动。通过活动，密切联系群众，提升新形势下服务基层群众工作的意识和能力。全年完成6期的《春秋》组编发行工作，共计10800余册。

【纪念活动】 注重发挥主流媒体和网络的作用，加大党史宣传力度。在纪念邓小平同志诞辰110周年、纪念金义浦(兰)建政70周年、首个烈士纪念日等，组织开展相关纪念活动，并与媒体形成良好的合作机制，在《金华日报》《今日金东》《春秋》等报刊及金华电视台等主要媒体刊登相关党史内容。

(徐勋民)

市委党校

【主题教育实践活动】 以“转变作风强服务，提升质量创一流”为载体，完成教育实践活动各项环节工作任务，作风建设取得阶段性成效。一是学习教育贯穿始终。充分发挥党校培训的资源优势，精心设计“听说读写”系统学、正反教育镜鉴学、集思广益热议学等学习载体，共组织党校最美典型报告会一次，革命传统现场教育2次，集中观看《雷锋在1959》等教育资源片5次，开展“三思四问”等各类讨论5次，专题学习会10次，校理论中心组学习9次，通过学习教育，着力解决好“总开关”问题，补好理想信念这个精神之“钙”。二是聚焦“四风”查摆问题。开门纳谏，广开言路，发放征求意见210份，赴各县市党校、联系社区，共征求到已征求到意见建议99条(140条次)，对照检查材料修改10稿。三是建章立制巩固成果。制定整改落实方案和建章立制计划。制定设计加强班子建设、整改“四风”问题、加强专项整治、推进党校建设等44条整改措施，其中42条已经整改落实，全面梳理党校规章制度，废除7项制度、修订5项制度，新建16项制度。

【干部培训提质增量扩面】 全年共举办各类班次41期，7200余人次。其中主体班次9期，培训人数1429人。参训人数大大多于上年。一是教学布局进一步完善。强化“党校姓党”，充分发挥理论优势，在教学内容设计和教学布局安排上，围绕学习宣传中共十八大、十八届三中、四中全会和习近平总书记系列重要讲话精神,开发一系列理论课程,同时加大经典原著导读、中国特色社会主义理论、党史党建、法律法规等方面的教学力度。二是教学内容持续更新。充分发挥学术委员会的作用,完善以需求导向的新专题开发机制和培训内容更新机制,完善教学模块设计,向教研人员发放主体班次授课指南,通过教师申报、集中试讲、择优推选的方式,推出14堂涉及习近平总书记系列讲话精神、法治金华等讲课专题。三是教学方式方法持续创新。充分发挥教师主导和学员主体作用,举办读书交流、"市民问政"等形式的情景模拟教学。联合市委组织部制定出台《金华市干部教育现场教学基地五星管理办法》。四是党性锻炼力度进一步加大。在秋季中青班增加蹲点式实践锻炼内容,组织学员赴全市重点工程,市区"二七"拆迁改造区块现场进行实践锻炼,实践锻炼期间,参与制定7项政策,收集梳理出困难和问题35个,提出对策建议25条,并总结提炼17例案例。五是教学管理进一步规范。完善工作流程,整理培训班开班前准备、开班、班级日常管理、结业四个阶段,22大项工作,设计完成办班所需附件包括考勤表,桌贴,测评表、讲课费、收支表等18个,规范办班工作流程,提升工作效率。严格执行学员"双百分"考核规定,加强学风建设。

【发展科研服务】 一是课题带动科研。邀请省委党校副校长徐明华做科研讲座,并面对面,一对一的对教师进行课题辅导,帮助完善课题论证。邀请市社科联主席吴远龙为教研人员讲授科研选题,为教研人员指点迷津。今年获准立项课题54项,为近年最多,其中省社科联重点1项,省党校6项(重大一项)、省社科联研究课题一项,市社科联课题19项,市党校系统社科联22项。横向课题明显增多,2014年有5项,此外还承担市委课题1项。二是制度支撑科研。出台《金华市委党校科研成果资助实施意见》,激发教职工科研工作的积极性。每月举行科研例会,学习理论体系,研究政策脉络,研讨形势。三是咨政提升科研。举办科研例会,建言金华发展,提升教研能力。如专题研讨暨市长在《政府工作报告》重点部署的"八项行动",交流《市委全面深化改革领导小组2014年工作要点》探讨如何建设两美金华、打造美好生活等。2014年,领导批示件有所上升,有6篇论文获得副厅以上领导批示。方佩芬、朱正刚老师《把握我市统战工作社会化趋势,提升社会治理的能力、水平和成效》获金华市委副书记陶诚华批示;部分老师撰写的《武义县实施"绿色崛起"战略研究报告》、《武义实施"绿色崛起"战略的保障措施及政策建议》、陈旭东老师《武义和瑞士生态文化发展之路对比研究》等获时任市委常委、秘书长、武义县委书记钟关华批示;毛秀娟老师《基于"钻石模型"的横店影视文化产业竞争力分析》获金华市委常委、东阳市委书记徐建华批示;陈旭东老师的《浙中文化 "创意之都" 的实践构想和路径研究》获市人大常委会副主任江跃进批示等,赢得良好的社会反响。四是成果反促科研。公开发表论文18篇,大大超过上年。获省党校系统理论研讨会三等奖一篇、金华市哲学社会科学优秀奖一篇、浙中学术年会优秀6篇,入选1篇、全省党校系统优秀调研成果三等奖一篇,全省党校系统青年学者学术研讨会三等奖一篇。

【增强服务保障能力】 一是服务全局工作的能力显著提升。组建群众路线教育实践活动宣讲团、学习贯彻中共十八届四中全会精神宣讲团,深入机关企事业单位和基层宣传党的理论创新成果及中央和省、市重大决策部署,累积宣讲累计达300余场,听众累计2万余人次。章胜峰、舒晓明老师还作为栏目嘉宾在媒体上传播党的声音,激发社会正能量。结合村两委的换届,把教育培训延伸至"最后一公里",设计适合村干部的培训课程,举办村干部培训班14期,培训轮训4152人。二是加大开放办学力度。加强学历教育,做好2013级政治学专业在职研究生班教学管理工作。完成北京科技大学1102级工商管理大专班、浙大MBA总裁班、2011级浙江工商大学法学本科办、省委党校2011级在职研究生等班次的毕业工作。整合培训单位。发挥金衢丽干部教育联盟的优势,继续参与组织第二期金衢丽80后高学历年轻干部培训班。加强现场教学示范基地建设,拓展"第二课堂"出台《金华市干部教育现场教学基地五星管理办法》。深化与重点合作部门的对接,巩固市内委托培训,完成部门班次27期,培训5631人。主动出击扩大对外宣传培训联络,完成异地班次5期,培训154人。三是后勤保障力明显提升。上半年,做好“四套班子”封闭式集中学习的服务保障工作。为更好地服务学员,争取到市政府重点投资项目——学员宿舍(含餐厅)维修改造工程,项目共投资 1400 万元,2014 年年底完成 80%工程量,争取春节前竣工。开展后勤服务社会化改革,成立后勤管理体制调研组,探索实行“经营在我、服务外包”模式,适应党校后勤服务发展的新要求。完成管理服务平台建设,各功能模块全部完成开发并投入使用。加强网站建设,完善市情专题数据库。开展校园卫生环境集中整治,优化美化校园环境。

【校园文化建设】 一是加强机关党的建设。立足党校职能,充分发挥党员作用,全体在职党员到所在社区或结对社区报到,认真履行“一员双岗”,认领 52 个微心愿,主动参与志愿活动,如给杨思岭社区的困难学生发放学习用品,给安地镇的困难同志送去吊扇、电饭煲、自行车等。组织党员积极参加“五水共治”“慈善一日捐”捐款等活动,推进结对共建工作。二是营造校园文化氛围。利用教室、教学楼的名言警句,打造党校第二文化课堂。在办公楼一楼大厅展示教职工风采,体现精神家园的特点。参加全省党校系统烹饪比赛, 获得三个单项的三等奖。参加全省党校系统羽毛球比赛,获团体第七,曹升忠同志取得男子单打第四名。三是做好老干部工作。关心老干部工作,听取老干部意见,落实老干部两项待遇,关心体弱老干部生活。

(陆　昇)

市直机关工委

【群众路线教育实践活动】 一是抓住重点环节求实效。在认真开展学习教育、查摆问题的基础上,把第三阶段的专题组织生活会作为重中之重的环节来抓,市直机关近 1200 个基层党组织都认真召开了专题组织生活会,2 万多名党员都进行了“五星评定”,领导干部参加双重组织生活会实现全覆盖。二是组织专项行动求实效。把“党员进社区、点亮微心愿”活动作为全年机关党建工作的重点工程,以“四季关爱、全员服务”为载体,每季度确定一个主题,每月开展一次活动。市直机关 13850 名在职党员个人或集体认领兑现微心愿 10692 个, 党员参与率达 96.5%,涌现出一批真心实意为基层群众解难帮困的在职党员先进个人,经逐级推荐、公示审核,评选出 20 名市区在职党员进社区活动“服务之星”。三是开展教育培训求实效。积极利用机关党建网站、微博、微信等平台开展宣传教育,建立了机关季度大党课制度,结合各时期的教育重点邀请相关专家学者开展主题式授课,累计参加听讲 6000 多人次。相继举办习总书记系列重要讲话精神专题培训班、市直机关在职干部培训班等主题班次 10 个, 参训 2200 余人次。

【基层组织管理规范化】 一是建立日常工作督查机制。分两次组织力量对机关基层党组织党员发展、组织生活制度、在职党员进社区等三项工作进行专项检查,摸清基层组织日常规范化建设相关情况,针对存在的主要问题下发整改通报,明确整改措施和期限,起到了良好的效果。二是深化“五星争创”管理机制。认真开展新一轮基层党组织“评星定级”和党员五星评定,加强低星级基层党组织和党员的整顿转化工作,规定“二星”以下的党员要列入专门的整转支部进行限期整改,整改不到位的以不合格党员论处。在教育活动中,专门建立与社区的信息渠道,规定在职党员在社区表现情况要及时反馈给所在单位,特别是在社区生活中未起示范表率作用,甚至有不良行为的,由所属党组织抓好督促整改。三是完善组织工作日常制度。根据群众路线教育实践活动中征求到的意见,制定党员组织关系接转“零跑腿”实施办法,为基层党员提供了实实在在的服务。按照《发展党员工作细则》的规定和省市相关要求,及时开展业务培训,并制定《金华市直机关发展党员工作程序及票决制实施办法》, 明确党员发展流程和无记名投票表决制度,为市直机关党员发展工作提供规范化依据。四是推进党建工作现场述职制度。围绕“2014 年三项比较满意的党建工作和一项需重点突破的问题”这一主题,组织部分直属机关党委负责人进行现场述职,并对述职情况进行了点评。与此同时,为增强“一把手抓党建”的工作认识,增强党建工作合力,会同市委组织部选取五家直属机关部门,开展“一把手抓党建工作”专项述职,为党建工作扎实开展提供了有力保障。五是坚持完善党建品牌创建制度。2014年,联评产生市直机关党建“知名品牌”20个、“优秀品牌”30个、“工作品牌”25个,同时对19个已创知名品牌进行了星级评定评分,进一步提高党建工作品牌的影响力和知名度。

【服务中心获点赞】 一是服务“五水共治”发挥生力军作用。第一时间印发倡议书,开展“五水共治、党员先行”签名活动;与市治水办联合开展“我为五水共治献一计”主题微博征集活动。市、县、乡三级机关党组织迅速建立联动机制,全市各级机关党组织共开展各类治水攻坚行动和志愿服务活动近千次,参与党员10万余人次。组织开展“城乡结对促党建,先锋携手共治水”主题活动,全市共有4000多个机关党组织与结对村(社区)签订《携手共治水协议书》,组织各类公益服务活动6000余次,认领结对村治水攻坚项目5000多个,在“五水共治”工作中发挥了积极作用。二是服务“交通治堵”发挥示范者作用。为配合交通治堵行动,把机关党员从单纯的交通管理客体,转化为管理主体;从单纯的城市交通参与者,转化为治堵工作实践者。组织机关党员参加交通治堵文明劝导志愿服务活动,累计参与服务近3万人次,范围遍及市区30多个主要拥堵路口。携手工青妇三家建立治堵联动机制,分别组织党员、职工、青年、巾帼志愿者到主要拥堵路口参与文明劝导和法规宣传,被推荐为全省交通治堵工作创新项目。三是服务旧城改造发挥突击队作用。会同市纪委、组织部等相关部门,并与婺城区直机关工委联动,发挥信息宣传引导优势、合力攻坚组织优势、纪律约束机制优势,通过成立指挥部临时党委、选派机关党员助力征收、面向机关干部开展政策宣传等措施,积极发挥机关党员在重点工作任务中的正面引领和示范带动作用。

【机关党建】 婺城区把“临时党委”建到“二七”区块征收工作总指挥部,依托区块网格下设17个临时党支部,将参与“大会战”的800多名党员干部编入临时党组织,充分发挥其攻坚一线的“指挥所”“桥头堡”作用。实现累计签约4809户(不含公租房),签约率98.62%,累计腾空4707户,腾空率96.53%;金东区机关选派470名党员干部担任“治水拆违”指导员,包村助推“五水共治”,打响“垃圾河治理大会战”;兰溪市围绕社区“双进”“三清三化三送”“五水共治”等中心工作开展主题实践活动,有力助推中心、服务发展;东阳市连续四年开展“捐旧奉献,行善养德——百万寒衣送温暖”活动,先后为12个省份捐赠衣物220余万件,价值6000余万元;义乌市紧紧围绕全市改革转型发展主线,以创建“改革研究型党员团队”为手段,发挥机关党员在攻坚破难中的先锋突击作用,推动机关党组织围绕中心工作主动作为;永康市扎实推进市直机关“四型”党组织建设,积极助力“有激情、敢担当、过得硬、打胜仗”干部队伍建设;浦江县推行机关党员管理“十条红线”,警醒机关党员严守规矩、不越雷池;武义县实行入党积极分子积分化管理办法,严把党员发展“进口关”;磐安县举行“单位进社区共建美家园、党员进社区点亮微心愿”四季关爱主题活动,活动载体丰富多彩,成效显著。

【“党员进社区、点亮微心愿”活动】 市直机关工委把“党员进社区、点亮微心愿”活动作为全年机关党建工作的重点工程,以“四季关爱、全员服务”为载体,结合教育实践活动和市委中心工作要求,设置了“进社区听民声、齐行动当先锋、微心愿助圆梦、送温情扬新风”四个板块,每季度开展一次主题活动。通过“三打破”工作方法推进微心愿征集、认领,打破社区界限,统一征集微心愿;打破城乡界限,结对认领微心愿;打破市、区界限,将市本级和婺城、金东及市开发区的党建资源有效整合,增强工作合力,市直机关13850名在职党员个人或集体认领兑现微心愿10692个,党员参与率达96.5%,涌现出一批真心实意为基层群众解难帮困的在职党员先进个人,经逐级推荐、公示审核,评选出20名市区在职党员进社区活动“服务之星”。

(徐庆妹)

县(市、区)概况

婺城区

【概述】 截至2014年年底，婺城区辖9镇、9乡、9街道(其中金西开发区的汤溪镇、罗埠镇、洋埠镇于2013年10月与市开发区整合),571个村民委员会,96个社区居委会。土地总面积1391.24平方千米。年末全区户籍管理人口63万人。全区人口出生率10.55‰,与上年同期相比上升0.78个千分点;死亡率8.37‰，与上年同期相比上升2.65个千分点;自然增长率2.18‰,与上年同期相比下降1.86个千分点。全区实现区属地区生产总值232.1亿元,增长7%;其中:第一产业增加值13.09亿元,增长2.6%;第二产业增加值69.5亿元,增长6.1%;第三产业增加值149.51亿元,增长7.8%。在第三产业中,交通运输、仓储和邮政业增长11.9%，批发零售业增长13.5%,住宿餐饮业增长9.3%,金融业增长7.6%,房地产业下降10.4%,其他服务业增长7.9%,人均生产总值60844元,比上年增长6.9%。第一、二、三产业增加值占地区生产总值的比重由上年的5.9:30.7:63.4调整为5.6:29.9:64.4。财政总收入33.3亿元,其中区级财政收入7.7亿元,增长9.3%;固定资产投资89.3亿元,增长15%。其中,投资项目投资40.8亿元,同比增长15.9%,房地产开发投资48.5亿元,同比增长14.2%。投资项目中工业投资20.2亿元,同比下降9.2%。按投资的产业分：第一产业完成投资6697万元,同比增长29.8%;第二产业完成投资20.2亿元,同比下降9.2%;第三产业完成投资68.5亿元,同比增长24.5%。社会消费品零售总额266.6亿元,增长10.1%。

【工业经济】 完成工业总产值301.7亿元,规模以上企业实现产值153.7亿元。汽摩配等七大支柱产业保持稳定,实现规模以上产值103.1亿元,占规模以上工业总产值的67.1%。完成限额以上工业投资20.2亿元。扎实推进“四换三名”“两化融合”工作,新增市级“机器换人”示范企业4家、试点企业31家,万里扬被列入省级首批“三名”培育试点企业。“四破”专项整治取得成效,收回土地30.07公顷,盘活98.8公顷,消化批而未供76.4公顷,处置低小散企业162家。培育壮大企业主体,新增亿元企业4家。完成“个转企”145家、“小上规”14家。企业效益稳步回升,实现规模以上工业企业利润7.4亿元,增长3.6%。节能降耗成效明显,电镀、造纸、印染、化工等行业整治基本完成。品牌建设加快推进,创省市名牌10只、著名商标7只。

全年实现外贸进出口总额8.7亿美元，同比增长13.7%，其中自营出口额8.4亿美元，同比增长15.6%；合同利用外资2827万美元，同比增长32.6%;实际利用外资1043万美元,同比下降15%。

【农业及两区建设】 全年完成农业总产值22.5亿元,同比增长2.8%,完成农业增加值13.1亿元,同比增长2.6%。全年粮食作物播种面积13466.67公顷,同比下降5.4%,粮食总产量7.5万吨,同比下降7.4%。花卉苗木种植面积4026.67公顷，同比增长2.5%。全区油菜籽产量3896吨,同比增长8.4%;蔬菜产量6.8万吨，同比增长4.4%；水果产量3.3万吨,同比增长2.5%。全年生猪出栏38.2万头,同比下降4.6%;奶牛存栏数13979头,同比下降12.3%;牛奶产量40454吨,同比增长5.2%;水产品产量8114吨,同比增长43%。全年完成造林面积816.07公顷,迹地更新面积339.13公顷，完成成林抚育面积

2264.67公顷,低产林改造面积513.53公顷,封山育林面积35551.33公顷。新建粮食生产功能区16个733.33公顷。蒋堂奶牛精品园通过省级验收,琅琊红豆杉、油茶精品园列入省级现代林业精品园创建点,新建现代农业精品园4个。农业主体不断壮大。新增全国示范性农民专业合作社3家,省级林业龙头企业2家、市级4家。新增省级示范性家庭农场4家、市级10家。出台生态畜牧业发展专项规划,启动限宜养区畜禽养殖场整治提升,建成农牧对接示范点3个。农产品质量安全有效保障,累计通过认证无公害产地41个、农产品56个、绿色食品10个、有机产品5个。

【现代服务业】 实现第三产业增加值149.5亿元,增长7.8%,第三产业占生产总值比重提高到64.4%。信息产业蓬勃发展,扩建网商一条街、海信分园、玉泉分园等电子商务专业园区,完成存量物业利用11.2万平方米,入园企业增至180余家,交易额达28亿元。合丰服务外包产业园、云安阁互联舆情监测平台、中国电信云计算金华分中心、浙师大网络经济创业园等项目开工建设。大力推进"电商换市"工程,建成县级电子商务服务中心1个、村级服务点150个,开展电商培训4000余人次。农村市场流通等市场体系建设有序推进,创建省级放心农贸市场2家,建成再生资源回收利用分拣中心2个、回收网点74个。旅游业快速发展,接待境内外游客人数、旅游总收入分别增长12.2%和19%。

【园区建设】 婺城新城区产城联动发展取得突破。浙中乐园、伟达雷迪森酒店投入运营,婺州城市广场二期、新宇宏腾生活广场、尚格酒店基本完工,公安应急指挥中心结顶,金华银行婺城支行即将结顶,区第二人民医院迁建、婺城小学北扩、荣光国际学校开工建设。新建、续建商品房项目13个,建成商住房20万平方米。在建工业项目37个,其中开工10个、竣工投产10个;实现工业总产值191.9亿元、财政收入6.7亿元,完成工业投入19.5亿元。双龙风景区旅游品质不断提升。黄大仙景区控制性详规通过国家住建部审批,罗店千年风情小镇完成规划设计,智者寺二期主体、尖峰山休闲公园提档改造二期基本完工。景区配套不断完善,建成大型停车场和公交免费换乘点。加强营销推介,景区知名度进一步提升。开展"五乱三黑"综合整治,旅游环境不断优化。仙源湖度假区建设有序推进。完成度假区40.57平方千米扩建可研报告并通过市级审批,开展安地老镇区67.5公顷控制性详规编制。水电路桥等配套进一步完善,仙草苑养生文化园、动物园嘉年华投入营业,桂花山庄主体结顶,水上运动中心建设加快,成功引进南山双子湖旅游度假综合体项目。新建、续建房地产项目6个,建成商住房20万平方米。

【改革创新】 推进行政审批制度改革,清理权力事项996项,减少审批事项102项、审批环节340个。实施服务窗口整合改革,推行"全城通办"注册登记模式。开展"四张清单一张网"机制建设,区级权力清单和责任清单全面公布。推进财政管理改革,完成全口径预算编制,全面实施国库集中支付和公务卡支付改革。完成食品安全监管体制改革。启动农村确权赋权改革,实现农村土地承包经营权登记制度全覆盖,三分之一以上行政村完成村经济合作社股份制改革。开展流通业综合改革,10个项目列入市第一批国家级现代服务业综合试点。第二土特产企业改制、东方红林场改革和公车改革有序推进。完成第三次经济普查。招商引资取得新成果。引进内资项目39个,到位资金16亿元;外资项目4个,实到外资1043万美元;浙(婺)商回归项目21个,到位资金8亿元。对外贸易不断扩大。实现外贸进出口总额8.7亿美元,增长13.7%,其中出口贸易额8.4亿美元,增长15.6%,进口贸易额3879万美元。创新主体培育成效明显,获批各级科技立项61项,其中国家级6项;新增省科技型中小企业13家、省级农业科技企业2家、省创新型示范企业1家、市级以上高新技术企业8家、高新技术研发中心7家。完成新产品产值68.2亿元,增长8.4%。创新能力不断提高,专利申请2131件,其中发明专利授权149件,列全市第一。人才工作取得新成效,培养引进国家、省"千人计划"人才各1名,入选"双龙计划"人才项目3个。

【城乡建设】 基本完成4个镇的控规编制,完成4个中心村的规划编制和30个村的规划调整。强化基础设施建设。完成杭长高铁征迁扫尾工作,高铁正式开通。西二环跨沪昆公铁立交东半幅建成通车。东市街北延、丰亭东路、竹马货场等项目政策处理完成。330国道迁改、杭金衢高速拓宽、汤莘公路及衢江航运工程有序推进,宾虹西路拓宽改造工程基本完工。完成农村公路大中修50千米、联网公路16千米。开通金兰城际公交、K615,优化309、K619公交线路,公交分担率达62%,交通出行环境明显好转。完成220千伏"双龙——乾西"等输电线路工程。南网金华燃机支线全线贯通。"三改一拆"深入推进。拆除违法建筑107.7万平方米,改造旧住宅37.1万平方米、旧厂区16.7万平方米、城中村40万平方米。二七新村改造强力推进,签约率达97.6%。城市管理继续深化。加强拥堵治理,金兰中线和工贸街整治成效明显;修补背街小巷1.7万平方米,地下管道清淤95千米;兰溪门市场周边等占道经营得到有效整治。集镇建设稳步推进。铺设集镇污水管道16.1千米,雅畈历史街区古街修复工程启动,安地镇垃圾中转站完成改造提升。启动5个城中村改造,开工建设安置房32万平方米,金品小区基础工程竣工,通园小区改造完成。美丽乡村建设扎实推进。桂花飘香风景线建设基本完成,建成市级精品村3个、市级秀美村10个、洁美村81个、散落历史建筑保护点3个,琅琊镇被评为市级美丽乡镇。

【五水共治】全面打响"五水共治"攻坚战,投入资金5.9亿元,实施治水项目23个,列入省市考核的交接断面水质总体优秀。大力治污水,开展垃圾河治理大会战,清理河道1000余千米;实施长湖综合治理,水质和周边环境明显改观;完成截污纳管64.6千米,蒋堂镇污水处理厂投入运行;推进温室甲鱼等养殖业污染整治,关停拆除禁养区畜禽养殖场2236家66.2万平方米;取缔非法采砂场62家;省市县乡四级河道保洁实现全覆盖,莘畈水库和11座小(一)型水库实现洁水养鱼。全力保供水。沙金兰饮用水源水质保持II类;完成农村饮用水改造提升10个村。致力防洪水、排涝水。完成水库除险加固2座,整治山塘6座、河沟40千米;基本完成白沙溪中小河流治理工程琅琊段、白龙桥古方段。努力抓节水。新增节水灌溉面积400公顷;工业节水技术改造有序推进。城乡环境明显改善。开展市容环境整治,清理垃圾1.2万吨,恢复绿化3万平方米;基本完成农村生活污水治理139个村,农村垃圾集中清运覆盖率达100%;以竹马、箬阳试点为基础,368个村启动垃圾分类减量化处理,32个村实现户、村二级分类。狠抓气尘合治。开展市区环境空气质量提升百日攻坚专项行动,四中监测站点PM2.5浓度平均下降11.4%。抓好森林资源管护。完成造林更新9708亩,开展义务植树130万株;创建省级森林城镇1个、森林村庄3个、市级绿化示范村12个;琅琊镇被评为国家级生态镇。

【民生工作】居民收入较快增长。城镇、农村居民人均可支配收入38318元和16366元,分别增长9%和10.8%。人均消费性支出23711.9元和11489.1元,分别增长4.3%和1.7%。其中食品烟酒消费支出6677.6元和4349.6元,同比增长13%和12.6%。优化就业创业服务,成功举办首届青年创业大赛,新增就业岗位4500个,实现再就业2252人,城镇登记失业率为2.7%,完成农村劳动力素质培训3100人。启动全民参保登记工作,城乡居民基本医疗保险参保人数达21.4万,购买大额医疗补充保险人数达2.1万。城乡居民养老保险稳步推进。社会救助体系进一步完善。2014年,城镇低保标准每人每月588元,农村低保标准每人每月425元,符合低保条件的城乡居民已全部纳入低保。全区有3454户4993名城乡低保对象、2837户4292名低保边缘困难群众、538名重度残疾人享受相应救助,累计发放低保、低保边缘、重残、医疗等各类救助款2800余万元;发放冬春荒生活补助100万元,主要用于6600余户因灾受困群众的生产自救。区慈善总会成立,开展"2014年慈善温暖行动"、慈善助学系列活动,发放慈善救助金200多万元;做好慈善总会筹备前期基础工作,宣传发动并开展募捐,2014年共收到善款45万余元。按政策落实全区90名符合条件的孤儿(或困境儿童)基本生活费的发放,发放孤儿基本生活费95万元。做好水库移民后期扶持工作,发放直补资金1011.42万元,全区共有16857名直补移民受益。加强区划地名管理,统一制作路门牌1936块,完成婺城、兰溪行政区划界线勘界的联合检查。社会福利事业蓬勃发展,新建居家养老服务照料中心120家,全区3800多名老人享受到居家养老政府购买服务政策。五保对象集中供养率达98%。政策性农村住房保险参保率达99.4%。多措并举推进山区扶贫,争取各类补助资金4120万元。继续实施小额扶贫贷款，发放小额贷款1464万元，新建资金互助社2个。移民安置加快推进。完成乾西移民新村三期安置241户637人，启动蒋堂移民安置小区建设，实施水库移民村及库区规划安置村扶持项目100个。完成农村劳动力素质提升培训3100人，其中转移就业培训536人，农村实用人才培训2564人。新增就业岗位4500个，失业人员实现再就业2252人，其中就业困难人员再就业188人，城镇登记失业率2.72%，远低于4%的控制目标。

【社会事业】 教育事业扎实推进。罗店小学改建、婺州外国语学校建设启动，5所薄弱学校改造和43所学校硬件改造全面完成，省级标准化学校创建稳步推进。建立教师流动制度，城乡师资进一步均衡。学前教育、义务教育、职业教育齐头并进，教育质量全面提升。年末全区有职业高中1所，专任教师227人，在校学生5066人；普通初中17所，专任教师1124人，在校学生12836人；小学31所，专任教师1819人，在校学生28637人；幼儿园136所，专任教师1143人，入园儿童17680人。文体事业不断发展，建设农村文化礼堂32家，举办各类巡回演出、大型文艺比赛、文化走亲等84场，送戏下乡140场，送书下乡2万余册。全区15个乡镇街道完成综合文化站建设。竞技体育成绩喜人，婺籍运动员在省第15届运动会上获得金牌、总分均列全市第一。群众体育广泛开展，新增小康体育村65个。12个乡镇被评为浙江体育强乡镇，1个社区被评为浙江省城市体育先进社区。全区有政府办医疗卫生机构24个，卫生技术人员689人，民营医疗机构26家，个体诊所、村卫生室232家，核定医疗床位481张。2014年参加城乡居民医保21.4万人，参合率达到97%。全区19家卫生院（社区卫生服务中心）、39家具备运行条件的社区卫生服务站以及125家村卫生室实施了基本药物制度，实施率为93.29%，达到了浙江省卫生厅的实施要求。卫生信息化建设实现全覆盖，公共卫生服务水平不断提高。2014年度开展城乡居民健康体检，参保城乡居民健康体检113604人，共体检成人51541人次，其中：老人31665人次、学生儿童62063人次，体检结果异常20076人次，建立规范化电子健康档案358518份，户籍人口电子建档率达93.97%，提前完成省定目标。人口与计生工作走在全市前列，人民武装、文物保护、民族宗教、外事、侨务、对台以及工青妇、老龄、红十字等各项工作都取得新的成绩。

2014年，科技项目立项数量增长明显。全年累计获国家、省、市各类科技立项61项，其中：国家火炬计划2项、国家星火计划项目4项；省级新产品试制计划4项、省级创新基金3项、省科技特派员项目7项、省农业成果转化项目2项、省团队科技特派员2家；市科技项目17项(工业8项、农业9项)、市科技特派员项目10项、市农业科技成果转化项目5项、市科学技术奖5项。培育创新主体能力加强。全年累计认定高新技术企业8家（省级3家、市级5家）、省科技型中小企业13家、省级农业科技企业2家、省创新型示范企业1家、高新技术研发中心7家(省级2家、市级5家)、农业科技研发中心1家(市级1家)。2014年，全区专利申请量达2131件，其中发明专利申请量504件，分别比上年同期增长17.3和16.9%。

【维稳工作】 创新社会治理，开展社会治理信息采集“平安通”试点，平安基础进一步夯实。加强基层法治建设，建立完善基层司法机构，推动执法力量下沉。扎实开展矛盾纠纷预防化解，有效处置各类重大突发性事件。开展信访积案化解专项行动，有效处理一批复杂疑难信访事项。严厉打击各种违法犯罪行为，市场经济秩序、社会秩序、生活环境得到显著改善。加强欠薪应急处置制度化建设，优化法律援助，一批涉稳事件得到妥善化解。开展食品安全基层责任网络建设试点和食品药品、医疗器械专项整治，农产品快检室、阳光厨房、品牌超市进校园等建设有序推进，建成生鲜农产品放心柜4个。落实安全生产党政同责责任制，加强重点行业、重点领域安全生产监管，安全形势总体稳定。

【组织建设】 深入开展党的群众路线教育实践活动，严格执行中央“八项规定”和省委“28条办法”“六项禁令”，强化正风肃纪，一批四风问题得到解决。开展重大项目“百日服务”和克难攻坚行动，省、市、区重点项目完成率分别为129.5%、168.5%和91%。开展“千名干部进千企、千方百计解难题”活动，加大帮扶解困力度，企业难题办结率100%；建立企业转贷应急周转金制度，为企业解决转贷资金6875万元。完善向区人大报告、向区政协通报重大事项的常态化机制，办复人大代表建议294件、政协提案299件，满意率分别为96.5%和100%。加强行政复议规范化建设和行政调解工作，政府信息公开进一步深化。规范政府投资项目管理，核减财政资金9753万元。规范公共资源交易管理，节约资金1.1亿元。加强政府投资工程竣工结算审计，核减财政支出7161万元。严控三公经费支出，同比下降33.6%。认真办好区长信箱市民来信及8890便民服务平台交办事项，行政效能进一步提升。2014年，成功创建全国义务教育发展基本均衡区，被授予全国水利先进集体、省平安区银鼎、省双拥模范区、省“河姆渡杯”粮食生产先进银奖等荣誉称号。

【年鉴编纂】 12月30日，《婺城年鉴(2013)》年版出版，这是婺城区继《婺城年鉴(2012)》首部年鉴编纂出版后的第二部年鉴。与《婺城年鉴(2012)》年版相比较，收录内容有所创新，编纂质量有较大提高，有较多亮点，主要有：新增加条目索引，便于检索；文内增加插图，图文并茂，使年鉴具有可读性、趣味性；新增内容丰富，信息量大为增加。新增的内容有：金华市经济技术开发区、市住房公积金、消防大队、名校简介及百岁老人、亿元企业、规模以上企业等简况图表，信息量比上年增加28%。本书差错率控制在0.1—0.2/万左右。《婺城年鉴(2013)》全书共收集150多万字的素材，经整理，形成90万字的送审稿，最后确定了76.9万字的成书稿。全书设特辑、专辑、大事记、概况、附录、索引及正文共42个栏目、22个分目、156个子目、1106个条目，彩图114幅，插图39幅。书稿由方志出版社审稿，经初审、复审、终审三审，均获较高评价，一致认为是一部“编校质量较好，且类目、篇幅设计合理”“质量较高的地方年鉴”。

(朱睦钧)

金东区

【概述】 金东区辖8个镇、1个乡、2个街道，共491个行政村，17个居委会，总面积661.8平方千米。2014年末总户数127505户，年末总人口33.44万人，其中非农人口3.49万人。2014年全区实现地区生产总值(GDP)149.6亿元，按可比价计算，比上年增长7.8%(见注2)。其中：第一产业增加值13.67亿元，增长0.1%；第二产业增加值79.53亿元，增长8.0%；第三产业增加值56.39亿元，增长9.4%。全区人均地区生产总值达到46799元(按年平均汇率折算为7618美元)，增长6.9%。第一、二、三产业增加值占地区生产总值的比重由上年的9.7:53.3:37.0调整为9.1:53.2:37.7，第三产业比重比上年提高0.7个百分点。

【财政收支】 2014年全区实现财政总收入19.57亿元，增长24.7%，其中区级财政收入7.88亿元，增长27.8%，财政收入再上新台阶。从税种看，主体税种呈现“三高一降”态势，其他各税增长强劲。全区税收收入中，增值税7.18亿元，增长27.8%；营业税4.71亿元，增长34%；个人所得税1.36亿元，增长31.9%，企业所得税2.43亿元，下降5.7%。主体税种以外的其他中小税种共实现收入3.88亿元，增长32.1%，占财政总收入的比重近二成。全区财政总支出27.53亿元，下降6.1%。财政支出更加关注民生，2014年，全区民生领域支出24.5亿元，占财政总支出比重的89%，比重较上年提高3.5个百分点。其中，教育支出3.9亿元，增长21.3%；社会保障与就业支出1.2亿元，增长18.5%；节能环保支出4273万元，增长232%；科学技术支出3078万元，增长13.4%；住房保障支出2001万元，增长24%。

【就业和再就业】 2014年全区新增城镇就业人数3843人，其中：城镇失业人员实现再就业523人、困难人员实现再就业105人。年末城镇登记失业率为2.12%。

【农业和农村建设】 2014年，全区实现农林牧渔业总产值25.32亿元，比上年下降1.7%。农业增加值13.67亿元，按可比价计算增长0.1%。全区农作物总播种面积25.65万亩，下降1.2%。其中粮食种植面积为6.95万亩，产量2.67万吨，分别比上年下降7.9%和8.9%；果用瓜种植面积2.26万亩，产量3.88万吨，分别增长10.8%和14.5%；油料播种面积1.87万亩，产量0.28万吨，分别下降8.8%和12.5%；蔬菜播种面积7.05万亩，产量12.67万吨，分别增长3.4%和7.2%；花卉苗木种植面积6.26万亩，增长1.8%。创建省级现代农业综合区1个、主导产业示范区4个、特色农业精品园5个、市级现代农业示范基地45个，新增设施农业1600亩。年末拥有农业机械总动力249823千瓦，下降1.1%；全年化肥施用量(折纯)15856吨，下降15%；农村用电量31722万千瓦小时，增长9.5%。全年完成绿化造林面积17221亩，迹地更新面积2110亩。幼林抚育作业面积3560亩；封山育林面积12.7万亩。全年肉类总产量3.08万吨，下降23.6%。其中猪肉2.63万吨，下降23.3%。牛奶产量1.71万吨，下降43.4%。生猪出栏36.31万头，下降26.1%；家禽出栏235万羽，下降27.9%。2014年，美丽乡村建设投入3000多万元，成功创建精品村4个、秀美村20个、洁美村30个、美丽家庭1.4万户。全区在建省级历史文化村落保护与利用重点村3个、一般村9个。开展以生活污水、生活垃圾和“赤膊房”整治为主要内容的农村环境卫生“三整治”工作。投入资金1.5亿元，全区完成农村生活污水治理项目103个，新增受益农户15467户；消灭赤膊房869户，粉刷面积39.7万平方米。完成农村生活垃圾“减量化、资源化、无害化”处理村442个，建设太阳能垃圾减量化处理站305座。截至2014年底，全区共有星级农家乐经营户105户，其中，特色村5个(省级农家乐特色村2个，市级农家乐特色村3个)；特色点18个(省级农家乐特色点3个，市级特色点15个)；三星级以下农家乐经营户83户。开展农民素质提升培训6526人，其中实用人才培训5260人、转移就业人才培训1266人。

【工业经济】 2014年，全区完成工业增加值59.86亿元，增长7.5%，工业增加值占GDP比重40%。全区223家规模以上工业企业实现规模以上工业总产值171.92亿元，增长3.4%；销售产值157.55亿元，增长5.1%。规模以上工业企业完成出口交货值59.03亿元，下降0.02%，占销售产值的比重37.5%。全区产值超亿元的企业达47家。全区规模以上工业实现利税总额9.5亿元，增长18.6%，其中利润4.14亿元，增长16.1%。2014年，全年规模以上工业企业新产品产值65.2亿元，增长5.2%，新产品产值率为37.9%。制造业中，高新技术产业增加值14.33亿元，增长7.4%，占规模以上工业的比重为42.6%。2014年，全区建筑业总产值达68.3亿元，下降9.8%。房屋施工面积214.2万平方米，下降30.9%；房屋竣工面积121.8万平方米，下降31.1%。资质以上建筑企业实现利润总额2.71亿元，下降26.4%；利税总额4.76亿元，下降21.4%。

【固定资产投资】 2014年，全区完成固定资产投资120.1亿元，增长15.1%。按产业分，第二产业投资42.46亿元，下降24.0%；第三产业投资77.65亿元，增长60.3%。按登记注册类型分，国有投资28.97亿元，增长189.8%；非国有投资91.14亿元，下降3.5%。全区共有重点项目45项，全年计划投资76.98亿元，完成投资67.07亿元。

【房地产业】 2014年全区完成房地产开发投资46.35亿元，增长13.1%。全区房地产开发房屋施工面积309.4万平方米，下降13.4%。商品房新开工面积110.07万平方米，增长102.7%。商品房销售面积42.6万平方米，下降8.5%；其中住宅销售面积33.42万平方米，增长23.7%。

【消费零售】 2014年全区实现社会消费品零售总额103.98亿元，增长14.3%。分产业看，批发业15.23亿元，增长40.8%；零售业85.65亿元，增长10.5%；住宿餐饮业3.09亿元，增长19.3%。分行业看，中西药品类、建筑及装潢材料类增长较快，零售额分别为11.42亿元、4.55亿元，分别增长50.7%、24.4%；汽车类、石油及制品类消费增长平稳，零售额分别为65.64亿元、1.36亿元，分别增长13.1%、5.8%。

【交易市场】 2014年全区共有成交额超亿元市场6个。其中，金华农产品批发市场实现成交额70.02亿元，增长14.3%；金华市汽车城成交额48.8亿元，增长24.5%；金华市浙中建筑装饰材料市场成交额45.07亿元，下降3.2%；金华市汽配城成交额29.04亿元，增长13.0%；金华澧浦苗木城成交额14.56亿元，增长1.5%；金华市二手车交易市场成交额10.79亿元，增长26.6%。

【对外贸易】 2014年全区完成外贸进出口总额12.39亿美元，增长15.7%。其中，自营出口12.23亿美元(含市场采购2.63亿美元)，增长16.5%；进口1581万美元，下降25.7%。从出口产品看，全区机电产品出口23161万美元，增长2%；纺织品出口28913万美元，增长14.4%；箱包出口3105万美元，增长27%；车辆船舶出口10450万美元，增幅16.5%。从出口市场看，对亚洲出口37792万美元，增长16.4%；对欧洲出口33151万美元，增长21.6%；对北美洲出口23144万美元，增长16.3%；对拉丁美洲出口9692万美元，下降1.6%；对大洋洲出口2309万美元，增长6.1%；对非洲出口16212万美元，增长22%。

【招商引资】 2014年，全年审批外商投资项目2个，总投资额5830万美元。合同利用外资4945万元，增长352%；实际利用外资5200万元，增长52%。全区引进内资项目112个，其中：工业项目38个、非工业项目74个。5000万元以上的项目65个，占引进内资项目比重达58%，其中1亿元以上项目51个，5亿元以上项目14个。2014年实际到位资金54.4亿元，增长15%。全年新引进浙商回归项目30个，总投资254.2亿元，下降7%，实际到位浙(婺)商回归投资36.63亿元，增长5%。其中新引进重大产业项目16个，占新引进项目的53%，下降27%；重大科技人才项目12个，占新引进项目的40%，增长140%。新引进重大产业项目税收贡献额3.48亿元，浙商回归公益捐赠额648万元。

【交通设施】 2014年，全区交通运输、仓储和邮政业增加值为1.93亿元，增长11.1%。2014年全区交通建设共完成投资32606万元。其中高速公路完成投资15878万元，国省道、县道、乡道建设项目完成投资6020万元，大中修工程完成投资6430万元，农村联网公路完成投资1340万元，安保工程完成投资839万元，病旧桥隧加固改造工程完成投资97万元，公交站棚建设完成投资158万元(该投资为公交站棚建设)，公路水毁工程修复完成投资714万元；公路日常养护完成投资1130万元。全区境内公路总里程达到1100.7千米。

【旅游业】 2014年，全区共接待海内外游客239万人次，增长64.5%，实现旅游总收入16亿元，增长166.9%。其中接待国内旅游者238万人次，增长64.6%，实现国内旅游收入15.9亿元，增长164%，接待入境旅游者1.03万人次，增长37.3%。

【环境保护】 2014年，主要污染减排各项工作扎实推进。全区城市环境空气优良天数达到224天，空气质量优良率62.2%。20条主要河流水质明显改善，达到或优于三类水质标准的占10%，满足功能区要求的占10%；全区35个地表水交接断面，达到或者优于三类水质标准的断面占5.7%；2个出境断面，达到或者优于三类水质标准的断面占50%。全区共建成省级生态镇10个，市级生态村394个，市级森林村庄157个，累计建成生态公益林12.86万亩，完成平原绿化扩面6200亩。

【水利建设】 2014年全区完成水库除险加固工程3座，山塘整治8座，新增固定式喷微灌面积2200亩，灌区渠道改造93千米，新增旱涝保收面积4200亩，扩大灌溉面积6350亩。金东区中小河流治理重点县建设岭下镇、澧浦镇西溪片、曹宅镇曹宅片、源东乡4个项目区完工，赤松镇、澧浦镇东溪片、傅村镇3个项目区已开工建设，孝顺镇、塘雅镇、曹宅镇潘村片3个项目区完成实施方案审查；完成金华江治理工程8.3千米；开展农村河道综合整治，完成万里清水河道整治34千米(亩)。实施农村饮水安全提升工程，总受益人口1.446万人。全区68座小(二)型以上水库全部实行洁水渔业。

【教育业】 2014年，全区拥有各级各类全日制学校50所，在校学生42991万人。其中小学23所，在校学生21794人；初中18所，在校学生10101人；普通高中6所，在校学生7723人；职业高中2所，在校学生305人；普通中专1所，在校学生3068人。全区共有幼儿园80所，在园幼儿13104人，全区学前儿童入园率99.4%。15年教育普及率100%，全面普及15年教育。小学入学率、巩固率100%；初中入学率、巩固率100%；初中毕业生升入高中段学校比例98.4%，升入优质高中占高中段招生比例89.5%。高等院校2所，在校学生7939人。全区义务教育中小学专任教师1770人，比上年增长3.8%。专任教师学历合格率为100%。幼儿园专任教师755人，幼儿教师学历合格率100%。

【科技创新】 2014年，全区规模以上工业企业科技活动经费支出3.53亿元，与同期持平，相当于地区生产总值的2.36%；研究和发展经费(R&D)支出3.17亿元，相当于地区生产总值的比重为2.12%，比上年提高0.31个百分点。全区列入市级以上科技项目49项,其中:国家级4项、省级25项、市级20项;新到位市级以上科技资金2360万元。新立市级科技计划项目20项,其中:工业类9项、农业类9项、社会发展类1项、农业科技成果转化项目1项。评选市科学技术奖3项。新认定高新技术企业15家,其中:国家级4家、市级11家;创新型企业10家,其中:省级1家、市级2家、区级7家;省级科技型中小企业19家;农业科技企业3家,其中:省级1家、市级2家;专利示范企业6家,其中:省级2家、市级4家。新增授权专利622件,其中新增发明授权专利27件;专利申请663件,其中发明专利申请量58件。全区新认定省级高新技术研发中心4家、市级7家,省级农业科技研发中心1家。

【文化建设】 2014年,全区拥有文化馆1个、公共图书馆1个。新建澧浦镇蒲塘村等农村文化礼堂30个,制定全区文化系统农村文化礼堂建设服务菜单,提供点单式服务19项。新建塘雅镇下吴村等农家书屋电子阅览室16个;新创建岭下镇岭五村等市级文化示范村4个。成功举办金东区"群众在我心中"党的群众路线教育实践活动文艺巡演和"齐唱光南曲、同吟艾青诗、共叙金东情"金东区庆祝建国65周年文艺晚会等大型文化活动。积极实施文化惠民工程,全年送戏下乡173场,送电影3915场,文化走亲(县级以上)5场,培训农村文艺骨干10000多人次。全区文化市场健康平稳有序,出动检查364人次,检查文化经营单位746家次。

【体育事业】 2014年,全区创建省级体育强镇9个、市级体育强镇1个、国家级、省级青少年体育俱乐部4个、小康体育村482个。体育竞技比赛战果累累,参加第十五届省运动会沙排项目比赛,获得金牌1枚;在金华市体育特色学校田径比赛中,组队分获小学组团体第二、第七名和初中组团体第五名。配合浙江省第二届全民体育节,成功举办2014全国"百城千村"健身气功交流展示金华站活动、金东区首届农民趣味运动会,金东区区机关趣味运动会等一系列活动,提升金东体育知名度。

【医疗卫生事业】 截至2014年底,全区共设医疗卫生机构351家,其:中专业公共卫生机构3家、医院4家、基层医疗卫生机构264家、其他卫生机构80家(包括分院、门诊部、医务室等),卫生服务网络进一步完善。全区核定床位数423张(其中公立医疗机构333张,民营医疗机构90张),拥有卫生技术人员1154人。全区所有基层医疗机构全部实施国家基本药物制度,零差率销售药品直接让利就医群众累计约18193万元。全面开展参保城乡居民健康体检工作,60周岁以上老人体检率为72.9%,儿童93.1%,中小学生99.5%。城乡居民规范化电子健康档案建档率达87%。2014年全区产妇数2174人,孕产妇系统管理率98.36%,住院分娩率100%,产前筛查率90.02%,2014年婚检率100%,农村妇女住院分娩补助2137人,补助经费107万元,农村孕产妇住院分娩补助108.2%。

【人口增长】 2014年末全区户籍总户数12.75万户,户籍总人口32.09万人,其中非农人口3.49万人。平均每户家庭人口2.52人。全区出生人口3843人,出生率12.0‰;死亡人口2028人,死亡率6.3‰;人口自然增长率5.7‰。据2014年人口变动抽样调查,全区常住总人口33.44万人。全区城镇化进程不断加快,2014年全区城镇化率达54.8%,比上年提高3.35个百分点。

【居民收入】 2014年,居民人均可支配收入25284元,增长10.5%。从收入来源看,工资性收入为16063元,增长9.6%;经营净收入为5896元,增长10.4%;财产净收入为1496元,增长17.7%;转移净收入为1829元,增长13.3%。全体居民人均生活消费支出19576元,增长15.0%,分城乡看,城镇常住居民人均可支配收入32351元,增长9.6%;城镇常住居民人均生活消费支出22680元,增长14.5%。农村常住居民人均可支配收入17929元,增长11.1%;农村常住居民人均生活消费支出16345元,增长15.1%。

【民生保障】 年末全区拥有各类社会福利单位11所、社会福利床位1554张、五保对象683人,五保对象集中供养率为100%,五保供养标准从2010年的人年均6132元提高到2014年的人年均8640元。城乡居民最低生活保障实现全覆盖,2014年全区有城乡低保对象2708户3615人,发放低保救助金1321万元,低保标准逐年提高,城市低保标准提高到每人每月588元,农村低保标准提高到每人每月425元。实施困难群众"安居工程"117户,救助面积 7450 平方米,发放救助资金 127.5 万元。五保、低保、优抚对象参加农村合作医疗的参保费用由区财政全额承担,全年累计救助 2098 人次,救助金额 464 万元。全区建成居家养老服务照料中心 290 家,有 7400 多名老人享受到居家照料服务,辐射服务农村老人达 4 万多人,实现城乡社区居家养老服务全覆盖。

【社会保障】 2014 年,城乡居民养老保险参保人数 16.97 万人,城乡居民医疗保险参保人数 23.4 万人。被征地农民保障得到进一步加强,参加被征地农民基本生活保障的行政村达到 170 个,参保人数 4.59 万人(未含金东经济开发区),其中已转入职工基本养老保险人数 2.1 万人。发放养老金 1363 人,累计发放金额 9939 万元;发放生活补助 885 人,累计发放金额 3308 万元。

【推进改革】 2014 年,金东区顺利完成工商质监和食品药品监管体制调整;加大简政放权力度,规范权力运行,共清理行政权力事项 3462 项,整合削减 1054 项,基本构建“四张清单一张网”。深化预算编制改革,推行部门预算联合审查制度,开展全区会计执法、财务和资产管理大清查,除涉密部门外,所有部门预算和“三公”经费预算实行公开,乡镇国库集中支付改革实现全覆盖。推进要素配置市场化改革,建立亩均效益综合评价排序制度,落实企业差别化土地使用税等政策,倒逼企业转型升级。有序推进农村确权赋权改革,实现农村土地承包经营权登记制度全覆盖,宅基地使用权登记发证工作和经济合作社股份合作制改革有序推进;深化医药卫生体制改革,完善了绩效工资考核机制,医疗业务收入和门急诊人次分别增长 27.8%和 21.7%,均次费用下降 6%。

【转型升级】 2014 年,金东区打好转型升级“组合拳”,经济质量和效益稳步提升。工业企业顶住经济下行压力,实现了产值小幅稳步上升。“四破”专项整治成效明显,破除僵尸企业 14 家,处置围墙圈地企业 38 家、低效用地 163 宗 2605 亩,消化转而未供土地 2196 亩,工业亩均税费提高了 0.43 万元。科技创新能力有所提升。研发经费支出占 GDP 比例达 1.86%。新增国家高新技术企业 4 家、市级以上研发中心 12 家、各类科技型企业 39 家、科技项目 44 项、授权专利 26 件,专利权质押融资贷款总额全省第二,获评省千人计划 1 人、双龙计划项目 3 个。项目落地和招商引资取得新成效,江东区块已落地开工企业 27 家,其中投产 6 家,为全市低丘缓坡试点进展最好的区块之一。全年实际引进内资 54 亿元、外资 5200 万美元、浙(婺)商回归投资 36.63 亿元。建立企业应急周转金制度,帮助 28 家企业落实应急转贷资金 3.3 亿元。现代服务业发展提速。新成立电子商务产业园 5 个。金东信息产业园新引进企业 70 家,营业收入 22 亿元,被评为省电子商务十大产业基地、2014 中国电子商务百强园区。省级现代农业综合园区、城郊蔬菜产业示范区通过省级验收命名。锦林佛手文化园与寨春农业休闲观光园分别创建为国家 AAAA 级、AAA 级景区。新增 2 个民宿特色村、13 个精品休闲采摘点。全年旅游人次同比增长 62%。

【全域城镇化】 2014 年,金义都市新区已完成征地 3.66 万亩,清表 1.7 万亩,核心区块一环道路全面贯通,满塘区块、高新产业区块、阿里巴巴区块在建项目政策处理全面完成。跨境通关公共服务平台建成运行,日通关量突破 6 万票。阿里巴巴菜鸟?金义电子商务新城“双 11”正式投运,中国移动金义信息通信产业园签约落地,网络经济学院建成运行,金义邮政电子商务园等项目顺利推进,网络信息产业初具雏形。新城区开发建设稳步推进。多湖中央商务区、铁路南站组团等区块 4000 多亩土地征迁工作顺利推进。宾虹路、东市街、栖凤街、光南路、电大街等道路部分节点打通。金华万达广场开业,保集外滩基本建成,紫金湾、金地艺境、欧源晓郡等项目形象初显,金东儿童乐园建成营业。城中村改造加速推进,横塘沿金都美地小区一期结顶,泉源集聚区城中村改造项目开工建设。集镇综合整治成效明显,澧浦、曹宅、傅村、岭下、江东等集镇道路、管网等基础设施配套进一步完善,管理机制得到健全,环境面貌明显改观。省市重点项目投资完成率分别达到 150%和 130%,政府投资完成率 90%。

【美丽金东建设】 2014 年,全区持续深入开展美丽乡村建设,扎实推进美丽金东三大行动。全面打响“五水共治”攻坚战,依法取缔关停“六小”污染企业 1035 家,退养拆除禁养区范围畜禽养殖场

2188家70.8万平方米，调减饲养量36万头，完成农村生活污水治理109个村、中小河流治理4个项目区、干堤加固12.5千米、节水渠道建设84千米、水库除险加固3座，新建赤松等6个建制镇污水管网24千米，68座小(二)型水库全部实行生态放养。最差河流孝顺溪整治和最美河流澧浦东西溪建设成效明显。基本消除垃圾河、黑臭河，东阳江、武义江跨行政区域交接断面水质考核优秀，被列为省“五水共治”现场会参观点。强力推进“无违建区”创建工作。完善治旧控新和农民建房审批等长效机制，农民建房实行“一图一档一表”管理，老虎山农场、岳山背、九里岗、瑞昇工艺品厂等一批群众反响强烈的违章建筑顺利拆除，全年处置存量违建5998宗245万平方米，其中拆除123万平方米，拆后土地利用率60%以上，省“无违建区”创建通过市级验收。以“清洁家园，美化金东”行动为抓手，坚持开展每月两次以上全区性环境卫生集中整治活动，以突击促长效。探索农村生活垃圾减量化、资源化、无害化处理模式，建成太阳能垃圾减量化处理设施268个，完成澧浦全镇垃圾分类减量化处理试点工作，农村环境面貌极大改观。狠抓大气污染防治，组织开展扬尘控制、垃圾禁焚等十大专项整治行动，空气质量有所改善，全年优良天气达到224天。全域推进美丽乡村建设，完成15个秀美村、5个精品村、2个省级森林村庄和20千米样板绿道建设，全面开展美丽家庭创建，南线美丽乡村风景线基本建成，成功承办市美丽乡村现场会，被列为全省农村集体三资管理规范化区、一事一议财政奖补助推美丽乡村建设试点区。

【民生事业发展】 2013年，全区健全民生保障机制，民生支出占财政总支出的88%。义务教育发展基本均衡区创建通过国家验收，金外金东初中建成投入使用，鞋塘初中迁建工程开工建设，金东实验幼儿园完成主体工程，认定普惠性幼儿园51家。省级卫生强区创建工作全面启动，澧浦、江东等卫生院改扩建项目有序推进，一院一品专科特色初显成效。计生单独二孩政策全面实施。启动省级农村居家养老服务标准体系建设，累计建成农村居家养老服务照料中心288家，为7400余名老人提供基本养老照料服务，农村居家养老“金东模式”被评为2014年中国养老模式创新十佳典型。社会救助体系进一步完善。就业服务能力持续加强。城乡居保和医保参保率分别达到97.2%和96.6%。完善公交配套，优化公交线路4条，新建公交站点50个、公共自行车网点60个，新增自行车1000辆，较好地改善了出行条件。社会治理不断创新，进一步完善社会防控体系，积极创建无欠薪金东，政法干警组团服务、打非治违、交通消防和食品安全等专项整治行动成效明显，社会保持和谐稳定。

【政府自身建设得到加强】 2014年，全区认真开展第二批党的群众路线教育实践活动，实施十大专项治理，落实整改措施，开门整风，完成整改三批立改清单项目225项，修改完善各类规章制度及政策46个，办公用房清理缩减27.7%，政风进一步转变，服务进一步优化，为民务实清廉形象进一步树立。自觉接受人大依法监督、政协民主监督和社会监督，人大代表建议意见、政协委员提案100%办结，满意率分别为96%和97%。深化区长集中下基层现场办公、重大项目百日攻坚、“组团送服务、情暖企业心”等活动，加强服务基层力度。规范公务接待和公车管理，全区“三公”经费下降32%。加强廉政风险防控，推进预决算公开和公务消费审计监督，强化工程建设等重点领域管理，预防和惩治腐败体系进一步健全。

【居家养老金东模式获国家级殊荣】 12月11日，金东区“统分结合”构建居家养老服务新模式获评2014中国养老模式创新与老龄产业发展十佳典型。此次评选活动由国家爱晚工程领导小组办公室委托人民论坛问卷调查中心，通过一个多月的调查研究，从全国各地上报的1130余个案例中，筛选出十个具有重要价值的创新典型。2012年以来，金东区尝试在农村推广居家养老服务，把其作为重大的民生实事、重要的民生工程来抓，在试点基础上，按照“保基本、广覆盖、可持续”的基本思路，探索推行了“统分结合”的农村养老模式，通过建设农村居家养老服务中心，较好地解决了农村老人基本养老问题，为全市乃至全省、全国提供了经验和样板。金东区农村养老模式的核心是两个“统分结合”，即服务上采取“白天统一照料、晚上分散居住”相结合的模式，运营上采取“中心较大村统一布点、边缘较小村分餐配送”相结合的模式。截至2014年底,全区累计建成居家养老服务中心289家,为全区3万余名老人提供日常就餐、医疗保健、文化娱乐等服务。

【中央省级媒体聚焦美丽金东建设】 6月30日,由省委宣传部组织,人民日报、中央电视台、中新社、中国日报、浙江日报、浙江卫视等十多家中央及省级媒体参加的“走基层·建设美丽浙江”大型主题采访团来到金东区,对“五水共治”和“美丽金东”建设进行深入采访。采访团一行先后来到洞源水库、孝顺溪新梅村段,了解在整治畜禽污染,消灭垃圾河黑臭河方面的做法以及取得的成效,并听取了关于“五水共治”和“美丽金东”建设方面的情况介绍。2013年以来,金东区按照“一年灭黑臭、两年提水质、三年可游泳”的要求,以治污为突破口,结合“无违建区”创建、环境卫生综合整治,突出“清三河、两覆盖、两转型”等工作重点,统筹推进防洪水、排涝水、保供水、抓节水工作,强化责任落实,广泛宣传发动,让干部个个有压力和担子,让群众人人来关心和支持,凝聚强大合力,形成破竹之势,取得了阶段性成效。

【建立一把手“五个不直接分管”制度】 为建立“正职监管、副职分管、集体领导、民主决策”的权力制约监督模式,1月24日,金东区“两办”下发《金东区机关部门(单位)一把手“五个不直接分管”实施办法》。“五个不直接分管”的具体事项是指财务、人事、工程项目、行政审批和物资采购工作。《实施办法》对职责和权限、工作制度、监督检查、责任追究等内容进行具体规定,明确一把手不直接分管财务、人事、工程项目、行政审批和物资采购工作,经领导班子集体研究,确定并授权班子其他成员协助主要领导具体分管。《实施办法》同时要求,建立岗位责任制,明确主要领导和分管领导各自的职责、权限、运作程序和目标要求,做到权力和责任相统一。一把手要加强对分管领导行使权力情况的监督,定期或不定期听取财务、人事、工程项目、行政审批和物资采购工作开展情况的汇报;分管领导要主动向领导班子汇报工作情况,自觉接受一把手和班子其他成员的监督。《实施办法》强调,坚持民主集中制,凡属重大决策、重要人事任免、重大项目安排与大额度资金使用,必须由领导班子集体研究决定。“‘五个不直接分管’制度形成了相互制约、相互监督的权力制衡机制,有利于发挥领导班子的集体智慧,有利于一把手集中精力抓大事,进一步增强领导班子的战斗力。”各部门一把手“五个不直接分管”工作的执行情况将纳入党风廉政建设责任制考核内容。

【再获全省扩大有效投资先进单位】 在2月11日召开的全省扩大有效投资暨重点项目推进大会上,金东区连续两年获得全省扩大有效投资先进单位。2013年,金东区固定资产投资呈现“增速趋稳、比重增加、结构改善、质量提升”的良好势头。完成固定资产投资104亿元,增长21.1%,增幅列全市第3位。其中,民间投资成固定资产投资绝对增长力量,完成投资92.9亿元,增长22.5%,民间投资占全部投资的比重达到89.1%。三次产业投资趋于协调,第三产业投资达到48.4亿元,增长25.2%,三次产业结构调整为9.7:53.3:37,投资增长由第二产业单向带动为主,逐步发展为二、三产业双轮驱动。

(姚　敏)

兰溪市

【概述】 兰溪市辖6个街道、7个镇、3个乡,总面积1313平方千米。2014年末,户籍总人口66.09万人,常住人口56.33万人。2014年,全市实现地区生产总值271.2亿元,增长8.4%;地方财政收入(公共财政预算收入)20亿元,增长10%;固定资产投资150.1亿元,增长16.5%;外贸出口11.5亿美元,增长21.4%;社会消费品零售总额106.5亿元,增长14.9%;城镇常住居民人均可支配收入29766元,增长9.3%,农村常住居民人均纯收入13890元,增长11.8%。

【招商引资】 全年共引进内资56亿元,浙商回归到位资金22亿元,实到外资2300万美元。先后在兰溪、武汉举办浙商回归项目集中签约活动,成立湖北兰溪商会。衢江航运开发、万舟纺织等41个省、金华市重点项目全部开工建设。列入省“双千”技改项目66个,项目数连续8年列全省各县市首位。新增科技型企业63家，其中国家级高新技术企业9家。列入国家级科技项目13个,组建企业研发中心32家。15家企业和机构入驻科技孵化园。丰登化工新型高浓度废水利用处置技术在全国推广。举办第二届人才科技月“院士专家兰溪行”等系列活动,2人入选省“千人计划”。成立金华市首家人才银行。成功创建省知识产权示范市。新增省名牌产品4只。开展“四破”专项整治,盘活闲置低效用地1600亩。浙商创新实验园、开发区三期招商平台基本成形,拓展发展空间2000多亩。1000千伏特高压兰江站输变电工程建成投运,110千伏梅江变、上华变完成扩容。成立金融办，首次引进全国性股份制商业银行——平安银行，筹建民间融资服务中心，全市新增贷款40亿元。交联辐照材料公司获批新三板挂牌上市。开展“五水共治”定向融资,成功发行债券5亿元。

【扶持经济】 出台扶持工业企业发展“十六条”。加强企业风险防范协调处置,打击非法集资、高利贷、逃废债等行为。开展服务企业“春风行动”,解决企业发展难题124项;转贷22亿元。技改投入占工业投资比重达到61.1%，比上年提高4个百分点;万元GDP能耗下降9.5%,降幅居金华市首位;新产品产值、高新技术产业增加值、装备制造业增加值分别增长40%、13.5%、12.9%，增幅均列金华市第二;战略性新兴产业增加值40亿元,占规模以上工业增加值比重超过1/4,总量居金华市第二。推进纺织行业“机器换人”,确定示范试点项目70项。棉纺织产业集群公共服务平台投入运行。列为综合性“腾笼换鸟”省级试点县,锡箔行业整治列入省第一批传统块状行业“腾笼换鸟”试点。建立工业企业产出效益评价体系,出台全省首个地方性用能确权标准,完成重点企业能源监测体系建设。支持企业“走出去”，红狮集团等企业境外直接投资1.6亿美元，占金华市的70%。服务业增加值占GDP比重为34.8%,比上年提高1个百分点;生产性服务业占服务业投资比重达到26%，比上年提高10个百分点。编制商业网点布局专项规划。引进总部经济税收2.2亿元,总部大楼完成土建工程。实现旅游收入45亿元,增长29%。嘉宝物流基地投入运行。搭建邮政跨境电商平台,康恩贝自建电子商务交易平台正式运行,新增电子商务企业22家,电子商务交易额突破10亿元,增长42%。承办金华市农业“两区”建设现场会。云山万亩粮食功能区基本建成。创建省级现代农业园区3个。新增流转土地1.5万亩、设施农业3500亩,引进农业项目10个。与省农科院、浙江农林大学合作,建成全省首家“数字农业”平台。创建为全国休闲农业与乡村旅游示范县。全面建成镇乡(街道)农业公共服务中心。

【统筹城乡发展】 金角大桥基本完工，横山大桥主跨合龙,马墩线主体工程完工,义兰公路顺利推进。姚家枢纽及船闸工程开工。李渔路延伸、和平南路改造、扬子江路新建等城市道路项目完工。修缮历史街区建筑2.5万平方米。完成排岭地块征迁,启动下金、黄溢、下余等城中村改造。游埠镇入选全国重点镇,黄店芝堰村、永昌社峰村被评为中国传统村落。实施“五水共治”十大工程,募集公益基金8300多万元,开工建设项目105个,完工69个,完成投资9.2亿元。完成市级污水处理厂应急改造。启动农村生活污水治理，首轮257个行政村治理工程基本完成。开展生猪养殖污染专项整治,关停、拆除禁养区内养殖场(户)3100多家,减少存栏近29万头。经过整治,全市22个水质监测断面中有7个水质得到提升,劣Ⅴ类断面从5个减少至1个,兰江出境水质稳定保持Ⅲ类。荣获“大禹杯”金奖。完成全市供水专项规划编制。出台“三改一拆”问责办法,拆除违章建筑198万平方米,完成“三改”70万平方米,129个村达到“一户一宅”标准。实施主城区黄标车限行,淘汰黄标车3600辆。开展“清水零点”行动,关停小作坊135家。编制再生资源回收体系建设规划,完成再生纤维及其制品行业整治,关停企业57家。推进环卫体制改革,实现城乡环卫一体化管理。推行农村环卫收费。

【发展社会事业】 浙师大行知学院迁建项目获省政府批准建设。新兰五中和外国语小学、外国语中学两所民办学校建成并投入使用,机关幼儿园迁建工程基础完工,镇乡(街道)中心幼儿园实现全覆盖。义务教育发展基本均衡市通过省级验收。学生饮食放心工程、交通安全保障工程全面实施。中医药三级康复服务体系列入省级科技惠民项目。中医院新病房大楼投入使用。实施“单独二孩”政策。创建为省级灭鼠灭蟑先进城区。金兰中线城际公交开通运营,公共自行车投入使用。1.33 万名被征地农民转保享受职工养老保险待遇。建成农村文化礼堂 22 家。全面推行惠民殡葬政策。民宗局被国务院授予"全国民族团结进步模范集体"荣誉称号。

【提升政府效能】 开展党的群众路线教育实践活动,"四风"问题整改基本完成。推进"四张清单一张网"改革,实施权力清单制度,权力"瘦身"41.2%。全面推行工业企业并联模拟审批,实行工商注册登记"多证联办"。完成市场监管体制改革。整合市长热线、96345 社会公共服务平台,开通 8890 便民服务分中心。办理人大代表建议 412 件、政协提案 397 件。实行"三公"经费和部门预决算公开,全市"三公"经费比预算压缩 43.7%。清退机关办公用房 8235.14 平方米。

(成　进)

东阳市

【概况】 东阳市辖 6 个街道、11 个镇、1 个乡,总面积 1746.81 平方千米。2014 年年末,总户数 315289 户,总人口 834213 人。年人口自然增长率 4.80‰。

2014 年,全市实现生产总值 439.25 亿元,按可比价计算,比上年增长 9.1%。其中,第一产业增加值 17.38 亿元,比上年增长 2.2%;第二产业增加值 215.11 亿元,比上年增长 8.6%;第三产业增加值 206.77 亿元,比上年增长 10.2%。第一、二、三产业比重由上年的 4.5:49.1:46.4 调整为 4.1:48.5:47.3,产业结构更加优化。按户籍人口计算,全市人均生产总值达 53487 元(按年平均汇率折合 8631 美元),比上年增长 8.6%。财政总收入 70.01 亿元,比上年增长 17.8%,其中地方财政收入 41.48 亿元,比上年增长 17.5%。全年公共财政预算支出 48.05 亿元,比上年增长 11.1%;固定资产投资(不含农户)218.41 亿元,比上年增长 17.3%。社会消费品零售总额 208.81 亿元,比上年增长 14.4%。被列入省首批流通业综合改革试点城市。成功举办 2014 世界工艺文化节暨第九届中国(东阳)木雕竹编工艺美术博览会、第四届国际商贸发展大会、第六届休闲购物节、横店影视节,被授予"世界木雕之都"称号。外贸进出口总额 26.72 亿美元,比上年增长 12.1%,其中外贸出口总额 24.30 亿美元,比上年增长 13.3%;进口总额 2.42 亿美元,比上年增长 1.9%。主要出口市场情况良好,美国为第一大贸易伙伴。合同利用外资 2067 万美元,比上年下降 76.1%;实际利用外资 2422 万美元,比上年下降 25.1%。年末拥有商品交易市场 87 个,商品交易市场成交额 223.64 亿元,比上年增长 14.0%。年末金融机构本外币存款余额 818.57 亿元,比年初增长 8.5%,人民币存款余额 807.09 亿元,比年初增长 7.8%,其中储蓄存款余额 421.93 亿元,比年初增长 12.8%。金融机构本外币贷款余额 643.27 亿元,比年初增长 15.5%。人民币贷款余额 638.0 亿元,比年初增长 16.1%。花园高科、长城影视、印纪传媒成功上市,完成企业股改 9 家,信用联社改制为农商银行,新增股份制银行 2 家,民间融资服务中心建成开业。全年保费收入 174531.29 万元,比上年增长 12.9%,其中:财产险保费收入 78274.27 万元,比上年增长 12.5%,人身险保费收入 96257.02 万元,比上年增长 13.2%。城市居民人均可支配收入 38105 元,比上年增长 9.1%,农村居民人均纯收入 20466 元,比上年增长 10.9%。

粮食作物播种面积 19534 公顷,比上年增长 1.4%,粮食总产量 12.23 万吨,比上年增长 3.5%。年末农田有效灌溉面积 21.28 千公顷,节水灌溉面积 18.60 千公顷,旱涝保收面积 17.45 千公顷,均与上年持平。农业机械总动力 50.02 万千瓦,比上年增长 1.49%。被评为全国粮食生产先进县(市),全国首个"国家级香榧生物产业基地"落户东阳,农业综合执法工作获"全国先进"。

规模以上工业增加值 107.53 亿元,比上年增长 9.1%。全市 501 家规模以上工业企业主营业务收入 435.72 亿元,比上年增长 7.1%;利税 421.86 亿元,比上年增长 11.7%,其中利润 23.28 亿元,比上年增长 21.6%;工业产品产销衔接不大理想,产销率为 93.7%,比上年同期下降 0.7 个百分点。全年规模以上工业新产品产值 106.24 亿元,高出工业总产值增速 9.7 个百分点;新产品产值率 24.0%,同比提高 1.9 个百分点。全年服装产量 9841 万件,增长 9.6%,木质家具产量8.03万件,增长32.1%。被列为全省首批“两化”深度融合国家示范试点区域。

建筑业增加值44.74亿元,比上年增长25.2%。全市200家资质以上建筑企业完成总产值2102.54亿元,比上年增长14.0%,创历史新高,其中外省产值1626.43亿元,增长16.2%。全年建筑企业房屋建筑施工面积29921.95万平方米,增长21.6%;房屋竣工面积7337.45万平方米,增长11.3%。建筑业总产值连续六年蝉联全国县(市)级第一。新增一级资质企业5家。新创“鲁班奖”2只、国优银奖2项、省级优质工程56项。

交通,全年公路客运量1726万人次,比上年增长0.5%,旅客周转量82023万人公里,下降1.8%;公路货运量830万吨,比上年增长11.0%,货物周转量69679万吨公里,增长7.3%。机动车辆快速增长,年末全市民用汽车拥有量达155813辆,其中私人汽车145052辆,比上年末分别增长17.8%和19.2%。

邮电业务收入105173万元,比上年增长4.8%。年末拥有固定电话用户19.33万户。年末移动电话用户数达121.93万户,其中3G移动电话用户42.93万户。新增互联网宽带接入用户66053户,年末拥有249967户;年末行政村宽带覆盖率达到100%。

全市接待国内外游客1560.61万人次,比上年增长15.1%,实现旅游总收入113.16亿元,比上年增长18.2%。其中:接待国内游客1556.95万人次,增长15.1%,实现国内旅游收入112.1亿元,增长18.4%;接待入境游客3.66万人次,增长7.4%,国际旅游外汇收入1718.33万美元,增长9.5%。文化和科技融合示范基地建设被列入国家科技支撑计划重大项目。

全市拥有高等院校2所,当年招生数5179人,在校学生14920人,毕业生4716人。年末全市拥有普通高中12所,当年招生数4358人,在校学生14128人;职业中学8所,当年招生数2480人,在校学生7611人。初中毕业升高中段学校比例为98.1%。全市初中33所,当年招生数10156人,在校学生28164人。初中入学率、巩固率均为100%。全市小学91所,当年招生数12579人,在校学生70929人。小学学龄人口入学率、巩固率均为100%,小学毕业升初中比例达100%,义务教育学龄人口入学率为100%。全市有幼儿园185所,当年招生数14249人,在园幼儿36132人;有省等级幼儿园124所,省等级幼儿园招生覆盖面83.1%。全市特殊教育学校1所,当年招生数17人,在校学生123人。

年末拥有地及地(市)以上独立的研究开发机构1家,省级高新技术企业研发中心21家,其中国家级企业技术中心2家。科技成果鉴定37项,其中:地(市)级34项。全年专利申请受理2011项,专利申请授权1615项。

全市年末拥有文化馆1个,组织文艺活动82次,举办训练班81次;公共图书馆1个,藏书26.32万册;文化艺术表演团体1个,演出场次335场;剧院1个、电影院3个。全市有线电视用户20.9万户,其中数字电视20.9万户。广播综合覆盖率为100%,电视综合覆盖率100%。全市拥有档案馆1个,已开放各类档案28272卷,其中新中国成立前6437卷,新中国成立后21835卷。市档案馆晋升为国家二级馆

参加地市级以上运动会获金牌49枚,银牌33枚,铜牌18枚,其中:省级比赛金牌13枚,银牌12枚,铜牌6枚。全市有二级运动员8人,向上级输送体育人才4名。全年销售体育彩票8900万元,比上年增长7.2%。

年末全市有医疗卫生机构(不含社区卫生服务站、卫生室、诊所等,下同)32个,其中医院、社区卫生服务中心(卫生院)27个,妇幼保健院1个。年末拥有床位4250张,其中医院、卫生院床位3687张,妇幼保健院床位350张。卫生技术人员5840人,执业医师1798人,执业助理医师406人,注册护士1959人。疾病预防控制中心1个,卫生技术人员48人。卫生监督所1个,卫生技术人员25人。另有诊所、医务室、卫生室、社区卫生服务站511个,卫生技术人员580人。成功创建省级卫生强市和国家级慢病防控示范区。农村自来水普及率由上年的97.7%提高为98.0%,自来水受益人数达67.7万人。

全市建成环境噪声达标区1个,面积25平方千米。烟尘控制区2个,面积54.4平方千米。全市拥有污水处理厂3座。全年工业用水重复用水率为72%,工业废气治理设施239套,工业固体废物综合利用率为100%。建成自然保护区5个,面积为14780公顷,市(地)级生态乡镇11个、街道3个,规范化合格饮用水源保护区2个,集中式饮用水源地水质达

标率为100%，城市环境空气质量二级以上天数达97%。获全省“五水共治”工作优秀县(市)大禹鼎,城市空气质量达到国家二级标准。2014年全市新增公益林优质林分2933.13公顷，生态公益林优质林分面积累计达35118.4公顷，占公益林总面积的79.7%。另据省林科院监测,全市重点公益林每年产生生态效益达到33.87亿元。全市森林面积达104016公顷,森林覆盖率达59.3%,年末森林蓄积量479.9万立方米。成功创建省级森林城市。全市安全生产三项指标连续十年下降。全年发生各类事故176起、死亡89人、受伤127人、直接经济损失235.46万元，分别比上年下降5.9%、9.2%、11.8%、3.2%。全年未发生较大及以上事故。道路交通发生事故170起,死亡83人、受伤127人、直接经济损失46.46万元，分别比上年下降6.1%、9.8%、11.8%、14.5%。成功创建“平安东阳”,获“平安银鼎”称号。

年末,全市城镇职工养老保险参保人数260580人,比上年末增加11389人,增长4.6%;城镇职工基本医疗保险参保人数202641人，比上年末增加13100人,增长6.9%;失业保险参保人数111950人,比上年末增加6972人,增长6.6%;工伤保险参保人数226263人,比上年末增加8510人,增长3.9%;生育保险参保人数117684人，比上年末增加11050人,增长10.4%。全市最低月工资标准由上年的1310元提高到1470元，失业保险金标准由上年的983元/月提高到1103元/月。城乡居民基本医疗保险参保人数660532人。城乡居民社会养老保险应参保24.35万人,已参保23.88万人,参保率达到98%。参保缴费人员为13.21万人，扣缴保费收入3518万元。年内新增参保1974人。全市60周岁以上已享受待遇人员10.67万人,发放率100%。累计发放城乡居民社会养老保险金19115万元。被征地农民基本养老保障参保32940人,年内新增参保10522人,享受待遇人员9931人,总发放金额5176万元。年末全市拥有各类社会福利单位27个，养老机构床位6568张,收养各类人员3495人。农村“五保”对象集中供养率为98.2%,城镇“三无”对象集中供养率为100%。全市有低保对象5301人,发放最低生活保障金1591.2万元。筹集医疗救助资金1098万元,实际救助916人次,发放救助金403.13万元。发放救灾款70万元,救济灾民1306人。社区服务功能日臻完善,建立乡镇(街道)社区服务中心(站)18个,建立捐赠接收站(慈善超市)19个。全市有抚恤优待对象8026人,发放抚恤金2170万元、义务兵优待金878万元、困难补助经费10万元。退役义务士兵自主就业率达到100%，发放自主就业一次性经济补助金364万元。

（金敬军　卢群凯）

【全省首批“两化”融合国家综合性示范区域】 2014年,东阳市两化融合扶持资金由原先的1000万元提高到3000万元,扶持力度在省内县级市中位于前列,同时,两化融合项目扩大到102个,磁性材料规上企业基本实行全覆盖。9月2日,被省经信委列为第一批10家“两化”深度融合国家综合性示范区。

【横店影视文化产业实验区和经济开发区管理体制改革完成】 进一步做大做强东阳市影视文化产业,加快文化产业全域化发展,对浙江省横店影视文化产业实验区管委会与浙江横店影视产业实验区管委会进行整合,实行“一套班子、两块牌子”,同时有效整合实验区内横店、南市、湖溪、马宅等镇街以及市文化局、旅游局资源,探索建立“精简、高效、服务”的管理新机制。为解决经济开发区运行中存在的发展空间相对不足、经济总量不大等问题,开展经济开发区体制创新和整合提升工作,对开发区管理机构进行整合,2014年主要是对相关部门单位完成授权、设立驻区机构以及完成驻区机构人员配置。

【市市场监督管理局整合成立】 根据上级部门有关部署,为推进食品药品监管体制改革,进一步提高市场监管和服务效能,确保食品安全和良好的市场秩序,在4月23日对食药监、工商、质监三个部门实施整合,组建新的市场监督管理局。

【获省“五水共治”工作优秀县(市、区)“大禹鼎”】 全力推进医药化工、电镀、印染、造纸等重点污染行业整治,关停污染企业572家、洗砂制砂企业105家、废塑企业1394家,其中200多家废塑企业转型为红木家具企业。南江水质稳定达到Ⅲ类水,东阳江交接断面水质保持Ⅳ类水。获评金华市“五水共治”先进县市,并被省委省政府授予全省“五水共治”工作优秀县(市、区)“大禹鼎”。

【"三改一拆"推进】 围绕省、金华市总体部署和工作要求,以"三带、三促、三严"为抓手,强势推进"三改一拆"行动和"无违建"创建工作,取得明显成效。全市累计拆违307.3万平方米,完成旧住宅区改造119.7万平方米、旧厂区改造78.4万平方米、城中村改造231万平方米, 分别占金华市下达任务的472.8%、352.1%、653.3%和184.8%, 各项指标均名列金华前茅。创建"无违建镇乡(街道)"4个。

【东白山获批省级旅游度假区】 早在2008年4月,市委、市政府就成立市东白山生态旅游区管委会,经过多年努力,东白山在长三角地区有一定知名度,尤其是东白山"七月七"庙会,已形成一定的品牌效应。2015年1月,东白山正式获得省政府批准,成为东阳市首个省级旅游度假区,这也是浙江省首个高山台地型生态养生度假区。东白山省级旅游度假区以自然景观为主,是市构建南(横店影视城)中(卢宅古建筑群、木雕文化博览城)北(东白山旅游度假区)大旅游格局的重要内容,也是实施"文化产业全域化"发展战略的重要一极。

【成功创建国家卫生城市】 1月10日, 东阳市创国卫工作顺利通过省考核组的考核验收,取得了创建国家卫生城市的"入场券"。创国卫工作分别于7月和10月顺利通过国家爱卫办的暗访检查和全面技术评估,并经综合评审和公示,历经六年的创国卫征程终于完美收官。

【社保卡"就诊一卡通"全面推行】 10月8日,市所有医疗机构(社区医疗服务站)全面实施社保卡"就诊一卡通",包括取消医院就诊卡、开通"银医通"功能、实现诊间结算等,极大方便患者看病就医,同时可以有效解决其健康信息不连贯、断档严重等问题,实现医院间医疗资源和信息共享。

【"双禁"工作启动实施】 12月9日,市政府出台《关于进一步加强烟花爆竹禁售、禁放工作的实施意见》,明确自2015年1月1日起,中心城区、全市山林全面实行烟花爆竹"双禁"。"双禁"范围主要包括三部分。一是中心城区:东至迎宾大道;南至南山顶;西至八华路(北延伸至北山)、城南西路、象金路;北至北山顶。二是全市山林(含林区生态公墓、墓地、林地等)。三是法律、法规、规章规定的其他禁售、禁放烟花爆竹的地点、场所等。

【总部中心G地块主体大楼结顶】 东阳总部中心,立足构建"三区一平台"(中小企业总部集聚区、高端人才居住区、精品新城区,政府服务企业新平台)。先期启动的G地块规划建设8栋总部大楼,总建筑面积约26万平方米,2013年初开工建设,2014年10月结顶,预计在2015年底竣工并交付使用。

【2014世界工艺文化节暨第九届中国(东阳)木雕竹编工艺美术博览会】 10月18日—22日,2014世界工艺文化节暨第九届中国(东阳)木雕竹编工艺美术博览会在东阳中国木雕城隆重举行。全国人大原常委会副委员长、中国工艺美术协会名誉理事长李铁映宣布2014世界工艺文化节开幕,并授予东阳市"世界木雕之都"牌匾。在博览会上有来自云南、广东、福建、浙江、台湾等木雕主产区组成的33个展区888个标准展位。节会期间开展7大类近40项活动, 签订招商引资项目18个、计划投资总额22.37亿元,签订科技合作项目5个、合同标的1255万元,超过10万人参观、游览。

【第四届中国(金华·东阳)国际商贸发展大会】 11月22日,以"发展跨境电商,开拓全球市场"为主题,由中国对外承包工程商会、中国纺织品进出口商会、中国轻工工艺品进出口商会、中国五矿化工进出口商会、中国食品土畜进出口商会、中国机电产品进出口商会、中国医药保健品进出口商会,浙江省商务厅,金华市人民政府等单位主办,东阳市人民政府承办的第四届中国(金华·东阳)国际商贸发展大会,在中国木雕博物馆隆重开幕。本届国际商贸发展大会主要活动分五大板块, 即主旨论坛、专题活动、签约推介、市场和网上采购活动、对接交流,同时借助商务部七商会人才优势,邀请境外投资采购商、七商会会员骨干企业代表及采购商、项目签约代表约170人以及国内外知名电商企业的CEO来参会。

【省级森林城市创建】 2014年, 根据省级森林城市创建标准,突出重点,全民参与,以工程带动创建,并完善政策配套,创造出美丽的森林景观;同时注重管理,强化保护,巩固宝贵的创森成果。12月26日,创森工作通过省级验收。

【跻身全面小康十大示范县市】 11月9日,第二届中国(浙江)全面小康论坛暨颁奖典礼在杭州举行,十大示范县(市、区)和生态、人居、休闲、平安、信用、人文、公共服务等七大单项奖、十大社会治理创新奖、十大民生决策奖、和谐幸福企业、特别贡献人物等6大类12大奖项相继揭晓。东阳市获“2014中国(浙江)全面小康十大示范县(市、区)”。

【农村生活污水治理全面启动】 全面启动农村生活污水治理,通过科学谋划,规范管理,率先出台配套政策,争取相关补助,总体进度居金华第一。

【建筑业蝉联全国“六连冠”】 2014年,东阳市建筑企业完成建筑产值2102.5亿元,比上年增长14%,连续六年蝉联全国县(市)级第一位;实缴地方税费8.9亿元,比上年增长14.1%。

【怀万线二期全线贯通试通车】 1月23日,怀万线二期全线通车。怀万线二期改建工程是2013年东阳市投资重点项目之一,项目起于佐村镇,经三单乡,终于磐安交界的黄斐岭隧道。路线全长23.5公里,采用二级公路技术标准设计,设计时速60公里/小时,路基宽10米,路面宽8.5米,总投资3.28亿元。怀万线的开通,缩短通往杭州、宁波等地的行车时间,方便东阳、磐安两地人民的交往,并为山区群众的增收致富创造了有利条件,被誉为“连心路”“致富路”“生态路”。

【东永高速工程完工】 东永高速公路起自诸永高速马宅枢纽,止于金丽温高速新店枢纽,总长44.7千米,其中东阳段13.844千米,是东阳境内的第三条高速公路。东永高速路基和路面工程工程基本完工。

(王征　严军飞)

义乌市

【概述】 义乌市辖6个镇、8个街道,总面积1105平方千米,建成区面积102平方千米。全市户籍人口766604人,常住人口125.1万人。2014年,义乌市实现地区生产总值968.6亿元,比上年增长9.5%。其中,第一产业增加值21.8亿元,增长0.4%;第二产业增加值381.4亿元,增长7.8%;第三产业增加值565.4亿元,增长10.7%。人均生产总值126907元,增长8.5%。三次产业结构比为2.3:39.4:58.3,第三产业的比重比上年提高了1.3个百分点。完成固定资产投资438.2亿元,增长22.1%。实现社会消费品零售额466.6亿元,增长13%。实现进出口总额241.9亿美元,其中出口237.1亿美元,分别增长30%和30.2%。年末全市金融机构存款余额2393.6亿元,贷款余额1946.9亿元,分别增长5.8%和9.5%。完成公共财政预算总收入119亿元,其中地方财政收入69.7亿元,分别增长8.5%和10.1%。城镇、农村居民人均可支配收入分别为51899元和25963元,分别增长10%和11.3%。

【推进“三农”建设】 完成农林牧渔业总产值31.4亿元,下降1.0%,实现增加值21.8亿元,增长0.4%。粮食播种面积12.8万亩、总产量5.1万吨,分别增长1.5%、4.0%;蔬菜种植面积11.9万亩,增长9.2%,产量18.9万吨,增长13.0%。启动生产、供销、信用“三位一体”农民合作经济组织体系体制改革,完成753个村经济合作社股份制改革。基本建成义亭、佛堂两个省级现代农业综合区,建成粮食生产功能区1.3万亩、省级以上农业项目12个,培育家庭农场45家,土地流转率达65%。截至2014年底,创建金华市级美丽乡镇2个、金华市级精品村10个、金华市级秀美村17个、义乌美丽乡村420个。创建美丽家庭9276户、美丽家庭示范户269户。全年实施农村门口塘清淤整治334口。完成42个村自来水平面管网和“一户一表”改造提升工作,启动实施农村生活垃圾分类减量工作80个村。

【第二产业】 完成工业增加值324.7亿元,增长7.5%,工业增加值占GDP的比重为33.5%。规模以上工业总产值847.1亿元,销售产值805.1亿元,分别增长7.6%和6.6%。规模以上工业企业完成出口交货值203亿元,增长7.1%,占销售产值的比重为25.2%。完成新产品产值226.1亿元,增长28.3%,新产品产值率达到26.7%,提高3.1个百分点。纺织业、纺织服装服饰业、文教工美体育和娱乐用品制造业、其他制造业、橡胶和塑料制品业、化学纤维制造业、电气机械和器材制造业、金属制品业等主要行业实现产值占全市规模以上工业产值的74.5%。全年工业用电量47.8亿千瓦小时,增长0.8%。累计新批外商投资项目46个,增长64.3%;实际利用外资6034万美元,增长38.3%。开展境外投资项目15个,累计投资总额3285万美元，其中中方投资额2685万美元。境外工程承包营业额1528万美元。新增各类科技主体138家,企业研究与试验发展(R&D)投入13.5亿元,占GDP比重达1.35%;实现技术市场交易额1亿元;向上争取各类补助和奖励资金2074万元;顺利入围省创新型试点城市。申请专利4740件,授权专利3960件,其中发明专利授权112件,增长43.6%。完成建筑业总产值达189.8亿元，增长12.1%,建筑业税收增长23.6%。建筑施工面积1608万平方米,房屋竣工面积494万平方米。

【消费与贸易】城乡消费市场同步增长，城镇消费品零售额351.3亿元,增长13.1%;乡村消费品零售额115.3亿元,增长12.7%。全市共有各类有证市场45个,市场总成交额1073.8亿元,增长22.1%;中国小商品城成交额857.2亿元，连续24年居全国各大专业市场榜首。全年电子商务实现交易额1153亿元，同比增长35%。12月份义乌市场景气指数为1123.8点,同比上升35.34点。实现出口总额237.1亿美元,其中一般贸易出口57.3亿美元,增长23.1%;市场采购贸易出口177.8亿美元,增长33.2%。实现进口总额4.8亿美元,增长16.9%。全市共举办各类会展活动123个,其中展览87个,会议、论坛等活动36个。文交会、旅博会、森博会分别被文化部、国家旅游局、国家林业局列入重点支持展会。义博会成功列入商务部、财政部2014年中小企业重点展会补助项目立项计划,首次享受国家中小企业专项资金的支持。消交会暨进口商品展成功列入2014年商务部引导支持展会目录。第20届中国义乌国际小商品博览会实现成交额170.7亿元,同比增长2.8%。其中,外贸成交额17.5亿美元，占总成交额的62.7%，同比增长3.2%。全年完成汽车旅客运输(含市内公交)26619万人次,增长4.0%。义乌机场共完成总起降架次10749次，增长1.1%。2014年旅客吞吐量达到120.5万人次,增长3.7%。全市货运量达6599.8万吨,国内快件日均出票量达95万件,位居全国第六,国际快件日均出票量达35万件。邮政业务收入为3.5亿元,增长26.0%。全市全年共接待游客1313.2万人次,其中境外游客65.7万人次,分别增长12.3%和5.5%;实现旅游总收入151亿元，其中旅游外汇收入42395万美元,分别增长15.3%和6.3%。

【城乡环境改善】城镇公园绿地面积868.6万平方米,城镇生活污水集中处理率和生活垃圾无害化处理率分别达到91.5%和100%。全年环境空气优良天数达到232天,同比增加19天;空气PM2.5浓度同比下降9.1%；集中式饮用水源地水质达标率100%;城市区域环境噪声57.5分贝;全市三条出境河流以及小流域水质明显好。新增省级生态文明教育基地1家,省级生态镇(街)2家,省级绿色学校5家,省级绿色家庭2户。金华市级“绿色家庭”6户、金华市级生态村24个。

【公共服务】全市有1所高职院校,1所技师学院,中小学114所(含2所市属职业高中),幼儿园355所。共有在校学生23.1万人。引进大连枫叶国际教育品牌、上海复旦大学附属中学教育品牌,与浙师大合作创办附属实验学校、附属小学、杭幼师学院附属幼儿园。2014年金华市顺利通过全国义务教育基本均衡市评估。推进“书香商城”建设,新建、扩建图书流通站10家,筹建“24小时自助图书馆”和“24小时书店”,实现文化信息资源共享工程、数字图书馆全覆盖。建设农村、社区综合文化中心27个,新建文化礼堂15个。完成李克强总理获赠拨浪鼓入藏国家博物馆工作,义乌红糖制作技艺入选第四批国家非物质文化遗产代表性项目名录,华鸿集团入选国家文化产业示范基地。推出义乌新闻手机客户端,新建本地互动信息平台,双向网络实现全覆盖。广播节目综合人口覆盖率99.5%,电视节目综合人口覆盖率99.8%,有线电视入户率99.8%。全年承办和举办了2014年首届国际电子竞技大赛,全国女子足球联赛分站赛、浙江自行车公开赛等10个大项1500多场(次)赛事活动。全市经常参加体育锻炼人口比例达43.4%。浙大附属第四医院开业试运行,中医医院迁建工程、中心医院二期工程加快推进,妇幼保健院迁建工程及血站、江东中心卫生院等工程开工。全市共有各类医疗卫生机构703家,卫生技术人员6744人。年末全市城镇职工基本养老保险参保39.3万人；城镇职工基本医疗保险参保36.3万人；工伤保险参保41.4万人；失业保险参保人16.4万人;女工生育保险参保19.1万人;被征地农民养老保险参保11.4万人;土地承包经营权流转农民养老保险参保2.1万人；城乡居民医疗保险参保43.9万人;城乡居民养老保险参保20.2万人。

【实施"义乌英才"计划】 1月17日—19日,组织首次"义乌英才"计划评审活动。2月18日,发布第二批《"义乌英才"计划申报公告》。6月19日,27个项目入选首批"义乌英才"计划。8月,启动首批英才计划落地项目"创业启动资金"兑现工作。10月18日,组织第二批"义乌英才"计划评审活动。12月11日,义乌市"千人计划"产业园建设获省委组织部认可,并获50万元奖励补助。

【开通"义新欧"中欧班列】 1月20日,开通首个"义新欧"义乌—中亚国际铁路集装箱班列。8月14日,"义新欧"班列纳入全国中欧班列运输协调框架。9月28日,"义新欧"(义乌—中亚区段)国际集装箱班列开始每周一列常态化运行。11月18日,"义新欧"(义乌—马德里)班列首发。12月9日,此趟班列抵达马德里阿布罗尼加尔火车站,"义新欧"铁路国际货运班列全程开通。

【启用义乌保税物流中心(B型)】 1月29日,海关总署、财政部、国家税务总局、国家外汇管理局批复同意设立义乌保税物流中心(B型)。3月12日,一期工程开工建设。8月20日,通过杭州海关、省财政厅、省国税局、国家外汇管理局浙江省分局的预验收。8月28日,出台《关于促进义乌保税物流中心发展的若干政策意见(试行)》。9月3日起,全面启动招商工作,引进38家企业入驻。10月10日,通过海关总署、财政部、国家税务总局、国家外汇管理局联合验收组正式验收。11月1日,获海关总署批复关区代码。11月18日,封关运行。

【机构改革】 2月4日,印发《义乌市卫生和计划生育委员会主要职责内设机构和人员编制规定》,整合卫生局、人口和计划生育委员会职责,组建卫生和计划生育委员会。6月25日,印发《关于设立义乌邮政业发展中心的批复》,设立义乌邮政业发展中心。同月30日,印发《义乌市市场监督管理局主要职责内设机构和人员编制规定》,全面整合工商局、质监局、食药监局、知识产权局和版权局职能,"五局合一"组建市场监督管理局。11月12日,印发《关于设立义乌市市场采购贸易服务中心的批复》,设立义乌市市场采购贸易服务中心,印发《镇街行政事业编制调整方案》,对所有镇街的行政事业编制进行了调整。同月18日,成立福田街道。

【新社区集聚建设】 2月7日,下发《城乡新社区集聚建设各方工作职责》。同月22日,廿三里"金麟花园"、北苑"和聚沁园"等4个项目开工建设。5月21日,义乌市首个新社区集聚建设配套产业用房项目稠江"前仓区块"开工建设。6月22日,下发《义乌市城乡新社区集聚建设实施细则》。7月15日,稠江下沿塘村成为全市首个获批参加新社区集聚建设的村。同月18日,下发《义乌市人民政府办公室关于印发〈义乌市城乡新社区集聚建设居民职工基本养老保险若干意见〉的通知》。8月13日,下发《义乌市人民政府办公室关于印发〈义乌市城乡新社区集聚建设置换权益交易办法(试行)〉的通知》。同月28日,下发《关于印发〈义乌市城乡新社区集聚建设高层公寓建设资金交纳办法〉的通知》。10月14日,启动新社区集聚建设权益交易平台在产权交易所。同月30日,佛堂"盘塘区块"、上溪"岩湖路北区块"等3个产业用房项目开工建设。11月10日,下发《关于印发〈义乌市城乡新社区集聚建设高层公寓及产业用房分配指导意见(试行)〉的通知》。

【金融专项改革】 3月,省政府办公厅复函原则同意《浙江省义乌市国际贸易综合改革试点金融专项改革2014-2016年实施计划》,"义乌通"供应链金融服务平台试运行,市政府与浦发银行杭州分行签署战略合作协议。4月2日,成立义乌惠商紫荆母基金—义乌惠商紫荆股权投资有限公司。同月4日,省金融办召开义乌市国际贸易综合改革试点金融专项改革2014年工作推进会暨促进小组第一次会议。5月12日,省金融办印发《2014年推进义乌金融专项改革工作要点》。7月1日,国家外汇管理局批准《金华市个人贸易外汇管理实施办法(试行)》。8月,浦发银行义乌离岸业务创新中心(基地)揭牌。11月,与中国进出口银行浙江省分行签署战略合作协议。12月,与交通银行浙江省分行签署战略合作协议。同月,交通银行义乌离岸业务创新中心(基地)揭牌。

【开展"三位一体"改革】 11月,农业部等13个部委批复义乌"三位一体"(集生产、供销、信用三大合作于一体的农村合作体系)改革方案,义乌成为全国第二批农村改革试验区。12月,浙江省农村改革试验工作联席会议正式批复《义乌市构建“三位一体”农民合作经济组织体系实施方案》,义乌成为全省首批6个“三位一体”改革试点县(市)。同月,召开国家及农村改革试验区暨全市“三位一体”改革员大会,完成农合联执委会组建,明确“三定”方案,完成与农、林、水等涉农部门间的职能和人员划转。

(骆笑凯)

永康市

【概述】 永康市辖11个镇、3个街道和2个开发区,总面积1049平方千米。2014年末常住户籍总人口59.2万人,流动人口登记在册58.76万人。2014年实现地区生产总值(GDP)451.4亿元,按可比价计算增长8.0%。第一产业实现增加值9.3亿元,不变价增长2.0%;第二产业实现增加值276.6亿元,不变价增长8.3%,其中工业实现增加值254.9亿元,不变价增长8.3%;第三产业实现增加值165.5亿元,不变价增长7.7%。第三产业中,交通运输仓储及邮政业实现增加值10.1亿元,可比价增长7.2%;批发零售业实现增加值52.0亿元,可比价增长13.2%;住宿餐饮业实现增加值7.3亿元,可比价增长7.2%;金融业实现增加值29.1亿元,可比价增长5.4%;房地产业实现增加值18.7亿元,可比价下降5.3%;其他服务业实现增加值48.3亿元,可比价增长8.7%。全市一、二、三次产业在地区生产总值(GDP)中的占比是2.1:61.3:36.7。按户籍人口计算,人均GDP为76702元,按美元计算,人均GDP为12487美元。

【农业】 实现农林牧渔业总产值13.6亿元,按可比价计算增长1.9%。农作物播种面积19722公顷,同比增长2.2%。其中粮食作物播种面积13049公顷,同比增长0.5%;粮食总产量85171吨,同比增长0.5%;油料播种面积615公顷,同比增长11.2%;蔬菜播种面积3781公顷,同比增长4.9%;果用瓜播种面积1011公顷,同比增长2.1%;花卉面积220公顷,同比增长30.1%。肉类产量9346吨,同比减少5.1%,生猪饲养量13.6万头,同比减少14.3%。

【工业经济】 全市规模以上工业企业(年主营业务收入2000万元以上的工业企业)共618家,亿元以上工业企业176家,大中型工业企业91家。规模以上工业企业完成工业总产值907.1亿元,比上年增长8.0%;其中大中型企业实现工业总产值511.3亿元,比上年增长9.6%。规模以上工业企业完成出口交货值264.6亿元,比上年增长7.5%。出口交货值占销售产值的比重为30.0%。规模以上工业企业的产销率为97.3%,比上年下降0.2个百分点。规模以上工业企业实现利润总额59.3亿元,比上年增长2.7%;其中亿元以上工业企业实现利润总额47.1亿元,增长0.2%。亿元以上工业企业家数占全市规模以上工业企业家数的28.5%,利润总额占全市规模以上工业企业利润总额的79.5%。全市规模以下工业实现工业总产值392.0亿元,比上年增长7.4%。

【第三产业】 实现社会消费品零售总额161.1亿元,比上年增长14.7%。按行业分,批发零售业实现社会消费品零售总额147.5亿元,比上年增长15.2%;住宿餐饮业实现社会消费品零售总额13.6亿元,比上年增长10.4%。实现自营进出口总额53.9亿美元,比上年增长12.3%,其中自营出口总额49.0亿美元,比上年增长12.9%。全市有自营进出口备案企业2021家,比上年增加312家,其中有出口实绩的企业1043家,比上年增加84家;出口超千万美元企业116家,比上年增加6家;出口4000万美元以上企业14家,比上年减小3家;出口超亿美元企业5家,比上年增加3家;列金华市出口100强企业10家,比上年增加3家。外商企业家数82家,比上年减小3家。合同利用外资7274万美元,实际利用外资2012万美元。新批境外办事处2家,境外投资总额1208万美元。共接待国际旅游者4.0万人,比上年增长5.8%;旅游创汇收入1153.6万美元,比上年下降10.7%;接待国内旅游者466.2万人,比上年增长21.0%,国内旅游收入35.8亿元,比上年增长55.2%。实现财政总收入69.2亿元,比上年增长12.7%,其中地方财政收入38.8亿元,比上年增长10.1%;地方财政支出合计40.6亿元,比上年增长12.8%。年末金融系统(人民币)对外存款余额921.5亿元,比上年增长4.0%,其中单位存款423.0亿元,下降4.6%,个人存款473.1亿元,增长11.5%;金融系统(人民币)对外贷款余额865.0亿元,比上年增长9.1%。保费收入

19.6亿元,比上年增长8.3%,其中财产保险保费收入9.2亿元,增长15.0%;人身保险保费收入10.4亿元,增长3.0%。

【基础设施建设】 全市固定资产投资182.5亿元,比上年增长9.0%。固定资产投资(指房地产企业的投资和计划总投资在500万元以上的投资项目)按房地产、投资项目分,房地产开发完成28.0亿元,比上年下降26.4%;投资项目完成投资154.5亿元,增长19.4%。按国有控股情况分,国有投资完成44.0亿元,比上年增长3.6%;非国有投资完成138.5亿元,增长10.8%。全市有三级及以上建筑业企业40家,实现建筑业总产值69.5亿元,比上年增长4.9%;房屋建筑施工面积645.5万平方米。公路总里程1146.8千米,其中:国道49.8千米、省道87.4千米、县道327.7千米、乡道326.5千米。全年完成公路客运量2014万人,公路货运量1459万吨。全市民用汽车拥有量20.7万辆,其中私人汽车拥有量为18.9万辆。完成邮电业务收入10.7亿元,比上年增长1.1%。年末固定电话用户17.4万户,比上年减少2.7万户;移动电话用户137.7万户,比上年增加28740户;国际互联网用户23.7万户,比上年增加61983户。

【科教文卫】 各类科技计划项目申报数115项,其中:省级项目16项、地市级项目41项、县市级项目58项。获科技进步奖27项,其中:省级二等奖1项、三等奖1项,地市级一等奖1项、二等奖3项、三等奖1项,县市级一等奖4项、二等奖6项、三等奖10项。科技项目通过验收88项,其中:国家级1项、省级54项、地市级7项、县市级26项。各类专利申请受理量5107项,专利授权量4388项。全市拥有各类学校281所,其中普通高中6所、初中24所、职业中学4所、小学54所、幼儿园191所、特教学校1所、教师进修学校1所;共有教职工9300人;在校学生12.9万人,其中:小学在校学生5.7万人,初中在校学生2.3万人,普通高中在校学生0.8万人。小学适龄儿童入学率、小学巩固率、小学升学率都达到100%;初中入学率、初中巩固率均为100%,初中升学率98.3%;高中毕业生升学率86.4%。2014年考上大中专院校4090人,其中普通高校3081人。年末有图书馆(流通站)231个,藏书总量61.5万余册;文化馆1个;文化站16个;非物质文化遗产国家级保护项目国家级6个,省级14个,金华市级31个,永康市级60个;电影院1个,放映厅6个,票房收入401万元;艺术表演团体16个,演出场次3072次,观众人数100.2万人次。全市有省级文保单位15个,永康市级文保单位75个, 永康市级文物保护点219个,有馆藏文物2524件。全市有线电视用户17.5万户,数字电视用户16.6万户。2014年全市拥有医院、卫生院27个,医院、卫生院床位数2679张。有医生1313人,注册护士1728人,有医院、卫生院技术人员3989人。参加农村合作医疗的人数45.6万人,新型农村合作医疗参保率98.7%。室外健身公园、广场540个,室内全民健身中心21个,省级以上青少年体育俱乐部3个,体育场馆12个。举办全民健身活动20次,参加活动人数2.5万余人。在校中小学体育锻炼达标率为98.0%。

【环境保护】 结合“五水共治”等重点工作,以治水为突破口,严格环保执法监管,整治重点区域重点行业,着力环境质量改善。开展打击环境违法行为春季专项行动、环境执法交叉检查、“铁腕治污”、“华溪风暴”、“黑臭河”两岸企业专项整治行动等。共立案查处违法排污企业单位266家;移送公安案件17起,刑事拘留22人。受理环境信访、污染投诉案件5052起,调处率100%。严格实施镇(街、区)河流交接断面水质通报制度。完成化工行业整治验收、推进电镀行业整治。加强辐射安全监管,辐射安全许可证持证率100%,废旧放射源收贮率100%。推进大气污染防治,机动车环保标志核发率90.1%,淘汰黄标车及老旧车13680辆;划定高污染燃料禁燃区,年末烟尘控制区面积60.56平方千米,环境噪声达标区总面积21.4平方千米。全市饮用水源水质达标率100%,地表水交接断面水质省考合格,空气质量达标(空气质量指数AQI<100)天数245天,城市区域环境噪声值54.8dB。

【民生事业】 年末户籍总户数23.2万户, 户籍总人口59.2万人,比2013末增加6241人。户籍总人口按性别分,男性人口30.2万人,女性人口28.9万人。按农业与非农业分,农业人口49.2万人,非农业人口9.9万人, 农业人口占总人口的比重为83.2%。全市出生人口9503人,出生率16.1‰;死亡人口3982人,死亡率6.7‰;自然增长人口5521人,自然增长率9.3‰。共有常住人口74.2万人。城镇常住居民人均可支配收入39432元，比2013年增长9.5%；农村常住居民人均可支配收入19849元，比2013年增长11.5%。全市有社会福利院1个，年末床位1210张，收养173人；集体办敬老院16个(含老年公寓)，床位1154张，在院人数760人。参加基本养老保险人数20.7万人(其中：年末离退休参保人数3.5万人，在职参保人数17.1万人)，参加工伤保险人数23.2万人，参加基本医疗保险人数12.0万人，新增城镇就业岗位12283个，企业劳动合同签订率为95.5%，享受农村居民最低生活保障人数4271人，享受城镇居民最低生活保障人数145人。

【成为国家首批循环经济示范城市】 1月2日，国家发展改革委员会正式下发文件，公布全国40个地区为首批国家循环经济示范城市创建地区。永康市作为浙江省唯一的县级市代表，于上年11月参加国家发改委组织的创建实施方案专家评审会，被确定为国家循环经济示范城市创建地区名列榜上。永康市创建国家循环经济示范县的期限至2017年，其主要任务包括构建循环型生产方式、形成循环型流通方式、推广普及绿色消费模式、推进城市建设的绿色化循环化、健全社会层面资源循环利用体系、创新发展循环经济的体制机制、探索转型发展模式等7大类、33大项，实施循环经济重点项目76个、总投资达495亿元。通过努力，率先构建资源节约利用效率高、经济增长质量效益好、生态环境水平优的循环经济发展体系。为保障循环经济发展切实抓出成效，永康市委、市政府加强组织协调、统筹推进，明确各镇街区、各部门单位的创建工作任务和职责，实行创建工作“谁主管、谁负责”和“一把手”负责制，层层分解任务、层层抓落实。切实做好工业循环经济、节能减排、清洁生产、生态保护、利废行业扶持等政策的全面梳理和整合，加大财政投入力度，建立财政专项扶持发展基金，强化从生产到消费、再到资源回收利用各个领域的政策引领作用。加大要素保障，深入研究支持循环经济发展的土地、金融等政策，重点加大对循环经济重点项目保障力度。

【争创全国质量强市示范城市】 2月20日，国家质检总局正式发文，同意永康市成为全国质量强市示范城市创建市，争创工作为期两年。这是浙江省首个拿到“国”字号质量强市示范城市创建入场券的县级市。此前，永康已成功争创“中国门都”“中国五金之都”等多个“国”字号区域品牌，形成以五金博览会、门博会、农机展、模具展4大品牌展会为主导的展会格局。永康企业主导参与制定国家标准36项，行业标准25项，地方标准3项，共有省级标准化项目6项。市成立争创工作领导小组，市财政拨款100万元作为专项资金。这些都为创建工作打下坚实基础。从2014年开始，永康市以推进大平台、大产业、大企业、大项目建设为重要抓手，不断提升质量发展整体素质与核心技术水平，全市主要农产品质量安全抽检合格率稳定在97%以上，产品质量国家监督抽查合格率稳定在93%以上，大中型工程项目一次性验收合格率达100%，生产性服务业顾客满意度达81%以上，生活性服务业顾客满意度达76%以上等。年底前，全市紧锣密鼓开展10多个相关重大项目建设，积极建设一批质量惠民工程，实施重大科技专项10个，培育创新型企业60家，主导国家、行业标准制修订10项，力争浙江名牌产品20个。同时广泛推开建设质量导向工程，力争300家规模以上企业导入先进的质量管理模式。

【获准筹建全国五金产业知名品牌示范区】 7月3日，国家质检总局发函，同意永康市筹建全国五金(电动工具、门业、杯业)产业知名品牌创建示范区。此次获准筹建的三大产业知名品牌示范区在全国具有唯一性。上一年6月，永康市政府向国家质检总局申报争创这一示范区，正式将区域品牌向国家五金产业聚集示范区级品牌战略挺进。经过全国专家的评审论证，永康市在全国15个省、20个园区以及200多个申报单位中胜出。为创建五金产业知名品牌示范区，大力提升五金品牌综合竞争力。通过示范区创建活动，推动永康市深入实施质量强市和名牌发展战略，形成有利于品牌建设的长效机制和良好氛围。在获准筹建全国五金知名品牌创建示范区后，永康市专门成立筹建工作领导小组，开展区域质量对比提升活动，并按要求制订筹建规划，于24个月内完成全部筹建工作。届时，示范区经专家审核验收后，再由国家质检总局正式命名。

【通过“中国休闲运动车之都”复评】 7月9日，

永康市顺利通过"中国休闲运动车之都"复评。自从2009年被中国轻工业联合会、中国礼仪休闲用品工业协会联合授予"中国休闲运动车之都"称号后,永康市休闲运动车生产企业进一步发展壮大。前段时间,中国轻工业联合会、中国礼仪休闲用品工业协会组织复评专家组,对永康市进行实地复评,中国轻工业联合会轻工行业特色区域和产业集群审核委员会也进行审核。中国轻工业联合会希望永康市进一步加大对休闲运动车行业的支持力度,加快行业转型升级,提高区域品牌影响力和出口贸易壁垒应对能力,为区域经济发展做出更大的贡献。

【推广"永康经验"】 自2012年底开始尝试产品质量市场反溯机制探索,至2014年初,永康市大大规范企业生产行为,提高查处"问题产品"的效率,使消费者的合法权益得到及时保护。何谓市场反溯机制?就是从以往传统的企业抽检方式,转变成为从市场上去发现消费产品的质量问题,然后再追溯到生产企业,其全称是"基层站所产品质量市场反溯生产领域监管机制"。现在,永康五金城市场共拥有4830多户商家,这是"五金之都""窥探"产品质量的一扇大门。市质监局联合中国科技五金城集团公司正式建立产品质量反溯机制,在全省率先开展试点工作。试点内容有市场反溯机制的信息来源,包括主动买样检测、投诉举报、相关部门通报、行业协会信息上报、舆情收集等。在对相关信息调查分析后,再将有质量风险的产品进行分级处理。前期,五金城质监所的监督员共走访82户商家,结果发现60%产品未按标准进行标识。质监部门稽查人员迅速对涉及产品进行处理,同时还通过行业协会,以面对面的帮扶方式督促企业整改。到2014年7月底,已帮扶63家企业280多个产品标识标注进行完善。自市场反溯机制运行以来,全市共处理各类产品质量风险信息50余条,依法查处产品质量案件15起。随着市场反溯机制效应的逐步扩大,"永康经验"被提升为"浙江经验",写入国务院、国家质检总局的相关文件中,并向全国推广。湖南、云南、江苏等地也积极开展消费品反溯机制的建设,"反溯力量"不断壮大。

【"中国炊具之都"花落五金名城】 8月25日,由中国五金制品协会理事长石僧兰、执行理事长张东立带队的专家考核组来永康验收,授予永康市"中国炊具之都"称号,这是继"中国五金之都""中国门都""中国口杯之都""中国电动工具之都""中国休闲运动车之都""中国家居清洁用品之都"后,永康市获得的又一块"国字号"区域品牌。在验收中,考核组一行首先走进南龙集团,听取公司对炊具品项不断从少缺到齐全,从中低端产品向高、精、尖转变的介绍。然后参观厨具样品室,琳琅满目的1200多种展品涵盖铝锅、榨汁机、开酒器等大小炊具产品,让消费者实现一站式采购。采用超强耐磨合金打造,又轻又薄、导热均匀快速的新一代"印师傅"气垫式不粘炒锅吸,是南龙公司自主研发的新产品,用物理气垫隔离方式替代传统的化学不粘涂层工艺,更健康、环保。公司除拥有12名研发人员外,还与意大利、法国、荷兰等专业的设计机构合作开发新产品。永康市炊具行业拥有国家高新技术企业4家,市政府质量奖企业1家,浙江名牌3只,金华名牌1只,授权专利700多项,注册国外商标100多个,国家五金制品标准化技术委员会成员企业2家,主导和参与国家标准与行业标准制定10项。永康市成为"中国炊具之都"后,将充分发挥集群优势,引导企业加大科研投入,加快产品创新步伐,提升产业层次,做大做强龙头企业,同时还要加强公共服务平台建设,提升地方特色区域的核心竞争力。

【创建省两化融合国家综合示范区】 9月6日,浙江省经信委公布第一批两化深度融合国家示范区创建名单,永康市榜上有名,成为全省10个综合性示范区之一。信息化与工业化深度融合是国家的重要战略举措。2013年,永康市共确立工业企业两化融合项目77个,总投资16.2亿元,政府奖励补助资金1500余万元。全年全市两化融合总指数为57.66,其中:基础环境14.98、工业应用26.58、应用效益16.1,在全省县市区中列第29位。永康市23家有代表性的骨干企业中,两化融合达到较高级水平的占?17%,达到中级水平的企业占39%,初级或以下的企业占44%,整体呈现由初级向中高级水平发展的良好态势。超人集团还被列为首批国家两化深度融合管理体系贯标试点单位。根据产业特点,永康市两化融合工作重点突出"机器换人",在八大行业龙头企业举行"机器换人"两化融合现场观摩会,众泰、步阳、天行、王力、浩天、旺达等企业的成功经验成为全省典型。上一年全市新增“机器换人”项目113个,总体投资31.4亿元。此外,永康市还着力推进企业信息化建设,降低立项标准,投资门槛由100万元降为50万元。在成功入围示范区后,永康市以“机器换人”“机器联网”为突破口,实施“3648”计划(即突破口、着力点、保障力3大工程,开展大力推进产品与装备智能化开发、重点推进骨干企业信息化提升等6大专项行动,智能化新产品和装备开发项目等48项重点示范项目),推进300项“机器换人”项目,完成技术改造投入170亿元,实施15个重点示范项目;推进100项“机器联网”项目,实施11项“机器联网”重点示范项目。

【水资源创新管理】 9月17日,水利部水资源司与浙江省水利厅组织专家评估组一行10人,对永康市加快实施最严格水资源管理制度试点工作进行中期评估。评估组核查试点工作相关资料,实地考察杨溪湿地、饮用水检测中心、园周村、城市污水处理厂、能诚集团无磷化处理车间和屋顶雨水回收系统、兴达钢带雨水循环利用和节能减排情况、唐先镇葡萄栽培喷灌项目等部分重要的试点建设项目,并听取永康市试点工作的汇报。经过质询和讨论,评估组对永康市试点工作给予较高的评价,认为永康市把最严格水资源管理制度落到实处,创新水管理体制和机制,较好地完成试点建设阶段性任务。评估组最后给出92.8的高分通过中期评估。永康市在开展试点工作以来,率先实施水务体制改革,基本形成水务局机关、流域管理所、镇街区水管员、农村水务员四级管理新体系,强化城乡一体管理;率先实现城区自来水水质在线监测和监控;在全国县级市中率先设立饮用水服务管理站和饮用水检测中心,督促、检查城乡饮用水工程安全运行管理,落实分散式农村净水设施的维护,农村饮用水免费检测工作走在全省乃至全国前列;率先开展杨溪水库等9条生态小流域建设;率先实行镇街区河流交界断面水质每月公开制度,创新建立河道保洁机制,并配套公安“河道警长”护航机制、河段长考核机制、河段长督办制等监督考核机制;率先建成污泥干馏炭化生产线和建筑垃圾消纳试点,实现全市污水处理厂污泥和垃圾的无害化、减量化、资源化处理。提升实施“三条红线”的管理水平,全面改善水环境,解决永康市水资源存在的问题,树立节水优先的理念,推动节水新技术的应用,以“158”碧水蓝天工程和“五水共治”为抓手,加大水资源开发保护利用力度,推进水环境综合整治,全面提升永康市的水域水质,以一流的成绩迎接水利部终期评估验收。

【打造全国五金网集聚中心】 9月22日,永康市电子商务协会更名为永康市电子商务促进会,选举产生第一届理事会。大会召集400多名会员召开第一次动员大会,吹响电子商务发展的冲锋号。当前,电子商务已成为发展最快、创新最活跃、带动力最强、渗透性最广的战略性新兴行业。永康市有从事内贸业务的B2B、B2C企业2000多家。电子商务创新活动持续活跃,不断涌现出一批本土品牌,发展形成“中国五金商城”“中国门都网”“上门网”等10多个专业网上市场,拥有中国行业电子商务网站百强企业1家(东方五金网)、中国商业网站百强企业1家(中国五金商城)等。互联网时代全面到来,网络经济风生水起,永康的企业面临巨大的挑战和机遇。充分发挥永康五金的制造优势,积极探索新的研发销售模式,实现五金产业与互联网的融合互动,搭上互联网的顺风车,是永康五金产业转型升级的重要路径。永康市委、市政府高度重视电子商务产业发展,《电商发展规划》《促进电子商务发展实施意见》等几个重要文件即将出台,将给予电商企业在土地、项目、人才等方面的一系列优惠政策,大力发展推进电子商务产业发展,一是在永康打造全国五金网集聚中心,通过建设电商产业发展产业园、孵化基地等平台,完善信息物流等配套,加强审批、监管、法律等服务,吸引全国电商来永康创业,构筑电商发展的新高地。二是网络经济成为经济新常态下永康发展的新亮点,注重特色发展、创新发展、融合发展,加快工业化和信息化的融合、实体市场和网上市场的融合、网络技术创新和商业模式创新的融合、电商和物流的融合,推动网络经济转型升级、跨越发展,为永康“二次出发”注入新的强劲动力。

【意大利农机企业中心落户永康】 10月22日,意大利农机企业(中国)中心正式落户永康。永康市委书记徐华水向意方代表赠送永康传统工艺品“三马九铃”,意合双方合作马到成功。意大利卡萨巴达纳银行总行行长配提纳蒂、意大利国家信贷银行总行行长杜兰迪与永康市市长金政共同为永康意大利农机企业(中国)中心揭牌。早在3年前,四方集团一款本不被完全认可的产品在意大利戴达罗国际设计中心的“改头换面”下,不仅拿到设计大奖,还广受市场好评。在对接洽谈会上,四方集团总工程师李红阳表达与意方企业就犁具、农用具运输车等项目开展深入合作的意愿,威力园林机械、莱恩农业装备等企业也一同发出开展合作交流的邀约。双方企业代表相谈甚欢,原本预定的洽谈时间一再延长,不少意方企业对永康市企业制造的产品表现出越来越浓厚的兴趣。同时永康市全力打造的现代农业装备高新技术产业园区,是省级高新技术产业园区,有着农业装备研发、设计、检测试验示范中心,成台套农业装备制造基地、农业装备智能电子制造基地和农业装备关键部件制造基地的空间布局,有着十分雄厚的基础条件。由于上诉原因,意大利农机企业中心落户永康。按照约定,永康市在会展中心开辟专门的展馆打造意大利农机企业 (中国)中心,面积达3400平方米。正式运营后,该中心不仅要展出意中双方先进的农机产品,还将组织全市企业参加专业展会,组织开设专业的对接洽谈会,并与企业和农业科研部门共同研发产品。

(童文贤)

浦江县

【概述】 浦江县辖3个街道、7个镇、5个乡,总面积920平方千米。2014年末全县总人口(户籍人口)39.61万人,其中男性20.64万人,女性18.97人。非农业人口7.24万人,人口自然增长率3.22‰;年末全县金融机构本外币各项存款余额280.8亿元,比上年末增长5.7%。其中储蓄存款179.1亿元,增长7.8%,各项贷款余额258.4亿元,增长7.2%。2014年,全县实现生产总值(GDP)186.61亿元,比上年增长7.9%,三次产业结构调整为5.1:58.4:36.5;财政总收入22.8亿元,比上年增长6.1%,公共财政预算收入13.4亿元,比上年增长7.5%;全社会固定资产投资91.7亿元,比上年增长16.5%;社会消费品零售总额88.2亿元,比上年增长13.4%;城镇居民人均可支配收入32719元,比上年增长9.3%;农村居民人均纯收入15141元,比上年增长10.7%。

【提升环境质量】 持续加大污染行业整治力度,查处关停水晶污染加工点5301家,关停兼并印染企业5家,印染、造纸、化工三大行业关停率达55%。规范提升畜禽养殖场,关停低小散养殖场461家, 规模养殖场实现畜禽排泄物100%零排放和100%全利用。全面开展“清三河”整治行动,全县462条“牛奶河”、577条“垃圾河”、25条“黑臭河”被彻底消灭,被评为省首批“清三河”达标县。启动实施46项“五水共治”工程,共完成投资24.1亿元。完善县、乡、村三级联网“河道长”制,实行河道保洁制,河道保洁长效管理工作考核名列全省第一,建立环境卫生“十佳村”“十差村”定期评比、通报制。花桥、虞宅被命名为“国家级生态乡镇”,仙华、白马、郑家坞、中余被命名为“省级生态乡镇”,浦阳入选“治水美镇·浙江样本”。浦阳江上仙屋交接断面高锰酸盐、氨氮、总磷指数分别好转24%、35%、9%,达到Ⅳ类水标准,提前一年实现浦阳江水环境综合整治3年行动目标,成功捧获省“五水共治”工作优秀县大禹鼎;浦阳江同乐段、壶源江大湫段被确认为“可游泳河段”, 生态环境质量公众满意度测评跃升至全省第18位,被列为省“水生态文明建设试点县”。

【工业经济】 深入开展工业经济服务月活动,推行工业企业帮扶政策,全力做好帮扶解困工作。创新设立通济转贷基金,办理转贷业务1258笔,周转资金63.8亿元。加快传统产业提升,水晶机械企业联盟标准和针刺絮片企业联盟标准制定实施,4个水晶集聚区中部、东部、南部已完成主体建设,制锁行业通过“机器换人”实现质量、效益双提升。全力推进“四破攻坚”,处置僵尸企业27家、围墙圈地435.3亩、低效用地1867.6亩,盘活土地721亩,消化批而未供土地1274亩,被评为省“腾笼换鸟”工作先进县。成功举办2014浦江经贸科技活动及投资环境推介会, 实际利用外资1338万美元、引进内资28.3亿元, 其中浦商回归10亿元; 完成工业投资

55.7亿元,增长10.1%;推动"小上规"24家、"个转企"303家。

【农业效益】加大粮食生产扶持力度,扶持资金增幅超过20%,全面完成粮食生产目标任务。加快推进农业"两区"建设,实施标准农田质量提升2.86万亩,15个粮食生产功能区块、1个现代农业综合区、11个精品园和44个市级现代农业示范基地完成建设。葡萄、香榧等主导产业增产增效,其中香榧种植面积达3.8万亩、葡萄种植面积突破5万亩,高山蔬菜、茶叶等特色产业稳中有升。大力兴修水利设施,20座山塘完成除险加固主体工程,新增高效节水灌溉3319亩,全年水利建设投入资金突破8亿元。县农副产品批发交易市场开工建设,县中心农贸市场、黄宅农贸市场被评为省"放心农贸市场"。

【旅游产业】确立打造"诗画浦江"、建设"旅游强县"、建成"长三角乡村文化休闲度假目的地"的旅游发展目标。仙华温泉国际度假村项目竣工营业,江南第一家廉政教育基地完成主体建设,神丽峡景区管理体制进一步理顺。将乡村特色和历史人文与旅游相结合,成功举办首届"诗画浦江"乡村旅游节活动,前吴民生、马岭茜溪、白马嵩溪等休闲景观农业亮点纷呈,乡村旅游人数同比增长105%。拓展营销手段,开通旅游官方微博、浦江旅游微信公众号和天猫浦江旅游旗舰店。全年共接待游客386.2万人次,实现旅游收入28.3亿元,分别增长44.8%和66.6%。

【发展电子商务】制定出台电子商务产业发展五年规划和实施意见,成功举办2014浙江(浦江)电子商务论坛活动。大力实施"电子商务进万村"工程,顺利完成电子商务示范区建设,37家优质电商企业入驻经营。电子商务产业的规模、质量大幅提升,网络零售额超亿元企业达5家;全县年跨境网络零售发货量超1000万件,名列全省县市区第二位,被评为省"电子商务示范县"创建单位。

【创建"无违建县"】集中力量,攻坚克难,层层推进,对历史遗留久、矛盾纠纷多、处置难度大的集体违建、连片违建发起大决战,并对空中违建、违法宗教场所和非法"高炮"广告牌开展拆违专项行动。全年共拆除违法建筑323万平方米,完成旧住宅区改造35.3万平方米、旧厂区改造23.9万平方米、城中村改造36万平方米,通过省"无违建县"创建验收。启动实施金狮湖区块保护与开发工程,一期722户居民户和42家企业顺利完成征收签约。

【完善城市功能】"一区两廊三湖四小镇"规划和旧城历史文化街区保护规划完成编制,城北区块和平北路沿街房和商贸中心完成征迁,城北安置房建设完成主体工程50%,200套经济适用房完成建设。交通路网更加优化,20省道联盟至古塘段改建工程完成路基铺设,其中城区段建成通车;水晶生态集聚区快速通道(浦后公路城区至岩头段)开工建设;G351国道浦江段建设工程通过工可审查。城区交通更加畅通,新建改建城区道路5.3千米,汇泉路、亚太大道、中山北路等断头路顺利打通。大力发展清洁交通,新增清洁能源公交车45辆,淘汰黄标车2390辆,投入公共自行车600辆。

【新农村建设】美丽乡村特色工程加快推进,马岭茜溪文化精品线工程、嵩溪历史文化村落一期工程顺利实施,兰塘、栏丰等8个精品村启动建设,嵩溪、新光入选省级美丽宜居示范村;255个村的生活污水治理工程完成主体建设,建设进度和工程质量均位居全市前列;岩头异地安居奔小康一期工程完成主体建设,农房改造22万平方米,整治"黄皮房"90万平方米;建成33座垃圾中转站,新增13辆环卫特种车,基本实现城乡环卫一体化全覆盖。全面启动农村"三权"改革,全县已有216个村级经济合作社完成股份合作制改革,完成全县农村宅基地确权登记调查摸底和农户土地登记建档工作,并在全市率先开展农村土地承包经营权抵押贷款;全县林地股份合作社达19个,参股农户1500余户,参股林地面积1.6万亩,林权抵押贷款余额4858万元。

【民生保障】全年民生支出达18.12亿元,占公共财政支出83.7%。出台城乡居民大病医疗补充保险制度,实施被征地农民基本生活保障转职工基本养老保险制度,实现转保10057人。发放城乡低保救助金1621万元,新建残疾人康复站3家、居家养老服务照料中心150家,近7万老年人、残疾人等五类人员享受到城乡公交票价优免政策。全年新增城镇就业人数4287人,失业人员实现再就业2555人。

【社会事业发展】交流城乡义务教育阶段教师192名,进一步推进集团化和"一校两区"办学模式,扩大优质教育资源覆盖面。东苑小学等 6 所学校完成新建和改扩建,全县新增校舍建筑面积 8.15 万平方米,新创建省标准化学校 19 所,成功创建全国“义务教育发展基本均衡县”, 高考成绩再次达到历史最好水平。县人民医院新病房大楼及前陈等 3 所乡镇卫生院完成改扩建,县人民医院与浙一医院建立紧密协作关系和远程网络会诊机制。仙华文景园“两中心、一广场”建成投用,体育活动中心体育场工程、广电中心工程完成主体建设,修复历史建筑 30 幢,新建农村文化礼堂 15 座,成功举办 2014“万年浦江”全国中国画作品展和浦江第七届中国书画节。“单独两孩”政策稳步实施,全县计划生育率为 87.18%,出生人口性别比为 113.8。扎实开展“平安浦江” 建设,“两抢” 警情下降 49.3%, 信访总量下降 33.5%,省交办的信访积案 100%化解,实际火灾报警数下降 55.4%。被评为省“体育强县”、省“红十字工作示范县”和省“双拥模范县”。

【浦江开发区概况】 浦江经济开发区是省人民政府批准设立的省级经济开发区, 总体规划面积 26.588 平方千米。2014 年,浦江经济开发区以党的群众路线教育实践活动为契机, 围绕 “五水共治”“三改一拆”、环境卫生整治、“四破”整治等中心任务,以“双重”工作和工业经济服务年活动为抓手,集中精力,攻坚克难,奋力拼搏,不断改善区内发展环境,大力推进项目落地建设,各项工作取得一定成绩。共完成工业生产总值 254.04 亿元,同比增长 8.28%,其中规模以上工业总产值 228.83 亿元,同比增长 8%; 完成工业增加值 52.23 亿元, 同比增长 0.3%;完成出口交货值 95.6 亿元,同比增长 12.38%;完成自营出口 5.3 亿元,同比增长 2%;实际利用外资 1180.57 万美元, 累计引进内资 12.2 亿元, 引进“浙商回归”资金 5.38 亿元,新签约“国家千人计划”高科技项目 “年产 160 吨多肽复合物生产线项目”。项目建设有序推进。17 个千万元以上技改项目中,航天神舟等 5 个项目已投产,亚特新材料等 11 个项目正在施工中, 伊杰生物已进入前期准备阶段;16 个“双百亿”投资项目中,心艺袜业等 6 个项目已投产,科技创业园等 2 个项目已完成主体工程,亚星纤维等 7 个项目正在施工中,众毅新能源项目已实施收储;7 个县重点建设项目有序按计划推进。发展平台不断优化。启动二期区块 300 余亩土地征用工作,已完成五善塘区块一期的土地(100 亩)农转用报批工作; 投资 582 万元的大许区块一期道路配套工程已完工, 投资 360 万元的大许区块二期道路配套工程已基本完成稳定层建设;投资 1400 余万元的界山区块中干渠改建工程项目已累计完成安装混凝土管道 800 余米; 完成 12 宗、397.4 亩土地流转,切实提高土地的综合利用率。服务水平不断提升。积极开展工业经济服务月活动,建立班子成员联系骨干企业和重点项目制度, 组织走访 216 家规模以上企业; 重新优化调整服务企业网格化管理体系,制定《开发区服务企业网格化管理考核责任制》,为更好地服务企业提供有力的保障;深入开展安全生产管理和劳动用工保障工作,确保区内安全生产稳定,经济平稳发展。专项整治成效明显。制订“五水共治”工作的“二图一表一对策”(即作战图、企业排污口明细图、责任表、一河一策文本),从工程建设、专项整治等方面着手深入实施“五水共治”工作。总投资 680 万元的黄龙溪、中埂溪开发区段劣 V 类支流整治工程在 4 月底已基本完工, 至年底中埂溪、黄龙溪开发区段水质分别达到Ⅳ类、V 类。进一步加强对区内水晶加工及重点排污企业的监管力度,累计开展阳光行动 360 次,零点行动 87 次,检查企业 1894 家次,出动人员 2669 人次,查处 69 家;移送公安机关处理 18 人次,刑拘 6 人,行政拘留 12 人。完成全区 10.4 万平方米影响消防安全、堵塞消防通道的违章建筑拆除工作,实现“无违建区”创建目标,完成旧厂房改造面积 14.3 万平方米。深入开展环境卫生整治工作, 全区 112 万平方米道路有专业清扫保洁队负责清扫保洁,全面实施人行道“三化”工程(即硬化、绿化、美化),全区人行道硬化面积达到 20 万平方米、绿化面积达到 15 万平方米。

【农房保险基本全覆盖】 浦江县是省政策性农房保险工作首批试点县之一,农户每年支付 3 元即可为住房参保,2014 年共有 9 万多户农户参保,参保率达 99%以上。

【巧用拆违建筑垃圾】 浦江县通过在拆违废墟上建设湿地公园、利用建筑垃圾废渣生产新型环保砖块等方式,在即拆即清的基础上,积极开拓建筑废墟和垃圾处置工作。启动 3 个废墟湿地公园建设,总计面积达 328 亩,预计消耗建筑垃圾 35 万吨;其中已建成 1 个面积为 198 亩的湿地公园,利用建筑垃圾 18 万吨。生产新型环保砖块 750 万块,消化建筑废渣 30 万吨。

【消灭县域内 577 条垃圾河】 经一年多的努力,浦江县域内 577 条垃圾河已经全部消灭,全县 50 条支流中优于Ⅲ类水质支流数 37 条,浦阳江上仙屋出境断面主要污染指标高锰酸盐指数、氨氮、总磷浓度同比分别好转 13%、10%、9%。母亲河浦阳江也渐现原貌,从之前的"牛奶河",劣Ⅴ类水域占比 65%以上重现如今碧波畅泳、自然和谐、美丽如画的场景。

【成为全省首批"清三河"达标县】 2014 年,浦江县紧紧围绕"撕开一个缺口、树立一个样板"的要求,发动干部群众 20 万余人次,先后开展 5 轮万人"清三河"大会战,清理河道 577 条,全长 1018 千米,池塘 1000 余个、垃圾 5.5 万吨、清淤疏浚 48 万立方米,落实河道保洁员 618 名,累计投入资金 6028 万元,率先彻底消灭垃圾河、黑河、臭河。

【规范水晶行业税收管理】 浦江县制定《水晶行业税费征收管理办法》,完善"以电控税"税源分析监控管理模式。通过规范和优化纳税服务提升行业纳税人税法遵从度,水晶行业纳税人自主申报率由年初的 84.4%提升至目前的 92.6%。截至 12 月底,有水晶加工个体户及企业 1293 户,同比减少 79.25%,实现"个转企"959 户;入库增值税 7664 万元,占全部国税收入的 9.28%,户均国税收入增长 280%,户均国税收入增加 4.37 万元。

(洪朝阳)

武义县

【概述】 武义县辖 8 镇 7 乡 3 个街道及浙江省武义温泉度假区管理委员会,总面积 1568.18 平方千米。2014 年年末户籍总人口 33.85 万人。

2014 年全县地区生产总值 195.28 亿元,按可比价格计算,比上年增长 7.9%。其中第一产业增加值 15.25 亿元,增长 2.6%;第二产业增加值 106.87 亿元,增长 8.3%;第三产业增加值 73.16 亿元,增长 8.1%。全县人均生产总值 54404(按常住人口计算)。经济结构调整稳步推进,第一、二、三产业增加值占全县生产总值的比重由上年的 8.1:55.3:36.6 调整为 7.8:54.7:37.5。

全年实现农林牧渔业增加值 15.58 亿元,剔除价格因素,实际增长 2.6%。全县粮食播种面积 27.75 万亩,比上年下降 0.4%;粮食总产量 10.70 万吨,下降0.5%。蔬菜面积 8.11 万亩,产量 10.58 万吨,增长 0.4%。果用瓜面积 1.36 万亩,产量 2.42 万吨,下降 3.3%。油料面积 4.27 万亩,总产量 5087 吨,增长 6.2%。花卉苗木面积 1.76 万亩,增长 10.0%。茶叶产量 1.20 万吨,增长 11.3%。实现农业增加值 10.60 亿元,增长 2.1%。新建粮食生产功能区 1.45 万亩,城西现代农业综合区创建为省级生态循环农业示范区,十里荷花物种园被评为"中国美丽田园",王宅铁皮石斛精品园列入省级现代林业示范园区,农业现代化发展水平综合评价全市第一。加快发展有机农业,"三品一标"认证产地面积达 15 万亩,发展山稻 3000 亩,蝉联"中国名茶之乡",创建为省级出口茶叶质量安全示范区。培育农业经营主体,新增农业龙头企业 10 家、家庭农场 239 家,观光农业、创意农业发展迅速。

全年完成造林面积 507 公顷,迹地更新面积 692 公顷,中、幼林抚育面积 4333 公顷。累计建成生态公益林优质林面积 38935 公顷,森林面积达 112165 公顷,森林覆盖率达 71.1%,年末森林蓄积量 347.38 万立方米。全年实现林业增加值 0.77 亿元,增长 6.3%。年末生猪存栏 11.12 万头,全年生猪出栏 32.04 万头,猪肉产量 2.40 万吨;家禽年末存栏 38.71 万只,年内出栏 205.97 万只。全年畜牧业增加值 3.47 亿元,增长 2.9%。全年实现渔业增加值 0.41 亿元,增长 3.7%。全年化肥施用量(折纯)1.47 万吨,增长 1.6%;农村用电量 15652 千瓦小时,增长 3.2%。年末全县共有市级精品村 14 个、市级秀美村 16 个。全年新增星级农家乐经营户 26 家,其中三星级经营户 12 家。全年新增省级农家乐特色村 1 个,市级农家乐特色村 2 个。

2014 年全县完成工业增加值 95.13 亿元,增长 8.1%。规模以上工业企业 488 家,实现工业总产值

476.28 亿元，增长 7.7%，新产品产值 112.64 亿元，增长 23.1%，工业销售产值 444.36 亿元，增长 5.9%，其中工业出口交货值 164.94 亿元，增长 8.1%。全年规模以上工业企业实现利税总额 37.02 亿元，下降 1.1%，其中利润总额 18.61 亿元，增长 3.7%，应付职工薪酬 31.56 亿元，增长 8.1%。

全县开发区和工业功能区累计建成面积 22.08 平方千米，进区企业 1801 家，竣工企业 1774 家。区内企业实现销售产值 546.85 亿元，增长 3.7%，工业区每平方公里工业总产值 24.77 亿元。培育现代企业，举办现场对接活动，加快推进股权和管理改革，完成 “小升规”55 家、“个转企”215 家，新登记公司 1115 家，增长 68%。成功举办第 25 届全国电动工具配套会议暨中国(武义)五金工具博览会和电动工具设计大赛。

全年实现建筑业总产值 39.69 亿元，增长 14.6%，建筑业增加值 11.75 亿元，增长 10.4%。资质以上建筑企业利润总额 0.90 亿元，下降 13.0%；建筑施工面积 440.84 万平方米，增长 9.7%；完成房屋竣工面积 210.67 万平方米，增长 1.5%。开展“三山三水”景观和武义古城概念方案设计，完成控规单元划分、地下空间利用、城区排水防涝、县城污水专项等规划，编制完成 10 个乡镇总规、8 个乡镇控规和 127 个村庄规划。大力实施城市治堵工程，完成高速公路连接线、开发大道和莹乡路景观改造、武阳中路整体改造工程。开发地下空间 5.4 万平方米，优化公交线路 10 条。

全年完成固定资产投资 112.46 亿元，增长 15.0%。国有投资 23.65 亿元，增长 56.2%；非国有投资 88.81 亿元，增长 7.5%，其中民间投资 88.72 亿元，增长 7.9%。投资结构进一步优化。工业投资 65.69 亿元，增长 8.2%，其中工业技改投资 49.62 亿元，增长 9.5%，技改投资占工业投资比重为 75.5%；第三产业投资 46.31 亿元，增长 26.5%。全年房地产投资 15.83 亿元，增长 0.6%。商品房施工面积 118.30 万平方米，增长 36.0%；商品房竣工面积 6.10 万平方米，增长 101.0%；商品房销售面积 10.03 万平方米，下降 46.4%。政府投资项目建设有效推进，2014 年全县共安排政府投资项目 128 项，完成投资 21.17 亿元，增长 71.1%。全省扩大有效投资“411”重大项目投资完成率达 132.1%。列入省、市重点建设项目的 28 个项目全部开工，年度投资完成率分别达147.4% 和 129.8%。新建、改造城乡公交停靠站 176 个，新增停车位 2091 个，建成公共自行车租赁体系，首期投放 500 辆。

全年实现交通运输、仓储和邮政业增加值 3.57 亿元，增长 15.6%。全县公路总里程为 1364 千米。拥有各种机动车 106593 辆，其中：摩托车 49087 辆，汽车 57506 辆。全年完成营业性公路货运量 450 万吨，公路客运量 1804 万人；公路货运周转量 3.35 亿吨公里，公路客运周转量 2.88 亿人公里。

全年实现旅游总收入 48.74 亿元，增长 26.8%。接待游客 607.11 万人次，增长 23.6%；其中国内游客 605.89 万人次，增长 23.6%；入境游客 1.21 万人次，增长 23.2%。景点门票收入 1.24 亿元，增长 10.7%。全县接待乡村旅游 253.87 万人次，增长 27.0%；乡村游收入 20.31 亿元，增长 30.3%。加快推进生态景区全域化，乡村旅游、农业旅游、工业旅游势头良好，建成全县首个省级工业旅游示范基地、全省首家以县域命名的教师疗休养基地。旅游招商和项目建设取得新进展，温泉养生产业园建设有序推进，牛头山景区被评为国家级 AAAA 景区和省级生态旅游示范区，大红岩景区提升改造完成一期工程。实施智慧营销、精准营销，成功举办第八届温泉节暨第五届国际养生博览会，获评全国生态旅游示范县和浙江省最美自驾游精品线路。

全年实现社会消费品零售总额 72.25 亿元，增长 13.6%。其中，城镇消费品零售额 58.58 亿元，增长 11.8%；乡村消费品零售额 13.67 亿元，增长 22.2%。分行业看，批发零售业零售额 61.12 亿元，增长 14.2%；住宿餐饮业零售额 11.13 亿元，增长 10.7%。全年海关进出口总额 259860 万美元，增长 9.2%。其中，出口总额 256619 万美元，增长 9.0%；进口额 3242 万美元，增长 21.8%。全年实际利用外资 1024 万美元，下降 9.3%。

全年财政一般预算收入 29.18 亿元，增长 12.3%。其中，上划中央财政收入 13.38 亿元，增长 13.9%，地方公共财政预算收入 15.80 亿元，增长 11.0%。其中，税收收入 14.55 亿元，增长 14.5%。地方公共财政一般预算支出 26.31 亿元，增长 1.90%。年末金融系统存款余额(本外币)316.67亿元,比上年末增长12.4%。金融系统贷款余额(本外币)339.46亿元,增长16.5%。在人民币贷款中,短期贷款261.59亿元,增长16.2%,中长期贷款70.06亿元,增长25.0%。

年末全县共有幼儿园126所,招生数5198人,在园幼儿17241人;小学29所,招生数4481人,在校学生27700人;初中8所,招生数3254人,在校学生9291人;普通高中3所,招生数1396人,在校学生4228人;职业高中1所,招生数847人,在校学生2396人;特殊教育学校1所,在校学生21人。全县小学、初中的入学率和巩固率均达到100%,初中毕业升高中比例达到98.4%。全年普通高等院校录取1407人。

全县专利申请量1136件、授权量925件,其中:发明专利申请量115件、授权量26件。新认定科技型企业83家,其中:国家级7家、省级29家、市级42家、县级5家;新组建企业研发机构25家,其中:省级3家、市级22家。新立项科技计划项目140项,其中:国家级4项、省级37项、市级31项、县级68项。

年末拥有文化馆1个,组织文艺活动98次,举办培训班95次;公共图书馆1个,藏书27.46万册,电子图书4.53万册;文化艺术表演团体1个。全县广播综合覆盖率100%,电视综合覆盖率87.6%(含自然村),有线电视用户10.30万户,其中数字电视用户8.50万户。新建农村文化礼堂20个,"唱响壶山,舞动熟溪"等群众文化活动丰富多彩,寿仙谷中药炮制技艺列入国家级非遗名录。

2014年末全县共有医疗卫生机构(不含诊所)29个,其中:医院、卫生院25个,妇幼保健院1个。年末拥有床位1127张,其中:医院和卫生院床位1054张、妇幼保健院73张。卫生技术人员(不含诊所)1681人,其中:执业医师521人、执业助理医师60人、注册护士680人。疾病预防控制中心1个,卫生技术人员29人。卫生监督所1个,卫生技术人员12人。另有诊所、医务室、村卫生室、社区卫生服务站209个,卫技人员260人。深化县级公立医院、县乡卫生一体化综合改革,加强县级医院对口帮扶基层卫生院。推进邵逸夫医院武义分院、省口腔医院武义分院建设,引进新技术新项目88项。完善公共卫生服务,累计建立规范化电子健康档案30.6万份,完成农民健康体检10.5万人次。深入实施国家免费孕前优生健康检查项目,强化出生人口性别比综合治理,全面实施"单独两孩"政策。

全年开展了79场全县性的体育活动(比赛),参加省级运动会(省运会和省青少年体育舞蹈大赛)获金牌9枚、银牌14枚、铜牌11枚。培训并考核通过了太极拳等项目的二级社会体育指导员94人。全县共发行电脑体育彩票3206.8万元。成功举办亚洲杯桥牌锦标赛、全国桥牌混双公开赛、中国汽车拉力锦标赛、县第十九届运动会等赛事。

全面落实"河长制",编制三年行动计划,全年完成412个治水项目。清理河道(沟渠)593条(段)1170千米、垃圾2.6万吨,基本消灭"黑河、臭河、垃圾河",29条干支流中26条达到Ⅲ类以上水质。完成农村生活污水治理182村,企业排污口规范化建设120家,基本完成城市污水处理厂提标改造及扩建工程,开工建设第二污水处理厂,新增污水收集管网22千米、雨污分流管渠7.5千米。完成电镀、造纸、印染、化工等重污染行业整治年度任务,泉湖电镀集中区建成投用。拆除关停畜禽养殖场2923家,实施清水养殖9456亩。建立"4+X"环境执法联动协作机制和有奖举报制度,立案查处企业182家,停产整治152家。开展"无违建县"创建,实施地毯式拆违、城区重点违建拆除、企业消防通道拆违等"八大行动",累计拆违165.7万平方米,复垦复绿129.8万平方米。改造旧住宅区、旧厂区、城中村122.6万平方米,城西和"两路一桥"区块征迁有序推进,签订协议907户,腾空897户,拆除9万平方米。开展"美丽县城"建设,实施违规广告清理、占道经营整治、社区环境治理等系列行动,加强建筑垃圾及扬尘管理,淘汰"黄标车"2920辆。深化"四边三化一整治",全面整治交通干道两侧环境,拆除高炮广告202块,改造熟溪滨水景观,清运农村垃圾8.6万吨。开展"见缝插绿、美化武义"活动,全县新增绿地3.7万亩,通过省级森林城市考核验收和省级卫生县城复审,上松线武义段被评为浙江省最美公路和金华市首批无违建公路。

县城环境空气质量二级以上天数81.6%,集中式饮用水源地水质达标率100%,宣平溪水质达标率

100%，流经县城及六乡镇街道的熟溪水质达标率100%。4个主要河段及湖库市控以上断面，达到或优于三类水质标准的占50%，满足功能区要求的占50%；全县4个地表水交接断面，达到或优于三类水质标准的断面占75%；3个出境断面，达到或优于三类水质标准的占67%。

据对城乡住户抽样调查，全县全体居民人均可支配收入22208元，增长10.2%。全县农村常住居民人均可支配收入12429元，增长11.4%；城镇常住居民人均可支配收入28126元，增长9.5%。农村常住居民人均生活消费支出9782元，增长10.2%；城镇常住居民人均消费支出21294元，增长8.4%。

年末全县在册低保对象3916人，发放最低生活保障金933.04万元。年末各类收养性社会福利单位6个，床位1522张，收养人数647人；实际医疗救助6130人，发放救助金572.56万元；发放救灾款313.6万元，救济灾民8599人；发放义务兵优待金282.2万元，自主就业退役士兵自谋职业率100%；农村五保对象集中供养率、城镇"三无"对象集中供养率均为100%。全年办理结婚登记3379对，离婚807对，依法办理收养登记34件。年末全县基本养老保险参保103109人，增长5.9%；城镇职工基本医疗保险参保71341人，下降1.3%；新型农村合作医疗参保279383人，清退重复参保23768人，参合率为97%；工伤保险参保121806人，增长4.7%；生育保险参保人数达46886人，增长13.2%；失业保险参保人数36200人，增长3.5%。城乡居民社会养老保险参保登记缴费人数114088人，参保率99%，累计发放社会养老金8178万元；被征地农民基本生活保障参保人数12400人，领取基本生活保障金6713人，共发放生活保障金3097万元。建立大病保险制度，实施自然灾害公众责任险。累计建成居家养老服务照料中心166家，命名首批"十大长寿村"，首次发放长寿保健金。

【成立民安公益救援中心】 民安公益救援中心最早雏形为2009年合法注册成立的浙中山地救援队和依托越野E族平台2011年组建的浙江越野救援队，通过几年发展，形成一支拥有自身特长的专业救援队。2013年12月，经省民政厅批准，民安公益救援中心在武义正式成立。民安公益救援中心共有350多名志愿者，在全省10个地级市都设立中队，其救援设备专业，包括越野车、水上摩托艇，以及应急发电机，能提供水陆等各方面的救援。

【"舌尖安全"系列行动】 1月7日22时到8日6时，武义县启动"舌尖安全1号"专项行动，由政府分管领导带领经济商务、公安、食药监、工商、质监、新闻媒体等部门单位115人，分3组，对全县食品安全重点区域进行突击检查。重点排查小作坊、夜宵排档、屠宰场所、菜市场等50余家，抽取豆芽、蘑菇、猪血、牛血、荸荠等26个食品样品。此次活动持续一个月时间。食安委各成员单位按照各自职责有重点地开展排查整治工作，工商部门对商场、超市、农贸市场等食品流通环节进行抽检和巡查，经济商务部门建立值班随查制度，加强生猪定点屠宰企业的监管，质监部门对食品生产加工企业加大检查力度，食药监部门加强对餐饮服务环节监管督查工作。各乡镇(街道)、各有关部门依托食品安全基层责任网格，集中时间开展食品安全大检查，严密防控，重点施治，做到排查不留死角、整治不留后患、打击不遗余力，全面清理排查食品安全风险隐患。县政府组成多个检查组对农产品、食用油、水产品、餐饮单位、食品生产企业、屠宰企业、食品流通企业、小作坊等进行再督查、再整治、再规范、再提升，为人民群众营造安全放心的消费环境。

【推出中国·梦温泉】 1月18日，武义牛头山国家森林公园，推出旅游产品"中国·梦温泉"。景区面积1300多公顷，有石门峡、天师殿、神牛谷漂流、山里人家、九仙楼等景点和服务区。牛头山景区梦温泉有室内室外泡池，其中露天泡池30多只，泡池全部玉石垒砌，温泉每天一换，夜间山体灯光和天然瀑布营造神秘动感氛围，人浸泡玉池仿佛进入神话中的瑶池仙境。温泉水采自地下680多米处，出水充沛，可保证每天冲换，牛头山温泉水温保持在30至40度之间，水质接近日本温泉，其中有益人体健康的微量元素偏硅酸非常突出。据国土资源部杭州矿产资源部监督检测中心（浙江省地质矿产研究所）2013年4月24日出具的检测报告显示，牛头山梦温泉所含有益人体健康微量元素丰富，其中偏硅酸含量达到21.20。

【推广"百灵一号"高山稻米】 浙江百灵谷科技

有限公司与浙江林业科学研究所共同研发的专利山稻米“百灵一号”畅销沪杭长三角，武义周边县市经销农副产品业主纷纷要求为“百灵一号”代理销售，更有不少农副产品种植户要求购买稻种甚至转让专利。市场售价每公斤100元的“百灵一号”，基因品质独特卓越，接近刀耕火种原始社会“野人”吃的“野稻”，在海拔五六百米乃至上千米山腰山顶都能生长，不用施肥用药和抗旱，被媒体和专家誉为“稻坚强”，是名副其实的有机大米。百灵谷科技有限公司是从2011年开始开发油茶基地的，公司在省林学院专家指导下研发出20多个山稻品种，2012年起在油茶基地因地制宜套种糯米、籼米、黑米、紫米、红米5个适应性较强的当家品种。2014年，最高亩产达到260公斤，整体突破亩产200公斤。

【获“2013浙江年度旅游发展十佳县(市、区)”称号】 3月7日，由浙江省旅游局、浙江省旅游协会和浙江日报报业集团联合举办的2013浙江旅游总评榜颁奖仪式暨“全面深化旅游改革打造浙江旅游升级办”圆桌会上。武义县获“2013浙江年度旅游发展十佳县(市、区)”称号，成为金华市唯一获此殊荣的县(市、区)。同时，浙江寿仙谷医药股份有限公司董事长李明焱和武义温泉旅游度假区还分别荣获“2013浙江年度旅游人物”和“2013浙江年度十佳度假景区”称号。“2013浙江旅游总评榜”活动是浙江全省最权威最具公信力和影响力的旅游评选活动。该活动于上年12月启动，经过3个月的公众推选、专家评委评定，最终确定总评榜榜单，内容涵盖2013浙江年度旅游发展十佳县(市、区)、年度旅游推广十佳县(市、区)、年度旅游人物和功勋人物、年度十佳导游、年度十佳度假景区、年度最具特色十佳度假酒店、年度最具吸引力旅游新业态等多个奖项。

【开展“群众观察员”监督】 在党的群众路线教育实践活动中，为做到开门搞活动，确保每个环节、每项工作都让群众参与、受群众监督、请群众评判，防止教育实践活动走过场，武义县专门组建“群众观察员”队伍，109名“群众观察员”盯牢教育实践活动全程。至3月，县“群众观察员”已提出意见建议60多条，反映群众难题105个，90%以上已解决到位。3月27日，《人民网—群众路线网》市县传真栏目，以《浙江武义百名“群众观察员”盯牢教育活动全程》为题，刊登武义县“群众观察员”做法。

【连续9年省级“平安县”】 3月，全省建设平安浙江会议暨建设平安浙江10周年纪念大会上，省委省政府表彰平安市、平安县(市、区)。武义县连续9年被省委省政府命名为“平安县(市、区)”，获得省委省政府颁发的“平安银鼎”，并被表彰2004—2013年度省级“平安创建工作先进单位”。近年来，县委、县政府牢固树立抓平安就是抓发展、抓民生、抓稳定的意识，不断拓宽平安建设领域，创新社会治理模式，深入开展基层平安创建活动，形成“上下联动、条块协同、齐抓共建、整体推进”的创建工作格局。10年来，全县安全生产事故总量、死亡人数、直接经济损失实现“零增长”，为经济社会发展营造一个和谐稳定的环境。

【施行“项目警官制”】 3月13日，为保障全县政府投资重点工程顺利建设，武义县正式全面推行“项目警官制”，即对128项政府性投资项目，公安机关按照“一个项目，一名领导，一名警官”的原则，实施“项目警官”上门走访、定期联系、跟踪服务等方式，对政府投资重点项目开展“一对一、点对点、面对面”的“保姆式”服务。通过创新工作方法，打击强揽工程、强行阻工、强收恶要等“三强”违法犯罪行为，促进重点项目健康、优质、高效、快速推进。

【莲子生产获QS认证】 4月，武义县牛头山农业开发有限公司通过省质监总局验审，获得“莲子生产QS认证”，意味着该公司生产的“贡品宣莲”将可实现自由进出各大正规超市、卖场乃至出口。“QS认证”，即全国工业产品生产许可证。牛头山农业开发有限公司是金华市第一家，也是唯一一家获得QS证书的莲子生产企业。牛头山农业开发有限公司创办于2013年3月份，按照国家莲子生产相关标准，公司建设有贡品宣莲加工生产线，以及原料基地200多亩，并依托周边农户现有的300多亩宣莲种植基地，实施“市场十公司十合作社十基地十农户”的扶农助农发展新模式，对莲子产品实行统一品牌、统一认证、统一加工包装、统一检测、统一销售，年加工能力达100吨。

【成思危考察旅游文化建设】 5月1日上午，全国人大常委会原副委员长、著名经济学家成思危到武义县考察旅游文化建设。成思危一行实地考察俞源、悦园,并专程参观叶一苇艺术馆。成思危对武义县优美的自然风光和深厚的人文积淀给予高度评价。他说,武义历史文化底蕴深厚,拥有丰富的生态旅游资源,要依托良好的生态,加快全域景区建设,深化旅游综合改革,努力把旅游文化产业做大做强,打造武义旅游金名片。

【县看守所评为"全国一级看守所"】 2014年3月,县看守所被公安部评为"全国一级看守所"。5月29日,县公安局举行县看守所40周年安全无事故暨"全国一级看守所"授牌仪式。市委常委、县委书记钟关华,省公安厅监管总队总队长伍建利,县委常委、常务副县长扬霄雁,县委常委、公安局长胡海峰,县人大常委会副主任王继刚参加仪式。仪式上,伍建利代表公安部授予县看守所"全国一级看守所"奖牌,代表省公安厅授予县看守所"40年安全无事故监所"奖牌。2013年11月,公安部考核组来到武义县,通过查台账、看设施、调阅监控、抽查档案、询问被监管人员等方式,对县看守所各项工作进行全面考核。

【残疾人医保】 武义县积极关注残疾人生活,推进扶残助残各项工作。5月,县政府出台政策,从2014年开始对残疾人参加城乡居民医疗保险将全部由县财政"买单"。2014年,全县预计补助人数5500人,补助金额253万元。

【举办寿仙谷第二届亚洲杯桥牌锦标赛】 6月13日,寿仙谷第二届亚洲杯桥牌锦标赛拉开战幕。这是武义县迄今为止承办规格最高、规模最大的赛事。世界桥牌联合会主席加纳里戈·罗纳,世界桥牌联合会副主席蔡国雄、马扎尔·杰弗瑞,亚太桥牌联合会主席陈凤翎,中国桥牌协会常务副主席范广升,中国桥牌协会副主席陈泽兰,金华市委副书记、市长暨军民,浙江省新闻出版广电局局长、浙江省桥牌协会主席寿剑刚等出席开幕式。开幕式由国家体育总局棋牌运动管理中心桥牌部主任王效锋主持。本届比赛由亚太桥牌联合会主办,中国桥牌协会、金华市体育局、武义县人民政府承办。本届比赛共有来自中国、韩国、日本、新加坡、澳大利亚、新西兰等14个国家和地区的55支队伍、376名运动员参赛。比赛分男子组、女子组、老年组、青年组、少年组、女子青年组等6个组别。比赛于13日下午开始,22日晚上全部结束。中国队参加6个组别的比赛。青年双人赛的冠、亚、季军分别为Jamie Thompson、Stephen Williams,赵冰、吴骐灏,Hitoshi Tanabe、Hirokana Yuge。公开双人赛冠军由王效锋、王伟获得,亚军是颜崇妙、倪君政,季军是Rod Dravitzki、Blair-Fisher。中国青年女子队获青年女子团体赛冠军,中国香港青年女队获亚军,中华台北队获季军。新加坡队获少年团体赛冠军,中国队获亚军,中华台北队获季军。中国青年男队获青年男子团体赛冠军捧得武义杯,中华台北队获亚军,中国香港队获季军。印度尼西亚队获女子团体赛冠军捧得慈城杯,澳大利亚队获亚军,中国女队获季军。印度尼西亚队获老年团体赛冠军夺得金华杯,澳大利亚队获亚军,中国老年队获季军。公开团体赛冠军奖杯宁波杯由新加坡队获得,亚、季军分别为印尼队和日本队。

【"全国计划生育优质服务先进县"】 7月,国家卫生计生委公布通报,授予武义县"全国计划生育优质服务先进单位"荣誉称号(金华唯一)。2013年以来,该县积极完善各项管理制度,加大硬件设施投入力度,全面提高计生服务水平,加大政策惠民力度。累计共投入计生事业经费2054.43万元;扶助人数2572人,扶助金额247.2万元,落实率达100%;利益导向政策落实率和免费计划生育基本服务落实率均达100%。

【首批"武义长寿村"】 8月,武义县政府命名"武义十大长寿村""武义长寿村提名"。这是武义县有史以来首次政府对长寿村进行命名。经县旅游委员会、县老龄委办公室、县新闻传媒中心和江南养生旅游文化研究院联合探访,通过对全县各建制村老年人口进行统计分析,由新闻记者、作家、诗人、画家、摄影家等组成的探访组,开展乡村自然生态、人文环境、民风民俗、生活习性、养生特色等实地探研,综合长寿人口的整体性、持续性、代表性、历史性,以及良好养生环境的一贯性和养老照料中心服务状况等情况,县政府命名白洋街道石井口村、度假区郭洞村、柳城畲族镇新塘村、新宅镇大莱村、王宅镇上四保村、桃溪镇上江村、俞源乡俞源村和凡岭脚村、坦洪乡赵村、大溪口乡山下鲍村为"武义十大长寿村";壶山街道后舍村、柳城畲族镇皮子源村、泉溪镇刘宅村、大田乡徐村和岭下汤村、白姆乡白姆村、坦洪乡洪村和上陶村、西联乡马口村、三港乡周源村等10个村为“武义长寿村提名”。

【桐琴入选全国重点镇】 8月,住建部、国家发改委等7部委共同发布最新一批全国重点镇名单,其中,金华有14个镇入选,武义县桐琴镇榜上有名。近年来,桐琴镇以发展工业经济为突破口,充分发挥“洼地”效应,吸引发达地区的资金、技术、人才,实现工业强镇的目标,并带动周边区域经济发展。2013年,全镇实现工业总产值140亿元,实现财政收入3.81亿元,共有工业企业485家,其中产值超亿元企业23家。在加快推进工业化的同时,桐琴加强城镇基础设施建设,工业化和城镇化呈现比翼双飞局面。近几年,桐琴先后新建宽70米的五金大道、宽36米的凤凰大道和永武二线、宽70米的五凤新线,拉开“两纵两横”的交通大框架。同时重点推进五金大桥和江北大桥两座跨武义江大桥的建设,拉开江北区块“两纵两横”的道路框架。在老镇区则结合“三改一拆”进行五金大道、琴苑路的整治提升,使桐琴地处“永武缙五金产业”和“金华汽摩配”两大产业集群交集腹地的地位更加凸显,为桐琴实现二次跨越赢得“天时、地利、人和”的优势。为加速推进中心镇建设,2014年,该镇又确定建造江北大桥及延伸道路、湿地公园二期、赵宅旧村改造、江南城防绿化、牛拉泉人才公寓项目、江北城防及沿江景观项目等二十项重点工程,明确十项重点工作。各项重点工程和重点工作顺利推进。

【开展民生大篷车活动】 2013年以来,武义县创新推出以“送服务上门”为方式的“民生大篷车”活动。根据群众的诉求,该县整合48个机关部门500余人,打造群众家门口的“便民服务中心”,深入农村基层面向群众开展以“送政策、送法律、送科学、送文化、送技能、送项目、送温暖、送服务、送健康、送平安”民生十送活动。至2014年9月,“民生大篷车”活动走遍全县544个建制村,累计直接服务群众16万余人次,发放各种政策资料21余万份,现场咨询解答1.5万多人次,解决现实问题1578个,走访、慰问、帮助困难群众8800多人。该活动被授予浙江省“阳光民政”十大品牌项目,新华社等新闻媒体对此做专题报道。

【群众反映问题“清零不积压”】 武义县在教育实践活动整改落实工作中推出一项举措,对群众反映强烈的问题建立整改工作台账,办好一件,回复一件,销号一件,办理情况每天自查“清零”,确保件件抓落实。坚持“问题不过夜、清零不积压”,紧盯突出问题,推动整改落实兑现承诺。至9月份,全县党员干部共销号解决群众反映强烈问题4344件。县领导带头,当好整改示范表率。县委常委会梳理严格政治纪律、密切联系群众等5个方面38项整改内容、47条整改清单。逐项落实责任人,制定任务书、时间表、路线图。针对各乡镇(街道)上报的群众急事难事,补充梳理39条群众反映强烈的需要县委、县政府解决的难点问题。建立“县级领导、责任单位、基层单位”联动破难机制,上下形成整改合力。一大批成因复杂、历史遗留的难点问题被成功化解。全面排查梳理信访疑难问题,包案化解31件牵涉面广、问题突出的重点疑难复杂信访积案。由省市县及省委督导组交办的58件信访积案,至9月已化解41件。乡镇(街道)干部累计走访农户10.3万户,理出“4张清单”问题1438个。还专门从群众反映的问题中梳理聚焦发展的共性问题,及时制定解决措施。为确保解决群众难题和整改落到实处,武义县强化督查,督促各单位公开晾晒“整改清单”,在媒体上公开全县部门和乡镇(街道)的348条次重点问题整改情况,把每一项问题解决的具体责任、工作措施、完成时限亮给群众。县委督导组采取抽查、暗访、直接听群众反映的办法加强督导,督促各督导单位及基层党组织按要求抓好整改和公示等工作,每周通报各单位解决群众难题和整改落实工作进度。

【举办中国武义第八届温泉节暨第五届国际养生博览会】 10月18日上午,中国武义第八届温泉节暨第五届国际养生博览会在武义展览中心隆重开幕。本届温泉节暨养博会分“序幕篇、经贸篇、旅游篇、文化篇、运动篇”五大篇章,共20项活动,全面展示武义丰富的旅游资源和良好的投资发展环境,着力为国内外养生企业、专家学者搭建交流、展示和合作平台。国际养生博览会设特装展位10个、标准展位295个,养生产品数千种,汇聚国内外参展商285家,其中绿色、有机、无公害食品和地理标志产品参展商70多家。展会还吸引2000多家网商、电商及专业协会采购商入场采购。会上,中国生态学会旅游生态专业委员会授予武义县“全国生态旅游示范县”。

【开通8890便民服务平台】 10月30日,武义县8890便民服务平台开通。8890是金华市委、市政府向全市人民推进精细服务的政府公益信用平台,为市民提供咨询、求助、投诉等非应急社会管理类服务。根据市委、市政府统一安排,武义县全额投资搭建武义8890便民服务平台,实行统一号码、统一标识、统一要求、统一平台。武义8890便民服务平台整合党政资源、市场资源和社会服务资源,将98个部门和下属单位的工作职责、服务热线及公共服务信息整合录入平台数据库,并无偿邀请社会各类服务企业(机构)加盟,共同打造服务大平台。

【培养乡村经纪人】 近年来,为解决农产品?“销售难”的问题,鼓励下岗失业人员、返乡农民工从事农村经纪行业,武义县重点培育一批有精明商业头脑、善于捕捉市场信息的产业带头人,跑活乡村经济。为规范发展农产品经纪行业,专门成立县农民专业合作社联合会暨农产品经纪人协会,多层次开展职业技能鉴定培训。农产品经纪人培训班邀请金华职业技术学院讲师和具有实践经验的经纪人授课。同时,还成立农产品预警分析师队伍,对粮油、茶叶、蔬菜、畜牧和水果等多种类农产品进行全面监测和预警分析,帮助农村经纪人及时掌握市场需求。还提供多项优惠政策,在规范运作、市场营销、商标广告战略等方面提供建设性扶持,不断完善“经纪活农”机制,形成“龙头企业+商标+经纪人+农户”“协会+商标+农户”等协作关系。县市场监管局开辟登记注册“绿色通道”,对从事农产品流通的经纪人继续实行低门槛准入。县工商联积极开展农超对接活动,为全县农村经纪人牵线搭台,组织农村经纪人骨干走进昆山、苏州等武义超市聚集城市,让更多本地农特产品通过武义超市俏销四方。到2014年底,全县共扶持培育农村经纪人2000多人,发展农民专业合作社近600家,带动7000多户村民创业增收,年贩销各类农产品达4亿多元。

【泉湖电镀集中区建成投运】 截至11月11日,集聚在武义县泉湖电镀集中区的15家电镀企业有13家投入生产,另外两家也在紧张安装设备,年内将投入生产。近年来,随着武义县五金机械、文教旅游休闲用品、汽摩配等行业快速发展,与之相配套的电镀行业也跟着扩张。但因布局不尽合理,加上设备老旧,生产工艺落后,重金属排放污染周边环境和水体。根据省、市对电镀行业污染整治的统一部署和“五水共治”工作的要求,该县对电镀生产企业进行调查摸排,按照“提升一批、搬迁一批、淘汰一批”的整治目标,全面开展电镀行业污染整治提升工作。同时投资3亿元在泉溪镇划出150亩土地,新建武义县泉湖电镀集中区,把分散在全县5个乡镇(街道)的18家电镀企业集中到园区,并委托浙江省环境保护科学设计研究院编制《武义县电镀产业布局及整治规划》,在园区统一建设污水处理中心、雨污管网等基础设施项目。在泉湖电镀集中区建设过程中,对入驻园区企业严格把关,对原有18家电镀企业淘汰关停2家,合并1家,留下15家搬入园区提升改造。15家企业新建厂房总面积14.55万平方米,淘汰所有老旧设备,引进150多条自动化程度较高的电镀生产流水线,实现15家电镀企业集聚生产、废水统一排放。

【全省首家县级教师疗休养基地落户武义】 11月18日,浙江省教师疗休养基地签约落户武义,成为全省首家县级教师疗休养基地。省教育工会主席李逸凡、副主席陈勇,副县长李杨勇出席签约仪式。省各高校工会主席、副主席,县旅委、教育局、总工会、教育工会负责人参加签约仪式。全县共有16家旅行社,其中6家三星级品质旅行社,156家各类主题农家乐、11个乡村旅游特色村,多家温泉度假酒店和星级特色酒店。近年来,先后荣获中国温泉养生生态产业示范区、全国生态旅游示范县、浙江省十大养生福地等荣誉称号。

【武义县获评“世界养生旅游胜地”】 11月,2014世界养生大会在杭州召开。会上,武义县获评“世界养生旅游胜地”,是大会唯一获此殊荣的城市。2014世界养生大会,由联合国千年发展目标健康生活中国行工作委员会、世界养生委员会、杭州市人民政府、杭州西湖国际博览会组委会联合主办。本届养生大会倡导科学生活、健康养生,来自世界各地20多个国家和地区的领导、专家、企业家2000余位嘉宾齐聚一堂,就养生文化传承、海内养生行业近况及健康财富抱团合作发展等交流研讨。原卫生部常务副部长孙隆椿、原卫生部副部长殷大奎、杭州市副市长张建庭出席开幕式。

【骆驼九龙黑茶获2014第七届茶品牌“金芽奖”】 11月19日,在广州举行的2014第七届“金芽奖·陆羽奖”中国茶品牌与杰出茶人颁奖典礼上,浙江武义骆驼九龙砖茶有限公司“骆驼九龙”品牌获得中国黑茶最具竞争力品牌。这是浙江省黑茶品牌首次荣膺该奖项。“金芽奖”在业界素有中国茶行业品牌“奥斯卡”的美誉。整个评审过程需要近2个月时间,要针对产品质量、销售量、知名度及消费者评价等内容进行综合考量,因此获奖难度很大。浙江武义骆驼九龙砖茶有限公司,始创于1985年,前身为武义县砖茶厂,是全国25家边销茶定点生产企业之一。通过30年的发展,该公司的“骆驼九龙”“峡雾”系列黑茶成为黑茶行业响亮的品牌,销售量居全国行业前列。公司积极拓展内地市场的经营策略,建立完善的质量安全保障体系,率先在边销茶行业通过QS认证、HACCP认证、ISO9001质量管理体系认证。组建黑茶研究平台及创新团队,成立省级科研机构——“浙江骆驼九龙发酵茶研究院”,与中华供销合作总社杭州茶叶研究院、浙江大学、中国农科院茶叶研究所、湖南农业大学等高校院所建立产学研合作平台,广泛开展黑茶相关技术的研究与开发。2009年建成40000平方米的现代化的标准化厂房,引入“年产5000吨的边销茶生产流水线”“年产300吨的高端黑茶生产流水线”,实现黑茶的清洁化、自动化、标准化的生产。实现对边销茶产品从茶叶种植、黑毛茶初制、精深加工、贮藏、销售全程的控制,使产品品质稳步提高。公司利用本地生态优势,采用高山春茶原料,相继研发“红黑一品”“黑一品”“金花茯茶”“墨之缘”“荷韵黑茶”“荷韵茯茶”等一系列价格从每斤几十元到上千元产品,适合不同消费人群需求。近年来,骆驼九龙黑茶在内地市场,高端黑茶网点在不断增加。骆驼九龙公司先后在武义、金华、杭州、东阳、嘉兴等地开设多家直营店、加盟店。在北京、上海、广州、西安、兰州等大城市也均有代理销售。同时,积极开展电商模式的探索,在阿里巴巴、淘宝等网站上均有公司网点,同时利用微博、微信等网上推广模式,对公司进行广泛的宣传,提升公司知名度,线上线下互动营销。

【谢恬获2014吴阶平医药创新奖】 杭州师范大学武义籍教授谢恬获得2014年度吴阶平医药创新奖。12月,被誉为中国医药学界“诺贝尔奖”的“吴阶平医学奖”颁奖大会在广东中山市举行,吴天一、戴尅戎两位院士获得今年的吴阶平医学奖;宁光、高月、谢恬则获得吴阶平医药创新奖。2012年开始,为进一步弘扬吴阶平院士的高尚医德和治学精神,吴阶平医学基金会决定在吴阶平医学奖下增设吴阶平医药创新奖。吴阶平医药创新奖主要奖励年龄在55岁以下,在医学、药学研究和应用领域取得突出成就的优秀中青年医药工作者,每年评出2~4名获奖者。内分泌与代谢病专家宁光教授、中药药理学专家高月研究员以及杭州师范大学生物与健康研究中心主任谢恬教授获得此殊荣。谢恬教授从事中西医结合转化医学、中药学、制药工程、绿色化学等工作三十多年,主持完成国家“濒危珍稀药材铁皮石斛人工繁育及铁皮枫斗系列制剂高技术产业化示范工程”和“榄香烯系列抗肿瘤药物高技术产业化示范工程”及国家自然科学基金、国家重大新药创制等二十多项。提出“分子配伍”理论研发新药,研发新药十多个,获美国、中国发明专利三十多项,发表SCI论文三十多篇。主持完成“榄香烯脂质体系列靶向抗癌天然药物产业化技术及其临床应用”获国家科技进步二等奖,设计建成全世界第一条脂质体靶向抗癌药物产业化生产线,比美国早4年。经历二十多年研究及产业化,榄香烯脂质体系列靶向抗癌天然药物已开花结果,临床研究及循证医学评价证实榄香烯注射液(脂质体)和榄香烯口服乳(脂质体)对肺癌、脑癌、消化道肿瘤、骨转移癌、乳腺癌、鼻咽癌等癌症安全有效,产品出口东南亚,上市后榄香烯注射液和榄香烯口服乳已使国内外70多万癌症患者受益。

【户籍改革试点工作】 8月,武义县被金华市政府确定为户籍管理制度改革试点县。县委县政府积极开展各项准备工作,稳步推进农村三项确权改革,加快制定相关配套政策。期间,制定户籍管理制度改革方案;修改户口迁移暂行规定,充分做好户籍信息数据备份准备工作;加强新居民管理,推进基本公共服务由户籍居民向新居民拓展;开展全县户口清理整顿工作;有序推进农村三项确权改革工作;全面展开相关配套政策的梳理。

【“掌上武义”上线运行】 12月18日,“掌上武义”APP新闻资讯手机客户端上线试运行,标志着武义县首个无线领域的信息集散交流平台建立。“掌上武义”是武义县委、县政府和新华社共同打造的手机客户端,是武义县新闻传媒中心继《今日武义》、武义新闻网、武义手机报后推出的面向手机用户的一大新媒,是集新闻资讯与生活服务于一体的无线终端。只要拿出手机,动动手指,就能解发生在身边的趣事、乐事、新鲜事,第一时间掌握武义及天下最新资讯,尽情享受智慧生活。“掌上武义”?设有新闻资讯、生活服务、社区社交和政务政情四大平台,有10多个内容版块。

【楼王村被评为“淘宝村”】 桐琴镇楼王村被阿里巴巴集团评为“淘宝村”,实现武义县“淘宝村”零的突破。近年来,楼王村积极培育农村电商发展,依托桐琴五金产业平台,引导农村青年开展网络销售,形成一批具有较强竞争力的电商销售群体。目前,楼王村村民在淘宝、天猫等平台开设网店31家,主打产品有电动工具、保温杯、雨伞、拖把等,年销售额在百万元以上的有9家,其中交易额最高的已突破800万元。通过上网创业,不少人成当地致富带头人,并直接或间接带动该村及周边农村劳动力就业500余人。

【延福寺修复工程启动】 12月29日,武义县延福寺修复工程启动。史书记载,五代时期后唐天成二年(927年),桃溪镇福平山始建“福田院”。南宋淳熙甲午(1174年)扩建寺院,更名延福寺。元延祐四年(1317年)再次修葺,建成宏大完整的禅宗伽蓝式寺院。此后,高僧辈出,香火代兴,为婺处两州的佛教中心。明正统、景泰年间,浙闽地区爆发矿工起义,延福寺“官兵往复、毁宇为薪,存者无几”,幸存宋貌元构大殿,为江南现存三大元代建筑之首,属稀世珍品,1996年11月被国务院公布为全国重点文物保护单位。此次修复将做好保护工作,传承文脉,重现延福寺宋元鼎盛时期风貌,把延福寺打造成为高标准的古建筑保护典范。延福寺修复工程工期为2–3年,预计2017年底前完成。

(周云芳)

磐安县

【概述】 2014年,磐安县行政区域面积1194.74平方公里。年末全县户籍人口211921人。其中,男109715人,女102206人。

2014年全县实现生产总值(GDP)73.64亿元,按照可比价计算,同比增长7.8%。第一产业增加值10.61亿元,增长2.8%。第二产业增加值36.87亿元,增长7.4%。在第二产业中,工业增加值28.82亿元,增长7.5%;建筑业增加值8.05亿元,增长7.1%。第三产业增加值26.16亿元,增长10.3%。在第三产业中,交通运输仓储和邮政业、批发零售业、住宿餐饮业、金融业、房地产业增加值分别为0.71、5.74、1.29、4.10、3.77亿元,分别增长7.7%、10.6%、8.6%、17.5%、7.4%(参见下表)。全县人均生产总值达到34877元,折合5678美元。第一、二、三产业增加值占生产总值的比重由2013年的14.8:50.3:34.9调整为14.4:50.1:35.5。

全年完成农林牧渔业总产值15.54亿元,剔除价格因素(下同),比上年增长2.7%。其中,农业产值12.58亿元,增长6.1%;林业产值1.45亿元,下降0.6%;畜牧业产值1.30亿元,下降19.5%。全年农作物播种面积26.10万亩。其中,粮食播种面积12.43万亩,同比增长1.5%;粮食总产量3.96万吨,增长1.5%。全年中药材种植面积6.76万亩,实现产值5.08亿元,增长3.1%;食用菌产值2.33亿元,增长9.0%;茶叶种植面积7.81万亩,实现产值1.44亿元,增长22.7%;蔬菜种植面积4.66万亩,实现产值1.34亿元,增长5.9%。全年生猪出栏4.74万头;蚕茧产量104.3吨,减少19.1%。完成土地流转4000亩,命名了第二批9个农业休闲观光采摘园。成功创建“中国茶文化之乡”“中国高山茭白之乡”。成功举办第八届药交会和浙江省首届药膳大赛。以农村生活污水治理为龙头,推进秀美乡村建设。216个村完成工程设计,150个村完成施工招标,111个村开工建设;埋设管网5.2万米,总投资7060万元,新增受益农户6200户。结合“三改一拆”,拆除危旧房10.5万平方米,转移安置834户。盘峰乡榉溪村通过省农房改造示范村验收,并列入全省美丽宜居典型。

全年完成工业增加值 28.82 亿元，按照可比价计算,比上年增长 7.5%,工业增加值占 GDP 的比重为 39.1%。全县 128 家规上工业企业完成产值 74.40 亿元,同比增长 2.7%;实现销售产值 67.77 亿元,增长 1.4%。其中,出口交货值 19.84 亿元,增长 1.4%。产值超亿元的企业达到 19 家。全县规模工业实现利税总额 4.48 亿元,同比增长 6.5%。全部工业用电量 2.37 亿千瓦时,同比增长 8.0%。平台建设。完成土地平整 800 亩,基础设施投入 1.5 亿元。盘活低效闲置用地 544 亩。“十大工业技改项目”完成投资 1.44 亿元,“十大工业在建项目”完成投资 2.72 亿元。全县引进内资 12.55 亿元,同比增长 24.6%。完善企业难题征集交办机制,征集难题 306 个,办结率 92.4%,满意率 82.7%。创新金融服务,发放应急周转金 7.39 亿元,惠及 77 家企业。建筑业。全县完成建筑业增加值 8.05 亿元，同比增长 7.1%。房屋建筑施工面积 1625.42 万平方米,建筑业总产值 132.85 亿元。房屋竣工面积 563.11 万平方米,竣工产值 93.92 亿元。施工总承包一级资质建筑企业 8 家,二级建筑企业 11 家;专业总承包二级建筑企业 5 家。

全年完成固定资产投资 48.48 亿元，同比增长 16.5%。其中,房地产投资 5.21 亿元,增长 3.2%;基础设施投资 20.86 亿元，增长 14.8%；工业投资 21.15 亿元,增长 10.9%。在工业投资中,制造业投资 18.05 亿元,增长 4.9%。房屋施工面积 58.40 万平方米,商品房新开工面积 22.11 万平方米，商品房销售面积 7.10 万平方米,商品房销售额 3.99 亿元。

全年实现社会消费品零售总额 25.35 亿元,增长 13.2%。实现商品销售总额 48.84 亿元,同比增长 16.4%。金磐开发区、新城区、工业园区电商创业园相继开园,磐安县入选电子商务全国百强县。全年完成进出口总额 3.81 亿美元,同比增长 7.5%。其中,出口额 3.68 亿美元,增长 5.8%。实际利用外资 70 万美元,同比增长 79.5%。

交通基础设施建设加快。途经磐安的金台铁路项目建议书已批复，进入可行性研究报告审查阶段,全县境内长 19.77 公里,计划投资 15 亿元。42 省道(下葛–潘潭)、40 省道(沙溪口–冲背)、磐新线(窈川–万苍)三大干线公路路基工程基本完成。杭绍台高速公路项目完成前期工作,全县境内主线长 2.4 公里。G351 国道(金义东磐)磐安段改造项目建议书编制基本完成。高二、盘峰、维新旅游道路规划完成文本编制,计划投资 3000 多万元。

全年完成邮电业务总量 1.44 亿元。其中,邮政业务总量 0.19 亿元,电信业务总量 1.25 亿元(含电信、移动、联通)。年末固定电话用户 2.77 万户,移动电话用户 20.24 万户,国际互联网用户 4.05 万户。

编制完成《磐安台地乡村休闲养生旅游示范区建设规划》。投资亿元以上的云山“浙中疗养度假中心”、高二“幸福里”项目开工建设。央视《地理中国》播出两集磐安旅游专题片。省文联电影家协会将磐安县设立为“浙江省原生态电影创作基地”。农家乐发展势头良好,累计发展农家乐 320 家、床位 6680 张、餐位 23030 个,全年接待游客 149.85 万人次,直接营业收入 6664 万元，游客购物收入 1007 万元。2014 年，全县接待游客 526.9 万人次，同比增长 31.8%;实现旅游总收入 26.41 亿元,增长 46.7%。

全年财政总收入 11.05 亿元，同比增长 16.8%。其中,公共财政预算收入 6.01 亿元,增长 15.6%。公共财政预算支出 18.96 亿元,增长 8.0%。全县民生支出 13.46 亿元,占公共财政预算支出的 71.0%,同比增长 19.6%。

全县金融机构存款余额 128.68 亿元,同比增长 16.0%。其中,储蓄存款余额 61.55 亿元,增长 8.1%。全部金融机构贷款余额 105.68 亿元,增长 21.5%。其中,短期贷款 88.77 亿元,增长 17.3%。浙江泰隆银行磐安小微专营支行正式开业。全县各类商业银行已达 9 家。

2014 年教育投资 6590 万元。文溪小学一期工程、尚湖中心幼儿园、深泽小学改扩建一期工程、玉山小学学生宿舍楼交付使用。磐中图书综合楼、二中改扩建二期的教学楼和学生宿舍楼即将交付使用。磐安四中、新城中学开工建设。中小学校维修改造项目 48 个,年度总投资 1270 多万元。义务教育发展基本均衡县通过评估验收,创建省标准化学校 12 所。年末全县拥有各级各类全日制学校 29 所。其中,小学 15 所,在校学生 1.23 万人,小学适龄儿童入学率达到 100%;初中 11 所,在校学生 0.62 万人,初中适龄少年入学率达到 100%;高中 2 所,在校生

3123人;职高1所,职业高中在校生1601人;初中毕业生升入高中段学校比例为98.32%。全县学前儿童入园率为99.01%。

组建"磐安技术市场有限公司",实现科技服务社会化运作。科技项目立项34项(其中国家级5项、省级26项、市级3项)。科技创新奖励408.35万元,同比增长48.87%。申报国家高新技术企业4家,2家复审公示。专利申请量660件(其中发明114件、实用375件、外观171件);专利授权量603件(其中发明9件、实用375件、外观219件)。

新增浙江省名牌1只,复评1只;金华市名牌复评4只。成功创建省级农业标准化综合示范县,标准化生产程度达60%以上。全县首个联盟标准《磐五味中药材联盟标准》发布实施。主导制定洗车配件用品(便携式节水洗车器)行业标准1个,参与制定行业标准2个。《城镇卫生保洁服务业标准化项目》成功获批全国首批社会管理和公共服务综合标准化试点项目。

茶文化博物馆完成安防技防和场外景观改造等工程,免费接待游客6.2万人次。投资200多万元为4个文化站、15个文化示范村添置文化设施。送戏下乡161场次、送电影下乡2500场次、送培训191场次、送讲座115场次、送展览148场次。成功举办首届农民艺术节,历时8个月,参与创作演出农民达3000人次,观看人数15万人次。完成《磐安传统印染技艺》和《土索面加工技艺》的文本、图片和音像的制作。"国家级非物质文化遗产"申报项目《祭孔典礼》通过省文化厅审定。首次举办"非遗"实物展和照片展。盘峰乡"婺州南孔宣传展示基地"成为市级非物质文化遗产宣传展示基地。中央电视台《地理中国》播出在磐安拍摄的《炼火》。引进横店影视城多厅影院并正式营业。引进2家影视企业,在磐拍摄电影10多部,其中"梦回古村"纪录片获省"五个一工程奖"。

县体育健身中心基本完成一期主体工程。磐安中学、实验小学体育场馆设施实行节假日向群众开放。成功举办磐安县第七届运动会30项比赛,举办5项全县全民健身日等大型活动。

创建"卫生强县"。启动中医药养生园暨县中医院整体搬迁项目。县级公立医院改革,开展分级诊疗试点,健全省市县乡四级合作办医、县属医院与基层卫生院结对机制,县域内就诊率达到72.5%。

全年建设绿地1167亩、道路绿化26.4公里、县城周边山体林相改造2500亩。完成森林抚育1.7万亩。新建油茶、香榧等经济林3800亩,新发展林下经济3000余亩。成功举办2014浙江磐安森林旅游节暨第二届浙中杜鹃花节,占地3000余亩的六十田天然阔叶林(位于园塘林场)获"浙江最美森林"称号。启动七仙湖省级湿地公园一期项目建设。国有林场改革实施方案通过县政府批准,建成全国首个香榧电子交易平台,新增市级林业龙头企业2家。林权流转1万余亩,累计发放林权抵押贷款达2.81亿元。

创建36个市级生态村,申报国家级生态文明建设示范乡镇试点(尖山镇)。完成磐安县生态功能区规划调整修编工作,开展环境功能区划编制工作;起草《农村环境卫生综合整治长效管理实施意见》。"五水共治",科学编制系列治水规划,实施乡镇治水三重考核,完成畜禽养殖场、采制砂场、企业污染等治理任务;农村生活污水治理年度任务全面完成;6个县际交界断面水质合格率100%。新增海螺山顶、管头村等6个PM2.5空气自动监测站,建立磐安环境空气质量发布平台,实时发布10个站点的PM2.5数据。完成治理淘汰黄标车工作。全县空气质量优良率达到95.3%,县城区域噪声监测平均值达到Ⅰ类居住区标准。

2014年,规模以上企业综合能源消费量5.33万吨标准煤(等价能耗),万元等价综合能源消费量0.0717吨标准煤,同比增长10.08%。

"三改一拆"工作以"无违建乡镇(村居)"创建为载体,争创省"无违建县"。全县共拆违59.2万平方米,完成旧住宅区改造44.2万平方米、旧厂区改造3.4万平方米、城中村改造5.8万平方米。保障房项目建设有序推进,建成新兴街、龙山安置小区5.95万平方米。实施新兴街主干道、公共自行车二期建设,新建临时停车场2个,新增停车位240个。

人口保持低速增长,全年出生1941人。其中,男1006人,女935人;死亡1280人。人口自然增长率3.13‰。

2014年全县居民人均可支配收入18663元,同比增长11.0%。城镇常住居民人均可支配收入27600元,同比增长10.1%;农村常住居民人均可支配收入12138元,同比增长12.2%。

人力资源和社会保障工作,开展“春季企业用工服务月”活动,举办10场招聘会,参与企业484家,达成就业意向3639人。新增城镇就业1098人,城镇登记失业率为2.64%。首批18名无房高层次紧缺人才拎包入住人才保障房。108名企业人才申报中、高级职称,培养高技能人才308名,完成职业技能鉴定2586人。全年办理被征地农民转职工养老保险1.44万人。年末全县城乡居民养老保险参保人数达7.03万人,城乡居民医疗保险参保人数18.13万人;职工养老保险参保人数4.88万人,职工医疗保险参保人数2.88万人。办理劳动争议和欠薪案件96件,为744人追回工资1234.4万元。

核定2014年城乡低保对象3889户5648人,及时发放低保资金1756万元。从11月1日起,提高城乡居民最低生活保障月标准:城镇居民由432元提高到488元,农村居民由300元提高到352元。敬老院在院老人月保障标准由450元提高到500元。简化社会救助申报程序,实现县乡两级联网审批。对1376人次困难群众发放救助金513.52万元。出台《磐安县居家养老服务照料中心建设、运行考核办法》。89家居家养老服务照料中心完成建设。县福利中心开业运营。提高优抚对象抚恤和生活补助金标准,发放优抚金538.4万元。

推行社会稳定“三色预警”机制,全面落实矛盾纠纷排查化解、治安防控、公共安全等责任制,及时化解一批历史性积累性难题。开展安全生产、食品药品安全等专项整治,防范和减少各类事故发生。健全网格化组团式的平安建设体系。发挥县级专业调委会、乡镇服务管理中心和村居(企业)调解组织的作用,加强特殊利益群体和重点人员稳控,推动社会治理向末端延伸。落实重大决策和重大项目社会稳定风险评估机制,健全涉法涉诉信访依法终结制度,完善矛盾纠纷常态化排查化解、领导包案、带案下访等制度,把各类涉稳隐患及时化解在当地、消除在萌芽状态。全面推进基层依法治理,完善基层民主制度,深化平安创建活动,健全矛盾纠纷化解机制,维护人民群众的合法权益。

【磐安获评全国生态文明先进县】 2014年4月13日,第四届全国生态文明建设发展论坛暨全国生态文明先进县(镇)成果发布会在北京举行,磐安被评“全国生态文明先进县”。

【磐安获“中国高山茭白之乡”称号】 2014年8月18日,磐安举行高山茭白产销对接会暨“中国高山茭白之乡”授牌仪式,中国蔬菜流通协会会长戴中久为磐安授牌。磐安有高山茭白种植面积2.1万亩,产量3万吨,产值1.1亿元,占蔬菜总产值的64%,玉山台地成为全国最大的连片高山反季节茭白基地。

【磐安获“浙江省森林城市”称号】 2014年1月19日,在全省“关注森林”工作会议上,磐安被正式授予浙江省森林城市荣誉称号。县委副书记、县长陈蕾妍代表县委县政府接受省政协主席、关注森林组织委员会主任乔传秀授牌。

【羊耀周当选“浙江骄傲人物”】 2014年1月16日,“最美浙江人——2014年度浙江骄傲人物评选”活动颁奖典礼在杭州剧院举行,磐安助人为乐的卖菜老人羊耀周当选2014“浙江骄傲年度人物”。羊耀周靠在安文西山林场荒废的五亩山地上种菜为生,住着简陋的泥墙屋,吃着粗茶淡饭,穿着几十年前的旧衣服,每天挑着担子往返十多里山路卖菜,他将自己种菜卖菜所得的微博收入用来资助贫困大学生,他已经资助了5名大学生重新走进校园。

【磐安出台扶持影视文化产业发展政策】 2014年12月3日,磐安出台《磐安县人民政府关于扶持影视文化产业发展的若干意见》,《意见》明确:凡落户磐安的影视文化企业,从注册之日起可享受10年的财政奖补政策,对租用办公场所且处于正常营业的,给予租金补助;对地方财政有贡献的影视文化企业,最高可奖励30万元;对参加省级以上影视展会的影视文化企业,经文化、财政部门报备审核,给予展位费50%的补助;影视文化企业全程在磐安拍摄的电影、电视剧、纪录片等影视作品,并在院线上映及在中央电视台一、六、八套首播,最高奖励60万元,如果该影视作品获得国家“五个一工程”奖、金鸡奖、百花奖、华表奖、飞天奖、金鹰奖的(不含个人奖),给予一次性财政奖励200万元;在磐安建设影视拍摄基地、创作基地,最高奖励150万元。此外,在信贷、用地等方面加大扶持力度。

【磐安一项目列入全国首批试点】 2014年4月30日,全国第一批社会管理和公共服务综合标准化试点项目公布,全国共98项,浙江省7项。由磐安县环卫所承担、县质监局和住建局参与的"磐安县城镇卫生保洁标准化试点"项目名列其中。

【海峡两岸民宿研讨会在磐召开】 23日至24日,海峡两岸民宿研讨会在磐安召开。研讨会的主题为"两岸民宿产业合作与破解城乡二元结构",专家学者深入探讨了两岸民宿产业的现状和发展前景和两岸在破除城乡二元结构方面的经验等。与会专家学者还参观考察了磐安农村的民宿产业发展情况。

【第二届磐安云峰茶文化节举行】 2014年6月13日,2014第二届磐安云峰茶文化节在玉山古茶场举行。浙江省政协原主席、中国国际茶文化研究会会长周国富,中国国际茶文化研究会副会长沈立江,金华市茶文化研究会会长、市人大常委会原主任阎寿根等领导专家出席文化节活动。活动期间,磐安县被中国国际茶文化研究会授予"中国茶文化之乡",区域公共品牌磐安云峰被中国国际茶文化研究会授予"中华文化名茶"称号。

【"磐安发布"网络平台上线】 2014年9月24日,"磐安发布"网络平台正式上线。该平台由磐安县委宣传部组织实施,县新闻传媒中心承担日常编辑发布工作,发布的信息类别为党务、政务信息;县委、县政府新闻发布信息;便民提示、活动推荐、友情链接等各类服务信息。

【国务院教育督导办派员到磐督导评估】 2014年12月8日至9日,国务院教育督导委员会办公室派员对磐安县全国义务教育发展基本均衡县创建工作进行督导评估。通过查阅资料、问卷调查、召开座谈、实地检查等方式,评估组认为,磐安县的义务教育发展工作取得了良好成绩,尤其在改善办学条件、关注弱势群体、师德师风建设、打造特色品牌、城乡资源共享等方面成效明显,基本实现了义务教育发展由"全面普及"向"优质均衡"转变。

(陈金春)

国家、省直驻金单位

浙江省第三地质大队

【概述】大队拥有地质勘查甲级；地质灾害施工、设计、勘查、设计甲级，监理丙级；工程勘察综合甲级(金华唯一一家)；市政、房建、矿山工程总承包壹级；地基与基础、钢结构、隧道、建筑装饰装修、建筑幕墙、智能化工程壹级；园林绿化叁级；劳务分包壹级资质；工程测量、不动产测绘甲级资质；营业性爆破作业单位壹级；地理信息系统工程丙级、地理信息软件开发丙级等资质。下设浙江省第三地质大队地质调查院、浙江省第三地质大队地质环境院、浙江省核工业二六九大队地质调查所、核工业金华建设工程公司、核工业金华工程勘察院、浙江省浙中地质工程勘察院、浙江省第三地质大队测绘院、浙江省第三地矿工程公司、浙江省第三地矿工程公司岩土工程处、浙江省核工业二六九大队核电工程公司、浙江省第三地质大队隧道爆破工程处、钻探分队、金华市金地置业有限公司、浙江省核工业二六九大队检测中心、金华女子中学等十余家下属单位。2014年，大队共签订经营合同1148个，合同金额12.17亿元，全年实现总产值14.60亿元，总收入14.07亿元，利润3788万元，生产增加值3.70亿元。大队及所属核工业金华建设工程公司被金华市人民政府表彰为“2014年度市区缴纳税费大户”。至2014年底，大队拥有自主探矿权31宗，浙江省基金合作探矿权3宗。全年完成各类地质项目408项，完成产值5356万元(不包括地质灾害治理及矿山生态环境治理施工项目)，其中地质矿产勘查7项，产值3241万元；矿山地质项目65项，产值260万元；地质灾害类项目336项，产值4533万元，地热勘查及浅层地温能评价322万元。汇交地质报告43份。完成钻探工程量27250米，槽探工作量13648立方米。全年共参加地质灾害应急调查和排险233次，共为金华等10个县市培训地方国土系统人员、乡镇村干部、在校学生和村民2892人次。全年承接工程施工项目81个，中标金额9亿多元，完成施工产值10亿多元。工勘业承接项目832个，合同金额15805万元，完成产值17480万元。2014年实现测绘资源重组，测绘业全年签订合同额1520万元，完成产值1407万元。所属的金地置业有限公司参加了2014年金华房地产博览会。所属的金华女子中学被授予“浙江省首批省级普通高中特色示范学校”“浙江省示范家长学校”等称号，上年高考文科上线率超过95%，报考空乘专业方向的学生高考专业面试通过率达到98%以上，有75位学生被14家航空公司录用为空乘人员。大队制定出台《人才队伍发展中长期规划(2015—2020年)》，设立专项资金启动“名师带徒”工程，举办专业技术培训5期，培训人次519人次。8月聘请中国地质科学院水温地质环境地质研究所所长助理兼部地热业务中心筹备办公室主任和地热研究室主任、博士生导师王贵玲为大队技术顾问。以演讲、征文、摄影、书画、文艺、图展等形式，开展纪念新中国成立65周年暨邓小平同志诞辰110周年系列活动。大队强化质量和安全管理，业绩显著，被评为“2013年度浙江省地质勘查局安全生产工作优秀单位”“2013年度全国‘安康杯’竞赛优胜单位”，2014年获得核工业部级优质工程奖等奖项5项，获得浙江省“钱江杯”等奖项5项，获得金华市“双龙杯”等奖项8项。

【探索事业板块与企业板块分体运行机制】积

极深化大队内部改革，探索科学发展路径，经调研、论证，成立了产业管理部，授权其统筹、协调、整合大队产业经济的各类资源，统一管理全队产业经济。产业管理部下设综合办公室、质量安全部、经济发展部、财务资产部、审计监察室、客户服务部等部门科室，完善服务管理功能。

【承接大中型项目】 2014年，大队承接1000万元以上工程施工项目23个，其中5000万元以上项目4个，亿元以上项目1个，累计金额达41775万元。承接地质勘查项目百万元以上项目6个，200万元以上项目3个，千万元以上项目1个。承接测绘项目百万元以上3个。

【拓展经营新业务】 3月，成功中标兰溪市灵洞乡白坑—鸟巢岩矿区水泥用石灰岩勘查项目，这是迄今为止单项合同额最大的商业地质勘查项目。工勘业方面，基坑设计、基坑监测、地灾评估勘察设计所占比重大幅提高，承接项目能力进一步增强。首次承接舟山小干岛围垦采石工程安全监理、金丽温输气管道工程温州段隧道钻爆作业的安全监理工程等爆破监理项目，拓展新业务领域。首次在浙江北部地区中标嘉善县地质灾害危险性分区评估项目。积极申报地理信息系统工程、水利工程测量、房产测量等专业资质，改变大队测绘资质单一的态势。

【热衷社会公益事业】 1月，大队积极响应省委省政府作出的治污水、防洪水、排涝水、保供水、抓节水“五水共治”的决策部署，组织在职干部、党员开展捐款活动，募集51360元存入省专项资金。组织职工开展无偿献血活动，这是连续16年开展献血活动。在与金华市婺城区下杨村结对帮扶多年的同时，又与开化县村头镇兴旺村开展结对帮扶。为进一步落实各项帮扶措施，组织测绘院党团员突击队义务测量兴旺村及周边的污水道、河道及地质情况，绘出1:500地形图。8月，接待浙江省青少年校外教育中心“小石头夏令营”百余名青少年来大队地质标本室参观。参加金华市组织的“发展地理信息产业，地图服务大众生活”为主题的测绘法宣传日活动。12月，组织大队女职工开展“捐一件冬衣，献一颗爱心”捐助活动，为金华市现代实验学校捐赠300多件衣物。

（张明 宋华颖 黄雪艳）

煤炭地质局勘探二队

【概述】 单位现办公基地位于金华市金东区环城南路洪坞桥东，基地面积12亩。现有职工500余人，其中：在职130余人、离退休370余人。在职人员主要为地质工程技术人员，其中具有中级以上职称人员50余人。主要从事工程勘察、资源勘查、基础工程、工程测量、地灾治理等地质及延伸业工程施工，下属经济实体5个（浙江省华厦工程勘察院、资源勘查公司、基础工程公司、地质环境公司、浙江煤炭测绘院金华测绘处）。

【资源勘查】 2014年，地勘行业整体不景气，伴随着青海及四川市场的退出及页岩气项目的完结，完成的资源勘查产值比上年大幅下降。(1)青海煤勘项目收尾工作。(2)金华市婺城区苏孟乡山下村矿区金矿普查项目。(3)浙江省江山市青山头区块矿泉水资源调查评价项目：该项目现已完成前期的立项准备工作，并于2014年7月15日正式通过江山市相关部门批准同意立项，工作周期2014年8月到2015年年底，已完成前期调查与1个钻孔的施工。(4)浙江省江山市淤头盆地地热资源勘查项目ZK4探采结合孔：浙江省江山市淤头盆地地热资源勘查项目ZK4探采结合孔，位于江山市贺村镇淤头村，设计孔深1800米。已完成钻探工作。(5)其他探矿权维护项目：本队承担的探矿权维护项目还有《诸暨市浬浦镇大青山金矿详查》等7个探矿权的延续、年检工作。

【工程勘查】 勘察项目260项；见证项目120余项；完成ISO认证、浙江省勘察设计行业诚信单位申报、金华市勘察设计诚信单位自查、2014年度建设工程勘察设计单位检查综合考评、宁波分院年度备案检查等工作，华勘院资质换证工作基本接近尾声；组织各项培训40多人次，均取得相关执业证书。工程勘察有三个项目申报了浙江省建设工程钱江杯奖（优秀勘察设计）、金华市建设工程优秀勘察设计，其中舟山新城商会大厦获得“钱江杯”三等奖、金华市优秀勘察设计一等奖，康桥漫步获得金华市优秀勘察设计三等奖，荣获省建设厅“诚信企业”称号。

【地灾调查】全年度签订合同24个,合同总价近130万元,完工验收项目8个,完工未验收项目6个。另外“金华婺城区农村地灾调查”合同总价161.6万元,项目通过野外验收,进入成果报告编制阶段。

【矿权申报】2014年共获得2个矿权。(1)浙江省遂昌县新路湾大马埠萤石矿普查:该项目探矿权申报现已完成探矿权登记申请工作,并于2014年7月4日由浙江省国土资源厅正式批准签发勘查许可证,该项目是二队首个自有探矿权的项目,由金华市信和矿业公司出资,本队出技术力量进行勘查工作,探矿证有效期为2014年6月至2017年6月,计划勘查总投入约62万元。目前已完成地质填图工作,12月份已经开展槽探前期的修路施工。(2)开化县林山乡东坞银铅锌多金属矿普查:该探矿权证已于2014年10月由浙江省国土资源厅核发,探矿证有效期为2014年10月至2017年10月,该项目矿权范围55.95平方千米,勘查投入模式为与矿业公司合作勘查,矿业公司出资合作勘查,目前正着手准备前期的野外踏勘和地质填图工作。

【健全薪酬分配机制】2014年初推行实施了《2014年勘探二队薪酬管理办法》,健全绩效工资制度,坚持“基础工资重公平,绩效工资靠效益”的原则,建立能涨能降、能上能下的动态薪酬机制,不断完善绩效分配、健全激励机制。

【完善员工考核体系】12月,单位出台并落实《勘探二队工作人员综合考评实施办法》,以精细化考核标准、量化考核细则。考核过程秉承客观公正、民主公开、注重实绩的原则,采取领导考核与职工评议相结合的方式,对中层干部、全体职工进行综合考核,及时公开考核结果,重视考核信息的反馈,作为对干部、职工奖惩、晋升的重要依据,以体现员工的劳动所得与劳动付出的正相关系,有效激励全员的工作热情,让想干事的有机会,能干事有舞台,肯干事的有回报,不干事的有危机。

【安全生产】2014年,在中国煤炭地质总局和浙江煤炭地质局的正确领导下,高度重视安全生产各项工作,坚持以“安全第一、预防为主”的综合治理方针执行,将安全放在首位,切实保障了无生产性人身伤害事故、无交通事故、无火灾事故、无机械事故,确保各项安全生产指标达标。

(李一进)

杭金衢高速金华管理处

【概述】杭金衢高速公路是国家高速网沪昆高速公路(G60)的组成部分,是浙江省公路主骨架“两纵两横十八连三绕三通道”中的重要一纵。金华管理处所辖杭金衢高速公路金华段,起于浦江县郑家坞镇,止于兰溪市游埠镇,境内主线全长99.242千米,是一条“线型顺畅、路面平整、标志标线齐全、功能齐全、设施完善、管理科学”的现代化高等级公路。管理处下设郑家坞、浦江、义乌、上溪、畈塘、金华、兰溪、金华西、游埠九个收费所。本部设有办公室、计划财务科、营运管理科、工程养护科、设备管理科、安全管理科、监控指挥分中心等职能科室。主要承担着所辖路段的道路养护管理、营运管理和路面清障施救、安全保畅等社会与企业职能。自2002年11月份成立以来,先后获得国家级荣誉5项,省部级荣誉48项,县、市级荣誉142项,实现社会效益与企业效益共赢。

【改扩建工程】一是主动加强沟通与联系,敢于担当,勇挑重担,征迁工作立潮头。截至2014年底,完成土地征迁数的98.7%,有序推进了项目建设。二是工程建设保安全,抓质量,促进度。通过落实一系列有效的管理措施,各项工作节点目标均超出预期。项目质量进度,工作措施,安全管理等方面,均得到上级有关部门的肯定。三是积极推行“企检共建”和“阳光工程”,为拓宽廉洁工程保驾护航。拓宽工作伊始,与金华市人民检察院联合制定《关于在杭金衢高速公路改扩建工程金华段开展职务犯罪联合预防的实施方案》,启动企检共建活动。通过建立检察官信箱、职务犯罪预防联络员制度、联席会议制度,预防信息共享、案件协同查处等措施,加强预防职务犯罪工作业务交流,切实提高自我防控能力。并通过听专题讲座、到浙中预防职务犯罪教育基地开展警示教育等一系列活动,切实提高员工的法律意识,筑牢拒腐防变的思想道德防线,为确保项目“工程优质、建设安全、干部优秀”打下坚实的基础。

【道路养护管控】 2014年，管理处积极响应“五水共治”，进一步加大道路养护资金投入，继续全面科学加强道路养护管控，统筹安排拓宽施工与养护作业计划，不断深化道路养护技术创新，强化道路养护信息化管理，切实把现代科技手段运用到日常养护管理之中，电子巡更点全面覆盖，极力为广大交通参与者营造“洁、畅、绿、美、安”的通行环境，全年路况保持稳定。公路技术状况指数（MQI）为96.16，其中路面使用性能指数（PQI）为94.73、路基技术状况指数（SCI）为99.65、路面行驶质量指数（RQI）为93.28、桥涵构造物技术状况指数（BCI）为100、沿线设施技术状况指数（TCI）为98.77，路面优良率为100%，全年未发生因道路养护维修不到位而引发的安全责任事故，并在全省高速公路雨季养护检查及年度检查考核中保持前列。

【道路安全与畅通】 2014年，管理处所辖路段出入口车流量同比增长12.71%，日均断面混合流量同比增长11.40%，路面发生交通事故965起，同比增长15.99%。在车流量增多、交通事故多发的背景下，管理处积极应对，群策群力，多措并举，确保道路的安全与畅通。一是注重加强与应急部门、交通、安监等相关部门的沟通联系，抓细抓实重要时间节点的安全保畅工作。完成春运安全保畅工作任务，顺利通过春节、清明、“五一”、“十一”四个节假日小车免费通行的考验，确保节假日期间金华段道路的安全、畅通、有序。二是积极主动衔接拓宽施工单位做好预警，有效融合清障施救力量，通过规避高峰流量、重点路段联勤管控、高温错时等措施来缓解道路通行安全和施工的矛盾，并采取建立拥堵预报机制，及时开通应急通道或间歇性分流的方式，力保大型施工期间主线拥堵符合管理要求，最大限度减少对道路交通的影响。三是进一步加强路面管控，提升路面施救效率，全年共进行路面施救作业4133次，清理道路抛洒物4892起，路面保畅巡查541572千米。全年未发生因管理不善而造成路面大面积拥堵事件发生，各项保畅工作指标均达到相关考核要求，道路通行能力明显提高。

【窗口服务】 管理处坚持“以人为本，以车为本”的服务理念，不断提升服务水平。一是通过开展特色主题活动、青年志愿者服务等活动延伸服务内涵，完善和丰富服务内容，全力打造杭金衢高速服务新形象。2014年“春节、清明、五一、国庆”期间共服务免费通行小型客车78.76万辆，免收通行费3515.10万元。二是科学执行国家鲜活农产品运输“绿色通道”免费政策，共服务免费绿色通道车达23.76万辆，免费金额为3819.27万元，为惠农、稳定菜篮子工程起到了积极的作用。三是创新使用设备、技术，为提升服务水平添助力。2014年，金华段有三个收费所的雾化防尘系统启动，为过往司乘人员送上了夏季清凉。自动发卡机正式“上岗”，给司乘人员提供了更多的入口服务类型选择，使收费站的入口变得更加方便、快捷。

【安全生产】 全处以“抓严做细强管理、做深做实固根基、强源头、促安全”的工作态度，全面落实安全生产工作责任，重点研判敏感期和易发突发事件等节点期的安全管理，持续开展安全生产标准化达标建设，强化安全生产工作基础，把安全生产标准化贯穿到各岗位各环节中。通过全处上下的共同努力，实现了全年各类安全生产事故为零，安全生产和社会管理综合治理目标考核为优秀。

（洪　娟）

高速交警金华支队

【概述】 2014年，高速交警金华支队为副处级单位，下设政工纪检室、办公室、直属大队和4个执勤大队，均为正科级单位。截至年底，在编民警125人。高速交警金华支队根据总队“治理创新年”和“队伍建设年”的总体部署，围绕支队“队伍管理平安、交通管理务实、科技建设突破、宣传工作亮点、财务管理廉洁、内务管理有序”的六大目标，积极探索治理方式创新，扎实推进队伍正规化建设。2014年内，辖区高速公路共发生交通事故4494起，死亡32人，受伤470人，与上年同期相比分别上升9.6%、23.0%和34.2%；发生一次死亡3人以上事故1起、死亡3人，与上年同期持平。

【创优争先】 支队被浙江省春运办评为全省春运工作先进单位,支队党总支被浙江省直机关工委命名为“改革先锋”党组织集体,金华市社会管理综合治理先进集体、金华市应急管理及应急联动工作先进单位。朱吉辉被公安部交管局评为“吴一心式交警大队长”,叶远鹏被评为全省优秀人民警察。高速交警金华支队被纳入金华市委、市政府直接发文单位,支队主要领导参加全市重要会议。

【金华市委书记徐加爱检查指导高速公路春运交通管理工作】 1月28日,金华市委书记徐加爱在市委常委、公安局局长毛善恩,市委常委、市委秘书长吴小明的陪同下,到高速交警金华支队检查指导春运工作。徐加爱听取了支队春运工作简要汇报,实地察看了沪昆高速公路金华市区出口交通管理情况,对支队保障高速公路安全畅通、服务地方经济建设给予充分肯定,并向一线执勤民警表示亲切慰问。金华市公安局党委副书记、副局长施欣辉,高速交警金华支队班子成员陪同。

【市领导肯定春节高速公路免费管理工作】 2月8日,接到高速交警金华支队关于春节七天免费通行期间交通管理工作的报告后,金华市委书记徐加爱作出重要批示:“好!高速交警辛苦了!”市委副书记、市长暨军民批示:“很不容易,是大家努力的结果!值得肯定!”

【省领导检查杭金衢高速公路改扩建工程】 4月8日,省政协副主席陈艳华等省领导在高速交警总队总队长何卸洪的陪同下,到沪昆高速公路金华服务区、王市岭隧道等路段检查杭金衢高速公路改扩建工程。

(吴丽君)

专 记

“三改一拆”行动

【概述】 2014 年 1 月 13 日，市委、市政府召开全市推进“三改一拆”工作万人电视电话会议，下达 2014 年“三改一拆”和“无违建”创建目标任务：全市完成旧厂区改造 150 万平方米、旧住宅区改造 230 万平方米、城中村改造 600 万平方米、拆除违法建筑 400 万平方米、力争创建“无违建县（市、区）”5 个、“无违建乡镇（街道）”70 个、“无违建村（社区）”1947 个。3 月 2 日，市政府办公室下发《金华市人民政府办公室关于下达全市 2014 年度“三改一拆”行动工作任务的通知》（金政办发〔2014〕16 号），对各县（市、区）的具体工作任务进行分解和明确。6 月 6 日，全市召开土地卫片执法暨“无违建”创建推进会，祝伦根副市长代表市政府与各县（市、区）、金华开发区签订《2014 年度“无违建”创建目标责任书》，进一步明确工作任务，细化措施要求。8 月 18 日全省“三改一拆”工作推进视频会后，金华紧接着召开全市工作部署电视电话会议，第一时间迅速贯彻落实会议精神，深化部署“三改一拆”和“无违建”创建工作，并随后在浦江县、婺城区召开两次全市“无违建”创建工作推进会，进一步明确相关工作要求。金华市区每月召开一次重点拆违现场会，5 个专项督查组每周深入到各县（市、区）开展督促检查，全力推进“三改一拆”和“无违建”创建工作。截至 12 月底，全市累计拆除违法建筑 1819.12 万平方米，完成年度任务的 454.78%，拆违总量列全省第四，腾出发展用地是全市新增建设用地的 3.6 倍。拆违量居前三位的分别是：浦江县拆违 317.44 万平方米，占全年任务的 1058.13%；义乌市拆违 310.42 万平方米，占全年任务的 477.57%；东阳市拆违 307.28 万平方米，占全年任务的 472.74%。全市累计完成旧厂区、旧住宅区和城中村“三改”面积 1613.37 万平方米，占全年 980 万平方米改造任务的 164.6%，其中：旧住宅区改造 421.43 万平方米，占全年任务的 183.23%；旧厂区改造 370.36 万平方米，占全年任务的 246.91%；城中村改造 821.58 万平方米，占全年任务的 136.93%。

【市委市政府领导】 先后召开全市推进“三改一拆”工作电视电话会议、全市“三改一拆”工作推进会、全市“无违建”创建工作现场会（浦江）、全市城中村改造工作现场会（义乌），并多次召开专题会议，对这项工作进行全面部署和强力推进。市委市政府主要领导多次对“三改一拆”和“无违建”创建工作作出批示，亲自带队深入各地开展督促检查。市、县两级全面加强“三改一拆”和“无违建”创建工作力量，党委政府主要领导亲自挂帅，分管领导勇于挑担，形成上下联动、齐抓共管的浓厚氛围，延续良好的工作态势。2014 年以来，共有 5 个县（市、区），96 个乡镇（街道），1947 个村启动“无违建”创建工作，通过一年来的努力，新增违法建设行为得到遏制，存量违法建筑逐步消化，非法“一户多宅”得到处置，创建工作取得明显成效，浦江县、金东区、磐安县在省级验收考核中得到省考核组的充分肯定。

【依法处置】 各地以“拆违治污、拆违治水、拆违治气、拆违治堵”等为突破口，形成“三猛”（舆论宣传声势猛、整体推进气势猛，立体打击力度猛）和“三快”（队伍集结快、撕开缺口快、两翼拓展快）工作态势。各县（市、区）以党员干部、国企高管、公务员和人大代表等对象的违法建筑为重点，开展拆违攻坚行动，共拆除 33 幢高档别墅，尤其是 9 月份以来,婺城区连续拆除近 20 幢别墅,总面积近 10000 平方米,总价值近亿元。开展金华市区二环内临时建筑专项整治、公路边违法建筑和违法广告专项拆除、宗教违法建筑等专项拆违等系列行动。到 6 月底全部完成涉及宗教的违法建筑处置工作,通过省组织验收,整治工作处于全省前列;至 7 月底,境内 5 条高速公路沿线的 1148 块违法广告牌全部拆除,相关处置工作顺利完成,实现“零遗漏、零事故、零隐患”,7 月 31 日全省公路沿线违法广告整治工作现场会在金华召开,“金华经验”被推广。

【统筹结合】 发挥三改一拆社会影响面大、工作力度大的优势,加强工作衔接,整合工作力量,重点做好 2 个结合。一方面,将“三改一拆”与“五水共治”相结合。按照“问题发生在水里、根子在岸上”的实际情况,要求“五水共治”任务较重的乡镇(街道)率先同步开展“无违建”创建工作,以“无违建”创建推动“五水共治”。浦江县“全线压上,除恶务尽”,1 天捣毁浦北污染加工户 94 个,1 夜抓获偷排户 67 个,2 天半时间拆除和整治 408 处非法宗教场所,3 天攻克高梅山 “毒瘤厂区”10 万平方米,5 天拆除前于违建工棚 10 万平方米。另一方面,将“三改一拆”与“四破攻坚”相结合。开展以“破僵尸企业、破围墙圈地、破低效用地、破既得利益”为主题的“四破攻坚”活动,通过差别化要素供应等手段,加快淘汰落后产能,倒逼产业转型升级,推动经济社会更有效、更公平、更可持续发展。截至 12 月底,全市共处置“名存实亡”的僵尸企业 189 家、面积 5874.35 亩,处置围墙圈地企业 205 家、面积 6452.64 亩,处置低效用地企业 968 家、面积 20244.95 亩;收回各类土地 9624.59 亩,盘活各类土地 26581.14 亩,消化批而未供土地 23685.5 亩;查处党员干部既得利益 225 人次。

【项目带动】 加快推进一批社会关注、惠及面广、影响力大的改造示范项目。一是抓城中村改造示范项目。金华市区集中力量,加快推进横塘沿社区拆迁安置示范性项目建设。该项目占地面积 179 亩,总建筑面积 36 万平方米,总投资 12.6 亿元,截至 2014 年底项目一期主体工程已全部完工。各县(市、区)相继开展示范项目建设,如义乌市在城中村改造中实施新社区集聚建设的模式,重点启动佛堂“蟠龙花园”、稠江“香溪印象”、工业园区“十和里”等 7 个新社区集聚建设项目建设,总建筑面积 230 万平方米,总投资 75 亿元,截至 2014 年底已完成投资 35 亿元。二是抓旧住宅区改造示范项目。金华启动市区城建史上规模最大的二七新村棚户区改造项目,该项目总面积为 1693.5 亩,涉及 17261 名常住人口,改造后将建设成为金华最大滨水核心区和旧城改造示范区,承担商业和居住功能。项目已完成区块改造调查摸底,编制区块改造有关规划方案,制定区块改造房屋征收政策方案,于 9 月份启动征迁工作。

【制定配套政策措施】 开展调研,结合实际和省政策精神,研究政策措施,制订和完善“三改一拆”有关工作方案和标准。《金华市区城中村改造实施办法(试行)》(金政办发〔2014〕46 号)已下发实施,与之相配套的有关征地政策等已在研究中。在进一步完善旧厂区、旧住宅区和城中村改造等“三改”相关政策的基础上,根据《浙江省违法建筑处置规定》等相关政策,金华于 6 月份起先后制订下发《金华市“无违建” 创建活动意见》《金华市违法建筑处置暂行规定》(金政办发〔2014〕47 号)、《金华市“三改一拆”行动考核评分表》(金三改一拆〔2014〕9 号) 等政策文件,并针对基层执行中的具体问题,组织开展密集调研,对全市“无违建”创建实施意见和方案进行细化、充实,下发《金华市“无违建乡镇(街道)”创建实施意见》和《金华市“无违建乡镇(街道)”验收办法》。各县(市、区)结合本地实际相继出台违法建筑处置的配套政策,并加紧研究制订“无违建村(社区)”创建配套文件,为全市深入推进“无违建”创建工作提供有力的政策依据。此外,各地对结合本地实际,制定各类相关文件制度,如东阳出台《党员干部、“两代表一委员”违法建设处置意见》《关于党员干部拒不拆违、煽动闹事处理意见》,加大对党员干部违建的查处;兰溪市出台《兰溪市“三改一拆”工作问责办法》,对因工作不力导致违法顶风抢建、未及时依法阻止或失察的相关工作人员进行问责。

【强化舆论宣传】 2014 年以来,金华继续加强“三改一拆”行动和“无违建”创建工作的宣传教育力度。构建市、县(市、区)“三改一拆”宣传网络,明确专门的宣传人员,在市政府门户网站开设“三改一拆”及“无违建”创建主题版块,在《金华日报》、金华电视台等主流媒体开设“三改一拆”宣传专栏，发布“三改一拆”和“无违建”创建工作内容报道120余篇，公开通报各县(市、区)和金华经济开发区的每月工作进展情况，定期曝光违法建设典型问题，接受社会各界监督。编发《金华市“三改一拆”行动工作简报》64期，及时交流总结各地“三改一拆”过程中涌现的先进经验和先进典型，推动全市“三改一拆”工作向纵深发展。在金华广播电台《行风热线》及金华电视台《市民问政》栏目举办2期监督类节目，邀请市领导、部门负责人和专家与市民零距离互动，现场解答政策。继续发挥“两代表一委员”、市民监督团、群众团体等的监督作用，不定期地开展“三改一拆”工作视察、巡查监督活动，进一步扩大社会参与面。从6月份起，市“三改一拆”办通过短信平台每周向市四套班子领导、全市“三改一拆”系统编发一条工作短信；通过广播、电视、报刊、网络等媒体和标语横幅、宣传栏、农民信箱等平台，采取各种形式，对“三改一拆”工作进行全方位、全覆盖、立体式宣传报道，使政策家喻户晓、深入人心，积极引导和发动社会各界、广大群众参与“三改一拆”和“无违建”创建工作，形成浓厚的工作氛围。

【信访维稳】 重视群众举报投诉案件的处理，将上级交办、领导批示、群众举报或社会反响强烈的典型非法违建列为重点，认真解决群众关注的热点难点问题。市“三改一拆”办全年受理并转交办群众来信413件（其中涉及党员干部违法建设转市纪委处理40件)，处置率为88%；接待群众来访165批次940余人次，及时受理和转办群众来电、96310城管服务热线及8890便民服务中心转来的反映违法建设问题来电3250余起，认真做好跟踪督促和反馈回复。突出乡镇(街道)工作关口前移，实行乡镇干部驻村入户，贴近村民做工作。充分发挥基层组织特别是村(居)一级的作用，修订完善各村(社区)的村规民约，重点突出控违禁违机制措施，强化村(居)民自治管理，分门别类采取相应措施，切实解决苗头性、倾向性问题，积极化解各类矛盾纠纷，全力做好“三改一拆”和“无违建”创建的安全生产和社会稳定工作。全市“三改一拆”和“无违建”创建工作中没有发生较大的群体上访和影响社会安定的事件。

（施俊帅）

“四破攻坚”行动

【概述】 截至2014年12月底，全市共处置“名存实亡”的僵尸企业189家、面积5874.35亩，处置围墙圈地企业205家、面积6452.64亩，处置低效用地企业968家、面积20244.95亩；收回各类土地9624.59亩，盘活各类土地26581.14亩，消化批而未供土地23685.5亩。在破既得利益方面，以“零容忍”的态度查处党员干部既得利益225人次。

【科学谋划，紧密部署抓开局】 一是统筹谋划。于2013年12月提升至市委六届六次全会上决策，首次明确提出“四破攻坚”目标任务，并结合省委、省政府“五水共治”“三改一拆”“四换三名”等重大行动，形成强有力的“组合拳”，倒逼企业加快转型升级。二是广泛动员。2014年一季度，市主要领导先后四次专题研究“四破攻坚”工作，协调指导制定政策文件和实施方案，并通过全市工业大会、金华开发区工作大会等多个会议进行部署。4月14日召开全市“四破”整治动员大会，9月19日召开全市“四破攻坚”推进会，连续两次专门召开全市性大会，进行全面动员、认真总结、密集部署。三是凝聚力量。成立以市委书记任组长，市长任第一副组长的“四破攻坚”领导小组，下设“四破”办公室，由常务副市长兼任办公室主任，并从市发改、财政、国土、规划、建设、环保等相关部门抽调20名“精兵强将”进行集中办公，统筹推进全市“四破攻坚”工作。各县(市、区)、金义都市新区、金华开发区也相应成立由“一把手”亲自挂帅的“四破”整治工作领导小组，上下联动合力推进“四破攻坚”。

【完善政策，差别处置提效率】 一是开展精细化排序。出台《金华市区工业企业亩产效益综合评价办法》，对占地3亩及以上的工业企业，按照规模以上和规模以下两类进行综合评价排序，规模以上企业采用亩产税收(70%)、亩均工业增加值、单位能耗工业增加值、排放每吨COD工业增加值4个指标；规模以下企业采用亩均税收(80%)和单位用电税收(20%)2个指标，对综合评分结果按得分高低排序，在报纸和相关部门网页进行公示。二是明确差别化政策。将低效用地企业确定为A、B、C三类,并实施差别化的资源要素配置政策。A类企业可以在核准备案、用地、用电、用能、用水、信贷等方面享有优先保障权,并可以减征城镇土地使用税90%~60%;B类支持其开展节能减排、清洁生产等技术改造,减征20%的城镇土地使用税;C类不予核准新建项目,禁止参与工业用地招拍挂,电价每千瓦小时提高0.2元,水价加价执行,城镇土地使用税不予减免,金融机构不予提高信贷支持。对占有土地和厂房却不发生实际生产经营行为、不产生经济社会效益的僵尸企业,依法依规关停、淘汰,企业用地实施整体收回,不再安排新的工业用地。三是实施温情化引导。在《金华日报》开辟"四破攻坚"专栏,进行政策解读,正面示范、反面曝光。通过电视台《市民问政》栏目,就敏感问题、社会最关心的问题进行现场逐一解答,消除公众疑虑,形成全社会关心、支持的强大舆论氛围。各地在街道、工业园区、企业、社区广泛张贴宣传标语,在显要位置竖起巨型广告牌,对"四破"工作开展广泛宣传。以乡镇(街道)作为责任主体,走访企业和业主,面对面交流,心与心沟通,讲明形势、讲清政策、讲透利弊,逐步消除企业负面情绪,形成"四破"共识。

【试点先行,以点带面齐推进】 一是试点先行,打造样板工程。分别在婺城区长湖区块、金东区曹宅镇、金华开发区西关街道等地率先开展试点,通过先行先试,边试、边总结、边完善政策。婺城区探索制定5套处置政策,每套政策确定1家有代表性的企业进行试点,形成具体操作流程。金东区制定完善出租厂房管理、工业企业股权转让、低效用地再开发、企业诚信效益等级评价等一揽子政策措施。金华开发区发挥"三条小虫"作风,挂出作战图、明确时间表、立下军令状,用4个月时间的集中攻坚基本完成试点任务。二是分类推进,支持各显身手。金华市区制定统一的处置政策,各县(市、区)根据各地实际情况和行业特征参照制定各自的处置政策和方式,不搞一刀切,支持各地根据实际情况各显身手,分类推进。如兰溪市设立专户,管理从土地出让金中计提节约集约用地资金和"四破攻坚"专项行动中收取的土地年收益金,强化资金保障;义乌市继续完善工业项目招商选资和供地方式,不断强化项目投资强度、达产税收;永康市、武义县实行差别化城镇土地使用税,建立以亩产税收和产业政策为着力点的"奖优限劣"税收导向政策。三是立体督考,形成高压态势。下达各地各部门的年度目标,明确任务、明确时限。制定全市"四破"攻坚工作考核办法,对各县(市、区)、开发区和市级相关部门两类分别设置考核目标和计分办法,纳入市委、市政府的年度综合目标考核。在市"四破"办专门设立督查考核小组,定期不定期开展督查工作形成高压态势,强势推进工作取得突破。

【破立结合,即破即立促转型】 一是立新兴产业。要求各地在"破"的同时及时开展产业规划、园区布局和招商引资,支持企业开展低效用地二次开发,利用存量土地和原有厂房,兴办电子商务和信息服务、研发设计、文化创意、现代物流等新兴产业。如东阳市在南马镇开展声势浩大的红木家具行业"四破"行动,拆违面积70.4万平方米,完成旧厂区改造5.56万平方米,充分利用拆改空间构筑红木家具产业公共服务平台,投资2亿元在建设雕刻、油漆、烘干三大中心,推动企业集约生产。同时,规划设立红木家具产业园,建设20万平方米标准化厂房,设立入园门槛,通过安全、环保、亩产税收等杠杆,整合提升2000多家红木家具企业,避免无序发展、恶性发展。二是立优势企业。鼓励企业实施低效厂房"退二进三",充分利用现有土地、厂房、设备等资源实施"零增地"技改,提高劳动生产率和优质品率;鼓励优势企业通过拍卖、收购、合资等形式,对低效企业实施兼并重组,盘活低效存量资产。金义都市新区利用欧曼蒂珠宝厂建筑面积10万平方米闲置厂房,与邮政速递合作成立金义邮政电子商务园,吸引入驻电商企业24家。尖峰国际利用2.9万平方米的闲置仓库与电商合作,成立尖峰电商精品园,目前入驻电商企业15家。磐安县福星贸易有限公司,通过股东重组,加大投资强度,引进机器设备,改进生产工艺,实现原有30亩土地破茧成蝶。三是立社会公信。切实加强政府对公共资源的集中管理,瞄准基层群众关心、社会各界关注的热点难点,通过部门联动和协作监管机制,加大对土地利用的动态巡查力度,及时发现僵尸企业、围墙圈地和低效用地,严肃查处违法用地和既得利益行为,树立并彰显政府公信力。义乌市稠江街道高慧酒店项目2007年拿地，因故一直没有动工开发，在社会上引起诸多关注。趁着"四破攻坚"的东风，义乌市国土局于2014年4月立案调查，做出闲置土地认定，下达《收回国有建设用地使用权告知书》，并组织听证会，最终形成无偿收回土地使用权的决定。市委、市政府以毫不动摇的决心整治"南山翠竹"别墅区违建问题，查处相关涉事党员干部，对涉案15幢别墅行政没收补办审批手续后公开拍卖，努力实现法纪、社会、经济效果三统一，极大的树立政府公信力。

【制度立新，长效管理硬规矩】 一是健全规范工业用地流转制度。出台规范工业用地流转管理办法，允许符合转让条件的工业用地按照规定程序，通过出售、交换、赠与方式进行转让；经国土部门批准，符合规划、消防、安全生产等要求的工业用地，可实施分割转让。规范企业通过投资入股、合并分立等方式进行土地使用权转移，严格过程监管和税费征收。二是建立健全土地差别化管理机制。按照投资强度，对产业用地的供地方式和供地年限实行差别化管理，综合运用用地预申请、弹性年期等调解工具，丰富供应方式，增强供给弹性。原则上150亩以上项目用地实行一次规划、分期供地。三是建立健全推进工业低效用地再开发机制。充分发挥市场在资源配置中的决定性作用，调动政府、土地原使用权人及相关人员积极性，对企业延期开工竣工、闲置和部分闲置以及低产出或无产出的土地进行再次开发利用。鼓励企业改造低效厂房，大力实施"退二进三"，提高容积率，由当地政府给予规费优惠和一定奖励。据统计，2014年共取缔各类"低小散"企业8047家，当年底全市工业亩均税收达到6.76万元，比上年同期增长10%。

（市发改委）

"五水共治"行动

【概述】 10个市界出境断面全部达到Ⅲ类、达标率100%、同比提高20个百分点。其中，浦阳江上仙屋断面从劣Ⅴ类提升到Ⅲ类，提升三个类别。20个县(市)交接断面中14个达到Ⅲ类、占比70%、同比提高10个百分点，其余6个均达到Ⅳ类。42个地表水监测断面中21个达到Ⅲ类、占比50%、同比持平，19个达到或优于Ⅴ类、占比45.2%、同比提高7.2个百分点，2个劣Ⅴ类、占比4.8%、同比减少7.2个百分点。也就是说3个断面水质从劣Ⅴ类提升到Ⅴ类。从线上看，在全省率先完成"清三河"任务。开展百镇千村"清洁河道、美丽家园"专项行动和"垃圾河"治理大会战，全市共发动250多万人次，清理河道、沟渠4500余条、6289千米，清理水库、池塘3200余座，清除垃圾50余万吨，提前半年完成垃圾河清理任务。按照"一年灭黑臭"目标，全市共整治黑臭河83条749千米，封堵排污口1805个，整治完成率、验收率均达到100%。浦江县群众满意度从全省倒数第一，13年上升到第38位，14年跃居第18位，并通过省"清三河"验收。从面上看，污染源整治成效显著。坚持标本兼治、水岸同治，加速截污纳管进程，加大环境违法打击力度，狠抓农业面源和重污染高能耗行业整治，城乡环境进一步提升。截至11月底，农家乐游客接待数1420.3万人次，同比增加23%。

【治转结合】 大力整治"低小散"产业，推动环境大改善、经济新发展。推行标准化养殖场星级创建模式，从五个方面、337项指标，科学引导养殖场标准化建设。武义县探索"水禽上岸"饲养方式，减少水禽对江河水环境的依赖和污染，比传统放养节省人力10—20倍。两项模式入选"省畜牧业转型升级十大模式"。东阳市推动医药化工行业整治提升，引导废塑企业向木雕?红木家具行业发展，引导污染企业转型影视文化产业，实现生产和生态共赢。兰溪市、浦江县建立沼液沼肥资源化利用体系，实行就地消纳和异地配送消纳相结合，打造生态农业。治水，不仅促进产业结构转型和城市城镇转型，也促进群众生产生活观念转型，不乱倒垃圾、不乱排污水、不乱搭乱建的意识日渐自觉，爱水惜水护水的氛围日益浓厚。

【坚持问题导向】 在资金筹措方面，在全省率先开展治水捐款。通过社会捐赠、财政拼盘、银行融资、三方合作等多措并举，有效破解资金瓶颈。兰溪市与杭州兴业银行合作，首期定向融资5个亿，并全面推行农村卫生收费制度,创新农村环卫管理新模式。东阳市画水镇洪塘村、高平村,每户分别出资1000-1500元,提高农村生活污水治理标准。在流域治水方面,积极推进上下游齐治、水岸同治、社会共治,力求达到事半功倍的效果。兰溪市与建德市打破地域界限,探索建立“宣传同心、治理同行、监督同步、成果同享”的联合治水机制,形成“上下游一盘棋” 的治水格局。永康市东城街道朱明溪沿线7个村联合成立七联专业卫生保洁公司,上下游联动开展水环境整治保洁工作。在推动落实方面,全省首创“单元化作战、包点式护水”模式,组建6个“3+X”作战单元,开展12轮专项督查,行程37500千米,相当于走3个“二万五千里长征”,抽查乡(镇、街道)208个(次)、村4200个(次),督办事项492件。各地都组建相应护水作战单元,形成“一主多辅”的全民护水网络。在质量监督方面,充分发挥部门、监理和群众三支队伍的作用,把严质量关。东阳市实行设计、管材、监理“三统一”,制定示范村、图纸、施工“三标准”,建立一支强有力的质量监理队伍,分片包干带动培养乡镇、村级监督员。武义县创造“三下三上”审方案、“三级联管”抓质量、“三层督查”促进度的做法等。

【狠抓落实】 金华是全省唯一以人大常委会决定通过治水“三步走”目标的地市,按照“不留退路、不作解释、不拖时间、绝不手软”的“四不精神”,市委、市政府承诺“一年灭黑臭、两年提水质、三年可游泳”。浦江县“全线压上,除恶务尽”“一村一村清门户”,1天捣毁污染加工户94个,1夜抓获偷排户67个,2天半时间拆除和整治408处非法宗教场所,3天攻克 “毒瘤厂区”10万平方米,5天拆除违建工棚10万平方米。义乌市开展“碧剑7号”专项行动,整治提升低、小、散企业3980家,限期搬迁2098家,直接取缔71家。遇水架桥的巧劲。以逢山开路、遇水架桥的创新精神,借智借力巧治水。东阳市创新发明“特种挖机”,可以在狭窄的沟渠里作业,加快清淤速度,提高清淤质量。金东区孝顺溪整治工程把淤泥堆成小岛,种上桃花,修建游步道、休憩小亭等设施,“臭污泥”变成风景如画的桃花岛。永康市循环利用建筑垃圾、干馏处置污泥制作生物碳,日均消纳建筑垃圾1000多吨、处理污泥50吨,实现变废为宝。垃圾河大会战中,不打招呼、不设路线,连续开展5轮次垃圾河专项督查,全市垃圾河得到彻底全面改观。义乌市以大项目、大投入支撑治水工作,污水处理厂外排水实行更为严格的“义乌标准”。

【主动治水】 在组织领导上, 第一时间成立由徐加爱书记和我任组长的领导小组,第一时间抽调机关骨干50人集中办公, 不到10天时间完成办公场所落实、办公设备采购,不到5天时间创建全省首个“一表六图”作战指挥室建设。在工作部署上,牢固树立“早抓早主动、早抓早受益”的理念,迅速制定具体实施意见,倒排工作计划,环环紧扣抓推进,连续召开全市“河长制”工作现场会、农村“三治”工作现场会、垃圾河治理大会战动员会、消灭黑臭河攻坚战现场会、“河长制”暨黑臭河整治现场推进会、清三河工作推进会等6次全市性的大会,徐加爱书记都到会部署。基本做到“一月一推进”。同时,集中财力保障“五水共治”,全市共投入116.8亿元用于“五水共治”,其中压缩“三公”经费2.39亿元,全部安排用于治水。在凝聚合力上,人大、政协对治水工作十分重视和关注,齐上一线。人大常委会在全省率先作出水环境综合整治的决定, 明确“三年三步走”的治理目标和当年行动计划;市政协副主席朱恒钱兼任市“五水共治”办常务副主任,主持日常工作;市“两会”向全社会发出“五水共治”倡议书。

【全民治水】 强化“五水共治”舆论宣传攻势,全市人民树立主体意识、责任意识、参与意识,变“要我治水”为“我要治水”。全年播出各类新闻2750余条, 刊发公益广告1.4万余次,《浙江日报》有关“五水共治”的报道金华占50%。金华电视台播出《八婺问水》127期,跟踪曝光污染问题102个,问题已基本整改到位。《市民问政》栏目多次开展治水问政活动,市县一把手坐镇直播间。开通8890热线、微信平台,设立有奖举报电话,对偷排、漏排等违法行为,做到有报必查、有查必纠,市本级共接到“五水共治”举报645起,有力地推动工作。组织开展“五水共治”理论研讨、文艺创作和“五水共治、文化下乡”文艺展演,大型现代婺剧《清澈的梦想》广受好评,治水电影《迫在眉睫》即将杀青试映。设立治水公益基金,全市收到捐款3.81亿元。市、县、乡、村四级联动，人大、政协、组织部门、机关工委、工团妇、教育、驻金部队等发挥各自优势，组建青春护水队、巾帼护水队、外来务工人员护水队等民间组织，动员党政军民各界参与治水250多万人次。东阳市成立社会各界人士参加的“护河队”，开展“万人护河”行动，每周三对市域内4条主要河流及上百条支流开展大清扫、大排查。

【科学治水】 一方面，坚持市县联动、统分结合，抓紧编制“五水共治”规划体系。明确治水远近目标，2014年基本消除黑臭支流，2015年全流域基本消除劣Ⅴ类，2016年流域交接断面水质基本达到Ⅲ类，远期实现全流域水质达到或优于Ⅲ类，形成良好的生态系统。同时，制定防洪水、排涝水、保供水、抓节水三年目标。按照“三五七、三步走”的时间表和“五水共治、治污先行”的路线图，紧扣“清三河、两覆盖、两转型”的要求，挂出作战图，亮出明细表，落实责任制。目前，已制订下发市“五水共治”年度工作要点、治污水三年行动计划、水利建设三年行动计划、防洪水、保供水实施方案、农村生活污水、生活垃圾治理三年行动计划等，使治水工作进一步细化、深化、具体化。另一方面，借智借力治水。成立由中科院院士王浩挂帅的治水专家服务团，开展“治水难题包案结对”“组团式攻坚服务”“专家治理示范河道”活动，为一线治水提供技术服务。东阳市实施治水人才“百千计划”，引进治水专业技术人才39名，培训基层治水人员423人次，提供必要的人才和技术支撑。建立“五水共治”标准体系，合理确定不同行业、不同区域的治污模式和标准，分类整治重点污染行业，分级整治农业面源污染，分批整治农村生活污水，分区整治采砂点，推进治水工作标准化、规范化。

【统筹治水】 突出抓好电镀、印染、化工、造纸、制革等重污染行业整治。四大重污染行业整治完成率达到94.4%。其中，56家关停淘汰企业已全部关停到位，298家保留整治企业完成整治提升278家。浦江县抓水晶行业整治，关停水晶加工户4810家，淘汰落后设备2.3万台，水晶加工户减至1503家。全面加强农业农村面源污染治理。严格执行3个100%，即禁养区内养殖场(户)关停100%，规模养殖场畜禽粪便资源化利用100%，开展养殖废液治理100%，全市投入财政补助资金10余亿元，关停、搬迁畜禽养殖场1.4万家，处置畜禽123.6万头(羽)。实行农牧对接，大力推广“猪—沼—果(茶蔬)”的生态循环模式。兰溪市发展6个万亩果园基地、浦江县建设5个生态循环农业示范园区。全面开展“治砂清水”专项行动。计划到2015年底全面禁止省、市级河道采砂行为，基本实现河道保洁全覆盖。整治砂场633家，其中拆除516家，新设规范砂场投产87家。兰溪市砂场数量由原来的181家缩减为7家，经营权竞卖所得1.86亿元，每年新增税收3500万元，兰江断面出境水质达到Ⅲ类。

【项目治水】 加快污水治理项目建设。全年安排治污水项目495个，总投资284亿元，今年计划投资122亿元。目前，已开工建设434个，完成投资130亿元；新增污水处理能力15.3万吨/日，新建污水管网379.4千米；启动农村生活污水治理1716个村，基本完工1075个村，新增受益农户26.3万户。加快生态工程建设。大力实施江河湖泊生态工程、换水工程、景观工程、沿河休闲工程建设，把水利工程的蓄水调水排水和防洪防涝防旱功能，与生态效益、景观效益、旅游休闲效益紧密结合起来。要求各县(市、区)打造1–2条最美河流。加强主要水系、支流、河渠堤坝沿线两侧绿化，主要河道两岸宜林地段绿化率达95%以上。结合“三改一拆”，全面拆除涉及河道的违法建筑和障碍物。严厉打击污染水体和破坏环境行为。加快防洪、排涝设施和供水、节水项目建设。完成防洪水、排涝水、保供水、抓节水项目投资47亿元；完成水库除险加固22座、河道综合整治483.9千米，改善提升农村饮水人口8.9万人。建成雨水管网90.1千米，提标改造管网70.48千米。完成积水点改造43处，雨污分流改造102.39千米，排水管网清淤1247.5千米。新增旱涝保收面积4.75万亩，改造农田渠道531.2千米。启动节水型城市创建，改造节水器具1.7万套，实施一户一表改造1.6万户。

【依法治水】 对违法行为“零容忍”，特别是对群众意见较大的污染企业、重大典型环境违法企业，实施“行政、民事、刑事”三责并追，一律关停，绝不手软。共检查企业2.7万家，依法取缔、关闭低小散企业8000余家，查处违法案件1142件，移交公安案件125起,行政拘留81人,刑事拘留115人。

【责任到人】 全面落实河长制、路长制、河道警长制,使治水模式由单条河流的线性治理转向流域的网格化治理。实行"一项工程,一位领导,一个小组,一抓到底"的工作机制,四套班子领导齐上一线、领衔治水,市、县党政主要领导分别带头整治一条水质最差河流、创建一条最美河流,形成强有力的示范引导作用。建立健全工程项目建设监管机制,在施工、监理、验收的各个环节都明确责任人,造册登记,有据可查,问责可依。明确把"五水共治"纳入各级党委政府实绩考核体系,每月对河流水质随机抽样检测,实行水质指标量化排序通报。严格落实上下游断面水质交接责任考核制度,对考核不合格、整改不力的单位一票否决、通报批评,对任务不落实、行动不到位、工作不配合、目标不完成的干部打板子、摘帽子。市委市政府主要领导随机对各地治水情况进行暗访,发现一次通报一次,两次整改不到位问责免职,先后有3名乡镇主要负责人因工作推进乏力被免职。组织百人考核团对县(市、区)年度工作进行考核,做到问题边查边改、立知立改。武义县设立100万元举报奖励基金,以乡镇(街道)为"点"、社会团体为"线"、曝光台为"面",编织一张环境卫生监督的"天罗地网"。

【长效治水】 治理市场化。建立健全最严格的水环境监管、环境准入和责任追究制度,大力推广第三方治理模式。在全省率先建立四项指标储备排污权竞拍出让交易机制。共办理181家企业排污有偿使用和交易手续,金额1565万元。永康市注册全省首家治水公益网站。浦江县试行"以河治河、以河养河"的河道管理模式,对中余溪、大元溪和罗源溪进行市场化管理运作,将三条溪的疏浚、垃圾清理与可利用的沙石料资源及今后的渔业资源等承包权捆绑进行公开挂牌。三条溪流以行政村为界,沿线村民分别以0.6万到4.4万不等的价格取得各河段的承包权。"以河治河、以河养河"的自我循环管理新模式,实现水利工程、水环境的自我良性循环,解决长效管理因财政补助资金缺口难的问题。管护社会化。兰溪市实行农村生活垃圾分类处理收费制度,金东区、磐安县实现门前卫生三包全覆盖,充分调动广大群众参与和监督农村环卫工作的热情,长效保洁机制基本实现全覆盖。武义县开展"六千"(千名河道保洁员、千名党员志愿者、千名青年志愿者、千名巾帼志愿者、千名夕阳督察员、千名工人志愿者)行动,打造六支河道长效保洁队伍,强化全民参与,实行"定人、定点、定时"保洁。监督全程化。强化日常监管,完善定期巡查和明察暗访制度,引入社会监督、舆论监督、群众监督,形成网格化巡查、常态化监管"闭合圈"。建立健全治水工程项目建设监管机制,监察、审计、财政等部门全程介入,打造廉洁工程、优质工程。

(梁溯安)

重点工程与重点区块建设

【金华宁能热电有限公司热电联产建设项目】 金华宁能热电有限公司热电联产建设项目,位于金华经济技术开发区金西区块,由宁波热电股份有限公司投资开发,金华宁能热电有限公司负责实施,项目总投资4.6亿元,建设规模为安装3台130蒸吨高温高压循环流化床锅炉及2台15兆瓦背压式汽轮发电机组,总装机规模为30兆瓦。该项目2013年开工建设,计划2015年6月首台锅炉计划点火试运。项目建成后对于环境保护、减少大气污染和节约能源等具有积极的作用,同时金华市经济开发区(金西)区域集中供热热源点的基础工程的实现,不仅可以调整区域内能源结构,同时对整个开发区的发展具有一定的促进作用。

【金华市西二环跨沪昆铁路立交道路接线工程】 金华市西二环跨沪昆铁路立交道路接线工程是市委市府惠民实事、城市治堵项目。本项目全长1629.7米,总投资2.1亿。其中跨沪昆铁路的立交桥长度为909.1米,共31跨。接线道路长度为720.6米,路幅宽80米,沥青砼路面。由婺城区政府下文成立指挥部实施建设,二环路工程项目是"三环"中的重要一环,该项目的建设对完善城市道路体系,缓解市区交通拥挤状况,拓展城市发展空间,提升城市综合竞争力,促进区域经济发展都具有重要的作用。

【金华市外国语学校金东初中】 该项目是金东区人民政府与金华市外国语学校合作、采用 PPP 模式建设的项目,以探索优质基础教育模式,为重点高中输送优质生源为宗旨，是在政府的政策支持下,自费办理的普通中学学历教育学校。该校建于金华市金东新城区，金华市金东公安分局北侧,金东区光南路以南,康济街以东,校区占地约 80 亩,总建筑面积 46484 平方米，教学班 36 个,130 名教职工,在校学生 1500 名,年均招生 500 人。金外初中的建设有利于推动金华市、金东区的教育事业的发展,有利于金东新城区吸引、留住高素质人才,有利于推动金东新城区的繁荣昌盛。同时对促进金东区乃至金华市的经济持续、健康、稳定地发展,具有广泛而深远的意义。

【兰溪市第五中学迁建工程】 兰溪市第五中学迁建工程是浙江省重点建设项目，也是金华市重点建设项目。新兰溪五中位于兰溪经济开发区西山路以南,兰花路以北,南樵路以东,渔洲路以西交汇地块,占地面积 200 亩,建设工程规划设置 48 个寄宿普通高中班级,总建筑面积 67138.61 平方米(其中地下人防工程 2597.38 平方米)。调整后总投资达 20709 万元。根据兰溪市人民政府专题会议纪要〈2011〉19 号,建设资金由市财政筹措 30%,经济开发区筹措 70%。兰溪五中迁建工程于 2011 年 12 月 16 日举行奠基仪式，到 2014 年 12 月 3 日市政府举行竣工揭牌交付试用仪式,历时 3 年。兰溪五中迁建工程是兰溪市教育发展史上一件大喜事，新五中的启动,意味着兰溪城区学校布局调整迈出新的一步,也标志着兰溪的教育设施现代化建设水平步入新的台阶,必将为兰溪的教育事业发展增添新的动力。

【东永高速公路】 浙江省东永高速公路起自东阳诸永高速马宅枢纽,止于永康的金丽温高速新店枢纽,全长 44.699 千米,东阳段约为 14 千米、永康段约31 千米,另有连接线约 9 千米。全线设置枢纽 2 处(马宅、新店)、互通 4 处(千祥、西溪、方岩、永康东)、服务区 1 处(永康)。东永高速公路设计时速 100 千米,路基宽 26 米,双向四车道。它的建成使诸永、金丽温、甬金、杭金衢等高速公路有机地联系在一起,也大大改善东阳和永康的对外交通条件,使东阳与永康在城市空间布局上紧密衔接起来,对加快两市产业结构升级，促进区域经济的持续快速发展，使两地经济发展更好地融入浙中城市组群,有着重要作用和意义。

【道明光学股份有限公司功能性薄膜生产线建设项目】 道明光学股份有限公司功能性薄膜生产线建设项目依靠科技进步，采用先进的工艺技术，选用先进的生产设备，提高生产效率和产品质量，形成规模生产能力，满足市场对功能性薄膜的需求,提高产品在市场上的知名度,项目将形成年产 1000 万佛门微棱镜型反光膜、500 万平方米微棱镜型高性能光学膜、1500 平方米用于锂电池包装膜的生产能力。建设具有国际先进水平的微棱镜反光材料生产车间、光学膜生产车间、研发和检测中心、国际先进光学模具制造中心等，使公司成为国内最大、最先进的光学膜生产基地,国际顶尖的光学膜研究和制造中心。该项目的建设,进一步巩固道明光学股份有限公司永康基地的总部中心、研发中心、技术中心、销售中心、决策核心的地位。达产后年销售收入 106838 万元(不含税);利税 3.5 亿元增值税 6849 万元。

【浦江县小黄坛卫生填埋场工程】 江县小黄坛卫生填埋场工程,位于大畈乡小黄坛村,有县道相通,交通便利,场区地形三面环山,具有独立封闭水系,占地面积 378 亩,总库容 305 万立方米,垃圾处理能力 422 吨/日，使用年限 24 年，项目总投资为 18100 万元,其中一期工程库容 117 万立方米,建筑面积 2138.81 平方米,2012 年 12 月开工，主要建设垃圾坝、地下水导排系统、防渗系统、渗滤液收集导排系统、填埋气体导排系统,截洪沟、环境监测设施、渗滤液调蓄池、渗滤液处理厂、综合办公楼、管理用房、道路等配套工程和购置填埋机具。浦江县小黄坛卫生填埋场的建设对维护浦江清洁卫生环境面貌,防治环境污染,促进城市环境保护起到积极作用,是实施可持续发展战略、保护地区生态环境、提高人民的生活质量的需要,也是全面建设

【三江六岸区块建设】 政府投资项目共 7 个，总投资为 6.7 亿元,年度计划投资 2.4 亿元。1 月—12 月，完成投资 1.6 亿元，为年度投资计划的 67.5%。其中,燕尾洲公园新建项目、市区义乌江南岸沿江绿化带(电大桥至东关大桥)工程、市区江北水

门城垣遗址公园建设、“三江六岸”标识系统、市区江南沿江公园游步道(河盘桥一洪坞桥)夜景照明工程均已完工;金华市国际友谊城市公园景观工程(原樱花公园)基坑上层土开挖完成三分之二;市区武义江东岸(金婺大桥至李渔大桥段)沿江绿化带施工图相关内容完成深化设计，招投标准备工作基本完成。

【金华铁路货场搬迁及铁路新货场周边配套工程】 总投资为20.4亿元,年度计划投资12.6亿元。1月—12月,完成投资12.1亿元,为年度投资计划的96.2%。

(市发改委)

创建国家森林城市

【概述】 2月19日国家林业局批复同意金华市创建国家森林城市。全市投入创森工作经费达24.64亿元。东阳市和武义县成功创建省级森林城市,新增省级森林城镇8个，新增市级以上森林村庄171个。全年全市完成绿道建设529.5千米；四边绿化1176.6千米,绿化面积14328.33亩;通道沿线林相改造51215亩;新造林面积63900亩;举办生态科普活动83次,建设科普知识教育基地40个;全民义务植树率达85%以上。全市成功创建省级森林城市5个,省级森林城镇27个,省级森林村庄91个,市级森林村庄(含绿化示范村)1319个。各县(市)通过制订《创森规划》和《实施方案》,召开创森动员大会、推进会，创森工作呈现你追我赶的良好发展态势。义乌市已进入创建国家森林城市批复第3年,永康市已提出了2015年创建省级森林城市的目标,兰溪市、浦江县创建省级森林城市规划已通过评审。

【森林城市创建】 东阳市、武义县多次召开创森工作布置会、迎检会,统筹创森工作开展,12月顺利通过省级森林城市考核验收并获验收组高度评价;义乌市委、市政府领导多次带队检查和督查创建工作情况,并抓紧落实义乌市创建国家森林城市情况;永康市委、市政府高度重视创森工作,明确2015年成功创建省级森林城市目标,多次研究森林城市创建工作;兰溪市、浦江县省级森林城市规划已通过专家评审,并通过县政府批准实施;兰溪市、浦江县高度重视城乡绿化工作,力争通过2年的努力,2016年成功创建成为省级森林城市。婺城区安地镇、金东区孝顺镇、岭下镇、东阳市虎鹿镇、永康市石柱镇、舟山镇已通过规划评审,2015年争创省级森林城镇。

【森林生态建设】 婺城区投入9000万元，完成平原绿化4558亩、森林抚育40000亩、四边绿化22千米、迹地更新3740亩;金东区财政投入9700万用于主干道绿化提档,实现全区干道全线绿化。金华开发区加大市区绿化改造力度，投入5000万元,新增绿化15万平方米;永康市用于通道绿化、森林城镇(村庄)、城市重点绿化等资金达1.2亿元;义乌市投入8.96亿元安排城乡绿化工作,并且每年安排不少于1000万元用于森林村庄建设;东阳市各级绿化建设投入资金7.6亿元，城区新增绿化面积200万平方米。兰溪市投入8000万元完成森林通道建设51千米,完成通道林相改造5000亩,完成人工造林5200亩,森林抚育5万亩,平原绿化4104亩。浦江县投入5000万元用于绿化建设,新增平原绿化面积5212亩,完成公路绿化87千米,绿化面积330亩;河道绿化13千米，绿化面积230亩。武义县投入20112万元用于重点工程绿化建设，城区新增绿化面积17.3万平方米。磐安县安排3000万元专项资金用于巩固森林城市创建和绿化工作。

【打造地方创森特色】 金华市区加大“三江六岸”景观带改造提升工程,全面提升城市公园档次和绿化质量。义乌江南岸完成48778平方米绿化工程。完成街景提档改造绿化17661平方米;完成城区荒地改造绿化14889平方米;完成公园绿化恢复、零星改造绿化37567平方米。市农办整合项目、资源和资金,合力推进创森建设。2014年全市启动创建美丽乡村风景线12条、美丽乡镇14个,启动实施美丽乡村各类项目建设村884个。金东区完成澧浦西溪、东溪及积道山风景区为核心区的60多千米绿道建设。依托苗木产业发展,种植面积达10万亩,苗木销售额达21亿元,既促进了农民的增收,又扩大了绿量。东阳市大力加强环境整治同时,积极推进江滨景观绿化改造工作,优化提升了江堤春晓和百工园2各主题公园；义乌市加大“创森十大工程”建设，极力加快城市绿肺和森林通道工程建设；兰溪市突出森林通道建设，在通道沿线两侧和村庄营造绿化景观带，打造绿色名片；永康市加大村庄绿化和防护林网建设；浦江县扎实推进项目建设，实施香榧良种推广2500亩、生态复合经营1500亩，油茶良种推广900亩；武义县结合生态文化优势，着力加强休闲绿道工程和壶山、郭洞生态科普教育基地建设；磐安县转变建设理念，利用山体优势，建设花台山公园、塔山公园、双溪口公园等一批绿化精品公园，以及陈界、向头、滕潭岗、上恒堂等一批绿化精品特色村。同时，各地在树种选择和配置上也更加科学、有特色。

【营造“植绿、护绿、爱绿”社会氛围】 金华日报新闻报道创森工作10次，开设创森专栏4期，金华日报、晚报公益广告通栏16次，日报创森工作宣传整版1个。2014年度《金华市创建森林城市工作简报》共收录平原绿化、森林城市创建相关信息12期，送发简报2000余份；全市各地刊登各级报刊报道300余篇；录播广播电视新闻报道30期；制作灯箱广告、墙体广告、车身广告以及系列宣传活动此起彼伏，实现了全方位、立体化宣传，营造出浓厚的全民参与氛围。金华市团市委、金华市妇联和金华市林业局联合开展“五城四边三化，建设美丽金华”创森专项行动，义务植树2000棵、发放宣传资料3万份；婺城区、金东区在《今日婺城》和《今日金东》开辟专栏宣传森林城市创建知识。东阳市充分利用各种主流媒体和宣传平台开展主题鲜明、形式多样的森林城市宣传活动。主要入城口设立高炮广告四处，主干道设立电子广告30处。举办创森专题宣传4期，科普活动3次。东阳市开展了“万名学子彩化校园植绿护绿”行动，并先后组织“约会春天，拥抱绿色”、“义工在行动” 等6次大规模的义务植树活动。武义县在城区显著位置设立大型创森广告宣传牌，送发创森宣传广告2万份，联合广播电台设立创森专栏，通过各种媒体刊登创森宣传信息300篇。

（王迦琳）

2014 年金华市十大民生实事

表 10

序号	实事名称	工作要求	牵头单位	责任单位
一	水环境治理	1.消灭垃圾河、黑河、臭河。	市环保局、市水利局	市农办、市经信委、市建设局、市农业局,婺城区、金东区人民政府,金华经济技术开发区、金义都市新区管委会
		2. 实施城市供水水库水面保洁 2.25 万亩,农村河道综合整治 141 公里,河道保洁基本实现全覆盖。	市水利局	婺城区、金东区人民政府,金华经济技术开发区、金义都市新区管委会
		3.农村生活污水治理行政村、自然村覆盖率和农户受益率分别提高到 90%、65%、50%以上。	市农办	市建设局、市卫生局、市环保局、市农业局,婺城区、金东区人民政府,金华经济技术开发区管委会
		4.完成城市污水管网改造 70 公里。秋滨污水处理厂二期年底试运行,排放水质达到国家一级 A 类标准。	市建设局	市环保局,婺城区、金东区人民政府,金华经济技术开发区管委会
二	雾霾防治	1.金华市热电厂实施脱硫脱硝及除尘技术设备改造。	市环保局	金华电业局
		2.淘汰黄标车 1500 辆。	市环保局	市公安局
		3.一环内实施煤改气。	市发改委	市环保局,婺城区、金东区人民政府,金华经济技术开发区管委会
		4.新增清洁能源城市公交车 60 辆以上。	市国资委	
三	交通治堵	1.新增公交线路 3 条、优化 10 条,公交分担率提高到 18%;优化公交停靠站 20 个,新建公交首末站 3 个,城乡公交通达率达到 97.2%。	市交通运输局	市建设局、市国土资源局、市国资委,婺城区、金东区人民政府,金华经济技术开发区管委会
		2.新增公共自行车租赁点 400 个、公共自行车 7000 辆。	市行政执法局	市建设局、市规划局、市旅游局
		3. 实施八一南街 (环城南路至 330 国道段)、婺州街(河盘桥至环城南路段)、李渔路(双龙南街至婺州街段)优化工程。	金华经济技术开发区管委会	
		4.实施人民路(环城西路到新华街)优化工程。完成东市街南延、宾虹路东延工程。	市建设局	婺城区、金东区人民政府
		5.改善背街小巷 10 条。打通金磐路、西二环跨沪昆铁路立交及接线、通园路连接人民东路、大堰河路等断头路 4 条。	市建设局,婺城区、金东区人民政府,金华经济技术开发区管委会	

续表 10–1

序号	实事名称	工作要求	牵头单位	责任单位
四	美丽乡村建设	1.新启动美丽乡村风景线 2 条,新创建市级美丽乡镇 2 个、精品村 10 个、秀美村 20 个，符合洁美村标准行政村比例提高到 50%。	市农办	市国土资源局、市建设局、市规划局、市交通运输局、市林业局、市水利局,婺城区、金东区人民政府,金华经济技术开发区管委会
		2. 建设市级示范农村社区便民服务中心 40 个。	市民政局	婺城区、金东区人民政府,金华经济技术开发区管委会
		3. 完成农村改水项目 32 个村，覆盖人口 1.9 万人。	市卫生局	婺城区、金东区人民政府,金华经济技术开发区管委会
五	食品安全监管	1.建成农产品安全快速检测室 2 个,对公众开放;6 家城镇农贸市场改造成为“放心市场”;三分之一城镇超市设立“放心柜”。	市食品药品监管局(食安办)	市农业局、市工商局、市商务局
六	低收入群体保障	1.最低工资标准提高 8%以上,城乡居民最低生活保障标准同比增长 8%以上。	市人力社保局、市民政局	
		2. 开工建设城镇保障性安居工程住房 3729 套。	市建设局	婺城区、金东区人民政府
七	就学就医	1. 省等级幼儿园总数达到 290 所,86%以上的适龄儿童在等级幼儿园入园,新增义务教育标准化学校 15 所，创建省级中职教育示范学校 1 所。	市教育局	婺城区、金东区人民政府,金华经济技术开发区管委会
		2.提高城乡居民医疗保险筹资标准。	市人力社保局	婺城区、金东区人民政府,金华经济技术开发区管委会
		3.开展城乡居民健康体检 21 万人次,建立规范化健康档案 80 万份，市级医院对口帮扶乡镇卫生院（社区卫生服务中心)16 家。	市卫生局	婺城区、金东区人民政府,金华经济技术开发区管委会
		4.培训红十字救护员 2000 人次,普及培训 6000 人次。	市红十字会	
八	文化惠民	1.创建省、市级文化示范村(社区)9 个,送戏下乡 310 场,送电影下乡 9200 场。开展非遗百村行活动，举办非遗精品演出 30 场。	市文化局	婺城区、金东区人民政府,金华经济技术开发区管委会
		2.新增农村文化礼堂 50 个。	市委宣传部	市文化局,婺城区、金东区人民政府,
		3.农村应急广播体系覆盖 30%的村庄。	金华广电总台	市文化局

续表 10–2

序号	实事名称	工作要求	牵头单位	责任单位
九	就业社保	1.城镇新增就业 1.23 万人,新增养老保险参保 1.2 万人、医疗保险参保 5000 人、工伤保险参保 5000 人、生育保险参保 3000 人、失业保险参保 9000 人。	市人力社保局	婺城区、金东区人民政府,金华经济技术开发区管委会
		2.实现残疾人就业创业帮扶 200 人。	市残联	婺城区、金东区人民政府,金华经济技术开发区管委会
十	居家养老	1. 新建城乡社区居家养老服务照料中心 200 家以上，新增机构养老床位 200 张以上。	市民政局	婺城区、金东区人民政府,金华经济技术开发区管委会

附 录

2014年金华市国民经济和社会发展统计公报

2014年,面对错综复杂的国内外经济环境和转型时期经济发展的新常态、新特点,市委、市政府带领全市上下全面贯彻落实中央、省委省政府的各项决策部署,紧紧围绕稳增长、调结构、促转型、惠民生等重点工作,凝心聚力,攻坚克难,全市经济平稳向好,在全省继续保持赶超发展态势,经济结构持续优化,社会事业继续发展,民生不断得到改善,较好地完成年初确定的目标任务。

一、综合

初步核算,2014年全市实现生产总值(GDP)3206.64亿元,按可比价计算,比上年增长8.3%。其中:第一产业增加值为138.31亿元,增长1.8%;第二产业增加值为1509.13亿元,增长7.8%;第三产业增加值为1559.20亿元,增长9.5%。全市人均生产总值达到67621元(按2014年年均汇率折算为11008美元),增长7.8%。第一、二、三产业增加值占地区生产总值的比重由上年的4.6:47.7:47.7变化为4.3:47.1:48.6,第三产业所占比重比上年提高0.9个百分点。

市区居民消费价格总水平比上年上涨2.4%,涨幅较上年缩小0.7个百分点。所调查的八大类消费品及服务项目价格“七涨一跌”,食品类价格上涨4.1%,烟酒类价格上涨0.4%,衣着类价格上涨1.6%,家庭设备用品及维修服务类价格上涨2.3%,医疗保健和个人用品类价格上涨2.7%,娱乐教育文化用品及服务类价格上涨3.0%,居住类价格上涨1.8%,交通和通信类价格下降0.8%。商品零售价格指数上涨1.1%。全市工业生产者出厂价格下跌1.2%,工业生产者购进价格下跌2.7%,购销价格为顺差1.5个百分点。

全市城镇新增就业76176人,城镇失业人员实现再就业31096人,年末城镇登记失业率2.80%,低于4.00%的控制目标。

二、农业

2014年全市农林牧渔业增加值141.96亿元,比上年增长1.8%。

全市农作物播种面积272.1千公顷,下降0.02%。其中粮食播种面积为153.2千公顷,总产量为88.35万吨,分别下降0.2%和增长0.1%;棉花播种面积6.2千公顷,下降9.8%,产量为0.94万吨,下降12.4%;油料播种面积为25.0千公顷,下降1.3%,产量为4.76万吨,增长1.5%;蔬菜播种面积为44.1千公顷,增长1.3%,产量为96.9万吨,增长4.1%;药材播种面积7.2千公顷,增长1.3%;果用瓜种植面积10.5千公顷,增长0.9%,产量为23.53万吨,增长2.2%;花卉苗木种植面积14.6千公顷,增长1.7%(主要农产品产量详见表11)。

全市共完成绿化造林面积3.773千公顷,迹地更新面积2.25千公顷,其中人工更新面积1.09千公顷;完成重点防护林工程建设面积0.22千公顷,其中人工造林0.12千公顷、封山育林0.1千公顷;东阳市、武义县通过省级森林城市创建考核验收,罗店镇等8个城镇通过省级森林城镇创建考核验收,成功创建省级森林村庄18个、市级绿化示范村(森林村庄)225个。

全市肉类总产量为24.70万吨,比上年下降6.1%,其中猪肉21.30万吨,下降6.3%;全年生猪出栏280.37万头,下降5.4%;家禽出栏1893.1万只,下降 9.4%;全年牛奶产量 5.68 万吨,下降 24.6%;全年水产品产量 7.62 万吨,增长 2.1%。

全市农田水利有效灌溉面积 158.09 千公顷,旱涝保收面积 114.17 千公顷;全年化肥施用量(折纯)11.14 万吨,下降 13.2%;农村用电量 46.3 亿千瓦小时,增长 6.9%。

三、工业和建筑业

2014 年全市完成工业增加值 1302.83 亿元,比上年增长 7.7%, 工业增加值占 GDP 的比重为 40.6%。全市实现规模以上工业总产值 4796.34 亿元,销售产值 4546.48 亿元,分别增长 7.1%和 6.5%。规模以上工业企业完成出口交货值 1113.39 亿元,增长 5.8%,占销售产值的比重为 24.5%。

全市规模以上工业企业科技活动经费支出 47.98 亿元,增长 25.5%。新产品生产增长较快。规模以上工业企业完成新产品产值 1464.41 亿元, 增长 25.7%,新产品产值率达到 30.5%,提高 2.8 个百分点(主要工业产品产量详见表 12)。

全年规模以上工业企业实现利税 341.38 亿元,增长 2.2%;其中利润 204.21 亿元,增长 0.3%。金属制品,纺织,医药制造,电气机械和器材制造,纺织服装、服饰,计算机、通信和其他电子设备制造等六大行业实现利润占全市规模以上工业利润总额的 48.6%。

全市建筑业总产值达 3044.22 亿元, 增长 12.3%;完成建筑业地方税收 31.65 亿元,比上年增长 13.8%, 占全市税收入的 14.1%。建筑施工面积 38115.16 万平方米, 完成房屋竣工面积 10686.64 万平方米。省外市场发展良好,2014 年建筑业企业在省外完成产值 1965.76 亿元,增长 12.9%,占全省省外完成产值的 17.4%,占全市建筑业总产值的 64.6%。

四、固定资产投资

2014 年全市完成固定资产投资 1594.79 亿元,比上年增长 16.9%。其中,房地产开发投资 367.67 亿元,下降 4.5%;投资项目(单位)投资 1227.12 亿元,增长 25.3%。民间投资较快增长,全年实现民间投资 1228.21 亿元, 增长 12.4%, 占固定资产投资的 77.0%。

投资结构进一步优化。在固定资产投资中:第一产业完成投资 5.51 亿元,增长 41.2%。第二产业完成投资 736.05 亿元, 增长 10.3%; 其中工业投资 720.01 亿元,增长 8.1%。第三产业完成投资 853.22 亿元,增长 23.1%。与上年相比,第二产业投资比重下降 2.7 个百分点,第三产业投资比重提高 2.7 个百分点,三次产业投资结构调整为 0.3:46.2:53.5。

全市省重点建设项目 152 项, 年计划投资 171.79 亿元,今年以来完成投资 294.47 亿元,为年度计划 171.4%;当年新开工项目 22 项,未开工项目 1 项,开工率 99.34%。竣工投产项目 20 项。列入市重点建设实施类项目共计 364 个, 年计划投资 428.2 亿元, 今年以来完成投资 645.7 亿元, 为年度计划 150.8%;未开工项目 12 个,开工项目 352 个,开工率 96.7%。

全市房地产开发房屋施工面积为 2652.53 万平方米,比上年增长 20.7%。当年新开工面积 673.33 万平方米,增长 29.7%;竣工面积 346.69 万平方米,增长 64.1%。全市商品房销售面积为 336.60 万平方米,下降 14.3%;其中住宅销售面积 294.98 万平方米,下降 8.9%。

五、国内贸易

2014 年全市实现社会消费品零售额 1592.70 亿元,比上年增长 13.2%,其中:城镇消费品零售额为 1355.34 亿元, 增长 13.1%; 乡村消费品零售额为 237.36 亿元,增长 14.0%。分行业看,批发零售业零售额 1446.96 亿元,增长 13.3%;住宿餐饮业零售额 145.74 亿元,增长 12.3%。

在限额以上批发零售业零售额中,服装鞋帽针纺织品类、化妆品类、日用品类、中西药品类消费增长较快, 这四大类商品零售额分别为 45.05、5.03、8.41、40.40 亿元, 分别增长 15.8%、20.8%、28.5%、18.0%;食品饮料烟酒类、石油及制品类、汽车类消费增长平稳, 零售额分别为 33.52、159.66、326.53 亿元,分别增长 10.8%、10.7%、12.9%。

全年实现网络零售额 942 亿元, 同比增长 41.0%,占全省网络零售额的 16.7%。其中居民网络消费额327.09 亿元,增长 43.8%,实现顺差 615.47 亿元。

全市共有各类市场 464 个, 市场总成交额为 2525.59 亿元,增长 6.1%。其中年成交额超亿元的市场有 77 个,总成交额为 2403.15 亿元,增长 5.3%;商品交易市场 448 个,年成交额为 2273.58 亿,增长了 7.2%;生产要素市场 9 个,年成交额 1.5 亿元;7 家网上市场成交 250.5 亿,成交额基本与上年持平。

六、对外经济

2014 年全市完成进出口总额 414.9 亿美元,比上年增长 21.1%。其中,出口总额 396.7 亿美元,增长 22%;进口总额 18.2 亿美元,增长 4.2%。进出口、出口增幅均居全省首位,规模均创历史新高。其中,进出口总额首超 400 亿美元。出口有效主体增加。全年新增备案企业 1822 家。全年有进出口实绩企业 6224 家,比上年净增 427 家。全市与 220 个国家和地区建立了贸易关系,其中出口超 1 亿美元的国家和地区 73 个,比上年增加 6 个。

全市新批外商投资企业 70 家;合同利用外资 5.7 亿美元,比上年增长 226.2%;实际利用外资 2.78 亿美元,增长 20.9%。工业利用外资继续占主导地位,实际利用外资 2.27 亿美元,增长 78.1%,占全市实到外资的 81.5%。增资扩股项目增多,全年增资项目 7 个,累计新增合同利用外资 3.34 亿美元,占全市合同外资的 58.4%。

全市新批核准境外投资项目 42 个,境外投资总额 5.3 亿美元,中方投资 4.97 亿美元,同比增长 168%。全市完成对外承包工程劳务合作营业额 2.82 亿美元。全年设立境外营销网络 36 家,占全市项目总数的 85.7%。企业在境外投资、经营的各类营销网络达 336 个,涉及 67 个国家和地区。全市有注册服务外包企业 215 家,从业人员超 3.95 万人,离岸合同签约金额 2.09 亿美元,增长 11.1%,离岸合同执行金额 1.68 亿美元,增长 6.6%。

七、交通、邮电和旅游

2014 年全市交通建设共完成投资 132.3 亿元。其中高速公路完成投资 12.01 亿元,国省道、县道建设项目完成投资 68.54 亿元,大中修工程完成投资 3.66 亿元,农村联网公路完成投资 0.93 亿元,安保工程完成投资 2.19 亿元,病旧桥隧加固改造工程完成投资 0.47 亿元,场站建设完成投资 33.62 亿元,水运建设完成投资 7.70 亿元,智慧交通 3.18 亿元。全市境内公路总里程达到 12269.4 公里。年内公路旅客周转量 47.83 亿人公里,货物周转量 61.21 亿吨公里。

邮电业务收入 84.34 亿元,比上年增长 1.9%。其中,邮政业务收入 11.05 亿元,比上年增长 22.6%;电信业务收入 73.29 亿元,下降 0.5%。年末城乡固定电话用户 136.49 万户,比上年末下降 15.6%。其中住宅电话 70.25 万户,下降 16.1%;公用电话 17.16 万户,下降 18.2%。年末移动电话用户达 918.36 万户,下降 6.8%;其中 3G 移动电话用户 31.99 万户,增长 62.9%。电话普及率 222.45 部/百人,其中:移动电话普及率 193.66 部/百人,固定电话普及率 28.78 部/百人。互联网宽带接入用户达 194.62 万户,比上年末增长 17.9%。

全市共接待游客 5982.01 万人次,同比增长 21.7%,实现旅游收入 620 亿元,增长 26%,其中接待国内旅游者 5897.88 万人次,同比增长 22.0%,实现国内旅游收入 590.53 亿元,增长 27.8%;接待入境旅游者 84.13 万人次,同比增长 5.6%,实现旅游外汇收入 47954.22 万美元,增长 5.6%。

八、财政、金融和保险

2014 年全市完成财政总收入 461.40 亿元,比上年增长 10.9%。其中:上划中央财政收入 192.54 亿元,增长 11%;一般公共预算收入 268.87 亿元,增长 10.9%。全市一般预算支出 352.86 亿元,增长 9.5%。财政支出更加关注民生,一般公共预算支出的 75.8%用于保障和改善民生。其中住房保障支出、节能环保支出、城乡社区事务支出、文化体育与传媒支出、医疗卫生和计划生育支出、教育支出、科学技术支出同比分别增长 120.8%、53.6%、15.1%、13.9%、11%、10.3%、10.3%。

2014 年末,全市金融机构本外币各项存款余额 6638.34 亿元,增长 7.7%。其中:单位存款余额 2979.11 亿元,增长 4.5%;本外币储蓄存款余额 3232.66 亿元,增长 7.0%。金融机构本外币各项贷款余额 5733.36 亿元,增长 11.2%。其中短期贷款余额 4341.66 亿元,增长 6.5%;中长期贷款余额 1245.62 亿元,增长 27.3%。本外币余额存贷比为 86.4%。

全市保险机构全年保费收入 135.83 亿元,增长 12.45%。其中财产险保费收入 62.7 亿元,人身险保费收入 73.13 亿元,分别增长 19.58%和 6.98%。全年支付各类赔偿及给付 44 亿元,比上年增长 6.23%。其中财产险赔款 33.75 亿元,增长 14.6%;人身险赔款及给付 10.25 亿元,下降 14.37%。

九、教育和科学技术

2014 年全市共有各级各类全日制学校 692 所,

在校生704025人。其中小学418所,在校生410577人;初中176所,在校生157598人;普通高中64所,在校生84467人;职业高中30所,在校生45652人;普通中专4所,在校生5002人;特殊教育学校9所,在校生1250人。全市有幼儿园1455所,在园幼儿250233人,学前三年幼儿园入园率98.8%;有省等级幼儿园1035所;全市112个乡镇全部建有中心幼儿园。十五年教育普及率99.5%,全面普及十五年教育。小学入学率、巩固率100%;初中入学率、巩固率100%;初中毕业生升入高中段学校比例98.4%。初中毕业生升入普通高中与中等职业学校的比例为1:0.895,普通高中教育与中等职业教育协调发展。高等教育规模不断扩大,结构更趋合理。全市高等院校共9所,在校生86725人,其中普通高校2所,在校生35103人;高职院校5所,含浙江科贸职业技术学院(筹),在校生48187人;成人高校2所,在校生3435人。高等教育毛入学率54.1%。义务教育均衡发展县(市、区)、教育现代化创建工作有序开展。

全市列入市级以上科技项目820项,其中国家级74项、省级443项,新到位上级科技资金13973万元,其中国家级1558万元。新立市级科技计划项目303项,其中工业类69项,农业类73项,社会发展类161项,农业科技成果转化项目7项。申请专利18989件,其中发明专利2059件;获专利授权15129件,其中发明专利524件。新认定省级重点企业研究院6家、工程技术研究中心1家,省级高新技术研发中心32家、市级48家,市级以上各类企业研发机构累计达到577家。

全市新增浙江名牌产品36只,累计282只,新增加金华名牌产品64只,累计414只。制修订国家或行业标准11个,获国家级农业标准化示范项目和服务业试点项目4个,省市级农业标准化推广示范项目5个,农业标准示范区面积14.9万亩,省级工业和服务业标准化试点项目2个。产品监督抽查合格率95.1%,特种设备定检率、登记率和操作人员持证上岗率达95%以上,计量器具强制检定13.66万台件。

十、文化、体育和卫生

2014年全市拥有文化馆10个,公共图书馆10个,其中8个馆获评一级馆公共图书馆。配合市委宣传部建成农村文化礼堂210家,制定全市文化系统农村文化礼堂建设服务菜单,提供点单式服务196项。创建并命名市级文化示范村(社区)36个,积极实施文化惠民工程,完成送戏下乡1632场,送电影下乡44700场,“非遗文化礼堂百村行”活动129场,送书366862册、送展览讲座809场、骨干培训20623人次、文化走亲(县级以上)99场。全市文化市场健康平稳有序,出动检查9139人次,检查文化经营单位14342家次,全市广播综合覆盖人口473.23万人,覆盖率99.49%。电视综合覆盖人口474.36万人,覆盖率99.73%,全市农村应急广播体系工程完成覆盖53.3%行政村。

全市新创省级体育强县1个、体育强镇(乡)5个、复评强镇(乡)24个、新创先进社区4个、复评先进街道(社区)15个。新建省级小康体育村460个、中心村健身广场9个。共派出500多名运动员,参加了第十五届省运会田径、游泳、篮球等21个项目的角逐,为金华市体育代表团夺得金牌32.5枚,奖牌81.5枚,总分1155.25分,现场金牌、奖牌、总分均列赛事排行榜第七位。全市共举办了30多场(次)国家级以上、100多场(次)省级以上重大赛事与活动,共吸引了20多万人前来看赛健身,大大推动了体育产业和体育旅游发展。市体育中心实现365天对外开放,为广大市民提供游泳、篮球、羽毛球、乒乓球等16项体育服务,全年共接待健身休闲的市民达130多万人次。全年全市共销售体育彩票13.76亿元,比上年增加5.79亿元。

全市共有医疗卫生机构4013家,其中医院113家;卫生院(含社区服务中心)165家;门诊部50家;专业公共卫生机构109家,其中妇保院(所、站)10家、疾病预防控制机构10家,卫生监督检验机构10家,专科疾病防治院(所、站)5家;其他卫生机构17家;诊所、医务室、社区卫生服务站、村卫生室3559个。全市共有实际开放床位数23916张,其中:医院和卫生院床位(含社区服务中心,不含妇保院)22633张。全市共有卫生技术人员34826人,其中执业医师和执业助理医师13652人,注册护士12921人;疾病预防控制机构总人数546人;卫生监督检验机构总人数314人;另有诊所、医务室、社区卫生服务站村卫生室等机构的卫技人员2996人。全市共有艾滋病实验室58个、其中初筛实验室54个,中心实验室3个、确诊实验室1个。

十一、环境保护

2014年全面实施“811”生态文明建设推进行动,主要污染减排各项工作扎实推进。金华市区环境空气API优良率为93.6%,全市平均为91.1%;市区环境空气AQI优良率为64.7%,全市平均为72.4%;7个主要河段及湖库市控以上断面,达到或优于Ⅲ类水质标准的占52.4%、满足功能区要求的占52.4%;全市20个地表水交接断面,达到或优于Ⅲ类水质标准的占65.0%;按水质自动监测数据统计,10个出境断面中达到或优于Ⅲ类水质标准的占100%。

全市生态公益林建设面积为277.86千公顷,生态公益林达到优质林分面积222.66千公顷。全市森林覆盖率60.95%。全市新增命名国家生态乡镇10个,省级生态乡镇7个。截至目前,全市共创成国家级生态县2个、省级生态县3个、国家级生态乡镇(街道)33个、省级以上生态乡镇(街道)88个、市级以上生态乡镇(街道)97个,市级生态村2565个。全市共有沙金兰等52规范化合格饮用水源保护区,其中8个县级以上集中式饮用水水源地水质达标率为99%。省级以上森林公园13个,其中国家级森林公园2个。

十二、人口、人民生活和社会保障

2014年全市出生人口58731人,出生率12.39‰;死亡人口39664人,死亡率8.36‰;人口自然增长率4.02‰。年末总人口475.07万人,其中市区95.09万人;非农业人口109.93万人,其中市区32.66万人。平均每户家庭人口2.58人。

2014年,居民人均可支配收入为31599元,同比增长10.2%。分城乡看,城镇常住居民人均可支配收入为39807元,增长9.4%;农村常住居民人均可支配收入为18544元,增长11.3%。全体居民从收入来源看,工资性收入为17630元,增长9.5%;经营净收入为6077元,增长8.9%;财产净收入为4132元,增长11.0%;转移净收入为3761元,增长15.2%。全体居民人均生活消费支出20954元,增长10.7%,其中城镇常住居民人均生活消费支出25627元,农村常住居民人均生活消费支出13520元。

年末全市拥有各类社会福利单位144个,社会福利床位数29264张,收养各类人员15417人。农村五保对象集中供养率为100%。全市共有低保对象5.63万人,发放最低生活保障金1.7亿元;筹集医疗救助资金7698万元,救助医疗困难群众3.2万人次;发放救灾款2131.8万元,救济灾民2.2万人次,改扩新建避灾场所44个。社区服务功能日趋完善,建立乡镇(街道)社区服务中心151个、城市社区服务中心(站)284个、村级社区服务中心(站)3576个、捐赠接收站(慈善超市)117个。全市共有社会组织4277家,其中社会团体1836家,民办非企业单位2441家。全市共有抚恤优待对象32338人,发放抚恤金13098.1万元、义务兵优待金5654万元、困难补助经费498.68万元,退役义务士兵自主就业率达到100%,发放自主就业一次性经济补助金2840.96万元。

年末全市城镇职工养老保险参保人数165.31万人,职工基本医疗保险参保人数133.57万人,工伤保险参保人数154.44万人,生育保险参保人数80.05人,失业保险参保人数74.99万人;城乡居民养老保险参保人数152.11万人,城乡居民医疗保险参保人数347.36万人,被征地农民基本生活保障参保人数28.37万人。

注:

(1)本公报所列各项数据为年度初步统计数据;

(2)人口数为公安部门统计年报数;

(3)公报中生产总值和各产业增加值绝对数按现价计算,增长速度按可比价计算,人均生产总值按户籍人口计算;

(4)本公报三次产业划分执行国家统计局2012年制定的《三次产业划分规定》;

(5)规模以上工业企业指年销售收入2000万元及以上工业企业。

2014年市区各类价格指数(以上年为100)

表11

居民消费价格总指数	**102.4**	3.衣着类	101.6
1.食品类	104.1	4.家庭设备用品及维修服务	102.3
#粮食	103.2	5.医疗保健和个人用品	102.7
肉禽及制品	101.0	6.交通及通讯	99.2
水产品类	104.0	7.娱乐教育文化用品及服务	103.0
菜类	100.0	8.居住	101.8
2.烟酒及用品类	100.4	**商品零售价格总指数**	**101.1**

注:表中使用的符号"#"表示其中的主要项,下表同。

2014年全市主要农产品产量

表12

农产品产量	计量单位	绝对数	比上年增长%
粮　食	万吨	88.35	0.1
#谷　物	万吨	72.53	−0.7
油菜籽	吨	40898	1.6
棉　花	吨	9365	−12.4
蔬　菜	万吨	96.9	4.1
茶　叶	万吨	2.11	8.5
水　果	万吨	64.55	11.5
#柑　橘	万吨	10.32	0.8
葡　萄	万吨	8.38	0.5
蚕　茧	吨	990	−18.2
肉类产量	吨	246921	−6.1
#猪牛羊肉	吨	218109	−5.8
禽　肉	吨	28578	−8.1
禽蛋产量	吨	42873	−11.1
牛奶产量	吨	56811	−24.6
猪全年出栏	万头	280.37	−5.4
猪年末存栏	万头	117.95	−34.3
牛年末存栏	万头	3.16	−24.6
#奶牛	万头	2.05	−23.9
羊年末存栏	万只	7.96	−1.6

2014年全市主要工业产品产量

表13

工业产品产量	计量单位	绝对数	比上年增长%
纱	吨	384964	9.0
布	万米	144757	14.2
服装	万件	79445	−2.6
家具	万件	3524	−5.2
机制纸及纸板	吨	837700	8.5
乳制品	吨	142066	87.0
化学纤维	吨	232249	0.9
农用化学肥料总计(折纯)	吨	38081	83.1
化学农药原药(折100%)	吨	5530	3.7
涂料(油漆)	吨	104719	6.9
塑料制品	吨	571274	11.7
水泥	万吨	1716	−0.2
钢材	万吨	190	1.8
铝材	吨	139524	−2.0
金属切削机床	台	6089	−20.1
摩托车	辆	244777	−12.4
汽车	辆	1574	−55.3
自行车	万辆	499	24.7
家用吸尘器	台	388402	−31.8

2014年度全市机动车数据统计表

表14

统计时间:2013年12月21日至2014年12月20日　填报日期:　2014年12月22日

一、机动车注册分布(辆)

车型	金华	兰溪	义乌	东阳	磐安	武义	永康	浦江	合计
大型车	2282	–	163	136	–	–	86	–	2667
小型车	52319	8553	54126	24307	2798	6994	24862	11008	184967

续表 14-1

摩托车	3746	482	9383	2232	488	826	2763	1366	21286
轻便摩托车	16	–	9	11	72	4	3	–	115
挂车	195	–	17	–	–	–	–	–	212

二、新增机动车数量(辆)

车型	金华	兰溪	义乌	东阳	磐安	武义	永康	浦江	合计
大型车	818	257	641	234	66	121	325	149	2611
小型车	31659	11143	61187	27273	3619	9995	27314	11976	184166
摩托车	3651	487	9359	2232	488	831	2760	1362	21170
轻便摩托车	16	34	9	11	72	4	3	9	158
挂车	108	183	33	5	7	9	9	281	635
合计	36252	12104	71229	29755	4252	10960	30411	13777	208740

三、机动车业务工作量(起)

业务种类	金华	兰溪	义乌	东阳	磐安	武义	永康	浦江	合计
注册	61173	9035	63699	26699	3358	7826	27719	12374	211883
所有权转移	50007	488	24362	8379	33	294	12713	366	96642
变更	6623	516	5401	3211	194	1116	4221	1240	22522
抵押	74342	3563	18089	10999	927	2480	16993	5428	132821
注销	11821	3678	14527	6652	1161	2912	12366	2912	56038
转入	6304	36	1585	611	5	14	569	16	9150
补换领牌证	9753	1700	17095	5357	976	1901	10305	3187	50274
转出	5678	21	1982	735	3	22	1172	2	9615

四、机动车保有量分布(起)

车型	金华	兰溪	义乌	东阳	磐安	武义	永康	浦江	合计
大型汽车	6816	2436	4825	2395	608	1084	2868	1046	22078
小型汽车	205240	60752	349535	152041	22077	56118	203786	71546	1121095
摩托车	130543	51521	128362	78219	25300	38145	58638	54233	564961
轻便摩托车	2562	435	1914	2094	2127	10942	2918	792	23784
挂车	652	251	255	131	92	103	240	86	1810
教练车	1187	210	698	494	93	201	451	337	3671
合计	347000	115605	485589	235374	50297	106593	268901	128040	1737399

注:机动车保有量不包括转出、注销、强制注销。

(金华市公安局)

索　引

H

J

K

L

M

N

P

Q

R

S

T

W

X

Y

Z

数字

图书在版编目(CIP)数据

金华年鉴. 2015 / 金华市地方志编纂委员会编. --
北京：方志出版社，2015.11
ISBN 978-7-5144-1821-7

Ⅰ. ①金… Ⅱ. ①金… Ⅲ. ①金华市—2015—年鉴
Ⅳ. ①Z525.53

中国版本图书馆 CIP 数据核字(2015)第 293104 号

金华年鉴（2015）

编　　者：金华市地方志编纂委员会
责任编辑：张　昊

出 版 人：冀祥德
出 版 者：方志出版社
地址　北京市朝阳区潘家园东里 9 号(国家方志馆 4 层)
邮编　100021
网址　http://www.fzph.org
发　　行：方志出版社发行中心
电话 (010) 67110500
经　　销：各地新华书店
印　　刷：金华日报商务彩印有限公司

开　　本：889 × 1194　　1/16
印　　张：28.75
字　　数：889 千字
版　　次：2015 年 11 月第 1 版　　2015 年 11 月第 1 次印刷
印　　数：0001~1000 册

ISBN 978-7-5144-1821-7　　**定价**：220.00 元

金华市城区
金园水泥
济台寺
竹马馆
竹马乡
大舍
三甲山
跃进水库
溪塍
张家村
高村
倪村
浙江师范大学
后畈田
马漾
王埠头
倪西店
推包井
G60
高店
杜车头
沪
昆
高
速
杭
金
衢
方下店
六头塔
环
北
新世纪学校
丽泽花园
绿城街
王店
下河
坝上
牛长坑
中华水泥
塘角
友谊水库
二中
杨麻车
新店桥头
下张家
林田
广福医院
国际山茶物种园
麻园
吴店
十里铺
后地小区
城北街道
宗宅
后杜
畈下
应店
黄桥头
十八中
幸福
樊里
金华站
协和医院
寺平塘寺
塘西
汽车西站
三中
五星大酒店
湖头新村
下天师
杨梅山
城中花园
东下
张都
樊司
上天师
万安家苑
鲍塘
九中
四中
五院
临江
筱溪
婺州医院
湖头
城西街道
银泰百货
黄武范
四季人家
邵家
坛头
婺城大桥
乾西乡
金虹桥
通济桥
石道畈
竹园
下塘
七中
龙溪桥
上浙家
方店
七里殿
河盘大桥
下潘家
寺园
肉类联合加工厂
开发区管委会
伟达富迪森广场大酒店
婺城中学
今飞机械
国贸景澜大
婺城区
李家
江南明珠
中医院
红旗大酒店
永乐工艺
三联
金华火腿厂
婺州城市广场
益塘
婺江大桥
图书馆
中级法院
云都大酒店
G330
婺城人民医院(规划)
雅村
市二医院
西关街道
金华
迪耳药业
江南中学
白龙桥镇
怡村
东昌电子
荣耀宾馆
沙溪
姜山头
皇冠电动工具制造
S103
燃机发电
西苑中学
学士塔
艾克医院
晶晶宾馆
秋滨街道
豪迪染整
金华实验中学
郑阳
浙江大宇
梦祥家私
金华职业技术学院
当代华府
鹰王五金
深蓝艺墅
家和园
和嘉塑业
庄长
华庭常青墅
施麗集团
佳环电子
工商局
沈天田
龙蟠
洞溪社区
宏发工具
金棉纺织
吕塘水库
绿源电动车
姜羊
吕塘下
中国青年汽车
湖海塘水库
冠山顶新村
雅饶
佳乐乳业
黄浦桥头
化山小区
塘上
山背
黄元
唐宅
华港工具实业
科惠医疗器械
东构机械制造
华欣工艺
井头
下水碓
黄碧塘
浙中模具城
高精新型科技材料
市体育中心
清井下
十二丘
石门塘水库
今飞机械集团
闪耀玻璃
杨林
青塘溪水库
后屋
下山头
台山头新村

党支部活动手册

中共金华市委组织部